CURSO DE DIREITO CIVIL BRASILEIRO

8

Direito de Empresa

Sobre a autora

Detentora de inúmeros prêmios desde os tempos de seu bacharelado na PUCSP, Maria Helena Diniz tem brilhante carreira acadêmica, com cursos de especialização em Filosofia do Direito, Teoria Geral do Direito, Direito Administrativo, Tributário e Municipal.

Além de parecerista, é autora de mais de trinta títulos publicados pelo selo Saraiva Jur, tendo traduzido consagradas obras do direito italiano e escrito mais de 150 artigos em importantes revistas jurídicas nacionais e internacionais. Todas as suas obras têm alcançado excelente aceitação do grande público profissional e universitário, como a prestigiada coleção *Curso de direito civil brasileiro* (8 volumes), que é maciçamente adotada nas faculdades de Direito de todo o país. Igual caminho têm seguido seus outros títulos:

- *A ciência jurídica*
- *As lacunas no direito*
- *Atualidades jurídicas* (em coordenação – 7 volumes)
- *Código Civil anotado*
- *Código Civil comentado* (em coautoria – esgotado)
- *Comentários ao Código Civil* v. 22
- *Compêndio de introdução à ciência do direito*
- *Conceito de norma jurídica como problema de essência*
- *Conflito de normas*
- *Dicionário jurídico* (4 volumes)
- *Dicionário jurídico universitário*
- *Direito à integridade físico-psíquica*: novos desafios – *e-book* (no prelo)
- *Direito fundacional*
- *Função social e solidária da posse* (em coautoria – no prelo)
- *Lei de Introdução às Normas do Direito Brasileiro interpretada*
- *Lei de Locações de Imóveis Urbanos comentada*
- *Lições de direito empresarial*
- *Manual de direito civil*
- *Norma constitucional e seus efeitos*
- *O direito civil no século XXI* (em coordenação – esgotado)
- *O estado atual do biodireito*
- *Sistemas de registro de imóveis*
- *Sucessão do cônjuge, do companheiro e outras histórias* (em coordenação)
- *Tratado teórico e prático dos contratos* (5 volumes)

É incontestável a importância do trabalho desta autora, sem dúvida uma das maiores civilistas do nosso tempo.

A editora

Maria Helena Diniz

Mestre e Doutora em Teoria Geral do Direito e Filosofia do Direito pela PUCSP. Livre-docente e Titular de Direito Civil da PUCSP por concurso de títulos e provas. Professora de Direito Civil no curso de graduação da PUCSP. Professora de Filosofia do Direito, de Teoria Geral do Direito e do Direito Civil Comparado nos cursos de pós-graduação (mestrado e doutorado) em Direito da PUCSP. Coordenadora do Núcleo de Pesquisa em Direito Civil Comparado nos cursos de pós-graduação em Direito da PUCSP. Professora Emérita da Faculdade de Direito de Itu. Membro benemérito do Instituto Sílvio Meira. Sócia honorária do IBDFAM, Membro da Academia Paulista de Direito (cadeira 62 – patrono Oswaldo Aranha Bandeira de Mello), da Academia Notarial Brasileira (cadeira 16 – patrono Francisco Cavalcanti Pontes de Miranda), do Instituto dos Advogados de São Paulo e do Instituto de Direito Comparado Luso-Brasileiro, Membro honorário da Federação dos Advogados de Língua Portuguesa (FALP). Presidente do Instituto Internacional de Direito.

CURSO DE DIREITO CIVIL BRASILEIRO 8

Direito de Empresa

15ª edição
Revista e atualizada
De acordo com as Leis n. 14.309/2022, 14.382/2022 e 14.451/2022

2023

• Títulos de crédito e contratos mercantis foram abordados no vol. 3 deste Curso.

saraiva jur

ISBN 978-85-536-0769-3 obra completa
DADOS INTERNACIONAIS DE CATALOGAÇÃO NA PUBLICAÇÃO (CIP)
VAGNER RODOLFO DA SILVA - CRB-8/9410

D585c Diniz, Maria Helena

Curso de Direito Civil Brasileiro: Direito de Empresa - v. 8 / Maria Helena Diniz. - 15. ed. - São Paulo : SaraivaJur, 2023.

1.064 p.

ISBN 978-65-5362-773-4

1. Direito. 2. Direito Civil. I. Título.

2022-3282 CDD 347
CDU 347

Índices para catálogo sistemático:

1. Direito Civil 347
2. Direito Civil 347

saraiva EDUCAÇÃO | saraiva jur

Av. Paulista, 901, Edifício CYK, 4º andar
Bela Vista – São Paulo – SP – CEP 01310-100

SAC | sac.sets@saraivaeducacao.com.br

Data de fechamento da edição: 11-11-2022

Dúvidas? Acesse www.saraivaeducacao.com.br

CÓD. OBRA 16094 CL 607983 CAE 817407

Aos meus queridos avós maternos, Lica e
Mário, com imensa saudade, pela minha
infância tão feliz.
*Ao tio Zeca (*in memoriam*), pela bela lição de vida.*
À minha mãe, com enorme saudade, com todo
meu carinho e amor, pela doçura do amparo
de suas mãos e pelo enorme incentivo que,
em todos os momentos difíceis de minha vida, me deu
para continuar escrevendo, e pelos inesquecíveis anos
de convivência familiar alegre e harmoniosa, e ao meu pai,
que, vivendo em Cristo por toda a eternidade e no meu
coração, ainda me fortalece com seu notável
exemplo de conduta.

*"A reforma da empresa é certamente, na atualidade,
uma das tarefas mais necessárias e também uma
das mais difíceis."*

Pierre Sudreau, ***La réforme de l'entreprise***, *Paris,
Documentation Française, 1975.*

Índice

Capítulo III
Regime Jurídico da Sociedade

Capítulo IV
Estabelecimento Empresarial: Elemento Essencial da "Empresa"

Capítulo V
Nome Empresarial

Capítulo VI
Prepostos

Capítulo VII
Escrituração

Prefácio

O atual Código Civil reformulou o direito civil, mas transformou o direito comercial, modernizando as normas, que o regem, recepcionando a teoria da empresa, remodelando alguns institutos e incluindo novas conceituações. Trata-se de inovação do Código Civil brasileiro, pois, como afirma Miguel Reale, "nenhuma codificação contemporânea traz, de forma ordenada e sistemática, o direito de empresa como seção especial".

Nosso Código Civil, como a legislação italiana, elegeu a "empresa" como centro do sistema jurídico-empresarial, alterando os rumos do "direito comercial".

Nesta obra procuramos de forma didática, simples e objetiva, interpretar, dentro de nossas limitações, o Livro II da Parte Especial do Código Civil vigente, desvendando, numa visão panorâmica, cuidadosamente, seu conteúdo, ante a complexidade dos institutos e dos conceitos peculiares nele compreendidos e a amplitude de significado das normas sobre direito de empresa, sem olvidar das questões controvertidas por elas engendradas.

Conciliando objetividade e racionalidade, apontamos as características essenciais dos institutos do direito de empresa, em busca da clareza de seus conceitos, ressaltando a função social da empresa.
Nesta tarefa nossa pretensão foi uma só: auxiliar, na exposição desta temática tão árida quanto complexa, o estudo dos que militam nesta área.

Maria Helena Diniz

CAPÍTULO I

Sistema Jurídico Empresarial no Novo Código Civil

1. Superação da bipartição do direito obrigacional e a autonomia do "direito comercial"

Certas circunstâncias, como fatores socioeconômicos decorrentes de guerras, o avanço tecnológico, a expansão da produção e circulação de bens, o processo da democratização da riqueza, fizeram com que negócios próprios de comerciantes passassem a integrar o cotidiano da população, surgindo uma forte tendência de uniformização das obrigações civis e mercantis, já que o Código Comercial de 1850, no art. 121, dispunha que as disposições do direito civil para os contratos em geral seriam aplicáveis aos contratos comerciais. E, além disso, havia entendimento doutrinário de que aquela unificação poderia dar-se sem qualquer afronta à tradição, em razão da transformação operada no direito comercial e da necessidade da remodelação de seus institutos, sob o enfoque de conceitos modernos, baseados no progresso econômico-social. Por tais motivos, o atual Código Civil (Lei n. 10.406/2002) unificou o direito obrigacional (Livro I da Parte Especial), e consagrou a teoria da empresa. No seu Livro II da Parte Especial disciplina o direito de empresa e no Livro Complementar (Das Disposições Finais e Transitórias), art. 2.045, derrogou, expressamente, a Primeira Parte do Código Comercial (Lei n. 556/1850, arts. 1º a 456). Logo, continua vigorando a Segunda Parte do Código Comercial. E, ainda, pelo art. 2.037 do Código Civil em vigor, a conduta dos empresários e as atividades das sociedades empresárias regem-se não só pelas suas normas (arts. 966 a 1.195) como também por aquelas que por ele não foram revogadas por ser com ele compatíveis, relativas a comerciantes, a sociedades comerciais, aos atos de comércio e a atividades mercantis. Consequentemente, não houve perda da autonomia do "direito comercial", que regerá a atividade empresarial e as sociedades empresárias, a partir das normas do Código Civil, dos preceitos não revogados do Código Comercial de 1850 e da legislação comercial específica como, p. ex., Leis n. 6.404/76, 8.934/94, 9.279/96, 9.609/98, 8.245/91, 11.105/2005 etc.

O Livro II do Código Civil de 2002 revogou, ainda, tacitamente o Decreto n. 3.708/19 que regia as sociedades por quotas de responsabilidade limitada, pois com o capítulo "sociedade limitada" veio a disciplinar este tipo societário. Por outro lado, não recepcionou a sociedade de capital e indústria em que um sócio entrava com o capital e os demais com o trabalho, pois, hodiernamente, a admissão de sócio apenas com o trabalho somente será possível em sociedade simples, devendo o contrato social especificar se ele será prestado com exclusividade ou não para aquela sociedade[1].

Em alguns casos ter-se-á, como vimos, a aplicação supletiva da "legislação comercial" anterior ao novo Código Civil, e competirá ao aplicador averiguar em que pontos as normas comerciais extravagantes conflitam, ou não, com o Código Civil, deixando de aplicá-las, no todo ou em parte, ou, então efetuando as adaptações que forem necessárias[2].

Na verdade, há um polissistema, uma variedade de legislações especiais disciplinadoras de assuntos pertencentes à seara do direito privado. O Código Civil vigente é, tão somente, uma lei que contém a base e não a normatização integral do direito privado, que não foi unificado. Não se deu, no nosso entendimento, uma comercialização do direito civil, nem um civilismo do direito comercial. O Código Civil é a lei básica e não global do direito privado.

Importante inovação do Código Civil de 2002 foi a unificação do direito obrigacional por não distinguir as obrigações civis das mercantis, seguindo o exemplo do Código Civil italiano e de boa parte da doutrina e da jurisprudência, consolidando, como já dissemos, a diretriz existente no próprio Código Comercial de 1850, que, no art. 121, já determinava a aplicação das normas de direito civil aos contratos, e no Código Civil de 1916 (art. 1.364) que previa a incidência subsidiária sobre a sociedade civil das

1. Sylvio Marcondes, *Exposição de Motivos do Anteprojeto do Código Civil*; Láudio C. Fabretti, *Direito de empresa no novo Código Civil*, São Paulo, Atlas, 2003, p. 20.

2. Sérgio Campinho, *O direito de empresa*, Rio de Janeiro, Renovar, 2006, p. 2; Wilson J. Gonçalves, *Introdução aos direitos trabalhistas e empresariais*, ALJ-MS, 2012, p. 94 e s.

normas de sociedades anônimas, desde que não contrariassem os preceitos da legislação civil[3].

A unificação do direito obrigacional não eliminará a vida mercantil e muito menos a atividade empresarial. Modernamente, considerar-se-á una a relação obrigacional, independentemente dos seus sujeitos e de sua atividade ou de sua profissão. Teoricamente, apenas há a pretensão de reduzir as obrigações numa unidade orgânica, estendendo-se a atividade empresarial os preceitos norteadores da relação jurídico-obrigacional.

Com a unificação do direito das obrigações e a adoção da teoria da empresa, não se deu a abolição do "direito comercial", cuja autonomia não ficou comprometida. O Enunciado n. 75 do CJF também reconhece isso ao prescrever que "a disciplina da matéria mercantil no novo Código Civil não afeta a autonomia do direito comercial".

Modernamente, o "direito comercial", longe de ceder espaço à "miragem" da unidade do direito privado, constitui uma "nova" disciplina, montada, como já dissemos, na unificação do direito obrigacional, e identifica-se como *direito de empresa*, visto que, de modo inovador, o Código Civil de 2002, no Livro II da Parte Especial, veio a abandonar os princípios franceses, inspiradores do Código Comercial de 1850, e passa, sob a influência do Código Civil italiano, a adotar a *teoria da empresa* regulamentando normativamente a atividade empresarial[4]. A adoção dessa teoria não traz em si a superação da bipartição do direito privado, uma vez que, como diz Fábio Ulhoa Coelho, apenas altera o critério de delimitação do objeto do direito comercial, que

---

3. Arnoldo Wald, O empresário, a empresa e o Código Civil, *O novo Código Civil — estudos em homenagem a Miguel Reale*, São Paulo, LTr, 2003, p. 848 e 849; Broseta Pont, *La empresa, la unificación del derecho de obligaciones y el derecho mercantil*, Madrid, Tecnos, 1965; Marcelo Polo, A unificação do direito privado brasileiro: análise da existência de um campo operativo próprio do direito comercial em matéria obrigacional, *Revista Síntese — Direito Empresarial, 28*:9-49; Newton De Luca, A unificação das obrigações civis e comerciais como um dos fundamentos do direito civil contemporâneo, *Fundamentos do direito civil brasileiro* (org. Everaldo A. Cambler), Campinas, Millennium, 2012, p. 257-86; Rubens Requião, como observa Waldirio Bulgarelli (*Sociedades comerciais*, São Paulo, Atlas, 1998, p. 320), foi, antes do novel Código Civil, "um dos poucos juristas que estudou o direito comercial, à luz do empresário e da empresa".

4. Rodrigo Ferraz P. Cunha, Reorganizações societárias no novo Código Civil, *Direito de empresa no novo Código Civil*, Rio de Janeiro, Forense, 2004, p. 413. Interessantes são as observações sobre o assunto feitas por Mário Luiz Delgado, O direito da empresa e a unificação do direito privado. Premissas para superação da autonomia científica do "direito comercial", *Questões controvertidas — direito de empresa*, v. 8, São Paulo, Método, 2010, p. 17-44.

deixa de ser o ato de comércio, passando a ser empresarialidade. A dicotomia do direito privado, convém repetir, permanece inalterada.

Além do mais, é preciso não olvidar que os negócios e atos jurídicos constituídos antes da entrada em vigor do Código Civil de 2002, ou, ainda, no período da *vacatio legis* (CC, art. 2.044), em razão da obrigatoriedade do Código Civil de 1916 durante esse lapso temporal, obedecerão ao disposto nas leis anteriores referidas no art. 2.045, pois o novo diploma legal ainda não produziu quaisquer efeitos apesar de já estar publicado oficialmente. Consequentemente, os atos e negócios jurídicos praticados antes ou durante a *vacatio legis*, conforme as antigas normas, serão tidos como válidos se atendidos todos os pressupostos legais. Portanto, não há como negar que, nesse espaço entre a publicação e o início da vigência do novo Código Civil, as relações jurídicas ficarão sob a égide das normas vigentes anteriormente. Haverá sobrevivência do Código Civil de 1916 e da Primeira Parte do Código Comercial, que terão, em certas hipóteses, eficácia residual. Contudo, os efeitos daqueles negócios, produzidos após a vigência do novo *Codex*, aos preceitos dele se subordinarão, salvo se houver sido prevista pelas partes determinada forma de execução, desde que não contrariem normas de ordem pública inderrogáveis, que não anteriores ao atual Código Civil, como a da função social dos contratos e da propriedade (CC, art. 2.035 e parágrafo único)[5]. Há, portanto, uma vinculação incindível da convenção de execução, feita pelos contratantes, a princípios jurídico-constitucionais, fazendo interligação entre a antiga e a nova situação jurídica. Admitida está, excepcionalmente, a aplicação de normas civis e mercantis já revogadas.

Há uma autonomia do "direito comercial" em face do direito civil, pois aquela superação da dicotomia no direito obrigacional brasileiro não desconsiderou os princípios e os institutos peculiares a cada ramo do direito, continuando a existir dois Códigos de direito privado: o Código Civil de 2002 e o Código Comercial de 1850 (2ª Parte) e ainda as legislações (civil e comercial) extravagantes[6].

---

5. Sobre a constitucionalidade do art. 2.035 e parágrafo único do Código Civil de 2002: M. Helena Diniz, *Código Civil anotado*, São Paulo, Saraiva, 2006, p. 1.628-34. O impacto do art. 2.035, parágrafo único nos contratos anteriores ao novo Código Civil, in Delgado e F. Alves, *Novo Código Civil — questões controvertidas*, São Paulo, Método, 2005, v. 4, p. 471-80; Constitucionalidade do parágrafo único do art. 2.035 do novo Código Civil, *Jornal do 22*, n. 4, p. 12, São Paulo, PUC, 2005; José de Oliveira Ascensão, Prefácio da obra *Problemas de direito intertemporal no Código Civil*, de Mario Delgado, São Paulo, Saraiva, 2004, p. XVI e XVII.

6. Arnaldo Rizzardo, *Direito de empresa*, Rio de Janeiro, Forense, 2007, p. 9 e 10; Láudio C. Fabretti, *Direito de empresa*, cit., p. 13; Frederico V. Rodrigues, Autonomia do direito de

Seguindo a esteira de Vivante e Rubens Requião, parece-nos que a unificação do direito obrigacional, abolindo a dualidade de regramento das obrigações, é, na verdade, uma ilusão, visto que a falência é um instituto mercantil e só se estende ao empresário e à sociedade empresária, ficando o procedimento relativo à insolvência do devedor civil regido pelo Código de Processo Civil (Livro II, Título IV)[7] de 1973. Nos termos do art. 1.052 do Código de Processo Civil de 2015, permanece assim regulada até edição de lei específica.

O "direito comercial" passa a ter, no Código Civil de 2002 (Livro II — Parte Especial), uma nova abordagem, sob a denominação *direito de empresa*, já que, dando ênfase à empresarialidade, trata do empresário (título I), da sociedade (título II), do estabelecimento (título III) e dos institutos complementares (título IV). O novo Código Civil, como observa Miguel Reale, na Exposição de Motivos do Anteprojeto do Código Civil, fiel às diretrizes da política econômico-financeira, harmonizou os valores da iniciativa privada com os da certeza e segurança, prevendo normas garantidoras da estabilidade e autonomia das estruturas empresariais nos limites do bem comum e dos imperativos do desenvolvimento nacional.

Com isso, o *direito empresarial* é um ramo especial do direito privado e não um direito novo. É uma nova visualização do "direito comercial", calcada em ideias modernas. Contudo, em nome da tradição[8], dever-se-ia conservar a nomenclatura "direito comercial", mesmo porque tem sido assim identificado: no art. 22, I, da CF, que arrola, dentre os assuntos de competência legislativa, privativa da União, o direito civil separadamente do direito comercial; em livros doutrinários e nas grades curriculares dos cursos de graduação e pós-graduação, por determinação do MEC[9]. Mas, tecnicamente, a denominação apropriada seria *direito de empresa*.

---

empresa no novo Código Civil, *Direito de empresa no novo Código Civil*. Rio de Janeiro, Forense, 2004, p. 13 a 36. *Vide* a obra de: José Carlos Moreira Alves, A unificação do direito privado brasileiro, *Revista do IASP 140 anos*, p. 213-28.

7. Rubens Requião, *Curso de direito comercial*, São Paulo, Saraiva, 2006, v. 1, p. 23 e 24.

8. "Comércio", "comercial" e "comercialização" são termos tradicionais utilizados desde os primórdios da civilização, que não deveriam ser substituídos, pois ainda se fala em propaganda comercial, comércio eletrônico, comércio internacional, balanço comercial; Organização Mundial do Comércio, tratados de livre comércio etc. É a lição de Láudio C. Fabretti (*Direito de empresa*, cit., p. 23).

9. Fábio Ulhoa Coelho, *Manual de direito comercial*, São Paulo, Saraiva, 2003, p. 5; Alfredo de A. Gonçalves Neto, *Direito de empresa*, São Paulo, Revista dos Tribunais, 2010; André F. Estevez e Rennan F. K. Thamay, Ainda sobre o futuro do Direito Comercial. Notas sobre o Projeto de Lei n. 1.572/2011, *Revista Síntese — Direito Empresarial*, 28: 50-71; Bertoldi e Pereira Ribeiro, *Curso avançado de direito comercial*, São Paulo, Revista dos Tribunais, 2008; Judith Martins-Costa, O projeto de Código Comercial: desnecessário e inoportuno, *In-*

formativo IASP, 98:16-17; João Otávio de Noronha. O projeto do Código Comercial, *RIASP, 32*:423-432; Asdrubal F. Nascimbeni, A nova Câmara de Direito Empresarial do TJSP e o Projeto de Lei para um novo Código Comercial, *RIASP, 28*:297-314; Ivo Waisberg. O Projeto de Lei n. 1.572/2011 e a autonomia do direito comercial. In: Fábio Ulhoa Coelho, Tiago Asfor Rocha Lima, Marcelo Guedes Nunes (Org.). *Reflexões sobre o Projeto de Código Comercial*. São Paulo: Saraiva, 2013, v. 1, p. 67-84. *BAASP 2781*:8 noticia: "De autoria do deputado Vicente Cândido (PT-SP), o Projeto de Lei n. 1.572/2011 do novo Código Comercial visa sistematizar e atualizar a legislação sobre as relações empresariais entre pessoas jurídicas, tratando, entre outros assuntos, da denominação empresarial, de títulos eletrônicos e do comércio na internet. Um dos principais pontos destacados pelo autor é a permissão para que toda a documentação empresarial seja mantida em meio eletrônico, dispensando-se o uso de papel. O texto conta com 670 artigos, divididos em cinco livros. O primeiro é uma parte geral sobre a empresa, o segundo trata das sociedades empresariais, o terceiro regula as obrigações dos empresários, o quarto aborda a crise da empresa e o quinto trata das disposições transitórias.

Para muitos deputados e especialistas, o novo Código Comercial terá um longo e árduo caminho no Congresso Nacional podendo ser discutido durante anos. Com o objetivo de integrar essas discussões, o Ministério da Justiça, por meio de sua Secretaria de Assuntos Legislativos, lançou um debate público pela internet para que interessados expressem suas opiniões. O lançamento desta consulta pública foi realizado na AASP, que sempre esteve envolvida em todas essas importantes discussões. O debate, realizado por meio da internet, pode ser acessado pelo endereço <http://participacao.mj.gov.br/codcom/> e durará até a metade do mês de maio de 2013. Os resultados do debate serão encaminhados à Comissão Especial encarregada da análise do projeto na Câmara dos Deputados.

Ainda sem um texto fechado, o projeto analisa vários focos de atuação. O relator do projeto pretende expandir pontos do texto, entre eles o capítulo que trata do agronegócio, que tem apenas dois artigos e, segundo o deputado Vicente Cândido, deve virar um livro. Para ele, a comissão deve se empenhar no assunto para criar novos artigos que beneficiem o setor rural, que é tão importante para a balança comercial do país.

Vicente Cândido também acredita que os parlamentares da Comissão Especial podem pedir que sejam incluídas no código as regras que tratam das sociedades anônimas. Além dos parlamentares, entidades do setor produtivo também devem apresentar sugestões nesse ponto. O deputado avalia que as leis que regem as sociedades anônimas (S.A.) estão atualizadas, mas que existe um debate sobre os direitos dos acionistas minoritários, os quais podem aparecer com sugestão de mudanças.

Embora haja avanços, a polêmica ainda é grande em torno do projeto, que tem recebido críticas sobre sua relevância e inovação. Para juristas e advogados, o texto repete vários dispositivos de outras leis e confronta previsões já consolidadas no mercado. Além de críticas ao conteúdo, juristas apontam que a elaboração de um novo código não melhoraria as relações contratuais nem a aplicação de leis empresariais, a não ser que haja a especialização dos juízes. De fato, a Comissão Especial recém-criada na Câmara dos Deputados tem bastante trabalho pela frente."

Há quem ache, como Abram Szajman (*Jornal do Advogado, 369*:12), que há necessidade de um novo Código Comercial porque o Código Civil não levou em conta o quanto é heterogêneo e complexo o universo empresarial brasileiro, eis a razão pela qual Fábio Ulhoa Coelho apresentou minuta de projeto de novo Código Comercial propondo: "a sistematização, revisão, aperfeiçoamento e modernização da disciplina jurídica do estabelecimento empresarial, do comércio eletrônico, da concorrência desleal, das condutas parasitárias, da escrituração mercantil e do exercício individual da empresa e da sociedade unipessoal". De acordo com sua justificativa, o projeto também "disciplina os principais contratos empresariais, como a compra e venda mercantil, o fornecimento, a distribuição e o fretamento de embarcações".

Para Fábio Ulhoa Coelho (Um novo direito comercial, *Forum Jurídico, 1*:41-4), é preciso um novo Código Comercial para que haja valorização da empresa, permitindo que ela cumpra sua função social, possa competir pelos investimentos e retê-los e, além disso, reduzir preços dos produtos e serviços, aumentando vendas e gerando lucros.

QUADRO SINÓTICO

SUPERAÇÃO DA BIPARTIÇÃO DO DIREITO OBRIGACIONAL E AUTONOMIA DO DIREITO COMERCIAL

1. SUPERAÇÃO DA BIPARTIÇÃO DO DIREITO OBRIGACIONAL	• Unificação do direito obrigacional (CC de 2002 — Livro I da Parte Especial). • Adoção da teoria da empresa (CC de 2002 — Livro II da Parte Especial). • Vigência do Código Comercial, Segunda Parte (CC/2002, art. 2.045), e de legislação comercial extravagante (CC/2002, art. 2.037). • Derrogação da Primeira Parte do Código Comercial (CC/2002, art. 2.045).
2. AUTONOMIA DO "DIREITO COMERCIAL"	• Não houve perda da autonomia do "direito comercial", que regerá a atividade empresarial e as sociedades empresárias pelas normas do Código Civil (arts. 966 a 1.195), pelos preceitos não revogados do Código Comercial e pela legislação comercial específica. • Superação da dicotomia do direito obrigacional não desconsiderou os princípios e os institutos peculiares do direito civil e do "direito comercial". • Nova abordagem do "direito comercial", sob a denominação técnica *direito empresarial*, pela ênfase dada à empresarialidade, seu objeto.

Para outros, como Haroldo M. Duclere Verçosa (*Jornal do Advogado*, *369*:13), não seria viável um novo Código Comercial por ser mais adequada a solidificação de microssistemas de direito comercial, cujos contornos já estão realçados em normas especiais, tornando mais eficiente o atendimento das necessidades das empresas e de suas contrapartes.

Há Projetos para instituir um Novo Código Comercial (um no Senado Federal e outro na Câmara dos Deputados), que caminham coordenadamente.

Alguns juristas acham que o novel Código, se for aprovado, tendo 2 mil artigos, poderia elevar custos e aumentar a burocracia. A ideia é rever a legislação, sistematizar normas gerais, estabelecer princípios, facilitar solução de conflitos normativos, evitar que se dê ao empresário o mesmo tratamento do consumidor, que é vulnerável, abranger o princípio da liberdade de iniciativa, regulamentar o agronegócio e áreas da era digital (Novo Código Comercial está na mira de parlamentares, *Jornal do Advogado*, *447*:4, 2018).

2. Moderna teoria jurídica da empresa

A. Teoria da empresa no Código Civil de 2002

Na baixa Idade Média, depois do contato intercultural que as Cruzadas suscitaram entre o Oriente e o Ocidente, surge o direito comercial, principalmente nas cidades italianas (Veneza, Florença, Gênova e Amalfi), como um autêntico direito da classe dos comerciantes e mercadores, que o comércio mediterrâneo havia incrementado e fortalecido a ponto de poderem, os usos comerciais estabelecidos pelas ligas ou corporações industriais, artísticas e mercantis, logo após sua codificação, derrogar o direito romano comum (*jus civile*), no que atinava à vida comercial e ao tráfic[10].

O direito comercial é, portanto, em sua origem, um direito estatutário particular e consuetudinário, visto que não decorreu da obra dos jurisconsultos nem dos legisladores, mas do trabalho dos comerciantes, que o criaram com seus usos, estabelecendo seus estatutos ou regulamentos, pelos quais disciplinavam a concorrência, asseguravam mercados aos comerciantes para os seus produtos, evitavam fraudes e garantiam a boa qualidade das mercadorias. Tais normas consuetudinárias foram consolidadas em repositórios, como os *Rôles d'Oleron*, na França, as *Constitudines*, em Gênova, e o *Consulado do Mar*, em Barcelona[11].

---

10. A. L. Machado Neto, *Compêndio de introdução à ciência do direito*, São Paulo, Saraiva, 1984, p. 249 e 250; M. Helena Diniz, *Compêndio de introdução à ciência do direito*, São Paulo, Saraiva, 2006, p. 273 e 274; Ricardo Negrão, *Direito empresarial* – estudo unificado, São Paulo, Saraiva, 2008.

11. José X. Carvalho de Mendonça, *Tratado de direito comercial brasileiro*, Rio de Janeiro, Freitas Bastos, 1955, v. 1, cap. I; Hermes Lima, *Introdução à ciência do direito*, Rio de Janeiro, Freitas Bastos, 1970, p. 243; Arnoldo Wald, Direito comercial-I, in *Enciclopédia Saraiva do Direito*, v. 25, p. 443 e 444; M. Helena Diniz, *Compêndio*, cit., p. 273.

Dava-se ênfase aos atos do comércio e aos comerciantes.

Com Carvalho de Mendonça[12] podia-se conceituar o direito comercial como "a disciplina jurídica reguladora dos atos de comércio e, ao mesmo tempo, dos direitos e obrigações das pessoas que os exercem profissionalmente e dos seus auxiliares". Os atos de comércio podiam ser: *a*) por natureza — aqueles em que havia mediação com fito de lucro, como a compra ou troca de coisas móveis para a revenda, por grosso ou a retalho, na mesma espécie ou manufaturados (na fórmula do art. 19 do Regulamento 737 de 1850), as operações bancárias etc.; *b*) por conexão — os atos de natureza civil que se transformavam em comerciais, se praticados em função da atividade mercantil, p. ex.: aquisição de instalações, balcões ou vitrines para um estabelecimento comercial, compra de máquinas para o desempenho da mercancia, mandato para a gestão de negócios mercantis etc.; *c*) por força de lei — que eram aqueles considerados comerciais por determinação legal, independentemente de sua natureza, e era indiferente que fossem praticados por comerciante ou não, uma só vez ou reiteradamente, p. ex.: os atos praticados por uma sociedade anônima, os atinentes a títulos de crédito e a títulos de dívida pública, as operações relativas a seguros marítimos, riscos e fretamentos etc.

O direito comercial limitava-se a reger a transferência ou compra e venda de riquezas e atividades como a corretagem ou intermediação, a agência ou representação, o depósito, o transporte marítimo, a concessão de crédito, o mandato mercantil, a compra e venda mercantil, a troca, a locação, o mútuo, a sociedade, o fretamento etc.[13].

O atual Código Civil, no art. 966, *caput*, ao prescrever que o empresário é "quem exerce profissionalmente atividade econômica organizada para a produção ou a circulação de bens ou de serviços", abandona a teoria dos atos de comércio, por não abranger toda a atividade econômica, e, deixando de lado o modelo francês, adota a *teoria da empresa*, positivando-a, incorporando, assim, o modelo italiano de disciplina privada daquela atividade. E, com isso, o "direito comercial" assume, modernamente, a veste de direito de empresa, sem contudo perder sua autonomia e sem operar a unificação do direito privado[14].

---

12. Carvalho de Mendonça, *Tratado*, cit., v. 1, p. 16.
13. Arnaldo Rizzardo, *Direito de empresa*, cit., p. 11.
14. Amador Paes de Almeida, *Direito de empresa no Código Civil*, São Paulo, Saraiva, 2004, p. 11. O Código Civil italiano, no art. 2.082, assim dispõe: "*È impreditore chi esercita professionalmente uma attività economica organizzata al fine della produzione o dello scambio di beni o di servizi*".

Afastam-se da base do direito comercial os atos de comércio e o comerciante, destacando-se o empresário e a atividade econômica de organização dos fatores de produção, para criação ou oferta de bens e de serviços[15]. O direito comercial deixou de ser o direito de uma certa categoria de profissionais, passando a ter como instrumento de objetivação a atividade empresarial. Não houve substituição do comerciante pelo empresário, uma vez que o conteúdo deste último termo é mais amplo por abranger o comerciante e outras formas de atividade, como a industrial e a do prestador de serviços. Tal mudança não é mero modernismo, visto que a expressão "atividade econômica organizada" é mais abrangente do que a locução "atos de comércio", pois alberga a produção, circulação e distribuição de bens e serviços.

O direito comercial, antes do Código Civil de 2002, restringia-se à regulação da atividade destinada à circulação, criação da riqueza mobilizada, seus instrumentos, e à qualificação dos sujeitos dessas relações. O "direito empresarial", na nova sistemática, tem um alcance maior por abranger a organização patrimonial econômica enquanto atua na circulação de bens, na sua produção, na prestação de serviços ou em formas diferentes de trazer resultados econômicos. A atividade empresarial não se limita, portanto, à comercial, a uma mera intermediação entre o momento da produção e o do consumo, já que pode ser industrial, de intercâmbio de bens, de distribuição e securitária[16].

Pelo novo *Codex*, o critério da empresarialidade traça os contornos do "direito comercial". Tal se deu, ensina-nos Miguel Reale[17], porque, hodiernamente, tem prevalecido a tese de que não é o ato de comércio como tal que constitui o objeto do direito comercial, mas sim a atividade econômica habitualmente destinada à circulação das riquezas, mediante bens ou serviços, o ato de comércio inclusive, implicando uma estrutura empresarial.

---

15. Rubens Requião, *Curso de direito comercial*, São Paulo, Saraiva, 2005, v. 1, p. 14; Fábio Ulhoa Coelho, *Curso de direito comercial*, São Paulo, Saraiva, 2006, v. 1, p. 12-4.
16. É a lição de Vera Helena de Mello Franco, *Manual de direito comercial*, São Paulo, Revista dos Tribunais, 2004, v. 1, p. 15.
17. Miguel Reale, *Lições preliminares de direito*, São Paulo, Bushatsky, 1973, p. 358 e 359; Fábio Ulhoa Coelho, *Curso de direito comercial*, São Paulo, Saraiva, 2006, v. 1, p. 27 e 28; *Manual de direito comercial*, São Paulo, Saraiva, 2003, p. 8; Arnaldo Rizzardo, *Direito da empresa*, cit., p. 8; Sérgio Campinho, *O direito*, cit., p. 4. Urge lembrar que, contudo, o direito brasileiro já delineava a teoria da empresa doutrinária e jurisprudencialmente e, ainda, em alguma lei extravagante (Leis n. 8.245/91, art. 51, § 4º, e 8.934/94, art. 2º).

A teoria da empresa é um sistema novo de disciplina privada da atividade econômica organizada, ou seja, da que se destina à exploração econômica, com fins lucrativos e de forma mercantil na organização de pessoas, mediante o empresário individual ou sociedade empresária. O Código Civil de 2002, convém repetir, deu uma nova dimensão ao "direito comercial", que passou a tratar da movimentação da economia, pois, não sendo mais o direito dos comerciantes e dos atos de comércio, alcança uma maior amplitude, caracterizando-se como um direito da atividade econômica organizada para a produção e a circulação de bens ou de serviços[18]. "Ampliou-se tanto a esfera de aplicação da lei mercantil que a atividade comercial tornou-se apenas uma das atividades submissas à norma específica. De maneira que, hoje, tem-se como certo estarem sujeitos às normas não civis previstas no Código de 2002 todos os atos de empresas e atos empresariais (gênero), aí incluindo as espécies: atos comerciais, circulação de mercadorias e serviços, atos industriais e demais atos considerados empresariais"[19]. Consequentemente, na atualidade, a regulamentação da atividade econômica funda-se na teoria da empresa, daí falar em *direito da empresa* ou *direito empresarial*.

B. Concepção atual de "empresa"

Com o advento do Código Civil de 2002, a empresa passou a ser a célula fundamental da economia de mercado[20], mas se encontra afastada de seu conceito econômico, realçado por Cesare Vivante[21] ao afirmar: "*L'impresa è un organismo economico che raccoglie e pone in opera sistematicamente i fattori necessari per ottenere un prodotto destinato allo scambio, a rischio dell'empreditore*". No mesmo sentido pondera Carvalho de Mendonça: "empresa é a organização técnico-econômica que se propõe a produzir, mediante a combinação dos diversos elementos, natureza, trabalho e capital, bens ou serviços, destinados à troca (venda), com esperança de realizar lucros, correndo os riscos por conta do empresário, isto é, daque-

---

18. Arnaldo Rizzardo, *Direito da empresa*, cit., p. 11.
19. É a lição de Américo Luís Martins da Silva, *Introdução do direito empresarial*, Rio de Janeiro, Forense, 2005, p. 132.
20. Arnoldo Wald, *O empresário*, cit., p. 845.
21. Cesare Vivante, *Trattato di diritto commerciale*, Milano, Vallardi, 1922, v. 1, p. 100; Carvalho de Mendonça, *Tratado*, cit., v. 1, p. 482; Dylson Doria, *Curso de direito comercial*, São Paulo, Saraiva, 2000, v. 1, p. 48.

le que reúne, coordena e dirige esses elementos sob a sua responsabilidade". E acrescenta: "esse conceito econômico é o mesmo jurídico, em que pesem alguns escritores, que os distinguem sem fundamento". Nessa linha, Dylson Doria argumenta: "Se se põe timbre na atividade que a empresa desenvolve, compreender-se-á que o seu conceito jurídico mais não é que uma derivação de seu conceito econômico. Na realidade, disciplinando o direito a atividade do empresário, a tutela jurídica da empresa será sempre a dessa atividade". Deveras, na busca de um conceito jurídico unitário de empresa, o novo Código Civil e alguns juristas nela vislumbram não a organização econômica, mas a própria atividade econômica organizada, exercida profissionalmente pelo empresário, por meio do estabelecimento[22].

Em que pesem essas opiniões, entendemos que, nem mesmo se acatou a visão multifacetária de Alberto Asquini[23], que concebe empresa como um fenômeno poliédrico, composta de quatro perfis ou elementos: *a*) o *subjetivo*, que seria o empresário (pessoa física ou jurídica), titular da empresa. No perfil subjetivo, considera-se, portanto, a empresa sob o prisma de seu titular e das condições que ele deve satisfazer para realizar juridicamente o empreendimento econômico; *b*) o *material* ou patrimonial, que abrange o estabelecimento (*patrimonio aziendal — azienda res*) ou universalidade de bens e o complexo de direitos sobre bens empresariais, as relações com os funcionários, fornecedores de material e de capital. Pelo perfil patrimonial, a empresa teria um patrimônio afetado a uma finalidade específica; *c*) o *funcional*, atividade desenvolvida para alcançar um fim, organizando a força do trabalho e o capital necessário para a produção e distribuição de bens ou serviços; e *d*) o *corporativo* ou institucional, relativo à parceria entre empresário e seus colaboradores, ao fato da participação dos empregados nos lucros da empresa[24], fator de integração do trabalhador na comunidade empresarial; à representação[25], visto que a lei lhes assegura a eleição de um representante para a promoção de entendimento direto com os empregadores, e, em se tratando de sociedade anônima, elegibilidade para cargos diretivos.

---

22. Waldirio Bulgarelli, *Sociedades comerciais*, São Paulo, Atlas, 1996, p. 298. Para Tullio Ascarelli, a empresa é uma atividade exercida profissionalmente: a *azienda*.
23. Alberto Asquini, Profili dell'impresa, *Rivista di Diritto Commerciale*, 43 (1943). Consulte: Amador Paes de Almeida, *Direito de empresa*, cit., p. 14.
24. CF/88, art. 7º, XI.
25. CF/88, art. 11.

Dos quatro perfis de Asquini ressalta-se o funcional, por identificar a empresa com a atividade econômica, delineando o seu conceito jurídico atual, pois o direito moderno vem dando relevância às atividades ordenadas a um escopo.

Sendo atividade econômica destinada à produção de bens ou serviços avaliáveis patrimonialmente, é a empresa, em sentido jurídico, a atividade do empresário (pessoa natural ou jurídica), proprietário dos bens produtivos, que assume os resultados e riscos negociais. Pelo Enunciado n. 54 do CJF "é caracterizador do elemento-empresa a declaração da atividade-fim, assim como a prática de atos empresariais".

A empresa é, portanto, a atividade econômica organizada desenvolvida pelo empresário; logo, não é sujeito de direito, não tendo personalidade jurídica. Sujeito de direito é o empresário individual ou coletivo, titular da empresa.

Marcelo M. Bertoldi[26] enfatiza isso ao escrever: "Cada vez mais se sedimenta o entendimento de que a empresa nada mais é senão a atividade desenvolvida pelo empresário, sujeito de direito. É a materialização da iniciativa criadora do empresário, da projeção patrimonial de seu trabalho de organização dos distintos fatores produtivos".

A empresa, objeto do direito empresarial, é o exercício profissional da atividade econômica organizada[27].

C. Atividade empresarial no novel Código Civil

c.1. Delimitação conceitual de "atividade econômica organizada" e o alcance de "produção ou circulação de bens e serviços"

A empresa, como vimos, é uma instituição jurídica despersonalizada, caracterizada pela atividade econômica organizada, ou unitariamente estruturada, destinada à produção ou circulação de bens ou de serviços para o mercado ou à intermediação deles no circuito econômico, pondo em funcionamen-

26. Marcelo M. Bertoldi, *Curso avançado de direito comercial*, São Paulo, Revista dos Tribunais, 2001, v.1, p. 56.
27. Waldirio Bulgarelli, *Tratado de direito empresarial*, São Paulo, Atlas, 1995, p. 83. *Vide*: Williamson e Winter, *La naturaleza de la empresa*, México, Fondo de Cultura Económica, 1996.

to o estabelecimento a que se vincula, por meio do empresário individual ou societário, ente personalizado, que a representa no mundo negocial[28].

A empresarialidade liga-se, portanto, ao exercício profissional de uma atividade econômica organizada.

Mas o que seria "atividade econômica organizada"[29]?

A *atividade* é a de produção (fabricação) de produtos, circulação (comercialização ou intermediação) de bens ou prestação de serviços (bancários, hospitalares, securitários etc.) e, em si mesma, é a própria empresa ou empreendimento, que não se confunde com o empresário individual ou coletivo, nem com o local em que se desenvolve ou com os bens materiais ou imateriais (estabelecimento) utilizados para o seu exercício. Poder-se-á ter, então, atividade primária (extração direta da natureza de produtos, como agricultura, pecuária, pesca, mineração), secundária (indústria ou manipulação de produtos, transformando-os em novo produto, p. ex., colheita de algodão é atividade primária e sua transformação em tecido é secundária) e terciária (prestação de serviços e comércio *stricto sensu*, p. ex., compra de produto para revenda). A atividade empresarial é a que se manifesta economicamente na empresa e se exprime juridicamente na titularidade do empresário (pessoa natural ou jurídica), no modo e nas condições de seu exercício.

É atividade *econômica* porque visa criar riqueza ou gerar lucro, que é o objetivo da produção e circulação de bens ou da prestação de serviços, ou constituir um instrumento para a consecução de outros fins, caso em que

---

28. É a lição de Ruy de Souza, *O direito das empresas* — atualização do direito comercial, Belo Horizonte, 1959, p. 299.

29. Fábio Ulhoa Coelho, *Manual*, cit., p. 3, 4, 12-5, 38 e 39; Sebastião José Roque, *Curso de direito empresarial*, São Paulo, Ícone, 2006, p. 68 e 69, 72-4 e 283; Adalberto Simão Filho, *Nova empresarialidade*, tese de doutorado apresentada na PUCSP, em 2002, p. 32-5; Fábio K. Comparato, *Direito empresarial — ensaios e pareceres*, São Paulo, Saraiva, 1990, p. 11; Ricardo Negrão, *Manual de direito comercial e de empresa*, São Paulo, Saraiva, 2006, v. 1, p. 38; Oscar Barreto Filho, A dignidade do direito mercantil, *Revista de Direito Mercantil*, São Paulo, Malheiros, 1973, n. *2*:18; Newton De Lucca, *Regime jurídico da empresa estatal no Brasil*, tese de livre-docência apresentada em 1986 na USP, p. 45 e 46; Paulo Sérgio Restiffe, *Manual do novo direito comercial*, São Paulo, Dialética, 2007, 14-8; Marcelo T. Cometti, *Direito comercial*, Coleção OAB Nacional, São Paulo, Saraiva, 2009, v. 3; Edvaldo Brito, *Reflexos jurídicos da atuação do Estado no domínio econômico*, São Paulo, Saraiva, 2016. *Vide* Instruções Normativas n. 117, 118/2011, atualmente revogadas pela Instrução Normativa n. 10, de 2013, do Departamento de Registro Empresarial e Integração — DREI, e n. 15/2013, que traçam novas orientações para o exercício das atividades empresariais. Equiparam-se à empresa o contribuinte individual e a pessoa física na condição de proprietário de obra de construção civil — alterações nas Leis n. 8.212/91 e 8.213/91 (Lei n. 13.202, de 8-12-2015).

aquele lucro é um meio e não a finalidade da atividade econômica. É atividade empresarial criadora, a título oneroso, de riquezas, ou seja, de bens (mercadorias) e serviços patrimonialmente avaliáveis, por terem valor econômico. Tais mercadorias e serviços, por serem valoráveis patrimonialmente, representam um acréscimo ao patrimônio social. Há produção e circulação de mercadorias e prestação de serviço em troca de dinheiro (*res pro pecunia*). A atividade econômica requer onerosidade em busca do lucro, ou seja, "da diferença entre rendimento auferido em determinado período e as despesas oriundas dos fatores produtivos na realização do processo econômico de criação de bens ou prestação de serviços", como nos ensina Oscar Barreto Filho. Realmente, ninguém investe capital praticando atividade econômica por liberalidade ou passatempo, mas para prosperar e obter lucro. Se um empresário vier, ao lançar um produto, a vendê-lo por preço baixo ou a dá-lo como brinde, com isso está tão somente pretendendo conquistar clientela para, posteriormente, lucrar com vendas maiores. Seus lucros e dividendos são pagos como retorno do capital investido. Porém é preciso esclarecer, como o faz Adalberto Simão Filho, que o lucro imediato não é o objetivo específico da empresa, mas sim a busca do resultado econômico-financeiro da atividade empresarial. Certeira é a assertiva de Newton De Lucca de que "pode haver empresa sem finalidade lucrativa, mas não há empresa que não tenha por fim a obtenção de um resultado, seja este econômico-financeiro ou não". Hipótese em que, como diz Fábio Ulhoa Coelho, "o lucro é meio e não fim da atividade econômica". Ou como escreve Oscar Barreto Filho, "o lucro constitui índice de vitalidade e condição de eficiência e não uma característica inerente à empresa". Enfim, a lucratividade empresarial, na lição de Fábio Konder Comparato, não é uma finalidade obrigatória, mas uma liceidade sem conteúdo impositivo, é uma mera possibilidade da atividade econômica organizada. Por isso, o cálculo empresarial do preço, insumos, mão de obra, tributos, definindo os custos da atividade econômica e do preço dos produtos e serviços, é condição da preservação dos lucros e alavanca da atividade econômica organizada.

É a *atividade organizada* por haver nela articulação de quatro fatores de produção ou circulação de bens e serviços: capital (recurso financeiro), mão de obra (trabalhadores), insumos (materiais) e tecnologia. Tais fatores possibilitam fornecimento de produtos e serviços ao mercado com preços e qualidade competitivos. Laureano F. Gutiérrez Falla[30] esclarece-nos que a

30. Laureano F. Gutiérrez Falla, *Derecho Mercantil — la empresa*, Buenos Aires, Astrea, 1985, p. 23.

atividade econômica organizada reúne: *a*) fatores dinâmicos: coordenação, organização e sistemática profissional; e *b*) fatores estáticos: perfil estrutural e funcional, formado pelo estabelecimento, que é o conjunto de bens corpóreos e incorpóreos organizados pelo empresário, e aviamento, qualidade do estabelecimento. Empresa é, portanto, a atividade econômica organizada que reúne capital, trabalho, insumos e tecnologia para a produção e circulação de bens e prestação de serviços. A empresa pressupõe, portanto, uma estrutura, um conjunto organizado, uma organização composta de complexo de bens materiais ou imateriais (estabelecimento), o capital, o trabalho de terceiros (empregados), a coordenação desses fatores pelo empresário individual ou sociedade empresária e a atividade produtiva, ou seja, esse complexo de valores em movimento[31]. Rubens Requião[32], com muita propriedade, ensina que: "O empresário organiza a sua atividade, coordenando os seus bens (capital) com o trabalho aliciado de outrem. Eis a organização. Mas essa organização, em si, o que é? Constitui apenas um complexo de bens e um conjunto de pessoal inativo. Esses elementos — bens e pessoal — não se juntam por si; é necessário que sobre eles, devidamente organizados, atue o empresário, dinamizando a organização, imprimindo-lhe atividade, que levará à produção; tanto o capital do empresário como o pessoal que irá trabalhar nada mais são isoladamente do que bens e pessoas. A empresa somente nasce quando se inicia a atividade sob a orientação do empresário. Dessa explicação surge nítida a ideia de que a empresa é essa organização dos fatores da produção exercida, posta a funcionar, pelo empresário. Desaparecendo o exercício da atividade organizada do empresário, desaparece, *ipso facto*, a empresa".

Requer, ainda, o novo Código Civil, art. 966, que a atividade econômica organizada seja exercida com *profissionalismo* ou de forma habitual, pois a prática de atos isolados não caracteriza a empresa. É preciso que haja exercício continuado da atividade empresarial. Na atividade empresarial há uma sucessão repetida de atos praticados de forma organizada, para que haja constantemente uma oferta de bens e serviços à coletividade[33]. Profissionalidade requer: *a*) *habitualidade* ou prática continuada de uma série de atos empresariais; *b*) *pessoalidade*, ou melhor, contratação de empregados para a pro-

31. Amador Paes de Almeida, *Direito da empresa*, cit., p. 21. *Vide*: Mônica Gusmão, *Curso de direito empresarial*, Rio de Janeiro, Lumen Juris, 2007, p. 5.

32. Rubens Requião, *Curso de direito falimentar*, São Paulo, Saraiva, 1975, p. 56 e 57.

33. Newton de Lucca, A atividade empresarial no âmbito do projeto do Código Civil, *Direito empresarial contemporâneo* (coord. Adalberto Simão Filho e Newton de Lucca), São Paulo, Juarez de Oliveira, 2000, p. 73.

dução e circulação de bens e serviços em nome do empregador; e *c*) *monopólio de informações* pelo empresário sobre condições de uso, qualidade do material ou serviço, defeitos de fabricação, riscos etc.[34].

Daí os três fatores formadores da empresa: *a*) *profissionalidade* ou habitualidade no exercício de negócios que visem a produção, a circulação de bens ou a prestação de serviços; *b*) *economicidade*, ou seja, escopo de lucro ou de um resultado econômico-financeiro ou social, e *c*) *organização* ou estrutura estável dessa atividade. A ideia de "empresarialidade" envolve, portanto, a economicidade, a organização e a profissionalidade. Tais fatores formadores de empresa poderão ser, assim, graficamente, apresentados:

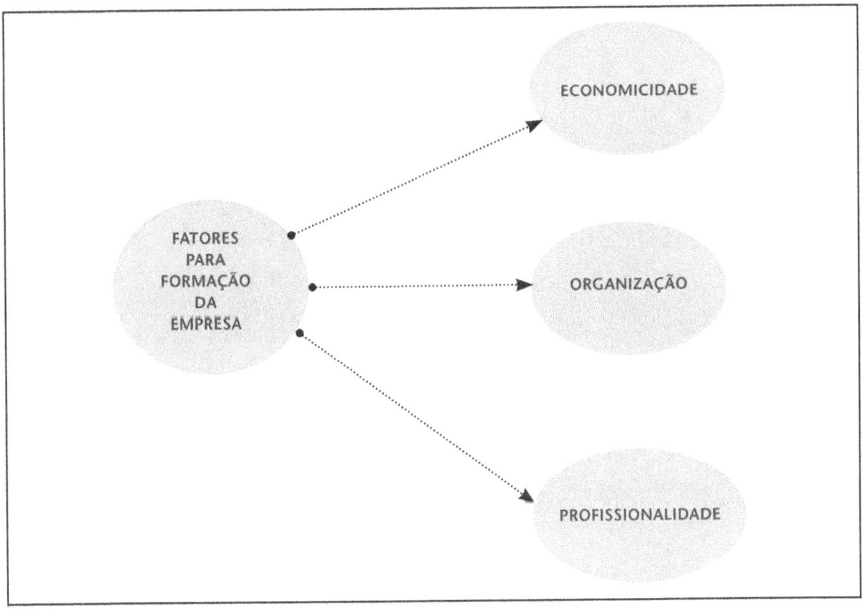

Qual o alcance de "produção ou a circulação de bens ou de serviços"?

Produção de bens consiste na "criação" ou no ato de uma indústria de confeccionar ou fabricar mercadorias ou produtos. A *produção de serviços* é a prestação de serviços, constituindo-se numa obrigação de fazer, ou seja, a prestação de uma atividade lícita, não vedada pela lei e pelos bons costumes, oriunda de energia humana aproveitada por outrem e que pode ser

34. Sebastião José Roque, *Curso*, cit., p. 73 e 74, 77 e 78; Fábio Ulhoa Coelho, *Manual*, cit., p. 11 e 12. *Vide* art. 293, § 5º, do Código Penal, com a redação da Lei n. 11.035/2004.

material ou imaterial. P. ex., a atividade securitária, hospitalar, bancária etc. A *circulação de bens* é a distribuição e comercialização nos pontos de comércio de atacado ou do varejo; já a intermediação de prestação de serviço é a *circulação de serviço*. Clássico é o exemplo de Fábio Ulhoa Coelho, de que uma agência de turismo, ao montar um pacote de viagem, intermedeia a prestação de serviços de transporte ou de hotelaria.

Graficamente temos:

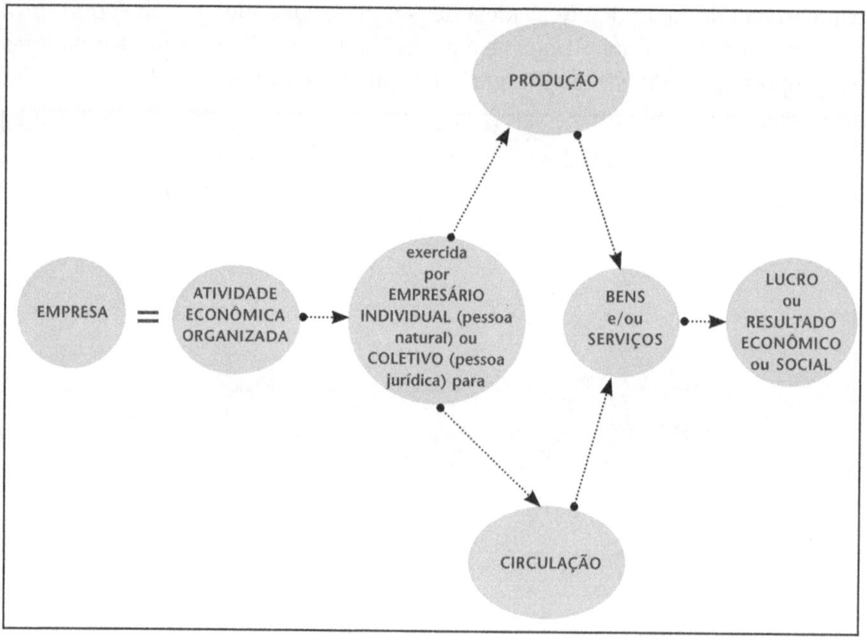

c.2. Livre-iniciativa e liberdade de concorrência como princípios da atividade empresarial

Não pode haver atividade empresarial sem um regime econômico de livre-iniciativa e de liberdade de concorrência por serem imprescindíveis para a conquista da clientela e obtenção do lucro. Sem elas ter-se-ia a estagnação na produção e circulação de bens e serviços. São necessárias para o fomento da economia e o desenvolvimento da atividade empresarial no mercado. Deveras, possibilitam o exercício da atividade econômica organizada (empresa) sob determinados princípios inerentes à exploração econômica, por meio dos quais o empresário (individual ou coletivo) deve orientar-se, na formação, na manutenção e na expansão de sua clientela, como leciona Carlos Alberto Bittar. São garantias da liberdade empresarial, calcadas na propriedade privada, conducentes à organização do mercado se desenvolvidas conforme os interesses da coletividade, por terem como balizas a justiça social e o bem-estar coletivo. A atividade econômica organizada deve ser livremente exercida sem lesar interesses individuais ou coletivos.

A livre-iniciativa advém de um sistema que preconiza o livre exercício da atividade econômica organizada privada, na qual o Estado participa tão somente como agente normativo de fiscalização, incentivo e planejamento, como diz Othon Sidou. Livre-iniciativa é a liberdade social e limitada pelo Estado, apenas para estabelecer parâmetros da atuação empresarial para tutelar direitos sociais. Toda pessoa física ou jurídica que atuar como fator de produção tem liberdade para escolher a atividade empresarial (CF, art. 5º, XIII), que irá desempenhar, sem qualquer autorização estatal, exceto como mais adiante veremos, nas hipóteses legais. Deveras, prescreve a Carta Magna, no art. 170, parágrafo único, que "é assegurado a todos o livre exercício de qualquer atividade econômica, independentemente de autorização de órgãos públicos, salvo nos casos previstos em lei".

A livre concorrência, oriunda de atuação profissional, é a liberdade dada aos empresários para exercerem suas atividades segundo seus interesses, limitadas somente pelas leis econômicas, porém norteadas pelo princípio da boa-fé objetiva. Trata-se da opção de uma forma de competição (leal e lícita) com os demais fatores econômicos dos que exercem a mesma atividade no mercado. Mesmo que haja preponderância de um empresário em relação a outro, por não estar no mesmo nível econômico; por ter feito maiores investimentos; por possuir alta tecnologia; por exercer atividade econômica em vários pontos de um país, para facilitar, p. ex., a distribuição dos produtos e o acesso da clientela à aquisição de produtos e serviços; por ter implementado estratégias lícitas (publicidade, ofertas especiais) para obter maior número de clientela etc. É ela oriunda da liberdade de circulação dos agentes econômicos (operários, prestadores de serviço, estabelecimento) e a circulação de capitais e pagamentos, desde que não se vede a entrada de outro empresário num mesmo setor econômico, nem se tente desviar ou captar, fraudulentamente, clientela alheia etc. A norma para incentivar a livre concorrência proíbe e sanciona a concorrência desleal, que causa dano material e/ou moral, podendo atingir os direitos da personalidade (CC, arts. 11, 12, 16, 17, 18, 20, 21 e 52; CF, art. 5º, X, XII, XIV, XVII, XVIII, XXIX) do empresário individual ou coletivo, como seu nome, a honra objetiva, a imagem, o segredo, o direito às criações intelectuais etc.

Vedadas estão a concorrência desleal e a infração à ordem econômica, pois "a lei reprimirá o abuso do poder econômico que vise à dominação dos mercados, à eliminação da concorrência e ao aumento arbitrário dos lucros" (CF, art. 173, § 4º).

A concorrência desleal (LPI, arts. 195 e 209) abrangeria, p. ex., os seguintes atos: *a*) violação de segredo empresarial, mediante fraude na obtenção de informação sobre o empresário (individual ou coletivo) concorrente, na invasão a banco de dados, na infiltração de empregados no corpo de funcionários do concorrente, no aliciamento de empregados do concorrente, oferecendo-lhes dinheiro em troca de vantagens ou informações; *b*) indução do consumidor em erro sobre a origem do produto ou serviço por meio de publicidade enganosa ou de publicação de falsa informação em detrimento do concorrente, para obtenção de vantagens; *c*) inobservância do padrão de qualidade dos produtos e serviços; *d*) sonegação de tributos. E o lesante deverá, pela prática de tais atos, reparar civilmente, o prejuízo causado mediante pagamento de perdas e danos (LPI, art. 209).

Pelo Enunciado n. 5 da Jornada Paulista de Direito Comercial: "pratica concorrência desleal, na modalidade denigração, o empresário que divulga informação falsa sobre concorrente, atribuindo-lhe conduta desabonadora".

Entende, ainda, o Enunciado n. 6 da Jornada Paulista de Direito Comercial: "pratica concorrência desleal o empresário que, com o fim de causar confusão ou associação indevida, fabrica ou coloca no mercado o mesmo produto de seu concorrente, usando embalagem idêntica ou assemelhada".

A infração à ordem econômica (Lei n. 12.529/2011, arts. 31 a 47; Portaria do Ministério da Justiça n. 456/2010), reprimida pelo CADE (Lei n. 4.137/62 — atualmente revogada pela Lei n. 8.884, de 1994, a qual está parcialmente revogada pela Lei n. 12.529/2011), consiste em: limitar, falsear ou prejudicar a livre-iniciativa ou livre concorrência, barrando, p. ex., o acesso de outro empreendedor à atividade empresarial; dominar o mercado relevante de bens ou serviços; aumentar, arbitrariamente, os lucros, sem ter, por base política de *marketing*, medidas de ordem administrativa, inovações tecnológicas etc.; exercer, abusivamente, posição mercadológica dominante; efetuar acordo ou fazer manipulações com concorrente para fixação: a) dos preços de bens ou serviços ofertados individualmente; b) da produção ou da comercialização de uma quantidade restrita ou limitada de bens ou da prestação de um número, volume ou frequência restrita ou limitada de serviços; c) da divisão de partes ou segmentos de um mercado atual ou potencial de bens ou serviços, mediante, dentre outros, a distribuição de clientes, fornecedores, regiões ou períodos; d) de preços, condições, vantagens ou abstenção em licitação pública; promover, obter ou influenciar a adoção de conduta comercial uniforme ou concertada entre concorrentes; limitar ou impedir o acesso de novas empresas ao mercado; criar dificuldades à constituição, ao funcionamento ou ao desenvolvimento de empresa concorrente ou de fornecedor, adquirente ou financiador de bens ou serviços; impedir o acesso de concorrentes às fontes de insumo, matérias-primas, equipamentos ou tecnologia, bem como aos canais de distribuição; exigir ou conceder exclusividade para divulgação de publicidade nos meios de comunicação de massa (TV, rádio, jornal etc.); utilizar meios enganosos para provocar a oscilação de preços de terceiros; regular mercados de bens ou serviços, estabelecendo acordos para limitar ou controlar a pesquisa e o desenvolvimento tecnológico, a produção de bens ou prestação de serviços, ou para dificultar investimentos destinados à produção de bens ou serviços ou à sua distribuição; impor, no comércio de bens ou serviços, a distribuidores, varejistas e representantes preços de revenda, descontos, condições de pagamento, quantidades mínimas ou máximas, margem de lucro ou quaisquer outras condições de comercialização relativos a negócios destes com terceiros; discriminar adquirentes ou fornecedores de bens ou serviços por meio da fixação diferenciada de preços, ou de condições operacionais de venda ou prestação de serviços; recusar venda de bens ou prestação de serviço, dentro das condições de pagamento normais aos usos e costumes comerciais; dificultar ou romper a continuidade ou desenvolvimento de relação comercial de prazo indeterminado em razão de recusa da outra parte em submeter-se a cláusulas e condições comerciais injustificáveis ou anticoncorrenciais; destruir, inutilizar ou açambarcar matérias-primas, produtos intermediários ou acabados, assim como destruir, inutilizar ou dificultar a operação de equipamentos destinados a produzi-los, distribuí-los ou transportá-los; açambarcar ou impedir a exploração de direitos de propriedade industrial ou intelectual ou de tecnologia; vender mercadoria ou prestar serviços injustificadamente abaixo do preço de custo; reter bens de produção ou de consumo, exceto para garantir a cobertura dos custos de produção; cessar, parcial ou totalmente, as atividades da empresa, sem justo motivo, p. ex., adquirir sociedade concorrente para paralisar sua atividade econômica, eliminando, assim, a concorrência, para ter o domínio de mercado; subordinar a venda de um bem à aquisição de outro ou à utilização de um serviço, ou subordinar a prestação de um serviço à utilização de outro ou à aquisição de um bem; e exercer ou explorar abusivamente direitos de propriedade industrial, intelectual, tecnologia ou marca.

Ao infrator aplicam-se sanções administrativas (Lei n. 12.529/2011, arts. 37 e 38) como: multa, publicação pela imprensa do extrato da decisão condenatória do CADE, que constitui título executivo extrajudicial; a proibição de contratar com instituições financeiras oficiais e participar de licitação tendo por objeto aquisições, alienações, realização de obras e serviços, concessão de serviços públicos, na administração pública federal, estadual, municipal e do Distrito Federal, bem como em entidades da administração indireta, por prazo não inferior a 5 (cinco) anos; a inscrição do infrator no Cadastro Nacional de Defesa do Consumidor; a recomendação aos órgãos públicos competentes para que: a) seja concedida licença compulsória de direito de propriedade intelectual de titularidade do infrator, quando a infração estiver relacionada ao uso desse direito; b) não seja concedido ao infrator parcelamento de tributos federais por ele devidos ou para que sejam cancelados, no todo ou em parte, incentivos fiscais ou subsídios públicos; a cisão de sociedade, transferência de controle societário, venda de ativos ou cessação parcial de atividade; a proibição de exercer o comércio em nome próprio ou como representante de pessoa jurídica, pelo prazo de até 5 (cinco) anos; e qualquer outro ato ou providência necessários para a eliminação dos efeitos nocivos à ordem econômica.

Pelo art. 45 da Lei n. 12.529/2011, na aplicação das penas estabelecidas nesta lei, levar-se-á em consideração: a gravidade da infração; a boa-fé do infrator; a vantagem auferida ou pretendida pelo infrator; a consumação ou não da infração; o grau de lesão, ou perigo de lesão, à livre concorrência, à economia nacional, aos consumidores, ou a terceiros; os efeitos econômicos negativos produzidos no mercado; a situação econômica do infrator; e a reincidência.

A Lei n. 12.529/2011 (Lei da Concorrência) tem, portanto, como base a defesa da concorrência, o controle das estruturas e repressão às condutas contrárias à livre concorrência, ao adotar a responsabilidade civil objetiva *sui generis*, que prescinde da prova da *intentio* do lesante e da ocorrência dos efeitos de conduta, bastando a comprovação do fato[35].

Fácil é perceber que o exercício da liberdade de iniciativa da atividade econômica e a livre concorrência não podem prejudicar empresário (individual ou coletivo) nem contrariar os interesses sociais[36].

---

35. Bruno De Luca Drago, Novo paradigma da defesa da concorrência no Brasil, *Enfoque Jurídico*, n. 1, 2010, p. 15; Vanessa R. da C. P. Fialdini, O novo sistema brasileiro de defesa da concorrência, *Fórum Jurídico*, Associação dos alunos e ex-alunos da Faculdade de Direito da PUCSP, p. 70-73. Gilberto Bercovici e José Maria A. de Andrade, A concorrência livre na Constituição de 1988, *Filosofia e Teoria Geral do Direito* (coord. Adeodato e Bittar), São Paulo, Quartier Latin, 2011, p. 449-68; Paulo Eduardo Lilla, *Propriedade intelectual e direito da concorrência*, São Paulo, Quartier Latin, 2013; Fernanda N. Piva, *Trade dress*: imitação e concorrência desleal, *RIASP*, *35*:191-206. A Lei n. 8.884/94 foi parcialmente revogada pela Lei n. 12.529/2011, que tornou ineficazes os seus arts. 1º a 85 e 88 a 93.

    Consulte, além dos artigos não revogados da Lei n. 8.884/94, a Lei n. 8.137/90, art. 4º, I, II, *a*, *b* e *c* (com a redação da Lei n. 12.529/2011), e a Lei n. 7.347/85, art. 1º, V, com alteração da Lei n. 12.529/2011.

    Vide Lei n. 13.874/2019 sobre Declaração de Direitos de Liberdade Econômica e garantias de livre mercado.

    Consulte sobre livre iniciativa: Lei n. 13.874/2019, art. 4º, I a IX.

36. Sobre livre iniciativa e liberdade de concorrência: Roberto Senise Lisboa, A livre iniciativa e os direitos do consumidor, in *Direito empresarial contemporâneo*, coord. Newton de Lucca e Adalberto Simão Filho, São Paulo, Juarez de Oliveira, 2000, p. 145 e s.; Fábio Ulhoa Coelho,

c.3. Função social da empresa e a nova empresarialidade

São, dentre outros, fundamentos da República Federativa brasileira: a livre-iniciativa (art. 4º da Lei n. 13.874/2019) e de exercício de qualquer atividade econômica organizada (art. 3º da Lei n. 13.874/2019), a livre concorrência; o

---

Manual, cit., p. 27-9; *Curso de direito comercial*, cit., v. 1, p. 30-2, 188-245; A proporcionalidade na aplicação de sanções não pecuniárias por infração ao direito concorrencial. *Forum Jurídico*, 6, 2014, p. 70 a 75; M. Helena Diniz, *Dicionário jurídico*, São Paulo, Saraiva, 2005, v. 3, p. 171-3; Carlos Alberto Bittar, *Teoria e prática da concorrência desleal*, São Paulo, Saraiva, 1989, p. 32 e 33, 46 e 47; Antonio C. Santos, Maria Eduarda Gonçalves e Maria Manuel Leitão Marques, *Direito económico*, Coimbra, Livr. Almedina, 1995, p. 104-10; Calixto Salomão Filho, *Direito comercial — as estruturas*, São Paulo, Malheiros, 1998, p. 180-3; Tércio Sampaio Ferraz Jr., Princípio da neutralidade concorrencial do Estado, *Estudos de direito constitucional — em homenagem à Maria Garcia*, São Paulo, IOB — Thomson, 2007, p. 490-501; José Gabriel Assis de Almeida, Direito da concorrência: a experiência brasileira e portuguesa, *Revista Brasileira de Direito Comparado*, *32*: 1 a 18, 2009; Inocêncio M. Coelho, A defesa da livre concorrência na Constituição de 1988, *Revista de Direito Civil, Imobiliário, Agrário e Empresarial*, *70*:101-11; Francisco de S. A. Mafra Filho, Regime jurídico da livre-iniciativa, *Revista Síntese-Direito empresarial*, n. 38 p. 148 a 160. Filipe L. C. Perruso, A defesa da concorrência e o desenvolvimento nacional. A evolução legislativa brasileira, *Revista de Direito Empresarial*, *8*:155-174; Vinicius D. Vizzotto, Direito internacional da concorrência. Comércio exterior e barreiras comerciais — ambientais: correlação, interdependência e harmonização em um contexto de sustentabilidade. *Revista Síntese — Direito empresarial*, n. *41*:62-89; Nathalia M. Vianna, Direito e economia: uma análise conjunta no âmbito do direito da concorrência. *Revista Síntese — Direito empresarial*, n. *41*:115-123; Ivo Waisberg, *Direito e política da concorrência para os países em desenvolvimento*. São Paulo: Lex Ed., 2006, 171 p.; Luiz Guerra, O sistema brasileiro de defesa da concorrência. *RIASP* 33:143-160. Observa Ricardo Inglez de Souza (A importância do combate aos cartéis, *Revista Jurídica Consulex*, *306*:29) que, para evitar a prática de ato ilegal, é eficiente o programa de *compliance*, ou seja, programa de educação e controle interno que visa garantir o cumprimento das leis e políticas das empresas e a defesa da concorrência, dando tranquilidade e reduzindo os custos empresariais. Bastante útil é o *programa de leniência* para assegurar a concretização da livre concorrência e a implementação da Política Brasileira de Combate a Cartéis, mediante iniciativas que têm por escopo: detectar, investigar e punir infrações contra a ordem econômica; informar e orientar permanentemente as empresas e os cidadãos a respeito dos direitos e garantias previstos nos artigos da Lei n. 12.529/2011; conscientizar os órgãos públicos a respeito da importância do Acordo de Leniência como instrumento fundamental de repressão e punição das infrações contra a ordem econômica e assistir, apoiar, orientar e incentivar os proponentes à celebração de Acordo de Leniência.

OAB sugere *compliance* em empresas públicas no combate à corrupção (*Jornal do Advogado*, n. 409, set. 2015, p. 6).

BAASP, *2732*:2001-05. Concorrência desleal caracterizada pela utilização de meio fraudulento e prática de ato ilícito consistente em enganar consumidores através de venda de produtos falsificados e de má qualidade. Prejuízo configurado com o desvio de clientela da apelada, detentora exclusiva da marca em território nacional. Indevida utilização de prestígio e propaganda de marca. Bem decretada a condenação da apelante a pagamento dos serviços referentes à retirada de etiquetas e de marcas costuradas das peças de roupa apreendidas para fins de doação. Valor fixado em sentença se mostra razoável para remunerar o trabalho a ser realizado pela costureira profissional nomeada pela MM. Juíza *a quo*. Sentença mantida. Recurso improvido (TJSP).

Vide Lei n. 14.010/2020, art. 14, §§ 1º e 2º que suspende eficácia dos incisos XV e XVII do § 3º do art. 36 e inciso IV do art. 90 da Lei 12.529/2011 enquanto durar estado de calamidade pública reconhecido pelo Decreto Legislativo 6/2020, ocasionado pelo Covid-19.

Consulte MP n. 958/2020 sobre normas para facilitação do acesso ao crédito e mitigação dos impactos econômicos decorrentes do Covid-19.

respeito à propriedade privada e à sua exploração, observada a sua função social (CF, arts. 5º, XIII, XXIII, 170, II a IX e parágrafo único, e 186) e os valores sociais do trabalho[37]. Por isso, o contrato ou estatuto social deverá perseguir a função econômica e a social, exigidas pelo art. 421 (com a redação da Lei n. 13.874/2019) do Código Civil, mero corolário do princípio constitucional da função da propriedade e da justiça, norteador da ordem econômica. O art. 421 institui, expressamente, a função social do contrato, revitalizando-o para atender a interesses sociais, limitando o arbítrio dos contratantes, para tutelá-los no seio da coletividade, criando condições para o equilíbrio econômico-contratual, facilitando o reajuste das atividades ou das prestações e até mesmo sua resolução. E o empresário (individual ou coletivo) deverá acatar o princípio da boa-fé objetiva (CC, art. 422), para assegurar condições mais justas na execução da atividade econômica organizada. Pela teoria da função social da empresa, o empresário e a sociedade empresária deverão ter o poder-dever de, no desenvolvimento de sua atividade, agir a serviço da coletividade.

A propriedade empresarial deverá atender à função social, exigida pela Carta Magna (arts. 5º, XXII, 182, § 2º, e 186); por isso o empresário deverá exercer sua atividade econômica organizada de produção e circulação de bens e serviços no mercado de consumo, de forma a prevalecer a livre concorrência sem que haja abuso de posição mercadológica dominante, procurando proporcionar meios para a efetiva defesa dos interesses do consumidor e a redução de desigualdades sociais, assumir funções assistenciais para seus empregados, p. ex., formando serviços médicos, fundos de previdência, planos de aposentadoria, promovendo ensino básico, creches, transporte, e, ainda, realizar projetos de recuperação do meio ambiente, e do patrimônio histórico-cultural. É preciso compatibilizar essa sua função social, visando o bem-comum, o bem-estar e a justiça social, com a finalidade de produção de lucros[38].

---

37. Roberto Senise Lisboa, *A livre iniciativa*, cit., p. 145; Graziela M. R. Ferrari e Ricardo L. Garcia. Função Social da empresa: dimensão positiva e restritiva e responsabilidade social. *Revista Síntese – Direito empresarial*, *45*:15-35, Marcelo Benacchio e Diogo B. Vailatti, Ética, ordem econômica e a função sócio-solidária empresarial, *Revista Thesis Juris*, n. 5, n. 2, p. 289-308.

Vide Lei n. 6.019/1974, com alterações da Lei n. 13.429/2017 sobre trabalho temporário nas empresas urbanas e sobre relações de trabalho na empresa de prestação de serviços a terceiros.

38. Roberto Senise Lisboa, *Responsabilidade civil nas relações de consumo*, São Paulo, Revista dos Tribunais, 2001, p. 16; M. Helena Diniz, A importância da função social da empresa, *Revista jurídica – Unicuritiba*, v. 2, p. 387-412, 2018; *Curso de direito civil brasileiro*, São Paulo, Saraiva, 2007, v. 3, p. 29; Fábio Konder Comparato, *Estado, empresa e função social,RT, 732*:38; Marcos Alberto Sant'Anna Bitelli, Da função social para a responsabilidade da empresa, in *Temas atuais de direito civil na Constituição Federal*, coord. Rui G. Camargo Viana e Rosa M. de Andrade Nery, São Paulo, Revista dos Tribunais, 2000, p. 229-73; Guilherme C. Nogueira da Gama e Bruno P. Bartholo, Função social da em-

A função social do contrato de sociedade e a da propriedade empresarial busca a boa-fé objetiva do empresário (individual ou coletivo), a transparência negocial e a efetivação da justiça social, como nos ensina Jean-Luc Aubert[39] "aplicam-se aos negócios jurídicos entre empresários a função social do contrato e a boa-fé objetiva (arts. 421, com a redação da Lei n. 13.874/2019, e 422 do Código Civil), em conformidade com as especificidades dos contratos empresariais" (Enunciado do CJF n. 29, aprovado na I Jornada de Direito Civil). O princípio da boa-fé objetiva privilegia o respeito à lealdade, requerendo do empresário um padrão de conduta, que tenha como *standard* "o bom homem de negócios", que deve ter o dever de diligência e cuidado próprio na condução de seu interesse. A boa-fé objetiva deve ser tida como o modelo de conduta social em busca da economia voltada ao bem-estar geral e da melhora da atividade empresarial na obtenção de um excelente padrão de eficiência. Eis a razão pela qual Adalberto Simão Filho[40] afirma, acertadamente, que o empresário deve buscar um ponto de equilíbrio ("ótimo de Pareto"), obtendo o máximo de eficiência social, fazen-

---

presa, *Questões controvertidas*, cit., v. 8, p. 407-25; Ricardo Lupion, Função social do contrato empresarial, *Revista Síntese – Direito Empresarial*, *35*:38-51. "O contrato empresarial cumpre sua função social quando não acarreta prejuízo a direitos ou interesses difusos ou coletivos, de titularidade de sujeitos não participantes da relação negocial" (Enunciado do CJF n. 26, aprovado na I Jornada de Direito Comercial). Lei n. 6.404/76 contém previsão relativa à função social da empresa:

"Art. 116. ....

Parágrafo único. O acionista controlador deve usar o poder com o fim de fazer a companhia realizar o seu objeto e *cumprir a sua função social*, e tem deveres e responsabilidades para com os demais acionistas da empresa, os que nela trabalham e para com a comunidade em que atua, cujos direitos e interesses deve lealmente respeitar e atender. (grifo nosso)

....

Art. 154. O administrador deve exercer as atribuições que a lei e o estatuto lhe conferem para lograr os fins e no interesse da companhia, satisfeitas as exigências do bem público e *da função social da empresa*. (grifo nosso)

"Falimentar. Teoria da desconsideração da personalidade jurídica. Cabimento. Desvio do objeto e da função social da empresa. Inobservância da lei e do contrato social. Limitação da abrangência da responsabilidade dos sócios inaceitável. Quando o ente de direito mercantil não possui fundos líquidos, nem ativo circulante, ou ativo mobilizado e imobilizado suficientes para solver suas obrigações, está insolvente. Verificada a causa da insolvência pela má conduta dos sócios empresários, é correta a aplicação da teoria da 'disregard doctrine', para se declarar lata a responsabilidade dos mesmos. Caso em que houve desvio do patrimônio social, e após, doações a terceiros, visando eludir incidências de possível ineficácia dos atos fraudatórios ao crédito público. Sentença confirmada em parte" (Apelação Cível n. 70006210553, Quinta Câmara Cível, Tribunal de Justiça do RS, relator: Clarindo Favretto, j. 4-9-2003).

39. Jean Luc Aubert, *Le contrat*, Paris, 1966, p. 26 e 27.

40. Adalberto Simão Filho, *A nova empresarialidade*, tese de doutorado apresentada na PUCSP, em 2002, p. 51, 81-4.

do com que os custos sociais derivados das atividades mercadológicas sejam iguais aos benefícios sociais alcançados. Atinge-se, continua ele, o máximo de eficiência social pelo "ótimo de Pareto" sempre que o bem-estar do empresário aumente sem diminuir o bem-estar de outros membros da sociedade. A função social da propriedade dos bens empresariais deve ser uma diretriz a ser seguida para que o empresário (individual ou coletivo) possa obter licitamente lucros e satisfazer as necessidades da coletividade. Relevante é a sua função social, dela advêm produtos e serviços e a responsabilidade na sua produção e comercialização. Daí a íntima relação da boa-fé objetiva com a probidade, que requer honestidade no procedimento empresarial e no cumprimento da atividade econômica organizada para a produção e circulação de bens e serviços.

Essa atividade econômica gera, por outro lado, custos sociais ao empresário (pessoa natural ou jurídica), que poderá ou não se compensar com as vantagens advindas daquela atividade. A externalidade ou deseconomia externa vem a ser, exatamente, aquele efeito positivo ou negativo advindo de uma atividade empresarial. Deveras, a empresa, instituição relevante socialmente, é um fator de progresso econômico e de geração de emprego, e ao produzir renda ou bem-estar ao empresário, poderá acarretar, p. ex., uma não compensação. Todavia, há possibilidade de definir mecanismos de compensação mediante um processo de internalização da externalidade por meio *da economia de bem-estar social*, considerando a externalidade como uma falha do mercado, cabendo, então, ao Estado corrigi-la pela tributação, ou *da análise econômica do direito*, pela qual os próprios interessados negociam a internalização da externalidade, fazendo uso do direito de reduzir os custos da transação. Assim sendo, como, p. ex., a indústria pode agredir o meio ambiente, e, ao mesmo tempo, produz bens e serviços e gera empregos, o Estado reconhece o efeito positivo, por meio da compensação, aumentando o custo da atividade e impondo deveres ao empresário pelo efeito negativo; para tanto, prescreve, editando normas, sanções para combate da poluição, majoração de alíquota do ICMS, e obrigações trabalhistas e encargos previdenciários[41].

A empresa, portanto, é o núcleo convergente de vários interesses, que realçam sua importância econômico-social, como: *lucro* do empresário e da sociedade empresária que assegura a sua sobrevivência e a melhora de salários e enseja a criação de novos empregos e a formação de mão de obra qualificada; *salário* do trabalhador, permitindo sua sobrevivência e a de sua família; *tributos*, possibilitando a consecução das finalidades do poder público e a manutenção do Estado[42].

---

41. É a lição de Fábio Ulhoa Coelho, *Curso*, cit., v. 1, p. 32-9.
42. Amador Paes de Almeida, *Direito de empresa*, cit., p. 15. Sobre contribuição social: Lei n.

A empresa, como atividade econômica organizada, deve ser preservada por gerar lucro, emprego e tributos. O art. 47 da Lei n. 11.101/2005 acolhe o princípio da preservação da empresa e o de sua função social ao dispor: "A recuperação judicial tem por objetivo viabilizar a separação da crise econômico-financeira do devedor, a fim de permitir a manutenção da fonte produtora, do emprego dos trabalhadores e dos interesses dos credores, promovendo assim a preservação da empresa, sua função social e o estímulo à atividade econômica"[43].

Há uma nova empresarialidade fundada na função social e na boa-fé objetiva, tendo por finalidade: geração de um valor econômico agregado; serviço à comunidade; desenvolvimento das pessoas que a integram e capacidade de continuidade[44].

Bastante pertinente é a observação de Adalberto Simão Filho[45] relativamente ao modelo de conduta a ser seguido pelo empresário quanto:

8.212/91, arts. 25, 30 e 31, com redação da Lei n. 11.933/2009; Lei n. 10.666/2003, art. 1º. Sobre PIS/PASEP e COFINS: Lei n. 11.488/2007, com redação da Lei n. 11.933/2009. IPI sobre cigarros: Lei n. 11.933/2009, art. 9º. Portaria do Ministério do Trabalho e Previdência Social n. 242/2016 sobre Programa de Proteção ao Emprego (PPE), que alterou a Portaria MTE n. 1.013/2015. Com o objetivo de possibilitar às empresas brasileiras a preservação de seus funcionários em momentos de crise econômica, o referido programa permite às empresas realizarem a redução na remuneração e na jornada de trabalho de seus empregados em até 30%; além de favorecer a recuperação econômico-financeira das empresas e o estímulo à produtividade do trabalho por meio do aumento da duração do vínculo empregatício, o programa busca evitar as demissões sem justa causa. Para aderir ao PPE, as empresas com dificuldades econômicas precisam divulgar o respectivo acordo coletivo de trabalho específico da redução de jornada e de salário, com prioridade de adesão para as empresas que empregam a cota de pessoas com deficiência.

43. Consulte: Mônica Gusmão, *Curso*, cit., p. 7 e 8.

44. Carlos Llano Cifuentes, *Dilemas éticos de la empresa contemporanea*, México, Fondo de Cultura Económica, 2000, p. 212; Fernando N. Boitteux, A função social da empresa e o novo Código Civil, *Revista da Faculdade de Direito da FAAP*, n. 2, p. 92-101; Carlos Aurélio M. de Souza (coord.), *Responsabilidade social das empresas*, São Paulo, Ed. Juarez de Oliveira, 2007; Bráulio L. Lopes, A preservação da empresa e sua função social, *MPMG*, *9*: 59-61; Wilson José Gonçalves, Função social da empresa e responsabilidade socioambiental: sustentabilidade e desenvolvimento, *Atualidade empresarial*, UFMS, 2007, p. 11-23; Luiz Fernando de C. Prudente do Amaral, *A função social da empresa*, São Paulo, SRS, 2008.

Consulte: Decreto n. 9.571/2018 que estabelece as Diretrizes Nacionais sobre Empresas e Direitos Humanos.

45. Adalberto Simão Filho, *A nova empresarialidade*, cit., p. 94-100, 101, 103, 111, 112; José Roberto Lino Machado, *A participação do trabalhador na gestão da empresa*, tese de doutorado em direito comercial, apresentada na FDUSP em 1999; Marcos Alberto Sant'Anna Bitelli, Da função social para a responsabilidade da empresa, in *Temas atuais de direito civil na Constituição Federal*, coord. R. G. Camargo Viana e Rosa M. de Andrade Nery, São Paulo, Revista dos Tribunais, 2000, p. 229-73; Marcelo Terra Reis, A dispensa coletiva de empregados e a função social da empresa: a preponderância do público no direito empresarial, *Revista Síntese — Direito Empresarial*, *24*:63-79; Eros Roberto Grau,

a) Ao *âmbito da atividade*, visto que a empresarialidade tem uma função social (Lei n. 6.404/76, arts. 116, parágrafo único, e 154) e, para tanto, há liberdade para o exercício da atividade econômica organizada, sem necessidade de autorização governamental, salvo as exceções legais, dentro do princípio da livre concorrência (CF, art. 170, IV e parágrafo único). Tal ativida-

---

Elementos de direito econômico — função social da empresa, São Paulo, Revista dos Tribunais, 1981; M. Helena Diniz, Importância da função social da empresa, *Revista Jurídica — Unicuritiba*, v. 2, p. 387-412, 2018; Regina A. Duarte, A responsabilidade social da empresa — breves considerações, *Revista do IASP*, *13*:146-52; Roberto Senise Lisboa, *Responsabilidade civil nas relações de consumo*, São Paulo, Revista dos Tribunais, 2001, p. 16. Sobre governança corporativa: Bengt Hallqvist, *Private institute for corporate governance — The brazilian experience*, São Paulo, Bless, 2002; Valdir de Jesus Lameira, *Governança corporativa*, Rio de Janeiro, Forense Universitária, 2001; Herbert Steinberg e outros, *A dimensão humana da governança corporativa*, São Paulo, Gente, 2003; João Bosco Lodi, *Governança corporativa:* o governo da empresa e o Conselho da Administração, Rio de Janeiro, Campus, 2000; Luís Fernando R. Barufaldi, A governança corporativa nas sociedades anônimas familiares, *Revista Síntese — Direito Empresarial — 20*:113-32; Bruno M. Silingardi, As implicações da Governança Corporativa nas empresas familiares, *Revista Síntese — Direito empresarial, 32*:77-100; Euzébio H. Antunes, A eficácia dos direitos fundamentais no âmbito das relações entre as corporações empresariais e os particulares, *Revista Síntese — Direito Empresarial, 25*:38 a 72; Vladmir O. da Silveira e Suzana Mª P. Catta Preta, Função solidário-consumerística da empresa: um estudo sobre a Lei estadual paulista n. 13.576/2009, in *Fundamentos de direito civil brasileiro* (org. Everaldo A. Cambler), Campinas, Millennium, 2012, p. 375-94; Danilo Augusto Ruivo, Governança Corporativa, *Revista de Direito Bancário e do Mercado de Capitais, 56*:401-42, André F. Estevez, Modelos de Conselho de Administração na Governança Corporativa, *Revista Síntese – Direito empresarial,* n. 38, p. 38-56. *Vide* Resolução n. 13/2004 do Conselho de Gestão de Previdência Complementar, que estabelece princípios, regras e práticas de governança corporativa, e Portaria n. 533, de 13 de julho de 2011, do Ministério da Ciência e Tecnologia, que institui a comissão permanente de governança corporativa das empresas vinculadas ao Ministério da Ciência e Tecnologia. Dever-se-ia incentivar a sociedade com boa governança corporativa como o fez, outrora, o BNDES ao lançar o Programa de Incentivo à Adoção de Práticas de Governança Corporativa, facilitando financiamento, permitindo à sociedade empresária ampliar fontes de recursos, com redução dos custos de captação de crédito. Consulte: Lei n. 11.101/2005, art. 47, *in fine*; Lei n. 6.404/76, arts. 116, parágrafo único, e 154; Portaria do Ministério do Desenvolvimento, Indústria e Comércio Exterior n. 125/2016 sobre Comitês de Governança do Programa Brasil Mais Produtivo.

Interessantes são os comentários do IDSA – Aspectos societários relevantes na Lei Anticorrupção, FASP – *Letrado* n. *108*:56; Rafael C. R. Oliveira e Daniel A. Neves, O sistema brasileiro de combate à corrupção e a Lei n. 12.846/2013, *Revista Síntese – Direito empresarial*, n. 38, p. 121-134; Danilo Brum de Magalhães Jr., Gerenciamento de risco, *compliance* e geração de valor: os *compliance programs* como ferramenta para mitigação de riscos reputacionais nas empresas, *RT, 997*: 575 a 596; Mauro Roberto Gomes de Mattos, Do Conflito da Lei Anticorrupção (Lei n. 12.846/2013) com a Lei da Improbidade Administrativa (Lei n. 8.429/92) no que pertine à responsabilidade da pessoa jurídica privada - antinomia jurídica, *Revista Síntese – Direito Empresarial, 47*:9-28; Murilo Melo Vale. A Lei de Anticorrupção Empresarial: um contraponto à Agenda de Combate à Corrupção, *Revista Síntese – direito empresarial*, 47: 29 a 58 e João Augusto de Moraes Drummond. Da sanção pela prática objetiva de ato ilícito administrativo pela pessoa jurídica na Lei Anticorrupção brasileira – Teoria do ato ilícito por seu efeito imediato – análise da norma. *Revista Síntese – Direito Empresarial, 47*:59-85.

de é tutelada juridicamente contra atos de abuso do poder econômico, voltado ao domínio mercadológico, de eliminação de concorrência ou aumento arbitrário de lucros (CF, art. 173, IV), recebendo não só apoio para investir em pesquisas e tecnologia adequadas ao País (CF, art. 218, § 4º), mas também proteção da propriedade imaterial, relativa ao nome empresarial, à marca e sinais distintivos (CF, art. 5º, XXIX).

b) À *forma de gestão* que deverá ser exercida com o cuidado e a diligência que um homem probo deve ter na administração negocial, procurando cumprir seu objeto social, dentro das exigências do bem comum (LINDB, art. 5º) e da função social da "empresa", servindo com lealdade, trabalhando com lisura, informando o mercado e os interessados de fatos que possam influenciar os investidores na negociação com valores mobiliários (Lei n. 6.404/76, arts. 153 a 157). Dever-se-á, ainda, promover a participação dos trabalhadores na gestão da empresa (CF, art. 7º, XI) e nos lucros (Lei n. 12.832/2013, que altera os §§ 2º, 5º a 10 do art. 3º da Lei n. 10.101/2000), visando transformá-la numa comunidade de homens, atendo-se à ideia de que o lucro é uma das finalidades da empresa, mas não a única. Grande é o papel da governança corporativa (*corporate governance*) na gestão da atividade empresarial, por ser um conjunto de práticas entre sócios, acionistas, conselho de administração, conselho fiscal, diretoria, auditoria independente para otimizar o desempenho empresarial e facilitar o acesso ao capital (oferta pública ou privada de ações, financiamentos de longo prazo, reinversão de recursos advindos do fluxo de caixa), a custos mais baixos, envolvendo: transparência na informação, equidade (tratamento justo e igualitário a todos os grupos minoritários e acionistas), prestação de contas, cumprimento de leis, ética e responsabilidade corporativa. A governança corporativa é um conjunto de mecanismos aptos para a promoção de fiscalização interna das atividades empresariais e conducentes a uma maturidade administrativa. Boa governança é feita com a atitude do empresário e é um modo de concretização da ética na vida empresarial, consagrando como seu princípio norteador o da boa-fé objetiva. Requer: harmonia entre os pensamentos de acionistas, controladores e *stakeholders* (públicos de interesse, p. ex., funcionários, credores, clientes, ambientalistas, jornalistas, fornecedores etc.); busca do equilíbrio do interesse dos *stakeholders*, dando-lhes acesso à informação; garantia de emprego para os funcionários, para atender à prioridade de aumentar a participação no mercado; responsabilidade social no tratamento com empregados, clientes, fornecedores e a comunidade, valorizando mais a relação entre empresário e aquela comunidade social. Governança corporativa aplicada à atividade empresarial requer, portanto, adoção de princípios norteadores da conduta dos administradores com reflexos na gestão, na sociedade empresária e na relação entre acionistas e mercado. Exige ela a submissão da sociedade empresária e de seus órgãos sociais a um conjunto de normas de conduta criadas para tanto, abrangendo, como vimos, relacionamentos entre sócios, administradores, grupos de interesse, prepostos, fornecedores, clientes etc., para que se cumpra o objeto social, dando tratamento igualitário aos acionistas, transparência contábil nos relatórios e comunicação com o mercado etc. Enfim, a sociedade empresária e seus órgãos sociais deverão aderir a um conjunto de normas éticas para melhorar sua relação com o mercado consumidor ou fomentar sua atividade usando o poder para a consecução do objeto social e a realização da função social da "empresa" (Lei n. 6.404/76, art. 116).

Além disso, a Lei n. 12.846/2013 trata da responsabilização civil e administrativa de empresas pela prática de atos lesivos à administração pública (nacional ou estrangeira), impondo pesadas sanções como: multas que vão de 0,1% a 20% do faturamento bruto anual, que, conforme o critério a ser utilizado, poderão variar de R$ 6 mil a R$ 60 milhões; proibição de receber incentivos, subsídios, doações, empréstimos de órgãos públicos; interdição parcial de atividades ou suspensão; fechamento da pessoa jurídica em caso de reincidência; indicação no cadastro nacional da empresa punida, da pena aplicada e do prazo da punição. Mas as empresas que mostrarem empenho em aplicar normas para evitar atos de corrupção terão mitigação das penas, p. ex., diminuição das multas. E, se houver acordo de leniência, em que a empresa assume a prática do ilícito, denunciando os demais envolvidos, esta terá em troca sigilo, imunidade ou redução de penas. A Lei Anticorrupção exige o estabelecimento de mecanismos de controle interno (*compliance*), ou seja, de instrumentos como auditoria interna, criação de códigos de ética e governança corporativa mais ética, para prevenir desvios e corrupção.

Renato Caovilla (*BAASP*, *2958*:3) esclarece, ao apontar desafios para advogados na área de *compliance*, que "a técnica do *compliance* se resume em estar de acordo com regras diversas, tanto internas como externas, às quais a empresa está sujeita. Para dar efetividade ao *compliance*, o profissional especialista deve conhecer o contexto da companhia que está inserido. Isso significa entender minuciosamente as suas atividades, seus produtos, serviços, clientes e mercado. A par de todas as informações, o especialista poderá ver quais são as normas aplicáveis a tais atividades. Há necessidade de o profissional entender principalmente, e de forma efetiva, o propósito da companhia, caso contrário dificilmente será capaz de oferecer uma boa análise das atividades desenvolvidas pela empresa e chegar à conclusão de quais são os riscos nela envolvidos. Destaca, ainda, ao abordar o tema "*compliance* anticorrupção", os termos da Lei n. 12.846/2013, conhecida como Lei Anticorrupção, ou Lei da Empresa Limpa, três pontos: a responsabilidade objetiva, as graves penalidades previstas e os mecanismos de *compliance*. Em relação à responsabilidade objetiva, além do ponto jurídico clássico de que, para a responsabilização da empresa, não se verifica a culpabilidade do agente, bastando a existência de nexo entre ação/omissão e resultado danoso, deve-se considerar que as empresas são responsabilizadas também por atos de terceiros que atuem em seu benefício — e isso já está alterando a forma pela qual as empresas gerenciam os seus terceiros, especialmente aqueles que têm contato com agentes públicos. Sobre as penalidades, há duas esferas de atenção, a administrativa, com as pesadas penas de multa, e a judicial, que conta inclusive com a possibilidade de extinção da pessoa jurídica. E, por fim, as previsões sobre os mecanismos do *compliance*, observados por empresas que já iniciaram os procedimentos de adaptação à nova realidade. Se cumprido de forma séria, o mecanismo pode ter um desfecho assertivo, benéfico e de grande impacto na cultura da organização, e o resultado disso tende a ser, ainda que a longo prazo, positivo para o ambiente de negócios no Brasil. E, ainda, sobre o *compliance* anticorrupção, salienta Caovilla que "a corrupção também é derivada de oportunidades, isto é, está mais suscetível à prática de irregularidades aquele que tem a oportunidade de assim agir. Isso requer do profissional de *compliance* habilidade para também orientar os seus clientes a se 'desviarem' dessas oportunidades. Por exemplo, se 95% dos contratos de uma empresa são firmados com órgãos públicos, seria interessante no futuro ampliar a participação em negócios com outros *players* privados. Mas a nova estratégia não gerará bons resultados se a cultura organizacional continuar a mesma".

E, convém não olvidar que "o ministro de Estado-chefe da Controladoria Geral da União, por meio da Instrução Normativa n. 1/2015 estabeleceu nova metodologia para a apuração do faturamento bruto e dos tributos a serem excluídos para fins de cálculo da multa de responsabilização administrativa a que se refere o art. 6º da Lei n. 12.846/2013, conhecida como Lei Anticorrupção. Para fins de cálculo da multa, que poderá ser de 0,1% a 20%, deve ser considerado o faturamento bruto do último exercício anterior ao da instauração do processo administrativo, excluindo-se os tributos, devendo a multa nunca ser inferior à vantagem auferida, quando for possível sua estimação. Esse faturamento compreende a receita bruta do produto da venda de bens nas operações de conta própria, o preço da prestação de serviços em geral, o resultado auferido nas operações de conta alheia e as receitas da atividade ou objeto principal da pessoa jurídica não mencionados (art. 12 do Decreto-Lei n. 1.598/1977). No que concerne aos contribuintes optantes pelo Regime Especial Unificado de Arrecadação de Tributos e Contribuições devidos pelas Microempresas e Empresas de Pequeno Porte (Simples Nacional), considera-se receita bruta o produto da venda de bens e serviços nas operações de conta própria, o preço dos serviços prestados e o resultado nas operações em conta alheia, não incluídas as vendas canceladas e os descontos incondicionais concedidos (§ 1º do art. 3º da Lei Complementar n. 123/2006). A IN estabelece, ainda, que devem ser excluídos do faturamento bruto os tributos relativos à receita líquida, que compreenderá a receita bruta menos os tributos sobre ela incidentes (inciso III do § 1º do art. 12 do Decreto-Lei n. 1.598/1977). Todos os valores poderão ser apurados por meio de compartilhamento de informações tributárias e registros contábeis produzidos ou publicados pela pessoa jurídica acusada, no país ou no estrangeiro, entre outras formas" (*BAASP, 2944*:8).

c) Ao *relacionamento com o mercado de capitais*, não podendo (Lei n. 10.303/2001, que altera a Lei n. 6.385/76): obter vantagem ou lucro ilícito para si ou para outrem ou com a finalidade de gerar dano a terceiro; realizar operações simuladas ou fraudulentas, alterando, artificialmente, o funcionamento do mercado de valores mobiliários (art. 27-C); utilizar informações não divulgadas no mercado para obter vantagens indevidas com valores mobiliários (art. 27-D). Deverá atuar no mercado de capitais apenas se estiver autorizado pela CVM e devidamente regularizado (art. 27-E); manter transparência e completude na informação e cumprir sua obrigação de informar. A *full disclosure*[46] (informação completa) consiste no sistema aberto de informações ao público mantido pela sociedade empresária, pois os informes de interesse do mercado de capitais deverão ser divulgados para orientar acionistas e investidores, já que aquela sociedade obtém capitais mediante lançamentos públicos. Assim, dever-se-á, na lição de Ar-

46. Sobre *full disclosure*: Arnoldo Wald, Divulgação de informações sobre valores mobiliários, in *Digesto Econômico*, n. 281, 1981, p. 57-69; Wald e Eizirik, Responsabilidade do *underwriter* pela veracidade das informações em uma emissão pública, *Revista da CVM*; Carlos Alberto Bittar, "Full disclosure", in *Enciclopédia Saraiva do Direito*, v. 38, p. 462 e 463; Márcia Regina M. Melaré, A responsabilidade civil do *underwriter* pelas informações prestadas ao mercado investidor, *Revista do IASP*, 12:263-71; Paes de Barros Leães, *Mercado de capitais "insider trading"*, São Paulo, Revista dos Tribunais, 1982, p. 106 e s.; Robert W. Mcgee, Analisando o *insider trading* sob a perspectiva da ética utilitarista e da teoria dos direitos, *Revista Síntese — Direito Empresarial* n. *41*:135 a 163; Lucian A. Bebchuck e Robert J. Jackson Jr., Análise econômica do dever de revelação dos *blockholders*, *Revista Síntese de Direito Empresarial* n. *41*;90 a 114; M. Helena Diniz, *Tratado teórico e prático dos contratos*, São Paulo, Saraiva, 2006, v. 1, p. 483-5.

Sobre publicações empresariais obrigatórias: Lei n. 13.043/2014.

Há um papel benéfico no mercado da presença dos *blockholders* externos à administração na governança corporativa impedindo exageros no controle sobre concentração de blocos acionários, ao monitorarem e fiscalizarem a companhia e seus administrativos. Os *blockholders* são acionistas que procuram fazer com que os administradores reconheçam o fato de que poderão ser substituídos se suas condutas forem indesejáveis, tornando efetiva a governança corporativa, beneficiando o público investidor. Gestores que apresentarem baixa *performance* poderão receber vantagens se não houver fiscalização dos *blockholders*. É a lição de Bebchuk e Jackon Jr. Análise econômica do dever de revelação dos *blockholders*, *Revista Síntese — Direito Empresarial*, n. *41*:90 a 114.

Compliance consiste no mecanismo interno pelo qual a empresa se compromete a vigiar suas atividades, suavizando eventuais sanções civis e administrativas contra a pessoa jurídica, p. ex., em casos de corrupção ou dano ao meio ambiente.

Interessante é a obra de: Grazzioli e Paes, *"Compliance" no terceiro setor*, São Paulo, Elevação, 2018.

noldo Wald, divulgar informações na aquisição, mediante uma ou mais operações, de volume de ações, relativas ao nome e qualificação do adquirente, finalidade, número de ações, contratos alusivos às ações, com o escopo único de evitar que as operações atinentes a valores mobiliários sejam realizadas sem a devida informação, possibilitando um tratamento equitativo aos acionistas, maior visibilidade ao mercado, impedindo não só especulações, que poderão aparecer em razão de pressões decorrentes do interesse de um grupo na aquisição de determinado número de ações, sem prévia divulgação, mas também a possibilidade de funcionamento do *raider*, que, nas sociedades de controle pulverizado, poderá apoderar-se, por certo tempo, de uma posição de comando, utilizando a empresa de maneira que contrarie as suas finalidades sociais e os interesses dos acionistas, que, desprevenidos, não terão tempo de se defender. Exigir-se-á, portanto, tal divulgação sempre que uma pessoa ou grupo de pessoas venha a obter uma posição relevante no capital social, devido a sucessivas operações, que poderão não constituir *blocktrade*, por não ter cada uma valor substancial em relação ao capital da sociedade. Portanto, imprescindível será a *full disclosure* nas operações de Bolsa, moralizando o mercado. Os próprios órgãos técnicos da Bolsa reconhecem que constitui fator necessário à visibilidade das operações realizadas, por advertir os interessados para que tenham conhecimento do ataque e possam, legalmente, tomar as cabíveis medidas defensíveis. É, como observa Arnoldo Wald, medida que pretenderá atender não só o interesse do controlador, mas também o dos acionistas, que investiram numa empresa, confiando nos seus controladores e na sua diretoria, e que não poderão ser surpreendidos, de uma hora para outra, com a mudança de comando, em detrimento de seus interesses.

Competirá à Comissão de Valores Mobiliários definir os níveis de aquisição, justificadores da *full disclosure* para o mercado, possibilitando o acesso do público às informações, evitando-se, dessa maneira, as operações não equitativas e a manipulação de preços. A Lei n. 7.913/89 veio permitir ação civil pública de responsabilidade por danos causados aos investidores no mercado de valores mobiliários, desde que decorrentes de: operações fraudulentas, práticas não equitativas, manipulações de preços ou criação de condições artificiais de procura, oferta ou preço de valores mobiliários; compra e venda de valores mobiliários por administradores e acionistas controladores de companhia aberta, utilizando-se de informações relevantes, ainda não divulgadas para conhecimento do mercado; operações realizadas por quem detenha informação importante em razão de sua profissão ou função, ou por quem quer que a tenha obtido por intermédio dessas pessoas; omissão de informação relevante por quem estava obrigado a divulgá-la, bem como sua prestação de forma incompleta, falsa ou tendenciosa.

Por esta lei fácil é denotar a grande importância da *full disclosure*. A empresa e o coordenador da operação (*underwriter*) terão responsabilidade civil solidária pelos danos sofridos pelos investidores, se as informações apresentadas forem imprecisas e se os levarem à efetivação do investimento (Leis n. 7.492/86, art. 6º, n. 6.385/76, art. 27-C, com a redação da Lei n. 10.303/2001). Isto é assim porque o *underwriter* tem o dever de analisar criteriosamente o relatório financeiro da empresa emissora dos títulos, averiguando sua veracidade e suficiência. Consequentemente, se acatar a informação prestada pela empresa ao mercado investidor, assumirá responsabilidade pela sua exatidão. Os agentes de mercado de capitais devem prestar ao público investidor informação precisa, completa e transparente, sem omissão de aspectos relevantes que possam influenciar na cotação e no investimento de papéis no mercado, possibilitando a todos os potenciais investidores o acesso, concomitante, a ela e impedindo que o *insider trading*, ou seja, o administrador, o acionista controlador etc. possam, ante a sua alta posição, fazer uso dela em proveito próprio (Instrução Normativa CVM n. 358, com a redação da Instrução Normativa n. 369, art. 13, §§ 1º a 7º), antes de sua divulgação ao mercado. O *underwriter* liberar-se-á dessa responsabilidade civil subjetiva pelas falsas informações prestadas pela empresa emissora de títulos se provar que agiu com diligência ao apurar a veracidade delas.

d) Às *relações com o consumidor*, pois deverá atender às suas necessidades e direitos básicos, respeitando sua dignidade, saúde, segurança, melhoria de qualidade de vida (Lei n. 8.078/90, art. 4º), procurando sempre informá-lo de modo claro, correto e objetivo sobre seus produtos e serviços, evitando publicidade enganosa, cláusulas abusivas, danos morais e/ou patrimoniais e adotando práticas protetivas nas relações de consumo. Expressiva é, a respeito, a lição de Roberto Senise Lisboa de que "a propriedade empresarial deverá realmente atender a sua função social, sendo exercida a atividade de fornecimento de produtos e serviços no mercado de consumo em sistema econômico no qual prevalece a livre concorrência sem o abuso da posição dominante de mercado, proporcionando-se meios para a efetiva defesa do consumidor e a redução das desigualdades sociais" (Lei n. 8.078/90, arts. 30 a 38, 6º, 8º e parágrafo único, 9º, 51, I a XVI, 52, I a V).

e) Ao *meio ambiente*, observando a Política Nacional do Meio Ambiente, avaliando o impacto ambiental de sua atividade (CF, art. 225, § 1º, IV; Lei n. 12.651/2012, com as modificações da Lei n. 12.727/2012; Lei n. 6.938/81, arts. 9º, III, 9º-A, com a alteração da Lei n. 12.651/2012, 9º-B e 9º-C, acrescentados pela Lei n. 12.651/2012), evitando poluição e dano ao ambiente, procurando melhor ambiente de trabalho com reflexos na produtividade. Urge adoção de medidas que diminuam lesões ao meio ambiente decorrentes da exploração de atividade empresarial, para que se tutelem bens jurídicos imprescindíveis ao desenvolvimento sustentável da sociedade, garantindo um meio ambiente sadio e ecologicamente equilibrado. A exploração de minérios, a extração de madeira, a pesca, a caça, a biotecnologia, a energia nuclear etc., poderão continuar de forma racional, sem o uso de instrumentos devastadores e sem a brutal agressão ao meio ambiente. Foi a grande atuação empresarial, devida a globalização, que fez com que os países não mais tornassem impunes os atos poluidores de pessoas jurídicas, admitindo sua responsabilidade penal pelos danos que causarem ao meio ambiente. É imprescindível: o reforço da função socioambiental da propriedade empresarial, garantindo a perpetuação das riquezas ambientais, mediante aproveitamento adequado dos recursos naturais disponíveis; a correção das condições de ambiente de trabalho, minorando os riscos de acidentes (*RT*, *752*:255); a observância das relações de trabalho, favorecendo o bem-estar dos trabalhadores, zelando pela sua incolumidade físico-psíquica, colaborando na proteção do meio ambiente do trabalho (CF, arts. 7º, XXII e XXIII, e 200, II; CLT, arts. 189 a 197), evitando sua degradação, controlando a insalubridade e o perigo, fornecendo material necessário de proteção, pleiteando a redução dos riscos inerentes ao trabalho mediante respeito às normas de saúde, higiene e segurança, sem olvidar do adicional de remuneração para atividades perigosas e insalubres[47] e distribuindo renda sob a forma de pagamento de salário; o controle da atividade econômica organizada predatória; a preservação do meio ambiente; o uso racional da água; a economia da energia; o plantio de árvores; a efetivação de programas de controle de poluição hídrica, sonora, atmosférica e do solo (*RT*, *634*:63); a reciclagem do lixo causado pela produção de bens e serviços; a criação pelo empresário (individual ou coletivo) de programas de reciclagem, tratamento de água e reflorestamento, obtendo lucro com tais iniciativas[48]; a dinamização na elaboração de estudos

47. A Fiat, por exemplo, investiu cerca de US$ 10 milhões numa estação de tratamento, para que 92% da água por ela utilizada fosse reaproveitada, economizando, com isso, anualmente, cerca de US$ 3,5 milhões, e, além disso, conseguiu reciclar 90% dos resíduos gerados durante o processo de produção dos automóveis, o que lhe rende, mensalmente, US$ 1,2 milhão. A Peugeot-Citroën, com o projeto Poço de Carbono, pretende minimizar o efeito estufa, agravado pelo dióxido de carbono, por meio do plantio, durante três anos, de 10 milhões de árvores em Juruena (MT), retirando da atmosfera 50 mil toneladas de carbono por ano. Seu exemplo deverá ser seguido por todos, pois a Conferência das Nações Unidas sobre Meio Ambiente e Desenvolvimento, realizada no Rio de Janeiro, em 1992, acrescentou novos princípios regentes do meio ambiente e desenvolvimento sustentável, sendo que num deles propõe a correlação de dois direitos humanos fundamentais: o direito ao desenvolvimento e o direito a uma vida saudável, ao enunciar que: "Os seres humanos constituem o centro das preocupações relacionadas com o desenvolvimento sustentável. Têm direito a uma vida saudável e produtiva em harmonia com o meio ambiente" (Princípio I). Sobre isso: Sandra Azedo, Respeito ao meio ambiente dá lucro, *Folha de S. Paulo*, 22 ago. 1999; M. Helena Diniz, *O estado atual do biodireito*, São Paulo, Saraiva, 2006, p. 712; Marcos C. A. Alves, O novo direito empresarial do trabalho, *A Comarca do Mundo Jurídico*, n. 27/2009, p. 26.

48. M. Helena Diniz, *O estado*, cit., p. 727 e 728; Ana Cristina Limongi França, *Qualidade de vida no trabalho*, São Paulo, Atlas, 2003; Isabel C. L. Selau, Educação em ambiente corporativo: como as metodologias ativas combinadas com a utilização das novas tecnologias podem contribuir para a obtenção de resultados eficazes na formação de adul-

de impacto ambiental, para instalação de atividades econômicas potencialmente causadoras de dano ambiental; o ataque às causas e aos fatores conducentes à prática de crimes ambientais pelo empresário etc.

f) Ao respeito do *direito à prorrogação da duração da licença-maternidade* e o *direito de perceber* o *salário-maternidade* e a prorrogação desse salário-maternidade inclusive em caso de adoção por empregada de pessoa jurídica que aderiu ao Programa Empresa Cidadã (Lei n. 11.770/2008, regulamentada pelo Decreto n. 7.052/2009 e alterada pela Lei n. 13.257/2016).

g) À *preservação da vida*, desenvolvendo programa de esclarecimento e incentivo aos seus funcionários para doação voluntária de sangue e medula óssea, mostrando ser uma pessoa jurídica solidária com a vida (Lei n. 13.289/2016).

Com muita propriedade, Adalberto Simão Filho pondera: "A atividade empresarial em movimento constante e sucessivo, e o inter-relacionamento desta com os fornecedores, mercado consumidor, mercado de valores mobiliários, agentes econômicos diversificados, trabalhadores, meio ambiente, e, finalmente, com relação aos próprios sócios e acionistas, gerando uma sinergia completa que culmina em vivificar a empresa e agregar valor, é estudada como nova empresarialidade. Prepondera a busca de um novo paradigma voltado para o desenvolvimento de uma ética empresarial que em muito contribuirá para o fomento das atividades mercantis e o desenvolvimento sustentável".

Há, como se vê, uma proposta de *standard* comportamental, fundada na ética, nos costumes comerciais e no princípio da boa-fé objetiva, para uma nova empresarialidade, fazendo, inclusive, com que a responsabilidade social seja uma opção consciente do "bom empresário" ou "bom homem de negócios", levando-o a investir no campo social, exercendo cidadania empresarial, apoiando projetos sociais, auxiliando na solução de problemas sociais. Dever-se-á ter, portanto, empresarialidade com responsabilidade e cidadania empresarial[49], ou seja,

---

tos, *Revista da Magistratura do TRF-4*, v. 11, p. 345 a 356. *Vide* art. 32, § 2º, III, da Lei n. 10.257/2001, com alteração da Lei n. 12.836/2013, sobre concessão de incentivos a operações urbanas que usam tecnologias visando a redução de impactos ambientais.

49. Adalberto Simão Filho, *A nova empresarialidade*, cit., p. 137 e 138; A nova empresarialidade, *Revista do IASP*, *18*:5-44; Jorge Pinzón Sanchez, El buen hombre de negocios y la crisis de la empresa, *Nuevos retos del derecho comercial*, Medelín, Biblioteca Jurídica Dike, 2000, p. 33; Ângela B. B. S. Garay, Programa de voluntariado empresarial: modismo ou elemento estratégico para as organizações? *Revista de Administração da USP*, v. 36, n. 3, p. 6-14; Mara Vidigal Darcanchy, Responsabilidade social da empresa e a Constituição, *Revista de Direito Constitucional e Internacional*, *63*:195 a 210. *Vide*: Instrução Normativa SRFB n. 991/2010, com alteração da IN n. 1.292/2012 do SRFB, sobre Programa Empresa Cidadã, arts. 3º, § 4º, 4º, §§ 4º e 5º. A Lei n. 13.289/2016 dispõe sobre o Selo Empresa Solidária com a vida destinado às empresas que desenvolverem programa de esclarecimento e incentivo aos seus funcionários para doação de sangue e de medula óssea.

uma democracia social que valorize a atividade empresarial baseada no apoio à comunidade, no poder de negociação para promover os direitos fundamentais nas relações trabalhistas, no respeito aos empregados, proporcionando-lhes trabalho e renda aos consumidores, e ao meio ambiente, tendo por diretriz a solidariedade humana e o compromisso com a força do trabalho e com a sociedade. Nas relações entre empregador (empresário individual ou coletivo) e empregados deve-se procurar a reconciliação entre desenvolvimento econômico e justiça social e harmonia entre o capital e a força do trabalho.

A empresa (atividade econômica organizada) é o centro da economia democratizada, tendo por base a governança corporativa, a produção e a circulação de bens e serviços, beneficiando empresário, empregados, sociedade de consumo, e por diretriz os princípios constitucionais (CF, art. 170, I a IX): soberania nacional, propriedade privada, função social da propriedade, livre concorrência, defesa do consumidor e do meio ambiente, redução de desigualdades regionais e sociais, busca do pleno emprego, tratamento favorecido para as empresas de pequeno porte, constituídas e sediadas no Brasil.

A empresa tem responsabilidade social e desempenha uma importante função econômica e social, sendo elemento de paz social e solidariedade, constituindo um instrumento de política social e de promoção da justiça social. Sua responsabilidade social a impulsiona a propiciar, com sua atividade econômica, comunicação mais aberta com seus colaboradores e com a coletividade, melhores condições sociais, garantindo sua sobrevivência no mercado globalizado, por ser fator decisivo para seu crescimento, visto que ganhará o respeito de seus colaboradores e consumidores e provocará sua inserção na sociedade.

Hodiernamente, "a transformação da economia corresponde a um novo tipo de empresário, que, além de ter o espírito empresarial, deverá ser um *manager*, um organizador da produção e da comercialização de bens e da prestação ou intermediação de serviços"[50], imbuído de socialidade, pela democratização do governo da "empresa", cuja "conduta" deve ser consentânea ao interesse social, e pela transparência nas suas relações.

A atuação do empresariado, diz Regina A. Duarte, "está jungida à ação socialmente responsável, ética em quaisquer relações que a empresa estabeleça, seja com a comunidade, trabalhadores, fornecedores, clientes e meio ambiente".

O uso do *marketing* social na divulgação de seus projetos sociais ou projetos de desenvolvimento de gestão social responsável, sem qualquer retor-

50. Arnoldo Wald, O empresário, a empresa e o Código Civil, cit., p. 844. *Vide* também: Pierre Sudreau, *La réforme de l'entreprise*, Paris, 1975, p. 17 e 18.

no financeiro, em muito melhoraria seus negócios e sua imagem, visto que uma boa atuação empresarial poderá ser polo de atração de grupos de interesse, em termos de investimentos e compromissos a serem assumidos com a cadeia de produção e circulação de bens e serviços.

Não houve, como se pode ver, uma simples alteração terminológica, mas sim uma modernização das normas relativas à "empresa", acatando a evolução da tecnologia e, principalmente, a importância da função social da atividade econômica organizada (empresa)[51]. Por isso "deve-se levar em consideração o princípio da função social na interpretação das normas relativas à empresa, a despeito da falta de referência expressa" (Enunciado n. 53 do CJF).

D. Aspectos jurídicos da empresa

d.1. Empresa como fenômeno complexo

A empresa envolve certa complexidade por pressupor: *a*) *empresário* (sujeito de direitos e obrigações), cuja estrutura jurídica poderá ser individual

---

51. Arnoldo Wald, *O empresário*, cit., p. 854; Vânia M. D. Nogueira, Empresa e direitos fundamentais. *Revista Jurídica De Jure*, *16*: 215 a 251; Regina A. Duarte, *A responsabilidade social*, cit., p. 148-50. Por isso Eros Roberto Grau (*A ordem econômica na Constituição de 1988*, São Paulo, Malheiros, 2006, p. 196-7) pondera: "*A dignidade da pessoa humana* comparece, assim, na Constituição de 1988, duplamente: no art. 1º como *princípio político constitucionalmente reformador* (Canotilho); no art. 170, *caput*, como *princípio constitucional impositivo* (Canotilho) ou diretriz (Dworkin) — ou, ainda, direi eu, como *norma-objetivo*. Nesta segunda consagração constitucional, a *dignidade da pessoa humana* assume a mais pronunciada relevância, visto comprometer todo o exercício da atividade econômica, em sentido amplo — e, em especial, o exercício da atividade econômica em sentido estrito —, com o programa de promoção da existência digna, de que, repito, todos devem gozar. Daí por que se encontram constitucionalmente empenhados na realização desse programa — dessa política pública maior — tanto o setor público quanto o setor privado. Logo, o exercício de qualquer parcela da atividade econômica de modo não adequado àquela promoção expressará violação do princípio duplamente contemplado na Constituição". Por tais razões, o Projeto n. 276/2007 (atual PL n. 699/2011) visa acrescentar, ao art. 966, o § 2º "O exercício da atividade de empresário, fundada na valorização do trabalho humano e na livre-iniciativa, observará os limites impostos pelo seu fim econômico ou social, pela boa-fé e pelos bons costumes". "Essa alteração proposta, além de atender ao estabelecido no art. 170 da Constituição Federal, pretende compatibilizar o art. 966 com os arts. 421 e 187, colocando a função social e as cláusulas gerais da boa-fé e dos bons costumes como limitadores do exercício da atividade empresarial."

Sobre uso obrigatório do Registro Eletrônico de Ponto (REP) pelas "empresas": Portaria n. 1.979/2011 do Ministério do Trabalho e Emprego - MTE.

Lei n. 13.289/2016 dispõe sobre Selo Empresa Solidária com a Vida, destinado a empresa que desenvolva programa de incentivo a funcionários para doação de sangue e medula óssea.

ou coletiva. O empresário tem personalidade jurídica, ou seja, aptidão para o exercício de direitos, devendo, para tanto, ser registrado; e *b*) *patrimônio*, um todo complexo de bens, organizado para o exercício da empresa (CC, art. 1.142), por empresário ou por sociedade empresária, que constitui o estabelecimento ou fundo de empresa.

Assim, empresa seria os fatores de produção e circulação de bens ou serviços organizados e colocados em atividade pelo empresário ou pela sociedade empresária, por meio do estabelecimento.

Temos, portanto, um trinômio: empresa, empresário e estabelecimento.

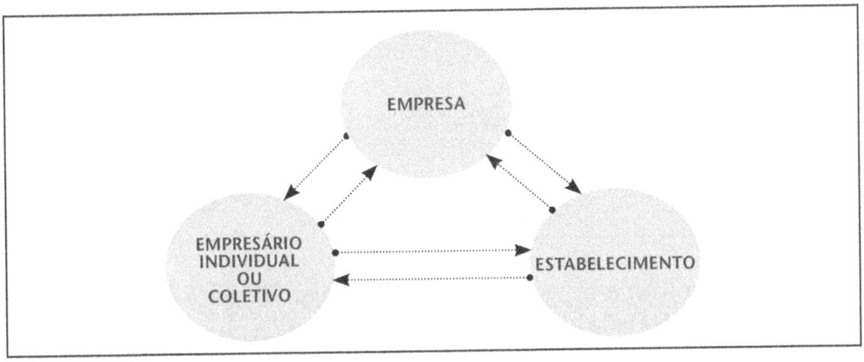

Empresa é a atividade econômica unitariamente estruturada ou organizada para a produção ou circulação de bens ou serviços. *Empresário*, individual ou coletivo, é o titular da empresa. *Estabelecimento* é o conjunto de bens, caracterizados por sua unidade de destinação, podendo ser, como diz Miguel Reale, objeto unitário de negócios jurídicos, daí sua importância para que a "empresa" possa atingir suas finalidades, pois o empresário precisa reunir meios para consecução contínua de um objetivo técnico.

d.2. Aspecto subjetivo da empresa

d.2.1. Empresa e seus titulares: empresário individual e sociedade empresária

Há uma simbiose entre empresa e empresário. A empresa é uma sucessão repetida de atos praticados de forma organizada e estável, sendo uma constante a oferta de bens ou serviços, que é sua finalidade unitária e permanente. Logo, toda atividade empresarial pressupõe o empresário (individual ou coletivo) como sujeito de direitos e obrigações e titular da empresa, detentor do poder de iniciativa e de decisão, pois cabe-lhe determinar o destino da empresa e o ritmo de sua atividade, assumindo todos os riscos, ou seja, as vantagens ou prejuízos. A empresa é a própria atividade econômica organizada e não a pessoa natural (empresário) ou jurídica (sociedade empresária) que a exerce e a explora com profissionalidade. O empresário não é o sócio da sociedade empresária, mas o que assume o risco daquela atividade, podendo ser individual, se pessoa natural, ou a própria sociedade, se pessoa jurídica, como demonstra o gráfico:

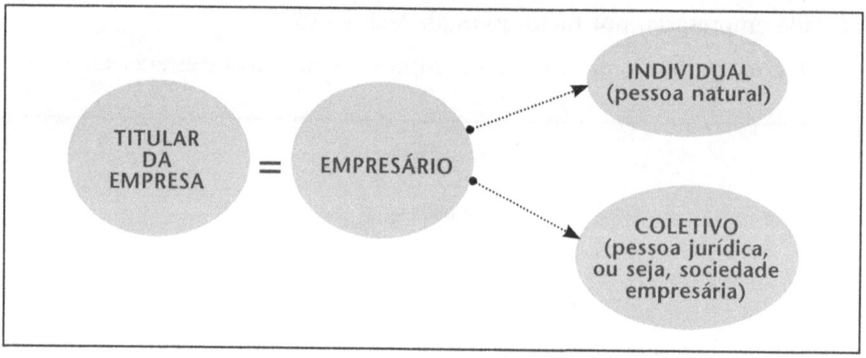

Empresário (CC, art. 966) é a pessoa natural ou jurídica que exerce profissionalmente atividade econômica organizada para a produção e circulação de bens ou de serviços, por meio de um estabelecimento. Empresário é o empreendedor que investe capital, congrega equipes, contrata força de trabalho utiliza equipamentos e administra fatores econômicos para criar riqueza no seu interesse e no da comunidade social, de acordo com princípios éticos[52].

São titulares da empresa tanto o empresário individual (pessoa natural) quanto a sociedade empresária (pessoa jurídica), por investirem capital para o exercício da atividade econômica organizada. Esclarece-nos Sylvio Marcondes que a titularidade das obrigações assumidas pelo empresário decorre dos atos por ele praticados e da atividade empresarial exercida, subordinada a normas especiais que regem seus direitos e obrigações e determinam as condições do exercício daquela atividade, submetendo-o a um sistema obrigacional e não a um estatuto de classe.

52. Arnoldo Wald, O empresário, cit., p. 848; Láudio C. Fabretti, *Direito de empresa*, cit., p. 37; Marcia M. Lippert, *A empresa no Código Civil*, São Paulo, Revista dos Tribunais, 2003, p. 141; Luiz Cezar P. Quintans, *Direito da empresa*, São Paulo, Freitas Bastos, 2003, p. 8; Marcelo A. Ferés, Empresa e empresário: do Código Civil italiano ao novo Código Civil brasileiro, *Direito de empresa no novo Código Civil* (coord. Frederico V. Rodrigues), Rio de Janeiro, Forense, 2004, p. 37 a 70; Carlos Aurélio M. de Souza, Empresas e empresários à luz dos princípios constitucionais do bem comum, *Revista do IASP*, *25*:83-109.

Para a configuração jurídica do empresário individual ou da sociedade empresária é mister a concorrência de três condições: *a*) exercício de atividade econômica destinada à criação da riqueza, pela produção e circulação de bens ou serviços; *b*) atividade organizada por meio da coordenação dos fatores de produção (trabalho ou mão de obra, capital, insumos e tecnologia) em medida e proporção variáveis, conforme a natureza e o objeto da "empresa"; *c*) exercício da atividade empresarial praticado profissionalmente em nome próprio e com *animus lucrandi*[53].

d.2.2. Questão da exclusão do exercício da profissão intelectual do âmbito empresarial

Em regra, pelo parágrafo único do art. 966 do Código Civil de 2002, quem exerce profissão intelectual, de natureza científica, literária ou artística, mesmo com o concurso de auxiliares, ou colaboradores (p. ex. técnicos), não é considerado empresário (individual ou coletivo), apesar de produzir bens, como o artista, o escritor etc., ou prestar serviços, como o profissional liberal (médico, dentista, advogado, enfermeiro, contabilista, nutricionista, engenheiro, p. ex.), visto que lhe falta a organização empresarial para obtenção de lucro, e, além disso, como diz Sylvio Marcondes, o esforço se implanta na própria mente do autor, de onde advém aquele bem ou serviço sem interferência exterior de fatores de produção (trabalho, tecnologia, insumo e capital), cuja eventual ocorrência é acidental. "O exercício das atividades de natureza exclusivamente intelectual está excluído do conceito de empresa. Os profissionais liberais não são considerados empresários, salvo se a organização dos fatores de produção for mais importante que a atividade pessoal desenvolvida" (Enunciados n. 193 e 194 do CJF, aprovados na III Jornada de Direito Civil). Se o exercício profissional for elemento preponderante da atividade econômica organizada (empresa), o profissional intelectual assume, por si próprio, a veste de empresário, devendo ser, juridicamente, considerado como tal. Se, p. ex., o profissional intelectual, para o exercício de sua profissão, investir capital, formando uma empresa, ofertando serviços mediante atividade econômica organizada, técnica e estável, deverá

53. Sylvio Marcondes, Exposição de Motivos do Anteprojeto de Código Civil; *Limitação da responsabilidade de comerciante individual*, São Paulo, Revista dos Tribunais, 1958; Miguel Reale, *Projeto de Código Civil*, p. 78; René Savatier, *La théorie des obligations*, Paris, 1967, p. 124. *Vide*: Leis n. 8.212/91, art. 12, § 14, e n. 8.213/91, art. 11, § 12 (com as alterações da Lei n. 12.873/2013), que tratam sobre participação do segurado especial em sociedade empresária, em sociedade simples, como empresário individual.

ser, então, considerado como empresário. Quem vier a formar sociedade empresária para o exercício de sua atividade profissional é empresário. Assim, se, p. ex., três médicos abrirem um consultório, estarão formando uma sociedade simples e se, posteriormente, o transformarem numa clínica contratando enfermeiras e auxiliares, ainda ter-se-á uma sociedade simples, dado que, ensina-nos Mauro Caramico, sem as atividades dos sócios, a clínica não seria possível. Se, continua o autor, contudo, aqueles médicos se unirem, formando um hospital com estrutura para atendimento de pacientes, com contratação de enfermeiros, fisioterapeutas, fonoaudiólogos, administrador, seguranças, contador, anestesistas, instrumentadores cirúrgicos, etc., então, formarão uma sociedade empresária, passando a contribuir com a prestação de serviço, sendo organizadores de fatores de produção e circulação de serviços médico-hospitalares. "A expressão *elemento de empresa* demanda interpretação econômica, devendo ser analisada sob a égide da absorção da atividade intelectual, de natureza científica, literária ou artística, como um dos fatores de organização empresarial" (Enunciado n. 195 do CJF, aprovado na III Jornada de Direito Civil).

O empresário que exercer, p. ex., atividade literária ou artística, por sua vez, terá o direito de: *a*) levar a obra intelectual em cena, explorando-a comercialmente; *b*) ter garantia legal contra qualquer alteração substancial (Lei n. 9.610/98, art. 71). E deverá: *a*) cumprir o prazo fixado para apresentação pública da obra; *b*) não entregar a obra a estranhos sem licença do autor (Lei n. 9.610/98, art. 72); *c*) não substituir os principais intérpretes e diretores musicais, sem consenso do autor (Lei n. 9.610/98, art. 73); *d*) responder solidariamente pela violação do direito de autor, juntamente com o dono do estabelecimento onde se deu a infração (Lei n. 9.610/98, art. 110); *e*) pagar ao autor a remuneração correspondente aos seus direitos autorais; *f*) respeitar a obra representada ou executada, sem alterá-la, exceto se o autor anuir.

É empresário quem: *a*) exerce, habitual e profissionalmente, atividade econômica, organizada e técnica para a produção ou a circulação de bens ou serviços, com o intuito de comercializá-los. Se um fabricante de automóveis vendê-los a uma concessionária de veículos, que os adquire, não na qualidade de destinatária final, mas para revendê-los, temos uma atividade econômico-empresarial, regida pelo Código Civil, visto que se trata de contrato celebrado entre empresários; *b*) investe capital visando lucro, exercendo profissão intelectual de natureza científica, literária ou artística, com concurso de colaboradores ou auxiliares para organizar e realizar projetos de engenharia, espetáculos artísticos, congressos científicos, certames desportivos etc.[54], por estar envolvido com atividade econômica organizada para a produção ou circulação de bens ou serviços.

É empresário (individual ou coletivo) aquele que tiver papel relevante na cadeia de fornecimento de bens e serviços, na distribuição direta entre fabricante e consumidor, uma vez que é o agente de sua produção e circulação, que constituem o cerne da atividade empresarial.

d.2.3. Tratamento especial às microempresas, às empresas de pequeno porte, ao pequeno empresário e ao empresário rural

A vida empresarial, influenciada pelo Código Civil italiano, inovou ao regulamentar a microempresa (ME) e a empresa de pequeno porte (EPP) num movimento iniciado pelo Decreto-Lei n. 1.750/80, seguido da Lei n. 7.256/84, regulamentada pelo Decreto n. 90.880/85, que disciplina a *microempresa* (ME), e pela Carta Magna de 1988, que veio a tutelar não só a microempresa como também a *empresa de pequeno porte* (EPP), com o escopo de facilitar-lhes a constituição e o funcionamento, fortalecendo sua participação no processo de desenvolvimento econômico-social, inclusive como fonte de geração de empregos para pequenos empresários, membros de sua família e terceiros[55], e, com isso, haverá estímulo para o seu crescimento.

---

54. Waldirio Bulgarelli, A atividade negocial no Projeto de Código Civil brasileiro, *RDM*, *56*:117 e 120; Newton De Lucca, A atividade empresarial no âmbito do Projeto de Código Civil, in *Direito empresarial contemporâneo* (coord. De Lucca e Simão Filho), São Paulo, Juarez de Oliveira, 2000, p. 70; Oscar Barreto Filho, O projeto de Código Civil e normas sobre a atividade negocial, *Revista da Procuradoria Geral do Estado de São Paulo*, v. 7, p. 65; José da Silva Pacheco, *Tratado de direito empresarial — empresário: pessoa e patrimônio*, São Paulo, Saraiva, 1979, v. 1, p. 12, 17, 22, 23, 40-2; Fábio Ulhoa Coelho, *Manual*, cit., p. 15, 16, 81 e s.; Rubens Requião, *Curso*, cit., p. 73-6; Ricardo Fiuza, *Novo Código Civil comentado*, São Paulo, Saraiva, 2002, p. 869-86; Fabrício Z. Matiello, *Código Civil comentado*, São Paulo, LTr, 2003, p. 607 e s.; Jones F. Alves e Mário Luiz Delgado, *Código Civil anotado*, São Paulo, Método, 2005, p. 425; Mauro Caramico, As sociedades simples, *Boletim CDT*, *38*:156 e 157; M. Helena Diniz, *Código Civil anotado*, São Paulo, Saraiva, 2006, p. 754-6; Sylvio Marcondes, Exposição de Motivos do Anteprojeto do Código Civil; Newton Silveira, A atividade intelectual, *Informativo IASP*, *86*:16-7. Helena D. R. Fialho Moreira (A caracterização do empresário e o exercício de atividade intelectual como elemento de empresa, *Questões controvertidas*, cit., v. 8, p. 133-146) observa que quem explorar atividade intelectual está caracterizado como sociedade simples, mesmo que se adote um dos tipos de sociedade empresária, desde que não seja a modalidade de sociedade por ações.

55. Sebastião José Roque, *Curso*, cit., p. 80; Orlando Teixeira da Costa, O direito do trabalho na sociedade moderna, *Revista LTr*, jun. 1992, p. 647-51; Renato Rua de Almeida, A pequena empresa e os novos paradigmas do direito do trabalho, *Revista LTr*, *64*; A pequena empresa e a teoria da flexibilização diferenciada, *Revista do Advogado*, n. 70, p. 72-4;

Jessé T. Pereira Junior e Marinês R. Dotti, As licitações exclusivas para microempresas e empresas de pequeno porte: regras e exceções, *Revista Síntese – Direito empresarial,* n. 38, p. 101-120; Ananda T. Isoni, Microempresa e Empresa de Pequeno Porte como demandantes nos Juizados Especiais, *Revista Síntese – Direito empresarial, 53*:124 a 134.

Sobre MEI, modalidade de microempresa: LC n. 123/2006, arts. 18-A (§§ 15-B, 18, 19, 20, 21, 22, 24), 18-B, § 1º, 18-D, 18-E, §§ 1º a 4, e 47, parágrafo único, com a redação das LCs n. 147/2014 e 155/2016.

"Art. 18-A..

"§ 15-B. O MEI poderá ter sua inscrição automaticamente cancelada após período de 12 (doze) meses consecutivos sem recolhimento ou declarações, independentemente de qualquer notificação, devendo a informação ser publicada no Portal do Empreendedor, na forma regulamentada pelo CGSIM.

....

§ 18. Os Municípios somente poderão realizar o cancelamento da inscrição do MEI caso tenham regulamentação própria de classificação de risco e o respectivo processo simplificado de inscrição e legalização, em conformidade com esta Lei Complementar e com as resoluções do CGSIM.

§ 19. Fica vedada aos conselhos representativos de categorias econômicas a exigência de obrigações diversas das estipuladas nesta Lei Complementar para inscrição do MEI em seus quadros, sob pena de responsabilidade.

§ 19-A. O MEI inscrito no conselho profissional de sua categoria na qualidade de pessoa física é dispensado de realizar nova inscrição no mesmo conselho na qualidade de empresário individual.

§ 19-B. São vedadas aos conselhos profissionais, sob pena de responsabilidade, a exigência de inscrição e a execução de qualquer tipo de ação fiscalizadora quando a ocupação do MEI não exigir registro profissional da pessoa física.

§ 20. Os documentos fiscais das microempresas e empresas de pequeno porte poderão ser emitidos diretamente por sistema nacional informatizado e pela internet, sem custos para o empreendedor, na forma regulamentada pelo Comitê Gestor do Simples Nacional.

§ 21. Assegurar-se-á o registro nos cadastros oficiais ao guia de turismo inscrito como MEI.

§ 22. Fica vedado às concessionárias de serviço público o aumento das tarifas pagas pelo MEI por conta da modificação da sua condição de pessoa física para pessoa jurídica.

§ 24. Aplica-se ao MEI o disposto no inciso XI do § 4º do art. 3º.

§ 25. O MEI poderá utilizar sua residência como sede do estabelecimento, quando não for indispensável a existência de local próprio para o exercício da atividade."

"Art. 18-B. ....

§ 1º Aplica-se o disposto neste artigo exclusivamente em relação ao MEI que for contratado para prestar serviços de hidráulica, eletricidade, pintura, alvenaria, carpintaria e de manutenção ou reparo de veículos."

...." (NR)

"Art. 18-D. A tributação municipal do imposto sobre imóveis prediais urbanos deverá assegurar tratamento mais favorecido ao MEI para realização de sua atividade no mesmo local em que residir, mediante aplicação da menor alíquota vigente para aquela localidade, seja residencial ou comercial, nos termos da lei, sem prejuízo de eventual isenção ou imunidade existente."

"Art. 18-E. O instituto do MEI é uma política pública que tem por objetivo a formalização de pequenos empreendimentos e a inclusão social e previdenciária.

§ 1º A formalização de MEI não tem caráter eminentemente econômico ou fiscal.

§ 2º Todo benefício previsto nesta Lei Complementar aplicável à microempresa estende-se ao MEI sempre que lhe for mais favorável.

E, assim, passou a ser princípio geral da atividade econômica o "tratamento favorecido para as empresas de pequeno porte constituídas sob as leis brasileiras e que tenham sua sede e administração no País" (CF, art. 170, IX). Por tal razão, "a União, os Estados, o Distrito Federal e os Municípios dispensarão às microempresas e às empresas de pequeno porte, assim definidas em lei, tratamento jurídico diferenciado, visando a incentivá-las pela simplificação de suas obrigações administrativas, tributárias, previdenciárias e creditícias, ou pela eliminação ou redução destas por meio de lei" (CF, art. 179). Onze anos depois surge a Lei n. 9.841/99, que estabelece normas para as microempresas (ME) e empresas de pequeno porte (EPP) no que atina ao tratamento especial e simplificado, nos campos administrativo, fiscal, previdenciário, trabalhista e de desenvolvimento empresarial, revogando as Leis n. 7.256/94 e 8.864/94, mas mantendo a Lei n. 9.317/96, a elas pertinentes. A Lei n. 10.194/2001, por sua vez, veio autorizar a criação de sociedades de crédito ao microempreendedor (equiparadas às instituições financeiras), para financiar pessoa física e microempresa (ME), viabilizando empreendimentos de pequeno porte mercantis, industriais. Adotada está a *teoria da flexibilização diferenciada*, como diz Orlando Teixeira Costa, pela qual há necessidade de que a legislação trabalhista, fiscal e previdenciária seja diferenciada para reger a vida da ME e da EPP, em busca, principalmente, da promoção da empregabilidade, pois pelo art. 170 da CF a ordem econômica, fundada na valorização do trabalho e na livre-iniciativa, tem por escopo assegurar a todos uma vida digna, conforme os ditames da justiça social, observando-se os princípios do pleno emprego e do tratamento favorecido para as empresas de pequeno porte.

O Código Civil de 2002, no art. 970, em consonância com o preceito constitucional (CF, arts. 146, III, *d*, 170, IX, e 179), assegurou o tratamento favorecido diferenciado e simplificado ao pequeno empresário, mas limitou seus

---

§ 3º O MEI é modalidade de microempresa.

§ 4º É vedado impor restrições ao MEI relativamente ao exercício de profissão ou participação em licitações, em função da sua respectiva natureza jurídica."

Microempreendedor Individual (MEI) pode usar sua residência como sede comercial: LC n. 154/2016.

LC n. 123/2006 (alt. pela LC 147/2014)

"Art. 47. Nas contratações públicas da administração direta e indireta, autárquica e fundacional, federal, estadual e municipal, deverá ser concedido tratamento diferenciado e simplificado para as microempresas e empresas de pequeno porte objetivando a promoção do desenvolvimento econômico e social no âmbito municipal e regional, a ampliação da eficiência das políticas públicas e o incentivo à inovação tecnológica.

Parágrafo único. No que diz respeito às compras públicas, enquanto não sobrevier legislação estadual, municipal ou regulamento específico de cada órgão mais favorável à microempresa e empresa de pequeno porte, aplica-se a legislação federal." *Vide*: Lei n. 8.666/93, art. 3º, §§ 14 e 15 e art. 5º-A.

objetivos ao circunscrevê-los à inscrição e aos efeitos dela decorrentes, olvidando as consequências tributárias, administrativas e previdenciárias. A Emenda Constitucional n. 42/2003 alterou o disposto no art. 146, III, *d*, da Lei Maior, determinando tratamento diferenciado e favorecido para as microempresas e empresas de pequeno porte, permitindo, no parágrafo único, o regime único de arrecadação de impostos e contribuições devidas aos entes públicos.

A Lei Complementar n. 123/2006, com as alterações das Leis Complementares n. 127/2007, 128/2008, 139/2011, 155/2016 e 167/2019, instituiu o novo Estatuto Nacional da Microempresa e da Empresa de Pequeno Porte, alterando dispositivos das Leis n. 8.212 e 8.213/91, da Lei n. 10.189/2001, da Lei Complementar n. 63/90, e revogando as Leis n. 9.317/96 e 9.841/99. A Lei Complementar n. 123/2006 (art. 3º — com a redação da LC n. 139/2011; Res. n. 94/2011, do CGSN, art. 2º, I, *a* e *b* e a LC n. 155/2016) considera como microempresa ou empresa de pequeno porte a sociedade empresária, a sociedade simples e o empresário individual devidamente registrados no Registro de Empresas Mercantis ou no Registro Civil de Pessoas Jurídicas, desde que, em caso de ME, aufira, em cada ano-calendário, receita bruta[56] igual ou inferior a R$ 360.000,00, e na hipótese de EPP, obtenha, em cada ano-calendário, receita bruta superior a R$ 360.000,00 e igual ou inferior a R$ 3.600.000,00, e, sendo pequeno empresário (empresário individual caracterizado como microempresa), para fins de aplicação do CC, arts. 970 e 1.179, tenha receita bruta anual de até R$ 60.000,00 (art. 68 — com a redação da LC n. 139/2011). E pelo art. 79-E da LC n. 123/2006 (acrescentado pela LC n. 139/2011 e com redação dada pela LC n. 155/2016): "A empresa de pequeno porte optante pelo Simples Nacional em 31 de dezembro de 2017 que durante o ano-calendário de 2017 auferir receita bruta total anual entre R$ 3.600.000,01 (três milhões, seiscentos mil reais e um centavo) e R$ 4.800.000,00 (quatro milhões e oitocentos mil reais) continuará automaticamente incluída no Simples Nacional com efeitos a partir de 1º de janeiro de 2018, ressalvado o direito de exclusão por comunicação da optante".

A microempresa (ME) e a empresa de pequeno porte (EPP) gozam não só de privilégios registrários, trabalhistas (LC n. 123/2006, arts. 50 a 54), fiscais e previdenciários (LC n. 123/2006, arts. 80 a 82, que alteraram os arts. 21 e 45 da Lei n. 8.212/91 e 9º, 18, 55 e 94 da Lei n. 8.213/91), mas também de condições mais favoráveis relativamente ao seu acesso aos certames

56. Receita bruta é o produto da venda de bens e serviços nas operações de conta própria, o preço dos serviços prestados e o resultado nas operações de conta alheia, não incluídas as vendas canceladas e os descontos incondicionais concedidos.

licitatórios e aos mercados de crédito e de capitais (LC n. 123/2006, arts. 42 a 49, 57 a 63) e à realização de negócios de compra e venda de bens, para os mercados nacional e internacional, por meio de sociedade de propósito específico de que sejam sócias (LC n. 123/2006, art. 56 — com a redação da LC n. 147/2014), se optantes do Simples Nacional, com o apoio creditício às suas operações, a eliminação de exigências e obrigações acessórias, a instituição do Regime Especial Unificado de Arrecadação de Tributos e Contribuições devidos pelas Microempresas e Empresas de Pequeno Porte (SIMPLES NACIONAL — arts. 12 a 41 (com a redação da LC n. 147/2014) da LC n. 123/2006), a simplificação de normas concernentes ao protesto de títulos (LC n. 123/2006, art. 73), o acesso aos juizados especiais (LC n. 123/2006, arts. 74 e 74-A), o estímulo ao uso de conciliação prévia, mediação e arbitragem para a solução de seus conflitos (LC n. 123/2006, art. 75), a possibilidade de, para fazer face às demandas originárias do estímulo ao acesso aos juizados especiais e ao uso de conciliação prévia, mediação e arbitragem, as entidades privadas, públicas, inclusive o Poder Judiciário, firmar parcerias entre si, objetivando a instalação ou utilização de ambientes propícios para a realização dos procedimentos inerentes à busca da solução de conflitos (art. 75-A da LC n. 123/2003), o plano especial de recuperação judicial (Lei n. 11.101/2005, arts. 70 a 72). No caso da microempresa, da empresa de pequeno porte e do microempreendedor individual, dispensados de publicação dos seus atos (art. 71 da Lei Complementar n. 123/2006), os prazos estabelecidos no Código Civil contam-se da data do arquivamento do documento (termo inicial) no registro próprio (Enunciado n. 489 do Conselho de Justiça Federal, aprovado na V Jornada de Direito Civil). Há concessão de facilidades por serem mais compatíveis com o tratamento favorecido e simplificado exigido constitucionalmente[57] por serem fontes de desenvolvimen-

57. Sebastião José Roque, *Curso*, cit., p. 83 e 84; Amador Paes de Almeida (coord.), *Comentários ao Estatuto da Microempresa e da Empresa de Pequeno Porte*, São Paulo, Saraiva, 2009; Ananda T. Isoni, Microempresa e empresa de pequeno porte como demandantes nos Juizados Especiais, *Revista Síntese – Direito empresarial*, *53*:124-134. Enunciado n. 61: "Em atenção ao princípio do tratamento favorecido à microempresa e à empresa de pequeno porte, é possível a representação de empresário individual, sociedade empresária ou EIRELI, quando enquadrados nos respectivos regimes tributários, por meio de preposto, perante os juizados especiais cíveis, bastando a comprovação atualizada do seu enquadramento (aprovado na II Jornada de Direito Comercial). Tal enunciado foi assim justificado: "O Enunciado n. 141 do FONAJE cria embaraço injustificável ao acesso a justiça por parte de microempresas e empresas de pequeno porte ao impedi-las de constituírem prepostos para a participação em audiências nos juizados especiais cíveis. Outrossim, o Enunciado n. 135 do FONAJE cria exigência, igualmente desarrazoada, de burocrática e irregularmente coercitiva comprovação de regularidade tributária das microempresas e das empresas de pequeno porte para que possam ingressar com qualquer

ação judicial perante os juizados especiais cíveis. Tais exigências, que não são feitas às demais empresas, vão de encontro ao art. 170, inc. IX da CRBF/88 – que elenca, como um dos princípios gerais da atividade econômica, o "tratamento favorecido para as empresas de pequeno porte constituídas sob as leis brasileiras e que tenham sua sede e administração no país" – bem como ao art. 98, inc. I, da CRFB/88, que determina que os juizados utilizem os "procedimentos oral e sumaríssimo". Pela Lei Complementar n. 123/2006 (art. 72), as microempresas e as empresas de pequeno porte deviam acrescentar à sua firma ou denominação as expressões "microempresa" ou "Empresa de Pequeno Porte", ou suas respectivas abreviações ME ou EPP, conforme o caso, sendo facultativa a inclusão do objeto da sociedade – ora revogado. A IN do DREI n. 45/2018 dispõe sobre os efeitos dessa revogação no nome empresarial das Microempresas e Empresas de Pequeno Porte. Mônica Gusmão (*Curso*, cit., p. 26) esclarecia que a adição ao nome de ME e EPP só podia dar-se por meio de requerimento de assento do empresário e após sua inscrição, desde que arquivada a declaração de enquadramento como ME e EPP (Instrução Normativa n. 104/2007 do DNRC, art. 14, atualmente revogada pela IN 116/2011). Com a revogação do art. 14 da IN do DREI n. 15/2013, pela IN do DREI n. 45/2018, não é passível de registro o nome empresarial que traga designação de porte (ME ou EPP) ao seu final (arts. 1º, I e 2º). *Vide* Decreto n. 6.038/2007, alterado pelo Decreto n. 8.217/2014, que institui Comitê Gestor de Tributação das Microempresas (ME) e Empresas de Pequeno Porte (EPP), e a Resolução n. 1, de 19 de março de 2007, que aprova o seu Regimento Interno. *Vide* ainda: Lei Complementar n. 123, de 14 de dezembro de 2006, com as alterações das Leis Complementares n. 127/2007 e 128/2008; Decreto n. 8.538 de 6 de outubro de 2015, que regulamenta o tratamento favorecido, diferenciado e simplificado para as microempresas e empresas de pequeno porte nas contratações públicas de bens, serviços e obras, no âmbito da administração pública federal; Lei Complementar n. 127/2007, que altera a redação do art. 17, XIV, § 2º, da Lei Complementar n. 123/2006; LC n. 139/2011, que altera o art. 17, XV e XVI e § 4º da LC n. 123/2006; Instrução Normativa n. 925 da SRFB, de 6 de março de 2009 (com a alteração da IN n. 1.730/2017 da SRFB), que dispõe sobre as informações a ser declaradas em Guia de Recolhimento do Fundo de Garantia do Tempo de Serviço e Informações à Previdência Social (GFIP) pelas microempresas ou empresas de pequeno porte optantes pelo Regime Especial Unificado de Arrecadação de Tributos e Contribuições devidos pelas Microempresas e Empresas de Pequeno Porte (Simples Nacional) que exerçam atividades tributadas na forma dos anexos IV e V da Lei Complementar n. 123, de 14 de dezembro de 2006; Resolução n. 104, de 12 de dezembro de 2012, do CGSN, que altera a Resolução CGSN n. 3, de 28 de maio de 2007, alterada pela Res. n. 115/2014 do CGSN, a qual dispõe sobre a composição da Secretaria-Executiva do Comitê Gestor do Simples Nacional — CGSN/SE, e a Resolução CGSN n. 94, de 29 de novembro de 2011, alterada pelas Res. n. 108/2013 e n. 115/2014 do CGSN, a qual dispõe sobre o Simples Nacional; Decreto n. 8.364/2014, sobre Fórum Permanente das ME e EPP, sendo que seu Regimento Interno foi aprovado pela Portaria n. 170/2009 do Ministério do Desenvolvimento, Indústria e Comércio Exterior; Instrução Normativa n. 736, de 2 de maio de 2007, da Secretaria da Receita Federal, que altera as Instruções Normativas SRF n. 67, de 6 de dezembro de 1996, que dispõe sobre o modelo do Documento de Arrecadação do Sistema Integrado de Pagamento de Impostos e Contribuições das Microempresas e das Empresas de Pequeno Porte (Darf-Simples), n. 81, de 27 de dezembro de 1996, que dispõe sobre o modelo do Documento de Arrecadação das Receitas Federais (Darf), n. 421, de 10 de maio de 2004, que dispõe sobre os Depósitos Judiciais e Extrajudiciais, e n. 672, de 30 de agosto de 2006, que dispõe sobre a retificação de erros no preenchimento de Darf e Darf-Simples; Resolução n. 4, de 30 de maio de 2007, do CGSN (alterada pelas Res. n. 14/2007, 19/2007 e 23/2007), sobre a opção pelo Regime Especial Unificado de Arrecadação de Tributos e Contribuições devidos pelas Microempresas e Empresas de Pequeno Porte (Simples Nacional); Instrução Normativa n. 767, de 15 de agosto de 2007, da SRF, que dispõe sobre o parcelamento especial para ingresso no Regime Especial Unificado de Arrecadação de Tributos e Contribuições devidos pelas Microempresas e Empresas de Pequeno Porte (Simples Nacional); Instrução Normativa n. 902 da SRF, de 30 de dezembro de 2008, que dispõe sobre o parcelamento para ingresso no Regime Especial Unificado de Arrecadação de Tributos e Contribuições devidos pelas Microempresas e Empresas de Pequeno Porte (Simples Nacional) relativos a tributos administrados pela Secretaria da Receita Federal do Brasil (RFB), de que trata o art. 79 da Lei Complementar n. 123, de 14 de dezembro de 2006, com a redação dada pela Lei Complementar n. 128, de 19 de dezembro de 2008; Resolução n. 58, de 27 de abril de 2009, do CGSN, que dispõe sobre o Microempreendedor Individual – MEI no âmbito do Simples Nacional; Resolução n. 5, de 30 de maio de 2007, do CGSN (alterada pelas Res. n. 7/2007, 14/2007, 19/2007, 21/2007 e 27/2007 e revogada pela Resolução n. 51/2008), sobre o cálculo e o recolhimento dos impostos e contribuições devidos pelas microempresas e empresas de pequeno porte optantes pelo Regime Especial Unificado de Arrecadação de Tributos e Contribuições (Simples Nacional); Resolução n. 10/2007 do CGSN, alterada pela Resolução n. 55/2009 do CGSNe revogada pela Resolução n. 94/2011; Resolução n. 11, de 23 de julho de 2007, do Comitê Gestor do Simples Nacional (CGSN), sobre a arrecadação do Regime Especial Unificado de Arrecadação de Tributos e Contribuições devidos pelas Microempresas e Empresas de Pequeno Porte (Simples Nacional); Resolução n. 13, de 23 de julho de 2007, do CGSN, sobre o processo de consulta no âmbito do Regime Especial Unificado de Arrecadação de Tributos e Contribuições devidos pelas Microempresas e Empresas de Pequeno Porte (Simples Nacional) ora revogada pela Resolução n. 94/2011; Resolução do CGSN n. 94/2011 sobre Simples Nacional; Resolução n. 15, de 23 de julho de 2007, do CGSN, sobre a exclusão do Regime Especial Unificado de Arrecadação de Tributos e Contribuições devidos pelas Microempresas e Empresas de Pequeno Porte (Simples Nacional) – ora revogada pela Resolução n. 94/2011; Res. n. 140/2018 do CGSN sobre Regime Especial Unificado de Arrecadação de Tributos e Contribuições devidos pelas Microempresas e Empresas de Pequeno Porte (Simples Nacional); Lei n. 13.043 de 13 de novembro de 2014, dispõe sobre os fundos de índice de renda fixa, sob a responsabilidade tributária na integralização de cotas de fundos ou clubes de investimentos por meio da entrega de ativos financeiros; sobre a tributação das operações de empréstimos de ativos financeiros; sobre a isenção de imposto sobre a renda na alienação de ações de empresas pequenas e médias; prorroga o prazo de que trata a Lei n. 12.431, de 24 de junho de 2011; Res. n. 3.516/2007 do BACEN, art. 1º: "Fica vedada às instituições financeiras e sociedades de arrendamento mercantil a cobrança de tarifa em decorrência de liquidação antecipada nos contratos de concessão de crédito e de arrendamento mercantil financeiro, firmados a partir da data da entrada em vigor desta resolução com pessoas físicas e com microempresas e empresas de pequeno porte de que trata a Lei Complementar n. 123, de 14 de dezembro de 2006"; Instrução Normativa n. 103, de 30 de abril de 2007, do DNRC, sobre o enquadramento, reenquadramento e desenquadramento de microempresa e empresa de pequeno porte, constantes da Lei Complementar n. 123, de 14 de dezembro de 2006, nas Juntas Comerciais – atualmente revogada pela IN n. 10, de 5 de dezembro de 2013 – do Departamento de Registro Empresarial e Integração – DREI.

A Lei Complementar n. 123, de 14 de dezembro de 2006 (Lei do Simples Nacional), passa a vigorar com as seguintes alterações da LC n. 167/2019:

"Art 17. Não poderão recolher os impostos e contribuições na forma do Simples Nacional a microempresa ou empresa de pequano porte:

I — que explore atividade de prestação cumulativa e contínua de serviços de assessoria creditícia, gestão de crédito, seleção e riscos, administração de contas a pagar e a receber, gerenciamento de ativos (*asset management*) ou compra de direitos creditórios resultantes de vendas mercantis a prazo ou de prestação de serviços (*factoring*) ou que execute operações de empréstimo, de financiamento e de desconto de títulos de crédito, exclusivamente com recursos próprios, tendo como contrapartes microempreendedores individuais, microempresas e empresas de pequeno porte, inclusive sob a forma de empresa simples de crédito;

...."

"Art. 18-A. ....

....

§ 4º ....

....

V — constituído na forma de *startup*.

...."

Decreto n. 8.870, de 5 de outubro de 2016 — dispõe sobre a aplicação de procedimentos simplificados nas operações de exportação realizadas por microempresas e empresas de pequeno porte optantes pelo Simples Nacional.

Lei Complementar n. 133, de 28 de dezembro de 2009 — alterou a Lei Complementar n. 123, de 14 de dezembro de 2006, para modificar o enquadramento das atividades de produções cinematográficas, audiovisuais, artísticas e culturais no Regime Especial Unificado de Arrecadação de Tributos e Contribuições devidos pelas Microempresas e Empresas de Pequeno Porte.

Lei Complementar n. 139/2011 — alterou os arts. 1º, 3º, 4º, 9º, 16, 17, 18-A, 18-B, 18-C, 19, 20, 21, 23, 24, 26, 29, 30, 31, 32, 33, 34, 39, 41 e 68 da LC n. 123/2006 e acrescentou os arts. 38-A e 79-E à mesma lei.

A Lei Complementar (LC) n. 147 alterou as regras estabelecidas pela LC n. 123/2006, a qual instituiu o Estatuto Nacional da Microempresa (ME) e da Empresa de Pequeno Porte (EPP). A nova lei complementar introduz mudanças no teor da Leis n. 5.889/1973 (trabalho rural), n. 11.101/2005 (a recuperação judicial, a extrajudicial e a falência do empresário e da sociedade empresária), n. 9.099/1995 (Juizados Especiais Cíveis e Criminais), n. 11.598/2007 (simplificação e integração do processo de registro e legalização de empresários e de pessoas jurídicas), n. 8.934/1994 (Registro Público de Empresas mercantis e Atividades Afins), n. 10.406/2002 (Código Civil) e n. 8.666/1993 (institui normas para licitações e contratos da Administração Pública), todas concernentes ao Simples Nacional, também conhecido como "Supersimples" – sistema de tributação diferenciado para as micro e pequenas empresas. *Vide*: art. 24 § 5º, da Lei n. 11.101/2005, com a redação de LC n. 147/2014 – "A remuneração do administrador judicial fica reduzida ao limite de 2%, no caso de microempresas e empresas de pequeno porte. *Consulte*: art. 3º, §§ 14 e 15 e art. 5º-A, da Lei n. 8.666/93, com alterações da LC n. 147/2014, sobre tratamento privilegiado de microempresas e empresas de pequeno porte em licitação.

O sistema, como se sabe, reduz a carga tributária atual e o prazo para abertura de empresas, unificando oito impostos em um único boleto. Serão beneficiadas as MEs ou EPPs que optarem pelo Simples Nacional a partir da vigência da LC, isto é, em 1º de janeiro de 2015, e que exerçam as seguintes atividades: a) produção e comércio atacadista de refrigerantes, tributadas com base nos anexos I ou II da LC n. 123; b) receitas de locação de bens móveis e de prestação de serviços não relacionados nos §§ 5º-C e D do art. 18, tributadas com base no anexo III da Lei n. 123, no que tange aos serviços de fisioterapia, corretagem de seguros e serviço de transporte intermunicipal e interestadual de passageiros, na modalidade fluvial, ou quando possuir características de transporte urbano ou metropolitano ou realizar-se sob fretamento contínuo em área metropolitana para o transporte de estudantes e trabalhadores (retirando-se o ISS e acrescentando-se o ICMS); c) *serviços advocatícios, tributados com base no anexo VI da LC n. 147*; e d) as atividades tributadas com base no anexo VI da LC n. 147, ou seja: medicina, inclusive laboratorial e enfermagem; medicina veterinária, odontologia, psicologia, psicanálise, terapia ocupacional, acupuntura, podologia, fonoaudiologia e de clínicas de nutrição, de vacinação e bancos de leite; serviços de comissária, de despachantes, de tradução e de interpretação; arquitetura, engenharia, medição, cartografia, topografia, geologia, geodésia, testes, suporte e análises técnicas e tecnológicas, pesquisa, *design*, desenho e agronomia; representação comercial e demais atividades de intermediação de negócios e serviços de terceiros; perícia, leilão e avaliação; auditoria, economia, consultoria, gestão, organização, controle e administração; jornalismo e publicidade; agenciamento, exceto de mão de obra, bem como outras atividades do setor de serviços que tenham por finalidade a prestação de serviços decorrentes do exercício de atividade intelectual, de natureza técnica, científica, desportiva, artística ou cultural, que constitua profissão regulamentada ou não, desde que não sujeitas à tributação na forma dos anexos III, IV ou V. Cabe salientar que as empresas que exercem as atividades de produção e comércio atacadista de refrigerantes, fisioterapia, corretagem de seguros e serviços advocatícios, constituídas após a regulamentação da LC n. 147, por parte do Comitê Gestor do Simples Nacional (CGSN), poderão optar pelo sistema ainda no ano de 2014.

Segundo notícia divulgada no *site* da Agência Brasil em 7 de agosto, com a atualização da Lei Geral da Micro e Pequena Empresa (LC n. 123/2006), cerca de 450 mil empresas com faturamento anual de até R$ 3,6 milhões poderão ser beneficiadas. O Supersimples permite o ingresso de 142 atividades da área de serviços no novo regime de tributação. Além disso, estabelece como critério de adesão o porte e o faturamento da empresa, em vez da atividade exercida.

De acordo com o acréscimo dado à redação do art. 1º, as normas gerais relativas ao tratamento diferenciado e favorecido a ser dispensado às microempresas e empresas de pequeno porte, no âmbito dos Poderes da União, dos Estados, do Distrito Federal e dos Municípios, devem ser aplicadas também no que se refere ao cadastro nacional único de contribuintes (inciso IV).

Para fins de aplicação dos termos introduzidos pela nova LC e reconhecimento comercial, as microempresas devem estar inseridas no Registro de Empresas Mercantis ou no Registro Civil de Pessoas Jurídicas e obter receita bruta igual ou inferior a R$ 360 mil por ano. Já as empresas de pequeno porte, além do registro, também deverão obter um lucro anual superior a R$ 360 mil e igual ou inferior a R$ 4,8 milhões. A forma de enquadramento dessas empresas (ME e EPP) foi acrescida pela nova LC, abrangendo a sua aplicação aos produtores rurais e agricultores familiares. Todavia, o tratamento jurídico diferenciado não poderá ser aplicado, para efeitos legais, pela pessoa jurídica "cujos titulares ou sócios guardem, cumulativamente, com o contratante do serviço, relação de pessoalidade, subordinação e habitualidade (inciso XI do § 4º do art. 3º).

Todo processo de abertura, registro, alteração e baixa dessas duas modalidades de empresa, de acordo com o § 1º do art. 4º, bem como qualquer exigência para o início de seu funcionamento, deverá ter trâmite especial e simplificado, preferencialmente eletrônico, conforme a opção do empreendedor. Outrossim, todos os custos relativos a esses trâmites devem ser reduzidos a zero na hipótese de se tratar de Microempreendedor Individual (MEI).

Pelo sistema, também deve ficar assegurada às empresas a identificação nacional cadastral única, que corresponderá ao número de inscrição no Cadastro Nacional de Pessoas Jurídicas (CNPJ). Após a implantação do sistema, essa identificação nacional única substituirá as demais inscrições, sejam federais, estaduais ou municipais. Quanto ao compartilhamento irrestrito de dados da base única nacional e à autonomia na definição das regras para comprovação do cumprimento de exigência, devem ser garantidos pelo sistema aos órgãos e entidades a ele integrados.

O registro, as alterações e baixas dos atos constitutivos ocorrem, independentemente da regularidade de obrigações tributárias, previdenciárias ou trabalhistas, principais ou acessórias, do empresário, da sociedade, dos sócios, dos administradores ou de empresas de que participem, sem prejuízo das responsabilidades do empresário, dos titulares, dos sócios ou dos administradores por tais obrigações, apurados antes ou após a respectiva extinção. Por outro lado, a baixa do empresário ou da pessoa jurídica não impede que, posteriormente, sejam lançados ou cobrados tributos, contribuições e respectivas penalidades, decorrentes da falta do cumprimento de obrigações ou da prática comprovada e apurada em processo administrativo ou judicial de outras irregularidades praticadas, importando a solicitação de baixa em responsabilidade solidária dos empresários, titulares, sócios e dos administradores que atuaram durante o período da ocorrência do fato gerador.

A LC n. 155/2016 altera a redação da LC 123/2006, das Leis n. 9.613/1998, n. 12.512/2011 e n. 7.998/1990, e revoga dispositivo da Lei n. 8.212/1991.

Instrução Normativa n. 36, de 2 de março de 2017 do DREI, dispõe sobre o enquadramento, reenquadramento e desenquadramento de microempresa e empresa de pequeno porte, nos termos da Lei Complementar n. 123, de 14 de dezembro de 2006 e alterações posteriores.

A Lei Complementar n. 155/2016 modifica o teor do art. 18 da LC n. 123, disciplinando o valor do imposto devido mensalmente pelas MEs ou EPPS, com base em alíquotas específicas estabelecidas pela nova LC. Os prestadores de serviços advocatícios passam a responder como contribuintes dos tributos em consonância com a nova tabela do anexo VI, ressalvando-se que, para esses, não estará incluída no Simples Nacional a Contribuição Patronal Previdenciária (CPP) para a Seguridade Social, prevista no inciso VI do *caput* do art. 13 da LC n. 123.

A aplicação do sublimite para efeito de recolhimento do ICMS, na forma do Simples Nacional, será proposta pelos próprios Estados relativamente aos respectivos territórios (art. 19). Caso o recolhimento do ICMS ou do ISS não seja efetuado na forma do Simples Nacional, as faixas de receita superiores que tenham sido objeto de opção pelos Estados ou pelo Distrito Federal sofrerão, para efeito de recolhimento, redução na alíquota equivalente aos percentuais relativos a esses impostos.

A inscrição de microempresa ou empresas de pequeno porte no Cadastro Informativo dos Créditos não Quitados (Cadin) ocorrerá mediante notificação prévia com prazo pra contestação (art. 21-A). Quanto à escrituração fiscal digital ou obrigação equivalente, não poderá ser exigida quando a ME ou EPP optar pelo Simples Nacional, exceto se houver autorização específica que estabeleça condições para tal obrigatoriedade ou disponibilização gratuita do aplicativo por parte da administração tributária.

Quando da participação em certames licitatórios para aquisições públicas, as MEs e EPPs deverão comprovar a sua regularidade fiscal mediante a apresentação de todos os documentos exigidos em até cinco dias úteis, cujo termo inicial corresponderá ao momento em que o proponente for declarado o vencedor do certame, conforme o novo § 1º do art. 43.

De acordo com o art. 47, nas contratações públicas da administração direta e indireta, autárquica e fundacional, federal, estadual e municipal, deverá ser concedido tratamento diferenciado e simplificado para as microempresas e empresas de pequeno porte, objetivando a promoção do desenvolvimento econômico e social no âmbito municipal e regional, a ampliação da eficiência das políticas públicas e o incentivo à inovação tecnológica.

A partir do art. 49-A, na seção II, a nova lei trata sobre o acesso diferenciado ao mercado externo por parte das microempresas e empresas de pequeno porte beneficiárias do Simples. O regime de exportação contemplará procedimentos simplificados de habilitação, licenciamento, despacho aduaneiro e câmbio, na forma do regulamento, além de acesso especial a linhas de crédito (§ 2º).

Além das novidades trazidas pela LC n. 147 anteriormente mencionadas, deve ser evidenciada a inclusão das pessoas enquadradas como microempreendedores individuais, microempresas e empresas de pequeno porte no rol das pessoas admitidas na proposição de ações de competência dos Juizados Especiais Cíveis e Criminais de âmbito estadual (nova redação dada ao inciso II do § 1º do art. 8º da Lei n. 9.099/1995 – Lei dos Juizados Especiais Cíveis e Criminais).

Na esfera cível, a LC altera a redação do inciso II do art. 968 do Código Civil para estabelecer que a inscrição do empresário seja formalizada mediante a firma, com respectiva assinatura autógrafa, a qual poderá ser substituída pela assinatura autenticada com certificação digital ou meio equivalente, mediante a comprovação da sua autenticidade (*BAASP*, *2903*:7 e 8).

Lei n. 12.613/2012 — altera a Lei n. 10.735, de 11 de setembro de 2003, que dispõe sobre o direcionamento de depósitos à vista captados pelas instituições financeiras para operações de crédito destinadas à população de baixa renda e a microempreendedores.

Orientação Normativa n. 10 — alterada pela Portaria n. 572/2011 da Advocacia-Geral da União: "A definição do valor da contratação levará em conta o período de vigência do contrato e as possíveis prorrogações para: a) a realização de licitação exclusiva (microempresa, empresa de pequeno porte e sociedade cooperativa); b) a escolha de uma das modalidades convencionais (concorrência, tomada de preços e convite); e c) o enquadramento das contratações previstas no art. 24, inc. I e II, da Lei n. 8.666, de 1993".

O Decreto n. 8.538, de 6 de outubro de 2015, regulamenta o tratamento favorecido, diferenciado e simplificado para as microempresas, empresas de pequeno porte, agricultores familiares, produtores rurais pessoa física, microempreendedores individuais e sociedades cooperativas de consumo nas contratações públicas de bens, serviços e obras no âmbito da administração pública federal.

Sobre nome empresarial: Instrução Normativa do DREI n. 15/2013, arts. 1º, 2º, 5º, I e § 1º, 11, 12, §§ 1º a 3º e n. 45/2018, arts. 1º e 2º.

Convém, ainda, lembrar que: a Resolução n. 1.115/2007 — ora revogada pela Resolução n. 1.330/2011, do Conselho Federal da Contabilidade, aprovou a NBCT 19.13 — Escrituração Contábil Simplificada para Microempresa e Empresa de Pequeno Porte; a Portaria n. 226/2007, do Ministério do Desenvolvimento, Indústria e Comércio Exterior, aprovou o Regimento Interno do Fórum Permanente das Microempresas e Empresas de Pequeno Porte; o Ato Declaratório Executivo n. 24, de 28 de abril de 2008, da Coordenadoria-Geral de Arrecadação e Cobrança, credenciou o Banco do Nordeste do Brasil S/A para compor a Rede Arrecadadora do Simples Nacional; as Resoluções n. 574, de 28 de abril de 2008, n. 682/2011, do CODEFAT — ora revogadas pelas Resoluções n. 682/2011 e 707/2013, respectivamente alteraram a Resolução n. 345, de 10 de julho de 2003, que instituiu o Programa de Fomento às Micro, Pequenas e Médias Empresas — FAT — FOMENTAR; o Decreto n. 6.889/2009 dispõe sobre a composição e a competência do Conselho de Participação em fundos garantidores de risco de crédito para micro, pequenas e médias empresas; a Resolução n. 2, de 1º de julho de 2009, do CGSIM, alterada pela Res. n. 4/2009, dispõe sobre o procedimento especial para o registro e legalização do Microempreendedor Individual; a Lei n. 9.099/95, art. 8º, § 1º, II, com a redação da Lei Complementar n. 147/2014, permite às microempresas, empresas de pequeno porte e aos microempreendedores individuais propor ação perante Juizado Especial; a Resolução n. 4.011, de 21 de setembro de 2011 do BACEN, altera a Resolução n. 3.759, de 9 de julho de 2009, para estabelecer condições para a concessão de financiamentos passíveis de subvenção econômica pela União, destinados a capital de giro e investimento de sociedades empresariais, empréstimos individuais e pessoas físicas ou jurídicas caracterizadas como produtores rurais, localizados em Municípios de Estados da Federação atingidos por desastres naturais e abrangidos por decreto estadual de situação de emergência ou estado de calamidade pública, relacionados em ato do Poder Executivo Federal.

Resolução n. 4.153, de 30 de outubro de 2012 do BACEN — altera a Resolução n. 4.000, de 25 de agosto de 2011, que dispõe sobre a realização de operações de microcrédito destinadas à população de baixa renda e a microempreendedores.

Resolução n. 16, de 17 de dezembro de 2009 do CGSIM, com a alteração da Res. n. 26/2011, do CGSIM —, dispõe sobre o procedimento especial para o registro e legalização do Microempreendedor Individual.

Resolução n. 240, de 21 de janeiro de 2010 do INPI — dispõe sobre a extensão da redução de valores de retribuições de serviços prestados pelo inpi ao Microempreendedor Individual — MEI.

Resolução n. 26, de 8 de dezembro de 2011, do CGSIM — dispõe sobre o procedimento especial para o registro, alteração, baixa e cancelamento do MEI; altera dispositivos da Resolução n. 16, de 17 de dezembro de 2009 e da Resolução n. 17, de 9 de abril de 2010, acrescenta o parágrafo único e os incisos I ao V ao art. 1º, acrescenta os §§ 6º, 7º e 8º ao art. 8º, acrescenta o parágrafo único ao art. 20, acrescenta as alíneas *g*, *h* e *i* ao inciso I do art. 22 e acrescenta os arts. 18-A, 19-A, 19-B, 19-C, 29-A, 29-B, 29-C, 29-D e 29-E na Resolução n. 16, de 17 de dezembro de 2009.

Instrução Normativa n. 20, de 5 de dezembro de 2013, do DREI, dispõe sobre a expedição de certidões, a sua utilização em atos de transferência de sede, abertura, alteração e inscrição de transferência de filiais, proteção ao nome empresarial, bem como do Certificado da Condição de Microempreendedor Individual – CCMEI.

Sobre tributação: Resoluções n. 43, 44, 45, 49, 51 e 52 (ora revogadas pela Resolução n. 94/2011), 53 e 94, com alterações das Res. n. 108/2013 e n. 113/2014, do Comitê Gestor do Simples Nacional. Sobre obrigações tributárias, previdenciárias ou trabalhistas: Lei Complementar n. 123/2006, art. 9º, §§ 1º a 9º, com a redação da Lei Complementar n. 128/2008, 139/2011, e art. 13, VI, com a alteração da Lei Complementar n. 128/2008; LC n. 155/2016, arts. 12 e 13, 18-A, 24. A Instrução Normativa n. 877, de 24 de setembro de 2008, da Secretaria da Receita Federal dispõe sobre a tributação das microempresas (ME) e empresas de pequeno porte (EPP) optantes pelo Regime Especial Unificado de Arrecadação de Tributos e Contribuições devidos pelas ME e EPP (Simples Nacional) relativamente ao período anterior ao início dos efeitos da opção por esse regime de tributação.

IN SRF n. 672/2006 dispõe sobre retificação de erros no preenchimento de DARF e de Documento de Arrecadação do Sistema Integrado de Pagamentos de Impostos e Contribuições das Microempresas e Empresas de Pequeno Porte (Darf Simples).

As microempresas e empresas de pequeno porte enquadradas no Regime Especial Unificado de Arrecadação de Tributos e Contribuições estão dispensadas da apresentação do Demonstrativo de Apuração de Contribuições Sociais (DACON — Instrução Normativa da SRF n. 940/2009, art. 4º, I — ora revogada pela IN n. 1.015/2010, posteriormente revogada pela IN n. 1.441/2014). Sobre salário-maternidade, a ser pago diretamente pela Previdência Social, devido à trabalhadora avulsa e à empregada do microempreendedor individual de que trata o art. 18-A da LC n. 123/2006: Lei n. 8.213/91, art. 72, § 3º, alterado pela Lei n. 12.470/2011.

Portaria n. 589, de 27 de julho de 2010, do Ministério da Ciência e Tecnologia aprova o novo formulário para que os órgãos e entidades integrantes da Administração Pública Federal atuantes em pesquisa, desenvolvimento ou capacitação tecnológica, bem como os órgãos congêneres ao Ministério da Ciência e Tecnologia estaduais e municipais apresentem ao MCT informações referentes aos recursos destinados à inovação alocados às microempresas e empresas de pequeno porte.

Resolução n. 3.909, de 30 de setembro de 2010, do BACEN altera a Resolução n. 3.517, de 6 de dezembro de 2007, estendendo a obrigatoriedade de informação do Custo Efetivo Total (CET) a operações envolvendo microempresas e empresas de pequeno porte.

Portaria n. 72/2010 do Ministério do Turismo sobre procedimento e requisitos para cadastro do prestador de serviços turísticos como microempreendedor individual perante aquele Ministério (atualmente revogada pela Portaria n. 130/2011).

Dos Planos de Gerenciamento de Resíduos Sólidos relativos às microempresas e empresas de pequeno porte: Decreto n. 7.404/2010, arts. 60 a 63.

Portaria n. 193, de 21 de julho de 2011 do Ministério do Desenvolvimento, Indústria e Comércio Exterior, institui Grupo de Trabalho para elaborar estudos, analisar mudanças e propor ações para melhor aplicação das regras de contabilidade para Micro e Pequenas Empresas.

A Lei n. 12.470, de 31-8-2011, modificou o Plano de Custeio da Previdência Social e instituiu alíquota diferenciada de contribuição para o microempreendedor individual e para o segurado facultativo sem renda própria, desde que pertencente a família de baixa renda e com dedicação exclusiva ao trabalho doméstico na sua residência. Foi incluído no rol de dependentes o filho ou o irmão que tenha deficiência intelectual ou mental, e foram alteradas as normas do benefício de prestação continuada de tais indivíduos. E, ainda, determinou que o salário-maternidade da empregada do microempreendedor individual será pago pela Previdência Social.

Lei n. 12.613, de 18 de abril de 2012, altera a Lei n. 10.735, de 11 de setembro de 2003, que dispõe sobre o direcionamento de depósitos à vista captados pelas instituições financeiras para operações de crédito destinadas à população de baixa renda e a microempreendedores.

A Portaria n. 184, de 13 de julho de 2012, do Ministério do Desenvolvimento, Indústria e Comércio Exterior, institui Grupo de Trabalho para propor modelo institucional para a criação de uma Rede Nacional de Informação para as micro e pequenas empresas e empreendedores individuais.

Lei n. 12.792, de 28 de março de 2013, altera a Lei n. 10.683, de 28 de maio de 2003, que dispõe sobre a organização da Presidência da República e dos Ministérios, criando a Secretaria da Micro e Pequena Empresa, cargo de Ministro de Estado e cargos em comissão, e a Lei Complementar n. 123, de 14 de dezembro de 2006.

Resolução BACEN n. 4.000/2011, com alteração da Res. BACEN n. 4.242/2013 e Carta-circular n. 3.607/2013 sobre procedimentos de aplicação de depósitos à vista captados por instituições financeiras em operações de crédito destinadas a microempreendedores. Portaria n. 76/2013 da Secretaria da Micro e Pequena Empresa relativa à padronização de objetos e às normas para apresentação de propostas de convênio sobre promoção do desenvolvimento de micro e pequenas empresas do Programa Temático 2047.

Vide art. 9º, V, *p*, do Regulamento da Previdência Social, aprovado pelo Decreto n. 3.048/99, alterado pelo Decreto n. 6.722/2008.

A IN da SRF do B n. 1.478/2014 alterará a INRFB n. 1.110/2010, art. 3º, I, que passa a ter a seguinte redação: "Art. 3º ....

I – as Microempresas (ME) e as Empresas de Pequeno Porte (EPP) enquadradas no Regime Especial Unificado de Arrecadação de Tributos e Contribuições devidos pelas Microempreas e Empresas de Pequeno Porte (Simples Nacional), instituído pela Lei Complementar n. 123, de 14 de dezembro de 2006, relativamente aos períodos abrangidos por esse Regime, mesmo que estejam sujeitas ao pagamento da Contribuição Previdenciária sobre a Receita Bruta (CPRB) nos termos dos arts. 7º e 8º da Lei n. 12.546, de 14 de dezembro de 2011".

Instrução Normativa n. 1.508, de 4 de novembro de 2014, dispõe sobre o parcelamento de débitos apurados no Regime Especial unificado de Arrecadação de Tributos e Contribuições devidos pelas Microempresas e Empresas de Pequeno Porte (Simples Nacional) no âmbito da Secretaria da Receita Federal do Brasil e revoga a Instrução Normativa RFB n. 1.229, de 21 de dezembro de 2011.

IN da DREI n. 12/2013 (alterada IN da DREI n. 29/2014), art. 21, § 3º: Nos casos de microempreendedores individuais, de falecimento de sócios ou titulares de empresas, àqueles que dependem de aprovação prévia de Órgãos e Entidades Governamentais, ou ainda quando não estiverem assinados por todos os sócios, o encerramento não poderá ser efetuado por meio do Sistema de Registro e Licenciamento de Empresas – RLE.

Portaria Interministerial n. 33, de 31 de outubro de 2014, da Secretaria da Micro e Pequena Empresa. Institui Grupo de Trabalho responsável pela Gestão do Programa Microempreendedor Individual (MEI).

Decreto n. 8.364/2014 regulamenta o Fórum Permanente das Microempresas e Empresas de Pequeno Porte e a Portaria n. 1.679/2017 da Secretaria Especial da Micro e Pequena Empresa aprova o Regimento Interno desse Fórum. Resolução da Secretaria da Micro e Pequena Empresa n. 30/2015 aprova alterações no Regimento Interno do Comitê para Gestão da Rede Nacional para Simplificação do Registro e da Legalização de Empresas e Negócios. Instrução Normativa n. 118, de 16 de janeiro de 2015, da Secretaria de Inspeção do Trabalho, dispõe sobre a fiscalização da aprendizagem nas Microempresas e Empresas de Pequeno Porte. Decreto n. 8.538, de 6 de outubro de 2015, regulamenta o tratamento favorecido, diferenciado e simplificado para as microempresas, empresas de pequeno porte, agricultores familiares, produtores rurais pessoa física, microempreendedores individuais e sociedades cooperativas de consumo nas contratações públicas de bens, serviços e obras no âmbito da administração pública federal. Sobre Microempresa e EPP: CPC/2015, arts. 246, § 1º, e 1.051,

to econômico e promotoras da empregabilidade. O pequeno empresário, ensina Sebastião José Roque, não é a microempresa ou a empresa de pequeno porte que têm registro próprio e tratamento diferenciado, por ser aquele que exerce atividade fraca, que não possibilita a observância das exigências legais por serem superiores às suas forças, por isso a lei lhe facilita a inscrição.

---

parágrafo único. Decreto n. 8.723/2016 altera o Decreto n. 6.889/2009 sobre Conselho de Participação em fundos garantidores de risco de crédito para micro, pequenas e médias empresas. O Decreto n. 8.870/2016 dispõe sobre aplicação de procedimentos simplificados nas operações de exportação realizadas por microempresas e empresas de pequeno porte optantes pelo Simples Nacional.

Lei Complementar n. 162, de 6 de abril de 2018, institui o Programa Especial de Regularização Tributária das Microempresas e Empresas de Pequeno Porte optantes pelo Simples Nacional (Pert-SN). Resolução n. 140, de 22 de maio de 2018, do Comitê Gestor do Simples Nacional dispõe sobre o Regime Especial Unificado de Arrecadação de Tributos e Contribuições devidos pelas Microempresas e Empresas de Pequeno Porte (Simples Nacional).

Lei Complementar n. 167/2019 altera a LC n. 123/2006 para regulamentar a Empresa Simples de Crédito (ESC) e instituir o Inova Simples.

A *Empresa Simples de Crédito,* de âmbito municipal ou distrital, destina-se à realização de operações de empréstimo, de financiamento e de desconto de títulos de crédito, exclusivamente com recursos próprios, tendo como contrapartes microempreendedores individuais, microempresas e empresas de pequeno porte. O *Inova Simples* é um regime especial simplificado que concede às iniciativas empresariais de caráter incremental ou disruptivo que se autodeclarem como *startup* (empresa de caráter inovador que visa a aperfeiçoar sistemas, métodos ou modelos de negócio, de produção, de serviço ou de produtos, os quais, quando já existentes caracterizam *startups* de natureza incremental, ou quando relacionados à criação de algo totalmente novo, caracterizam *startups* de natureza disruptiva) ou empresas de inovação, tratamento diferenciado com vistas a estimular sua criação, formalização, desenvolvimento e consolidação como agentes indutores de avanços tecnológicos e da geração de emprego e renda.

Lei Complementar n. 168, de 12 de junho de 2019, autoriza, no prazo que especifica, o retorno ao Regime Especial Unificado de Arrecadação de Tributos e Contribuições devidos pelas Microempresas e Empresas de Pequeno Porte (Simples Nacional) dos optantes excluídos desse regime tributário em 1º de janeiro de 2018.

MP n. 1.045/2021 permite redução de jornada de trabalho e salário e suspensão do contrato de trabalho por 120 dias em razão da Covid-19.

A Lei de Diretrizes Orçamentárias de 2021 permite abertura de crédito extraordinário destinado a programas emergenciais para redução de salário e de jornada de trabalhadores da iniciativa privada e apoio a micro e pequenas empresas para enfrentamento da Covid-19 e suas consequências econômicas.

Um dos objetivos do *Programa Casa Verde e Amarela* é estimular a inserção de microempresas, de pequenas empresas e de microempreendedores individuais do setor de construção civil e de entidades privadas sem fins lucrativos nas ações do referido programa (art. 3º, V, da Lei n. 14.118/2021).

Pelo art. 246, §§ 5º e 6º, as microempresas e as pequenas empresas somente se sujeitam à manutenção de cadastro nos sistemas de processos em autos eletrônicos se não possuírem endereço eletrônico cadastrado no sistema integrado da Redesim, mas deverá haver compartilhamento de cadastro com o órgão do Poder Judiciário, incluído o endereço eletrônico constante do sistema integrado da Redesim, nos termos da legislação aplicável ao sigilo fiscal e ao tratamento de dados pessoais (redação da Lei n. 14.195/2021).

O *pequeno empresário* (LC n. 123/2006, art. 68, com a redação da LC n. 139/2011) tem, portanto, assegurado, por lei, em razão da natureza artesanal de sua atividade ou da predominância do trabalho próprio ou de familiares em relação ao capital ou de sua renda bruta até R$ 81.000,00 (LC n. 123/2006, art. 18-A, com a redação da LC n. 139/2011), um tratamento favorecido, diferenciado e simplificado relativamente à sua inscrição no Registro Público de Empresas Mercantis e dos efeitos oriundos desta (*RT*, *799*:219). Deverá ser-lhe exigida por lei a adoção do livro diário (Enunciado n. 56, aprovado na Jornada de Direito Civil, promovida, em setembro de 2002, pelo Centro de Estudos Judiciários do Conselho da Justiça Federal e cancelado pelo Enunciado n. 235). Deveras, feito o registro, há a exigência da adoção do livro; ao contrário do que se pensa, a simplificação para fins de recolhimento de tributos, p. ex., não tem o condão de excluir o livro obrigatório. "É possível a qualquer empresário individual, em situação regular, solicitar seu enquadramento como microempresário ou empresário de pequeno porte, observadas as exigências e restrições legais" (Enunciado n. 200 do CJF, aprovado na III Jornada de Direito Civil).

Para sua inscrição, exigir-se-á uma simples comunicação da situação especial em que se encontra o empresário e não um requerimento pedindo seu reconhecimento. Essa comunicação poderá dar-se por via postal e é isenta de taxas e emolumentos. O órgão que opera o registro apenas tomará nota do comunicado. Trata-se de um registro especial[58]. Pelo art. 968, §§ 4º e 5º, do Código Civil, acrescentados pela Lei n. 12.470/2011, não só processo de abertura, registro, alteração e baixa do microempreendedor individual tratado no art. 18-A da Lei Complementar n. 123/2006, como também qualquer exigência para o início de seu funcionamento deverão seguir trâmite especial e simplificado, de preferência eletrônico, opcional para o empreendedor, conforme disciplina determinada pelo Comitê para Gestão da Rede Nacional para a Simplificação do Registro e da Legalização de Empresas e Negócios (CGSIM). Além disso, poderão ser dispensados, na forma determinada pelo CGSIM: uso da firma, com a respectiva assinatura autógrafa; capital; requerimentos; demais assinaturas; informações alusivas à nacionalidade; estado civil e regime de bens; remessa de documentos.

O *empresário rural* é o que exerce atividade agrária, seja ela agrícola, pecuária, agroindustrial ou extrativa (vegetal ou mineral), procurando con-

58. M. Helena Diniz, *Código Civil anotado*, cit., p. 760 e 761; Paulo Checoli, *Direito de empresa no novo Código Civil*, São Paulo, Pillares, 2004, p. 26 e 27; Sebastião José Roque, *Curso*, cit., p. 98 e 99. Sobre empresa individual de responsabilidade limitada: CC, arts. 980-A, §§ 1º a 6º e 1.033, parágrafo único, com alterações da Lei n. 12.441/2011.

jugar, de forma racional, organizada e econômica, segundo os padrões estabelecidos pelo governo e fixados legalmente, os fatores terra, trabalho e capital. Fábio Ulhoa Coelho esclarece que são rurais atividades econômicas de plantação de vegetais para alimentação ou para matéria-prima (agricultura, reflorestamento), criação de animais para abate, reprodução, competição ou lazer (pecuária, suinocultura, equinocultura, apicultura, avicultura, sericultura, piscicultura) e o extravismo vegetal (corte de árvore), animal (caça e pesca) e mineral (garimpo e mineração) etc. Na produção de alimentos tem-se a agroindústria (com tecnologia avançada e mão de obra assalariada, permanente ou temporária) e a agricultura familiar (levada a efeito pelo dono da terra, seus parentes e uns poucos empregados). O empresário rural exerce atividades simples destinadas à produção agrícola, pecuária, silvícola e conexas, como a de transformação ou de beneficiamento do produto rural para adequá-lo à comercialização ou a de alienação dos produtos rurais, por serem concernentes à rotina rural[59].

Deveras, as Instruções Normativas SRF n. 17/96 (ora revogada) e 83/2001 arrolam como atividades consideradas rurais: a agricultura; a pecuária; a extração e a exploração vegetal e animal; a exploração de atividades zootécnicas, tais como apicultura, avicultura, cunicultura, suinocultura, sericicultura, piscicultura e outras culturas de pequenos animais; a exploração de atividade florestal, ou seja, o cultivo de florestas que se destinem ao corte para comercialização, consumo ou industrialização; a atividade de captura de pescado *in natura*, desde que a exploração se faça com apetrechos semelhantes aos da pesca artesanal (arrastões de praia, rede de cerca etc.), inclusive a exploração de parceria; a transformação de produtos decorrentes da atividade rural, sem que sejam alteradas as características do produto *in natura*, feita pelo próprio agricultor ou criador, com equipamentos e utensílios usualmente empregados nas atividades rurais, utilizando exclusivamente matéria-prima produzida na área rural explorada.

Mônica Gusmão, com muita propriedade, pondera: "A caracterização do rural como empresário depende da observância de alguns requisitos:

1º) A opção pela condição de empresário só se aplica ao rural.

2º) Somente o empresário que exerce atividade rural é que pode optar pela condição de empresário.

3º) Somente o empresário rural que tiver como principal profissão a rural é que pode optar pela condição de empresário.

---

59. M. Helena Diniz, *Código*, cit., p. 760; Fábio Ulhoa Coelho, *Curso*, cit., v. 1, p. 75 e 76; Láudio C. Fabretti, *Direito de empresa*, cit., p. 38 e 39; Sylvio Marcondes, Exposição de motivos do Anteprojeto de Código Civil; Mônica Gusmão, *Curso*, cit., p. 20; Gustavo E. K. Rezek, *Imóvel rural*, Curitiba, Juruá, 2007, p. 67, 105 a 118.

4º) Somente o empresário rural que tiver como principal profissão a rural, e registrar sua firma individual ou atos constitutivos no órgão competente, será considerado empresário".

Continua a autora: "Sustentamos que o rural (pessoa natural ou jurídica) só poderá optar pela condição de empresário, se, de fato, exercer atividade econômica organizada. Explico melhor: os arts. 971 e 984 somente se aplicam ao rural, se originariamente empresários, caso contrário, não poderão optar por esta condição. Para nós, o legislador foi atécnico ao se referir ao rural como empresário, para depois concluir que, exercida a opção pelo registro na Junta Comercial, o rural será considerado empresário por equiparação. Feita a opção, não vemos sentido em considerar o rural empresário por equiparação. Será empresário na exata concepção do termo. O registro não declara a condição de empresário, ao contrário, a constitui".

O empresário rural (individual ou coletivo), portanto, desempenha, profissionalmente, uma atividade econômica organizada, voltada para a produção ou circulação de bens ou serviços agrários, e, apesar disso, tem permissão legal (CC, arts. 970 e 984) para sujeitar-se, ou não, às normas de direito empresarial, pois, em razão de suas atividades simples, dificilmente consegue adaptar-se ao regime que requer formalidades, com emissão de notas fiscais, duplicatas etc. Como suas atividades são básicas para a economia do País, justo seria, diz Sebastião José Roque, dar maior liberdade às suas operações. Realmente, o produtor rural (CC, art. 970) e a sociedade que exercer atividade própria de empresário rural, constituída ou transformada, de acordo com um dos tipos de sociedade empresária regulados nos arts. 1.039 a 1.092 do Código Civil (CC, art. 984), poderão, se quiserem, requerer sua inscrição no Registro Público de Empresas Mercantis, submetendo-se, então, para todos os efeitos de direito, ao regime empresarial, recebendo alguns privilégios, como exclusividade do nome empresarial, publicidade de suas atividades, e assumindo, por outro lado, obrigações, devendo, então, providenciar registro de todas as suas atividades, a escrituração regular, a realização de balanços periódicos, ficar sujeitos às sanções por irregularidade no cumprimento das obrigações empresariais e à falência; requerer recuperação judicial ou propor aos credores plano de recuperação extrajudicial (meio de viabilização da preservação da atividade empresarial). Com o registro o empresário rural ficará *equiparado* ao empresário, recebendo o mesmo tratamento. Logo, o registro não o constitui empresário, mas a ele o equipara, para fins de tratamento legal igualitário etc. "O empresário rural e a sociedade empresária rural, inscritos no registro público de empresas mercantis, estão sujeitos à falência e podem requerer recuperação judicial. O registro do empresário ou sociedade rural na Junta Comercial é facultativo e de natureza constitutiva, sujeitando-o ao regime jurídico empresarial. É inaplicável esse regime ao empresário ou sociedade rural que não exercer tal opção" (Enunciados n. 201 e 202 do CJF, aprovados na III Jornada de Direito Civil). Se não fizer aquele registro não serão considerados, juridicamente, como empresários e, em regra, suas atividades negociais rurais seguirão o regime de direito civil[60], pois desfrutarão das condições próprias dos não empresários, não tendo nem mesmo que seguir os rigorosos procedimentos de escrituração contábil[61]. Se não optarem por aquela inscrição, ficarão dispensados de manter escrituração especial (CC, arts. 1.179 a 1.180) e estarão vinculados a um regime próprio para fins trabalhistas, previdenciários e tributários, e o seu patrimônio pessoal responderá pelos débitos contraídos no exercício de suas atividades.

A sociedade rural não será empresária, será, então, uma sociedade simples, assentada no Registro Civil das Pessoas Jurídicas. Poderá, portanto, escolher seu *status*. Será simples se se inscrever no Registro Civil das Pessoas Jurídicas, ou empresária, se vier a optar pelo assento no Registro Público de Empresas Mercantis[62].

Qualquer produtor rural poderá, portanto, exercer sua atividade econômica sob a forma de empresário individual ou sociedade empresária, desde que seu ato constitutivo seja levado a assento no Registro Público de Empre-

---

60. Fábio Ulhoa Coelho, *Curso*, cit., v. 1, p. 75 e 76; Jorge S. Fujita, *Comentários ao Código Civil* (coord. Camilo, Talavera, Fujita e Scavone Jr.), São Paulo, Revista dos Tribunais, 2005, p. 763; Mônica Gusmão, *Curso*, cit., p. 18; Sérgio Campinho, *O direito de empresa*, cit., p. 28.

61. Mônica Gusmão, *Curso*, cit., p. 19; Sérgio Campinho, *O direito de empresa*, cit., p. 15.

62. Mônica Gusmão, *Curso*, cit., p. 19; M. Helena Diniz, *Código*, cit., p. 761; Luiz Cesar P. Quintans, *Direito da empresa*, cit., p. 8 e 9; Arnaldo Rizzardo, *Direito de empresa*, cit., p. 61. Pela Lei n. 4.504/64, art. 4º, VI, "Empresa rural é o empreendimento de pessoa física ou jurídica, pública ou privada, que explore economicamente imóvel rural dentro de condição de rendimento econômico (...), da região em que se situe e que explore área mínima agricultável do imóvel segundo padrões fixados, pública e previamente, pelo poder executivo...".

Pelo Regulamento da Previdência Social:

"Art. 256-A. A matrícula atribuída pela Secretaria da Receita Federal do Brasil ao produtor rural pessoa física ou segurado especial é o documento de inscrição do contribuinte, em substituição à inscrição no Cadastro Nacional de Pessoa Jurídica — CNPJ, a ser apresentado em suas relações:

I — com o Poder Público, inclusive para licenciamento sanitário de produtos de origem animal ou vegetal submetidos a processos de beneficiamento ou industrialização artesanal;

II — com as instituições financeiras, para fins de contratação de operações de crédito; e

III — com os adquirentes de sua produção ou fornecedores de sementes, insumos, ferramentas e demais implementos agrícolas.

§ 1º Para fins de recolhimento das contribuições previdenciárias, a matrícula de que trata o *caput* será atribuída ao grupo familiar no ato de sua inscrição.

§ 2º O disposto no *caput* não se aplica ao licenciamento sanitário de produtos sujeitos à incidência do IPI ou ao contribuinte cuja inscrição no CNPJ seja obrigatória".

sas Mercantis. Feito esse registro, o produtor rural equiparar-se-á, para todos os efeitos legais, ao empresário (individual ou coletivo). Possui, por lei, um tratamento especial simplificado e diferenciado, não só no que atina à sua inscrição no Registro Público de Empresas Mercantis que é facultativa (CC, arts. 971 e 984), uma vez que foi dispensado do registro obrigatório e do cadastro no Sistema Nacional de Cadastro Rural, como também no que diz respeito a obrigações previdenciárias, trabalhistas e tributárias. Tal ocorre porque o empresário rural (individual ou coletivo) enfrenta maiores dificuldades na constituição do empreendimento e no desenvolvimento de suas atividades[63].

E, além disso, pelo Enunciado n. 62: "O produtor rural, nas condições mencionadas do art. 971 do CCB, pode constituir EIRELI" (aprovado na II Jornada de Direito Comercial).

Esse tratamento privilegiado do produtor rural advém da tradição histórica brasileira.

A noção de empresa supõe, além da organização, uma certa importância econômica ou atividade qualificada própria ao escambo de bens e serviços. Por esse motivo, foram dispensados de inscrição, não sendo empresários, em princípio, não só o produtor, que exerce uma atividade destinada à produção agrícola, silvícola, pecuária ou outras conexas, como também o pequeno empresário, à vista de certas condições, como natureza artesanal da sua atividade, predominância do trabalho próprio e de familiares, capital efetivamente empregado, renda bruta anual e outras circunstâncias peculiares da atividade, reveladoras de exiguidade da "empresa" exercida[64].

d.2.4. Participação estatal na empresa

A atividade econômica de produção e comercialização de bens ou de serviços de entes públicos é consequência do *Welfare State* e provoca a intervenção do poder público na ordem econômico-social, com o escopo de atender aos interesses e ao bem-estar da coletividade, ao explorar, p. ex., vias férreas ou companhias de transporte (CF, art. 173, I), sendo o lucro mero resultado lógico da eficiência administrativa. O Estado explora tal atividade empresarial por meio de empresa pública e sociedade de economia mista.

É mister dizer algumas palavras sobre as pessoas jurídicas de direito privado designadas como empresa pública e sociedade de economia mista (CF, art. 173, §§ 1º a 3º, Decs. n. 93.872/86, art. 96, §§ 1º e 2º, com a redação do Dec. n. 7.058/2009, 682/92 e 3.735/2001; Leis n. 8.920/94, 12.353/2010 e

63. M. Helena Diniz, *Código*, cit., p. 760.

64. Couto e Silva, O conceito de empresa no direito brasileiro, *Ajuris*, *37*:42-59.

12.380/2011; STJ, 1ª T., REsp 30.367-2; *Bol. AASP, 1.867*:117, *1.804*:294-9). São criadas por lei, tendo participação do poder público na atividade econômica organizada para produção e circulação de bens e serviços no mercado, por força de conveniência administrativa para atender a interesse público, dando origem à figura do Estado-empresário concorrente de empresa privada ou agente auxiliar da atividade empresária. São elas regidas por normas voltadas ao direito empresarial e trabalhista, mas com cautela de direito público, ante o fato de estarem sujeitas a certos princípios juspublicistas, com, p. ex., a licitação, porque lidam com recursos ou capitais públicos. A Lei n. 11.101/2005, sobre recuperação judicial ou extrajudicial e falência, não se lhes aplica (art. 2º, I).

A *empresa pública*, criada por lei, não possui contrato social, sendo regida pelo regulamento expresso pela lei que a criou. É a entidade dotada de personalidade jurídica de direito privado, com patrimônio próprio e capital exclusivo da União, criada por lei para exploração de atividade econômica que o governo seja levado a exercer por força de contingência ou conveniência administrativa, podendo revestir-se de qualquer das formas admitidas em direito (Dec.-Lei n. 200/67, art. 5º, II, com redação dada pelo Dec.-Lei n. 900/69; Súmula 501 do STF). P. ex., a Companhia de Pesquisas de Recursos Minerais (Lei n. 8.970/94); a Conab (Leis n. 8.029/90, 8.171/91 e 8.174/91, e Dec. n. 4.514/2002, que revogou o Dec. n. 2.390/97); a Emurb (Lei n. 7.670/71 e Dec. Municipal paulistano n. 12.579/76, com redação do Dec. n. 29.902/91); a Empresa de Pesquisa Energética — EPE (Lei n. 10.847/2004); e o Centro Nacional de Tecnologia Eletrônica Avançada S/A — CEITEC (Lei n. 11.758/2008). Há casos de empresa pública estadual como o metrô, ou municipal, como a extinta CMTC.

A *sociedade de economia mista* é a entidade dotada de personalidade jurídica de direito privado (*RT, 373*:160, *510*:126, *521*:219, *526*:275, *535*:199; Súmulas 42 e 39 do STJ), criada por lei (CF, art. 37, XIX e XX) para a exploração de atividade econômica, sob a forma de sociedade anônima, cujas ações com direito a voto pertençam em sua maioria à União ou a entidade da administração indireta, como, p. ex., Dersa (Dec.-Lei n. 200/67, art. 5º, III, com redação do Dec.-Lei n. 900/69; Lei n. 7.773/89, art. 15; Súmulas 8, 76, 501, 517 e 556 do STF). Mas "a simples participação majoritária do Estado, como acionista, não caracteriza a empresa como sociedade de economia mista se a sua criação não se deu por ato legislativo" (*JB, 156*:157). É criada por lei, composta por capital público e particular, assumida pelo poder público como um instrumento de sua ação para atender a interesses relevantes para a coletividade, sendo por isso, como ensina Celso Antônio Bandeira de Mello, submetida a um regime jurídico especial.

São, convém repetir, sociedades que se regem pelo direito privado, ou seja, por normas comerciais e trabalhistas (CF, art. 173, § 1º, I a V, com redação da EC n. 19/98), e, quanto ao seu funcionamento, salvo disposição em contrário, pelo Código Civil, apenas no que couber (CC, art. 41, parágrafo único), e também por normas administrativas e tributárias, mas sempre com a cautela do direito público. Não poderão gozar de privilégios fiscais não extensivos às sociedades do setor privado.

Na hipótese de o *consórcio público* revestir-se de personalidade jurídica de direito privado, deverá observar as normas de direito público relativas à licitação, celebração de contratos, prestação de contas e admissão de pessoal, que será regido pela CLT (Lei n. 11.107/2005, arts. 1º, § 1º, *in fine*, 6º, II, e § 2º)[65].

d.3. Estabelecimento como aspecto objetivo ou patrimonial da empresa

O estabelecimento (*fonds de commerce* — França; *hacienda* — Espanha; *azienda* — Itália; *Geschäft* — Alemanha, *Goodwill* — Inglaterra; *Goodwill of tra-*

---

65. Sebastião José Roque, *Curso*, cit., p. 86-8; M. Helena Diniz, *Curso*, cit., v. 1, p. 260 e 261; Celso Antônio Bandeira de Mello, Sociedades de economia mista e empresas públicas: sua atuação na área econômica, *Curso de direito empresarial*, São Paulo, EDUC, 1976, v. 3, p. 203-28; Amador Paes de Almeida, *Manual das sociedades comerciais*, São Paulo, Saraiva, 2004, p. 337 62. *Vide*: Lei Complementar n. 123/2006, art. 77, § 2º. Sobre empresas públicas e sociedades de economia mista: art. 45, § 2º, da Lei n. 12.873/2013. Estado-empresário pode figurar como prestador de serviços, por exemplo: Empresa Brasileira de Correios e Telégrafos e a Rede Ferroviária Federal (RFF).

Pela Lei n. 12.016/2009, art. 1º, § 2º "Não cabe mandado de segurança contra os atos de gestão comercial praticados pelos administradores de empresas públicas, de sociedade de economia mista e de concessionárias de serviço público".

O art. 96 do Decreto n. 93.872, de 23 de dezembro de 1986, passa a vigorar com a seguinte redação dada pelo Decreto n. 7.058/2009:

....

"§ 1º A vedação de que trata este artigo não abrange a concessão de garantia por empresa controlada direta ou indiretamente pela União a suas controladas ou subsidiárias, inclusive a prestação de garantia por empresa pública ou sociedade de economia mista que explore atividade econômica a sociedade de propósito específico por ela constituída para cumprimento do seu objeto social, limitada ao percentual de sua participação na referida sociedade".

"§ 2º Considera-se empresa pública ou sociedade de economia mista exploradora de atividade econômica, para os fins deste artigo, a entidade que atua em mercado com a presença de concorrente do setor privado, excluída aquela que:

I — goze de benefícios e incentivos fiscais não extensíveis às empresas privadas ou tratamento tributário diferenciado;

II — se sujeite a regime jurídico próprio das pessoas jurídicas de direito público quanto ao pagamento e execução de seus débitos;

III — seja considerada empresa estatal dependente, nos termos da Lei Complementar n. 101, de 4 de maio de 2000; e

IV — comercialize ou preste serviços exclusivamente para a União."

de — EUA) não se confunde com a "empresa", uma vez que é seu aspecto patrimonial, correspondendo ao fundo de comércio, sendo uma universalidade de direito *sui generis*, composta de bens heterogêneos, corpóreos e incorpóreos, reunidos e organizados para o exercício da atividade empresarial; logo, são operados pelo empresário ou sociedade empresária. É, portanto, um complexo de bens materiais (p. ex., mercadorias, utensílios, máquinas etc.) ou imateriais (p. ex., privilégio de invenção, modelo de utilidade ou de desenho industrial; nome empresarial; sinais distintivos; trabalho de funcionários; créditos; ponto, exploração de obras literárias, científicas ou artísticas etc.), de propriedade do empresário e por ele formado, afetado à atividade empresarial, tendo por isso uma destinação unitária. É um "todo complexo de bens organizados, para o exercício da empresa, por empresário ou por sociedade empresária" (CC, art. 1.142). Por isso, para Alfredo Rocco, o estabelecimento é uma reunião do capital e do trabalho para a consecução de uma finalidade produtiva, mediante o exercício de uma atividade econômica organizada[66].

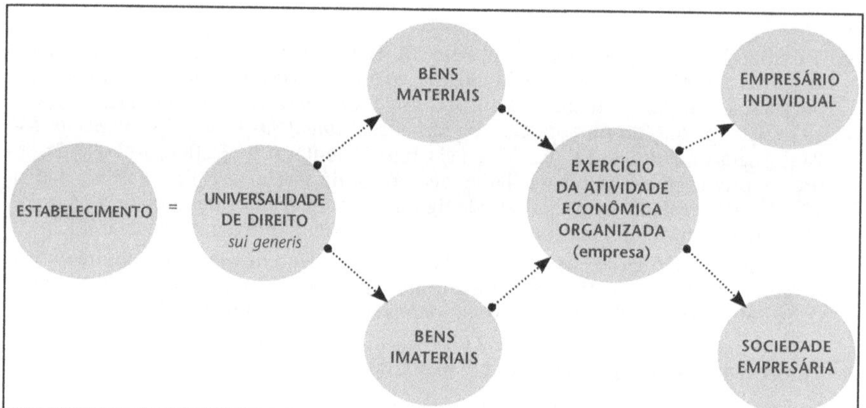

É, portanto, um elemento importante para que a empresa possa atingir seus fins, visto ser o instrumento com o qual o empresário individual ou coletivo exerce sua atividade econômica.

66. Adalberto Simão Filho, *A nova empresarialidade*, cit., p. 18; Alfredo Rocco, *Princípios de direito comercial*, Campinas, LZN, 2003, p. 310; Márcia Lippert, *A empresa*, cit., p. 152 e 148. René Savatier (*La théorie des obligations*, Paris, 1967, p. 124) pondera que o "fundo de comércio" é um conceito superado, cedendo lugar ao de *estabelecimento*, que é o corpo de um organismo, ou seja, o conjunto patrimonial organicamente agrupado para a produção e circulação de bens e serviços. O fundo de comércio, modernamente, cedeu espaço ao estabelecimento empresarial.

Quadro Sinótico

MODERNA TEORIA JURÍDICA DA EMPRESA

1. TEORIA DA EMPRESA NO CÓDIGO CIVIL DE 2002	• O novel Código Civil, ao prescrever, no art. 966, que empresário é quem exerce profissionalmente atividade econômica organizada para a produção e circulação de bens e serviços, adotou a teoria da empresa, abandonando a teoria dos atos de comércio. E, com isso, o critério da "empresarialidade" traça os contornos do moderno "direito comercial", que, tecnicamente, passa a ser designado "direito empresarial".		
2. CONCEPÇÃO ATUAL DE EMPRESA	• É a atividade econômica organizada para a produção e circulação de bens e serviços, exercida, profissionalmente, pelo empresário por meio do estabelecimento.		
3. ATIVIDADE EMPRESARIAL NO NOVEL CÓDIGO CIVIL	• Delimitação conceitual de "atividade econômica organizada"	• Atividade	• Produção (fabricação) de produtos, circulação (comercialização ou intermediação) de bens ou serviços.
		• Econômica	• Pretensão de gerar lucro ou obter resultado econômico-financeiro.
		• Organizada	• Articulação de quatro fatores de produção ou circulação de bens e serviços: capital, mão de obra, insumos e tecnologia.
	• Alcance de produção e circulação de bens e serviços	• Produção de bens	• Criação de produtos por meio de indústria.
		• Produção de serviço	• Prestação de serviço.
		• Circulação de bens	• Distribuição e comercialização no atacado ou no varejo.
		• Circulação de serviços	• Intermediação.

3. ATIVIDADE EMPRESARIAL NO NOVEL CÓDIGO CIVIL	• Livre-iniciativa e liberdade de concorrência como princípios de atividade empresarial	• A livre-iniciativa (livre exercício da atividade econômica) e liberdade de concorrência (a de exercer a atividade empresarial, competindo no mercado lealmente) são princípios imprescindíveis para a conquista da clientela e obtenção do lucro. Vedadas estão, por lei, a concorrência desleal e a infração à ordem econômica (LPI, arts. 195 e 209; Lei n. 8.884/94, arts. 20 e 21 — atualmente revogados pela Lei n. 12.529/2011).	
	• Função social da empresa e a nova empresarialidade	• A função social da empresa é mero corolário da função social da propriedade e do contrato e do princípio da boa-fé objetiva, para assegurar condições mais justas na execução da atividade econômica organizada pelo empresário (individual ou coletivo) para a produção e circulação de bens e serviços. No mercado, de forma a prevalecer a livre concorrência, procurando proporcionar os meios para a defesa dos interesses do consumidor e a redução das desigualdades sociais. Requer transparência negocial, efetivação da justiça social e padrão de conduta, que tenha como *standard* "o bom homem de negócios" no âmbito da atividade econômica, na forma de gestão, no relacionamento com o mercado de capitais e com o consumidor, na proteção do meio ambiente. A empresa deve ser preservada, pela sua importância econômico-social, uma vez que gera lucros, empregos e tributos, e o empresário deve ser um organizador. • Da produção e da circulação de bens e serviços, imbuídas de socialidade, pela democratização do governo da "empresa", cuja "conduta" deve ser consentânea ao interesse social.	
	• Aspectos jurídicos da empresa	• Empresa como fenômeno complexo	• Pressupõe empresário (sujeito de direitos e obrigações) e patrimônio, que constitui o estabelecimento.

3. ATIVIDADE EMPRESARIAL NO NOVEL CÓDIGO CIVIL	• Aspectos jurídicos da empresa	• Aspecto subjetivo	• São titulares da empresa tanto o empresário individual (pessoa natural) como a sociedade empresária (pessoa jurídica) que investem capital para o exercício da atividade econômica organizada para produção e circulação de bens e serviços. Não é empresário quem exerce profissão intelectual, de natureza científica, literária ou artística, mesmo com o concurso de auxiliares, salvo se o exercício profissional for elemento preponderante da atividade econômica (CC, art. 966, parágrafo único). Há permissão legal (CC, art. 970) ao pequeno empresário e ao empresário rural para submeterem, se quiserem, suas atividades ao regime jurídico empresarial, bastando, para tanto, sua inscrição no Registro Público de Empresas Mercantis. Se houver participação estatal na atividade econômica, ter-se-á: empresa pública, sociedade de economia mista ou consórcio público (revestido de personalidade jurídica de direito privado).
		• Aspecto objetivo	• O estabelecimento é o aspecto patrimonial da empresa, por ser uma universalidade de direito *sui generis*, composta de bens materiais ou imateriais, operados pelo empresário individual ou sociedade empresária, no exercício da atividade econômica organizada para produção e circulação de bens ou serviços.

3. Direito empresarial: conceito, objeto, caracteres, fontes e conteúdo

O direito da empresa, ramo do direito privado, é um conjunto de normas e princípios que regem a atividade empresarial; não é propriamente um direito dos empresários, mas sim um direito para a disciplina da atividade econômica organizada para a produção e circulação de bens ou de serviços[67], exercida profissionalmente pelo empresário, por meio do estabelecimento, no interesse da coletividade. Traça, portanto, no âmbito econômico-financeiro, normas genéricas que atendem à livre iniciativa e aos interesses do consumidor.

É, portanto, o direito da atividade econômica organizada, que constitui a própria "empresa"; logo, a "empresa" é o seu *objeto* de estudo, e, por tal razão, o "direito comercial", tecnicamente, passou a ser designado *direito de empresa*. No direito empresarial têm grande importância as normas relativas às suas estruturas formais, aos seus titulares (empresário individual ou sociedade empresária), ao seu patrimônio (estabelecimento), ao seu pessoal administrativo, aos seus empregados, às suas atividades internas ou externas (voluntárias ou negociais), ou às cogentes (previdenciárias, tributárias etc.)[68]. Diz respeito àquelas situações em que pessoa natural ou jurídica se organiza para realizar atividade econômica ou um empreendimento.

---

67. M. Helena Diniz, *Compêndio*, cit., p. 274; Miguel Reale, *Projeto*, cit., p. 20.

68. Silva Pacheco, *Tratado de direito empresarial*, São Paulo, Saraiva, 1979, v. 1, p. 21. Consulte: Luiz Antônio S. Hentz, *Direito de empresa no novo Código Civil brasileiro*, São Paulo, Juarez de Oliveira, 2005; Julliot de Morandière, *Droit commercial*, Paris, Dalloz, 1965; Ferrer Correia, *Lições de direito comercial*, Coimbra, 1965; Fran Martins, *Curso de direito comercial*, Rio de Janeiro, Forense, 1996, p. 15; Maia da Cunha e Lazzareschi Neto (coord.), *Direito empresarial aplicado*, São Paulo, Quartier Latin, 2021.

O direito de empresa apresenta os seguintes *caracteres*[69]:

a) *especialidade*, visto que rege relações jurídico-empresariais, tendo por objeto a "empresa";

b) *cosmopolitismo*, por apresentar cunho universal e tendência à internacionalidade, que se intensifica com a globalização da economia, recebendo influência de tratados e convenções internacionais. A superação de fronteiras nacionais no desenvolvimento do comércio, a efetivação de contratos mercantis com pessoas domiciliadas em diferentes países e a criação de mercado maior, sem se importar com fronteiras, aumenta sua índole cosmopolita, obrigando a uniformização de conceitos e exigindo adoção de normas com conteúdo universal, como as da Convenção de Bruxelas, para transporte marítimo, da Convenção de Montreal, que sucedeu a de Varsóvia, para transporte aéreo, as das Leis Uniformes sobre letra de câmbio, nota promissória e cheque, e as disciplinadoras do Mercado Comum do Sul (Mercosul) ou da União Europeia. A ONU patrocina, por isso, estudos para elaboração de um Código de Comércio Internacional;

c) *individualismo*, por haver busca do lucro ou resultado econômico. A vantagem perseguida com *animus lucrandi* é uma preocupação "individual" do empresário singular ou coletivo, apesar de sofrer algumas limitações estatais;

d) *onerosidade*, uma vez que a atividade econômica produz, profissionalmente, riqueza, pois o lucro é retribuição do trabalho empresarial;

e) *liberalismo*, por ter como princípios norteadores, na defesa dos interesses do empresário, o da liberdade contratual, o da livre iniciativa e o da livre concorrência;

f) *dinamismo* — sua evolução segue o ritmo das necessidades empresariais, suas normas disciplinam os novos contratos mercantis que vão surgindo, alteram o regime da falência e instituem a recuperação judicial ou extrajudicial, como fatores de conservação do empresário coletivo ou individual;

---

69. Sobre as características do direito empresarial, consulte: Márcia M. Lippert, *A empresa no Código Civil*, cit., p. 136; Mônica Gusmão, *Curso*, cit., p. 3; Sebastião José Roque, *Curso*, cit., p. 26, 32, 309 e s.; Rubens Requião, *Curso*, cit., v. 1, p. 32 e 33; Fábio Ulhoa Coelho, *Manual*, cit., p. 47; Arnoldo Wald, *Comentários ao novo Código Civil*, Livro II do Direito de empresa (coord. Sálvio de Figueiredo Teixeira), Rio de Janeiro, Forense, 2005, v. XIV; Sílvio de S. Venosa, *Direito civil*, São Paulo, Atlas, 2002, v. 7, p. 344; M. Helena Diniz, *Curso*, cit., v. 3, p. 89-92; *Tratado teórico e prático dos contratos*, São Paulo, Saraiva, 2006, v. 1, p. 608.

Globalização é um termo usado no sentido de: a) abrangência irrestrita; b) vasto conjunto de situações relacionadas, em especial, pela força exercida pelos fenômenos econômicos e tecnológicos em preponderância, ao histórico, político, social ou jurídico em todo o mundo (Marcos Alberto Sant'Anna Bitelli, *Da função social*, cit., p. 234).

g) *informalismo*, em virtude da celeridade nas relações empresariais;

h) *fragmentarismo*, por abranger um complexo de normas aplicáveis às relações jurídico-empresariais; divide-se em vários ramos, cada qual com sua peculiaridade. O *direito de empresa* é o gênero que abrange diversas ramificações jurídicas, como direito falimentar, direito cambiário, direito securitário, direito bancário, direito do comércio exterior, direito marítimo, direito aeronáutico, direito de mercado de capitais etc. E, além disso, o direito empresarial vem estendendo-se a outros ramos jurídicos por estar, como diz Arnoldo Wald, intimamente relacionado com os consumidores (direito do consumidor), com o bom funcionamento do mercado (direito concorrencial) e com os trabalhadores (direito de trabalho);

i) *solidariedade presumida*, pois apesar de o Código Civil, no art. 265, estabelecer o princípio da não presunção da solidariedade, que resulta de lei ou da vontade das partes, é característica empresarial, por haver, no direito de empresa, muitas normas que a estabelecem;

j) *massificação* — com o advento do contrato por adesão e do contrato-tipo, ao lado do contrato paritário, vêm-se acentuando as operações empresariais de massa, a produção em série e a comercialização massificada de produtos e serviços. Observa Sílvio Venosa que o *contrato-tipo*, por conter cláusulas predispostas, aproxima-se do contrato por adesão, mas dele se diferencia por decorrer da vontade paritária de ambas as partes. O contrato-tipo é uma fórmula padronizada de contrato, oriundo de organização profissional ou de acordo internacional, abrangendo categoria mercantil, diferindo-se apenas quanto à particularidade de ramo do comércio, adaptando-se às necessidades de cada classe de mercadoria. O contrato-tipo é conhecido como contrato por formulários ou contrato de massa, que contém cláusulas predispostas, mas cujo conteúdo é estabelecido após discussão pelas partes, pois não há a predeterminação unilateral do contrato por adesão. No contrato por adesão inexiste liberdade de convenção, por excluir a possibilidade de qualquer debate e transigência entre as partes, uma vez que um dos contratantes se limita a aceitar as cláusulas e condições previamente redigidas e impressas pelo outro, aderindo a uma situação contratual já definida em todos os seus termos. É o que ocorre, p. ex., com o contrato de seguro, de transporte, de consórcio, de financiamento bancário etc.

A *fonte do direito empresarial*[70] pode ser: *a*) *material* ou *real*, configurando sua gênese, daí ser *fonte de produção*, aludindo a fatores éticos, sociológicos,

70. M. Helena Diniz, *Compêndio*, cit., p. 284-6; Luiz Fernando Coelho, Fonte de produção e fonte de cognição, in *Enciclopédia Saraiva do Direito*, v. 38, p. 39 e 40; Sérgio Campinho, *O*

históricos, políticos etc., que produzem o direito, condicionam seu desenvolvimento e determinam o conteúdo das normas; *b*) *formal*, que lhe dá forma, fazendo referência aos modos de manifestação das normas demonstrando quais os meios empregados pelo jurista para conhecer o direito de empresa, ao indicar os documentos reveladores do direito vigente, apresentando-se como *fonte de cognição*. A fonte formal é o modo de manifestação do direito mediante o qual o jurista conhece e descreve o fenômeno jurídico. Logo, quem quiser conhecer o direito empresarial, deverá buscar a informação desejada na suas fontes formais. As fontes formais podem ser *estatais*, subdividindo-se em: *legislativas*[71] (leis, decretos, regulamentos etc.). Além das normas da Constituição Federal, dos Códigos Civil e Comercial, das leis extravagantes específicas e dos princípios gerais de direito, por ser o direito de empresa também um direito-custo, abrange normas (tributárias, previdenciárias etc.) que, na lição de Fábio Ulhoa Coelho, interferem na empresa, impondo deveres que o empresário deverá internalizar para fixar o preço do produto ou serviço voltados: à *responsabilidade civil* contratual ou extracontratual, impondo a reparação do dano moral e/ou patrimonial e, consequentemente, a consideração no preço de uma parcela das repercussões do possível prejuízo a ser provocado pelo produto ou serviço; à *propriedade industrial*, pois normas relativas à duração e garantia de patente e registro de marca incidem naquele custo; à *concorrência desleal e abuso do poder econômico*, visto que o empresário deverá constituir reserva para enfrentar não só a diminuição da receita oriunda de atendimento ao consumidor, gerada por rescisão contratual, ou execução malfeita do serviço, como também para absorver eventual sanção por prática desleal e abusiva; *aos direitos do consumidor*, no que atina às questões sobre nulidade de cláusula abusiva, aos investimentos para manter a qualidade do produto e serviço e à contratação de seguro contra riscos; e à *recuperação de crédito* em caso de cobrança processual ou arbitragem. Todos

---

direito de empresa, cit., p. 7 e 8; Mônica Gusmão, *Curso*, cit., p. 4 e 5. Consulte: Ricardo Negrão, *Manual de direito comercial e de empresa*, São Paulo, Saraiva, 2006, v. 1, p. 14-20; J. X. Carvalho de Mendonça, *Tratado de direito comercial brasileiro*, Campinas, Bookseller, 2000, v. 1, item 23.

71. Legislação empresarial: CC, arts. 966 a 1.195; CCom, arts. 457 a 796; Lei de Falência e de Recuperação judicial e extrajudicial (Lei n. 11.101/2005); Lei cambiária (Dec. n. 53.663/66); Código Brasileiro de Aeronáutica (Lei n. 7.565/85); Lei de Locações de prédio urbano (Lei n. 8.245/91); Lei de Mercado de Capitais (Lei n. 4.728/65); Lei de Sociedade Anônima (Lei n. 6.404/76); Lei de Registro Público de Empresas Mercantis (Lei n. 8.934/94); Lei de Patente (Lei n. 9.279/96); Lei da Reforma Bancária (Lei n. 4.595/64); Lei das Duplicatas (Lei n. 5.474/68); Lei do abuso de poder econômico (Leis n. 8.884/94 (parcialmente revogada) e n. 12.529/2011) etc. Legislação civil: CC, arts. 529 a 532, p. ex.

esses fatores deverão ser sopesados por serem conducentes ao aumento do custo do produto ou do serviço[72]; *jurisprudenciais* (sentenças, acórdãos, súmulas etc.). A isso podemos acrescentar as *convencionais*, ou seja, os tratados, as convenções internacionais pelos quais dois ou mais países estabelecem diretrizes para relações empresariais, p. ex., a Convenção de Viena e a de Genebra. E *não estatais*, que abrangem o *direito consuetudinário* (costumes, usos e costumes, práticas mercantis locais, regionais ou internacionais como, p. ex., os *incoterms* (*International Commercial Terms*), modalidade de súmula dos costumes internacionais atinentes à compra e venda internacional, contendo definições de termos comerciais correspondentes àquela venda reduzidos a siglas (FOR, FOB, FAS etc.) que encerram os deveres do vendedor e do comprador. Os usos e costumes são normas subsidiárias do direito de empresa, que consistem na prática reiterada e constante de certos atos considerados obrigatórios. São coligidos e assentados em livro próprio da Junta Comercial, de ofício, ou a requerimento de sua Procuradoria ou entidade de classe. Comprovam-se por certidão passada pela Junta (Lei n. 8.934/94, art. 8º, VI, regulamentada pelo Dec. n. 1.800/96, arts. 87 e 88) ou por qualquer outro meio probatório lícito (declaração escrita de empresário, ou de representante de sociedade empresária ou da entidade de classe, atestando sua existência). E a cada 5 anos a Junta Comercial faz a revisão dos usos e costumes registrados (Dec. n. 1.800/96, art. 87, §§ 2º a 4º). Para que o costume seja admitido, será preciso, na lição de Carvalho de Mendonça, sua prática por empresário constante e uniforme; sua conformidade com o princípio da boa-fé e com as máximas mercantis e sua não contrariedade com as disposições legais; o *direito científico* (a doutrina) e os *negócios jurídicos mercantis*.

O direito de empresa é um conjunto de normas voltadas à atividade econômica; ao empresário; ao registro empresarial; à personificação da sociedade; à sociedade simples; à sociedade empresária; às formas societárias, personificadas ou não; à participação do poder público na autorização para a constituição de sociedades em alguns setores da economia; ao estabelecimento empresarial; ao nome empresarial; ao preposto; ao gerente; ao contabilista; à escrituração; à dissolução e liquidação da sociedade; à reestruturação societária, como transformação, fusão, cisão, incorporação; às sociedades controlada, controladora e coligada; ao título de crédito; às atividades de exportação e importação; ao comércio eletrônico; à falência; à recuperação judicial ou extrajudicial etc.

---

72. Fábio Ulhoa Coelho, *Curso*, cit., v. 1, p. 40-6.

Fábio Ulhoa Coelho[73] aponta importantes consequências da configuração da atividade econômica sujeita ao direito empresarial: *a*) execução judicial concursal do patrimônio do empresário por meio da falência; *b*) possibilidade de requerer recuperação judicial da empresa ou de apresentar aos credores o plano de recuperação extrajudicial; *c*) obrigatoriedade de escrituração e de levantamento de balanços; *d*) comprovação do vínculo contratual e do cumprimento da obrigação como requisito para protesto por indicação de duplicata de prestação de serviço, condição inexistente para a duplicata mercantil.

73. Fábio Ulhoa Coelho, *Curso*, cit., v. 1, p. 26.

Quadro Sinótico

DIREITO EMPRESARIAL

1. CONCEITO	• Conjunto de normas e princípios que regem a atividade econômica organizada para a produção e circulação de bens e serviços exercida, profissionalmente, pelo empresário, por meio do estabelecimento, no interesse da coletividade.			
2. OBJETO	• É a própria "empresa", ou seja, a atividade econômica.			
3. CARACTERES	• especialidade • cosmopolitismo • individualismo • onerosidade • liberalismo • dinamismo • informalismo • fragmentarismo • solidariedade presumida • massificação			
4. FONTE	• Material ou de produção	• fatores éticos, sociológicos, históricos, políticos etc.		
	• Formal ou de cognição	• estatal	• legislativa	
			• jurisprudencial	
			• convencional	• convenção e tratado internacional
		• não estatal	• direito consuetudinário • direito científico • negócios jurídicos mercantis	

5. CONTEÚDO	• Complexo de normas voltadas: à atividade econômica; ao empresário; ao registro empresarial; à personificação da sociedade; à sociedade simples; à sociedade empresária; às formas societárias, personificadas ou não; à participação do poder público na autorização para a constituição da sociedade em alguns setores da economia; ao estabelecimento; ao nome empresarial; ao preposto; ao gerente; ao contabilista; à escrituração; à dissolução e liquidação da sociedade; à reestruturação societária, como transformação, fusão, cisão e incorporação; às sociedades controladora, controlada e coligada; ao título de crédito; às atividades de importação e exportação; ao comércio eletrônico; à falência; à recuperação judicial ou extrajudicial etc.

CAPÍTULO II

Empresário Individual: Perfil Jurídico

1. Conceituação e caracterização do empresário individual

A. Delimitação conceitual de "empresário individual"

Como vimos alhures, o empresário pode ser pessoa natural (empresário individual) ou pessoa jurídica (sociedade empresária) dotada de personalidade, distinta da de seus membros sócios, que exerce diretamente a atividade econômica organizada.

O *empresário individual* é a pessoa natural que, registrando-se na Junta em nome próprio e empregando capital, natureza e insumos, tecnologia e mão de obra, toma com *animus lucrandi* a iniciativa de organizar, com profissionalidade, uma atividade econômica para produção ou circulação de bens ou serviços no mercado. É, portanto, o titular da empresa (sujeito de direito), ou seja, é o agente de produção e circulação de bens ou serviços por investir capital e por tomar iniciativa no empreendimento por ele dirigido, em busca de lucro ou resultado econômico, assumindo os riscos inerentes à atividade empresarial que sozinho exerce profissionalmente. P. ex., aquele que vende malhas a varejo, malhas adquiridas "por grosso" para revenda; "artesão" que compra matéria-prima para com ela confeccionar bijuterias para venda etc.

A atividade empresarial (empresa) surge, portanto, quando iniciada sob orientação do empresário individual. Deveras, o empresário individual organiza, com profissionalismo, sua atividade econômico-produtiva, coordenando bens (capital) com o trabalho assalariado, autônomo ou terceirizado de outrem. Como o empresário é o organizador da atividade empresarial, deverá contratar empregados (prepostos) não só pela CLT (assalariados), mas também que sejam autônomos ou prestem serviços terceirizados, visto que a mão de obra é um dos fatores de produção. Pelos atos praticados e pelas informações prestadas por esses prepostos, responderá o empresário individual (preponente) perante terceiros, tendo ação regressiva contra o preposto culpado. Um conjunto de bens (capital) e de pessoas que irão trabalhar (mão de obra) é organizado pelo empresário individual, ao desenvolver a atividade econômica organizada com ânimo de lucro. A "empresa" apresenta-se, portanto, como a conjugação de dados reais e pessoais para a obtenção de resultado econômico e é exercida pelo empresário, por meio do estabelecimento[1].

B. Pressupostos da qualidade de empresário singular

b.1. Elementos caracterizadores do empresário: capacidade jurídica, efetividade no exercício da "empresa", profissionalidade e lucratividade mediata

São elementos configuradores do empresário individual[2]:

a) *Capacidade jurídica*, ou seja, ser maior ou emancipado e plenamente capaz (CC, arts. 972 e 976), pois deve tomar a iniciativa do empreendimen-

1. Fábio Ulhoa Coelho, *Curso*, cit., v. 1, p. 20, 22 e 63; Sebastião José Roque, *Curso de direito empresarial*, São Paulo, Ícone, 2006, p. 91; Rubens Requião, *Curso de direito comercial*, São Paulo, Saraiva, 2005, v. 1, p. 59-76; Sérgio Campinho, *O direito de empresa*, Rio de Janeiro, Renovar, 2006, p. 12 e 13; Sayag e Jauffret-Spinosi, *L'entreprise personelle: expériences européennes*, 1978; Romano Christiano, *A empresa individual e a personalidade*, São Paulo, 1977; Anteo Genovese, *La nozione giuridica dell'imprenditore*, 1990; Fabrício Z. Matiello, *Código Civil comentado*, São Paulo, LTr, 2003, p. 607 e s.; Jones Figueirêdo Alves e Mário Luiz Delgado, *Código Civil anotado*, São Paulo, Método, 2005, p. 425; Mônica Gusmão, *Curso de direito empresarial*, Rio de Janeiro, Lumen Juris, 2007, p. 24 e 25; Rodrigo Toscano de Brito, O empresário, o não empresário e as sociedades simples e empresárias no Código Civil de 2002, *Verba Juris* — Revista da Universidade Federal da Paraíba, n. 2, p. 341-59 (2003). Sobre empresa individual de responsabilidade limitada: CC, arts. 980-A, §§ 1º a 6º, e 1.033, parágrafo único com a redação da Lei n. 12.441/2011; Instruções Normativas do DREI n. 15/2013, arts. 1º, 2º, 3º, 5º, I, §1º, *a*, 12, 16 e 17, e do DNRC n. 117/2011 (ora revogada pela INDREI n. 10/2013), que aprova o Manual de Atos de Registro de Empresa Individual de Responsabilidade Limitada.

2. Sobre os elementos caracterizadores: Rubens Requião, *Curso*, cit., v. 1, p. 59-76; Sérgio Campinho, *O direito de empresa*, cit., p. 11-3; Mônica Gusmão, *Curso*, cit., p. 9, 10 e 21; Luiz Cesar P. Quintans, *Direito da empresa*, São Paulo, Freitas Bastos, 2003, p. 7; Láudio C. Fabretti, *Direito de empresa no novo Código Civil*, São Paulo, Atlas, 2003, p. 38; Arnaldo Rizzardo, *Direito de empresa*, Rio de Janeiro, Forense, 2007, p. 47-9; Adalberto Simão Filho, Os direitos de empresa no novo Código Civil, *Simpósio sobre o novo Código Civil brasileiro* (coord. Pasini, Lamera e Talavera), São Paulo, 2003, p. 61; Paulo Sérgio Restiffe, *Manual*, cit., p. 19.

to, determinando o destino e o ritmo da atividade empresarial da qual retira vantagens econômicas, e assumir os riscos, uma vez que se estabelece sem participação de sócios, obrigando-se em seu próprio nome, respondendo, ilimitadamente, com seus bens pessoais e com o patrimônio afetado ao exercício daquela atividade, sujeitando-se pessoalmente à falência e podendo pleitear sua recuperação judicial ou extrajudicial (Lei n. 11.101/2005, art. 1º). No exercício da "empresa", o empresário singular, diz Sergio Campinho, "responderá com todas as forças de seu patrimônio pessoal, capaz de execução, pelas dívidas contraídas, vez que o direito brasileiro não admite a figura do empresário individual, com responsabilidade limitada e, consequentemente, a distinção entre patrimônio empresarial (o patrimônio do empresário individual afetado ao exercício de sua empresa) e patrimônio individual do empresário, pessoa física". Assim, os bens particulares e os afetados à atividade empresarial constituem a garantia dos negócios. Há um patrimônio único que responderá pelas dívidas assumidas no exercício da "empresa". Todavia, entendemos que, mesmo havendo responsabilidade ilimitada pelos débitos contraídos no exercício da atividade econômica organizada, o patrimônio pessoal do empresário singular não se confunde com o utilizado na atividade empresarial, por isso o credor deverá, por ser mais justo (LINDB, art. 5º), executar primeiro os bens componentes da "empresa" e, somente sendo estes insuficientes, valer-se do patrimônio pessoal do empresário para a satisfação de seu crédito. Sendo o empresário individual inscrito na Junta Comercial, tendo responsabilidade ilimitada, seu crédito junto a bancos e fornecedores dependerá mais de seu patrimônio pessoal do que do capital investido e registrado. E, além disso, receberá o empresário singular o mesmo tratamento tributário da sociedade empresária.

b) *Efetividade* no exercício da atividade econômica organizada para criação de riqueza, mediante produção e circulação de bens e serviços no mercado. O exercício efetivo da "empresa" pelo empresário singular far-se-á sob uma firma constituída com seu nome, completo ou abreviado, podendo ser a ele acrescentada designação mais precisa de sua pessoa ou do gênero de sua atividade-fim. Deveras, é elemento caracterizador do empresário individual a atividade-fim, voltada à prática efetiva de um conjunto de atos empresariais para a obtençao de um resultado econômico.

c) *Profissionalidade* da atividade empresarial, visto que o empresário individual deve, profissionalmente, exercer atividade econômica organizada (empresa), coordenando-a, dirigindo-a e supervisionando-a. Por tal razão, a atividade-fim não poderá ser exercida *intuitu personae*, ficando na dependência da atuação pessoal do empresário individual. Este, por meio do estabelecimento, deverá empregar capital, insumos, tecnologia e mão de obra (fatores de produção), fazendo uso de auxiliares ou da colaboração de terceiros que, ao integrarem a atividade-fim, a descentralizam, retirando o seu caráter pessoal, dando configuração jurídica à figura do empresário. É preciso ressaltar que o empresário singular não se confunde com o profissional autônomo pelo simples fato de este último não exercer atividade organizada, uma vez que a atividade por ele exercida não apresenta estrutura de "empresa" por não haver organização de fatores de produção. P. ex., uma pessoa que vende sacos de lixo, levando-os à residência dos consumidores, apesar de explorar, profissionalmente, em nome próprio, atividade de circulação de bens, com o escopo de lucro, não é empresário, por não contratar empregados. É um vendedor autônomo, mas se vier a adquirir várias caminhonetes para vendê-los, contratando, para tanto, empregados, passará a ser empresário. Na atividade empresarial, há uma sucessão repetida de atos praticados, profissionalmente, de forma organizada e estável, sendo uma constante oferta de bens e serviços.

d) *Lucratividade mediata*, isto é, a finalidade lucrativa, não é obrigatória, pois a atividade econômica organizada para a produção e circulação de bens e serviços no mercado é exercida por meio do estabelecimento, para obtenção de possível lucro ou de algum resultado econômico-financeiro como retorno do capital investido. O lucro imediato não é, portanto, o fim específico da "empresa", mas uma mera possibilidade que também poderá advir da atividade econômica, visto que ela pode "auferir outros valores diferenciados do lucro", como afirma Adalberto Simão Filho.

O empresário individual poderá falir e requerer recuperação judicial ou extrajudicial. Sua falência ou recuperação chegará ao conhecimento do Registro Público de Empresa Mercantil por meio de uma comunicação feita pelo magistrado. Tal comunicação será arquivada pela Junta Comercial, que promoverá as devidas anotações no prontuário e cadastro. Com a decretação de sua falência, o empresário não mais poderá arquivar qualquer ato sem autorização judicial, com exceção dos de competência do administrador judicial.

Podemos, assim, representar graficamente os elementos caracterizadores do empresário singular:

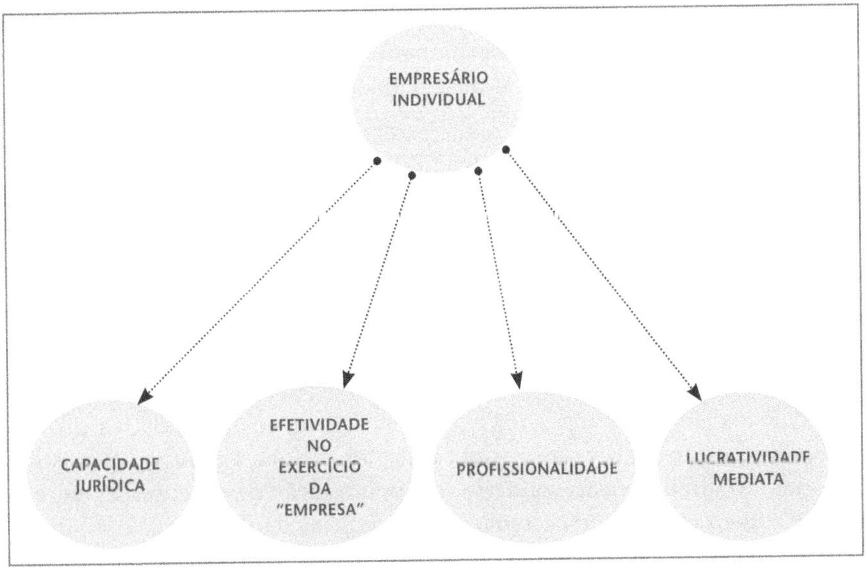

b.2. Capacidade como condição para exercício da atividade empresarial

Para que o empresário individual possa iniciar e exercer atividade econômica organizada para a produção ou circulação de bens ou de serviços, precisará ter *capacidade* para exercer direitos e assumir deveres ou obrigações, ou seja, ser maior de 18 anos ou emancipado (CC, arts. 972, 1ª parte, 5º, e 976), e ter possibilidade de exprimir sua vontade, isto é, não padecer de alguma insuficiência somática ou psíquica, patológica ou acidental, congênita ou adquirida, que o impossibilite de manifestar a sua vontade, tornando-o relativamente incapaz (CC, art. 4º), p. ex. disposomania, toxicomania, alcoolismo, demência afásica arterioselerótica ou sifilítica, psicastenia, psicose tóxica, autotóxica ou infectuosa, paranoia, doença neurológica degenerativa progressiva, anomalia psíquica, imbecilidade e loucura furiosa ou não, deficiência física, elevação excessiva de pressão arterial, paralisia mental, perda de memória, estado de coma, surdo-mudez, hipnose, contusão cerebral, uso de entorpecente ou de substância alucinógena etc. Enfim, não pode ser empresário, quem não puder, por razão transitória ou permanente, manifestar sua vontade para a prática dos atos negociais, e também o pródigo por não ter condição de administrar seus bens. Tais pessoas poderão ficar sob curatela, se não optarem pela tomada de decisão apoiada (CC, arts. 4º, 1.767, I e 1.783-A; Lei n. 13.146/2015, art. 84, § 1º; CPC, art. 748).

A incapacidade é a restrição legal ao exercício dos atos e negócios jurídicos, devendo ser encarada restritamente, considerando-se o princípio de que "a capacidade é a regra e a incapacidade, a exceção" (*RTJ*, *95*:1349).

E o Código Civil, nos arts. 3º e 4º, traça os princípios alusivos à incapacidade absoluta ou relativa, considerando como capaz toda pessoa que neles não estiver enquadrada; assim, convém repetir, não poderá ser empresário o:

1) *Absolutamente incapaz* (CC, art. 3º). A incapacidade será absoluta quando houver proibição total do exercício do direito pelo incapaz, que só poderá exercê-lo por meio de representação. É o que ocorre com o menor de 16 anos, porque devido à idade não atingiu o discernimento para distinguir o que pode ou não fazer, o que lhe é conveniente ou prejudicial.

2) *Relativamente incapaz* (CC, art. 4º). A incapacidade relativa diz respeito àquele que pode praticar por si os atos jurídicos desde que assistido por quem o direito encarrega desse ofício, em razão de parentesco, de relação de ordem civil ou de designação judicial. Tal se dá com: *a*) o maior de 16 e menor de 18 anos; *b*) o ébrio habitual, viciado em tóxico; *c*) o que, por causa transitória ou permanente, não puder exprimir sua vontade, por ex., portador de deficiência mental adquirida, em razão de moléstia superveniente (como psicose, mal de Alzheimer), que sofra redução na sua capacidade de entendimento e de volição não poderá praticar negócios sem assistência de curador, desde que interdito. É o que se dá ainda com o excepcional sem desenvolvimento mental completo, que possibilite sua comunicação, (p. ex., o fraco de mente, surdo-mudo sem educação apropriada, portador de anomalia psíquica genética ou congênita, p. ex., Síndrome de Down) demonstrado e declarado em sentença de interdição. Ficará então sob curatela ou tomada de decisão apoiada, e exercerá atos negociais por meio de curador ou de dois apoiadores; *d*) o pródigo, ou seja, aquele que, comprovada, habitual e desordenadamente, dilapida seu patrimônio, fazendo gastos excessivos (*RT*, *477*:149, *291*:332). Com sua interdição, privado estará dos atos que possam comprometer seus bens, não podendo, sem a assistência do seu curador, alienar, emprestar, dar quitação, transigir, hipotecar, agir em juízo e praticar, em geral, atos que não sejam de mera administração (CC, arts. 1.767, V, e 1.782)[3].

---

3. Sobre incapacidade absoluta e relativa: M. Helena Diniz, *Código Civil anotado*, São Paulo, Saraiva, 2006, p. 11-9; Sérgio Campinho, *O direito de empresa*, cit., p. 21; Gustavo O. Galizzi e Natália C. Chaves, O menor empresário, *Direito de empresa no novo Código Civil*, cit., p. 71-94; Luís Rodolfo Cruz e Creuz, Como funciona a Lei de Cotas para pessoas com deficiência na empresa? *Revista Síntese – Direito empresarial*, *54*:91 a 100.

Essas pessoas, absoluta ou relativamente incapazes, não poderão tomar iniciativa na criação da "empresa". Estão proibidas legalmente de exercer atividade empresarial, dando início a ela, mesmo por meio de representação ou assistência ou, ainda, de apoio de apoiadores, havendo tomada de decisão apoiada. A incapacidade para o exercício dessa atividade tem por escopo tutelar o incapaz, protegendo-o dos riscos advindos daquela atividade.

Só poderá ser empresário quem estiver no pleno gozo da capacidade civil, ou seja, quem for plenamente capaz ou emancipado.

Em relação a menoridade, a incapacidade cessará quando o menor completar 18 anos (CC, art. 5º). Ao atingir 18 anos, a pessoa tornar-se-á maior, adquirindo a capacidade de fato, podendo, então, exercer pessoalmente os atos civis e os da vida empresarial, ante a presunção de que, pelas condições do mundo moderno e pelos avanços tecnológicos dos meios de comunicação, já tem experiência, em razão da aquisição de uma formação cultural, responsável pela precocidade de seu desenvolvimento físico-mental e do discernimento necessário para efetivação da empresa (CC, art. 972, 1ª parte).

Antes da maioridade legal, tendo o menor atingido 16 anos, poderá haver a outorga de capacidade civil por concessão dos pais (CC, arts. 5º, I, 1ª parte; 1.631 e parágrafo único), ou de um deles na falta do outro (óbito, suspensão ou destituição do poder familiar), no exercício do poder familiar, mediante escritura pública inscrita no Registro Civil competente (Lei n. 6.015/73, arts. 29, IV, 89 e 90; CC, arts. 9º, II, e 166, IV), independentemente de homologação judicial. Se a concessão paterno-maternal se impossibilitar por falta de acordo dos genitores, a emancipação poderá dar-se com o suprimento judicial (CC, arts. 1.631, parágrafo único, 1.517 e 1.519). Além dessa *emancipação voluntária* ou *direta* por ato conjunto dos pais, ter-se-á a *emancipação por sentença judicial*, se o menor com 16 anos estiver sob tutela (CPC/2015, arts. 719 a 725, I; CC, art. 5º, I, 2ª parte, 1.763, I; Lei n. 8.069/90, art. 148, VII, parágrafo único, *e*), ouvido o tutor. O tutor deverá requerer sua emancipação ao magistrado, que a concederá mediante sentença. Também nesse caso, pela Lei n. 6.015/73, art. 91 e parágrafo único, o juiz (ECA, art. 148, parágrafo único, *e*), ao conceder a emancipação, deverá comunicá-la de ofício ao oficial do Registro Civil, se não constar dos autos e houver sido efetuado o registro dentro de oito dias, pois cabe ao interessado promovê-lo, já que antes dele a emancipação não produzirá efeito.

A *emancipação legal* (CC, art. 5º, II a V) decorre dos seguintes casos: *a*) *casamento*, pois não é plausível que fique sob autoridade de outrem quem tem condições de casar e constituir família (*RT, 182*:743); assim, mesmo que haja anulação do matrimônio, viuvez, separação (extrajudicial ou judicial) ou divórcio, o emancipado por essa forma não retorna à incapacidade; *b*) *exercício de emprego público efetivo*, por funcionário nomeado em caráter efetivo (não abrangendo a função pública interina, extranumerária ou em comissão), com exceção de funcionário de autarquia ou entidade paraestatal, que não é alcançado pela emancipação. Mas há quem ache que servidor de autarquia, fundação pública e paraestatal tem cessada a incapacidade. Quem exercer função pública em cargo de confiança, em comissão, ou interinamente, ou, ainda, em razão de contrato temporário (CF, art. 37, IX), não adquirirá capacidade. Diarista e contratado não serão emancipados por força da lei (*RF*, *161*:713; *RT*, *98*:523; Súmula 14 do STF; Lei n. 8.112/90, art. 5º, V). O exercício de emprego público efetivo gera presunção de um grau de amadurecimento incompatível com a manutenção da incapacidade; *c*) *colação de grau em curso de ensino superior*, embora, nos dias atuais, dificilmente alguém se emancipe por esse motivo, dada a extensão do ensino fundamental e médio e superior (*RF*, *161*:173) mas, se ocorrer tal fato, o menor automaticamente emancipar-se-á; *d*) *estabelecimento civil* ou *comercial* ou pela *existência de relação de emprego*, desde que, em *função* deles, *o menor com 16 anos completos tenha economia própria*, conseguindo manter-se com os rendimentos auferidos, porque é sinal de que tem amadurecimento e experiência, podendo reger sua própria pessoa e patrimônio, sendo ilógico que para cada ato seu houvesse uma autorização paterna ou materna (*RT*, *788*:308, *723*:323, *117*:565) — p. ex., menor que seja praticante de desporto profissional, que atue como artista em emissoras de TV ou rádio ou que venha a exercer *atividade empresarial* ou laborativa; *e*) *serviço militar*, que fará com que cesse para o menor de 17 anos a incapacidade civil (art. 73 da Lei n. 4.375/64, reproduzido pelo Decreto n. 57.654/66, art. 239 e parágrafo único; e Lei n. 8.239/91).

A prova da emancipação do empresário menor (CC, art. 5º) deverá ser averbada no Registro Público de Empresas Mercantis, à margem da inscrição (CC, arts. 976 e 968, § 2º) do referido empresário, com o escopo de cientificar tal fato a todos. Gustavo O. Galizzi e Natália C. Chavez esclarecem: "A emancipação, no caso de outorga dos pais, prova-se pelo instrumento público, não havendo necessidade de homologação judicial. Na hipótese de decisão judicial, pela sentença. Se pelo casamento, pela certidão do registro civil. Se por emprego público, pela nomeação ou título. Na colação de grau de ensino superior, pelo diploma. Já com relação ao estabelecimento comercial ou civil e à existência de relação empregatícia com economia própria, a prova torna-se mais complexa, pois se trata de questão de fato, e, por isso, dependerá de característica de cada caso". Hipótese em que será admissível o emprego de todos os meios probatórios legais.

Se um menor de 16 anos constituir estabelecimento empresarial com economia própria, por ser independente financeiramente, por força de herança ou doação de bens não administráveis pelos seus pais ou de aquisição de propriedade de bens adquirida com o seu trabalho, a emancipação se dará, tornando-o empresário individual. Mas, se o menor de 18 anos e maior de 16 contar, para tanto, com assistência paterna (CC, arts. 4º, I, e 1.634, V), assim dependente, não se estabelecerá com economia própria, não alcançando a emancipação e, muito menos, a condição de empresário individual. Se emancipado for, não precisará daquela assistência paterno-maternal[4] para exercer a "empresa".

Pessoa, absoluta ou relativamente, incapaz ou não emancipada não pode, portanto, dar início a atividade empresarial ainda não exercida, nem por meio de representante legal, mas, como logo veremos, poderá continuar empresa já exercida. Ser-lhe-á, portanto, vedada apenas a formação da "empresa".

---

4. A respeito de emancipação consulte: M. Helena Diniz, *Código*, cit., p. 20-3; Fabrício Z. Matiello, *Código Civil comentado*, São Paulo, LTr, 2003; Carlos Alberto Bittar Filho e Márcia S. Bittar, *Novo Código Civil*, São Paulo, IOB, 2005, p. 14; W. Barros Monteiro, *Curso de direito civil*, São Paulo, Saraiva, v. 1, p. 98-100; Caio M. S. Pereira, *Instituições de direito civil*, Rio de Janeiro, Forense, v. 1, p. 250; Gustavo O. Galizzi e Natália C. Chaves, O menor empresário, in *Direito de empresa no novo Código Civil*, Rio de Janeiro, Forense, 2004, p. 76; Rubens Requião, *Curso*, cit., p. 91 e 92. *BAASP, 2572*: 1510-5: "Negócio que não foi levado ao registro competente. Nova alteração, posterior, ignorando aquela, em que um daqueles primeiros cede a mesma parte de suas cotas à esposa, que passa a integrar com o marido, e o primitivo remanescente, a aludida sociedade, registro desta, bem como de posterior alteração para elevar a participação societária do casal. Pretensão de um dos cessionários, cujo instrumento de alteração não foi registrado, consistente na anulação das duas que a sucederam, com o consequente registro daquela. Cessão feita, contudo, ao postulante quando ainda menor púbere. Necessidade da prévia emancipação do mesmo para validamente se tornar sócio de sociedade empresária. Exigência legal não suprida por mera assistência de seu representante legal no ato, precisamente para proteger o incapaz dos riscos inerentes à atividade empresarial. Cessão, ademais, gratuita, objeto, pois, de doação, sem comprovação de translação de aludidos ativos, objetos da mesma, ao donatário, legitimando o arrependimento do doador que torna ineficaz a liberalidade pretérita mediante prática de ato incompatível com ela, cedendo os mesmos créditos a terceiro, por meio de instrumento contratual, devidamente registrado. Prevalência deste negócio sobre o anterior, identificado como simples promessa de doação, jamais consumada. Improcedência dos pedidos" (TJRJ, 14ª Câm. Cível, ACi 34.602/07-RJ, rel. Des. Nascimento Póvoas, j. 12-12-2007, m.v.).

C. Teorias da preservação e da utilidade social da empresa e continuidade da atividade econômica pelo empresário incapaz

c.1. Casos de admissibilidade do exercício da empresa por incapaz

Pelas teorias da preservação e da utilidade social da empresa, visto que, pela sua função social, gera empregos, promove a produção e circulação de bens e serviços no mercado, possibilitando recolhimento de tributos, deve ser admitida, excepcionalmente, sua continuidade por um incapaz (CC, art. 974), desde que fosse antes exercida por ele, quando capaz, ou recebesse a titularidade empresarial em virtude de sucessão hereditária. Portanto, "o exercício da empresa por empresário incapaz, representado ou assistido ou, ainda, apoiado (CC, art. 1.783-A), somente é possível nos casos de incapacidade superveniente ou incapacidade do sucessor na sucessão por morte" (Enunciado n. 203 do CJF, aprovado na III Jornada de Direito Civil).

Mas como a atividade empresarial, por criar direitos e impor deveres, exige, como vimos, que o empresário tenha a capacidade genérica para praticar atos da vida civil (CC, arts. 5º e 972), necessitará, por isso, o absoluta ou relativamente incapaz da representação ou assistência de seu representante legal, para poder continuar a "empresa", não encerrando a atividade empresarial, antes exercida por ele, enquanto capaz, por seus pais, de quem se tornou sucessor por ato *inter vivos* (doação p. ex.) ou pelo *de cujus* de quem se tornou herdeiro por sucessão *causa mortis* legítima ou testamentária, desde que haja prévia autorização judicial concedida por alvará, após acurada análise das circunstâncias fáticas e dos riscos da empresa e da conveniência em continuá-la. Tal autorização judicial deverá ser arquivada na Junta, cadastrando-se o representante ou assistente do empresário incapaz.

Portanto, com a sucessão *causa mortis* de um menor de 16 anos ou com a superveniência da incapacidade relativa e interdição de um empresário, poderá ele prosseguir a atividade sob representação ou assistência do seu representante legal, que agirá em nome e por conta do representado ou assistido. Não haverá administração por duas pessoas, mas por uma (representante), agindo em nome e por conta de outra (representado ou assistido). Logo, se o empresário veio a tornar-se incapaz, manter-se-á seu registro, pois a titularidade é a mesma. Todavia, há quem ache que, uma vez declarado interdito, o incapaz não poderá mais ser empresário; assim sendo, ocorrendo sua interdição, dever-se-á proceder à liquidação de seu estabelecimento, por ser perigoso admitir que incapaz, por meio de curador, pratique atividade empresarial.

Se o contrato social, p. ex., contiver cláusula prevendo a continuação da sociedade com o herdeiro do finado sócio, cumprir-se-á tal estipulação contratual, ante a obrigatoriedade do pacto social (*RT*, *483*:99), sempre que for possível; mas, se o herdeiro for menor ou incapaz, dissolver-se-á o vínculo social, se o órgão judicante assim deliberar. Logo, incapaz poderá suceder o *de cujus* na qualidade de empresário, se o magistrado assim o determinar (Instrução Normativa do DNRC n. 46/96, que revogou a Instrução Normativa do DNRC n. 29/91 — arts. 16 e 17 e encontra-se revogada pela IN n. 1/2013, do Departamento de Registro Empresarial e Integração — DREI; *RTJ*, *70*:608), salvo se observados os requisitos do art. 974, § 3º, do Código Civil, pois a Junta Comercial deverá registrar contrato ou alteração social que envolva sócio incapaz, desde que não exerça a administração da sociedade, seja assistido ou representado pelo seu representante legal e haja integralização total do capital social. Hipótese em que, como haverá mudança de titularidade da empresa do autor da herança para o incapaz, será necessária sua inscrição como empresário.

A continuidade do empreendimento por um incapaz poderá dar-se também por sucessão *inter vivos*, p. ex., doação recebida, adjudicação ou dação em pagamento, desde que haja autorização judicial.

O menor, ou incapaz, herdeiro de empresário individual, autorizado judicialmente, poderá prosseguir a atividade empresarial herdada.

Menor entre 16 e 18 anos que vier a continuar uma empresa, alcançando sua economia própria[5], conquistará sua emancipação, e poderá, por estar no gozo de sua capacidade civil (CC, art. 972), desde que apresente prova de sua emancipação e a registre na Junta Comercial, exercer atividade empresarial sem assistência de representante legal, submetendo-se, apesar de imune à responsabilização penal pela prática, p. ex., de emissão de duplicata fria ou de estelionato, à falência (Lei n. 11.101/2005, art. 1º), se se encontrar em estado de insolvência, sem condições, em certos casos, de obter recuperação judicial ou extrajudicial, visto que o art. 48 da Lei n. 11.101/2005 requer, para tanto, exercício na atividade há mais de dois anos,

5. Economia própria é o estado econômico de independência do menor por adquirir bens por força de seu trabalho, doação, herança ou legado, desde que não sejam administrados pelos seus pais. Tal estabelecimento com economia própria, por ser um fato, poderá ser demonstrado por todos os meios probatórios admitidos juridicamente. Consulte: Sérgio Campinho, *O direito de empresa*, cit., p. 17-21.

promovendo-se, então, a liquidação do patrimônio entre os credores, obedecendo-se à ordem de preferência estabelecida em lei.

A autorização judicial produzirá, portanto, o efeito de emancipar o menor, desde que a atividade econômica lhe gere economia própria, visto que, pelo Código Civil, no art. 1.693, II, se excluem do usufruto e administração dos pais os valores auferidos e os bens com eles adquiridos pelo filho maior de 16 anos, no exercício de atividade profissional (CC, art. 589, III), ante o disposto no art. 5º, parágrafo único, III e V, do Código Civil. Se o menor continua empreendimento com autorização judicial, esta conferirá à sua atividade a regularidade exigida legalmente; logo, poderá, na lição de Mônica Gusmão, excepcionalmente, requerer sua recuperação, demonstrando o exercício da atividade econômica por mais de dois anos, somando o tempo a partir daquela autorização, e o registro de sua firma individual, no órgão competente.

Assim, se um menor de 10 anos, obtiver autorização judicial para continuar "empresa", por ele herdada de seus falecidos pais, por meio de representação de seu tutor, ao atingir 16 anos poderá requerer sua recuperação, se for o caso, se empresário individual regular, por estar no exercício de atividade econômica organizada para a produção e circulação de bens e serviços no mercado, há mais de dois anos (Lei n. 11.101/2005, art. 48). Já pelo Enunciado n. 197 do CJF, a pessoa natural, maior de 16 e menor de 18 anos é reputada empresário regular se satisfizer os requisitos dos arts. 966 e 967 do Código Civil; todavia, não tem direito à recuperação, por não exercer regularmente a atividade empresarial por mais de dois anos.

Se empresário menor emancipado, autorizado judicialmente a dar continuidade à "empresa" em virtude de sucessão *inter vivos* ou *causa mortis*, vier a praticar crime falimentar, deverá, esclarecem os autores, responder perante o Juízo da Infância e Juventude, sendo-lhe aplicada como medida socioeducativa (ECA, art. 112, II, c/c o art. 116) o dever de restituir o bem ou reparar o dano causado.

Convém lembrar mais uma vez que, pelo art. 976 do atual Código Civil, deverão ser inscritas e averbadas, no Registro Público de Empresa Mercantil, a prova da emancipação e a autorização judicial para que haja segurança de terceiros que venham a negociar com o empresário, tomando ciência de sua condição de emancipado ou autorizado, por ser incapaz; logo, quem não fizer tal averbação, assumirá a responsabilidade se, com sua omissão, vier a lesar alguém.

Contudo, há quem entenda, como Mônica Gusmão, que interdito e menor, mesmo que autorizado a continuar a empresa, não pode ser empresário por faltar-lhe a capacidade civil, tendo-se, então, uma "empresa acéfala", exercida, sem o empresário, mas por seu representante, ou assistente, ou gerente, se aquele representante não puder exercer atividade empresarial. Isto é assim, diz ela, porque incapacidade afasta a empresarialidade e, além disso, a aceitação da ideia de que menor ou incapaz pode ser empresário conduzirá ao entendimento de que poderia falir.

Pelo Código Civil, a "capacidade de agir" da pessoa em relação às atividades empresariais, no que atina a menores e incapazes, é adaptada, considerando-se o interesse econômico que engendram, a função social por elas exercida e a necessidade de preservação da continuidade da "empresa", disciplinando o prosseguimento das atividades econômicas organizadas que foram interrompidas pela morte ou interdição do empresário, por incapacidade superveniente. Aquela "capacidade empresarial" é presumida no caso de menor ou de incapaz que continua a "empresa" iniciada pelo autor da herança ou por ele mesmo quando capaz, por meio de assistente ou de representante, precedendo a autorização judicial, concedida por alvará[6].

O uso de nova firma ou o exercício da administração empresarial, competirá, conforme as peculiaridades e as circunstâncias do caso, ao representante, ou assistente do incapaz ou do próprio empresário incapaz, desde que devidamente autorizado (CC, art. 976, parágrafo único).

O seguinte gráfico aponta as hipóteses e os requisitos para que empresário incapaz não seja impedido de continuar empreendimento em razão de superveniência de incapacidade, sucessão *inter vivos* ou *causa mortis*, desde que o faça por meio de representante ou assistente, mediante autorização judicial obtida por alvará:

6. Sobre o assunto: Sérgio Campinho, *O direito de empresa*, cit., p. 20 e 22; Sebastião José Roque, *Curso*, cit., p. 100; Rubens Requião, *Curso*, cit., p. 94-95; Armando Rolemberg, *O menor comerciante no direito brasileiro*, Rio de Janeiro, Forense, 1956; Waldemar Ferreira, *O menor comerciante*, São Paulo, 1918; Arnaldo Rizzardo, *Direito de empresa*, cit., p. 63, 65 e 66; Fábio Ulhoa Coelho, *Manual*, cit., p. 21; Mônica Gusmão, *Curso*, cit., p. 24-32; Paulo Checoli, *Direito de empresa no novo Código Civil*, São Paulo, Pillares, 2004, p. 30; José Raimundo dos S. Costa, O empresário individual, *Revista da ESMAPE*, Recife, v. 9, n. 19, 2004, p. 278. Em certos casos, o relativamente incapaz poderá lançar mão da *tomada de decisão apoiada*: CC, art. 1.783-A, acrescentado pela Lei n. 13.146/2015.

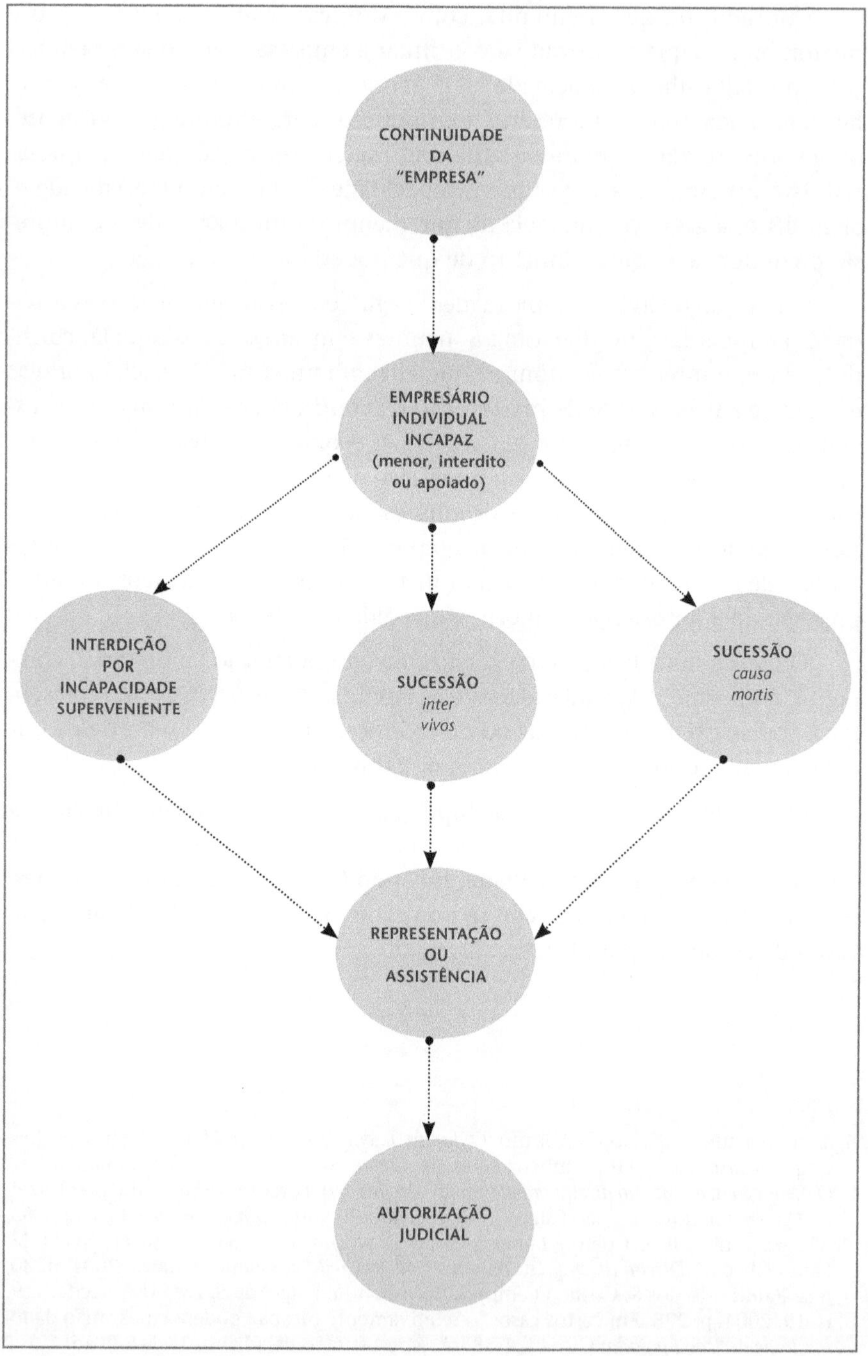
CONTINUIDADE DA "EMPRESA"
EMPRESÁRIO INDIVIDUAL INCAPAZ (menor, interdito ou apoiado)
INTERDIÇÃO POR INCAPACIDADE SUPERVENIENTE
SUCESSÃO *inter vivos*
SUCESSÃO *causa mortis*
REPRESENTAÇÃO OU ASSISTÊNCIA
AUTORIZAÇÃO JUDICIAL

c.2. Revogabilidade da autorização judicial

Para que seja possível a continuação da "empresa", por menor ou incapaz, em caso de morte ou superveniência de incapacidade do empresário individual, dever-se-á requerer uma autorização judicial para tanto. Sobre o pedido de continuação, o representante do Ministério Público deverá pronunciar-se (CPC/2015, art. 178, II) e o magistrado, então, examinará as circunstâncias fáticas presentes e os riscos envolvidos, podendo efetuar exames complementares, inclusive contábeis, exigir diligências para averiguar se há conveniência ou não do prosseguimento das atividades empresariais. Se nessa investigação o juiz concluir pela conveniência da não continuidade da "empresa", os direitos creditórios ou os de terceiro não ficarão prejudicados, visto que o acervo patrimonial afetado àquela "empresa" responderá por eles até o limite de suas forças, não alcançando, porém, o patrimônio pessoal do incapaz.

Concedida a autorização judicial, por meio de alvará, com a inscrição e averbação de sua prova (CC, art. 976) no Registro Público de Empresas Mercantis, ter-se-á a continuação da "empresa" pelo incapaz, mediante representação ou assistência. Todavia, essa autorização reveste-se de precariedade, pois poderá ser revogada a qualquer tempo. Deveras, nada obsta que tal autorização judicial, dada ao incapaz (menor ou interdito) para continuar a atividade empresarial, seja revogada pelo juiz, após ouvir o seu representante legal (pais, tutor ou curador, ou, ainda, apoiadores), para atender aos interesses do incapaz e às peculiaridades apresentadas pela "empresa" (ausência de lucro, falta de condições técnicas para o exercício da atividade etc.), desde que não se prejudiquem direitos adquiridos por terceiros, ou seja, do fisco, de fornecedores, de consumidores, de empregados etc. Esta posterior revogação da autorização judicial não terá, ainda, o condão de afetar a emancipação obtida pelo empresário menor, que é irrevogável (CC, art. 974, § 1º). Isto é assim porque o exercício de atividade empresarial envolve responsabilidades que devem ser assumidas pelo empresário, sendo temerário e inconveniente ao seu interesse que seu representante legal a praticasse em nome dele. Por isso, em certos casos, melhor seria proceder-se à liquidação do estabelecimento, tutelando-se interesses do incapaz, ante, p. ex., iminência de falência, existência de grandes prejuízos, ausência de lucro ou impossibilidade de obtenção de algum resultado econômico. Revogada a autorização, ter-se-á, portanto, a liquidação do estabelecimento empresarial com apuração do ativo e do passivo.

A prova dessa revogação deverá ser averbada no Registro Público de Empresas Mercantis, à margem da inscrição do referido empresário, com o escopo de cientificar tal fato a todos (CC, art. 976, 2ª parte)[7].

c.3. Preservação do patrimônio pessoal do incapaz

Os bens pertencentes ao incapaz, ao tempo da declaração de interdição ou de abertura da sucessão, alheios ao capital da "empresa", ou melhor, não afetados ao exercício da atividade econômica, não ficarão sujeitos ao resultado social da atividade empresarial, devendo do alvará judicial, que conceder a autorização para sua participação na empresa, constar essa circunstância (art. 974, § 2º, do CC) para salvaguardar os interesses do empresário incapaz. O magistrado, portanto, deverá, no alvará concessivo da autorização para prosseguimento da "empresa", arrolar os bens que não responderão pelas dívidas empresariais. Uma vez autorizada a continuação da "empresa" pelo empresário incapaz (interdito ou menor), o patrimônio do acervo empresarial responderá pelas obrigações pendentes, mas os bens adquiridos antes daquela interdição ou sucessão *inter vivos* ou *causa mortis* não entrarão na liquidação, nem responderão pelas dívidas em pendência, ou pelas por ele assumidas na atividade econômica por ele exercida, não se submeterão aos eventuais resultados negativos da atividade empresarial, exceto se forem empregados na "empresa" antes ou depois da autorização judicial. Pelo § 3º do art. 974 (acrescentado pela Lei n. 12.399/2011) deverão ser assentados no Registro Público de Empresas Mercantis, a cargo das Juntas Comerciais, todos os contratos ou alterações contratuais de sociedade que envolvam sócio incapaz desde que: *a*) o sócio incapaz não exerça a administração da sociedade; *b*) o capital social esteja totalmente integralizado, exceto se a sociedade for anônima ou com sócios de responsabilidade ilimitada (Enunciado n. 467 do Conselho da Justiça Federal, aprovado na V Jornada de Direito Civil) e *c*) o sócio rela-

---

7. A respeito da revogação da autorização judicial, *vide*: Jorge S. Fujita, *Comentários ao Código Civil* (coord. Camillo, Talavera, Fujita e Scavone Jr.), São Paulo, Revista dos Tribunais, 2006, p. 765; Sérgio Campinho, *O direito de empresa*, cit., p. 22; Arnaldo Rizzardo, *Direito de empresa*, cit., p. 66; M. Helena Diniz, *Código*, cit., p. 764; Bulhões de Carvalho, *Incapacidade civil e restrições de direito*, Rio de Janeiro, Borsoi, 1957, v. 2, n. 438; José Raimundo S. Costa, O empresário, cit., p. 278; Fábio Ulhoa Coelho, *Manual*, cit., p. 15-7, 22; Sebastião José Roque, *Curso*, cit., p. 100; Rubens Requião, *Curso*, cit., v. 1, p. 94 e 95.

tivamente incapaz seja assistido e o absolutamente incapaz representado por seus representantes legais. Protegem-se, assim, os interesses e direitos do incapaz (menor ou interdito), que serão exercidos por meio de representação legal. Assim, se, p. ex., um empresário individual, vítima de um acidente vascular cerebral (AVC), tornar-se interdito, o automóvel que possuía por ocasião da interdição será impenhorável, não respondendo pelo débito da "empresa", por ser estranho ao seu acervo, mas não ficará imune da penhora o caminhão utilizado por ele para transporte de mercadorias. Tal se dá porque, como já afirmamos, "as obrigações contraídas sob o manto da firma comercial ligam a pessoa civil do comerciante (hoje empresário) e vice-versa. Utilizando uma firma para exercer o comércio (atividade empresarial) e mantendo o seu nome civil para atos civis — o comerciante (empresário) —, pessoa natural, não fica investido de dupla personalidade, vez que não existem duas personalidades: uma civil e outra comercial" (*RT*, *687*:135).

Em suma: os bens do incapaz: *a*) adquiridos antes da sucessão ou interdição e alheios ao acervo empresarial, ficarão à margem do capital da "empresa"; logo, não responderão pelas dívidas da "empresa"; *b*) obtidos após a sucessão ou interdição, mesmo se estranhos à atividade econômica organizada exercida por meio de representação ou assistência, terão responsabilidade pelos débitos; *c*) afetados à atividade empresarial, adquiridos antes ou depois da sucessão ou interdição, sujeitar-se-ão aos encargos debitórios[8].

Graficamente temos:

8. Sobre patrimônio do incapaz: M. Helena Diniz, *Código*, cit., p. 764; Arnaldo Rizzardo, *Direito de empresa*, cit., p. 67; Sebastião José Roque, *Curso*, cit., p. 100; Fábio Ulhoa Coelho, *Manual*, cit., p. 22; Mônica Gusmão, *Curso*, cit., p. 30.

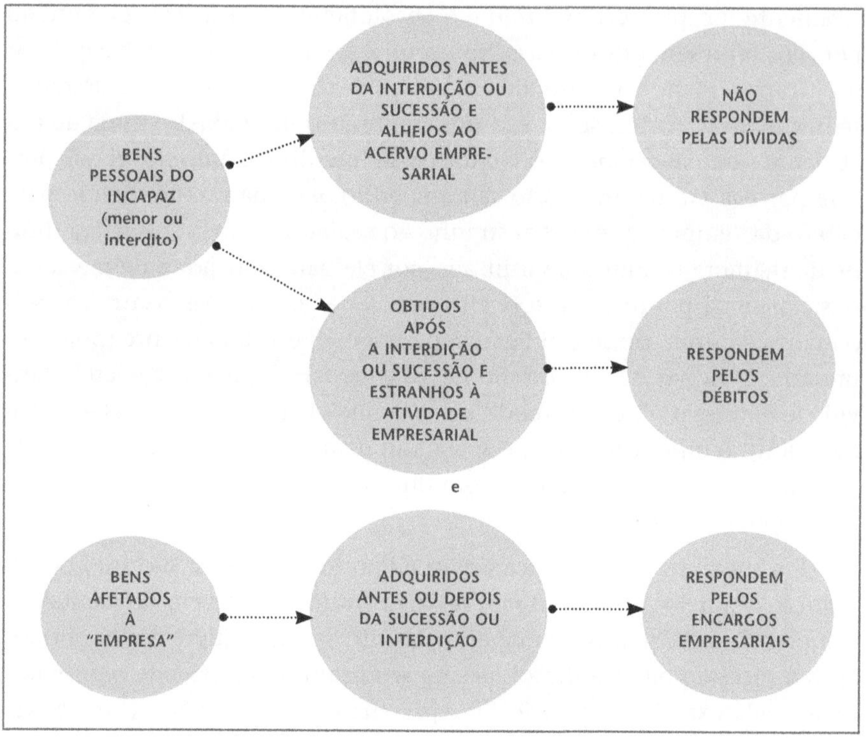

c.4. Nomeação de gerente e seus efeitos jurídicos

Se, sendo incapaz (menor ou interdito) o empresário, autorizado judicialmente a continuar a "empresa", seu representante ou assistente não puder, em razão de impedimento legal, exercer a atividade empresarial, não será destituído do encargo, mas deverá, então, mediante aprovação judicial, nomear um ou mais gerentes (CC, art. 975, *caput*), conforme a natureza daquela atividade, sem contudo eximir-se da responsabilidade dos atos praticados por esses gerentes nomeados (CC, art. 975, § 2º). O representante, ou assistente, ao indicar terceiro (gerente), e o magistrado, ao autorizar sua nomeação para atuar no interesse do empresário incapaz, deverão agir com prudência objetiva ou bom senso, estipulando, na medida do possível, os limites de sua administração e dos seus poderes decisórios, para que haja segurança na efetivação dos negócios empresariais, o salário a ser percebido, o horário de trabalho, o prazo de duração do exercício de suas funções etc. Essa nomeação, devidamente autorizada pelo juiz, deverá ser arquivada na Junta Comercial, caso não conste da autorização judicial para continuação da "empresa" pelo incapaz. P. ex., "A", empresário, que se tornou incapaz, recebe autorização judicial para dar prosseguimento à sua "empresa", e "B", seu curador, impedido de praticar ato empresarial por lei ou por nada entender do ramo empresarial, solicita ao juiz, que o nomeou, autorização para contratar "C", na qualidade de gerente, para exercer as atividades necessárias ao empreendimento de "A", mas "B", apesar disso, continuará sendo o responsável pelos atos de "C" (gerente nomeado), devendo continuar na vigilância das atividades por ele exercidas em nome de "A", pois o magistrado que nomeou "C" não teria disponibilidade para exercer fiscalização direta do gerente nomeado ("C"). O mesmo se diga se o magistrado reputar ante o fato de o representante do incapaz não apresentar, p. ex., competência para gerir aquela atividade, mais conveniente será a nomeação de gerente para, com sua experiência, dar um bom andamento à atividade econômica e controlar a "empresa" (CC, art. 975, § 1º), visto que *gerente* é o preposto que age em nome do empresário, por ser seu empregado mais categorizado, tendo poderes similares ao do mandatário geral, necessários à direção dos negócios, dos serviços e dos bens de uma "empresa".

É o gerente um mandatário geral, mas de categoria especial, decorrente da natureza e da continuidade das funções do empresário incapaz, por ele exercida. Na preposição vislumbramos dois contratos: o de trabalho, regido pela CLT, e o de mandato, disciplinado pelo Código Civil. As suas relações com o empresário incapaz reger-se-ão, portanto, pela legislação trabalhista e pelo Código Civil. O empresário incapaz é, por isso, o responsável pelo ato de seu preposto, ou gerente, praticado no exercício de atividade empresarial, dentro do estabelecimento. E, se o gerente foi nomeado, com aprovação do órgão judicante, pelo representante, ou assistente, de empresário menor ou interdito, este terá responsabilidade pelos atos praticados por aquele. Seria conveniente estipular, previamente, cláusula impondo condições para que o gerente nomeado tenha alguma responsabilidade contratual pelos atos de sua gestão, sem que, com isso, se afaste a responsabilidade legal do representante ou assistente do empresário incapaz (menor ou interdito). Aquela aprovação judicial não terá força para liberar o representante, ou o assistente do empresário incapaz, de responder por ato de gerente que nomeou, mas terá direito regressivo contra ele para obter o reembolso do que despendeu. O órgão judicante que veio a aprovar a indicação de gerente, apesar de ter verificado sua conveniência, não terá qualquer responsabilidade pelos atos lesivos do gerente nomeado.

E o uso de nova firma, indispensável à gestão administrativa, ou o exercício dos poderes de gerência, nessa circunstância excepcional, competirão, então, ao gerente nomeado (CC, art. 976, parágrafo único). Essa nova firma e a pessoa que dela fizer uso deverão ser averbadas à margem da inscrição feita pelo empresário no Registro Público de Empresas Mercantis[9].

9. Sebastião José Roque, *Curso*, cit., p. 100; M. Helena Diniz, *Código*, cit., p. 765; Temístocles Pinho e Álvaro Peixoto, *As empresas e o novo Código Civil*, Rio de Janeiro, Freitas Bastos, 2004, p. 131 e 132; Paulo Checoli, *Direito de empresa*, cit., p. 30; Sérgio Campinho, *O direito de empresa*, cit., p. 22; Jorge S. Fujita, *Comentários*, cit., p. 766.

QUADRO SINÓTICO

CONCEITUAÇÃO E CARACTERIZAÇÃO DO EMPRESÁRIO INDIVIDUAL

1. CONCEITO DE EMPRESÁRIO INDIVIDUAL	• É o titular da "empresa" (sujeito de direito). Pessoa natural que, registrando-se no Registro Público de Empresas Mercantis, empregando capital, natureza, insumos, tecnologia e mão de obra, toma, com *animus lucrandi*, a iniciativa de organizar, com profissionalidade, uma atividade econômica para produção e circulação de bens ou serviços no mercado.	
2. PRESSUPOSTOS DA QUALIDADE DE EMPRESÁRIO SINGULAR	• *Capacidade jurídica*, pois deve ser plenamente capaz ou emancipado, respondendo ilimitadamente com seus bens pessoais e com os afetados à atividade empresarial. • *Efetividade no exercício da "empresa"*. É elemento caracterizador do empresário individual a atividade-fim voltada à pratica efetiva de um conjunto de atos empresariais para a obtenção de um resultado econômico. • *Profissionalidade da atividade empresarial*, mediante emprego dos fatores de produção, fazendo uso de auxiliares. • *Lucratividade mediata* ou possibilidade de obtenção de lucro ou de um resultado econômico-financeiro, como retorno do capital investido.	
3. CAPACIDADE COMO CONDIÇÃO PARA O EXERCÍCIO DA ATIVIDADE EMPRESARIAL	• Empresário singular para a formação da "empresa" precisará ser maior de 18 anos e estar no pleno gozo "de suas faculdades mentais, ou ser, então, emancipado voluntariamente por seus pais, por sentença judicial ou em virtude de lei" (CC, arts. 5º e 972). A prova de sua emancipação deverá ser averbada no Registro Público de Empresas Mercantis (CC, arts. 976 e 968, § 2º).	
4. TEORIAS DA PRESERVAÇÃO E DA UTILIDADE SOCIAL DA EMPRESA E SUA CONTINUIDADE PELO EMPRESÁRIO INCAPAZ	• Casos de admissibilidade do exercício da empresa pelo incapaz	• Superveniência de incapacidade e consequente interdição. • Sucessão *inter vivos* ou *causa mortis*. • Empresário incapaz (interdito, sucessor ou herdeiro menor) pode continuar empreendimento, por meio de representação legal, havendo prévia autorização judicial, concedida mediante alvará e inscrita e averbada no Registro Público de Empresa Mercantil (CC, arts. 974 e 976).

4. TEORIAS DA PRESERVAÇÃO E DA UTILIDADE SOCIAL DA EMPRESA E SUA CONTINUIDADE PELO EMPRESÁRIO INCAPAZ	• Revogabilidade da autorização judicial	• Poderá, a qualquer tempo, ser revogada pelo juiz autorização por ele dada a empresário incapaz para prosseguir na atividade empresarial, após ouvir o representante legal, desde que não se lesem direitos de terceiro (CC, art. 974, § 1º). • A prova dessa revogação deverá ser averbada no Registro Público de Empresas Mercantis, à margem da inscrição do empresário (CC, art. 976, 2ª parte).
	• Preservação do patrimônio do incapaz	• Bens pessoais do incapaz já existentes por ocasião da interdição ou da sucessão, não afetados ao exercício da atividade empresarial, não ficam sujeitos aos débitos da "empresa" (CC, art. 974, §§ 2º e 3º, com a alteração da Lei n. 12.399/2011).
	• Nomeação de gerente	• Se o representante legal do empresário incapaz não puder exercer "empresa", nomeará, autorizado judicialmente, um ou mais gerentes (CC, art. 975). • O juiz, entendendo ser conveniente, poderá nomear gerente, ou preposto, para exercer atividade pelo empresário incapaz (CC, art. 975, § 1º). • O representante ou assistente do empresário incapaz terá responsabilidade pelos atos do gerente nomeado (CC, art. 975, § 2º).

2. Aquisição da condição jurídica de empresário regular

A. Regularidade do empresário

Para que haja regularidade do empresário, ele deverá preencher os seguintes requisitos:

a) inscrever-se no Registro Público de Empresas Mercantis da respectiva sede, antes de iniciar sua atividade empresarial (CC, art. 967);

b) não estar legalmente impedido de exercer atividade econômica organizada para a produção ou circulação de bens ou/e serviços (CC, art. 972, 2ª parte).

Na falta de um desses requisitos será considerado empresário de fato ou irregular; logo, não poderá obter os privilégios legais.

Fábio Ulhoa Coelho acrescenta que o empresário individual, para ser regular, precisará, ainda, manter a escrituração de seus negócios e levantar, anualmente, balanço patrimonial e o de resultado econômico, contendo demonstrações contábeis (CC, art. 1.179). Vislumbramos, nestas duas obrigações do empresário, apenas uma *comprovação* da regularidade das atividades por ele exercida[10].

Representamos, no seguinte gráfico, os requisitos para a aquisição da condição jurídica de empresário regular:

---

10. Fábio Ulhoa Coelho, *Curso*, cit., v. 1, p. 66; Sérgio Campinho, *O direito*, cit., p. 29.

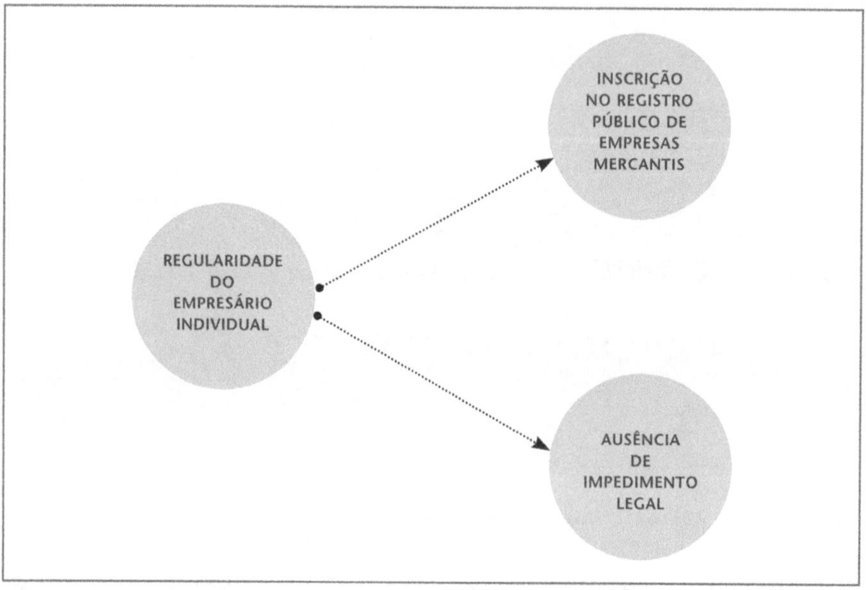

B. Obrigatoriedade de inscrição no Registro Público de Empresas Mercantis

Antes de iniciar a atividade empresarial (CC, art. 966), o empresário singular, antigo titular da firma individual[11], deverá inscrever-se no Registro Público de Empresas Mercantis da sede de sua "empresa" (CC, art. 967), a cargo das Juntas Comerciais (CC, art. 1.150). O empresário individual, salvo se pequeno empresário ou empresário rural, como vimos alhures, é obrigado a requerer sua inscrição naquele Registro, seguindo formalidades legais e critérios que permitam sua mobilização regular, estendendo-se as minúcias, como mais adiante apontaremos, à hipótese de instituição de sucursal, filial ou agência.

Com tal registro ter-se-á a publicidade de sua atividade, amparando seu crédito e prevenindo fraudes. O registro abre oportunidade para o interessado sanar eventuais irregularidades, recorrendo ao juiz competente, gera efei-

---

11. A "firma individual" foi substituída pela locução "empresário individual". O empresário individual poderá, estando em situação regular, solicitar seu enquadramento como microempresário (ME) ou empresário de pequeno porte (EPP), observadas as exigências e restrições legais (Enunciado 200 do CJF). *Vide*: CP, art. 293, § 5º, com a redação da Lei n. 11.035/2004. Pelo Enunciado n. 5: "Quanto às obrigações decorrentes de sua atividade, o empresário individual tipificado no art. 966 do Código Civil responderá primeiramente com os bens vinculados à exploração de sua atividade econômica, nos termos do art. 1.024 do Código Civil (aprovado na I Jornada de Direiro Comercial).

tos em relação a terceiros, sujeita o empresário inscrito à falência, e permite a ele requerer sua recuperação judicial ou extrajudicial.

Segundo o Enunciado n. 198 do Conselho de Justiça Federal, aprovado na III Jornada de Direito Civil: "A inscrição do empresário na Junta Comercial não é requisito para sua caracterização, admitindo-se o exercício da empresa sem tal providência. O empresário irregular reúne os requisitos do art. 966, sujeitando-se às normas do Código Civil e da legislação comercial, salvo naquilo em que forem incompatíveis com a sua condição ou diante de expressa disposição em contrário". E, pelo seu Enunciado n. 199, "A inscrição do empresário ou sociedade empresária é requisito delineador de sua regularidade, e não da sua caracterização".

O registro tem efeito declaratório e não constitutivo, visto que apenas declara a condição de empresário individual, tornando-a regular, pois a qualidade de empresário requer a prática efetiva da atividade empresarial, que é a característica primordial de sua profissão. O registro declara a qualidade de empresário (*RTJ*, *5*:222) por gerar presunção *juris tantum* de que o inscrito exerce, regularmente, a atividade empresarial.

O registro, portanto, tem obrigatoriedade e é condição *sine qua non* para a regularização da atividade do empresário[12].

C. Conteúdo do requerimento para inscrição do empresário singular

Se alguém pretender exercer atividade empresarial, em nome próprio, sem formar uma sociedade, deverá inscrever-se no Registro Público de Em-

12. M. Helena Diniz, *Código*, cit., p. 757; Mônica Gusmão, *Curso*, cit., p. 23; Sylvio Marcondes, *Exposição de Motivos do Anteprojeto do Código Civil*; Sérgio Campinho, *O direito*, cit., p. 26 e 27; Rubens Requião, *Curso*, cit., p. 80; Luiz Cezar P. Quintans, *Direito da empresa*, cit., p. 7.

Observa Jorge S. Fujita (*Comentários*, cit., p. 761) que: "Há que se fazer uma crítica quanto à utilização do vocábulo 'inscrição', porquanto de acordo com o art. 32, II, *a*, da Lei n. 8.934/94, a constituição de uma firma individual perante a Junta Comercial se formaliza pelo arquivamento, e não pela inscrição, o que demonstra uma impropriedade terminológica de nosso legislador civil".

A Lei n. 11.598, de 3 de dezembro de 2007, com as alterações da Lei n. 14.195/2021, estabelece diretrizes e procedimentos para simplificação e integração do processo de registro e legalização de empresários, e cria a Rede Nacional para a Simplificação do Registro e da Legalizaçao de Empresas e Negócios — REDESIM.

Instrução Normativa n. 18, de 5 de dezembro de 2013, do DREI, dispõe sobre procedimentos no âmbito do Registro Mercantil decorrentes do processo de inscrição, alteração, extinção, enquadramento e desenquadramento de empresários na condição de microempreendedores individuais – MEIs.

Vide: Lei n. 8.934/1994, arts. 4.º, 31, 32, 35, 41, 42, 44, 47, 54, 55, 65-A com as alterações da Lei n. 13.874/2019.

presa Mercantil, podendo fazer-se representar por procurador, munido de poderes especiais para tanto, e, se for analfabeto, a procuração deverá ser outorgada por instrumento público (CC, arts. 653, 654, 660).

Para que possa providenciar sua inscrição no Registro Público de Empresas Mercantis, o empresário individual deverá apresentar requerimento, dirigido à Junta Comercial, colocando seus dados no seguinte formulário impresso, fornecido pela própria Junta, conforme, por exemplo, o modelo anexo à Instrução Normativa n. 95/2003, do DNRC — ora revogada pela IN n. 10/2013 do Departamento de Registro Empresarial e de Integração — DREI, que substitui o DNRC:

Número de Identificação do Registro de Empresa — Nire da sede — Nire da filial (se existente)

....

Nome do empresário (completo e sem abreviaturas)

....

Natural (cidade) UF Nacionalidade Estado Civil

....

Sexo Regime de bens

M............ F........... ....

Filho de (pai) e de (mãe)

....

Nascido em (data) Identidade (número) — órgão emitente — UF — CPF

....

Emancipado (forma de emancipação — somente no caso de menor)

....

Domiciliado (logradouro, rua, avenida etc.) número

....

Complemento Bairro/distrito CEP Código do Município

.... (uso da Junta Comercial)

Município UF

....

declara, sob as penas da lei, não estar impedido de exercer atividade empresária, que não possui outro registro de empresário e requer à Junta Comercial do:

Código do ato descrição do ato Código do evento descrição do evento

....

Código do evento descrição do evento Código do evento descrição do evento

....

Nome empresarial

....

Logradouro (rua, av. etc.) número

....

Complemento bairro/distrito CEP Código do Município

.... (uso da Junta Comercial)

Município UF correio eletrônico (*e-mail*)

....

Valor do capital — R$ Valor do capital (por extenso)

....

Código de atividade descrição do objeto

Econômica

Atividade principal

....

....

....

Atividade secundária

....

....

....

Data início da atividade nº inscrição no CNPJ transferência da sede de outra UF uso da Junta Com.

....

Com.: autorização governamental:

sim............ não.....................

Assinatura da firma pelo empresário (ou pelo representante/assistente/gerente/procurador)

....

Data da assinatura | assinatura do empresário

.... | ....

Para uso exclusivo da Junta Comercial

Deferido.

Publique-se e arquive-se. | Autenticação

....

................/................./........................

Para a inscrição empresarial, portanto, o empresário deverá apresentar[13]:

1) *Requerimento* contendo (CC, art. 968, I a IV):

a) sua qualificação jurídica completa, ou seja, seu nome, sua nacionalidade, seu domicílio, seu estado civil e, se for casado, o regime matrimonial de bens (CC, arts. 977 a 980), sua filiação, a data de seu nascimento, os números de seu RG e CPF; se emancipado, a forma de sua emancipação, devidamente averbada no Registro Civil; a declaração de não estar impedido, legalmente, de exercer atividade empresária e de inexistência de outra inscrição sua como empresário; seu domicílio; seu certificado de reservista; sua carteira de trabalho e Previdência Social; se estrangeiro, sua carteira de identidade de estrangeiro, com visto permanente;

b) a firma, com a aposição da respectiva assinatura autógrafa (de próprio punho). A assinatura autógrafa é o sinal distintivo do empresário individual que poderá usá-la, se preferir de modo diverso da sua assinatura pessoal. Tal assinatura autógrafa poderá ser substituída pela assinatura autenticada com certificação digital ou meio equivalente que comprove a sua autenticidade, ressalvando o disposto no inciso I do § 1º do art. 4º da LC

13. A Instrução Normativa n. 97/2003 do DNRC editou o *Manual de Atos de Registro de Empresário*, apontando a documentação necessária e aspectos formais exigidos para obtenção do registro. M. Helena Diniz, *Código*, cit., p. 758 e 759; Sérgio Campinho, *O direito de empresa*, cit., p. 11; Mônica Gusmão, *Curso*, cit., p. 23-6; Luiz Tzirulnik, *Empresas & empresários*, São Paulo, Revista dos Tribunais, 2003, p. 25 e 26; Arnaldo Rizzardo, *Direito de empresa*, cit., p. 54 e 55, 47-9; Jorge S. Fujita, *Comentários*, cit., p. 761 e 762; Sebastião José Roque, *Curso*, cit., p. 96 e 97. O empresário cuja atividade depender de aprovação prévia do governo deverá observar a Instrução Normativa n. 76/98 do DNRC — ora revogada pela IN n. 10/2013, do DREI.

n. 123/2006 (CC, art. 968, II, com a redação da LC n. 147/2014). O uso da firma é privativo do empresário, salvo se incapaz, autorizado judicialmente, a continuar a empresa, hipótese em que a firma será utilizada pelo seu representante legal ou gerente (CC, art. 976, parágrafo único). O empresário exerce sua atividade econômica sob uma firma, constituída a partir de seu nome (prenome simples ou composto e sobrenome) completo ou abreviado, inserindo, se quiser, apelido ou gênero do negócio. Não poderá abreviar o último sobrenome (apelido de família), nem excluir outro que o compor. Não será admitida a abreviação dos termos indicativos de relação de parentesco, como *Júnior, Sobrinho, Neto*. Havendo nome idêntico, registrado anteriormente, o empresário deverá aditar, ao seu nome, qualquer designação pessoal ou relativa ao gênero de seu negócio que venha a diferenciá-lo do outro. P. ex., Albino Montiel, ou inserir, se quiser, o ramo de atividades, Albino Montiel Malhas ou abreviar A. Montiel Malhas.

Com a inscrição, o nome do empresário ficará protegido pela lei, podendo ser usado pelo seu sucessor;

c) o capital, aplicado na "empresa", declarando seu valor, em moeda corrente, destacando-o do seu patrimônio pessoal. Se vier a afetar bens ao exercício da atividade empresarial, deverá haver anuência do seu cônjuge, salvo se o regime for o de separação absoluta (CC, art. 1.647). O capital formar-se-á por quantia em dinheiro (moeda corrente) ou por bens imateriais ou materiais; se por bens imóveis, estes deverão ser descritos e identificados pelo número de matrícula, e, ainda, pode ser composto de bens móveis (mobílias, máquinas, computadores etc.). Ter-se-á, então, um patrimônio; assim, ocorrendo falência, serão arrecadados, para formar a massa falida, os bens da "empresa" (mercadorias estocadas, p. ex.) e os bens particulares de Albino Montiel, com exceção do bem de família (legal ou convencional), tido como impenhorável;

d) o objeto, ou melhor, o objetivo social pretendido, que deve ser lícito, possível, determinado ou determinável, conforme à moral, aos bons costumes e à ordem pública. Se seu objeto for, p. ex., radiodifusão sonora de sons e imagens, o empresário deverá ser brasileiro nato ou naturalizado há mais de dez anos. O objeto é, portanto, a atividade-fim da "empresa" (p. ex., comércio varejista de calçados; confecção de malhas; prestação de serviços de hotelaria; comercialização de doces etc.), que é a atividade principal por corresponder à que proporcionará maior valor de receita esperada. Além da atividade principal, poderá indicar a secundária, tendo por base o Código das Atividades, conforme Tabela da Classificação Nacional das Atividades Econômicas (CNAE-Fiscal), sem fazer uso de expressão estrangeira, exceto se inexistir termo correspondente na língua portuguesa ou se estiver incorporado no vernáculo;

e) a sede da empresa (nome da rua, nº do prédio, cidade, Estado, CEP e *e-mail*), ou seja, o local onde a atividade será exercida com *animus* definitivo, constituindo o centro dos seus interesses econômicos[14];

f) a informação da data do início da atividade empresarial, que não pode ser anterior à data da assinatura do requerimento;

g) a aposição de dia, mês e ano da assinatura do requerimento.

2) *Original* ou *cópia autenticada* da procuração com poderes específicos, com firma reconhecida se o seu requerimento for assinado pelo seu procurador.

3) *Cópia autenticada dos documentos*: RG, CPF etc.

4) *Comprovantes de pagamento* da guia de recolhimento/Junta Comercial e DARF/Cadastro Nacional de Empresas.

A inscrição do empresário é, por isso, o fiel repositório de informações contendo todos os dados alusivos ao empresário singular e à sua atividade.

A inscrição será tomada por termo em livro próprio do Registro Público de Empresas Mercantis, seguindo-se o número de ordem contínuo para todos os empresários inscritos. Formar-se-á uma sequência sucessiva e contínua de inscrições de empresários (CC, art. 968, § 1º).

Imprescindível será a averbação, à margem da inscrição do empresário, com as mesmas formalidades, de qualquer alteração, quanto às informações dadas, que possa aquela inscrição influenciar, acarretando mutações substanciais, tornando conhecida de todos a atual situação jurídica do empresário (CC, art. 968, § 2º). Observa, ainda, Jorge Fujita[15] que "poderão ser averbadas à margem dessa inscrição quaisquer determinações judiciais, tais como interpelações, protestos ou notificações, para fins de conhecimento de terceiros, como o art. 726 do CPC/2015, cautelar de notificação e protesto, que prevê a existência de averbação".

---

14. "O domicílio da pessoa jurídica empresarial regular é o estatutário ou o contratual em que indicada a sede da empresa, na forma dos arts. 968, IV, e 969 combinados com o art. 1.150, todos do Código Civil" (Enunciado n. 55, aprovado na I Jornada de Direito Civil de 2002, promovida pelo Conselho de Justiça Federal).

15. Jorge S. Fujita, *Comentários*, cit., p. 762.

E, se o empresário individual vier a admitir novos sócios, poderá ele requerer ao Registro Público de Empresa Mercantil, observando, no que couber, os arts. 1.113 a 1.115 do Código Civil vigente, a transformação de seu registro de empresário para registro de sociedade empresária, sem que haja necessidade de praticar quaisquer atos de dissolução ou liquidação (CC, art. 968, § 3º). Urge lembrar que, pelo art. 968, §§ 4º e 5º (acrescentados pela Lei n. 12.470/2011), o Comitê para Gestão da Rede Nacional para a Simplificação do Registro e da Legalização de Empresas e Negócios (CGSIM) disciplinará: o processo de abertura, registro, alteração e baixa do microempreendedor individual e a exigência para o início de seu funcionamento, que deverão ter trâmite especial e simplificado, de preferência eletrônico; e a dispensa não só do uso da firma, com a respectiva assinatura autógrafa, do capital, de requerimentos, demais assinaturas e de informações relativas à nacionalidade, estado civil e regime de bens, como também de remessa de documentos.

D. Inexistência de impedimento legal para o exercício da atividade empresarial

d.1. Pessoas impedidas

Quem estiver habilitado para ser empresário e devidamente inscrito no Registro Público de Empresas Mercantis e não estiver legalmente impedido para o exercício da atividade empresarial será tido como empresário individual regular.

Algumas pessoas, mesmo sendo plenamente capazes para praticar atos na vida civil, estão proibidas por lei para exercer atividade econômica organizada para a produção e circulação de bens ou serviços no mercado, em virtude de conveniência administrativa ou de ordem pública. O impedimento para o exercício da "empresa" tem por escopo tutelar o interesse público e o das pessoas que vierem a se relacionar com o empresário singular. A Instrução Normativa n. 97/2003 (ora revogada pela IN n. 10/2013, do DREI), do DNRC apresenta rol dos impedidos de exercer regularmente a profissão de empresário. Por ela, não poderão ser empresários regulares, por estarem impedidos legalmente de exercer "empresa"[16]:

16. Láudio C. Fabretti, *Direito de empresa*, cit., p. 40; Mônica Gusmão, *Curso*, cit., p. 33 e 34; Arnaldo Rizzardo, *Direito de empresa*, cit., p. 58 e 59; Sérgio Campinho, *O direito de empresa*, cit., p. 23-5; Fábio Ulhoa Coelho, *Manual*, cit., p. 32-4; Rubens Requião, *Curso*, cit., v. 1, p. 102; Ricardo Negrão, *Manual*, cit., v. 1, p. 50-5.

a) chefes do executivo federal e estadual ou municipal, bem como seus ministros e secretários (Lei n. 8.112/90, art. 117, X);

b) membros do Poder Legislativo federal, estadual ou municipal (CF, arts. 54, II, *a* e *b*, e 55, I), desde que a "empresa" goze de favor oriundo de contrato com pessoa jurídica de direito público, ou nela exerçam função remunerada;

c) magistrados (CF, art. 95, parágrafo único; LC n. 35/79 (LOMAN), art. 36, I e II), sendo-lhes vedado o comércio ou participação em sociedade, inclusive de economia mista, embora possam ser sócios cotistas ou acionistas, desde que não exerçam função de administradores;

d) membros do Ministério Público (LONAMP — Lei n. 8.625/93, art. 44, II; CF, art. 128, § 5º, II, *c*), salvo se acionistas ou cotistas (LONAMP, art. 44, III);

e) empresários falidos e sócios da sociedade falida, a partir da decretação da falência até o trânsito em julgado da sentença extintiva de suas obrigações. Não poderão exercer atividade econômica enquanto não reabilitados (Lei n. 11.101/2005, arts. 94 e 102); com isso, protegem-se os interesses de terceiros, que com eles venham a realizar negócios. Os falidos, além da inabilitação (Lei n. 11.101/2005, arts. 75, 102, 103 e 176) para o exercício da "empresa", poderão, em razão de condenação criminal, ser impedidos de assumir cargo de gestão (Conselho de Administração ou Diretoria) em sociedade simples ou empresária (Lei n. 11.101/2005, art. 181, II; CC, art. 1.011, § 1º; Lei n. 6.404/76, art. 147, § 1º) ou de gerir estabelecimento por meio de mandato ou gestão de negócios (Lei n. 11.101/2005, art. 181, III)[17]. Sua inabilitação perdurará até cinco anos após a extinção da punibilidade (Lei n. 11.101/2005, art. 181, § 1º) podendo cessar antes desde que reabilitados penalmente (CP, arts. 93, 94, I a III, e 95);

f) pessoas condenadas à pena de interdição ao exercício de profissão (CP, art. 47, I), que vede acesso a cargo público, ou à atividade empresarial (LRE, art. 35, II, CC, art. 1.011, § 1º), por: crime falimentar; prevaricação, peita ou suborno, concussão ou peculato; crime contra a economia popular; crime contra o sistema financeiro nacional; crime contra normas de defesa da concorrência; crime contra as relações de consumo; crime contra a fé pública ou a propriedade, enquanto perdurarem os efeitos da condenação. Esclarece Fábio Ulhoa Coelho[18] que, se, criminalmente, for aplicada a um empresário individual pena, proibindo-lhe o exercício da atividade em-

17. É a lição de Sérgio Campinho, *O direito de empresa*, cit., p. 25.

18. Fábio Ulhoa Coelho, *Manual*, cit., p. 33. Sobre estrangeiros: CF, arts. 5º, XIII, 190, 220; Instrução Normativa n. 10/2013 do DREI.

presarial, a Junta Comercial não poderá arquivar o ato constitutivo de sua "empresa", mas, se reabilitar-se, cessará aquela proibição;

g) leiloeiros (Dec. n. 21.981/32, art. 36; Instrução Normativa n. 113/2010 do DNRC, art. 3º, VI; e Instrução Normativa da DREI n. 17/2013 que a revoga), que, se vierem a explorar atividade empresarial que lhes foi vedada, vindo a falir, incorrerão em crime falimentar (Lei n. 11.101/2005, art. 178), corretores e despachantes aduaneiros;

h) cônsules, nos seus distritos, exceto os não remunerados (Decs. n. 24.113/34, arts. 48 e 49, 4.868/82, art. 11 e 3.529/89, art. 42); aos diplomatas e servidores de carreira diplomatica (Lei n. 11.440/2006) estendem-se as proibições do Estatuto dos Funcionários Públicos da União, inclusive a de exercer atividade empresarial;

i) médicos, para o exercício simultâneo da farmácia, drogaria, laboratório, e os farmacêuticos, para o exercício simultâneo da medicina (Dec. n. 19.606/31 c/c Dec. n. 20.877/31 — revogados pelos Decretos n. 5.991, de 17-12-1973 e s./n. de 10-5-1991, respectivamente; Res. do CFM 1.246/88 (ora revogada pela Res. do CFM n. 1.931/2009); Lei n. 5.991/73 e Dec.-Lei n. 3.988/41);

j) servidores públicos civis da ativa (Lei n. 8.112/90) federais (inclusive, como já vimos, Ministros de Estado, ocupantes de cargos públicos comissionados em geral), estaduais e municipais. Os servidores públicos (administração direta ou indireta), pela Lei n. 8.112/90, art. 117, X, não podem ser empresários singulares, mas poderão ser sócios não gerentes, não diretores ou não administradores. Poderão ser sócios cotistas, comanditários ou acionistas, visto que só lhes está vedada a administração da empresa. Se, na empresa, a União tiver, direta ou indiretamente, participação no capital, poderão ser membros do seu Conselho de Administração ou Fiscal (MP n. 2.225-45/ 2001, que alterou o art. 117, X (ora revogado pela Lei n. 11.094/2005) da Lei n. 8.112/90). E a Lei n. 8.884/94 (art. 6º, III — ora revogado pela Lei n. 12.529/2011), proíbe que o presidente e o conselheiro do Conselho Administrativo de Defesa Econômica (CADE) participem de sociedade simples ou empresária como controladores, diretores, administradores, gerentes, prepostos ou mandatários;

k) servidores militares da ativa das Forças Armadas e Polícias Militares (CF, art. 42, § 1º; CP Militar, arts. 180 e 204; Dec.-Lei n. 1.029/69 — ora revogado pela Lei n. 5.774/71 —, art. 35; Lei n. 6.880/80, arts. 29 e 35), embora possam ser sócios de sociedade limitada ou anônima, sem integrar a sua administração;

l) estrangeiros sem visto permanente (Lei n. 13.445/2017), ou seja, com visto temporário ou com visto de turista, porque não lhe é permitido o exercício de nenhuma atividade remunerada;

m) estrangeiros naturais de países limítrofes, domiciliados em cidade contígua ao território nacional;

n) estrangeiros com visto permanente para: o exercício de pesquisa ou lavra de recursos minerais ou aproveitamento de potenciais de energia hidráulica (CF, art. 176, § 1º); atividade jornalística de radiodifusão sonora de sons e imagens, se não forem naturalizados ou o forem há menos de dez anos (CF, art. 222), com recursos oriundos do exterior; atividade ligada, direta ou indiretamente, à saúde no País, salvo nos casos previstos em lei; serem proprietários ou armadores de embarcações nacional, inclusive nos serviços de navegação fluvial e lacustre, exceto embarcação pesqueira; serem proprietários ou exploradores de aeronave brasileira;

o) devedores do INSS (Lei n. 8.212/91, art. 95, § 2º).

Tais pessoas não são incapazes, tão somente estão impedidas de exercer atividade econômica organizada.

O cônjuge de pessoa impedida legalmente poderá exercer atividade empresarial; mas se, p. ex., um funcionário público vier a fazer uso de seu consorte como testa de ferro ou interposta pessoa, para obter vantagens, em função de seu cargo, com a "empresa", sofrerá sanção administrativa.

d.2. Responsabilidade do legalmente impedido de exercer "empresa"

A pessoa que, estando legalmente impedida de exercer atividade própria de empresário, vier, sem embargo da proibição legal, a praticar atos empresariais, por eles responderá, com seu patrimônio pessoal, arcando com as obrigações assumidas (CC, art. 973), que, apesar disso, terão validade, e também reparando os prejuízos causados; além disso, sujeitar-se-á às penalidades administrativas e criminais (Lei de Contravenções Penais, art. 47) relativas ao exercício ilegal da profissão e poderá, se insolvente, incidir em falência (Lei n. 11.101/2005, art. 1º), mesmo na fraudulenta pela prática de crime falimentar (Lei n. 11.101/2005, art. 178, c/c CC, art. 1.011, § 1º), embora não tenha direito de requerer sua recuperação judicial (Lei n. 11.101/2005, art. 48) ou extrajudicial (Lei n. 11.101/2005, art. 161). Tal se dá porque é considerado como empresário de fato ou irregular, e a ninguém é dado beneficiar-se da própria torpeza; logo, o impedimento legal para o exercício de atividade empresarial não poderá ser alegado pelo empresário irregular para eximir-se do cumprimento de seus deveres[19].

---

19. Jorge S. Fujita, *Comentários*, cit., p. 764 e 765; M. Helena Diniz, *Código*, cit., p. 763; Sérgio Campinho, *O direito de empresa*, p. 23; Mônica Gusmão, *Curso*, cit., p. 32. *Vide* Lei n. 11.101/2005, arts. 82 e 94, I.

QUADRO SINÓTICO

AQUISIÇÃO DE CONDIÇÃO JURÍDICA DE EMPRESÁRIO

1. REGULARIDADE DO EMPRESÁRIO INDIVIDUAL	• Inscrição no Registro Público de Empresas Mercantis (CC, art. 967). • Ausência de impedimento legal para o exercício de atividade empresarial (CC, art. 972, 2ª parte).	
2. OBRIGATORIEDADE DE INSCRIÇÃO	• Antes do início da atividade empresarial, o empresário individual deverá inscrever-se no Registro Público de Empresas Mercantis da sede de sua empresa (CC, art. 967). • O registro é condição *sine qua non* para a regularização do empresário, daí ter efeito declaratório.	
3. CONTEÚDO DO REQUERIMENTO PARA A INSCRIÇÃO	• Instrução Normativa n. 95/2003 do DNRC — ora revogada pela IN n. 10/2013, do DREI. • CC, art. 968, I a IV. • CC, art. 968, §§ 1º a 5º (com redação da Lei n. 12.470/2011).	
4. INEXISTÊNCIA DE IMPEDIMENTO LEGAL PARA O EXERCÍCIO DA "EMPRESA"	• Pessoas impedidas	• As arroladas na Instrução Normativa n. 97/2003 do DNRC — ora revogada pela IN n. 10/2013, do DREI.
	• Responsabilidade do legalmente impedido de exercer atividade empresarial	• Se impedido legalmente de praticar ato empresarial, por ele responderá, com seu patrimônio pessoal, arcando com as obrigações assumidas (CC, art. 973) e os danos causados; sujeitar-se-á às penalidades administrativas e criminais e à falência (Lei n. 11.101/2005, arts. 1º e 178; CC, art. 1.011, § 1º), embora não possa requerer a recuperação judicial ou extrajudicial (Lei n. 11.101/2005, arts. 48 e 161).

3. Inscrição e averbação de sucursal, filial e agência

Empresário individual que vier, para aumentar o local do exercício de sua atividade empresarial, a abrir estabelecimento secundário ligado à matriz da qual depende, com poder de representá-la, sob a direção de um preposto, que exerce atividade econômica, organizada e técnica, dentro das instruções dadas, deverá, se tal sucursal, filial ou agência foi instituída em lugar sujeito à jurisdição de outro Registro Público de Empresas Mercantis, nele inscrevê-la, apresentando prova de inscrição originária (certidão, fotocópia autenticada, via original etc.). Tal se dá porque a jurisdição de cada Junta Comercial é estadual (Lei n. 8.934/94). Logo, abertura de estabelecimento secundário em Estado diverso do da sede requer nova inscrição. Há também necessidade de averbá-lo no Registro Público das Empresas Mercantis, à margem da inscrição da matriz (CC, art. 969 e parágrafo único), porque, como bem observa Sérgio S. Fujita, os registros mercantis das várias localidades do Brasil ainda não contam com uma rede integrada de comunicação.

Com isso, a lei, além de incentivar a ampliação da atividade do empresário, prevendo possibilidade de constituir, em outras localidades, filial, agência ou sucursal, procura facilitar o livre acesso à publicidade conferida pelo registro, no que atina à obtenção de dados sobre a sucursal, agência ou filial no próprio local, eliminando a necessidade de deslocar-se até o local da sede, isto porque, apesar, de o estabelecimento secundário atuar sob a direção da matriz, tem seu patrimônio e autonomia[20].

---

20. M. Helena Diniz, *Dicionário Jurídico*, São Paulo, Saraiva, 2005, v. 1, 2 e 4; *Código*, cit., p. 759; Sérgio Campinho, *O direito de empresa*, cit., p. 13; Luiz Tzirulnik, *Empresas*, cit., p. 26 e 27; Jorge S. Fujita, *Comentários*, cit., p. 762.

QUADRO SINÓTICO

INSCRIÇÃO E AVERBAÇÃO DE SUCURSAL, FILIAL E AGÊNCIA

1. INSCRIÇÃO DE FILIAL, SUCURSAL E AGÊNCIA	• Pelo art. 969, *caput*, do novo Código Civil, a abertura de filial, sucursal e agência pelo empresário singular em outro Estado requer a inscrição do estabelecimento secundário no Registro Público de Empresas Mercantis que exercer jurisdição naquele Estado, apresentando prova da inscrição originária.
2. AVERBAÇÃO DE ESTABELECIMENTO SECUNDÁRIO	• Há necessidade de averbação da filial, sucursal ou agência constituída pelo empresário no Registro Público de Empresas Mercantis à margem da inscrição da matriz (CC, art. 969, parágrafo único).

Se várias forem, p. ex., as filiais, o empresário deverá, por ocasião da inscrição, efetuar a de cada uma delas em requerimentos específicos.

Estabelecimento secundário é a filial, agência ou sucursal para o exercício da atividade empresarial. *Agência* é a "empresa" especializada em prestação de serviço, tendo função de intermediação em negócio alheio, ou seja, do empresário que a constitui. *Sucursal* é o estabelecimento acessório que trata dos negócios do estabelecimento principal, a cuja administração está ligado. É o estabelecimento que se subordina a outro, uma vez que foi criado para expandir seu negócio. Embora seu gerente tenha certa autonomia deve seguir orientação dada pelo estabelecimento principal (matriz) sobre negócios importantes. *Filial* é o estabelecimento empresarial ligado à matriz, da qual depende, com poder de representá-la, sob a direção de um preposto, que exerce atividade econômico-jurídica dentro das instruções dadas.

4. Empresário casado

A. Dispensa de outorga conjugal para a prática de certos atos

Nosso Código Civil estabelece limitações ao poder de administração dos cônjuges, pois, embora tenham a direção da sociedade conjugal (CC, arts. 1.565 e 1.567), para praticar certos atos de conteúdo patrimonial, necessitam de outorga do outro, sem a qual não se encontrarão legitimados para efetivá-los. O objetivo do nosso diploma legal foi assegurar não só a harmonia e segurança da vida conjugal, mas também preservar o patrimônio familiar, forçando os consortes a manter aquele acervo, porque a renda para manutenção da família, em regra, dele advém, e, assim, evita-se a sua dissipação, garantindo, consequentemente, uma certa receita[21]. Assim, exemplificativamente, pelo Código Civil, art. 1.647, I, no interesse da família, a fim de que não se comprometa a estabilidade econômica do lar[22], exceto no regime de separação absoluta (convencional ou obrigatória) de bens, tanto o marido como a mulher, sem a devida autorização, escrita e expressa, feita mediante escritura pública (CC, art. 108), não podem alienar, onerosa ou gratuitamente, ou gravar de ônus real os bens imóveis, isto porque os bens de raiz podem oferecer uma base mais segura ao bem-estar da família ou, pelo

---

21. M. Helena Diniz, *Curso*, cit., v. 5, p. 205; Preservação do patrimônio familiar, *Revista de Direito Notarial*, *6*:11-32; Silvio Rodrigues, *Direito civil*, São Paulo, Saraiva, 1980, v. 6, p. 142, 143, 153 e 154; M. Rita A. da G. L. Xavier, *Limites à autonomia privada na disciplina das relações patrimoniais entre cônjuges*, Coimbra, Livr. Almedina, 2000; Nelson G. B. Dower, *Curso renovado de direito civil*, São Paulo, Nelpa, v. 4, p. 105; Rafaela Bernardon e Paulo Davis, A união estável e seus efeitos na empresa, *Revista Síntese — Direito de Família*, *114*:77-93, 2019.

22. W. Barros Monteiro, *Curso de direito civil*, São Paulo, Saraiva, 1980, v. 2, p. 141, 138 e 120; Marilene Silveira Guimarães, A necessidade de outorga para alienação de bens imóveis no casamento e na união estável, segundo o Código Civil de 2002, in *Novo Código Civil — questões controvertidas*, São Paulo, Método, v. 2, 2004, p. 283-302; M. Helena Diniz, *Curso*, cit., v. 5, p. 206 e s.

menos, lhe proporcionarão um abrigo na desventura. Se um dos cônjuges for o administrador, em razão de impossibilidade do outro, os imóveis comuns somente poderão ser alienados se o órgão judicante o autorizar (CC, art. 1.651, III, 1ª parte). Quando um dos cônjuges denegar injustamente a autorização ou não puder dar seu consentimento (como no caso de interdição por incapacidade, de ausência), para que o outro possa praticar um daqueles atos supramencionados, cabe a este requerer o suprimento judicial da autorização, de acordo com o art. 74 do Código de Processo Civil de 2015 e arts. 1.647 e 1.648 do Código Civil. Tal suprimento judicial da autorização validará os atos do consorte.

Anulável será a alienação de imóvel, durante a vigência do casamento, sem a devida anuência conjugal ou sem suprimento judicial, seja ele pertencente ao casal ou a um dos cônjuges. A anulação do ato só poderá ser demandada pelo cônjuge lesado, que negou o consentimento, ou, se já falecido, por seus herdeiros (CC, art. 1.650), até o prazo decadencial de dois anos depois de terminado o casamento, por. ex. em razão de morte, ou divórcio. Anulada uma venda, efetuada sem a devida outorga uxória ou marital, reintegra-se o bem alienado no patrimônio da família, ressalvando-se ao terceiro prejudicado com o fato o direito de ressarcir-se de seus prejuízos, mediante ação reversiva contra o cônjuge culpado ou seus herdeiros. Se tal prazo transcorrer *in albis*, o negócio viciado convalescer-se-á.

Nula será qualquer cláusula inserta em pacto antenupcial que dispense a intervenção de um dos consortes nos atos de alienação de imóvel da propriedade do outro. Mas, se o regime for o de participação final nos aquestos, havendo menção expressa no pacto antenupcial, qualquer um dos cônjuges poderá alienar, sem a outorga de outro, imóvel de sua propriedade (CC, art. 1.656).

Contudo, dispensa-se a intervenção do cônjuge se se tratar de venda de bens pertencentes à empresa de que faça parte o outro. Deveras, o art. 978 do Código Civil assim reza: "o empresário casado pode, sem necessidade de outorga conjugal, qualquer que seja o regime de bens, alienar os imóveis que integrem o patrimônio da empresa ou gravá-los de ônus real".

Logo, empresário casado, qualquer que seja o regime matrimonial de bens, poderá livremente alienar, ou gravar de ônus real (anticrese, hipoteca, p. ex.), imóvel pertencente ao patrimônio da empresa, porquanto para tanto não precisará de outorga conjugal (uxória ou marital), uma vez que há separação entre bens da sociedade e os dos sócios. Ricardo Fiuza esclarece, ainda, que, apesar de a "firma individual", ou "empresário singular", não ter personalidade jurídica, os bens imóveis, destinados pelo empresário para exercer sua atividade econômica, poderão ser vendidos ou gravados de ônus reais sem anuência de seu cônjuge, visto que não integram o patrimônio conjugal, servindo de sustentação creditória à "empresa" e foram adquiridos pelo exercício da atividade empresarial. Com isso facilita-se a circulação dos bens da "empresa", que não pode ficar adstrita à vontade do cônjuge do empresário[23].

O art. 978 é exceção do art. 1.647, I, mas está consentâneo ao disposto no art. 1.642, I, pois há atos que os cônjuges podem praticar independentemente de autorização marital ou uxória, qualquer que seja o regime de bens, como os de disposição e administração, imprescindíveis para o exercício de sua profissão. Nada obsta que um dos cônjuges, sendo empresário, contraia obrigações atinentes à indústria ou atividade empresarial que exercer, sem outorga conjugal; logo, p. ex., se a mulher casada for empresária individual, poderá vender imóvel afetado à "empresa"; alugar prédio para instalar seu estabelecimento; contratar ou despedir mão de obra; comprar mercadorias para revenda; emitir títulos cambiais; requerer falência ou recuperação (judicial ou extrajudicial); demandar e ser demandada por fatos alusivos ao exercício da atividade empresarial.

Pelo Enunciado n. 6: "O empresário individual regularmente inscrito é o destinatário da norma do art. 978 do Código Civil, que permite alienar ou gravar de ônus real o imóvel incorporado à empresa, desde que exista, se for o caso, prévio

---

23. Ricardo Fiuza, *Novo Código Civil comentado*, São Paulo, Saraiva, 2005, com. ao art. 978; M. Helena Diniz, *Código*, cit., p. 767; Jorge S. Fujita, *Comentários*, cit., p. 767 e 768; Luiz Tzirulnik, *Empresas*, cit., p. 31; Mônica Gusmão, *Curso*, cit., p. 22.

Já houve decisão, no seguinte teor: STJ, 3ª T., REsp 2003/0169231-3, rel. Min. Nancy Andrighi, j. 28-6-2005. Processual civil. Recurso especial. Ação rescisória. Agravo retido. Inviabilidade. Embargos de declaração. Não demonstração da omissão, contradição ou obscuridade. Patrimônio do empresário individual e da pessoa física. Doação. Invalidade. Ausência de outorga uxória. Erro de fato. Tema controvertido. Violação a literal disposição de lei.

Urge transcrever a justificativa do Enunciado n. 58 (II Jornada de Direito Comercial): "Embora a alienação e a gravação de ônus sobre o imóvel utilizado no exercício da empresa pelo empresário individual sejam livres do consentimento conjugal, no teor do art. 978, CCB, a sua destinação ao patrimônio empresarial necessita da concordância do cônjuge, para passar da esfera *pessoal* para a *empresarial*. Essa autorização para que o bem não integre o patrimônio do casal, mas seja destinado à exploração de atividade empresarial exercida individualmente por um dos cônjuges pode se dar no momento da aquisição do bem, em apartado, a qualquer momento, ou no momento da alienação ou gravação de ônus".

— Em ação rescisória, da decisão unipessoal que causar gravame a parte, não é cabível o agravo retido.

— Não se conhece do recurso especial na parte em que se encontra deficientemente fundamentado.

— Se o alegado erro foi objeto de controvérsia na formação do acórdão, incabível a ação rescisória.

— Empresário individual é a própria pessoa física ou natural, respondendo os seus bens pelas obrigações que assumiu, quer civis quer comerciais.

— Indispensável a outorga uxória para efeitos de doação, considerando que o patrimônio da empresa individual e da pessoa física nada mais são que a mesma realidade. Inválido, portanto, o negócio jurídico celebrado. Recurso parcialmente conhecido e, nesta parte, provido.

registro de autorização conjugal no Cartório de Imóveis, devendo tais requisitos constar do instrumento de alienação ou de instituição de ônus real, com a consequente averbação do ato à margem de sua inscrição no Registro Público de Empresas Mercantis" (aprovado na I Jornada de Direito Comercial). Tal enunciado foi substituído pelo Enunciado n. 58 que assim reza: "O empresário individual casado é o destinatário da norma do art. 978 do CCB e não depende da outorga conjugal para alienar ou gravar de ônus real o imóvel utilizado no exercício da empresa, desde que exista prévia averbação de autorização conjugal à conferência do imóvel ao patrimônio empresarial no cartório de registro de imóveis, com a consequente averbação do ato à margem de sua inscrição no registro público de empresas mercantis" (aprovado na II Jornada de Direito Comercial).

B. Repercussão do regime matrimonial de bens no direito de empresa

Uma vez realizado o casamento, surgem direitos e obrigações relativamente à pessoa e aos bens patrimoniais dos cônjuges. A essência das relações econômicas entre os consortes reside, indubitavelmente, no regime matrimonial de bens, que está submetido a normas especiais disciplinadoras de seus efeitos e pode repercutir na atividade empresarial exercida por um ou por ambos.

Se um empresário individual casado vier a explorar o imóvel, onde reside com sua família, transformando-o numa pousada, para vendê-lo precisará de outorga conjugal, se o seu regime não for o da separação absoluta de bens, visto que aquele bem de raiz, apesar de ser o suporte de sua atividade empresarial, pertence ao patrimônio do casal, integrando-o, recaindo sob a égide do art. 1.647, I, do atual Código Civil e não sob a do art. 978. Empresário que vier a firmar títulos, sendo casado sob o regime de comunhão universal de bens, responderá com seus bens particulares (CC, art. 1.668) e com os comuns até o limite de sua meação, procurando, assim, preservar a meação do cônjuge não empresário, a não ser que se comprove que tirou proveito da situação. Há uma responsabilidade do empresário casado (marido ou mulher) em relação à meação do outro ou a todo patrimônio do casal, daí ser conveniente a exigência da autorização do outro para que os bens comuns sejam afetados à atividade empresarial de um deles, pois terceiro ao contratar com o cônjuge (empresário singular) não sabe se o crédito é alusivo à metade ou à totalidade do patrimônio do casal. Poder-se-á, até mesmo, aplicar a desconsideração da personalidade jurídica (CC, art. 50; CPC, arts. 133 a 137) se um dos cônjuges, p. ex., vier a transferir bens comuns em nome da sociedade empresária de que é sócio para, sob o manto da personalidade jurídica, fraudar meação de seu consorte por ocasião da dissolução do casamento. O mesmo se diga se, p. ex., o marido, planejando o divórcio, usar de testa de ferro para retirar-se da sociedade e depois retornar a ela com o mesmo número de quotas. Não se pode acobertar ilicitude, fraude à lei ou contra credores, conduta desonrosa e má-fé sob o biombo societário[24].

Se o regime for o da comunhão parcial ou universal, as quotas sociais adquiridas, onerosamente, inclusive com o saldo do FGTS — *BAASP, 2680*:1843-11, durante o casamento por um dos cônjuges poderão se comunicar ao outro, devendo ser partilhadas. Se um dos cônjuges for sócio de sociedade de pessoas, seu ex-consorte, havendo dissolução do casamento, só poderá receber parte das ações se os sócios anuírem. Sem tal anuência formar-se-á entre ex-marido e ex-mulher uma subsociedade, regida pelas normas do condomínio. Se a sociedade for de capital e um dos cônjuges nela tiver, p. ex., 100 ações e o valor destas cresceu pela atividade da pessoa jurídica, o outro delas não participará, mas se suas ações ou quotas passaram a ser 200, receberá metade delas, se adquiridas onerosamente durante o casamento, desde que não haja disposição contrária no estatuto ou contrato social. Se falecer o cônjuge de um sócio ou se este vier a separar-se extrajudicial (CPC/2015, art. 733, §§ 1º e 2º) ou judicialmente, ou a divorciar-se, os herdeiros do consorte do sócio ou seu ex-cônjuge não poderão, de imediato, pleitear a parte que lhe for cabível na quota social, visto que apenas terão o direito de concorrer à divisão periódica dos lucros a que teria direito o falecido ou o sócio separado ou divorciado ou até a data em que se opere a liquidação da sociedade (CC, art. 1.027 c/c CF, art. 226, § 6º, com a redação da EC n. 66/2010), e à participação nos bens sociais remanescentes e distribuídos. Os herdeiros do cônjuge de sócio ou ex-consorte de sócio não poderão, portanto, integrar, automaticamente, o quadro societário, pois não farão jus às suas quotas, mas tão somente à percepção dos lucros, que ele teria, ou à participação do que remanescer em processo de liquidação. Assegura-se, assim, a integridade da quota social depois do falecimento, do divórcio ou da separação (judicial ou extrajudicial) do sócio[25].

Os frutos de bens particulares também se comunicam no regime de comunhão. Assim sendo, p. ex., em uma sociedade anônima, havendo participação de um dos cônjuges (acionista) nos lucros sociais, oriunda de um investimento realizado com vista à remuneração periódica do capital empregado, mediante atribuição dos dividendos, este tem direito de crédito eventual ao dividendo ou à parcela do lucro líquido, cuja concretização dependerá da existência daquele lucro, devidamente apurado e que lhe será distribuído em moeda. Os dividendos constituem, na lição de Modesto Car-

---

24. Sobre o tema: Rubens Requião, *Curso*, cit., p. 90; Mônica Gusmão, *Curso*, cit., p. 22 e 23. *Vide* Súmula 251 do STJ; Rolf Madaleno, *A disregard* e sua efetivação no juízo de família, *Revista Jurídica*, n. 7, p. 14. CPC/2015, arts. 132 a 134.

25. M. Helena Diniz, *Código*, cit., p. 810; Sérgio S. Fujita, *Comentários*, cit., p. 798 e 799.

valhosa, "a parte dos lucros líquidos fracionada de maneira uniforme entre todas as ações", distribuída periodicamente aos acionistas, calculada sobre as parcelas que cada um possui no capital social, mediante pagamento em dinheiro. Como tais dividendos são frutos civis, resultantes do capital investido em empreendimento, entrarão para o patrimônio comum do casal (CC, arts. 1.660, V, e 1.669), comunicando-se, portanto, ao outro cônjuge (não acionista). Porém, poder-se-á deliberar em assembleia que haja retenção do lucro. Hipótese em que o lucro retido, quando capitalizado, transformar-se-á em ações bonificadas, que constituirão o lucro distribuído ao acionista em espécie, na proporção do número de ações que possuir. As ações bonificadas de ações que não estejam gravadas de usufruto, inalienabilidade e incomunicabilidade, por ato de terceiro (doador ou testador), pertencerão ao proprietário das ações originais. A ação bonificada nada mais é do que, em espécie, o que o dividendo é em moeda. É o lucro distribuído em espécie e como tal é fruto civil, partilhável e comunicável, logo, não há como negar, juridicamente, sua comunicabilidade ao cônjuge do acionista, se o regime for o da comunhão. Assim, se o acionista for, p. ex., casado sob o regime de comunhão parcial, as ações novas (ações filhotes ou bonificadas) originárias das demais (ações mães), como os dividendos, por serem frutos civis, comunicar-se-ão ao outro cônjuge, por força de disposição legal (CC, art. 1.660, V). Os frutos civis deverão, portanto, ser distribuídos ao acionista e partilhados com seu cônjuge, sob a forma de dividendos (em dinheiro) ou de ações bonificadas, resultantes de aumento de capital com capitalização de reservas (parcelas de lucro), de retenção de lucros e de lucros acumulados[26].

---

26. Angela M. da Motta Pacheco, Regime de comunhão parcial, comunicabilidade de frutos de bens particulares dos cônjuges, especificamente dos frutos civis: dividendos e ações bonificadas, *Revista das Associação dos Pós-Graduandos da PUCSP*, n. 3, p. 5-18; Modesto Carvalhosa, *Comentários à Lei das Sociedades Anônimas*, São Paulo, Saraiva, 1998, II, p. 302; Edenilza Gobbo e Lucíola F. Lopes, Intersecções necessárias entre o direito de família e o direito comercial: as quotas da sociedade limitada na dissolução do casamento, da união estável e na sucessão, *Revista Brasileira de Direito de Família*, v. 27, p. 5-28; M. Helena Diniz, *Curso*, cit., v. 5, p. 167 e 168; Daniele S. S. Soares e S. Namorato, Divórcio e partilha de quotas sociais, *Revista de Direito de Família e das Sucessões*, *3*:29 a 38; Rafaela Bernardon e Paulo Davis, A união estável, cit., p. 82-93. Já se decidiu que: Separação litigiosa c.c. alimentos — Sociedade — Aquisição de cotas durante a constância do casamento — Culpa pela separação — Inocorrência — Sucumbência recíproca — Ocorrência — A comunhão parcial é aquela na qual somente se comunicam os bens adquiridos na constância do casamento. Se a esposa adquire parte das cotas de empresa na constância do matrimônio, nasce o direito à partilha do referido bem. Não é relevante o fato de a empresa pertencer ao patrimônio do marido desde antes do casamento, e tampouco é relevante o fato de a esposa ter alienado suas cotas ao próprio marido posteriormente. Interpreta-se a discussão de culpa como irrelevante, visto a liberdade dos cônjuges de não mais constituírem uma família, além de ser profundamente abstrata a busca por um culpado. No tocante aos honorários, devido à sucumbência recíproca, devem

O art. 977 do novo Código Civil prescreve que "faculta-se aos cônjuges contratar sociedade, entre si ou com terceiros, desde que não tenham casado no regime da comunhão universal de bens, ou no da separação obrigatória"[27].

Há licitude da sociedade entre marido e mulher, desde que não sejam casados sob o regime da comunhão universal de bens (CC, arts. 1.667 a 1.671) ou sob o da separação obrigatória (CC, art. 1.641, I, II e III), objetivando o exercício de uma atividade econômica, sem que tal fato se confunda com a sociedade conjugal, já que inexiste norma proibitiva (*RJTJSP*, *9*:255; *RTJ*, *113*:1394). Isso não abalaria a estrutura do regime matrimonial, pois o patrimônio social pertencerá à "empresa" e não aos empresários individuais ou sócios (*JB*, *150*:360, *100*:317 e *165*:277). Pode haver, portanto, sociedade simples ou empresária entre cônjuges se o regime for o de separação convencional de bens, comunhão parcial ou de participação final nos aquestos. Todavia, há quem ache, como Fábio Ulhoa Coelho, que o art. 977 é inconstitucional, por proibir contratação de sociedade entre pessoas casadas sob o regime de comunhão universal ou separação obrigatória, visto que a norma constitucional assegura a livre associação para fins lícitos e a igualdade perante a lei (CF, art. 5º, XVII). Mas, diante da antinomia real de segundo grau existente entre o art. 5º, XVII (norma superior) da Carta Magna e o art. 977 (norma especial) do novel Código

ser divididos entre os litigantes (TJMG, 1ª Câm. Cível, ACi n. 1.0313.08.247831-1/001-Ipatinga-MG; rel. Des. Vanessa Verdolim Hudson Andrade, j. 8-2-2011; *BAASP*, *2755*:6189).

Quanto à união estável, já se decidiu que:

BAASP, 2972:9. Recurso especial. Direito Civil. Família. União estável. Regime de bens. Comunhão parcial de bens. Valorização de cotas sociais. 1 — O regime de bens aplicável às uniões estáveis é o da comunhão parcial, comunicando-se, mesmo por presunção, os bens adquiridos pelo esforço comum dos companheiros. 2 — A valorização patrimonial das cotas sociais de sociedade limitada, adquiridas antes do início do período de convivência, decorrente de mero fenômeno econômico, e não do esforço comum dos companheiros, não se comunica. 3 — Recurso especial provido (STJ — 3ª Turma, Recurso Especial n. 1.173.931-RS, Rel. Min. Paulo de Tarso Sanseverino, j. 22-10-2013, v.u.).

Consulte: TJRS, Agravo de Instrumento n. 70074993346, 8ª Câmara Cível e Agravo de Instrumento n. 70014665061, da 7ª Câmara Cível.

27. Pelo Projeto n. 699/2011, o art. 977 deveria ter a seguinte redação: "Faculta-se aos cônjuges contratar sociedade, entre si ou com terceiros". A alteração proposta pretende suprimir a restrição a que os cônjuges casados pelo regime da comunhão universal de bens celebrem contrato de sociedade. Como bem observou Álvaro Villaça Azevedo, nas judiciosas sugestões que ofereceu a este parlamentar, "a vida dos cônjuges nada tem a ver com o direito de família. São empresários e dirigem, ou não, a sociedade, de acordo com sua participação nela. O regime de bens valerá para ser arguido no momento da dissolução da sociedade conjugal (separação, divórcio e morte de um ou de ambos os cônjuges). Os cônjuges não podem ser privados de realizar o negócio societário, sem restrições".

Pelo Enunciado n. 94: "A vedação da sociedade entre cônjuges contida no art. 977 do Código Civil não se aplica às sociedades anônimas, em comandita por ações e cooperativa" (aprovado na III Jornada de Direito Comercial).

Civil, por força da inconsistência entre os critérios normativos de sua solução: o hierárquico e o da especialidade, não há metacritério possível que dê prevalência ao critério hierárquico, ou vice-versa, sem contrariar a adaptabilidade do direito. Assim, havendo uma norma superior-geral (CF, art. 5º, XVII) e uma inferior-especial (CC, art. 977), na prática, por ser o princípio da especialidade a segunda parte do princípio da isonomia — "tratar desigualmente os desiguais" — previsto em cláusula pétrea da Lei Maior e partindo do mais alto princípio da justiça: *suum cuique tribuere* (LINDB, art. 5º), baseado na interpretação de que "o que é igual deve ser tratado como igual e o que é diferente, de maneira diferente", deverá prevalecer o disposto no art. 977 do Código Civil. Assim sendo, não vislumbramos qualquer inconstitucionalidade do art. 977.

A proibição legal se dá ante o fato de, na comunhão universal, ser o patrimônio comum, e, por isso, as quotas de cada cônjuge confundem-se com o patrimônio do casal, e de, na separação obrigatória, servir de meio para burlá-la, visto que esse regime de bens tem por escopo a preservação de determinadas situações patrimoniais.

Pelo Enunciado n. 205 do Conselho da Justiça Federal (aprovado na III Jornada de Direito Civil) devem-se "adotar as seguintes interpretações ao art. 977: (1) a vedação à participação de cônjuges casados nas condições previstas no artigo refere-se unicamente a uma mesma sociedade; (2) o artigo abrange tanto a participação originária (na constituição da sociedade), quanto à derivada, isto é, fica vedado o ingresso de sócio casado em sociedade de que já participa o outro cônjuge".

Diante do disposto no Código Civil, arts. 977 e 2.031, que requer a adaptação das sociedades às disposições do novo Código até 11 de janeiro de 2007, surge a questão: a proibição do art. 977 atingiria as sociedades entre sócios-cônjuges constituídas antes da entrada em vigor do Código Civil de 2002 ou apenas as que vierem a ser constituídas posteriormente?

Pelo Enunciado n. 204 do Conselho da Justiça Federal, aprovado na III Jornada de Direito Civil "a proibição de sociedade entre pessoas casadas sob o regime de comunhão universal ou da separação obrigatória só atinge as sociedades constituídas após a vigência do Código Civil de 2002". E seguindo essa esteira de pensamentos, o Parecer Jurídico DNRC/COJUR n. 125/2003 entendeu que "em respeito ao ato jurídico perfeito essa proibição não atinge as sociedades entre cônjuges já constituídas quando da entrada em vigor do Código, alcançando tão somente as que vierem a ser constituídas posteriormente. Desse modo, não há necessidade de se promover alteração do quadro societário ou mesmo modificação do regime de casamento dos sócios-cônjuges, em tal hipótese".

A esse respeito interessante é a seguinte ponderação de Wilson Gianulo: "situação diversa se apresenta quanto ao regime de separação obrigatória, cuja instituição se impõe para fim de preservar certas situações de ordem patrimonial. Todavia, o que se vê é que a sociedade preexistia à vigência do novo Código Civil, presumindo-se que, no caso de sociedade de capital partido em quotas, p. ex., os patrimônios continuam em separado, uma vez que sua constituição resultou da aplicação presumida do monte de bens de cada um dos cônjuges, não havendo motivo para que se duvide da manutenção do isolamento dos bens de um em relação ao outro cônjuge. Ademais, a constituição difere, à evidência, do giro da sociedade e no caso do regime de separação obrigatória; mantendo-se suas regras no momento da constituição, presume-se sua manutenção, pois os resultados da empresa têm paradigma nas quotas societárias. Por outro lado, o art. 977 tem aplicação imediata, como se disse acima, entretanto, seu conteúdo mostra que está vedada a formação de sociedades entre marido e mulher casados sob o regime de separação obrigatória de bens. A constituição preexistente revela que mantido esteve o isolamento dos patrimônios, o que a proibição visa sustentar. Assim, razão haverá para a vedação apenas da constituição de sociedades a partir da vigência do Código Civil, preservando-se as formações societárias havidas antes da entrada em vigor da lei civil vigente. Nem se argumente que o que se aplica ao regime de separação obrigatória é, por seu turno, aplicável ao regime de comunhão universal, porque estruturalmente são diversos, mas o ponto mais saliente repousa na inversão da situação patrimonial, pois enquanto no regime de separação os patrimônios não devem misturar-se, no de comunhão os bens anteriores e posteriores ao enlace matrimonial comunicar-se-ão. De fato, se a proibição visa manter o *status* patrimonial inalterado e presumindo-se essa inalterabilidade em razão de à época de sua constituição não haver nenhuma vedação nesse sentido, o dispositivo legal restou atendido, a partir de sua vigência, não podendo alcançar sociedade regularmente formada em momento anterior e nem incidindo a partir daí, porque a situação fática restou definitivamente resolvida, divergentemente da união total que se protrai no tempo, sendo atingida pelo novo dispositivo legal. Em uma palavra, a separação de bens mantém-se, porque mantida estava à época da constituição societária, não havendo risco de que venha a subsistência desta burlar a lei, desnecessária em consequência de qualquer alteração societária por incidência da lei nova".

Deveras, como o art. 977 do Código Civil é norma substantiva, seu efeito só pode ser exigido a partir de 11 de janeiro de 2003. Assim sendo, pessoas solteiras, divorciadas ou viúvas, sócias entre si, que quiserem convolar núpcias, somente poderão fazê-lo por meio do regime matrimonial permitido. Casado que pretender constituir sociedade com seu cônjuge, se o regime de bens for o proibido pelo art. 977 do Código Civil, deverá alterá-lo (CC, art. 1.639, § 2º, e LINDB, art. 5º). As sociedades já constituídas por cônjuges-sócios, antes da vigência do novel diploma, não serão atingidas pelo artigo 977, pois o contrato social de sociedade integrada por sócios casados, no regime de comunhão universal, ou no de separação obrigatória de bens, é ato jurídico perfeito no que atina à sua constituição. É fato consumado (*facta praeterita*), com deliberações tomadas, quadro societário formado, denominação arraigada na coletividade ou no mercado etc.; logo, a nova vedação legal não poderá retroagir, alcançando aquela sociedade constituída quando inexistia a proibição, obrigando ao seu desfazimento. Desse modo, não há necessidade de promover alteração de sócio, nem de modificar o regime matrimonial de bens dos sócios-cônjuges.

Há possibilidade de cada um dos cônjuges associar-se a estranho, ou a parente (CC, art. 977, 2ª parte), desde que não haja fraude (*RT, 493*:86) ou simulação (*RTJ, 68*:247) e o regime de bens não seja o da comunhão universal ou o da separação obrigatória de bens, sob pena de anulação ou de nulidade do contrato social.

Consequentemente, entre companheiros nenhum obstáculo legal há para que contratem sociedade entre si ou com terceiro[28].

C. Atos averbáveis no Registro Civil e no Registro Público de Empresas Mercantis relativos ao empresário casado

O pacto antenupcial do empresário individual casado, o título constitutivo de doação, herança ou legado e o que gravar seus bens de inalienabilidade ou de incomunicabilidade, além de arquivados e averbados no Registro Civil competente, deverão sê-lo também no Registro Público de Empresas Mercantis (CC, art. 979), para que tenham eficácia *erga omnes*, uma vez que contêm encargos legais e convencionais que podem restringir o direito de propriedade e, até mesmo, atingir terceiros que com ele venham a efetivar negócios.

Deverão ser, pelo art. 980 do Código Civil, arquivados e averbados no Registro Público de Empresas Mercantis não só a sentença que decretar ou homologar a separação judicial, ou a escritura pública de separação extrajudicial (CPC/2015, art. 733, §§ 1º e 2º; LINDB, art. 18, §§ 1º e 2º, acrescentados pela Lei n. 12.874/2013) do empresário singular, por haver partilha de

28. Consulte: M. Helena Diniz, *Código*, cit., p. 766, 767, 1624, 1625, 1652-5; *Curso*, cit., v. 5, p. 156-63; v. 1, p. 92 e 93; *Comentários ao Código Civil*, São Paulo, Saraiva, 2004, v. 22, com. aos arts. 2.031 e 2.039; Wilson Gianulo, O regime de casamento e o direito societário no novo Código Civil, *Revista Literária de Direito, 47*:3; Jorge S. Fujita, *Comentários*, cit., p. 767; Fábio Ulhoa Coelho, *Curso de direito civil*, São Paulo, Saraiva, 2003, v. 1, p. 47; Luciano Amaral Jr., A sociedade entre marido e mulher e o novo Código Civil, *Boletim CDT, 34*:139; Paulo Salvador Frontini, Sociedade comercial ou civil entre cônjuges: inexistência, validade, nulidade, anulabilidade ou desconsideração desse negócio jurídico? *JTACSP, 78*:6; Ricardo Fiuza, *Novo Código*, cit., p. 899; Jones F. Alves e Mário L. Delgado, *Código*, cit., p. 1.022; Paulo Checoli, *Direito de empresa*, cit., p. 30.

imóveis ou direitos reais sujeitos a registro, indicando-se quais os que passarão a pertencer, com exclusividade, a cada um dos ex-cônjuges, mas também o restabelecimento da sociedade conjugal mediante reconciliação, delineando qual é o patrimônio conjugal. Apenas depois da averbação, tais atos, por serem modificativos de direitos reais, poderão ser opostos a terceiros (p. ex., credores), visto que, a partir de então, terão eficácia contra todos (*erga omnes*), já que se dará publicidade à disponibilidade dos bens do empresário individual. Exige-se tal averbação para que terceiros tenham conhecimento dos referidos atos que alteram a situação ou o *status* civil do empresário, trazendo-lhes segurança nas relações negociais que com ele vierem a ter, ante a transparência dada aos atos praticados pelo empresário em sua atividade econômica, possibilitando-lhes averiguar, como diz Jorge S. Fujita, a "extensão de eventual responsabilização patrimonial do empresário".

Dever-se-á, contudo, interpretar o art. 980 conjugadamente, com o art. 10, I, do Código Civil, com o art. 226, § 2º, da CF (com a redação da EC n. 66/2010) e com o CPC/2015, art. 733 e § 1º, entendendo-se que a sentença de divórcio e a escritura pública de divórcio de empresário só produzirão efeito *erga omnes* depois de averbadas no Registro Público competente, ou seja, onde foi lavrado o assento do casamento (art. 32 da Lei n. 6.515/77), registradas na circunscrição imobiliária se houver partilha de bens comuns, individuando os imóveis pertencentes a cada ex-cônjuge e, ainda, arquivadas e averbadas no Registro Público de Empresas Mercantis por ter havido alteração do patrimônio conjugal, dando publicidade à disponibilidade dos bens do empresário. E em caso de restabelecimento daquele vínculo matrimonial, que foi dissolvido, pelo novo casamento do empresário, deverá ser ele assentado no livro de casamento e averbado no Registro Público de Empresas Mercantis e, havendo imóveis no patrimônio conjugal, a averbação do fato deverá ser feita em relação a cada um dos imóveis pertencentes ao casal, existindo ou não pacto antenupcial, no Registro Imobiliário da situação dos imóveis.

Justifica-se, juridicamente, o disposto nos arts. 979 e 980 do Código Civil em razão da íntima conexão entre a pessoa do empresário e sua atividade econômica. E, além disso, como observa Jorge S. Fujita, é de grande importância na atividade empresarial o regime matrimonial de bens do empresário individual no que atina à responsabilidade diante dos credores; logo, do exame desta questão dependerá a escolha dos bens que poderão ser dados em garantia e, em caso de desconsideração da pessoa jurídica, o patrimônio a ser atingido também dependerá do regime de bens adotado pelo sócio casado. Por isso os atos arrolados nos arts. 979 e 980, ante a enorme influência no âmbito patrimonial, requerem seu arquivo e sua averbação no Registro Civil e no Registro Público de Empresas Mercantis[29].

29. M. Helena Diniz, *Código*, cit., p. 768; Luiz Tzirulnik, *Empresas*, cit., p. 31; Sebastião José Roque, *Curso*, cit., p. 101 e 98; Jorge S. Fujita, *Comentários*, cit., p. 768.

QUADRO SINÓTICO

EMPRESÁRIO CASADO

1. DISPENSA DE OUTORGA CONJUGAL	• O art. 978 não exige outorga uxória ou marital para que empresário individual casado possa alienar ou gravar de ônus real imóvel integrante do patrimônio da "empresa", qualquer que seja o seu regime matrimonial de bens, facilitando a circulação de bens empresariais.

2. REPERCUSSÃO DO REGIME MATRIMONIAL NO DIREITO DE EMPRESA	• Se empresário casado explorar, em atividade empresarial, imóvel onde reside com sua família para vendê-lo, precisará de outorga conjugal, se o regime não for o da separação absoluta de bens, por pertencer ao patrimônio do casal. • Responsabilidade do empresário casado sob o regime de comunhão universal até o limite de sua meação pelos títulos assinados, salvo se provar que o seu cônjuge deles tirou proveito. • Comunicabilidade de quotas societárias adquiridas onerosamente durante o casamento. • Impossibilidade de o ex-cônjuge ou herdeiros do consorte do sócio pleitear a parte que lhes for cabível imediatamente, pois só poderão concorrer à divisão periódica dos lucros (CC, art. 1.027). • Comunicabilidade, sendo o regime de comunhão (CC, arts. 1.660, V, e 1.669), dos frutos civis de bens particulares de cônjuge sócio de uma sociedade empresária, sob a forma de dividendos ou de açoes bonificadas. • Possibilidade de formar sociedade entre cônjuges ou entre um deles com terceiro, desde que o regime de bens não seja o da comunhão universal e o da separação obrigatória (CC, art. 977).

3. ATOS AVERBÁVEIS NO REGISTRO CIVIL E NO REGISTRO PÚBLICO DE EMPRESAS MERCANTIS (CC, ARTS. 979 E 980)	• Pacto antenupcial do empresário casado. • Título constitutivo de doação, herança ou legado que gravarem bens de empresário casado de inalienabilidade ou incomunicabilidade. • Sentença que decretar ou homologar separação judicial e o divórcio do empresário individual. • Escritura pública de separação extrajudicial e do divórcio do empresário singular. • Restabelecimento do casamento, mediante reconciliação em caso de separação, novas núpcias, havendo divórcio.

CAPÍTULO III

Regime Jurídico da Sociedade

1. Contrato social: aspectos comuns

A. Conceito e caracteres jurídicos

O contrato de sociedade é a convenção por via da qual duas ou mais pessoas (naturais ou jurídicas) se obrigam a conjugar seus esforços ou recursos ou a contribuir com bens ou serviços para a consecução de fim comum, ou seja, para o exercício de atividade econômica e a partilha, entre si, dos resultados (CC, art. 981).

Nesse contrato há uma congregação de vontades paralelas ou convergentes, ou seja, dirigidas no mesmo sentido, para a obtenção de um objetivo comum, ao passo que nos demais contratos os interesses das partes colidem, por serem antagônicos, de maneira que a convenção surgirá exatamente para compor as divergências[1]. O interesse dos sócios é idêntico; por isso todos, com ca-

---

1. A sociedade será, portanto, o instituto jurídico constituído pelo contrato social. Caio M. S. Pereira, *Instituições de direito civil*, Forense, 1978, v. 3, p. 390; Betti, *Teoría general del negocio jurídico*, Madrid, 1959, p. 225-8; Orlando Gomes, *Contratos*, 7. ed., Rio de Janeiro, Forense, 1979, p. 477; *RTJ*, *115*:919; STF, Súmulas 329, 380 e 476; Fran Martins, Sociedades controladoras e controladas, *Revista da Faculdade de Direito*, Fortaleza, *23*:27-46, 1982, que na p. 31 escreve: "Sociedade controladora é a sociedade que, diretamente ou através de outras sociedades controladas, é titular dos direitos de sócio que lhe assegurem preponderância nas deliberações sociais e o poder de eleger a maioria dos administradores. Controladas são as sociedades que, pelo critério adotado, se subordinam às controladoras". Francisco dos Santos Amaral Neto, Os grupos de sociedades no direito brasileiro e no direito português, *Revista de Direito Comparado Luso Brasileiro*, n. 6, 1985; Federico Pepe, *Holdings*: *gruppi e bilanci consolidati*, Milano, 1974; Douruodier e Kuhlewein, *La loi allemande sur les sociétés par actions*, Paris, Sirey, 1954, p. 18. *Vide* o que, nesta obra, dizemos sobre o assunto no item 10 do Cap. III. Poderá haver sociedades juridicamente independentes reunidas para fins econômicos sob uma direção única, formando um *"konzern"*. O novo Código Civil, no art. 2.037, assim dispõe: "Salvo disposição em contrário, aplicam-se aos empresários e sociedades empresárias as disposições de lei não revogadas por

pitais ou atividades, se unem para lograr uma finalidade econômica, restringida à realização de um ou mais negócios determinados (CC, art. 981, parágrafo único) e partilhar, entre si, os resultados. Portanto, o contrato de sociedade é o meio pelo qual os sócios, contribuindo com bens ou serviços, atingem o resultado almejado. Por haver uma confraternização de interesses dos sócios para alcançar certo fim, todos os lucros lhes deverão ser atribuídos, não se excluindo o quinhão social de qualquer deles da comparticipação nos prejuízos; assim, proibida estará qualquer cláusula contratual que beneficie um dos sócios, isentando-o, p. ex., dos riscos do empreendimento, repartindo os lucros apenas com ele, excluindo-o do pagamento das despesas ou da comparticipação dos prejuízos etc. (CC. art. 981, *in fine*; *RT*, *227*:261[2], visto que devem partilhar os resultados da atividade econômica sejam eles positivos ou negativos. Por isso, na sociedade simples, é nula a estipulação contratual que exclua qualquer sócio de participar dos lucros e das perdas (CC, art. 1.008). Todavia, pelo art. 1.007, sendo sociedade simples aquele que só contribuir com serviços, somente participará dos lucros na proporção da média do valor das quotas. Isto é assim porque ele entra apenas com o próprio trabalho.

O contrato de sociedade é[3]:

---

este Código, referentes a comerciantes, ou a sociedades comerciais, bem como a atividades mercantis". *Vide*, sobre o art. 2.031 do Código Civil: M. Helena Diniz, *Código*, cit., com. ao art. 2.031; Regnoberto M. Melo Jr., O dever de adaptação de pessoas jurídicas ao Código Civil de 2002, *Jornal da Anoreg*, Ceará, jun. 2004, p. 6.

2. Silvio Rodrigues, Contrato de sociedade, in *Enciclopédia Saraiva do Direito*, v. 19, p. 513 e 514; Aubry e Rau, *Cours de droit civil français*, 5. ed., v. 4, § 377; Barros Monteiro, *Curso de direito civil*, 17. ed., São Paulo, Saraiva, v. 5, 1982, p. 305 e 306.

3. Orlando Gomes, *Contratos*, cit. p. 479; Serpa Lopes, *Curso de direito civil*, 4. ed., Freitas Bastos, 1964, v. 4, p. 487-97; Tullio Ascarelli, *Studi in tema di contratti*; contratto plurilatterale, Milano, Giuffrè, 1952, p. 108 e s; Josserand, *Cours de droit civil positif français*, 1939, v. 2, n. 30; Carvalho de Mendonça, *Contratos no direito civil brasileiro*, Rio de Janeiro, 1911, v. 2, n. 261; Ferrara, Indole giuridica della società civile, *Rivista di Diritto Commerciale*, *1*:517, 1909; Marcos Paulo de Almeida Salles, Novos lineamentos em sociedades, *Revista do IASP*, *12*:91-108; Rubens Requião (*Curso de direito comercial*, cit., v. 1, p. 383) nos inspirou nos gráficos acima feitos; M. Helena Diniz, *Tratado teórico e prático dos contratos*, São Paulo, Saraiva, 2006, v. 4, p. 109-12; Waldo Fazzio Júnior, *Manual de direito comercial*. São Paulo, Atlas, 2003, p. 153; Nicolau Balbino Filho, *Contrato de sociedades civis*, São Paulo, Atlas, 1995; Silvio Rodrigues, Contrato de sociedade, in *Enciclopédia Saraiva de Direito*, v. 19, p. 513-22; Tullio Ascarelli, *Studi in tema di contratti: contratto plurilatterale*, Milano, Giuffrè, 1952; Soprano, *Trattato teorico-pratico delle società commerciali*, 1934; Anne Petitpierre-Sauvain, *Droit des sociétés et groupes des sociétés*, Genève, Georg, 1972; Raquel Sztajn, *Contrato de Sociedade e formas societárias*, 1989; Fabrício Z. Matiello, *Código Civil comentado*, São Paulo, LTr, 2003, p. 616 e s.

a) *Plurilateral,* em regra, pois duas ou mais pessoas se obrigam reciprocamente, associando-se para a realização de um benefício comum. A plurilateralidade, observa Waldo Fazzio Junior, nada tem que ver com o número de contratantes, por dizer respeito à viabilidade da participação de número indeterminado de partes, e se, eventualmente, for reduzido a dois o número de sócios, isso não subverte a natureza plurilateral do contrato social, em razão de seu objetivo aglutinador para o exercício de uma atividade.

Deveras, como ensina, nesta esteira de pensamento, Rubens Requião, não se considera o número de contratantes, mas uma indeterminação numérica, ou seja, a possibilidade de participação de um certo número de pessoas, havendo abertura para novas adesões. O fato de uma sociedade conter dois sócios não retira do contrato social seu caráter plurilateral. Isto porque no *contrato tipicamente bilateral* há direito e deveres recíprocos entre as partes, de forma que, se a obrigação de uma se impossibilitar, o contrato resolver-se-á. Graficamente, temos:

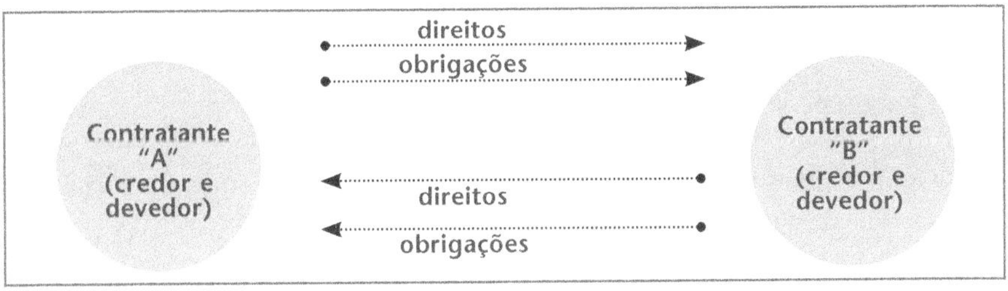

Já no *contrato social*, por ser plurilateral, os sócios caminham lado a lado para obtenção do fim comum; logo, se a execução da prestação de um deles impossibilitar tal fato somente o atingirá, permanecendo o contrato em relação aos demais, preservando-se a sociedade, que continuará com os sócios remanescentes. A representação gráfica abaixo esclarece esse fenômeno:

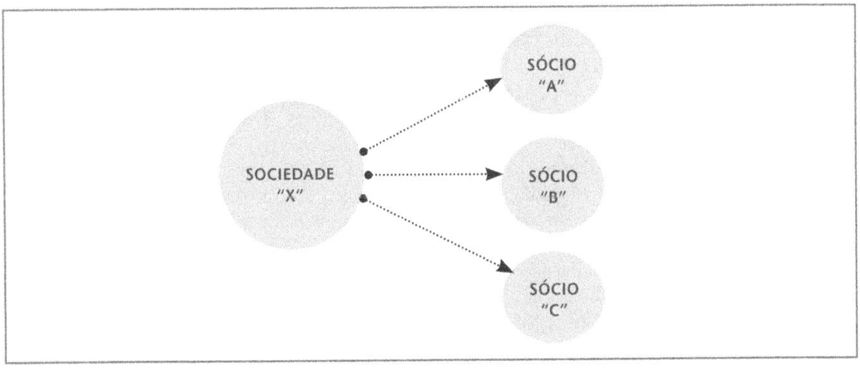

Todavia, há casos excepcionais previstos em lei, como logo mais veremos, que admitem sociedade unipessoal.

b) *Oneroso*, porque os sócios contraem obrigações recíprocas e adquirem direitos.

c) *Consensual*, por bastar o consentimento das partes para a sua formação, embora, p. ex., para formação da sociedade simples se exija contrato escrito, particular ou público (CC, art. 997).

d) *Comutativo*, pois qualifica-se, em regra, como comutativo, sendo que o valor das prestações será fixado definitivamente, possibilitando perceber, desde logo, as vantagens e os ônus que poderão advir para cada sócio. Ao considerar que, nesse contrato, os sócios estarão, dependendo do acaso, sujeitos a sofrer prejuízos que deverão ser rateados proporcionalmente entre si, poder-se-ia alegar que também participam da natureza aleatória, porém essa probabilidade de dano não caracteriza uma álea contratual, isto é, que esteja ínsita na prestação, mas tão somente um acontecimento inesperado, que desvia o ato negocial dos cálculos previstos.

B. Elementos

Os elementos imprescindíveis para a configuração do contrato social são[4]:

1º) *Existência de duas ou mais pessoas*, pois, pelos arts. 997, 981 e 1.033, III, e 1.051, II, em regra, não há possibilidade legal de sociedade unipessoal; todavia há uma nova tendência do direito societário no sentido de permitir a criação da sociedade unipessoal (Leis n. 12.441/2011 e n. 13.874/2019, que acrescentaram art. 980-A, §§ 1º a 7º ao Código Civil). Observa, a esse respeito, Luiz Cezar P. Quintans que é recomendável a sociedade unipessoal por-

---

4. Serpa Lopes, *Curso*, cit., p. 497-501; W. Barros Monteiro, *Curso*, cit., p. 299, 307 e 308; Hamel, Affectio societatis, *Revue Trimestrielle de Droit Civil*, p. 761 e 775, 1925; Orlando Gomes, *Contratos*, cit., p. 480; Manara, *Delle società*, UTET, 1902, v. 1, n. 52; Caio M. S. Pereira, *Instituições*, cit., p. 394 e 395; Cunha Gonçalves, *Tratado de direito civil*, 2. ed., São Paulo, Max Limonad, v. 6, n. 911; Dekkers, *Précis de droit civil belge*, t. 2, p. 672; Enneccerus, Kipp e Wolff, *Tratado de derecho civil*, v. 2, § 172; Luigi Rodino, Società civile, in *Nuovo Digesto Italiano*; M. Helena Diniz, *Curso*, cit., v. 3, p. 304-6; *Tratado*, cit., p. 112-4; Luiz Cesar P. Quintans, *Direito da empresa*, cit., p. 13; Amador Paes de Almeida, *Manual das sociedades*, São Paulo, Saraiva, 2004, p. 12, 15, 53; Fábio Ulhoa Coelho, *Manual de direito comercial*, São Paulo, Saraiva, 2003, p. 133; Ricardo Negrão, *Manual de direito comercial e empresarial*, São Paulo, Saraiva, 2006, v. 1, p. 287 e 293, Rubens Requião, *Curso*, cit., v. 1, p. 400-5 e 386; Thaller, *Traité élémentaire du droit commercial*, Paris, Rousseau, 1904; Mônica Gusmão, *Curso*, cit., p. 43.

que muitas sociedades de responsabilidade limitada contêm um sócio majoritário contando com 90% a 99,9% de quotas, ficando o outro (parente, amigo próximo) com as restantes. Trata-se de fórmula usada para constituir sociedade, diante da obrigação imposta por lei de ter pelo menos um sócio para sua constituição, dando origem a uma "simulação autorizada de sociedade".

A exigência dos dois sócios para constituir a sociedade resulta dos princípios do direito comum — especialmente da definição da sociedade nos códigos — e das interpretações gerais da doutrina e da jurisprudência; a interpretação é unânime quanto à exigência de dois sócios para constituir a sociedade. Apesar disso já se admitiu a sociedade por quotas de responsabilidade limitada com apenas uma só pessoa. Daí as palavras de Heinsheimer: "A lei não exige nenhum mínimo de sócios para constituir uma sociedade de responsabilidade limitada; por conseguinte, bastam dois subscritores do contrato de sociedade; o número inicial pode diminuir durante a vida da sociedade, se um membro que conserva sua participação do negócio adquire uma ou várias quotas dos demais sócios. Deste modo pode ocorrer que todas as participações fiquem unidas a um mesmo proprietário; a sociedade limitada, sem embargo, não se dissolve por isto, porque ditas quotas podem ser de novo transmitidas para outras pessoas, continuando deste modo a sociedade com todos os seus órgãos". A sociedade unipessoal era, em certos casos, uma possibilidade temporária, em nosso País. Há uma certa tolerância, na legislação (Lei n. 6.404/76, art. 206, I, *d*), à unipessoalidade, pois sociedade anônima poderá subsistir com um único acionista, até a assembleia geral ordinária do ano seguinte, quando o número de dois sócios deverá ser reconstituído. Trata-se da *sociedade unipessoal incidental*. E o atual Código Civil (arts. 1.033, IV – ora revogado – e 1.051, II) similarmente estipulava que dissolver-se-ia a sociedade por falta de pluralidade de sócios, em razão de morte ou renúncia etc., não reconstituída pelo único sócio remanescente no prazo de 180 dias contado da data da redução do quadro societário, gerando unipessoalidade. Todavia, pelo art. 1.033, parágrafo único (ora revogado), do Código Civil, com a redação da Lei n. 12.441/2011, mesmo em caso de inexistência de pluralidade de sócios, não se terá a dissolução societária se o sócio remanescente, inclusive na hipótese de concentração de todas as cotas sociais sob sua titularidade, vier, mediante requerimento ao Registro Público de Empresas Mercantis, a solicitar a transformação do registro da sociedade para o de empresário individual ou para empresa individual de responsabilidade limitada, observando, no que couber, os arts. 1.113 a 1.115 do Código Civil e a Instrução Normativa n. 118/2011 do DNRC — atualmente revogada pela Instrução Normativa n. 10, de 2013, do Departamento de Registro Empresarial e Integração — DREI.

Transformação de registro é a operação pela qual a sociedade, a empresa individual de responsabilidade limitada ou o empresário individual alteram o tipo jurídico, sem sofrer dissolução ou liquidação, obedecidas as normas reguladoras da constituição e do registro da nova forma a ser adotada. A transformação de registro de empresário em sociedade ou em empresa individual de responsabilidade limitada e vice-versa não abrange as sociedades anônimas, sociedades simples e as cooperativas. Apenas a sociedade em condição de unipessoalidade poderia, outrora, ter seu registro transformado para empresário individual, independentemente do decurso do prazo de cento e oitenta dias, desde que não realizada a liquidação decorrente da dissolução a que se refere o inciso IV do art. 1.033 do Código Civil (ora revogado pela Lei n. 14.195/2021).

Convém lembrar que no ato de transformação de registro seriam aceitas somente alterações relativas ao nome empresarial e ao capital. As filiais que não fossem objeto de continuidade na transformação de registro deveriam ser extintas antes de efetivada a transformação. As filiais mantidas teriam seus cadastros reproduzidos, automaticamente, para o novo tipo jurídico, devendo constar do ato de inscrição ou de constituição. Seria considerada como data de início das atividades aquela constante na inscrição ou na constituição originária. O empresário individual, a sociedade ou a empresa individual de responsabilidade limitada resultante da transformação de registro receberiam o Número de Identificação do Registro de Empresa — NIRE pertinente à sua natureza jurídica, e as filiais que fossem mantidas continuariam com os NIREs a elas atribuídos. A transformação de registro de empresário individual em sociedade contratual ou em empresa individual de responsabilidade limitada (hoje sociedade limitada unipessoal) e vice-versa deveria ser formalizada em dois processos, sendo um para a natureza jurídica em transformação e outro para a natureza jurídica transformada.

Caso o empresário individual, a sociedade ou a empresa individual de responsabilidade limitada (hoje sociedade limitada unipessoal) em transformação não estivessem enquadrados na condição de microempresa ou empresa de pequeno porte, deveriam ser exigidas pelas Juntas Comerciais as certidões negativas, conforme especificado na Instrução Normativa DNRC que regulamenta a matéria — órgão substituído pelo DREI — Departamento de Registro Empresarial e Integração.

Na transformação de registro de empresário individual em sociedade, o capital desta seria o que fosse declarado pelos sócios no contrato social. Pela exata estimação dos bens conferidos ao capital social, respondiam solidariamente todos os sócios, até o prazo de 5 (cinco) anos da data do registro da transformação.

Na transformação de registro de empresário individual em empresa individual de responsabilidade limitada (hoje sociedade limitada unipessoal), o capital desta, que deveria estar devidamente integralizado, não poderia ser inferior a 100 (cem) vezes o maior salário mínimo vigente no País. (Instrução Normativa do DNRC n. 118/2011, arts. 2º, 3º, 4º, 6º, 7º, 8º, 9º, 10, 13, 15 e 16, atualmente revogada pela IN n. 10/2013, do DREI).

Mas o art. 251 da Lei n. 6.404/76 admite a *sociedade unipessoal originária*, afirma Amador Paes de Almeida, ao dispor que "a companhia pode ser constituída, mediante escritura pública, tendo como único acionista a sociedade brasileira. Trata-se da chamada *subsidiária integral*". Na sociedade unipessoal, prevista na Lei n. 6.404/76 (art. 251), uma só pessoa jurídica possui capital social fracionado em ações e em caso excepcional e temporário (CC, art. 1.033, IV, ora revogado). Manoel de Q. Pereira Calças observa que, "salvo essa exceção, persistia como requisito essencial a necessidade de dois acionistas, no mínimo, como se verifica pelo art. 80, I, da Lei n. 6.404/76, que exige para a constituição da companhia o atendimento do requisito preliminar consistente na subscrição, pelo menos por duas pessoas, de todas as ações em que se divide o capital social fixado no estatuto. A reforçar a indispensabilidade da pluralidade de acionistas, o art. 206, I, *d*, da Lei das S/A, prevê como causa de dissolução da companhia a existência de um único acionista, verificada em assembleia geral ordinária, se o mínimo de dois não for reconstituído até a do ano seguinte".

É preciso ressaltar que, no Brasil, tivemos o PL n. 2.730/2003, com a pretensão de admitir a sociedade unipessoal, regulamentando-a em um só artigo (985-A, a ser acrescentado ao Código Civil), com três parágrafos, por considerá-la como um mecanismo de viabilização e de incentivo da atividade empresarial de diversos empreendedores que não têm meios de constituir grandes empresas ou delas participar na qualidade de sócios, visto que possibilitaria separar o patrimônio da pessoa natural (empresário) do da pessoa jurídica (sociedade unipessoal), dando maior garantia aos credores e liquidez à sociedade pela possibilidade de transmissão de seu patrimônio tanto *inter vivos* como *causa mortis*, introduzindo um novel instituto societário em nosso País.

Interessante é a posição de Calixto Salomão Filho:

"A experiência comparatística demonstra que o reconhecimento generalizado (nos grupos e fora deles) da sociedade unipessoal é relevante até mesmo para a coerência do ordenamento societário. Basta observar que é melhor ter uma sociedade unipessoal reconhecida e regulamentada que sociedades de fato unipessoais (sociedades-fictícias) não regulamentadas e incontroláveis. Sobretudo do ponto de vista da segurança jurídica. Em um campo tão próximo das exigências da prática econômica, as soluções devem ser determinadas muito mais a partir da existência real das formas sociais do que a partir de sua essência (cuja própria existência pré-jurídica é discutível). Talvez a formulação mais ponderada sobre o tema seja a de uma decisão do BGH alemão, que já em 1956 antecipava a ulterior evolução do direito alemão e comunitário sobre o assunto: '*A sociedade unipessoal é uma figura totalmente convincente do ponto de vista teórico, reconhecida pela prática, inofensiva do ponto de vista econômico-político, necessária do ponto de vista prático e contra a qual, à exceção de dúvidas de natureza teórica, nada relevante pode ser oposto*'." E, ainda, apresenta, esse autor, uma minuta de anteprojeto, introduzindo no Código Civil os arts. 985-A, 985-B, 985-C e 985-D, prescrevendo: *a*) a constituição da sociedade unipessoal por um único sócio pessoa singular; *b*) a redução a escrito, em ata, das deliberações de reunião anual ordinária da sociedade para aprovação de contas e outras deliberações previstas no contrato social, além de reuniões extraordinárias, e de propostas de contratação entre o único sócio e a sociedade, direta ou indiretamente, com o detalhamento das condições do negócio e de sua fundamentação econômico-financeira; esses documentos deverão ficar arquivados na sede da sociedade; *c*) a desconsideração da personalidade jurídica da sociedade unipessoal, a teor do art. 50 do CC, em caso de descumprimento de qualquer das formalidades sob o item b acima; *d*) a vedação à constituição de sociedades unipessoais por pessoas jurídicas; e *e*) a revogação dos arts. 251 a 253 da Lei n. 6.404/76, que regulam a subsidiária integral, própria da sociedade anônima.

Com base nas ideias de Calixto Salomão Filho, surgiu a seguinte Proposta de Substitutivo ao PL n. 2.730/2003, que dispunha sobre a sociedade unipessoal:

"— Considerando que o apoio à pequena e média empresa é fundamental para o desenvolvimento econômico do País;

— Considerando que a sociedade unipessoal com responsabilidade limitada tem se revelado, nos países em que admitida, instrumento útil para a organização da pequena e média empresa familiar;

— Considerando também que, para não se tornar objeto de abusos, é preciso não apenas reconhecê-la, mas também criar disciplina própria para seu funcionamento.

Propôs o seguinte substitutivo para o PL n. 2.730/2003:

Art. 1º A Lei n. 10.406, de 10 de janeiro de 2002, passa a vigorar acrescida dos artigos 985-A, B, C e D;

Art. 985-A. A sociedade unipessoal com responsabilidade limitada será constituída por um único sócio, pessoa singular, titular da totalidade das quotas representativas do capital social.

Parágrafo 1º A sociedade unipessoal também poderá resultar da concentração, superveniente à constituição da sociedade, da titularidade de todas as suas quotas em um único sócio, pessoa singular.

Parágrafo 2º A firma da sociedade deverá conter a expressão 'sociedade unipessoal com responsabilidade limitada', sob pena de perda do benefício da limitação de sua responsabilidade.

Art. 985-B. A sociedade unipessoal deverá realizar, a cada ano, reunião ordinária do quotista com o administrador da sociedade, para aprovação de contas e outras deliberações previstas no contrato social, com a lavratura de ata detalhada da reunião.

Parágrafo 1º Além da reunião ordinária prevista no *caput*, deverão ser realizadas reuniões extraordinárias sempre que a sociedade pretender contratar com o sócio único, direta ou indiretamente. A proposta de contratação deverá vir acompanhada de descrição detalhada das condições do negócio e de sua fundação econômico-financeira.

Parágrafo 2º Na hipótese de inexistência de administrador, a reunião ordinária ou extraordinária deverá ser substituída por relatório a ser elaborado na mesma oportunidade e abrangente dos mesmos assuntos. As atas de reunião, propostas de contratação com o único sócio e relatórios deverão ficar arquivados na sede da sociedade.

Art. 985-C. Além das hipóteses previstas no art. 50 do Código Civil, também constituirá fundamento para a desconsideração da personalidade jurídica da sociedade unipessoal o descumprimento de qualquer das formalidades e condições previstas nos arts. 985-A e 985-B.

Art. 985-D. É vedada a constituição de sociedades unipessoais por pessoas jurídicas, qualquer que seja sua forma jurídica, por pessoas singulares domiciliadas no exterior ou por pessoas singulares que já sejam titulares de outra sociedade unipessoal no País. Caso uma pessoa jurídica venha a se tornar sócia única de pessoa jurídica já constituída, deverá ser reconstituída a pluralidade de sócios em até seis meses da data da concentração das quotas, aplicando-se a partir de então, caso persista a concentração, o previsto no art. 985-C.

Art. 2º Esta lei entra em vigor na data de sua publicação, revogando-se as disposições em contrário.

Este, salvo melhor juízo, é o parecer da Comissão designada e seu Anteprojeto ou Proposta de Substitutivo ao PL n. 2.730/2003, que é submetida ao Conselho deste sodalício (IASP).

São Paulo, 15 de agosto de 2005.

Manoel Alonso

Modesto Carvalhosa

Rubens Lazzarini"[5].

---

5. Feine, *Las sociedades de responsabilidad limitada*, Madrid, 1930, p. 34 e 35; Heinsheimer, *Derecho mercantil*, Madrid, 1933, p. 181; Fran Martins, Sociedade por quotas unipessoal, *Revista da Faculdade de Direito*, Fortaleza, n. *28*(2):47-58, 1987; Cañizares e Aztiria, *Tratado de las sociedades de responsabilidad limitada*, Buenos Aires, 1950, t. 1, n. 145; Penalva Santos, O estabelecimento mercantil individual de responsabilidade limitada, *Revista de Direito Comparado Luso-Brasileiro*, p. 108 a 143; Angelo Grisoli, *La società com uno solo socio*, 1971; Ricardo Fiuza e Newton De Lucca, *Código civil comentado* (coord. Regina Beatriz Tavares da Silva), São Paulo, Saraiva, 2008, p. 1.056; Jorge Lobo, Empresa unipessoal de responsabilidade limitada, in *Direito empresarial contemporâneo*, 2. ed., p. 293 e s. Ter-se-á sociedade aparente ou fictícia, quando um dos sócios for o detentor de quase todo o capital social, para descaracterizar a condição de empresário individual e afastar a responsabilidade ilimitada (Mônica Gusmão, *Curso*, cit., p. 45).

Na Alemanha, Lei de 4-7-1980, para solucionar a questão da unipessoalidade, adota-se a limitação da responsabilidade do empresário individual (*Einzelunternolimung mit beschrän Kter hattung*) — empresa individual com responsabilidade limitada. O mesmo ocorre na França — Lei n. 85.697/85 — Lei relativa à empresa unipessoal de responsabilidade limitada, que alterou o Código Civil francês, art. 1.832, consagrando a sociedade de responsabilidade limitada com um só sócio. *Vide* sobre isso: Amador Paes de Almeida, *Manual*, cit., p. 53; J. Lamartine Correa de Oliveira, *A dupla crise da pessoa jurídica*, São Paulo, Saraiva, 1979, p. 560; Penalva Santos, *Direito comercial: estudos*, Rio de Janeiro, Forense, 1991, p. 101, n. 4; M. Odete Duque Bertasi e outros, Sociedade unipessoal, *Revista IASP*, *18*:241-80; Calixto Salomão Filho, *A sociedade unipessoal*, São Paulo, Malheiros, 1995, p. 233; Manoel de Q. Pereira Calças, Empresa Individual de Responsabilidade Limitada - EIRELI, *Forum Jurídico*, 2012, n. 1: 60-71; Patrícia V. Pires, Empresa individual de responsabilidade limitada, *Argumento*, n. 42, p. 2 (2011); Alexandre B. Cateb, Eireli — solução ou problema?, *Carta Forense*, fevereiro de 2013, p. 13-16; Luis Rodolfo Cruz e Creuz, A Empresa Individual de Responsabilidade Limitada: Críticas à Lei n. 12.441/2011. *Revista Síntese — Direito Civil e Processual Civil*, *81*:68-78; A Empresa Individual de Responsabilidade Limitada, *Revista Síntese - Direito Empresarial*, *32*:9-21; Mariely S. Richter, Milene A. S. Pozzer e Michelle C. Kunzler, Empresa Individual de Responsabilidade Limitada: a (im) possibilidade de sua constituição por pessoa jurídica, *Revista Síntese — Direito Civil e Processual Civil*, *81*:79-92; José Tadeu N. Xavier, A complexa identificação da natureza jurídica da Empresa Individual de Responsabilidade Limitada — EIRELI — *Revista Síntese — Direito Empresarial*, *29*:60-100; Tiago Scherer, A inserção da Empresa Individual de Responsabilidade Limitada no Direito Brasileiro, *Revista Síntese — Direito Empresarial, 29*: 101-21; Danilo A. Ruivo. Considerações sobre EIRELI - Empresa Individual de Responsabilidade Limitada, *RIASP, 32*:361-372; Fernanda B. Cantali e Josiane N. Alves, EIRELI — Empresa Individual de Responsabilidade Limitada: características e principais controvérsias, *Revista Síntese — Direito Empresarial, 43*: 96 a 131; Gladston Mamede (*Holding* Eireli? in *Estado de Direito n. 38*, p. 22) entende que a Eireli pode ser uma *holding*, titularizando o capital social de outra ou de outras sociedades, funcionando como sociedade de participação, e pode ser titular de participações societárias (ações ou quotas) e pode deter controle societário de uma sociedade simples, de uma sociedade em comandita simples, na qualidade de comanditária, de uma sociedade limitada (simples ou empresária) ou de uma sociedade anônima ou em comandita por ações. A Lei n. 12.441/2011 decorreu do PL n. 4.605/2009 da Câmara dos Deputados e do PL n. 18/2011 do Senado. *Vide* sobre trajetória histórica da EIRELI: Instrução Normativa n. 117/2011, que aprova o Manual de Atos de Registro de Empresa Individual de Responsabilidade Limitada, ora revogada pela Instrução Normativa n. 10, de 5 de dezembro de 2013, do DREI, que aprova os Manuais de Registro de Empresário Individual, Sociedade Limitada, Empresa Individual de Responsabilidade Limitada - EIRELI, Cooperativa e Sociedade Anônima; Leis n. 8.212/91, art. 12, § 14, e n. 8.213/91, art. 11, § 12 (com alterações da Lei n. 12.873/2013), sobre participação do segurado especial em sociedade empresária, em sociedade simples, como titular da EIRELI; e Instrução Normativa n. 5, de 5 de dezembro de 2013, do DREI, que dispõe sobre a medida de inativação administrativa do registro de empresário individual, empresa individual de responsabilidade limitada - EIRELI, sociedade empresária e cooperativa, da perda automática da proteção ao nome empresarial. A IN n. 12/2013, com alteração da IN da DREI n. 29/2014, dispõe no art. 21, *caput*: As empresas constituídas como Empresário Individual, Empresa Individual de Responsabilidade Limitada — EIRELI e Sociedade Limitada deverão solicitar o encerramento dos seus registros nas Juntas Comerciais mediante o uso do sistema de Registro e Licenciamento de Empresas — RLE. Houve um anteprojeto apresentado pelo IASP para a OAB relativo à permissão para constituir sociedade individual de advogado. E, hoje, os arts. 15, 16 e 17 da Lei n. 8.906, de 4 de julho de 1994 — Estatuto da Advocacia, passam a vigorar com as seguintes alterações feitas pela Lei n. 13.247/2016:

"Art. 15. Os advogados podem reunir-se em sociedade simples de prestação de serviços de advocacia ou constituir sociedade unipessoal de advocacia, na forma disciplinada nesta Lei e no regulamento geral.

§ 1º A sociedade de advogados e a sociedade unipessoal de advocacia adquirem personalidade jurídica com o registro aprovado dos seus atos constitutivos no Conselho Seccional da OAB em cuja base territorial tiver sede.

§ 2º Aplica-se à sociedade de advogados e à sociedade unipessoal de advocacia o Código de Ética e Disciplina, no que couber.

....

§ 4º Nenhum advogado pode integrar mais de uma sociedade de advogados, constituir mais de uma sociedade unipessoal de advocacia, ou integrar, simultaneamente, uma sociedade de advogados e uma sociedade unipessoal de advocacia, com sede ou filial na mesma área territorial do respectivo Conselho Seccional.

§ 5º O ato de constituição de filial deve ser averbado no registro da sociedade e arquivado no Conselho Seccional onde se instalar, ficando os sócios, inclusive o titular da sociedade unipessoal de advocacia, obrigados à inscrição suplementar.

....

§ 7º A sociedade unipessoal de advocacia pode resultar da concentração por um advogado das quotas de uma sociedade de advogados, independentemente das razões que motivaram tal concentração."

Bastante viável e até necessária seria a inclusão, no direito brasileiro, da sociedade unipessoal com responsabilidade limitada, visto que, em nosso País, é grande o número de sociedades limitadas cujo sócio majoritário é detentor de mais de 90% do capital social. Urgia alterar o Código Civil, inserindo essa figura societária, principalmente nos arts. 1.088 e 1.089.

Em boa hora surgiu não só a Lei n. 12.441/2011, modificando o Código Civil para permitir a constituição de *empresa individual de responsabilidade limitada* nas condições em que especifica ao acrescentar inciso VI ao art. 44, ao alterar o parágrafo único do art. 1.033 (ora revogado pela Lei n. 14.195/2021) e ao inserir o art. 980-A, §§ 1º a 6º, mas também a Lei n. 13.874/2019 ao acrescentar § 7º ao art. 980-A do CC. No nosso direito, hodiernamente, a empresa individual de responsabilidade limitada será constituída por uma única pessoa titular da totalidade do capital social, devidamente integralizado, que não poderá ser inferior a 100 vezes o maior salário mínimo vigente no país ou poderá resultar da concentração das quotas de outra modalidade societária num só sócio, independentemente das razões que deram origem a isso (p. ex.: óbito, exclusão ou retirada de sócio). Hipótese em que não se terá dissolução por unipessoalidade, apesar da desnecessária revogação, em razão da Lei n. 13.874/2019, do inciso IV do art. 1.033 do CC, pois remanescente sempre poderá pleitear transformação do registro da sociedade para a "EIRELI" (ou seja, sociedade limitada unipessoal), observando os arts. 980-A, §§ 1º a 6º, 1.052, §§ 1º e 2º, e 1.113 a 1.115 do Código Civil, que, pelo art. 41, parágrafo único da Lei n. 14.195/2021 será, contudo, transformada em *sociedade limitada unipessoal*, independentemente de qualquer alteração em seu ato constitutivo, pois a DREI disciplinará tal transformação.

A título histórico, convém fazermos algumas observações sobre a EIRELI (CC, art. 980-A, §§ 1º a 6º).

"Art. 16. Não são admitidas a registro nem podem funcionar todas as espécies de sociedades de advogados que apresentem forma ou características de sociedade empresária, que adotem denominação de fantasia, que realizem atividades estranhas à advocacia, que incluam como sócio ou titular de sociedade unipessoal de advocacia pessoa não inscrita como advogado ou totalmente proibida de advogar.

....

§ 4º A denominação da sociedade unipessoal de advocacia deve ser obrigatoriamente formada pelo nome do seu titular, completo ou parcial, com a expressão 'Sociedade Individual de Advocacia'."

A AASP solicitou à RFB a inclusão do Código 232-1 no Cadastro Nacional de Pessoa Jurídica, previsto na IN n. 1.634/2016 para sanar falhas no sistema que impedem os advogados de se inscreverem na modalidade de sociedades unipessoais de advogados instituída pela Lei n. 13.247/2016, ao efetuar a inscrição do CNPJ pelo Código 231-3 alusivo à EIRELI.

Pelo Enunciado n. 4: "Uma vez subscrito e efetivamente integralizado, o capital da empresa individual de responsabilidade limitada não sofrerá nenhuma influência decorrente de ulteriores alterações no salário mínimo" (aprovado na I Jornada de Direito Comercial). Seu nome empresarial formar-se-ia pela inclusão do termo *EIRELI* após a sua firma ou denominação social (Instrução Normativa do DREI n. 15/2013 (com a alteração da IN do DREI n. 45/2018), arts. 1º, 2º, 3º, 4º, 5º, I, III, *d*, § 1º, *a*, 11, 12, § 1º, 16 e 17), sob pena de o seu titular ter responsabilidade ilimitada. A pessoa natural que a constituísse somente poderia figurar em uma única empresa dessa modalidade. Tal empresa reger-se-ia, no que coubesse, pelas normas disciplinadoras das sociedades limitadas. Não seria mais necessário um outro sócio para a abertura de pequenas empresas, permitido estava que uma só pessoa física respondesse por ela. Era preciso ressaltar que a "empresa individual de responsabilidade limitada só poderá ser constituída por pessoa natural" (Enunciado n. 468 do Conselho da Justiça Federal, aprovado na V Jornada de Direito Civil) maior de 18 anos ou emancipada (CC, art. 5º, parágrafo único). Igualmente, entendeu o DNRC — hoje DREI —, na sua Instrução Normativa n. 117/2011, que, aprovou o *Manual de Atos de Registro de Empresa Individual de Responsabilidade Limitada*, impediu sua constituição por pessoa jurídica, ao estabelecer no item 1.2.11 que as juntas comerciais não procederiam ao arquivamento de atos constitutivos de EIRELI'S constituídas por pessoas jurídicas (*vide* IN do DREI n. 10/2013 que a revoga). Com isso, por contrariar o art. 980-A do Código Civil, eivada está tal Instrução Normativa de ilegalidade; logo o empresário poderia, por meio de medida judicial, garantir que pessoa jurídica constitua EIRELI (hoje sociedade limitada unipessoal). Pelo Enunciado n. 3 da Jornada Paulista de Direito Comercial, a Empresa Individual de Responsabilidade Limitada podia ser constituída por pessoa jurídica. Pelo Enunciado n. 92: "A Empresa Individual de Responsabilidade Limitada (EIRELI) poderá ser constituída por pessoa natural ou por pessoa jurídica, nacional ou estrangeira, sendo a limitação para figurar em uma única EIRELI apenas para pessoa natural" (aprovado na III Jornada de Direito Comercial). Como se vê, mesmo sem expressa proibição legal, havia controvérsia quanto à possibilidade de constituição de EIRELI (hoje sociedade limitada unipessoal) por pessoa jurídica. Com a novel lei (13.874/2019), uma pessoa física podia abrir uma empresa com personalidade jurídica. Pois, pelo art. 44, VI, do Código Civil, é pessoa jurídica e deverá ser inscrita no CNPJ e no Registro Civil de Pessoas Jurídicas, se exercer atividade de natureza intelectual (científica, literária ou artística), ou no Registro Público de Empresas Mercantis, se sua atividade consistir na produção de bens ou serviços não intelectuais. Todavia, Manoel de Queiroz Pereira Calças não considerava a EIRELI, apesar de classificada como pessoa jurídica, como sociedade unipessoal que, salvo a exceção da subsidiária integral, continuava não prevista na lei brasileira. Contudo, pelo Enunciado n. 469 do Conselho da Justiça Federal (aprovado na V Jornada de Direito Civil): "A empresa individual de responsabilidade limitada (EIRELI) não é sociedade, mas novo ente jurídico personificado". Nesse mesmo sentido, o Enunciado n. 3: "A Empresa Individual de Responsabilidade Limitada — EIRELI não é sociedade unipessoal, mas um novo ente, distinto da pessoa do empresário e da sociedade empresária" (aprovado na I Jornada de Direito Comercial). Pelo Conselho de Justiça Federal, Enunciados n. 471 "Os atos constitutivos da EIRELI devem ser arquivados no registro competente, para fins de aquisição de personalidade jurídica. A falta de arquivamento ou de registro de alterações dos atos constitutivos configura irregularidade superveniente" e n. 472 "É inadequada a utilização da expressão 'social' para as empresas individuais de responsabilidade limitada" (aprovados na V Jornada de Direito Civil).

Esclarece-nos Manoel Queiroz Pereira Calças que o empresário individual, embora seja equiparado a pessoa jurídica para fins de imposto de renda (Decreto n. 3.000/99, art. 150), pelo CC, art. 1.156, é tido como pessoa natural, tendo patrimônio constituído por todos os seus bens, nele incluídos os aplicados no exercício da atividade empresarial, que respondem pelas obrigações civis ou empresariais (CC, art. 391). Não há patrimônio civil e patrimônio empresarial, apesar da proteção especial dada a incapaz, que venha a continuar a empresa individual, visto que os bens, que tinha antes da sucessão ou a interdição, alheios à empresa, não respondem pelos débitos oriundos da atividade empresarial, autorizada pelo juiz (CC, art. 974, § 2º) e da dispensa de outorga conjugal a empresário casado para alienar ou gravar imóvel, pertencente ao patrimônio da empresa (CC, art. 978). Nem há patrimônio de afetação para o empresário solver obrigações contraídas no exercício da atividade empresarial. Se assim é, havendo: a) execução do empresário individual, a penhora poderá atingir qualquer bem que integre seu patrimônio, pouco importando que o débito seja civil ou empresarial; b) falência, todos os seus bens, exceto os absolutamente impenhoráveis, serão arrecadados (Lei n. 11.101/2005, art. 108) e todos os seus credores estarão habilitados (Lei n. 11.105/2005, art. 9º). Com o art. 44, VI, do CC, com a redação da Lei n. 12.441/2011, o Código Civil passa a admitir: o *empresário de responsabilidade ilimitada*, que responde com todo o seu patrimônio, salvo os bens impenhoráveis, por débitos civis ou empresariais, e o *empresário individual de responsabilidade limitada*, titular de dois patrimônios distintos: o civil e o empresarial (patrimônio de afetação, que responde pelas dívidas oriundas de atividade empresarial). E o art.

980-A, § 7º (acrescentado pela Lei n. 13.874/2019) prescreve que "somente o patrimônio social da empresa responderá pelas dívidas da EIRELI, hipótese em que não se confundirá em qualquer situação com o patrimônio do titular que a constitui, ressalvados os casos de fraude".

Essa nova figura jurídica, ao separar o capital social da empresa do patrimônio do empresário, veio a resguardá-lo dos riscos da sua atividade, pois, se fosse empresário individual, responderia ilimitadamente por ela. Com isso haverá maior segurança aos credores, pois o capital da EIRELI responderá por tudo. Deveras, pelo Enunciado n. 470 do Conselho de Justiça Federal, aprovado na V Jornada de Direito Civil: "O patrimônio da empresa individual de responsabilidade limitada responderá pelas dívidas da pessoa jurídica, não se confundindo com o patrimônio da pessoa natural que a constitui, sem prejuízo da aplicação do instituto da desconsideração da personalidade jurídica". A parcela do patrimônio do empresário não afetada à exploração negocial, não poderá ser atingida pelo ato dos credores da empresa, com isso assegurados, portanto, estão os meios de sua subsistência e a de seus familiares.

Observava Patrícia Viviane Pires que: "A inserção da figura da empresa individual de responsabilidade limitada no direito brasileiro pode proporcionar, certamente, uma grande desburocratização na criação e no funcionamento das empresas. Sobretudo das micro, pequenas e médias empresas, que ficarão livres de diversos trâmites administrativos inerentes às sociedades e dos possíveis percalços provocados pela existência de um sócio com participação fictícia no capital da empresa". Urge, ainda, deixar aqui registrado que poderá ser atribuída à empresa individual de responsabilidade limitada constituída para prestação de serviços a remuneração decorrente de cessão de direitos patrimoniais de autor ou de imagem, nome, marca ou voz de que seja detentor o titular da pessoa jurídica, vinculados à atividade profissional. "A imagem, o nome ou a voz não podem ser utilizados para a integralização do capital da EIRELI" esclarece o Conselho de Justiça Federal no Enunciado n. 473, aprovado na V Jornada de Direito Civil.

A EIRELI poderia ser administrada pelo próprio titular ou por terceiro, desde que este não seja pessoa jurídica (CC, arts. 997, VI, e 1.011). Lembravam, ainda, as lições de Manoel Queiroz Pereira Calças que a falência da EIRELI não acarretava a de seu titular (Lei n. 11.101/2005, art. 81), logo, só o patrimônio da empresa deverá ser arrecadado. Se bens do patrimônio pessoal de seu titular forem alcançados pela arrecadação, este poderá lançar mão de pedido de restituição ou de embargos de terceiro para liberá-los. A responsabilidade pessoal do seu titular ou de seu administrador será apurada no juízo falimentar, independentemente da realização do ativo e da prova de sua insuficiência para cobrar o ativo, desde que observado o procedimento previsto na lei processual civil (Lei n. 11.101/2005, art. 82).

Urge lembrar que, pelo Enunciado n. 93: "O cônjuge ou companheiro de titular de EIRELI é legitimado para ajuizar ação de apuração de haveres, para fins de partilha de bens, na forma do art. 600, parágrafo único, do Código de Processo Civil" (aprovado na III Jornada de Direito Comercial).

Para Manoel Queiroz Pereira Calças, a desconsideração da personalidade jurídica da EIRELI poderia dar-se incidentalmente em processo de execução ou de falência promovido contra ela, desde que se acatassem os princípios do devido processo legal, do contraditório e da ampla defesa. Sendo cabível, na sua opinião, "a desconsideração inversa da personalidade jurídica da EIRELI para que o patrimônio autonômo dela responda por abrigações particulares de seu titular", observando-se os princípios constitucionais acima arrolados.

Tudo isso ocorreu porque, no nosso país, não se admitia sociedade unipessoal. Mas com a Lei n. 13.874/2019, o art. 1.033, IV, do CC perdeu significado e foi revogado pela Lei n. 14.195/2021, pois se uma sociedade era composta por dois ou mais sócios e passou a ter apenas um, ela deverá transformar-se em *sociedade limitada unipessoal*, não havendo razão jurídica para sua dissolução.

Convém não olvidar, ainda, que a *subsidiária integral* é uma sociedade anônima, ou por quotas, constituída por escritura pública, sendo a controladora a única subscritora de todo o capital.

Poderá a subsidiária integral decorrer não só da aquisição de todas as ações de companhia já existente, ocorrendo substituição de valores do ativo da controladora, como também da incorporação de todas as ações de companhia já existente, dando-se um aumento do ativo da controladora, compensado no passivo por aumento do capital social, subscrito apenas pelos antigos acionistas da controladora (art. 251 da Lei de Sociedades Anônimas). A responsabilidade da subsidiária integral é idêntica à do acionista controlador, prevista nos arts. 116, 117, 153 e s. da Lei n. 6.404/76. Essa espécie de sociedade anônima ou por quotas, com um só acionista, teve sua origem na *wholly owned subsidiary* dos EUA. A subsidiária integral vem a ser uma sociedade controlada por uma única acionista (art. 243, § 2º), figurando a controladora como titular de direitos de sócios que lhe assegurem, de modo permanente, preponderância nas deliberações sociais e o poder de eleger a maioria dos administradores.

Outro tipo de sociedade de um único acionista é a *empresa pública*, da qual só o Estado é detentor de suas ações; daí ser uma sociedade unipessoal regida pelas normas de direito comercial e de direito administrativo, por ser dotada de personalidade jurídica de direito privado, com patrimônio próprio e capital exclusivo da União[6]. A empresa pública é, como já esclarecemos alhures, a entidade dotada de personalidade jurídica de direito privado, criada por lei para exploração de atividade econômica que o governo seja levado a exercer por força de contingência ou de conveniência administrativa, podendo revestir-se de qualquer das formas admitidas em direito (Dec.-Lei n. 200/67, art. 5º, II, com redação dada pelo Dec.-Lei n. 900/69; Dec. n. 682/92; Súmula 501 do STF).

2º) *Contribuição de cada sócio para o capital social e o fundo social*, com bens ou com prestação de serviços. O capital social — *fundamentum societatis* — representa o conjunto de bens prometidos pelos sócios para obtenção do objetivo comum. É o fundo originário oriundo da contribuição dos sócios para sua formação, sendo uma soma representativa das contribuições dos sócios, abrangendo serviços, dinheiro (*apport en numeraire*) ou bens (*apport en nature*) corpóreos ou incorpóreos (marca, patente de invenção etc.). Realmente, o Código Civil prescreve, no art. 981, que: "Celebram contrato de sociedade as pessoas que reciprocamente se obrigam a contribuir, com bens ou serviços, para o exercício de atividade econômica e a partilha, entre si, dos resultados". Todo sócio poderá, portanto, entrar com bens móveis ou imóveis, dinheiro, títulos de crédito, direitos patrimoniais, uso e gozo de bens e prestação de serviços. Em algumas sociedades (p. ex., a sociedade anônima e a sociedade comandita por ações) há restrições para a contribuição em serviços. É permitida nas sociedades cooperativas (CC, art. 1.049) e nas sociedades simples (art. 983, 2ª parte do CC), como reza o Enunciado n. 206 do CJF, aprovado na III Jornada de Direito Civil. Se se tratar de sociedade em comum, pertencerão ao patrimônio especial todos os bens e dívidas sociais do qual os sócios são titulares em comum (CC, art. 988). O *capital social* (patrimônio inicial da sociedade), formado pela contribuição de bens que saem do patrimônio particular dos sócios, passando para o da sociedade, permanece nominal, na soma declarada no contrato social. O *fundo social* (patrimônio social) crescerá se a sociedade tiver êxito, ou diminuirá se ela não prosperar; logo, ele é que gerará os lucros e as perdas a serem partilhadas entre os sócios. Logo, cada sócio terá o direito patrimonial de crédito, consistente na percepção do lucro líquido e direito pessoal de, p. ex., participar da administração da sociedade, diretamente, como gerente ou simples conselheiro, fiscalizando atos de gestão etc.

3º) *Obtenção do fim comum pela cooperação dos sócios*, por constituir a razão determinante desse contrato, pois o contrato de sociedade é um negócio jurídico que tem por escopo alcançar um objetivo, patrimonial ou não, per-

6. Penalva Santos, O estabelecimento mercantil individual de responsabilidade limitada, *Revista de Direito Comparado Luso-Brasileiro*, cit., p. 116.

seguido por todos os sócios, que poderá visar o proveito de terceiros, como, p. ex., a proteção de um orfanato; porém, se se beneficiar um só dos sócios, não se terá sociedade, mas sim doação. Todos os sócios cooperam para atingir certo fim, pondo em comum recursos ou serviços a que se obrigaram.

Há uma convergência de vontade, unindo capital e esforço, para um fim comum. Os interesses são convergentes; as vontades dos sócios visam o objetivo comum.

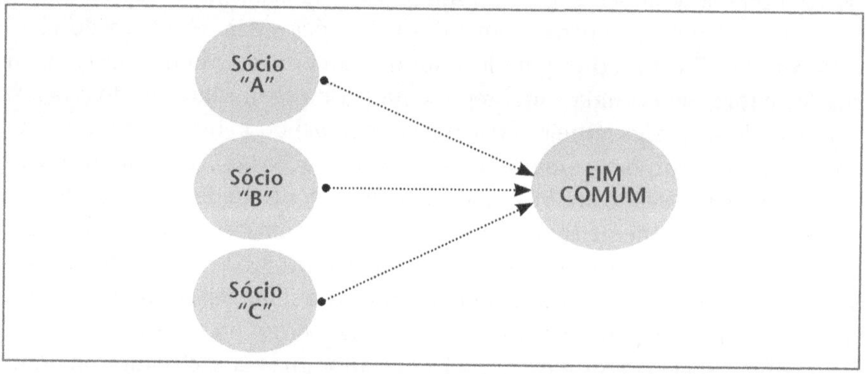

4º) *Participação nos lucros e nos prejuízos* (CC, art. 997, VII), se se tratar de sociedade destinada a fins lucrativos. Se o contrato não declarar a parte cabível a cada sócio nos lucros e perdas, entender-se-á proporcionada, quanto aos sócios de sociedade simples, p. ex., à quota com que entraram (CC, art. 1.007). Poderá haver, portanto, distribuição diferenciada de lucros; logo, poderá não ser igualitária. Quanto ao sócio de sociedade simples guardar-se-á o disposto no art. 1.007 do Código Civil, isto é, exceto se houver estipulação em contrário, participará dos lucros e das perdas, na proporção das respectivas quotas, mas aquele cuja contribuição consiste em serviços somente participará dos lucros na proporção da média do valor das quotas.

5º) *"Affectio societatis"* (*animus contrahendi societatis*), ou seja, intenção de cooperar como sócio ou de submeter-se ao regime societário, contribuindo com bens ou serviços ou colaborando ativamente para atingir a finalidade social. É, portanto, um vínculo de colaboração ativa (direta ou indireta), em que o trabalho de um aproveitará a todos. Há uma disposição para constituir uma sociedade ou nela ingressar com o escopo de auferir lucro mediato ou imediato e de suportar os riscos comuns da atividade. Sem tal *animus*, não há como conjugar bens e serviços para a constituição da sociedade, aceitando as cláusulas do contrato social. A *affectio societatis* é essencial na sociedade de pessoas, não tendo importância na de capital. Hodiernamente, toma-se a subjetividade singular da *affectio societatis*, acrescentando-se ao *intuitu personae*, próprio da sociedade de pessoas, um especial *intuitu pecuniae*, peculiar à sociedade de capital, dando-se uma tônica à *comunhão* (*substractum* da sociedade), uma vez que dela nasce a sociedade, que exerce atividade, com a vontade ou real desígnio de obter vantagem patrimonial (imediata ou mediata). *Comunhão* ou reunião de pessoas com *intuitu personae* e/ou *intuitu pecuniae* (moderno sentido de *affectio societatis*) é o elemento para a configuração do contrato social.

Graficamente, temos:

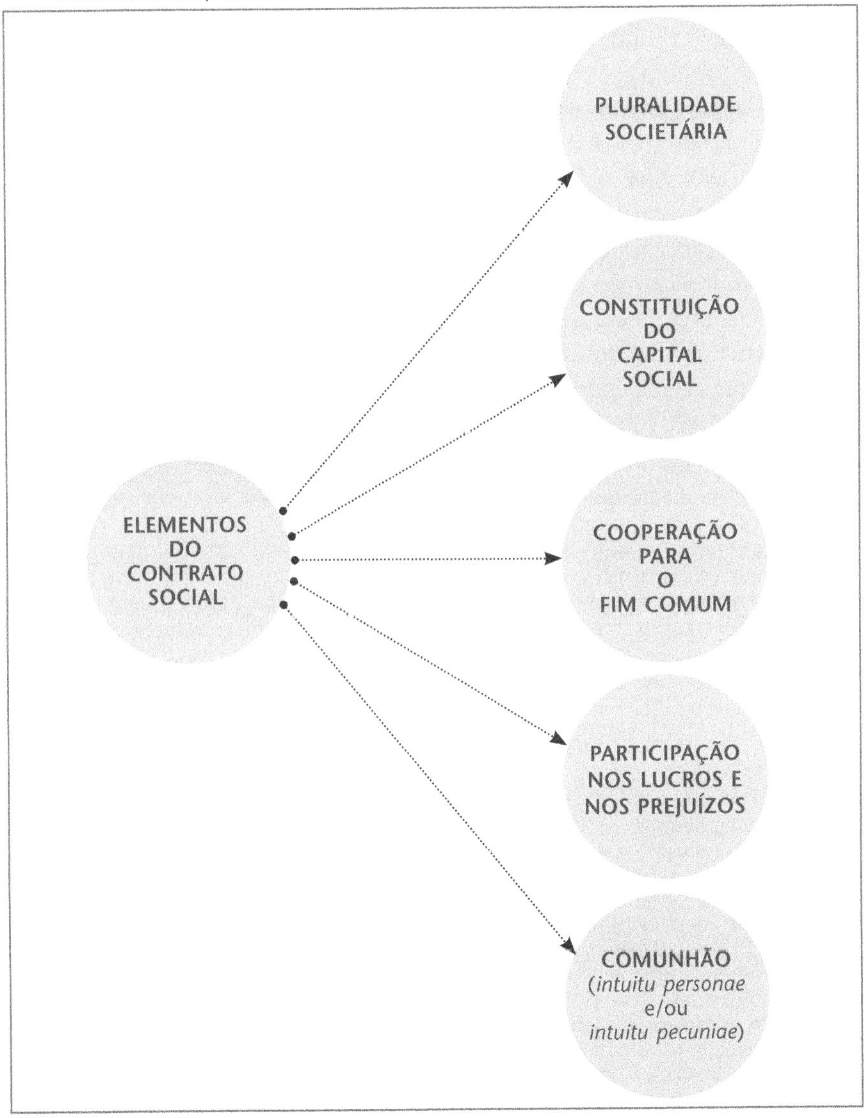

C. Requisitos

O contrato de sociedade reclama, para a sua constituição, o preenchimento de *requisitos*[7]:

1º) *Subjetivos*: porque cria direitos e impõe obrigações, exige que os contratantes tenham a capacidade genérica para praticar os atos da vida civil, necessitando, por isso, os absoluta ou relativamente incapazes serem representados ou assistidos por seus representantes legais, sob pena de nulidade ou anulabilidade do contrato. Lembra o CJF (IV Jornada de Direito Civil) no Enunciado n. 396 que "a capacidade para contratar a constituição da sociedade submete-se à lei vigente no momento do registro". O incapaz não poderá em regra participar de sociedade empresária, mas tem sido admitida sua participação (*RTJ*, *70*:608; Instrução Normativa n. 46/96 do DNRC — hoje DREI — atualmente revogada pela IN n. 1/2013, do DREI). Reza o Código Civil, art. 974: "poderá o incapaz, por meio de representante ou devidamente assistido, continuar a empresa antes exercida por ele enquanto capaz, por seus pais ou pelo autor da herança". Será necessária, para tanto, autorização judicial, após exame das circunstâncias e dos riscos da empresa, bem como da conveniência em continuá-la, podendo essa autorização ser revogada pelo juiz, ouvidos os

---

7. Caio M. S. Pereira, *Instituições*, cit., p. 392-4; W. Barros Monteiro, *Curso*, cit., p. 303-5; Bassil Dower, *Curso moderno de direito civil*, São Paulo, Nelpa, 1976, p. 232 e 233; Silvio Rodrigues, Contrato de sociedade, in *Enciclopédia*, cit., p. 514; Orlando Gomes, *Contratos*, cit., p. 481; Carvalho de Mendonça, *Contratos*, cit., v. 2, n. 270; Clóvis Beviláqua, *Código Civil comentado*, v. 5, p. 113; Manara, *Delle società*, cit., v. 2, n. 517-22; Serpa Lopes, *Curso*, cit., p. 503-24; Bulhões de Carvalho, *Incapacidade civil e restrições de direito*, 3 ed., Rio de Janeiro, Borsoi, 1957, v. 2, n. 438; Josserand, *Cours*, cit., t. 2, n. 1.332; Jean Raynal, *Étude sur les conventions immorales*, Paris, Ed. A. Rousseau, 1900, p. 87; Houpin e Bosvieux, *Traité générale des sociétés civiles et commerciales*, 8. ed., Paris, 1918, v. 1, n. 103; Lacerda de Almeida, *Das pessoas jurídicas*, Rio de Janeiro, 1905, p. 215 e s.; J. J. Amézaga, *De las nulidades en general*, Montevideo, 1909, n. 148 e 149; Perreau, *Technique de la jurisprudence en droit privé*, Paris, 1923, v. 1, p. 174 e s.; Aubry e Rau, *Cours*, cit., t. 6, § 378; Dalloz, *Code Civil annoté*, Paris, 1953, p. 419; Capitant, *De la cause des obrigations*, 3. ed., 1927, n. 114 e s.; M. Helena Diniz, *Curso*, cit., v. 3, p. 306-8; *Tratado*, cit., v. 4, p. 114-22; Arthur Rios, Sociedades civis: inoperância e ineficácia dos registros nas juntas comerciais, 3º *RTD*, *82*:328-9; Hentz e Saad Diniz, *Sociedades dependentes de autorização*: novo regramento no Código Civil de 2002, IOB/Thomson, 2004; Luciano B. Timn (coord.), *Direito de empresa e contratos*, IOB/Thomson, 2004; Ricardo Negrão, *Manual*, cit., v. 1, p. 287; Fábio Ulhoa Coelho, *Manual*, cit., p. 137 e 138; Francisco Russo e Nelson de Oliveira, *Manual prático de constituição de empresas*, São Paulo, Atlas, 2004, p. 25 e 26; Paulo Salvador Frontini, Sociedade comercial ou civil entre cônjuges: inexistência, validade, nulidade, anulabilidade ou desconsideração desse negócio jurídico?, *Revista de Direito Mercantil, Industrial, Econômico e Financeiro*, São Paulo, v. 43, p. 37-46. *Vide*, ainda, a Instrução Normativa n. 65/97 do DNRC — ora revogada pela IN n. 102/2006 — do DREI.

pais, tutores ou representantes legais do menor ou do interdito, sem prejuízo dos direitos adquiridos por terceiros. Nem ficarão, como vimos, sujeitos ao resultado da empresa os bens que o incapaz já possuía ao tempo da sucessão ou da interdição, desde que estranhos ao acervo daquela, devendo esses fatos constar do alvará que concedeu tal autorização (CC, art. 974, §§ 1º e 2º). Essa autorização, sua revogação ou a prova da emancipação do menor deverão ser inscritas ou averbadas no Registro Público das Empresas Mercantis (CC, art. 976). Logo, na sociedade civil, menor, herdeiro de sócio, poderá suceder o *de cujus* naquela qualidade, se o magistrado não determinar a dissolução do vínculo social em relação a ele. Esse tipo de contrato reclama, ainda, habilitação para dispor de bens, visto que requer deslocamento patrimonial para compor a quota social. O consentimento dos contraentes é essencial, devendo ser livre de qualquer vício que o contamine, como erro, dolo, coação etc., sob pena de anulabilidade do contrato de sociedade. O § 3º do art. 974, acrescentado pela Lei n. 12.399/2011, para proteger o menor, prescreve, como vimos alhures, que: o Registro Público de Empresas Mercantis a cargo das Juntas Comerciais deverá registrar contratos ou alterações contratuais de sociedade que envolvam sócio incapaz, desde que atendidos, conjuntamente, os seguintes pressupostos: não exercício da administração da sociedade pelo sócio incapaz; integralização total do capital social (mas, pelo Enunciado n. 467 do Conselho da Justiça Federal, aprovado na V Jornada de Direito Civil: "a exigência de integralização do capital social prevista no art. 974, § 3º, não se aplica à participação de incapazes em sociedades anônimas e em sociedades com sócios de responsabilidade ilimitada nas quais a integralização do capital social não influa na proteção do incapaz"); assistência do sócio relativamente incapaz e representação do absolutamente incapaz por seus representantes legais.

É preciso não olvidar, como já dissemos em páginas anteriores, que é lícita a sociedade entre marido e mulher, desde que não tenham casado no regime da comunhão universal de bens, ou no da separação obrigatória, objetivando fim econômico ou prestação de serviço (CC, art. 977), e, além disso, se há possibilidade de cada um dos cônjuges associar-se a estranho, ou a parentes, inclusive filhos, em sociedade, não há por que proibi-los de fazê-lo entre si, desde que não haja fraude (*RT*, *493*:86) ou simulação (*RTJ*, *68*:247). Nem mesmo causaria abalo na estrutura do regime matrimonial, pois o patrimônio social pertencerá à pessoa jurídica e não à pessoa dos sócios. Complementa magistralmente a ideia Paulo Salvador Frontini[8] ao es-

8. Paulo S. Frontini, Sociedade comercial ou civil entre cônjuges: inexistência, validade, nulidade, anulabilidade ou desconsideração desse negócio jurídico, *JTACSP*, São Paulo,

crever: "atente-se, porém, ao relevante pormenor de que, em troca dos bens que transmitem à sociedade, os cônjuges receberam quotas, quer dizer, direitos (classificáveis como coisas móveis) correspondentes a uma parte do capital social. E sobre essas quotas, que lhes passam a pertencer, incidirão as normas sobre o regime de bens dos cônjuges".

2º) *Objetivos*: é necessário que seu objeto seja lícito e possível, isto é, deve haver liceidade e possibilidade dos fins comuns almejados pelos sócios, sob pena de nulidade[9]. A Constituição Federal (art. 5º, XVII) assegura

---

Saraiva, *78*:6, 1983. *Vide* Código Civil, arts. 1.155 a 1.168. Pelo art. 977 do novo Código Civil veda-se sociedade entre cônjuges se o regime matrimonial for o de comunhão universal de bens (art. 1.667) ou da separação obrigatória de bens (art. 1.641). Ante o disposto nos arts. 2.031 e 2.039 do novo Código Civil surge, como já apontamos, o problema: Como ficam as sociedades entre marido e mulher e entre estes e terceiros, já existentes antes do novel Código, se o regime de bens for um dos acima mencionados? Seria necessário alterar o estatuto social, mudando um dos sócios (CC, art. 2.031), ante a impossibilidade de modificar o regime de casamento (CC, art. 2.039)? Ou seria possível alterar o regime matrimonial, em razão da lacuna axiológica instaurada pelo art. 2.039, aplicando-se o princípio da mutabilidade justificada do regime? Tentando solucionar o impasse, o Parecer Jurídico DNRC/COJUR n. 125/2003 entendeu, como vimos alhures, que "em respeito ao ato jurídico perfeito essa proibição não atinge as sociedades entre cônjuges já constituídas quando da entrada em vigor do Código, alcançando, tão somente, as que viessem a ser constituídas posteriormente. Desse modo, não há necessidade de se promover alteração do quadro societário ou mesmo da modificação do regime de casamento dos sócios-cônjuges, em tal hipótese".

Deveras, Luciano Amaral Jr. salienta que pelo art. 5º, XXXVI, da Constituição Federal não se pode prejudicar ato jurídico perfeito e direito adquirido: pelo art. 170, II, da Carta Magna assegura-se a propriedade privada, e, pelo direito de livre associação, o novel Código Civil não se aplica às sociedades constituídas até 11-1-2003, não havendo como subtrair ao marido e à mulher, qualquer que seja o regime de bens, o direito de se manterem sócios em sociedade contratada antes do início de sua vigência (Sociedade entre marido e mulher e o novo Código Civil, *CDT Boletim*, *34*:139-40). "A proibição de sociedade entre pessoas casadas sob o regime da comunhão universal ou da separação obrigatória só atinge as sociedades constituídas após a vigência do Código Civil de 2002" (Enunciado n. 204 do CJF, aprovado na III Jornada de Direito Civil). O CJF (IV Jornada de Direito Civil) entendeu nos Enunciados: a) n. 394 — "Ainda que não promovida a adequação do contrato social no prazo previsto no art. 2.031 do Código Civil, as sociedades não perdem a personalidade adquirida antes de seu advento" e b) n. 395 — "A sociedade registrada antes da vigência do Código Civil não está obrigada a adaptar seu nome às novas disposições".

9. José M. Siviero (*Títulos e documentos e pessoa jurídica, seus registros na prática*, 1983, p. 107-12), como para se registrar uma pessoa jurídica será necessário declarar os objetivos sociais da nova sociedade, aponta-nos alguns exemplos de objetivos sociais:

"1) Compra e venda de terrenos, incorporação imobiliária e venda de unidades autônomas por conta própria, podendo participar como cotista ou acionista de outras sociedades.

2) Exploração do ramo de execução por administração de empreitada ou subempreitada de mão de obra de construção civil, administração de bens, incorporações imobiliárias e participações em outras sociedades.

3) Prestação de serviços de manutenção e conserto de moldes em geral.

4) Serviços de pinturas de placas, faixas, letreiros em veículos e *silk-screen*, sem fornecimento de materiais.

5) Avaliações e perícias imobiliárias e outras prestações de serviços técnicos de arquitetura e de engenharia.

6) Prestação de serviços publicitários em geral.

7) Construção atraves de contratação de serviços de terceiros, compra e venda de imóveis, utilizando-se de recursos próprios e/ou do sistema financeiro da habitação, bem como de outras entidades financeiras; participação e mediação de negócios, exceto imobiliários; incorporação imobiliária, por si ou em sociedade com terceiros, bem como a sua administração; representações por conta de terceiros.

8) Realização de empreendimentos imobiliários em geral; prestação de serviços relativamente a tal atividade e a participação em outras sociedades como sócia, cotista ou acionista.

9) Prestação de serviços de datilografia, cópias e análogos, podendo ainda participar de outras empresas.

10) Serviços de pesquisa de mercado, assessoria, coordenação e veiculação de publicidade e afins.

11) Elaboração e execução de projetos de florestamento e reflorestamento, por ordem e conta própria ou de terceiros, titulares ou não de incentivos fiscais amparados pela legislação específica; prestação de serviços correlatos que possa advir no transcorrer de suas atividades sociais, bem como elaboração e execução de projetos agrícolas e pecuários em terrenos próprios e de terceiros, e administração de projetos florestais.

12) Prestação de serviços de serralheria, sem fornecimento de material.

13) Exploração do ramo de mão de obra especializada em costuras para homens, senhoras e crianças, para as indústrias do ramo, sem fornecimento de materiais.

14) Prestação de serviços de mão de obra na construção civil.

15) Prestação de serviços em gravação e produção de videoteipes em aparelhos elétricos e eletrônicos e em administração de bens e negócios.

16) Prestação de serviços médicos gerais e especializados, bem como a execução de exames complementares de diagnóstico.

17) Prestação de serviços de arquitetura, *design* industrial, administração de construção de imóveis de terceiros, incorporação de empreendimentos imobiliários, loteamentos e comercialização de imóveis próprios.

18) Explorar o ramo de criação e execução de serviços artísticos, tais como: ensaios fotográficos, fotonovelas, produções de filmes, discos, *shows*, peças teatrais.

19) Ramo de escritório de contabilidade.

20) Administração, promoção, elaboração de empreendimentos e participações de bens imóveis próprios, formação de condomínios, participação em outras empresas.

21) Exploração do ramo de representações em geral de produtos nacionais, por conta de terceiros.

22) Exploração de promoções artísticas em geral e produções teatrais.

23) Representações comerciais por conta de terceiros.

24) Representação comercial, à base de comissão por conta de terceiros.

25) Administração, locação de imóveis, prestação de serviços de assessoria geral de negócios, assistência e fiscalização de empresas, podendo também participar do capital de empresas industriais, comerciais e civis.

26) Exploração do ramo de desenho de propaganda e produções audiovisuais.

27) Representação comercial, compreendendo a prestação de serviços, por conta de terceiros, assessoria junto ao departamento de vendas, intermediação de vendas de mercadorias de fabricação de terceiros mediante comissões; assessoria técnica e industrial.

28) Representação comercial, compreendendo a prestação de serviços: intermediação de vendas de mercadorias de fabricação de terceiros, mediante comissões, junto a clientes independente de suas localizações; assessoria de vendas, junto a vendedores, e/ou gerentes de vendas das empresas contratantes, nos negócios que estes realizarem ou, junto a outros representantes comerciais, isto, sempre que houver solicitação das contratantes ou representadas; assessoria burocrática de vendas, junto às empresas contratantes podendo efetuar divisões de áreas, determinar cotas de vendas, elaborar esquemas de vendas, determinar normas de vendas, gerir departamentos de venda, não tendo vinculação empregatícia. As representações serão feitas por conta de terceiros.

29) Locação de aquários e assistência e assessoria técnica de aquários e afins, sem fornecimento de material.

30) Borracharia, consertos de pneus, só mão de obra.

31) Instalação elétrica e hidráulica, somente prestação de serviços.

32) Exploração por conta própria, de prestação de serviços auxiliares para a indústria óptica, sob encomenda, sem emprego de mercadoria, serviços esses compreendendo: surfaçagem, desbaste e polimento de blocos para lentes oftálmicas, montagem de lentes oftálmicas em armações de óculos e coloração de lentes oftálmicas. O serviço será executado em matéria-prima de terceiros.

33) *a*) Prestar serviços de assistência técnica na área econômica e financeira a empresas comerciais e industriais. *b*) Cuidar de operações e negócios que envolvam bens próprios e/ou de terceiros. *c*) Participar em empresas comerciais, industriais ou outras sociedades como sócio, acionista ou quotista. *d*) Representar firmas nacionais e estrangeiras, por conta exclusiva de terceiros.

34) Prestação de serviços a pessoas físicas e jurídicas, de propaganda, tais como: escrita através de cartazes de papel sem impressão própria e falada por intermédio de alto-falantes localizados na sede da sociedade em veículos próprios e de terceiros; intermediação de *shows* artísticos e esportivos.

35) Ramo de serviços de cabeleireiros unissex e barbeiros em geral.

36) Exploração do ramo de produção de espetáculos de teatro, dança, circo, bem como de *shows*, atividades todas essas de cunho artístico e cultural.

37) Exploração do ramo de serviços médicos contratados junto a hospitais, comércio e indústria, cujos atendimentos se farão nos próprios locais.

38) Explorar o ramo de serviços de ferragens para construção civil, somente mão de obra.

39) Prestação de serviços de: apoio, planejamento, organização e assessoramento de empresas em geral; promoção, produção e apresentação de espetáculos artísticos e culturais, nacionais e internacionais; compra e venda de cessão de direitos de programas artísticos, culturais, educativos e esportivos, ao vivo ou em gravação por qualquer processo (filme, *tape* etc.); a participação em outras sociedades ou empresas, como cotista ou acionista.

40) Exploração do ramo de serviços de assessoria e controle de qualidade junto a órgãos oficiais.

41) Exploração do ramo jornalístico com parque gráfico de terceiros, com o objetivo de editar, para si e para terceiros, jornais, revistas e quaisquer outros periódicos, sempre em obediência à Lei 5.250, de 9-2-67.

42) Exploração do ramo de consertos e reformas de esquadrias metálicas e empreiteira de construção civil, somente mão de obra.

43) Pinturas de objetos em geral, sem fornecimento de matéria-prima, somente mão de obra.

44) Desenvolver o ramo de prestação de serviços de automecânica e borracharia, podendo participar de outras sociedades, como cotista ou acionista.

45) Exploração, por conta própria, do ramo de escola de educação infantil.

46) Assistência médica e odontológica, sem fornecimento de materiais.

47) Exploração do ramo de atividade de assistência técnica em aparelhos elétricos, sem fornecimento de peças.

48) Exploração do ramo de atividade de assistência técnica e montagem de móveis (prestação de serviços).

49) Locação de bens móveis em geral e de equipamentos de computação e processamento de dados, próprios ou de terceiros, e de todas as suas partes, peças e componentes; prestação de assistência técnica na instalação, montagem, operação e reparação dos bens imóveis alugados; e participação no capital de outras sociedades, simples ou empresárias.

50) Prestação de serviços de mão de obra de enrolamento de motor e eletricidade em geral.

51) Prestação de serviços, tais como: serviços de mão de obra de artigos do vestuário.

52) Compra e venda de imóveis; realização de projetos para casas e condomínios.

53) Prestação de serviços de laboratório, filmagem e estúdio cinematográfico, bem como outros serviços correlatos.

54) Explorar a atividade de instituto de abreugrafia, radiologia do tórax, inclusive por unidade móvel.

55) Exploração do ramo de prestação de serviços; de colocação de papel de parede, carpete, montagem de móveis.

56) Exploração de representações de produtos nacionais em geral, por conta de terceiros.

57) Representações comerciais por conta de terceiros, sem fornecimento de mercadorias.

58) Mediação de compra e venda, hipoteca, permuta, locação de imóveis e administração de bens.

59) Prestação de serviços de litografia.

60) Prestação de serviços de escritório a representantes de estabelecimentos de crédito estrangeiros, tais como manutenção de escritórios, fornecimento de serviços de datilografia, comunicações, arquivos, expedição, locação de equipamentos de escritório e obtenção de informações.

61) Conserto de eletrodomésticos em geral, somente serviços, sem fornecimento de material.

62) Prestação de serviços de engenharia, tendo por objetivo o estudo, planejamento, projeto, fiscalização, consultoria, ou outras atividades correlatas.

63) Exploração e execução de serviços de pesquisas de mercado, bem como serviços de campo e tabulação de dados.

64) Assessoria de *marketing* e comunicação.

65) Exercício de arte técnica publicitária, mediante estudos, concepção, execução, produção e distribuição de propaganda aos veículos de divulgação, com o objetivo de pro-

a liberdade de associação para fins lícitos, mas em certos casos exige-se a prévia autorização governamental (CC, art. 1.123), como, p. ex., para sociedades estrangeiras (CC, arts. 1.134 e 1.135; LINDB, art. 11, § 1º); para bancos e casas bancárias (Dec. n. 14.728/21, art. 4º — ora revogado pelo Decreto s/n. de 25-4-1991); para sociedades de seguros (Dec.-Lei n. 2.063/40, art. 1º; Dec. n. 60.459/67, arts. 42, parágrafo único, e 48) etc. Para a associação sindical não mais se exige autorização estatal (CF/88, art. 8º, I a VIII, e parágrafo único).

3º) *Formais*: embora não requeira forma especial para a sua constituição, por ser contrato consensual, que pode ser feito oralmente ou por escrito (CC, art. 992), a forma escrita (pública ou particular) é, indiretamente, de grande importância, pois a *personalidade jurídica* surgirá com o registro desse contrato (CC, arts. 45, 46, 985, 998, §§ 1º e 2º, 997 e 1.150; Lei n. 6.015/73, arts. 114, 121, com a redação da Lei n. 9.042/95, e 126; Leis n. 8.934/94 e 9.042/95; Instrução Normativa n. 50/96 do DNRC — hoje DREI — ora revogada pela IN n. 71/1998, do DNRC —, sobre desconcentração dos serviços de registro público de empresas mercantis e atividades afins; Instrução Normativa n. 55/96 do DNRC — ora revogada pela IN n. 3/2013, do DREI —, sobre autenticação de documentos levados a arquivamento no Registro Público de Empresas Mercantis). O instrumento de sua constituição poderá ser público ou particular (CC, art. 997). Esse contrato social, além das cláusulas estipuladas pelas partes, deverá mencionar: *a*) nome, nacionalidade, estado civil, profissão e residência dos sócios, se pessoas naturais, e a firma ou a denominação, nacionalidade e sede dos sócios, se jurídicas; *b*) denominação, objeto, sede e prazo da sociedade; *c*) capital da sociedade, expresso em moeda corrente, podendo compreender qualquer espécie de bens, suscetíveis de avaliação pecuniária; *d*) quota de cada sócio no capital social, e o modo de realizá-la; *e*) as prestações a que se obriga o sócio, cuja contribuição consista em serviços; *f*) as pessoas físicas incumbidas da administração da sociedade e seus poderes e atribuições. P. ex., na sociedade em nome coletivo, a administração competirá aos sócios (CC, arts. 1.049 e 1.042); na em comandita simples, ao sócio comanditado (CC, art.1.047); na limitada poderá haver cláusula designando administrador não sócio (CC, art. 1.061); na comandita por ações, a administração será exclusiva do acionista. O mesmo

---

mover a venda de mercadorias, produtos ou serviços, difundir ideias ou informações ao público a respeito de organizações ou instituições colocadas a serviço deste mesmo público".

se diga da sociedade anônima (Lei n. 6.404/76, art. 282); *g*) participação de cada sócio nos lucros e nas perdas; *h*) responsabilidade subsidiária, ou não, dos sócios pelas obrigações sociais; e *i*) a existência de sucursal, filial ou agência (CC, art. 1.000). São também essenciais as cláusulas previstas no Decreto n. 1.800/96, art. 53, III, que regulamentou a Lei n. 8.934/94, que esclarecem os arts. 997 e 1.000, acrescentando alguns elementos. Além das essenciais, poder-se-á, na lição de Ricardo Negrão, inserir, no contrato social, cláusulas acidentais reguladoras de situações da vida social e que não impedem o seu arquivamento no órgão competente. Exemplificativamente temos: *a*) a previsão de não liquidação e a forma de substituição de sócio premorto (CC, art. 1.028, I); *b*) as cláusulas de dissolução não previstas em lei, a serem verificadas judicialmente quando contestadas (CC, art. 1.035); *c*) a relativa à continuação ou não da sociedade com herdeiros de sócio comanditário falecido (CC, art. 1.050); *d*) a regência supletiva da sociedade limitada pelas normas da sociedade anônima (CC, art. 1.053, parágrafo único); *e*) a possibilidade de haver, ou não, cessão total ou parcial, de quota a pessoa estranha à sociedade limitada (CC, art. 1.057); *f*) a designação de administradores não sócios na sociedade limitada, que dependerá de aprovação de, no mínimo, 2/3 (dois terços) dos sócios, enquanto o capital não estiver integralizado, e da aprovação de titulares de quotas correspondentes a mais da metade do capital social, após a integralização (CC, art. 1.061, com a redação da Lei n. 14.451/2022); *g*) a instituição de conselho fiscal na sociedade limitada, com a fixação de seu número, forma de investidura (CC; 1.066) e outras atribuições não previstas legalmente (CC, art. 1.069); *h*) a previsão de realização de assembleia de sócios (CC, art. 1.072); e *i*) a estipulação do *quantum* da remuneração dos administradores e a distribuição de suas tarefas etc.[10].

---

10. Ricardo Negrão, *Manual*, cit., v. 1, p. 296 e 297; Amador Paes de Almeida, *Direito de empresa no Código Civil*, São Paulo, Saraiva, 2004, p. 64 e 65. Francisco Russo e Nelson de Oliveira (*Manual*, cit., p. 25 e 26) esclarecem o conteúdo do art. 997 do Código Civil, desdobrando os requisitos legais: "*a*) O preâmbulo, com o nome e a qualificação completa dos sócios, os números de inscrição, da identidade e do cadastro da pessoa física na Receita Federal (CPF); a representação, se for o caso; o registro, o Cadastro Nacional da Pessoa Jurídica (CNPJ) e demais dados da pessoa jurídica, se figurar como sócia. *b*) A denominação ou firma social, sendo de observar que na sociedade de responsabilidade limitada a denominação pode ser a própria firma social. *c*) A colocação da expressão 'limitada' nas sociedades de responsabilidade limitada. Caso a denominação corresponder à firma social, virá a inclusão do nome de um dos sócios seguida da expressão '& Cia. Ltda.' ou 'Ltda'. *d*) A indicação da sede social, que é o endereço da empresa e das filiais e outros departamentos. *e*) O objetivo, com a correta determinação da finalidade da sociedade. *f*) O montante do capital social, expresso em moeda corrente, com a referência da integralização no ato ou a prazo; ou em bens, os quais serão avaliados. *g*) A referência da limitação da responsabilidade ao valor das quotas

Enfim, as cláusulas devem conter assunto do interesse dos sócios. Serão acidentais as disciplinadoras, p. ex., dos efeitos da morte ou retirada de sócio e de prazo para pagamento de sócio e de prazo para pagamento de sócio dissidente; as alusivas à modificação contratual ou à escolha de árbitro para solução de eventuais litígios. Sendo necessárias para o registro as referentes: *a*) ao *tipo societário*, desde que previsto em lei; *b*) ao *objeto social*, especificando-o de forma clara; *c*) ao *capital social*, indicando sua composição, modo e prazo para sua integralização e as quotas de cada sócio; *d*) à *responsabilidade dos sócios*, reproduzindo, no texto contratual, a prevista legalmente, para esclarecer terceiro que com a sociedade venha a efetivar negócios; *e*) à *qualificação dos sócios* (se pessoa natural: nacionalidade, estado civil, domicílio e residência, RG e CPF; se pessoa jurídica: CNPJ (Instrução Normativa da RFB n. 1.634/2016; e registro específico); *f*) à *nomeação do administrador*, pois o contrato social deve estabelecer a representação legal da sociedade, nomeando seu administrador ou administradores, que não poderá ser na N/C e C/S alheio ao quadro societário; já na limitada pode ser um não sócio; *g*) *nome empresarial* sob o qual girará a sociedade; *h*) *sede* e *foro* de eleição para apreciação das pendências entre os sócios; e *i*) *prazo de duração*, que pode ser determinado ou indeterminado[11].

Qualquer pacto separado, em sentido contrário ao disposto no instrumento do contrato social, é ineficaz relativamente a terceiros (CC, art. 997,

---

nas sociedades de responsabilidade limitada. *h*) A administração e o uso da firma, com a indicação dos nomes. *i*) A participação nos lucros e prejuízos, e o pagamento *pro labore*. *j*) Os direitos de participação, ou de ingresso na empresa, em caso de morte de um dos sócios. *l*) O prazo de duração da sociedade, podendo ser indeterminado. *m*) A forma de deliberações sociais. *n*) O exercício social e os balanços, indicando o espaço que abrange o exercício e a época da apresentação do balanço. *o*) O fecho ou encerramento com a indicação do local, da data e a colocação das testemunhas dos sócios e do advogado".

11. É a lição de Fábio Ulhoa Coelho, *Manual*, cit., p. 134-7. *Vide*: Instrução Normativa n. 1.006, da SRF, de 8 de fevereiro de 2010 (ora revogada pela IN n. 1.087/2010), que aprovou o Programa Gerador de Documentos do Cadastro Nacional da Pessoa Jurídica, versão 3.0 (PGD CNPJ/Cadastro Sincronizado 3.0), o Programa Gerador de Documentos do Cadastro Nacional da Pessoa Jurídica (PGD CNPJ versão web), o Aplicativo Classificador do Objeto Social (versão web), o Aplicativo Visualizador de Atos Cadastrais do Cadastro Nacional da Pessoa Jurídica (versão web), o Aplicativo Visualizador das Juntas Comerciais (versão web), o Aplicativo Consulta de Remessa (versão web) e o Aplicativo Deferidor de Convenentes (versão web); e Instrução Normativa n. 1.183, da SRF, de 19 de agosto de 2011 (com as alterações da IN da SRF n. 1.210/2011, da IN da SRF n. 1.398/2013 e da IN da SRF n. 1.429/2013 e revogada pela IN da SRF n. 1.470/2014, que dispõem sobre o Cadastro Nacional da Pessoa Jurídica (CNPJ).

parágrafo único). Será feito por instrumento público se: *a*) a sociedade objetivar bem imóvel (CC, art. 108); *b*) se tratar de sociedade anônima, que não foi constituída em assembleia geral (Lei n. 6.404/76, art. 88; CC, art. 1.089); *c*) se cuidar de sociedade formada entre corretor de Bolsa e seus auxiliares (Dec.-Lei n. 1.344/39, art. 32, § 1º). Se o sócio não sabe ou não pode assinar (p. ex., por ser portador do mal de Parkinson ou de alguma lesão em sua mão), deverá nomear, por meio de escritura pública, um procurador (mandatário) com poderes especiais, que então, subscreverá o contrato social, efetivado por instrumento particular ou público, em nome do mandante (sócio). "Nas sociedades, o registro observa a natureza da atividade (empresarial ou não — art. 966); as demais questões seguem as normas pertinentes ao tipo societário adotado (CC, art. 983). São exceções as sociedades por ações e as cooperativas (CC, art. 982, parágrafo único)" (Enunciado n. 382 do CJF, aprovado na IV Jornada de Direito Civil). "A falta de registro do contrato social (irregularidade originária — art. 998) ou alteração contratual, versando sobre matéria referida no art. 997 (irregularidade superveniente — art. 999, parágrafo único) conduzem à aplicação das regras da sociedade em comum (CC, art. 986)" (Enunciado n. 383 do CJF, aprovado na IV Jornada de Direito Civil). Se não houver contrato escrito, ter-se-á sociedade irregular ou de fato, e não havendo registro, ter-se-á sociedade não personificada (CC, arts. 986 a 990; *RT*, *673*:92; *RTTJSP*, *130*:276, *109*:220). O contrato social, portanto, poderá ser feito verbalmente, só que a sociedade será irregular, porque sem o ato constitutivo escrito não se poderá efetuar o registro. O contrato social poderá ser provado por qualquer meio probatório admitido juridicamente como depoimento testemunhal, documentos (cartas, inclusive), perícia etc. Além do mais, pelo Código Civil, arts. 981, 987 e 997, nas questões entre os sócios, a sociedade só se provará por escrito, de modo que um sócio não poderá demandar contra outro sem exibir documento escrito de constituição da sociedade (*RF*, *141*:299, *112*:450; *RT*, *190*:303, *152*:714, *160*:154; *AJ*, *74*:289). Mas os estranhos poderão provar sua existência por qualquer modo admitido em direito (*RT*, *673*:72, *239*:219, *173*:746, *190*:303, *177*:379, *130*:644; *AJ*, *101*:107; *RF*, *139*:224).

Graficamente, temos:

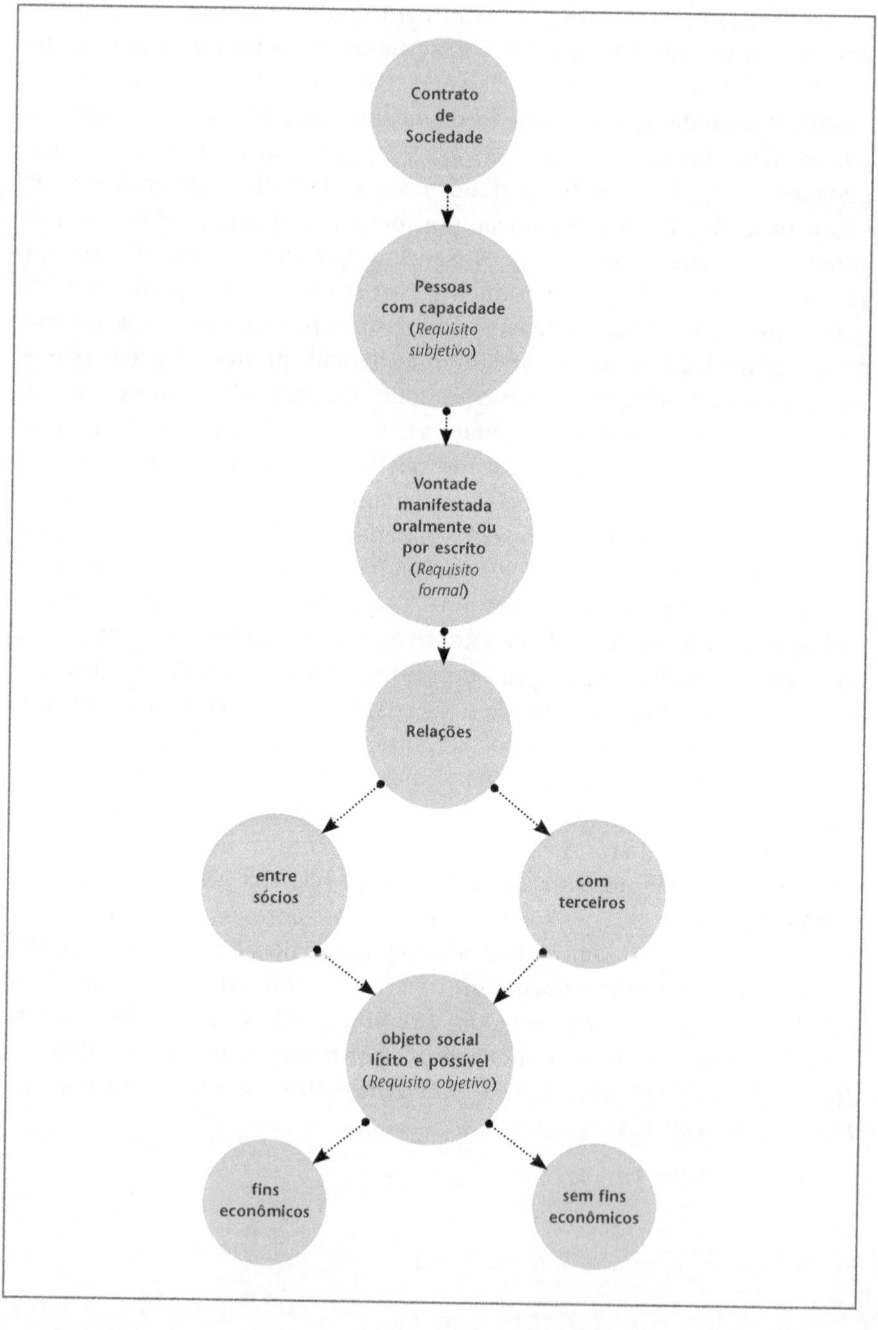
Contrato de Sociedade
Pessoas com capacidade (*Requisito subjetivo*)
Vontade manifestada oralmente ou por escrito (*Requisito formal*)
Relações
entre sócios
com terceiros
objeto social lícito e possível (*Requisito objetivo*)
fins econômicos
sem fins econômicos

Quadro Sinótico

CONTRATO SOCIAL: ASPECTOS COMUNS

1. CONCEITO	• É a convenção por via da qual duas ou mais pessoas (naturais ou jurídicas) se obrigam a conjugar seus esforços ou recursos para a consecução de um fim comum (CC, art. 981).	
2. CARACTERES	• Plurilateralidade, salvo exceções legais. • Onerosidade. • Comutatividade. • Consensualidade.	
3. ELEMENTOS	• Existência de duas ou mais pessoas, exceto nos casos previstos em lei (CC, art. 980-A). • Contribuição de cada sócio para o capital social e o fundo social (CC, arts. 981 e 983). • Obtenção do fim comum pela cooperação dos sócios. • Participação nos lucros e nos prejuízos (CC, arts. 997, VII, e 1.007). • *Affectio societatis*, ou seja, comunhão.	
4. REQUISITOS	• Subjetivos	• Capacidade genérica para praticar os atos da vida civil (CC, arts. 972, 974 e 976). • Habilitação para dispor de bens. • Consentimento dos contraentes.
	• Objetivos	• Liceidade e possibilidade dos fins comuns (CC, art. 1.123).
	• Formais	• Forma livre, embora em regra se use a forma escrita (CC, arts. 45, 985, 987, 992, 997, 998, §§ 1º e 2º, 1.150, 1.089; Lei n. 6.404/76, art. 88; Decreto n. 1.800/96, art. 53, III; Dec.-Lei n. 1.344/39, art. 32, § 1º)

2. Personalidade jurídica da sociedade

A. Sociedade como pessoa jurídica de direito privado

Com o registro do estatuto ou do contrato social (CC, art. 985) surge a personalidade jurídica e a sociedade passa a ser pessoa jurídica, suscetível de direitos e obrigações, tendo capacidade, inclusive, contratual, legitimidade processual ativa e passiva e responsabilidade civil (contratutal, extracontratual). Poderá ser ainda sujeito passivo de imputação penal, na hipótese de delito contra sua imagem-atributo, causando abalo creditório, atingindo sua boa fama, e sujeito ativo de crime ambiental (Lei n. 9.605/98, art. 3º). A sociedade, com o registro de seu contrato social, terá, portanto, individualidade diversa das pessoas que dela participam, patrimônio próprio, órgãos deliberativos e executivos. A sociedade, como sujeito de direito, terá não só titularidade jurídica, podendo contratar, fazer valer uma pretensão, mediante uma ação, por meio de administrador com poderes especiais, mas também será sujeito de um dever jurídico, assumindo obrigações[12].

Eis a razão pela qual os franceses vislumbram no termo *sociedade* o ato constitutivo (contrato social), que lhe dá substância, e a pessoa jurídica, que lhe dá a condição de sujeito de direito[13].

A *pessoa jurídica* é a unidade de pessoas naturais (sociedade) ou de patrimônios (fundação), que visa à consecução de certos fins, reconhecida pela ordem jurídica como sujeito de direitos e obrigações. Três são seus *requisi-*

---

12. Rubens Requião, *Curso*, cit., v. 1, p. 395 e 385. Interessante é o artigo de Warde, Os novos rumos do direito societário. *As consequências da Covid-19 no direito brasileiro* (coord. Warde e Valim), São Paulo, Contracorrente, 2020, p. 265-324.
13. Rubens Requião, *Curso*, cit., v. 1, p. 377; Marcel Hamiaut, *La réforme des sociétés commerciales*, Paris, Dalloz, 1966; E. Thaller, *Traité élémentaire de droit commercial*, Paris, Rousseau, 1904. *Vide* Antonio Brunetti, *Trattato del diritto delle società*, Milano, Giuffrè, 1948.

tos: organização de pessoa ou de bens; liceidade de propósitos ou fins e capacidade jurídica reconhecida por norma[14]. Assim, quanto à estrutura interna, poder-se-á ter a *universitas personarum*, que é a corporação, um conjunto de pessoas que, apenas coletivamente, goza de certos direitos e os exerce por meio de uma vontade única, p. ex., as associações e *sociedades* e a *universitas bonorum*, que é o patrimônio personalizado destinado a um fim que lhe dá unidade, p. ex., as fundações.

Quanto à *natureza jurídica* da pessoa jurídica, várias teorias foram elaboradas, no intento de justificar e esclarecer a sua existência e a razão de sua capacidade de direito. Apesar de não haver um consenso entre a grande variedade de doutrinas, é possível agrupá-las em quatro categorias: 1) teoria da ficção legal e da doutrina; 2) teoria da equiparação; 3) teoria orgânica; e 4) teoria da realidade das instituições jurídicas.

A *teoria da ficção legal*, de Savigny[15], ao entender que só o homem é capaz de ser sujeito de direito, concluiu que a pessoa jurídica é uma ficção legal, ou seja, uma criação artificial da lei para exercer direitos patrimoniais e facilitar a função de certas entidades. Vareilles-Sommières varia um pouco esse entendimento, ao afirmar que a pessoa jurídica apenas tem existência na inteligência dos juristas, apresentando-se como mera *ficção criada pela doutrina*[16].

Não se pode aceitar esta concepção, que, por ser abstrata, não corresponde à realidade, pois se o Estado é uma pessoa jurídica, e se se concluir que ele é ficção legal ou doutrinária, o direito que dele emana também o será.

A teoria da equiparação, defendida por Windscheid e Brinz, entende que a pessoa jurídica é um patrimônio equiparado no seu tratamento jurídico às pessoas naturais[17]. É inaceitável porque eleva os bens à categoria de sujeito de direitos e obrigações, confundindo pessoas com coisas.

Pela *teoria da realidade objetiva* ou *orgânica*, de Gierke e Zitelmann, há junto às pessoas naturais, que são organismos físicos, organismos sociais constituídos pelas pessoas jurídicas, que têm existência e vontade própria, distinta da de seus membros, tendo por finalidade realizar um objetivo social.

---

14. M. Helena Diniz, *Curso*, cit., v. 1, p. 229. Portaria n. 1.818, de 4 de agosto de 2009, da SRF, estabelece os procedimentos para o desenvolvimento de programas, para fins de Captação e Tratamento de Informações da Pessoa Jurídica.
15. Savigny, *Traité de droit romain*, § 85. Adeptos dessa corrente são: Aubry e Rau, *Cours de droit civil français*, 4. ed., Paris, v. 1, § 54; Laurent, *Principes de droit civil*, Bruxelas, v. 1, n. 288; Mourlon, *Répétitions écrites du Code de Napoléon*, 8. ed., Paris, t. 1, n. 97.
16. Vareilles-Sommières, *Les personnes morales*, Paris, 1902, p. 147 e 428.
17. Windscheid, *Pandette*, v. 1, § 40.

Entretanto, essa concepção recai na ficção quando afirma que a pessoa jurídica tem vontade própria, porque o fenômeno volitivo é peculiar ao ser humano e não ao ente coletivo.

A teoria da realidade das instituições jurídicas, de Hauriou[18], admite que há um pouco de verdade em cada uma dessas concepções. Como a personalidade humana deriva do direito (tanto que este já privou seres humanos de personalidade — os escravos, p. ex.), da mesma forma ele pode concedê-la a agrupamentos de pessoas ou de bens que tenham por escopo a realização de interesses humanos. A personalidade jurídica é um atributo que a ordem jurídica estatal outorga a entes que o merecerem. Logo, esta teoria é a que melhor atende à essência da pessoa jurídica, por estabelecer, com propriedade, que a pessoa jurídica é uma realidade jurídica[19].

O Código Civil de 2002, no art. 44, II, considera a *sociedade* como pessoa *jurídica de direito privado*, instituída por iniciativa de particulares; poderá ser *simples* ou *empresária*; conforme a natureza das suas operações habituais; se estas tiverem por objeto o exercício de atividades econômicas organizadas para a produção ou circulação de bens ou de serviços, próprias de empresário, sujeito a registro (CC, arts. 982 e 967), a sociedade será empresária; caso contrário, simples, mesmo que adote quaisquer das formas empresariais, como o permite o art. 983 do Código Civil, exceto se anônima, que, por força de lei, será sempre empresária.

Pelo art. 49-A e parágrafo único do Código Civil (acrescentado pela Lei n. 13.874/2019) "a pessoa jurídica não se confunde com os sócios, associados, instituidores ou administradores. A autonomia patrimonial das pessoas jurídicas é um instrumento lícito de alocação e segregação de riscos, estabelecido pela lei com a finalidade de estimular empreendimentos, para a geração de empregos, tributo, renda e inovação em benefício de todos".

B. Processo genético da sociedade como pessoa jurídica de direito privado

O fato que lhe dá origem é a vontade humana, sem necessidade de qualquer ato administrativo de concessão ou autorização, salvo os casos espe-

---

18. Hauriou, *Précis de droit constitutionnel*, 2. ed., 1929.

19. Sobre essas teorias *vide* Silvio Rodrigues, op. cit., v. 1, p. 93-6; W. Barros Monteiro, *Curso de direito civil*, cit., v. 1, p. 104 e 105; Del Vecchio, *Lições de filosofia do direito*, v. 2, p. 144; Torrente, *Manuale di diritto privato*, p. 70; Cánovas, *Manual de derecho civil*, v. 1, p. 181; Caio M. S. Pereira, *Instituições de direito civil*, Rio de Janeiro, Forense, 1980, v. 1, p. 258-67.

ciais do Código Civil, arts. 1.123 a 1.125, 1.128. 1.130, 1.131, 1.132, 1.133, 1.134, § 1º, 1.135, 1.136, 1.137, 1.138, 1.140 e 1.141, porém a sua personalidade permanece em estado potencial, adquirindo *status* jurídico, quando preencher as formalidades ou exigências legais[20].

O processo genético da sociedade como pessoa jurídica de direito privado apresenta duas fases: 1) a do ato constitutivo, que deve ser escrito; e 2) a do registro público.

Na *primeira fase* tem-se a constituição da pessoa jurídica por negócio jurídico plurilateral (contrato social) *inter vivos*.

Como vimos em páginas anteriores, o contrato de sociedade é a convenção por via da qual duas ou mais pessoas conjugam seus esforços ou recursos para atingir um fim comum e partilhar, entre si, os resultados. O interesse dos sócios é idêntico: lograr uma finalidade, econômica ou não. Portanto, o contrato de sociedade é o meio pelo qual os sócios atingem o resultado almejado; logo, todos os lucros lhes deverão ser atribuídos, não se excluindo qualquer deles da comparticipação nos prejuízos; assim, vedada estará qualquer cláusula contratual que beneficie um dos sócios, isentando-o, p. ex., dos riscos do empreendimento, repartindo os lucros apenas com ele, excluindo-o do pagamento das despesas ou da participação nas perdas etc. (*RT*, *227*:261)[21].

Há portanto uma manifestação de vontade para que se possa constituir pessoa jurídica, para cuja validade devem ser observados os requisitos de eficácia dos negócios jurídicos.

Nesta fase temos dois elementos:

1) O *material*, que abrange atos de associação, fins a que se propõe e conjunto de bens e serviços. Pois a sociedade compõe-se de dois ou mais sócios, considerados como um único sujeito, podendo ser admitidos de acordo com as condições especificadas no contrato social ou nos estatutos; distribuem-se em categorias: fundadores, contribuintes, honorários, beneméritos etc., tendo direito de voto nas assembleias gerais, conforme o modo estabelecido no contrato social. Os fins colimados deverão ser lícitos, possíveis, morais, sob pena de dissolução. Quanto aos bens não há necessidade de sua existência concreta no ato de formação, salvo para as fundações, bastando que a sociedade tenha meios para adquiri-los[22].

20. Caio M. S. Pereira, *Instituições*, cit., v. 1, p. 290; M. Helena Diniz, *Curso*, cit., v. 1, p. 262.

21. Silvio Rodrigues, Contrato de sociedade, in *Enciclopédia Saraiva do Direito*, v. 19, p. 513 e 514; Aubry e Rau, *Cours de droit civil français*, 5. ed., v. 4, § 377; W. Barros Monteiro, *Curso*, cit., v. 5, p. 305 e 306; M. Helena Diniz, *Curso*, cit., v. 1, p. 263.

22. W. Barros Monteiro, *Curso*, cit., v. 1, p. 120-2.

2) O *formal*, pois sua constituição deve ser por escrito. A declaração de vontade pode revestir-se de forma pública ou particular (CC, art. 997).

Além desses requisitos, há certas sociedades que, como já dissemos, para adquirirem personalidade jurídica, dependem de prévia autorização ou aprovação do Poder Executivo Federal (CC, arts. 45, 2ª parte, 1.123 a 1.125), como, p. ex., as agências ou estabelecimentos de seguros (Decs.-Lei n. 2.063/40 e 73/66, art. 74); montepio, caixas econômicas, bolsas de valores (Lei n. 4.728/65, arts. 7º e 8º; Resolução n. 39/66 do BACEN, ora revogada pela Resolução n. 922/1984; Leis n. 6.385/76 e 6.404/76), cooperativas (Lei n. 5.764, de 16-12-1971, arts. 17 a 21), salvo sindicatos profissionais e agrícolas (CLT, arts. 511 e s.; CF, art. 8º, I e II).

A *segunda fase* configura-se no registro (CC, arts. 45, 46, 984, 985, 998, 1.134 e 1.150), pois para que a pessoa jurídica de direito privado exista legalmente é necessário inscrever atos constitutivos, ou seja, contratos e estatutos, no seu registro peculiar, regulado por lei especial; o mesmo deve fazer quando conseguir a imprescindível autorização ou aprovação do Poder Executivo (CC, arts. 45, 46, 1.123 a 1.125 e 1.134; Lei n. 6.015/73, arts. 114 a 121, com alteração da Lei n. 9.042/95 e da Lei n. 14.382/2022; Lei n. 8.934/94, regulamentada pelo Dec. n. 1.800/96 e alterada pelas Leis n. 9.829/99, 10.194/2001, 11.598/2007 e 13.833/2019). O registro da sociedade (simples ou empresária) deve ser requerido pela pessoa a isso obrigada por lei (CC, art. 1.151), sob pena de responder pelo prejuízo da demora, mediante apresentação dos documentos necessários ao assento ao órgão competente, no prazo de trinta dias, contado da lavratura dos atos constitutivos (CC, art. 1.151, §§ 1º e 3º). Cabe lembrar que, pela Lei n. 6.015/73, art. 121 §§ 1º a 3º (com alteração da Lei n. 14.382/2022), o registro será feito com base em uma via do estatuto, compromisso ou contrato, apresentada em papel ou em meio eletrônico, a requerimento do representante legal da pessoa jurídica. Tal requerimento será dispensado se o representante tiver subscrito o estatuto, compromisso ou contrato. Os documentos apresentados em papel poderão ser retirados pelo apresentante nos 180 dias após a data da certificação do registro ou de expedição da nota devolutiva, decorrido tal prazo os documentos poderão ser descartados. A inobservância dessa norma torna a sociedade não personificada. Nasce a sociedade, portanto, a partir do momento em que se der a efetivação do seu contrato social e com a exploração de sua atividade pelo sócio, ficando-lhe, contudo, assegurada sua existência como sociedade em comum (não personificada) até que obtenha sua inscrição. Além disso, será preciso averbar no registro todas as alterações por que passar o ato constitutivo (CC, art. 45, *in fine*)[23].

---

23. M. Helena Diniz, *Curso*, cit., v. 1., p. 266 e 267; Mônica Gusmão, *Curso*, cit., p. 69-70; Luiz Tzirulnik, *Empresas*, cit., p. 42 e 43. *Vide* Lei n. 11.598/2007, com as alterações da

Em caso de necessidade de prévia autorização do governo (CC, arts. 45, 1.123 a 1.125), o registro só terá lugar depois de esta ter sido expressamente obtida. A falta dessa autorização impede que a sociedade se constitua, pois torna nulo o ato de constituição, por ser essencial a sua validade.

No momento em que se opera o assento do contrato social ou do estatuto no registro competente, a pessoa jurídica começa a existir, passando a ter aptidão para ser sujeito de direito e obrigações, a ter capacidade patrimonial, constituindo seu patrimônio, que não tem nenhuma relação com os dos sócios, adquirindo vida própria e autônoma, não se confundindo com os seus membros, por ser uma nova unidade orgânica. Com a inscrição, portanto, ter-se-á: *a*) pessoa jurídica distinta da pessoa natural de seus sócios, pois passará, em seu nome, a contrair obrigações e a exercer direitos, tendo nacionalidade, capacidade e domicílio próprios; *b*) patrimônio social separado do dos sócios[24]. O registro tem força constitutiva, pois além de servir de prova possibilita a aquisição da capacidade jurídica. O assento de atos constitutivos das *sociedades simples* dar-se-á no *Registro Civil das Pessoas Jurídicas*, sendo que os das *sociedades empresárias* deverão ser registrados no *Registro Público de Empresas Mercantis* (Lei n. 8.934/94, regulamentada pelo Dec. n. 1.800/96; CC, art. 1.150), sendo competente para a prática de tais atos as Juntas Comerciais. O registro deverá declarar: a denominação, os fins, a sede, o tempo de duração e o fundo ou capital social, quando houver; o nome e a individualização dos fundadores ou instituidores, e dos diretores; o modo por que se administra e representa, ativa e passivamente, judicial e extrajudicialmente; possibilidade e maneira de reforma do estatuto social (p. ex., por unanimidade, por maioria simples ou absoluta) no tocante à administração; a responsabilidade sub-

---

Lei n. 14.195/2021, que estabelece diretrizes e procedimentos para a simplificação e integração do processo de registro e legalização de pessoas jurídicas (REDESIM); Decreto n. 6.884, de 25 de junho de 2009, que institui o Comitê para Gestão da Rede Nacional para a Simplificação do Registro e da Legalização de Empresas e Negócios — CGSIM; e Resolução n. 1, de 1º de julho de 2009, do CGSIM, que aprova o Regimento Interno do Comitê para Gestão da Rede Nacional para Simplificação do Registro e da Legalização de Empresas e Negócios.

Registro de pessoa jurídica: Dec.-lei n. 1.593/77, arts. 2º-A e 2º-B, acrescidos pela Lei n. 12.715/2012.

Sobre CNPJ — Instrução Normativa da RFB n. 1.634/2016 com alteração da IN da RFB n. 1.684/2016. *Vide* Lei n. 11.598/2007, com alterações da Lei n. 14.195/2021, arts. 11-A, I e § 2º, 14, parágrafo único, III; Lei n. 8.934/94, com alteração da Lei n. 14.195/2021, art. 35-A; Lei n. 9.430/96, arts. 80, 81 e 81-A, com as alterações da Lei n. 14.195/2021.

Sobre autorização de funcionamento no Brasil de *sociedade estrangeira*: Decreto n. 9.787/2019; Lei n. 8.934/94, com redação da Lei n. 14.195/2021, art. 4º, X.

24. M. Helena Diniz, *Curso*, cit., v. 1, p. 269.

sidiária, ou não, dos sócios pelas obrigações sociais; as condições de extinção da pessoa jurídica e o destino de seu patrimônio (CC, art. 46, I a VI).

O direito de anular a constituição das pessoas jurídicas de direito privado, por defeito do ato respectivo, pode ser exercido dentro do prazo decadencial de três anos, contado da publicação e sua inscrição no registro ou a partir do registro, nas hipóteses em que a publicação não for exigida (CC, art. 45, parágrafo único). Se o triênio escoar *in albis*, os defeitos relativos à sua constituição convalescer-se-ão. Ocorrida a decadência não mais se poderá alegar qualquer irregularidade; consequentemente, as pessoas jurídicas, com seu reconhecimento, poderão exercer, sem quaisquer riscos, suas atividades.

Acrescentam os arts. 986 a 990, 1.132 e 1.136 do Código Civil que, por falta de autorização ou de registro dos atos constitutivos, as sociedades que se não reputarem pessoas jurídicas não poderão acionar a seus membros, nem a terceiros, mas estes poderão responsabilizá-las por todos os seus atos, reconhecendo a existência de fato para esse efeito, apesar de que pelo art. 75, IX, do Código de Processo Civil de 2015 poderão ser representadas em juízo, ativa ou passivamente, pela pessoa a quem couber a administração de seus bens.

Essas sociedades reger-se-ão, salvo por ações em organização, pelos arts. 986 a 990 do Código Civil, observadas, subsidiariamente e no que forem compatíveis, as normas da sociedade simples (CC, arts. 997 a 1.038). Os sócios, nas relações entre si ou com terceiros, apenas poderão provar a existência da sociedade por escrito, mas aos terceiros será permitido o emprego de qualquer meio probatório (CC, art. 987). Os bens e dívidas sociais constituem patrimônio dos sócios (CC, art. 988). Tais bens responderão pelos atos de gestão praticados por qualquer dos sócios, exceto se houver pacto expresso limitativo de poderes, que apenas terá eficácia perante terceiros que o conheçam (CC, art. 989). Todos os sócios responderão solidária e ilimitadamente pelas obrigações sociais, excluído aquele que tratou pela sociedade do benefício de ordem, previsto no art. 1.024, segundo o qual os bens particulares dos sócios não poderão ser executados por débitos da sociedade, senão depois de executados os bens sociais (CC, art. 990).

O acervo de bens das sociedades não personificadas responde pelas obrigações, e, subsidiariamente, os seus sócios têm o dever de concorrer com os seus haveres, na dívida comum: proporcionalmente à sua entrada (CPC/2015, art. 795, § 1º). Vigora o princípio da responsabilidade incidente sobre a massa patrimonial com repercussão no patrimônio dos sócios, pois a falta de registro acarreta a comunhão patrimonial e jurídica da sociedade e de seus membros, confundindo-se seus direitos e obrigações com os dos sócios.

Nessas sociedades sem personalidade jurídica prevalece o princípio de que só as que são sujeitos de direito é que podem possuir bens; logo, "as sociedades de fato não podem, em seu nome, figurar como parte em contrato de compra e venda de imóvel, em compromisso ou promessa de cessão de direitos, movimentar contas bancárias, emitir ou aceitar títulos de crédito; praticar outros atos extrajudiciais que impliquem alienações de imóveis, porque o Registro Imobiliário não poderá proceder ao registro" (*RT*, 428:250).

Esse tratamento que a lei substantiva dispensa à sociedade não personificada decorre do princípio de que a aquisição de direitos advém da observância da norma, enquanto a imposição de deveres (responsabilidade) existe sempre[25].

Do exposto verifica-se que da conjunção das duas fases, volitiva e administrativa, é que resulta a aquisição da personalidade da pessoa jurídica.

C. Capacidade da pessoa jurídica

A capacidade da pessoa jurídica decorre logicamente da personalidade que a ordem jurídica lhe reconhece por ocasião de seu registro. Essa

---

25. M. Helena Diniz, *Curso*, cit., v. 1, p. 270 e 271; Caio M. S. Pereira, *Instituições*, cit., v. 1, p. 296, 297 e 299; W. Barros Monteiro, *Curso*, cit., v. 1, p. 126; José Manuel de Arruda Alvim Neto, *Comentários ao Código de Processo Civil*, v. 2, p. 94.

O desembargador corregedor-geral da Justiça do Estado de São Paulo, por meio do Provimento CG n. 5/2015 acresceu novos subitens à Seção II do Capítulo XVIII das Normas de Serviço desse órgão que trata do registro civil de pessoas jurídicas. O conteúdo acrescido estabelece que, para que se promova o registro da pessoa jurídica, devem ser apresentadas duas vias originais do ato constitutivo, contrato social ou estatuto. Caso seja apresentada apenas uma via do documento original, esta ficará arquivada na serventia, facultando-se ao usuário requerer, no mesmo ato ou em momento posterior, a emissão de certidão do registro, mediante pagamento dos respectivos emolumentos (11.3). Adotando-se o procedimento de microfilmagem, fica dispensado o arquivamento de via original, a qual será devolvida ao apresentante, após o registro efetuado (11.4). A certidão emitida pela Jucesp ou por oficial de registro de Títulos e Documentos ou Registro Civil de Pessoa Jurídica tem valor de original, substituindo a apresentação de via original do documento (11.5). As mesmas regras constantes dos itens 11 ao 35 do Capítulo XVIII das Normas de Serviço da Corregedoria são aplicáveis, no que couber, às averbações, quando do registro civil das pessoas jurídicas (17.3).

Já se decidiu que "As sociedades de fato, quando demandadas, não poderão opor a irregularidade de sua constituição (art. 12, § 2º — hoje art. 75, § 2º —, do CPC). É um princípio de defesa daqueles que têm direitos a reclamar de uma sociedade, que não se constitui regularmente, os quais não podem ser prejudicados por uma falha que só se pode atribuir à própria sociedade" (2º TACSP, Ap. c/Rev. 494.663, 9ª Câm., j. 9-6-1998).

capacidade estende-se a todos os campos do direito. Pode exercer todos os direitos subjetivos, não se limitando à esfera patrimonial. Tem direito à identificação, sendo dotada de uma denominação, de um domicílio e de uma nacionalidade. Logo, tem: *a*) direito à personalidade, como o direito ao nome, à marca, à liberdade, à imagem, à privacidade, à própria existência, ao segredo, à honra objetiva (*RT, 176*:195) ou à boa reputação[26], podendo pleitear, se houver violação a esses direitos, reparação por dano moral e patrimonial (*RT, 776*:195, *716*:2703, *680*:85, *627*:28; Súmula 227 do STF), atingindo sua credibilidade social, idoneidade empresarial, potencialidade econômica, capacidade de produção de lucros, qualidade do fundo de comércio, clientela etc. (CC, art. 52). Os direitos da personalidade são qualidades da sociedade e do estabelecimento. Para acarretar responsabilidade civil por dano moral à pessoa jurídica, o fato lesivo e o dano eventual deverão ser comprovados (Enunciado n. 189 do Conselho da Justiça Federal, aprovado na III Jornada de Direito Civil). E, até mesmo para a cessação da lesão ou da ameaça sofrida, poderá ajuizar medidas cautelares, mandado de segurança, ação ordinária com pedido de tutela antecipada etc.; *b*) direitos patrimoniais ou reais (ser proprietária, usufrutuária etc.); *c*) direitos industriais (CF, art. 5º, XXIX); *d*) direitos obrigacionais (de contratar, comprar, vender, alugar etc.); e *e*) direitos à sucessão, pois pode adquirir bens *causa mortis*. Tais direitos lhe são reconhecidos no mesmo instante de seu assento no registro competente, subsistindo enquanto atuarem e terminando com o cancelamento da inscrição das pessoas jurídicas.

Sofre, contudo, limitações decorrentes[27]:

1) *De sua natureza*, pois, não sendo dotada de um organismo biopsíquico, falta-lhe titularidade ao direito de família, ao parentesco e a outros que são inerentes ao homem; não pode, como é óbvio, praticar diretamente os atos da vida jurídica, devendo servir-se de órgãos de comunicação, necessitando, portanto, de um representante legal que exteriorize sua vontade. Os atos

---

26. Consulte: Alexandre Ferreira de Assumpção Alves, *A pessoa jurídica e os direitos da personalidade*, 1998; M. Helena Diniz, *Curso*, cit., v. 1, p. 272; Alex Sandro Ribeiro, *Ofensa à honra da pessoa jurídica*, São Paulo, Leud, 2004; Déborah Regina Lambach Ferreira da Costa, *Dano à imagem da pessoa jurídica de direito público*, São Paulo: Saraiva, 2015. Já, na IV Jornada de Direito Civil, aprovado foi o Enunciado n. 286 do CJF, com o seguinte teor: "Os direitos da personalidade são direitos inerentes e essenciais à pessoa humana, decorrentes de sua dignidade, não sendo as pessoas jurídicas titulares de tais direitos".

27. M. Helena Diniz, *Curso*, cit., v. 1, p. 272; Cunha Gonçalves, *Tratado de direito civil*, v. 1, t. 2, n. 124; Caio M. S. Pereira, *Instituições*, cit., v. 1, p. 268.

dos administradores obrigam a pessoa jurídica se exercidos dentro dos limites estabelecidos no ato constitutivo (CC, art. 47). Entendeu, ainda, o Enunciado n. 145 do Conselho de Justiça Federal, aprovado na Jornada de Direito Civil de 2004, que "o art. 47 não afasta a aplicação da teoria da aparência".

Pelo art. 1.012, os administradores responderão pessoal e solidariamente com a sociedade pela prática de atos de gestão que se derem antes da averbação de sua nomeação à margem da inscrição da sociedade.

A pessoa jurídica deverá cumprir os atos praticados pelos administradores, exceto se houver desvio ou excesso dos poderes conferidos a eles. Nesta última hipótese, deverão responder, pessoalmente e com seu patrimônio, pelos atos lesivos causados às pessoas com quem negociaram. A pessoa jurídica só terá responsabilidade limitada aos poderes concedidos a eles em ato constitutivo registrado. Se, porventura, a pessoa jurídica tiver administração coletiva (gerência colegiada), as decisões serão tomadas pela maioria dos votos dos presentes (metade mais um), a não ser que o ato constitutivo disponha o contrário; o direito de invalidar as decisões dos administradores que violarem norma legal ou estatutária ou eivadas de erro, dolo, simulação ou fraude pode ser exercido dentro do prazo decadencial de três anos (CC, art. 48, parágrafo único), contado do registro da publicação ou notificação aos interessados da decisão ou deliberação viciada, como ensinam Jones F. Alves e Mário Luiz Delgado. Se alguma deliberação foi tomada pela administração coletiva, sem que se tenha atingido o número de votos requerido para sua validade, por infringência normativa ou por vício de consentimento ou social, havendo inércia dos que teriam legitimidade para impugná-la, deixando escoar aquele prazo decadencial, ter-se-á o convalescimento da decisão viciada. Como a pessoa jurídica precisa ser representada, ativa ou passivamente, em juízo ou fora dele, deverá ser administrada por quem o contrato indicar ou por quem seus membros elegerem. Por isso, se a administração da pessoa jurídica vier a faltar (vacância gerencial) por ato voluntário ou involuntário do administrador, o juiz, a requerimento de qualquer interessado (sócio, credor etc.), nomeará a seu critério, dentre os sócios idôneos, ou, se todos forem inaptos, pessoa estranha, um administrador provisório (CC, art. 49; CPC/2015, art. 614).

Modernamente há uma tendência para substituir o termo "representante", como ainda se encontra no ordenamento jurídico pátrio, pelo vocábulo "órgão", considerando-se que a pessoa natural não é simples intermediária da vontade da pessoa jurídica, o que dá a entender que há duas vontades, a do mandante e a do mandatário, quando, na verdade, há uma só, que é a da entidade, manifestada, dentro das limitações legais, pelo seu elemento vivo de contato com o mundo jurídico[28].

2) *De norma jurídica*, mesmo no campo patrimonial, em virtude de razões de segurança pública, pois as pessoas jurídicas estrangeiras não podem receber concessão para o aproveitamento de recursos minerais, nem adquirir propriedade no País, com exceção dos edifícios-sede de suas representações diplomáticas e consulares, nem, em regra, ser acionistas de empresas jornalísticas etc. (CF, arts. 190, 176, § 1º, e 222, com redação da EC n. 36/2002).

Como se vê, a pessoa jurídica tem capacidade para exercer todos os direitos compatíveis com a natureza especial de sua personalidade[29].

---

28. M. Helena Diniz, *Curso*, cit., v. 1, p. 273 e 274; Caio M. S. Pereira, *Instituições*, cit., v. 1, p. 270 e 271; Cunha Gonçalves, op. cit., v. 1, t. 2, n. 122, p. 966; Fábio Maria de Mattia, *Aparência de representação*, 1984, p. 52, 53 e 174; CF, art. 5º, XXI; CC, arts. 1.169 a 1.178. CPC/2015, art. 75, VIII, IX e X.

29. M. Helena Diniz, *Curso*, cit., v. 1, p. 274; De Page, *Traité élémentaire de droit civil belge*, v. 1, n. 510.

Vide: Instrução Normativa n. 1.556, de 31 de março de 2015, altera a Instrução Normativa RFB n. 1.515, de 24 de novembro de 2014, que dispõe sobre a determinação e o pagamento do imposto sobre a renda e da contribuição social sobre o lucro líquido das pessoas jurídicas, disciplina o tratamento tributário da Contribuição para o PIS/Pasep e da Cofins no que se refere às alterações introduzidas pela Lei n. 12.973, de 13 de maio de 2014. Instrução Normativa n. 2, de 7 de abril de 2015, do Ministro de Estado Chefe da Controladoria-Geral da União, regula o registro de informações no Cadastro Nacional de Empresas Inidôneas e Suspensas — CEIS e no Cadastro Nacional de Empresas Punidas — CNEP.

Pelo Enunciado 680 da IX Jornada de Direito Civil: "A Lei Geral de Proteção de Dados Pessoais não exclui a possibilidade de nomeação pelo controlador de pessoa jurídica, ente despersonalizado ou de mais de uma pessoa natural para o exercício da função de encarregado pelo tratamento de dados pessoais". Justificativa: "Dispõe a LGDP, em seu art. 41: 'O controlador deverá indicar encarregado pelo tratamento de dados pessoais'. Com efeito, o Encarregado pelo Tratamento de Dados Pessoais é definido no art. 5º, VIII, da LGPD: 'VIII — encarregado: pessoa indicada pelo controlador e operador para atuar como canal de comunicação entre o controlador, os titulares dos dados e a Autoridade Nacional de Proteção de Dados (ANPD)'. Apesar do conceito legal, não há vedação expressa a outros arranjos institucionais, tanto na administração pública quando em organizações privadas, de que o encarregado de dados seja um órgão interno da instituição ou que haja mais de um encarregado de dados, especialmente em instituições de grande porte, onde uma pessoa não terá condições para o exercício do cargo. Assim, como exemplos, o Tribunal de Justiça de São Paulo que, em atenção ao disposto no art. 23, inciso I, da Lei n. 13.709/2018, institui a Portaria n. 9.912/2020, que normatiza o órgão Encarregado pelo Tratamento de Dados Pessoais do Poder Judiciário do Estado de São Paulo, designando magistrados e servidores para integrarem o órgão Encarregado, assim como o Gabinete e o Comitê de Apoio (Portaria n. 9.913/2020). Igualmente, a Prefeitura do Município de Porto Alegre, que institui o Comitê Gestor de Proteção de Dados (CGPD), colegiado que deverá estabelecer na administração municipal as diretrizes e procedimentos de conformidade à LGPD (Decreto n. 20.777).

D. RESPONSABILIDADE CIVIL DA PESSOA JURÍDICA DE DIREITO PRIVADO

Quanto à responsabilidade, poder-se-á dizer que a pessoa jurídica de direito privado, no que se refere à realização de um negócio jurídico dentro dos limites do poder autorizado pela lei ou pelo contrato social, deliberado pelo órgão competente e realizado pelo legítimo representante, é responsável, devendo cumprir o disposto no contrato, respondendo com seus bens pelo inadimplemento contratual[30], conforme prescreve o art. 389 do Código Civil. E a Lei n. 8.078/90, arts. 12 a 25, impõe não só a responsabilidade objetiva das pessoas jurídicas pelo fato e por vício do produto e do serviço, independentemente da existência de sua culpabilidade — assim sendo, incumbidas estarão de reparar os danos físicos ou psíquicos causados aos consumidores —, como também a responsabilidade subjetiva para garantir a incolumidade econômica do consumidor ante os incidentes de consumo que podem diminuir seu patrimônio em razão de vício de quantidade e de qualidade por inadequação. Mesmo as sociedades formadas por profissionais liberais não terão responsabilidade subjetiva, por fato do serviço, mas sim a objetiva, tendo-se em vista que não se confundem com a personalidade física de seus membros, exercendo, depois, o direito de regresso contra o culpado (art. 14, §§ 1º a 4º, da Lei n. 8.078/90; CC, arts. 932, III, 933, 934, 942 e 951).

A Constituição Federal de 1988, no art. 173, § 5º, dispõe que "a lei, sem prejuízo da responsabilidade individual dos dirigentes da pessoa jurídica, estabelecerá a responsabilidade desta, sujeitando-a às punições com-

---

Entretanto, a suposta lacuna da lei dá azo a interpretações mais restritivas, razões pela qual se propõe este enunciado".

30. Caio M. S. Pereira, *Instituições*, cit., v. 1, p. 276 e 277; Geovane de M. Peixoto, A adoção de sistema de *compliance* e o novo marco legal de combate à corrupção, *Revista Síntese — Direito Empresarial, 43*: 93 a 95; Marcelo A. Sant'Anna, Breve crítica à Lei n. 12.846/2013, in *Anuário 2014 do CESA*, p. 133 a 136; Tobias Teicke e M. Aschenbrenner (A nova lei anticorrupção brasileira — similaridades com o direito alemão e o FCPA dos EUA, in *Letrado — IASP*, ed. 109, 2014, p. 52-3) observam que: Sanções severas a entidades brasileiras ou estrangeiras que venham a subornar funcionários públicos, bastando tão somente a prova da tipicidade objetiva (pouco importando a questão da averiguação da culpa (art. 2º). Essa lei é similar à do direito norte-americano (*Foreign Corrupt Practices Act* de 1977 — FCPA). No direito alemão já é preciso provar intenção ou negligência do dirigente da pessoa jurídica, em âmbito extracriminal, no controle dos atos de seus subordinados (Owig — Ordnungs-widingkeitengesetz — §§ 30 e 130). *Vide* Lei n. 12.846/2013 sobre responsabilização administrativa e civil das pessoas jurídicas pela prática de atos contra a Administração Pública, nacional ou estrangeira.

Pelo Enunciado 661 da Jornada de Direito Civil: "A aplicação do art. 931 do Código Civil para a responsabilização dos empresários individuais e das empresas pelos danos causados pelos produtos postos em circulação não prescinde da verificação da antijuridicidade do ato", por ser um dos pressupostos da obrigação de indenizar.

patíveis com sua natureza, nos atos praticados contra a ordem econômica e financeira e contra a economia popular".

No campo da *responsabilidade extracontratual* é princípio assente que as pessoas jurídicas de direito privado devem reparar o dano causado pelo seu representante que procedeu contra o direito, alargando-se, assim, o conceito de responsabilidade indireta. O Código Civil, ao cuidar da responsabilidade civil, o fez apenas quanto às pessoas jurídicas que têm finalidade lucrativa ou empresarial (arts. 931 a 1.009) ao dispor que respondem pelos produtos postos em circulação. De forma que se se combinarem os arts. 932, III, e 933 do Código Civil vigente, poder-se-á dizer que essas sociedades respondem objetivamente pelos danos provocados e pelos atos ilícitos praticados pelos seus representantes, pois não há mais a presunção *juris tantum* de culpa *in eligendo* ou *in vigilando*, que provocava a inversão do ônus da prova, fazendo com que a pessoa jurídica tivesse de comprovar que não teve culpa nenhuma (como dispunha o STF, Súmula 341). Como a lei substantiva parece estar tratando somente da pessoa jurídica que colima lucro (sociedade), a responsabilidade das associações, que não têm tal fim, não encontra regulamentação legal, o que nos conduz a aceitar a conclusão de Silvio Rodrigues de que sua responsabilidade advém do art. 186 c/c com o art. 927 do Código Civil, que dispõe sobre a responsabilidade do causador do dano pela reparação do prejuízo. Hipótese em que a vítima deverá demonstrar a culpa *in eligendo* ou *in vigilando* da associação, mas, ante os arts. 4º e 5º da Lei de Introdução às Normas do Direito Brasileiro, mais viável seria admitir a responsabilidade civil objetiva das associações, aplicando-se os arts. 932 e 933, sob pena de instaurar no sistema uma lacuna axiológica.

Hodiernamente, há previsão legal de imputabilidade criminal também para pessoas jurídicas, conforme o art. 3º da Lei n. 9.605/98. Segundo o dispositivo, as pessoas jurídicas poderão ser responsabilizadas administrativa, civil e penalmente, no caso em que a atividade lesiva ao meio ambiente seja cometida por decisão de seus representantes legais, ou contratuais, ou de seu órgão colegiado, no interesse ou benefício da entidade. A responsabilidade das pessoas jurídicas, em tais casos, não exclui a das pessoas naturais, autoras, coautoras ou partícipes do fato delituoso. Dispõe, ainda, o art. 21 da mesma lei que as penas aplicáveis às pessoas jurídicas poderão ser de multa, restritivas de direito ou de prestação de serviços à comunidade. Às pessoas jurídicas é também legítimo o exercício das ações penais (CPP, art. 37). Outros diplomas, como o Código de Defesa do Consumidor, preveem que, p. ex., em caso de crimes contra as relações de consumo, o representante da pessoa jurídica responderá pelas penas estipuladas nos arts. 61 a 80 da Lei n. 8.078/90[31].

---

31. Silvio Rodrigues, *Direito civil*, cit., v. 1, p. 102. A associação (CC, art. 44, I) é uma *universi-*

E. Efeitos societários da personificação

A personalidade jurídica da sociedade data da inscrição de seus atos constitutivos no registro próprio.

Deveras, do assento dos atos constitutivos da sociedade simples, no Registro Civil de Pessoas Jurídicas, e da sociedade empresária, no Registro Público de Empresas Mercantis, surge a personificação societária e com ela advêm os efeitos jurídicos[32].

Com o arquivamento do ato constitutivo no registro competente — que, não tendo função jurisdicional contenciosa, por ser órgão administrativo (*RT, 299*:342), examinará, tão somente formal e previamente, o contrato social, os documentos apresentados, averiguando a licitude do objeto social, o cumprimento dos requisitos legais —, a sociedade adquirirá personalidade jurídica, passando:

1) A ser *sujeito de direito* e, consequentemente, terá: *a*) *titularidade obrigacional ou negocial*, assumindo capacidade legal para adquirir direitos e contrair obrigações por meio de representante, podendo efetuar contratos, assumindo em relação a terceiros a responsabilidade por aqueles atos negociais, como credora ou devedora, sem que haja o envolvimento de seus sócios ou da pessoa natural que atuou como seu agente (representante). Tal se dá porque as relações contratuais não ficam restritas ao âmbito dos contratantes,

---

tas personarum, isto é, conjunto de pessoas que colimam fins ou interesses não econômicos (CC, art. 53), que podem ser alterados, pois seus membros deliberam livremente, já que seus órgãos são dirigentes. Por outras palavras, a associação é um contrato pelo qual certo número de pessoas, ao se congregar, coloca, em comum, serviços, atividades, conhecimentos, em prol de um mesmo ideal, objetivando a consecução de determinado fim não econômico ou econômico, com ou sem capital, e sem intuitos lucrativos (CC, art. 53). Consulte: M. Helena Diniz, *Curso*, cit., v. 1, p. 239-58, 282 e 283; Caio M. S. Pereira, *Instituições*, cit., v. 1, p. 278. Sobre responsabilidade criminal: Fernando da Costa Tourinho Filho, Responsabilidade penal das pessoas jurídicas, *Boletim Informativo Saraiva*, n. 2, ano 7, 1998, p. 12; Walter C. Rothenburg, *A pessoa jurídica criminosa*, Curitiba, Juruá, 1997.

32. Sobre os efeitos da personificação da sociedade: Adalberto Simão Filho, Os direitos de empresa no novo Código Civil, *Simpósio sobre o novo Código Civil brasileiro* (coord. Pasini, Lamera e Talavera), São Paulo, 2003, p. 56; Mônica Gusmão, *Curso*, cit., p. 73; Rubens Requião, *Curso*, cit., v. 1, p. 395; Luiz Tzirulnik, *Empresas*, cit., p. 41-3; Fábio Ulhoa Coelho, *Manual*, cit., p. 112-7; Ricardo Negrão, *Manual*, cit., v. 1, p. 231; Sérgio Campinho, *O direito de empresa*, cit., p. 64; Amador Paes de Almeida, *Manual das sociedades*, São Paulo, Saraiva, 2004, p. 9-11; Julius Binder, *Das Problem der juristischen Persönlichkeit*, Leipzig, 1907; René Clémens, *Personnalité morale et personnalité juridique*, Paris, 1935; Scalfi, *L'idea de persona giuridica e le formazioni sociali titolari di rapporti nel diritto privato*, Milano, Giuffrè, 1968. Sobre pessoa jurídica: CPC/2015, arts. 53, III, *a* a *c*; 75,VIII, e 1.051 e parágrafo único.

dando origem a relações diretas, ou subsidiárias, entre eles e terceiros alheios ao contrato. A sociedade, como pessoa jurídica, não é somente ato subjetivo, cujos efeitos se restringem aos seus sócios, mas ato-regra, de natureza corporativa, extensível a futuros participantes, ou seja, à pessoa que com ela contratar e a terceiros, estranhos àquele ato negocial efetivado. Ante o princípio da autonomia da sociedade, os sócios não poderão ser considerados como titulares de direito, nem devedores da prestação no exercício da atividade social. Com a sua personalização, a sociedade poderá, p. ex., comprar matéria-prima, aceitar duplicata por meio de representante, efetuar contrato trabalhista etc.; *b*) *titularidade processual,* pois será parte legitimada processualmente para ingressar em juízo, para responder ação judicial, movida contra ela, e para impetrar recurso. Poderá, portanto, demandar e ser demandada. A ação judicial recairá sobre a sociedade, que, então, será citada para defender-se; logo, seus sócios ou representante nem sequer receberão citação.

2) A ter *individualidade própria,* não se confundindo com seus sócios ou representante. Receberá um *nome* (firma ou razão social ou denominação no ato de sua constituição, tendo direito à sua proteção legal. Terá uma *nacionalidade* própria, independente da de seus sócios (CC, arts. 1.126 a 1.141) e adquirirá um *domicílio* (sede social). As pessoas também têm seu domicílio, que é sua sede jurídica, onde os credores podem demandar o cumprimento das obrigações. Como não têm residência, é o local de suas atividades habituais, de sua administração ou direção, ou, ainda, o determinado no ato constitutivo.

As pessoas jurídicas de direito privado têm por domicílio o lugar onde funcionarem sua diretoria e administração ou onde elegerem domicílio especial nos seus estatutos ou atos constitutivos (CC, art. 75, IV), devidamente registrados. A Súmula 363 do STF estabelece que "a pessoa jurídica de direito privado pode ser demandada no domicílio da agência ou estabelecimento em que se praticou o ato". Essa súmula é aplicável às empresas públicas (*RSTJ*, *90*:41). O art. 75, § 1º, admite a pluralidade do domicílio dessas pessoas jurídicas, desde que tenham diversos estabelecimentos, p. ex., agências, escritórios de representação, departamentos, filiais, situados em comarcas diferentes, caso em que poderão ser demandadas no foro em que tiverem praticado o ato (*RT*, *442*:210, *411*:176). De forma que o local de cada estabelecimento dotado de autonomia (*RT*, *154*:142, *654*:194; *RF*, *101*:529 e *35*:356) será considerado domicílio para os atos ou negócios nele efetivados, com o intuito de beneficiar os indivíduos que contratarem com a pessoa jurídica. Reputa-se domiciliada no território nacional a empresa estrangeira que opere ou tenha no Brasil filial, agência sucursal, escritório, estabelecimento, agente ou representante (Lei n. 12.529/2011, art. 2º, § 1º). Se a sede da administração ou diretoria se acha no estrangeiro, ter-se-á por domicílio o lugar do estabelecimento situado no Brasil, onde as obrigações foram contraídas por qualquer das respectivas agências (CC, art. 75, § 2º; e

CPC/2015, art. 21, I, parágrafo único). Portanto, as pessoas jurídicas estrangeiras têm por domicílio, no que concerne às obrigações contraídas por suas filiais, o lugar em que elas estiverem, protegendo assim as pessoas que com elas contratam, evitando que tenham de acioná-las no estrangeiro, onde se encontra sua administração[33]. E, além disso, passa, como já vimos, a ter *direitos da personalidade* como, p. ex., à imagem-atributo, ao bom nome, à propriedade intelectual e industrial, ao sigilo de suas atividades etc.

3) A possuir *autonomia* e *responsabilidade patrimonial*, pois seu patrimônio será distinto do dos sócios. A participação de cada sócio na sociedade não se confunde com uma parcela dos bens titularizados pela pessoa jurídica, pois os bens sociais pertencer-lhe-ão e não aos sócios. Se assim não fosse, os sócios, ante os riscos do empreendimento, reduziriam a atividade societária. Os sócios apenas têm direito de crédito sobre ele, de perceber lucros e de participar na partilha, havendo liquidação social. Assim, o patrimônio social[34] responderá, com todas as forças do ativo, pelos débitos e encargos da sociedade, embora possa ocorrer que o patrimônio particular dos sócios seja executado, em algumas hipóteses, subsidiariamente, após a exaustão do patrimônio social. Logo, o patrimônio dos sócios apenas poderá ser executado por débito social, nos casos que se excederem à autonomia patrimonial da pessoa jurídica. Na sociedade ilimitada todos os sócios respondem ilimitadamente pelas obrigações sociais (p. ex. sociedade em nome coletivo).

4) A haver *possibilidade de alteração estrutural*, por meio de escritura pública ou particular, modificando sua sede, seu quadro societário, seu objeto social, desde que haja unanimidade de sócios (CC, arts. 999 e 997), pouco

33. M. Helena Diniz, *Curso*, cit., v. 1, p. 284 e 285; Caio M. S. Pereira, *Instituições*, cit., v. 1, p. 331-3; R. Limongi França, *Manual de direito civil*, São Paulo, Revista dos Tribunais, 1975, v. 1; Silvio Rodrigues, *Direito civil*, cit., v. 1, p. 119.

34. O patrimônio social abrange o *fundo social* que compreende o capital social e todos os bens adquiridos pela sociedade, sendo um complexo de bens suscetíveis de avaliação pecuniária. O *capital social* é a parcela inicial investida por ocasião da constituição da sociedade (fundo originário da sociedade). É a lição de Amador Paes de Almeida, *Manual*, cit., p. 11.

Vide: Decreto n. 6.990, de 27 de outubro de 2009, que regulamenta o art. 71 da Lei n. 11.941, de 27 de maio de 2009, que trata da adjudicação de ações pela União, para pagamento de *débitos inscritos na dívida ativa* que acarrete a participação no *capital social* de *sociedade empresarial devedora*; Portaria n. 516/2010 do Ministério do Controle e da Transparência que institui o Cadastro Nacional de Empresas Inidôneas e Suspensas (CEIS), indicando as que não poderão celebrar contratos com a Administração Pública; Instrução Normativa RFB n. 969, de 21 de outubro de 2009, que dispôs sobre a obrigatoriedade de apresentação de declarações com assinatura digital, efetivada mediante utilização de certificado digital válido para a transmissão de declarações e demonstrativos pelas pessoas jurídicas tributadas com base no lucro real, no lucro presumido ou no lucro arbitrado. Atualmente, o assunto é regido pela Instrução Normativa n. 1.075/2010.

importando que haja sócio majoritário. Na lição de Fábio Ulhoa Coelho[35], se as normas disciplinadoras da sociedade empresária não mais atenderem aos interesses sociais, poder-se-á alterar o contrato social, por vontade dos sócios ou por decisão judicial, observando-se os requisitos de validade, os pressupostos de existência e as cláusulas essenciais. As deliberações sociais, salvo as relativas à alteração contratual, se dão, havendo maioria de votos, em função da quota social de cada sócio. Um só sócio pode representar a maioria societária, se sua quota representar mais da metade do capital social. Se cinco forem os sócios, tendo um deles a metade das quotas, e havendo divergência, acarretando empate, prevalecerá a vontade dos últimos, por serem em maior número (quatro contra um). Se não se puder solucionar o empate pelo critério quantitativo de sócio, observar-se-á o disposto no contrato social, e se neste houver previsão de arbitragem, nomear-se-á, então, um árbitro para decidir. Se omisso o contrato social, o juiz resolverá, optando por qualquer um dos votos, não podendo impor uma terceira solução. Esclarece, ainda, o autor, que em caso de alteração contratual nas sociedades simples (CC, art. 999), nas sociedades em nome coletivo e comandita simples se exige unanimidade para alteração de cláusula essencial (CC, art. 997); logo, se um sócio se opuser, inalterado ficará o contrato social, mas se a cláusula a ser modificada não for essencial, sua reforma dar-se-á pelo voto de sócios que representem mais da metade do capital social. Na sociedade limitada exigem-se 3/4 dos votos do capital (CC, arts. 1.071, V, e 1.076, I, ora revogado pela Lei n. 14.451/2022), qualquer que seja a natureza da cláusula (essencial ou acidental)[36].

Feita a alteração, proceder-se-á ao *arquivamento do contrato modificativo*, que não gerará nova sociedade, mas conferirá oponibilidade *erga omnes* das alterações feitas.

Tais efeitos societários oriundos da personificação poderão ser, assim, graficamente representados:

35. Fábio Ulhoa Coelho, *Manual*, cit., p. 138-40. Consulte: M. Helena Diniz, Contratos modificativos, *Revista de Direito Civil, Imobiliário, Agrário e Empresarial*, n. 62, 1992.

36. *Vide* nota 65 deste Capítulo.

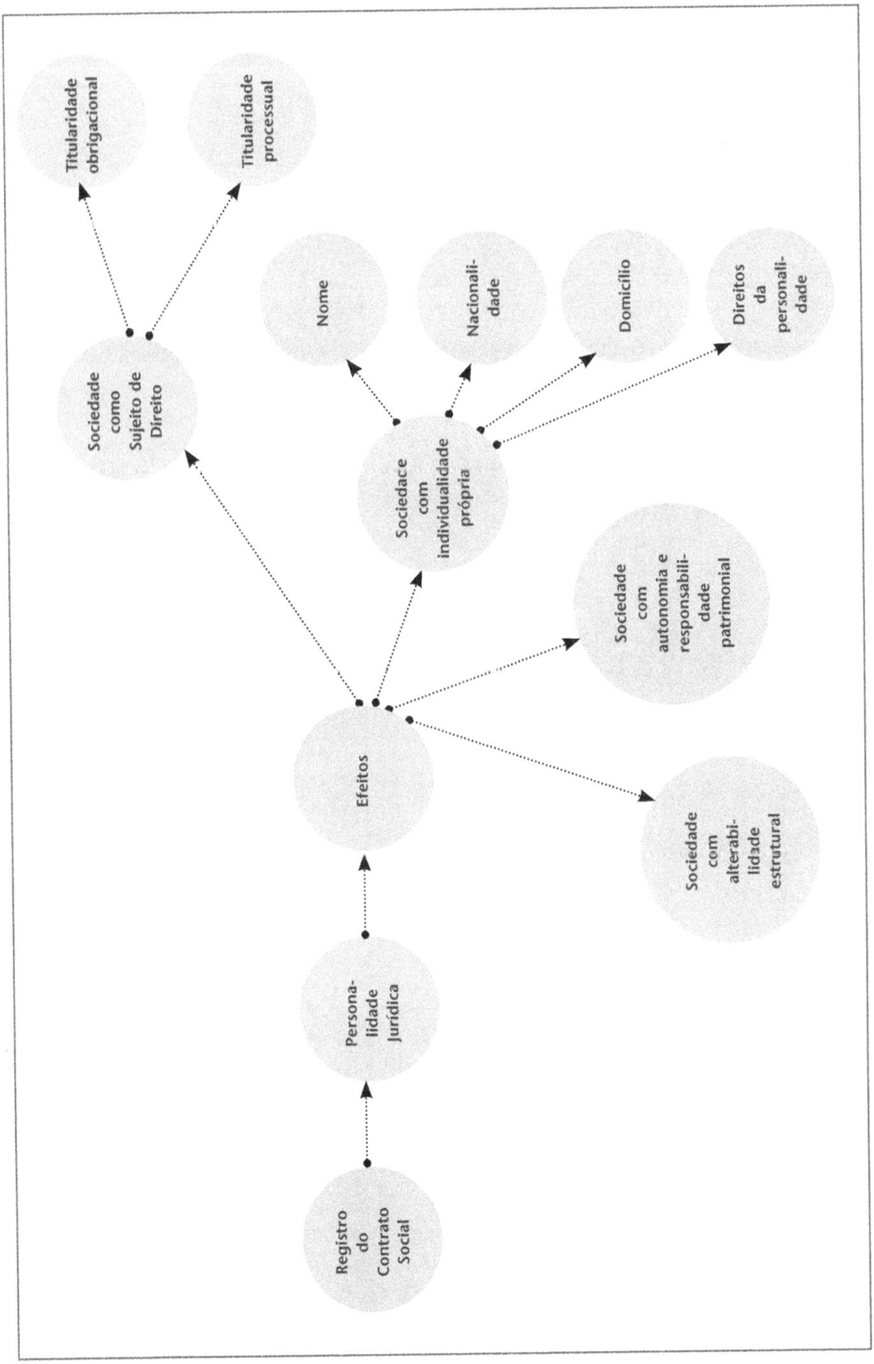
Registro do Contrato Social
Persona-lidade Jurídica
Efeitos
Sociedade como Sujeito de Direito
Titularidade obrigacional
Titularidade processual
Sociedace com individualidade própria
Nome
Nacionali-dade
Domicílio
Direitos da personali-dade
Sociedade com autonomia e responsabili-dade patrimonial
Sociedade com alterabi-lidade estrutural

Quadro Sinótico

PERSONALIDADE JURÍDICA DA SOCIEDADE

<table>
<tr><td>1. SOCIEDADE COMO PESSOA JURÍDICA DE DIREITO PRIVADO</td><td colspan="3">• Com o registro do contrato social, a sociedade adquire personalidade jurídica, passando a ser pessoa jurídica de direito privado (CC, art. 44, II). É a unidade de pessoas naturais que visa a consecução de certos fins, reconhecida pela ordem jurídica como sujeito de direitos e obrigações.</td></tr>
<tr><td>2. PROCESSO GENÉTICO DA SOCIEDADE COMO PESSOA JURÍDICA DE DIREITO PRIVADO</td><td colspan="3">• 1ª fase: a do ato constitutivo, que é plurilateral inter vivos. Nesta fase temos os elementos: a) material, ou seja, atos de associação, fins a que se propõe e conjunto de bens; e b) formal, deve ser por escrito público ou particular e há casos em que se requer autorização governamental.
• 2ª fase: a do Registro Público (CC, arts. 45, 46, 984, 985, 998, 1.134 e 1.150; Lei n. 6.015/73, arts. 114 a 121). Quanto às sociedades não personificadas: CC, arts. 986 a 990; 1.132 e 1.136; CPC, art. 75, IX.</td></tr>
<tr><td rowspan="3">3. CAPACIDADE DA PESSOA JURÍDICA</td><td>• Direitos subjetivos</td><td colspan="2">• Direitos: da personalidade (CC, art. 52), patrimoniais ou reais, industriais, obrigacionais e à sucessão.</td></tr>
<tr><td rowspan="2">• Limitações</td><td>• Em razão da natureza</td><td>• Falta-lhe titularidade ao direito de família, parentesco e não pode praticar diretamente os atos da vida pública, necessitando de um representante legal (CC, art. 49; CPC, art. 75, VIII, IX e X).</td></tr>
<tr><td>• Decorrente de lei</td><td>• CF, arts. 176, § 1º, 190 e 222.</td></tr>
</table>

4. RESPONSABILIDADE	• Responsabilidade contratual	• A pessoa jurídica de direito privado, no que se refere à realização de um negócio jurídico, dentro do poder autorizado pela lei ou pelo contrato social, deliberado pelo órgão competente, é responsável, devendo cumprir o disposto no contrato, respondendo com seus bens pelo inadimplemento contratual (CC, art. 389). Terá responsabilidade objetiva por fato e por vício do produto e do serviço (Lei n. 8.078/90, arts. 12 a 25).
	• Responsabilidade extracontratual	• As pessoas jurídicas de direito privado respondem objetivamente pelos atos ilícitos praticados por seus representantes, pois não há mais presunção de culpa *in eligendo* ou *in vigilando* (CC, arts. 931, 932, III, e 933).
	• Responsabilidade delitual	• As pessoas jurídicas de direito privado podem ter imputabilidade criminal, estando sujeitas à responsabilidade penal (Lei n. 9.605/98, art. 3º), e podem exercer ações penais (CPP, art. 37). A responsabilidade penal é de seu representante, p. ex., arts. 61 a 80 da Lei n. 8.078/90.
5. EFEITOS SOCIETÁRIOS DA PERSONIFICAÇÃO DECORRENTES DO REGISTRO DO CONTRATO SOCIAL	• Sociedade adquire personalidade jurídica, passando a ser *sujeito de direito*, tendo *titularidade obrigacional* e *processual*. • Sociedade passa a ter *individualidade própria*, não se confundindo com seus sócios ou representante. • Sociedade adquire *autonomia* e *responsabilidade patrimonial*. • Sociedade poderá sofrer *alteração estrutural*.	

3. Classificação das sociedades no novo Código Civil

Poder-se-á classificar as sociedades[37]:

---

37. Floriano Lima de Toledo, *Manual de direito comercial*, São Paulo, 1982, p. 58-123; M. Helena Diniz, *Tratado*, cit., v. 4, p. 122-35; *Curso*, cit., v. 3, p. 308 e 309; Orlando Gomes, *Contratos*, cit., p. 482 e 483; Bassil Dower, *Curso moderno de direito civil*, cit., p. 226-32; Serpa Lopes, *Curso*, cit., p. 524-7; De Page, *Traité élémentaire de droit civil belge*, v. 5, p. 7; Caio M. S. Pereira, *Instituições*, cit., p. 395-8; Clóvis Beviláqua, *Código civil*, cit., v. 5, p. 115; Camel Abdala Abrão, Dilema de empresários: anônima ou limitada?, *Revista do Curso de Direito da Universidade Federal de Uberlândia, 16*:93-9, 1987; Silvio Rodrigues, Contrato de sociedade, in *Enciclopédia*, cit., p. 514 e 515; Nicolau Balbino Filho, *Contratos de sociedades civis*, São Paulo, Atlas, 1995; Nelson Abrão, *Sociedade por quotas de responsabilidade limitada*, 8. ed., São Paulo, Saraiva, 2000; Oswaldo Chade e Alexandre S. Chade, Sociedades por quotas de responsabilidade limitada: formas e instrumentos heterodoxos de composição de poderes, funções e interesses, *Revista do Instituto dos Advogados de São Paulo*, número especial, p. 43-52; Adalberto Simão Filho, *A nova sociedade limitada*, Barueri, Manole, 2003; Jorge Lobo, *Sociedades limitadas*, Rio de Janeiro, Forense, 2004, v. 1; Sérgio Ferraz (coord.), *Sociedade de advogados*, São Paulo, Malheiros, 2002; Antônio C. Meyer e Mauro R. Penteado, Sociedades de advogados: influência do novo Código Civil em seu regime jurídico, *Revista Literária de Direito, 60*:29 e 30. Carlos Henrique Abrão, *Sociedades simples*, São Paulo, Juarez de Oliveira, 2004; W. Barros Monteiro, Sociedade civil, *RT, 424*:44 e 45; *Curso*, cit., v. 1, p. 300-4; Mônica Gusmão, *Curso*, cit., p. 69-71; Sérgio Campinho, *O direito*, cit., p. 57; Rubens Requião, *Curso*, cit., v. 1, p. 402, 405 e 389; Fábio Ulhoa Coelho, *Manual*, cit., p. 110-112 e 120-4; Amador Paes de Almeida, *Manual*, cit., p. 49; Erasmo V. A. e N. França, A distinção entre sociedades simples e empresárias e os problemas decorrentes da falta de inscrição das mesmas no registro próprio, *Revista do Advogado, 145*:69-81.

E apesar de não contemplar a sociedade de capital e indústria, o CC/2002 a ela se refere nos arts. 1.006, 1.007, 997, V. *Vide*: Lei n. 11.101/2005, arts. 2º, II, 43 e parágrafo único, 50, III, 70 a 72, 190, 96, § 1º, e 123.

Pela Lei n. 14.010/2020, pessoas jurídicas de direito privado, no período da pandemia, poderão realizar assembleias por meio eletrônico, com a manifestação dos participantes também, desde que se assegure sua identificação e a segurança do voto (art. 5º, parágrafo único).

1º) Quanto ao *fim* a que se propõem, caso em que serão: *sociedades simples* e *sociedades empresárias* (CC, art. 44, II).

Simples serão as sociedades cuja atividade não for profissional e organizada, nem visar à produção e circulação de bens e serviços no mercado. As *sociedades simples* são as que visam fim econômico ou lucrativo, que deve ser repartido entre os sócios, sendo alcançado pelo exercício de certas profissões ou pela prestação de serviços técnicos (CC, arts. 997 a 1.038). Deverão ser registradas, Registro Civil das Pessoas Jurídicas, no Cartório de Títulos e Documentos (CC, art. 998), visto que exploram seu objeto social sem empresarialidade e sem organização profissional de fatores de produção.

Têm elas certa autonomia patrimonial e atuam em nome próprio, pois sua existência é distinta da dos sócios, de modo que os débitos destes não são das sociedades e vice-versa.

Nas *sociedades simples*, o capital e o fim lucrativo não constituem elementos essenciais (*RT*, *488*:85), por não se entregarem à atividade empresarial (*RT*, *391*:216, *395*:205, *462*:81; STJ, Súmula 276). Essas sociedades poderão revestir as formas estabelecidas nos arts. 1.039 a 1.092 (*RT*, *434*:122, *128*:485; CC, art. 983), com exceção da comandita por ações e da anônima, pois, qualquer que seja o seu objeto, a sociedade anônima, p. ex., será sempre empresária e reger-se-á pelas leis e usos do comércio (Lei n. 6.404/76, art. 2º, § 1º; CC, arts. 982, parágrafo único, 1.088 e 1.089). Pelo Enunciado n. 57 do CJF, "a opção pelo tipo empresarial não afasta a natureza simples da sociedade". Portanto, as sociedades simples (CC, arts. 997 a 1.038) não têm formas predeterminadas, podendo ser sociedades de fins econômicos, se houver um capital formado com as colaborações dos sócios e o objetivo de obter lucro, que deve ser repartido entre eles, alcançado pelo exercício de certas profissões ou pela prestação de serviços técnicos, hipótese em que assumem uma das formas das sociedades empresárias, como, p. ex., sociedade formada para explorar uma fazenda; sociedade formada por um grupo de médicos, apoiado por enfermeiros, atendentes, nutricionistas etc.; sociedade imobiliária; sociedade cooperativa etc. (CC, arts. 982, parágrafo único, 1.093 a 1.096; Decreto n. 4.562/2002, com alteração dos Decretos ns. 4.667/2003, 4.713/2003, 4.767/2003, 4.855/2003 e 5.163/2004 — revogado pelo Decreto n. 8.272/2014).

As associações (CC, art. 44, I) delas se distinguem por terem fins não econômicos, como a satisfação de interesses religiosos (confrarias, irmandades, cabidos), culturais (Academia de Letras), políticos, científicos, artísticos, recreativos (Associação Brasileira de Clubes Sociais) (*RT*, *489*:210), beneficentes (APAE), estudantis (Associação de Pais e Mestres) etc. Denominar-se-ão, portanto, *associações*, visto que não têm intuito especulativo, não podendo adotar uma das formas empresariais (CC, arts. 53 e 44, I, IV, V, §§ 1º a 3º).

Nas *sociedades empresárias* há capital e fim lucrativo, que são essenciais à sua constituição, por exercerem atividade própria de empresário sujeito a registro (CC, art. 982), devendo ser assentadas no Registro Público de Empresas Mercantis (CC, art. 967). Se não efetuarem tal assento, incidirão em falência, mas não poderão requerer recuperação judicial ou extrajudicial (arts. 48 e 51, V, da Lei n. 11.101/2005); como estão sujeitas à falência (*RT*, *165*:97, *391*:188), terão direito à recuperação judicial ou extrajudicial, e, além disso, poderão utilizar-se da Lei n. 8.245/91, podendo ter seu contrato de locação renovado compulsoriamente (*RT*, *489*:210, *468*:224, *450*:252, *391*:188, *465*:97, *497*:49, *472*:206, *440*:117, *495*:230, *492*:163). Constituem-se segundo os tipos regulados nos arts. 1.039 e 1.092 do Código Civil. Podem ser sociedades:

a) *em comandita simples*, se o capital comanditado for representado por quota declarada no contrato e se houver duas categorias de sócios: os comandidatos ou gerentes, pessoas naturais, que respondem solidária e ilimitadamente por todas as obrigações sociais, e os comanditários, que só se obrigam pelos fundos com que entraram para a sociedade, ou melhor, pelo valor de sua quota (CC, arts. 1.045 a 1.051). Os sócios comanditários entrarão com uma quota de capital designada comandita, respondendo apenas pela integralização de sua comandita; não haverá, portanto, responsabilidade solidária. Se a sociedade falir, os bens de todos os sócios comanditários ou comanditados poderão ser arrecadados. Todavia, no que atina ao comanditário, se suas comanditas já estiverem integralizadas, não sofrerão arrecadação de seus bens particulares. A gerência será de um dos sócios comanditados; os atos de gestão estão, portanto, vedados aos comanditários;

b) *em comandita por ações* o capital será dividido em ações, respondendo os sócios pelo preço das ações subscritas ou adquiridas, e além disso haverá responsabilidade subsidiária, solidária e ilimitada dos diretores ou gerentes nomeados por prazo indeterminado pelas obrigações sociais. Reger-se-á pela Lei n. 6.404/76, com exceção dos arts. 280 a 284 (CC, arts. 1.090 a 1.092). Possui uma só espécie de sócio, e os gerentes só poderão ser demitidos por deliberação de acionistas que representem dois terços do capital social;

c) *em nome coletivo*, se todos os sócios (pessoas naturais) responderem solidária e ilimitadamente pelas obrigações sociais (CC, art. 1.039). Portanto, na sociedade em nome coletivo, todos os sócios, pertencentes a uma única categoria, serão solidária e ilimitadamente responsáveis, de modo que seus bens particulares poderão ser executados por débitos da sociedade, se o quinhão social for insuficiente para cobrir as referidas dívidas: Todos os sócios terão possibilidade para administrar a sociedade, se não houver designação de gerente no contrato social;

d) *limitadas*, se a responsabilidade de cada sócio pelas obrigações sociais é restrita ao valor de sua quota, mas todos respondem solidariamente pela integralização do capital social (CC, arts. 1.052 a 1.087; Dec. n. 3.708/19; *RT*, *422*:246, *457*:141, *418*:207, *429*:168, *463*:140, *491*:106, *472*:137, *444*:194); assim cada sócio obrigar-se-á pela totalidade do capital social e não apenas pela sua quota. Integralizadas suas quotas, não haverá nenhuma responsabilidade para com terceiros e para com a sociedade, permanecendo assim seu patrimônio particular a salvo dos compromissos oriundos das obrigações contraídas pela sociedade. O uso da firma caberá ao sócio-gerente (CC, art. 1.064). Na sociedade limitada, todos os sócios responderão solidariamente até o montante do capital: consequentemente, tal responsabilidade irá além da quota de capital de cada um, visto ser a quota uma parcela do capital. Assim, se houver falência, os sócios poderão ter seus bens particulares arrecadados em quantidade superior ao valor de sua quota não integralizada, mas nunca acima do capital social. Os sócios que sofrerem a arrecadação de bens particulares terão ação regressiva contra os demais. A quota não se confunde com a ação, que é a unidade do capital da sociedade anônima e da sociedade em comandita por ações. As ações, em regra, têm o mesmo valor nominal; as quotas, por sua vez, poderão ter valores desiguais. "A sociedade limitada pode adquirir suas próprias quotas, observadas as condições estabelecidas na Lei das Sociedades por Ações" (Enunciado n. 391 do CJF, aprovado na IV Jornada de Direito Civil);

e) *por ações* ou *sociedades anônimas*, ou, ainda, *companhias*; se o capital social for integralmente dividido em ações, sendo que os sócios ou acionistas somente responderão pelo valor nominal das ações que subscreveram ou adquiriram (Leis n. 6.404/76, 10.303/2001, 11.638/2007 e 11.941/2009; CC, arts. 982, parágrafo único, 1.088 e 1.089, 206, § 1º, IV, § 3º, VII, *a*). As sociedades por ações, por estarem ligadas ao mercado de capitais, ultrapassam os limites do Código Civil, regendo-se por lei especial.

f) *startup* ou sociedade anônima simplificada (LC n. 182/2021), organização empresarial, nascente ou em operação recente, cuja atuação se caracteriza pela inovação aplicada a modelo de negócio ou a produto ou serviço ofertados, aprimorando-os com tecnologia e pouca burocracia, propondo soluções criativas e práticas a determinados problemas, tornando a vida das pessoas mais fácil (p. ex., Amazon, Hotmart, Airbnb etc.).

Assim, para saber se dada sociedade é simples ou empresária, basta considerar a natureza das operações habituais: se estas tiverem por objeto o exercício de atividades econômicas organizadas para a produção ou circulação de bens ou de serviços, próprias de empresário sujeito a registro (CC, arts. 982 e 967), a sociedade será empresária. E a ela se equipara a sociedade que tem por fim exercer atividade própria de empresário rural, que seja constituída de acordo com um dos tipos de sociedade empresária e que tenha requerido sua inscrição no Registro das Empresas de sua sede (CC, arts. 968 (com alterações da Lei n. 12.470/2011), e 984). Será *simples* a que não exercer tais atividades, mesmo que adote quaisquer das formas empresariais, como permite o art. 983 do Código Civil, exceto se, p. ex., for anônima ou por ações, que, por força de lei, será sempre empresária (CC, arts. 983 e 982, parágrafo único; *RT, 434*:122). Deveras "o art. 983 do Código Civil permite que a sociedade simples opte por um dos tipos empresariais dos arts. 1.039 a 1.092 do Código Civil. Adotada a forma de sociedade anônima ou de comandita por ações, porém, ela será considerada empresária" (Enunciado n. 477 do Conselho da Justiça Federal, aprovado na V Jornada de Direito Civil). "Eventuais classificações conferidas pela lei tributária às sociedades não influem para sua caracterização como empresárias ou simples, especialmente no que se refere ao registro dos atos constitutivos e à submissão ou não aos dispositivos da Lei n. 11.101/2005" (Enunciado n. 476 do Conselho da Justiça Federal, aprovado na V Jornada de Direito Civil).

2º) Quanto *à extensão dos bens com os quais concorrem os sócios*, as sociedades simples poderão ser:

a) *Universais*, se abrangerem todos os bens presentes, ou todos os futuros, quer uns e outros na sua totalidade, quer somente os seus frutos e rendimentos. Se se referirem a todos os bens presentes (*societas omnium bonorum*), compreenderão os pertencentes aos sócios no instante de sua formação e os rendimentos que vierem a produzir. Se disserem respeito a todos os bens presentes e futuros, haverá uma completa interpenetração de todos os interesses dos sócios, comunicando-se não só os bens (CC, art. 1.667), mas também todos os débitos e obrigações; é o que ocorrerá, p. ex., na comunhão universal entre consortes, durante a vigência da sociedade conjugal. Se alusivas a todos os bens futuros, não possuirão nenhum capital em sua formação, de modo que seu patrimônio comum se formará aos poucos, à medida que os sócios forem adquirindo bens por ato *inter vivos* ou *causa mortis* (CC, arts. 1.658, 1.660, I a V). Se atinentes aos frutos e rendimentos de bens comuns, comunicar-se-ão tão somente os bens adquiridos pelos sócios com sua atividade, isto é, os frutos produzidos, permanecendo particulares os bens que eles possuíam por ocasião da constituição da sociedade, ou adquiridos em substituição (CC, art. 1.660, V). É a forma mais comum, de maneira que a lei presume ter sido a adotada se os nubentes não tiverem estipulado outra. Realmente, prescreve o Código Civil, art. 1.640: "Não havendo convenção, ou sendo ela nula ou ineficaz, vigorará, quanto aos bens entre os cônjuges, o regime de comunhão parcial".

b) *Particulares*, se compreenderem apenas os bens ou serviços especialmente declarados no contrato (CC, art. 981), ou se forem constituídas especialmente para executar em comum certa empresa, explorar certa indústria, ou exercer certa profissão (Lei n. 8.906/94, art. 15, e Regulamento Geral da OAB de 16-11-1994, art. 37).

3º) Quanto à *nacionalidade*, poderão ser: *a*) *nacionais*, se organizadas de conformidade com a lei brasileira, tendo no Brasil a sede de sua administração (CC, arts. 1.126 a 1.133); *b*) *estrangeiras*, aquelas que, qualquer que seja seu objeto, não poderão, sem autorização do Poder Executivo, ou melhor, do Ministro de Estado da Economia (Decreto n. 9.787/2019), funcionar no Brasil, ainda que por estabelecimentos subordinados, podendo, todavia, ressalvados os casos expressos em lei, ser acionistas de sociedade anônima brasileira (CC, arts. 1.134 a 1.141). Tais exigências se fazem por serem constituídas conforme normas estrangeiras e por estarem sediadas no exterior.

4º) Quando ao *regime* ou à *natureza* de sua *constituição e dissolução*: ter-se-ão:

a) *sociedades contratuais*, cujo ato constitutivo é o contrato social, exigindo unanimidade para sua dissolução, visto que a vontade majoritária de seus membros será insuficiente para tanto, consequentemente a minoria poderá mantê-las contra a vontade da maioria. É o que ocorre com a sociedade simples, sociedade limitada, comandita simples e com a em nome coletivo. Podem ser de pessoas ou de capital;

b) *sociedades institucionais*, se oriundas de estatuto social, não havendo entre subscritores do capital nenhum contrato, podendo dissolver-se pela decisão da maioria dos sócios, apresentando causas de dissolução como intervenção e liquidação extrajudicial. É o que se dá com a sociedade em comandita por ações e sociedade anônima. São sempre de capital.

5º) Quanto ao *tipo* de capital temos:

a) *sociedades de capital fixo* como as empresárias e as simples, cujo capital social está definido em cláusula do seu ato constitutivo, podendo ser alterado apenas com a modificação do contrato social ou do estatuto;

b) sociedades *de capital variável* como as cooperativas, regidas pelo princípio da mutualidade, pois suas decisões não se baseiam no capital investido por cada um dos cooperadores, mas no valor ou nas qualidades das pessoas que as compõem, pouco importando o *quantum* daquelas suas contribuições para os negócios comuns.

6º) Quando à *responsabilidade dos sócios pelas obrigações sociais*, podem ser, como ensina Fábio Ulhoa Coelho:

a) sociedades ilimitadas, se todos os sócios, como ocorre na sociedade em nome coletivo, responderem ilimitadamente pelas obrigações sociais;

b) sociedades mistas, se uma parcela dos sócios tiver responsabilidade ilimitada e a outra limitada, como se dá, p. ex., na sociedade em comandita simples, pois o sócio comanditado responde ilimitadamente pelas obrigações sociais, e o comanditário, limitadamente, ou na sociedade em comandita por ações, visto que os sócios-diretores têm responsabilidade ilimitada por aquelas obrigações, e os demais acionistas por elas respondem limitadamente;

c) sociedades limitadas, como a sociedade limitada e a sociedade anônima, já que todos os seus sócios respondem de forma limitada pelas obrigações sociais.

7º) Quanto às *condições de alienação da participação societária*, segundo Fábio Ulhoa Coelho, temos:

a) sociedades de pessoas, se os sócios puderem vedar o ingresso de pessoa estranha no quadro societário, adquirindo suas quotas, por estarem fundadas no relacionamento pessoal e na *affectio societatis*, visto terem sido constituídas *intuitu personae*, ou seja, em consideração às qualidades pessoais dos seus sócios. Assim sendo, nelas ninguém ingressa ou nelas se faz substituir sem concordância dos sócios. E a incorporação de bens e de quotas dependerá de convenção entre os sócios;

b) sociedades de capital, por permitirem livre circulação das ações, uma vez que, por serem constituídas *intuitu pecuniae*, dão preferência ao capital acionário e não à pessoa dos acionistas. Nelas prevalece o impessoalismo do capital, sendo-lhes indiferente a pessoa do sócio; logo, o acionista nela ingressa ou dela sai mediante a simples compra ou venda de suas ações. Têm uma fisionomia jurídica especial pela sua base impessoal e capitalista; logo, seus acionistas não poderão impedir o ingresso de pessoa não sócia. Desvinculadas estão dos sócios que as compõem, em razão da mutabilidade destes.

8º) Quanto à *personalidade jurídica* ter-se-ão[38]:

---

38. O Código Comercial de 1850 distinguia: *Sociedade regular*, com contrato social regis-

a) *sociedades não personificadas* — as que não arquivaram seus atos constitutivos no registro competente ou as que os registraram em órgão indevido. Abrangem as sociedades irregulares (que têm ato constitutivo, mas sem o registro; logo, seus sócios poderão prová-las mediante exibição de contrato social, mesmo não assentado numa ação para declarar sua existência) e as de fato, sem ato constitutivo, não tendo, pelo art. 987 do Código Civil, seus sócios ação para obter o reconhecimento do vínculo societário, aplicando-se-lhes o mesmo regime jurídico das *sociedades em comum*. Essas sociedades não personificadas podem ser: *sociedades em comum* e *sociedades em conta de participação*;

b) *sociedades personificadas* são aquelas em que seu contrato ou estatuto social foi devidamente registrado em órgão competente, podendo ser: sociedade simples, sociedade em nome coletivo, sociedade em comandita simples, sociedade limitada, sociedade anônima ou sociedade por ações e sociedade em comandita por ações e cooperativas.

Quadro Sinótico

CLASSIFICAÇÃO DAS SOCIEDADES NO NOVO CÓDIGO CIVIL

1. QUANTO AO FIM A QUE SE PROPÕEM	• sociedades simples • sociedades empresárias
2. QUANTO À EXTENSÃO DOS BENS COM OS QUAIS CONCORREM OS SÓCIOS	• sociedades simples universais • sociedades simples particulares

trado, tendo eficácia para os sócios e terceiros; e *sociedade irregular*, aquela que por falta de registro não tem validade entre sócios contra terceiros, sendo mera comunhão de bens e interesses, submetendo-se ao regime comum. O novo Código Civil, por sua vez, refere-se às *sociedades não personificadas* e às *sociedades personificadas*. "Nas sociedades personificadas previstas no Código Civil, exceto a cooperativa, é admissível o acordo de sócios, por aplicação analógica das normas relativas às sociedades por ações pertinentes ao acordo de acionistas" (Enunciado n. 384 do CJF, aprovado na IV Jornada de Direito Civil).

Consulte: Fábio Ulhoa Coelho, *Manual*, cit., p. 124; Mônica Gusmão, *Curso*, cit., p. 72; Marino Pazzaglini Filho e Andrea Di Fuccio Catanese, *Direito de empresa no novo Código Civil*, São Paulo, Atlas, 2003, p. 54.

Critério	Espécies	
3. QUANTO À NACIONALIDADE	• sociedades nacionais • sociedades estrangeiras	
4. QUANTO AO REGIME OU À NATUREZA DE SUA CONSTITUIÇÃO OU DISSOLUÇÃO	• sociedades contratuais • sociedades institucionais	
5. QUANTO AO TIPO DE CAPITAL	• sociedades de capital fixo • sociedades de capital variável	
6. QUANTO À RESPONSABILIDADE DOS SÓCIOS PELAS OBRIGAÇÕES SOCIAIS	• sociedades ilimitadas • sociedades mistas • sociedades limitadas	
7. QUANTO ÀS CONDIÇÕES DE ALIENAÇÃO DA PARTICIPAÇÃO SOCIETÁRIA	• sociedades de pessoas • sociedades de capital	
8. QUANTO À PERSONALIDADE JURÍDICA	• sociedades não personificadas	• sociedades em comum • sociedades em conta de participação
	• sociedades personificadas	• sociedades simples • sociedades em nome coletivo • sociedades em comandita simples • sociedades limitadas • sociedades anônimas e *startups* • sociedades em comandita por ações • cooperativas

4. Sociedade não personificada

A. Generalidades

A sociedade não personificada é a que não possui personalidade jurídica, ante o fato de não ter providenciado o arquivamento de seu ato constitutivo no registro competente. Não tem, portanto, o caráter de pessoa jurídica de direito privado. Terá, contudo, capacidade processual, podendo mover ações, como autora, e responder por elas, como ré, embora não possa requerer a falência do seu credor.

Poderá ser sociedade em comum (CC, arts. 986 a 990) ou sociedade em conta de participação (CC, arts. 991 a 996)[39]. Logo, temos, graficamente:

---

39. *Vide*: Amador Paes de Almeida, *Direito de empresa*, cit., p. 101-9; Ricardo Negrão, *Manual*, cit., v. 1, p. 298, 303 e 304; Mônica Gusmão, *Curso*, cit., p. 74.

Consórcio é a reunião de pessoas naturais e jurídicas em grupo, com prazo de duração e número de cotas previamente determinados, promovida por administradora de consórcio, com a finalidade de propiciar a seus integrantes, de forma isonômica, a aquisição de bens ou serviços, por meio de autofinanciamento. E o *grupo de consórcio* é uma *sociedade não personificada* constituída por consorciados para os fins acima mencionados. O grupo de consórcio será representado por sua administradora, em caráter irrevogável e irretratável, ativa ou passivamente, em juízo ou fora dele, na defesa dos direitos e interesses coletivamente considerados e para a execução do contrato de participação em grupo de consórcio, por adesão. O interesse do grupo de consórcio prevalece sobre o interesse individual do consorciado. O grupo de consórcio é autônomo em relação aos demais e possui patrimônio próprio, que não se confunde com o de outro grupo, nem com o da própria administradora. Os recursos dos grupos geridos pela administradora de consórcio serão contabilizados separadamente (arts. 2º e 3º, §§ 1º a 4º, da Lei n. 11.795/2008).

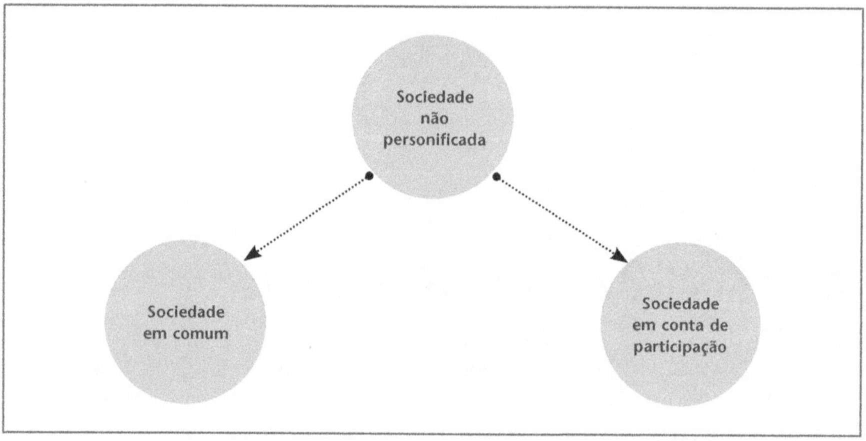

"As normas do Código Civil para as sociedades em comum e em conta de participação são aplicáveis, independentemente de a atividade dos sócios, ou do sócio ostensivo, ser ou não própria de empresário, sujeito a registro (distinção feita pelo art. 982 do Código Civil entre sociedade simples e empresária)" (Enunciado n. 208 do CJF, aprovado na III Jornada de Direito Civil).

B. Sociedade em comum

b.1. Conceito e normas disciplinadoras

Enquanto o ato constitutivo da sociedade não for levado a registro (CC, art. 985), não se terá uma pessoa jurídica, mas um simples contrato de sociedade, que se regerá pelos arts. 986 a 990 do Código Civil e, subsidiariamente, no que for compatível, pelas normas da sociedade simples, ou seja, pelas disposições contidas nos arts. 997 a 1.038 do referido diploma legal, exceto se se tratar de sociedade por ações em organização (p. ex., comandita por ações ou sociedade anônima, sendo que esta última se disciplinará por lei especial — Lei n. 6.404/76, arts. 80, II e III, e 81; CC, art. 1.089 c/c art. 986). A sociedade anônima, sem o registro de seu ato constitutivo, não se tornará irregular, uma vez que não se constituirá, ficando, então, seus diretores responsáveis pelos atos efetivados. Portanto, "a falta de registro do contrato social (irregularidade originária — art. 998) ou de alteração contratual, versando sobre matéria referida no art. 997 (irregularidade superveniente — art. 999, parágrafo único) conduzem à aplicação das regras da sociedade em comum — art. 986" (Enunciado n. 383 do CJF, aprovado na IV Jornada de Direito Civil).

A sociedade em comum é uma sociedade contratual que, sem o registro de seu ato constitutivo, explora uma atividade econômica, ou não.

A sociedade em comum é a que não tem personalidade jurídica, por falta de inscrição de seu ato constitutivo no órgão competente, apesar de apresentar sócios e exercer atividade produtiva para a consecução de resultado econômico a ser partilhado entre seus membros. Ela, portanto, tem existência, e está em funcionamento, vivendo de fato e produzindo efeitos como negócio jurídico.

A sociedade em comum não é, portanto, uma novel modalidade societária, mas uma situação de irregularidade em que se encontra uma sociedade por falta de prévio registro de seu ato constitutivo no Registro Civil de Pessoas Jurídicas (se simples) ou no Registro Público de Empresas Mercantis (se empresária) ou de requerimento do arquivamento de qualquer modificação de seu contrato social no órgão competente. Sua personificação é um fenômeno ulterior, do qual a sua existência é pressuposto, por ser fonte geradora de sujeito de direito, titular de um patrimônio especial, composto de partes separadas dos bens dos sócios, desligando-se da titularidade destes para transformar-se em patrimônio autônomo, que é um complexo de relações jurídico-societárias entre sócios e entre estes e terceiros, produzidas pela atividade socioeconômica. Consequentemente, no período que anteceder a personificação, ter-se-á não uma sociedade de fato, mas sim uma sociedade não personificada, levando-se em consideração a titularidade dos sócios, ainda não desligada do patrimônio especial.

Pode ser simples ou empresária, pois o Código Civil vigente não faz referência à modalidade da atividade desenvolvida pelos sócios em comum.

"A sociedade em comum compreende as figuras doutrinárias da sociedade de fato e da irregular" (Enunciado n. 58, aprovado na Jornada de Direito Civil, promovida, em setembro de 2002, pelo Centro de Estudos Judiciários do Conselho da Justiça Federal).

No Brasil, para a maioria dos autores, a sociedade irregular e a sociedade de fato são consideradas realidades idênticas; logo, a *sociedade em comum* as engloba, visto que não são personificadas.

Alguns autores as diferenciam, entendendo que:

a) a *sociedade irregular* (simples ou empresária) seria aquela que funciona durante certo tempo, sem cumprir as solenidades legais, visto que o contrato de sua constituição não foi levado a assento no registro competente, não sendo por isso dotado de publicidade, mas nada obsta a que, posteriormente, seja registrado, tornando-se, então, uma sociedade regular personificada. Tem, portanto, um ato institucional ou contrato social, mas, em razão da ocorrência de certas circunstâncias, seu registro no órgão competente não se deu, tornando-se, por isso, irregular. Possui um contrato não legalizado, por não estar arquivado no registro. Seria, no dizer de Pedro Lessa, menos do que a sociedade regular e mais do que a simples comunhão de bens[40]; e

b) a *sociedade de fato* seria a não documentada, ou seja, aquela que não possui contrato social ou a que está afetada por vício insanável que a fulmina de nulidade, impedindo sua regularização ulterior.

Todavia, entendemos que a distinção entre elas não é relevante juridicamente, por estarem sujeitas ao mesmo regime jurídico (arts. 986 e 990 do CC), em virtude da falta de registro.

"O art. 986 deve ser interpretado em sintonia com os arts. 985 e 1.150, de modo a ser considerada em comum a sociedade que não tenha seu ato constitutivo inscrito no registro próprio ou em desacordo com as normas legais previstas para esse registro (art. 1.150), ressalvadas as hipóteses de registros efetuados de boa-fé" (Enunciado n. 209 do CJF, aprovado na III Jornada de Direito Civil).

As sociedades em comum são não personificadas por constituir-se de fato por "sócios" para o exercício de atividade produtiva e repartir os resultados obtidos, mas, apesar disso, o contrato social não foi inscrito. Logo, por não serem pessoas jurídicas, não poderão acionar os seus membros, nem terceiros (*RT*, *537*:107), mas estes poderão responsabilizá-las por todos os seus atos (*RT*, *135*:663 e *395*:392), reconhecendo a existência de fato para esse efeito (*RT*, *134*:111); entretanto, pode parecer, à primeira vista, que o art. 75, IX, do Código de Processo Civil de 2015 modificou tal entendimento ao dizer que as sociedades sem personalidade jurídica ou não personificadas (p. ex., sociedade em comum — CC, arts. 986 a 990 e sociedade em conta de participação — CC, arts. 991 a 996) podem ser representadas em

40. Urge lembrar a lição de José Maria Trepat Cases (*Código Civil anotado* (coord. Rodrigo da Cunha Pereira), Porto Alegre, Síntese, 2004, p. 669) de que: "a sociedade em comum refoge da irregularidade e aproxima-se da temporariedade, ou seja, é uma sociedade que, temporariamente, não personificada, aguarda a remessa dos seus atos constitutivos para inscrição no órgão registrário competente, dentro de um lapso temporal (trinta dias), para, então, adquirir personalidade jurídica". Continua o autor: "A falta de inscrição dessa sociedade nos órgãos competentes e o exercício de atividades por prazo indeterminado, indubitavelmente, fazem igualar a sociedade em comum à sociedade irregular".

juízo, ativa ou passivamente, pela pessoa a quem couber a administração de seus bens (*RT*, *470*:147; *RF*, *254*:330), apresentando antinomia com a norma substantiva (arts. 986 a 990, 1.132 e 1.136 do CC). Todavia, como é preciso haver necessária e absoluta coerência no sistema, ante a ausência da personalidade jurídica, em regra seria impossível o exercício do direito de ação, e, como a sociedade não personificada tem, pela norma adjetiva, o direito de defesa, se acionada, e de ser representada em juízo ativa e passivamente pelo administrador de seus bens, o art. 75, § 2º, do Código de Processo Civil de 2015 complementa o teor dos arts. 986 a 990, 1.132 e 1.136 do Código Civil, reforçando o que nele está disposto, dando-lhe o real sentido. Logo, aquela antinomia é aparente, por ser adjetiva a norma especial. Isto é assim porque, para alguns autores, a sociedade não personificada está compreendida no gênero próximo da pessoa jurídica, que é o *sujeito de direito*, pois não são somente os entes personalizados que podem exercer direitos e vincular-se a deveres. Por isso, nada obsta a que a lei especial venha a reconhecer direitos a certos entes sem personalizá-los (*RT*, *588*:132).

Vigora o princípio da responsabilidade incidente sobre a massa patrimonial com repercussão no patrimônio dos sócios, pois a falta de registro acarreta a comunhão patrimonial e jurídica da sociedade e de seus membros, confundindo-se seus direitos e obrigações com os dos sócios (CC, arts. 988, 989 e 990). Nessa sociedade sem personalidade jurídica prevalece o princípio de que só o que for sujeito de direito é que pode possuir bens; logo, "a sociedade de fato não pode, em seu nome, figurar como parte em contrato de compra e venda de imóvel, em compromisso ou promessa de cessão de direitos; movimentar contas bancárias, emitir ou aceitar títulos de crédito; praticar outros atos extrajudiciais que impliquem alienações de imóveis, porque o Registro Imobiliário não procederá ao registro" (*RT*, *428*:250). Esse tratamento que a lei substantiva dispensa à sociedade não personificada (em comum, de fato ou irregular) decorre do princípio de que a aquisição de direitos advém da observância da norma, enquanto a imposição de deveres (responsabilidade) existe sempre. Daí a ponderação de Sílvio de Salvo Venosa: "O fato é que essas sociedades enquanto não registradas, não podem regularmente adquirir direitos e assumir obrigações. Mesmo assim, se essas pessoas atuaram na esfera jurídica, não se pode negar-lhes certos efeitos jurídicos, mormente na defesa de terceiros de boa-fé"[41].

---

41. Sobre o assunto consulte: Fábio Ulhoa Coelho, *Manual*, cit., p. 125; Mônica Gusmão, *Curso*, cit., p. 75; Amador Paes de Almeida, *Manual*, cit., p. 50-2; M. Helena Diniz, *Có-*

Interessante é a respeito a observação de Waldo Fazzio Júnior[42]: "A sociedade em comum (irregular ou de fato) é um fantasma jurídico cuja existência é presumida para o fim de que seus membros respondam pelos atos praticados como se ela existisse. Para o desfrute de direitos, é diferente; precisa ser uma pessoa jurídica. O único efeito juridicamente relevante da sociedade em comum é a possibilidade de responder".

A sociedade em comum, por não ser personificada, apesar de ter, como dissemos, legitimação processual (CPC/2015, art. 75, IX), sofre restrições por não ter arquivado seu ato constitutivo antes de iniciar sua atividade, principalmente, se for empresária, tais como[43]:

a) impossibilidade de requerer recuperação judicial (Lei n. 11.101/2005, art. 48) e extrajudicial (Lei n. 11.101/2005, art. 161), apesar de estar sujeita à falência (Lei n. 11.101/2005, art. 105, IV). Sua falência acarretará a dos sócios com responsabilidade ilimitada (Lei n. 11.101/2005, art. 81);

b) ilegitimidade para pleitear falência de seus devedores empresários (Lei n. 11.101/2005, art. 97, § 1º);

c) não participação de licitações públicas, pois não poderá contratar com a administração pública (Lei n. 8.666/93, art. 28, III).

d) inexistência de proteção legal ao nome empresarial (Lei n. 8.934/94, art. 33);

---

digo, cit., p. 776-8; *Curso*, cit., v. 1, p. 123-5; Sociedade e associação, *Contratos nominados* (coord. Cahali), São Paulo, Saraiva, 1995, p. 347-400; Fabrício Z. Matiello, *Código Civil comentado*, São Paulo, LTr, 2003, p. 616 e s.; Ricardo Fiuza, *Novo Código Civil comentado*, São Paulo, Saraiva, 2003, com. aos arts. 986 a 990; Waldo Fazzio Jr., *Manual de direito comercial*, São Paulo, Atlas, 2003, p. 165; Caio M. S. Pereira, *Instituições*, cit., v. 1, p. 296-9; W. Barros Monteiro, *Curso*, cit., v. 1, p. 126; José M. Arruda Alvim Netto, *Comentários ao Código de Processo Civil*, v. 2, p. 94; Jorge S. Fujita, *Comentários ao Código Civil* (coord. Camillo, Talavera, Fujita e Scavone Jr.), São Paulo, Revista dos Tribunais, 2006, p. 772 e 773; Marino Pazzaglini Filho e Andrea Di Fuccio Catanese, *Direito de empresa no novo Código Civil*, São Paulo, Atlas, 2003, p. 57 e 58; Ricardo Negrão, *Manual*, cit., v. 1, p. 298; Láudio C. Fabretti, *Direito de empresa no novo Código Civil*, São Paulo, Atlas, 2003, p. 50 e 51; Arnaldo Rizzardo, *Direito de empresa*, Rio de Janeiro, Forense, 2007, p. 79 e 80; Celso Marcelo de Oliveira, *Tratado de direito empresarial brasileiro*, cit., p. 129; Alexandre Bueno Cateb, A sociedade em comum, *Direito de empresa no novo Código Civil*, Rio de Janeiro, Forense, 2004, p. 150; Luiz Tzirulnilk, *Empresas*, cit., p. 45; Sílvio de Salvo Venosa, *Direito civil*, cit., v. 1, p. 267.

Sobre sociedade não personificada: *RT*, *256*:158, *272*:700, *289*:330, *518*:226; *RJTJRS*, *159*:297; *RJTJSP*, *71*:80.

42. Waldo Fazzio Jr., *Manual*, cit., p. 165.

43. Mônica Gusmão, *Curso*, cit., p. 71 e 77; Sérgio Campinho, *O direito de empresa*, cit., p. 77.

e) impossibilidade de pleitear tutela jurídica à sua marca (Lei n. 9.279/96, art. 128);

f) vedação de seu registro no CNPJ (IN da SRFB n. 1.634/2016 – com a alteração da IN n. 1.684/2016) e no INSS, visto que não tem personalidade jurídica;

g) não utilização, em juízo, para fazer prova em seu favor, em caso de registro em órgão indevido, de livros empresariais em razão do disposto no art. 1.181 do Código Civil.

b.2. Prova de sua existência

Como o contrato de sociedade não foi levado a inscrição perante registro público competente (CC, art. 985), não terá, como vimos, eficácia *erga omnes*, nem haverá Constituição de pessoa jurídica de direito privado, cuja existência legal depende do assento de seu ato constitutivo no registro competente, desde que preenchidos os requisitos exigidos. Consequentemente, fácil será deduzir a eficácia constitutiva do ato registrário, pois dele advém a personalidade jurídica da sociedade, que passará a ter capacidade de direito (*Rechtsfähigkeit*), que, sem o registro, é uma mera relação contratual disciplinada pelo seu contrato ou estatuto social (*Satzung*), aplicando-se-lhe, como já dissemos, as normas da sociedade não personificada (CC, art. 986). Embora essa sociedade seja um contrato consensual, que pode ser feito oralmente ou por escrito, a forma escrita é de grande importância, pois a personalidade jurídica surgirá com o registro desse contrato. Além disso, nas questoes entre os sócios, e entre eles com terceiros, tal sociedade só se provará por escrito (público ou particular), de modo que um sócio não poderá demandar contra outro sem exibir documento de constituição da sociedade, apesar de não arquivado, ou por qualquer outro documento conducente à conclusão da existência da sociedade (*RF*, *141*:299 e *112*:450; *RT*, *673*:72, *190*:303, *152*:714 e *160*:154; *AJ*, *74*:289). Logo, a sociedade em comum (não personificada) que produz efeitos como negócio jurídico, por ser sociedade contratual, poderá opor-se a terceiros, que contra ela tenham qualquer pretensão, apesar de, para criar direito em favor dos sócios, ter de apresentar prova escrita de sua existência. Assim sendo, a inexistência de contrato social escrito impede os sócios de moverem ação uns contra os outros, e, ainda, contra terceiros. Mas os estranhos, ou terceiros, que tiverem alguma relação com a sociedade, poderão provar sua existência por qualquer meio ou modo admitido juridicamente, inclusive por meio de testemunhas, indícios, indicativos fiscais, início de prova escrita, presunções, perícias etc. (CC, arts. 212 e s., 987; *RT*, *239*:219, *173*:746, *190*:303, *177*:379 e *130*:644; *AJ*, *101*:107; *RF*, *139*:224) para garantir seus direitos contra ela, e agir contra os sócios ante o princípio da boa-fé objetiva (CC, art. 422) e a teoria da aparência. Arnaldo Rizzardo vislumbra no art. 987 inconstitucionalidade, por violar o art. 5º, LV, da Carta Magna, por ser incabível distinguir a forma de provar, judicialmente, a existência da sociedade em comum, pois os meios probatórios, uma vez lícitos, não podem ser restringidos, devendo ser igual para todos. Entretanto, ante a especialidade do art. 987, nele não vemos qualquer inconstitucionalidade[44].

b.3. Patrimônio especial e participação dos sócios nos bens e nas perdas sociais

Os bens declarados no contrato e débitos sociais constituem um *patrimônio especial* da sociedade em comum, cujos titulares, em condomínio, são os sócios (CC, art. 988).

"O patrimônio especial a que se refere o art. 988 é aquele afetado ao exercício da atividade, garantidor de terceiro, e de titularidade dos sócios em comum, em face da ausência de personalidade jurídica" (Enunciado n. 210 do CJF, aprovado na III Jornada de Direito Civil).

Reconhece o atual Código Civil não só um patrimônio especial, formado por bens e dívidas da sociedade em comum, apesar de não personificada (CC, art. 988), mas também a permissão de o sócio não tratador fazer

44. M. Helena Diniz, *Código*, cit., p. 178 e 179; Amador Paes de Almeida, *Direito de empresa*, cit., p. 101; Luiz Cezar P. Quintans, *Direito da empresa*, Rio de Janeiro, Freitas Bastos, 2003, p. 22; Arnaldo Rizzardo, *Direito de empresa*, cit., p. 81. Ricardo Negrão (*Manual*, cit., v. 1, p. 299 e 300) observa: "A nova lei, aproveitando a evolução doutrinária anterior, contudo, distinguiu a forma de se provar em juízo a existência da sociedade em comum: o terceiro que com ela contratar pode fazê-lo de qualquer modo (art. 987), como já previa o Código Comercial, em seu art. 305, ao presumi-la 'sempre que alguém exercita atos próprios de sociedade, e que regularmente se não costumam praticar sem a qualidade social', exemplificando nove atos indicativos dessa existência: 1) negociação promíscua e comum; 2) aquisição, alheação, permutação ou pagamento comum; 3) se um dos associados se confessa sócio, e os outros o não contradizem por uma forma pública; 4) se duas ou mais pessoas propõem um administrador ou gerente comum; 5) a dissolução da associação como sociedade; 6) o emprego do pronome 'nós' ou 'nosso' nas cartas de correspondência, livros, faturas, contas e mais papéis comerciais; 7) o fato de receber ou responder cartas endereçadas ao nome ou firma social; 8) o uso de marca comum nas fazendas ou volumes; 9) o uso de nome com a adição 'e companhia'".

uso do benefício de ordem (CC, art. 990 — a *contrario sensu*). A esse respeito, com muita argúcia, escreve Ricardo Negrão: "É possível, portanto, que, não tendo participado da realização de determinado negócio jurídico, um dos sócios em comum invoque o direito de ver seus bens excutidos somente após o esgotamento do patrimônio social e dos demais sócios que, diretamente, trataram com o credor". Mas o sócio que contratar em nome da sociedade, por determinação do art. 990, ficará excluído do benefício de ordem, previsto no art. 1.024 do Código Civil de 2002, e os credores poderão executar diretamente seus bens particulares, independentemente de já se terem ou não executados os bens sociais.

Logo, há uma interpenetração dos interesses dos sócios, comunicando-se os bens e as dívidas, participando, como cotitulares em regra, de forma igualitária dos lucros e prejuízos. Portanto, o patrimônio especial é um capital indispensável às operações societárias e responderá pelos atos de gestão (CC, art. 989), praticados por qualquer sócio, arcando com os débitos e obrigações sociais. Os sócios assumem responsabilidade ilimitada em comum pelos resultados obtidos e pelas obrigações por não haver separação patrimonial. O patrimônio especial não é um patrimônio autônomo do acervo de bens de cada sócio, por ser um patrimônio condominial, um bem de propriedade comum dos sócios, do qual são cotitulares igualitariamente ou na proporção estipulada no ato constitutivo. Dissolvida a sociedade em comum, o remanescente do patrimônio especial em condomínio será partilhado entre os sócios; hipótese em que, por haver comunhão de interesses, cada um receberá a parte que lhe for cabível, conforme o pactuado, acrescida de lucro, se houver, ou diminuída do prejuízo apurado[45].

b.4. Vinculação dos bens sociais

Como já foi dito, todos os bens sociais respondem pelas obrigações assumidas por qualquer um dos sócios, na prática de atos de gestão (emprés-

45. Arnaldo Rizzardo, *Direito de empresa*, cit., p. 80; M. Helena Diniz, *Código*, cit., p. 779; Ricardo Negrão, *Manual*, cit., p. 299. Láudio C. Fabretti (*Direito de empresa*, cit., p. 51) observa: "para fins fiscais, a capacidade tributária passiva independe de estar a pessoa jurídica regularmente constituída, bastando que configure uma unidade econômica ou profissional (CTN, art. 126, III)". Paulo Checoli, *Direito de empresa no novo Código Civil*, cit., p. 51; Amador Paes de Almeida, *Manual*, cit., p. 52; *Direito de empresa*, cit., p. 101 e 102; Sérgio Campinho, *O direito de empresa*, cit., p. 77.

timo, locação etc.), para atender ao interesse social (CC, art. 989, 1ª parte). Trata-se de débitos da sociedade que por eles responderá, salvo se houver pacto limitando expressamente os poderes de administração dos sócios, que apenas terá eficácia em relação a terceiro que conheça ou deva ter conhecimento prévio daquela estipulação (CC, art. 989, 2ª parte)[46]. Se terceiro tiver ciência de tal pacto limitativo de poderes de gestão do administrador da sociedade em comum e, mesmo assim, com ele vem a efetivar o negócio, os bens sociais não arcarão com as consequências daquele ato negocial. Se assim não fosse, terceiro poderia ser conivente ou formar parceria com algum sócio para obter benefícios individuais, enriquecendo-se indevidamente. Se tal pacto não era conhecido do terceiro que efetivou negócio com o sócio, encarregado da gestão societária, os bens sociais responderão pelos efeitos daquele ato negocial, garantindo o pagamento dos débitos da sociedade em comum, aplicando-se a teoria da aparência, segundo a qual terceiro não tem o dever de conhecer todas as informações[47].

b.5. Responsabilidade solidária e ilimitada pelos débitos ou obrigações sociais

Há, pelo CC, art. 990, na sociedade em comum, responsabilidade solidária e ilimitada dos sócios pelas obrigações sociais, por serem cotitulares do patrimônio especial, mas seus bens particulares não poderão ser executados por dívidas da sociedade, senão depois de executados os bens sociais (CC, art. 1.024; CPC/2015, art. 795, § 1º), visto que há a proteção legal conferida pelo benefício de ordem ou de execução (*beneficium excussionis personalis*). Daí, alguns autores vislumbrarem a subsidiariedade da responsabilidade. Isto é assim porque os credores da sociedade são credores dos sócios (*JM, 97*:100-57), podendo acionar qualquer deles pelo débito todo. Os credores deverão obter a solução de seus créditos no patrimônio social, voltando-se depois contra os sócios, responsáveis ilimitada e solidariamente, individual ou conjuntamente. Mas aquele sócio que praticou o ato pela sociedade não terá o benefício de ordem, como já apontamos alhures, podendo responder pelo débito social com seu patrimônio pessoal, antes da exe-

---

46. "Presume-se disjuntiva a administração dos sócios a que se refere o art. 989" (Enunciado n. 211 do CJF, aprovado na III Jornada de Direito Civil).

    O exercício da administração caberá indistinta e disjuntivamente (separadamente) a cada sócio, em virtude do disposto no CC, art. 1.013.

47. M. Helena Diniz, *Código*, cit., p. 779 e 780; Jorge S. Fujita, *Comentários*, cit., p. 774; Mônica Gusmão, *Curso*, cit., p. 75; Paulo Checoli, *Direito de empresa*, cit., com. ao art. 989, p. 52.

cução dos bens da sociedade, principalmente, se se provar, p. ex., que sua atuação foi alheia aos interesses sociais. Isto é assim porque o sócio, que contrata pela sociedade em comum, tem responsabilidade direta e ilimitada pelas obrigações sociais, tendo os demais apenas a responsabilidade subsidiária; por isso o credor, havendo insuficiência, poderá alcançar os bens dos sócios que não contrataram pela sociedade. Pondera, com muita propriedade, Sérgio Campinho: "se a sociedade empresária irregular não tem personalidade jurídica, não se justifica a responsabilidade subsidiária. Com efeito, todos os sócios, e não só aquele que contratou pela sociedade, deveriam ter uma responsabilidade pessoal direta, ou seja, que pode ser exigida independentemente da exaustão do patrimônio social"[48].

Pelo Enunciado n. 212 do CJF (aprovado na III Jornada de Direito Civil), "embora a sociedade em comum não tenha personalidade jurídica, o sócio, que tem seus bens constritos por dívida contraída em favor da sociedade e não participou do ato por meio do qual foi contraída a obrigação, tem o direito de indicar bens afetados às atividades empresariais para substituir a constrição".

Alexandre Bueno Cateb[49] observa que: "Promovendo a regularização, contudo deixam os sócios de ser solidários entre si e com a sociedade pelas dívidas sociais, voltando à limitação da responsabilidade da forma contratada nos respectivos estatutos sociais. Entretanto, mesmo sanada a irregularidade, permanece a responsabilidade solidária dos sócios pelos atos praticados enquanto era irregular a sociedade, posto que aqueles que contrataram com a sociedade irregular foram conduzidos à celebração do contrato com base na situação que lhes era apresentada".

C. Sociedade em conta de participação

c.1. Noção, natureza jurídica e caracteres

Outrora era designada *societas maris* (sociedade marítima) ou *commenda* ou *collegantia* e compunha-se de um sócio *stans* (o que permanecia na

48. Sérgio Campinho, *O direito de empresa*, cit., p. 77; M. Helena Diniz, *Código*, cit., p. 780; Amador Paes de Almeida, *Direito de empresa*, cit., p. 103; Láudio C. Fabretti, *Direito de empresa*, cit., p. 50 e 51. A responsabilidade pelas obrigações será: solidária, porque cada sócio é devedor ou credor do total do débito ou crédito; ilimitada, por não se restringir à participação do sócio na sociedade.

49. Alexandre Bueno Cateb, A sociedade em comum, cit., p. 155.

cidade) e de um sócio *tractator* (o que exercia, no navio, a atividade mercantil), tendo breve duração, visto que se constituía para uma só viagem. Mas alguns autores, como Frederico Melis, veem sua origem na *accomandita*, por se amoldar ao contrato de investimento, ocultando os financiadores ou registrando-os nas corporações, e, ainda, distinguindo a responsabilidade daquele que administra o empreendimento com a ilimitada dos responsáveis pelo aporte pecuniário[50].

Diante dessas peculiaridades, que exerceram influência na configuração jurídica da sociedade em conta de participação, alguns autores, como Mauro Brandão Lopes[51], a consideram uma sociedade, por haver *affectio societatis*, baseada na confiança recíproca entre os sócios, para obtenção de lucro comum, unindo recursos financeiros e esforços, e pelo fato de o sócio ostensivo, em seu nome pessoal e sob sua responsabilidade, exercer a atividade, que constitui seu objeto social. José Gabriel Assis de Almeida nela vê três elementos indicativos de sua natureza societária: existência de duas ou mais pessoas; obrigação recíproca de combinarem seus esforços ou recursos e a combinação dos esforços, tendo por objetivo uma finalidade comum; outros como João Eunápio Borges, José Edwaldo T. Borba e Rubens

---

50. Sobre o histórico da sociedade em conta de participação: Fernand Braudel, *O jogo das trocas*, São Paulo, Martins Fontes, p. 383, 387 e 388; Ricardo Negrão, *Manual*, cit., p. 300-2; Edwin S. Hunt e James M. Murray, *Uma história do comércio na Europa medieval*, Lisboa, Dom Quixote, 2000, p. 101.

51. Mauro Brandão Lopes, *A sociedade em conta de participação*, São Paulo, Saraiva, 1990, p. 34 e 35; José Gabriel Assis de Almeida, *A sociedade em conta de participação*, Rio de Janeiro, Forense, 1989, p. 31; Luis Felipe Spinelli e outros, Contrato de investimento coletivo como modalidade de sociedade em conta de participação, *Revista Síntese – Direito empresarial*, n. 39, p. 87 a 135; Éverton T. de Carvalho, A análise econômica dos reflexos da nova determinação da Receita Federal acerca da obrigatoriedade de Registro no Cadastro Nacional de Pessoas Jurídicas no que tange à sociedade em conta de participação, *Revista Síntese – Direito empresarial, 41*:124 a 134; José X. Carvalho de Mendonça (*Tratado de direito comercial brasileiro*, v. II, t. III, p. 261) escreve: "A sociedade em conta de participação é a que se forma entre pessoas, das quais uma pelo menos deve ser comerciante, para a prática de uma ou mais operações de comércio determinadas, trabalhando um, alguns ou todos os associados em seu nome individual para o lucro comum". Gladston Mamede (*Direito societário: sociedades simples e empresárias*, v. 2, p. 49 — *apud* Arnaldo Rizzardo, *Direito de empresa*, cit., p. 86 e 87) nela vislumbra uma espécie de sociedade de fundos de investimento, ao dizer: "É o que se passa, por exemplo, nos fundos de participação em valores também chamados de consórcios de investimento ou *investments trusts* nos quais várias pessoas formam um fundo comum, aportando o dinheiro correspondente a unidades de capital (quotas) para investimento em bolsas, podendo liquidar suas quotas pelo valor líquido do momento da saída. O fato de saber que o sócio que ocupa posição ostensiva, via de regra uma instituição financeira, atua como administrador do fundo não descaracteriza a sociedade em conta de participação, não permitindo aos terceiros que contrataram com aquele pretender vincular os titulares de quotas, já que tal relação jurídica não lhes diz respeito".

Requião[52] nela veem um contrato de participação entre pessoas comerciantes, onde se conjugam recursos para uma operação social.

Na verdade, é um *contrato associativo*, de *participação* ou *parceria provisória*, não sujeito a registro, em que o contratante financiador não assume obrigações e riscos perante terceiros e pode exigir do financiado o retorno do capital empregado para um ou mais negócios, acrescido de lucro. Apenas um sócio (o ostensivo) exerce em seu nome individual a atividade empresarial, não tendo, portanto, firma social, nem está sujeito o contrato a qualquer registro, não tendo, por tal razão, eficácia *erga omnes*. Mesmo que aquele contrato seja objeto de registro, não será deferida, à sociedade, assim formada, a personalidade jurídica (CC, art. 993, *caput, in fine*). Sem embargo disso, o novel Código Civil considera esse contrato como uma *sociedade sui generis regular não personificada* e regulamenta, de forma moderna, a contribuição do sócio participante (ou oculto), admitindo sua habilitação na falência do sócio ostensivo, como credor concorrente quirografário. Como a sociedade em conta de participação é, na verdade, um *contrato de participação*, para constituir-se não dependerá de qualquer formalidade (CC, art. 992, 1ª parte), por ser *contrato consensual*, bastando a simples declaração de vontade de duas ou mais pessoas, ou seja, a *affectio societatis*. Logo, poder-se-á comprovar sua existência por qualquer meio jurídico admitido juridicamente, p. ex., depoimento testemunhal, confissão, perícia, presunção, documento fisco-contábil, cartas, *e-mails*, livro empresarial, notas de corretores e certidões extraídas de seus protocolos etc. (CC, arts. 992, 2ª parte, e 212 e s.; *RTJ*, *108*:651; *RT*, *472*:139), se não houver contrato social escrito firmado entre sócio ostensivo e sócios participantes. Será de bom alvitre que, nos documentos relativos à atividade da sociedade em conta de participação, o sócio ostensivo deverá, diz Láudio Camargo Fabretti, fazer constar indicação que permita identificar sua vinculação com essa sociedade[53].

52. João Eunápio Borges, *Curso de direito comercial terrestre*, Rio de Janeiro, Forense, 1959, v. 2, p. 116 e 117; José Edwaldo T. Borba, *Direito societário*, Rio de Janeiro, Freitas Bastos, 1997, p. 71.

53. Ricardo Negrão, *Manual*, cit., p. 302; M. Helena Diniz, *Código*, cit., p. 782; Amador Paes de Almeida, *Manual*, cit., p. 123; Láudio C. Fabretti, *Direito de empresa*, cit., p. 53; Everton T. de Carvalho, A análise econômica dos reflexos da nova determinação da receita federal acerca da obrigatoriedade de registro no Cadastro Nacional de Pessoas Jurídicas no que tange à sociedade em conta de participação, *Revista Síntese — Direito Empresarial, n. 41*:124-134. Há quem ache, como Marino Pazzaglini Filho e Andrea Di Fuc-

A *sociedade em conta de participação* é a que, não tendo personalidade jurídica, nem existência perante terceiros, se constitui pelo sócio ostensivo, que por entrar com o capital e o trabalho, pratica, em seu nome individual, atos de gestão, adquire direitos e assume obrigação com terceiros, respondendo pessoal e ilimitadamente pelos débitos sociais e pelos sócios participantes (prestadores de capital), que contribuem, formando patrimônio especial, apenas com o capital, participando dos lucros e das perdas, conforme o combinado no contrato de participação, podendo, por isso, exigir prestação de contas. Juridicamente, a "sociedade" inexiste para terceiro, tendo validade *interna corporis*, ou seja, vale apenas entre as pessoas que a contratarem. Entre os sócios há relação societária. Os sócios participantes poderão, individualmente, e em nome próprio, propor ações judiciais para resolver controvérsia relativa às relações internas (STJ, REsp 85.240/RJ, 3ª T., j. 19-11-1999). Sua característica primordial consiste no fato de ser uma sociedade interna, que se apresenta, externamente, como se o sócio ostensivo (pessoa física ou jurídica) exercesse a atividade como empresário individual, obrigando-se pessoalmente, com seu patrimônio, pelos resultados e pela inexecução das obrigações assumidas; logo, apenas ele será citado e demandado nas ações, não ingressando os sócios participantes na lide judicial (STJ, REsp 474.704, 3ª T., j. 17-12-2002). Por tal razão não tem, como as outras sociedades, firma social, sede ou domicílio. Tem substrato econômico, destinado ao exercício de uma atividade constitutiva do objeto social que é exercida, unicamente, pelo sócio ostensivo, em seu nome individual e sob sua própria e exclusiva responsabilidade, participando os demais dos resultados correspondentes. Somente o sócio ostensivo obriga-se perante terceiro. Os sócios participantes só se obrigam perante o ostensivo, e, se tomar parte nas relações deste com terceiros, responderá solidariamente com este pelas obrigações em que intervier (CC, art. 993, parágrafo único). Logo, as relações societárias permanecem num círculo fechado, isolando-se do mundo exterior, ao qual só tem acesso o sócio ostensivo. Essa sociedade pode ser constituída sem qualquer formalidade, podendo ser provada por todos os meios de direito. O contrato social só produz efeito entre os sócios e, se for registrado, tal assento não

---

cio Catanase (*Direito de empresa*, cit.) que "não se submete o sócio ostensivo à falência, mas, no caso de insolvência, poderão seus credores requerer-lhe a declaração de insolvência civil (execução por quantia certa contra devedor insolvente — CPC, arts. 748 a 790 — hoje não há arts. similares no CPC/2015)".

conferirá personalidade à sociedade. Havendo sua liquidação, disciplinar-se-á pelas normas do CPC alusivas à prestação de contas.

Em suma, tem por *caracteres* peculiares: ausência de firma social; inexistência, como pessoa jurídica, perante os sócios e terceiros; logo, não pode assumir nenhuma obrigação em seu nome; falta de titularidade negocial e processual; impossibilidade de sujeição à falência e de efetuar requerimento pedindo falência; realização de liquidação no modo estipulado pelo Código de Processo Civil para prestação de contas; regularidade, visto que não é sociedade irregular nem sociedade de fato[54].

54. Jorge S. Fujita, *Comentários*, cit., p. 775; Amador Paes de Almeida, *Execução dos bens dos sócios*, p. 45; Rubens Requião, *Curso*, cit., v. 1, p. 439; Vera Helena de Mello Franco, *Manual de direito comercial*, v. 1, p. 213 e 214. Bernardo Lopes Portugal (A sociedade em conta de participação no novo Código Civil e seus aspectos tributários, in *Direito de empresa no novo Código Civil*, Rio de Janeiro, Forense, 2004, p. 159) aponta os caracteres da sociedade em conta de participação acima arrolados. Já se decidiu que: "Na sociedade em conta de participação, empreendimento hoteleiro denominado *flat*, os sócios participantes, conhecidos como sócios ocultos, não se obrigam para com terceiros — que não os conhecem nem com eles tratam —, mas os sócios ostensivos são os que se obrigam com terceiros pelos resultados das transações e obrigações sociais realizadas ou empreendimentos, nos termos precisos do contrato. A relação do sócio oculto se dá unicamente com o sócio ostensivo que gerencia o negócio. Sendo assim, os sócios ostensivos respondem pela duplicata levada a protesto pelos serviços eventualmente prestados" (REsp 168.028-SP, rel. Min. Cesar Asfor Rocha, julgado em 7-8-2001, *Informativo STJ*, n. 103). *Vide*: CPC/2015, arts. 550 a 553.

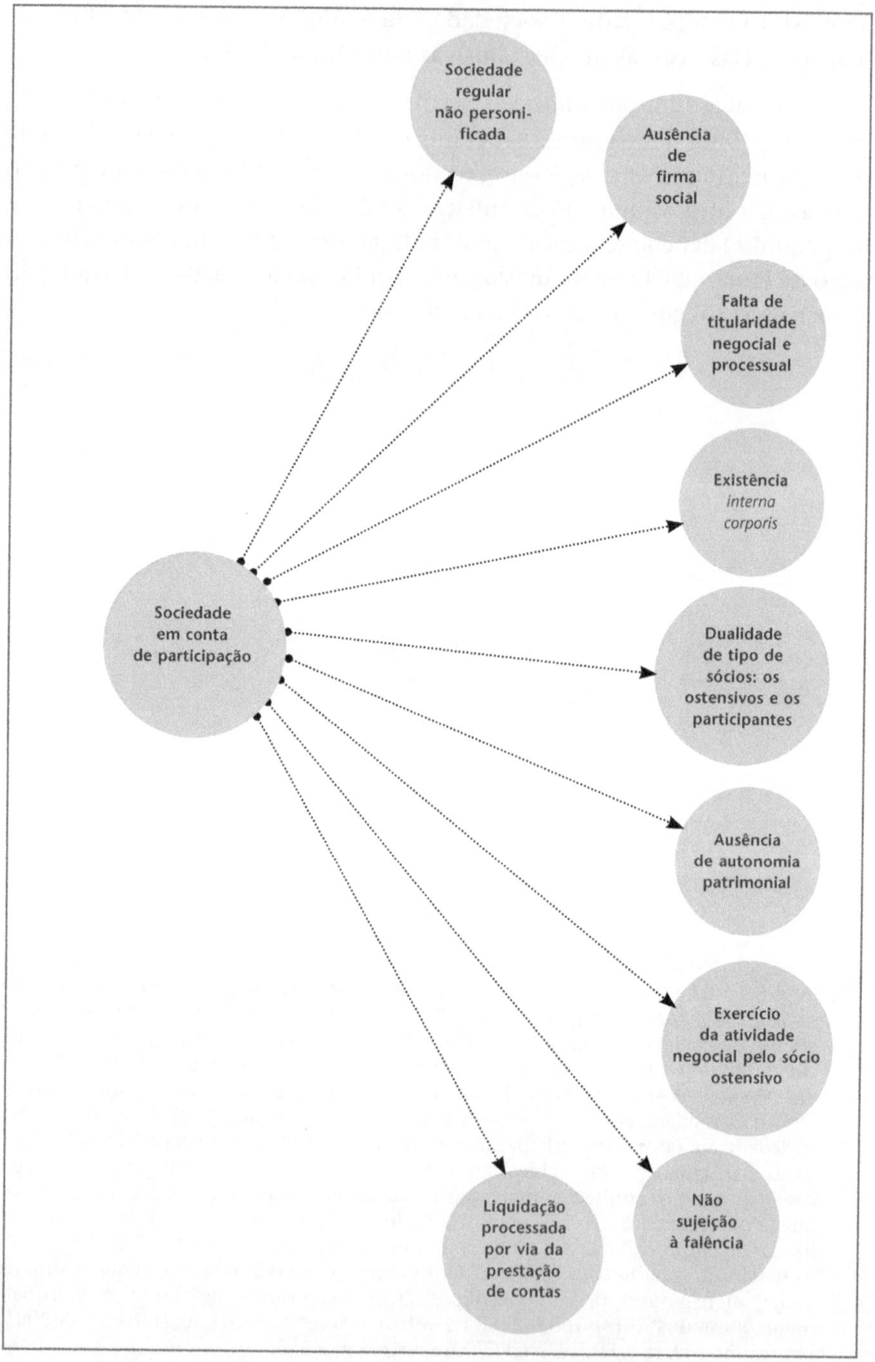
Sociedade em conta de participação
Sociedade regular não personificada
Ausência de firma social
Falta de titularidade negocial e processual
Existência *interna corporis*
Dualidade de tipo de sócios: os ostensivos e os participantes
Ausência de autonomia patrimonial
Exercício da atividade negocial pelo sócio ostensivo
Não sujeição à falência
Liquidação processada por via da prestação de contas

A sociedade em conta de participação tem grande utilidade para captar recursos financeiros ou capitais monetários para aplicação em operações de financiamento ou em atividade econômica.

É muito usada, observa Rubens Requião, em negócio momentâneo de importação ou que envolva aplicação imediata de expressivos capitais.

c.2. Sócio ostensivo e sócios participantes

A sociedade em conta de participação (simples ou empresária) não é, como vimos, pessoa jurídica, não tem autonomia patrimonial, nem sede social, nem firma ou razão social, e é formada com duas modalidades de sócio: o *ostensivo* (empreendedor que entra com capital e com atividade laborativa) e os *participantes* ou ocultos (sócios investidores com participação restrita à entrega de capital, para a consecução do fim social), com direito de obter, ao final, parcela dos resultados do empreendimento. P. ex., um sócio ostensivo, para criar e vender seus produtos, constitui sociedade em conta de participação, com uma pessoa (sócio participante) que lhe dará verba para adquirir matéria-prima, findo ambos direito ao produto alcançado com as vendas das peças fabricadas. O sócio ostensivo abrirá, em seu balanço, uma conta de participação com o montante entregue pelo sócio participante e, efetuado o negócio, reembolsa o dinheiro investido pelo sócio participante, além de lhe pagar, a título de remuneração, o lucro combinado ou o resultado social.

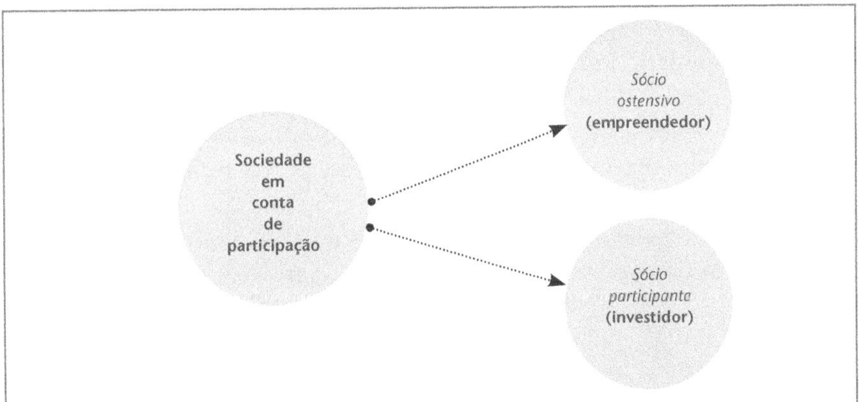

O gerente, que é sócio ostensivo, pratica, apresentando-se no mercado, na gestão da sociedade, todos os atos necessários para tanto e usa de sua firma individual, efetivando os negócios com terceiros, sem envolver os sócios participantes, adquirindo direitos e assumindo deveres e riscos, visto que está regularmente estabelecido, inscrito no órgão competente e mantém, na forma da lei, em sua contabilidade, documentos e livros fiscais e contábeis, registrando todas as operações da sociedade em conta de participação, escriturando-as, até que se opere sua liquidação, mediante distribuição dos resultados comuns (financeiros ou sociais), na forma estabelecida no contrato. A atividade constitutiva do objeto social, portanto, é exercida apenas pelo sócio ostensivo, que se obriga pessoalmente perante terceiros, arcando com todas as responsabilidades (CC, art. 991). Sua responsabilidade é pessoal e ilimitada pelas dívidas sociais. Os sócios participantes (os ocultos ou investidores) somente se obrigam perante o sócio ostensivo, participando dos resultados socais obtidos, sejam eles positivos ou negativos, nos limites consignados contratualmente, uma vez que são prestadores de capital e não aparecem externamente nas relações da sociedade, nem têm responsabilidade perante terceiros. Os sócios participantes (contratantes financiadores) não assumem obrigações perante terceiros, nem arcam com os riscos, mas poderão exigir do financiado (sócio ostensivo) o retorno do capital empregado para um ou mais negócios, acrescido dos lucros. Os fundos dos sócios participantes são, portanto, entregues, fiduciariamente, ao ostensivo, que, ao exercer a atividade negocial, os aplica como seus, apesar de fazerem parte do patrimônio especial. Somente o sócio ostensivo, que efetivou o negócio, em seu nome, responderá perante terceiros. Terceiros só poderão agir contra o sócio ostensivo, com o qual entabularam o negócio, nada podendo exigir, judicial ou extrajudicialmente, dos sócios participantes. A falta do registro retira a publicidade; logo, terceiro não poderia ter conhecimento da existência da sociedade em conta de participação. Mesmo que venha a ter ciência de sua existência, como apenas fez a negociação com o sócio ostensivo, somente poderá dirigir sua pretensão contra ele. Observa Matiello que, se, porventura, houver participação conjunta do sócio ostensivo e dos participantes na elaboração negocial, todos serão solidariamente responsáveis perante o terceiro, com quem efetivaram contrato, em nome da sociedade (CC, art. 993, parágrafo único)[55].

---

55. Mauro Brandão Lopes, *Sociedade em conta de participação*, 1990, p. 34-8; Mario Ghidini, *L'associazione in partecipazione*, 1959; Salvatore G. Grandi, *L'associazione in partecipazione*, 1939; Rubens Requião, *Curso*, cit., v. 1, n. 236, p. 374; Walter Bigiavi, *L'imprenditore occulto*, 1954; Luiz Tzirulnik, *Empresas*, cit., p. 46 e 47; Fábio Ulhoa Coelho, *Manual*, cit., p. 150-2; Láudio C. Fabretti, *Direito de empresa*, cit., p. 52; Luiz Cesar P. Quintans, *Direito de empresa*, cit., p. 26; José Gabriel Assis de Almeida, *Sociedade em conta de participação*, 1989; Eduardo Carlezzo, Sociedade em conta de participação, *Justilex*, *18*:48;

c.3. Efeitos jurídicos

Efetivado um contrato social entre duas ou mais pessoas, que, sem firma social, se reúnem para obtenção de lucro comum, trabalhando alguns, em seu nome individual, para o fim almejado, produzirá efeitos internos, isto é, apenas entre o sócio ostensivo e os participantes, pois, não tendo razão social, não se revela publicamente em face de terceiros, que somente têm vínculo com o sócio ostensivo. "A responsabilidade derivada das operações realizadas perante terceiros, a partir da contratação da sociedade em conta de participação, é exclusiva do sócio ostensivo, permanecendo sempre isento o sócio participante, desde que não tenha realizado negócios sociais" (STJ, REsp. 192.603/SP, 4ª T., rel. Min. Barros Monteiro, j. 15-4-2004). Se seu instrumento for, eventualmente, levado a registro, este nem por isso conferir-lhe-á personalidade jurídica, pois apenas formalizará sua constituição, dirimindo dúvidas quanto ao conteúdo do pacto social (CC, art. 993). Se, com a eventual inscrição no registro competente do contrato social, terceiros vierem a conhecer a identidade dos sócios participantes, tal fato não desvirtuará a natureza da sociedade em conta de participação, visto que sua característica primordial é a responsabilidade integral do sócio ostensivo, com seu nome individual perante terceiros. Os sócios participantes, mesmo que se tornem conhecidos, não terão qualquer responsabilidade. Neste sentido já houve decisão de que: "Na sociedade em conta de participação o sócio ostensivo é quem se obriga para com terceiros pelos resultados das transações e das obrigações sociais, realizadas ou empreendidas em decorrência da sociedade, nunca o sócio participante ou oculto que nem é conhecido dos terceiros nem com estes nada trata" (*RSTJ, 150*:352). O sócio ostensivo responsabilizar-se-á como empresário, e não como sócio, visto que, perante terceiro, atua por sua conta e risco. Assim, os credores que com ele vierem a efetivar negócios somente poderão acioná-lo, não podendo ajuizar ação contra os sócios participantes.

Os sócios participantes, apenas por serem investidores de capital, poderão fiscalizar a gestão do sócio ostensivo, não só da atividade econômica, tendo acesso, para tanto, aos livros e à contabilidade, mas também dos

---

Fabrício Z. Matiello, *Código Civil*, cit., p. 620 e s.; M. Helena Diniz, *Código*, cit., p. 781 e 782; Bernardo L. Portugal, A sociedade em conta de participação no novo Código Civil e seus aspectos tributários, *Direito de empresa no novo Código Civil*, cit., p. 157-164. Não há impedimento legal para a participação de sócio estrangeiro na sociedade, desde que, no contrato social, se indique o valor das quotas, fazendo o registro no BACEN (Lei n. 4.131/62, art. 1º), visto que tais quotas representam divisas estrangeiras que ingressam no Brasil. É a lição de Arnaldo Rizzardo, *Direito de empresa*, cit., p. 88.

negócios sociais (*RT*, *684*:147), levados a efeito com terceiros pelo sócio ostensivo, em seu nome individual e sob sua própria e exclusiva responsabilidade. Poderão até mesmo mover ação de prestação de contas dos atos de gestão da sociedade contra o sócio ostensivo. Deverão evitar qualquer participação nas negociações feitas entre o sócio ostensivo e terceiro. Se, porventura, sem embargo da proibição legal, algum sócio participante vier a tomar parte nas negociações do sócio ostensivo com terceiro, passará a responder com ele, solidariamente, pelas obrigações assumidas com sua intervenção (CC, art. 993, parágrafo único). Consequentemente, terceiro poderá acionar qualquer deles (participantes ou ostensivo) pelo adimplemento da obrigação assumida.

A sociedade em conta de participação é uma sociedade interna entre sócio ostensivo e sócio participante, sendo que este último não se revela, permanecendo, convém repetir, nas relações com terceiros, oculto. Os sócios participantes entregam, fiduciariamente, um capital ou fundos ao ostensivo, que os aplica, juntamente com os seus, formando um *patrimônio especial*, que será objeto da conta de participação relativa à consecução dos negócios sociais. A sociedade em conta de participação não possui capital social, mas pressupõe um fundo (patrimônio especial) para exercer a atividade necessária à consecução do fim social e ao pagamento das obrigações que, para tanto, foram assumidas. Os sócios (ostensivo e participantes) unem o capital para determinado fim, com absoluta reserva na participação dos lucros (*RT*, *615*:65). O fundo social é constituído, portanto, com valores e contribuições do sócio ostensivo e dos sócios participantes.

A contribuição dos sócios participantes e do sócio ostensivo, formando fundo, constitui um *patrimônio especial* (CC, art. 994), que deverá ser assentado, em conta especial de participação, nos livros do sócio ostensivo.

Há uma afetação específica dos capitais reunidos pelos sócios para a consecução do fim social e para a cobertura das obrigações assumidas no desenvolvimento da atividade econômica. A especialização patrimonial, com descrição dos bens e indicação de suas peculiaridades, não tem eficácia *erga omnes*; somente produzirá efeitos entre os sócios (*inter partes* — CC, art. 944, § 1º), não alcançando terceiros, por não ser patrimônio da sociedade, visto que estamos diante de uma sociedade, não personificada, ou seja, que não possui personalidade jurídica, nem tem autonomia patrimonial. Consequentemente, fácil é perceber que a contribuição dos sócios participantes e do ostensivo forma um patrimônio especial, que não é da sociedade, visto que só tem efeito entre os sócios, podendo ser usado para pagamento de pró-labore e distribuição de lucros. Tal se dá porque os sócios conservarão a propriedade e a posse dos bens com que entraram para a sociedade. Cada um retira de seu patrimônio pessoal uma parcela de bens, que irá formar o patrimônio de afetação, dentro do patrimônio de cada sócio, como afirma José Gabriel Assis de Almeida. Constitui um moderno instrumento para captar recursos financeiros a ser aplicados em certas operações, repartindo-se o lucro obtido com elas entre os sócios.

A sociedade em conta de participação não poderá ser declarada falida, pois somente seus sócios poderão incorrer em falência. Dessa forma, falindo o sócio ostensivo, dissolver-se-á, automaticamente, a sociedade, mediante simples ação ordinária (*RT*, *472*:139); ter-se-á apuração dos haveres devidos aos demais sócios, liquidando-se a conta, ou seja, a quota do capital social do sócio ostensivo, e o saldo, se houver, constituirá crédito quirografário, isto é, sem qualquer garantia (CC, art. 994, § 2º). Logo, os bens ou fundos do capital social dos sócios participantes não entrarão no processo de liquidação. Os sócios participantes, falindo o sócio ostensivo, poderão, portanto, habilitar-se como credores quirografários, concorrendo no concurso creditório.

Com a falência do sócio participante, não se terá dissolução da sociedade, e o contrato social sujeitar-se-á às normas disciplinadoras dos efeitos da falência nos contratos bilaterais efetivados pelo falido (CC, art. 994, § 3º). Na apuração do capital ensina Arnaldo Rizzardo, ingressam os ativos líquidos que o sócio possui na sociedade se possível for apurá-los, visto que não se comunicam com os bens do sócio ostensivo. O administrador judicial, pelo art. 117 da Lei n. 11.101/2005, deverá decidir se a massa falida participará, ou não, da sociedade em conta de participação.

Se o contrato social, ou adendo superveniente, não o permitir, o sócio ostensivo não poderá, sem anuência expressa dos demais sócios, admitir novo sócio (CC, art. 995), mesmo sendo o administrador dos interesses e negócios sociais. Tal se dá por tratar-se de sociedade de pessoas, havendo necessidade de se tutelarem os interesses dos sócios participantes, que, por serem investidores, não podem ficar presos ao arbítrio do sócio ostensivo, relativamente ao aumento do quadro societário. O art. 995 visa a proteção dos interesses dos sócios participantes, por terem contribuído para o patrimônio especial (CC, art. 994), tendo por escopo a obtenção de um resultado econômico. Se o sócio ostensivo vier a incluir novas pessoas, os participantes poderão invalidar a alteração no número de sócios por ele feita.

Em relação à obrigação tributária, esta será de responsabilidade do sócio ostensivo, visto que é ele quem exerce a atividade constitutiva do objeto social[56].

c.4. Aplicação subsidiária das normas da sociedade simples

E, no caso de omissão legislativa e estatutária, aplicar-se-ão, subsidiariamente, no que couberem, à sociedade em conta de participação, os arts. 997 a 1.038 do Código Civil referentes à sociedade simples, que tem personalidade jurídica (CC, art. 996, 1ª parte). Assim poder-lhe-ão ser, p. ex., aplicadas as normas sobre sociedade simples relativas à deliberação por maioria, à retirada de sócio etc.

---

56. José Gabriel Assis de Almeida, *A sociedade*, cit., p. 98; M. Helena Diniz, *Código*, cit., p. 783-5. Láudio C. Fabretti (*Direito de empresa*, cit., p. 52) observa que "a legislação do IR, no art. 254 do RIR/99, dispõe que os registros contábeis do sócio ostensivo deverão ser feitos de forma a evidenciar os lançamentos referentes à sociedade em conta de participação, em seus livros ou em outros livros que resolver adotar para esse negócio. Determina, ainda, esse artigo do RIR/99 que os resultados e o lucro real correspondentes à SCP deverão ser apurados e demonstrados destacadamente dos resultados e do lucro real do sócio ostensivo, ainda que a escrituração seja feita nos mesmos livros". Arnaldo Rizzardo (*Direito de empresa*, cit., p. 89) ensina: "No caso de imposto de renda, sujeita-se à tributação sobre os lucros oriundos do empreendimento comum. Para organizar e controlar melhor sua escrita, é conveniente que faça duas contabilidades: uma relativa ao próprio negócio, e a outra dos lançamentos individuados aos demais sócios. Sendo o negócio da sociedade, os custos são repartidos seguindo a ordem proporcional da participação. Nas declarações de renda pessoais dos sócios, pode-se descontar ou deduzir o montante já descontado e recolhido pelo sócio ostensivo, mas que teve em conta os rendimentos da sociedade". *Vide*: Bernardo Lopes Portugal, A sociedade, cit., p. 163; Arnaldo Rizzardo, *Direito de empresa*, cit., p. 90 e 91; Carvalho de Mendonça, *Tratado*, cit., v. IV, p. 236; Mônica Gusmão, *Curso*, cit., p. 78-82; Amador Paes de Almeida, *Manual*, cit., p. 117-23. Consulte: *RT*, *615*:65; *648*:147.

BAASP: *2.788*: 12 – Na sociedade em conta de participação, os sócios ocultos apenas se obrigam, individualmente, com o sócio ostensivo, que negocia com terceiros em nome próprio, com a obrigação de prestar contas aos que forneceram os recursos necessários à operação por aquele realizada. 2 – Solidariedade que não se presume, somente surgindo em decorrência de determinação legal ou da vontade das partes. 3 – A segunda demandada admitiu serem devidos aos autores os valores que constaram do acordo homologado pelo juízo da 39ª Vara Cível. Manifestação de vontade que faz nascer a obrigação solidária de saldar a dívida. 4 – O termo a *quo* de incidência da correção monetária será a data da homologação do acordo em que o débito foi reconhecido. 5 – O cálculo dos juros de mora ocorrerá da citação das rés, por força da natureza contratual da relação entabulada entre as partes. 6 – Correção monetária e juros moratórios que devem incidir até o efetivo pagamento, descontando-se as parcelas já depositadas pela segunda ré. 7 – Negado provimento aos recursos.

c.5. Liquidação e prestação de contas

Havendo dissolução societária, a liquidação da sociedade em conta de participação seguirá as normas sobre prestação de contas, na forma da lei processual (CC, art. 996, 2ª parte; CPC/2015, arts. 550 a 553), apurando-se o ativo e o passivo e dividindo-se entre os sócios o saldo líquido (credor ou devedor), se houver.

Por outras palavras, a liquidação será processada por via de prestação de contas, conforme normas do CPC; assim, o sócio ostensivo deverá, então, prestar contas, em juízo, aos sócios participantes, apresentando os documentos que, para tanto, forem necessários.

Os sócios participantes têm direito de exercer fiscalização (CC, art. 993, parágrafo único) e pedir prestação de contas ao sócio ostensivo (*RT*, *768*:221, *684*;147), visto que, sendo gestor e administrador do patrimônio ou do negócio, pratica atos de gestão e cobre as obrigações assumidas com o patrimônio especial, formado pelas contribuições dos sócios (CC, art. 994), que está sob seu controle. O sócio ostensivo é, portanto, o administrador, pois a ele foram confiados, pelos sócios participantes, seus investimentos. Se assim é, ele assumirá o risco do empreendimento ao obrigar-se com terceiro. E se vários forem os sócios ostensivos, estes serão litisconsortes, e as respectivas contas, apresentadas em separado, deverão ser prestadas e julgadas no mesmo processo judicial (CC, art. 996, parágrafo único). Têm tal dever por ser a prestação de contas uma obrigação de quem administra bens e investimentos alheios, ou seja, dos sócios participantes[57].

57. Fábio Ulhoa Coelho, *Código Comercial e legislação complementar anotada*, São Paulo, Saraiva, 1995, p. 110-2; Mauro Brandão Lopes, *A sociedade em conta de participação*, São Paulo, Saraiva, 1990; M. Helena Diniz, *Tratado*, cit., v. 4, p. 114; Rubens Requião, *Curso*, cit., v. 1, p. 375; Jorge S. Fujita, *Comentários*, cit., p. 776.

Quadro Sinótico

SOCIEDADE NÃO PERSONIFICADA

1. SOCIEDADE NÃO PERSONIFICADA	• É a que não possui personalidade jurídica, ante o fato de não ter providenciado o arquivamento de seu ato constitutivo no registro competente. Poderá ser sociedade em comum (CC, arts. 986 a 990) ou sociedade em conta de participação (CC, arts. 991 a 996).	
2. SOCIEDADE EM COMUM	• Noção	• A sociedade em comum compreende a sociedade de fato e a sociedade irregular. É uma sociedade contratual que, sem o registro de seu ato constitutivo, explora uma atividade econômica ou não. Por não ser personificada sofre restrições (Lei n. 11.101/2005, arts. 48, 161, 105, IV, 81, 97, § 1º; Lei n. 8.666/93, art. 28, III; Lei n. 8.934/94, art. 33; Lei n. 9.279/96, art. 128), apesar de ter legitimação processual (CPC, art. 75, IX).
	• Prova de sua existência	• Com a ausência do registro do contrato social, este não terá eficácia *erga omnes*; logo, só se provará, nas questões entre os sócios e entre eles e terceiros, por escrito público, ou particular. Terceiros que com ela tiverem alguma relação poderão provar sua existência por qualquer meio probatório admitido legalmente (CC, art. 987).
	• Patrimônio especial (CC, art. 988)	• Formado por bens e dívidas da sociedade em comum. • Afetado ao exercício da atividade. • Pertencente aos sócios, em condomínio.
	• Participação dos sócios nos bens e nas perdas sociais	• Todos os sócios participam, como cotitulares, igualitariamente nos bens, lucros e prejuízos e assumem responsabilidade ilimitada pelos resultados obtidos e pelas obrigações por não haver separação patrimonial.

2. SOCIEDADE EM COMUM	• Vinculação dos bens sociais	• Os bens sociais respondem pelas obrigações assumidas por qualquer sócio, na prática de atos de gestão, para atender ao interesse social, salvo se houver pacto limitando os poderes de administração dos sócios, que só terá eficácia em relação a terceiro que conheça ou deva ter conhecimento prévio daquela estipulação (CC, art. 989).
	• Responsabilidade solidária e ilimitada pelos débitos e obrigações sociais	• Os sócios respondem solidária e ilimitadamente pelas obrigações sociais, por serem cotitulares do patrimônio social, mas seus bens particulares só poderão ser executados após a execução dos bens sociais (CC, arts. 990, 1.024; CPC, art. 795, § 1º). Mas o sócio que praticou o ato pela sociedade não terá o benefício de ordem, podendo responder com seu patrimônio pessoal, antes da execução dos bens da sociedade, principalmente se provar, p. ex., que sua atuação foi alheia aos interesses sociais.
3. SOCIEDADE EM CONTA DE PARTICIPAÇÃO	• Natureza jurídica	• Apesar de o Código Civil considerá-la como uma sociedade *sui generis regular não personificada*, é, na verdade, um *contrato de participação* ou de *parceria provisória* não sujeito a registro.
	• Conceito	• É a que, não tendo personalidade jurídica, nem existência perante terceiros, se constitui pelo sócio ostensivo, que, por entrar com o capital e trabalho, pratica, em seu nome individual, atos de gestão, adquirindo direitos e assumindo obrigações com terceiros, respondendo pessoal e ilimitadamente pelos débitos sociais e pelos sócios participantes, que contribuem apenas com o capital, participando dos lucros e das perdas, podendo por isso exigir prestação de contas.
	• Caracteres	• Inexistência como pessoa jurídica. • Ausência de firma social. • Falta de titularidade negocial e processual. • Impossibilidade de sujeição à falência e de efetuar requerimento pedindo falência. • Liquidação processada por via da prestação de contas.

3. SOCIEDADE EM CONTA DE PARTICIPAÇÃO	• Sócio ostensivo	• Empreendedor que entra com capital e atividade laborativa, logo pratica, usando sua firma individual, os atos necessários e efetiva negócios com terceiros, assumindo, pessoalmente, obrigações e riscos, arcando com responsabilidade ilimitada (CC, art. 991).
	• Sócio participante	• É o investidor, tendo participação restrita à entrega de capital para a consecução do fim social, com direito de obter, ao final, parcela dos resultados financeiros ou sociais do empreendimento.
	• Efeitos jurídicos	• Efeitos *interna corporis*, isto é, entre o sócio ostensivo e o participante, não alcançando terceiro, que só se vincula com o sócio ostensivo. • Registro de seu ato constitutivo não lhe conferirá personalidade jurídica, pois apenas formalizará sua constituição, dirimindo dúvidas quanto ao seu conteúdo (CC, art. 993). • Sócio participante, por ser o investidor, não terá qualquer responsabilidade perante terceiro, mas poderá fiscalizar a gestão do sócio ostensivo e mover ação de prestação de contas contra ele. • Se sócio participante vier a tomar parte de negociação de sócio ostensivo com terceiro, passará a responder com ele, solidariamente, pelas obrigações assumidas com sua intervenção (CC, art. 993, parágrafo único). • A sociedade em conta de participação não possui capital social, mas pressupõe um fundo (patrimônio especial), formado por bens entregues fiduciariamente pelo sócio participante e pelo ostensivo, para ser aplicado por este no exercício da atividade necessária à consecução do objetivo social e ao pagamento das obrigações assumidas (CC, art. 994). • A especialização patrimonial, com a descrição dos bens e indicação de suas peculiaridades só produzirá efeito entre os sócios (CC, art. 994, § 1º). • Impossibilidade de se declarar falência da sociedade em conta de participação. • Falência do sócio ostensivo provoca dissolução da sociedade e a liquidação da respectiva conta, cujo saldo constituirá crédito quirografário (CC, art. 994, § 2º). • Falência do sócio participante não conduz à dissolução da sociedade, e o contrato social sujeitar-se-á às normas disciplinadoras dos efeitos da falência nos contratos bilaterais do falido (CC, art. 994, § 3º).

3. SOCIEDADE EM CONTA DE PARTICIPAÇÃO	• Aplicação subsidiária das normas da sociedade simples	• Aplicam-se, havendo omissão legal ou estatutária, os arts. 997 a 1.038 do Código Civil, subsidiariamente, no que couberem, à sociedade em conta de participação (CC, art. 996, 1ª parte).
	• Liquidação e prestação de contas	• Havendo dissolução da sociedade em conta de participação, sua liquidação seguirá normas processuais sobre prestação de contas (CC, art. 996, 2ª parte; e CPC, arts. 550 a 553). • Se vários forem os sócios ostensivos, suas contas, apresentadas em separado, serão prestadas e julgadas no mesmo processo (CC, art. 996, parágrafo único).

5. Sociedade personificada

A. Noções gerais

Como vimos em páginas anteriores, nem toda sociedade é pessoa jurídica, pois, para que a pessoa jurídica de direito privado exista legalmente e tenha regularidade, será preciso inscrever seus atos constitutivos, ou seja, contrato e estatuto, no seu registro peculiar e na forma da lei (CC, art. 985), passando a ser sujeito de direito com existência distinta da de seus membros (CC, art. 45). Assim, para ter personalidade jurídica, a sociedade empresária deverá ser inscrita no Registro Público de Empresas Mercantis, a cargo da Junta Comercial (Lei. n. 8.934/94, art. 1º), desde que haja visto de advogado, o que, portanto, é indispensável para que a Junta Comercial efetue o registro do ato constitutivo da sociedade (art. 1º, § 2º, da Lei n. 8.906/94), e a sociedade simples, no Registro Civil das Pessoas Jurídicas, do local onde estiver sua sede (a de sua administração ou a do estabelecimento onde se realizam as atividades sociais — Enunciado n. 215 do Conselho de Justiça Federal, aprovado na III Jornada de Direito Civil; Lei n. 6.015/73, arts. 114 a 119; CC, arts. 985 e 1.150; CPC, arts. 835, IX e X, e 866, § 2º; *RT*, *136*:692; *AJ*, *59*:493). Com tal inscrição, ter-se-á a *sociedade personificada*, ou seja: *a*) pessoa jurídica distinta da pessoa natural de seus sócios (CC, art. 45), pois passará, em seu nome, a contrair obrigações e a exercer direitos, tendo nacionalidade, capacidade e domicílios próprios; *b*) patrimônio social separado do dos sócios. Ter-se-á, portanto, ente individualizado, autônomo contratual e patrimonialmente e representado ativa e passivamente, em juízo, pelo seu administrador ou representante. Com a aquisição da personalidade jurídica, a sociedade passará a ter não só o poder de exercer direitos sobre o seu patrimônio, como também o de contrair obrigações necessárias ao seu desenvolvimento e ao exercício de suas atividades. Como diz Sylvio Marcondes, ao adquirir personalidade, com a inscrição do ato constitutivo, a sociedade personificada deverá atender aos requisitos, estipulados naquele ato, por serem necessários à sua vida interna e externa e por estarem baseados em lei.

Graficamente, temos:

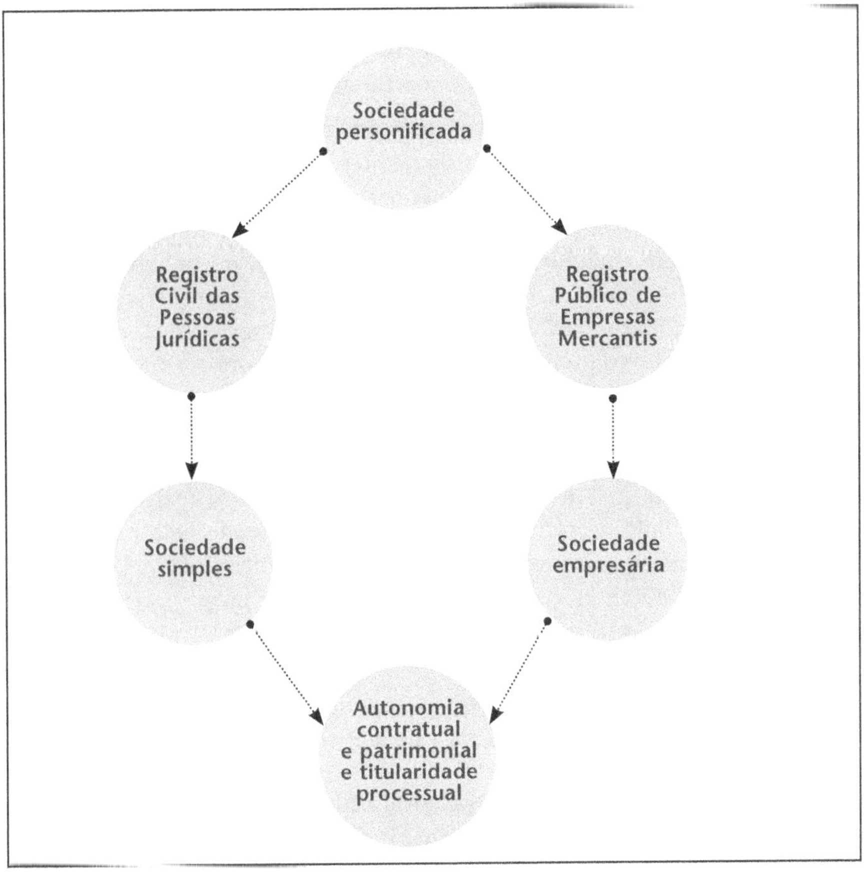

As sociedades personificadas disciplinar-se-ão pelas mesmas normas que regem a sociedade simples, exceto se não houver preceitos legais específicos para cada modalidade societária, atinentes ao contrato social, aos direitos e obrigações dos sócios, à administração, às relações com os terceiros, à retirada de sócios, à dissolução da sociedade etc.[58].

Pelo Enunciado n. 384 do CJF (aprovado na IV Jornada de Direito Civil), "nas sociedades personificadas previstas no Código Civil, exceto a cooperativa, é admissível o acordo de sócios por aplicação analógica das normas relativas às sociedades por ações pertinentes ao acordo de acionistas".

Ensina-nos Láudio C. Fabretti, que seus resultados econômicos serão tributados pelo Imposto de Renda da pessoa jurídica, sendo que, em relação aos lucros ou dividendos pagos ou creditados pelas pessoas jurídicas tributadas pelo lucro real, presumido ou arbitrado, aquele imposto não incidirá na fonte, nem integrará a base de cálculo do IR do beneficiário (pessoa física ou jurídica), domiciliado no Brasil ou no exterior (Lei n. 9.249/95, art. 10). O beneficiário, em sua declaração, sendo pessoa física, não deverá computar aquele lucro ou dividendo no rendimento bruto (RIR/99, art. 39, XXIX), visto ser considerado rendimento isento e não tributado. Sendo o beneficiário pessoa jurídica, os lucros e dividendo recebidos de outra pessoa jurídica deverão ser computados como receita financeira na contabilidade da sociedade, mas excluídos de apuração do lucro real (RIR/99, art. 250, II). A sociedade personificada tem responsabilidade pela retenção do IRRF alusivo aos pagamentos feitos a sócios, a título *pro labore*, de honorários da diretoria, aluguéis, ou de juros sobre o capital próprio, remuneração a pessoas naturais, com ou sem vínculo empregatício[59].

B. Espécies societárias personificadas: sociedade empresária e sociedade simples pura e não pura

Nem toda sociedade, mesmo personificada, tem por objeto o exercício de atividade econômica organizada em empresa, e, assim, embora seja pessoa jurídica, não é empresária. Logo, as sociedades personificadas poderão

---

58. Edmar O. Andrade Filho, *Sociedade de responsabilidade limitada*, São Paulo, Quartier Latin, 2004, p. 32; M. Helena Diniz, *Código*, cit., p. 776; Luiz Tzirulnik, *Empresas*, cit., p. 48 e 49. "Ainda que não promovida a adequação do contrato social no prazo previsto no art. 2.031 do Código Civil, as sociedades não perdem a personalidade jurídica adquirida antes de seu advento" (Enunciado n. 394 do CJF, aprovado na IV Jornada de Direito Civil). Sobre CNPJ: IN da RFB, n. 1.634/2016.

59. Láudio C. Fabretti, *Direito de empresa*, cit., p. 53.

ser simples ou empresárias, distinguindo-se pelo modo em que se exerce a atividade econômica.

A *sociedade empresária* é, como já dissemos, a pessoa jurídica que visa ao lucro ou ao resultado econômico ou social, mediante exercício habitual de atividade econômica organizada, como a exercida por empresário, sujeito a registro (CC, arts. 967 e 982), com o escopo de obter a produção ou circulação de bens ou de serviços no mercado (CC, art. 966). Tal sociedade reúne três fatores essenciais: a habitualidade no exercício dos atos negociais que visem à produção ou a circulação de bens ou serviços; o escopo de lucro ou o resultado econômico ou social; a organização ou estrutura estável dessa atividade. Assume as formas: sociedade em nome coletivo, sociedade em comandita simples, sociedade em comandita por ações, sociedade limitada e sociedade anônima (CC, arts. 1.088, 1.089 e 982, parágrafo único) ou por ações (*RT*, *134*:122).

A *sociedade* será *simples* se não exercer atividade empresarial, econômica, técnica e organizada para a produção ou circulação de bens ou serviços, mesmo que venha a adotar quaisquer das formas empresárias, como permite o art. 983, 2ª parte, do Código Civil, exceto se for por ações que, por força de lei, será sempre empresária (CC, art. 982, parágrafo único). A cooperativa é uma sociedade simples (CC, arts. 982, parágrafo único, *in fine*, 983, parágrafo único, e 1.093 a 1.096) e "a natureza de sociedade simples da cooperativa, por força legal, não a impede de ser sócia de qualquer tipo societário, tampouco de praticar ato de empresa" (Enunciado n. 207 do CJF, aprovado na III Jornada de Direito Civil). A sociedade simples visa o exercício, p. ex., de atividade advocatícia (Lei n. 8.906/94, art. 15), rural, educacional, contábil etc. Portanto "a sociedade de natureza simples não tem seu objeto restrito às atividades intelectuais" (Enunciado n. 196 do CJF, aprovado na III Jornada de Direito Civil). "Os profissionais liberais podem organizar-se sob a forma de sociedade simples, convencionando a responsabilidade limitada dos sócios por dívidas da sociedade, a despeito da responsabilidade ilimitada por atos praticados no exercício da profissão" (Enunciado n. 474 do Conselho da Justiça Federal, aprovado na V Jornada de Direito Civil). Nem toda sociedade personificada pretende exercer atividade econômica organizada, e, assim, mesmo sendo pessoa jurídica, não é empresária, mas simples. Realiza operações econômicas de natureza não empresarial, vinculada ao Registro Civil de Pessoas Jurídicas, não estando subordinada, embora tenha atividade de fins econômicos, às normas relativas à empresarialidade, mesmo que venha a assumir uma das formas previstas para a sociedade empresária, exceto se em comandita por ações ou anônima. "Considerando ser da essência do contrato de sociedade a partilha do risco entre os sócios, não desfigura a sociedade simples o fato de o respectivo contrato social prever distribuição de lucros, rateio de despesas e concurso de auxiliares" (Enunciado n. 475 do Conselho da Justiça Federal, aprovado na V Jornada de Direito Civil).

A *sociedade empresária* reger-se-á assumindo a *forma* de: sociedade em nome coletivo, pelos arts. 1.039 a 1.044 do Código Civil; sociedade em comandita simples, pelos arts. 1.045 a 1.051; sociedade limitada, pelas disposições contidas nos arts. 1.052 a 1.087; sociedade por ações ou anônima, pelos arts. 1.088 e 1.089 do Código Civil e por lei especial (Lei n. 6.404/76); e sociedade em comandita por ações pelos arts. 1.090 a 1.092 do Código Civil (CC, art. 983, 1ª parte).

O mesmo se dirá da *sociedade simples não pura* que se constituir de conformidade com um desses tipos (com exceção do da sociedade em comandita por ações e da sociedade anônima — *RT*, *434*:122 e *128*:485; *RJTJSP*, *135*:110), e, não o fazendo, disciplinar-se-á pelos arts. 997 a 1.038 do Código Civil, caso em que será uma *sociedade simples pura* (CC, art. 983, 2ª parte), regendo-se pelas normas que lhe são próprias (CC, arts. 997 a 1.038). Como já apontamos, "a opção pelo tipo empresarial não afasta a natureza simples da sociedade" (Enunciado n. 57 do CJF). "Na sociedade simples pura (art. 983, parte final, do CC/2002), a responsabilidade dos sócios depende de previsão contratual. Em caso de omissão, será ilimitada e subsidiária, conforme o disposto nos arts. 1.023 e 1.024 do CC/2002" (Enunciado n. 479 do Conselho de Justiça Federal, aprovado na V Jornada de Direito Civil).

A sociedade simples, que assumir uma das modalidades de sociedade empresária, deverá seguir sua constituição e funcionamento e as normas da forma societária eleita (CC, art. 983).

A *sociedade simples*, no novel Código Civil, segue o modelo europeu (suíço e italiano), apesar de sua divisão em tipos societários, que não ocorre na Europa. Feita a opção por uma das modalidades de sociedade (sociedade em nome coletivo, comandita simples ou limitada), reger-se-á pelas normas peculiares a ela e pelas normas da sociedade simples, subsidiariamente. Mas, se vier a adotar a forma da sociedade de comandita por ações ou a da sociedade anônima, não mais será considerada como sociedade simples, passando a ser empresária, devendo ser inscrita no Registro Público das Empresas Mercantis, a cargo da Junta Comercial, ficando sujeita à falência e podendo requerer recuperação judicial ou extrajudicial.

Importante é, como observa Sérgio Campinho, o papel desempenhado pelas normas que regem a sociedade simples não só por servir de substrato ou *standard* às sociedades não enquadráveis na categoria de empresária, mas também por constituir um esquema ou padrão, por ser fonte supletiva ou subsidiária para as sociedades em comum e as sociedades empresárias (em nome coletivo, limitada e comandita simples), resolvendo os casos omissos, ou seja, não contemplados pelas normas específicas que as regem.

Assim temos:

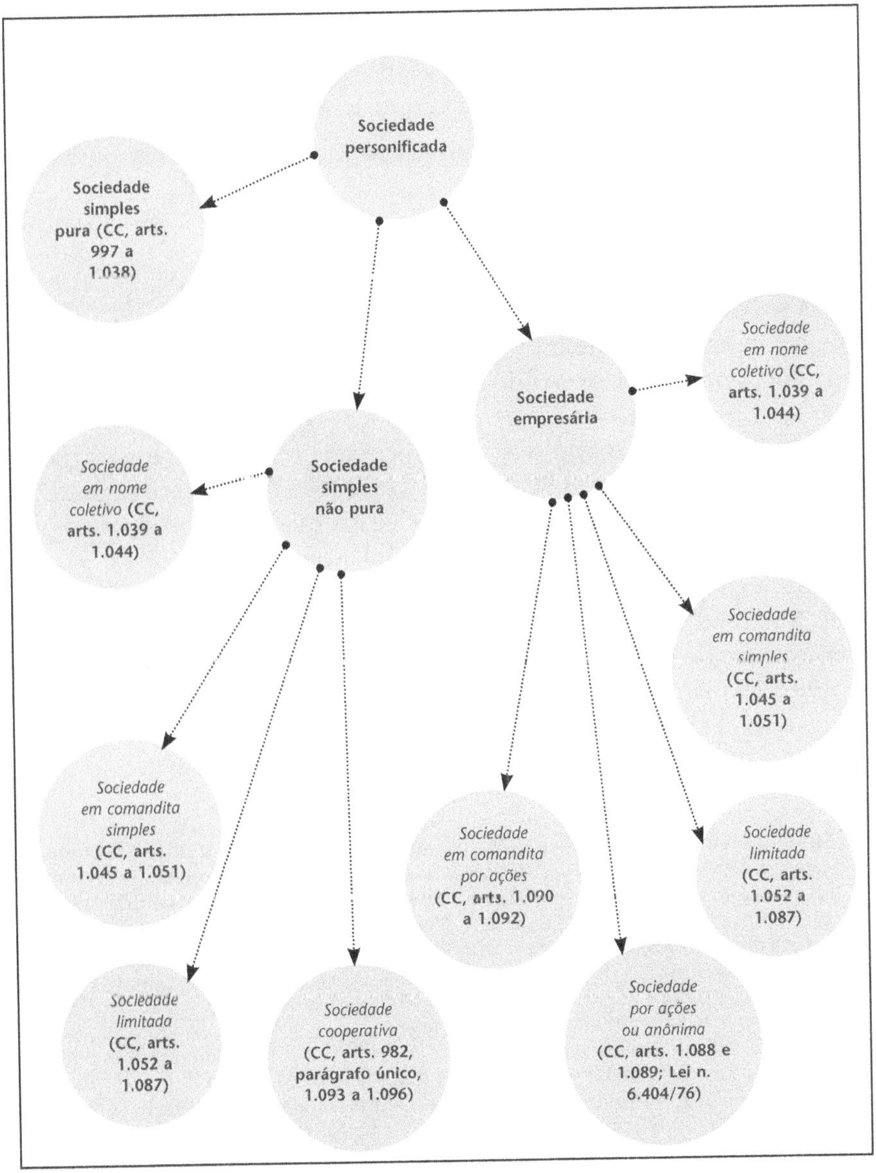

Nada obsta, segundo alguns autores, a criação de *sociedades atípicas*, em razão do princípio da autonomia contratual, que abrange o da livre atividade negocial (CF, art. 170). Observa Raquel Sztajn que admitido está o princípio da atipicidade societária, desde que não se editem normas estatutárias que: *a*) tenham força obrigatória das normas jurídicas, para os novos esquemas negociais; *b*) venham a obrigar ou restringir direitos de terceiros; *c*) façam sobrepor o interesse particular sobre o coletivo; e *d*) ofendam a função social do contrato e da propriedade; o valor do trabalho; a dignidade da pessoa humana; o consumidor; o meio ambiente etc.[60].

C. Sociedade simples

c.1. Conceituação e objeto social

A sociedade simples é a pessoa jurídica de direito privado (CC, art. 44, II) que visa ao fim econômico ou lucrativo, pois o lucro obtido deverá ser repartido entre os sócios, sendo alcançado com o exercício de certas profissões ou pela prestação de serviços técnicos (CC, arts. 997 a 1.038; *RT*, *462*:81, *39*:216, *395*:205). P. ex., uma sociedade imobiliária, uma sociedade de advogados (Lei n. 8.906/94, arts. 15 a 17 e Provimento n. 112/206 do Conselho Federal da OAB); uma sociedade que presta serviços de pintura (*RT*, *39*:216), de mecânica ou de terraplanagem (*RT*, *395*:205), ou uma sociedade cooperativa (CC, arts. 982, parágrafo único, 1.093 a 1.096; Súmula 262 do STJ). Essa atividade não poderá ser objeto de exploração direta, por não poder constituir elemento de empresa (CC, art. 966, parágrafo único, *in fine*), hipótese em que a sociedade deixará de ser simples, passando a ser, então, empresária.

---

60. M. Helena Diniz, *Código*, cit., p. 774; Rachel Sztjan, *Contratos de sociedade e formas societárias*, 1989, n. 109, p. 174; *Atipicidade de sociedade no direito brasileiro*. Tese apresentada na USP, em 1987; Aurélio Morello, *Le società attipiche*, Milano, Giuffrè, 1983, p. 14; Nelson Nery Junior e Rosa Maria A. Nery, *Novo Código Civil comentado*, São Paulo, Revista dos Tribunais, 2003, com. ao art. 983; Mônica Gusmão, *Curso*, cit., p. 125; Adalberto Simão Filho, Os direitos de empresa, cit., p. 60; Sérgio Campinho, *O direito de empresa*, cit., p. 51 e 86; Marino Pazzaglini Filho e Andrea Di Fuccio Catanese, *Direito de empresa*, cit., p. 65; Rubens Requião, *Curso*, cit., v. 1, p. 418; Celso Marcelo de Oliveira (*Manual de direito empresarial*, v. II, p. 97) escreve: "A sociedade simples pode ser constituída como sociedade em nome coletivo, sociedade em comandita simples e sociedade limitada. Nesses casos, se a sociedade simples optar por um dos tipos de sociedade acima (art. 983), deverá submeter-se às normas da respectiva sociedade, lembrando que a sociedade cooperativa será sempre considerada sociedade simples".

Será simples a sociedade que tiver por objeto atividades profissionais regulamentadas, científicas, literárias, artísticas, educacionais, rurais, a não ser que o exercício da profissão ou do ofício venha a constituir elemento da empresa.

É uma sociedade cujo objeto social é o exercício de atividade econômica não empresarial, ou melhor, é a prestação de serviços profissionais, mesmo com concurso de colaboradores ou auxiliares, de natureza científica (como, p. ex., de consultoria, medicina, contabilidade, auditoria, engenharia, economia, odontologia, informática etc.), literária, artística (música, representação cênica, pintura, desenho de moda, fotografia), de atividades voltadas à educação, à agricultura e à pecuária (com exceção da atinente à indústria agrícola, que é empresária) e de atividade cooperativa. O pintor, o advogado, o escritor, o médico, o dentista, o músico, o estilista, o pesquisador, o contador etc. não são empresários, mas, se se agruparem para o exercício profissional, darão origem a uma sociedade simples, sujeita a registro civil na entidade de classe, p. ex., OAB, CFM etc. É, como diz Fábio Ulhoa Coelho, um tipo societário mais apropriado a pequenos negócios ou a prestação de serviços não empresariais. Serão simples, como exemplifica Arnaldo Rizzardo, as sociedades prestadoras de serviços de intermediação, abrangendo, p. ex., os corretores, os negociadores de valores em Bolsa; as voltadas à pesquisa como os centros de estudo e de assessoria; as envolvidas com artes, como as manifestadas nos grupos de teatro, de cinema, de música e de artesãos; as que têm por escopo a execução de ofício, como de marceneiro, eletricista, encanador, construtor civil etc. Não exerce, portanto, atividade própria de empresário sujeito a registro, como prescreve o art. 982 do Código Civil.

Se, p. ex., um grupo de médicos ou de engenheiros e arquitetos vier a constituir uma sociedade simples, alugando imóvel, contratando empregados, utilizando-se de insígnia para efetuar pesquisas sobre as várias tendências da medicina ou da engenharia, publicando os resultados em revistas científicas ou divulgando-os em palestras e depois resolver fazer uso habitual dessa atividade mediante prestação de serviços médicos ou técnicos a terceiros, contratando outros profissionais, ministrando cursos, oferecendo planos de saúde ou projetos à população etc., deixará de ser simples e passará a ser empresária, visto que não mais se exerce pessoalmente uma atividade profissional e se está explorando a atividade intelectual como elemento *empresa* (CC, art. 982 c/c o art. 966, parágrafo único, *in fine*). Mas, se vier a praticar, eventualmente, atos empresariais, tal fato não irá descaracterizá-la como sociedade simples, pois sua atividade principal continuará sendo a científica ou intelectual[61].

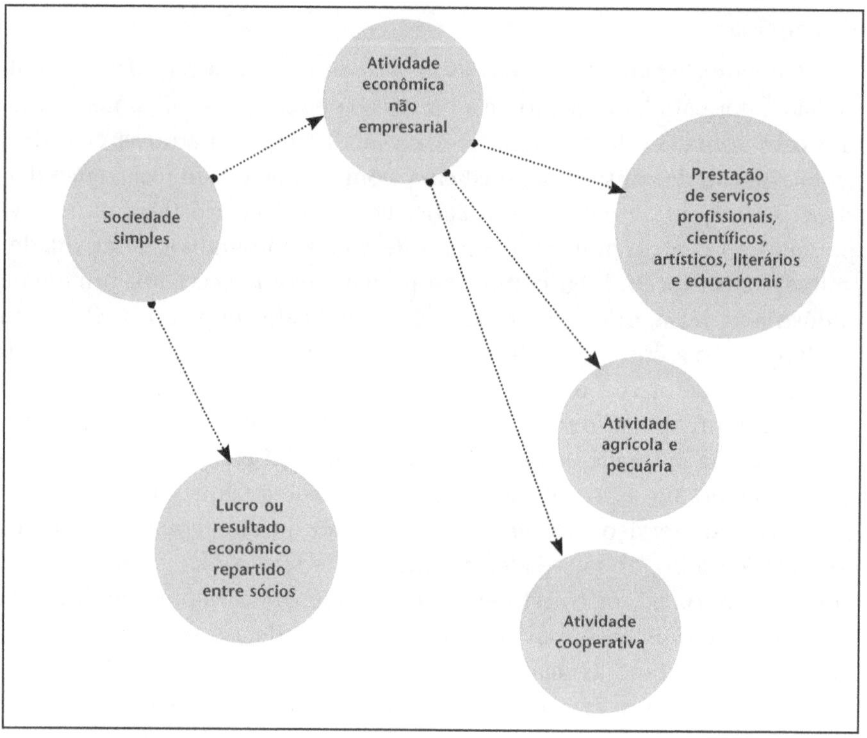

61. M. Helena Diniz, *Código*, cit., com. ao art. 44, II; Mario Pazzaglini Filho e Andrea Di Fuccio Catanese, *Direito de empresa*, cit., p. 64 e 65; Sérgio Campinho, *O direito de empresa*, cit., p. 36 e 85; Ruy de Souza, Regime jurídico da sociedade simples, *Direito de empresa no novo Código Civil*, Rio de Janeiro, Forense, 2004, p. 174; Rubens Requião, *Curso*, cit., v. 1, p. 416-20; Adriana de A. Setubal Santos, *Comentários ao Código Civil* (coord. Camillo, Talavera, Fujita e Scavone Jr.), São Paulo, Revista Tribunais, 2006, p. 777; Sylvio Marcondes, *Questões de direito mercantil*, São Paulo, Saraiva, 1977, p. 17; Ricardo Negrão, *Manual*, cit., v. 1, p. 306-8; Arnaldo Rizzardo, *Direito de empresa*, cit., p. 97-9. Mônica Gusmão (*Curso*, cit., p. 126 e 127) observa que: se uma sociedade de advogados vier "a contratar, para suporte habitual de suas atividades, um perito grafotécnico, um contador, perito atuarial, um médico do trabalho, um engenheiro de segurança para perícias de periculosidade ou insalubridade etc., ela deixaria de ser *simples* porque cada um a seu tempo e modo se inseriria na atividade-fim da sociedade de advogados. Nesse exemplo, ainda que, por força de lei, a sociedade de advogados estivesse impedida de exercer atividade empresarial, não escaparia à falência". Elidie P. Bifano e Sérgio R. de O. Bento (*Aspectos relevantes do direito de empresa de acordo com o novo Código Civil*, p. 50, apud Arnaldo Rizzardo, *Direito de empresa*, cit., p. 98) ponderam: "As atividades resultantes de profissão intelectual de natureza científica, literária e artística, via de regra, não são organizadas, embora possam ser exercidas sob o conceito de empresa, e, assim organizadas, podem transformar aquele que as exerce em empresário".

Distingue-se, no direito brasileiro, a sociedade empresária da simples pelos três elementos identificadores da empresarialidade, previstos no art. 966 do Código Civil: economicidade, organização e profissionalidade. Estando presentes esses três elementos, ter-se-á a configuração da sociedade empresária. A sociedade simples exerce, portanto, atividade sem os fatores de produção[62]. Assim, se a sociedade conservar caracteres da sociedade empresária, mas for insuficientemente organizada para a produção ou circulação de bens ou serviços, continuará sendo considerada sociedade simples[63]. "Na sociedade simples, por não ter natureza empresarial, admite-se que sócio apenas venha a contribuir com serviços, como ocorria na sociedade de capital e indústria. O contrato social deverá, por isso, especificar, com minúcias, o trabalho a ser prestado pelo sócio à sociedade, impondo, inclusive, sanções se vier a praticar atos alheios ao objeto social, como perda da participação dos resultados obtidos, exclusão da sociedade etc. Mas, por outro lado, é comum nas sociedades simples que pessoas admitidas como empregadas, ante a excelência do serviço prestado, sejam promovidas a sócias. Daí ser relevante o fator "trabalho", a competência e experiência do sócio[64].

Assim, sendo sociedade de pessoas, constituída para, profissionalmente, desempenhar atividade econômica, em especial a de prestação de serviço intelectual, desde que não organizada empresarialmente, será simples. E qualquer que seja o tipo societário por ela adotado, não se sujeitará à falência, nem poderá requerer recuperação judicial ou extrajudicial, uma vez que a opção por uma das formas societárias empresariais não exigirá que se efetue sua inscrição no Registro Público de Empresas Mercantis. Seu assento far-se-á no Registro Civil das Pessoas Jurídicas. Realmente, é o que se pode inferir do disposto no art. 1.150 do Código Civil, que, assim, reza: "O empresário e a sociedade empresária vinculam-se ao Registro Público de Empresas Mercantis a cargo das Juntas Comerciais, e a sociedade simples ao Registro Civil das Pessoas Jurídicas, o qual deverá obedecer às normas fixadas para aquele registro, se a sociedade simples adotar um dos tipos de sociedade empresária".

---

62. O Código Civil brasileiro não enumerou, portanto, os atos de empresarialidade como fez o italiano ao prescrever no art. 2.195: *"Sono soggetti all'obbligo dell' iscrizione nel registro delle imprese gli imprenditori che esercitano: 1) un' attività industriale diretta alla produzione di beni o di servizi; 2) un' attività intermediaria nella circolazione dei beni; 3) un' attività di trasporto per terra, o per acqua o per aria; 4) un' attività bancaria o assicurativa; 5) altre attività ausiliarie delle precedenti"*.

63. Luiz Cezar P. Quintans, *Direito da empresa*, cit., p. 30.

64. Láudio C. Fabretti, *Direito de empresa*, cit., p. 108.

c.2. Constituição e natureza contratual

A sociedade simples (sociedade de pessoas), ante o disposto no art. 997 do novel Código Civil, apresenta a natureza de sociedade contratual, visto que se constitui mediante contrato social feito por instrumento público ou particular. A *sociedade contratual* constitui-se pelo *contrato social*, representativo da declaração volitiva dos interessados na formação de uma nova pessoa jurídica, mediante seu arquivamento no órgão competente. Há, nesse contrato societário, congregação de vontades dirigidas para a obtenção de um objetivo comum e cláusulas estipuladas pelas partes para lograr o resultado por elas almejado, cuja ulterior alteração dependerá de deliberação da maioria dos sócios. Essas cláusulas facultativas poderão dispor sobre: disciplina das reuniões assembleares; instituição de conselho fiscal; administração por estranho; forma de dissolução; exclusão de sócio; inclusão de estranho no quadro societário; cessão de quotas. Mas, além dessas cláusulas, o contrato deverá, obrigatoriamente, mencionar (CC, art. 997, I a VIII)[65]

65. M. Helena Diniz, *Curso*, cit., vol. 3, p. 304-6; *Tratado*, cit., v.4, p. 112-4; *Código*, cit., p. 787; Sérgio Campinho, *O direito de empresa*, cit., p. 87; Ricardo Negrão, *Manual*, cit., v. 1, p. 309; Amador Paes de Almeida, *Direito de empresa*, cit., p. 79 e 80; Arnaldo Rizzardo, *Direito de empresa*, cit., p. 99-108; Adrianna de A. Setubal Santos, *Comentários*, cit., p. 777-80; Arnoldo Wald, *Comentários ao novo Código Civil*, Livro II — Do direito de empresa, v. XIV, p. 339; Fran Martins, *Curso de direito comercial*, Rio de Janeiro, Forense, 2001, p. 141 e 155; Láudio C. Fabretti, *Direito de empresa*, cit., p. 108; Temístocles Pinho e Álvaro Peixoto, *As empresas e o novo Código Civil*, p. 177, apud Arnaldo Rizzardo, *Direito de empresa*, cit., p. 102; Vera Helena de Mello Franco, *Manual de direito comercial*, cit., v. 1, p. 177; Silvio Rodrigues, Contrato de sociedade, in *Enciclopédia Saraiva do Direito*, v. 19, p. 513 e s.; Manara, *Delle società*, Torino, UTET, 1902, v. 1, n. 52; v. 2, n. 331 e s. e 517 a 522; Tullio Ascarelli, *Studi in tema di contratti: contratto plurilatterale*, Milano, Giuffrè, 1952, p. 108 e s.; Renzo Bolaffi, *La società semplice*, 1975; Ricardo Fiuza, *Novo Código*, cit., p. 901-37; Fabrício Z. Matiello, *Código Civil*, cit., p. 623-48; Paulo Sérgio Restiffe, *Manual do novo direito comercial*, São Paulo, Dialética, 2006, p. 104-6); Rubia C. Neves, Regime jurídico da sociedade simples, *Direito de empresa no novo Código Civil*, cit., p. 165-188.

Esclarece o Enunciado n. 385 do CJF (aprovado na IV Jornada de Direito Civil): "A unanimidade exigida para a modificação do contrato social somente alcança as matérias referidas no art. 997, prevalecendo, nos demais casos de deliberação dos sócios, a maioria absoluta, se outra mais qualificada não for prevista no contrato".

O Projeto n. 699/2011 pretende alterar a redação do art. 999 (*caput*) para: "As modificações do contrato social, que tenham por objeto matéria indicada no art. 997, dependem do consentimento de todos os sócios; as demais devem ser decididas por maioria absoluta de votos, se o contrato não determinar *quorum* diverso". E essa proposta pretende corrigir distorção no art. 999, que, para modificação do contrato social no que tange às demais matérias não previstas no art. 997, restringia a opção ao *quorum* de unanimidade ou de maioria absoluta. Não há razão para que o contrato social não possa estabelecer *quorum* diverso para deliberação sobre essas outras matérias não contempladas no art. 997.

cláusulas com as seguintes informações essenciais, que só poderão ser modificadas pelo consenso unânime dos sócios (CC, art. 999):

a) Nome, nacionalidade, estado civil, profissão e residência dos sócios, se forem pessoas naturais. Se forem pessoas jurídicas, deverão especificar sua firma ou razão social, nacionalidade e sede.

A sociedade simples poderá ter, portanto, pessoas naturais ou jurídicas como sócias, que deverão estar devida e completamente qualificadas no contrato social. Se for pessoa natural deverá estar individuada, com a menção do nome, nacionalidade, estado civil, residência, números do RG e do CPF. Se for solteira, deverá, como ensina Arnoldo Wald, constar a data de nascimento para averiguação de sua capacidade. Se for estrangeira deverá apresentar a documentação exigida do seu país de origem, a requerida para estrangeiro e o visto permanente ou temporário se for ocupar cargo de administrador e, ainda, a indicação, se residente no exterior, de representante com poderes, inclusive, para receber eventual citação. Sócio estrangeiro não poderá exercer algumas funções específicas, dependendo, diz Adrianna de Alencar Setubal Santos, do objeto da sociedade da qual participe como sócio, p. ex., a empresa jornalística e de radiodifusão sonora e de sons e imagens (CF, art. 222, *caput*). Se for pessoa jurídica, deverá prestar informações relativas a sua firma ou denominação social, nacionalidade, sede, o número da inscrição no CNPJ e à pessoa natural que a representa. A pessoa jurídica, sócia de sociedade simples, poderá estar constituída sob qualquer uma das formas societárias, mesmo se empresárias. Pela Carta Magna, art. 222, § 1º, é proibida a participação de pessoa jurídica no capital social de empresa jornalística ou de radiodifusão, exceto a de partido político e de sociedades cujo capital pertença exclusiva e nominalmente a brasileiros.

b) Denominação, objeto, sede e prazo da sociedade.

A sociedade simples, tendo individualidade própria, deverá indicar o nome pelo qual irá identificar-se.

Pelos arts. 997, II, e 1.155, parágrafo único, do Código Civil vigente, a sociedade simples, em regra, deverá fazer uso da denominação, que poderá formar-se por um elemento de fantasia ou por alguma expressão retirada de seu objeto social. Mas nada obsta que venha a possuir firma social, se a sociedade simples tiver sócios de responsabilidade ilimitada pelas obrigações sociais (CC, art. 1.157). Hipótese em que a firma terá por base o nome civil dos sócios ou de um deles, acrescentando-se a expressão "e companhia". "O art. 997, II, não exclui a possibilidade de sociedade simples utilizar firma ou razão social" (Enunciado n. 213 do CJF, aprovado na III Jornada de Direito Civil).

A lei exige também a descrição minudente do objeto social, indicando-se o gênero e a espécie da atividade lícita a ser exercida pela sociedade. É preciso, portanto, particularizar o tipo de atividade ou serviço a ser prestado, p. ex., se é advocatício[66]. Essa atividade não poderá contrariar a lei, os bons costumes e a ordem pública e deverá ser possível, determinada ou determinável. Temístocles Pinho e Álvaro Peixoto observam que não se pode inserir termo estrangeiro na descrição do objeto social, salvo se não houver termo correspondente no idioma português ou se a expressão estrangeira já estiver incorporada ao vernáculo nacional.

A sede da sociedade simples também deverá estar indicada no contrato social, por ser o local onde funcionará sua diretoria e administração e onde responderá pela sua atividade (CC, art. 75, IV). Nesse sentido ponderam Colin e Capitant[67]: *"Leur domicile se détermine, du reste, de la même façon. Il est au lieu où elles ont leur principal établissement, c'est-à dire au lieu où est centralisée leur administration"*. Há liberdade de escolha para a fixação do domicílio da pessoa jurídica, desde que este conste expressamente em seu contrato social.

O prazo deverá ser mencionado no contrato social, indicando-se se será determinado ou indeterminado. Mas poderá ser determinável, quando a sociedade é, p. ex., constituída para a realização de uma pesquisa ou projeto ou para a elaboração de uma obra. Caso em que a sociedade extinguir-se-á com o término da atividade proposta, ficando seu prazo vinculado à conclusão de uma tarefa, ou finalidade, específica.

c) Capital da sociedade, expresso em moeda corrente, podendo compreender qualquer espécie de bens suscetíveis de avaliação pecuniária

O capital social, um dos elementos do patrimônio social[68], deverá ser especificado no ato constitutivo da sociedade, com a menção de que poderá ser formado por qualquer bem suscetível de avaliação econômica, como: dinheiro, imóveis, ativos intangíveis (marcas, patentes) ou recebíveis, como,

---

66. O Decreto n. 1.800/96 (art. 53, § 2º) poderá ser utilizado, subsidiariamente, como parâmetro para a individualização do objeto social.

67. Colin e Capitant, *Cours élémentaire de droit civil français*, Paris, Dalloz, 11. ed., p. 724 e 725.

68. Como ensina Fran Martins (*Curso*, cit., p. 155), o patrimônio social advém da personificação da sociedade, contém, além do capital social, bens móveis ou imóveis, marcas e patentes e responde pelas obrigações assumidas pela sociedade simples.

p. ex., duplicatas[69]. Constitui uma garantia para os credores da sociedade e serve de suporte econômico para a realização do objeto social, visto que somente poderá ser usado para sua consecução. Sem o capital social, que será dividido em quotas de igual valor, subscritas pelos sócios, a sociedade não poderá formar-se. Observa Arnaldo Rizzardo, há quem ache, inferindo do art. 46 do Código Civil, ser possível omitir a referência do capital social, pois o mencionado dispositivo legal, ao referir-se ao registro da pessoa jurídica, não inclui a menção do capital. Entretanto, a sociedade simples, mesmo a formada para fins intelectuais, não dispensa suporte patrimonial, que será arcado pelos sócios[70].

d) Especificação da quota de cada sócio no capital social e o modo de realizá-la

É preciso especificar no ato constitutivo o número de quotas do capital social cabível a cada sócio e a forma de sua integralização. Será necessário dispor, portanto, o modo pelo qual cada sócio irá contribuir para a formação do capital social, ou seja, mediante a entrega de dinheiro, créditos, bens móveis ou imóveis. Poderá o capital social ser até mesmo integralizado por meio de transferência da propriedade de bens imóveis (CC, art. 1.055), devidamente individuados no instrumento societário.

e) Prestações a que se obriga o sócio, cuja contribuição consista em serviços

Na sociedade simples, por não ter natureza empresarial, admissível será que os sócios prestem sua contribuição para o fundo social, com serviços, voltados ao benefício da sociedade, especificados, detalhadamente, no contrato social, considerando-se que sua experiência e habilidade ou seu conhecimento técnico é imprescindível para a sociedade. Aquele sócio, que atuar como prestador de serviços, deverá ter dedicação exclusiva à sociedade, não podendo participar como tal em outras sociedades. Se vier a praticar atos alheios ao objeto social, poderá, ante a quebra da confiança, perder o direito de participar nos lucros e ser excluído da sociedade (CC, art. 1.006). Esse ingresso de sócios, prestadores de serviços, na sociedade, não terá o condão de converter-se em quotas integralizadas no ato, tendo-se em vista que o ca-

---

69. Sobre o assunto: Adrianna de A. Setubal Santos, *Comentários*, cit., p. 779. Arnaldo Rizzardo (*Direito de empresa*, cit., p. 105) esclarece que "não entra na formação do capital a estimação da qualidade dos sócios, de suas virtudes, capacidades, conhecimento ou *know-how* do nome. Essa dimensão pode equivaler à participação societária, dando uma estimação fictícia ao capital, distribuindo a percentagem proporcionalmente ao aporte pessoal do sócio".

70. Arnaldo Rizzardo, *Direito de empresa*, cit., p. 103.

pital social somente se compõe de dinheiro ou de bens suscetíveis de avaliação pecuniária (CC, art. 997, III). Dispõe o Enunciado n. 478 do Conselho da Justiça Federal (aprovado na V Jornada de Direito Civil) que: "A integralização do capital social em bens imóveis pode ser feita por instrumento particular de contrato social ou de alteração contratual, ainda que se trate de sociedade sujeita ao registro exclusivamente no registro civil de pessoas jurídicas".

f) Indicação das pessoas naturais incumbidas da administração da sociedade e de seus poderes e atribuições

O contrato social deverá conter a indicação do administrador (pessoa natural) da sociedade, sócio ou não (CC, art. 1.011, § 1º), com delimitação de suas atribuições ou de seus poderes[71] e com a proibição da prática de atos que onerem a sociedade. Discriminam-se suas funções, que deverão ser atendidas, e seus poderes, que não poderão ser excedidos, sob pena de responsabilidade solidária do administrador perante a sociedade e terceiros prejudicados (CC, art. 1.016).

g) Participação de cada sócio nos lucros e nas perdas

O contrato social deverá estabelecer a participação de cada sócio nos lucros e nas perdas, proporcionalmente à sua contribuição para a formação do capital social, ou seja, ao número de quotas, mas nada impede que se estipule outro modo de participação nos resultados sociais. Inadmissível será, sob pena de nulidade, estipular cláusula leonina excluindo qualquer sócio de participar nos lucros e nas perdas (CC, art. 1.008). Em relação ao sócio que entrou na sociedade somente com a prestação de serviços, sua participação dar-se-á apenas quanto aos lucros na proporção da média do valor das quotas, não se lhe distribuirão as perdas (CC, art. 1.007). Interessante e elucidativo a esse respeito é o exemplo apresentado por Ricardo Fiuza e Newton De Lucca: numa sociedade composta por quatro sócios, sendo três capitalistas e um de serviços, em que sócio "A" tem direito a 60% dos lucros, o "B" a 30% e o "C" a 10%, então, o único sócio de serviço deverá receber 33% dos lucros distribuídos, "cuja participação deverá ser debitada também proporcionalmente do quinhão dos demais sócios para que seja atingida a média determinada na norma".

Se, no contrato social, não houver estipulação da participação dos sócios nos resultados econômicos, positivos ou negativos, cada um deles par-

---

71. Adrianna de A. Setubal Santos (*Comentários*, cit., p. 779) ensina que a administração da sociedade simples apenas competirá a uma pessoa natural; logo, se do quadro societário constar apenas dois sócios, um deles deverá ser, necessariamente, pessoa natural.

ticipará na proporção de sua quota, e o sócio prestador de serviço receberá o lucro auferido proporcionalmente à média do valor das quotas[72].

h) Responsabilidade subsidiária, ou não, dos sócios pelas obrigações sociais

O contrato social deverá conter cláusula atinente ao grau de responsabilidade dos sócios em suas relações internas, especificando se será subsidiária, ou não. Com essa responsabilidade subsidiária, introduzir-se-á, na sociedade simples, a responsabilidade limitada dos sócios, e o contrato social deverá, então, assumir a forma de sociedade simples limitada. Todos os sócios, neste caso, responderão solidariamente pela integralização do capital, e, estando este integralizado, sua responsabilidade ficará adstrita ao valor de sua quota social. Todavia, pelo Enunciado n. 61 (aprovado na I Jornada de Direito Civil, promovida em setembro de 2002, pelo Centro de Estudos do Conselho da Justiça Federal), tal responsabilidade deveria ser solidária, para compatibilizar-se com o art. 1.023 do Código Civil. Deveras, a subsidiariedade existe na relação sócio-sociedade e terceiros; logo, somente na insuficiência dos bens sociais é que o patrimônio do sócio deverá responder pelas obrigações sociais assumidas com terceiros. Mais adequado seria a solidariedade nas relações internas entre os sócios.

No art. 997 encontram-se os elementos essenciais ou o conteúdo mínimo para a configuração do contrato de sociedade simples: pluralidade de sócios; capital social e sua formação; *affectio societatis* e participação dos sócios nos lucros e nas perdas[73].

"As indicações contidas no art. 997 não são exaustivas, aplicando-se outras exigências contidas na legislação pertinente para fins de registro" (Enunciado n. 214 do CJF, aprovado na III Jornada de Direito Civil).

Esse contrato social, com o registro, terá eficácia *erga omnes*; assim, qualquer pessoa que vier a contratar com a sociedade poderá conhecer o conteúdo do seu ato constitutivo, requerendo cópia ao órgão registrário[74]. Se, posteriormente, os sócios vierem, contrariando disposição do contrato social, a efetivar entre si algum pacto separado (contrato de gaveta), este não

72. Rubia Carneiro Neves, Regime jurídico da sociedade simples, in *Direito de empresa no novo Código Civil*, Rio de Janeiro, Forense, 2004, p. 180; Ricardo Fiuza e Newton De Lucca, *Código*, cit., p. 1.005. Os lucros constituem remuneração ao investimento feito pelo sócio e não se confundem com o *pro labore*, que é a contribuição a ser paga ao administrador pela sua atividade de gerenciamento.

73. Rubens Requião, *Curso*, cit., v. 1, p. 420.

74. Adrianna de A. Setubal Santos, *Comentários*, cit., p. 780.

terá qualquer efeito perante terceiros, vinculando, tão somente, os contratantes, em suas relações recíprocas (CC, art. 997, parágrafo único). Com isso, a lei dá uma garantia a terceiros contratantes, vinculando-os somente ao disposto no contrato social registrado, tornando ineficaz perante eles acordo posterior feito entre sócios. Mas, é preciso ressaltar, as disposições do "contrato de gaveta", ou pacto separado de sócios, terão eficácia entre os sócios, em suas relações internas, que o subscreveram; se assim é, os sócios signatários poderão exigir seu cumprimento, desde que não contrarie dispositivo legal. Para que possa produzir efeito contra terceiro, o pacto separado de sócios deverá ser averbado no Registro Civil das Pessoas Jurídicas, como se fosse uma alteração contratual ou contrato modificativo[75].

c.3. Registro da sociedade simples

Para adquirir personalidade jurídica, dentro de trinta dias, contados de sua constituição, a sociedade simples deverá requerer a inscrição de seu contrato social (CC, art. 997) no Registro Civil das Pessoas Jurídicas do local onde estiver situada sua sede (CC, arts. 45, 75, IV, 998 e 1.150).

"A sede a que se refere o *caput* do art. 998 poderá ser a da administração ou a do estabelecimento onde se realizam as atividades sociais" (Enunciado n. 215 do CJF, aprovado na III Jornada de Direito Civil).

Com a apresentação do pedido de inscrição, acompanhado de instrumento autenticado do contrato social (permanecendo o original com os sócios), da procuração, caso um dos sócios seja representado por procurador, e da prova de autorização da autoridade competente (CC, arts. 998, § 1º, 45, 2ª parte, 1.123 a 1.125, 1.134 e 1.135), quando necessária, será feita a verificação do conteúdo formal, conferindo se contém os requisitos comuns, exigidos por lei, e os especiais, conforme o caso. P. ex., *nos contratos sociais das sociedades simples*, verificar-se-á: denominação, sede, data, prazo, objetivos, gerência, responsabilidade dos sócios, capital e sua distribuição entre os sócios, dissolução, assinaturas, requerimento assinado por um dos sócios com firma reconhecida, publicação no *Diário Oficial*, e, quando for o caso, o visto da repartição governamental competente. Dentre essas verificações, destacam-se:

---

75. Luiz Cezar P. Quintans, *Direito da empresa*, cit., p. 33. Enunciado n. 10: "Nas sociedades simples, os sócios podem limitar suas responsabilidades entre si, à proporção da participação no capital social, ressalvadas as disposições específicas" (aprovado na I Jornada de Direito Comercial).

a) assinaturas dos sócios e testemunhas; reconhecimento de firmas; rubricas em todas as páginas; requerimento assinado por quem de direito; procuração correta, no caso de representação;

b) datas: instrumento com data igual ou anterior à do requerimento; certidões com datas atualizadas (Quitação e Certificados do IAPAS e Certidão negativa do Imposto de Renda);

c) objetivo: deverá ser civil;

d) denominação: deverá identificar o objetivo. Se for sociedade limitada deverá conter a expressão *Ltda.* no final do nome;

e) sócios: capacidade para a prática do ato jurídico; assistência do detentor do poder familiar, em caso de menor impúbere; emancipação; CPF; Termo de Inventariante, se se tratar de espólio; procuração traduzida e registrada no Cartório de Registros de Títulos e Documentos, no caso de sócio estrangeiro;

f) gerência: por quem e como será exercida;

g) prazo da sociedade: determinado ou indeterminado;

h) sede: local onde estabelecida a sociedade;

i) filial: destaque de capital, em se tratando de filial e sociedade de fins lucrativos; ato de constituição de filial — em caso de sociedade com sede em outra comarca e atas anteriores devidamente registradas no local de origem;

j) transformação de simples em empresária: assento do ato no Registro Público de Empresas Mercantis (Lei n. 8.934/94), por meio, primeiramente, da Junta Comercial, e requerimento de baixa;

k) transformação de empresária em simples: a inscrição deverá ser feita no Registro Civil de Pessoas Jurídicas — juntando-se a ata constitutiva e ulteriores alterações arquivadas na Junta Comercial, e providenciando-se, depois, o requerimento de baixa para a Junta Comercial;

l) incorporação: termo de protocolo de intenções; laudo de avaliação assinado por ambas as partes; ato conjunto aprovando a incorporação e autorização de baixa em ata constitutiva da incorporada.

Após as devidas verificações, o documento passará, então, para o Protocolo.

O Protocolo do Cartório de Pessoas Jurídicas será similar ao do Cartório de Títulos e Documentos, constando: número de registro; nome do apresentante; espécie de documento (contrato social, alteração, matrícula ou arquivamento); e coluna para referências e anotações. Além disso, os aspectos formais do documento serão conferidos novamente, sendo, quando for o caso, aplicados os carimbos de registro, margeação, custas e referências.

O processo formar-se-á pelo requerimento, uma via do contrato social, ou da sua alteração, publicação do extrato do documento no *Diário Oficial*, certidões do IAPAS e do Imposto de Renda, procuração e alvará, se for o caso. A margeação será feita ao lado do carimbo do registro para comprovar a quantia cobrada para a efetivação do registro do documento, composta de três parcelas: uma do escrivão, outra do Estado, e a última do IPESP.

Estando tudo em ordem, será dado o código para o computador e a digitação de dados.

A seguir, o processo será encaminhado à microfilmagem, onde a primeira via do documento será microfilmada juntamente com os eventuais anexos mais comuns, como: procurações, alvarás, quitação do IAPAS e Certidão Negativa do Imposto de Renda.

Após o registro, a primeira via — juntamente com os anexos — será arquivada. Todas as outras vias serão devolvidas ao cliente. Competirá ao Cartório verificar, sempre que uma alteração contratual for registrada, se está de acordo com a lei e se os dados conferem com o registro anterior.

O Índice do Registro Civil de Pessoas Jurídicas feito através do processo COM, de microfilmagem na saída do computador, possibilitará ao Cartório condições de informar, em segundos, se uma entidade está registrada, ou se uma pessoa participa de uma sociedade simples.

A inscrição será, portanto, tomada por termo no livro de registro próprio e obedecerá a número de ordem contínua para todas as sociedades inscritas, independentemente do tipo societário (CC, art. 998, § 2º).

Para cada constituição de pessoa jurídica, lavrar-se-á uma Certidão de Personalidade Jurídica, onde constará o nome da entidade, sua sede ou seu endereço e o número de registro no Cartório. Tal certidão representará a prova de que determinada sociedade possui personalidade jurídica, encontrando-se registrada no Registro Civil de Pessoas Jurídicas (CC, art. 46).

Os atos constitutivos de pessoas jurídicas e suas alterações não poderão ser registrados, quando seu objetivo indicar destino ou atividades ilícitas, contrárias, nocivas ou perigosas ao bem público, à segurança do Estado e da coletividade, à ordem pública ou social, à moral e aos bons costumes. Ocorrendo quaisquer destas circunstâncias, o escrivão deverá suscitar dúvida ao juiz corregedor. Entretanto, se a recusa ao registro ocorrer por qualquer outro motivo, o escrivão — após anotar o endereço do apresentante — devolverá o documento para que as exigências formuladas pelo Cartório sejam cumpridas ou para que o interessado no registro possa reclamar ao juiz corregedor. Neste caso, o juiz abrirá vista dos autos para o Cartório, que justificará a não procedência ao registro. Baseado nos argumentos da parte e nas justificativas do Cartório, o juiz decidirá pelo registro ou não.

As empresas de comunicação também precisarão adquirir personalidade jurídica, antes de se matricularem, para funcionarem legalmente.

A inscrição de uma entidade no Registro Civil de Pessoas Jurídicas será feita em uma hora, quando a parte já apresentar a publicação do extrato feita no *Diário Oficial*. E num espaço de vinte e quatro horas, caso o Cartório se responsabilize por essa publicação.

No momento em que se operar o assento do seu contrato social, a pessoa jurídica começa a existir, passando a ter aptidão para ser sujeito de direitos e obrigações, tendo capacidade patrimonial e adquirindo vida própria e autônoma, por ser uma nova unidade orgânica. Com tal registro, o conteúdo do pacto social passará a ser oponível *erga omnes*. Todos os atos da pessoa jurídica serão tidos como atos próprios, consequentemente os atos praticados individualmente por seus sócios nada terão que ver com ela. A pessoa jurídica terá, como vimos alhures, nome, patrimônio, nacionalidade e domicílio diversos dos seus sócios. Assim sendo, um sócio não poderá exigir a divisão de um bem da sociedade antes de sua dissolução, nem a sociedade poderá ter seus bens penhorados para pagar débitos contraídos individualmente por seus componentes (*Juriscível*, *51*:172).

Se uma sociedade simples vier a instituir sucursal, filial ou agência, em local diverso da sede da matriz, ou seja, da sede administrativa, onde se realizam os negócios e se dão as decisões societárias, deverá inscrevê-la, apresentando prova de inscrição originária (documento original, cópia autenticada, certidão etc.), no Registro Civil das Pessoas Jurídicas de sua circunscrição, averbando-a, para que haja eficácia ou oponibilidade *erga omnes*, ainda, no Registro Civil das Pessoas Jurídicas da respectiva sede, à margem da sua inscrição (CC, arts. 997 e 1.000, parágrafo único). Ter-se-á, diz Arnaldo Rizzardo, dois registros, um na circunscrição da sede e outro na *filial* (extensão da matriz, operando sob a direção e controle desta última, que autoriza e aprova seus negócios), *sucursal* (estabelecimento situado em local diverso da matriz com alguma autonomia e organização própria, tendo por fim a incrementar), ou *agência* (prolongamento da sociedade, que opera por meio de representação da sociedade ou de um escritório em uma localidade afastada, agindo o encarregado da direção ou administração por mandato; logo, realiza negócios por conta e sob as ordens do estabelecimento central).

A falta de inscrição, continua esse jurista, não modifica o regime da responsabilidade, visto que a sociedade se compromete pelos negócios de seus prolongamentos situados em locais distintos.

Para o conhecimento público será imprescindível a inscrição de estabelecimento subordinado a um principal (sucursal, filial ou agência de sociedade simples), pois com ela haverá livre acesso às informações relativas à vida societária, possibilitando o seu controle pelas autoridades fiscais e pelos usuários de seus serviços[76].

c.4. Efeitos jurídicos

O contrato de sociedade simples dará origem a[77]:

1º) *Relações entre os sócios atinentes à cooperação para consecução do objetivo social,* pois cada um terá:

---

76. Sobre registro de sociedade simples: Luiz Cezar P. Quintans, *Direito da empresa*, cit., p. 33; José M. Siviero, *Títulos e documentos e pessoa jurídica — seus registros na prática*, 1983, p. 103-7; M. Helena Diniz, *Código*, cit., p. 789; *Tratado*, cit., v; 4, p. 110-2; Arnaldo Rizzardo, *Direito de empresa*, cit., p. 122 e 123; Adrianna de A. Setubal Santos, *Comentários*, cit., p. 782; Plácido e Silva, *Vocabulário jurídico*, 11. ed., Rio de Janeiro, Forense, 1991, v. 4, p. 292, 293 e 105. *Vide*: Parecer n. 196/92 do JUCESP sobre inadmissibilidade de contrato social redigido em dois idiomas. A sociedade de advogados deverá ser inscrita na OAB; Lei n. 6.015/73, arts. 114 a 121. *Vide* item 5 do Cap. IV desta obra.

77. Sobre os efeitos jurídicos decorrentes do contrato de sociedade simples: Silvio Rodrigues, Contrato de sociedade, cit., p. 515-9; Ricardo Fiuza, *Novo Código Civil*, cit., p. 887-1021; Bernard Caillaud, *L'exclusion d'un associé dans les sociétés*, Paris, 1966; Houpin e Bosvieux, *Traité général des sociétés civiles et commerciales*, Paris, 1919, v. 1, n. 35; Celso Marcelo de Oliveira, *Tratado de direito empresarial brasileiro*, p. 137; Matiello, *Código Civil*, cit., p. 623-48; Maria Clara Maudonnet, Responsabilidades do administrador, *Tribuna do Direito*, jan. 2004, p. 8; M. Helena Diniz, *Tratado*, cit., v. 4, p. 135-51; Contratos modificativos, *Revista de Direito Civil, Imobiliário, Agrário e Empresarial*, *61*:7-14; *Código*, cit., p. 787-810; Ricardo Negrão, *Manual*, cit., v. 1, p. 310-30; Adrianna de A. Setubal Santos, *Comentários*, cit., p. 777-99; Alexandre Assaf Neto, *Estrutura e análise de balanços — um enfoque econômico-financeiro*, São Paulo, Atlas, 2000, p. 58; Mônica Gusmão, *Curso*, cit., p. 135; Paulo Checoli, *Direito de empresa*, cit., p. 65-109; Carvalho Santos, *Código Civil brasileiro interpretado*, Freitas Bastos, v. XIX, p. 51; Luiz Cezar P. Quintans, *Direito da empresa*, cit., p. 28-45; Arnaldo Rizzardo, *Direito de empresa*, cit., p. 123-47; Fábio Ulhoa Coelho, *Desconsideração da personalidade jurídica*, São Paulo, Revista dos Tribunais, 1989; Susy Koury, *A desconsideração da personalidade jurídica*, Rio de Janeiro, Forense, 1993; Eduardo Vianna Pinto, *Desconsideração da personalidade jurídica no novo Código Civil*, Porto Alegre, Síntese, 2003; Jerônimo S. Leiria, *Terceirização*, 1992; Luis Carlos Moro e Ari P. Beltran, Perdas e ganhos da terceirização, *Jornal do Advogado*, OAB-SP, dez. 2002, p. 12 e 13; Ari P. Beltran, *Dilemas do trabalho e do emprego na atualidade*, São Paulo, LTr, 2001, p. 179-86; Wilson A. Polonio, *Terceirização*, São Paulo, Atlas, 2000.

Consulte: Lei n. 14.309/2022 que permite realização de reuniões e deliberações virtuais pelas organizações de sociedade civil acrescentado o art. 4º-A na Lei n. 13.019/2014.

a) *O dever de cooperação*, que começará a partir do instante em que o contrato se constitui, exceto se outra coisa não vier estipulada, extinguindo-se quando, liquidada a sociedade, estiverem cumpridas e extintas as responsabilidades sociais assumidas com terceiros (CC, arts. 981 a 1.001; *RT*, *536*:155). Portanto, cessará tal responsabilidade apenas com o pagamento de todas as dívidas sociais e o rateio do acervo social. Todos os sócios deverão colaborar para promover o fim comum, se a sociedade dissolver-se, ficarão responsáveis até satisfazerem todas as obrigações sociais. Desse modo, enquanto não se liquidar a sociedade, com o pagamento de todos os débitos e o rateio do acervo social, subsistirá a responsabilidade dos sócios.

b) *O dever de contribuir para a formação do patrimônio social*, na forma e no prazo previsto, entregando a quota a que se obrigou, consistente em bens ou direitos, ou prestando serviço prometido por força do pacto social (CC, art. 997, IV e V). Aquele que não cumprir tal dever, dentro de trinta dias seguintes ao da notificação pela sociedade, deverá, uma vez constituído em mora (*ex persona*), responder pelo dano emergente da sua mora, apurado por via ordinária, abrangendo juros estipulados no contrato social, atualização monetária e prejuízos comprovados (CC, art. 1.004). O sócio inadimplente responderá pelo prejuízo causado à sociedade pelo desfalque em seu capital, que não foi integralizado dentro do prazo avançado.

Verificada a mora do sócio faltoso, nada obsta a que os demais sócios, em deliberação tomada por maioria absoluta do capital representado pelas quotas (Enunciado n. 216, 1ª parte, do Conselho da Justiça Federal, aprovado na III Jornada de Direito Civil; CC, art. 999), prefiram em lugar da indenização, correspondente ao dano e aos juros moratórios (CC, arts. 394 a 401), a exclusão do sócio remisso ou a redução de sua quota ao montante já realizado, pois se deu alguma contribuição para a formação do capital social, este deverá ser proporcionalmente reduzido na parte que faltar para sua integralização, diminuindo, portanto, o capital social, a não ser que os demais sócios venham a suprir o valor da referida quota (CC, arts. 1.004, parágrafo único, e 1.031, § 1º).

Em caso de a sociedade aceitar a participação de sócio sem que contribua para a formação do capital com bens e dinheiro, ele deverá prestar o serviço especialmente declarado no contrato social, somente executando o que estiver estipulado expressamente naquele contrato. "A contribuição de sócios exclusivamente em prestação de serviços é permitida nas sociedades cooperativas (CC, art. 1.094, I) e nas sociedades simples propriamente ditas (art. 983, 2ª parte)" — Enunciado n. 206 do Conselho da Justiça Federal. Deveras, é comum, em sociedade simples, sócios que contribuam apenas com serviços pessoais (capital intelectual ou laboral), que tornem viáveis o objetivo societário. Se o sócio, pelo contrato social (CC, art. 997, V), assumir o dever de contribuir com certa prestação de serviços para a composição do "capital social", não poderá, a não ser que haja convenção em contrário, exercer atividade alheia à consecução do objetivo da sociedade (CC, art. 997, II). Se prestar serviços estranhos à atividade social perseguida, sem estar autorizado, para tanto, por norma do contrato social, poderá ser privado da sua participação nos lucros (CC, art. 997, VII) ou, então, ser excluído da sociedade, mediante iniciativa dos demais sócios em razão da falta grave no cumprimento de seu dever. Para o bom desempenho do serviço prometido, exige-se, no silêncio do pacto social, dedicação exclusiva do sócio prestador de serviço para evitar concorrência desleal, e o cumprimento por ele de uma obrigação de não fazer, ou seja, a de não "empregar-se em atividade estranha à sociedade". Não poderá prestar o mesmo serviço em outra sociedade que pretenda alcançar o mesmo objeto social, pois isso poderia dar margem à utilização de técnicas de uma sociedade em outra.

c) O *dever de responder pela evicção* perante os consócios, se entrou para a sociedade com bem imóvel ou móvel infungível, suscetível de aferição econômica, que venha a ser evicto. Verificada a evicção, o sócio deverá ressarcir, pecuniariamente, pagando o valor equivalente ao objeto que perdeu, a indenização cabível e o dano (CC, arts. 403 a 405) causado à sociedade, se esta ignorava que a coisa era alheia ou litigiosa (CC, arts. 447 a 457). O sócio que contribuiu com coisa, transmitindo sua propriedade à sociedade, responderá pelos riscos de seu desapossamento por terceiro, vencedor da reivindicatória; assim, se a sociedade tornar-se evicta, terá ela direito à restituição do valor correspondente ao bem transmitido pelo sócio, à indenização de frutos que foi obrigada a devolver e das despesas contratuais e prejuízos advindos da evicção, além de custas judiciais e honorários do advogado que veio a constituir (CC, arts. 450 e 1.005). Urge não olvidar que o sócio, responsável pela evicção, terá o dever de defender a sociedade, desde a propositura da reivindicatória por terceiro, reclamando para si o bem dado por ele para compor o capital social, porque prometeu a propriedade e a posse da coisa a ela. Se o sócio não defender, espontaneamente, esse direito da sociedade, ela deverá, então, denunciá-lo à lide, para que intervenha no processo, defendendo a coisa que a ela transmitiu (CC, art. 456). Observa, ainda, Matiello que a responsabilidade por evicção não poderá ser afastada em cláusula do pacto social, visto que não se trata de evicção comum, mas de um modo de realização da quota societária, cuja não complementação poderá trazer sérios prejuízos a toda a sociedade. Se assim é, o sócio, que não responder por evicção, será tido como remisso (do latim *remissu*, ou seja, inadimplente, negligente, em atraso), aplicando-se o art. 1.004. Há, ainda, quem entenda, como Carvalho Santos, que, também, se terá responsabilidade pelos vícios redibitórios do bem oferecido pelo sócio à sociedade para constituir o capital social.

d) *O dever de indenizar a sociedade de todos os prejuízos* que esta sofrer por culpa deles, sem que lhes assista o direito de compensá-los, com os proveitos que lhe houver granjeado, pois estes não lhe pertencem, mas sim ao patrimônio social. Responde, inclusive, pela solvência do devedor se vier a transferir crédito e este não for cumprido (CC, art. 1.005, *in fine*). O sócio cedente será responsável perante o cessionário pela solvência do devedor, apenas pelo *quantum* que dele recebeu, com os respectivos juros (CC, art. 297), e poderá ser constituído em mora e sofrer a sanção de sócio remisso (CC, art. 1.004), ou seja, exclusão do quadro societário ou redução de sua participação na sociedade no limite do montante da quota integralizada.

e) *O direito de contratar terceiros* para melhor atingir o objetivo social, transferindo-lhes a tarefa de efetivar atividades acessórias ou de apoio, para que possa concentrar-se na atividade-fim, aumentando sua produção. Trata-se da *terceirização*, que pode abranger tanto o "*outsourcing*" (transferência total de certos setores da sociedade a terceiros) como o "*multisourcing*" (segmentação da terceirização de um departamento da sociedade entre várias empresas), tendo por escopo a redução de custos, a ampliação dos benefícios da especialização. Com a *terceirização*, a sociedade reduz não só o quadro de pessoal, a massa salarial e os encargos trabalhistas, como também os custos fixos e operacionais e os preços de consumo; aumenta sua produtividade e provoca uma mutação na sua estrutura organizacional. A sociedade passa a se concentrar em suas atividades essenciais, terceirizando as não essenciais como as de segurança, consultoria jurídica, manutenção de elevadores e de máquinas, contabilidade, auditoria, transporte, alimentação, processamento de dados, serviços médicos etc. Assenta-se na parceria entre sociedade e trabalhador especializado, que efetua atividades-meio, agilizando, com isso, suas atividades-fins. Admissível é a terceirização sem que haja vínculo empregatício, excepcionalmente, de uma sociedade especializada, prestando serviços a outra, durante um certo prazo, para executar tarefa diferente da do tomador do serviço, que terá responsabilidade subjetiva por culpa *in eligendo*. Apesar de sua utilidade, muitos não a aceitam porque pode causar: contratação de empresas inidôneas; rebaixamento do padrão salarial; transferência de passivos trabalhistas ou de riscos do negócio a terceiros; pulverização da ação sindical; redução do número de empregos; embaraço às coalizões; obstaculização de movimentos grevistas (CLT, art. 442, parágrafo único; Enunciados 256 e 331 do TST, Leis n. 6.019/74 e 7.102/83). Eis a razão pela qual Ari Possidonio Beltran entende que seria conveniente a existência de legislação específica que regesse a terceirização, definindo os direitos e deveres da tomadora dos serviços e dos trabalhadores, evitando fraudes e impondo sua fiscalização aos sindicatos dos seguintes requisitos: especialização, tipo de atividade, idoneidade da empresa contratada e respeito aos direitos dos trabalhadores.

2º) *Relações recíprocas entre os sócios*, que são regidas pelo contrato social, mas, no seu silêncio, prevalecerão as normas contidas no Código Civil. Assim, quanto:

a) *À composição da quota social*, que constituirá patrimônio especial, pertencendo aos sócios, exceto declaração em sentido contrário (CC, art. 988).

b) *Aos poderes de administração* (CC, arts. 1.010 a 1.021), pois o sócio preposto à administração poderá exigir da sociedade, além do que por conta dela despender, a importância das obrigações em boa-fé contraídas na gerência dos negócios sociais e o valor dos prejuízos que ela lhe causar. Os contratos sociais costumam indicar qual o sócio encarregado de administrar a sociedade, excluindo os demais da administração, que não poderão interferir na gerência ou representar a sociedade, embora possam se informar dos negócios sociais, tendo acesso aos livros e conhecendo o estado do patrimônio comum (*RT*, *484*:106). Se faltar estipulação a esse respeito, ter-se-á administração por mandato tácito; cada sócio, separadamente, terá o direito de administrar (p. ex., ditar ordens, gerir finanças, contratar) em nome da sociedade, e válido será o que fizer, ainda em relação aos associados que não consentiram, podendo, porém, qualquer destes impugnar o ato pretendido por outro, cabendo a decisão aos sócios, por maioria de votos, contados segundo o valor das quotas. Caso em que se terá administração disjuntiva (CC, art. 1.013, § 1º). E o administrador responde perante a sociedade por perdas e danos se realizar atos que sabia ou devia saber que estavam em desacordo com a maioria (CC, art. 1.013, §§ 1º e 2º). O administrador, nomeado por instrumento separado do pacto social (mandato ou termo aditivo), deverá, para que tenha eficácia *erga omnes*, averbá-lo à margem da inscrição da sociedade (CC, art. 1.012). E se, antes dessa averbação, o administrador vier, no exercício do mandato, a efetivar negócios, contraindo débitos sociais, responderá por eles pessoal e solidariamente com a sociedade que representa. O administrador e a sociedade terão responsabilidade pela totalidade das obrigações assumidas antes daquela averbação. A sociedade apenas assumirá sozinha as obrigações contratadas em seu nome pelo administrador por ela nomeado depois da referida averbação do instrumento que delegou funções de gerência àquele administrador. Logo, por isso, os administradores nomeados deverão assegurar-se de que a procuração foi devidamente averbada.

O administrador é obrigado a prestar aos sócios contas justificadas de sua administração e apresentar-lhes o inventário, anualmente, bem como o balanço patrimonial e o do resultado econômico (CC, art. 1.020). Deveras, é dever dos administradores prestar, extrajudicialmente, contas de sua gestão aos sócios, justificando todas as operações feitas e apresentando-lhes, ainda, anualmente, o inventário, efetuando, para tanto, o balanço patrimonial do seu ativo e passivo, contendo bens móveis, imóveis, semoventes, valores recebidos de natureza *intuitu societatis*, débitos pagos ou a vencer, os recebimentos *pro labore* etc., e o dos resultados econômicos (demonstração financeiro-contábil), apresentando as perdas ou lucros obtidos (*TJSP*, BA n. 1.498; *RT*, *687*:140). Como se vê, o balanço patrimonial possibilita que se saiba a situação financeira da sociedade, por apresentar o ativo (valores em caixa, duplicatas a receber, ativos imobilizados, como imóveis e máquinas), o passivo (empréstimos, impostos, dividendos) e patrimônio líquido (diferença entre ativo e passivo). Daí dizer Alexandre Assaf Neto que constitui uma fotografia da sociedade, constando informações relevantes sobre a sua posição patrimonial num dado momento. Com isso, os sócios poderão saber o estado da situação econômica da sociedade.

c) À utilização dos bens sociais, visto que não poderá um sócio tolher aos outros, aproveitá-los nos limites de seu direito; e, além disso, o administrador ou cada sócio poderá servir-se das coisas pertencentes à sociedade, desde que lhes dê o seu destino, não as utilizando contra o interesse social, em proveito próprio ou de terceiros (CC, art. 1.017), sob pena de restituí-los à sociedade ou de pagar o equivalente, com todos os lucros resultantes, e, se houver prejuízo, por ele responderá.

O patrimônio social apenas poderá ser utilizado para a consecução dos objetivos da sociedade, cujo interesse deverá sempre prevalecer. Se o administrador, sem autorização escrita dos sócios, fizer, em detrimento da sociedade, aplicações de créditos ou de bens sociais, em benefício próprio ou de terceiros, deverá, por desvio de finalidade, pela doutrina da *ultra vires societatis*, devolvê-los à sociedade, ou, se impossível for a restituição *in natura*, pagar o equivalente, com todos os lucros obtidos e, ainda, uma indenização pelas perdas e danos, se ocorreram prejuízos. Poderá, ainda, na lição de Jones F. Alves e Mário Luiz Delgado, ser "compelido a pagar juros à sociedade, calculados com base nas taxas que ela deixar de auferir, se os recursos estivessem aplicados no mercado financeiro, ou ainda os juros que ela tiver sido obrigada a pagar, nos casos em que houver captado empréstimo"[78]. Se possível for a reposição ao *statu quo ante*, incabível será a reparação pecuniária, mesmo que os sócios a exijam. Pelo parágrafo único do art. 1.017 do Código Civil de 2002, sofrerá sanções o administrador que, tendo interesse direto ou indireto em realizar operação alheia ou contrária aos fins da sociedade, participar na deliberação que a autorizar. Logo, deverá responder pessoalmente, ressarcindo a sociedade pelo desfalque sofrido. Aplicando-se, analogicamente, o art. 1.170, poder-se-á dizer, seguindo a esteira de Jones Figueirêdo Alves e Mário Luiz Delgado, que há proibição, por parte do administrador, de efetuar negociações ou de participar de operações do mesmo gênero da que é exercida pela sociedade.

d) *Ao exame de livros e documentos* (CC, art. 1.021), pois o sócio terá direito, independentemente de sua quota de participação no capital social, a qualquer tempo, a não ser que haja estipulação determinando a época para averiguar a regularidade na escrituração, de examinar os livros, os registros contábeis, os documentos, correspondências (contratos, notas fiscais, ordens de compra), o estado do caixa e da carteira da sociedade, ou seja, do conjunto de títulos negociáveis e valores móveis de que a sociedade dispõe para efetivar suas operações. Com isso, poderão ter pleno conhecimento da situação financeira da sociedade e dos negócios em nome dela efetivados[79].

e) *À posição de sócio ante as obrigações sociais ativas e passivas*, já que os sócios têm o dever de contribuir para as despesas necessárias à conservação dos bens sociais. O sócio que não tiver a administração da sociedade não poderá obrigar os bens sociais (CC, art. 1.387), e o que estiver investido em

---

78. Jones Figueirêdo Alves e Mário Luiz Delgado, *Código*, cit., p. 470 e 471. Paulo Checoli (*Direito de empresa*, cit., p. 93) apresenta o seguinte exemplo: "assim, se o administrador utilizar-se de R$ 100.000,00 da sociedade, aplicando-os em seu proveito e obtendo um lucro de R$ 5.000,00, terá de retornar à sociedade R$ 105.000,00 e, acaso esse desvio tiver ocasionado algum prejuízo social (p. ex. a sociedade ter deixado de recolher tributo por falta de tais recursos), além de devolver o valor mais o lucro obtido, terá de pagar as multas e despesas tributárias decorrentes da mora, geralmente mais pesadas que o rendimento obtido da aplicação dos recursos".

79. *Vide*: *RT*, *601*:107, *484*:106, *595*:127, *611*:76 e *636*:95. Consulte: Rubens Requião, *Curso*, cit., v. 1, p. 149-74; Fábio Ulhoa Coelho, *Manual*, cit., p. 36-46; Trajano de Miranda Valverde, *Força probante dos livros mercantis*, Rio de Janeiro, Forense, 1960; Marcus Soibelman Melzer, A competência da Junta Comercial no exame de regularidade dos documentos, *Revista de Direito Mercantil*, v. VIII, p. 67 e s.; M. Helena Diniz, *Código*, cit., p. 806.

tal administração poderá obrigar os bens sociais, pois representa a sociedade, desde que não os aplique em proveito próprio ou de terceiro, salvo se houver consentimento escrito dos sócios (CC, art. 1.017). "Os bens particulares dos sócios não podem ser executados por dívidas da sociedade, senão depois de executados os bens sociais" (CC, art. 1.024). Consagrado está o princípio "*universitas distat a singulis*" e o benefício de ordem. A execução deverá primeiro alcançar os bens da sociedade simples. Os bens particulares dos sócios somente arcarão com as dívidas sociais se ficar constatada a insuficiência (total ou parcial) econômica do patrimônio da sociedade para saldar os débitos pendentes. Se assim é, o sócio não é um coobrigado, pois responderá, como garantidor, somente se a sociedade não puder pagar os débitos sociais por insuficiência de seu patrimônio, na proporção de sua participação nos prejuízos, estipulada no pacto social (CC, art. 1.023). A esse respeito, prescreve o CPC/2015, art. 795, § 1º, que "os bens particulares dos sócios não respondem pelas dívidas da sociedade senão nos casos previstos em lei; o sócio réu, quando responsável pelo pagamento da dívida da sociedade, tem direito de exigir que sejam primeiro excutidos os bens da sociedade". Logo, se, em razão de lei, os bens do sócio só respondem subsidiariamente, por débito contraído pela pessoa jurídica, e se esta tiver patrimônio próprio, o sócio acionado terá direito de pleitear que a excussão dos bens da sociedade seja feita antes da dos seus. Tal ocorre porque, no momento em que se opera o assento do contrato social no competente Registro Civil, a pessoa jurídica começa a existir, passando a ter aptidão para ser sujeito de direitos e obrigações (CC, art. 1.022), a ter capacidade patrimonial, constituindo seu patrimônio, que não tem nenhuma relação com o dos sócios, adquirindo vida própria e autônoma, não se confundindo com os seus membros, por ser uma nova unidade orgânica. O benefício de ordem contido no *caput* do art. 1.024 é uma decorrência lógica da personificação da sociedade, que terá personalidade distinta da de seus membros, responsabilizando-se primeiro pelos débitos sociais[80].

f) À distribuição de lucros ilícitos ou fictícios (inexistentes criados por cálculos contábeis que aumentam as receitas e diminuem despesas), pois acarretará responsabilidade solidária dos administradores que a realizarem e dos sócios que os receberem, conhecendo ou devendo ter conhecimento de sua ilegitimidade (CC, art. 1.009). Distribuição disfarçada de lucros, observa Ar-

80. *RT*, *620*:122, *639*:112, *592*:262. Consulte: Vittorio Angeloni, Imprese e società, *Corso di diritto commerciale*, Roma, Scientia Italica, 1954, p. 270.

naldo Rizzardo, baseada em contabilidade falsa, para obter, p. ex., maiores investimentos com a aquisição de quotas por terceiro, poderá provocar o esvaziamento do patrimônio social e lesar terceiros. Só se podem distribuir entre os sócios os lucros apurados em balanço feito conforme normas contábeis. Ocorrendo distribuição de lucros ilícitos ou fictícios aos sócios pelos administradores, que, em sua contabilidade, por meio de manobras, superestimam o ativo, ocultando o passivo, cumpre averiguar se os sócios que deles participaram estavam ou não de boa-fé. Aos que de boa-fé vierem a receber lucro ilícito ou fictício, não se aplicará a responsabilidade solidária, pois cada um apenas obrigar-se-á pelo *quantum* correspondente àquela participação. Se os receberam tendo ciência da sua origem ilícita ou de sua ilegitimidade, incorrerão em cumplicidade por estarem de má-fé e ficarão obrigados, solidariamente, com aqueles administradores a restituí-los e a responder pelos prejuízos, cobrindo as perdas e danos. Logo, o lesado poderá obter a reparação dos prejuízos, acionando qualquer deles. Tal se dá por força dos princípios da legalidade, da boa-fé objetiva e da probidade.

g) *À substituição de sócio*, pois este não poderá ser substituído no exercício de suas funções, sem a expressa anuência dos demais sócios, exarada em modificação do contrato social (CC, art. 1.002). O sócio não poderá sofrer substituição no exercício de suas funções societárias, arroladas no contrato social, delegando-as a terceiro não sócio sem o consenso expresso unânime dos demais, consignado em contrato modificativo que deverá, para ter eficácia *erga omnes*, ser averbado à margem da inscrição da sociedade no Registro Civil das Pessoas Jurídicas (CC, arts. 997 e 999). O art. 1.002 visa garantir ao sócio o pleno exercício das atribuições definidas no contrato social, impedindo sua destituição arbitrária. Em regra, o sócio poderá associar um estranho ao seu quinhão social, sem o concurso dos outros, porque formará com ele uma *subsociedade*, que nada terá que ver com os demais sócios; porém não poderá, sem aquiescência dos demais, associá-lo à sociedade de pessoas, alienando sua parte, fazendo-se substituir por ele ante a relevância do *intuitu personae* na sociedade simples. Se a sociedade for de capital — sociedade anônima, p. ex. —, não haverá qualquer restrição ao sócio, que poderá alienar sua quota de capital a quem lhe aprouver, por não se considerar a pessoa do associado (*RT*, *547*:160).

h) *À cessão total ou parcial da quota*, por requerer modificação do contrato social com o consenso dos outros sócios, para irradiar efeitos não só nas relações entre sócios como também na sociedade. E até dois anos depois da averbação daquela modificação contratual, o cedente terá responsabilidade solidária com o cessionário, perante a sociedade e terceiros, pelas obrigações que tinha como sócio (CC, art. 1.003 e parágrafo único). Sem que haja um contrato modificativo, efetuado com o consentimento dos sócios, e devidamente averbado, nenhum sócio poderá associar terceiro à sociedade, cedendo sua quota, no todo ou em parte. O mesmo se diga da transferência de quotas entre os próprios sócios. Os demais sócio têm o direito de aceitar, ou não, a entrada de novo sócio ou o aumento das quotas de um deles, em virtude da cessão. Se tal cessão se der sem a aquiescência dos demais sócios, não terá ela qualquer eficácia em relação a estes e à sociedade. A cessão total, com a retirada do sócio cedente, ou a parcial, das quotas de um deles, modificando sua participação societária, só surtirá efeito se autorizada pelos demais e se houver termo aditivo ao contrato social, alterando-o. O art. 1.003 não impede a saída de sócio cedente ou a diminuição de suas quotas; apenas dá oportunidade aos demais sócios de averiguar se há conveniência de alterar o quadro societário, permitindo a entrada do cessionário na sociedade. Até dois anos contados da averbação daquela modificação do contrato social no competente Registro Civil das Pessoas Jurídicas, o cedente responderá solidariamente com o cessionário, perante a sociedade e terceiros, pelas obrigações que tinha como sócio (parágrafo único do art. 1.003). Trata-se de responsabilidade solidária passiva *ex lege*. Desse modo, durante o biênio legal, ficará afastado o princípio *concursu partes fiunt*, pois tanto o cessionário como o cedente poderão ser compelidos a cumprir as suas obrigações sociais. Cada um responderá, perante terceiro e a sociedade, *in totum et totaliter*, pelo adimplemento dos deveres societários, pois se pode exigir de qualquer deles, ou de ambos, a obrigação por inteiro. Consequentemente, o cedente também terá interesse de regularizar o contrato, averbando-o no registro competente, para que se fixe o marco para o cômputo do biênio, que o exonerará da solidariedade.

i) À vedação ao administrador de fazer-se substituir no exercício de suas funções, sendo-lhe, porém, permitido, nos limites de seus poderes, constituir mandatários da sociedade, especificados no instrumento os atos e operações que poderão praticar (CC, art. 1.018). O exercício da função administrativa é pessoal, visto que os sócios, por deliberação, ou o contrato social, confiam ao administrador o encargo de executar atividades de gestão e de realizar operações negociais em nome da sociedade. O administrador não poderá, por isso, fazer-se substituir no exercício de suas funções, mas lhe será permitido, dentro dos limites dos poderes que lhe foram outorgados, nomear mandatários, especificando no instrumento (CC, arts. 653 a 691) os atos ou as operações que deverão ser praticados por eles em nome da sociedade. Se a procuração, outorgada por ele, tiver por escopo a representação da sociedade para a prática de negócio, ela será *ad negotia*, e, se tiver por objetivo a sua representação em juízo, será *ad judicia*. É o administrador, portanto, que, no instrumento do mandato, traça os rumos a serem seguidos. Trata-se de um mandato especial relativo a uma ou mais operações determinadas (CC, art. 660), admissível por cláusula inserida no contrato social, e que produzirá efeitos *erga omnes*, se averbado no Registro Civil das Pessoas Jurídicas (CC, art. 1.012).

3º) *Relações da sociedade e dos sócios em face de terceiros*, pois:

a) Se as obrigações forem contraídas conjuntamente por todos os sócios, ou por algum deles no exercício do mandato social, serão consideradas dívidas da sociedade. Pelo art. 1.022 do Código Civil: "A sociedade adquire direitos, assume obrigações e procede judicialmente, por meio de administradores com poderes especiais, ou, não os havendo, por intermédio de qualquer administrador". A sociedade, dotada de personalidade jurídica, por meio de seus administradores, adquire direitos, contrai obrigações e é por eles representada, em juízo, ativa e passivamente. Seus administradores, em regra, estarão, para tanto, munidos com poderes especiais para a prática de certas operações. Não havendo tais administradores com poderes especiais, a sociedade adquirirá direitos, assumirá deveres e procederá judicialmente por intermédio de qualquer administrador, munido de poderes gerais, que será seu representante legal, no exercício do mandato social, se constituído convencionalmente; podendo ter tal condição pelo silêncio do contrato social, cada um dos sócios, a quem competirá a administração da sociedade em separado. Se, para atender ao interesse social, aqueles direitos foram adquiridos e aquelas obrigações foram contraídas pelo detentor dos poderes de administração, dentro dos limites que lhe foram outorgados, tais direitos e deveres serão da sociedade, que por eles responderá. Mas, se algum sócio vier a praticar ato sem ter poder para tanto, por ele responderá pessoalmente, se o contrato social e o instrumento do mandato estiverem assentados no Registro Civil das Pessoas Jurídicas.

b) Se o cabedal social não cobrir os débitos da sociedade, pelo saldo responderão os sócios, na proporção em que houverem de participar nas perdas sociais, salvo cláusula de responsabilidade solidária, porque os credores da sociedade são credores dos sócios (CC, art. 1.023). O Código de Processo Civil de 2015, no art. 795, § 1º, estatui que "os bens particulares dos sócios não respondem pelas dívidas da sociedade senão nos casos previstos em lei; o sócio réu, responsável pelo pagamento da dívida da sociedade, tem direito de exigir que sejam primeiro excutidos os bens da sociedade". Acrescenta, no § 2º, que "incumbe ao sócio, que alegar o benefício do § 1º, nomear quantos bens da sociedade, situados na mesma comarca, livres e desembargados, bastem para pagar o débito". Todavia, pelo art. 790, II, desse diploma legal, ficam sujeitos à execução os bens do sócio, nos termos da lei. Por outras palavras, os bens sociais responderão pelas obrigações societárias. Havendo bens da sociedade suficientes para cobri-las, os sócios não responderão por elas. Se o capital social for insuficiente para o pagamento das dívidas da sociedade simples, os sócios deverão responder ilimitada e subsidiariamente pelo saldo na proporção em que tiverem de participar nas perdas sociais, conforme o valor de sua entrada ou o estipulado no pacto social, salvo cláusula de responsabilidade solidária. Nesta última hipótese, independentemente da participação no capital social, todos responderão solidariamente perante os credores pela dívida da sociedade. Deveras, o credor poderá pleitear de qualquer dos sócios o pagamento do débito todo, mas quem o pagar terá ação regressiva contra os demais, que deverão reembolsá-lo na proporção de suas quotas. Isto é assim porque os credores da sociedade são credores dos sócios (*JM*, *97*:100-57).

Interessante a respeito é o seguinte exemplo de Paulo Checoli: se o patrimônio da sociedade for de R$ 500.000,00, com lucros creditados nas contas dos sócios no valor de R$ 100.000,00 e com débitos de R$ 450.000,00. A sociedade consegue apurar R$ 400.000,00, e como a dívida é de R$ 450.000,00, haverá insuficiência de recursos de R$ 50.000,00. Os sócios deverão responder pelo saldo de R$ 50.000,00, em detrimento daqueles lucros. Assim, os lucros creditados para os sócios ficariam reduzidos para R$ 50.000,00 e os outros R$ 50.000,00 seriam utilizados para cobrir as dívidas sociais. Logo, nesse exemplo, os sócios não teriam participação nas perdas e se obrigariam pelo saldo dos débitos, embora haja quem entenda que a redução dos lucros creditados possa ser considerada como participação nas perdas.

Todavia, se quiserem limitar sua responsabilidade pelo débito social deverão constituir sociedade conforme uma das modalidades arroladas nos arts. 1.039 a 1.092 do Código Civil (CC, art. 983).

Há quem vislumbre, como Mário Delgado, que a parte final do art. 1.023 conflita com o art. 997, VIII, alusivo à responsabilidade subsidiária, visto que na Jornada de Direito Civil, do Centro de Estudos do Conselho da Justiça Federal, entendeu-se, ao aprovar o Enunciado n. 61, que o termo *subsidiária* deveria ser substituído por *solidária*, para que haja compatibilidade entre esse artigo e o art. 1.023. A esse respeito comenta Ricardo Fiuza[81] que não se pode automaticamente aplicar a subsidiariedade para que o patrimônio da pessoa jurídica se confunda com o da pessoa natural, como se dá com o empresário individual. Em vista disso, continua ele, será preciso harmonizar o art. 1.023 com os arts. 50 e demais aplicáveis, "que só admitem a responsabilidade pessoal do sócio em casos específicos, principalmente onde se configure a fraude".

c) Se um dos sócios, acionado por credor particular, for insolvente, aquele poderá fazer recair a execução sobre o que a este couber nos lucros da sociedade, ou na parte que lhe tocar em liquidação (CC, art. 1.026). Se a sociedade não estiver dissolvida, o credor poderá requerer a liquidação da quota do devedor, cujo valor será depositado em dinheiro, no juízo da execução, até noventa dias após aquela liquidação (CC, art. 1.026, parágrafo único). A sociedade tem personalidade jurídica própria e patrimônio diverso do de seus sócios. Em regra, o patrimônio social não arca com débitos pessoais dos sócios. Mas o credor do sócio, malograda a solução do crédito com os bens particulares do devedor, por serem insuficientes, poderá, excepcionalmente, ante o fato de a quota social integrar o patrimônio de seu titular, socorrer-se dos lucros que lhe couberem na sociedade ou da parte que lhe for cabível na liquidação. Para tanto, será imprescindível comprovar, nos autos de execução creditória, a inexistência de bens particulares para saldar dívida. O credor particular de um sócio, em razão de dívidas pessoais deste, poderá: *a*) fazer recair, não havendo outros bens do seu devedor, a execução na parte que lhe couber nos lucros da sociedade de que participa, ou, estando esta em fase de liquidação, no seu quinhão do saldo líquido dividindo entre os sócios; *b*) requerer a liquidação de sua quota, apurando, pecuniariamente, seu valor, se a sociedade não estiver dissolvida, pleiteando, assim, a dissolução parcial da sociedade em relação ao sócio, seu devedor. Nesta hipótese, o valor da referida quota, considerada pelo montante, liquidar-se-á, salvo disposição em contrário no pacto social, com base na situação patrimonial da sociedade, à data da referida resolução, averiguada em balanço especial, levantado para tal fim. O valor dessa quota, então, será depositado em dinheiro, no juízo da execução, dentro de noventa dias contados daquela liquidação. Tal liquidação deverá ser, excepcionalmente, conce-

81. Ricardo Fiuza, *Novo Código Civil*, cit., p. 944; Paulo Checoli, *Direito de empresa*, cit., p. 101 e 102.

dida após ouvida da sociedade, assegurando-lhe o contraditório, para que, como diz Fiuza[82], não se comprometa a continuidade negocial.

Pelo Conselho da Justiça Federal, nos enunciados aprovados na IV Jornada de Direito Civil: *a*) n. 386 — "Na apuração dos haveres do sócio, por consequência da liquidação de suas quotas na sociedade para pagamento ao seu credor (art. 1.026, parágrafo único), não devem ser consideradas eventuais disposições contratuais restritivas à determinação de seu valor"; *b*) n. 387 — "A opção entre fazer a execução recair sobre o que ao sócio couber no lucro da sociedade, ou na parte que lhe tocar em dissolução, orienta-se pelos princípios da menor onerosidade e da função social da empresa"; *c*) n. 388 — "O disposto no art. 1.026 do Código Civil não exclui a possibilidade de o credor fazer recair a execução sobre os direitos patrimoniais da quota de participação que o devedor possui no capital da sociedade"; e *d*) n. 389 — "Quando se tratar de sócio de serviço, não poderá haver penhora das verbas descritas no art. 1.026, se de caráter alimentar".

d) Se um sócio for admitido em sociedade já constituída, ele não se eximirá dos débitos sociais anteriores à sua admissão (CC, art. 1.025). Assim, se após a constituição da sociedade, for admitido novo sócio, em razão de aumento de capital ou de cessão da parte de sócio retirante, este não estará isento de colaborar para a satisfação e extinção das dívidas sociais assumidas anteriormente à sua admissão. O novo sócio assume a situação da sociedade no momento que nela ingressar, respondendo, com seu patrimônio, pelo cumprimento dos débitos sociais constituídos antes de sua admissão, se os bens societários forem insuficientes para solvê-los. Deverá suportar, então, por força do princípio da responsabilidade ilimitada, os débitos já existentes por ocasião de seu ingresso naquela sociedade simples. Com isso, a lei procura, como diz Arnoldo Wald, uniformizar a responsabilidade de todos os sócios, independentemente da data de seu ingresso na sociedade e proteger os interesses de credores; sem prejuízo do direito de regresso do cessionário contra o cedente. Há, portanto, segundo esse jurista, uma dupla responsabilidade solidária do cessionário e do cedente (CC, art. 1.003, parágrafo único) relativamente à sociedade e terceiros. Contudo, continua ele, válido *inter partes* será pacto excluindo, total ou parcialmente, essa responsabilidade do novo sócio relativa às dívidas anteriores ao seu ingresso, que continuará responsável perante terceiros (credores da sociedade), tendo direito de regresso contra o cedente ou outro sócio.

82. Ricardo Fiuza, *Novo Código Civil*, cit., p. 946.

e) Os sócios não são solidariamente obrigados pelas dívidas sociais, nem os atos de um, não autorizado, obrigam os outros, salvo redundando em proveito da sociedade (*RT, 418*:366), ou havendo cláusula de responsabilidade solidária.

f) Os herdeiros do cônjuge do sócio, ou o cônjuge do que se divorciou ou se separou extrajudicial (CPC/2015, art. 733, §§ 1º e 2º) ou judicialmente, não poderão exigir desde logo a parte que lhes couber na quota social; mas, tão somente, concorrer à divisão periódica dos lucros ou dividendos, até que se liquide a sociedade (CC, art. 1.027 c/c CF, art. 226, § 6º, com a redação da EC n. 66/2010). A *voluntas legis* foi tutelar o patrimônio social, conferindo a herdeiros do cônjuge de sócio ou ao cônjuge de sócio divorciado ou separado judicial ou extrajudicialmente o direito a participar periodicamente dos lucros, não podendo exigir a sua parcela na quota social nem exercer o direito de retirada, visto que tais fatos gerariam a dissolução parcial da sociedade.

g) Os administradores respondem solidariamente perante a sociedade e terceiros prejudicados pelos prejuízos que culposamente causarem ao desempenhar suas funções (CC, arts. 1.009, 1.012, 1.013, § 2º, 1.015, 1.016 e 1.017).

Em outros termos:

Os administradores responderão solidariamente perante a sociedade e terceiros pelos danos que culposamente lhes causaram com seu proceder, comissivo ou omissivo, no exercício de suas atribuições ou funções (CC, art. 1.016). "É obrigatória a aplicação do art. 1.016 do Código Civil de 2002, que regula a responsabilidade dos administradores a todas as sociedades limitadas, mesmo àquelas cujo contrato social preveja a aplicação supletiva das normas das sociedades anônimas" (Enunciado n. 220 do Conselho da Justiça Federal, aprovado na III Jornada de Direito Civil)[83].

83. Para evitar dano a terceiro, os sócios das empresas, prevenindo-se de uma eventual responsabilidade que possa atingir seu patrimônio pessoal, têm o dever legal, ensinam-nos Renato M. S. Opice Blum e Marcos G. da Silva Bueno, de exigir do administrador, diretor, gerente ou chefe de segurança (CSO — *Chief of Security Officers*) que "fechem" as vulnerabilidades no sistema eletrônico. E, além disso, deverão os administradores empenhar-se para identificar e processar o responsável pela invasão da privacidade, via Internet ou por outro ilícito virtual, sob pena de incorrer em má gestão e de responder com seu patrimônio pessoal por dano causado a terceiro. Consulte: Arnoldo Wald, *Comentários ao novo Código Civil*, Rio de Janeiro, Forense, 2005, v. XIV, com. aos arts. 1.025 e 1.027.

h) Se, ante sua grande independência e autonomia devido ao fato da exclusão da responsabilidade dos sócios, a pessoa jurídica, às vezes, desviar-se de seus princípios e fins, cometendo fraudes e desonestidades, poder-se-á desconsiderar sua personalidade jurídica (CC, art. 50; CPC, arts. 133 a 137).

4º) *Direitos dos sócios*, como os de:

a) *Participar nos lucros* produzidos pela sociedade, sendo nula a cláusula que exclua qualquer deles (CC, arts. 1.007 e 1.008). O contrato (CC, art. 997, VII), em regra, já declara a parte que cada sócio terá nos lucros e nas perdas, mas, se nada estipular, entender-se-á proporcionada, quanto aos sócios de capital, à soma com que entraram. Mas aqueles cuja contribuição consiste em serviços (CC, art. 997, V) só terão direito de participar nos lucros da sociedade, na proporção da média do valor das quotas (CC, art. 1.007, *in fine*), não tendo qualquer responsabilidade nas suas perdas, pois o risco assumido não tem conteúdo econômico igual ao do sócio que contribui com bens para a formação do capital social. Constituída a sociedade simples, haverá interpenetração dos interesses dos sócios, comunicando-se, salvo estipulação em contrário no pacto social (CC, art. 997), todos os bens, débitos e deveres; logo, todos os sócios participam dos lucros e dos prejuízos na proporção de sua contribuição no capital social (CC, art. 1.007), se o pacto social não estabeleceu a extensão da participação de cada um nos lucros e nas perdas. Consequentemente, nula será a cláusula que conferir só a um deles os lucros, ou subtrair um deles das perdas ou dos ônus decorrentes da atividade exercida para a consecução do fim social. Isto é assim, porque todos contribuem para o desenvolvimento da atividade societária voltada à consecução do objetivo social.

b) *Colaborar*, pois os sócios poderão exigir de qualquer dentre eles a sua colaboração (CC, arts. 1.004 e parágrafo único e 1.006) e reclamar o direito de colaborar no *funcionamento da sociedade*.

c) *Reembolsar-se das despesas* necessárias à conservação dos bens sociais, que fez sozinho, pois o sócio administrador deverá agir com o cuidado e a diligência que todo homem ativo e probo costuma empregar na administração de seus próprios negócios (CC, art. 1.011). O sócio administrador é o encarregado da administração da sociedade simples (*RT*, *484*:106), que, em regra, é indicado pelo pacto social, excluindo, com isso, da administração os demais, que não poderão interferir na gerência ou representar a sociedade, embora possam se informar dos negócios sociais, tendo acesso aos livros e conhecendo o estado do patrimônio comum. A nomeação do administrador, a quem se delegam os poderes de administração, dar-se-á em cláusula do pacto social ou em ato posterior ao contrato social, e o nomeado deverá no exercício de suas funções ter todo o cuidado e diligência que qualquer pessoa proba (honesta, honrada) e ativa costuma empregar ao administrar seus próprios negócios. Não se exige do administrador perfeição técnica em sua gestão, mas correção em sua conduta decisória, ante o princípio da boa-fé objetiva e o da probidade. Aplicar-se-ão às atividades do administrador, no que forem cabíveis, as normas alusivas ao mandato, por ser representante da sociedade. Logo, deverá prestar contas e responder por danos que causar no exercício da administração, pela prática de atos exorbitantes. Se vier, p. ex., a alienar bens, destituído de poderes para tanto, esse ato será anulado, e o adquirente terá direito de exigir perdas e danos contra o administrador que exorbitou seu mandato, e não contra a sociedade, porque esta não se obrigou (*RT*, *417*:134, *536*:155). Se o poder de administração foi outorgado após o contrato social, será revogável, a qualquer tempo, como o de simples mandato. Por falta de idoneidade moral não poderá ser administrador de sociedade, além do impedido por lei especial[84], enquanto perdurar o efeito da condenação: *a*) o condenado a pena que impeça, mesmo temporariamente, o seu acesso a cargo público (Lei n. 8.112/90). Ou o condenado que praticou atos que impeçam seu acesso a cargo público como os previstos na Lei n. 8.429/92, que abrangem enriquecimento ilícito e atividades lesivas ao erário público ou atentatórias aos princípios da Administração Pública; *b*) o condenado por crime falimentar, de prevaricação (CP, art. 319), peita ou suborno, corrupção ativa ou passiva (CP, art. 317) (Enunciado n. 60 aprovado na I Jornada de Direito Civil de 2002, promovida pelo Conselho da Justiça Federal), suborno (CP, art. 333), concussão (CP, art. 316) ou peculato (CP, art. 312); *c*) o que praticou crime contra: a economia popular (Lei n. 1.521/51); o sistema financeiro nacional (Lei n. 7.492/86); as normas de defesa de concorrência (Lei n. 12.529/2011); as relações de consumo (Lei n. 8.078/90); a fé pública (CP, arts. 289 a 311) ou a propriedade (CP, arts. 155 a 186, sendo que os arts. 187 a 196 foram revogados pela Lei n. 9.279/96). Tais pessoas, embora não possam exercer gerência ou administração da sociedade, poderão continuar como sócios, sem, contudo, terem poderes de representação.

"Não são necessárias certidões de nenhuma espécie para comprovar os requisitos do art. 1.011 no ato de registro da sociedade, bastando declaração de desimpedimento" (Enunciado n. 218 do Conselho da Justiça Federal, aprovado na III Jornada de Direito Civil).

---

84. Impedimentos ao estrangeiro de exercer administração: Lei n. 13.445/2017.

Os sócios terão, ainda, *direito à indenização das perdas e danos* que sofrerem em operação contrária aos negócios sociais (CC, art. 1.010, § 3º). O sócio encarregado da administração da sociedade (*RT*, *484*:106) terá o dever de gerir os negócios sociais, por ser o representante da sociedade. Por isso, o sócio que, tendo algum interesse pessoal contrário ao da sociedade, vier a participar, com seu voto, de deliberação que o aprove, responderá perante os outros, que terão direito a uma indenização pelas perdas e danos advindos daquela atividade negocial, que se deu por culpa sua, influindo na decisão.

d) *Servir-se dos bens sociais*, contanto que lhes deem o seu destino e possibilitem aos outros aproveitá-los nos limites do seu direito, não podendo usá-los em proveito próprio ou de terceiros, mesmo se for o administrador, não havendo, para tanto, consenso escrito dos sócios (CC, art. 1.017).

e) *Administrar a sociedade*; em regra, é o contrato social que indica os sócios que deverão investir-se desse poder, porém nada obsta que haja atribuição da administração a estranhos, com a aprovação dos sócios (CC, arts. 1.061, com a redação da Lei n. 14.451/2022, e 1.019, parágrafo único; Lei n. 6.404/76, arts. 285 a 288; TJSP, 5ª Câm. Cív., AC 191.924-1/0, j. 3-6-1993, *Bol. AASP*, *1.804*:299), sem necessidade de expressa menção no contrato social. O sócio investido na administração por texto expresso no contrato poderá praticar, no silêncio do contrato, todos os atos que não excederem os limites normais dela, até mesmo sem autorização dos demais sócios, desde que proceda sem dolo, não constituindo, porém, objeto social a oneração ou a venda de imóveis, que depende de decisão da maioria dos sócios (CC, art. 1.015).

Poderá movimentar somas devidas à sociedade, movendo ação contra os devedores, pagar os débitos sociais, receber ou dar quitação, admitir empregado, fazer locações de imóveis necessárias à sociedade etc. Se, p. ex., alienar bens, destituído de poderes para tanto, este ato será anulado, e o comprador terá direito de exigir perdas e danos contra o sócio que exorbitou seu mandato, e não contra a sociedade, porque esta não se obrigou (CC, art. 1.011, § 2º; *RT*, *417*:134, *536*:155).

A administração da sociedade poderá ser conferida a mais de um sócio, delimitando-se no contrato social a função de cada um dos sócios-gerentes, ou, então, consignar que todos deverão agir conjuntamente. Se o pacto social for omisso a respeito dos seus encargos, subentender-se-á que os administradores poderão praticar todos os atos pertinentes à gestão da sociedade (contratação e dispensa de pessoal, celebração de contrato, pagamento de débitos, recebimento de créditos etc.), atendendo ao interesse social e dentro dos limites de seu direito à administração. Vedada estará a oneração ou venda de bens imóveis da sociedade, mesmo que vantajosa, sem o consenso da maioria dos sócios (CC, art. 1.015, *caput*), a não ser que se trate de sociedade imobiliária, visto que, neste caso, a alienação de imóveis constitui seu objeto social.

Qualquer excesso por parte dos administradores outrora somente poderia ser oposto a terceiro se (CC, art. 1.015, parágrafo único, I a III – ora revogado pela Lei n. 14.195/2021): *a*) os limites aos poderes de administração estivessem inscritos ou averbados no registro próprio da sociedade; *b*) comprovado o conhecimento do terceiro daquela restrição de poderes; *c*) a operação levada a efeito era alheia ou contrária aos negócios ou interesses da sociedade. Não se acatava a teoria da aparência; logo, quem viesse a contratar com administradores da sociedade deveria analisar o contrato social para averiguar quais os poderes que lhes foram outorgados. A sociedade não se obrigava por ato negocial que viesse a ser efetivado por administradores que se excedessem aos poderes que lhes foram concedidos, cabendo-lhe opor o excesso a terceiro que celebrasse o contrato com aqueles administradores[85].

---

85. Ricardo Fiuza, *Novo Código Civil*, cit., p. 937; M. Helena Diniz, *Código*, cit., p. 801 e 802. Ensinava Ricardo Negrão (*Manual*, cit., v. 1, p. 323 e 324) que o administrador da sociedade simples tinha três *deveres* principais: o de cuidado e diligência na condução dos negócios; o de lealdade aos interesses da sociedade; o de informação e prestação de contas. E, continuava o autor (*Manual*, cit., v. 1, p. 325 e 326), por outro lado o administrador tinha poderes, que não precisavam estar inseridos em cláusula contratual: prática de atos e operações incluídos no contrato social, inclusive alienação de imóveis, quando for este o objeto social, sem necessidade de deliberação dos sócios; emissão, endosso e circulação de títulos de crédito, decorrentes do exercício de atos alusivos ao objeto social; administração dos bens sociais com o intuito de conservá-los; representação, judicial e extrajudicial, da sociedade.

Apelação. Nulidade de atos jurídicos. Administrador de sociedade empresária. Atuação em excesso de poder. Contrair obrigações estranhas ao interesse social. Venda de bens imóveis. Art. 1.015, do Código Civil de 2002. Terceiros compradores de boa-fé. Homem *medium*. Atos *ultra vires*. Dívida confessada. Transferência de parte de imóvel. Evidenciada qualquer das hipóteses descritas nos incisos do art. 1.015, do Código Civil de 2002. Retorno ao *status quo ante*. Recurso provido. Não causa qualquer perplexidade o condicionamento do deferimento do pedido de urgência mediante a apresentação de uma contracautela (caução adequada e idônea). Impõe-se a invalidação de atos jurídicos ante a demonstração de alguma nulidade ou existência de vícios de consentimento a macular a vontade e autonomia da parte que o praticou. Todos os atos praticados pelo administrador de uma sociedade empresária gravitam inexoravelmente em torno dos objetivos consignados no seu contrato social. Segundo o disposto no art. 1.015 do Código Civil de 2002, 'no silêncio do contrato, os administradores podem praticar todos os atos pertinentes à gestão da sociedade; não constituindo objeto social, a onera-

Pelo Enunciado n. 11: "A regra do art. 1.015, parágrafo único (ora revogado pela Lei n. 14.195/2021), do Código Civil deve ser aplicada à luz da teoria da aparência e do primado da boa-fé objetiva, de modo a prestigiar a segurança do tráfego negocial. As sociedades se obrigam perante terceiros de boa-fé" (aprovado na I Jornada de Direito Comercial) e, ainda:

"Está positivada a teoria *ultra vires societatis* no direito brasileiro, com as seguintes ressalvas: *a*) o ato *ultra vires* não produz efeito apenas em relação à sociedade; *b*) sem embargo, a sociedade poderá, por meio de seu órgão deliberativo, ratificá-lo; *c*) o Código Civil amenizou o rigor da teoria *ultra vires*, admitindo os poderes implícitos dos administradores para realizar negócios acessórios ou conexos ao objeto social, os quais não constituem operações evidentemente estranhas aos negócios da sociedade; *d*) não se aplica o art. 1.015 às sociedades por ações, em virtude da existência da regra especial de responsabilidade dos administradores (art. 158, II, da Lei n. 6.404/76)" (Enunciado n. 219 do Conselho de Justiça Federal, aprovado na III Jornada de Direito Civil).

Com a revogação do parágrafo único do art. 1.015 pela Lei n. 14.195/2021, em virtude de desproteger terceiros de boa-fé, que viessem a contratar com a sociedade e de trazer insegurança jurídica para o mercado. Com isso, assegurar-se-á a terceiro de boa-fé o direito de regresso contra o administrador que se excedeu no exercício de suas funções. Ter-se-á, sob a ótica da teoria da aparência, a prevalência do princípio da boa-fé objetiva para que se tenha segurança negocial, fazendo com que a sociedade se obrigue perante terceiro de boa-fé. E, com isso, não mais se aplica no Brasil a teoria *ultra vires societatis*.

Os poderes de administração do sócio neles investido por cláusula expressa do contrato social serão irrevogáveis enquanto não vencer o prazo avençado, exceto se advier causa legítima superveniente, reconhecida judi-

ção ou a venda de bens imóveis depende do que a maioria dos sócios decidir'. Os atos *ultra vires* são aqueles realizados além do objeto da delegação ou transferência de poderes, ou seja, são aqueles realizados com excesso de poder ou com poderes insuficientes pelos administradores de uma sociedade. Não se deve proteger o terceiro que tenha conhecimento, ou devesse ter, do objeto social e dos limites da atuação dos administradores da sociedade empresária contratante, em razão da profissionalidade de seus atos. Negaram provimento ao agravo retido e deram provimento ao recurso" (TJMG, Ap 1.0701.07.196048-1/005, 11ª Câm. Cível, Rel. Des. Marcelo Rodrigues, j. 25-3-2009).

Sobre a teoria *ultra vires societatis*: Fábio Ulhoa Coelho, *Curso*, cit., p. 431; Waldirio Bulgarelli, *Questões de direito societário*, São Paulo, Revista dos Tribunais, 1983, p. 1; Ricardo Negrão, *Manual*, cit., v. 1, p. 328 e 329.

cialmente, a pedido de qualquer dos sócios (CC, art. 1.019), como moléstia grave prolongada, infração aos deveres legais ou contratuais etc. Se não houver prazo estipulado, subentender-se-á vigente enquanto durar a sociedade. Essa irrevogabilidade tão somente confere garantia de estabilidade ao sócio-administrador para que possa praticar atos voltados à consecução do objetivo social. Mas se o poder de administração foi outorgado a um dos sócios por ato separado, após o contrato social, será revogável, a qualquer momento, independentemente de justa causa como o de simples mandato, tendo por parâmetro a conveniência da sociedade. Se tal poder for conferido a quem não tiver a qualidade de sócio, poderá ser revogado, inclusive se não houver motivo plausível ou justo, a qualquer tempo, mesmo se investido na administração por cláusula contratual. Tal se dá porque a revogabilidade, nestes dois casos (CC, art. 1.019, parágrafo único), é admitida legalmente em razão do fato de os poderes serem conferidos a título precário, havendo interesse societário. A destituição do administrador, sócio ou não, só poderá ser em regra determinada por deliberação da maioria dos sócios, porque ele representa a sociedade.

A administração da sociedade, por lei ou por contrato social, poderá competir aos sócios que, em sua totalidade, por deliberação tomada por maioria de votos (*RJTJSP*, *45*:400; *RSTJ*, *45*:330), contados conforme o valor das quotas de cada um, decidirão sobre os negócios da sociedade (CC, art. 1.010). Leva-se em conta o valor do capital social representado, sem se atentar ao número de sócios votantes. Para que se tenha maioria absoluta serão necessários votos correspondentes a mais de metade do valor do capital social, ou seja, 50% mais um (CC, art. 1.010, § 1º). Se, na deliberação, alcançar votos que ultrapassem a metade do capital, ter-se-á o *quorum* exigido legalmente, pouco importando o número de sócios votantes. Havendo empate, prevalecerá a decisão sufragada pelo maior número de sócios votantes e se, mesmo assim, pelo voto *per caput*, não houver o desempate, competirá ao juiz, mediante requerimento de qualquer dos sócios, decidir qual a solução vencedora, tendo por base o interesse de sociedade (CC, art. 1.010, § 2º), ou seja, o que for melhor para o seu desenvolvimento na exploração do objeto social.

O sócio encarregado da administração da sociedade (*RT*, *484*:106) terá o dever de gerir os negócios sociais, por ser o representante da sociedade. Por isso, o sócio que, tendo algum interesse pessoal contrário ao da sociedade, vier a participar, com seu voto, de deliberação que o aprove, responderá perante os outros, que terão direito a uma indenização pelas perdas e danos advindos daquela atividade negocial, que se deu por culpa sua, influindo na decisão (CC, art. 1.010, § 3º). Tal ocorrerá porque há conflito de interesses entre sócios, gerado pela falta ou quebra da *affectio societatis*, protegendo-se os interesses societários e a sociedade contra ato que lhe seja prejudicial, praticado por sócio. Sócio que tiver interesse contrário ao da sociedade não deverá, ante o princípio da boa-fé objetiva, tomar parte da deliberação. Na comunhão societária, baseada na *affectio societatis*, correspondente à vontade de cooperar para atingir o resultado comum e à confiança mútua entre os sócios, o interesse pessoal deverá dar espaço ao interesse "corporativo", ou seja, ao interesse do sócio como membro de sociedade.

Nos atos de competência conjunta de vários administradores, tornar-se-á necessário o concurso de todos, exceto em casos de urgência, em que a omissão e a demora da providência possam acarretar dano grave ou irreparável (CC, art. 1.014). Assim, se se convencionar que os sócios-administradores só poderão agir conjuntamente, nos atos de competência conjunta, necessário será, sob pena de nulidade, o concurso de todos. Tal hipótese configura a administração conjunta ou colegiada. Se ocorrer uma situação de urgência que venha a dificultar o exercício da administração da sociedade por todos em conjunto, permitida estará, excepcionalmente, a convenção posterior autorizando cada um dos administradores a agir autônoma e separadamente nesse caso urgente, em que a omissão ou demora das providências possam causar sérios ou irreparáveis gravames à sociedade. Com isso validar-se-á o ato efetivado por decisão de um sócio, em nome do interesse social, mesmo sem a participação conjunta dos sócios-administradores, pois, em razão de comprovada urgência da situação, teve por escopo evitar a ocorrência de um dano à sociedade.

f) Associar um estranho ao seu quinhão social sem o concurso dos outros, porque formará com ele uma subsociedade, que nada terá que ver com os demais sócios; porém, não poderá, sem a aquiescência dos demais, associá-lo à sociedade (CC, arts. 999 e 997, parágrafo único) de pessoas, alienando sua parte, ante a relevância do *intuitu personae*, pois se a sociedade for de capital — sociedade anônima, p. ex. — não haverá qualquer restrição ao sócio, que poderá ceder ou alienar sua quota de capital a quem lhe aprouver, por não se considerar a pessoa do associado (*RT*, *547*:160). Se a sociedade for a limitada, pelo art. 1.057 a cessão de cotas sociais segue o disposto no contrato social; em sendo este omisso, o sócio poderá ceder sua quota, total ou parcialmente, a outro sócio, independentemente da audiência dos demais, ou a estranho se não houver oposição de titulares de mais de um quarto do capital social, procedendo-se à alteração do estatuto e seu consequente registro.

g) Votar nas assembleias gerais, onde, salvo estipulação em contrário, sempre se deliberará por maioria de votos.

h) Retirar-se da sociedade, mediante aviso com sessenta dias de antecedência, se não houver determinação de tempo de duração da sociedade (CC, art.

1.029) (direito de retirada comum, ordinário ou imotivado). Se a sociedade tiver prazo determinado para a sua duração, nenhum sócio poderá retirar-se dela antes do termo convencionado, exceto se provar judicialmente justa causa (CC, art. 1.029, *in fine*) que motive a medida por ele tomada (direito de retirada extraordinário). Hipótese em que a retirada do sócio dependerá da unanimidade societária, visto que poderá comprometer a sociedade, por impor o dever de pagar o reembolso; se não lhe for permitida a retirada, em ação de resolução de contrato social, procurar-se-á obter decisão judicial favorável, comprovando-se o justo motivo alegado, que impede o prosseguimento da atividade comum ou da vida societária, em virtude da *affectio societatis*, que norteia a sociedade simples, por ser ela sociedade de pessoas. A alegação pelo sócio da intenção de não mais permanecer no quadro societário também poderá ser justa causa para sua retirada por haver quebra da *affectio societatis*. Pelo Enunciado n. 67 do Conselho de Justiça Federal: "A quebra da *affectio societatis* não é causa para exclusão do sócio minoritário, mas apenas para dissolução (parcial) da sociedade", ou seja, para sua retirada. Isto porque ninguém, por força de norma constitucional (art. 5º, XX), é obrigado a manter-se associado. "Em regra, é livre a retirada de sócio nas sociedades limitadas e anônimas fechadas, por prazo indeterminado, desde que tenham integralizado a respectiva parcela do capital, operando-se a denúncia (arts. 473 a 1.029)" (Enunciado n. 390 do Conselho de Justiça Federal, aprovado na IV Jornada de Direito Civil, revogado pelo Enunciado n. 480, aprovado na V Jornada de Direito Civil). A retirada de sócio é causa de dissolução parcial da sociedade, e o retirante fará jus ao recebimento do valor de sua quota (CC, art. 1.031). Na apuração de haveres de sócio retirante (art. 1.031 do CC), devem ser afastados os efeitos da diluição injustificada e ilícita da participação deste na sociedade (Enunciado n. 485 do Conselho de Justiça Federal, aprovado na V Jornada de Direito Civil). Recebendo a notificação do exercício do direito de retirada de um dos sócios, os demais, se quiserem, poderão optar pela dissolução total da sociedade, desde que o façam dentro de trinta dias subsequentes àquela notificação (CC, art. 1.029, parágrafo único).

i) *Firmar*, por meio de escritura pública ou particular (Lei n. 8.934/94), *alteração do contrato social*, aumentando ou reduzindo o capital, desde que haja unanimidade de sócios (CC, arts. 999 e 997), pouco importando que haja sócio majoritário, procedendo ao arquivamento do *contrato modificativo*, que não gera nova sociedade[86]. "A unanimidade exigida para a modi-

---

86. Outrora, na sociedade por quotas de responsabilidade limitada, o Decreto n. 3.708/19, art. 15, veio a franquear aos sócios majoritários a possibilidade de elaborar alteração

ficação do contrato social somente alcança as matérias referidas no art. 997, prevalecendo, nos demais casos de deliberação dos sócios, a maioria absoluta, se outra mais qualificada não for prevista no contrato" (Enunciado n. 385 do Conselho de Justiça Federal, aprovado na IV Jornada de Direito Civil).

Dependerão, portanto, do consentimento de todos os sócios (*quorum* de unanimidade) quaisquer modificações feitas no contrato social envolvendo mudança: de sócio, de denominação social; de finalidade e da sede da sociedade; do capital social, aumentando-o ou reduzindo-o; dos poderes da administração; da participação societária nos lucros e nas perdas; ou da responsabilidade pelas obrigações sociais (CC, arts. 997, 999, 1ª parte, 1.002 e 1.003). As demais alterações contratuais, não havendo previsão no contrato social de deliberação unânime, poderão ser decididas por maioria absoluta de votos. Esse *contrato modificativo*, firmado por meio de instrumento público ou particular, deverá ser averbado (CC, art. 999, parágrafo único), cumprindo-se todas as formalidades do art. 998 do Código Civil, à margem da inscrição da sociedade no Registro Civil das Pessoas Jurídicas (CC, art. 45). Tal averbação não gerará nova sociedade, mas conferirá oponibilidade *erga omnes* das modificações feitas[87].

---

contratual, mesmo que não agradasse a minoria, abrindo uma exceção ao, ora revogado, art. 331 do Código Comercial ao permitir contrato modificativo, sem o consenso unânime dos sócios (*RTJ*, *70*:777 e 780, *93*:814; *Bol. AASP*, *1.833*:18; *RT*, *475*:121, *433*:165, *522*:124; *RJTJSP*, *101*:165; *JB*, 39:300). No conflito entre a norma do art. 15 do Dec. n. 3.708/19 e a do art. 62, § 2º, do Dec. n. 57.651/66 (ora revogado pelo Dec. n. 1.800/96), que vedava arquivamento de contrato modificativo à falta de assinatura de algum sócio quando permitida a deliberação de sócios que representavam a maioria do capital social, pelo critério cronológico prevaleceria a última e, pelo da especialidade, a primeira, surgindo, então, a antinomia de segundo grau. Ante isso, configurava-se a antinomia entre o critério da especialidade e o cronológico; valeria, então, para solucioná-la, o metacritério *lex posterior generalis non derogat priori speciali*, segundo o qual a regra da especialidade prevalecia sobre a cronológica. Logo o art. 15 do Dec. n. 3.708/19, por ser norma especial, embora anterior, prevalecia sobre o art. 62, § 2º, do Dec. n. 57.651/66, que era geral e posterior. Por isso, não havia nenhuma incoerência lógica na interpretação do art. 15 do Dec. n. 3.708/19, ao concluir pela admissibilidade de alteração contratual por sócios majoritários, afastando a exigência da unanimidade de votos para sua concretização. Mas pela Lei n. 8.934/94 (art. 35, VI), que revogou o art. 38, V, da Lei n. 4.726/65, a alteração do contrato social podia ser arquivada com apenas a assinatura do sócio majoritário, se não houvesse cláusula restritiva. E, pelo novo Código Civil (art. 1.053 c/c os arts. 999 e 1.071, V), a alteração do contrato social dependerá da deliberação dos sócios por maioria de votos, segundo o valor das quotas de cada um (CC, art. 1.010 c/c o art. 1.072), ou conforme o previsto no contrato social.

87. "O *quorum* de deliberação, previsto nos arts. 1.004, parágrafo único e 1.030, é de maioria absoluta do capital representado pelas quotas dos demais sócios, consoante a regra geral fixada no art. 999 para as deliberações na sociedade simples. Esse entendimento aplica-se ao art. 1.058 em caso de exclusão de sócio remisso ou redução do valor de

c.5. Dissolução e liquidação

Dissolver-se-á a sociedade simples[88]:

1º) Pelo implemento da condição a que foi subordinada a sua durabilidade. Se os efeitos do contrato se subordinarem a uma condição resolutiva, verificada esta, extinguir-se-á a sociedade.

2º) Pelo vencimento do prazo estabelecido no contrato social (CC, art. 1.033, I), sem que tenha havido prorrogação por tempo indeterminado. Mauro Rodrigues Penteado observa que, se a sociedade foi constituída por prazo determinado, os sócios deverão aguardar o advento do termo final do prazo contratual, ocasião em que se terá a sua dissolução *pleno iure*, seguindo-se a liquidação do patrimônio social e a repartição dos haveres a todos os sócios. Mas se houver comprovação, em juízo, de justa causa que torne impossível a continuação do vínculo entre um dos sócios e sociedade, ter-se-á a dissolução parcial da sociedade, em virtude do exercício do direito de retirada daquele sócio. Porém, nada impede que os sócios o prorroguem por tempo indeterminado, se, vencido o prazo e sem oposição de-

---

sua quota ao montante já integralizado" (Enunciado n. 216 do CJF, aprovado na III Jornada de Direito Civil).

88. M. Helena Diniz, *Código*, cit., p. 810-8; *Tratado*, cit., v. 4, p. 159-61; Silvio Rodrigues, *Contrato de sociedade*, cit., p. 519-22; Caio M. S. Pereira, *Instituições de direito civil*, Rio de Janeiro, Forense, 1990, v. 3, p. 402 e 403; Orlando Gomes, *Contratos*, Rio de Janeiro, Forense, 1979, p. 485 e 486; W. Barros Monteiro, *Curso de direito civil brasileiro*, São Paulo, Saraiva, 1982, p. 314-7; Serpa Lopes, *Curso de direito civil*, Freitas Bastos, 1964, v. 4, p. 540-52; Francesco Di Renzo, *Nuovissimo digesto italiano*, Torinese, 1973, v. XIX, p. 408 e s., verbete "*tontine*"; Fábio Ulhoa Coelho, *Manual*, cit., p. 131-3, 158-61; Osmida Innocenti, *L'esclusione del socio*, Padova, 1956; Rubens Requião, *A preservação da sociedade comercial pela exclusão de sócio*, Curitiba, 1959; Jones F. Alves e Mário Luiz Delgado, *Código*, cit., p. 480; Francisco Campos, *Direito comercial*, 1957, p. 114; Vivante, *Trattato di diritto commerciale*, v. II, p. 658 e 659; Hernani Estrella, *Apuração dos haveres de sócios*, Rio de Janeiro, Konfino, 1960, p. 170-I; Álvaro Villaça Azevedo, Ação de apuração de haveres proposta por sócio excluído, *RT*, *526*:46; Enrico Soprano, *Trattato teorico pratico delle società commerciale*, Torino, 1934, v. 1, n. 373; Erimá Carneiro, *Aspectos jurídicos do balanço*, Rio de Janeiro, 1953; Vera Helena de Mello Franco, *Manual de direito comercial*, cit., v. 1, p. 282; Arnaldo Rizzardo, *Direito de empresa*, cit., p. 147-55; Mauro Rodrigues Penteado, *Dissolução parcial da sociedade limitada*, p. 281; Sérgio Campinho, *O direito de empresa*, cit., p. 205; Waldirio Bulgarelli, *O novo direito empresarial*, Rio de Janeiro, Renovar, 2001, p. 415; Ricardo Negrão, *Manual*, cit., v. 1, p. 332. *Vide*: CPC/2015, arts. 599 a 609; Shimura, A legitimidade de parte na ação de dissolução parcial de sociedade. *Cinco anos do CPC*: questões polêmicas (org. Munhoz), Barueri, Manole, 2021, p. 365-76. *Vide*: Súmula 265 do STF: "Na apuração de haveres não prevalece o balanço não aprovado pelo sócio falecido, excluído ou que se retirou"; CF, art. 5º, XX.

les, a sociedade não entrar em liquidação. A sociedade pode dissolver-se por deliberação dos sócios, por maioria absoluta, na sociedade de prazo indeterminado (CC, art. 1.033, III).

3º) Pela extinção do capital social, sem possibilidade de recuperação, ou sem desfalque em quantidade tamanha que a impossibilite de continuar (CC, art. 1.035), porque a sociedade precisa de um patrimônio para realizar suas finalidades. Se faltarem os meios materiais, não poderá cumprir os fins sociais; logo, dissolver-se-á.

4º) Pela consecução do fim social (CC, art. 1.034, II, 1ª parte), pois atingiu seu objetivo, não tendo mais razão de ser, por falta de objeto, uma vez que o fim social se exauriu e p. ex., se a sociedade foi constituída para a realização de uma empreitada, terminada a obra, o objeto social concluído está.

5º) Pela verificação da inexequibilidade do objetivo comum (CC, art. 1.034, II, 2ª parte), desde que seja definitiva e não transitória, impossibilitando alcançar o fim colimado (*RT*, *166*:331, *211*:275; *RJTJSP*, *132*:245, *113*:290; *RJ*, *180*:103). P. ex., inexequível será o objeto social se vier a se extinguir matéria-prima para a produção do bem, ou houver cancelamento, por lei, do serviço prestado pela sociedade.

6º) Pela falência superveniente de um dos sócios (CC, art. 1.030, parágrafo único; Lei n. 11.101/2005, art. 123), como empresário individual, que o excluirá de pleno direito da sociedade. Pelo Enunciado n. 480 do Conselho da Justiça Federal, aprovado na V Jornada de Direito Civil: "O insolvente civil fica de pleno direito excluído das sociedades contratuais das quais seja sócio". Todavia, os sócios poderão estipular no contrato social que, em caso de falência de um deles, a sociedade continue com os demais, apurando-se os haveres do falido, intervindo o administrador judicial nomeado pelo magistrado. A liquidação dos haveres do sócio falido proceder-se-á: *a*) do modo estipulado no contrato social; *b*) em juízo, se não houver disposição contratual a respeito e por meio de ação proposta pelo administrador judicial (Lei n. 11.101/2005, art. 76), sendo que a apuração terá por base a situação patrimonial da sociedade à data da falência do sócio e será feito, para tanto, um balanço especial; *c*) mediante resolução estipulada no contrato social ou imposta por lei.

7º) Pela ocorrência de: *a*) incapacidade superveniente de um dos sócios, devidamente comprovada, se a sociedade tiver apenas dois (*RT*, *498*:184; CC, art. 1.030 c/c o art. 1.033). Se o sócio for declarado interdito ou ausente, a sociedade dissolver-se-á, não podendo continuar com o representante legal do incapaz, por ser substancial a pessoa do sócio; *b*) mora na integralização da quota social por ele subscrita, preferindo os demais sócios a indenização à sua exclusão do quadro associativo (CC, art. 1.004, parágrafo único); *c*) falta grave no cumprimento de suas obrigações; *d*) liquidação da quota para pagamento de débitos pessoais do sócio devedor requerida pelo seu credor, mediante apuração de seu valor, baseada na atual situação patrimonial da sociedade e verificada em balanço especial levantado para essa finalidade (CC, art. 1.026, parágrafo único c/c o art. 1.031). Hipótese em que o sócio será também excluído *pleno iure* do quadro societário, requerendo alteração do pacto social. A sociedade tem legitimação ativa para propor ação para excluir sócio faltoso ou incapaz, mediante deliberação da maioria absoluta dos sócios e não da maioria do capital. A exclusão de sócio é causa de dissolução parcial da sociedade (CC, art. 1.030 e parágrafo único).

8º) Pela morte de um dos sócios, liquidar-se-á sua quota, exceto: se o contrato dispuser de modo diverso; se os sócios remanescentes optarem pela dissolução parcial da sociedade; ou se, por acordo com os herdeiros, regular-se a substituição do sócio falido (CC, art. 1.028, I a III). Ter-se-á resolução da sociedade apenas em relação ao sócio falecido. Se ocorrer o falecimento de um dos sócios, operar-se-á sua desvinculação do quadro associativo, tendo-se a dissolução parcial da sociedade, com a liquidação de sua quota, após um balanço especial para apuração dos seus haveres, cujo valor será entregue a quem de direito. Pelo Enunciado 25 da Jornada Paulista de Direito Comercial prescreve em 10 (dez) anos a pretensão à apuração de haveres de sócio falecido. Os herdeiros do finado sócio não ingressarão no quadro societário e terão direito à partilha do que houver, por ocasião do óbito, não participando, em regra, dos lucros e perdas ulteriores, que não forem consequência direta dos atos anteriores à abertura da sucessão (CC, art. 1.032). Ter-se-á, então, uma dissolução parcial da sociedade, em que os sócios sobrevivos pagam a quem de direito o valor da quota-parte do falecido no capital social, apurado mediante balanço especial (*RF*, *255*:252) realizado à época do óbito, operando-se a mera cessação do liame societário, limitadamente ao falecido sócio. Assim, com o rompimento do laço social não haverá quota societária alguma a ser entregue ao consorte-meeiro e aos seus sucessores, que apenas serão credores do valor correspondente a ela (*RTJ*, *110*:1162; *RT*, *454*:199, *157*:799 e *498*:184). E a sociedade continuará com os sócios sobrevivos (*RF*, *136*:436). Essa dissolução parcial dar-se-á apenas se: *a*) o contrato social não dispuser de modo diverso. Assim, se houver cláusula no pacto social deliberando que os sucessores do sócio morto ingressarão na sociedade, fazendo jus à quota societária do *de cujus*, que lhes será adjudicada, a sociedade continuará com eles e com os sócios sobreviventes (*RT*, *483*:99); *b*) os sócios remanescentes não optarem pela dissolução total da sociedade, providenciando a liquidação, para realização do ativo e pagamento do passivo, e a partilha do patrimônio líquido remanescente entre todos os sócios; *c*) não houver substituição do sócio falecido, em razão de acordo entre seus herdeiros e os demais sócios. Se o pacto social dispuser de modo diverso, se os sócios sobreviventes deliberarem pela dissolução da sociedade e se permitida a substituição do falecido na sociedade, por terceiro previamente indicado, p. ex., não se terá dissolução parcial desta.

"Diante da possibilidade de o contrato social permitir o ingresso na sociedade do sucessor de sócio falecido, ou de os sócios acordarem com os herdeiros a substituição de sócio falecido, sem liquidação da quota, em ambos os casos, é lícita a participação de menor em sociedade limitada, estando o capital integralizado, em virtude da inexistência de vedação no Código Civil" (Enunciado n. 221 do Conselho de Justiça Federal, aprovado na III Jornada de Direito Civil).

Mas extinguir-se-á, obviamente, a sociedade com a morte de um dos sócios, se constituída de apenas dois (CC, art. 1.033, IV), uma vez que o agrupamento de pessoas é elemento essencial de sua formação (*RT*, *420*:194, *473*:131, *490*:79, *498*:184, *544*:282, *677*:123), pois não há permissão de criação de sociedade unipessoal por mais de 180 dias. Porém, hodiernamente, o art. 1.033, parágrafo único, dispõe sobre a não aplicação do inciso IV sempre que o sócio remanescente vier a requerer no Registro Público de Empresas Mercantis a transformação do registro da sociedade para empresário individual ou para empresa individual de responsabilidade limitada (CC, arts. 44, VI, e 980-A, §§ 1º a 6º). Tal transformação de registro não se confunde com a figura da transformação de pessoa jurídica (Enunciado n. 465 do Conselho da Justiça Federal, aprovado na V Jornada de Direito Civil).

Porém, se vários forem os sócios, será lícita a estipulação de que a sociedade continue com os herdeiros do falecido ou apenas com os sócios sobrevivos (*RF*, *136*:436), sendo que nesta última hipótese os herdeiros do falecido terão direito à partilha do que houver, quando ele faleceu, mas não participarão nos lucros e perdas ulteriores, que não forem consequência direta dos atos anteriores ao óbito (CPC/2015, art. 620, § 1º, I e II). Se o contrato estipular que a sociedade continue com o herdeiro do sócio falecido, cumprir-se-á a estipulação (*RT*, *483*:99), sempre que for possível. Com isso não se admite a *tontina*, que, ainda no século XVII, era a sociedade em que havia a apropriação pelos sócios sobreviventes das quotas do sócio falecido. Deveras, ensina Francesco Di Renzo: "*Tontina, nella sua forma più semplice: è una associazione di individue che mira alla costituzione di un capitale, mediante il versamento di quote parziali, destinato ad essere ripartito, ad una data epoca, fra i soci supers-*

titi. Nella struttura è quindi, un'operazione finanziaria basata sulla probabilità di morte ad ogni successiva età della vita".

O herdeiro, apesar de ter ocorrido dissolução parcial da sociedade, responde, no limite das forças da herança, pelas obrigações sociais anteriores até dois anos da averbação da resolução da sociedade em relação ao sócio falecido (CC, art. 1.032) e não pelas posteriores, independentemente do fato de ter havido averbação, ou não, do óbito no registro competente.

9º) Pela renúncia ou retirada de qualquer sócio, se a sociedade possuir mais de dois sócios (*RT, 437*:152). Sendo a sociedade simples uma sociedade de pessoas, havendo quebra de *affectio societatis*, se, p. ex, um dos sócios não concordar com os negócios sociais efetivados por decisão da maioria, poderá o dissidente, por justa causa, exercer seu direito de recesso, que, sendo reconhecido pelo juiz, gerará a dissolução parcial da sociedade e o pagamento dos haveres ao retirante. Deveras, pelo art. 1.029 e parágrafo único do Código Civil, qualquer sócio pode espontaneamente retirar-se da sociedade; se de prazo indeterminado, mediante notificação aos demais, com antecedência mínima de sessenta dias; se de prazo determinado, provando judicialmente justa causa. Se improcedente for tal ação, o dissidente deverá aguardar o término do prazo do contrato social. Nos trinta dias subsequentes àquela notificação, poderão os demais sócios optar pela dissolução da sociedade. A renúncia só dissolverá a sociedade se feita de boa-fé, em tempo oportuno, e notificada aos sócios, e o renunciante responderá pelas obrigações sociais até a data em que se desligar da sociedade (*RT, 190*:839, *685*:87, *192*:669). Dever-se-á pagar ao renunciante a sua quota (CC, art. 1.031) e a vantagem esperada (*RT, 453*:202, *464*:222, *475*:121, *536*:126, *479*:114, *433*:165, *439*:191). Pelo princípio da preservação da atividade societária, os sócios, em sua maioria, terão todo o direito, como vimos, de excluir judicialmente o sócio de má-fé por falta grave (desvio de fundos, ou de finalidade social, ausência de colaboração, utilização de firma para objetivo diverso do da sociedade, percepção de verba em benefício pessoal etc.), ou o que se tornou incapaz (perda de discernimento por doença mental, p. ex.), ou falido (CC, art. 1.030). Imprescindível será o procedimento judicial para a exclusão de sócio faltoso ou incapaz e a comprovação da falta grave por ele cometida ou de sua incapacidade. Após a deliberação da maioria dos sócios, ter-se-á, então, a propositura da ação ordinária.

A dissolução parcial (CPC/2015, arts. 599 a 609) da sociedade funda-se no princípio conservativo da *societas* e no instituto da apuração de haveres ou liquidação da quota do excluído ou retirante, seguindo, para tanto, um procedimento especial. À dissolução parcial da sociedade seguir-se-á a apuração de haveres, para definir o *quantum* a ser pago pela sociedade ao sócio desligado do quadro social. O sócio desvinculado, ou seu herdeiro, tem direito de crédito condicionado à liquidação da quota social, ou seja, ao valor patrimonial de sua quota social, ou melhor, à parte do patrimônio líquido correspondente à proporção da quota liberada em relação ao capital social, como nos ensina Fábio Ulhoa Coelho. O valor dessa quota, considerada pelo montante efetivamente realizado, liquidar-se-á, exceto disposição em sentido contrário no pacto social, tendo por base a real situação patrimonial da sociedade à data daquela dissolução, verificada em balanço especial (*RT*, *454*:199).

"Na sociedade constituída por sócios diversos, retirante um deles, o critério de liquidação dos haveres, segundo a doutrina e jurisprudência, há de ser utilizando-se o balanço de determinação como se se tratasse de dissolução total" (STJ, REsp 35.702-0/SP, 3ª T., j. 27-9-1993). "A data-base para a apuração dos haveres coincide com o momento em que o sócio manifestar vontade de se retirar da sociedade; a sentença declara a dissolução parcial, gerando efeitos *ex tunc*" (STJ, REsp 646.221/PR, 3ª T., j. 19-4-2005). O valor real, na lição de Waldirio Bulgarelli, será aquele que os bens tiverem na data da exclusão, verificado por balanço, logo, será justo por representar os haveres do sócio. Arnaldo Rizzardo admite que o contrato social estipule forma diversa para apuração, desde que com base na situação patrimonial, não sendo possível que imponha a estimativa contábil, não se considerando o patrimonial real, favorecendo os outros sócios. Mas já há decisão (STJ, REsp 450.129/MG, 3ª Câm., j. 8-10-2002) de que os haveres devem ser pagos na forma prevista no contrato social. Nada obsta a que, no contrato social, se estipule que tal valor seja calculado com base no último balanço ou no valor contábil ou nominal das quotas.

Como com o rompimento do laço social não haverá nenhuma quota societária a ser entregue a quem de direito, que apenas será credor de valor a ela correspondente, a quota liquidada será paga, em dinheiro, ao sócio excluído ou a seu herdeiro (CPC/2015, art. 610, § 1º) dentro de noventa dias, contados da liquidação, a não ser que haja alguma convenção ou cláusula no pacto social estabelecendo forma diversa de pagamento ou prazo inferior, ou superior, para tanto.

Com a dissolução parcial da sociedade pela exclusão de um dos sócios e com o consequente pagamento do valor de sua quota, o capital social reduzir-se-á, pela diminuição do número de quotas societárias, a não ser que os demais sócios se cotizem e supram, com seus próprios recursos, a parte desfalcada, reajustando a cifra do cabedal social. O contrato modificativo, havendo redução do capital societário, deverá ser averbado no registro competente, para que tenha eficácia *erga omnes*.

O sócio renunciante ou excluído continuará, apesar de ter ocorrido a dissolução parcial da sociedade, responsável pelos débitos e obrigações sociais anteriores, até dois anos após averbada a resolução da sociedade e pelas posteriores, e, em igual prazo, enquanto não requer aquela averbação (CC, art. 1.032). Logo, mesmo rompido o vínculo que o prendia à sociedade, não se terá sua exclusão imediata da comunhão social, que subsistirá entre ele e os demais sócios em tudo que for alusivo às obrigações sociais anteriores, até dois anos após a averbação da resolução da sociedade. O sócio retirante, ou excluído, deverá, então, para evitar fraude contra credores na substituição de sócio com patrimônio com outro que nada possui, responder pelos débitos sociais existentes no instante em que deixou a sociedade. Continuará, ativa e passivamente, ligado à sociedade até que, nesses dois anos, se liquidem os interesses e responsabilidades que tiver nos negócios sociais pendentes. Mas, se não providenciou aquela averbação, não está, durante um biênio, desvinculado das responsabilidades pelas novas operações sociais, posteriores à sua retirada ou exclusão.

Vera Helena de Mello Franco, sinteticamente, pondera: "esta responsabilidade perdura por dois anos a contar da averbação da resolução societária no Registro Competente, e isto vale quer no caso de retirada voluntária, tal como previsto na norma do art. 1.029 do CC/2002, quer na compulsória, como estatuído no art. 1.030 do CC/2002, e, ainda, no caso de falecimento quando os herdeiros não pretendam continuar na sociedade".

Consequentemente, de bom alvitre seria providenciar logo a averbação, sob pena de ficar ligado obrigacionalmente com os débitos que vierem a ser assumidos após a retirada espontânea ou compulsória. Daí a importância de o sócio retirante ou excluído guardar a cópia do protocolo da averbação da alteração do contrato social, como garantia de sua não responsabilidade pelas obrigações sociais posteriores e como comprovante do início do cômputo daquele prazo bienal para fins de responsabilidade pelos débitos sociais anteriores.

10º) Pelo distrato ou consenso unânime dos associados (CC, art. 1.033, II), deliberando sua cessação, se a sociedade vigorar por *prazo determinado*, entendendo ser inconveniente o prosseguimento das atividades sociais, desde que o façam obedecendo à mesma forma do contrato (CC, art. 472) ou pela deliberação dos sócios, tomada por maioria absoluta (50% + 1), sendo a sociedade de *prazo indeterminado*. Há, portanto, *dissolução deliberada unanimemente entre os membros*, mediante distrato (CC, art. 1.033, II), salvo o direito da minoria e de terceiro, se a vigência da sociedade for por certo prazo. Realmente, se a minoria desejar que ela continue, impossível será sua dissolução por via amigável, a não ser que o contrato contenha cláusula que preveja a sua extinção por maioria simples. Se a minoria pretender dissolvê-la, não o conseguirá (*RT*, *464*:221, *433*:165 e *453*:202), a não ser que o magistrado apure as razões, verificando que há motivo justo. P. ex., a marginalização do sócio quando a maioria lhe impede que examine os livros, afastando-o de atividades sociais e privando-o, injustificadamente, de remuneração *pro labore* (*RT*, *450*:290), ou, ainda, quando os demais sócios utilizem a sociedade para negócios pessoais, com vendas fictícias, acarretando risco patrimonial (*RT*, *426*:256). Sem motivo justo os sócios minoritários não poderão propor ação para dissolver a pessoa jurídica (*RT*, *433*:165). Ressalvam-se os direitos de terceiros, que, embora não possam impedir a dissolução, podem defender-se contra quaisquer lesões decorrentes da deliberação extintiva.

11º) Pela nulidade ou anulabilidade do contrato de sociedade, devido à inobservância dos requisitos necessários à sua formação (CC, art. 1.034, I), como p. ex. ilicitude de suas atividades, por serem subversivas (*AJ*, *78*:417); defeito insanável (não preenchimento de requisito legal, incapacidade, ilicitude de objeto etc.). A ação de nulidade caberá a qualquer sócio para pleitear a declaração de ineficácia de contrato de sociedade em que exista defeito insanável; p. ex. nula será a cláusula que atribua todos os lucros a um dos sócios, ou subtraia o quinhão social de algum deles à comparticipação nos prejuízos (CC, art. 1.008).

12º) Pela cassação ou extinção da autorização governamental, se esta for necessária para seu funcionamento (CC, art. 1.033, V), se a sociedade estiver sob a fiscalização estatal, em razão do fato de ter por escopo a consecução de atividade de interesse público ou social, como, p. ex., a de saúde pública, educação etc. Portanto, poderá dissolver-se por *ato governamental* (CC, arts. 1.125 e 1.033, V) que lhes casse a autorização de funcionamento, por motivos de desobediência à ordem pública, por serem inconvenientes ao interesse geral, dada a sua incompatibilidade com o bem-estar social, pela sua ilicitude, pela impossibilidade ou inutilidade de sua finalidade (CC, art. 69, 1ª parte) e pela prática de atos contrários a seus fins ou nocivos ao bem público (Lei. n. 7.170/83).

13º) Pela falta de pluralidade de sócios em razão de morte, renúncia etc., não reconstituída pelo único sócio remanescente no prazo de cento e oitenta dias (CC, art. 1.033, IV), contado da data da redução do quadro societário, gerando unipessoalidade, visto que o agrupamento de pessoas é essencial à sua formação (*RT*, *420*:194, *473*:131, *490*:79, *498*:184, *544*:282, *651*:79, 677:*123*; *RTJ*, *114*:851). Mas não se aplicará o art. 1.033, IV, se o sócio remanescente requerer, no Registro Público de Empresas Mercantis, a transformação do assento da sociedade para empresário individual ou para empresa individual de sociedade limitada (CC, art. 1.033, parágrafo único, com a redação da Lei n. 12.441/2011). Lembra-nos o Enunciado n. 465 do Conselho da Justiça Federal (aprovado na V Jornada de Direito Civil) que a "transformação de registro" prevista no art. 1.033, parágrafo único, não se confunde com a figura da transformação da pessoa jurídica.

"O contrato social pode prever outras causas de dissolução, a serem verificadas judicialmente quando contestadas" (CC, art. 1.035). Realmente nada obsta que o pacto social possa prever outras causas dissolutórias da sociedade, visto que as previstas nos arts. 1.033 e 1.034 são meramente enunciativas. Assim, o contrato social poderá, p. ex., prever que a sociedade se dissolverá por implemento de certa condição resolutiva, por insuficiência de capital para atingir o fim perseguido pela sociedade, por desfalque no capital social que impossibilite a continuação da sociedade etc. Ocorrendo o motivo conducente à sua dissolução, previsto em cláusula contratual, deverá ser verificada a sua procedência, em juízo, se houver contestação apresentada por algum sócio.

Pode ocorrer *dissolução judicial* da sociedade, mediante procedimento comum, pretendendo extingui-la totalmente, como vimos, a requerimento de qualquer dos sócios quando: anulada a sua constituição ou exaurido o fim social, ou verificada a sua inexequibilidade (CC, art. 1.034, I e II). Ou ainda: *a*) no caso de figurar qualquer causa de extinção prevista em norma jurídica ou no contrato social e, apesar disso, a sociedade continuar funcionando, o juiz por iniciativa de qualquer dos sócios decreta seu fim; *b*) quando a sentença concluir pela impossibilidade da sobrevivência da pessoa jurídica, estabelecendo seu término em razão de suas atividades nocivas, ilícitas ou imorais, mediante denúncia popular ou do órgão do Ministério Público. Realmente, o Decreto-lei n. 9.085/46 dispõe sobre a dissolução de sociedades perniciosas, e a Lei n. 7.170/83, que revogou, em seu art. 35, a Lei n. 6.620/78, passando a dispor sobre os crimes contra a segurança nacional e a ordem política e social, reprime certos tipos de pessoa jurídica com finalidade combativa e a constituição de sociedade ou associação nociva à segurança do Estado e da coletividade, à ordem pública, à moral e aos bons costumes (Lei n. 7.170/83, arts. 16 e 25).

Logo, a sociedade poderá ser dissolvida judicialmente, a requerimento de sócio (CC, art. 1.034, I e II), por ação direta, ou mediante denúncia de qualquer do povo ou do órgão do Ministério Público (CC, art. 1.037; Dec.-Lei n. 9.085/46; Dec.-Lei n. 8/66)[89].

Na dissolução, operada por lei, por ordem judicial, ou por deliberação dos sócios, há rompimento da *affectio societatis*, mas a pessoa jurídica sobrevive para atender às necessidades da liquidação do ativo e passivo social e à partilha do saldo positivo de ativos ou do remanescente entre os sócios, na devida proporção. Percebe-se que a extinção da pessoa jurídica não se opera de modo instantâneo. Qualquer que seja o seu fator extintivo (convencional, legal, judicial ou natural), tem-se o fim da entidade; porém se houver bens de seu patrimônio e dívidas a resgatar, ela continuará em fase de liquidação (CC, arts. 1.036 a 1.038), durante a qual subsiste para a realização do ativo e pagamento de débitos, cessando, de uma vez, quando se der ao acervo econômico o destino próprio (CC, art. 51).

A liquidação visa a obtenção do resultado líquido do patrimônio social. Com a liquidação realizar-se-á o ativo e pagar-se-á o passivo. A liquidação deverá ser, em regra, no valor da quota com base na situação patrimonial da sociedade à data da dissolução, verificada em balanço especial. Se houver rescisão da sociedade em relação apenas a um dos sócios por morte, retirada ou exclusão, estabelecer-se-á a forma de liquidação de sua quota, se a sociedade não se dissolver. Percebe-se daí que a dissolução da sociedade não aniquila, de imediato, os efeitos da sociedade.

Com a dissolução da sociedade ainda que *pleno iure*, surge a *liquidação*, que se destina a apurar o patrimônio social, tanto no seu ativo como no passivo, protraindo-se até que o saldo líquido seja dividido entre os sócios. Com o término de uma sociedade, o remanescente de seu patrimônio social deverá ser partilhado entre os sócios ou seus herdeiros. Para tanto, o sócio, em caso de dissolução de pleno direito da sociedade, deve, desde logo, requerer a liquidação judicial (CC, arts. 1.036, parágrafo único, 1.111 e 1.112), ou os encarregados da administração social deverão providenciar imediatamente a investidura de pessoa idônea como liquidante da sociedade (CC, art. 1.038, §§ 1º e 2º), restringindo sua gestão tão somente aos negócios inadiáveis cujo término evitaria prejuízo à sociedade ou por estarem em fase final, não mais podendo assumir obrigações sociais nem realizar

---

89. M. Helena Diniz, *Curso*, cit., v. 3, p. 314-6; W. Barros Monteiro, *Curso*, cit., p. 317; Modesto Carvalhosa, Quotas do sócio falecido, *Revista IASP*, *11*:240-5.

A empresa em débito salarial com seus empregados não pode ser dissolvida (Dec.-Lei n. 368/68, art. 1º, III).

novas operações, sob pena de responderem por elas solidária e ilimitadamente (CC, art. 1.036).

A liquidação, tornando líquido o patrimônio social, reduzindo a dinheiro os haveres sociais, possibilitará não só que se concluam os negócios pendentes, mas também que se paguem os débitos, partilhando-se, se houver, o remanescente entre os sócios.

Durante a liquidação, portanto, a sociedade sobrevive, só desaparecendo com a partilha dos bens sociais. Percebe-se que a dissolução da sociedade não aniquila, de imediato, os efeitos da sociedade; haverá responsabilidade social para com terceiros pelos débitos contraídos (*RTJ*, *85*:945; *JTACRS*, *35*:287).

Se uma sociedade simples vier a dissolver-se por força da cassação da autorização para o seu funcionamento (CC, art. 1.033, V), o Ministério Público, assim que for comunicado do fato pela autoridade competente, responsável pela concessão da autorização, mediante denúncia, deverá promover a sua liquidação judicial (*RTJ*, *124*:740), se os seus administradores, dentro do prazo de trinta dias, contado da perda daquela autorização, ou seu sócio, desde logo, não requereram aquela liquidação (CC, art. 1.037). Importante é a atuação do órgão do Ministério Público na liquidação para assegurar direitos dos sócios e de terceiros.

Se, porventura, o órgão do Ministério Público não vier a promovê-la, nos quinze dias seguintes ao recebimento daquela comunicação, a autoridade competente para conceder a autorização e para fiscalizar a sociedade, que dela depende, deverá nomear interventor, pessoa idônea com poderes para requerer a liquidação judicial e administrar a sociedade dissolvida até a nomeação de um liquidante pelo juízo competente (CC, art. 1.037, parágrafo único).

É imprescindível a nomeação de liquidante que, se não estiver designado no contrato social, será eleito por deliberação dos sócios, podendo a escolha recair em pessoa alheia à sociedade (CC, art. 1.103).

O liquidante da sociedade dissolvida é a pessoa designada no contrato social, ou aquela que, não havendo indicação no contrato social, é escolhida por deliberação dos sócios. Essa escolha poderá recair em pessoa alheia (*RT*, *474*:215), ou não, à sociedade (CC, art. 1.038). O liquidante nomeado é o encarregado de proceder à liquidação da sociedade, praticando todos os atos que forem necessários (CC, arts. 1.103 a 1.105), além de levantar o ativo e quantificar o passivo, averiguando o rol dos credores da sociedade.

O liquidante nomeado poderá, a qualquer tempo, ser destituído, desde que: *a*) ocorra deliberação majoritária dos sócios que o elegeram, visto que a sua relação com o liquidante baseia-se na fidúcia; o rompimento desta motiva tal destituição; ou *b*) haja requerimento judicial de um ou mais sócios, mediante comprovação de justa causa que tenha motivado tal destituição.

Com a dissolução da sociedade e a nomeação do seu liquidante, seguir-se-á a sua liquidação, de conformidade com o disposto nos arts. 1.102 a 1.112 do Código Civil[90].

Com a liquidação da sociedade e efetivação da partilha, dever-se-á promover o arquivamento do seu registro.

Em suma, a existência das pessoas jurídicas de direito privado finda pela sua *dissolução* (CC, arts. 1.033, 1.044 e 1.087 — ato declaratório motivado por causas supervenientes à constituição da sociedade, oriundo de imposição legal, de deliberação dos sócios, do Poder Judiciário ou de autoridade administrativa, com o escopo de cessar as atividades voltadas à consecução do objetivo social), devidamente averbada no registro onde a pessoa jurídica estiver inscrita (CC, art. 51, § 1º) para que se dê a devida publicidade ao ato, resguardando-se interesses da entidade e de terceiros, e *liquidação*, que visa a desativação operacional da sociedade e a apuração do ativo e passivo social, para ulterior pagamento das dívidas sociais e partilha do patrimônio remanescente entre os sócios (CC, arts. 1.102 a 1.112 e 2.035).

Encerrada a liquidação, promover-se-á o cancelamento da inscrição da pessoa jurídica (CC, art. 51, § 3º). A extinção da pessoa jurídica, decorrente do encerramento da liquidação (CC, art. 1.109), como diz Modesto Carvalhosa, não importa somente no desaparecimento do vínculo societário, mas também no cumprimento dos contratos e das relações jurídicas com terceiros e na sucessão da responsabilidade para os antigos sócios (CC, art. 1.110). Com o cancelamento do registro, produzirá efeitos *ex nunc*, mantendo-se os atos negociais por ela praticados até o instante de seu desaparecimento, respeitando-se direitos de terceiro.

c.6. Sociedade cooperativa: novo regime jurídico

c.6.1. Natureza jurídica, conceito, objeto social, tipos e disciplina normativa

Na cooperativa há união de pessoas naturais e, excepcionalmente, jurídicas (p. ex. empresa de pesca, de produção rural ou extrativista, teleco-

---

90. Sobre *liquidação*: Rocco, Sulla liquidazione della società commerciale, *Studi di diritto commerciale*, Roma, 1933, v. 1, p. 201; M. Helena Diniz, *Tratado*, cit., v. 4, p. 141 e 142; *Código*, cit., p. 818-20; Silvio Rodrigues, Contrato de sociedade, in *Enciclopédia Saraiva do Direito*, cit., p. 522; Fábio Ulhoa Coelho, *Manual*, cit., p. 159 e 160; Rubens Requião, *Curso*, cit., v. 2, p. 287-318.

municações etc.) para obtenção de um objetivo comum, não lucrativo, mediante solidariedade e ajuda mútua, consistente, como diz João Batista Brito Pereira, na busca do atendimento das necessidades reais dos cooperados, permeado por um ideal ético, tendo por base valores como responsabilidade, democracia, igualdade, equidade e solidariedade, procurando melhorar a situação socioeconômica de cada um deles. Daí ser *intuitu personae* ante a preponderância da qualidade individual dos sócios. Eis por que o fundo ético do cooperativismo, nas palavras de Walmor Franke, funda-se no lema *um por todos, todos por um*, peculiar do princípio da solidariedade, que rege a atividade dos cooperados.

A cooperação entre os sócios é primordial, por isso urge, no contrato social, especificar bem o ato cooperativo, uma vez que não se almeja o lucro, mediante operações com terceiros, mas a utilização de serviços que a sociedade cooperativa pode prestar, aos seus associados, como diz Walmor Franke, para melhorar seu *status* econômico, no exercício de sua atividade-fim. Eis a razão da seguinte afirmação de Carvalho de Mendonça: "As sociedades cooperativas não visam promover lucros para distribuí-los em dinheiro de contado entre os sócios; propõem-se, sim, a adquirir mercadorias, produtos e víveres para o fim de revender-lhes o mais barato possível, a fornecer-lhes crédito com melhores e mais justas vantagens do que os estabelecimentos bancários, a proporcionar-lhes a aquisição de habitações mais cômodas, mais higiênicas e mais baratas do que as que podiam obter de empresas construtoras. Elas assim o fazem com o escopo de procurar ou criar em favor dos sócios as condições técnicas do mínimo de custo. Ora, tudo isso representa também um lucro, nem outro alvo têm os sócios. Além disso, podem elas ainda especular, auferindo lucros pecuniários fora do círculo dos sócios, em cuja vantagem direta se inspiram". Visa, como ensina José S. Vidal, a cooperativa a satisfação de interesses comuns dos cooperados, mediante ajuda mútua e a criação de um patrimônio irrepartível que garanta a manutenção da sociedade. Não tem objetivo especulativo apesar de a lucratividade não se incompatibilizar com sua natureza jurídica, visto que o lucro pode advir de sua boa administração.

Diante da incerteza quanto à natureza jurídica da cooperativa, que é nebulosa, o novo Código Civil considera-as como *sociedades simples* e não como associações[91] (CC, arts. 982, parágrafo único, 1.093 a 1.096), dando

---

91. A associação (*Verein*) é um contrato pelo qual certo número de pessoas, ao se congregar, coloca, em comum, serviços, atividades, conhecimentos, em prol de um mesmo ideal, objetivando a consecução de determinado fim não econômico (*Idealverein*) ou econômi-

origem a um novo regime para as cooperativas, que devem ser assentadas no Registro Civil das Pessoas Jurídicas.

As cooperativas distinguem-se segundo o Código Civil, art. 1.094, n. I a VIII, das demais sociedades pelas seguintes características[92]:

— variabilidade, ou possibilidade de dispensa do capital social;

— concurso de sócios em número mínimo necessário a compor a administração da sociedade, sem limitação de número máximo;

— limitação do valor da soma de quotas do capital social que cada sócio poderá tomar;

— intransferibilidade das quotas do capital a terceiros estranhos à sociedade, ainda que por herança;

— *quorum*, para a assembleia geral funcionar e deliberar, fundado no número de sócios presentes à reunião, e não no capital social representado;

— direito de cada sócio a um só voto nas deliberações, tenha ou não capital a sociedade, e qualquer que seja o valor de sua participação;

— distribuição dos resultados, proporcionalmente ao valor das operações efetuadas pelo sócio com a sociedade, podendo ser atribuído juro fixo ao capital realizado;

— indivisibilidade do fundo de reserva entre os sócios, ainda que em caso de dissolução da sociedade.

As *cooperativas* (CF/88, arts. 5º, XVIII, e 187, VI) são associações sob a forma de sociedades simples de pessoas e não de capital, com fins não eco nômicos, constituídas *intuitu personae*, tanto no que se refere ao capital como no tocante aos direitos e deveres dos sócios. São sociedades *sui generis* por serem uma "simbiose" de associação e sociedade simples. Constituem so-

---

co (*wirtschafiliche Verein*), com ou sem capital e sem intuitos lucrativos. Poderá ter finalidade: *a*) *altruística* (associação beneficente); *b*) *egoística* (associação literária, esportiva ou recreativa); e c) *econômica não lucrativa* (associação de socorro mútuo) (CC, arts. 53 e 44, § 2º). A associação não pode ter proveito econômico imediato, mas nada obsta a que preste algum serviço remunerado ou a que aufira rendimento para a consecução de seus objetivos. Consulte: João Batista B. Pereira, Da sociedade cooperativa, *O novo Código Civil — estudos em homenagem ao Prof. Miguel Reale*, São Paulo, LTr, 2003, p. 905-30.

92. Mariangela Monezi, Sociedade cooperativa e o novo Código Civil, *CDT Boletim*, *29*:120 e 121.

Vide Instrução Normativa n. 101/2006 do DNRC, ora revogada pela Instrução Normativa do DREI n. 10/2013; Circular SUSEP n. 367/2008 sobre procedimentos de registro de sociedades cooperativas de corretores de seguros.

ciedades não empresárias (Lei n. 5.764/71, arts. 3º e 4º) de capital variável que prestam serviços aos associados sem objetivo de lucro; não há um processo acumulativo de investimentos societários. Não se dirigem ao mercado, mas sim aos próprios cooperados.

As cooperativas (*eingetragenen Genossenschaften*) são associações sob forma de sociedade simples, com número aberto de membros, que têm por escopo estimular a poupança, a aquisição de bens e a economia de seus sócios, mediante atividade econômica comum.

A cooperativa é, portanto, uma modalidade especial de sociedade simples (CC, art. 982, parágrafo único, *in fine*) sujeita a inscrição na Junta Comercial (Enunciado n. 69, aprovado na I Jornada de Direito Civil promovida em 2002 pelo Conselho de Justiça Federal), ou melhor, no Registro de Empresa do Estado, em que estiver sediada. Constitui uma exceção ao art. 1.150 do Código Civil (Lei n. 5.764/71, art. 18, §§ 6º a 8º, que prevalece conforme dispõem os arts. 1.093 e 1.096 do Código Civil; Lei n. 10.672/2003). "A natureza de sociedade simples da cooperativa, por força legal, não a impede de ser sócia de qualquer tipo societário, tampouco de praticar ato de empresa" (Enunciado n. 207 do Conselho de Justiça Federal, aprovado na III Jornada de Direito Civil). É uma sociedade de pessoas que apresenta forma especial de organização autônoma de atividade econômica, fundada no mutualismo, tendo por finalidade a produção agrícola ou industrial, ou a circulação ou troca de bens e serviços de proveito comum, voltada ao atendimento de seus sócios sem intuito lucrativo (Lei n. 5.764/71, art. 3º). Nela procura-se, como diz Rachel Sztajn, a obtenção de um "benefício econômico direto para os sócios, resultante da redução de custo de serviços prestados pela cooperativa". Daí o princípio da *dupla qualidade* de cada *cooperado*, que é, concomitantemente, *sócio e cliente* (utente ou usuário) da cooperativa, como diz, com propriedade, Modesto Carvalhosa. Há uma relação jurídica entre cooperativa e sócios-utentes (sócios-usuários), oriunda de atos cooperativos, de natureza estatutária. Poderá ser constituída até mesmo sem capital e apenas com serviços, não tendo objetivo de lucro. Seu *objeto social* é a viabilização da atividade socioeconômica dos cooperados, por estar voltada ao atendimento deles, garantindo-lhes a fruição das vantagens do empreendimento comum.

Tem um fim específico e procura obter economia de escala, que torna possível, como diz Fernando Rios do Nascimento, "enfrentar as pesadas concentrações existentes no mercado". Eis por que Carvalho de Mendonça assinala que a cooperativa tende a melhorar as condições de pequenos capitalistas e operários, libertando-os da dependência das grandes indústrias por meio da união das suas forças econômicas; suprimindo intermediações de terceiros;

realizando operações e serviços por meio dos sócios; diminuindo despesas; distribuindo lucros entre os próprios sócios e despertando neles o hábito da economia. Com isso os cooperados teriam condições melhores para exercer seus negócios. Do ponto de vista econômico, observa Walmor Franke, "a cooperativa é uma organização 'empresarial' de caráter auxiliar, por cujo intermédio uma coletividade de produtores ou consumidores promove, em comum, a defesa (melhoria ou incremento) de suas economias individuais".

A sociedade cooperativa poderá constituir-se por deliberação da assembleia geral dos fundadores, por instrumento particular, por escritura pública, pressupondo um número mínimo de vinte associados. O ato constitutivo é um contrato de sociedade, que se aperfeiçoará com a autorização de funcionamento pelo órgão público competente (art. 17). A cooperativa é constituída, portanto, por meio de uma assembleia geral dos associados mediante a aprovação do estatuto social. Nesse mesmo ato são subscritas e integralizadas as quotas-partes do capital social e eleitos os membros dos órgãos da administração e fiscalização. Tais atos deverão ser arquivados no registro competente.

Trata-se de uma sociedade simples *sui generis*, com autonomia organizacional (CF, art. 5º, XVII), independente de autorização estatal, sujeita a normas que fixam ditames gerais, estimulando o cooperativismo, acatando o disposto no art. 174, § 2º, da Carta Magna.

Reger-se-á pelos arts. 1.094 a 1.096 e por lei especial (Lei n. 5.764/71, com alterações da Lei n. 7.231/84, da LC n. 130/2009; da Lei n. 13.806/2019 e da Lei n. 14.030/2020; CC, art. 1.093). E nos casos em que for omissa a lei especial alusiva à sociedade cooperativa, a eles aplicar-se-ão os arts. 997 a 1.083 do Código Civil, atendendo-se os caracteres peculiares da cooperativa arrolados no art. 1.094 do Código Civil (CC, art. 1.096).

As cooperativas regem-se pelo *princípio da adesão livre*, ou das *portas abertas*, por serem abertas a quaisquer pessoas que queiram usar seus serviços e assumir responsabilidades como sócias (Lei n. 5.764, art. 4º, I), por permitirem ingresso de número ilimitado de novos sócios e pelo fato de seus associados terem liberdade de ingresso ou saída, exceto as exigências estatutárias, e independerem de autorização para sua criação, sendo vedada qualquer interferência estatal no seu funcionamento (CF/88, art. 5º, XVIII), salvo se for cooperativa de crédito, pois, pela Constituição Federal, art. 192, lei complementar disporá sobre seu funcionamento, regulando-a, impondo requisitos para que possa ter condições de operacionalidade e estruturação próprias das instituições financeiras. Deveras, reza tal dispositivo, com a alteração da EC n. 40/2003: "O sistema financeiro nacional, estruturado de forma a promover o desenvolvimento equilibrado do País e a servir aos interesses da coletividade, em todas as partes que o compõem, abrangendo as cooperativas de crédito, será regulado por leis complementares que disporão, inclusive, sobre a participação do capital estrangeiro nas instituições que o integram".

Constituem, como já dissemos, uma forma de organização de atividade econômica sem pretensão lucrativa, tendo por finalidade a produção (CF, art. 187, VI) agrícola ou industrial ou a circulação e troca de bens ou de serviços. São organizadas como empresa, tendo cunho econômico, mas sem fins lucrativos; logo, seu objeto poderá compreender atividade empresária (circulação de bens, indústria, fornecimento de crédito). É uma estrutura de prestação de serviços, voltada ao atendimento de seus associados, possibilitando o exercício de uma atividade econômica comum, sem objetivar lucros. Nela o intuito lucrativo, característica de sociedade empresária, é substituído pelo *proveito comum*, obtido pela ajuda mútua ou conjugação de esforços dos cooperados, com o objetivo de melhorar sua própria situação econômica. Conjugando os arts. 981, 983, 997, 1.006, 1.007 e 1.094, o Enunciado n. 206 do Conselho de Justiça Federal, aprovado na III Jornada de Direito Civil, entendeu que "a contribuição do sócio exclusivamente em prestação de serviços é permitida nas sociedades cooperativas (art. 1.094, I) e nas sociedades simples propriamente ditas (art. 983, 2ª parte)". Pode ter por objeto qualquer serviço, operação ou atividade.

Visam a autodefesa dos produtores de remédios, de gêneros alimentícios, de livros escolares etc., que põem em comum capital e trabalho, evitando a intermediação de terceiros, alheios ao processo produtivo, eliminando o lucro do intermediário. Consequentemente, vendem as mercadorias por preços módicos apenas a seus associados ou lhes conseguem fundos sem intuitos lucrativos, repartindo, no final das atividades exercidas, as bonificações proporcionais às compras ou operações feitas por cada membro. Realizam, portanto, operações com seus próprios sócios, que são seus fregueses, e para quem os resultados são distribuídos, constituindo um reembolso daquilo que, naquelas operações, compete a cada um, sempre atendendo aos deveres assumidos no contrato social.

São regidas pelo *princípio da mutualidade*, pois suas decisões não obedecem à força do capital investido por cada um dos cooperadores, mas subjetivamente ao valor da pessoa natural ou jurídica que as compõe, pouco importando o *quantum* de sua contribuição material (bens fungíveis ou infungíveis) nos negócios comuns. O princípio da mutualidade requer a conjugação paritária de esforços entre os associados para, por meio da entidade e graças a ela, obter resultados comuns, eliminando intermediários na circulação da riqueza. Entre os cooperados haverá portanto uma comunidade unitária de capital e de interesses. Os cooperados (ou cooperativados) participam, como pondera Quintans, das decisões sobre o funcionamento da sociedade cooperativa; contribuem, individualmente, para o INSS; destinam, havendo decisão assemblear, parte das receitas para constituir fundos que substituam benefícios diretos e indiretos; recebem resultados de sua participação e podem fazer uso de fundos de assistência.

As cooperativas poderão ser *singulares*, constituídas no mínimo por vinte pessoas naturais (excepcionalmente por pessoa jurídica) e voltadas à prestação de serviços aos sócios ou cooperados, *mistas* (se tiverem mais de uma finalidade ou atividade — Lei n. 5.764/71, art. 10, § 2º), e, ainda, poderão formar cooperativas *centrais* ou *federações de cooperativas*, formadas com pelo menos três cooperativas singulares, tendo por escopo prestar serviços a elas e defender interesses comuns dos sócios (Lei n. 5.764/71, arts. 6º, II, e 7º), ou ainda *confederações de cooperativas*, que se compõem de no mínimo três federações (Lei n. 5.764/71, arts. 6º, III, e 9º), e visam a coordenação de atividades das filiadas (cooperativas singulares e federações), como ensina Amador Paes de Almeida.

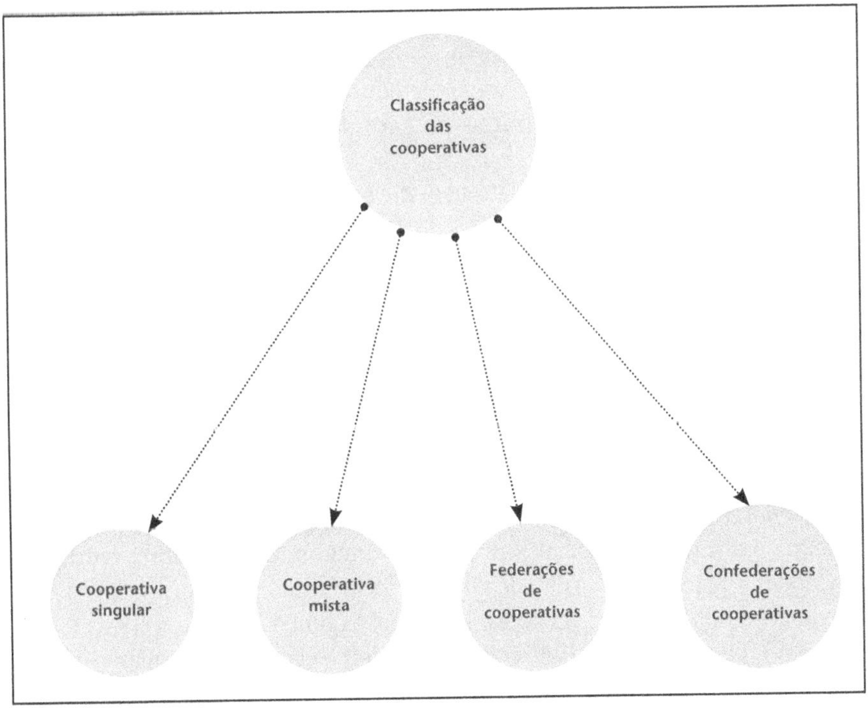

A cooperativa poderá assumir diversos aspectos: cooperativa de produção agrícola (exercício coletivo do trabalho agrário, de cultura ou criação); de produção industrial (manipulação de produtos agrícolas, extrativos, transformando-os em novos produtos); de trabalho (visando a melhorar salários e condições de trabalho — *vide* art. 4º, § 1º, da Lei n. 10.666/2003, com a redação da Lei n. 11.933/2009; Lei n. 12.690/2012); de beneficiamento de produtos (transformação industrial de produtos agrários); de compras em comum (abastecimento de sítios ou de fazendas, de animais, plantas e sementes etc.); de venda em comum (venda nos mercados dos produtos produzidos pelos associados); de consumo (distribuição, aos próprios associados, de gêneros e víveres, por preços módicos); de abastecimento (fornecimento de produtos às cooperativas de consumo e prover pequenos mercados); de crédito (crédito e financiamento aos próprios associados, mediante módicas taxas de juros — Circulares BACEN n. 3.226/2004 e 3.771/2015; Resoluções BACEN n. 3.346/2006 (ora revogada pela Resolução BACEN n. 4.406/2015); 3.859/2010 (ora revogada pela Resolução BACEN n. 4.434/2015), 3.547/2012 (ora revogada pela Resolução BACEN n. 3.641/2008), 4.194/2013 e 4.434/2015; Lei n. 8.213/91, art. 11, § 8º, VI, com a redação da Lei n. 13.183/2015; LC n. 123/2006, art. 3º, § 5º, com a redação da LC n. 128/2008; LC n. 130/2009; Súmula 262 do STJ; IN da SRF n. 333); de seguros (mutualidade exclusivamente com os sócios); de construção de casas populares (edificação para revenda aos associados); de editoras; de cultura intelectual (formação de bibliotecas, organização de exposições ou simpósios, edição de obras literárias etc.); de livros; escolar (com finalidade de inculcar nos estudantes a ideia de cooperativismo); de eletrificação rural (Decreto n. 4.855/2003, art. 2º, com a redação do Decreto n. 5.970/2006; Decreto n. 6.160/2007, que regulamenta os §§ 1º e 2º do art. 23 da Lei n. 9.074/95); de mineração (lavra, pesquisa, extração ou garimpo de minérios); de médicos (prestação de serviço de medicina aos vinculados a plano de saúde) etc.

Temos também *cooperativas sociais* (subtipo especial de cooperativa) constituídas com a finalidade de inserir pessoas em desvantagem no mercado econômico (como p. ex. os portadores de cuidados especiais, egressos de hospital psiquiátricos ou de prisão; dependentes químicos etc.), por meio de trabalho, fundamentando-se no interesse geral da comunidade em promover a pessoa humana e a integração social dos cidadãos, incluindo, para tanto, entre suas atividades, organização, gestão de serviços sociossanitários-educativos e desenvolvimento de atividades agrícolas, industriais, comerciais e de serviços (Lei n. 9.867/99). Os empresários (individuais ou coletivos) deverão auxiliar essas pessoas a formar uma cooperativa para prestar serviço aos próprios empresários.

Como se vê, as cooperativas buscam uma cooperação para a obtenção de um fim econômico e não a interposição lucrativa das sociedades. Todavia, há quem nelas vislumbre, como Verrucoli[93], um misto de sociedade e associação, por haver atribuição de voto a cada sócio, que é relevante ao fenômeno associativo ante o princípio da mutualidade, enquanto outros as entendem como uma sociedade onde se tem união autônoma organizada corporativamente para intercâmbios associativos, o que vem confirmado na seguinte lição de Paulik: *"ist sie keine Gesellschaft im Sinne einer Gesamthandgemeinschaft, sondern ein Körperschaftlich organisierter und von Mitgliederwechsel unabhängiger Verein"*[94].

---

93. Verrucoli, Cooperative, in *Enciclopédia del diritto*, 1962, v. 10, p. 562 e 563.

94. Sobre sociedade cooperativa: Rubens Requião, *Curso*, cit., v. 1, p. 422-31; Paulik, *Das Recht der eingetragen Genossenschaft*, Karlsruhe, 1956, p. 50; Mariangela Monezi, Sociedade cooperativa e o novo Código Civil, *CDT Boletim, 29*:120 e 121; Poitevin, *La coopération agricole*. Paris, Dalloz, 1971; Bakken e Shaars, *The economics of cooperative marketing*, New York, 1937; Roberto S. Lisboa, Cooperativas habitacionais e a proteção aos direitos do adquirente de bens imóveis em construção, *Revista da Academia Paulista de Direito, 4*:205-32; Waldirio Bulgarelli, *Regime jurídico das sociedades cooperativas*, São Paulo, 1965, p. 102; *As sociedades cooperativas e sua disciplina jurídica*, Rio de Janeiro, Renovar, 1998; Ricardo Fiuza, *Novo Código Civil*, cit., p. 983-6; Fabrício Z. Matiello, *Código Civil*, cit., p. 682-5; Fernando R. do Nascimento, *Cooperativismo como alternativa de mudança: uma abordagem normativa*, Rio de Janeiro, Forense, 2000, p. 55; Rui Namorado, *Introdução ao direito cooperativo*, 2000; Galgano, *La società per azioni; le altre società di capitali; le cooperative*, Bolonha, 1974; Adaucto Fernandes, *O contrato no direito brasileiro*, 1945, v. 3, p. 553-9; Benedito Calheiros Bonfim, Cooperativas e terceirização, *Jornal Síntese, 94*:3; M. Helena Diniz, *Tratado*, cit., v. 1, p. 174-7; 132-4; *Código*, cit., p. 866; Adrianna de A. Setubal Santos, *Comentários*, cit., p. 843-6; Renato Lopes Becho, *Elementos de direito cooperativo*, São Paulo, Dialética, 2002, p. 22 e 34; *Problemas atuais do direito cooperativo*, Dialética, 2003; Heleno Taveira Torres, As sociedades cooperativas no novo Código Civil e suas implicações com o direito tributário, in *Direito tributário e o novo Código Civil* (coord. Betina T. Grupenmacher), São Paulo, Quartier Latin, 2004, p. 81-122; J. Motta Maia, Sociedade cooperativa, in *Enciclopédia Saraiva do Direito*, v. 70, p. 42; Rachel Sztajn, *Contrato de sociedade e formas societárias*, São Paulo, Saraiva, 1989, p. 104; Carvalho de Mendonça, *Tratado de direito comercial brasileiro*, cit., v. 4, n. 1.442; José Senent Vidal, El concepto de interés social en la cooperativa, *Revista de Derecho Mercantil*, Madrid, 2002, n. 244, p. 712, 715 e 716; Pontes de Miranda, *Tratado de direito privado*, v. 49, p. 511; Tullio Ascarelli, *Problemi giuridici*, Milano, 1959, t. 2, p. 362; Oppo, L'essenza della società cooperativa e gli studi recenti, *Rivista di Diritto Civile*, 1959, ano 5, parte 1, p. 409, nota 114; Walmor Franke, *Direito das sociedades cooperativas*, São Paulo, 1973, p. 73; Miguel Reale, *Questões de direito*, São Paulo, Sugestões Literárias, 1981, p. 259-66; Francisco Alves e Imaculada Milani, *Sociedades cooperativas*, São Paulo, Juarez de Oliveira, 2003; Paolucci, *La mutualità nelle cooperative*, Milano, 1974, p. 5, nota 11; Jalber Lira Buonnafina, Fundamentos legais sobre a mudança de competência para registro das cooperativas no RCPJ, *CDT Boletim, 16*:67; Modesto Carvalhosa, *Comentários ao Código Civil*, São Paulo, Saraiva, 2003, v. 13, p. 398-417; Wilson A. Polonio, *Manual das sociedades cooperativas*, São Paulo, Atlas, 2001; Maria Paula Dallari Bucci, *cooperativas de habitação no direito brasileiro*, São Paulo, Saraiva,

2003; Luiz Cesar P. Quintans, *Direito da empresa*, cit., p. 111 e 112; Nilson Reis Júnior, Sociedades cooperativas — linhas gerais e aspectos societários, *Direito de empresa no novo Código Civil*, cit., p. 369-90; Roque A. Carrazza. A tributação das cooperativas no Brasil — não incidência de IRPJ, CSLL, PIS e COFINS sobre os valores recebidos dos associados em ressarcimento às despesas inerentes à prática de atos cooperativos típicos — questões conexas, *Revista da Academia Paulista de Direito*, *3*:151-216; CF, arts. 5º, XVIII, 146, III, *c*, 174, § 2º, e 187, VI; TRF, Súmula 264; Portaria n. 925/95 do Ministério do Trabalho; Lei n. 8.630/93 (ora revogada pela Lei n. 12.815/2013), art. 17, sobre cooperativa de trabalho portuário; Lei n. 8.427/1992 (com as alterações da Lei n. 13.986/2020), trata da subvenção econômica a produtores rurais e a cooperativas agropecuárias; Decreto n. 2.936/99, sobre contratação de operações de crédito sob o amparo do Programa de Revitalização de Cooperativas de Produção Agropecuária (RECOOP); Carta-Circular n. 3.154, de 17 de dezembro de 2004 (ora revogada pela Circular n. 3.718/2014, do BACEN), divulga esclarecimentos acerca da remessa de informações ao Banco Central pelas cooperativas de crédito de pequenos empresários, microempresários ou microempreendedores e de livre admissão de associados relativas à aplicação de depósitos à vista em operações de microfinanças e sobre a liberação dos recursos recolhidos por conta de deficiência de aplicação; Circular n. 3.226, de 18 de fevereiro de 2004, do BACEN, que dispõe sobre a prestação de serviços por parte de bancos múltiplos, bancos comerciais e Caixa Econômica Federal a cooperativas de crédito, referentes à compensação de cheques e acesso a sistemas de liquidação de pagamentos e transferências interbancárias; Resolução n. 3.183/2004, do BACEN (ora revogada pela Resolução n. 3.207/2004), sobre Programa de Desenvolvimento Cooperativo para Agregação de Valor à Produção Agropecuária; Resoluções BACEN n. 2.771/2001 (ora revogada pela Resolução n. 3.106/2003, do BACEN), sobre constituição e funcionamento de cooperativas de crédito, n. 3.077/2003 (ora revogada pela Resolução n. 3.207/2004), sobre prazos no âmbito do Programa de Revitalização de Cooperativas de Produção Agropecuária, n. 3.106/2003 (ora revogada pela Resolução n. 3.321/2005), que dispõe sobre os requisitos e procedimentos para a constituição, a autorização para funcionamento e alterações estatutárias, bem como para o cancelamento da autorização para funcionamento de cooperativas de crédito; Circular BACEN n. 3.196/2003, sobre cálculo do patrimônio líquido exigido das cooperativas de crédito e dos bancos cooperativos; Resolução n. 3.321, de 30 de setembro de 2005 (ora revogada pela Resolução n. 3.442/2007), do BACEN, dispõe sobre a constituição, a autorização para funcionamento, o funcionamento, alterações estatutárias e o cancelamento de autorização de cooperativa de crédito e sobre a realização de auditoria externa em cooperativa singular de crédito; Resolução n. 3.348, de 8 de fevereiro de 2006, do BACEN (ora revogada pela Resolução n. 3.388/2006), que institui e regulamenta o Procapcred, programa destinado ao fortalecimento da estrutura patrimonial das cooperativas singulares de crédito, por meio de financiamentos concedidos a associados para aquisição de cotas-partes de capital; Lei n. 10.676/2003, sobre contribuição para PIS/PASEP e COFINS pelas sociedades cooperativas; Lei n. 8.212/91, art. 30, III, com redação da Lei n. 11.933/2009, sobre recolhimento de contribuição do art. 25 da Lei n. 8.212/91; Decreto n. 4.855, de 10 de outubro de 2003, que acrescenta parágrafo ao art. 1º do Decreto n. 4.562, de 31 de dezembro de 2002 (o qual foi revogado pelo Decreto n. 8.272/2014), e estabelece prazo para o enquadramento jurídico das cooperativas de eletrificação rural. Pela Lei n. 9.867/99, há cooperativas sociais para integrar pessoas em desvantagem, como deficientes, egressos etc.; Lei n. 10.666/2003, que dispõe sobre a concessão da aposentadoria especial ao cooperado de cooperativa de trabalho ou de produção. A Lei n. 11.101/2005 (art. 2º, II) não se aplica à cooperativa de crédito. Resolução Normativa n. 205, de 22 de dezembro de 2005, da ANEEL, que estabelece os procedimentos e as condições gerais para o enquadramento de cooperativas de eletrificação

Seus órgãos administrativos são: *a*) diretoria, ou conselho de administração, composta exclusivamente de três sócios, eleitos em assembleia geral, com mandato nunca superior a quatro anos; *b*) conselho fiscal composto por três membros efetivos e igual número de suplentes, escolhidos em assembleia geral dentre os sócios, que não sejam diretores, com mandato de um ano, proibida a reeleição para o próximo período; e *c*) assembleia geral (órgão supremo) cujo *quorum* de instalação (Lei n. 5.764, art. 40) será: dois terços do número dos associados, em primeira convocação; metade mais um dos sócios em segunda convocação; mínimo de dez associados, na terceira convocação, salvo no caso de cooperativas centrais ou federações e confederações de cooperativas que se instalarão com qualquer número. A assembleia (ordinária ou extraordinária) tem seus poderes indicados na lei ou no estatuto e decide sobre negócios, questões voltadas ao desenvolvimento e defesa da cooperativa.

Extinguir-se-á a cooperativa pela sua dissolução voluntária, decidida pelos associados, ou judicial, promovida por credores ou cooperados da sociedade seguida da liquidação que apurará o ativo e o passivo.

---

rural como permissionária de serviço público de distribuição de energia elétrica, bem como para operação de instalações de distribuição de energia elétrica de uso privativo, em área rural, aprova o modelo de Contrato de Permissão; Resolução n. 12/2002 da ANEEL, que estabelece condições gerais para a regularização de cooperativas de eletrificação rural, nos termos do art. 23 da Lei n. 9.074/95. A Súmula 262 do STJ prescreve: "Incide o imposto de renda sobre o resultado das aplicações financeiras realizadas pelas cooperativas". *Vide RSTJ*, *107*:285; RT, *844*:194, *832*:184, *771*:238, *711*:167. Ives Gandra da S. Martins Filho (Sociedades empresárias, in *O novo Código Civil — estudos em homenagem ao Prof. Miguel Reale* (coord. Franciulli Neto, Ferreira Mendes, Ives Gandra da S. Martins Filho), São Paulo, LTr, 2003, p. 860) observa que os dispositivos relativos à sociedade de capital e indústria, não contemplada no novel Código Civil, "foram incluídos nos alusivos às sociedades cooperativas, tendo em vista ser o modelo atual que mais se aproxima da extinta modalidade, pois admite sócios que não participem com capital (CC, art. 1.094, I)".

Vide: art. 24 da Lei n. 5.764, de 16 de dezembro de 1971, passa a vigorar acrescido do seguinte § 4º (alterada pela Lei n. 13.097/2015): "Art. 24. ....

§ 4º As quotas de que trata o *caput* deixam de integrar o patrimônio líquido da cooperativa quando se tornar exigível, na forma prevista no estatuto social e na legislação vigente, a restituição do capital integralizado pelo associado, em razão do seu desligamento, por demissão, exclusão ou eliminação."

O art. 42, § 3º, da Lei n. 8.934/94, com a alteração da MP n. 876/2019, não se aplica às sociedades cooperativas (art. 42, § 4º).

Vide art. 43-A e § único da Lei n. 5.764/71 (acrescido pela Lei n. 14.030/2020) que permite assembleia realizada de forma digital e voto à distância desde que se respeite direito de participação e manifestação de associado e normas regulamentares do órgão competente do Poder Executivo federal.

Vide Lei n. 14.030/2020 (art. 5º e parágrafo único) sobre prazo de realização da assembleia geral ordinária a que se refere o art. 44 da Lei n. 5.764/71 e o art. 17 da Lei Complementar n. 130/2009.

E pela Lei n. 11.101/2005, a cooperativa não está sujeita à falência nem poderá requerer recuperação (judicial ou extrajudicial), pois, apesar de assentada no Registro Público de Empresas Mercantis, não se submete ao regime jurídico-empresarial. Em suma, graficamente, temos:

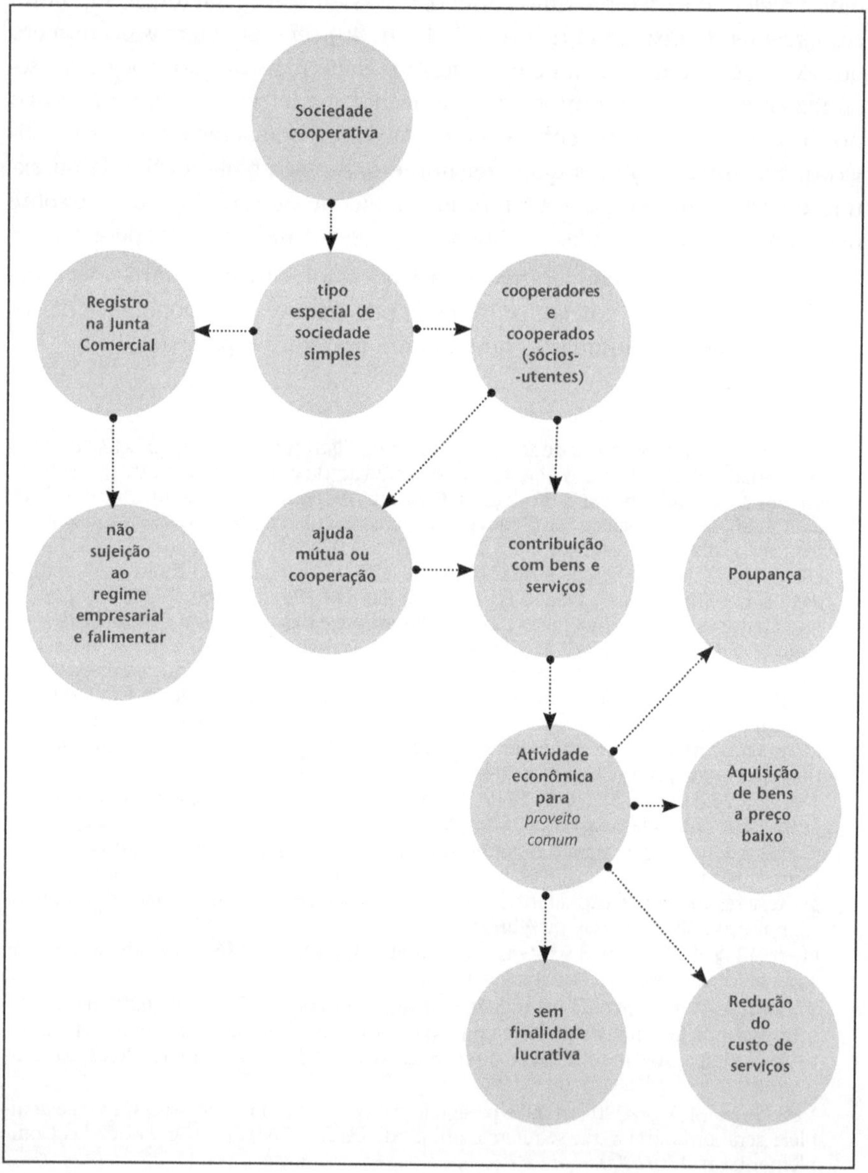

c.6.2. Caracteres

Segundo o art. 1.094 do Código Civil de 2002, a sociedade cooperativa apresenta as seguintes *características fundamentais*, já apontadas anteriormente:

a) Variabilidade ou possibilidade de dispensa do capital social, desde que estipulada no ato constitutivo; logo, seu capital social, que não é obrigatório, contrai ou dilata, pois poderá ser diminuído com saída de sócio, aumentado com a admissão de novo sócio ou dispensado, visto que seu escopo primordial é prestar serviços aos cooperados. O capital social não exerce papel destacado na cooperativa.

b) Concurso de sócios em número mínimo necessário para compor a administração da sociedade, sem limitação de número máximo. Sua administração é plural, não havendo contudo delimitação legal do número máximo ou mínimo de administradores.

c) Limitação do valor da soma de quotas do capital social que cada sócio poderá tomar, com o intuito de equilibrar os interesses dos sócios, evitando que algum deles tenha a maioria do capital social, e de atender às necessidades do grupo, impossibilitando que um pequeno grupo de sócios tenha poder de mando. Rege-se pelo *princípio* da *gestão democrática* e *livre*, e seu capital social é dividido em quotas-partes, cujo valor unitário não pode ser superior ao salário mínimo e nenhum associado pode subscrever mais de um terço do total de quotas-partes. É, como diz Pedro Barbosa Pereira, uma sociedade de capital variável com fluxo e defluxo de sócios, a quem presta serviços, por serem seus únicos fregueses.

d) Intransferibilidade ou incessibilidade das quotas-partes do capital a terceiros, estranhos à sociedade, por alienação ou sucessão (por herança), tendo-se em vista que a *affectio societatis* baseia-se no *intuitu personae*. Observa Paulo Checoli que tal se dá porque a cooperativa é a conjugação de interesses de pessoas para resguardar seus direitos; logo, se possível fosse a transferência de suas quotas a terceiro, a cooperativa transformar-se-ia, durante algum tempo, em atividade de interesse de certo grupo, mesmo que as quotas fossem distribuídas a pessoas diversas, ligadas pelo mesmo interesse. Ensina Modesto Carvalhosa, se o sócio sair da cooperativa ou vier a falecer, suas quotas serão canceladas; logo, o retirante ou o herdeiro do falecido receberá o valor correspondente a elas, ou serão transferidas a outro cooperado se a assembleia geral assim deliberar. A entrada de novos cooperados será possível pela subscrição de quotas emitidas pela sociedade cooperativa. Portanto, nada impede a admissão de novos sócios, mediante criação de outras quotas; além disso, é possível repasse, oneroso ou gratuito, de quotas do capital por um sócio a outro, observando-se as normas internas e as relativas à cessão.

e) *Quorum* para instalação da assembleia geral e deliberação assemblear, que se funda no número de sócios presentes à reunião e não no valor do capital social representado pelas quotas de cada um. Rege-se, portanto, pelo princípio da mutualidade, pois a decisão tomada não obedecerá à força do capital investido por cada um dos cooperadores, mas subjetivamente ao valor da pessoa que a compõe, pouco importando o *quantum* de sua contribuição social. Logo, as decisões são tomadas pela maioria dos votos dos sócios presentes na reunião (princípio da gestão democrática).

f) Atribuição de um voto para cada sócio, ou seja, há, pelo princípio da singularidade de votos, direito de cada sócio a um só voto nas deliberações, qualquer que seja o número de suas quotas-partes ou o valor de sua participação social, pouco importando, ainda, que a sociedade tenha, ou não, capital; o voto, portanto, é por cabeça, assim sendo, se o sócio A tiver quotas no valor de R$ 500.000,00 e o sócio B possuir quotas no valor de R$ 10.000,00, cada um só terá direito a *um* voto; logo, o poder de decisão é idêntico.

g) Distribuição dos resultados (retorno de sobras líquidas) proporcionalmente ao valor das operações efetuadas pelo sócio com a sociedade, podendo ser atribuído juro fixo ao capital realizado ou integralizado. Trata-se, no dizer de Modesto Carvalhosa, do *princípio do retorno*, consistente na distribuição aos cooperados, na proporção das operações por eles feitas, das sobras dos recursos recebidos pela cooperativa no exercício de suas atividades. Não se confunde, portanto, com a distribuição de lucros, tendo em vista que o retorno baseia-se em operações realizadas pelo cooperado e não em sua participação no capital social. O retorno, pondera Modesto Carvalhosa, exerce o papel de "democratização da riqueza e obtenção do preço justo a partir do momento em que as sobras são rateadas entre os cooperados ou destinadas aos fundos de reserva e de assistência técnica, educacional e social, proporcionando, nesse caso, o crescimento da entidade e a melhoria na qualidade das suas atividades". Tal ocorre por ser uma estrutura de prestação de serviços, voltada ao atendimento de seus sócios, possibilitando o exercício de uma atividade econômica comum. Interessante é o exemplo de Paulo Checoli: se um sócio tiver duas quotas e realizar operações de R$ 100.000,00 com a sociedade, obterá participação nos resultados duas vezes maior do que um sócio que possuir dez quotas e só efetivou operações de R$ 50.000,00 com a cooperativa; assim, para que o sócio que investiu maior valor não fique lesado, o estatuto poderá atribuir juro fixo aplicado sobre o capital realizado a título de remuneração do capital. A distribuição dos resultados consiste, portanto, na lição de Modesto Carvalhosa, na "devolução por parte da cooperativa dos pagamentos eventualmente efetuados em excesso pelos cooperados ou das quantias recebidas, a maior (em relação ao preço de custo) por vendas ou prestação de serviços a terceiros, estranhos aos quadros sociais". Sua tipificação assenta-se, portanto, na figura do *sócio-utente*. Tem-se por escopo a autodefesa dos produtores, que põem em comum capital e trabalho, eliminando o lucro do intermediário ao realizar operações a preços módicos com seus próprios sócios, para quem os resultados são distribuídos.

h) Indivisibilidade do fundo de reserva entre os sócios, mesmo que haja dissolução da sociedade, para reforçar o patrimônio cooperativo e assegurar aos credores a integridade de seus créditos. O *fundo* de *reserva* é, como diz Modesto Carvalhosa, constituído para disponibilizar recursos imprescindíveis para ressarcimento de prejuízos, para *investimentos* na melhoria das atividades sociais e para socializar a riqueza, uma vez que se lhe destina 10% do valor das sobras líquidas do exercício; logo, há dedução de um pequeno percentual do retorno a que tem direito cada cooperado, de forma igualitária. Assegura ele o patrimônio cooperativo, garantindo o pagamento de débitos e a realização daqueles investimentos, e com isso possibilita a continuação das atividades da sociedade cooperativa. Adrianna de Alencar Setubal Santos observa que o fundo de reserva da sociedade cooperativa visa à reparação das perdas e ao desenvolvimento das suas atividades, e o fundo de assistência técnica, educacional e social (FATES) tem por finalidade a prestação de assistência aos seus sócios e familiares e, por disposição estatutária, aos seus empregados. O fundo de reserva, continua a autora, não poderá ser distribuído entre os sócios ao término da sociedade, conforme dispõe o Código Civil, art. 1.094, VIII, e como esse artigo é omisso quanto ao FATES, pela Lei n. 5.764/71, art. 28, I e II, também será indivisível[95]. Tais fundos são, portanto, patrimônios de afetação, voltados à consolidação e garantia da cooperativa; logo os sócios que saírem da cooperativa, nada deles levarão, e, havendo dissolução e liquidação da sociedade, destinar-se-ão a outras cooperativas, entidades filantrópicas etc.

A esses caracteres legais, que deverão ser obrigatoriamente seguidos pela sociedade cooperativa, poder-se-ão acrescentar os arrolados no art. 4º, IV, IX, X e XI, da Lei n. 5.764/71, que são os seguintes: *a*) neutralidade política e indiscriminação religiosa, racial e social; *b*) prestação de assistência aos associados e, quando previsto nos estatutos, aos empregados da cooperativa; *c*) área de admissão de sócios limitada às possibilidades de reunião, controle,

95. Adrianna de A. Setubal Santos, *Comentários*, cit., p. 845; Paulo Checoli, *Direito de empresa*, cit., p. 236-8; Modesto Carvalhosa, *Comentários*, cit., v. 13, p. 399-414.

operações e prestação de serviços; *d*) legitimidade extraordinária autônoma concorrente para agir como substituta processual em defesa dos direitos coletivos de seus associados quando a causa de pedir versar sobre atos de interesse direto dos associados que tenham relação com as operações de mercado da cooperativa, desde que isso seja previsto em seu estatuto e haja, de forma expressa, autorização manifestada individualmente pelo associado ou por meio de assembleia geral que delibere sobre a propositura da medida judicial (art. 88-A da Lei n. 5.764/71 acrescido pela Lei n. 13.806/2019)[96].

Tais elementos caracterizadores diferenciam a sociedade cooperativa dos demais tipos societários, dentre eles os mais relevantes para sua identificação seriam: adesão livre; administração democrática (um sócio, um voto); distribuição dos excedentes aos sócios na proporção de suas operações e juros limitados ao capital (Aliança Cooperativa Internacional de 1937). Já no 23º Congresso, em Viena, de 1966, firmaram-se os seguintes princípios para identificar adequadamente a cooperativa: voluntariedade, democracia, juros limitados ao capital, retorno cooperativo, fomento da educação e colaboração entre as cooperativas[97].

A cooperativa seria, portanto, uma modalidade societária constituída por contrato plurilateral sob valores do trabalho e da solidariedade, com variabilidade de sócios e capital, tendo por objetivo a obtenção do interesse comum dos cooperados, na qualidade de sócios usuários, por atos internos (entre cooperativa e sócios) e externos (entre cooperativa e terceiros), segundo princípios legais, com garantias constitucionais de não intervenção

---

96. Walmor Franke, *Direito das sociedades cooperativas (direito cooperativo)*, São Paulo, Saraiva, 1973, p. 141; Heleno T. Tôrres, As sociedades cooperativas, cit., p. 87, notas 5 e 6; Luiz Cezar P. Quintans, *Direito da empresa*, cit., p. 107 e 108.

97. Complementando aqueles caracteres legais, o Projeto de Lei n. 699/2011 propõe a seguinte redação ao art. 1.094: "As sociedades cooperativas são sociedades de pessoas, com forma e natureza jurídica próprias, de natureza civil, não sujeitas a falência, constituídas para prestar serviços aos associados, distinguindo-se das demais sociedades pelas seguintes características:

....

IX — neutralidade política e indiscriminação religiosa, racial e social;

X — prestação de assistência aos associados, e, quando previsto nos estatutos, aos empregados da cooperativa".

Como se vê, essa "proposta pretende dar redação mais completa ao dispositivo, acrescentando a definição de sociedade cooperativa e compatibilizando o art. 1.094 com o que já dispõe o art. 4º da Lei n. 5.764, de 16 de dezembro de 1971, que define a Política Nacional de Cooperativismo, institui o regime jurídico das sociedades cooperativas, e dá outras providências".

(CF, art. 5º, XVIII) e dever de formação de um patrimônio comum indivisível que garanta a manutenção da sociedade cooperativa[98].

c.6.3. Responsabilidade dos sócios

Na sociedade cooperativa, a responsabilidade contratual dos sócios poderá ser limitada ou ilimitada (CC, art. 1.095).

Será *limitada* a responsabilidade dos sócios quando, pelo ato constitutivo, eles se obrigarem apenas até o valor de suas quotas, ao assumirem o prejuízo advindo das operações sociais inadimplidas, proporcionalmente à sua participação nas referidas operações (CC, art. 1.095, § 1º). Havendo prejuízo na cooperativa, o cooperado, que o provocou, deverá responder por ele perante a sociedade e na proporção de sua contribuição para o resultado negativo. Relativamente a terceiro, o cooperado de responsabilidade limitada não terá responsabilidade alguma, salvo pela sua quota-parte, desde que o patrimônio societário seja insuficiente para pagar os credores.

Na cooperativa, quando, por disposição estatutária, os sócios responderem solidária e ilimitadamente pelas obrigações sociais, sua responsabilidade será *ilimitada*, alcançando o patrimônio pessoal dos sócios pela execução das dívidas da sociedade (§ 2º do art. 1.095 do CC), inclusive as tributárias, mas o que as solveu terá direito de regresso contra os demais sócios.

A responsabilidade limitada ou ilimitada do cooperado será, por força do art. 13 da Lei n. 5.764/71, *subsidiária*, pois terceiro só poderia invocar, havendo patrimônio societário-cooperativo, sua responsabilização depois de judicialmente exigida a da cooperativa. Tal responsabilidade subsidiária do cooperado não obsta a que se aplique à cooperativa de responsabilidade limitada a desconsideração da personalidade jurídica (CC, art. 50), havendo ato abusivo dos cooperados ou desvio indevido de finalidade[99].

---

98. Heleno T. Tôrres, As sociedades cooperativas, cit., p. 99. João Batista Brito Pereira (Da sociedade cooperativa, cit., p. 930) salienta a inviabilidade de vínculo empregatício entre cooperativa e cooperado ou entre cooperado e empresa tomadora de serviços contratados por aquela, por ser isso atentatório ao art. 90 da Lei n. 5.764/71 e art. 442, parágrafo único, da CLT e pelo fato de que, quando a cooperativa contrata serviços com terceiros (profissionais autônomos), o faz na qualidade de mandatária dos cooperados.

99. Sobre responsabilidade dos cooperados: M. Helena Diniz, *Código*, cit., p. 868 e 869; Paulo Checoli, *Direito de empresa*, cit., p. 239; Modesto Carvalhosa, *Comentários*, cit., v. 13, p. 414-6; Sacha Calmon Navarro Coelho e André Mendes Moreira, Reflexos do novo Código Civil no direito tributário, in *Direito tributário e o novo Código Civil*, coord. Betina T. Grupenmacher, São Paulo, Quartier Latin, 2004, p. 224-37; Arnaldo Rizzardo, *Direito de empresa*, cit., p. 815 e s.

D. Sociedade empresária

d.1. Definição, caracteres, modalidades e princípios

Não se encontra qualquer definição, no novo Código Civil, de sociedade empresária; seu conceito advém do disposto no art. 966 que define empresário.

A sociedade empresária é a sociedade personificada (pessoa jurídica) que tem, profissionalmente, por objeto, como vimos, a atividade econômica organizada para a produção ou a circulação de bens ou serviços (CC, arts. 966 e 982), no mercado, com o escopo de lucro mediato ou imediato, sendo constituída por documento levado a assento no Registro Público de Empresas Mercantis (CC, art. 967).

Daí, seus caracteres[100]: *a*) personalidade jurídica de direito privado não estatal, advinda do assento no Registro Público de Empresas Mercantis, gerando sua autonomia patrimonial, titularidade jurídica, negocial e processual, tendo representação em juízo, e responsabilidade pelas obrigações ativas e passivas, pois a dos sócios será subsidiária, limitada ou ilimitadamente (CC, art. 1.024 e CPC/2015, art. 795, § 1º), visto que seu patrimônio particular somente poderá ser executado se insuficiente for o da sociedade. Esclarece-nos Fábio Ulhoa Coelho que "quando a lei qualifica de 'solidária' a responsabilidade de sócios (arts. 1.039, 1.045, 1.091 e 1.052 do CC) ela se refere às relações entre eles; quer dizer, se um sócio descumpre sua obrigação, esta pode ser exigida dos demais, se solidários". Assim, segundo este jurista, a sociedade será: *ilimitada*, se seus sócios responderem ilimitadamente pelas obrigações sociais, como ocorre na sociedade em nome coletivo; *mista*, se uma parcela dos sócios tem responsabilidade ilimitada e outra, a limitada (p. ex., a comandita simples, em que o sócio comanditado responde ilimitadamente pelas obrigações sociais e o comanditário, limitadamente; a comandita por ações, em que os sócios diretores têm responsabilidade ilimitada e os demais acionistas, a limi-

---

100. Amador Paes de Almeida, *Manual das sociedades comerciais*, São Paulo, Saraiva, 2004, p. 95-98; *Direito de empresa*, cit., p. 74 e 75; Mônica Gusmão, *Curso*, cit., p. 35 e 36; Sebastião José Roque, *Curso*, cit., p. 70; Marino Pazzaglini Filho e Andrea Di Fuccio Catanese, *Direito de empresa*, cit., p. 73-84; Fábio Ulhoa Coelho, *Manual*, cit., p. 116-8; *Curso de direito comercial*, cit., v. 1; Arnaldo Rizzardo, *Direito de empresa*, cit., p. 18. *Vide*: Decreto n. 7.566, de 15 de setembro de 2011, que regulamenta o art. 4º da Lei n. 12.409, de 25 de maio de 2011, que autoriza a concessão de subvenção econômica pela União ao BNDES, sob a modalidade de equalização de taxa de juros, a financiamentos destinados a capital de giro e investimento de sociedades empresárias, empresários individuais e pessoas físicas ou jurídicas caracterizadas como produtores rurais, localizados em Municípios de Estados da Federação atingidos por desastres naturais e abrangidos por decreto estadual de situação de emergência ou de estado de calamidade pública.

tada); *limitada*, em que os sócios respondem limitadamente por aquelas obrigações, como ocorre na sociedade anônima e na sociedade limitada. A sociedade empresária assume, portanto, o risco inerente à atividade econômica empresarial; *b*) exercício, com profissionalidade e habitualidade, de atividade econômica empresarial lícita. Ter-se-á aqui a "empresa" explorada por uma pessoa jurídica (empresário coletivo); *c*) lucratividade mediata ou imediata; *d*) constituição do capital social pelas contribuições dadas pelos seus sócios; *e*) organização interna, contendo: sistema de contabilidade, mecanizado ou não, baseado em escrituração uniforme de livros obrigatórios, facultativos e especiais (CC, arts. 1.179, 1.182 e 1.183); conservação de toda escrituração, correspondência e documentos relativos à sua atividade enquanto não se der decadência ou prescrição dos negócios neles consignados, e levantamento anual do balanço patrimonial (indicativo do ativo e passivo) e do de resultado econômico (indicativo de lucros e perdas). Tal balanço será semestral em se tratando de sociedade anônima ou de instituição financeira (Leis n. 6.404/76, art. 240, e 4.595/64, art. 31)[101]; *f*) revestimento em uma das modalidades ou *formas societárias*, previstas em lei: *sociedade em comandita simples* (CC, arts. 1.045 a 1.051), se apresentar sócio comanditado, com responsabilidade ilimitada, e sócio comanditário, com responsabilidade limitada; *sociedade em nome coletivo* (CC, arts. 1.039 a 1.044), se constituir-se de sócios com responsabilidade solidária e ilimitada; *sociedade limitada* (CC, arts. 1.052 a 1.087), se contiver apenas sócios de responsabilidade limitada pela integralização do capital; *sociedade em comandita por ações* (CC, arts. 1.090 a 1.092), se seu capital social estiver dividido em ações, tendo firma ou denominação social composta pelos nomes dos acionistas diretores ou gerentes, seguida da expressão "comandita por ações", sendo que esses acionistas terão responsabilidade ilimitada e solidária pelas obrigações sociais; e *sociedade anônima* (CC, arts. 1.088 e 1.089), se seu capital estiver dividido em ações, tendo seus acionistas responsabilidade limitada ao preço ou valor de emissão das ações por eles subscritas.

Urge lembrar que, quanto à natureza da atividade econômica desenvolvida, as sociedades poderão ser empresárias por força de lei (CC, art. 982) e empresárias por equiparação (CC, art. 984), constituindo estas as que tiverem por finalidade o exercício de atividade rural[102], estando inscrita junto ao Registro Público de Empresas Mercantis de sua sede (CC, art. 968). Como

---

101. Observa Mônica Gusmão (*Curso*, cit., p. 36) que a inobservância da obrigação de efetuar levantamento de balanços poderá: conduzir à falência (Lei de Falências, art. 178), impedir participação em licitações públicas (Lei n. 8.666/93, art. 31, *i*) e o benefício da recuperação (Lei de Falências, art. 159, § 1º, IV).

102. Ricardo Negrão, *Manual de direito comercial*, cit., v. 1, p. 240.

se vê, a empresária é a pessoa jurídica e não seus sócios, por isso, alerta-nos, com muita propriedade, Fábio Ulhoa Coelho[103], seria incorreto falar-se em sociedade empresarial; daí a nova nomenclatura "sociedade empresária", que adveio por força da adoção pelo Código Civil de 2002 da teoria da empresa, abandonando a classificação da sociedade em civil e comercial, dando preponderância à atividade econômica organizada para a produção e circulação de bens e para a prestação de serviços exercida[104], com habitualidade, para a obtenção de lucros mediatos ou imediatos.

A sociedade empresária reger-se-á pelos *princípios*[105]: *a*) da *legalidade do objeto social*, tendo em vista que a atividade econômica empresarial não poderá contrariar a lei, a ordem pública e os bons costumes; *b*) da *função social da "empresa"*, calcada na função social da propriedade (CF, art. 170, III) e dos contratos (CC, art. 421), uma vez que, como já apontamos alhures, o exercício da atividade econômica a eles está interligado, por estar imbuída de socialidade voltada ao bem comum e ao interesse social, não podendo, p. ex., causar dano ao meio ambiente (CF, art. 225), sob pena de sofrer sanções administrativas, como destruição e suspensão de venda, ou fabricação de seus produtos ou de suspensão, total ou parcial, de suas atividades (Decreto n. 6.514/2008). Deveras, a sociedade empresária deverá promover atos em prol da cidadania, de dignidade da pessoa humana, dos valores sociais de trabalho e da livre-iniciativa, tendo em vista o comando constitucional (CF, art. 3º), que procura a construção de uma sociedade justa e solidária, o desenvolvimento nacional, a erradicação da pobreza e a redução das desigualdades sociais e regionais. A sociedade empresária deve exercer a atividade econômica organizada para a produção e circulação de bens e serviços com o escopo de obter lucro mediato ou imediato e atender aos interesses sociais da comunidade local, regional ou nacional, protegendo o meio ambiente, o patrimônio cultural e os consumidores; *c*) *da boa-fé objetiva e da probidade* que deve nortear a formação da sociedade empresária, o exercício de sua atividade econômica e o seu relacionamento com terceiros, dirigindo o comportamento dos seus sócios, inclusive em suas relações recíprocas, e dirigentes, que devem portar-se com dignidade, honestidade e lealdade, até mesmo em caso de exclu-

---

103. Fábio Ulhoa Coelho, *Curso*, cit., v. 1, p. 64.

104. Arnaldo Rizzardo, *Direito de empresa*, cit., p. 15.

105. Marino Pazzaglini Filho e Andrea Di Fuccio Catanese, *Direito de empresa no novo Código Civil*, São Paulo, Atlas, 2003, p. 77-9; Fábio K. Comparato, Função social da propriedade dos bens de produção, *Revista de direito mercantil, industrial, econômico* e *financeiro, 63*:76; Edmar de O. Andrade Filho, *Sociedade de responsabilidade limitada*, cit., p. 42; Paulo Sérgio Restiffe, *Manual do novo direito comercial*, São Paulo, Dialética, 2006, p. 39-42.

são de sócio por falta grave, não lesando sócios, terceiros e a própria sociedade; *d*) da *coparticipação dos sócios* nos *lucros* e *nas perdas* (CC, art. 1.008).

d.2. Registro da sociedade empresária

d.2.1. Obrigatoriedade e importância do registro

A sociedade empresária, antes do início de sua atividade (CC, art. 967), está obrigada, legalmente, a efetuar o seu assento e os de seus atos e negócios jurídicos junto ao Registro Público de Empresas Mercantis de sua sede, a cargo das Juntas Comerciais (CC, arts. 1.150, 45, 46, 967, 971 e parágrafo único, 982, 983, 985, 998, 999, 1.000, 1.075, § 2º, 1.083, 1.084, § 3º, 1.144, 1.174 e 1.181; Leis n. 6.015/73, arts. 1º, II, 114 a 126, 11.598/2007 — alterada pela Lei n. 13.833/2019 e Lei n. 14.195/2021 — e 8.934/94, regulamentada pelo Decreto n. 1.800/96, arts. 32, II, *a*, § 1º e 2º, 35, parágrafo único, e alterada pela Lei n. 13.833/2019 e pela Lei n. 14.195/2021; Instrução Normativa do DNRC n. 71/98 e Instrução Normativa do DREI n. 4/2013 (que revoga a IN 71/98), sobre desconcentração dos serviços de registro público de empresas mercantis) para obter sua personalidade jurídica e sua regularidade. Com a aquisição da personalidade jurídica (CC, arts. 45 e 44, II), a sociedade empresária passará a ter não só capacidade de direitos e obrigações, não se confundindo com a pessoa de seus sócios, como também patrimônio próprio, e poderá alterar sua estrutura interna.

Com o registro, completada está a constituição da sociedade empresária e principalmente sua regularidade. A sociedade simples, com exceção da cooperativa (registro na Junta Comercial competente — Lei n. 5.674 e Enunciado n. 69, aprovado na I Jornada de Direito Civil, promovida pelo Conselho da Justiça Federal), deverá estar registrada no Registro Civil das Pessoas Jurídicas, mas deverá obedecer as normas para as Juntas Comerciais do Registro Público das Empresas Mercantis se vier a adotar um dos tipos de sociedade empresária (CC, art. 1.150, 2ª parte).

É tal registro imprescindível para que se possa explorar a atividade econômica, visto que: cadastra a sociedade empresária nacional ou estrangeira em funcionamento no Brasil; dá garantia, publicidade, segurança (como isenção de risco), eficácia *inter partes* e *erga omnes* e autenticidade, salvo prova em contrário, aos atos por ela praticados, submetidos a registro, possibilitando àqueles que com ela negociarem a ciência de sua regularidade, de suas transformações e de fatos a ela relativos (Lei n. 8.934, art. 1º, I); indica seus sócios, seus dirigentes ou administradores, seu capital social e sua sede; procede à matrícula e ao cancelamento dos agentes auxiliares da "empresa"; concede tutela jurídica e uso de prerrogativas próprias de empresário coletivo, como tratamento registrário e fiscal favorecido e diferenciado se se tratar de pequena empresa. O registro, portanto, é um complexo de atos comprobatórios seguros da regularidade e do *status* de pessoa jurídica da sociedade empresária, em razão da presunção *juris tantum* da autenticidade de seus atos e da fé pública de que estão revestidos. Instituído está um regime especial de inscrição empresarial, uniformizando, em todo o País, o registro de empresa, criando sistema registrário que possibilita aos interessados o conhecimento da vida ou atividade do empresário individual ou coletivo. O registro de empresa, materializado na execução dos serviços registrários pelas Juntas Comerciais, constitui um repositório de informações sobre o empresário individual ou coletivo e atos societários levados a assento.

Registrada a sociedade empresária, a Junta Comercial terá o dever de prestar quaisquer informações sobre os documentos nela arquivados que forem pedidos por terceiros, mediante uma ficha que, em São Paulo, se denomina "Breve Relato".

O registro da sociedade empresária na Junta Comercial tem natureza *constitutiva* enquanto lhe dá o *status* de pessoa jurídica, mas *declaratória* quanto à sua condição de empresário coletivo regular, salvo na hipótese de sociedade rural ou de empresário rural, quando os equipara à sociedade empresária para fins de tratamento normativo igualitário, tendo, portanto, natureza constitutiva, visto que os sujeita ao regime jurídico empresarial.

A sociedade já tem existência antes do registro, mas seu funcionamento regular se dá com o seu assento na Junta Comercial, visto que o ato registrário, nesta hipótese, é meramente declaratório da sua condição de sociedade empresária regular[106].

---

106. Consulte: Sebastião José Roque, *Curso*, cit., p. 107; Ricardo Negrão, *Manual*, cit., v. 1, p. 175-8; Mônica Gusmão, *Curso*, cit., p. 121; Sérgio Campinho, *O direito de empresa*, cit., p. 341 e 342; Modesto Carvalhosa, *Comentários*, cit., v. 13, p. 664-74; M. Helena Diniz, *Código*, cit., com. ao art. 1.150, p. 907; Paulo Checoli, *Direito de empresa*, cit., p. 320; Armando Luiz Rovai, Registros empresariais transparentes, *Tribuna do Direito*, dez. 2004, p. 18; Francisco de Salles Almeida Mafra Filho, Registro de empresa, *Revista Síntese – Direito empresarial*, n. 40, p. 46 a 53. "A capacidade para contratar a constituição da sociedade submete-se à lei vigente no momento do registro" (Enunciado n. 396 do CJF, aprovado na IV Jornada de Direito Civil). Todavia, será preciso, ainda, ressaltar que o contrato de sociedade poderá existir sem que dele resulte um órgão com personalidade jurídica, diversa da de seus componentes. Deveras, como pontifica Silvio Rodrigues (Contrato de sociedade, in *Enciclopédia Saraiva de Direito*, v. 19, p. 513), dois pescadores poderão combinar que, em dia determinado, tudo o que pescarem será comum, ou dois negociantes, que dividirão as despesas e os lucros verificados em determinado período, sem que desses acordos surja uma entidade que possa ser tida como pessoa jurídica. Ter-se-á, nesses casos, um contrato de sociedade, em que os contraentes, voluntária e declaradamente, conjugam seus esforços, ou seus recursos, para atingir um proveito comum.

d.2.2. Efeitos negativos da falta de registro

A ausência do registro acarretará, p. ex., muitos efeitos negativos[107]: *a*) irregularidade, que traz não só impedimento ao exercício regular da sua atividade econômica empresarial, mas também restrições legais administrativas, processuais e mercantis; *b*) clandestinidade; *c*) responsabilidade ilimitada e subsidiária pelas obrigações assumidas (CC, art. 990); porém, se houver pretensão de constituir sociedade anônima, alerta-nos Fábio Ulhoa Coelho, ter-se-á responsabilidade direta, solidária e ilimitada pelas obrigações assumidas pelo exercício de ati-

---

Sobre medidas restritivas ao funcionamento normal das juntas comerciais oriundas da pandemia da Covid-19: Lei n. 14.030/2020, art. 6º, I e II.

Vide Lei n. 11.598/2007 (alterada pela Lei n. 14.195/2021), que estabelece diretrizes e procedimentos para a simplificação e integração do processo de registro e legalização de empresários e pessoas jurídicas e cria a REDESIM. Sobre facilitação para abertura de empresas: Lei n. 11.598/2007, arts. 2º, §§ 1º a 3º, 4º, 5º-A, 6º-A, 11, 11-A, 14 e 16-A, com as alterações da Lei n. 14.195/2021 (REDESIM e CGSIM). A Resolução do CGSIM n. 25/2011 dispõe sobre parâmetros e padrões para desenvolvimento do modelo de integração da Rede Nacional para a Simplificação do Registro e da Legalização de Empresas e Negócios (REDESIM). Resolução n. 35, de 1º de julho de 2015, do CGSIM, dispõe sobre os sistemas de suporte ao processo de registro e legalização de empresas da REDESIM. *Vide* também Instrução Normativa n. 119, de 9 de dezembro de 2011, do DNRC (ora revogada pela IN n. 16/2013, do DREI), que dispõe sobre a especificação de atos integrantes da Tabela de Preços dos Serviços prestados pelos órgãos do Sistema Nacional de Registro de Empresas Mercantis — SINREM); Instrução Normativa n. 3, de 5 de dezembro de 2013, do DREI, que dispõe sobre a autenticação, formas de apresentação e entrega de documentos levados a arquivamento no Registro Público de Empresas Mercantis e Atividades Afins; Instrução Normativa n. 12, de 5 de dezembro de 2013, do DREI (com a alteração das INs do DREI n. 29/2014 e 32/2015), que dispõe sobre os procedimentos de registro e arquivamento digital dos atos que competem, nos termos da legislação pertinente, ao Registro Público de Empresas Mercantis e Atividades Afins; Instrução Normativa n. 8, de 5 de dezembro de 2013, do DREI, que dispõe sobre a interposição de recursos administrativos no âmbito do Registro Público de Empresas Mercantis e Atividades Afins; Resolução n. 30, de 13 de janeiro de 2015, do CGSIM, aprova alterações no Regimento Interno do Comitê para Gestão da Rede Nacional para Simplificação do Registro e da Legalização de Empresas e Negócios para adequá-lo aos termos do Decreto n. 8.579 de 26 de novembro de 2015.

Lei n. 13.833/2019 dispõe sobre a transferência, da União para o Distrito Federal, da Junta Comercial do Distrito Federal e das atividades de registro público de empresas mercantis e atividades afins no Distrito Federal.

Instrução Normativa n. 70, de 6 de dezembro de 2019, do Departamento Nacional de Registro Empresarial e Integração, dispõe sobre a fiscalização jurídica dos órgãos incumbidos do Registro Público de Empresas Mercantis e Atividades Afins, bem como institui a Ouvidoria-Geral do Departamento Nacional de Registro Empresarial e Integração — DREI e o procedimento para formulação de consultas por parte das Juntas Comerciais.

107. Ricardo Negrão, *Manual*, cit., v. 1, p. 176; M. Helena Diniz, *Código*, cit., p. 907; José da Silva Pacheco, *Tratado de direito empresarial — empresário: pessoa e patrimônio*, São Paulo, Saraiva, 1979, v. 1, p. 145-280; Fabrício Z. Matiello, *Código Civil comentado*, São Paulo, LTr, 2003, p. 714-7; Fábio Ulhoa Coelho, *Manual*, cit., p. 43-5; *Curso*, cit., v. 1, p. 74; Arnaldo Rizzardo, *Direito de empresa*, p. 1.056.

vidade irregular. Consequentemente, os sócios, diante da falta de registro do ato constitutivo da sociedade, deverão responder com seu patrimônio pessoal pelas obrigações sociais, não podendo opor-se às medidas impostas por terceiros (credores da sociedade) contra seus bens; *d*) impossibilidade de se matricular no Instituto Nacional de Seguridade Social, de levar seus livros a registro na Junta Comercial para autenticação e obtenção de eficácia probatória (CPC/2015, art. 418) e de manter contabilidade legal, de se inscrever no Cadastro Nacional de Pessoas Jurídicas (CNPJ — Instrução Normativa da SRFB n. 1.634/2016), que provocará aplicação de multa pelo não cumprimento de obrigação tributária e impedirá a realização de negócios regulares, no Cadastro de Contribuintes Mobiliários (CCM) e nos cadastros estaduais e municipais, de participar de licitações públicas (Lei n. 8.666/93, art. 28, II e III); *e*) dificuldade para efetivar negócios regulares e obter empréstimo bancário; *f*) tratamento tributário rigoroso; *g*) ilegitimidade ativa para pedir falência de outro empresário, seu devedor (Lei de Falências, art. 97, IV, § 1º), e para requerer recuperação judicial ou extrajudicial (Lei de Falências, arts. 48, 51, V, e 161), pois, pela Lei n. 11.101/2005, art. 48, somente poderá requerer sua recuperação judicial o empresário que exercer regularmente sua atividade há mais de dois anos. Mas, por outro lado, poderá ser sua falência requerida por outrem e decretada, e nada obsta que venha a pleitear sua própria falência; *h*) proibição de contratar com o Poder Público (CF, art. 195, § 3º); *i*) impossibilidade de obter o seu enquadramento de microempresa etc.

Como se pode inferir, a falta de registro coloca a sociedade à margem das prerrogativas concedidas por lei. A sociedade não registrada, portanto, perderá os benefícios legais.

d.2.3. Órgãos registrários

Os serviços registrários (Lei n. 8.934/94 com alteração da Lei n. 13.833/2019 e da Lei n. 14.195/2021) alusivos à "empresa" executam-se pelo Sistema Nacional de Registro de Empresas Mercantis (SINREM), composto pelo DREI (Departamento Nacional de Registro Empresarial e Integração) e pelas Juntas Comerciais, que efetuam serviços de registros públicos. Operam esses serviços, por delegação, as Juntas Comerciais, órgãos locais com função executora e administradora daqueles serviços situadas uma em cada Estado da Federação, com sede na capital, conforme as normas técnicas do Departamento Nacional de Registro Empresarial e Integração (DREI), órgão federal do Ministério da Indústria e Comércio Exterior e Serviços, a quem estão apenas tecnicamente subordinadas, por serem administrativamente dele independentes por estarem ligadas ao governo estadual, com exceção da Junta Comercial do Distrito Federal, que está a ele subordinada administrativa e tecnicamente. Assim sendo, o DREI tem função técnica supervisora, orientadora, coordenadora e normativa, e supletivamente a função administradora. A esse órgão cabe (Lei n. 8.934/94, art. 4º): *a*) supervisionar e coordenar a execução do registro pelas Juntas Comerciais, prescrevendo diretrizes e instruções gerais do registro; *b*) resolver dúvidas relativas à interpretação de normas alusivas ao registro, emitindo instruções; *c*) estabelecer normas procedimentais de arquivamento de atos das sociedades empresárias; *d*) orientar e fiscalizar as Juntas Comerciais e, ainda, providenciar medidas correicionais de registro de empresa; *e*) promover e elaborar estudos, reuniões e publicações sobre temas concernentes ao registro público de Empresas Mercantis e atividades afins; *f*) organizar e atualizar o Cadastro Nacional de Empresas Mercantis que estejam funcionando no Brasil. Esse cadastro será mantido com as informações originárias do cadastro estadual de empresas, vedados a exigência de preenchimento de formulários pelo empresário ou o fornecimento de novos dados ou informações, bem como a cobrança de preço pela inclusão das informações no cadastro nacional (Lei n. 8.934/94, art. 4º, parágrafo único com a redação da Lei n. 13.874/2019); *g*) preparar processo de autorização para nacionalização ou instalação de sociedade estrangeira no Brasil; *h*) especificar, desenvolver, implementar, manter e operar, em articulação e observadas as competências de outros órgãos, os sistemas de informação relativos à integração do registro e à legalização de empresas, incluída a Central Nacional de Registros; *i*) instruir, examinar e encaminhar os pedidos de autorização para nacionalização ou instalação de filial, agência, sucursal ou estabelecimento no País por sociedade estrangeira, ressalvada a competência de outros órgãos federais. Donde infere Fábio Ulhoa Coelho que suas funções são de normatização, disciplina, supervisão e controle do registro, cuja execução não é de sua competência, mas da Junta Comercial.

Compete, ainda, ao DREI propor a elaboração da tabela de preços dos serviços federais pertinentes ao registro público de empresas mercantis e especificar os atos a serem observados pelas Juntas Comerciais na elaboração de suas tabelas locais (art. 55 da Lei n. 8.934/94).

As Juntas Comerciais subordinam-se administrativamente ao governo do respectivo ente federativo e, tecnicamente, ao Departamento Nacional de Registro Empresarial e Integração (DREI) — art. 6º da Lei n. 8.934/94 com a redação da Lei n. 13.833/2019.

As Juntas Comerciais, vinculadas em São Paulo à Secretaria da Justiça e da Cidadania, têm funções executivas, pois lhes compete: *a*) execução dos serviços de registro dos documentos nelas arquivados, devendo analisá-los apenas em seus aspectos formais; logo, somente poderá negar-lhes o registro baseadas em vício de forma, que, contudo, é sanável; *b*) elaboração de seu regimento interno e suas alterações, das resoluções de caráter administrativo necessárias ao fiel cumprimento das normas legais, regulamentares e regimentais, e, ainda, de tabela de preços dos seus serviços registrários; *c*) processamento da matrícula, de habilitação e nomeação de agentes auxiliares, como, p. ex., tradutores públicos, intérpretes mercantis, leiloeiros, trapicheiros etc.; *d*) expedição de carteiras de exercício profissional das pessoas legalmente inscritas; *e*) assentamento de usos e práticas mercantis; *f*) anotação no registro dos nomes das sociedades empresárias; *g*) autenticação de livros empresariais; *h*) cancelamento do registro; *i*) arquivamento de atos e documento determinado por disposição legal (art. 8º da Lei n. 8.934/94).

Pelo Enunciado n. 1 da Jornada Paulista de Direito Comercial: "A Junta Comercial não pode examinar o mérito do documento apresentado para registro, mas exclusivamente o atendimento às formalidades legais".

O Plenário das Juntas Comerciais, dependendo das normas do Estado-membro da federação a que pertence (Lei n. 10.194/2001), compõe-se de, no mínimo, onze, e, no máximo, de vinte e três vogais, com igual número de suplentes (arts. 11 e 12 da Lei n. 8.934/94, com a redação da Lei n. 13.833/2019); metade formar-se-á por profissionais, empresários indicados em listas tríplices pelas Associações Comerciais; um vogal representando a União; um representante da classe dos advogados, outro da dos economistas e um terceiro entre os contadores, mediante indicação dos conselhos dessas categorias, e, nos Estados que a lei estabelecer, os demais por livre escolha do governador. Tais membros, pelo art. 10 do Decreto n. 1.800/96, deverão: *a*) ser brasileiros e estar no pleno gozo dos direitos civis e políticos; *b*) não ter sido condenados por crime apenado com vedação ao acesso a cargo, emprego e funções públicas ou por crime de prevaricação, falência fraudulenta, peita ou suborno, concussão, peculato, contra a propriedade, a fé pública e a economia popular; *c*) ser, ou ter sido, por mais de cinco anos, titular de empresa, sócio ou administrador de sociedade empresária. São dispensados dessa condição os representantes da União, os advogados, os economistas e os contadores, mas a lei impõe aos três últimos a prova de efetivo exercício de suas profissões no mesmo lapso temporal; *d*) estar quites com o serviço militar e o serviço eleitoral. Além do Plenário, órgão deliberativo composto por turmas, com três vogais cada, existem: a Presidência da Junta, que se responsabiliza pela sua direção administrativa e representação; a Secretaria-geral, que se ocupa da execução dos atos registrários e das tarefas administrativas, e a Procuradoria, que tem funções de consultoria, advocacia judicial, nos processos de interesse da Junta e da fiscalização da aplicação das normas.

Se ocorrer qualquer conflito advindo de atos registrários, este deverá ser resolvido pela Justiça Federal, pois "os serviços prestados pelas Juntas Comerciais, apesar de criadas e mantidas pelo Estado, são de natureza federal. Para julgamento de ato, que se compreenda nos serviços de registro de comércio, a competência é da Justiça Federal" (STJ, 2ª Seção, conflito de competência n. 15.575-BA, publicado no *DJU*, Seção I, 22-4-1996, p. 12.512). Mas observa Fábio Ulhoa Coelho que a Justiça Estadual é a competente para conhecer da validade dos atos da Junta Comercial, a não ser que se trate de mandado de segurança contra ato alusivo ao registro das empresas, casos em que, por agir o órgão estadual sob a orientação do DNRC, a competência será da Justiça Federal (CF, art. 109, VIII). A Junta Comercial submete-se, no que disser respeito ao registro de empresa e ao direito comercial, ao DNRC, e, quanto à matéria de direito administrativo e financeiro, ao governo estadual. Caberá contra as decisões do plenário da Junta Comercial, pelo art. 44, III, da Lei n. 8.934/94, interposição de recurso administrativo ao Ministério do Desenvolvimento, Indústria e Comércio[108].

A Junta Comercial, portanto, é o órgão local, com função de executar e administrar serviços registrários. Caberá recurso ao Diretor do Departamento Nacional do Registro do Comércio para apreciação de seus atos e decisões, visto que, como já mencionamos, esse órgão federal tem a função de estabelecer instruções, disciplinar, supervisionar e controlar o registro (Lei n. 8.934/94, art. 4º) e de atuar supletivamente, em caso de deficiência dos serviços de registro.

Graficamente temos como órgãos registrários:

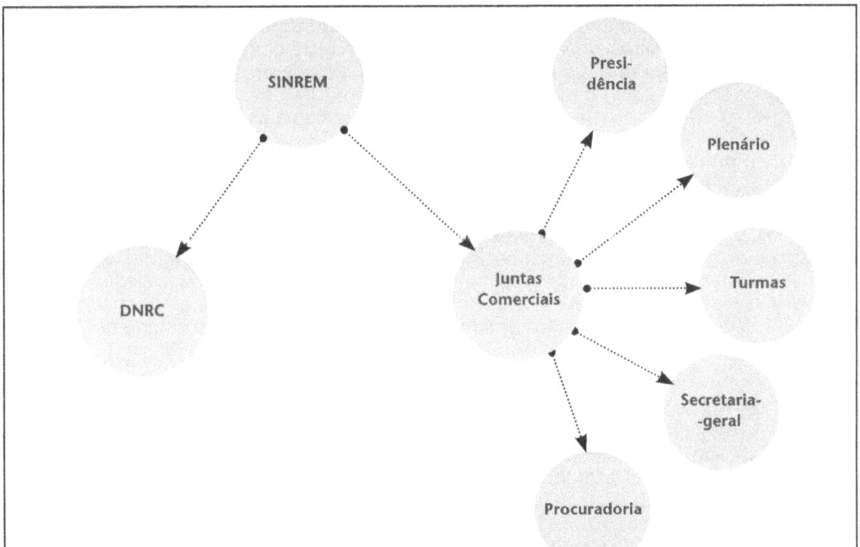

108. Sobre órgãos registrários: Paulo Checoli, *Direito de empresa*, cit., p. 320 e 321; Sérgio Campinho, *O direito de empresa*, cit., p. 342 e 343; Sebastião José Roque, *Curso*, cit., p. 108-10; Fábio Ulhoa Coelho, *Manual*, cit., p. 37-40; *Curso*, cit., v. 1, p. 68-70; Ricardo Negrão, *Manual*, cit., v. 1, p. 180 e 181.

d.2.4. Atos e regimes de execução do Registro Público de Empresas Mercantis

Os atos registrários empresariais são três[109]:

a) *Matrícula* (Lei n. 8.934/94, art. 32, I), que é o ato de inscrição de intérpretes comerciais, tradutores públicos (Decretos n. 13.609/43 e s/n. de 22-6-1993), leiloeiros (Decreto n. 21.981/32, art. 19), trapicheiros (administradores

---

109. Sobre atos do registro de empresa: Fábio Ulhoa Coelho, *Curso*, cit., v. 1, p. 71; *Manual*, cit., p. 40-3; Ricardo Negrão, *Manual*, cit., v. 1, p. 182-6; Sérgio Campinho, *O direito de empresa*, cit., p. 343 e 344; Sebastião José Roque, *Curso*, cit., p. 108 e 109; Marcelo M. Bertoldi, *Curso avançado de direito comercial*, v. 1, p. 80. *Vide* IN do DREI n. 29/2014, que acresce o Cap. XI (Sistema de Registro e Licenciamento de Empresas – RLE), constituído pelos arts. 21 a 23, à IN n. 12/2013, que dispõe sobre procedimentos de registro e arquivamento digital dos atos que competem, nos termos da legislação pertinente, ao Registro Público de Empresas Mercantis e Atividades Afins. As empresas constituídas como empresário individual, Empresa Individual de Responsabilidade Limitada (EIRELI) e Sociedade Limitada deverão solicitar o *encerramento* dos seus registros nas Juntas Comerciais mediante o uso do *Sistema de Registro e Licenciamento de Empresas* (RLE). A solicitação do encerramento de empresa por meio do RLE deverá ser efetuada pelos sócios ou titulares de empresas, e somente as empresas que tenham sido constituídas por pessoas físicas, maiores e capazes, poderão encerrar os seus registros. IN do DREI n. 28/2014 disciplina e uniformiza o procedimento a ser adotado pelas Juntas Comerciais para arquivamento de procurações públicas, encaminhadas pelos Tabelionatos de Notas, que outorgou poderes de administração, de gerência de negócios e/ou de movimentação de conta-corrente vinculada de empresário individual, EIRELI, de sociedade empresária ou de cooperativa, utilizando ato e evento próprios para tal finalidade. Lei n. 14.030/2020, art. 6º, I e II trata de medidas restritivas ao funcionamento normal das juntas comerciais oriundas da pandemia da Covid-19. A Instrução Normativa n. 30, de 25 de fevereiro de 2015, do DREI, dispõe sobre o processo simplificado e integrado de baixa no âmbito do Registro Público de Empresas. LC n. 123/2006 (alt. LC n. 147/2014):

> "Art. 9º O *registro* dos atos constitutivos, de suas alterações e extinções (baixas), referentes a empresários e pessoas jurídicas em qualquer órgão dos 3 (três) âmbitos de governo ocorrerá independentemente da regularidade de obrigações tributárias, previdenciárias ou trabalhistas, principais ou acessórias, do empresário, da sociedade, dos sócios, dos administradores ou de empresas de que participem, sem prejuízo das responsabilidades do empresário, dos titulares, dos sócios ou dos administradores por tais obrigações, apuradas antes ou após o ato de extinção.
>
> ....
>
> § 3º (Revogado).
>
> § 4º A baixa do empresário ou da pessoa jurídica não impede que, posteriormente, sejam lançados ou cobrados tributos, contribuições e respectivas penalidades, decorrentes da falta do cumprimento de obrigações ou da prática comprovada e apurada em processo administrativo ou judicial de outras irregularidades praticadas pelos empresários, pelas pessoas jurídicas ou por seus titulares, sócios ou administradores.
>
> § 5º A solicitação de baixa do empresário ou da pessoa jurídica importa responsabilidade solidária dos empresários, dos titulares, dos sócios e dos administradores no período da ocorrência dos respectivos fatos geradores".

No mesmo teor: Lei n. 11.598/2007, art. 7º-A, §§ 1º e 2º, acrescidos pela LC n. 147/2004. Resolução n. 32, de 24 de abril de 2015, do CGSIM, altera a Resolução n. 18, de 9 de abril de 2010, do Comitê para Gestão da Rede Nacional para Simplificação do Registro e da Legalização de Empresas e Negócios, que regulamenta a transferência de dados do Microempreendedor Individual a Entidades representadas no CGSIM e em seus Grupos de Trabalho, Instituições Financeiras.

de armazéns que guardam mercadorias para exportação ou importadas) e administradores de armazéns-gerais (com função de guarda e conservação de mercadorias e emissão de títulos especiais que as representam), por serem profissionais cujas atividades são paracomerciais. Os intérpretes e tradutores deverão ser habilitados, mediante concurso público, e nomeados pela Junta e também matriculados (Decreto n. 1.800/96, art. 7º, III, *a*), ao passo que os leiloeiros, trapicheiros e administradores de armazéns-gerais apenas deverão ser matriculados.

b) *Arquivamento*, formalidade que diz respeito aos documentos de constituição, alteração (p. ex. aumento de capital, entrada e saída de sócio), dissolução de empresários individuais e coletivos e de cooperativas (Lei n. 8.934/94, art. 32, II, *a*) e aos atinentes ao consórcio de empresas e aos grupos de sociedades, previstos nos arts. 278 e 279 da Lei n. 6.404/76 (Lei n. 8.934/94, art. 32, II, *b*), às sociedades empresárias estrangeiras autorizadas a funcionar no Brasil (Lei n. 8.934/94, art. 32, II, *c*), às declarações de microempresa (Lei n. 8.934/94, art. 32, II, *d*) e de empresa de pequeno porte e, ainda, a quaisquer documentos que possam interessar ao empresário individual e à sociedade empresária (Lei n. 8.934/94, art. 32, II, *e*) como procurações com cláusula *ad negotia*, conferindo-lhes publicidade e segurança nas relações jurídicas.

A Lei de Registro Público de Empresas Mercantis e atividades afins veda arquivamento de documentos que apresentam vícios ou impedimentos: *a*) em virtude da pessoa que contrata como: titular ou administrador que foi condenado por crime apenado com proibição do acesso à atividade empresarial (art. 35, II) ou titular casado que não juntou outorga conjugal na hipótese de ter havido incorporação de imóvel à sociedade (art. 35, VII, *b*); *b*) em defesa de sócios contratantes, em caso de alteração da sociedade por decisão majoritária, havendo cláusula restritiva (art. 35, VI); *c*) em proteção de terceiro, como ato de sociedades empresárias com nome idêntico a outro já existente (art. 35, V); *d*) intrínsecos ao contrato como ato de prorrogação de contrato social, uma vez findo o prazo nele fixado (art. 35, IV, que, contudo, foi revogado pelo art. 1.033 do novel Código Civil, que possibilita, como observa Marcelo M. Bertoldi, o arquivamento relativamente à prorrogação do prazo da sociedade empresária estabelecida por prazo determinado mesmo após o seu escoamento, desde que não tenha havido sua liquidação pelos seus sócios; situação em que passará a ser tida como sociedade por prazo indeterminado, mediante prorrogação tácita de seu prazo de duração) ou ato que conflitar com o estatuto ou contrato não modificado anteriormente (art. 35, I, *in fine*); *e*) formais como documento que não segue a forma exigida por lei, fere os bons costumes e a ordem pública (art. 35, I); atos constitutivos de empresas mercantis que, além das cláusulas exigidas em lei, não designarem o respectivo capital e a declaração de seu objeto, cuja indicação no nome empresarial é facultativa (art. 35, III); documento alusivo à incorporação imobiliária, sem descrição e identificação do imóvel, área, dados relativos à sua titularidade e número de matrícula no Registro de Imóveis (art. 35, VII, *a*), e contrato, estatuto e alteração de sociedade não aprovada pelo governo, quando for necessária tal aprovação (art. 35, VIII — revogado pela Lei n. 13.874/2019).

O registro dos atos constitutivos e de suas alterações e extinções ocorrerá independentemente de autorização governamental prévia e os órgãos públicos deverão ser informados pela Rede Nacional para a Simplificação do Registro e da Legalização de Empresas e Negócios — Redesim a respeito dos registros sobre os quais manifestarem interesse.

Eventuais casos de colidência entre nomes empresariais por semelhança poderão ser questionados pelos interessados, a qualquer tempo, por meio de recurso ao Departamento Nacional de Registro Empresarial e Integração da Secretaria de Governo Digital da Secretaria Especial de Desburocratização, Gestão e Governo Digital do Ministério da Economia (art. 35, §§ 1º e 2º).

O empresário ou a pessoa jurídica poderá optar por utilizar o número de inscrição no Cadastro Nacional da Pessoa Jurídica como nome empresarial, seguido da partícula identificadora do tipo societário ou jurídico, quando exigida por lei (art. 35-A, acrescentado pela Lei n. 14.195/2021).

Os documentos arquivados pelas juntas comerciais não serão retirados, em qualquer hipótese, de suas dependências, mas quaisquer atos e documentos, após microfilmados ou preservada a sua imagem por meios tecnológicos mais avançados, poderão ser eliminados pelas juntas comerciais, conforme disposto em regulamento. Antes da eliminação, será concedido o prazo de trinta dias para os acionistas, diretores e procuradores das empresas ou outros interessados retirarem, facultativamente, a documentação original, sem qualquer custo (art. 57, parágrafo único).

Os atos levados a arquivamento nas juntas comerciais são dispensados de reconhecimento de firma (art. 63).

A certidão dos atos de constituição e de alteração de empresários individuais, empresa individual de responsabilidade limitada e sociedades mercantis, fornecida pelas juntas comerciais em que foram arquivados, será o documento hábil para a transferência, por transcrição no registro público competente, dos bens com que o subscritor tiver contribuído para a formação ou o aumento do capital (art. 64).

Pelo art. 968, § 2º, do atual Código Civil, os atos modificativos da inscrição do empresário e da sociedade empresária deverão ser averbados à margem daquela inscrição, consequentemente, a averbação é uma modalidade de arquivamento.

O ato sujeito a arquivamento deverá ser enviado à Junta Comercial até trinta dias após a sua assinatura, para que os efeitos do registro decorram da data dessa assinatura, apesar de o arquivamento ser ulterior. Se esse prazo não for observado, o arquivamento, então, produzirá efeito a partir do ato concessivo do registro, ou seja, a partir da data do arquivamento.

Poderá ocorrer também a inatividade empresarial por falta de arquivamento documental. Pelo art. 60 da Lei n. 8.934/94 ter-se-á inatividade da sociedade empresária, autorizando o cancelamento de seu registro e provocando a perda automática da proteção do nome empresarial, se, por dez anos consecutivos, a sociedade não proceder a nenhum arquivamento nem comunicar à Junta Comercial a sua *intentio* de continuar em funcionamento.

Assim, se o empresário individual ou coletivo não vier a efetuar qualquer arquivamento no período de dez anos consecutivos, deverá, pelo art. 60 da Lei n. 8.934/94, fazer uma comunicação à Junta Comercial de sua *intentio* de continuar em atividade, sob pena de ser tido como inativo e, consequentemente, ter cancelado o seu registro, que, automaticamente, provocará a perda da proteção ao nome empresarial e a irregularidade dos atos que vier a praticar se retornar ou se não encerrar suas atividades, permanecendo funcionando, visto que, com aquele cancelamento, não terá a liquidação, pois o empresário passará a ser sociedade em comum, se coletivo, ou empresário irregular, se individual. Para evitar isso poderá reativar seu registro, obedecendo aos trâmites procedimentais requeridos para sua constituição e sujeitando-se à prévia verificação do nome empresarial, para evitar qualquer registro de nome idêntico por outro empresário individual ou coletivo, e se o seu antigo nome empresarial foi adotado e registrado por outro empresário, não poderá, obviamente, reivindicá-lo novamente para si.

Pelo Enunciado n. 2 da Jornada Paulista de Direito Comercial: "Ressalvadas as hipóteses do art. 44 da Lei n. 8.934/94, o desarquivamento de documento registrado na Junta Comercial depende de ordem judicial".

Todavia, é preciso lembrar que para a ocorrência do cancelamento do registro pela Junta, o empresário precisará ser previamente notificado, inclusive por edital, e poderá elidir o cancelamento se a atender. Se não a atender, far-se-á o cancelamento do registro, e as autoridades arrecadadoras de tributos (INSS, Caixa Econômica Federal, por ser administradora do FGTS e de receitas federais e municipais) deverão ser informadas do fato pela Junta Comercial dentro do prazo de dez dias, para que tomem as devidas providências. E os sócios da sociedade empresária, diante da notificação, se quiserem, poderão encerrar seu funcionamento, procedendo à dissolução e liquidação da pessoa jurídica.

c) *Autenticação* de documentos é não só condição da regularidade e requisito extrínseco de validade dos instrumentos de escrituração, ou seja, dos livros mercantis, das fichas escriturais, balanços etc., como também ato confirmatório da veracidade das cópias dos documentos originais e usos e costumes assentados (arts. 32, III, e 39, II, da Lei n. 8.934/94).

O registro de empresa é o gênero que contém, portanto, três espécies, como se pode demonstrar no seguinte gráfico:

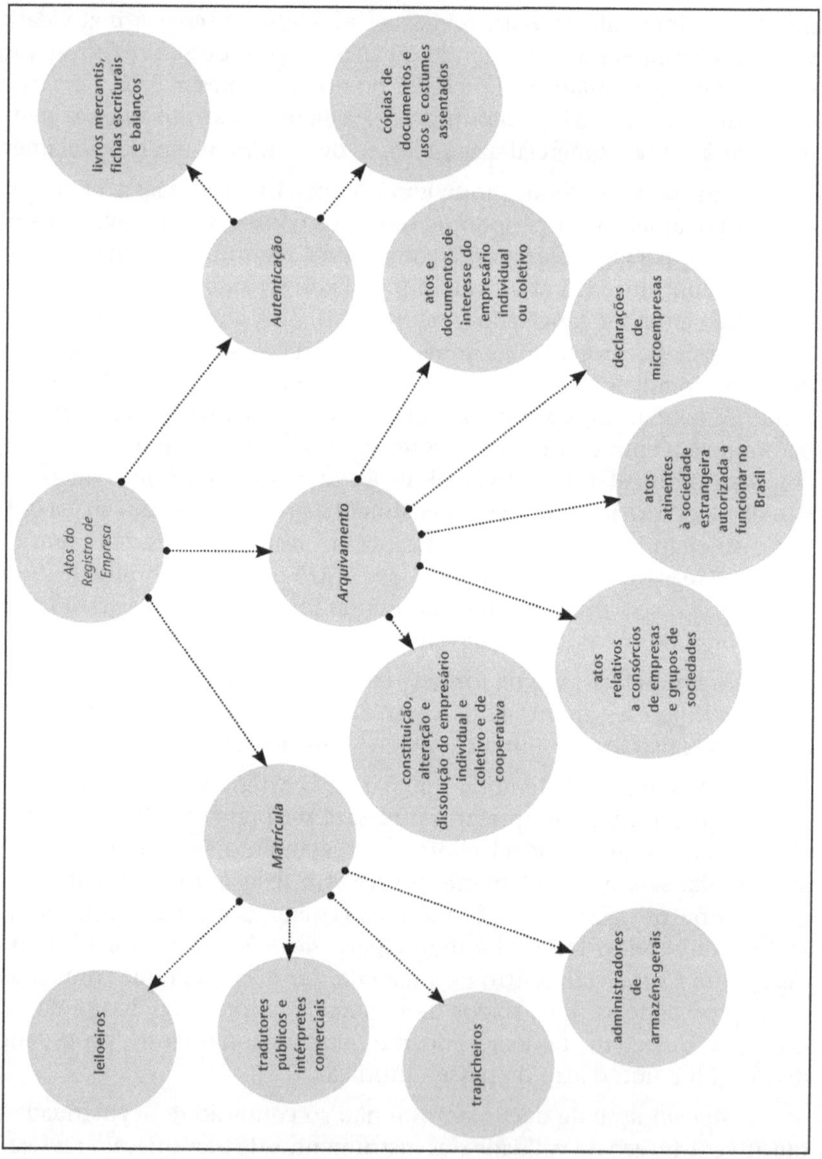

As Juntas Comerciais, ao procederem ao registro, apenas apuram se os requisitos formais de validade e eficácia, previstos normativamente, foram observados, não fazendo qualquer apreciação ao mérito do ato. Assim sendo, pondera Fábio Ulhoa Coelho[110], se vier a extrapolar sua atribuição, indeferindo arquivamento de ato pelo mérito, admissível será a impetração de mandado de segurança contra o despacho denegatório de registro, em favor dos sócios majoritários, e, continua esse jurista, cabível será, em favor do sócio minoritário expulso, a revisão judicial do despacho concessivo, se a Junta registrou ato, apesar da ocorrência da não observação de certa formalidade exigida por lei ou pelo DNRC. Se a Junta deparar com vício de forma sanável (p. ex., por faltar indicação do objeto social), o interessado terá trinta dias para corrigi-lo. Após tal prazo, o saneamento do vício será considerado como novo pedido, incidindo em taxas correspondentes (LRM, art. 40, § 3º). Se o interessado não aceitar a exigência feita pela Junta, poderá, dentro daquele prazo de trinta dias, apresentar pedido de reconsideração, caso em que interromper-se-á o prazo para seu atendimento (Dec. n. 1.800/96, art. 65, § 2º). Se apesar disso a decisão determinante do saneamento do vício for mantida, poder-se-á interpor recurso ao Plenário da Junta e depois ao Ministro da Indústria, Comércio e do Turismo, sendo que a decisão dada por este último finalizará a instância administrativa, mas o interessado poderá, ainda, valer-se da via judicial para averiguar a validade, ou não, da exigência daquele saneamento. Todavia, se o vício for insanável, por comprometer a validade do ato, o seu arquivamento será indeferido; porém, ao interessado se concede a possibilidade de efetuar pedidos revisionais e de interpor os recursos administrativos acima aludidos.

A Lei de Registro de Empresas Mercantis (arts. 41 e 42) prevê dois *regimes de execução registrária*[111]:

---

110. Fábio Ulhoa Coelho, *Curso*, cit., v. 1, p. 71 e 72. Sobre arquivamento: Lei n. 8.934/94, arts. 41, parágrafo único, 42, §§ 1º a 6º, com a redação da MP n. 876/2019 (não mais vigente).

111. Sobre regime de execução de registro de empresa: Fábio Ulhoa Coelho, *Manual*, cit., p. 41 e 42; *Curso*, cit., v. 1, p. 71-3. A Lei n. 6.939/81 (revogada pela Lei n. 8.934/94) regulamentada pelo Decreto n. 86.764/81 (que foi revogado pelo Dec. 1.800/96), criou o *registro sumário*, mais simples e rápido, aplicável a pequenas empresas, que não possuam sócios no exterior, nem pessoas jurídicas como sócias, nem sejam sociedades por ações. Nesse registro o pedido era aprovado por um dos membros da Junta e não por decisão colegiada. Tal registro sumário não era o especial da microempresa e da empresa de pequeno porte, que era ainda mais simples. É a lição de Sebastião José Roque, *Curso*, cit., p. 111. Sobre preço pelo serviço registrário de arquivamento: art. 55, §§ 1º e 2º da Lei n. 8.934/1994, com a redação da Lei n. 13.874/2019.

Vide Decreto n. 9.927/2019 sobre Comitê para Gestão da Rede Nacional para a Simplificação do Registro e da Legalização de Empresas e Negócios – CGSIM.

1) o da *decisão colegiada* dada no prazo de dez dias úteis contados do Protocolo na Junta, próprio para atos complexos. Opera-se em caso de arquivamento de atos: *a*) relacionados com sociedade anônima, como atos de constituição; *b*) de transformação, incorporação, fusão e cisão de sociedade empresária; e *c*) dos alusivos a consórcios de empresas ou grupos de sociedade (Lei n. 8.934/94, art. 41, I, com a redação da Lei n. 13.874/2019). Essa decisão competirá às Turmas (colegiados que compõem as Juntas Comerciais — LRE, art. 21) pelo voto da maioria. Tal decisão deverá ser prolatada no prazo de cinco dias; após esse lapso temporal, o interessado poderá requerer o arquivamento, independentemente de deliberação;

Os pedidos de arquivamento serão decididos no prazo de cinco dias úteis, desde que relativos aos casos do art. 41, I, da Lei n. 8.934/1994, contado da data de seu recebimento, sob pena de os atos serem considerados arquivados, mediante provocação dos interessados, sem prejuízo do exame das formalidades legais pela procuradoria.

2) o da *decisão singular* (proferida pelo presidente da junta, vogal ou servidor), que é dada em dois dias úteis, computados do protocolo da Junta, alusivo à matrícula, à autenticação e aos demais arquivamentos. Assim sendo, p. ex., o contrato social de uma sociedade empresária ou sua modificação e a inscrição do empresário individual arquivar-se-ão por decisão singular, por determinação do Presidente da Junta ou do vogal por ele indicado. Permite a lei que ele designe funcionário público do órgão que conheça o direito empresarial e o registro de empresa.

Os pedidos de arquivamento não previstos no inciso I do art. 41 serão decididos no prazo de dois dias úteis, contado da data de seu recebimento (art. 42, § 2º, com a redação da Lei n. 13.874/2019). O arquivamento dos atos constitutivos e de alterações não previstos no art. 41, I, terá registro deferido automaticamente desde que haja: a) aprovação da consulta prévia da viabilidade do nome empresarial e de localização; e b) utilização pelo requerente do instrumento padrão estabelecido pelo DREI da Secretaria do Governo Digital da Secretaria Especial de Desburocratização, Gestão e Governo Digital do Ministério da Economia. A análise do cumprimento desses requisitos legais será feita posteriormente, no prazo de dois dias úteis, contado da data do deferimento automático do registro e se, porventura, houver identificação da existência de vício, tal fato acarretará: a) cancelamento do arquivamento, se o vício for insanável, ou b) observância do procedimento estabelecido pelo DREI, se o vício for sanável (art. 42, §§ 1º a 6º, com a redação da Lei n. 13.874/2019).

O julgamento pelo Plenário (Lei n. 8.934/94, arts. 19 e 41, II) dos recursos administrativos interpostos contra atos praticados pelos órgãos da Junta operar-se-á pelo regime de decisão colegiada, mesmo que o ato recorrido tenha sido praticado em regime diverso.

Graficamente temos:

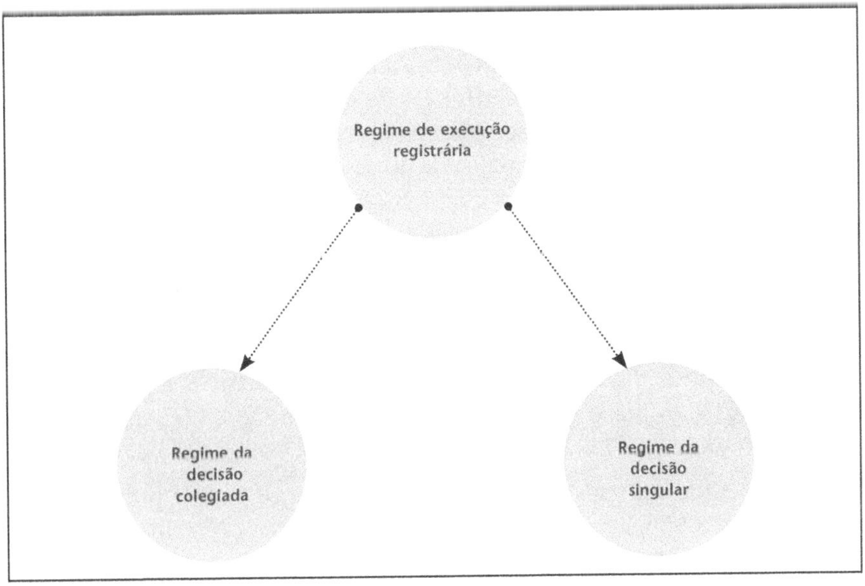

d.2.5. Requerimento do registro de empresa

O registro deverá ser pedido mediante requerimento de pessoa obrigada em lei (empresário individual ou administrador da sociedade empresária indicado no contrato social ou por seu procurador, munido de poderes específicos para tanto), ou, no caso de omissão ou de demora da pessoa indicada legalmente, do sócio, ou de qualquer terceiro interessado (CC, art. 1.151), integrante ou não do quadro societário.

Tutelam-se, assim, os interesses do empresário e da sociedade empresária, evitando-se a irregularidade da atividade desenvolvida.

A apresentação, na forma da lei, à Junta Comercial, dos documentos exigidos para tal registro, deverá dar-se dentro do prazo de trinta dias contado da lavratura dos atos constitutivos (CC, art. 1.151, § 1º). Se uma sociedade empresária teve seu contrato social lavrado no dia 8 de junho de 2007, seus documentos deverão ser apresentados para registro até o dia 8 de julho de 2007, para que os atos por ela praticados no período entre a data do contrato social e a do registro sejam convalidados (efeito *ex tunc*). Feito o registro nesse prazo de trinta dias, ter-se-á a retroatividade de seus efeitos a partir da data da lavratura do ato constitutivo. As atas de assembleia ou reunião de sócios de sociedade limitada, por sua vez, deverão ser levadas a registro no prazo de vinte dias, contado da data da realização do conclave (CC, art. 1.075, § 2º), hipótese em que se tem uma exceção ao comando do art. 1.151, § 1º, do Código Civil.

Se o registro for requerido depois do prazo de trinta dias acima referido, apenas produzirá efeito a partir da data em que for concedido (CC, art. 1.151, § 2º); a sociedade, então, passará a ter personalidade jurídica no dia do despacho da concessão formalizada do seu registro pela Junta Comercial (efeito *ex nunc*).

Havendo omissão ou demora no pedido de registro por pessoa obrigada a requerê-lo, esta deverá responder pelo prejuízo que causar à sociedade (p. ex., impedindo a realização de algum negócio ou a aquisição de benefício fiscal), aos sócios ou a terceiros, pagando indenização a título de perdas e danos (CC, arts. 1.151, § 3º, 402 a 404). E, pelos arts. 99 e 287, II, *b*, da Lei n. 6.404/76, o prazo prescricional para a pretensão da reparação desses danos é de três anos[112].

Se o pedido de registro for indeferido, poder-se-á abrir processo revisional (Lei n. 8.934, art. 44), mediante reconsideração ou recurso ao Departamento Nacional de Registro Empresarial e Integração.

d.2.6. Verificação da regularidade das publicações

O órgão encarregado de efetivar o registro (Junta Comercial) terá, ainda, o dever de verificar (CC, art. 1.152, §§ 1º a 3º), atendendo ao princípio da publicidade (CF, art. 37), a regularidade das publicações oficiais exigidas por lei, observando-se[113]:

a) se foram feitas, salvo exceção expressa em lei no órgão oficial da União ou do Estado, conforme o local da sede do empresário ou da sociedade, e em jornal de grande circulação ou especializado em assunto empresarial;

---

112. Consulte: M. Helena Diniz, *Código*, cit., p. 908 e 909; Paulo Checoli, *Direito de empresa*, cit., p. 322; Sérgio Campinho, *O direito de empresa*, cit., p. 344 e 345; Modesto Carvalhosa, *Comentários*, cit., v. 13, p. 675-9; Arnaldo Rizzardo, *Direito de empresa*, cit., p. 1.055.

113. M. Helena Diniz, *Código*, cit., p. 909 e 910; Paulo Checoli, *Direito de empresa*, cit., p. 324 e 325; Modesto Carvalhosa, *Comentários*, cit., v. 13, p. 679-94; Arnaldo Rizzardo, *Direito de empresa*, cit., p. 1.856-8.

b) se foram levadas a efeito, sendo oriundas de sociedades estrangeiras, nos órgãos oficiais da União e do Estado onde tiverem sucursais, filiais ou agências para que se dê publicidade do seu conteúdo; e, como se pode ver, há neste caso dispensa da publicação em jornal de grande circulação;

c) se ocorreram por três vezes, em se tratando de anúncio de convocação assemblear, mediando, entre a data da primeira inserção e a da realização da assembleia, o prazo mínimo de oito dias, para a primeira convocação, e de cinco dias, para as posteriores.

Observa Sérgio Campinho que havendo exigência legal de publicação de certos atos ou documentos, como p. ex. anúncio de convocação de assembleia ou reunião de sócios (CC, art. 1.072 c/c art. 1.152, § 3º), ata de assembleia ou reunião que aprovar redução do capital (CC, art. 1.084, § 1º) e operação de incorporação, fusão ou cisão (CC, art. 1.122), o órgão responsável pelo registro deverá proceder à verificação da regularidade da publicação, antes da concessão do registro. P. ex., em caso de reunião assemblear convocada para alteração de contrato social, a Junta deverá, antes de efetuar o registro do contrato modificativo, averiguar se aquela assembleia foi corretamente convocada, se em seus trabalhos houve observância das formalidades legais, se a ata foi autenticada pelo administrador da sociedade ou pela mesa diretora, se atendeu ao *quorum* deliberativo etc.

A Junta Comercial tem o dever de verificar a autenticidade dos signitários do requerimento do registro e de fiscalizar se os atos e documentos apresentados estão conformes às exigências legais.

Havendo qualquer irregularidade, o requerente deverá ser notificado para saná-la se for possível. Sanável seria, exemplificativamente, a falta de autenticação da ata da assembleia, pois poder-se-á, posteriormente, autenticá-la, apresentando-a para registro dentro do prazo fixado para tanto. Insanável seria o não atendimento do *quorum* de deliberação ou a inobservância das formalidades convocatórias que exigiriam a repetição do ato[114].

---

114. Sérgio Campinho, *O direito de empresa*, cit., p. 346. Pelo art. 9º da LC n. 123/2006 (com a redação da LC n. 147/2014), "o registro dos atos constitutivos de suas alterações e extinções (baixas), referentes a empresários e pessoas jurídicas em qualquer órgão dos três âmbitos de governo ocorrerá independentemente da regularidade de obrigações tributárias, previdenciárias ou trabalhistas, principais ou acessórias, do empresário, da sociedade, dos sócios, dos administradores, ou de empresas de que participem, sem prejuízo das responsabilidades do empresário, dos titulares, dos sócios ou dos administradores por tais obrigações, apuradas antes ou após o ato de ex-

Com a publicação oficial dos atos societários, não poderá haver escusa de seus efeitos por parte dos sócios, credores, fisco, contratantes, terceiros etc., por haver presunção legal de conhecimento dos atos publicados (eficácia *erga omnes*) e por ser tal publicação prova concludente da efetividade e veracidade do ato de interesse societário e, ainda, título declaratório por evidenciar a existência do referido ato, em razão de sua natureza pública.

Tal se dá porque a publicação oficial estabelece a presunção de legalidade, oportunidade e veracidade dos atos e negócios societários; constitui meio de prova pré-constituída; outorga fé pública àqueles atos, dá-lhes eficácia *erga omnes*; gera presunção legal do conhecimento dos atos e fatos societários (CC, art. 1.154, parágrafo único), e possibilita, na lição de Modesto Carvalhosa, o acesso público aos documentos sociais, por estabelecer o regime de certificação, facultando a qualquer interessado o direito subjetivo de extrair, sem apresentação da justificativa, certidão daqueles documentos arquivados na Junta Comercial do Estado, onde se encontrar a sede do empresário ou da sociedade empresária.

d.2.7. Deveres da autoridade registrária

A autoridade competente (Junta Comercial), para efetivar o registro do empresário individual e coletivo, deverá, atendo-se ao cumprimento das formalidades extrínsecas antes de efetuá-lo (CC, art. 1.153 e parágrafo único):

a) verificar a autenticidade e a legitimidade do subscritor do requerimento, exigindo documentação comprobatória de sua identidade e de sua condição jurídica;

b) fiscalizar a legalidade formal do ato e dos documentos apresentados, averiguando se houve cumprimento dos requisitos legais;

c) notificar o requerente das irregularidades formais encontradas para que, se possível, venha a saná-las, obedecendo às formalidades legais, dentro de trinta dias, sob pena de arquivamento (Lei n. 8.934/94, art. 40, § 2º). Se o vício não puder ser sanado (p.ex. ilicitude do objeto social, exercício de atividade contrária aos bons costumes), ter-se-á indeferimento do pedido do registro.

---

tinção". No mesmo teor: art. 7º-A, §§ 1º e 2º, da Lei n. 11.598/2007, acrescentado pela LC n. 147/2014. Sobre autenticação dos documentos de empresas de qualquer porte realizada por meio de sistemas públicos eletrônicos, *vide* Lei n. 8.934/94, arts. 39-A e 39-B, acrescentados pela LC n. 147/2014.

O art. 1.153 requer um rigoroso *controle administrativo* pelo Registro Público de Empresas Mercantis da autenticidade, legitimidade e legalidade dos atos societários, decidindo pelo registro ou pela reformulação do registro. À Junta Comercial, por ter competência administrativa de natureza registrária, compete o exame da regularidade dos aspectos formais da documentação societária e da autenticidade dos signatários, apurando se possuem representatividade, se foram efetivamente nomeados[115] e se têm legitimidade para assinarem. Daí seu papel relevante para a validade das informações contidas nos atos societários levados a registro, em razão da transparência de seus procedimentos, por força do princípio da função social da empresa. Diz Armando Luiz Rovai que "as Juntas Comerciais funcionam como tribunais administrativos, onde a execução do registro de empresa tem como fim a prestação de um serviço ao público, sendo premente que os dados se-

---

115. M. Helena Diniz, *Código*, cit., p. 910; Arnaldo Rizzardo, *Direito de empresa*, cit., p. 1.058-62; Modesto Carvalhosa, *Comentários*, cit., v. 13, p. 694-701; Armando Luiz Rovai, Registros empresariais transparentes, *Tribuna do Direito*, dez. 2004, p. 18. Adalberto Simão Filho (*A nova sociedade limitada*, p. 116 e 117) indica os pontos a serem analisados pela Junta Comercial: "a) visto do advogado no contrato, com o nome e número de registro na OAB, salvo para empresas de pequeno porte e microempresas na forma da Lei n. 9.841/99; b) cópia autenticada da identidade com visto permanente ou documento probante expedido pela Polícia Federal para sócio estrangeiro administrador (IN 76/98 — ora revogada pela IN n. 10/2013, do DREI); c) procurador de sócio estrangeiro (pessoa física ou jurídica) com procuração tendo poderes para receber citação e representar em juízo ou fora dele, traduzida por tradutor juramentado, consularizada, exceto para procuração lavrada em notário francês (Dec. n. 91.207/85), com firma reconhecida e registrada em cartório (Lei n. 6.015/73, IN 76/98 — ora revogada pela IN n. 10/2013, do DREI); d) procurador de sócio. Se particular o mandato, deve ser reconhecida firma outorgante (Dec. n. 1.800/96, art. 39; Código Civil, art. 654, § 2º); e) foro, pois deve constar do contrato o foro competente ou a cláusula arbitral (Dec. n. 1.800/96, art. 53, III, *e*); f) capital social integralizado com quotas de outra sociedade. Deve ser apresentado no mesmo ato o instrumento de alteração do contrato social da sociedade, cujas quotas se prestarem à integralização do capital; g) capital integralizado com bem imóvel. Deve conter no instrumento a descrição do bem, identificação, área, dados relativos à titulação, número de matrícula no registro imobiliário e, se for o caso, a outorga uxória (Dec. n. 1.800/96, art. 53, VIII); h) tipo de sociedade adotado, declaração precisa e detalhada do objeto social (com indicação de gênero e espécie conforme o Dec. n. 1.800/96, art. 53, X, § 2º); capital, forma e prazo de sua integralização, quinhão de cada sócio e responsabilidade destes (Dec. n. 1.800/96, art. 53, III, *d*); i) prazo de duração da sociedade, data de encerramento do exercício social quando não coincidir com o ano civil (Dec. n. 1800/96, art. 53, III, *d*); j) nome empresarial, município da sede com endereço completo, foro e endereço completo das filiais declaradas (Dec. n. 1.800/96, art. 53, III, *e*); k) declaração de desimpedimento do sócio administrador de que não está condenado por nenhum crime cuja pena vede o acesso à atividade mercantil (Dec. n. 1.800/96, art. 53, IV)".

jam corretos e claros" (...) e "evidenciam a pretensão dos sócios" (...) "A importância da inserção de dados corretos, nítidos e verídicos refletem-se na própria natureza jurídica das Juntas Comerciais, que devem observar os princípios da legalidade, impessoalidade, moralidade, publicidade e eficiência, privilegiando o interesse público em relação ao interesse individual. Não há espaço para a discussão interpretativa, sob pena de acarretar um colapso no âmbito jurídico societário e informativo administrativo". Interessante é a lição de Rubens Requião, reforçando a função administrativa das Juntas Comerciais: "É preciso compreender que, no exercício dessas atribuições, as Juntas Comerciais funcionam como tribunal administrativo, pois examinam previamente todos os documentos levados a registro. Mas essa função não é jurisdicional, pois as Juntas possuem apenas competência para o exame formal desses atos e documentos (...). O que não podem as Juntas fazer, pois escapa à sua competência, é examinar problemas inerentes e próprios ao direito pessoal dos que participam de tais atos, pois isso constituiria invasão da competência do Poder Judiciário. Essa matéria, que não deixa de ser sutil, já foi objeto de debate judicial, tendo nossos juízes recolocado as Juntas Comerciais nos limites de sua competência administrativa (...) Não podem os vogais se arrogar à posição de magistrados para decidir problemas de interesse privado das partes que comparecem nos instrumentos levados a registro. A validade do documento, que cumpre às Juntas Comerciais examinar, na verdade, nada tem a ver com a validade ou invalidade das decisões tomadas pelas partes no exercício de seus direitos privados"[116]. Com o registro não há veracidade substancial do ato, uma vez que o oficial apenas efetua o exame extrínseco do documento levado a assento, uma vez que não pode, nem está obrigado a proceder ao exame dos elementos intrínsecos do ato negocial submetido à sua verificação. Assim sendo, questões alusivas ao conteúdo do contrato social, a prejuízos a direitos dos sócios ou a interesses da sociedade empresária serão de alçada do Poder Judiciário. Caberá recurso ao Judiciário, precedido de medida cautelar, se atos praticados pela Junta Comercial vierem a causar lesão a direitos do empresário, da sociedade empresária ou dos seus sócios[117].

---

116. Rubens Requião, *Curso*, cit., v. 1, p. 106 e 107.

117. Modesto Carvalhosa, *Comentários*, cit., v. 13, p. 699; Walter Ceneviva, Função do registro público: registro civil de sociedade, associação e fundação, in *Publicação do 3º RTD*, n. 167, p. 682.

d.2.8. Oposição a terceiros

Somente com o cumprimento das formalidades legais e a publicação oficial do ato societário sujeito a registro ele terá efeito em relação a terceiros, por estar revestido de eficácia *erga omnes*, com seu arquivamento no Registro Público de Empresas Mercantis. Antes do cumprimento das formalidades legais, o ato sujeito a registro, salvo disposição de lei, não poderá ser oposto a terceiro, a não ser mediante comprovação de que este já o conhecia (CC, art. 1.154). Se aquelas formalidades forem cumpridas, o terceiro não poderá alegar sua ignorância (LINDB, art. 3º, e CC, parágrafo único do art. 1.154) a respeito do conteúdo dos documentos devidamente registrados e publicados, visto que o registro lhe confere publicidade. Com isso, a lei visa a impedir que terceiros, de má-fé, aleguem sua ignorância sobre ato societário, para obter alguma vantagem. Há presunção legal absoluta de conhecimento de terceiro do negócio ou ato societário após seu registro e publicação oficial, havendo sua disponibilização a todos, mediante obtenção de certidão perante o órgão registrário competente[118].

d.2.9. Registros públicos especiais

O Registro Público de Empresa Mercantil não é o único obrigatório às sociedades empresárias, por haver[119]:

---

118. M. Helena Diniz, *Código*, cit., com. ao art. 1.154; Sérgio Campinho, *O direito de empresa*, cit., p. 345; Roberto Senise Lisboa, *Comentários*, cit., p. 878.

119. É a lição de Sebastião José Roque, *Curso*, cit., p. 112 e 113.

A Lei n. 12.715/2012 acresce os arts. 2º-A a 2º-D ao Decreto-Lei n. 1.593/77, no seguinte teor:

"Art. 2º-A. A caracterização das práticas descritas nos incisos II e III do art. 2º, para fins de cancelamento do registro especial, independe da prova de regularidade fiscal da pessoa jurídica perante a Fazenda Nacional.

Art. 2º-B. Fica vedada a concessão de novo registro especial, pelo prazo de 5 (cinco) anos-calendário, à pessoa jurídica que teve registro especial cancelado conforme disposto no art. 2º.

Parágrafo único. A vedação de que trata o *caput* também se aplica à concessão de registro especial a pessoas jurídicas que possuam em seu quadro societário:

I — pessoa física que tenha participado, na qualidade de sócio, diretor, gerente ou administrador, de pessoa jurídica que teve registro especial cancelado conforme disposto no art. 2º;

II — cônjuge, companheiro ou parente em linha reta ou colateral, por consanguinidade ou afinidade, até o terceiro grau, das pessoas físicas mencionadas no inciso I;

III — pessoa jurídica que teve registro especial cancelado conforme disposto no art. 2º.

a) outros registros especiais necessários a certas categorias de sociedade empresária. Assim sendo, a sociedade anônima de capital aberto deverá registrar-se na Comissão de Valores Mobiliários (CVM); um banco deverá efetuar seu registro no Banco Central do Brasil (BACEN);

b) Cadastro Geral de Contribuintes do Ministério da Fazenda (CGCMF), ou melhor, Cadastro Nacional de Pessoa Jurídica (CNPJ — Instrução Normativa n. 1.634/2016 — com a alteração da IN n. 1.684/2016 — da RFB), no qual deverão inscrever-se para serem identificadas, qualificadas e localizadas na Secretaria da Receita Federal para fins de contribuições fiscais ou de recolhimento de tributos federais (IPI; IR). O número de sua inscrição no CNPJ deverá constar em suas notas fiscais, duplicatas etc.;

c) inscrição estadual que as habilita a recolher regularmente impostos estaduais, como o ICMS;

d) inscrição na Previdência Social para fins de recolhimento das contribuições do INSS e contratação de empregados, filiando-os à Previdência Social. O certificado desse registro deverá ser apresentado em concorrências públicas, no licenciamento de seus veículos etc.;

e) Cadastro das Empresas no Ministério do Trabalho (CE-MT), sujeitando-se à inspeção desse Ministério no cumprimento de obrigações trabalhistas. Quanto à inscrição municipal, para habilitação ao pagamento de tributos municipais (ISS), é própria das sociedades simples prestadoras de serviços. Com essa inscrição, tais sociedades poderão requerer à Prefeitura Municipal o alvará de funcionamento.

Art. 2º-C. (VETADO.)

Art. 2º-D. É vedada a produção e importação de marcas de cigarros anteriormente comercializadas por fabricantes ou importadores que tiveram o registro especial cancelado conforme disposto no art. 2º.

Parágrafo único. Aplicar-se-á a pena de perdimento aos cigarros produzidos ou importados em desacordo com o disposto no *caput*".

QUADRO SINÓTICO

SOCIEDADE PERSONIFICADA

<table>
<tr><td>1. NOÇÕES GERAIS</td><td colspan="3">• Ter-se-á sociedade personificada com a inscrição da sociedade simples no Registro Civil das Pessoas Jurídicas e da sociedade empresária no Registro Público das Empresas Mercantis, gerando autonomia contratual e patrimonial e titularidade processual.</td></tr>
<tr><td rowspan="4">2. ESPÉCIES SOCIETÁRIAS PERSONIFICADAS</td><td rowspan="2">• Sociedade empresária</td><td>• conceito</td><td>• Pessoa jurídica que visa o lucro ou resultado econômico ou social, mediante exercício habitual de atividade econômica organizada com o escopo de obter a produção ou circulação de bens ou de serviços.</td></tr>
<tr><td>• formas</td><td>• sociedade em nome coletivo.
• sociedade em comandita simples.
• sociedade em comandita por ações.
• sociedade limitada.
• sociedade anônima.</td></tr>
<tr><td>• Sociedade simples pura</td><td colspan="2">• CC, arts. 997 a 1.038.</td></tr>
<tr><td>• Sociedade simples não pura</td><td colspan="2">• sociedade em nome coletivo.
• sociedade em comandita simples.
• sociedade limitada.
• sociedade cooperativa.</td></tr>
</table>

3. SOCIEDADE SIMPLES	• Conceito	• Pessoa jurídica de direito privado que visa a fim econômico ou lucrativo para ser repartido entre os sócios, alcançado mediante exercício *de certas profissões* ou pela prestação de serviços técnicos.
	• Objeto social	• Exercício de atividade econômica não empresarial, ou seja, prestação de serviços profissionais, mesmo com concurso de colaboradores ou auxiliares, de natureza científica, literária e artística; de atividade voltada à educação, à agricultura e à pecuária ou de atividade cooperativa.
	• Natureza contratual	• Visto que se constitui pelo contrato social, feito por instrumento público ou particular, contendo cláusulas essenciais, previstas no art. 997 do Código Civil, com as seguintes informações: *a*) nome, nacionalidade, estado civil, profissão e residência dos sócios, se pessoas naturais; se forem pessoas jurídicas, deverá especificar sua firma ou razão social, nacionalidade e sede; *b*) denominação, objeto, sede e prazo da sociedade; *c*) capital social, expresso em moeda corrente, podendo compreender qualquer espécie de bens, suscetíveis de avaliação pecuniária; *d*) especificação da quota de cada sócio no capital social e o modo de realizá-la; *e*) prestações a que se obriga o sócio, cuja contribuição consista em serviços; *f*) indicação das pessoas naturais incumbidas da administração da sociedade, e de seus poderes e atribuições; *g*) participação de cada sócio nos lucros e nas perdas; *h*) responsabilidade subsidiária, ou não, dos sócios pelas obrigações sociais. O contrato social terá, com o registro, eficácia *erga omnes*.
	• Registro	• Para adquirir personalidade jurídica, a sociedade simples deverá requerer, dentro de trinta dias de sua constituição, sua inscrição no Registro Civil das Pessoas Jurídicas do local onde estiver situada sua sede (CC, arts. 45, 75, IV, 998 e 1.150). • Seguir-se-á o disposto no Código Civil, arts. 998, §§ 1º e 2º, 45, 2ª parte, 46. • Com o registro do contrato social: seu conteúdo passa a ser oponível *erga omnes*; surge a pessoa jurídica com aptidão para ser sujeito de direitos e obrigações e com capacidade patrimonial, tendo nome, patrimônio, nacionalidade e domicílio diversos dos de seus sócios.

3. SOCIEDADE SIMPLES	• Efeitos jurídicos	• Nas relações entre sócios atinentes à cooperação para consecução do objetivo social	• Dever de cooperação (CC, arts. 981 e 1.007). • Dever de contribuir para a formação do patrimônio social (CC, arts. 997, II, IV, V e VII, 1.004 e parágrafo único, e 1.031, § 1º, 1.094, I, 983, 2ª parte). • Dever de responder pela evicção (CC, arts. 450, 1.004 e 1.005). • Dever de indenizar a sociedade de todos os prejuízos que esta sofrer por culpa deles. • Direito de contratar terceiros para melhor atingir o objetivo social.
		• Nas relações recíprocas entre os sócios	• Tais relações são regidas pelo contrato social, mas, no seu silêncio, prevalecerão as normas do Código Civil quanto: *a*) à composição da quota social (CC, art. 988); *b*) aos poderes de administração (CC, arts. 1.010 a 1.021); *c*) à utilização dos bens sociais (CC, art. 1.017); *d*) ao exame de livros e documentos (CC, art. 1.021); *e*) à posição de sócio ante as obrigações sociais ativas e passivas (CC, arts. 1.337, 1.017, 1.024, 1.022; CPC, art. 795, § 1º); *f*) à distribuição de lucros ilícitos ou fictícios (CC, art. 1.009); *g*) à substituição de sócios (CC, art. 1.022); *h*) à cessão total ou parcial da quota (CC, art. 1.003 e parágrafo único); *i*) à vedação ao administrador de fazer-se substituir no exercício de suas funções (CC, arts. 1.018 e 653 a 691).
		• Nas relações da sociedade e dos sócios em face de terceiros	• CC, arts. 1.022, 1.023, 1.025, 1.026 e parágrafo único, 1.027, 1.016 e 50. • CPC, arts. 795, § 1º, e 790, II.

3. SOCIEDADE SIMPLES	• Efeitos jurídicos	• Direito dos sócios	• Participar nos lucros (CC, arts. 1.007 e 1.008). • Colaborar no funcionamento da sociedade (CC, arts. 1.004 e parágrafo único e 1.006). • Reembolsar-se das despesas (CC, arts. 1.010, § 3º, e 1.001). • Servir-se dos bens sociais (CC, art. 1.017). • Administrar a sociedade (CC, arts. 1.061, 1.019, parágrafo único, 1.015 e parágrafo único (ora revogado pela Lei n. 14.195/2021), 1.011, § 2º, 1.010, §§ 1º a 3º, e 1.014). • Associar um estranho ao seu quinhão social (CC, arts. 999 e 997, parágrafo único). • Votar nas assembleias gerais. • Retirar-se da sociedade (CC, art. 1.029). • Firmar alteração do contrato social.
		• Dissolução	• Implemento de condição resolutiva. • Vencimento do prazo estabelecido no contrato (CC, art. 1.033, I e III). • Extinção do capital social (CC, art. 1.035). • Consecução do fim social (CC, art. 1.034,II) • Verificação de inexequibilidade do objetivo comum (CC, art. 1.034). • Falência superveniente de um dos sócios (CC, art. 1.030, parágrafo único). • Incapacidade superveniente (CC, arts. 1.030 e 1.033). • Morte (CC, arts. 1.028, I a III, e 1.032), salvo as hipóteses do CC, art. 1.033, parágrafo único. • Renúncia ou retirada de sócio (CC, arts. 1.029 e parágrafo único, 1.031 e 1.032). • Distrato (CC, arts. 1.033, II, e 472). • Nulidade ou anulabilidade do contrato (CC, art. 1.034, I). • Cassação de autorização governamental (CC, art. 1.033, V). • Falta de pluralidade de sócio (CC, art. 1.033, IV), com exceção dos casos do art. 1.033, parágrafo único.
		• Liquidação	• É a apuração do patrimônio social tanto no ativo como no passivo, protraindo-se até que o saldo líquido seja dividido entre os sócios (CC, arts. 1.036 e parágrafo único, 1.037, 1.038, §§ 1º e 2º, 1.102 a 1.112).

3. SOCIEDADE SIMPLES	• Sociedade cooperativa	• Conceito	• É uma sociedade *intuitu personae* de pessoas, constituída mediante contrato plurilateral. Apresenta forma especial de organização autônoma de atividade econômica, fundando-se no mutualismo, tendo por finalidade a produção agrícola ou industrial, a circulação ou troca de bens e serviços de proveito comum, voltando-se ao atendimento de seus sócios, sem intuito lucrativo. Daí o princípio da dupla qualidade do cooperado, que é, concomitantemente, sócio e cliente (utente ou usuário).
		• Natureza jurídica	• É uma associação sob forma de sociedade simples. É uma sociedade simples *sui generis*, com autonomia organizacional independente de autorização estatal, sujeita a inscrição na Junta Comercial e a normas que fixam diretrizes gerais, estimulando o cooperativismo, não se submetendo ao regime empresarial e falimentar.
		• Objeto social	• Admite-se, na cooperativa, qualquer serviço, operação ou atividade que traga proveito comum aos cooperados, visto que seu objeto social é a viabilização da atividade socioeconômica dos cooperados, por estar voltada ao atendimento deles, garantindo-lhes a fruição das vantagens do empreendimento comum, com o escopo de melhorar sua própria situação econômica.
		• Tipos	• Cooperativa singular. • Cooperativa mista. • Federação de cooperativas. • Confederação de cooperativas. • Cooperativa pode assumir diversos aspectos: cooperativa de produção agrícola ou industrial; cooperativa de trabalho; cooperativa de beneficiamento de produtos; cooperativa de compras em comum; cooperativa de venda em comum; cooperativa de consumo; cooperativa de abastecimento; cooperativa de crédito; cooperativa de seguros; cooperativa de construção de casas populares; cooperativa de editoras; cooperativa de cultura intelectual; cooperativa de livros; cooperativa escolar; cooperativa de eletrificação rural; cooperativa de mineração; cooperativa de médicos etc. • Cooperativa social.

3. SOCIEDADE SIMPLES	• Sociedade cooperativa	• Disciplina normativa	• CC, arts. 1.094 a 1.096, 997 a 1.083. • Lei n. 5.764/71, com alterações da Lei n. 7.231/84. • Princípios: da adesão livre e da mutualidade.
		• Extinção	• Dissolução voluntária ou judicial. • Liquidação para apuração de ativo e passivo.
		• Caracteres	• CC, art. 1.094.
		• Responsabilidade subsidiária dos sócios	• limitada (CC, art. 1.095, § 1º). • ilimitada (CC, art. 1.095, § 2º).
4. SOCIEDADE EMPRESÁRIA	• Definição	• É a sociedade personificada que, assentada no Registro Público de Empresas Mercantis, tem, profissionalmente, por objeto a atividade econômica organizada para a produção ou circulação de bens ou serviços, no mercado, com escopo de lucro mediato ou imediato.	
	• Caracteres	• Personalidade jurídica de direito privado, com autonomia patrimonial, titularidade jurídica, negocial e processual e responsabilidade pelas obrigações ativas e passivas. • Exercício, com habitualidade e profissionalidade, de atividade econômica empresarial lícita. • Lucratividade mediata ou imediata. • Constituição de capital social pelas contribuições dadas pelos sócios. • Organização interna (sistema de contabilidade, conservação de toda escrituração e levantamento anual de balanço patrimonial ou econômico).	
	• Modalidades	• Quanto à forma societária	• sociedade em nome coletivo (CC, arts. 1.039 a 1.044). • sociedade em comandita simples (CC, arts. 1.045 a 1.051). • sociedade limitada (CC, arts. 1.052 a 1.087). • sociedade em comandita por ações (CC, arts. 1.090 a 1.092). • sociedade anônima (CC, arts. 1.088 e 1.089).
		• Quanto à natureza da atividade econômica	• sociedade empresária por força de lei (CC, art. 982). • sociedade empresária por equiparação (CC, art. 984).

4. SOCIEDADE EMPRESÁRIA	• Princípios	• da legalidade do objeto social. • da função social da "empresa". • da boa-fé objetiva e da probidade. • da coparticipação dos sócios nos lucros e nas perdas (CC, art. 1.008).	
	• Registro da sociedade empresária	• Obrigatoriedade	• A sociedade empresária, antes do início de sua atividade, está obrigada por lei a efetuar seu assento e o de seus atos junto ao Registro Público de Empresas Mercantis de sua sede, a cargo da Junta Comercial para obter personalidade jurídica e regularidade.
		• Importância	• Cadastra a sociedade empresária. • Dá publicidade, segurança, eficácia e autenticidade aos atos societários. • Indica seus sócios, administradores, capital social e sede. • Procede à matrícula e ao cancelamento dos seus auxiliares. • Concede tutela jurídica e uso de prerrogativas próprias do empresário coletivo.
		• Natureza	• Constitutiva ao conferir personalidade jurídica à sociedade empresária. • Declaratória ao declarar a regularidade da sociedade empresária.
		• Efeitos negativos da falta de registro	• Irregularidade. • Clandestinidade. • Responsabilidade ilimitada dos sócios. • Impossibilidade de matrícula no Instituto Nacional de Segurança Social, de autenticar livros e de manter contabilidade legal, de se inscrever no CNPJ e no CCM e nos cadastros estaduais e municipais e de participar de licitações públicas. • Dificuldade para efetivar negócios regulares e para obter empréstimos bancários. • Tratamento tributário rigoroso. • Ilegitimidade ativa para pedir falência de outro empresário e para requerer recuperação judicial ou extrajudicial. • Proibição de contratar com o poder público. • Impossibilidade de obter enquadramento como microempresa.

4. SOCIEDADE EMPRESÁRIA	• Registro da sociedade empresária	• Órgãos registrários	• Sistema Nacional de Registro de Empresas Mercantis (SINREM), composto pelo DNRC e pelas Juntas Comerciais, compostas por: presidência, plenário, turmas, secretaria-geral e procuradoria.
		• Atos registrários empresariais	• Matrícula. • Arquivamento. • Autenticação.
		• Regimes de execução registrária	• O da decisão colegiada. • O da decisão singular.
		• Requerimento do registro de empresa	• CC, art. 1.151,§§ 1º e 2º.
		• Verificação da regularidade das publicações	• CC, arts. 1.152, §§ 1º a 3º, e 1.154, parágrafo único.
		• Deveres da autoridade registrária	• CC, art. 1.153 e parágrafo único. • Rigoroso controle administrativo da autenticidade, legitimidade e legalidade dos atos societários, decidindo-se pelo registro e pela reformulação.
		• Oposição a terceiros	• CC, art. 1.154 e parágrafo único. • LINDB, art. 3º.
		• Registros públicos especiais	• CVM, BACEN etc. • CNPJ. • INSS. • Inscrição estadual. • CE-MT.

6. Tipos societários

A. Generalidades

O novel Código Civil contempla também outros tipos de sociedades personificadas como as sociedades em nome coletivo; as sociedades em comandita simples; as sociedades limitadas; as sociedades em comandita por ações e a sociedade anônima.

B. Sociedade em nome coletivo

b.1. Disciplina jurídica

A sociedade em nome coletivo será regida pelos arts. 1.039 a 1.044 do Código Civil, e no que forem omissos, aplicar-se-á, supletivamente, no que couber, o disposto nos arts. 997 a 1.038 do Código Civil, relativos à sociedade simples (CC, art. 1.040). Poderão adotar esse tipo societário tanto a sociedade simples como a empresária, de conformidade com o objetivo social que poderá ser uma atividade não empresarial ou empresarial.

b.2. Conceito e caracteres fundamentais

A sociedade em nome coletivo é a sociedade de pessoas (*intuitu personae*) voltada à consecução de atividade econômica na qual todos os sócios, pessoas naturais (empresárias ou não), responderão solidária e ilimitadamente pelas obrigações sociais (CC, art. 1.039, *caput*), perante terceiros. Por ser sociedade de pessoas, a cessão da quota social de um sócio somente será possível com a anuência dos demais.

Desta conceituação inferem-se seus dois caracteres fundamentais:

a) Composição do quadro societário unicamente com pessoas naturais (CC, art. 1.039, *caput*, 1ª parte). Nesse tipo societário apenas pessoas naturais poderão integrar o quadro social; pessoas jurídicas não poderão dela participar como sócias.

b) Responsabilidade solidária e ilimitada de todos os sócios, pertencentes a uma única categoria, pelas obrigações sociais (CC, art. 1.039, *caput*, 2ª parte), de modo que seus bens particulares poderão ser executados por débitos da sociedade, se o quinhão social for insuficiente para cobrir as referidas dívidas. Logo, fazem jus ao benefício de ordem do art. 1.024 do Código Civil, que reza: "Os bens particulares dos sócios não podem ser executados por dívidas da sociedade, senão depois de executados os bens sociais". O patrimônio pessoal do sócio somente será alcançado se o da sociedade não bastar para saldar o débito social. Deveras, a esse respeito pondera Fran Martins: "o que caracteriza a sociedade em nome coletivo é o fato de todos os seus sócios possuírem responsabilidade ilimitada e solidária em forma subsidiária, pelas obrigações sociais. É, assim, uma sociedade de pessoas ou contratual, na formação da qual se toma em consideração a pessoa dos sócios pela responsabilidade que assumem". A solidariedade não está desvinculada da subsidiariedade, pois qualquer sócio ou todos eles poderão ser demandados pelo débito todo, em caráter subsidiário, ou seja, depois de esgotado o patrimônio da sociedade.

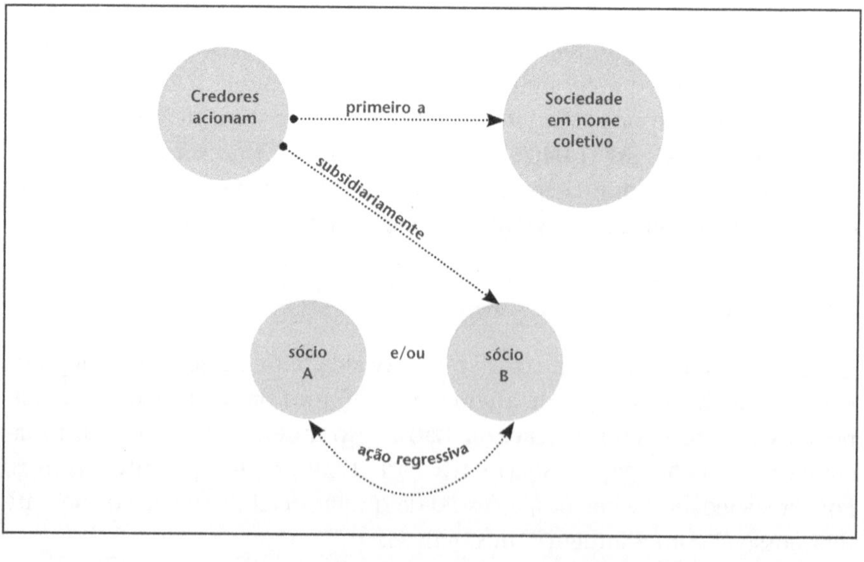

Se só um deles for acionado, ele poderá, posteriormente, fazer uso do direito de regresso contra os demais, em caso de ter efetuado pagamento de quantia maior que a devida. A sociedade em comum é vantajosa aos credores, uma vez que o patrimônio dos sócios constitui garantia dos débitos, devendo os credores excutir primeiro os bens sociais e depois os dos sócios. Observa Fábio Ulhoa Coelho que esse tipo de sociedade não preserva nenhum dos sócios dos riscos inerentes ao investimento, pois se a atividade societária for infrutífera, poderá acarretar ruína dos sócios e de suas famílias, já que seus patrimônios poderão ser comprometidos no pagamento dos credores da sociedade.

Mas, nada impedirá, não havendo qualquer prejuízo de sua responsabilidade perante terceiros, que os sócios, no contrato social, ou por convenção posterior unânime, resolvam limitar entre si a responsabilidade de cada um (*RT*, *465*:142) pelas obrigações sociais, estabelecendo um marco, dentro do qual cada sócio responderá por elas (CC, art. 1.039, parágrafo único). Em suas relações internas é, portanto, lícito o pacto que venha a limitar a responsabilidade dos sócios ou excluir a responsabilidade ilimitada. Tal convenção, contudo, terá eficácia *inter partes*, pois relativamente a terceiros, a responsabilidade de cada sócio pelos débitos sociais continuará sendo ilimitada e solidária, depois de exaurido o patrimônio social. Com tal convenção, o sócio responderá pessoal e limitadamente perante os demais, pelo ato efetuado, mas cada um continuará nas relações externas responsável solidária e ilimitadamente. A limitação da responsabilidade não será, portanto, oponível a terceiro (credor da sociedade, como, p. ex., fornecedor, Fazenda Pública etc.). O credor não é parte da cláusula ou pacto limitativo de responsabilidade; logo, esgotados os bens sociais, sendo insuficientes para saldar toda dívida, poderá executar qualquer sócio ou todos eles, por haver responsabilidade solidária e ilimitada (com as forças do patrimônio pessoal) e subsidiária. Observa Matiello que ocorrendo litígio, envolvendo terceiro, aquela limitação imposta pelo acordo interno não o atingirá, mas o sócio a quem ela beneficiar poderá exigir sua observância no instante da prestação de contas dos demais sócios[120].

---

120. Consulte: Amador Paes de Almeida, *Direito de empresa*, cit., p. 111 e 112; Fran Martins, *Curso de direito comercial*, Rio de Janeiro, Forense, 1979, p. 284; M. Helena Diniz, *Código*, cit., p. 820 e 821; *Tratado*, cit., v. 4, p. 114; Fabrício Z. Matiello, *Código Civil*, cit., p. 649-51; Rubens Requião, *Curso*, cit., v. 1, p. 372-5; Arnaldo Rizzardo, *Direito de empresa*, cit., p. 169 e 170; Fábio Ulhoa Coelho, *Curso*, cit., v. 2, p. 476 e 477; Ricardo Negrão, *Manual*, cit, v. 1, p. 340.

b.3. Constituição e firma social

A sociedade em nome coletivo constituir-se-á mediante contrato escrito, particular ou público, que, além das cláusulas firmadas pelos sócios e da indicação da firma social, deverá (CC, arts. 1.041 e 997): *a*) qualificar os sócios; *b*) indicar o objeto social, a sede, o prazo de duração da sociedade; o capital social; a contribuição de cada sócio em bens ou serviços; a subsidiariedade ou não de sua responsabilidade pelas obrigações sociais e sua participação nos lucros e perdas; *c*) designar gerente, apontando suas atribuições, se não se pretender que todos os sócios a administrem, usando a firma social.

Se existe a sociedade em nome coletivo quando duas ou mais pessoas naturais se unem para realizar um objetivo social, debaixo de uma firma social, esta é, em regra, constituída do nome de todos os sócios, p. ex., Almeida & Oliveira, ou de um ou alguns deles, por extenso ou abreviadamente, seguida da expressão: "& Companhia", por extenso, ou da abreviada "& Cia.". Deverá sua firma conter o nome de pelo menos um dos sócios, se não individualizar todos (art. 5º, II, *a*, da IN n. 15/2013 do DREI). P. ex., Souza, Soares & Cia; Queiroz & Cia. Não havendo a designação do nome de todos os sócios na firma social, esta deverá ser seguida da locução "& Companhia" (CC, art. 1.041). A firma social é a denominação usada pela sociedade no exercício de suas atividades econômicas e deve constar expressamente do contrato social[121].

b.4. Administração

A administração é exclusiva dos sócios; vedada está a nomeação de mandatário para o exercício da administração, ou seja, de administrador estranho ao quadro societário. Trata-se do auto-organicismo, como diz Rachel Sztajn. Se não houver indicação do administrador, todos ou qualquer dos sócios poderão exercer administração e fazer uso da firma, nos limites do contrato social.

Como exemplos dessa sociedade temos: a construtora Durtnell's, da Inglaterra; a vinícola italiana Antinori etc.

121. Rubens Requião, *Curso*, cit., v. 1, p. 372; M. Helena Diniz, *Código*, cit., p. 821 e 822; Ives Gandra da Silva Martins Filho, As sociedades empresárias, in *O novo Código Civil — estudos em homenagem ao Prof. Miguel Reale*, São Paulo, LTr, p. 867; Paulo Checoli, *Direito de empresa*, cit., p. 137.

Todos os sócios, em princípio, terão igual possibilidade para administrar a sociedade em nome coletivo, pouco importando sua maior ou menor participação no capital social. Mas se o contrato social ou documento em separado arquivado no Registro de Empresa (CC, art. 1.012) designar sócios-gerentes, o uso da firma social, obrigando a sociedade, nos limites daquele ato constitutivo, deles será privativo, visto poderem praticar atos de gestão e terem os poderes necessários para tanto. Logo, o uso da firma só é permitido aos administradores com poderes especiais para isso, previstos no pacto social, por envolver efetivação de atos negociais, gerando obrigações que atingem a todos os sócios (CC, art. 1.042). Se algum sócio vier a utilizar, indevidamente, a firma social, responderá, individualmente, pelas perdas e danos[122].

b.5. Possibilidade de liquidação da quota de sócio devedor para solver crédito particular

A quota social, parcela do capital social, é patrimônio pessoal do sócio, que dela pode fazer uso, empenhando-a, p. ex., para garantir dívida sua; porém, tal quota somente terá liquidez com a dissolução da sociedade.

As quotas sociais, não estando dissolvida a sociedade, não poderão ser liquidadas para pagar dívidas particulares do sócio (CC, art. 1.043, *caput*), visto que isso alteraria a estrutura da sociedade em nome coletivo, podendo afetar sua subsistência. Entretanto, o art. 1.043 do Código Civil, em seu parágrafo único, admite, para satisfazer crédito de seu sócio, excepcionalmente, algumas hipóteses de liquidação da quota do sócio devedor, antes da dissolução da sociedade. Antes de operada a dissolução da sociedade em nome coletivo, o credor particular de um de seus sócios não poderá requerer a liquidação de sua quota, a não ser que tenha (CC, art. 1.043, parágrafo único, I e II): *a*) havido prorrogação tácita da sociedade (p. ex., vencimento do prazo de duração sem promover a liquidação), caso em que a liquidação das quotas operar-se-á de imediato. Esse comando legal é aplicável à sociedade com prazo determinado e garante ao credor de sócio devedor o direito de liquidar as suas quotas se houver dilatação tácita do prazo de duração da sociedade, considerando-se, como observa Adrianna de A. Setubal Santos, que essa situação poderá ser um ajuste en-

122. M. Helena Diniz, *Código*, cit., p. 822; Arnaldo Rizzardo, *Direito de empresa*, cit., p. 171; Rachel Sztajn, *Contrato de sociedade e formas societárias*, São Paulo, Saraiva, 1989, p. 67; Paulo Checoli, *Direito de empresa*, cit., p. 137.

tre os sócios com o escopo de fraudar credor, impedindo a satisfação de seu crédito com a continuação da sociedade; *b*) sido acolhida, judicialmente, oposição do credor à prorrogação contratual, que foi levantada dentro do prazo de noventa dias, contado da publicação, no *Diário Oficial*, do referido ato dilatório, formalizado em termo aditivo ao contrato social. Assim sendo, sócio de sociedade com prazo determinado, prorrogado em aditamento de contrato social, poderá liquidar sua quota social para pagamento de seu débito pessoal, desde que a oposição, em juízo, apresentada tempestivamente pelo seu credor a essa prorrogação contratual, tenha sido acolhida pelo juiz.

Portanto, o art. 1.043, parágrafo único, I e II, do atual Código Civil somente será aplicado às sociedades ajustadas por prazo determinado (Enunciado n. 63 do CJF, aprovado na I Jornada de Direito Civil de 2002).

Se a sociedade em nome coletivo for por prazo indeterminado, o credor particular de seu sócio não poderá pretender a liquidação de sua quota, se a sociedade ainda não estiver em dissolução, ou estiver em dissolução, por haver responsabilidade solidária e ilimitada dos sócios pelas dívidas sociais e ante o fato de ser essa sociedade *intuitu personae*, pois estranho não pode nela ingressar, substituindo o sócio (devedor executado) que se retirou, e, além disso, a liquidação de sua quota pelo credor particular reduziria o capital social, prejudicando a sociedade e os sócios remanescentes.

O art. 1.043 tem por fim levar o credor particular de sócio devedor a excutir outros bens seus para saldar dívidas pessoais, evitando penhora das quotas sociais, conducente à redução do patrimônio social e à extinção da sociedade. Por isso, apenas com a dissolução e liquidação da sociedade, que, por não mais estar exercendo suas atividades, seria viável a apuração da parte do sócio devedor para pagamento de seu débito particular.

Apesar de estar admitida, expressamente, a penhora do lucro líquido do sócio devedor ou na parte que lhe couber na liquidação da sociedade (CC, art. 1.026), essa norma, como vimos, pelo art. 1.043, parágrafo único, sofre exceções em se tratando de sociedade em nome coletivo[123].

---

123. Adrianna de A. Setubal Santos, *Comentários*, cit., p. 808; M. Helena Diniz, *Código*, cit., p. 822 e 823; Amador Paes de Almeida, *Direito de empresa*, cit., p. 114 e 115; Paulo Checoli, *Direito de empresa*, cit., p. 138 e 139; Sérgio Campinho, *Direito de empresa*, cit. p. 256; Ricardo Negrão, *Manual*, cit., v. 1, p. 343.

b.6. Dissolução "pleno iure"

A sociedade em nome coletivo, sendo simples, dissolver-se-á, de pleno direito (CC, art. 1.044 c/c art. 1.033):

a) pelo término de prazo estipulado para sua duração, exceto se, vencido este e sem oposição de sócio, não entrar a sociedade em liquidação, hipótese em que se terá prorrogação por tempo indeterminado;

b) pelo consenso unânime dos sócios;

c) pela deliberação da maioria absoluta dos sócios, se se tratar de sociedade de prazo indeterminado;

d) pela falta de pluralidade de sócios por período superior a cento e oitenta dias ou pela cassação da autorização para funcionar.

E, se for empresária, também pela declaração da sua falência (CC, art. 1.044, *in fine*). Observam Ricardo Fiuza e Newton De Lucca que nem todas as formas de dissolução das sociedades simples (CC, art. 1.033) deveriam ser aplicáveis automaticamente à sociedade em nome coletivo, pois, p. ex., a doutrina e a jurisprudência não reconhecem a dissolução total desse tipo societário por deliberação da maioria. Além disso, não se lhe deveria aplicar, continuam esses autores, o art. 1.033, V, do Código Civil, por referir-se basicamente a sociedades estrangeiras autorizadas a funcionar no Brasil[124].

Se um dos sócios vier a falecer e se o contrato social nada dispuser a respeito, ter-se-á a liquidação das quotas do falecido (CC, art. 1.028), e herdeiros do morto apenas ingressarão no quadro societário se houver cláusula expressa no contrato social autorizando esse ingresso[125].

Sua dissolução judicial dar-se-á nos casos previstos no art. 1.034 do Código Civil.

C. Sociedade em comandita simples

c.1. Normas aplicáveis

Conforme dispõe o art. 1.046 e parágrafo único do atual Código Civil, as normas contidas nos seus arts. 1.045 a 1.051 são as que regem a socie-

---

124. M. Helena Diniz, *Código*, cit., p. 823; Arnaldo Rizzardo, *Direito de empresa*, cit., p. 175 e 176; Fiuza e De Lucca, *Código*, cit., p. 1.044-5.

125. Fábio Ulhoa Coelho, *Manual*, cit., p. 148 e 149.

dade em comandita simples, mas a ela aplicar-se-á, no que for cabível ou compatível com sua natureza e característica, o disposto nos seus arts. 1.039 a 1.044, pois aos sócios comanditados caberão os mesmos direitos e deveres dos da sociedade em nome coletivo, que também têm responsabilidade solidária e ilimitada pelos débitos e obrigações sociais. Nada obsta, portanto, a que os comanditados estabeleçam normas, com eficácia *inter partes*, redistribuindo, em suas relações internas, responsabilidades entre si e aplicação subsidiária das normas disciplinares da sociedade em nome coletivo para solucionar problemas sobre a sociedade em comandita simples, se os arts. 1.045 a 1.051 não puderem resolvê-los.

c.2. Definição e características

Ter-se-á sociedade em comandita simples se o capital comanditado for representado por quota declarada no contrato social, e se houver duas categorias de sócios, nele discriminadas (CC, art. 1.045): os *comanditados*, pessoas naturais, que, por participarem da administração da sociedade, são responsáveis solidária e ilimitadamente pelas obrigações sociais, e os *comanditários* (pessoas naturais ou jurídicas), obrigados pelos fundos com que entraram para a sociedade, ou melhor, pelo valor de sua quota no capital social subscrito.

Há limitação da responsabilidade dos prestadores de capital porque, não tendo a administração, não efetuam negócios para a sociedade. Neste tipo de sociedade, a responsabilidade dos sócios é mista, apresentando sócios com responsabilidade solidária e ilimitada, e sócios com responsabilidade limitada.

No pacto social deverão estar indicados e devidamente identificados ou qualificados, não só os investidores e os empreendedores, bem como as funções cabíveis a cada um (CC, art. 1.045, parágrafo único), inclusive a indicação do sócio comanditado a quem competirá a administração, pois se omitir isso, todos os comanditados serão considerados gerentes (administradores) e poderão utilizar a firma social, e, ainda, as contribuições para a formação do capital social (CC, art. 997).

Os comanditados (empreendedores) obrigam-se como sócios solidários e ilimitadamente responsáveis, havendo a possibilidade de seu patrimônio particular ser executado para saldar dívidas sociais, depois de esgotados os bens sociais, e os comanditários, por serem prestadores de capitais ou investidores, podem exercer atividade fiscalizatória das operações da sociedade, participar de deliberações e têm responsabilidade limitada às suas contribuições sociais, de modo que cada um exonerar-se-á, cumprindo a parte do débito até o limite do valor de sua quota. O comanditário aplica seus recursos sem responsabilidade pelas obrigações da sociedade, a não ser pela integralização de suas quotas. Sua responsabilidade é subsidiária, pois apenas farão tal pagamento depois de esgotado o patrimônio social.

Essa sociedade poderá ser simples ou empresária, conforme o objetivo social pretendido. Será simples se tiver por objetivo social a prestação de serviços vinculados ao exercício de atividades intelectuais ou técnica, e empresária, se voltada à atividade econômica organizada para a produção e/ou circulação de bens e serviços.

E a *firma social* constituir-se-á pelo nome dos sócios comanditados ou de um deles, seguida da locução "& Companhia" ou "& Cia.", p. ex.: M. Alves & Cia. ou Alves, Ferreira & Cia. (art. 5º, II, *b*, da IN n. 15/2013 do DREI). Isto é assim porque compete a eles a gerência da sociedade e o exercício das operações negociais; apresentam, em sua contribuição social, trabalho e experiência.

A sociedade em comandita simples, portanto, é aquela sociedade em que duas ou mais pessoas efetuam pacto social para o exercício de atividade empresarial ou não, obrigando-se umas (comanditadas), por serem empreendedoras, como sócias solidárias e ilimitadamente responsáveis pelos débitos sociais, e outras (comanditárias), meras prestadoras de capital, como limitadamente responsáveis pelas suas contribuições no capital social[126].

Assim, podemos representar graficamente a sociedade em comandita simples:

126. Georges Ripert, *Traité de droit commercial*, Paris, LGDJ, 1947, v. 1, p. 695; Rubens Requião, *Curso*, cit., v. 1, p. 302 e 373-5; M. Helena Diniz, *Código*, cit., p. 824; *Tratado*, cit., v. 4, p. 113; Ricardo Fiuza, *Novo Código Civil*, cit., p. 941-6; Fabrício Z. Matiello, *Código Civil*, cit., p. 651-5; Fábio Ulhoa Coelho, *Curso*, cit., v. 2, p. 474 e 475; Adrianna de A. Setubal Santos, *Comentários*, cit., p. 809; Arnaldo Rizzardo, *Direito de empresa*, cit., p. 177, 178 e 183; Láudio C. Fabretti, *Direito de empresa*, cit., p. 132; Paulo Checoli, *Direito de empresa*, cit., p. 143; Douglas G. de A. Guilherme, Hora e vez da sociedade em comandita simples, *Revista Síntese — Direito empresarial*, *35*: 115 a 129; Douglas G. de A. Guilherme, Hora e vez da sociedade em comandita simples, *Revista Síntese – Direito empresarial*, n. 38, p. 77 a 91.

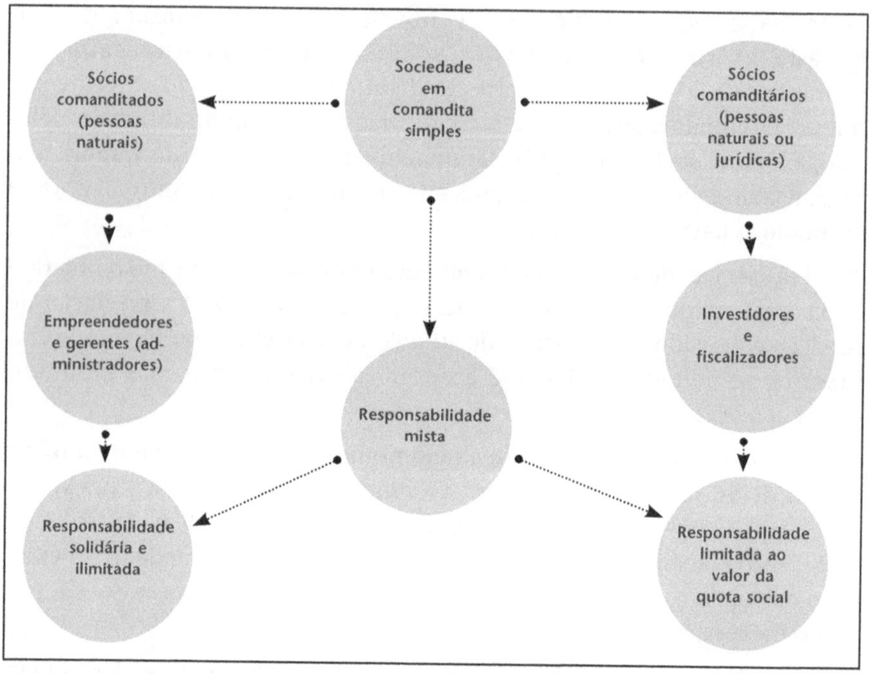

c.3. Administração ou gerência

A administração ou a gerência da sociedade em comandita simples, compete aos sócios comanditados ou, dentre eles, àquele que for designado no contrato social. Silenciando o contrato, todos os sócios comanditados, em iguais condições, serão gerentes, terão o controle imediato da sociedade e poderão, como já dissemos, usar a firma social, que é constituída pelo nome dos comanditados ou de um deles, seguido da locução "& Companhia" ou, abreviadamente, "& Cia."[127].

c.4. Atos vedados ao sócio comanditário

O sócio comanditário, mero prestador de capital, não poderá (CC, arts. 1.047, *caput*, 2ª parte, e 1.049 e parágrafo único)[128]:

127. M. Helena Diniz, *Código*, cit., p. 825.

128. Sérgio Campinho, *O direito de empresa*, cit., p. 257; Arnaldo Rizzardo, *Direito de empre-*

a) praticar qualquer ato de gestão, sob pena de ser tido como sócio comanditado, o que acarretará sua responsabilidade solidária e ilimitada pelas obrigações sociais, oriundas do ato que praticou indevidamente;

b) ter o nome na firma social, sob pena de ficar sujeito às responsabilidades de sócio comaditado, ou melhor, de tornar-se solidária ou ilimitadamente responsável pelas obrigações sociais. Observa Rubens Requião que o "princípio da autenticidade da composição da razão social impede que o sócio não solidário figure ostensivamente na razão social, pois do contrário induziria em erro os que contratassem com a sociedade";

c) receber qualquer lucro que, futuramente, for apurado, se o capital social sofrer diminuição para absorver perdas supervenientes, antes de ter sido reintegralizado aquele capital.

Há impossibilidade de percepção pelo comanditário de qualquer quantia a título de distribuição de lucros antes de haver a reintegralização do capital social reduzido, sob pena de restituição, mesmo estando de boa-fé.

Portanto, se houver redução do capital social, os lucros apenas poderão ser entregues aos comanditários depois do restabelecimento do capital social original. Havendo diminuição do capital em virtude de perdas supervenientes, não se deverá proceder à distribuição de lucros, sob pena de restituição, a não ser que haja recomposição ou reintegralização daquele capital reduzido. Deveras, se o capital sofreu redução por perdas supervenientes, apenas depois de sua reintegralização poder-se-á falar em lucros a serem distribuídos aos sócios. A sociedade deverá obter, portanto, a recomposição de seu capital social. Apenas depois de o capital afetado ter sido integralizado, com novas contribuições dos sócios, observa Ricardo Fiuza, para compensar prejuízos acumulados, poderá o comanditário ser aquinhoado, futuramente, com lucros determinados pelos balanços patrimoniais posteriores, ou melhor, depois da reposição do capital social. Se o comanditário houver prometido que integralizará sua contribuição social apenas na existência de lucro futuro, que, então, lhe seria atribuído, não havendo lucro, não se lhe poderá exigir que componha o capital subscrito.

---

sa, cit., p. 184; M. Helena Diniz, *Código*, cit., p. 825 e 826; Rubens Requião, *Curso*, cit., v. 1, p. 375; Ricardo Fiuza, *Novo Código Civil*, cit., p. 967; Fábio Ulhoa Coelho, *Curso*, cit., v. 2, p. 475; Ives Gandra da S. Martins Filho, As sociedades, cit., p. 869; Rubens Requião, *Curso*, cit., v. 1, p. 434; Paulo Checoli, *Direito de empresa*, cit., p. 145.

c.5. Direitos do sócio comanditário

O sócio comanditário (simples prestador de capital), terá direito de (CC, arts. 1.047, *caput*, 1ª parte e parágrafo único, e 1.049)[129]:

a) participar das deliberações sociais;

b) fiscalizar as operações sociais efetivadas pelos comanditados, tendo por base o balanço patrimonial e o balanço de resultado econômico (CC, art. 1.020);

c) ser constituído mandatário ou procurador da sociedade com poderes especiais para realizar determinado negócio, sem que perca sua condição de sócio comanditário. Com a procuração não assumirá a posição de sócio-gerente (administrador) ou de sócio comanditado, pois apenas estará investido temporariamente como procurador para a prática de ato específico, com poderes exclusivos para efetuá-lo. A procuração com poderes especiais, outorgada pelo sócio comanditado (administrador ou gerente) ao comanditário apenas terá validade para aquele negócio, e o sócio procurador ficará adstrito aos limites contidos no mandato;

d) perceber lucros recebidos de boa-fé, conforme o balanço efetuado, não tendo a obrigação de repô-los, visto que não é o gerente (administrador). Se o capital social for insuficiente para solver toda a dívida social em razão da não capitalização dos lucros, por ter havido sua distribuição aos sócios, os comanditários não terão o dever de devolvê-los se os receberam de boa-fé e de conformidade com o balanço feito. Daí a importância da divulgação do balanço social, para a transparência das operações societárias. Logo, se os lucros obtidos forem repassados ao comanditário, que os recebeu de boa-fé, passarão a compor seu patrimônio; se assim é, a sociedade não poderá pleitear sua devolução, alegando, p. ex., erro. Já o sócio comanditado, por ter o controle societário, tendo responsabilidade pelas contas e pelo balanço, deverá, mesmo estando de boa-fé, restituir as vantagens que, equivocadamente, vier a receber. Os lucros são, portanto, distribuídos tanto aos comanditários como aos comanditados, proporcionalmente às suas participações;

---

129. M. Helena Diniz, *Código*, cit., p. 825 e 826; Ives Gandra da S. Martins Filho, As sociedades, cit., p. 869; Rubens Requião, *Curso*, cit., v. 1, p. 436; Adrianna de A. Setubal Santos, *Comentários*, cit., p. 811.

e) receber, como compensação de prejuízo acumulado, lucros futuros determinados pelo balanço patrimonial depois da reposição do capital social, diminuído por perdas supervenientes.

c.6. Averbação de contrato modificativo

Poderá ocorrer redução do capital social e diminuição proporcional das quotas do comanditário.

Como o contrato social deve discriminar os sócios comanditados e os comanditários (CC, art. 1.045, parágrafo único) e o total dos fundos postos em comandita, apesar de os comanditários terem uma discreta posição de simples prestadores de capital, não comparecendo perante terceiros, nem mesmo praticando qualquer ato de gestão, havendo diminuição de sua quota, em razão de dedução de capital social, sem prejuízo dos credores preexistentes, a modificação daquele contrato far-se-á necessária e, somente depois de averbada, no Registro Público de Empresas Mercantis, se for empresária, ou no Registro Civil de Pessoas Jurídicas, se simples, terá eficácia *erga omnes*, visto que sua responsabilidade pelo passivo da sociedade está limitada à sua contribuição ao capital social (CC, art. 1.048). A limitação da responsabilidade do comanditário, havendo redução do capital social, sofrerá, perante terceiros, diminuição proporcional à redução de sua quota, somente depois da averbação da modificação do contrato social no registro competente. Resguardados estarão, assim, os interesses de terceiros, que estejam vinculados à sociedade antes da ocorrência da diminuição do capital social, sem que haja qualquer prejuízo aos credores preexistentes. Convém ressaltar que a alteração do capital social e a consequente diminuição das quotas dos sócios comanditados não afetarão sua responsabilidade solidária e ilimitada pelas obrigações sociais[130].

c.7. Consequências da morte do sócio comanditário e da do comanditado

A lei (CC, art. 1.050), com o escopo de prestigiar o princípio da continuidade dos negócios, dispõe que se o sócio comanditário vier a falecer, a sociedade em comandita simples continuará com seus herdeiros, se tiverem

130. M. Helena Diniz, *Código*, cit., com. ao art. 1.045, parágrafo único; Ives Gandra da S. Martins Filho, As sociedades, cit., p. 869; Adrianna de A. Setubal Santos, *Comentários*, cit., p. 811.

interesse, que assumirão a sua quota social, seus direitos e deveres e indicarão, com a aprovação dos comanditados, quem os representará na qualidade de sócio comanditário, sem que haja liquidação das quotas do falecido, a não ser que o contrato social não permita isso, hipótese em que se terá a dissolução parcial da sociedade, com a apuração dos haveres do sócio falecido, tendo continuidade apenas com os sócios sobreviventes, se o desejarem. Somente se o contrato social, expressamente, estipular a liquidação das quotas de sócio comanditário falecido os sócios sobrevivos poderão liquidá-las.

Necessário será, então, não olvidar que os herdeiros não terão obrigação de ingressar na sociedade; assim, se não tiverem interesse de integrar o quadro societário, poderão promover a apuração de seus haveres em balanço especial, resolvendo sua quota.

Se o sócio comanditado falecer, liquidar-se-á sua quota, conforme a norma disciplinadora da sociedade simples.

Por tal razão afirma Fábio Ulhoa Coelho: "varia, assim, de acordo com a espécie de sócio falecido, a natureza personalística ou capitalista da sociedade, no tocante às consequências da morte de sócio: entre os comanditados, ela é 'de pessoas', salvo se o contrato dispuser o contrário, e, entre os comanditários, é 'de capital', a menos que disposto em sentido diverso no contrato"[131].

c.8. Dissolução e caso de nomeação de administrador provisório

Se se tratar de sociedade simples, a dissolução da sociedade em comandita simples dar-se-á *pleno iure* (CC, arts. 1.051, I e II, e parágrafo único, e 1.044)[132]:

a) pelo vencimento do prazo de sua duração, salvo se, vencido este e sem oposição de sócio, não entrar a sociedade em liquidação, hipótese em que se prorrogará por tempo indeterminado;

b) pelo acordo unânime dos sócios;

---

131. M. Helena Diniz, *Código*, cit., p. 827; Fábio Ulhoa Coelho, *Manual*, cit., p. 150; *Curso*, cit., v. 2, p. 475; Arnaldo Rizzardo, *Direito de empresa*, cit., p. 185.

132. M. Helena Diniz, *Código*, cit., p. 827 e 828; Ives Gandra da S. Martins Filho, As sociedades empresárias, cit., p. 869; Arnaldo Rizzardo, *Direito de empresa*, cit., p. 184 e 185; Mônica Gusmão, *Curso*, cit., p. 151.

c) pela deliberação, por maioria absoluta dos sócios, sendo seu prazo indeterminado;

d) pela falta de pluralidade de sócios;

e) pela cassação ou extinção, na forma da lei, de sua autorização para funcionar;

f) pela ausência de uma das categorias de sócios (comanditados ou comanditários) por mais de cento e oitenta dias, visto ser característica necessária desse tipo societário a existência de duas categorias de sócios: a dos comanditados e a dos comanditários. Requer, concomitantemente, dualidade de categoria e pluralidade de sócios. Se faltar sócio comanditado, a sociedade ficará sem administração; os comanditários deverão, ante o princípio da preservação da empresa, então, nomear um administrador provisório (estranho ou não) para praticar, durante o período de cento e oitenta dias, até que se restabeleça aquela categoria societária, pela integração de novo sócio comanditado, apenas atos de gestão, conforme o pacto social, sem contudo assumir a condição de sócio e o controle societário, até sua regularização, ou seja, até que outro sócio comanditado seja admitido no quadro social. Se, após tal prazo, não houver admissão de sócio comanditado, a sociedade dissolver-se-á. Se, porventura, se der a ausência da categoria de sócio comanditário, a sociedade prosseguirá por até cento e oitenta dias, sem necessidade de nomeação de administrador provisório, visto que essa qualidade de sócio não é detentora do poder de gestão.

Se a sociedade for empresária, dissolver-se-á também pela declaração da falência.

D. Sociedade limitada: nova sistemática jurídica

d.1. Conceito, caracteres e natureza jurídica

A sociedade limitada é, no Brasil, a forma societária mais comum das sociedades simples e empresárias por haver limitação da responsabilidade do sócio-quotista ao montante do capital social por ele subscrito, ou pelo total do capital social até que se dê sua integralização. É a antiga sociedade por quotas de responsabilidade limitada, regida pelo Decreto n. 3.708/19 (baseado na lei alemã de 1892 e na portuguesa de 1901), revogado pelo novel Código Civil, como prescreveu o Enunciado n. 65 do Conselho da Justiça Federal: "a expressão 'sociedade limitada', tratada no art. 1.052 e seguintes do Código Civil, deve ser interpretada *stricto sensu*, como sociedade por quotas de responsabilidade limitada". O atual Código Civil, ao revogar o Decreto n. 3.708/19, veio a reformular suas disposições, consolidando diretrizes doutrinárias e jurisprudenciais, como, p. ex., a divisão de quotas iguais e desiguais, adotando quotas plúrimas; nomeação de terceiros para sua gestão; exigência de assembleia de sócios, se o seu número for superior a dez, para a tomada de certas decisões; publicação de balanço patrimonial e de resultado econômico, se tiver mais de vinte sócios; unanimidade de votos, para mudança de sede, redução ou aumento de capital; admissão de novo sócio etc.

Hodiernamente, ter-se-á responsabilidade dos sócios perante a sociedade e em relação a terceiros.

"A sociedade limitada pode ser constituída por uma ou mais pessoas, hipótese em que se aplicarão ao documento de constituição do sócio único, no que couber, as disposições sobre o contrato social" (§§ 1º e 2º do art. 1.052 do CC acrescentado pela Lei n. 13.874/2019).

Para adquirir *status socii* e titularidade de quota social, cada membro deverá transferir bens (móveis ou imóveis) ou direitos (créditos) de seu patrimônio para o da sociedade, e uma vez integralizado o capital subscrito, não terá responsabilidade pelos débitos sociais, e, havendo integralização do capital com imóveis, ter-se-á isenção do ITBI (Imposto de Transmissão de Bens Imóveis e de Direitos a eles Relativos) *inter vivos*, de competência do Município (CF, art. 156, § 2º, I).

Pelo Enunciado n. 18: "O capital social da sociedade limitada poderá ser integralizado, no todo ou em parte, com quotas ou ações de outra sociedade, cabendo aos sócios a escolha do critério de avaliação das respectivas participações societárias, diante da responsabilidade solidária pela exata estimação dos bens conferidos ao capital social, nos termos do art. 1.055, § 1º, do Código Civil" (aprovado na I Jornada de Direito Comercial).

Na sociedade limitada, *interna corpore*, cada sócio responde perante ela pelo valor de sua quota, em razão do princípio da divisão da responsabilidade de acordo com a participação de cada um no capital social; mas todos terão responsabilidade social, em relação a terceiro, pela integralização do capital social (CC, art. 1.052), aportando, efetivamente, dinheiro ou bens à sociedade, a título de capitalização, não se lhes imputará qualquer obrigação social que for superior ao montante daquele capital social. Assim, se o capital social for insuficiente para solver as dívidas, os credores sofrerão a perda. Observa Fábio Ulhoa Coelho que não há injustiça nessa limitação da responsabilidade do sócio, visto que o credor poderá, ao negociar seu crédito, incluir no preço uma taxa de risco associada à perda em caso de falência da sociedade, e o banco que vier a fazer um empréstimo para a sociedade limitada deverá exigir fiança ou aval, ou, então, cobrar juros com taxa de risco mais elevada; assim sendo, ocorrendo a falência, executará os bens dos fiadores ou avalista ou compensará seu prejuízo com a taxa de risco de inadimplência[133].

Se um sócio não integralizar o valor subscrito, a sociedade apenas poderá dele cobrar o *quantum* devido. Os outros sócios não responderão, perante a sociedade, pelo não cumprimento da obrigação de um deles, por não haver solidariedade entre eles e a sociedade. Se um sócio já integralizou, inteiramente, sua quota-parte, poderá tornar-se solidariamente responsável pela integralização do capital social. A sociedade não poderá, portanto, cobrar de um sócio o *quantum* não integralizado pelo outro, que é inadimplente, pois, relativamente a este, só poderá dar-lhe tratamento de sócio remisso, seguindo o procedimento do art. 1.058 do atual Código Civil. Tal se dá, esclarece-nos Modesto Carvalhosa, porque cada sócio, perante a sociedade, somente é responsável pela integralização da quota que subscreveu no capital social. Cada sócio só terá responsabilidade pela obrigação assumida pela sociedade até o valor constituído pelo capital social subscrito, que não foi integralizado. P. ex. "A", "B" e "C" são sócios da sociedade limitada "x", com capital subscrito de 1.000. "A" integraliza sua quota de 500, "B" apenas 100, dos 200 previstos, e "C", 200 dos 300 que lhe competia. Com isso ficou em aberto 200, que é o *quantum* total que os credores da sociedade poderão pleitear de qualquer um dos sócios, por serem solidários. Se acionarem "A", este por ter pago os credores, poderá exercer seu direito de regresso contra "B" e "C". Como já havia integralizado a sua quota individual, poderá postular de cada um 100. Mas, se o credor (terceiro) vier a acionar a sociedade (sua devedora), cujo capital ainda não se encontra totalmente integralizado, e, sendo seus bens insuficientes para saldar a dívida, poderá ele, se citados forem todos os sócios na ação de execução movida (CPC/2015, art. 790, II; *JTAERS*, *64*:388), promover a penhora dos bens dos referidos sócios, quantos forem necessários para a complementação do valor do capital social. O credor, portanto, não poderá, se o seu crédito não foi pago totalmente pela sociedade, demandar os sócios, cobrando o remanescente de seu crédito, uma vez que aqueles

133. Fábio Ulhoa Coelho, *Manual*, cit., p. 158.

Há responsabilidade solidária dos sócios pelas dívidas previdenciárias da sociedade limitada (Lei n. 8.620/93, art. 13, revogado pela Lei n. 11.941/2009), mas isso foi sendo questionado, no STF, pelas Ações Diretas de Inconstitucionalidade n. 3.642 e 3.672, cujos processos já foram extintos.

sócios apenas são responsáveis, solidariamente, perante terceiros pela parte que faltar na integralização do capital social. Ter-se-á redução da penhora se se atingir bens dos sócios em valor superior ao do capital social não integralizado (CPC/2015, art. 874, I). Os bens dos sócios, contudo, apenas serão executados se o patrimônio social for insuficiente para o pagamento do débito. Têm, portanto, os sócios direito ao benefício de ordem (CPC/2015, art. 795, § 1º; CC, art. 1.024). Mas se o capital já estiver totalmente integralizado, nenhum sócio responderá pelo débito da sociedade acima do valor de sua quota individual.

Há a garantia de limitação da responsabilidade de sócios pelos encargos sociais, pois só responderá por eles, até o valor de sua quota no capital social. Se não houver recursos no acervo societário, os credores não poderão satisfazer seus créditos sociais com o patrimônio pessoal dos sócios (CPC/2015, art. 795, § 1º); logo, seu patrimônio pessoal não deverá ser executado para solvê-los. Se, como nos ensina Villemor do Amaral, o capital não estiver integralizado, os sócios deverão integralizá-lo para que se fixe a responsabilidade solidária de todos, que é limitada ao capital social, real e efetivamente realizado. Só há, portanto, responsabilidade solidária dos sócios pelo *quantum* que faltar para complementar o capital social, ou melhor, pelo montante do capital social, ainda não integralizado, em qualquer hipótese, não apenas em caso de falência. Enquanto o capital social não estiver totalmente integralizado, todos os sócios responderão pelo total do referido capital social.

Integralizado o capital social, cada sócio responderá somente até o valor de suas quotas do capital social. Têm sua responsabilidade, nesse caso, limitada até o valor das quotas que subscreveu.

A limitação de sua responsabilidade fará com que o patrimônio particular dos sócios quotistas fique livre da cobrança dos credores da sociedade. Daí observa Otto Gil que "a responsabilidade limitada é dos sócios e não da sociedade, que responde ilimitadamente por todas as obrigações que tiver assumido com seu patrimônio. Se o valor dos bens do patrimônio social for menor do que o das obrigações, que absorve o valor do capital social e das reservas, gerando o 'passivo a descoberto' ou 'patrimônio líquido negativo'", a diferença do valor dos bens sociais e o valor dos débitos será suportado pelo credor, a não ser que haja, como diz Edmar Oliveira Andrade Filho, o aporte de capital por parte dos sócios.

Com base nessas ideias inferidas do art. 1.052 do atual Código Civil, poder-se-á definir a sociedade limitada como a sociedade contratual formada por duas ou mais pessoas, com o escopo de obter lucro, em que cada sócio responde perante ela pelo valor de sua quota-parte, e todos assumem, relativamente a terceiros, subsidiariamente, uma responsabilidade solidária, mas limitada ao total do capital social.

Há quem ache, como Jorge Lobo, que a solidariedade instituída pelo art. 1.052 deve ser entendida em seu sentido mais amplo, obrigando os sócios perante terceiro e perante a sociedade, para que esta possa propor contra todos os sócios ação de integralização das cotas sociais, por meio de seu administrador, o que poderia, em certos casos, evitar a insolvência da sociedade.

Possui apenas uma categoria de sócio: o de responsabilidade limitada, em razão do princípio da limitação quantitativa da responsabilidade de sócio de sociedade limitada regularmente constituída.

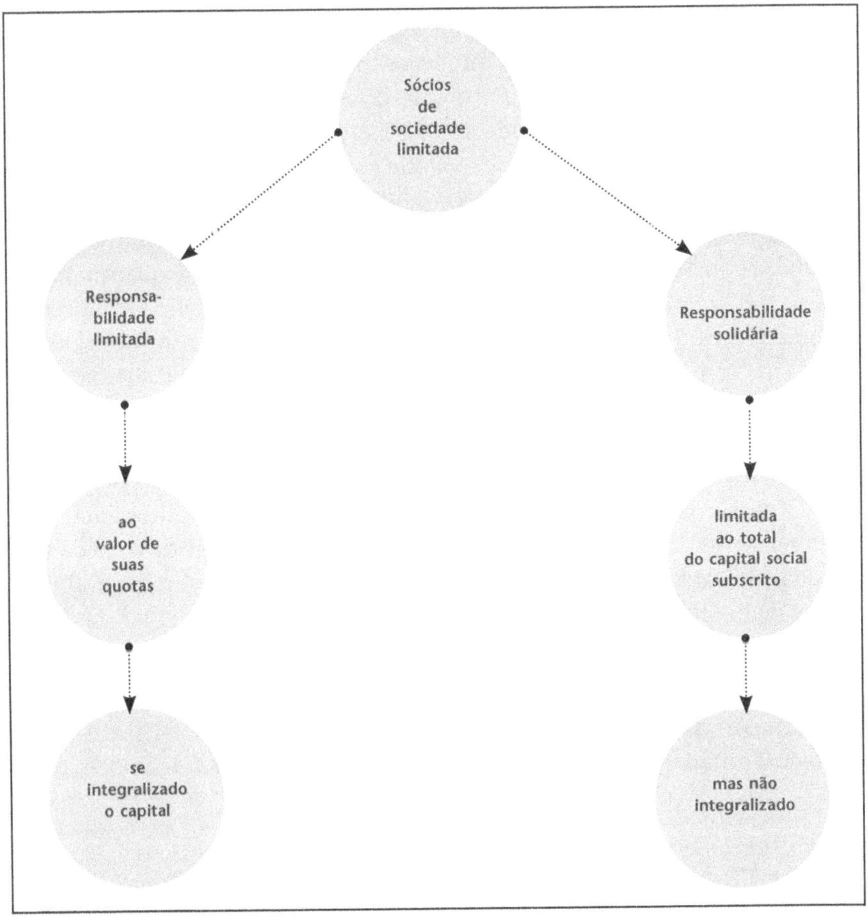

Fábio Ulhoa Coelho aponta[134] cinco *exceções* em que o sócio terá responsabilidade subsidiária e ilimitada pelas obrigações sociais: *a*) aprovação expressa de deliberação contrária à lei ou ao contrato social (CC, art. 1.080). Sócio que participar de deliberação, contendo infração legal ou contratual, responderá, ilimitada, mas não solidariamente, inclusive com seu *patrimônio pessoal*, pelas dívidas sociais. O sócio dissidente e o ausente, por força do art. 1.072, § 5º, apenas vincular-se-ão pelas deliberações tomadas de conformidade com a lei e o contrato social. "A responsabilidade ilimitada dos sócios pelas deliberações infringentes da lei ou do contrato torna desnecessária a desconsideração da personalidade jurídica, por não constituir a autonomia patrimonial da pessoa jurídica escudo para a responsabilização pessoal e direta" (Enunciado n. 229 do Conselho da Justiça Federal, aprovado na III Jornada de Direito Civil); *b*) registro de sociedade limitada entre marido e mulher, casados sob o regime de comunhão universal ou separação obrigatória (CC, art. 977), fará com que os sócios respondam ilimitadamente pelas obrigações sociais, por violação do art. 977; *c*) proteção de empregado na Justiça do Trabalho, deixando de aplicar as normas de limitação de responsabilidade; *d*) ocorrência de fraude contra credores, valendo-se da separação patrimonial, acarreta responsabilidade ilimitada por obrigação social, por força do art. 50 do Código Civil, relativo à desconsideração da personalidade jurídica; *e*) cobrança de débitos junto ao INSS de qualquer sócio (Lei n. 8.620/93, art. 13, revogado pela Lei n. 11.941/2009). A esse respeito houve um novo posicionamento do STJ repudiando tal responsabilidade e a pretensão do INSS, com base na ideia de que o art. 13 da Lei n. 8.620/93 tornou-se inaplicável com a entrada em vigor do novo Código Civil, que, ao condicionar a solidariedade à integralização do capital social (CC, art. 1.052), não autoriza aquela responsabilização de sócio prevista no art. 13 da Lei n. 8.620/93. A essas exceções, Modesto Carvalhosa acrescenta as seguintes: *a*) responsabilidade do sócio administrador da sociedade limitada (CC, arts. 1.012, 1.015, 1.016, 1.017, 1.158, § 3º); *b*) responsabilidade pessoal e ilimitada por perdas e danos de sócio que participar de deliberação sobre operação conflitante aos interesses da sociedade, aprovada em razão de seu voto (CC, art. 1.010, § 3º).

Arnaldo Rizzardo vislumbra, no art. 1.052, duas características da sociedade limitada: *a*) o fator de limitação da responsabilidade; e *b*) a repre-

---

134. Fábio Ulhoa Coelho, *Manual*, cit., p. 158 e 159; M. Helena Diniz, *Código*, cit., p. 855 e 856.

sentação da participação dos sócios por meio de suas quotas. A esses caracteres acrescentamos, seguindo a esteira de Vera Helena de Mello Franco: *a*) divisão do capital social em quotas iguais ou desiguais; *b*) solidariedade pela integralização do capital social e pela exata estimação de bens conferidos ao capital social, até o prazo de cinco anos da data do registro da sociedade; *c*) indivisibilidade da quota em relação à sociedade; *d*) livre formação do capital social; *e*) uso de firma ou de denominação social; *f*) deliberações dos sócios pela maioria dos votos, contados de conformidade com o valor das quotas de cada um no capital social; *g*) exclusão de sócio faltoso por vontade da maioria do capital.

Tal responsabilidade de sócio de sociedade limitada perdurará até dois anos depois da averbação da saída da sociedade por força do art. 1.032, aplicável tendo em vista o disposto no art. 1.053 do atual Código Civil: "A sociedade limitada rege-se, nas omissões deste Capítulo, pelas normas da sociedade simples".

Pelo art. 1.055, § 1º, do Código Civil há, ainda, *obrigação solidária pela exata estimação dos bens conferidos ao capital social*. "A solidariedade entre os sócios da sociedade limitada pela exata estimação dos bens conferidos ao capital social abrange os casos de constituição e aumento do capital e cessa após cinco anos da data do respectivo registro" (Enunciado n. 224 do Conselho da Justiça Federal, aprovado na III Jornada de Direito Civil). Todos os sócios respondem, por cinco anos, contados da data do registro da sociedade limitada, solidariamente, pela totalidade do capital social, mesmo integralizado em bens, móveis ou imóveis, em sua exata estimação, declarada no pacto social. Há corrente doutrinária propugnando essa responsabilidade quinquenal apenas em caso de erro de avaliação, sustentando que, se inexatidão da estimação dada for deliberada para fraudar credores, a responsabilidade seria ilimitada. Todos os sócios respondem solidariamente pela diferença entre o valor real dos bens conferidos e o valor nominal total do capital social. Há responsabilidade solidária pelo *quantum* que faltar para a integralização do capital social. Há solidariedade entre os sócios perante credores da sociedade, somente pelo que faltar para a integralização de todo o capital social. Integralizado todo o capital social, nenhum sócio responderá com seu patrimônio particular para pagar dívida da sociedade (CC, art. 1.052)[135].

---

135. M. Helena Diniz, *Código*, cit., p. 828 e 829; Mônica Gusmão, *Curso*, cit., p. 185, 186 e 205; Amador Paes de Almeida, *Manual das sociedades comerciais*, São Paulo, Saraiva, 2004, p. 125-8; Láudio C. Fabretti, *Fusões, aquisições, participações e outros instru-*

mentos de gestão de negócios, São Paulo, Atlas, 2005, p. 56 e 58; Waldo Fazzio Jr., *Manual de direito comercial*, São Paulo, Atlas, 2003, p. 197; Otto Gil, *RDM*, Nova Série, 1972, fasc. 5, p. 16; Hermano de Villemor do Amaral, *Das sociedades limitadas*, Rio de Janeiro, Briguet & Cia., 1938, p. 131; Silvio Marcondes Machado, *Sociedade de responsabilidade limitada*, São Paulo, 1940, p. 101; Brunetti, *Trattato del diritto della società*, v. III, p. 17; Vivante, *Tratado de derecho mercantil*, Madrid, Reus, 1931, v. 11, p. 93; Nelson Abrão, *Sociedade por quotas de responsabilidade limitada*, São Paulo, Saraiva, 1983, p. 23-7; Fran Martins, *Sociedades por quotas no direito estrangeiro e brasileiro*, Rio de Janeiro, 1960, p. 121; Justino Adriano F. da Silva, Sociedade por quotas de responsabilidade limitada — II, in *Enciclopédia Saraiva do Direito*, v. 70, p. 216; Pontes de Miranda, *Tratado de direito privado*, Rio de Janeiro, Borsoi, 1972, t. 49, § 5236; Cañizares y Aztiria, *Tratado de sociedades de responsabilidad limitada en derecho argentino y comparado*, Buenos Aires, 1950, t. 1, p. 20 e 21; Fábio Ulhoa Coelho, *Manual*, cit., p. 140-58; *Curso*, cit., v. 2, p. 402-4; *A sociedade limitada no novo Código Civil*, São Paulo, Saraiva, 2003, p. 1; José Lamartine Corrêa de Oliveira, Sociedades por cotas de responsabilidade limitada, *RDC*, *42*:184; Ricardo Fiuza, *Novo Código Civil*, cit., p. 946-79; Vera Helena de Mello Franco, O triste fim das sociedades limitadas no novo Código Civil, *Revista de Direito Mercantil*, *123*:81-5 (2001); Fabrício Z. Matiello, *Código Civil*, cit., p. 655-81; Modesto Carvalhosa, *Comentários ao Código Civil*, São Paulo, Saraiva, v. 13, 2003, p. 1.364; Adalberto Simão Filho, *A nova sociedade limitada*, Barueri, Manole, 2004; Luiz Cezar P. Quintans, *Direito da empresa*, Rio de Janeiro, Freitas Bastos, 2003, p. 60 e 61; Arnaldo Rizzardo, *Direito de empresa*, cit., p. 189 e 190; Vera Helena de Mello Franco, *Manual de direito comercial*, São Paulo, Revista dos Tribunais, 2001, p. 188; Edmar O. Andrade Filho, *Sociedade de responsabilidade limitada*, São Paulo, Quartier Latin, 2004, p. 78-81; Sérgio Campinho, *O direito de empresa*, cit., p. 125-33; Marcos de Carvalho Pagliano, Responsabilidade de sócio na sociedade limitada em virtude de dívida previdenciária, *Gazeta Mercantil*, 2 mar. 2006; Jorge Lobo, *Sociedades limitadas*, Rio de Janeiro, Forense, 2004, p. 194-8; Paulo Sérgio Restiffe, *Manual*, cit., p. 118-48; Daniel M. do Patrocínio, *Sociedade limitada*, São Paulo, ed. Juarez de Oliveira, 2008; Vinicius José M. Gontijo, A regulamentação das sociedades limitadas, in *Direito de empresa no novo Código Civil*, cit., p. 189-206; André Lemos Papini, A sociedade limitada e o novo Código Civil, in *Direito de empresa no novo Código Civil*, cit., p. 207-220; Otávio Vieira Barbi, Pode a sociedade limitada ter capital autorizado? *Revista de Direito Mercantil*, *129*:249-68. Lembra-nos João Francisco da Mota (Contribuições previdenciárias: sociedade limitada e responsabilidade dos sócios, *Revista Del Rey Jurídica*, *16*:40 e 41) que jurisprudência recente dos Tribunais Regionais Federais não mais vem aplicando o art. 13 (haja vista que foi revogado pela Lei n. 11.941/2009) da Lei n. 8.620/93, que estabelecia a responsabilidade solidária dos sócios da limitada pelos débitos previdenciários da pessoa jurídica, possibilitando a penhora dos bens daqueles, em execução fiscal proposta pelo INSS. Deveras, há decisão de que apenas os sócios administradores da limitada poderão ser responsabilizados pelo não cumprimento das obrigações tributárias da sociedade e somente em certas situações (CTN, art. 135, III). *Vide*: Lei n. 11.101/2005, art. 82.

A sociedade limitada é originária do direito consuetudinário da Inglaterra (*private company*), mas sua criação por lei se deu na Alemanha. A Lei alemã de 20-4-1892 disciplinou pela primeira vez a sociedade de responsabilidade limitada (*Gesellschaft mit beschräenkter Haftung — Gmbtt*), e o primeiro país a adotar esse modelo societário alemão foi Portugal em 11-4-1901, denominando-o sociedade por quotas de responsabilidade limitada. No Brasil sua adoção se deu com o Decreto n. 3.708/1919, inspirado no modelo português.

Grande é a polêmica doutrinária a respeito da *natureza jurídica* da sociedade limitada.

Na égide do Decreto n. 3.708/1919, a sociedade por quotas de responsabilidade limitada adequava-se no rol das sociedades contratuais, sendo uma sociedade de pessoas, formada *intuitu personae*, regida pelo contrato social, visto que havia liberdade para estipular sobre sua organização e funcionamento, salvo algumas exceções legais limitativas daquela liberdade, e aplicava-se-lhe, subsidiariamente, a lei das sociedades anônimas nos casos não regulados pela lei específica ou pelo contrato social.

Com o advento do novo Código Civil operaram-se restrições à autonomia contratual, pois a sociedade limitada passou a ter também um regime institucional peculiar, podendo ter, conforme o disposto pelos sócios no contrato social, a feição de sociedade de pessoas ou de capitais.

Possui natureza jurídica *sui generis*; é uma sociedade contratual com caráter predominantemente personalista, porém híbrido. Em sua estrutura ou regime de sua constituição e dissolução apresenta-se mais como uma sociedade contratual do que uma sociedade orgânica ou institucional, mas, quanto às condições de alienação da participação societária e à influência da qualidade pessoal dos sócios no exercício de suas atividades, poderá ser sociedade de pessoas ou de capital, e, quanto à atividade desempenhada, empresária ou simples.

Realmente nítida é a natureza contratual da sociedade limitada, visto que a vontade (CC, art. 421) de seus sócios exarada no contrato social é que decidirá se será uma sociedade de pessoas, tendo o caráter *intuitu personae* ou de capital, caso em que seria *intuitu pecuniae* ou, ainda, empresária ou simples. Por isso, entendemos que há certa preponderância do contratualismo sobre o institucionalismo organizativo, uma vez que o contrato social definirá o cunho personalista ou capitalista da sociedade limitada. Os sócios, no contrato social, deliberarão se a sociedade limitada será de pessoas ou de capital.

O Código Civil de 2002, respeitando a autonomia privada, permite aos sócios que, no contrato social, definam o conteúdo funcional da sociedade limitada, ou melhor, seu objetivo social, forma do exercício de sua atividade pelos sócios e pela administração. Assim, ao disciplinarem algumas questões, os sócios poderão adotar certos princípios da sociedade de capital, apesar de o regime legal da sociedade limitada ser, essencialmente, o da sociedade de pessoa, embora *sui generis*. O novel Código Civil concebe a sociedade limitada como um modelo híbrido entre sociedade de capital e sociedade de pessoas. Nele há um misto de caracteres personalísticos e capitalistas, uma vez que em suas normas não há uma opção entre a sociedade de pessoas ou a de capitais. Eis a razão pela qual alguns autores consideram a sociedade limitada como sociedade mista ou híbrida (sociedade de pessoas e de capital), hipótese em que o regime jurídico preponderante será o apontado em cláusula contratual. Mônica Gusmão observa, a esse respeito, que se: "do contrato social constar cláusula proibitiva de cessão de quotas a terceiros, a sociedade assume a natureza de sociedade de pessoas; do contrato social constar cláusula permissiva de livre cessão de quotas, a sociedade assume a natureza de sociedade de capital; do contrato social constar cláusula condicionando a cessão de quotas, como, p. ex., impondo o direito de preferência aos demais sócios ou a aquiescência quando da venda, a sociedade assume a natureza de sociedade de pessoas; o contrato social for omisso sobre a disciplina da cessibilidade das quotas aplica-se a regra do art. 1.057, parágrafo único, do Código, isto é, a sociedade assume a natureza de sociedade de pessoas em razão do *quorum* exigido para o ingresso de terceiros (3/4 do capital social)".

A sociedade limitada é, em seu âmago, uma sociedade contratual *sui generis* e híbrida, regida por normas que apresentam cunho capitalista no que atina à sua estrutura orgânica e por normas de feição personalística no que disser respeito às suas relações entre seus sócios e às relações dos sócios entre si.

Nas normas que a disciplinam, algumas apresentam caráter capitalista, como as que prescrevem: imposição de responsabilidade limitada aos sócios (CC, art. 1.052); alteração do contrato social sem o consenso de todos os sócios (CC, art. 1.071 c/c art. 1.076 — com alteração da Lei n. 14.451/2022); existência de órgãos sociais com competências delimitadas (assembleia geral, administração, conselho fiscal) similares aos das sociedades por ações. Também refogem à característica de sociedade de pessoas não só a estipulação, no art. 1.060, parágrafo único, de que o direito à administração não se estende *pleno iure* aos sócios posteriores, pois para aquela sociedade a administração é direito-dever de todos os sócios, como também a imposição de *quorum* necessário para instalação de assembleia (CC, art. 1.074). Em razão dessas características de sociedade de capital, o art. 1.053, parágrafo único, do Código Civil permite a aplicação supletiva da Lei de Sociedade por Ações.

Por outro lado, disciplina-se também por normas que contêm traços personalistas como a do art. 1.057 sobre a possibilidade de um quarto do capital social dos sócios impedir a transferência de quotas do patrimônio societário para terceiro, estranho à sociedade, reconhecendo a *affectio socie-*

tatis, pois para cessão de quotas requer a autorização de sócios que representem no mínimo 75% (4/5) do capital social. A *affectio societatis* é, como diz Arnoldo Wald, elemento importante para a constituição e continuidade da sociedade limitada, cujo cunho personalista denota-se na estrutura de seu contrato social ou dos acordos de quotistas para organização do controle e da administração da sociedade.

Reúne, portanto, aspectos da sociedade de pessoas, por haver simplicidade e facilidade em sua organização e funcionamento e da sociedade de capital, ante a limitação da responsabilidade, menor identificação do sócio com sua quota etc., como diz Eunápio Borges.

Constitui-se pelo contrato social (CC, art. 1.054) como a sociedade de pessoas; ressalta o relacionamento pessoal entre sócios, sendo em alguns aspectos uma sociedade de pessoas *intuitu personae*, pois, p. ex., acata no art. 1.061: a necessidade da aprovação de, no mínimo, 2/3 (dois terços) dos sócios para eleger administrador (terceiro alheio ao quadro societário), ao passo que na sociedade de capital, para tanto, bastaria deliberação da maioria; solidariedade entre os sócios pela integralização do capital social (CC, art. 1.052); dissolução parcial da sociedade pela ruptura da *affectio societatis*; liquidação da quota de sócio falecido salvo estipulação contratual em sentido diferente; modificação de contrato social, havendo retirada ou exclusão de sócio[136].

---

136. Luíza Rangel de Moraes, Das responsabilidades dos sócios nas sociedades limitadas e nas sociedades anônimas à luz do novo Código Civil e da Lei das sociedades por ações. Da aplicação da teoria da desconsideração da personalidade jurídica, *A empresa no terceiro milênio — aspectos jurídicos* (coord. Arnoldo Wald e Rodrigo G. da Fonseca), São Paulo, Juarez de Oliveira, 2005, p. 42; Vera Helena de Mello Franco, O triste fim das sociedades limitadas no novo Código Civil, *Revista de Direito Mercantil, Industrial, Econômico e Financeiro*, n. 123, p. 84 e 85; Amador Paes de Almeida, *Manual das sociedades comerciais*, cit., p. 127; Adalberto Simão Filho, *A nova sociedade limitada*, cit., p. 21-63; Sérgio Campinho, *O direito de empresa*, cit., p. 149-54; José Virgílio Vita Neto, A sociedade limitada no novo Código Civil, *Revista de Direito Mercantil, 130*:207-29; Mônica Gusmão, *Curso*, cit., p. 187 e 188; Rubens Requião, *Curso*, cit., v. 2, p. 485-9. Sobre a concepção da sociedade limitada como sociedade de tipo misto: *RDM, 8*: 167; *RTJ,70*:377.

Interessante é a *teoria do contrato-organização* de Calixto Salomão Filho (*O novo direito societário*, São Paulo, Malheiros, 1998, p. 32 e 34) que procura transformar a sociedade numa célula social propulsora do desenvolvimento do País, melhorando a capacidade de gerar resultados econômicos ou lucros e a possibilidade de integração da sociedade no meio social.

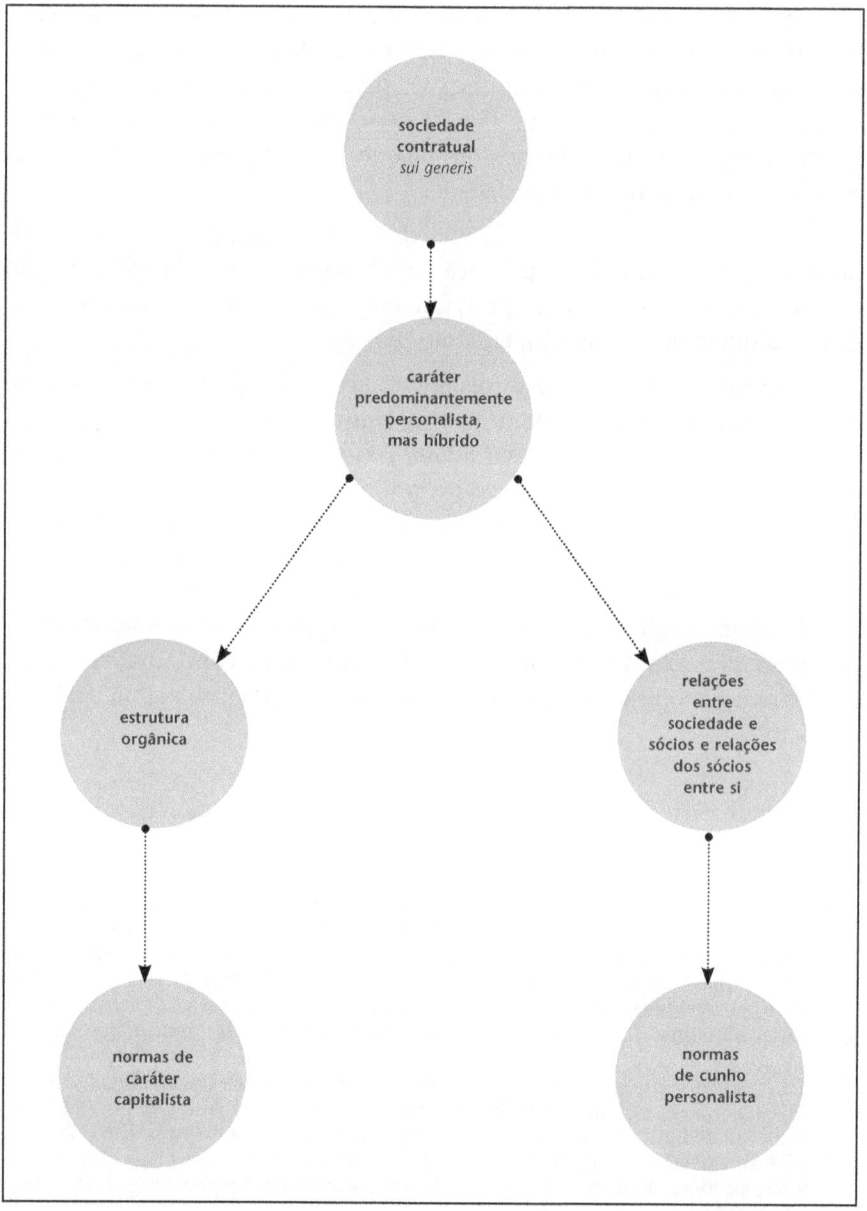

Como se vê, a sociedade limitada apresenta elementos característicos tanto da sociedade de pessoas como da sociedade de capitais. O Código Civil de 2002 não se posicionou expressamente em relação à natureza da sociedade limitada. Doutrinariamente, essa questão tem relevância quanto: *a*) à cessão livre ou condicionada, de quotas sociais. A esse respeito o art. 1.057 do Código Civil permite que os sócios estipulem normas, aumentando ou diminuindo o fator *intuitu personae*, que exerce influência na constituição e no funcionamento da sociedade. Havendo omissão, o sócio poderá ceder sua quota, total ou parcialmente, a sócio ou a estranho, sem anuência dos demais. Mesmo nesse último caso, o fator pessoal é importante, por poder haver oposição de sócios que representem 1/4 do capital social ao ingresso do novo sócio; *b*) à penhorabilidade ou impenhorabilidade das quotas. A penhora da quota social é admitida no art. 1.026, parágrafo único, do Código Civil vigente, possibilitando o juízo da execução levá-la à liquidação, se não ocorrida a dissolução da sociedade. O credor não poderá levar a leilão ou adjudicar quota, propiciando título que viria a permitir o ingresso de terceiro à sociedade. A liquidação da quota, com apuração de haveres, prestigia o caráter *intuitu personae* da sociedade limitada, por impedir que estranho venha a pertencer ao quadro societário; *c*) ao destino das quotas, havendo óbito de sócio, que serão liquidadas, exceto se o contrato estipular de modo diverso, podendo ocorrer caso de os sócios sobreviventes optarem pela dissolução da sociedade ou se ajustarem à substituição do sócio falecido, mediante acordo com os herdeiros (CC, art. 1.028); *d*) ao destino da sociedade, na hipótese de retirada de um dos sócios, decidindo os sócios remanescentes pela sua dissolução, se o sócio retirante for importante para sua continuidade (CC, art. 1.029, parágrafo único). Tais fatores apontam a preponderância do caráter personalíssimo da sociedade limitada, embora seja necessário analisar as cláusulas do contrato social para averiguar seu cunho personalista ou capitalista[137].

Sem embargo disso, a sociedade limitada é uma sociedade contratual porque os sócios, observando o disposto em lei, poderão estipular as cláusulas do contrato social com uma certa liberdade, o que não ocorre com a sociedade institucional, em que os acionistas ficam adstritos ao comando da Lei das Sociedades por Ações, pois quando adquirem as ações estão aderindo, incondicionalmente, ao estatuto social, registrado na Junta Comercial[138].

137. É a lição de Rubens Requião, *Curso*, cit., v. 1, p. 488 e 489.
138. Láudio C. Fabretti, *Direito de empresa*, cit., p. 111.

d.2. Regência supletiva das normas da sociedade simples e da Lei de Sociedade Anônima

A sociedade limitada, apesar de ter caracteres híbridos de sociedade de pessoas e de capitais, disciplinar-se-á pelos arts. 1.052 a 1.087 do Código Civil, e aplicar-se-lhe-á, subsidiariamente, nas omissões apresentadas nesses dispositivos legais e no pacto social, o disposto nos arts. 997 a 1.038, alusivos à sociedade simples (CC, art. 1.053, *caput*), mas "o art. 997, V, não se aplica a sociedade limitada na hipótese de regência supletiva pelas regras das sociedades simples" (Enunciado n. 222 do Conselho da Justiça Federal, aprovado na III Jornada de Direito Civil), pois o § 2º do art. 1.055 impede a contribuição dos sócios por meio de prestação de serviços; também não se lhe aplica o art. 1.024, por autorizar execução de bens particulares dos sócios por débitos da sociedade, depois de executados os bens sociais, tendo em vista que, na sociedade limitada (CC, art. 1.052), o sócio não responde com seus bens particulares, se integralizado o capital social. Ter-se-á, então, na omissão das normas específicas sobre sociedade limitada, a sua regulamentação subsidiária pelas normas da sociedade simples, hipótese em que, na lição de Fábio Ulhoa Coelho, configurar-se-á a *sociedade limitada com vínculo societário instável*. E seu contrato social poderá estipular que, supletivamente, lhe sejam aplicadas as normas da sociedade anônima (CC, arts. 1.053, parágrafo único, 1.088 e 1.089; Lei n. 6.404/76). Assim tornou-se possível a existência de uma "sociedade anônima sob a forma de sociedade limitada", fazendo com que o contrato social assuma a veste institucional do estatuto da sociedade anônima, pois a vontade dos sócios teria força apenas nas hipóteses em que a Lei de Sociedade Anônima for omissa ou inaplicável. Assim, desde que se tenha previsão expressa no seu contrato social, a sociedade limitada reger-se-á, supletivamente, pelas normas de sociedade anônima, devendo as demais cláusulas não conflitar com o disposto nessas normas, caso em que configurada está a *sociedade limitada com vínculo societário estável*, como nos ensina Fábio Ulhoa Coelho. Isso é comum, p. ex., se os sócios optarem por uma sociedade limitada com características de sociedade de capital ou pela divisão do capital em quotas preferenciais e ordinárias e criação de um Conselho de Administração. Se o contrato social não contiver previsão da aplicação supletiva da Lei de Sociedade Anônima, aplicar-se-ão à sociedade limitada as normas alusivas à sociedade simples.

"O parágrafo único do art. 1.053 não significa a aplicação em bloco da Lei n. 6.404/76 ou das disposições sobre a sociedade simples. O contrato social pode adotar, nas omissões do Código sobre sociedades limitadas, tanto as regras das sociedades simples quanto as das sociedades anônimas"

(Enunciado n. 223 do Conselho da Justiça Federal, aprovado na III Jornada de Direito Civil).

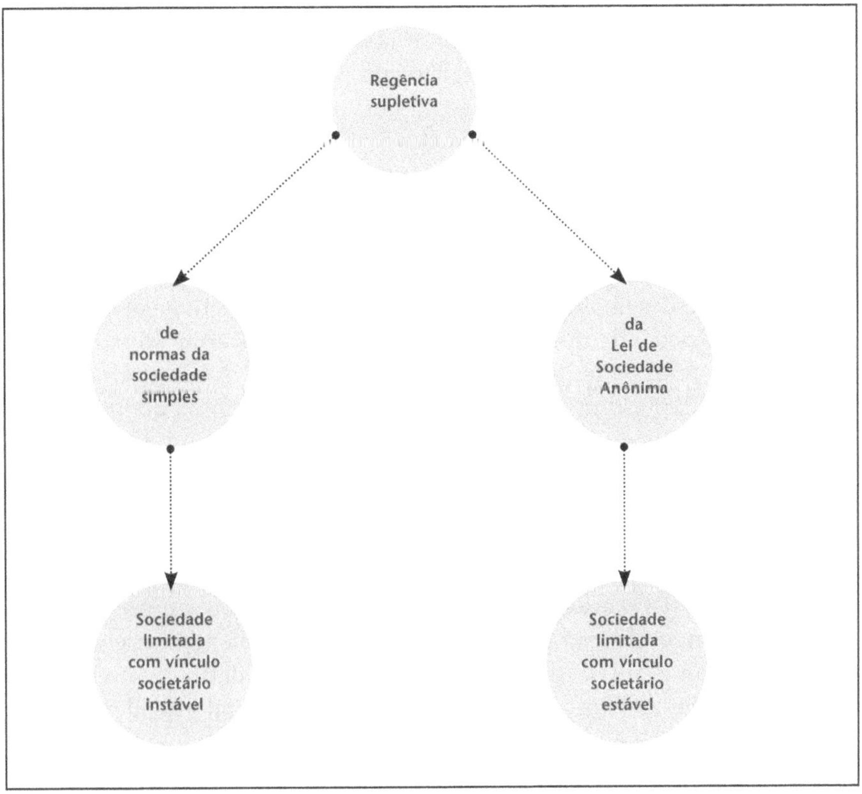

Interessantes são a respeito as lições de Fábio Ulhoa Coelho de que: *a*) na *sociedade limitada com vínculo societário instável*: a contratação por prazo indeterminado possibilita ao sócio dela desligar-se, imotivadamente, e, a qualquer tempo, mediante simples notificação aos demais sócios (CC, art. 1.029); a dissolução parcial poderá ocorrer em caso de morte (CC, art. 1.028), liquidação de quotas a pedido de credor de sócio (CC, art. 1.026, parágrafo único), retirada imotivada ou motivada (CC, arts. 1.029, 1ª parte, e 1.077) ou expulsão de sócio (CC, art. 1.085); o desempate far-se-á, inicialmente, segundo o critério da quantidade de sócios (CC, art. 1.010, § 2º) e, se ainda assim permanecer o empate, o juiz, então, desempatará a matéria; a maioria dos sócios delibera sobre o destino do resultado econômico, podendo optar pelo reinvestimento da totalidade dos lucros gerados, isto porque na sociedade simples não há obrigação de manter reserva nem de distribuição mínima de parte dos lucros entre os sócios; não há vinculação da sociedade aos atos praticados em seu nome pelo administrador ao realizar operação estranha aos negócios da sociedade; *b*) *na sociedade limitada com vínculo societário estável*: o art. 1.029 não se aplica, por não haver na Lei de Sociedade Anônima, a ela aplicável, nenhuma forma de dissolução parcial da sociedade e, consequentemente, não há fundamento legal para sócio desligar-se dela imotivamente, mesmo se a contratação for por prazo indeterminado, a não ser na hipótese do art. 1.077 do Código Civil relativa à modificação do contrato social, fusão ou incorporação, por isso o Enunciado n. 480 do Conselho da Justiça Federal, aprovado na V Jornada de Direito Civil, revogou o seu Enunciado n. 390 da III Jornada, que assim dispunha: "Em regra, é livre a retirada de sócio nas sociedades limitadas e anônimas fechadas, por prazo indeterminado, desde que tenham integralizado a respectiva parcela do capital, operando-se a denúncia (arts. 473 e 1.029)"; a dissolução parcial só é admitida nos casos de retirada motivada (CC, art. 1.077) ou expulsão de sócio (CC, art. 1.085); o desempate não se dá pelo critério da quantidade de sócios, mas pelo da quantidade de ações de cada sócio. Assim, havendo empate na deliberação, o desempate é tentado em nova assembleia geral, realizada pelo menos com sessenta dias de intervalo; continuando o impasse e não prevendo o estatuto a arbitragem, nem os acionistas elegendo terceiro a quem encomendar a decisão, o juiz desempatará considerando o interesse da sociedade (LSA, art. 129, § 2º); o contrato social contém previsão relativa ao dividendo obrigatório a ser distribuído anualmente entre os sócios e, se nada dispuser sobre isso, pelo menos metade do lucro líquido ajustado deve obrigatoriamente ser distribuído entre os sócios como dividendo (LSA, art. 202); há vinculação da sociedade a todos os atos praticados em seu nome por seus administradores, mesmo que alheios ao objeto social[139].

Observa ainda Modesto Carvalhosa[140] que, como a sociedade limitada tem caráter híbrido, não será possível aplicar pura e simplesmente as normas

---

139. M. Helena Diniz, *Código*, cit., p. 830 e 831; Amador Paes de Almeida, *Manual*, cit., p. 132; Fábio Ulhoa Coelho, *Curso*, cit., v. 2, p. 374-6; Arnaldo Rizzardo, *Direito de empresa*, cit., p. 193; Carlos Augusto Silveira Lobo, A lei de regência das sociedades limitadas no Código Civil de 2002, *Revista Brasileira de Direito Comparado*, *25*: 307-13 (2004); Paulo A. Weyland Vieira e Ana Paula de C. Reis, As sociedades limitadas no novo Código Civil — a limitação do direito de contratar, *Revista de Direito Mercantil*, *127*:37. Véronique Magnier (*Droit des sociétés*, Paris, Dalloz, 2002, p. 155) observa: *"La société à responsabilitée est d´une nature juridique mixte. Par son caractère fermé, elle se presente plutôt comme une société de personnes et les règles qu´ils président à sa constituition et à sa dissolution en témoignet. En revanche, la loi de 1966 et les rapprochment avec la société anonyme, notamment pour ce qui est des régles d´organisation et fonctionnement de la société"*.

140. Modesto Carvalhosa, *Comentários*, cit., v. 13, p. 45.

da sociedade anônima às limitadas. Por isso, pondera: "Assim, exemplificativamente, *não podem ser aplicadas* às sociedades limitadas as regras da sociedade anônima atinentes à constituição da sociedade; à limitação de responsabilidade dos sócios; aos direitos e obrigações dos sócios entre si e para com a sociedade; à emissão de títulos estranhos ao capital social, tais como debêntures, partes beneficiárias e bônus de subscrição; à abertura do capital com apelo à poupança pública; à emissão de quotas sem valor nominal; à emissão de certificados de quotas; e à subsidiária integral. Por outro lado, são *plenamente aplicáveis* às sociedades limitadas as regras da sociedade anônima no que respeita, sobretudo, à sua estrutura organizacional, aos direitos, deveres e responsabilidades dos administradores — por exemplo, as regras de organização e funcionamento dos órgãos da administração —, bem como aquelas que regem os pactos parassociais, como o acordo de acionistas. Os critérios expostos acima, embora não sejam definitivos, permitem ao intérprete guiar-se no caminho da aplicação supletiva da Lei do Anonimato às omissões das regras sobre as limitadas, ao longo do qual deverá prevalecer o critério de razoabilidade para distinguir onde a natureza de uma forma societária não permite a aplicação das regras da outra. Nas hipóteses supramencionadas, em que as omissões das regras específicas sobre as sociedades limitadas não puderem ser supridas pela Lei das Sociedades Anônimas, a despeito da previsão contratual nesse sentido, deve-se entender aplicáveis por analogia, diante da omissão da lei supletiva, as regras das sociedades simples".

Aplicar-se-ão, portanto, à sociedade limitada apenas as normas da sociedade anônima que forem compatíveis com a sua natureza jurídica. A regência supletiva da Lei da Sociedade Anônima está subordinada à ocorrência de dois requisitos[141]: *a*) compatibilidade da norma supletiva aplicável com a natureza contratual da sociedade limitada; *b*) existência de cláusula no contrato social dispondo, expressamente, a sua regência supletiva pelas normas da sociedade anônima. Contudo, há quem ache, como Luiz Cezar P. Quintans, cujo pensamento não seguimos, ante a necessidade de previsão contratual prevista no comando do art. 1.053, parágrafo único, do Código Civil, que sendo sociedade limitada empresária, que visa lucro mediante atividade econômica organizada, devidamente assentada no Registro Público de Empresas Mercantis, a cargo da Junta Comercial, sua disciplina legal suplementar, mesmo que não seja expressa no contrato social, seria a das sociedades anônimas. Consequentemente, o seu contrato social não pre-

141. Marino Pazzaglini Filho e Andrea Di Fuccio Catanese, *Direito de empresa*, cit., p. 89; Sérgio Campinho, *O direito de empresa*, cit., p. 151.

cisará, segundo esse autor, prever a regência supletiva da lei das sociedades anônimas, em razão da atividade exercida, da estrutura organizacional e do tipo de responsabilidade e por ter natureza diversa da sociedade simples. Daí afirmar esse autor que, se efetuado o registro na Junta Comercial, o *caput* do art. 1.053 se esvaziaria pela intenção das partes[142].

Assim, aplicam-se p. ex. à sociedade limitada as normas da sociedade simples, em razão de sua natureza contratual, havendo omissão, os princípios: da dissolução de pleno direito (CC, art. 1.033); da liquidação da quota do falecido (CC, art. 1.028); do recesso do sócio (CC, art. 1.029); da apuração dos haveres (CC, art. 1.031); da responsabilidade do sócio pela integralização das quotas subscritas em bens ou créditos (CC, art. 1.005); da cláusula leonina (CC, art. 1.008); da verificação da mora do sócio (CC, art. 1.004); da responsabilidade solidária entre cedente e cessionário, perante a sociedade e terceiros pelas obrigações sociais, até dois anos depois da averbação da alteração do contrato (CC, art. 1.003 e parágrafo único); da responsabilidade solidária dos administradores e sócios pela deliberação e recebimento da distribuição de lucros ilícitos ou fictícios (CC, art. 1.009); da responsabilidade por perdas e danos de sócio participante de deliberação relativa à operação contrária ao interesse da social, se ela foi aprovada com seu voto (CC, art. 1.010, § 3º); da responsabilidade pessoal e solidária do sócio-administrador com a sociedade pelos atos praticados antes da averbação de sua nomeação como administrador, por instrumento em separado (CC, art. 1.012); da responsabilidade por perdas e danos do administrador que realizar operações em desacordo com a maioria (CC, art. 1.013, § 2º); da responsabilidade por excesso de poderes por ato de alienação de imóveis integrantes do ativo social, ou a sua oneração, sem que haja decisão majoritária dos sócios, salvo se aquela alienação for atividade integrada ao objeto social (CC, art. 1.015); da responsabilidade solidária dos administradores por culpa no desempenho de suas funções e do administrador que, sem autorização dos sócios, vier a aplicar bens sociais em proveito próprio ou de terceiros (CC, arts. 1.016 e 1.017; *BAASP*, *2637*:1712-13).

---

142. Luiz Cezar P. Quintans, *Direito da empresa*, cit., p. 63. Urge lembrar que o Projeto de Lei n. 699/2011 pretende alterar o art. 1.053 do Código Civil, sugerindo a seguinte redação: "A sociedade limitada rege-se, nas omissões deste Capítulo, pelas normas da sociedade anônima". Tal sugestão visa "corrigir aparente contradição no art. 1.053 que prevê, simultaneamente, a regência supletiva das sociedades limitadas pelas normas das sociedades simples e das sociedades anônimas. É mais adequado que as omissões no regramento das limitadas sejam supridas pela Lei das Sociedades Anônimas do que pelas regras da sociedade simples, não só pela maior afinidade entre as limitadas e anônimas como pelo fato de ser esta a tradição no direito brasileiro".

E, se, no contrato social, houver previsão da regência supletiva das normas da sociedade anônima, serão aplicáveis à sociedade limitada, p. ex., as relativas à suspensão de direitos do sócio moroso (Lei n. 6.404/76, art. 120) e à possibilidade de revisão da deliberação sobre matéria ensejadora de recesso por iniciativa do órgão da administração (art. 137, § 3º, da Lei n. 6.404/76 c/c art. 1.077 do Código Civil). Mas não poderá adotar o regime do anonimato, emitir debêntures, criar partes beneficiárias, excluir ou restringir o direito de voto em relação a alguns sócios, como já foi dito[143].

Observa Sérgio Campinho: "Na hipótese do acordo de cotista, verificando-se no contrato a utilização subsidiária da Lei das S/A, não se tem dúvida da possibilidade de sua celebração pelos sócios, aplicando-se à espécie o disposto no art. 118 da Lei n. 6.404/76, com as necessárias adaptações ao tipo societário da limitada. Todavia, ainda na ausência da prefalada previsão, regrando-se supletivamente a limitada pelas normas da sociedade simples, sustentamos ser possível aos quotistas a celebração do pacto, por aplicação analógica do preceito que não violenta sua natureza e apresenta-se como regra benéfica aos quotistas, ao permitir que regulem o exercício de certos direitos. Não se pode olvidar que a analogia é fonte de direito, consoante o art. 4º da Lei de Introdução às Normas do Direito Brasileiro, e como as regras da sociedade simples são omissas na matéria, nada impede a construção analógica. Tem-se, portanto, que algumas normas da sociedade anônima podem, por analogia, ser utilizadas para reger certas situações na sociedade limitada, quando as normas da sociedade simples, que a esta servem de regramento supletivo, forem omissas no trato da questão. Mas, em qualquer caso, deve-se respeitar a natureza da limitada só se aplicando as normas da sociedade anônima quando não violentarem sua essência e com as devidas adaptações à sua tipologia"[144].

Em razão da natureza contratual da sociedade limitada, Luiza Rangel de Moraes[145], didaticamente, aponta a seguinte ordem de incidência das

143. É a lição de Sérgio Campinho, *O direito de empresa*, cit., p. 151 e 152; Arnaldo Rizzardo, *Direito de empresa*, cit., p. 193; e de Luíza Rangel de Moraes, Das responsabilidades, cit., p. 52 e 53. Otávio Vieira Barbi (Pode a sociedade limitada ter capital autorizado? *Revista de Direito Mercantil*, *129*:92-4) ensina-nos que não há impedimento à adoção parcial do regime do capital autorizado, previsto no art. 168 da Lei n. 6.404/76, pela sociedade limitada, desde que, no contrato social, haja previsão de regência supletiva pelas normas da sociedade anônima (CC, art. 1.053, parágrafo único), evitando assim problemas que possam surgir por ocasião do aumento de capital, que, se não for previamente autorizado, dependerá de aprovação de 75% do capital social. Aplicando-se o regime de capital autorizado das sociedades anônimas, ter-se-á simples transferência de recursos internos ou mesmo com aporte de recursos externos, sem a deliberação dos sócios.

144. Sérgio Campinho, *O direito de empresa*, cit., p. 152.

145. Luiza Rangel de Moraes, Das responsabilidades, cit., p. 54 e 55.

normas legais e contratuais sobre ela: *a*) normas disciplinadoras da sociedade limitada, contidas no Código Civil, nos arts. 1.052 a 1.087; *b*) normas estabelecidas no contrato social, quando a matéria se enquadrar nas de livre disposição dos sócios e não houver norma do Código Civil a respeito ao disciplinar a sociedade limitada; *c*) normas reguladoras da sociedade simples: na omissão da disciplina da matéria no capítulo do atual Código Civil relativo à sociedade limitada; na ausência de regulamentação do assunto no contrato social e na falta de disposição no contrato social sobre a regência supletiva ou imposição expressa do contrato social da aplicabilidade das normas sobre sociedade simples; *d*) normas da sociedade anônima no que forem compatíveis quando: a matéria não estiver regida pelo Código Civil ao disciplinar a sociedade limitada; houver ausência de cláusula a respeito no contrato social e se o contrato social expressamente admitir a regência supletiva da Lei n. 6.404/76; *e*) normas reguladoras das associações (CC, art. 44, §§ 1º a 3º) desde que: compatíveis com a natureza das sociedades limitadas; inexista disciplina da matéria nos capítulos do Código Civil de 2002 relativos à sociedade limitada e à sociedade simples e não haja previsão no contrato social da aplicação supletiva da Lei das Sociedades Anônimas.

Isto é assim porque a disciplina legal da sociedade limitada é incompleta e a escolha das normas completantes influenciará a forma pela qual serão desempenhadas as funções acometidas à estrutura dessa sociedade. Se escolhida a regência supletiva pelas normas da sociedade simples, a sociedade limitada acentuará ainda mais seus contornos contratualista e personalista, pois os interesses dos sócios serão levados em consideração no exercício da atividade societária. Se for eleita a regência supletiva das leis da sociedade anônima, a limitada ganhará caracteres capitalistas, e atendidos serão pelos sócios e pela administração societária os interesses dos sócios e os da pessoa jurídica, e suas decisões repercutirão nos grupos (credores, empregados, consumidores) afetados pela atividade empresarial. Competirá, portanto, aos sócios a escolha, no contrato social, de qual legislação suas atividades estarão sujeitas supletivamente. A opção pela regulamentação das normas da sociedade simples ou pela regência supletiva da Lei da Sociedade Anônima tem grande influência na forma em que a atividade da sociedade limitada será conduzida[146].

---

146. José Virgílio Vita Neto, A sociedade limitada, cit., p. 227 e 228. Cesar Augusto Garcia (nem tão por quotas, nem tão limitadas, *Jornal do Advogado*, fev. 2003, p. 13) entende que a limitada assume, no atual Código Civil, ares de minissociedade anônima de

d.3. Constituição da sociedade limitada, o teor do contrato social e contrato modificativo

Pelo vigente Código Civil, nítida é a tendência contratualista da sociedade limitada revelada pela sua constituição, que se dá por meio do contrato social (CC, art. 1.054), que é plurilateral e feito por instrumento público ou particular, e levado ao registro competente que é o Registro Público de Empresas Mercantis, se for empresária, ou o Registro Civil de Pessoa Jurídica, se for sociedade simples. Não podendo dispensar serviço de advogado, mesmo se vier adotar o *instrumento público* como forma, pois pela Lei n. 8.906/94, art. 1º, § 2º, o visto de advogado é condição de validade do registro do ato constitutivo da pessoa jurídica. Há preferência pelo uso do instrumento particular, mesmo em caso de integralização de quota social, mediante entrega de imóvel à sociedade, devendo conter cláusula identificadora e descritiva do bem de raiz, e outorga conjugal (Lei n. 8.934/94, art. 35, VII), e a certidão da Junta, comprovando o assento do contrato social, levada ao registro imobiliário, é título hábil para a transferência da propriedade do imóvel à sociedade (Lei n. 8.934/94, art. 64).

É, como vimos, a sociedade contratual; logo, os sócios, observando as normas legais, poderão estipular livremente as demais cláusulas contratuais. Sem olvidar os requisitos gerais dos contratos, ou seja, capacidade dos sócios (CC, art. 972), consentimento não viciado, objeto lícito, possível, determina-

---

capital fechado, tendo caracteres mais próprios de sociedade de capital do que de pessoas, por permitir, p. ex., que seja administrada por terceiro não sócio.

Interessante é o estudo do IDSA — Quatro mãos. Emissão de debêntures por sociedades limitadas — *Letrado — IASP*, ed. 109, 2014, p. 68-69: As sociedades limitadas podem acessar o mercado de capitais mediante emissão de debêntures, que conferem um direito de crédito ao seu titular contra a emissora representado por uma obrigação de pagar certa quantia em dinheiro em prazo e remuneração pré-convencionados. Seria um empréstimo tomado no mercado de capitais. Tratar-se-ia da emissão de um título representativo de dívida daquela sociedade, que envolve a vontade das partes, independendo de permissão legal (CF, art. 5º, II), pois pela CF, art. 170, IX, a atividade econômica pode ser livremente exercida independentemente de autorização de órgãos públicos, exceto nos casos previstos em lei. Só há proibição de debêntures ao portador (Lei n. 8.021/90), logo se forem nominativas poderão ser emitidas (CC, art. 1.053), aplicando-se supletivamente a Lei n. 6.404/76.

Com a alteração das Leis n. 6.404/76 e 6.385/76 pela Lei n. 11.638/2007 (art. 3º, parágrafo único), ter-se-ão, no Brasil, *duas modalidades de sociedades limitadas: a de pequeno e médio porte e a de grande porte*, sendo esta última a sociedade ou conjunto de sociedades sob controle comum que apresentar, no exercício social anterior, ativo total superior a R$ 240.000.000,00 ou receita bruta anual superior a R$ 300.000.000,00. Hoje deverá auferir receita bruta superior a R$ 360.000,00 e a R$ 4.800.000 (art. 3º da LC n. 123/2006, com a redação da LC n. 139/2011; Res. n. 94/2011 do CGSN).

do ou determinável, e forma prescrita ou não defesa em lei (CC, arts. 104, 3º, 4º e 5º). Menores poderão, como diz Ricardo Negrão, ser sócios de sociedade limitada se por ato *inter vivos* ou *causa mortis*: as quotas dos demais sócios estiverem integralizadas; as quotas de todos os sócios permanecerem integralizadas em sua totalidade enquanto os menores permanecerem na sociedade; os aumentos de capital forem integralizados no ato de sua ocorrência; não forem administradores da sociedade, embora possam, por meio de seu representante, deliberar e fiscalizar as operações e os negócios sociais; houver assistência ou representação do menor, conforme a legislação civil.

O contrato social deverá, obrigatoriamente, conter, no que for cabível, as cláusulas essenciais indicadas no art. 997 do atual Código Civil e na Instrução n. 10/2013 do DREI[147]: *a*) nome, nacionalidade, estado civil, RG, CPF,

---

147. Sérgio Campinho, *Direito de empresa*, cit., p. 139-46; José Waldecy Lucena, *Da sociedade por quotas de responsabilidade limitada*, p. 82 e 213; Arnaldo Rizzardo, *Direito de empresa*, cit., p. 193-8; Láudio C. Fabretti, *Direito de empresa*, cit., p. 114; Nelson Abrão, *Sociedade por quotas de responsabilidade limitada*, São Paulo, Revista dos Tribunais, 1989, p. 46; Rubens Requião, *Curso*, cit., v. 1, p. 489-98; Marino Pazzaglini Filho e Andrea Di Fuccio Catanese, *Direito de empresa*, cit., p. 91; Mônica Gusmão, *Curso*, cit., p. 189, 201-3; Modesto Carvalhosa, *Comentários*, cit., v. 13, p. 52-67; Edmar O. Andrade Filho, *Sociedade de responsabilidade limitada*, cit., p. 50-61; Adalberto Simão Filho, *A nova sociedade*, cit., p. 65-117; Fábio Ulhoa Coelho, *Curso*, cit., v. 2, p. 389-91; *Sociedade limitada no novo Código Civil*, São Paulo, Saraiva, 2003, p. 18-25; Ricardo Negrão, *Manual*, cit., v. 1, p. 287.

Arnoldo Wald (*Comentários*, cit., p. 310-5) é favorável à existência de sociedade limitada unipessoal, por haver casos em que um sócio é detentor de 99% das quotas e o outro de apenas 1% e por ser relevante para a organização de pequenos e médios empresários, implicando a separação do patrimônio para o desenvolvimento da atividade, afastando o sócio prestanome (homem-palha) que apenas nela figura para cumprir o requisito da pluripessoalidade e obter benefício de responsabilidade limitada, que vem sendo acatada nas legislações estrangeiras.

Há, como já dissemos alhures, no Cap. III, item 1.B, Projeto de Lei n. 2.730/2003 que tem por escopo admitir no País a sociedade unipessoal de responsabilidade limitada, a exemplo de outras nações, principalmente da Comunidade Europeia, pondo fim à situação de empresário singular constituir sociedade plural apenas de fachada, valendo-se de terceiros com irrisória participação no capital social e ensejando ao pequeno empresário individual gozar da garantia da limitação de suas responsabilidades, potencializando a atividade econômica, embora imponha a adoção de cautelas em ordem a impedir mistura entre o patrimônio do único sócio e o da sociedade, evitando fraude contra credores (Rubens Lazzarini, Sociedade unipessoal de responsabilidade limitada, *Informativo IASP*, *77*:6-2006). Prevê a introdução no Código Civil dos art. 985-A a 985-D, nos seguintes termos: "(i) a sociedade unipessoal só pode ser constituída por um único sócio pessoa singular; (ii) é vedada sua constituição por pessoa domiciliada no exterior ou que já seja titular de outra sociedade unipessoal no País; (iii) poderá resultar da concentração superveniente das quotas de uma sociedade plural em favor de um único sócio; (iv) a sociedade unipessoal usará firma que deverá conter a expressão 'sociedade

profissão e residência dos sócios, se pessoas naturais, e a firma ou a denominação, nacionalidade e sede dos sócios, se jurídicas, o número de identificação do Registro de Empresas (NIRE) e o da inscrição no Cadastro Nacional de Pessoas Jurídicas (CNPJ). Qualquer sociedade regular pode ser sócia de sociedade limitada. Devendo haver pluralidade de sócios e, ainda, estar presentes os requisitos da sociedade em geral como contribuição para o fundo comum, *affectio societatis* (vontade de formar um grupo societário, aceitando riscos comuns), participação nos lucros e nas perdas, natureza econômica da atividade (CC, art. 981). Poderá ser sócio de sociedade limitada quem não estiver impedido pela Constituição Federal ou por lei especial (IN n. 76/98 do DNRC — hoje DREI — ora revogada pela IN n. 10/2013, do DREI). O quadro societário da sociedade limitada poderá ser formado só com pessoas naturais ou apenas com pessoas jurídicas, ou, ainda, com pessoas naturais e jurídicas, assumindo forma mista; até mesmo pessoa jurídica estrangeira poderá ser sócia de sociedade limitada, desde que autorizada para funcionar no Brasil pelo Poder Executivo (CC, art. 1.134); *b*) firma ou denominação social, sob pena de tornar inviável seu registro (CC, arts. 1.054, *in fine*, e 1.158) por ser seu elemento de identificação, que pode indicar o sócio, o objeto social e o tipo de responsabilidade assumido. A sociedade limitada poderá optar pelo uso de firma ou de denominação social. Se a opção for a utilização de firma ou razão social, esta conterá o nome civil de um, de alguns ou de todos os sócios (pessoas naturais), seguida da locução "& Cia. Ltda". Se em sua firma não se individualizar todos os sócios, deverá ela conter o nome de pelo menos um deles, acrescido do aditivo "e companhia" e da palavra "limitada", por extenso ou abreviados (art. 5º, II, *d* da IN n. 15/2013 do DREI). P. ex.: Souza & Cia. Ltda.; Souza e Oliveira Ltda.; E. Gianini & Cia. Ltda. Se preferir a denominação social, usará qualquer expressão que identifique a sociedade, inclusive o nome dos sócios ou um

---

unipessoal com responsabilidade limitada', sob pena de perda do benefício da limitação; (v) deverão ser realizadas reuniões ordinárias anuais para aprovação de contas e outras deliberações entre o único sócio e o administrador da sociedade, e extraordinárias a qualquer tempo, sempre que o único sócio pretenda celebrar contrato com a sociedade, direta ou indiretamente, caso em que a proposta de contratação deverá vir acompanhada de descrição detalhada das condições do negócio e de sua fundamentação econômico-financeira; (vi) as reuniões serão reduzidas a atas ou a relatórios na hipótese de inexistência de administrador, que deverão permanecer arquivados na sede da sociedade, constituindo fundamento para a aplicação do art. 50 do Código Civil — desconsideração da personalidade jurídica, a inobservância dessa formalidade, o mesmo acontecendo se uma pessoa jurídica já constituída vier a se tornar sócia única e não reconstituir a pluralidade de sócios em até seis meses". Atualmente, pelos arts. 980-A, §§ 1º a 6º e 1.033, parágrafo único, do Código Civil (alterado pela Lei n. 12.441/2011) admitida está, no Brasil, a empresa individual de responsabilidade limitada.

nome fantasia indicando, especificamente, o objetivo social, e será indispensável o uso do termo "limitada", por extenso ou abreviadamente. P. ex., Estoril Panificadora Ltda.; M. Vianna Armarinhos Ltda. (art. 5º, III, *a*, da IN n. 15/2013 do DREI). Mais vantajosa à sociedade limitada será a opção pela denominação social, visto que esta não sofrerá qualquer alteração, havendo ingresso de novo sócio ou retirada de algum de seus sócios. Já a firma, ocorrendo modificação no quadro societário, deverá ser alterada se o nome do sócio retirante nela figurar. Se o termo *Ltda.* for omitido, os administradores (CC, art. 1.158, § 3º) serão tidos como responsáveis ilimitada e solidariamente. "O uso da firma ou denominação social será privativo dos administradores que tenham os necessários poderes" (CC, art. 1.064); *c*) objeto social, único ou múltiplo, que indicará a finalidade da sociedade e o tipo de atividade por ela exercido, por isso dever-se-á indicar o gênero e as espécies de forma clara, detalhada e precisa. P. ex.: confecção de malhas; exportação de bebidas; venda de produtos alimentícios; prestação de serviços de consertos de relógios; *d*) sede social, que é o local de seu funcionamento, onde estão centralizadas suas atividades ou onde se encontra instalada sua diretoria. É o domicílio de pessoa jurídica; *e*) prazo de duração (CC, art. 1.033) que pode ser *determinado*, se constituída a sociedade para a construção de um edifício, exploração de recursos minerais, ou *indeterminado*; *f*) capital social, que representa a contribuição dos sócios para formação do patrimônio da sociedade, expresso em moeda nacional ou moeda corrente, podendo abranger qualquer tipo de bens (móveis (corpóreos ou incorpóreos), imóveis, instalações, matéria-prima, dinheiro, patente, fundos monetários, créditos, reservas para cobertura de despesas com funcionários ou com a operacionalização), desde que suscetíveis de avaliação pecuniária. Por força do § 2º do art. 1.055, não poderá o capital ser aquilatado em prestação ou em trabalho e indústria. Para que a sociedade se constitua, necessário será o aporte de capital pela contribuição dos sócios. Se o sócio-quotista contribuir com dinheiro, deverá colocar o numerário à disposição da sociedade no montante e no prazo estipulados no contrato social (CC, art. 1.004). Ser-lhe-á vedada qualquer prestação de serviço (CC, art. 1.055, § 2º), isto porque neste tipo de sociedade não se poderá ter sócio que somente contribua com seu trabalho, uma vez que há limitação de responsabilidade e solidariedade pela integralização do capital social. Tal capital deverá estar integralmente subscrito no momento em que a sociedade vem a constituir-se, mas nada obsta que sua integralização se dê em prestações periódicas ou mensais a serem pagas pelos sócios. A integralização do capital social, em dinheiro (moeda corrente) ou em bens e direitos constitui garantia dos credores e meio econômico-financeiro para que a sociedade possa exercer sua atividade, mas, na verdade, a real garantia, para tanto, seria o patrimônio líquido da sociedade. Com tal integralização desaparecerá a responsabilidade solidária entre os sócios, assim sendo, nas relações operacionais, não responderão com seu patrimônio particular pelos débitos sociais, exceto nos casos já citados anteriormente: deliberação contrária à lei e ao contrato social; dívida trabalhista; débitos junto ao INSS; fraude contra credores; sociedade entre cônjuges violando o art. 977 do Código Civil. Aferido o valor do capital, proceder-se-á a sua divisão em quotas ou unidades a serem distribuídas entre os sócios. A quota é o quinhão de contribuição do sócio para a formação do capital social ou a parte que cada um tem nesse capital. O capital social, que constitui o patrimônio da sociedade, apresenta, na lição de Adalberto Simão Filho e de Carlos Fulgêncio da Cunha Peixoto[148], duas funções: 1ª) a interna, que fixa a relação patrimonial entre os sócios e regula a participação social nos lucros e nos riscos, em conformidade com a contribuição social"; e 2ª) a externa, "sendo que representa o capital social a segurança dos terceiros que com a sociedade entabulem negócios jurídicos, na medida em que não é permitido pela lei a distribuição do capital entre os sócios, haja vista a intangibilidade do capital social". O capital social expresso nominalmente em valor monetário servirá, como ensina Rubens Requião, de base para: a aferição dos resultados econômicos, ou seja, dos lucros e dos prejuízos, no período de tempo designado exercício financeiro; o cálculo de divisão proporcional dos lucros e das perdas; a verificação dos resultados finais da sociedade, na dissolução e liquidação, com a partilha dos lucros líquidos verificados e dos prejuízos sofridos; *g*) a quota de cada sócio no capital social e o modo de realizá-la, visto que é o padrão monetário representativo de uma parcela do capital social, no qual fazem subscrição os sócios. A emissão de quota deverá, por isso, realizar-se de modo a refletir os interesses dos sócios, alusivos aos ganhos, ao patrimônio e ao controle; *h*) as prestações a que se obriga o sócio, cujo pagamento dar-se-á, periodicamente, por não ter havido satisfação do capital subscrito à vista; *i*) a indicação das pessoas naturais incumbidas da administração da sociedade, arrolando seus poderes e suas atribuições, considerando-se que não poderão extrapolá-los, sob pena de responsabilidade pessoal; *j*) a participação de cada sócio, no *quantum* estipulado ou na proporção de suas quotas (CC, art. 1.007), nos lucros e nas perdas (CC, art. 1.008) que poderá se dar ao final de cada exercício ou em épocas designadas. A distribuição dos resultados re-

148. Adalberto Simão Filho, *A nova sociedade limitada*, cit., p. 94; Carlos Fulgêncio da Cunha Peixoto, *A sociedade por cotas de responsabilidade limitada*, Rio de Janeiro, Forense, 1958, v. 1, p. 122.

quer participação nos lucros, que poderá se realizar por meio de dividendos (dinheiro) ou de ações ou quotas de bonificação oriundos da capitalização dos lucros[149]. As perdas, se o capital estiver integralizado, serão debitadas à responsabilidade da sociedade; *k*) foro ou cláusula arbitral. Não é exigida a menção expressa no contrato social de que a responsabilidade dos sócios é limitada ao valor do capital social, pois tal responsabilidade decorre de lei (CC, art. 1.052) e não do contrato social. Essas cláusulas são obrigatórias e imprescindíveis para o assento do contrato social no registro competente.

Outras cláusulas, apesar de facultativas ou acidentais, poderão ser inseridas no contrato social, atendendo aos interesses da sociedade ao disciplinar a organização e o funcionamento social, como as relativas: às reuniões dos sócios (CC, art. 1.072); à regência supletiva da sociedade limitada pelas normas da sociedade anônima (CC, art. 1.053, parágrafo único); às consequências do óbito de sócio; à autorização (apesar de não ser mais necessária) para que estranho possa assumir a administração da sociedade (CC, art. 1.061, com redação dada pela Lei n. 14.451/2022); à retirada ou exclusão de sócio por justa causa (CC, art. 1.085) e ao parcelamento do reembolso a que faz jus; à instituição de Conselho Fiscal (CC, art. 1.066); à retirada mensal de *pro labore*; à distribuição de encargos administrativos; ao acordo de quotistas para manter os interesses dos sócios coordenados e conjuntos, vigorando interpartes, tratando de restrições alusivas à cessibilidade de quotas até a partilha do poder de decisão para assuntos específicos; ao *quorum* qualificado dos quotistas para a tomada de certas resoluções; à criação de diversas classes de quotas e de vetos.

Na constituição da sociedade limitada, os sócios deverão, portanto, acordar, previamente, sobre todos os aspectos, procurando satisfazer aos seus interesses. Os sócios poderão, diante dos princípios da liberdade contratual e de livre iniciativa, respeitada a lei e a ordem pública, dispor o que quiserem no contrato social por ocasião da constituição da sociedade limitada.

Livres serão os sócios para alterar, a qualquer tempo, contrato social celebrado aumentando ou diminuindo capital social; mudando sua sede; admitindo retirada ou exclusão de sócio; prorrogando prazo de sua duração; modificando a firma social; dissolvendo-se antecipadamente; permitindo ingresso de novo sócio etc. Tais alterações, sujeitando-se à deliberação de sócios (CC, art. 1.071, V),

---

149. Vinicius José Marques Gontijo, A regulamentação das sociedades limitadas, *Direito de empresa no novo Código Civil*, Rio de Janeiro, Forense, 2004, p. 193; M. Helena Diniz, *Código*, cit., p. 832.

ensejam a efetivação de contrato modificativo que deverá ser levado a registro, seja ele feito por instrumento público ou particular (Lei n. 8.934/94, art. 53).

Pelo art. 1.076, I (ora revogado pela Lei n. 14.451/2022), a deliberação dos sócios para efetuar mudança no contrato social deveria alcançar no mínimo 3/4 do capital social, mas o atual Código Civil admite exceções a esse *quorum*: *a*) designação de administrador não sócio, que não precisa ser mais admitida expressamente no contrato, dar-se-á pelo voto de 2/3 de sócios, não estando o capital integralizado, ou mais da metade do capital social, havendo sua integralização (CC, art. 1.061, com redação dada pela Lei n. 14.451/2022); *b*) destituição de sócio-administrador, nomeado no contrato, requer aprovação de 2/3 do capital, salvo disposição contratual prevendo *quorum* maior ou menor (CC, art. 1.063, § 1º); *c*) exclusão extrajudicial de sócio deliberada por mais da metade do capital social, na hipótese de sócio remisso ou no caso de a maioria dos sócios entender que um ou mais sócios minoritários estiveram colocando em risco a continuidade da empresa (CC, arts. 1.085 e 1.004, parágrafo único).

Exige-se tal deliberação porque atos ulteriores à sua constituição poderão alterar sua estrutura original, mesmo que seja uma mera troca ou acréscimo de sócio, requerendo um planejamento. Assim, toda modificação contratual deverá ser pensada como o nascimento de uma nova sociedade[150].

---

150. Philomeno Joaquim da Costa, Modificação do contrato de sociedade limitada por maioria de capital, *RDM, 25*:77; M. Helena Diniz, Contratos modificativos da sociedade por quotas de responsabilidade limitada, *RDC, 61*:7; Amador Paes de Almeida, *Manual*, cit., p. 132 e 133; Sérgio Campinho, *Direito de empresa*, cit., p. 146-9; Rubens Requião, *Curso*, cit., v. 1, p. 495-7; Oswaldo Chade e Alexandre Saddy Chade, Sociedade por quotas de responsabilidade limitada: formas e instrumentos heterodoxos de composição de poderes, funções e interesses, *Revista do IASP*, número especial de lançamento, 1997, p. 46; Fábio Ulhoa Coelho, *Curso*, cit., v. 2, p. 390, 394 e 395.

"Mandado de Segurança contra ato do Pleno da Jucesp (revogar arquivamentos de alterações de sociedade de responsabilidade limitada, tomada pela maioria, de acordo com o contrato) que se acolhe por implicar violação de direito líquido e certo da sociedade que almeja, com o registro, dar publicidade dos atos contratuais formalmente corretos Decisão administrativa lançada sem fundamentação e em contrariedade ao disposto no art. 35 da Lei n. 8.934/1994. Provimento para afastar a extinção decretada por suposta irregularidade na representação processual e, na forma do art. 515, § 3º — hoje art. 1.013, § 3º, I —, do CPC, conceder a Ordem, restabelecendo a força dos arquivamentos" (TJSP — 4ª Câm. de Direito Privado; ACi com Revisão n. 358.346-4/0-00-São Paulo-SP; Rel. Des. Enio Santarelli Zuliani; j. 25-9-2008; v.u.; *BAASP, 2651*:5353).

Sociedade por quotas (Ltda) — Exclusão de sócio minoritário — Prazo para apelar interrompido por oposição de Embargos de Declaração — Apelo tempestivo — Na sistemática do novo CC, arts. 1.030, 1.044 e 1.085, a exclusão do sócio minoritário por justa causa e deliberação da maioria pode ser judicial ou extrajudicial. Na espécie, os

d.4. Regime de quotas

d.4.1. Classes de quotas sociais

Ao constituir uma sociedade limitada, duas ou mais pessoas entregam, para a consecução dos objetivos sociais, dinheiro ou bens, contribuindo para a formação do capital social, passando a ter *status* de sócias, recebendo, então, quotas equivalentes à somatória daqueles bens que integralizaram o capital social (fundo originário), de acordo com o montante de seu aporte. Cada uma subscreve o número de quotas que lhes couber no capital. O ato de assumir a obrigação do aporte de capital é a subscrição.

Assim temos:

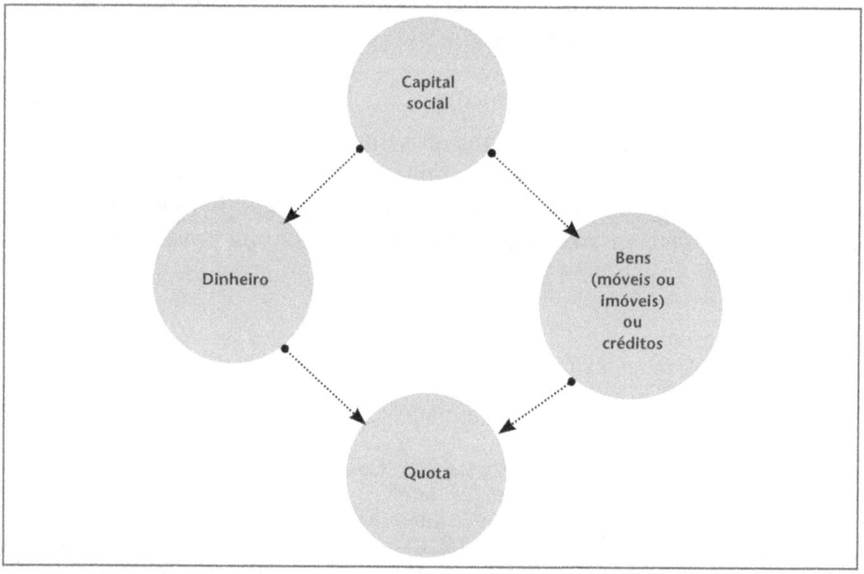

arts. 16 e 29 do Contrato Social permitem a exclusão extrajudicial. A exclusão somente poderá ser determinada em reunião ou assembleia especialmente convocada para esse fim. Exigência de prévia convocação do acusado para o seu comparecimento e exercício de seu direito de defesa (art. 1.085, CC/2002). O apelado foi noticiado *a posteriori* da assembleia que o excluiu da sociedade. Não compadecimento com o regime do novo CC. O apelado não faz jus a *pro labore* nem à religação da linha telefônica móvel. Visto que a participação do apelado no capital social é pequena, não está a apelante obrigada a conferir-lhe a intermediação em negócios, pelo que não faz jus ao percebimento de ajuda de custo e de comissões. O apelado pode retirar-se da sociedade para perceber seus haveres na proporção de sua participação no capital social. Tal não foi objeto do pedido. Recíproca a sucumbência. Recurso provido em parte (TJSP — 1ª Câm. de Direito Privado; Ap n. 9111189-20.2006.8.26.0000-São Paulo-SP; Rel. Des. Paulo Eduardo Razuk; j. 12-4-2011; *BAASP*, *2755*:6187).

A quota é, portanto, um bem imaterial dotado de valor ou de conteúdo econômico.

As quotas são parcelas em que está dividido, ou representado, o capital social, que podem ter valores *iguais* ou *desiguais*, cabendo uma ou várias delas a cada sócio, conforme a contribuição que der ao ingressar na sociedade limitada (CC, art. 1.055, *caput*). Logo, o sócio quotista é o titular da fração em que o capital se divide. Waldo Fazzio Junior[151], a esse respeito, pondera: "A quota social é fração do capital da sociedade. Sua titularização, pelo cotista, tem natureza bifrontal: confere ao sócio direitos patrimoniais e direitos pessoais. Os primeiros, traduzidos no direito à percepção de lucros e no direito à partilha da massa residual (ativo líquido) depois da liquidação. Os direitos pessoais consistem na participação em sentido estrito (como administrador) e em sentido amplo (na fiscalização inerente à condição de sócio)". Por tal razão, Carvalho de Mendonça nela vislumbra um direito de crédito futuro.

Poder-se-á ter dentro das *quotas iguais*: 1) *quotas iguais unitárias simples*, em que o capital social dividir-se-á em quotas unitárias, todas iguais, conforme o número de sócios quotistas, cabendo a cada um deles uma quota do mesmo valor. As quotas deverão ser subscritas igualmente pelos sócios. Assim, se a sociedade limitada tiver quatro sócios, cada um receberá, p. ex., uma quota com valor nominal de R$ 200.000,00, se o capital social for de R$ 800.000,00. Há possibilidade de se adotar: *a*) o *sistema da quota única inicial*, pelo qual não se acrescentarão à quota inicial as adquiridas ulteriormente, tendo-se, então, dois grupos de quotas: o das quotas iniciais e o das obtidas posteriormente; ou *b*) o *sistema da quota única permanente*, segundo o qual a ela se integram as adquiridas em momento ulterior, e os aportes de capital não geram novas quotas, visto que tão somente acarretam o aumento do valor nominal da quota única; 2) *quotas iguais unitárias múltiplas*, pois pelo *sistema* de *pluralidade* de *quotas*, ou de *quotas múltiplas*, o capital social

---

BAASP, *2912*:9. Ação declaratória. Junta Comercial do Estado. Alterações societárias. Alegação de que documentos de entrada e saída do autor em sociedade limitada foram arquivados em ordem inversa, e de que foi arquivada nova e inexistente alteração de saída do autor da sociedade. Pretensão admissível. Equívoco demonstrado pelas alterações societárias, não infirmadas pela Jucesp. Retificação da ficha cadastral da sociedade para constar as datas certas de entrada e saída do autor da sociedade Sentença reformada. Recurso do autor provido (TJSP — 12ª Câmara de Direito Público, Apelação n. 9131833-47.2007.8.26.0000-SP, Rel. Des. J. M. Ribeiro de Paula, j. 27-11-2013, v.u.).

151. Waldo Fazzio Jr., *Manual de direito comercial*, São Paulo, Atlas, 2003, p. 200.

é dividido em várias quotas iguais ou básicas, cuja aquisição pelo sócio é livre. Tais quotas básicas podem ser livremente subscritas pelos sócios. Cada sócio poderá receber mais de uma quota de valores iguais, facilitando a subscrição do capital e seus aumentos; a cessão ou transferência de parte delas, sem que saia da sociedade e sem que haja condomínio de quotas, o cômputo de votos nas assembleias; a formação do *quorum*; a partilha se dissolvida e liquidada a sociedade. A cada sócio será distribuído o número suficiente de quotas iguais para representar sua participação no capital social. Esse sistema de pluralidade de quotas tem sido, consuetudinária e doutrinariamente, o mais acatado, substituindo o sistema de quota única inicial, por propugnar que a contribuição do sócio à constituição do capital social seja dividida em quotas de valor igual. E o art. 1.055, *caput*, do atual Código Civil, ao lado do sistema de quota única inicial e do sistema de quota permanente, o adotou também. Assim, pelo sistema de quotas múltiplas, p. ex., um capital social de R$ 1.000.000,00 poderá dividir-se em mil quotas de R$ 1.000,00 cada uma; ou em cem mil de R$ 10,00 cada. Se quatro forem os sócios e mil quotas de R$ 1.000,00 tiverem de ser entre eles divididas, cada um receberá, igualmente, 250 quotas ou as quotas poderão ser subscritas desigualmente, recebendo dois deles, 250, um 400 e o outro 100.

Pelo sistema de *quotas desiguais*, pelo qual cada quota será valorada no montante da participação do sócio no capital social, acarretando direitos diferentes na percepção de dividendos, na responsabilidade pelos débitos sociais, na deliberação de questões societárias etc., cada sócio terá direito a uma ou diversas quotas desiguais. Uns sócios subscrevem mais quotas e outros menos. O capital social poderá ser dividido em tantas quotas desiguais quantos forem os sócios, sendo atribuída a cada um quota representativa do valor de sua participação no montante do capital. P. ex., o sócio "A" poderá ter uma quota de R$ 100.000,00, o "B" uma de R$ 25.000,00 e o "C" uma de R$ 25.000,00, sendo o capital social de R$ 150.000,00. Tais quotas são desiguais pela valoração, e os sócios poderão ser majoritários ou minoritários. Os sócios poderão conferir a cada quota o valor que lhes convier, por não haver, no Brasil, imposição legal de valor nominal fixo, mínimo ou máximo, de quotas. Essas quotas desiguais não poderão ultrapassar 25% do capital social, sob pena de nulidade absoluta da cláusula do contrato social, pois o novel Código Civil requer, em certos casos, para deliberação de determinados assuntos, a aprovação de no mínimo 75% do capital social[152]. É importante lembrar que o art.

---

152. André de Medeiros Larroyd (*Classes de quotas nas sociedades limitadas*, disponível em www.larroydcardozo.com.br/artigos/default.asp?tela=1&codartigo=20) esclarece que:

"Tal princípio de desigualdade do poder societário, vem das chamadas *golden shares* nas SA's. Estas já existentes na legislação inglesa desde a década de 70, foram reintroduzidas em nossa legislação pela Lei n. 10.303/01. O objeto das ações com o *status* de *golden shares* foi sempre o de manter nas mãos de ente público o poder de decidir em determinados assuntos considerados de relevante interesse público em casos de desestatização de empresas antes controladas pelo ente público (União Federal, Estados ou Municípios). Sendo assim, entendemos que o mesmo princípio pode ser aplicado às sociedades empresárias do tipo limitada, estabelecendo-se classes de quotas com valores e poderes decisórios diferenciados sobre determinados assuntos elencados no contrato social".

Urge não olvidar que:

"O plenário de vogais que representa o órgão deliberativo da Junta Comercial do Estado de São Paulo (Jucesp) admitiu o uso de quotas sem valor nominal por empresas limitadas. A decisão inédita abre um precedente valioso para os empresários, que antes precisavam transformar suas empresas em sociedades anônimas no momento de transferir parte das quotas a novos sócios — integralização de capital — com o intuito de economizar em imposto de renda ou de não perder o controle acionário".

O Vogal Presidente da 3ª Turma de Vogais da Junta Comercial do Estado de São Paulo, Alberto Murray Neto, defendeu no seu voto que "o valor nominal atribuído às quotas nas sociedades limitadas tem um papel meramente ilustrativo". (...) "esse mecanismo foi apenas uma ficção jurídica, criada pelos operadores de direito, para facilitar a visualização do contrato social e identificar quanto cada sócio detém do capital social". (...) "a inscrição do valor nominal da quota no contrato social é absolutamente irrelevante. Não serve para nada. O importante é que esteja definido no contrato social, com clareza, o valor percentual que cabe a cada sócio na divisão do capital social" (...). O valor nominal da quota não tem importância alguma para delimitar o poder de voto de cada sócio em reunião, ou assembleia geral de quotistas. Basta que o contrato social aponte, com clareza, qual o percentual que cada sócio detém no contrato social. Esse percentual corresponderá ao seu poder de voto. O mesmo princípio é válido para circunscrever as responsabilidades de cada sócio perante a própria sociedade e perante terceiros. Se um sócio tem 30% do capital social da sociedade, sua responsabilidade será limitada a 30% do valor total do capital social, estando ele totalmente subscrito e integralizado. Novamente, não se verifica a necessidade de apontar a relevância do valor nominal da quota. Poder-se-ia dizer que o valor nominal da quota teria o papel de proteger os quotistas minoritários contra possíveis aumentos de capital que resultassem na sua diluição. Ora, se a quota não tem valor nominal e se os sócios contrataram livremente pela regência supletiva da Lei das S.A., quando da emissão de novas quotas, deverão ser seguidas as normas de emissão previstas na Lei n. 6.404/76, aplicáveis, igualmente, aos casos de ações sem valor nominal. Esse é, decerto, um cuidado que os sócios e a sociedade deverão tomar, a fim de estipular o preço de emissão de novas quotas. Feito isso e respeitado o direito de preferência garantido no Código Civil, não há impedimento para que assim seja feito. Nesse caso, é perfeitamente cabível a aplicação supletiva da Lei n. 6.404/76. O mesmo princípio, da aplicação supletiva da Lei das S.A., é válido para o caso de redução de capital social (art. 174 da Lei n. 6.404/76). Não há, no Código Civil, nenhum dispositivo que obrigue a quota a conter valor nominal. O art. 997, que estabelece os elementos e as condições para a constituição da sociedade limitada, não menciona, em instante algum, a obrigação de a quota explicitar valor nominal. Ora, se a lei não veda, não é proibido prescindir o valor nominal da quota".

Para Eduardo Boulos a vantagem de uma sociedade possuir quotas sem valor nominal é a de, ao fazer uma subscrição de capital, o custo superior não precisar ir para a

1.010, quando trata das sociedades simples (também aplicável às sociedades limitadas), diz que "as deliberações serão tomadas por maioria dos votos, *contados segundo o valor das quotas*" (grifos nossos). O § 1º do mesmo artigo fala que "*para a formação da maioria absoluta são necessários votos correspondentes a mais de metade do capital*" (grifos nossos).

Além da desigualdade em razão do valor, aponta, com muita propriedade, Adalberto Simão Filho, a desigualdade em face: *a*) da forma da circulação da quota social, por força da vontade de sócios exarada no contrato social ou em acordo de quotistas (CC, art. 1.057); *b*) do exercício do direito de voto (Lei n. 6.404/76, art. 118, aplicada supletivamente), se os sócios, no contrato social ou no acordo de quotistas, estabelecerem desigualdade relativa à votação de certos assuntos de modo que titulares de determinadas quotas deverão votar em sintonia com os de outras quotas; *c*) dos resultados (lucros e perdas), estabelecida no contrato social (CC, arts. 997, VII, 1.007 e

---

conta de reserva de capital no balanço, podendo ficar na conta capital, sem que o sócio majoritário perca sua posição. Continua ele: "O ágio em uma subscrição de capital, que caracteriza um ganho de capital para as empresas, acontece quando um novo sócio ou o sócio majoritário paga mais por suas ações, no caso das S.A.s, ou quotas, no caso das limitadas, do que o valor contábil da empresa. Isso pode ocorrer, por exemplo, quando uma empresa procura um novo sócio, mas seus ativos valorizaram em relação ao capital contábil registrado. Como o capital está defasado, o novo sócio precisa pagar mais pelo valor unitário de cada ação. Para não perder o controle acionário, as empresas limitadas que possuem quotas com valor nominal precisam jogar o ágio da subscrição na conta reserva de capital porque, caso contrário, como as quotas possuem valor, o dinheiro do novo sócio pode equivaler ao controle acionário da empresa. Já as quotas sem valor nominal podem ser contadas unitariamente. Assim um novo sócio pode adquirir um número limitado de quotas a um valor negociado entre as partes, com ágio, sem a necessidade de transferir esse ágio para outra conta que não a conta de capital".

Esclarece Edmar O. Andrade Filho (*Sociedade de responsabilidade*, cit., p. 159) que o ágio é parte do preço de aquisição, que ultrapassa o valor nominal das quotas que os sócios pretendem cobrar dos novos sócios para manter o equilíbrio entre os novos e os antigos sócios, fazendo com que os novos sócios paguem o valor atualizado pela parcela do patrimônio social adquirido que vai além do valor nominal das quotas. O valor correspondente ao ágio não comporá, continua o autor, o montante do capital; será levado a uma conta de reserva, no patrimônio líquido. E, ainda, observa que, em certas situações, "o aumento de capital com ágio é uma necessidade nos casos em que o patrimônio líquido, na data da subscrição, é composto por reservas formadas anteriormente porque elas não pertencem aos sócios antes da deliberação. Tal necessidade deixa de existir se feita ressalva sobre a não atribuição dessas reservas aos novos sócios" e que pode ocorrer falta de coragem para realizar aumento de capital com ágio, na sociedade limitada, por haver norma determinando a incidência do imposto sobre o valor do ágio.

1.008), tendo-se: "entradas iguais, quotas iguais, mas participações desiguais nos lucros e nas perdas; entradas desiguais, quotas desiguais, mas participações iguais nos lucros e nas perdas; entrada majoritária, quotas majoritárias, mas participação menor nos lucros e nas perdas; entrada minoritária, quota minoritária e participação expressiva nos lucros e nas perdas"[153].

---

153. Sobre classes de quotas: M. Helena Diniz, *Código*, cit., p. 832; Luiz Cezar P. Quintans, *Direito da empresa*, cit., p. 69; Adalberto Simão Filho, *A nova sociedade*, cit., p. 104-9; Amador Paes de Almeida, *Direito de empresa*, cit., p. 128 e 129; Edmar O. Andrade Filho, *Sociedade de responsabilidade limitada*, cit., p. 103-8; Egberto Lacerda Teixeira, *Das sociedades por quotas de responsabilidade limitada*, São Paulo, Max Limonad, 1956, p. 89; Modesto Carvalhosa, *Comentários*, cit., v. 13, p. 68 e 69; Ricardo Negrão, *Manual*, cit., v. 1, p. 362; Rubens Requião, *Curso*, cit., v. 1, p. 497-500. Consulte www.fortesadvogados.com.br/artigos.print.php?id=190 sobre "O novo Código Civil — reflexos nas atividades empresarial e contábil (20ª parte)". Arnaldo Rizzardo (*Direito de empresa*, cit., p. 203), por sua vez, já entende que o sentido de quotas iguais ou desiguais equivale à quantidade de quotas que o sócio possui na sociedade, permitindo-se que seja em proporções diferentes, mas não se viabilizando diversidade de valores ou cotação das quotas. O valor monetário da quota deve manter-se igual, visto que o comando normativo não se refere a *valor* igual ou desigual. Nessa mesma esteira de pensamento: Paulo Checoli, *Direito de empresa*, cit., p. 156 e 157.

Consulte: Roberto R. de R. Corrêa Jr., A legalidade da emissão de debêntures pela sociedade limitada e os seus benefícios à economia brasileira, *Revista de Direito Privado*, *97*: 77-108.

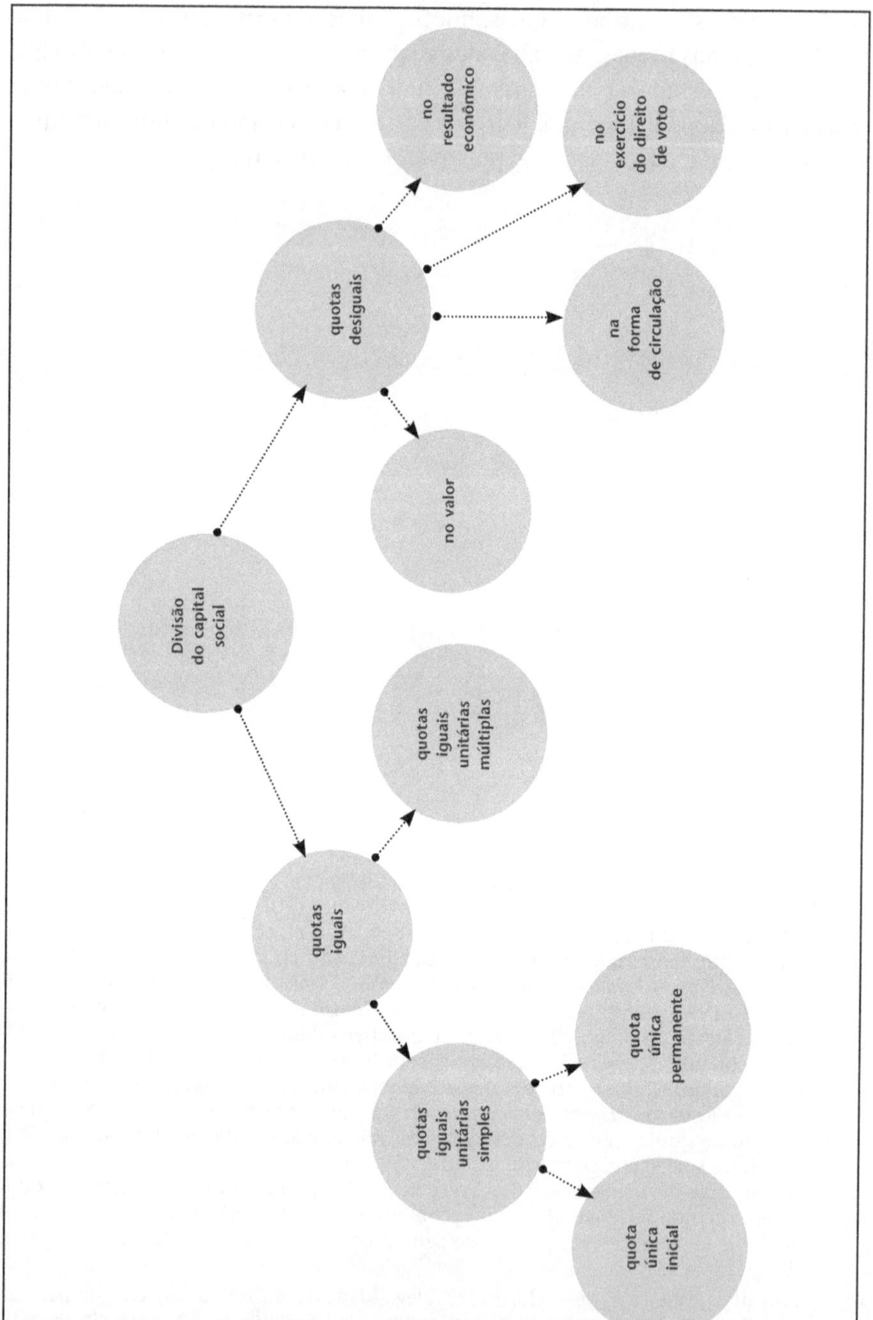
Divisão do capital social
quotas desiguais
no resultado econômico
no exercício do direito de voto
na forma de circulação
no valor
quotas iguais
quotas iguais unitárias múltiplas
quotas iguais unitárias simples
quota única permanente
quota única inicial

Como pelo art. 1.053, parágrafo único, do Código Civil de 2002, o contrato social poderá prever a regência supletiva da sociedade limitada pelas normas da sociedade anônima, nada obsta a que a sociedade limitada, independentemente de seu tipo societário (de pessoas ou de capital), adote, no ato constitutivo, *quotas ordinárias* e *quotas preferenciais*, estabelecendo os direitos de seus titulares, a exclusão ao direito de voto e os privilégios na distribuição dos dividendos dos sócios com quotas preferenciais, possibilitando ao controlador a captação de recursos de terceiros que não estejam interessados na gestão da sociedade, mas apenas na especulação com o capital investido ou na distribuição dos resultados econômicos sem que a estrutura do controle social seja afetada. Os quotistas preferenciais perdem o direito de voto, mas por outro lado, têm direitos próprios da condição de sócio, como deliberação em separado de certas matérias previstas no contrato social, fiscalização, auferição de lucros etc. e, ainda, direitos patrimoniais mais vantajosos pela sua participação prioritária ou privilegiada na divisão dos lucros sociais e dividendos ou no rateio ou reembolso do capital por ocasião da liquidação, que não seja necessariamente proporcional à quantia de suas contribuições. Os titulares dessas quotas não têm direito a voto, mas têm vantagens patrimoniais em relação às quotas ordinárias. Mas há quem ache que, na sistemática do atual Código Civil, a criação de quotas preferenciais não é possível, visto que não há registro de quotas sem direito a voto; assim, se admitidas forem, deverão outorgar ao seu titular o direito de participar de deliberações sociais, mas nada impede que se criem quotas diferenciadas quanto às vantagens adicionais, desde que não excluam qualquer dos sócios da participação dos lucros e das perdas sociais (CC, art. 1.008).

A questão da validade ou da invalidade da emissão de quotas preferenciais é polêmica. Fran Martins e Egberto Lacerda Teixeira entendem que, não havendo disposição legal, os sócios poderão, em cláusula contratual, estabelecer que certa importância do capital dê lugar a um determinado número de votos, atendo-se, contudo, a que os benefícios decorrentes de tais quotas restringirão o direito de voto, que não poderá ser suprimido pela vontade das partes por ser irrenunciável. A permuta da renúncia do direito de voto com a obtenção de preferências poderá não ser válida, como vimos, mas não há como negar a possibilidade de emissão de quotas preferenciais por sociedade limitada regulada pela Lei n. 6.404/76. Essas quotas preferenciais têm tido relevância na capitalização da sociedade limitada, impossibilitada de captar recursos no mercado de capitais[154].

154. Amador Paes de Almeida, *Manual*, cit., p. 136 e 137; Mauro Rodrigues Penteado, Aspectos atuais das sociedades por quotas de responsabilidade limitada, *Revista do Ad-*

d.4.2. Indivisibilidade de quota e condomínio de quota

Cada quota é uma fração indivisível (CC, art. 87) do capital social e é considerada como bem móvel.

A quota em relação à sociedade limitada é indivisível; essa indivisibilidade decorre da dos direitos conferidos. Não há possibilidade jurídica de repartir uma quota para criar novas quotas. Havendo indivisibilidade da quota, os direitos dela decorrentes não poderão ser divididos, exceto para efeito de sua transferência (CC, art. 1.056 c/c art. 1.057), mediante alienação, cessão ou doação a outro sócio ou a terceiro. Para efeito de transferência, a quota será suscetível de divisão.

Havendo, por força de aquisição *causa mortis* ou *inter vivos*, condomínio de quota entre vários cotitulares, os direitos da quota indivisa só poderão ser exercidos pelo condômino representante, eleito pelos demais cossócios, ou seja, pela massa condominial, competindo-lhe praticar atos perante a sociedade ou terceiros (relações externas), salvaguardando os interesses comuns. Os demais condôminos não terão, apesar de cotitulares de fração ideal da quota, poderes de representação, nem de agir conjunta ou individualmente, porque, como ensina Matiello, estão presos à deliberação que escolheu um representante para exercer as prerrogativas emergentes da quota condominial (CC, art. 1.056, § 1º, 1ª parte). Se uma sociedade limitada tiver, p. ex., capital social de R$ 4.500,00, três sócios ("A", "B" e "C") cotitulares, em condomínio, de frações ideais de uma quota representativa de 1/3 do capital social (R$ 1.500,00) e dois sócios ("D" e "E"), sendo cada um titular de quota no valor de R$ 1.500,00, há cotitularidade dos direitos e deveres componentes da quota, por isso os sócios "A", "B" e "C" serão representados, por serem condôminos de uma quota, perante a sociedade e

---

vogado, 57:13; Viviane Muller Prado, As quotas preferenciais no direito brasileiro, *Revista de Direito Bancário e do Mercado de Capitais*, 5:140-3; Fran Martins, *Sociedades por quotas no direito estrangeiro e brasileiro*, Rio de Janeiro, Forense, v. II, p. 636; António Caeiro, A exclusão estatutária do direito de voto nas sociedades por quotas, in *Temas de Direito das Sociedades*, Coimbra, Livr. Almedina, 1984, p. 70; José A. Tavares Guerreiro, Sociedade por quotas — quotas preferenciais, *Revista de Direito Mercantil, 94*:33; Paulo A. Weyland Vieira e Ana Paula de Carvalho Reis, As sociedades limitadas no novo Código Civil — a limitação do direito de contratar, *Revista de Direito Mercantil, 127*:44-7; Edmar O. Andrade Filho, *Sociedade de responsabilidade limitada*, cit., p. 116 e 117; Parecer JUCESP, *71*/78, publicado no Boletim JUCESP/DOESP de 20-8-1981. *Vide* art. 17 da Lei n. 6.404/76, com a redação da Lei n. 10.303/2001, aplicado supletivamente às quotas preferenciais da sociedade limitada.

terceiros, por um deles (condômino representante), assumindo obrigações e exercendo, em nome próprio e no dos demais, os direitos relativos à quota indivisa. Os condôminos da quota indivisa são sócios da sociedade, mas o exercício dos direitos inerentes ao *status* de sócios não poderá ser por eles exercido individualmente, daí a necessidade da nomeação de um representante. Graficamente, temos:

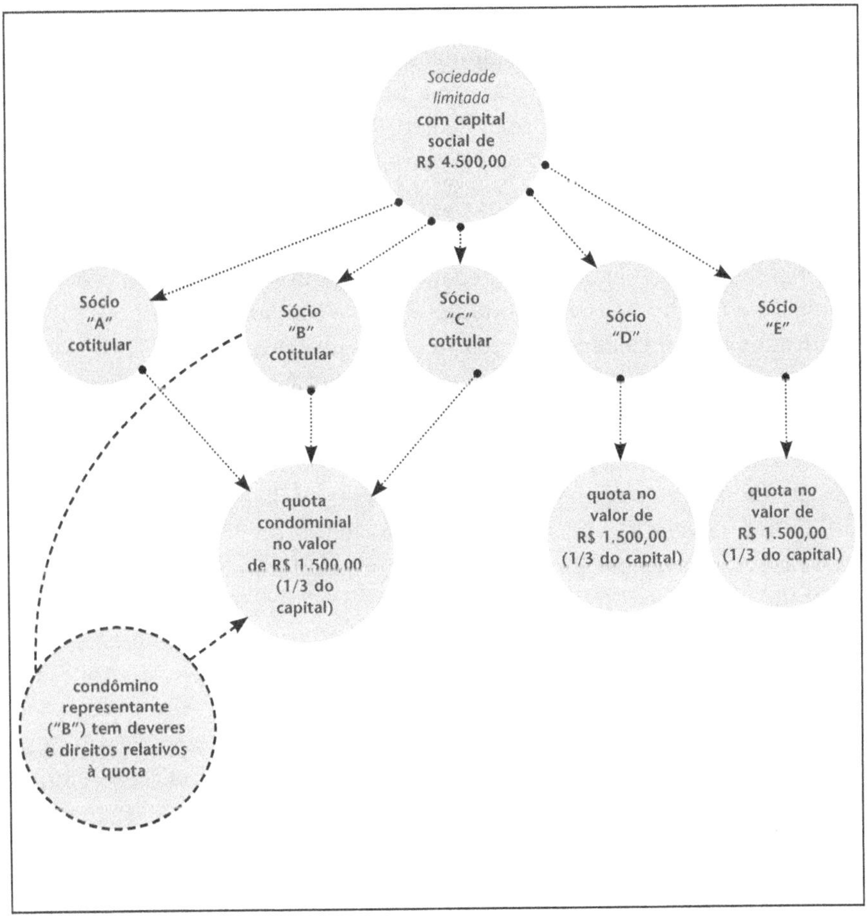

Reforçando essa ideia, a Instrução Normativa n. 98/2003, ora revogada pela n. 10/2013 do DREI, item 1.2.14, do DNRC prescreve que, "no caso de condomínio de quotas, deverá ser qualificado o representante do condomínio e indicada a sua qualidade de representante dos condôminos". Formado o condomínio, os sócios-condôminos têm o dever de notificar a sociedade do fato e eleger o condômino representante (cabecel).

Falecendo um sócio-condômino, os direitos inerentes às suas quotas são exercidos pelo inventariante (representante do espólio), nomeado nos autos pelo juiz competente, até que se faça a partilha (CC, art. 1.056, § 1º, 2ª parte). Não se liquidarão as quotas do sócio falecido; o espólio exercerá seu poder de controle sobre elas até a conclusão da partilha. Homologado e transitado em julgado o formal de partilha, seguir-se-á a alteração do contrato social, entregando-se a parcela da quota a quem de direito.

Todos os sócios-condôminos são titulares da quota, mas só um deles (o representante ou inventariante) está legitimado para o exercício dos direitos inerentes a ela perante a sociedade, desde que haja consulta prévia dos demais. Se não houver representante, observa Modesto Carvalhosa, os atos praticados pela sociedade em relação a qualquer dos condôminos produzirão efeitos contra todos, inclusive contra os herdeiros do sócio falecido.

A sociedade poderá exigir de qualquer condômino todas ou algumas prestações relativas à integralização da quota em condomínio, podendo, se quiser, não aceitar pagamento parcial de qualquer deles. E aquele sócio-condômino, que veio a realizar o pagamento, terá o direito de cobrar dos demais as respectivas parcelas. Como se vê, o condomínio de quota indivisa só produz efeitos nas relações internas, ou seja, entre sócios e sociedade. Os condôminos de quota indivisa respondem, portanto, solidariamente, pelas prestações que forem necessárias à sua integralização. Ou melhor, todos respondem apenas pelo que faltar para a integralização daquela quota social indivisa. Os sócios e a quota social representam uma unidade. Perante a sociedade, os condôminos têm obrigação solidária na integralização da quota indivisa (CC, art. 1.056, § 2º)[155].

155. M. Helena Diniz, *Código*, cit., p. 833 e 834; Modesto Carvalhosa, *Comentários*, cit., com. ao art. 1.056; Fabrício Z. Matiello, *Código Civil*, cit., com. ao art. 1.056; Paulo Checoli, *Direito de empresa*, cit., p. 159-61; Mônica Gusmão, *Curso*, cit., p. 208 e 210. Arnoldo Wald, *Comentários*, cit., v. XIV, p. 368-74; Edmar O. Andrade Filho, *Sociedade*, cit., p. 109 e 110; Sérgio Campinho, *O direito de empresa*, cit., p. 156 e 157. Alfredo Assis Gonçalves Neto esclarece que o condomínio de quotas não se confunde com

d.4.3. Cessibilidade da quota social e as questões da aquisição pela sociedade limitada de quotas "liberadas" de seu capital e da alienação de controle por transferência de quotas do sócio controlador

A cessão da quota social é um contrato pelo qual o sócio-cedente, não mais desejando permanecer na sociedade, transfere sua quota, no todo ou em parte, a outro sócio ou a terceiro (cessionário).

A cessão de quota pode estar livremente disciplinada no contrato social, estipulando, em cláusula, o direito de preferência de ordem para sua aquisição, preservando os meios de liberação do sócio-cedente.

O sócio poderá, em caso de omissão do contrato social, ceder sua quota, total ou parcialmente, a um outro sócio (*RF*, *128*:356), sem necessidade da autorização dos demais; logo, a ausência da subscrição dos outros sócios e mesmo a oposição deles não retirarão a validade e a eficácia da cessão. Cessão de quota social feita por um sócio, para atender a algum interesse seu, a outro sócio é livre por não acarretar dano aos demais, que, por tal razão, nem mesmo serão consultados. Ter-se-á, então, a sub-rogação do cessionário nos direitos e obrigações do cedente. Entre sócios há liberdade de cessão e de circulação de quotas, desde que o contrato social não proíba. Mas, se quiser fazer tal cessão a um estranho ou terceiro não sócio, será preciso o consenso ou chancela de sócios que representem, obrigatoriamente, 3/4 (75%) do capital social, firmado em instrumento, tendo os dissidentes o direito de recesso. Se dois sócios, "A" e "B" titulares de 50% e 30% do capital, autorizarem "C", detentor de 10% do capital, "C" poderá alienar para terceiro sua quota, parcial ou totalmente, mesmo que o sócio "D", titular de 10%, não anua, hipótese em que o cessionário passará a fazer parte da sociedade.

---

a *associação de quotas*, pois nesta o sócio, mesmo sem o consenso dos demais, ajusta negocialmente com terceiro o compartilhamento dos direitos inerentes à sua quota social. Perante a sociedade e os sócios, esse terceiro é um estranho, logo não poderá exercer qualquer direito inerente ao *status socii*, como o de votar, de receber dividendos, de ter preferência na aquisição de quotas. Se o negócio feito entre o sócio e o terceiro não for cumprido, o sócio continuará sendo o titular da quota, seu associado, tão somente, poderá exigir dele judicialmente o adimplemento do ajuste, não podendo acionar a sociedade nem os outros sócios (STJ, ROMS 2.559-MT, rel. Min. Waldemar Zveiter, *DJ*, 6-3-1995, p. 4.353). *Vide*: Alfredo Assis Gonçalves Neto, *Lições de direito societário*, São Paulo, Juarez de Oliveira, 2004, p. 217; R. Fiuza e Newton De Lucca, *Código*, cit., p. 1.066.

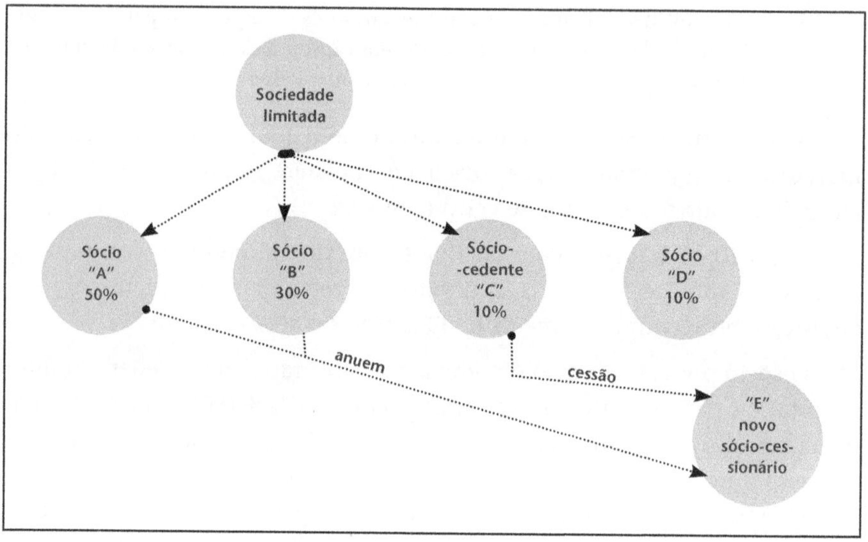
Sociedade limitada
Sócio "A" 50%
Sócio "B" 30%
Sócio-cedente "C" 10%
Sócio "D" 10%
anuem
cessão
"E" novo sócio-cessionário

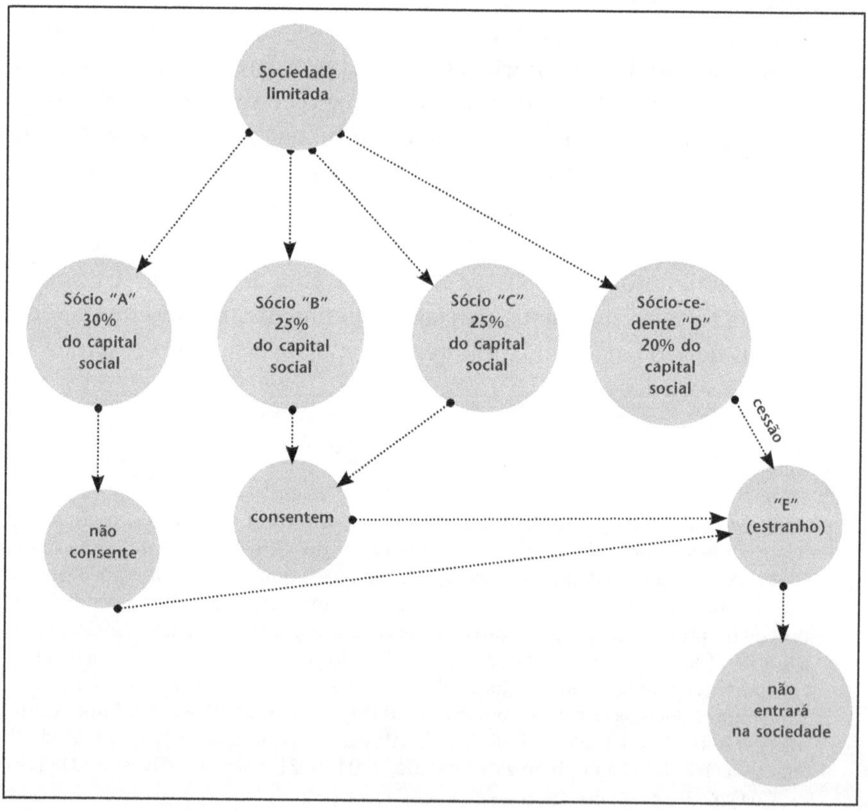
Sociedade limitada
Sócio "A" 30% do capital social
Sócio "B" 25% do capital social
Sócio "C" 25% do capital social
Sócio-cedente "D" 20% do capital social
cessão
não consente
consentem
"E" (estranho)
não entrará na sociedade

Mas se numa sociedade com quatro sócios ("A" titular de 30%, "B" e "C", de 25% cada um e "D", de 20%) um deles ("D") quiser ceder sua quota a terceiro não sócio, recebendo o consentimento de dois deles ("B" e "C"), a cessão não se configurará, pois, ante a omissão do contrato social, pelo Código Civil, basta a impugnação de mais de um quarto do capital ("C"). A cessão, portanto, poderá ser evitada pelo voto de 25% do capital social. Logo, tal cessão externa de quota condicionar-se-á à não oposição de sócios-titulares de mais de um quarto (25%) do capital social (CC, art. 1.057, *caput*). Nesta última hipótese, os sócios têm o direito de veto, tendo em vista o ingresso de terceiro; alheio ao quadro associativo, mas ficarão, como bem pondera Modesto Carvalhosa, obrigados a adquiri-la, exercendo sua preferência nas condições oferecidas pela pessoa que a pretende, evitando assim, a entrada de terceiro no quadro societário. Têm os sócios direito de preferência para adquirir quotas sociais de sócio que pretenda cedê-las. Para tanto, o sócio ofertante deverá comunicar formalmente sua pretensão, indicando todas as condições da cessão (prazo para pagamento, preço etc.). Se não o exercerem, o sócio cedente poderá dispor de sua quota em favor de terceiro, pois, pelo princípio constitucional da livre disposição da propriedade privada, não se pode impedir a negociação da quota, logo, havendo sócio dissidente, caber-lhe-á, se quiser, exercer o seu direito de retirada da sociedade. A oposição à cessão da quota prevista no art. 1.057 é mero exercício do direito de preferência de ordem para a aquisição da quota a ser cedida pelo preço e condição estipulados entre o sócio cedente e o terceiro pretendente.

Pelo atual Código Civil, não está autorizada a aquisição de quotas pela própria sociedade (IN n. 98/2003 do DNRC, revogada pela IN n. 10/2013 do DREI, item 3.2.10.1), para mantê-las como quotas liberadas em tesouraria, para depois transferi-las a terceiros. Apesar de o Decreto n. 3.708/19, art. 8º, permitir isso, não poderá ser utilizado supletivamente ante a omissão do Código Civil de 2002 a respeito, ao conter, no art. 1.057, prescrições expressas sobre cessão de quotas. O Decreto n. 3.708/19 possibilitava, no art. 8º, a aquisição pela sociedade de quotas de seu próprio capital, desde que o valor delas tivesse lastro em lucros ou reserva de lucros disponíveis, de maneira que o valor do capital social ficasse intacto. Fran Martins, ao comentá-lo, observou que se a sociedade adquirir suas quotas, ocupando o lugar de sócio, não poderá responder subsidiariamente pelas obrigações sociais, retirando garantias aos credores e provocará diminuição do capital, apesar de não haver modificação do valor do capital nominal, se as quotas servirem para manutenção em "tesouraria".

Todavia, boa parte da doutrina, com a qual concordamos, tem considerado lícita a aquisição de quotas "liberadas" para permanecerem em tesouraria se a sociedade limitada adquirente disciplinar-se pelas normas da sociedade anônima (Lei n. 6.404/76, art. 30, § 1º, alínea *b*). Tais quotas, mantidas em tesouraria, não dão à sociedade qualquer direito de voto nas deliberações sociais, de participação nos lucros ou nos aumentos de capital por novas subscrições em dinheiro, por serem direitos inerentes ao *status* de sócio. Observa Edmar Oliveira Andrade Filho que se o aumento do valor do capital se der com aproveitamento das reservas do patrimônio social líquido, as quotas para manutenção em tesouraria poderão participar daquele aumento, hipótese em que aumentar-se-ão o seu número e o seu valor. Por isso, continua o autor, os sócios, ao deliberarem sobre o aumento do capital com a incorporação de reserva, poderão, se quiserem, decidir pela emissão de novas quotas que se agregariam às em tesouraria. As quotas "liberadas" em tesouraria poderão ser canceladas, com redução do valor do capital social, vendidas a sócios ou terceiros ou cedidas, gratuitamente, aos sócios. A livre disposição dessas quotas pela sociedade (titular delas) só encontrará restrições em cláusulas do contrato social ou acordo de quotistas. Lapidarmente, Marcelo M. Bertoldi ensina que o novel Código Civil silenciou a respeito, mas isso não obsta que a sociedade limitada adquira suas próprias quotas, havendo acordo dos sócios ou permissão do contrato social, pois não há nenhum dispositivo legal impedindo tal operação; porém, será preciso a ocorrência dos seguintes requisitos: *a*) quotas adquiridas deverão estar integralizadas, isto é, liberadas; *b*) aquisição mediante uso de reservas e lucros acumulados e sem diminuição do capital social; e *c*) anuência dos sócios que representam a maioria do capital social.

"A sociedade limitada pode adquirir suas próprias quotas, observadas as condições estabelecidas na Lei das Sociedades por Ações" (Enunciado n. 391 do CJF, aprovado na IV Jornada de Direito Civil).

Sem embargo desses argumentos, levantam-se vozes, como a de Sérgio Campinho, entendendo que sociedade limitada não poderá adquirir suas quotas, mesmo havendo aplicação supletiva da Lei de Sociedade Anônima, apesar de alguns autores, como Modesto Carvalhosa e Tavares Borba, sustentarem a tese de que, ante o silêncio do Código Civil de 2002, o contrato social poderá adotar supletivamente a autoaquisição das quotas, desde que estejam integralizadas e adquiridas com reservas livres e lucros acumulados, e uma vez mantidas em tesouraria, não votem nem concorram à distribuição.

Se a sociedade limitada for de pessoas, a alienação de quotas por um sócio estará vedada ou condicionada ao consentimento ou ao direito de preferência dos demais; se for de capital, em regra, haverá previsão no contrato social da cessão livre de quotas.

Como houve alteração no contrato social com a entrada do cessionário e saída do cedente, esta deverá ser feita por instrumento subscrito pelos sócios anuentes, que, devidamente averbado à margem da inscrição do Registro da sociedade, fará com que aquela cessão tenha eficácia perante a sociedade e terceiro (CC, art. 1.057, parágrafo único). A oponibilidade da cessão (total ou parcial) à sociedade ou a terceiros requer a averbação do seu instrumento no registro da sociedade e, se for o caso, a subscrição dos sócios anuentes, pois deverá constar naquele documento tantas assinaturas quantas forem necessárias para atingir o *quorum* legal.

E o cedente, por sua vez até dois anos após a referida averbação, responderá solidariamente com o cessionário pelas obrigações que tinha como sócio (CC, art. 1.003, parágrafo único), assegurando, assim, o direito dos credores e evitando fraudes.

Ter-se-á tal solidariedade pelas obrigações sociais por dois anos; pelas tributárias, por cinco anos e pelas previdenciárias, por dez anos, mesmo que haja cláusula no contrato social em sentido contrário, pois será considerada como não escrita por contrariar texto legal. Se estranho for admitido como novo sócio, não se desobrigará dos débitos sociais anteriores à sua admissão (CC, art. 1.025) pelo prazo do parágrafo único do art. 1.003 ou no de prescrição para dívidas fiscais. Enquanto não se der o registro da modificação do contrato social, os sócios cedentes continuarão obrigados não só pelas obrigações anteriores à retirada, mas também pelas que forem assumidas após a sua saída não regularizada no órgão registrário.

"Na omissão do contrato social, a cessão de quotas sociais de uma sociedade limitada pode ser feita por instrumento próprio, averbado junto ao registro da sociedade, independentemente de alteração contratual, nos termos do art. 1.057 e parágrafo único do Código Civil" (Enunciado n. 225 do Conselho da Justiça Federal, aprovado na III Jornada de Direito Civil).

Sérgio Campinho recomenda, para evitar dúvidas, que os sócios estipulem, no contrato social, cláusulas disciplinadoras da transferência de quotas, esclarecendo se a cessão é livre ou condicionada à unanimidade do capital social ou a um *quorum* intermediário, de 2/3, p. ex. ou, ainda, se há ou não preferência dos demais sócios para a aquisição das quotas de um deles em igualdade de condições com estranho.

Nada impede que o contrato social estipule a possibilidade de cessão *causa mortis* da quota de sócio falecido a seu herdeiro, que, então, passará a ter o *status* de sócio (*RT*, 562: 206). Se o contrato social nada dispuser a respeito, o herdeiro do sócio falecido não será o novo sócio, a não ser que os sócios sobreviventes assim o deliberarem (CC, art. 1.028 c/c art. 1.053).

Se o sócio controlador resolver sair da sociedade, os sócios minoritários poderão ter problemas se o contrato social for omisso ou insuficiente sobre a questão da cessão de quotas do sócio majoritário, visto que se terá alienação do controle, mediante pagamento de um prêmio ao alienante.

Tal prêmio deverá ser entregue apenas ao sócio controlador, ou ser rateado entre todos os sócios?

Há quem ache que o rateio seria mais justo, tendo-se em vista que todos os sócios (controlador e minoritários) trouxeram sua contribuição para a formação do patrimônio social. Outros, por outro lado, já entendem que a medida mais razoável seria o *tag along*, previsto em cláusula do contrato social da sociedade limitada, pela qual os sócios minoritários passariam a ter o direito de retirar-se juntamente com o controlador, que teria, então, a obrigação de fazer acordo com o adquirente para que os minoritários saiam da sociedade em condições iguais, tendo, por força do art. 1.053, parágrafo único do Código Civil, por base o art. 254-A da Lei n. 6.404/76, com a redação da Lei n. 10.303/2001, que assim reza: "A alienação, direta ou indireta, do controle de companhia aberta somente poderá ser contratada sob a condição, suspensiva ou resolutiva, de que o adquirente se obrigue a fazer oferta pública de aquisição das ações com direito a voto de propriedade dos demais acionistas da companhia, de modo a lhes assegurar o preço no mínimo igual a 80% (oitenta por cento) do valor pago por ação com direito a voto, integrante do bloco de controle. § 1º entende-se como alienação de controle a transferência, de forma direta ou indireta, de ações integrantes do bloco de controle, de ações vinculadas a acordos de acionistas e de valores mobiliários conversíveis em ações com direito a voto, cessão de direitos de subscrição de ações e de outros títulos ou direitos relativos a valores mobiliários conversíveis em ações que venham a resultar na alienação de controle acionário da sociedade"[156].

---

156. Consulte: Sérgio Campinho, *O direito de empresa*, cit., p. 164-73: Arnoldo Wald, *Comentários*, cit., v. XIV, p. 375-90; Mônica Gusmão, *Curso*, cit., p. 211-6; M. Helena Diniz, *Código*, cit., p. 834 e 835; Ricardo Negrão, *Manual*, cit., v. 1, p. 365; Paulo Checoli, *Direito de empresa*, cit., p. 162; Edmar O. Andrade Filho, *Sociedade*, cit., p. 110-2, 118-21; Arnaldo Rizzardo, *Direito de empresa*, cit., p. 207-13; Marcelo M. Bertoldi, *Cur-*

d.4.4. Penhorabilidade de quotas

A penhora é o ato, no processo de execução, pelo qual um bem do devedor inadimplente é excutido para satisfazer crédito de seu credor, pois o devedor responderá por seus débitos com todos os seus bens pessoais, presentes e futuros (CPC/2015, art. 789).

O Código Civil omitiu-se relativamente à questão da possibilidade, ou não, de penhora de quotas sociais por débito particular do sócio de sociedade limitada, por não conter norma específica sobre isso, mas regulou o assunto, em seus arts. 1.026, parágrafo único, e 1.031, para sócio de sociedade simples, admitindo a execução sobre o que o devedor tenha direito nos lucros sociais, ou na parte que lhe for cabível na liquidação, pois se a sociedade não estiver dissolvida, poderá o credor por dívida pessoal do sócio requerer a liquidação de sua quota, cujo valor será, então, depositado em dinheiro, no juízo da execução até 90 dias depois daquela liquidação. O credor de sócio de sociedade simples terá, portanto, o direito de pedir a liquidação de sua quota para receber seu crédito, na insuficiência de outros bens do seu devedor. E por força do art. 1.053 do Código Civil, essa solução seria aplicável à sociedade limitada simples, visto que não traria prejuízo ao credor do sócio, nem à sociedade limitada de cunho pessoal, apesar de o art. 1.026 tutelar mais o interesse do credor do que o da sociedade. Pelo art. 1.026 do atual Código Civil, o credor não entrará na sociedade como sócio, pois apenas fará jus ao lucro líquido destinado ao devedor, ou ao valor pecuniário apurado na liquidação de sua quota.

---

so avançado de direito comercial, v. 1, p. 228; Muriel Waksman, O direito de preferência na doação de quotas, *RIASP*, *31*:241-58. *Vide* Instrução Normativa n. 98/2003 do DNRC, item 3.2.10.1., ora revogada pela IN n. 10/2013 do DREI. Enunciado n. 20 da Jornada Paulista de Direito Comercial: "Para ter direito a provimento judicial visando assegurar oportunidade para o exercício do direito de preferência, o sócio deve demonstrar ter efetivo interesse em adquirir as quotas ou ações em negociação". *BAASP*, *2563*:1484-14: "Direito Comercial — Sócio — Cessão de quotas — Responsabilidade — Obrigações sociais — Embargos à Execução — Defesa — Limitação — Recurso improvido. 1 — O desligamento do sócio da sociedade comercial não redunda, automaticamente, na sua exoneração quanto às obrigações sociais, sem qualquer consideração para com os interesses da sociedade e de terceiros que com ela contratem. 2 — Os embargos à execução fundada em título judicial só poderão versar sobre as matérias elencadas no Código de Processo Civil, sendo taxativas as hipóteses contempladas, encontrando essa limitação justificativa na impossibilidade de se voltar a discutir o mérito da causa, equivalendo a decisão (título judicial) a uma lei direcionada às partes do processo. 3 — Recurso improvido" (TJDF, 1ª T. Cível, ACi 2005.01.1.080796-7-DF, rel. Des. Nívio Geraldo Gonçalves, j. 6-6-2007, v.u.).

A penhora atinge, portanto, o direito patrimonial do sócio (CPC/2015, art. 835, XIII), mas não o seu direito pessoal, ou seja, o seu *status soccii*, diz Modesto Carvalhosa. O *status* de sócio, continua esse jurista, extingue-se com a execução de penhora (liquidação da quota) e não é transferido ao credor, e, com isso, protegida estará a *affectio societatis* da sociedade limitada. A quota é um direito do quotista diante da sociedade, incluindo-se entre os seus bens de valor econômico, ficando, portanto, dentre os bens suscetíveis de penhora.

A quota social de sócio de sociedade limitada empresária também é passível de penhora, por força dos arts. 835, IX, e 833 do Código de Processo Civil de 2015 que, expressamente, a permitem e não a colocam no rol dos bens impenhoráveis, pois a quota é cessível, ou alienável (CC, art. 1.057). Tal penhora não acarretará a inclusão do credor como novo sócio, pois, havendo restrição ao seu ingresso no quadro societário, deve ser facultado à sociedade, na qualidade de terceira interessada, remir a execução, remir o bem ou conceder a si própria e aos demais sócios a preferência na aquisição de quotas em hasta pública a tanto por tanto (CPC de 2015, art. 730; STJ, 3ª T., REsp 234.391/MG; 4ª T., REsp 147.546/RS), sub-rogando-se nos direitos creditórios.

Há, contudo, possibilidade jurídica de se impor no contrato social, no testamento ou em doação, cláusulas restritivas das quotas, gravando-as com inalienabilidade, impenhorabilidade e incomunicabilidade (Lei n. 6.404/76, arts. 40, 169, § 2º, *caput*; CC, art. 1.053, parágrafo único). Se tal ocorrer, incidirá o art. 833, I, do Código de Processo Civil de 2015, que arrola entre os bens absolutamente impenhoráveis os inalienáveis e os declarados, por ato voluntário, não sujeitos à execução. Nessa hipótese, as quotas societárias são inalienáveis, não podendo ser penhoradas, exceto se houver consenso de sócio. Há, contudo, quem ache como Sérgio Campinho que o art. 833, I, do Código de Processo Civil "quer contemplar aqueles bens que, na forma de lei civil, são gravados com a cláusula especial de inalienabilidade, não alcançando a hipótese vertente, até porque não se admite que alguém grave seus próprios bens com essa cláusula. A ideia, se procedente, poderia vir a estimular que os sócios fizessem sempre presentes nos contratos sociais cláusulas restritivas da livre cessão, com o intencional escopo de tê-los por inalienáveis, e, consequentemente, impenhoráveis, dificultando, assim, a ação dos seus credores particulares (...) a impenhorabilidade, para ser reconhecida, deveria resultar de expressa disposição de lei"[157].

157. Edmar O. Andrade Filho, *Sociedade*, cit., p. 118; Ricardo Negrão,*Curso*, cit., v. 1, p. 365; Mônica Gusmão, *Curso*, cit., p. 216-21; Arnoldo Wald, *Comentários*, cit., v. XIV, p. 396; Sérgio Campinho, *O direito de empresa*, cit., p. 174-82; Amador Paes de Almeida, *Direito de empresa*, cit., p. 134 e 135; Arnaldo Rizzardo, *Direito de empresa*, cit., p. 31; José Waldecy Lucena, *Das sociedades por quotas de responsabilidade limitada*, Rio de

d.4.5. Usufruto e o direito do nu-proprietário das quotas de sociedade limitada

O usufruto seria o direito real conferido a alguém de retirar, temporariamente, da coisa alheia os frutos e utilidades que ela produz, sem alterar-lhe a substância. O usufrutuário é o que detém os poderes de usar e gozar do bem, explorando-o economicamente. O nu-proprietário é o proprietário do bem que, em razão do usufruto, perdeu o *jus utendi* e *fruendi*, conservando, porém, o conteúdo da propriedade, o *jus disponendi*. E só pode recair sobre móvel, infungível e inconsumível, como a quota, porque o usufrutuário deve conservar a substância do bem para o nu-proprietário. No usufruto de quotas, a nua-propriedade delas ficará com o sócio-donatário, que passará a ser o nu-proprietário, ficando o doador (usufrutuário) com o direito real de fruir as utilidades e frutos delas advindos.

Por força do art. 1.053, parágrafo único, do Código Civil poder-se-á aplicar à sociedade limitada a Lei n. 6.404/76, art. 40, I e II e parágrafo único, reconhecendo-se o usufruto de quotas, devidamente averbado em livro próprio, "Registro de Quotas", ou, na falta dele, no próprio contrato social da limitada, desde que averbado ou arquivado na Junta Comercial ou no Registro Civil das Pessoas Jurídicas, conforme a limitada seja empresária ou simples.

Durante a vigência do usufruto, os direitos societários do nu-proprietário, no que atina às quotas, ficariam suspensos, visto que são exercidos pelo sócio-usufrutuário. E, assim sendo, direito de voto da quota gravada com usufruto deverá ser exercido pelo usufrutuário em harmonia com os interesses do nu-proprietário (Lei n. 6.404/76, art. 114) e não contra esses interesses. Se houver conflito de interesses do usufrutuário e os do nu-proprietário, o voto não poderá prejudicar o nu-proprietário. Se tal se der, configurado estará o abuso do direito de voto exercido pelo sócio-usufrutuário. O mau uso das quotas e do direito de voto pelo usufrutuário, em detrimen-

---

Janeiro, Renovar, 2005, p. 31; Marino Pazzaglini Filho e Andrea Di Fuccio Catanese, *Direito de empresa*, cit., p. 101-3; João Eunápio Borges, *Curso de direito comercial terrestre*, Belo Horizonte, 1969, p. 346; Leonardo G. Aquino, Penhora de ações e quotas no novo CPC, *Estado de Direito*, *45*:6; Gregor V. Karl e Leonel V. J. Betti Jr., Penhora de quotas sociais em sociedades limitadas e o novo Código de Processo Civil, *Revista Síntese – Direito civil e processual civil*, *110*:127 a 155.

Possibilidade de penhora de frutos e rendimentos de quotas sociais: TJRS, ACi 70022075519, j. 7-8-2008.

O STJ (HC 17.528, j. 28-8-2001) já decidiu ser possível a penhora de renda diária da sociedade, nos seguintes termos: "Desde que fixada proporcionalmente e não se inviabilize a atividade econômica da empresa, tem-se admitido, em caráter excepcional, a penhora sobre faturamento da empresa". Consulte: *RT*, *782*:316, *781*:197, *745*:415, *736*:296, *740*:269, *716*:208, *712*:268, *645*:109, *639*:112, *699*:206; *RTJ*, *109*:1004, *115*:919.

Vide: CPC/2015, art. 861, §§ 1º a 5º: sobre penhora de quotas e ações da sociedade personificada.

to do nu-proprietário, dará a este o direito de acionar, judicialmente, o usufrutuário, responsabilizando-o pessoalmente (Lei n. 6.404/76, art. 114).

O sócio-usufrutuário de quotas teria legitimidade ativa para propor ações judiciais objetivando: anulação de assembleia; suspensão de deliberação social; nomeação de interventor judicial ou administrador provisório; remoção de administrador; suspensão de convocação ou realização de assembleia; suspensão de arquivamento ou registro de atos em Junta Comercial ou Registro Civil de Pessoas Jurídicas etc.[158].

d.4.6. Penhor ou caução da quota

Como a quota social, além de ser bem móvel, é cessível ou alienável, poderá ser dada em penhor ou caução, desde que o contrato social contenha previsão expressa a respeito. Se contiver alguma restrição, a imposição desse ônus sobre a cota estará vedada.

Aplicar-se-ão, ante o disposto no Código Civil, art. 1.053, os arts. 39 e 40 da Lei n. 6.404/76, alusivos ao penhor sobre ações; à sociedade limitada, por ser admissível a regência supletiva da Lei da Sociedade Anônima.

Se o contrato social for omisso, o penhor de quota dar-se-á, não havendo oposição de mais de 1/4 do capital (CC, art. 1.057)[159].

d.4.7. Não integralização de quota de sócio remisso e suas consequências

A integralização das quotas pode ser efetuada à vista, no ato da constituição da sociedade, ou em parcelas, nos prazos de vencimento fixados no contrato social.

Com a constituição da sociedade limitada, os sócios quotistas deverão, para que ela possa funcionar, exercer sua atividade e garantir seus eventuais credores, contribuir para a formação do capital social, integralizando, tempestivamente, as quotas por eles subscritas, tendo em vista que a subscrição é o compromisso por eles assumido de integralização de suas quotas. Se o contrato social não estipular o momento para essa integralização, a administração da sociedade convocará os sócios a realizá-la quando entender oportuno.

---

158. São as lições de Antonio Celso Pinheiro Franco (O usufruto e o direito do nu-proprietário das ações das companhias e das quotas das sociedades de responsabilidade limitada, *Revista do IASP*, *17*:275-93) que, pela sua excelência, aqui resumimos. *Vide*: Egberto Lacerda Teixeira, Da sociedade por quotas, *Bol. AASP*, *73*:19.

159. Modesto Carvalhosa, *Comentário*, cit., v. 13, p. 90 e 91; Mônica Gusmão, *Curso*, cit., p. 221; Sérgio Campinho, *O direito de empresa*, cit., p. 173 e 174.

O sócio remisso é o quotista inadimplente, que está em mora para com a sociedade limitada, por não haver pago, no tempo devido, o *quantum* do capital social a que estava obrigado pelo pacto, devendo responder pelo dano emergente da mora. Para tanto, o sócio quotista remisso, não havendo integralização de parcela do capital subscrito, deverá ser, previamente, notificado pela sociedade para implementar, sob as penas do art. 1.058 do Código Civil, sua quota dentro de trinta dias (CC, art. 1.004) subsequentes àquela notificação, documentando a dívida, que é imprescindível para sua constituição em mora. Ou, ainda, poderá o sócio remisso ser, por isso, dela excluído por justa causa (inadimplência ou mora na integralização do capital social). Deveras, os demais sócios poderão preferir à indenização pela mora a rescisão da sociedade em relação ao sócio remisso, tomando-lhe a quota e excluindo-o do quadro societário, ou, então, a redução de sua quota ao montante já realizado, aplicando o art. 1.031, § 1º.

A exclusão do sócio remisso pelos sócios, cujas quotas estão integralizadas, opera-se mediante procedimento administrativo, por meio de simples alteração do contrato social. Se houver expulsão do sócio remisso, terá ele direito à restituição das entradas feitas, descontando-se, para evitar enriquecimento ilícito, o crédito da sociedade gerado pela sua mora na integralização do capital social, como o referente aos juros moratórios de 1% ao mês, a contar do início da inadimplência, prestações estabelecidas no contrato mais as despesas (CC, art. 1.058, *in fine*). Caso em que se terá a redução proporcional do capital social. Porém, nada obsta a que a sociedade venha, se quiser, a cobrar judicialmente o *quantum* devido, acrescido de juros, mantendo o sócio, havendo integralização do capital social. O sócio remisso continuará, durante as negociações ou na pendência da ação, no exercício dos direitos oriundos da titularidade de sua quota, fazendo jus à percepção dos lucros, participando, com seu voto, nas deliberações societárias etc. A suspensão desses direitos só poderá ocorrer por expressa previsão legal ou se no contrato social contiver suspensão desse direito ou houver estipulação da regência supletiva do art. 120 da Lei n. 6.404/76, que admite aquela suspensão se o sócio remisso pagar toda a sua dívida para com a sociedade, cobrada judicialmente, o capital social não sofrerá redução.

A sociedade poderá cobrar, amigável ou judicialmente, as prestações faltantes acrescidas das quantias decorrentes da mora. Integralizado o capital e resolvida a mora, judicial ou consensualmente, o sócio remisso continuará exercendo todos os seus direitos, oriundos de seu *status* de sócio da limitada, sem quaisquer restrições.

Uma dessas providências será tomada, mediante deliberação societária, conforme o disposto no contrato social, atendendo aos interesses da sociedade.

Se o sócio remisso, apesar da cobrança judicial, não integralizar a sua quota social, os demais poderão, para evitar redução de capital, responder pelo que faltar, adquirindo-a para si ou, então, transferi-la a estranho, admitindo novo sócio, que assumirá a obrigação de integralizar o capital, excluindo o sócio remisso (CC, art. 1.004, parágrafo único), devolvendo-lhe a entrada por ele realizada, ou seja, o que houver pago, deduzindo os juros moratórios, as prestações estabelecidas contratualmente, e, ainda, as despesas que foram feitas pela sociedade em virtude de sua inadimplência para a cobrança do pagamento que integralizaria o capital (CC, art. 1.058). Com isso, não se terá a redução do capital social, pois a quota subscrita e não integralizada pelo sócio remisso será absorvida pelos sócios da sociedade limitada ou transferida a terceiros.

Portanto, poder-se-á, como, sinteticamente, aponta Sérgio Campinho, optar entre: *a*) cobrança da quantia devida, acrescida de juros moratórios (CC, art. 406), da multa contratual, atualização monetária, custas processuais, honorários advocatícios e demais despesas feitas pela sociedade, inclusive com notificação (CC, arts. 395 e 404); *b*) exclusão do sócio remisso da sociedade, com redução do capital social proporcionalmente ao valor de suas quotas, mas para que tal não ocorra, os demais sócios poderão, por deliberação unânime, adquirir aquelas quotas para si, suprindo seus valores, distribuindo entre si as quotas do sócio remisso, na proporção que cada um tiver do capital ou na forma que convencionarem, ou, ainda, se a totalidade dos remanescentes assim decidir, operar a transferência daquelas quotas a terceiro, alheio ao quadro societário; *c*) redução das quotas do sócio remisso ao montante já realizado, se a obrigação houver sido, em parte, cumprida, reduzindo, por tal razão, o capital social, exceto se a unanimidade dos sócios preferir o valor das quotas em aberto[160].

---

160. M. Helena Diniz, *Código*, cit., p. 836; Fábio Ulhoa Coelho, A *sociedade limitada*, cit., p. 48 e 49; Glauber M. Talavera, *Comentário ao Código Civil* (coord. Camillo, Talavera, Fujita e Scavone Jr.), São Paulo, Revista dos Tribunais, 2006, p. 818; Marino Pazzaglini Filho e Andrea Di Fuccio Catanese, *Direito de empresa*, cit., p. 107; Arnoldo Wald, *Comentários*, cit., v. XIV, p. 397-400; Arnaldo Rizzardo, *Direito de empresa*, cit., p. 213 e 214; Modesto Carvalhosa, *Comentários*, cit., v. 13, p. 92-7; Luiz Cezar P. Quintans, *Direito de empresa*, cit., p. 72; Leonardo Guimarães, Exclusão de sócio em sociedades limitadas no novo Código Civil, in *Direito da empresa no novo Código Civil*, Rio de Janeiro, Forense, 2004, p. 308; Sérgio Campinho, *O direito de empresa*, cit., p.183-6.

d.5. Reposição de lucros e de quantias retiradas e proibição de distribuição de lucros fictícios

Para que a sociedade limitada possa funcionar, seu capital social, decorrente do aporte de bens do patrimônio particular dos sócios, é imprescindível, não podendo ser esvaziado ilícita ou indevidamente, dificultando o cumprimento das obrigações sociais assumidas. Distribuição de lucros inexistentes, operada mediante artifícios contábeis, e retiradas excessivas poderão dar, como diz Arnaldo Rizzardo, azo à liquidação indireta da sociedade, descapitalizando-a.

Mesmo havendo autorização no contrato social para a distribuição de lucros e de retirada, a qualquer título, inclusive *pro labore*, de quantias pecuniárias, os sócios beneficiários deverão repô-las se houver comprovação de qualquer prejuízo ao capital social, que é dotado de conteúdo econômico, relevante juridicamente (CC, art. 1.059). O art. 1.059 do Código Civil tem, portanto, por escopo impedir que um sócio venha provocar diminuição do patrimônio da sociedade, mediante percepção indevida de lucros.

Se tais sócios não providenciarem a reposição dos valores recebidos indevidamente, ante a não preservação do capital social, a sociedade poderá cobrá-los judicialmente ou expulsá-los do quadro societário por deslealdade. Logo, os sócios apenas terão direito de gozar os resultados líquidos dos investimentos feitos. Isto é assim para que se protejam direitos de terceiros que efetivaram negócios com a sociedade. Vedados, estão, portanto, a distribuição de lucros fictícios ou inexistentes e o desfalque do capital social para a concessão de quaisquer benefícios a sócios, consagrando o princípio da integridade ou da intangibilidade do capital social, segundo o qual o capital da sociedade não poderá ser diminuído, a não ser na hipótese prevista no art. 1.031 do Código Civil, para fins de custear a sociedade e retratar sua situação econômica mercadológica. E, ainda, procura-se, diante do princípio da segurança nos negócios societários, principalmente no valor do seu capital social por representar seu patrimônio, resguardar direito de terceiros (credores) que efetivaram negócios com a sociedade, tendo por base creditória o *quantum* daquele capital social.

A esse respeito Paulo Checoli pondera: "sabendo-se que o total do capital social realizado é o limite da responsabilidade dos sócios, a ausência de contribuição por parte de um sócio, ainda que parcial, relativamente à quota subscrita, faz com que haja desequilíbrio na confiança e segurança que devem estar presentes nas relações empresariais. Lamentável seria o fato de ficar o patrimônio social desfalcado, enquanto o sócio, individualmente, estivesse recebendo benefícios da sociedade. Não estaria sendo prestigiado o fundamental princípio da socialidade".

Para Egberto Lacerda Teixeira e Arnoldo Wald, havendo prejuízo ao capital social ou resultado negativo, a sociedade não poderá, pelo princípio da anualidade da verificação dos resultados, distribuir lucros, no exercício seguinte, sem antes efetuar a correção daquele *déficit*. A distribuição de lucros somente poderá dar-se se a situação do exercício anterior da sociedade contiver resultado positivo relativamente ao capital social, para evitar que o patrimônio societário seja afetado ou sofra redução. E os sócios, configurando-se tal prejuízo, deverão repor a quantia percebida indevidamente para restabelecer o capital social desfalcado, e, com isso, acatar-se-á o princípio da continuidade da sociedade. Pelo art. 1.009 do Código Civil, ter-se-á responsabilidade solidária não só dos administradores que vierem a distribuir entre os sócios lucros fictícios ou inexistentes, mas também a dos sócios que, indevidamente, os receberam tendo ciência de sua ilegalidade.

Alerta-nos Modesto Carvalhosa que o art. 177, VI, do Código Penal é inaplicável aos administradores das sociedades limitadas, mesmo que estas tenham optado pela regência supletiva da Lei n. 6.404, porque, na seara do direito penal, ante o princípio da estrita legalidade, o art. 177, VI, não comporta interpretação extensiva ou o emprego da analogia para incriminar algum ato ou tornar mais severa a punição. Se assim é, o art. 177, VI, do Código Penal somente poderá alcançar os administradores de sociedade anônima[161].

d.6. Administração da sociedade limitada[162]

d.6.1. Nomeação do administrador e sua averbação

A administração da sociedade consiste na prática de atos de gestão, voltados ao seu funcionamento e à manutenção ordenada de sua estrutura organizativa e aptos para obrigar a pessoa jurídica (CC, art. 47). A capacidade de atuar da sociedade manifestar-se-á por meio dos atos de seu administrador.

---

161. M. Helena Diniz, *Código*, cit., p. 836 e 837; Glauber Moreno Talavera, *Comentários*, cit., p. 819, Paulo Checoli, *Direito de empresa*, cit., p. 165; Egberto Lacerda Teixeira, *Das sociedades por quotas de responsabilidade limitada*, cit., p. 331; Arnold Wald, *Comentários*, cit., p. 401; Luiz Cezar P. Quintans, *Direito da empresa*, cit., p. 72; Modesto Carvalhosa, *Comentários*, cit., p. 98-102; Antonio Brunetti, *Tratado de derecho de las sociedades*, Buenos Aires, Uthea, 1960, v. 2, p. 84; Arnaldo Rizzardo, *Direito de empresa*, cit., p. 214 e 215.

162. Quanto à administração, aplicar-se-á à sociedade limitada, supletivamente, a Lei da Sociedade Anônima (arts. 138 a 160), se houver tal opção no contrato social, e, não havendo, os arts. 1.010, § 3º, 1.011, §§ 1º e 2º, 1.012, 1.013, §§ 1º e 2º, 1.014, 1.015 e

Há certa flexibilidade ou autonomia, concedida pela lei, para a organização da administração da sociedade limitada, que poderá ser unívoca, se uma só pessoa (sócia ou não) exercer atos de gestão, ou colegiada ou plúrima, se contar com vários administradores, cujas atribuições ou formas de atuação externa (isolada ou conjunta) estão estipuladas no contrato social. No contrato social (CC, arts. 1.063, § 1º, 1.076, I — ora revogado —, e 1.071, V) ou em ato separado (ata assemblear ou procuração ou mandato por instrumento público — CC, arts. 1.060, *caput*, 1.062, 1.076, II, 1.071, II e III), poder-se-á indicar, embora não seja necessário, um ou mais sócios ou até estranho (pessoa natural ou jurídica — CC, arts. 1.061, 1.062, 1.076, II, e 1.071, III), pois basta aprovação de 2/3 dos sócios, se o capital não estiver integralizado e de aprovação dos titulares de quotas correspondentes a mais da metade do capital social, após a integralização (CC, art. 1.061 — com a redação da Lei n. 14.451/2022), para desempenhar a administração, contraindo obrigações e constituindo direitos, e representar ativa e passivamente a sociedade perante terceiros, tornando *presente* a vontade da sociedade. Por tal razão, Pontes de Miranda entende que deveria ser tecnicamente denominado *presentante legal*.

Pelo teor do art. 1.060, nada impede, segundo alguns autores, que o administrador seja pessoa jurídica, desde que sua designação se dê no contrato social, e haja indicação de pessoa natural como representante, para exteriorizar os atos de gestão. Edmar Oliveira Andrade Filho entende ser possível a nomeação de pessoa jurídica como administradora de sociedade limitada, porque quando a lei pretendeu impor requisito sobre a condição de pessoa natural do administrador, o fez explicitamente: *a*) no art. 146 da Lei n. 6.404/76, ao prescrever que nas sociedades por ações os diretores e membros do conselho fiscal deverão ser pessoas naturais; *b*) nos arts. 1.039 e 1.042 do Código Civil, ao estabelecerem que na sociedade em nome coletivo apenas as pessoas naturais poderão ser sócias e administradoras; e *c*) nos arts.

parágrafo único (ora revogado pela Lei n. 14.195/2021), 1.016, 1.017 e parágrafo único, 1.018, 1.020 e 1.021 do Código Civil. Pelo Enunciado n. 64: "Criado o conselho de administração na sociedade limitada, não regida supletivamente pela Lei de Sociedade por Ações (art. 1053, parágrafo único, do Código Civil) e, caso não haja regramento específico sobre o órgão no contrato, serão aplicadas, por analogia, as normas da sociedade anônima" (aprovado na II Jornada de Direito Comercial). Consulte: Lucila de O. Carvalho, A administração da sociedade limitada e o novo Código Civil, in *Direito de empresa no novo Código Civil*, cit., p. 221-248; Rosilene G. da S. Giacomin, A sintonia entre o direito sucessório e a administração da sociedade limitada, *Revista Síntese – Direito empresarial*, n. 40, p. 11 a 23. Pelo Enunciado n. 49: "Os deveres impostos pela Lei n. 11.101/2005 ao falido, sociedade limitada, recaem apenas sobre os administradores, não sendo cabível nenhuma restrição à pessoa dos sócios não administradores" (aprovado na I Jornada de Direito Comercial).

1.045 e 1.047 do Código Civil, ao dispor que na sociedade em comandita simples, a administração compete, exclusivamente, aos sócios comanditados que devem ser, obrigatoriamente, pessoas naturais. Logo, no seu entender, nada impede a administração da limitada pela pessoa jurídica, pois a norma, quando cria uma restrição, o faz expressamente.

O Projeto de Lei n. 699/2011, ante a polêmica gerada pelo art. 1.060, propõe a seguinte redação: "A sociedade limitada é administrada por uma ou mais pessoas naturais designadas no contrato social ou em ato separado" e assim a justifica: "A proposta pretende espancar qualquer dúvida de interpretação na aplicação do art. 1.060, deixando expresso que apenas as pessoas naturais podem ser administradoras da sociedade, tal como subentendido pela redação do art. 1.062. Além do mais, a designação de pessoa jurídica como administrador contraria toda a tradição do direito societário brasileiro, onde a pessoa jurídica sempre delegou seus poderes de administração a pessoas naturais", visto que, pelo art. 1.062, exige-se que o administrador, nomeado em ato separado, seja pessoa natural. Há quem ache, como nós, que o administrador, por força dos arts. 997, VI, 1.054 e 1.062, § 2º, do Código Civil, só pode ser pessoa natural, plenamente capaz. A pessoa jurídica, contudo, poderá ser sócia da sociedade limitada, visto que o art. 1.039 do Código Civil não se aplica.

O *nomeado*, mediante escolha da maioria qualificada do capital votante, para administrar a sociedade será denominado *administrador diretor, presidente* ou *superintendente* e não mais *gerente*, que, atualmente, é o preposto, prestador de serviço permanente na sede da sociedade ou em sua filial, sucursal ou agência (CC, art. 1.172). O preposto é o mandatário da sociedade e não do sócio e não representa judicialmente a sociedade e pode praticar atos necessários para exercer os poderes que lhe foram confiados.

Se se nomear um único administrador, ter-se-á *administração singular*.

Poderá ocorrer *administração colegiada* ou *plúrima*, se a administração for atribuída a todos, ou a dois ou mais sócios, estes deverão agir em conjunto, no desempenho dos atos de gestão, sendo necessárias suas assinaturas em todas as operações assumidas que obrigarem a sociedade perante terceiros. Mas essa administração conferida no pacto social a todos os sócios não se estenderá, de pleno direito, aos que, ulteriormente, vierem a adquirir a qualidade de sócio (CC, art. 1.060, parágrafo único). Ao sócio ingressante não se estende, *ipso iure*, o poder de administrar, pelo fato de a relação entre sociedade e sócios-administradores ter caráter pessoal. Logo, a imutabilidade ou intransmissibilidade da qualidade de administrador baseia-se na confiança entre os sócios anteriores à cessão *inter vivos* ou *causa mortis*, não abrangendo o cessionário. Aquele sócio que vier a pertencer à sociedade, posteriormente, apenas poderá ser o administrador se isso for consignado em termo aditivo ao contrato social. Essa alteração do contrato social, para atribuir ao sócio ingressante a administração, deverá ser aprovada por mais da metade do capital social (CC, arts. 1.057, 1.076, I — ora revogado — 1.076, II, e 1.071, V).

A sociedade, no próprio contrato social, ou em ato, ou instrumento, separado, deverá conceder, em regra, a administração somente a sócio ou sócios (CC, art. 1.060). Nesta última hipótese, a escolha do *sócio-administrador* ou dos *sócios-administradores* será extracontratual e dar-se-á em assembleia geral dos quotistas, devidamente convocada para esse fim, e o mandato deverá conter não só suas atribuições e seus poderes, como também o prazo de sua gestão, pois, se silenciar quanto ao tempo de duração do mandato de administrador, entender-se-á que a nomeação foi por prazo indeterminado.

Na sociedade limitada não é conveniente que a sua administração e sua representação sejam confiadas a quem não seja titular de quotas, por não ter contribuído para a formação do capital social.

Sem embargo disso, permitido está que a administração seja entregue ou delegada a estranhos, pois a designação de *administradores não sócios* (administradores profissionais) dependerá de: *a*) aprovação de, no mínimo, 2/3 (dois terços) dos sócios, em assembleia geral, se o capital social ainda não estiver integralizado, considerando-se que todos os sócios têm responsabilidade solidária entre si e subsidiária perante a sociedade, pelo valor ou recurso material (móvel, imóvel, dinheiro etc.) ainda não aportado àquele capital; ou *b*) aprovação de titulares de quotas correspondentes a mais da metade do capital social, no mínimo, se houver total integralização (CC, art. 1.061, com redação da Lei n. 14.451/2022). O atual Código Civil exige, para preservar os interesses dos sócios, *quorum* especial, ante os riscos de profissionalização da administração, elegendo pessoa não sócia como diretora. Arnaldo Rizzardo observa que a nomeação de administrador profissional poderá dar-se havendo impossibilidade de o sócio-administrador desempenhar todas as suas funções, p. ex., na área de comercialização dos produtos ou no controle do estoque. E se eleito for um empregado, seu contrato de trabalho suspender-se-á, não se computando o tempo de serviço deste período, exceto se permanecer a subordinação jurídica inerente à relação de emprego (TST, Enunciado n. 269), assim evitar-se-ão fraudes às normas trabalhistas.

Assim temos:

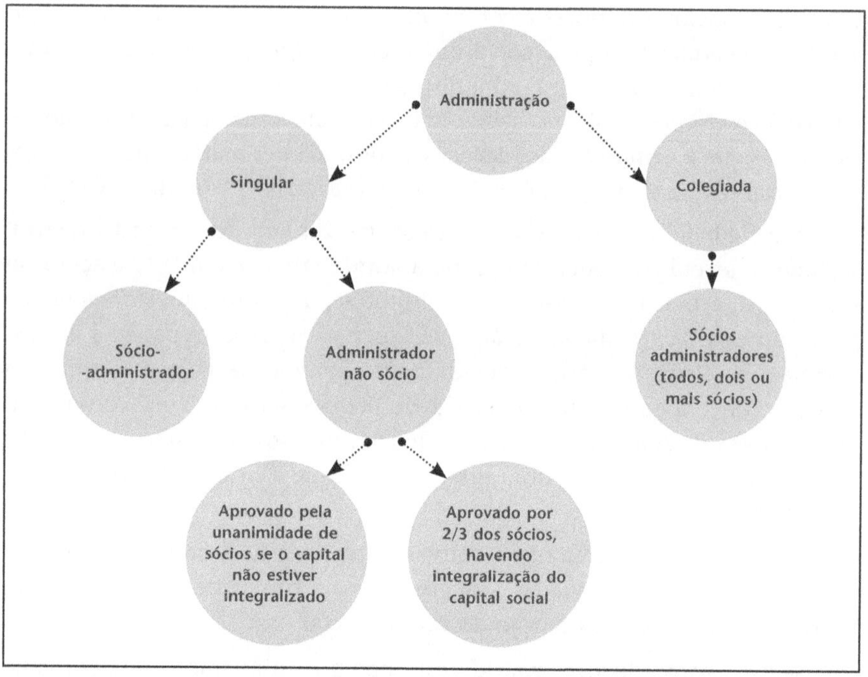

Se o administrador (pessoa natural, pelo Enunciado n. 66, do CJF, aprovado na I Jornada de Direito Civil de 2002) sócio, ou não, for designado, em ato separado, por meio de mandato, pelos quotistas reunidos em assembleia em razão de o contrato social não ter indicado quem deveria praticar os atos de gestão ou de representação da sociedade, sua investidura no cargo dar-se-á mediante termo de posse lavrado no livro de atas da administração, dentro de trinta dias, contados da data de sua designação, sob pena de esta se tornar sem efeito, hipótese em que deverá haver nova indicação de administrador (CC, art. 1.062 e § 1º). Se for nomeado no contrato social, deverá assiná-lo, indicando sua aceitação, que é condição da eficácia de sua eleição como administrador, perante a sociedade e seus quotistas, dando início ao exercício de suas funções.

Dez dias depois de sua investidura, o administrador deverá requerer que sua nomeação (termo de posse) seja averbada no registro competente para ser oponível contra todos (terceiros). Esse requerimento deverá conter, além de toda sua qualificação (nome, nacionalidade, estado civil, residência), o ato, a data da nomeação e o prazo de sua gestão e estar acompanhado de documento de identidade do administrador nomeado (§ 2º do art. 1.062 do CC) e de declaração de inexistência de impedimento para o exercício de administração da sociedade, se ela não constar do documento de sua nomeação.

Os impedimentos para ser administrador da sociedade limitada estão arrolados na Instrução Normativa n. 98/2003 do DNRC, item 1.2.12, ora revogada pela IN n. 10/2013 do DREI, e no art. 1.011 do Código Civil. Não poderá ser administrador, além daquele que estiver impedido por norma especial, o condenado: à pena que vede, mesmo temporariamente, o acesso a cargo público; por crime de prevaricação, peita ou suborno, concussão, peculato; por crime falimentar; por crime contra a economia popular; por crime contra o sistema financeiro nacional; por crime contra normas de defesa de concorrência; por crime contra relações de consumo; por crime contra a fé pública ou a propriedade, enquanto os efeitos da condenação perdurarem. O administrador estrangeiro não poderá estar enquadrado no rol dos impedidos para o exercício da administração; deverá estar munido de visto permanente e ser residente no Brasil.

Esclarece-nos, ainda, Modesto Carvalhosa que se a *averbação* se der dentro do prazo de dez dias, os efeitos da investidura na administração, relativamente a terceiros, retroagirão *ex tunc*, ou seja, à data em que o administrador assinou o termo de posse. Se tal averbação ocorrer depois daquele lapso temporal, aquela investidura, perante terceiros, terá eficácia *ex nunc*, irradiando efeitos apenas a partir da data do despacho da entidade registrária que deferiu aquela averbação.

d.6.2. Cessação da administração

O exercício do cargo de administrador da sociedade limitada terminará (CC, art. 1.063, §§ 1º – com a redação da Lei n. 13.792/2019 – a 3º): *a*) pela *destituição* de seu *titular* a qualquer tempo ou *pelo término do prazo de sua gestão*, fixado no contrato social ou em ato separado (mandato), não havendo recondução ao cargo. Se admitida for a recondução do administrador ao cargo, aprovada pela assembleia, a destituição tornar-se-á ineficaz. Tal se dá porque a nomeação do administrador poderá ser feita por prazo determinado. Vencido tal prazo, se houver interesse, poder-se-á renovar o mandato ou, então, nomear-lhe um substituto. Se o sócio-administrador foi nomeado no contrato social, apenas poderá ser destituído, em reunião assemblear, pela aprovação dos titulares de quotas, que correspondam, no mínimo, a mais da metade do capital social, exceto se houver estipulação diversa, exigindo *quorum* maior ou menor; mas se sua nomeação se deu em instrumento separado do pacto social, somente poderá ser efetuada sua destituição, mediante aprovação de sócios detentores de mais da metade do capital (CC, arts. 1.071, III, e 1.076, II). Em se tratando de administrador não sócio, poderá ser afastado pelo *quorum* deliberativo de mais da metade do capital social determinado pelos arts. 1.071, V, 1.061 e 1.076, II, providenciando-se, como adverte Matiello, a alteração contratual para que a medida tenha eficácia. A destituição do administrador é ato da sociedade, fazendo cessar, sem qualquer justificativa, as suas funções, a qualquer tempo, e nomeando, no mesmo ato, novo administrador, determinando prazo de sua gestão, salvo se o mesmo já estiver estipulado no contrato social, considerando-se que a sociedade não poderá ficar sem administrador. Modesto Carvalhosa esclarece-nos que a dispensa dessa imediata substituição poderá ocorrer se a sociedade tiver mais de um administrador e o remanescente tiver poderes de representação necessários para a continuação dos negócios sociais até que se dê nova eleição de administrador para substituir o destituído[163] e *b*) pela *renúncia do administrador*, sem fundamentação da justa

163. O administrador, pelo art. 64 e incisos da Lei n. 11.101/2005, poderá sofrer destituição judicial, na hipótese de recuperação judicial da sociedade, havendo condenação criminal ou prática de atos culposos ou dolosos previstos naquele artigo legal.

Mário Luiz Delgado, ao comentar o art. 1.061 antes da redação dada pela Lei n. 12.375/2010, (O *quorum* para designação e destituição de administrador nas sociedades limitadas, *Questões controvertidas*, cit., v. 8, p. 380-85) trata da: a) designação e destituição de administrador, sócio ou não, feita por modificação no contrato social: *quorum* de 2/3 do capital social (arts. 1.061 e 1.063, § 1º, c/c o art. 1.076, *caput* e inc. II); b) designação e destituição de administrador, sócio ou não, feita em ato separado: *quorum* de maioria (art. 1.071, II e III, c/c o art. 1.076, II).

BAASP, *3030*:9: "Agravo de instrumento. Ação ordinária pleiteando a destituição de sócio administrador de sociedade limitada e sua substituição pelo sócio remanescente. Decisão que indefere a antecipação dos efeitos da tutela. Insurgência do autor. Argumentação de que se encontram evidenciados os requisitos autorizadores, ante a conduta desidiosa e sem observância dos deveres legais por parte do agravado. Tese acolhida. Destituição de sócio nomeado administrador no contrato social de sociedade limitada que exige a aprovação dos titulares de quotas correspondentes a dois terços do capital, *ex vi* do art. 1.063, § 1º, do Código Civil. Quadro social da sociedade em foco que é composto por apenas dois sócios — agravante e agravado — em iguais proporções. Impossibilidade de atingir-se o quórum exigido. Aplicação supletiva do art. 1.019, *caput*, da lei substantiva civil referente às sociedades simples. Destituição judicial por justa causa que, em análise não exauriente da matéria, se mostra a medida mais acertada. Verossimilhança e *periculum in mora* evidenciados. Recurso conhecido e provido" (TJSC — 1ª Câmara de Direito Comercial, Agravo de Instrumento n. 0156001-48.2015.8.24.0000, Rel. Des. Mariano do Nascimento, j. 21-7-2016, v.u.).

Vide sobre todos os itens, por nós apontados, relativos à administração: Fabrício Z. Matiello, *Código Civil*, cit., com. aos arts. 1.063 e 1.064; M. Helena Diniz, *Código*, cit., p. 837-41; Mônica Gusmão, *Curso*, cit., p. 230-6; Glauber Moreno Talavera, *Comentários*, cit., p. 819-22; Arnoldo Wald, *Comentários*, cit., v. XIV, p. 403-19; Raúl Ventura, *Comentários ao Código das Sociedades Comerciais*, Coimbra, Livr. Almedina, 1991, p. 15 e 26; Paulo Checoli, *Direito de empresa*, cit., p. 165-82; Amador Paes de Almeida, *Direito de*

causa (STJ, AgRg na MC n. 4.643/SP, 3ª T., j. 26-3-2002) decorrente, em regra, de discordância interna, que se tornará eficaz em relação à sociedade no instante em que tomar conhecimento da comunicação escrita (notificação judicial — CPC/2015, art. 726 — ou extrajudicial — Lei n. 6.015/73, art. 160 —, interpelação, correspondência epistolar etc.), feita pelo renunciante, que a subscreveu, e perante terceiros, apenas depois de sua averbação e publicação da certidão dessa averbação no *Diário Oficial* ou em jornal de grande circulação no local em que está sediada a sociedade (CC, art. 1.152; Instrução Normativa n. 98/2003 do DNRC, item 3.2.16, ora revogada pela IN n. 10/2013 do DREI).

Cessada a administração, proceder-se-á obrigatoriamente à averbação do fato, no registro competente, mediante requerimento apresentado dentro do prazo de dez dias, contado da ocorrência do fato, tornando oponível a terceiros o término das funções do administrador (CC, art. 1.063, § 2º).

Mas a responsabilidade do ex-administrador apenas terminará com a aprovação de suas contas pela assembleia geral (CC, art. 1.071, I). E se veio, em sua gestão, praticar ato contrário à lei ou ao contrato social, poderá ser acionado dentro do prazo prescricional de três anos, contatos da data da assembleia geral ou reunião de quotistas que aprovou suas contas (CC, art. 206, § 3º, VII, *b*). Ensina-nos, ainda, Modesto Carvalhosa que a responsabilidade do administrador, em caso de falência, para com a sociedade, encerrar-se-á com o decurso do prazo de dois anos (Lei n. 11.101/2005, art. 82, § 1º), levando-se em conta a data de sua retirada da gestão e sua responsabilidade por lesão a interesses dos credores.

---

empresa, cit., p. 136-47; Luiz Cezar P. Quintans, *Direito da empresa*, cit., p. 72-7; Modesto Carvalhosa, *Comentários*, cit., v. 13, p. 102-47; Arnaldo Rizzardo, *Direito de empresa*, cit., p. 215-21; Lucila de Oliveira Carvalho, A administração da sociedade limitada e o novo Código Civil, in *Direito de empresa no novo Código Civil*, Rio de Janeiro, Forense, 2004, p. 230; Antonio Brunetti, *Tratado del derecho de las sociedades*, Buenos Aires, Eudeba, 1960, p. 218; Edmar O. Andrade Filho, *Sociedade*, cit., p. 149-70; Adalberto Simão Filho, *A nova sociedade limitada*, cit., p. 140-47 e 151-62; Sérgio Campinho, *O direito de empresa*, cit., p. 221, 225-7 e 240; Fábio Ulhoa Coelho, *Curso*, cit., v. 2, p. 438-49; Luiz Gastão Paes de Barros Leães, *Estudos de pareceres sobre sociedade anônima*, São Paulo, Revista dos Tribunais, 1989, p. 183; Trajano de Miranda Valverde, *Sociedade por ações*, Rio de Janeiro, Forense, 1941, p. 12 e 13; Vantuil Abdala, As sociedades limitadas, *O novo Código Civil — estudos em homenagem a Miguel Reale* (coord. Franciulli Neto Ferreira Mendes, Ives Gandra da S. Martins Filho), São Paulo, LTr, 2003, p. 889 e 890; Maria Clara Maudonnet, Responsabilidades do administrador, *Tribuna do Direito*, jan. 2004, p. 8; Christiane A. A. da Costa e Wania Celia de S. L. Bruni, Da responsabilidade dos administradores nas sociedades limitadas, *Revista do IASP*, *18*:81 a 97.

d.6.3. Possibilidade de dúplice estrutura de administração social

A sociedade limitada poderá, havendo previsão no contrato social, adotar, em sua administração social, uma dúplice estrutura, tendo ao lado da diretoria, com funções executivas, um Conselho de Administração, órgão próprio da sociedade anônima, integrado exclusivamente por sócios, que fixará as diretrizes gerais dos negócios sociais, da eleição e da fiscalização do administrador. Tais órgãos deverão ter atuação efetiva; vedadas estão, como pondera Edmar Oliveira Andrade Filho, não só a eleição de administrações *pro forma*, que não desempenham as funções que lhe são próprias, como também a criação do Conselho de Administração sem que haja necessidade.

A diretoria é o órgão integrado por um ou mais administradores, sócios ou não, que tem o encargo de administrar a sociedade limitada.

O administrador, ou diretor, sócio ou não, deverá, na diretoria, exercer suas funções dentro dos limites dos poderes que lhe foram outorgados e poderá, se quiser, constituir mandatário *ad negotia* para auxiliá-lo na execução de certos atos de administração social. Esse mandatário não é administrador, mas mero procurador *ad negotia* da sociedade, pois o administrador lhe outorgará mandato, em nome da sociedade limitada, para que o represente em certos atos negociais.

Se o Conselho de Administração vier a ser criado após a constituição da sociedade, não estando sua criação prevista no contrato social, necessária será a deliberação assemblear de mais da metade do capital social (CC, art. 1.076, II, c/c art. 1.071, V), entendendo que esse órgão é imprescindível para o bom funcionamento da sociedade.

O Conselho de Administração não poderá exercer as funções e as competências do administrador, do Conselho Fiscal ou da assembleia ou reunião de sócios; consequentemente, estará, p. ex., proibido de nomear ou destituir administrador da sociedade, por ser função exclusiva dos sócios-quotistas (CC, art. 1.071) em assembleia.

Essa estrutura dúplice é rara por aumentar o custo das despesas da sociedade.

d.6.4. Efeitos jurídicos da investidura do administrador

A administração social é órgão necessário por exarar a vontade da sociedade, agindo em nome dela, conduzindo-a à consecução da finalidade comum ou do objeto social.

Daí ser o administrador o órgão que representa a sociedade, atuando permanentemente. Sua vontade é a da sociedade, desde que exarada dentro dos limites fixados no contrato social ou na reunião assemblear de quotistas. Em relação ao exercício de seus poderes-funções, não há nenhum contrato (prestação de serviço) entre administrador e sociedade, pois, no ato da investidura do cargo, o administrador, ao manifestar sua aceitação (ato unilateral), submete-se a um regime jurídico, específico da sociedade limitada, composto por normas de ordem pública ou de contrato social, sobre o qual sua vontade não poderá interferir.

Com sua investidura, o administrador adquire poder-função, que traz consequências jurídicas, como obrigações, direitos e responsabilidade pelos seus atos, perante a sociedade e terceiros.

O administrador, uma vez investido, deverá:

a) providenciar, imediatamente, todas as medidas necessárias para atingir o objetivo social, subordinando-se ao contrato social e à lei, procurando atender aos interesses da sociedade, dos sócios-quotistas, dos empregados e das pessoas (terceiros) com que efetivar os negócios sociais;

b) respeitar funções reservadas aos outros órgãos da sociedade limitada, não podendo, p. ex., fiscalizar os negócios sociais, por ser ato de competência do Conselho Fiscal. Todavia, poderá, ante os princípios da boa-fé objetiva, da colaboração social e da probidade, levantar questões relativas a atos de responsabilidade de outro administrador. A assembleia de quotistas não poderá, por outro lado, delegar seus poderes deliberativos conferidos pela lei (CC, art. 1.070) e pelo contrato social;

c) ter, ao exercer suas funções, o cuidado e a diligência que toda pessoa idônea, moral e profissionalmente, deve empregar na gestão de seus próprios negócios (CC, art. 1.011). Deverá seguir o princípio da boa-fé objetiva, tendo uma conduta diligente e ponderada, revelando qualidades profissionais próprias da atividade de gestão que exerce, p. ex., empenhando-se nas negociações ao zelar pelo interesse da sociedade no que atina ao preço, às condições impostas para sua efetivação, ao cumprimento do horário de trabalho, inclusive dos empregados da limitada, às vantagens a serem auferidas etc.;

d) seguir os parâmetros da sociedade limitada, visto ser seu representante;

e) prestar contas de seus atos, justificando sua gestão aos sócios-quotistas. No final de cada exercício social (período de um ano transcorrido entre duas datas, inicial e final, indicadas no contrato social, em regra, coincidente com o ano-calendário comum), dever-se-á fazer um levantamento das operações feitas e da situação financeira da sociedade, apurando todas as contas do ativo e do passivo, verificando os lucros e perdas havidos. Para tanto, elaborar-se-ão o *inventário* (discriminação e individualização do acervo material da sociedade), o *balanço patrimonial*, ou seja, o quadro contábil representativo do ativo, do passivo e do patrimônio líquido da sociedade e o *balanço de resultado econômico*, representado pela demonstração financeira dos lucros e perdas obtidos (CC, art. 1.065);

f) atuar na defesa dos interesses da sociedade, agindo com lealdade, sem nada negligenciar, tomando as devidas precauções na efetivação de negócios em nome e por conta da sociedade, verificando preços, condições impostas pela outra parte etc.; consequentemente, não poderá: fazer uso em benefício próprio ou de terceiro de vantagens que tiver conhecimento em razão de seu cargo, mesmo que não haja prejuízo para a sociedade; adquirir para si ou para outrem, para revender bem necessário à sociedade; prestar aval ou fiança em nome da sociedade. Pelo art. 1.017 do Código Civil, administrador que sem o consenso escrito dos sócios aplicar bens sociais em proveito próprio ou de terceiro deverá restituí-los à sociedade ou pagar o equivalente e mais perdas e danos, se houver prejuízo; onerar ou alienar imóveis da sociedade sem que haja decisão da maioria social; praticar atos de liberalidade à custa da sociedade; efetuar empréstimos a não ser que haja autorização prevista no contrato social ou deliberação de quotistas; apropriar-se de bens ou direitos da sociedade sem estar autorizado; celebrar negócios auferindo vantagens para si; receber benefícios diretos ou indiretos, de terceiros, sem autorização dos sócios ou do contrato social; aplicar créditos da sociedade em proveito próprio;

g) fornecer as informações solicitadas pelo Conselho Fiscal e pelos sócios, na forma designada no contrato social, dando-lhes ciência da situação da sociedade limitada;

h) convocar assembleia;

i) procurar obter um resultado positivo, em suas atividades e negociações, para o patrimônio social;

j) assumir, se praticar, culposa ou dolosamente, ato irregular ou contrário à lei e ao contrato social, ou ato que configure abuso de poder ou desvio de finalidade social, causando dano à sociedade, a sócios ou a terceiros relacionados com a limitada, a responsabilidade pela indenização das perdas e danos e pelos débitos sociais (CC, arts. 1.013, § 2º, 1.015, 1.016 e 1.017). O administrador terá: responsabilidade solidária com os sócios que recebem lucros fictícios, tendo ciência de sua ilicitude (CC, art. 1.009); responsabilidade solidária e ilimitada se vier a praticar, depois da dissolução da sociedade, atos em nome dela (CC, art. 1.036); responsabilidade ilimitada se também for sócio, se aprovar deliberação violando lei ou contrato social (CC, art. 1.080). O administrador não responderá, pessoalmente, perante terceiros pelas obrigações da sociedade, regularmente, contraídas ao realizar atos ordinários da gestão, por ser mero órgão da sociedade e por manifestar a vontade social; logo, a sociedade terá responsabilidade por esses atos. Um administrador não responderá por ato ilícito praticado por outro, a não ser que tenha contribuído, culposamente, para sua ocorrência.

Pelo Enunciado n. 86: "O desacerto do mérito da decisão negocial não é, por si só, causa de responsabilidade civil do administrador, a qual pressupõe o descumprimento de dever legal ou estatutário" (aprovado na III Jornada de Direito Comercial);

k) votar matéria que não envolva interesse próprio (CC, art. 1.074, § 2º); logo, não poderá exercer direito de voto para aprovar balanço que ateste o resultado de sua administração, nem intervir em qualquer negociação que possa apresentar interesse contrário ao da sociedade;

l) prestar caução, se houver cláusula no contrato social impondo esse dever para garantir sua boa gestão, que apenas será levantada depois da última prestação de contas do administrador que deixou o cargo. O valor da caução poderá estar estabelecido no contrato social ou na deliberação assemblear da maioria de votos dos quotistas presentes.

Por outro lado, o administrador detém, para bem executar suas funções, certos direitos outorgados pela lei, pela assembleia de quotistas ou pelo contrato social, imprescindíveis para organizar, controlar e dirigir a sociedade limitada e o patrimônio social, tais como:

a) praticar atos de gestão necessários para a realização dos fins da sociedade, sem onerar ou alienar imóveis do patrimônio social, a não ser que haja deliberação, nesse sentido, pela maioria dos sócios quotistas. Gestão é o poder de deliberação, em reunião de diretoria, e o de decisão relativa ao curso dos negócios sociais, respeitando-se as limitações legais e as do contrato social. Indelegável é o poder de gestão do administrador;

b) executar todos os atos para atingir o objeto social e as decisões deliberadas em reuniões assembleares pelos quotistas;

c) usar, privativamente, da firma ou denominação social, se tiver os necessários poderes (CC, art. 1.064). Somente os sócios-administradores ou administradores não sócios, que tiverem os necessários poderes, poderão regularmente usar a firma ou denominação social para atender aos objetivos sociais, contratar em nome da sociedade e responsabilizar a sociedade. A mera condição de administrador não autoriza o uso da firma social, pois este é conferido expressamente àquele que tiver o encargo de exercer a atividade econômico-social, assumindo obrigações, no interesse da sociedade, e conforme o objeto social. Os limites dessa utilização estão determinados no contrato social. A delegação de poderes a terceiros ou a outro sócio está vedada. Se o administrador vier a ultrapassar aqueles limites, haverá abuso de firma social ou uso indevido de firma social, que acarretar-lhe-á o dever de indenizar as perdas e danos sofridos pela sociedade (*RTJ*, *2*:296), uma vez que esta responderá perante terceiros pelas obrigações contraídas com a prática de atos exorbitantes, pois o direito brasileiro, como ensina Matiello, não acatou a *doutrina ultra vires*, segundo a qual o uso abusivo de firma acarretaria a nulidade dos atos praticados, que não seriam oponíveis à sociedade. Logo, os negócios efetivados com o uso indevido de firma social terão validade, obrigando a sociedade, que, contudo, poderá exercer o direito de regresso contra os administradores culpados, obtendo a reparação dos prejuízos que teve. Terá, ainda, pelo art. 1.158, § 3º, do Código Civil responsabilidade solidária e ilimitada pelo emprego de firma ou denominação social da qual não conste o termo "limitada";

d) receber remuneração, se administrador não sócio, desde que estipulada no contrato social em cláusula sobre remuneração *pro labore*. Convém lembrar que o administrador-sócio, ou não sócio, também poderá ser recompensado sob a forma de distribuição dos lucros sociais apurados ou de atribuição de gratificações ou bonificações, desde que previstos no contrato social ou aprovados em deliberação assemblear. O valor da remuneração deverá apresentar equivalência entre o benefício recebido pela sociedade e o custo despendido para sua obtenção, considerando-se o tempo de dedicação no desempenho das funções, na especialização do administrador etc. A remuneração poderá, ainda, assumir a forma de *benefício indireto*, mediante compensação de seu trabalho, como diz Edmar Oliveira Andrade Filho, com a utilização de bens do ativo da sociedade ou a assunção, por esta, de algumas despesas pessoais do administrador. O contrato social poderá trazer cláusula sobre a forma de remuneração e, sendo omisso, tal remuneração, fixa ou variável, poderá ser estipulada, a qualquer tempo, por deliberação da maioria do capital (CC, arts. 1.076, II, e 1.071, IV);

e) representar a sociedade limitada, manifestando, em relação a terceiros, a vontade desta, e executando, no âmbito interno, as decisões e deliberações havidas. Trata-se de *representação orgânica*, pois quem atua é a sociedade limitada, cuja vontade social se exterioriza por meio do administrador (CC, art. 47), dentro dos limites de sua competência estabelecida em lei ou no contrato social. Pelo art. 1.064 do Código Civil, os poderes de representação do administrador são privativos, não sendo, por isso, suscetíveis de delegação a terceiros ou a sócio.

Todas as obrigações e direitos dos administradores deverão estar especificados, como fazem os norte-americanos, na cláusula *business judgment rule*, para que as observando venha a atuar com o devido cuidado e diligência e tomar decisões racionais, monitorando informações recebidas e investigando questões que possam prejudicar a sociedade etc. Convém especificar detalhadamente não só os deveres, os poderes-funções e os direitos do administrador, como também os instrumentos de administração para fins de determinação exata de sua competência e de sua responsabilidade e de controle mais adequado de seus atos.

O excesso dos poderes de gestão por parte do administrador outrora poderia ser oposto a terceiro, se ocorresse, alternadamente, uma das seguintes situações (CC, art. 1.015, parágrafo único, I a III, ora revogado pela Lei n. 14.195/2021): limitação de poderes averbada no registro próprio da sociedade; operação alheia aos negócios da sociedade; comprovação pela sociedade de que aquela limitação era conhecida do terceiro, p. ex., via sedex, fax etc., mesmo se não tivesse havido o arquivamento do contrato no órgão competente. Hoje prevalece a boa-fé objetiva fazendo com que sociedade se obrigue perante terceiro de boa-fé, que com ela venha a efetuar contrato, logo terceiro de boa-fé terá direito de regresso contra administrador que exceder em seus poderes de gestão. Mas, ainda, terá, pelo Código Tributário Nacional, art. 135, III, responsabilidade pessoal pelos créditos alusivos às obrigações tributárias que vier a praticar com excesso de poderes ou com violação de lei ou do contrato social, deixando de recolher tributo por ter desviado verba social para, como diz Fábio Ulhoa Coelho, aplicação financeira; pagamento de *pro labore* etc., e pela Lei n. 8.620/93, art. 13, parágrafo único (ora revogado pela Lei n. 11.949/2003), terá responsabilidade solidária e subsidiariamente com seus bens pessoais se, dolosa ou culposamente, deixar de cumprir obrigação para com a Seguridade Social.

A título ilustrativo, transcrevemos, aqui, as lições de Maria Clara Maudonnet, relativas à responsabilidade do administrador da sociedade limitada:

"De acordo com a teoria da aparência, a sociedade será obrigada a responder, perante terceiros, pelos atos praticados por seu administrador, restando à sociedade, porém, o direito de agir regressivamente contra o administrador, para reaver as perdas e danos sofridos pela sociedade (artigo 931 do novo CC). A responsabilidade do administrador é pessoal, exceto quando age ilicitamente em conjunto com outros, caso em que a responsabilidade dele é solidária. O ato ilegal do administrador, praticado em conluio com o cotista controlador, responsabiliza ambos. Deve-se esclarecer, porém, que, apesar da regra geral da responsabilidade subjetiva do administrador, de acordo com as normas societárias, há leis que vêm imputando-lhe responsabilidade objetiva, tal como a Lei Antitruste (Lei n. 12.529/2011, arts. 31 a 34). A responsabilidade civil do administrador pode resultar em situações como obrigação de indenizar a sociedade por perdas e danos causadas por qualquer ato ilícito cometido, por culpa ou dolo, dentro de suas atribuições; por descumprir as deliberações dos sócios da sociedade; ou com violação da lei ou do contrato social, em especial pelo não cumprimento dos seus deveres legais (como o de diligência, de lealdade, de não agir em conflito de interesses com sociedade), atuando com desvio de finalidade ou com confusão patrimonial, tipificados nos artigos 153, 154 e 155 da Lei das S.As. (artigo 158 da Lei das S.As. e artigos 1.011, 1.016 e 1.017 da Lei 10.406/2002). O CPC/2015, arts. 132 a 137, admite o incidente de desconsideração da personalidade jurídica e o art. 50 da Lei 10.406/2002 (novo CC) prevê a responsabilidade pessoal do administrador, que poderá ser obrigado a responder pelos danos causados à sociedade com seus bens pessoais. Os administradores das sociedades limitadas, como os das sociedades anônimas, não são civilmente responsáveis perante o Código de Defesa do Consumidor, especificamente. O artigo 75 do CDC, entretanto, estabelece a responsabilidade criminal do administrador que aprovar o fornecimento ou oferta de produtos ou serviços nas condições proibidas pelo CDC. Na Lei de Falências, a responsabilidade do administrador está prevista no art. 82 (Lei n. 11.101/2005). Segundo o referido dispositivo legal, a responsabilidade solidária dos gerentes da sociedade por cotas de responsabilidade limitada deve ser apurada e tornar-se-á efetiva mediante processo ordinário, no juízo da falência, e o juiz, a requerimento do administrador judicial, poderá ordenar o sequestro de bens que bastem para efetivar a responsabilidade. A responsabilidade tributária dos administradores das sociedades limitadas está prevista no artigo 135, III, do Código Tributário Nacional, segundo o qual os administradores das sociedades limitadas serão responsabilizados pelo não pagamento de tributos, quando, apesar de a sociedade dispor dos recursos para tanto, agir de má-fé e em infração à lei, não recolhendo-os aos cofres públicos. Já há farta jurisprudência no sentido de que o mero não pagamento do tributo, quando resultar do risco natural dos negócios, e não de ato doloso do administrador, não enseja a responsabilidade do administrador, apesar da ilicitude que envolve. Perante a Lei Antitruste (artigo 23, II, da Lei 8.884/94), o administrador é responsável, de forma objetiva, por atos de infração à ordem econômica cometidos pela sociedade. O artigo 23, II, da Lei 8.884/94 estabelece multa devida pelo administrador quando ele é responsável, direta ou indiretamente, pela infração cometida pela sociedade. No âmbito da concorrência desleal, ao administrador, como também ao sócio da sociedade limitada, é aplicável a tipificação de crimes contida no artigo 195 da Lei 9.279/96".

d.7. Conselho Fiscal[164]

d.7.1. Conselho Fiscal como órgão fiscalizador e sua composição

Os sócios têm direito de fiscalizar a administração, podendo averiguar diretamente, ou por meio de sócios-membros do Conselho Fiscal, os livros contábeis e a prestação de contas do administrador. Possível é, portanto, a ocorrência de um duplo controle: o dos sócios e o do Conselho Fiscal. A Constituição de um Conselho Fiscal, com funcionamento temporário ou permanente, não retira o controle dos sócios, que poderão eles próprios fiscalizar a administração, como bem pondera Edmar Oliveira Andrade Filho.

O Conselho Fiscal é um órgão colegiado independente da sociedade limitada; não se subordina aos sócios nem à administração.

Sua constituição, contudo, não é obrigatória como o é na sociedade anônima (Lei n. 6.404/76, art. 161). A sociedade limitada, pelo Código Civil, art. 1.066, poderá, no contrato social, instituir, ou não, o órgão fiscalizador. A instituição do Conselho Fiscal é, portanto, facultativa.

O Conselho Fiscal é o órgão, previsto no contrato social, composto por três ou mais membros e respectivos suplentes, sejam eles sócios, ou não, residentes ou domiciliados no País, eleitos na assembleia anual em votação de sócios representativos da maioria do capital social, que visa a apreciar as contas dos administradores e deliberar sobre o balanço patrimonial e o de resultado econômico (CC, arts. 1.066, *caput*, 1.078, I). Os sócios minoritários, desde que representem 1/5 (20%) do capital social, poderão escolher, em separado, um dos membros do Conselho Fiscal e seu respectivo suplente (CC, art. 1.066, § 2º). Com isso participarão da composição do referido órgão. Se, porventura, a minoria vencida não vier a representar 1/5 do capital social, não poderá indicar representante, nem suplente no Conselho Fiscal.

---

164. Sobre Conselho Fiscal, consulte: Rubens Requião, *Curso*, cit., v. 1, p. 537 e 538; Waldo Fazzio Jr., *Sociedades limitadas*, cit., p. 229 e 230; M. Helena Diniz, *Código*, cit., p. 842-6; Luiz Tzirulnik, Empresas, cit., p. 70-3; Arnaldo Rizzardo, *Direção de empresa*, cit., p. 221-5; Edmar O. Andrade Filho, *Sociedade*, cit., p. 197-203; Modesto Carvalhosa, *Comentários*, cit., v. 13, p. 147-70; Glauber Moreno Talavera, *Comentários*, cit., p. 823-6.

É o órgão fiscalizador dos atos dos administradores da sociedade limitada e subordinada à assembleia dos sócios que aprova ou rejeita seus pareceres.

Somente em sociedade limitada com número expressivo de sócios seria viável o Conselho Fiscal, pois, no que contar com pequeno número de sócios, estes já ocupam outros cargos, como os de administração, e não poderão cumulá-los com o de conselheiros, que prestam serviços à sociedade. Tal se dá porque o Conselho Fiscal é órgão que deve ter independência em relação à administração, que é por ele fiscalizada. Os conselheiros fiscais são eleitos por um mandato de um ano, ou melhor, até a próxima assembleia anual, ocasião em que se terá eleição de novos fiscais e seus suplentes.

d.7.2. Impedimentos legais para ser membro do Conselho Fiscal

Estão impedidos legalmente (CC, arts. 1.066, § 1º, e 1.011, § 1º) de ser nomeados para participar do Conselho Fiscal:

a) os condenados à pena que vede o acesso, ainda que temporário, a cargos públicos;

b) os condenados por crime falimentar, de prevaricação, peita ou suborno, concussão e peculato;

c) os condenados por crime contra: a economia popular, o sistema financeiro nacional, as normas de defesa de concorrência, as relações de consumo, a fé pública ou a propriedade, enquanto perdurarem os efeitos da condenação;

d) os membros dos demais órgãos da sociedade ou de outra por ela controlada;

e) os empregados dessas sociedades ou de seus administradores;

f) o cônjuge ou parente até 3º grau dos administradores.

Entre os impedidos, inclui Modesto Carvalhosa os profissionais que, sem vínculo empregatício, prestam à sociedade limitada serviços autônomos e habituais, como, p. ex., economistas e advogados.

Dever-se-á aplicar rigorosamente o art. 1.066, § 1º, do Código Civil, para preservar o princípio de eticidade que deve nortear a função de conselheiro fiscal.

d.7.3. Investidura de membro do Conselho Fiscal

A investidura é a aceitação formal; é o ato unilateral pelo qual o conselheiro eleito aceita seu cargo e as atribuições dele decorrentes. Com ela iniciar-se-á a função de fiscal, dando origem ao poder-dever de cumprir as obrigações indicadas em lei ou no contrato social.

O membro, ou suplente, eleito investir-se-á nas funções que exercerá até a subsequente assembleia anual, salvo se não houver cessação anterior, assinando, dentro do prazo de trinta dias de sua eleição, sob pena de esta tornar-se sem efeito, termo de posse, lavrado no livro de atas e pareceres do Conselho Fiscal, do qual constará não só sua qualificação (nome, nacionalidade, estado civil, residência), como também a data de sua escolha (CC, art. 1.067, parágrafo único).

A partir da assinatura do termo de posse, o conselheiro fiscal eleito estará efetivamente investido, podendo exercer suas funções e assumir suas obrigações e encargos legais. (CC, art. 1.068). A aceitação do cargo exteriorizar-se-á, portanto, com a assinatura do conselheiro no termo de posse no livro próprio.

Não tomando posse, por falta de assinatura do termo, dentro do referido prazo de trinta dias, dever-se-á eleger outro conselheiro fiscal em assembleia extraordinária.

d.7.4. Remuneração dos membros do Conselho Fiscal

Os membros do Conselho Fiscal terão, a título de gratificação de representação em órgão colegiado, direito a uma remuneração mensal, mesmo simbólica, cujo valor será fixado, anualmente, pela assembleia dos sócios que os elegeu (CC, art. 1.068). O critério de fixação dessa remuneração deverá ser similar ao da remuneração do administrador, tendo por parâmetro o tempo dedicado ao desempenho das funções, a especialização etc. O suplente não fará jus à remuneração, a não ser se convocado para o exercício do cargo. Tal remuneração (*jeton*) vincular-se-á ao seu comparecimento às sessões do Conselho Fiscal, mas há quem ache, como Modesto Carvalhosa, que não poderá ficar adstrita ao número de reuniões realizadas, nem ao comparecimento a elas, porque esse direito lhe foi conferido em razão do exercício contínuo do cargo. O seu *quantum* pode ser estabelecido livremente pelos sócios em reunião assemblear, não havendo imposição legal de um valor máximo ou mínimo[165]. No entender de Matiello, nada obsta a que se estipule, no contrato, a gratuidade da atuação dos membros do Conselho Fiscal.

165. A Lei n. 6.404/76, art. 162, § 3º, dispõe que a remuneração dos conselheiros fiscais, nas sociedades por ações, não poderá ser inferior, para cada membro em exercício, a dez por cento da que, em média, se atribuir, a cada diretor, não computados os benefícios, verbas de representação e participação nos lucros. Em relação à participação nos lucros, ela não deverá dar-se por ser incompatível com a obrigação de fiscalização imparcial, que um fiscal deve ter.

A remuneração é uma compensação pela responsabilidade de seu cargo e pelo serviço de fiscalização prestado; logo, não pode haver interesse, por parte dos conselheiros, nos lucros ou resultados econômicos alcançados pela sociedade limitada.

d.7.5. Atribuições do Conselho Fiscal

O Conselho Fiscal não pode dificultar o poder de diligência individual de qualquer conselheiro em exercício, mesmo que haja deliberação da maioria nesse sentido. A atuação individual de um conselheiro vinculará o Conselho Fiscal. Por isso, além das funções estipuladas na lei e no contrato social, os membros do Conselho Fiscal deverão, individual ou conjuntamente (CC, art. 1.069, I a VI):

a) examinar, pelo menos a cada três meses, a escrituração da sociedade (livros e papéis) e o estado da caixa e da carteira de negócios realizados e a realizar, solicitando informações aos administradores ou liquidantes. Poderá, como observa Arnaldo Rizzardo, para exercer sua tarefa, formular questões escritas, requisitar relatórios, contratar perito, investigar e ter acesso a documentos como contratos celebrados, relatório de vendas, extratos bancários, comprovantes de recolhimento de tributos, recibos de *pro labore*, folhas de pagamento etc. O administrador não pode negar informações nem dificultar a atuação dos conselheiros em sua função de inspeção.

O contrato social, por força do art. 1.021, poderá estipular a época própria para realizar os exames, para não atrapalhar o funcionamento normal da sociedade limitada, evitando-se, com isso, como bem pondera Edmar Oliveira Andrade Filho, pedidos de vistorias com o único intuito de praticar ato emulativo. Não havendo determinação de período para vistoria, a qualquer momento o conselheiro poderá efetuar suas investigações.

Nada obsta a que o Conselho Fiscal nomeie contador independente ou contabilista legalmente habilitado, mediante remuneração aprovada pela assembleia dos sócios, para auxiliá-lo no exame dos livros, dos balanços e das contas da sociedade (CC, arts. 1.069, I, e 1.070). O mesmo se diga se for necessário para o bom desempenho dos conselheiros a atuação de advogados ou auditores.

Segundo o Enunciado n. 63: "O nu-proprietário de quotas ou ações gravadas com usufruto, quando não regulado no respectivo ato institutivo, pode exercer o direito de fiscalização da sociedade" (aprovado na II Jornada de Direito Comercial). Tal Enunciado é assim justificado: "Ressalta-se que um dos direitos primordiais dos sócios é o direito à informação, que está diretamente ligado ao direito de fiscalizar a gestão dos negócios sociais, uma vez que a fiscalização correta pressupõe o conhecimento exato da situação da sociedade. O objeto de tal direito são as notícias relativas à gestão da sociedade e tem por função primordial colocar o sócio em condição de exercer conscientemente os diversos direitos que lhe tocam. Mesmo eventual doação com reserva de usufruto vitalício não retira do nu-proprietário a qualidade de sócio, tendo, ao menos, o direito à fiscalização.

O usufruto deve ser exercido sem prejudicar os direitos do nu-proprietário e, para tanto, deve-se permitir que este exerça o direito de fiscalização, pois a sociedade pode praticar atos que afetem seus direitos atuais e futuros";

b) lavrar no livro de atas e pareceres do Conselho Fiscal não só o resultado do exame acima referido, como também o parecer sobre as operações sociais feitas, baseado no balanço patrimonial e no de resultado econômico, que também deverá ser, ainda, apresentado à assembleia anual dos sócios;

c) denunciar erros, fraudes ou crimes que descobrirem, sugerindo à sociedade a tomada de certas providências;

d) convocar a assembleia de sócios, havendo motivo grave e urgente (malversação de recursos sociais, desfalque etc.) ou se a diretoria retardar, por mais de trinta dias, sua convocação anual;

e) praticar, na hipótese de liquidação da sociedade, todos os atos relativos às suas atribuições acima especificadas, observando, ainda, o disposto nos arts. 1.102 a 1.112 do Código Civil.

O art. 1.069 é meramente exemplificativo; o conselheiro poderá ter outras atribuições indicadas no contrato social. Glauber Moreno Talavera salienta que os poderes-deveres do conselheiro somente poderão ser ampliados, "jamais restringidos, sob pena de os deveres imanentes ao órgão restarem frustrados e quedarem inertes por força de eventual restrição artificiosa que se queira levar a efeito para, porventura, coibir a denúncia de atos que, praticados pelos administradores, estejam imputando prejuízos à sociedade".

Fácil é perceber que ao Conselho Fiscal é vedado manifestar opinião sobre a conveniência, ou não, dos atos negociais realizados pela Administração.

Sinteticamente, Waldo Fazzio Júnior assinala que: "a função essencial do Conselho Fiscal é a de exercer permanente fiscalização sobre os órgãos de administração da sociedade, especificamente em relação às contas, e à legalidade e regularidade dos atos de gestão. Sua atuação é instrumental, já que disponibiliza aos sócios as informações necessárias para o exercício do direito de fiscalizar e exara parecer sobre a regularidade das prestações de contas. Sua eventual inserção entre os órgãos societários deve ter sempre a finalidade de melhor atender ao interesse da sociedade limitada, cuja prevalência sobre os interesses menores dos sócios ou grupos de sócios deve ser preservada e estimulada". Cabe-lhe a apreciação da prestação de contas da Administração e da demonstração financeira da sociedade limitada, averiguando sua regularidade.

Os membros do Conselho Fiscal deverão buscar a preservação dos interesses da sociedade, desempenhando suas funções com probidade e diligência e ter um posicionamento firme direcionado à responsabilidade por ato omissivo ou por ato comissivo.

Os poderes e as atribuições legais conferidos ao Conselho Fiscal não poderão, ante sua exclusividade, ser outorgados a outro órgão da sociedade (CC, art. 1.070, 1ª parte). Tal indelegabilidade visa garantir a legitimidade da competência e dos atos praticados pelos conselheiros fiscais.

Os membros do Conselho Fiscal responderão solidariamente perante a sociedade e terceiros pelos prejuízos que, culposamente, lhes causarem por ato omissivo ou por ato comissivo no desempenho de suas funções (CC, arts. 1.070, 2ª parte, e 1.016).

Quanto à responsabilidade dos conselheiros, ela opera-se, frequentemente, em casos de inadimplemento das funções legais e contratuais; não intervenção na ocorrência de fraudes apuradas; negligência no desempenho de suas atribuições.

d.8. Órgão deliberativo

d.8.1. Órgão deliberativo e conclave de sócios

O órgão deliberativo da sociedade limitada formar-se-á pela assembleia ou reunião de sócios convocada para decidir assuntos de peculiar interesse da sociedade, possibilitando a realização de sua finalidade.

Assim temos:

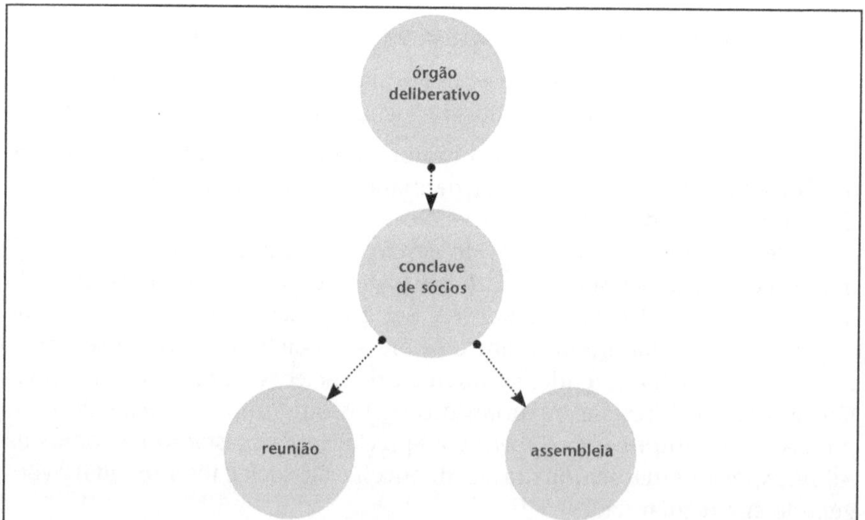

Duas são, portanto, as espécies de conclave de sócios: a assembleia e a reunião. Logo, esses conclaves (reunião e assembleia) constituem órgãos deliberativos da sociedade limitada por meio dos quais a vontade social se manifesta pelo voto dos sócios e irradia seus efeitos. Esclarece-nos Waldemar Ferreira que o voto não é uma simples opção entre o sim e o não, visto que, também, abrange: o ingresso e a presença no conclave; o uso da palavra; o direito de proposição, o direito de protestar; o direito de pedir informação à mesa ou à diretoria. O direito de voto é, na lição de Edmar Oliveira Andrade Filho, uma garantia legal dada ao sócio para efetivar seus interesses, e poderá ser nominal aberto, secreto, escrito, verbal ou dar-se pelo levantamento de mãos. O art. 1.072, § 3º, do novo Código Civil prevê a forma escrita do voto somente para dispensar reunião formal dos sócios. Tais órgãos internos e deliberativos da sociedade têm, portanto, caráter transitório, iniciando-se com a convocação anual ou a qualquer tempo e instalação, terminando com a deliberação. São órgãos desprovidos de personalidade jurídica, não tendo, por tal motivo, responsabilidade por deliberações societárias contrárias à lei, visto que não são mandatários, mas meros órgãos corporativos formadores da vontade coletiva, sem poder de representação. Como a deliberação social é a declaração da vontade coletiva, ou seja, da vontade da sociedade, tem a natureza, como ensina Modesto Carvalhosa, de negócio jurídico unilateral.

O conclave societário rege-se pelo princípio democrático, permitindo debates entre os sócios, que poderão livremente manifestar sua vontade, e, além disso, as decisões tomadas, conforme ao contrato social ou à legislação pertinente, vincularão a todos os sócios da limitada, inclusive os dissidentes e ausentes (CC, art. 1.072, § 6º). E não é só; ter-se-á, ainda, a responsabilidade pessoal dos sócios por deliberação assemblear contrária à lei e ao contrato social; por tal razão, como pondera Adalberto Simão Filho, convém que o sócio registre seu voto divergente, mesmo minoritário, por ocasião da realização do conclave para que sua responsabilidade continue limitada[166]. Livre será a opção da forma de deliberação, se por meio de assembleia ou de reunião, salvo se a sociedade limitada tiver mais de dez sócios (CC, art. 1.072, § 1º), hipótese em que as deliberações deverão ser tomadas em assembleia, cujo regime jurídico é mais solene ou formal. Todavia, os sócios,

166. Adalberto Simão Filho, *A nova sociedade limitada*, cit., p. 129 e 30; Waldemar Ferreira, *Tratado de direito comercial*, São Paulo, Saraiva, 1961, p. 310; Ivan L. Vitale Jr., As deliberações dos sócios na sociedade limitada, *Questões controvertidas*, cit., v. 8, p. 205-46.

como pondera Edmar Oliveira Andrade Filho[167], não poderão alterar ou suprimir normas sobre *quoruns* de instalação de assembleia ou reunião (CC, art. 1.074), de deliberação (CC, art. 1.076) e de decisão (CC, art. 1.063, § 1º), por serem consideradas de ordem pública.

d.8.2. Atos dependentes de deliberações dos sócios

O direito de participar das deliberações sociais, em reunião ou em assembleia, decorre do *status* de sócio e do direito de voto, fundado no princípio da maioria do capital social, seguindo-se os critérios dos arts. 1.072 e seguintes do Código Civil, conforme o número de sócios, cláusulas do contrato social e assunto a ser decidido. Em regra, como nos ensinam Rubens Requião e Fábio Ulhoa Coelho, as deliberações dos sócios independem de formalidade especial se pertinentes ao funcionamento cotidiano da sociedade como: contratação e demissão de empregados ou prestadores de serviço; política de promoção de vendas ou de *marketing*; aproveitamento de oportunidade para efetivação de negócio; controle de movimentação financeira; redução de custos; busca de ampliação de mercado etc.

Certos assuntos, ante sua importância, repercussão na estrutura societária e efeitos, devem ser, privativamente, deliberados pelos sócios, observando-se, para sua validade e eficácia, certas formalidades legais alusivas à convocação, à instalação e ao *quorum* para aprovação.

Os sócios, além dos assuntos indicados legal ou contratualmente, deverão, obrigatoriamente, deliberar, em reunião ou assembleia, regularmente convocada e instalada, atendido o *quorum* deliberativo previsto legalmente (CC, art. 1.071, I a VIII) sobre[168]:

a) aprovação das contas da administração, apresentadas nos quatro meses seguintes ao término do exercício social (CC, art. 1.078, I);

b) designação dos administradores, sócios ou não, feita extracontratualmente ou em ato separado e em assembleia de sócios (CC, arts. 1.062 e 1.076, II), por serem demissíveis *ad nutum*;

---

167. Edmar O. Andrade Filho, *Sociedade de responsabilidade limitada*, cit., p. 173 e 175-82; Modesto Carvalhosa, *Comentários*, cit., v. 13, p. 197 e 198.

168. M. Helena Diniz, *Código*, cit., p. 847 e 849; Modesto Carvalhosa, *Comentários*, cit., v. 13, p. 172-90; Sérgio Campinho, *O direito de empresa*, cit., p. 240 e 241; Rubens Requião, *Curso*, cit., v. 1, p. 530; Fábio Ulhoa Coelho, *Curso*, cit., v. 2, p. 423; Glauber M. Talavera, *Comentários*, cit., p. 827.

c) destituição dos sócios administradores por justa causa, mediante aprovação de mais da metade do capital social, ou dos administradores não sócios, *ad nutum* ou injustificadamente, por maioria absoluta do capital (CC, arts. 1.063, § 1º, e 1.076, II), visto que como estes, equiparando-se a ocupantes de cargo de confiança, não terão direito de chegar até o final do mandato, os sócios, em reunião ou assembleia, têm a prerrogativa de destituí-los de suas funções sem qualquer justificação;

d) modo de remuneração do administrador, em caso de omissão do contrato social, seja ela fixa (*pro labore*), correspondente à contraprestação do serviço efetivamente prestado pelo administrador, devida até a data em que exercer sua função e estabelecida dentro dos padrões do mercado de trabalho, seja ela *variável*, se prevista no contrato social, alusiva à participação do administrador nos lucros da sociedade apurados no último balanço social, desde que seja razoável, isto é, não excedente a 10% dos resultados do exercício. Explica-nos Modesto Carvalhosa que "essa razoabilidade leva em conta, ademais, o *quorum* de maioria absoluta que a lei exige para tal deliberação (CC, art. 1.076, II). Seria, assim, abusivo o voto majoritário que atribuísse aos administradores quinhão nos lucros que não levasse em conta o caráter relevante da distribuição de lucros aos quotistas". Admissível será que sócio-administrador vote sobre o montante de sua remuneração;

e) modificação do contrato social, havendo *quorum* de 3/4 do capital social para que tenha validade;

f) incorporação, fusão e dissolução da sociedade. Em caso de fusão e incorporação, o sócio dissidente poderá exercer seu direito de retirada; já o mesmo não se dará havendo dissolução societária, por ser incompatível com o direito de recesso;

g) cessação do estado de liquidação, hipótese em que o sócio dissidente poderá retirar-se por não estar obrigado a aceitar os riscos dessa operação;

h) nomeação, destituição e julgamento das contas dos liquidantes, havendo deliberação de maioria absoluta (50% mais um) dos sócios presentes (CC, art. 1.076, III); e

i) pedido de recuperação judicial (Lei n. 11.101/2005, arts. 47 a 74) ou extrajudicial (Lei n. 11.101/2005, arts. 161 a 167), para preservação da empresa e de sua função social, possibilitando superar a situação de crise econômico-financeira e evitar a falência, mediante deliberação dos sócios tomada pela maioria absoluta dos votos, correspondente a mais de metade do capital social (50% mais um dos votos — CC, arts. 1.072, § 4º, e 1.076, II). O pedido de recuperação dependerá de deliberação dos sócios, tomada em assembleia (CC, art. 1.071, VIII), mas os administradores, devidamente autorizados por sócios, titulares de mais da metade do capital social, havendo urgência, poderão, para evitar danos irreparáveis, requerer a recuperação da empresa (CC, art. 1.072, § 4º), propondo-a antes da decretação da falência da sociedade, com o escopo de evitá-la ou preveni-la. Como se vê, pelo art. 1.072, § 4º, do Código Civil), o princípio da indelegabilidade de competência privativa dos sócios (CC, art. 1.071) não é absoluto, por ser admissível a delegação ao administrador para pleitear, desde que autorizado, em documento declaratório, por sócios titulares de mais da metade do capital social, recuperação judicial ou extrajudicial, requerendo esta última homologação judicial após a aprovação pelos credores da empresa de seu plano de reestruturação. Hoje não há mais concordata, que, nas palavras de Fábio Ulhoa Coelho, era um favor legal consistente na remissão parcial ou dilação do vencimento das obrigações devidas pela sociedade, mediante preenchimento de certos requisitos exigidos pela lei falimentar, com o escopo de resguardar-se da falência, desde que houvesse *quorum* da maioria absoluta do capital[169].

O art. 1.071 do Código Civil trata do regime de competência indelegável e privativa de sócios em assembleia ou reunião, tendo por base os princípios: da isonomia; democrático e majoritário do capital.

Esse rol dos assuntos a serem deliberados privativa e majoritariamente (CC, art. 1.076) pelos sócios, em reunião ou assembleia geral (CC, art. 1.072), é meramente exemplificativo, daí ser *numerus apertus*, pois o contrato social poderá estabelecer outros, e há situações que, em razão de sua especificidade, não foram arroladas pelo art. 1.071 e dependem de deliberação dos sócios, como a exigência de assembleia para eleger e estabelecer a remuneração dos conselheiros fiscais (CC, art. 1.068) e para fixar o *quantum* remuneratório do contabilista assistente (CC, art. 1.070, parágrafo único)[170].

d.8.3. Procedimento para a tomada das deliberações dos sócios

As deliberações dos sócios serão tomadas, como já vimos, por maioria de votos contados conforme o valor das quotas de cada um no capital social, em

---

169. Fábio Ulhoa Coelho, *Manual*, cit., p. 364; Waldo Fazzio Jr., *Nova Lei de falência e recuperação de empresas*, São Paulo, Atlas, 2005.

170. Ricardo Negrão, *Manual*, cit., v. 1, p. 370. "O sócio que participa da administração societária não pode votar nas deliberações acerca de suas próprias contas, na forma dos arts. 1.071, I, e 1.074, § 2º, do Código Civil" (Enunciado n. 485 do Conselho da Justiça Federal, aprovado na V Jornada de Direito Civil).

reunião ou assembleia convocada pelos administradores nos casos previstos em lei ou no contrato social (CC, art. 1.072), mediante anúncio convocatório publicado, pelo menos, por três vezes, entre a data da primeira inserção e a da realização da assembleia, dentro do prazo mínimo de oito dias para a primeira convocação e de cinco dias para as posteriores (CC, art. 1.152, § 3º).

Essas formalidades de convocação do art. 1.152, § 3º, do Código Civil serão dispensadas se todos os sócios comparecerem ou declararem, por escrito, sua ciência do local, data, hora e ordem do dia (CC, art. 1.072, § 2º). Se um sócio deixar de comparecer ao conclave ou de firmar instrumento de ciência, a deliberação porventura tomada não produzirá qualquer efeito.

O contrato social estipulará a respeito da espécie de conclave, se será reunião ou assembleia, mesmo porque não há diferenciação relativa ao regime legal.

Haverá obrigatoriedade da deliberação em *assembleia* se o número dos sócios for superior a dez (onze ou mais), pois se não o for, a deliberação poderá dar-se por simples reunião (CC, art. 1.072, § 1º). Mas nada obsta que a sociedade limitada adote, no contrato social, o regime assemblear, mesmo que tenha menos de dez sócios. Se o número de sócios for igual ou inferior a dez, o contrato social disporá sobre a modalidade de conclave: reunião ou assembleia.

A reunião, ou a assembleia, será dispensável se houver decisão escrita de todos os sócios sobre a matéria que seria discutida (CC, art. 1.072, § 3º) e por eles assinada. Trata-se da suspensão por documento da realização do conclave, por acordo unânime dos sócios sobre a ordem do dia proposta. Se, porventura, houver discordância sobre um item da ordem do dia, o conclave totalitário, decidido documentalmente, terá valia sobre os demais itens, por ter havido consenso unânime dos sócios. Esse documento, que prevê forma escrita de voto unânime, dispensa a reunião formal dos sócios e gerará os mesmos efeitos da reunião ou da assembleia, tendo força vinculante em relação aos sócios e à sociedade. Se houver empate, a decisão será por cabeça, pouco importando o valor das quotas de cada sócio. E, se, mesmo assim, persistir o empate, a decisão da matéria deverá ser judicial. O documento previsto no art. 1.072, § 3º, não poderá ser feito se o assunto a ser tratado disser respeito à aprovação de contas ou à demonstração financeira do exercício findo (CC, art. 1.078; Lei n. 14.030/2020, art. 4º, §§ 1º e 2º), pois, como diz Modesto Carvalhosa, envolve interesses de credores.

Todas as deliberações tomadas, de conformidade com a lei e o contrato social, vincularão todos os sócios, ainda que ausentes, dissidentes (CC, art. 1.072, § 5º) ou abstinentes.

As reuniões dos sócios devem seguir o disposto no contrato social, no que for relativo à sua periodicidade, convocação escrita ou verbal, instalação, realização, registro etc. e, sendo ele silente a respeito, disciplinar-se-ão pelos arts. 1.071 a 1.080 do Código Civil (CC, art. 1.072, § 6º). Assim, se o contrato social for omisso quanto à disciplina de reuniões dos sócios que não sejam assembleares, aplicar-se-lhe-ão, portanto, os arts. 1.071 a 1.080 do Código Civil, sendo que a deliberação em *assembleia* será, convém repetir, obrigatória se o número dos sócios for superior a dez (CC, art. 1.072, § 1º). Assim, a sociedade limitada que contar com mais de dez sócios só deverá tomar deliberações em assembleia de quotistas. Se tiver dez ou menos sócios, poderá deliberar em *reunião* (CC, art. 1.079). Ensina-nos, ainda, Modesto Carvalhosa que a sociedade limitada poderá adotar o regime de assembleia, mesmo se contar com dez ou menos sócios, como no caso de *holdings* de controle, pois quanto às funções da reunião e às da assembleia, não há, por força do disposto no art. 1.079, qualquer diferença.

E pelo art. 1.080-A, parágrafo único do Código Civil (acrescentado pela Lei n. 14.030/2020) o sócio poderá participar e votar a distância em reunião ou assembleia, que poderá ser realizada de forma digital, desde que se observem os direitos legalmente previstos de participação e de manifestação dos sócios e os termos regulamentares do órgão competente do Poder Executivo federal.

As deliberações societárias deverão ser formalizadas em ata de reunião e de assembleia.

A cópia da ata do conclave ou do documento escrito suspendendo a reunião ou assembleia deverá ser levada a registro no órgão competente[171].

d.8.4. Convocação do conclave por sócios e pelo Conselho Fiscal

Convocação é a notificação (convite público ou pessoal) dos sócios para se reunirem em conclave (reunião ou assembleia) feita pelos administradores, mediante aviso publicado três vezes em *Diário Oficial* ou jornal de grande circulação (CC, art. 1.152, §§ 1º e 3º), sempre que houver imposição legal ou contratual. O importante é que o edital convocatório evidencie seu envio e a ciência dos sócios, logo, havendo convocação por carta, fax, *e-mail*, telegrama será preciso a

171. M. Helena Diniz, *Código*, cit., p. 848 e 849; Fábio Ulhoa Coelho, *Manual*, cit., p. 160 e 161; Modesto Carvalhosa, *Comentários*, cit., v. 13, p. 191-202; Amador Paes de Almeida, *Manual*, cit., p. 143; Mônica Gusmão, *Curso*, cit., p. 242; Edmar O. Andrade Filho, *Sociedade*, cit., p. 182.

Lei n. 14.030/2020 dispõe sobre o art. 4º, §§ 1º e 2º que sociedade limitada cujo exercício social se findar entre 31/12/2019 e 31/3/2020 poderá realizar assembleia a que se refere o CC, art. 1.078 no prazo de 7 meses contado do término do seu exercício social.

comprovação de seu recebimento. Jorge Lobo aponta as formas de convocação, que poderão estar previstas no contrato social, estabelecendo que a ciência aos sócios será dada por meio de: carta registrada com aviso de recebimento, enviada ao seu domicílio ou local por eles indicado por escrito, à sociedade; anúncio entregue contra recibo pessoalmente ao sócio ou ao seu representante com poderes especiais; telegrama; *fax*; notificação judicial ou extrajudicial; jornal com circulação na sede social; *Diário Oficial do Estado* onde está sediada a sociedade. Com a comprovação da cientificação dos sócios terá validade a convocação (STJ, REsp 493.297/SP, 4ª T., j. 24-6-2003). Assim, se no contrato social contiver previsão de convocação por meio de *e-mail*, p. ex., não será necessário aplicar a exigência legal de publicação de anúncio em jornal para que ela tenha validade. As exigências formais convocatórias previstas legalmente apenas deverão ser seguidas se o contrato social for omisso a respeito.

A convocação feita pela administração, fundada na sua obrigação de informar (CC, art. 1.020), decorrente de sua função, deverá ser subscrita e datada por um diretor. É, portanto, uma obrigação do administrador.

Essa publicação da convocação é exigida no caso de assembleia, e não no de reunião (CC, art. 1.152, § 3º), em que a convocação será pessoal.

A convocação deve ser considerada um *convite*, visto que a presença de sócios no conclave é um direito seu e não um dever. É conveniente a publicação oficial da convocação para que surja a presunção *juris et de jure* de que os sócios têm ciência do conclave a ser realizado, não podendo alegar ignorância das deliberações tomadas para escapar dos seus efeitos.

Dever-se-ão inserir no edital convocatório as matérias que constarão da ordem do dia, a data, horário, local (sede social, em regra) e natureza do conclave. Alguns assuntos não precisarão estar incluídos na ordem do dia, como p. ex. destituição e nomeação de substituto de administrador (CC, art. 1.071, I e II); pedido de autofalência ou de recuperação judicial (Lei n. 11.101/2005, arts. 105 e 107).

Se o edital convocatório apresentar alguma irregularidade (quanto ao prazo, conteúdo etc.), poderá responsabilizar o administrador e tornar anulável a assembleia, se impossibilitar sócio de exercer seu direito de voz e de voto.

Mas a assembleia ou reunião também poderá ser convocada por (CC, art. 1.073, I):

a) qualquer sócio individual e independentemente do número de suas quotas, se os administradores retardarem sua convocação, nos casos previstos em lei ou no contrato social, por mais de sessenta dias, visto que tal fato poderá prejudicar a sociedade e os interesses dos sócios. O sócio que fizer tal convocação deverá colocar seu nome e data no edital convocatório;

b) sócios minoritários, titulares de mais de 1/5 do capital (20%) se, dentro do prazo de oito dias, não for atendido pela administração o pedido de convocação fundamentado e contendo indicação das matérias de relevante interesse societário que deverão ser tratadas. Fácil será obter mais de 1/5 do capital social, e se um sócio tiver pequena participação, poderá conseguir, para atingir a finalidade social, o apoio dos demais quotistas.

A assembleia ou reunião poderá, ainda, ser convocada, individual ou conjuntamente, por membros do Conselho Fiscal, se a diretoria retardar por mais de trinta dias a sua convocação anual, ou se houver algum motivo grave e urgente (CC, arts. 1.069, V, e 1.073, II). Os membros do Conselho que tomaram a iniciativa da convocação do conclave deverão assinar e datar o edital. O pedido convocatório dos conselheiros não constitui uma mera permissão legal, mas uma atribuição que lhes é imposta sempre que ocorrerem as hipóteses do art. 1.069, V, do Código Civil. Sua *legitimação* para efetuar a convocação será, na lição de Adalberto Simão Filho, *acessória* à diretoria, em consequência da inércia desta, ou *principal*, havendo ocorrência de motivo urgente e grave que requeira a medida convocatória de sócios.

Essas convocações de conclave feitas por sócio ou pelo Conselho Fiscal (IN n. 98/2003 do DNRC, item 2.2.1, revogada pela IN n. 10/2013 do DREI) são derivadas, visto que se dão em substituição à não feita por administrador relapso[172].

d.8.5. "Quorum" para instalação da assembleia de sócios

O *quorum* de instalação é o número mínimo de sócios presentes ou representados por outro sócio ou por advogado (CC, art. 1.074, § 1º) para que a assembleia seja válida. Em primeira convocação feita com antecedência mínima de oito dias por meio de avisos publicados três vezes em imprensa oficial ou jornal de grande circulação, a assembleia de sócios instalar-se-á se houver presença de titulares de no mínimo 3/4 (75%) do capital social, e não se alcançando tal *quorum* em segunda convocação, com qualquer número de sócios presentes (CC, art. 1.074), desde que se os convoque com três outras publicações de avisos e com antecedência de cinco dias (CC, art. 1.152, § 3º).

"A exigência da presença de três quartos do capital social. Como *quorum* mínimo de instalação em primeira convocação pode ser alterada pelo contrato de sociedade limitada com até dez sócios, quando as deliberações

---

172. Sérgio Campinho, *O direito de empresa*, cit., p. 244 e 245; M. Helena Diniz, *Código*, cit., p. 849 e 850; Modesto Carvalhosa, *Comentários*, cit., v. 13, p. 203-11; Paulo Checoli, *Direito de empresa*, cit., p. 201 e 202; Rubens Requião, *Curso*, cit., v. 1, p. 532; Luiz Tzirulnik, *Empresas*, cit., p. 73 e 74; Glauber M. Talavera, *Comentários ao Código Civil*, cit., p. 830; Arnaldo Rizzardo, *Direito de empresa*, cit., p. 227-9; Jorge Lobo, *Sociedades limitadas*, cit., v. 1, p. 291.

sociais obedecerem à forma de reunião, sem prejuízo da observância das regras do art. 1.076 referentes ao *quorum* de deliberação" (Enunciado n. 226 do Conselho de Justiça Federal, aprovado na III Jornada de Direito Civil). "Quando as deliberações sociais obedecerem à forma de reunião, na sociedade limitada com até 10 (dez) sócios, é possível que a representação do sócio seja feita por outras pessoas além das mencionadas no § 1º do art. 1.074 do Código Civil (outro sócio ou advogado), desde que prevista no contrato social" (Enunciado n. 484, aprovado na V Jornada de Direito Civil).

Verificar-se-á o *quorum* de instalação pelo lançamento das assinaturas dos sócios constantes na lista de presença à assembleia, que integrará a ata dos trabalhos (CC, art. 1.075)[173].

d.8.6. Questão da representação de sócio e a do voto em matéria de interesse próprio

O sócio poderá, para o bom andamento dos trabalhos, ser representado, na assembleia, por outro sócio ou por advogado, desde que lhe outorgue mandato, celebrado por instrumento particular ou público, especificando os atos autorizados. Essa procuração com poderes especiais (CC, arts. 653 e s. e Lei n. 8.906/94, art. 7º, VI, *d*) para, p. ex., intervir, discutir, opinar, propor e votar a matéria constante da ordem do dia, manifestar opinião somente sobre algumas das matérias da ordem do dia, deverá, juntamente com a ata, ser levada a registro, no momento em que a ata da assembleia for averbada (CC, art. 1.074, § 1º).

Em relação aos assuntos em que o mandatário não estiver autorizado a intervir, considerar-se-á que, em relação ao sócio representado, houve abstenção de voto. Logo, não será admitida procuração em branco; o sócio outorgante deverá especificar os poderes de seu representante (sócio ou advogado), que não poderá agir a seu bel-prazer.

Acata o Código Civil o princípio da representação de um sócio por outro ou por um advogado (não sócio) munido de poderes especiais, indicando devidamente os atos autorizados, e legitimado profissionalmente para exprimir a vontade do sócio por ele representado. Com isso, como diz Modesto Carvalhosa, evitar-se-á o absenteísmo ocasional ou permanente do sócio e até mesmo, como observa Paulo Checoli, discussões desnecessárias e atri-

173. Fábio Ulhoa Coelho, *A sociedade limitada no novo Código Civil*, São Paulo, Saraiva, 2003, p. 94; *Manual*, cit., p. 160; *Curso*, cit., v. 2, p. 425; M. Helena Diniz, *Código*, cit., p. 850; Edmar O. Andrade Filho, *Sociedade*, cit., p. 184-7; Arnaldo Rizzardo, *Direção de empresa*, cit., p. 233 e 234; Adalberto Simão Filho, *A nova sociedade*, cit., p. 132 e 133.

tos não desejáveis no meio social. O mandato deverá conter a limitação do prazo de representação de sócio ausente. Com o transcurso do prazo extinguir-se-á o mandato. Não havendo estipulação do tempo de duração de mandato, entender-se-á que a representação apenas terá valia para aquela assembleia e não para as outras ainda não convocadas, visto que não haverá renovação tácita do mandato. Assim sendo, não havendo prazo estipulado no mandato para sua duração, a sua renovação deverá ser expressa.

A revogação do mandato poderá ser expressa (CC, arts. 686 e 687) ou tácita, se, p. ex., o sócio representado comparecer ao conclave e votar.

O direito de voto não poderá ser impedido, a não ser em certas circunstâncias em razão da matéria a ser discutida, que somente atendem aos interesses pessoais do sócio e não aos da sociedade. Portanto, o exercício do direito de voto só tem um objetivo: a realização do interesse social. Qualquer assunto de interesse da sociedade poderá ser submetido à votação de sócios, que apenas estão impedidos de votar sobre matéria que lhes seja pertinente.

Pelo art. 1.074, § 2º, do Código Civil, nenhum sócio, por si ou na condição de mandatário, poderá, na assembleia, manifestar seu voto em questões que, diretamente, digam respeito a seus interesses particulares, a fim de evitar conflitos societários (p. ex., sua exclusão do quadro societário, punição por uma falta cometida, liquidação de sua quota etc.)[174].

d.8.7. Direção dos trabalhos assembleares

A mesa é o órgão incumbido de dirigir a sessão deliberativa, composta pelo presidente (que encaminha o trabalho do conclave, conforme a ordem do dia, e mantém a ordem no recinto) e pelo secretário (que auxilia o presidente nos trabalhos de instalação, realização e conclusão da assembleia, elabora a ata, nela registrando os trabalhos e deliberações), que é sócio escolhido previamente entre os presentes (CC, art. 1.075), por maioria de votos, segundo o valor de suas quotas, ante a omissão do contrato social, que deverá, para evitar possíveis conturbações, apontar critérios para tal escolha, como exercício de cargo administrativo, antiguidade no quadro societário, faixa etária etc. Adotou-se, portanto, o sistema de *eleição prévia* por maioria absoluta de votos (CC, art. 1.076, III).

174. Edmar O. Andrade Filho, *Sociedade*, cit., p. 181; M. Helena Diniz, *Código*, cit., p. 850 e 851; Modesto Carvalhosa, *Comentários*, cit., v. 13, p. 216-21; Paulo Checoli, *Direito de empresa*, cit., p. 203; Rubens Requião, *Curso*, cit., v. 1, p. 534; Antonio Brunetti, *Tratado del derecho de las sociedades*, Buenos Aires, UTEA, 1960, v. 2, p. 530.

A mesa dos trabalhos é imprescindível para a organização da assembleia e manutenção da ordem e não participará dos debates e deverá garantir a todos os sócios presentes o exercício do direito de voz e de voto, manifestado verbalmente ou por escrito. O voto pelo levantamento das mãos não é aplicável à assembleia, pois o voto não é pessoal, mas computado pelo número de quotas sociais pertencentes a cada sócio[175].

d.8.8. Ata das deliberações

Finda a reunião assemblear, dever-se-á redigir ata contendo descrição da ocorrência, manifestação dos votos e deliberações. Tal ata é um resumo fiel de tudo que ocorreu; é ato declaratório das ocorrências assembleares, sendo, portanto, um documento comprobatório dos fatos ocorridos no conclave, por possibilitar o controle da legalidade da instalação da reunião ou assem bleia e das deliberações sociais (processos volitivos que, por serem atos complexos, incluem a discussão e a votação), a que se chegaram com os votos majoritários. É um documento corporativo privado, elaborado e subscrito pelos sócios presentes e pelos componentes da mesa, devendo conter menção sobre: a natureza da assembleia (anual ou voluntária); data, hora e local de sua realização; a regularidade do ato convocatório; o *quorum* de instalação; a eleição dos membros da mesa; a ordem do dia; os protestos, as dissidências, as declarações de votos, os fatos que possam interessar os sócios dissidentes e os vencedores, as deliberações tomadas. É ato próprio de comunhão de interesses, dirigido a um objetivo comum, formando a vontade social.

Pela Instrução Normativa n. 98/2003 do DNRC, item 3.21 (ora revogada pela IN n. 10/2013 do DREI):

"As deliberações dos sócios, conforme previsto na lei ou no contrato, serão formalizadas em:

a) Ata de Reunião de Sócios, quando o número desses for até dez;

b) Ata de Assembleia de Sócios, quando o número destes for superior a dez;

c) documento que contiver a(s) decisão(ões) de todos os sócios, caso em que a reunião ou assembleia torna-se dispensável — art. 1.072, § 3º, do CC/2002.

175. M. Helena Diniz, *Código*, cit., p. 851; Fábio Ulhoa Coelho, *Manual*, cit., p. 160; Modesto Carvalhosa, *Comentários*, cit., v. 13, p. 222-8.

A Ata de Reunião ou de Assembleia de Sócios e o documento que contiver a(s) decisão(ões) de todos os sócios, mesmo que contenha a aprovação e a transcrição do texto da alteração contratual, quando as decisões implicarem alteração contratual, não dispensa(m) o arquivamento deste instrumento em separado".

A ata dos trabalhos e das deliberações, devidamente assinada pelos componentes da mesa e pelos sócios participantes da reunião, deverá ser lavrada pelo secretário no livro específico de atas da assembleia. A lavratura da ata norteada está pelo princípio documental e pelo da comunhão, daí ser recomendável a assinatura por todos os sócios que participaram do encontro e não só do número suficiente para atingir o mínimo exigido legalmente para a validade da deliberação tomada, mesmo porque nenhum dos partícipes poderá ser impedido de firmá-lo. E a cópia dessa ata, autenticada pelos administradores e pelos membros da mesa, deverá, para ter eficácia *erga omnes*, dentro do prazo de vinte dias, contado da reunião, ser arquivada e averbada no Registro Público das Empresas Mercantis. Se houver infidelidade da ata, poderá o sócio apresentar protesto escrito, levando-o à averbação no órgão de registro competente. Qualquer sócio poderá, portanto, solicitar uma cópia autenticada da referida ata para servir, p. ex., de instrução na ação judicial movida, por ele, para reivindicar seus direitos ou anular assembleia ou deliberação nela tomada (CC, art. 1.075, §§ 1º a 3º)[176].

d.8.9. "Quorum" para deliberações de sócios

As decisões sociais na sociedade limitada deverão ser tomadas pela maioria, salvo nos *casos* em que a lei ou o contrato social dispuser em sentido

---

176. Modesto Carvalhosa, *Comentários*, cit., v. 13, p. 228-35; M. Helena Diniz, *Código*, cit., p. 851 e 852; Rubens Requião, *Curso*, cit., v. 1, p. 533; Fábio Ulhoa Coelho, *Manual*, cit., p. 160 e 161; Pontes de Miranda, *Tratado de direito privado*, Rio de Janeiro, Borsoi, 1965, v. 50, p. 285; Luiz Tzirulnik, *Empresas*, cit., p. 75; Sérgio Campinho, *O direito*, cit., p. 247; Adalberto Simão Filho, *A nova sociedade*, cit., p. 139 e 140. O DNRC indica os elementos constantes da ata: título do documento; nome e NIRE da empresa; preâmbulo: hora, dia, mês, ano e local da realização do conclave; composição da mesa — presidente e secretário escolhidos entre os sócios presentes (CC, art. 1.075); *quorum* de instalação: titulares de no mínimo 3/4 do capital social em primeira convocação e qualquer número em segunda (CC, art. 1.074); convocação: indicar nome do jornal, as datas e número das páginas onde se deram as publicações (CC, art. 1.152, §§ 1º e 3º); ordem do dia; deliberações e fecho (www.dnrc.gov.br).

contrário. Essa maioria como diz Edmar Oliveira Andrade Filho formar-se-á pelo peso do capital social. Computar-se-á a maioria, conforme as quotas dos sócios presentes. Consequentemente, só terá validade e eficácia a deliberação social em que se obedecer a um *quorum* legal ou contratual. Esclarece-nos Fábio Ulhoa Coelho que "o estabelecimento de *quorum* deliberativo não é incompatível com o direito de participar das decisões sociais titularizado pelos sócios. Tal direito, continua esse jurista, é relativo por depender da extensão da contribuição de cada sócio para o capital social, logo maior será seu poder de influência nos negócios societários quanto mais contribuir naquele capital".

Acolhendo-se o princípio majoritário, exige-se, para as deliberações dos sócios que envolverem: *a*) designação de administradores não sócios, a aprovação de 2/3 dos sócios, não estando integralizado o capital social e de mais da metade do capital social após a sua total integralização (art. 1.061 com a redação da Lei n. 14.451/2022); *b*) destituição de sócio administrador, nomeado no contrato social, a aprovação de titulares de quotas correspondentes, a mais da metade do capital social, salvo disposição contratual diversa (CC, art. 1.063, § 1º); *c*) modificação do contrato social, incorporação, fusão e dissolução da sociedade ou cessação do seu estado de liquidação, aprovação, no mínimo, de titulares que representem mais da metade do capital social. "O *quorum* mínimo para a deliberação da cisão da sociedade limitada era de três quartos do capital social" de acordo com o art. 1.076, I, ora revogado pela Lei n. 14.451/2022 (Enunciado n. 227 do Conselho da Justiça Federal, aprovado na III Jornada de Direito Civil); *d*) nomeação extracontratual de administradores, remuneração e destituição dos administradores e pedido de recuperação da empresa, a aprovação de sócios que representem mais da metade do capital social (maioria absoluta do capital social — 50% mais um dos votos); *e*) outros casos previstos na lei ou no contrato social, aprovação da maioria dos votos dos presentes, se no pacto social não houver exigência de maioria mais elevada (CC, art. 1.076, I – ora revogado, II e III). Se houver empate não se terá qualquer deliberação social, por falta de *quorum*, não atendendo o regime majoritário previsto no art. 1.706 do Código Civil vigente.

O *quorum* deliberativo forma-se pelos titulares de quotas que se manifestaram a favor ou contra as propostas apresentadas, excluindo-se os votos nulos e os em branco. Esclarece-nos Modesto Carvalhosa que a exclusão dos votos em branco e nulo do *quorum* deliberativo do conclave funda-se no dever do sócio de decidir pela sociedade votando a favor ou contra, e, além disso, o absenteísmo e a invalidade do voto poderão impedir a verificação do *quorum* deliberativo mínimo, caracterizando-se como abuso do direito conducente à obstrução dos trabalhos da reunião ou da assembleia[177].

d.8.10. Direito de retirada de sócio dissidente

Se a sociedade for constituída por *prazo indeterminado*, o sócio dela poderá, quando quiser, retirar-se (CC, art. 1.029) Pelo Enunciado 24 da Jornada Paulista de Direito Comercial: "O exercício do direito de retirada, na sociedade limitada de tempo indeterminado, independe de justa causa. A data-base da apuração de haveres é a do dia do desligamento da sociedade, que ocorre com recebimento de simples notificação ou outro meio eficiente de comunicação da manifestação de vontade". Mas se o for *por prazo determinado*, somente poderá exercer, por ordem judicial, seu direito de recesso com a anuência dos demais sócios, mesmo ocorrendo justa causa, a não ser que se dê a hipótese do art. 1.077, caso em que poderá manifestar unilateralmente sua vontade de retirar-se por discordar de alteração contratual, incorporação ou fusão deliberada pela maioria. Se o sócio não mais quiser ter participação societária, poderá, como ensina Fábio Ulhoa Coelho: *a*) negociar suas quotas com sócios ou terceiro (ato bilateral), não havendo oposição de sócio com mais de 1/4 do capital social, caso em que o cessionário receberá quotas do cedente; *b*) exercer o direito de recesso por ato unilateral da vontade, sem negociação, gerando para a sociedade o dever de lhe reembolsar o valor de suas quotas. O sócio poderá dissentir em todas as deliberações por força de seu direito de voto e terá, então, direito ao reembolso de seus haveres na proporção do último balanço aprovado. O sócio dissidente passará a ser credor da sociedade relativamente aos haveres a que tiver direito, ou seja, ao valor de sua participação societária. Com isso tutela-se o direito do sócio de não acatar decisões que possam ser abusivas ou prejudiciais aos interesses sociais. O direito de retirada, de dissidência ou de recesso é, portanto, direito potestativo, exercido por ato unilateral de sócio dissidente das modificações societárias, executadas pela maioria, des-

---

177. Fábio Ulhoa Coelho, *Manual*, cit., p. 161 e 162; *Curso*, cit., v. 2 p. 429; Luiz Tzirulnik, *Empresas*, cit., p. 76; M. Helena Diniz, *Código*, cit., p. 852; Modesto Carvalhosa, *Comentários*, cit., v. 13, p. 235-43; Edmar O. Andrade Filho, *Sociedade*, cit., p. 176-80; Luiz Cezar P. Quintans, *Direito da empresa*, cit., p. 84; Mônica Gusmão, *Curso*, cit., p. 241; Sérgio Campinho, *O direito de empresa*, cit., p. 248-54; Adalberto Simão Filho, *A nova sociedade*, cit., p. 134-6; Sérgio Pereira Cavalheiro e Claudia B. D'Elia, As deliberações sociais nas sociedades por quotas de responsabilidade limitada no novo Código Civil brasileiro, *Revista de Direito Mercantil, 130*:136-41.

de que, fundado em legítimo interesse, se opere dentro do prazo decadencial previsto em lei ou no pacto social. Na sociedade limitada, apenas será possível, portanto, a *retirada motivada*.

O sócio quotista que não concordar com a alteração da sociedade, em razão de modificação contratual, fusão da sociedade, incorporação de outra, ou dela por outra, e ficar vencido na deliberação da maioria societária, poderá sair do quadro associativo, exercendo o seu direito de retirar-se da sociedade, dando origem à dissolução parcial da sociedade se os demais sócios não adquirirem sua quota, e ao seu direito de crédito alusivo ao valor patrimonial de sua quota apurado em um balanço específico, que faça um levantamento contábil, averiguando, salvo disposição contratual em contrário, o patrimônio líquido da sociedade no momento da sua retirada (CC, art. 1.031). Far-se-á, portanto, a liquidação, não havendo estipulação em sentido diverso no contrato social, com base na situação patrimonial da sociedade, à data da resolução, verificada em balanço especialmente levantado e aprovado. Assim sendo, a apuração dos haveres do sócio far-se-á, como diz Láudio Fabretti Camargo, com base no "patrimônio líquido da sociedade, que expressa o seu valor contábil atual (capital + reservas + lucros ou menos prejuízos)". Aconselha Manoel de Queiroz Pereira Caldas que, havendo desatualização dos valores contábeis do ativo suscetível de provocar empobrecimento do sócio dissidente, dever-se-á efetuar novo balanço, atualizando o ativo, para que haja uma justa apuração de haveres. Impõe-se, portanto, levantamento de balanço especial para apurar os haveres do retirante.

O recesso, portanto, é o direito de retirada do sócio dissidente e o de perceber seus haveres, ou seja, ao valor de suas quotas sociais; com isso protegem-se os interesses daquele que inconformado não mais pretende pertencer ao quadro societário, por considerar-se lesado com as modificações havidas no contrato social ou com a deliberação social sobre fusão ou incorporação. O pagamento do reembolso ao dissente deverá ser em moeda nacional, não podendo sê-lo em bens materiais ou imateriais (transferência de patente p. ex.). Tal direito de retirada, ou de recesso, deverá dar-se nos trinta dias subsequentes à reunião ou assembleia em que se deu a deliberação contrária aos seus interesses (*RTJ*, *91*:357; *RT*, *389*:170, *673*:77; CC, art. 1.077), desde que o sócio dissidente nela estivesse presente, pois se ausente, o lapso temporal de trinta dias deverá ser computado, como ensina Paulo Checoli, "a partir da data da averbação da alteração na inscrição perante o registro competente, ou da data em que for a ele entregue a cópia autêntica da ata lavrada".

Com a quitação dos haveres ter-se-á a perda do *status* de sócio e dos direitos e obrigações dele decorrentes. O sócio retirante que aceitar e der quitação do recebimento do valor de seus haveres deverá ser substituído por outro para que não haja diminuição do capital social nem dissolução parcial da sociedade.

Com isso preservar-se-á a sociedade e os interesses dos sócios, evitando-se a dissolução total da sociedade.

"Nas hipóteses do art. 1.077 do Código Civil, cabe aos sócios delimitarem seus contornos para compatibilizá-los com os princípios da preservação e da função social da empresa, aplicando-se, supletiva (art. 1.053, parágrafo único) ou analogicamente (art. 4º da LINDB), o art. 137, § 3º, da Lei das Sociedades por Ações, para permitir a reconsideração da deliberação que autorizou a retirada do sócio dissidente" (Enunciado n. 392 do Conselho da Justiça Federal aprovado na IV Jornada do Direito Civil)[178].

---

178. Fábio Konder Comparato, *Direito empresarial*, São Paulo, Saraiva, 1990, p. 215; Paulo Checoli, *Direção de empresa*, cit., p. 208-10; Hernani Estrella, *Apuração dos haveres dos sócios*, Rio de Janeiro, Kofino, 1960, p. 103-22; M. Helena Diniz, *Código*, cit., p. 853; Modesto Carvalhosa, *Comentários*, cit., v. 13, p. 244-55; Edmar O. Andrade Filho, *Sociedade*, cit., p. 229-45; Cesare Vivante, *Tratado de derecho mercantil*, Madrid, Reus, 1932, v. 2, p. 269; Pontes de Miranda, *Tratado de direito privado*, Rio de Janeiro, Borsoi, 1970, v. 5, p. 306; Egberto Lacerda Teixeira, *Das sociedades por quotas de responsabilidade limitada*, São Paulo, Max Limonad, 1956, p. 174; Arnaldo Rizzardo, *Direito de empresa*, cit., p. 236 e 237; Láudio Camargo Fabretti, *Fusões, aquisições, participações e outros instrumentos de gestão de negócios*, São Paulo, Atlas, p. 62; Fábio Ulhoa Coelho, *A sociedade*, cit., p. 102-4; *Curso*, cit., v. 2, p. 434; Manoel de Queiroz Pereira Caldas, *Sociedade limitada no novo Código Civil*, p. 134; José Virgílio Vita Neto, A sociedade limitada no novo Código Civil, *RDM*, *130*: 225 e 226; Rachel Sztajn, O direito de recesso nas sociedades comerciais, *RDM*, *71*:50-4; Vera H. Mello Franco, Dissolução parcial e recesso nas sociedades por quotas de responsabilidade limitada. Legitimidade e procedimento. Critério e momento de apuração de haveres, *RDM*, *75*:19. Clito Fornaciari Júnior (Tutela antecipada na apuração de haveres, *Tribuna do Direito*, maio 2012, p. 14) observa que: "apuração de haveres de sócios, dá-se, via de regra, em processo judicial, marcado pelas dificuldades inerentes não só às teses jurídicas definidoras do que se avalia ou não, mas também pelos problemas de perícia que, não poucas vezes, hão de ir além da simples apuração contábil do patrimônio, abrangendo outros campos do conhecimento. Durante a apuração e até mesmo antes de seu momento, enquanto se discute se procede o direito de retirada ou de exclusão, o sócio retirante ou excluído fica afastado de suas atividades, mas não ressarcido dos valores referentes ao capital que havia investido no empreendimento. Nada recebe e seu patrimônio fica sendo usado para a produção de riqueza em prol da sociedade e, portanto, dos sócios que nela remanescem, até porque a apuração retroagirá seus efeitos à data em que se manifestou o direito de retirada ou o fato que justifica a exclusão. Paradoxal situação permite cogitar-se de enriquecimento sem causa, porém, mais do que isso, questionar-se sobre a sobrevivência do sócio retirante ou excluído que recebia, durante sua regular estada na sociedade, lucros e, quiçá, *pro labore*, os quais não

lhe serão pagos a partir de quando se caracterizou a intenção ou o motivo de deixar a sociedade. Com a possibilidade de tutela antecipada e, mais ainda, com a fungibilidade que se admite entre a antecipação de tutela e as medidas cautelares (§ 7º do art. 273 do CPC/73 – hoje parágrafo único do art. 305 do CPC/2015), começaram a surgir postulações e deferimentos por meio dos quais se pretende reduzir o risco de perda de quem não mais trabalha, mas também não tem, em princípio, como se estabelecer, por estar com seu capital vinculado à sociedade de que se está retirando. Imaginou-se, nesse sentido, o pagamento em favor do retirante de *pro labore*, pois a razão de ser deste seria a remuneração do capital empatado e também do trabalho prestado na sociedade (*Revista dos Tribunais*, 557/187). Essa providência tem cunho exclusivamente cautelar, pois não é a pretensão em juízo deduzida, de modo que não se antecipa nada ao sócio, porém se concede a ele algo para que possa acudir suas necessidades. Tal concessão, porém, choca-se com certas premissas decorrentes da natureza desse processo, sendo certo que não se poderia remunerar com *pro labore* aquele que não mais trabalha, por ser essa a finalidade da paga em questão, sendo de se recordar da lição de Nelson Abrão segundo a qual o sócio não trabalhando não faz jus ao *pro labore* (*Sociedade por quotas de responsabilidade limitada*, Revista dos Tribunais, 1995, p. 113 e 126), ficando reservado o lucro para a contraprestação ao capital investido. De outro lado, a apuração de haveres é realizada em face dos sócios remanescentes e da sociedade, não sendo aqueles devedores dessa remuneração, pois o sócio não trabalha para eles, mas para a sociedade. No final do processo e após apurados os haveres, não há como se adequar o quanto já pago ao que foi entendido devido, pois o *pro labore* não é parte dos haveres e igualmente não representa remuneração legítima para quem não mais trabalhava, o que levará à compensação de valores unicamente para se evitar o enriquecimento sem causa de quem recebeu o *pro labore* sem trabalhar. Uma segunda ideia encontrou-se em julgado que se preocupou em definir a razão do depósito do valor do *pro labore*, determinando, então, a realização nos autos de depósito de seu valor para garantir a futura execução (TJSP, Agravo de Instrumento 98.741.4/8, rel. Antonio Manssur, em 15-12-1998). Transformou-se aqui o valor do *pro labore* em uma simples garantia de recebimento dos haveres pelo sócio, o que não aumenta o crédito, não lhe permite usufruir do numerário, mantendo suas necessidades ou seu padrão de vida, mas impede, em parte, que desfrute a sociedade e/ou os sócios do montante destes, embora com a vantagem de, em cada depósito realizado, se abater parte da dívida, que sequer foi ainda apurada. Nesse caso, elimina-se a dificuldade de como se proceder com os valores em questão após apurado o *quantum* devido. O depósito mensal realizado e os acréscimos dos juros devem ser deduzidos do total devido, não representando essas verbas algo a mais em favor do sócio retirante. Melhor solução é dada por Priscila M. P. Corrêa da Fonseca, aventando a possibilidade de reclamar o sócio o próprio importe correspondente à sua participação societária, tomando por base, na linha de julgado relatado por Ênio Zuliani, o valor assinalado no último balanço aprovado pela sociedade, que representa parte incontroversa da demanda (*Dissolução parcial, retirada e exclusão de sócio no novo Código Civil*, Atlas, 2. ed., 2003, n. 9.1, p. 148). A solução, além de ser típica de tutela antecipada, de vez que se antecipa ao sócio parcialmente os haveres recebíveis no final, acode o estado presumivelmente aflitivo de quem de fato não mais está na sociedade, mas ainda não colheu os efeitos concretos de sua saída". *BAASP, 2513*: 4233: "Dissolução de sociedade. Prazo para o pagamento dos haveres do sócio que se retira da sociedade. O prazo contratual previsto para o pagamento dos haveres do sócio que se retira da sociedade supõe *quantum* incontroverso; se houver divergência a respeito, e só for dirimida em ação judicial, cuja tramitação tenha esgotado o aludido prazo, o pagamento dos haveres é exigível de imediato. Recurso Especial não conhecido" (STJ, 3ª T., REsp 124.607-SP, rel. Min. Ari Pargendler, j. 25-4-2006, v.u.). "Apelação Cível — Ação de Dissolução Parcial de Sociedade — Esvaziamento da *affectio societatis* — Retirada de sócio — Revés moral não diagnosticado. 1 — Dissolução

d.8.11. Assembleia anual dos sócios

O conclave (assembleia) é órgão interno e integrante do regime de administração societária, tendo função deliberativa, formando a vontade social. Logo, sua deliberação é um negócio jurídico. A reunião assemblear ordinária dos sócios quotistas deverá realizar-se obrigatória e anualmente, de preferência, dentro do prazo de quatro meses, após o término do exercício social (período de 12 meses fixado no pacto social, com data de início e término que poderão ou não coincidir com o calendário comum — CC, art. 1.078, I, II e III) para: *a*) avaliar as contas dos administradores, deliberando sobre o balanço patrimonial e o de resultado econômico, tomando, assim, conhecimento da atual situação patrimonial da sociedade e dos lucros e das perdas ocorridos para que se possa deliberar a distribuição dos lucros obtidos. O inventário, as informações relativas às contas dos administradores, o balanço patrimonial e o balanço de resultado econômico deverão ser colocados à disposição dos sócios não administradores, mediante prova de seu recebimento, até trinta dias da data marcada para a assembleia para que possam, antecipadamente, analisá-los, tomando ciência do conteúdo da documentação (CC, art. 1.078, § 1º). Tais documentos serão lidos durante a assembleia e submetidos, por ordem do presidente da mesa, a discussão e votação, das quais não participarão os membros da administração e os do Conselho Fiscal (CC, art. 1.078, § 2º). Se aprovados forem, sem quaisquer reservas, o balanço patrimonial e o de resultado econômico, ter-se-á a exonera-

---

parcial de sociedade e apuração de haveres: ante o esvaziamento da *affectio societatis*, chave mestra para o fiel andamento das atividades da empresa, impõe-se a sua dissolução em relação à sócia retirante. Restituição do aporte na simetria confiada à Cláusula 18ª do Contrato Social, com esteio no art. 1.031 do CC. 2 — Revés moral e empresa: em que pese a empresa não estar imune a expedientes que desafiem a sua honra objetiva, a reputação e o nome a zelar, no seu âmbito comercial, para a apuração de valor ressarcitório em tais circunstâncias, impende a prova do abalo. No caso em pauta, os problemas aventados com a conduta da sócia, por si só, não têm o condão de gerar revés moral suscetível de reparação pecuniária. Desventura experimentada que não desborda das hipóteses de desconforto previsíveis no âmbito negocial. Apelos desprovidos" (TJRS — 5ª Câm. Cível; ACi n. 70024206724 — Porto Alegre-RS; Rel. Des. Umberto Guaspari Sudbrack; j. 30-9-2009; *BAASP*, 2670:1810-07). *BAASP*, 2779: 11 — "Pleito de alteração do contrato social da empresa para retirada do nome do autor dos quadros sociais. Inexistência inequívoca, na hipótese, de *affectio societatis*. Impossibilidade de se compelir sócio a permanecer nos quadros societários. Eventuais dívidas trabalhistas e tributárias que não impedem o exercício do direito de retirada pelo autor. Manutenção da sentença de procedência. Nega-se provimento ao recurso".

Retirada de sócio: CLT, art. 10-A (com a redação da Lei n. 13.467/2017); Lei n. 6.404/1976, art. 136-A, §§ 1º e 2º (acrescentado pela Lei n. 13.129/2015).

ção da responsabilidade dos administradores e dos conselheiros fiscais (CC, art. 1.078, § 3º), exceto se se apurar existência de erro, dolo, fraude ou simulação, pois, comprovados tais vícios, a aprovação daqueles documentos poderá ser anulada dentro do prazo decadencial de dois anos contatos da data da realização da assembleia que avaliou as contas (CC, art. 1.078, § 4º). Contudo, há quem pense, como Modesto Carvalhosa, que se trata de prazo de prescrição extintiva e não de decadência do direito de convalescer vícios nas contas dos administradores. Para esse jurista, ter-se-á prazo prescricional que atinge a pretensão de anular a aprovação daqueles balanços. Esse prazo contar-se-á, para esse jurista, da data do arquivamento da respectiva ata de aprovação das contas e demonstrações financeiras no Registro de Comércio. Qualquer sócio, independentemente do número de suas quotas sociais, terá legitimidade para propor, no foro da sede social, ação ou anulação por aqueles vícios na contabilidade da administração. Convém lembrar, ainda, que "as sociedades limitadas estão dispensadas da publicação das demonstrações financeiras a que se refere o § 3º do art. 1.078. Naquelas de até dez sócios, a deliberação de que trata o art. 1.078 pode dar-se na forma dos §§ 2º e 3º do art. 1.072, e a qualquer tempo, desde que haja previsão contratual nesse sentido" (Enunciado n. 228 do Conselho da Justiça Federal, aprovado na III Jornada de Direito Civil); *b*) designar os administradores, p. ex., quando for o caso de substituir os anteriores em razão de vencimento do mandato; *c*) cuidar de qualquer questão constante da ordem do dia[179].

d.9. Capital social: sua alteração

d.9.1. Aumento do capital social

O capital social está representado pelo valor das entradas ou aportes, realizados pelos sócios, em bens ou dinheiro, constituindo uma garantia aos credores da sociedade.

Se estiverem, totalmente, integralizadas as quotas sociais, o capital poderá, havendo deliberação assemblear de mais da metade do capital social (CC, art. 1.076, I – ora revogado – art. 1.076, II), ante a necessidade de incorporar as reservas ou lucros para equilibrar o balanço, de efetuar novos

179. Luiz Cezar P. Quintans, *Direito da empresa*, cit., p. 85; M. Helena Diniz, *Código*, cit., p. 854 e 855; Edmar O. Andrade Filho, *Sociedade*, cit., p. 182; Modesto Carvalhosa, *Comentários*, cit., v. 13, p. 255-69; Glauber M. Talavera, *Comentários*, cit., p. 834.

Vide: Lei n. 14.030/2020 (art. 4º, §§ 1º e 2º) sobre realização de assembleia a que se refere o art. 1.078 do CC.

investimentos etc., ser aumentado por novas contribuições societárias (p. ex., capitalização de créditos individuais de sócios, ingresso de recursos, bens materiais ou imateriais pela emissão de novas notas, conversão de capital de terceiro em próprio etc.), alterando-se o contrato. O aumento do capital social poderá dar-se com os próprios recursos da limitada, mediante atribuição de novas quotas aos sócios na proporção de sua participação societária ou mediante subscrição de novas quotas, garantindo-se o direito de preferência dos sócios.

O aumento do capital social somente poderá, com a correspondente modificação do contrato (CC, art. 1.081), dar-se em conclave, estabelecendo o valor desse aumento, a alteração do valor das quotas iniciais e a adequação do novo número de quotas correspondentes ao capital aumentado. A lei permitirá aos sócios interessados o exercício do direito de preferência, participando do aumento do capital social, na proporção de suas quotas, e se todos exercerem tal direito, o capital social aumentado deverá ser distribuído entre os sócios, na proporção das quotas de que forem titulares. Observa Paulo Checoli que poderá ocorrer que nem todos os sócios desejem participar do aumento do capital, hipótese em que ter-se-á uma parcela dele à disposição. Tal saldo poderá ser subscrito pelos outros sócios na proporção das quotas que tiverem. Continua ele, também poderá acontecer que os sócios, que já tinham subscrito as quotas na proporção das que possuíam, não estejam interessados em subscrever aquele saldo restante, então essas quotas poderão ser subscritas por terceiro, sem que os demais sócios possam impedir a entrada de estranho ao quadro societário. Assim, havendo deliberação da necessidade de aumentar o capital social, os sócios subscreverão o aumento ou permitirão que os terceiros o façam, em prol da própria sociedade. O art. 1.081 do Código Civil de 2002 prevê o direito de preferência a ser exercido pelos sócios para que possam subscrever, como diz Modesto Carvalhosa, "com privilégio de ordem, as novas quotas a serem emitidas pela sociedade, em dinheiro, bens ou direitos, respeitada a proporção de quotas anteriormente detidas. Trata-se de promessa unilateral da sociedade em favor de seus sócios, que têm direito à manutenção de suas participações no capital social". Havendo, portanto, aumento do capital, os sócios terão direito de preferência na subscrição de novas quotas, proporcionalmente ao número de quotas por eles já subscritas. Como exemplifica Arnaldo Rizzardo, se de R$ 200.000,00 o capital, havendo cinco sócios com o total de quarenta mil quotas cada um, seu aumento para R$ 300.000,00 abrirá oportunidade para cada sócio adquirir vinte mil quotas cada um, equivalente a 20% das quotas sociais. Com isso, procurar-se-á preservar inalterada a composição societária, evitando, como diz Ricardo Guimarães Moreira, que um sócio se torne majoritário, sem o consenso dos demais. Como assevera Jorge Lobo, trata-se de um direito intangível, que não pode ser limitado ou suprimido nem pelo contrato social, nem pelo conclave.

Os sócios, até trinta dias contados daquela deliberação, poderão exercer seu direito de preferência para participar daquele aumento, na proporção de suas quotas, ou, então, ceder, total ou parcialmente, esse seu direito a um outro sócio, independentemente do consenso dos demais, ou a um estranho, se os sócios, titulares de 1/4 do capital social, não se opuserem a isso (CC, art. 1.057). A cessão do direito de preferência para participação do aumento do capital social disciplinar-se-á pelas normas da cessão de quota. Decorrido esse prazo da preferência, tendo sido a totalidade do aumento do capital social assumida pelos próprios sócios, ou por terceiros cessionários, sem oposição destes, convocar-se-á uma reunião ou assembleia para aprovação do contrato modificativo, que requer voto favorável de pelo menos 3/4 do capital primitivo (CC, art. 1.081, §§ 1º a 3º)[180].

d.9.2. Redução do capital social

A sociedade, por meio de um contrato modificativo, poderá, alcançando o voto de sócios que representem mais da metade do capital social (CC, art. 1.076, I, ora revogado, art. 1.076, II), reduzir o capital social se: *a*) sofrer perdas irreparáveis, depois de sua integralização; *b*) for excessivo em relação ao objeto ou ao fim perseguido pela sociedade (CC, art. 1.082, I e II). Trata-se da *redução voluntária* do capital social, pois a obrigatória decorre do direito de retirada (CC, art. 1.077) ou da exclusão de sócio (CC, art. 1.085).

180. Modesto Carvalhosa, *Comentários*, cit., v. 13, p. 276-91; M. Helena Diniz, *Código*, cit., p. 856 e 857; Luiz Tzirulnik, *Empresas*, cit., p. 78; Luiz César P. Quintans, *Direito da empresa*, cit., p. 88; Paulo Checoli, *Direito de empresa*, cit., p. 215-7; Arnaldo Rizzardo, *Direito de empresa*, cit., p. 252-5; Jorge Lobo, *Sociedades limitadas*, cit., v. 1, p. 121 e 122; Ricardo Guimarães Moreira, Sociedade limitada ou anônima fechada?, *RDM*, *133*:46; Fábio Ulhoa Coelho, *A sociedade limitada*, cit., p. 127 e 128; Otávio V. Barbi (Pode a sociedade limitada ter capital autorizado? *RDM*, *129*:83-95), em interessante trabalho, conclui que nada obsta a adoção parcial do regime de capital autorizado, previsto no art. 168 da Lei n. 6.404/76, pela sociedade limitada, por força do art. 1.053, parágrafo único, do Código Civil, com o escopo de simplificar a operação do aumento de capital, seja por simples transferência de recursos internos ou com aporte de recursos externos, dispensando a deliberação dos acionistas, evitando entrave que possa advir por ocasião do aumento, que, se não foi previamente autorizado, dependerá de aprovação de 75% do capital.

Se, após a integralização do capital, a sociedade limitada vier a sofrer perdas irreparáveis, em razão das operações efetivadas, procederá à redução do capital social, diminuindo proporcionalmente o valor nominal das quotas de cada sócio. P. ex., um grupo de sócios constituem uma sociedade limitada com capital social integralizado de R$ 1.000.000,00 para fabricar produtos artesanais com matéria-prima só existente na região amazônica. Houve atraso no transporte e a matéria-prima tornou-se inútil, por ser perecível, acarretando dano de R$ 500.000,00. Os sócios, diante do prejuízo sofrido e da falta de recursos, resolvem alterar o contrato social, reduzindo o capital social para R$ 500.000,00 e modificando a finalidade social para outra atividade menos dispendiosa. Com isso adequar-se-á o capital à real contabilidade da sociedade, cujo patrimônio líquido é menor do que o capital social. Envolve tal redução mero ajuste contábil, constituindo simples operação escritural, para equilibrar o balanço societário. Essa redução, na lição de Modesto Carvalhosa, operar-se-á sobre o saldo dos prejuízos que foram apurados em balanço relativo a exercício anterior, mas poderá ser deliberada por perda ocorrida no próprio exercício, mediante balanço especial, aprovado em conclave, convocado e instalado para esse fim. A ata da assembleia que aprovou o contrato modificativo contendo a diminuição proporcional do valor nominal das quotas deverá ser averbada no Registro Público de Empresas Mercantis, tornando efetiva aquela redução do capital social (CC, art. 1.083).

Se o capital social se tornar excessivo em relação ao objeto da sociedade, esta, mediante contrato modificativo, aprovado em assembleia, pelo voto dos titulares de mais da metade das quotas do capital social (CC, art. 1.076, I, ora revogado, art. 1.076, II), procederá à sua redução, reajustando a cifra do cabedal social às atuais necessidades da firma, restituindo parte do valor das quotas aos sócios, se já integralizado, ou, então, se não estiver, dispensando-os das prestações ainda devidas. P. ex., alguns sócios, numa sociedade limitada com capital social integralizado de R$ 4.000.000,00, resolvem entrar no mercado de venda de peças de automóveis. Para tanto, adquirem uma loja, já montada, no valor de R$ 800.000,00; as peças para revenda pelo preço de R$ 1.000.000,00, e perua para entregas pela quantia de R$ 50.000,00, e reservam como capital de giro R$ 500.000,00. Reunindo-se percebem que o capital social integralizado era muito alto e concluem que melhor seria sua redução para R$ 1.650.000,00, que, no momento, mais atenderia às necessidades da sociedade.

E, em ambos os casos, haverá diminuição proporcional do valor nominal das quotas (CC, art. 1.084, *caput*).

O credor quirografário, por título líquido anterior à data da publicação da ata da assembleia que aprovou a redução, terá noventa dias, contados daquela publicação, para apresentar por escrito sua impugnação ao deliberado (CC, art. 1.084, § 1º). Tal prazo é de decadência. O credor quirografário, com crédito ilíquido, e o privilegiado, com garantia contra risco da diminuição de capital, não têm direito à oposição da redução de capital excessivo.

A redução do capital social só produzirá efeitos *erga omnes* com a averbação da ata que a aprovou no Registro Público de Empresas Mercantis, ante o fato de: *a*) não ter havido, dentro do prazo legal, oposição de sua aprovação pelo credor quirografário; *b*) ter sido provado o pagamento da dívida àquele credor ou o depósito judicial do seu valor (CC, art. 1.084, §§ 2º e 3º)[181].

d.10. Dissolução parcial da sociedade limitada por exclusão de sócio minoritário por vontade da maioria do capital social

A maioria dos sócios (*RJTJSP*, *153*:232), representativa de mais da metade do capital social, entendendo que um ou mais sócios estão colocando em risco a sobrevivência ou a continuidade da empresa, pela prática de atos graves (p. ex. uso de recursos da sociedade para fins pessoais, sem o consenso dos demais sócios; conduta lesiva à execução das tarefas societárias; violação, culposa ou dolosa, de lei ou contrato social, suscetível de romper a *affectio societatis*, impossibilitando a cooperação para a consecução do fim social (mas, pelo Enunciado 23 da Jornada Paulista de Direito Comercial: "O desaparecimento da *affectio societatis*, por si só, não é fundamento para a exclusão de sócio"), poderá, por violação ao princípio da boa-fé objetiva e da probidade, excluí-los, por justa causa, mediante alteração do contrato social. Ressalvado o caso em que haja apenas dois sócios na sociedade, a exclusão de um sócio somente poderá ser determinada em

181. M. Helena Diniz, *Código*, cit., p. 857-9; Paulo Checoli, *Direito de empresa*, cit., p. 217-23; Luiz Cezar P. Quintans, *Direito da empresa*, cit., p. 89; Arnaldo Rizzardo, *Direito de empresa*, cit., p. 255-9; Modesto Carvalhosa, *Comentários*, cit., v. 13, p. 291-8; Waldo Fazzio, *Sociedades limitadas*, cit., p. 262; Gladston Mamede, *Direito societário*: sociedades simples e empresárias, cit., v. 2, p. 338. Ricardo Guimarães Moreira (Sociedade limitada ou anônima fechada?, *RDM*, *133*:46 e 47) não vê no art. 1.082, I, uma faculdade, mas uma obrigação da sociedade, em atenção ao princípio da boa-fé e à segurança dos futuros credores, para que se tenha uma real demonstração da situação do patrimônio social. A redução do capital social em desacordo com os dispositivos legais gerará responsabilidade do administrador e sócios pelo dano causado, que poderão ser obrigados a efetuar a reposição do *quantum* indevidamente desfalcado.

reunião ou assembleia, convocada, especialmente, para esse fim, dando ciência dela, em tempo hábil, ao acusado para que possa a ela comparecer e exercer o direito de defesa reconhecido por norma constitucional (CC, art. 1.085, parágrafo único, com a redação da Lei n. 13.792/2019; CF, art. 5º, LV), apresentando suas razões verbalmente (pessoalmente ou por meio de procurador) ou por escrito. O sócio excluído terá, portanto, direito a uma defesa técnica e, para viabilizá-la, a notificação da exclusão deverá conter o motivo e a descrição da acusação, os documentos que lhe dão base ou, então, a referência de que tal documentação estará à sua disposição na sede social, indicando horário para examiná-la ou para xerocopiá-la. A notificação do sócio a ser excluído possibilitará a elaboração de sua defesa e o seu comparecimento, em tempo hábil, ao conclave.

Se o sócio a ser expulso for majoritário, sendo omisso a respeito o pacto social, sua expulsão, mesmo por justa causa, deverá operar-se via judicial.

Pelo Enunciado n. 17: "Na sociedade limitada com dois sócios, o sócio titular de mais da metade do capital social pode excluir extrajudicialmente o sócio minoritário desde que atendidas as exigências materiais e procedimentais previstas no art. 1.085, *caput* e parágrafo único, do CC" (aprovado na I Jornada de Direito Comercial).

Pelo Enunciado n. 67, aprovado na Jornada de Direito Civil de 2002 do Centro de Estudos da Justiça Federal, como não se pode obrigar ninguém a continuar sendo sócio de outrem, a quebra de *affectio societatis*, mesmo não sendo, por si só, causa de dissolução parcial da sociedade, por exclusão de sócio, poderá provocá-la. A sociedade limitada não mais se baseia tanto na afeição mútua, visto que os sócios se agrupam para atingir um interesse comum, uma finalidade social voltada a um resultado econômico, pautado pelo fato capital. É preciso a configuração da *justa causa* para excluir, administrativamente, um sócio, pois a *affectio societatis*, por si só, é inoperante para a exclusão de um sócio. Com isso, ter-se-á, então, a dissolução parcial da sociedade, que é o procedimento de saída motivada do sócio, sem extinção da sociedade.

O sócio poderá, ainda, exercer sua defesa por via judicial, arbitral e administrativa (CF, art. 5º, XXXIV, XXXV e LV). Poderá pleitear judicialmente a revisão ou a anulação de sua exclusão por ausência de requisito formal ou material e até mesmo interpor recurso administrativo, encaminhado à Junta Comercial, contra deliberação de sua exclusão, desde que não haja propositura de ação judicial, pois a mesma matéria não pode ser, concomitantemente, apreciada administrativa e judicialmente. Em suma, ante o disposto nos arts. 1.085 e 1.030, a exclusão de sócio poderá dar-se por deliberação, havendo previsão no contrato social, e que o fato a ele imputável coloque em risco a continuidade da empresa ou seja muito grave. Restará a via judicial para tal exclusão, se se comprovar falta grave no cumprimento de suas obrigações ou superveniência da sua incapacidade. Antes do advento do novo Código Civil era possível excluir sócio de sociedade limitada, por simples deliberação da maioria, desde que não houvesse estipulação em contrário no contrato social, apurando-se seus haveres na forma prevista no pacto social. Hoje será imprescindível que, para tanto, se comprove a ocorrência de falta grave ou os riscos da continuidade da sociedade.

Com a exclusão de sócios, ter-se-á a dissolução parcial da sociedade que requer o registro da alteração contratual, para que possa haver a produção de efeitos em relação a terceiros e acarretar responsabilidade dos sócios e da sociedade, que, então, deverá liquidar a quota do sócio excluído, tendo por base a atual situação patrimonial da sociedade, verificada em balanço especial (CC, art. 1.031). A quota liquidada ser-lhe-á paga em dinheiro, dentro do prazo de noventa dias, a partir da liquidação, exceto acordo ou estipulação contratual em contrário. Mas o sócio excluído continuará, pelo espaço de dois anos, contatos da averbação da dissolução parcial da sociedade, responsável pelas obrigações anteriores (CC, art. 1.032), enquanto permanecer a descoberto o capital social, até o limite do *quantum* que falta para sua integralização (CC, arts. 1.052 e 1.086)[182].

182. Leonardo Guimarães, Exclusão de sócio em sociedades limitadas no novo Código Civil, *RDM, 129*:108-20; Érico L. Tonussi, A exclusão de sócio por justa causa nas sociedades limitadas — pontos controversos, *RIASP, 32*: 373 a 396; Luis Felipe Spinelli, Proporcionalidade e igualdade de tratamento na exclusão de sócio por falta grave na sociedade limitada, *Revista Síntese – Direito empresarial*, n. 40, p. 28 a 45; M. Helena Diniz, *Código*, cit., p. 859-61; Contratos modificativos da sociedade por quotas de responsabilidade limitada, *Revista de Direito Civil, Imobiliário, Agrário, Empresarial*, v. 61, p. 7-14; Sérgio M. Z. Latorraca, *Exclusão de sócios nas sociedades por quotas*, São Paulo, Saraiva, 1989, p. 50-2 (Coleção Saraiva de Prática do Direito, v. 42); Ricardo Fiuza, *Novo Código Civil*, cit., p. 1.003; Jorge Lobo, Efeitos da falta de arquivamento da alteração do contrato de sociedade por quotas de responsabilidade limitada, *Publicação do 3º RTD, 71*:284-5; Modesto Carvalhosa, *Comentários*, cit., v. 13, p. 305-28; Paulo Checoli, *Direito de empresa*, cit., p. 223-6; Edmar O. Andrade Filho, *Sociedade*, cit., p. 217-25; José Waldecy Lucena, *Das sociedades por quotas de responsabilidade limitada*, cit., p. 562; Arnaldo Rizzardo, Direito de *empresa*, cit., p. 259-67; Adalberto Simão Filho, *A nova sociedade*, cit., p. 183-90; Armando Luiz Rovai; A justa causa na exclusão de sócio na sociedade empresária limitada, *Revista Del Rey Jurídica, 16*:38 e 39; Gastão Paes de Barros Leães, Exclusão extrajudicial de sócio em sociedade por quotas, *RDM, 100*:89; Fábio Konder Comparato, Exclusão de sócio nas sociedades por cotas de responsabilidade limitada, *RDM, 25*:39; Fábio Ulhoa Coelho, *A sociedade*, cit., p. 130-6; Mauro Rodrigues Penteado, Dissolução parcial da sociedade limitada (da resolução da sociedade em relação a um sócio e do sócio em relação à sociedade), in *Direito de empresa no*

novo Código Civil, cit., p. 269-290; Leonardo Guimarães, Exclusão de sócio em sociedades limitadas no novo Código Civil, in *Direito de empresa no novo Código Civil*, cit., p. 291-310; Graciano P. de Siqueira, Dissolução da sociedade limitada por deliberação dos sócios: questões controvertidas, *Questões controvertidas*, cit., v. 8, p. 321-325; Carlos Thompson Flores, Sociedade Comercial. Exclusão do Sócio. Justo Motivo, *Revista da Escola da Magistratura do TRF-4*, n. 11, p. 11 a 34.

Consulte: *RTJ*, *118*:400, *115*:932; *RJTJSP*, *129*:264, *137*:29, *138*:271; *RT*, *794*:261, *730*:196, *705*:117, *713*:114, *673*:77, *697*:92; *BAASP*, *2620*:1659-10.

Vide CPC/2015, arts. 599 a 609 relativos ao procedimento especial de ação de dissolução parcial de sociedade.

"Empresarial — Dissolução parcial de sociedade por quotas de responsabilidade limitada — Exclusão de sócio minoritário. Caracterizando-se a *affectio societatis* como a vontade de união e aceitação das áleas comuns do negócio, a sua ausência tem como causa a impossibilidade de consecução do fim social, mostrando-se plenamente possível a dissolução parcial por essa causa. O art. 1.030 do Código Civil vigente estabeleceu como causas, para a exclusão do sócio por iniciativa dos sócios majoritários, a falta grave no cumprimento de suas obrigações e por incapacidade superveniente. Em que pese a interpretação literal do citado dispositivo afastando a quebra da *affectio societatis* como causa da exclusão, de forma que somente seria a mesma aplicável ao sócio dissidente no exercício do direito de retirada (art. 1.029 do Código Civil), mediante interpretação sistemática e teleológica, conclui-se que não restou afastado pelo novo Diploma Legal o entendimento consolidado da jurisprudência no sentido de viabilizar a exclusão do sócio havendo justa causa, como ocorre quando inexistente o vínculo de confiança. O art. 1.085 do Código Civil consagrou a possibilidade de exclusão extrajudicial do sócio por justa causa, havendo previsão contratual, de forma que, por maior razão, não há que ser afastada a possibilidade de alegação de justo motivo, ainda que ausente a previsão contratual, para viabilizar a exclusão judicial do sócio minoritário. A alegação de nulidade de alteração contratual na qual houve a transferência de cotas do ex-cônjuge da Apelante, então sócio majoritário, é desinfluente para o deslinde da questão que tem como objeto apenas o cabimento da dissolução parcial da sociedade em relação ao sócio minoritário, devendo ser objeto da ação própria. Ainda que coproprietária das cotas do marido, faria jus a Apelante somente aos lucros daí decorrentes, não à qualidade de sócia majoritária, de forma que as cotas a que teria direito em razão da comunhão deveriam ser levadas para a partilha e, sendo o caso, para a apuração de haveres" (*BAASP*, *2544*:1421-3).

"Provado o desaparecimento da *affectio societatis* em sociedade por cotas de responsabilidade limitada de trato indeterminado, formada por dois sócios, admite-se sua dissolução parcial, podendo subsistir, por tempo limitado, com um único sócio, viabilizando a continuidade de seus fins sociais. O sócio remanescente tem o prazo de 180 dias, a partir da data do registro da dissolução parcial da sociedade, para reconstituir a sociedade com novo sócio" (*BAASP*, *2574*:1516-15).

"Na dissolução parcial da sociedade empresária, com a consequente apuração de haveres, os juros de mora contam-se a partir da citação e a correção monetária incide desde a elaboração do laudo técnico que indica o valor devido ao sócio retirante. Se a dissolução parcial da sociedade foi decretada no bojo da demanda instaurada com a apresentação de reconvenção, os juros de mora devem incidir desde a data em que o demandante foi intimado para contestar a reconvenção, ato este que substancialmente constitui uma citação. Os honorários de sucumbência na ação de dissolução

d.11. Dissolução "pleno iure" da sociedade limitada

A sociedade limitada dissolver-se-á, de pleno direito ou extrajudicialmente (CC, arts. 1.087, 1.033 e 1.044): 1) se *simples*: *a*) pelo vencimento do prazo de sua duração, salvo se, vencido este e sem oposição de sócio, não entrar a sociedade em liquidação, caso em que se prorrogará por tempo indeterminado; *b*) pelo consenso unânime dos sócios quotistas; *c*) por deliberação dos

---

parcial de sociedade são fixados com base no disposto no § 4º do art. 20 — atual § 8º do art. 85 — do CPC, pois a sentença proferida tem natureza eminentemente constitutiva negativa. Os honorários da demanda principal são independentes daqueles fixados na demanda de reconvenção" (*BAASP*, *2858*: 12).

"Execução por título extrajudicial. Embargos do executado. Penhora sobre bem do ex-sócio. Pressupostos ausentes. A responsabilidade do sócio persiste pelos dois anos subsequentes a sua retirada da sociedade limitada, segundo norma inserta no art. 1.032 do novo Código Civil, mas restringe-se à totalidade do capital social não integralizado. A responsabilidade dos antigos sócios só poderia ser questionada em função de dívidas contraídas no período em que estavam à frente da sociedade, o que não é o caso. Por outro lado, faltam indícios de que o embargante tenha, de alguma forma, feito mau uso da separação patrimonial proporcionada pela distinção existente entre a sua personalidade e a da sociedade empresária. Não há que se falar em desconsideração da pessoa jurídica sem que o elemento fraude não reste demonstrado. Portanto, em tendo sido atingido bem particular de outrem que não o devedor, de maneira acintosa ao princípio da autonomia patrimonial da pessoa jurídica, correta se nos afigura a decisão que acolheu os presentes embargos e desconstituiu a penhora implementada. Recurso desprovido, nos termos do voto do Relator" (TJRJ, Apelação Cível n. 2007.001.14980, rel. Ricardo Rodrigues Cardozo, j. 24-4-2007).

O Projeto de Lei n. 699/2011 propõe alteração da redação do art. 1.086 do Código Civil para a seguinte: "Efetuado o registro da alteração contratual, aplicar-se-á o disposto no art. 1.031". E apresenta a seguinte justificativa: "A proposta pretende corrigir falha grave na redação do art. 1.086 que, ao tratar da exclusão do sócio minoritário da sociedade limitada, mandava aplicar as regras do art. 1.032, onde está contemplada a responsabilidade pessoal do sócio excluído mesmo depois da exclusão, o que implicava em rompimento com os princípios básicos das sociedades limitadas. Nessas sociedades, a responsabilidade dos sócios está limitada à integralização do capital social (art. 1.052), afigurando-se despropositado a responsabilização posterior do sócio excluído da limitada, tal como contemplado no art. 1.032. Esse dispositivo, na verdade, só tem aplicação para as sociedades onde a responsabilidade dos sócios é ilimitada, não para as sociedades limitadas, onde a regra é justamente o contrário. Não devendo se aplicar o art. 1.032 à exclusão de sócio de sociedade limitada, impõe-se a alteração do art. 1.086, a fim de suprimir-se a remissão àquele dispositivo".

Vide: CPC/2015, arts. 599 a 609, que dispõem sobre procedimento especial da ação de dissolução parcial de sociedade.

Enunciado n. 13: "A decisão que decretar a dissolução parcial da sociedade deverá indicar a data de desligamento do sócio e o critério de apuração de haveres" (aprovado na I Jornada de Direito Comercial).

sócios, por maioria absoluta, se por prazo indeterminado e por *quorum* qualificado de 3/4 do capital social se se tratar de sociedade limitada; *d*) pela ausência de pluralidade de sócios não reconstituída dentro do prazo de cento e oitenta dias; *e*) pela cassação de autorização para seu funcionamento; 2) se *empresária*, além da ocorrência das hipóteses acima mencionadas, também pela dissolução judicial: declaração da sua falência (CC, art. 1.044, *in fine*).

Qualquer que tenha sido a causa dissolutória, o administrador deverá proceder, para a extinção da personalidade jurídica e das relações contratuais, à liquidação, com exceção da ocorrência da falência que seguirá procedimento especial previsto na Lei n. 11.101/2005[183].

E. Sociedade em comandita por ações

e.1. Disciplina jurídica, conceituação e caracteres

A sociedade em comandita por ações, tipo societário pouco usual, foi introduzida, em nosso País, pela Lei das Sociedades Anônimas (arts. 280 a 284), aliando a divisão de responsabilidades própria da sociedade em comandita simples com a regência das normas da sociedade anônima para chegar à participação dos sócios comanditários. Rege-se, portanto, pelas normas relativas à sociedade anônima (Lei n. 6.404/76), sem prejuízo do disposto nos arts. 1.090 a 1.092 do Código Civil de 2002 (CC, art. 1.090, 2ª parte). Disciplinar-se-á pelas normas da Lei n. 6.404/76 nos casos omissos e em tudo que forem compatíveis com os arts. 1.090 a 1.092 do Código Civil vigente. É uma sociedade de capital e institucional.

A sociedade em comandita por ações é aquela em que o capital está dividido em ações (CC, art. 1.090, 1ª parte), respondendo os sócios (comanditários e comanditados) pelo preço de emissão das ações subscritas ou adquiridas, e além disso há responsabilidade subsidiária, solidária e ilimitada dos diretores (sócios comanditados) pelas obrigações, ou melhor, pelas perdas sociais (CC, art. 1.091), podendo receber, por isso, relevante participação nos lucros conforme disposto no estatuto social. Os sócios comanditários apenas têm responsabilidade pela integralização das ações que subscreveram.

---

183. Adalberto Simão Filho, *A nova sociedade*, cit., p. 195; M. Helena Diniz, *Código*, cit., p. 861; Modesto Carvalhosa, *Comentários*, cit., v. 13, p. 329-64; Edmar O. Andrade Filho, *Sociedade*, cit., p. 274-81; Arnaldo Rizzardo, *Direito de empresa*, cit., p. 267-9.

Daí podem-se inferir seus *caracteres*:

a) Duas modalidades de sócios — os acionistas comanditários e os acionistas comanditados, com direito ao dividendo mínimo estabelecido estatutariamente. Cada sócio (comanditário e comanditado) terá, portanto, responsabilidade pelo valor de suas ações, mas somente o acionista-administrador (comanditado) deverá responder subsidiária e ilimitadamente pelos débitos da sociedade (CC, art. 1.091). O comanditado, observa Modesto Carvalhosa, "além dos direitos cabíveis a todos os acionistas de receber dividendos do exercício, e de exercer preferência na subscrição do capital, poderá ter o direito estatutário de relevante participação nos lucros em decorrência das funções de administração da sociedade e, portanto, como compensação pelo eventual comprometimento de seu patrimônio pessoal pelas perdas sociais".

b) Divisão do capital social em ações que, na lição de Fábio Ulhoa Coelho, poderão ser ordinárias ou excepcionalmente preferenciais, sendo que os titulares destas últimas deverão ter benefício estatutário na distribuição do resultado econômico e poderão sofrer limitação ou, até mesmo, supressão de direito de voto. Modesto Carvalhosa, por sua vez, entende que a emissão de ações preferenciais não poderá restringir o direito de voto, mas apenas conferir privilégios na distribuição de dividendos, não se aplicando o art. 111 da Lei n. 6.404/76, pois a hipotética emissão dessas ações com pleno direito de voto visa o mercado de capitais, já que a sociedade em comandita por ações pode emitir valores mobiliários negociáveis em Bolsa e no mercado de balcão.

c) Responsabilidade limitada ao valor das ações subscritas para os comanditários, os credores somente poderão exigir deles a satisfação do crédito no equivalente às ações que subscreveram, mas não integralizadas, e responsabilidade subsidiária, solidária e ilimitada para os comanditados. Apesar de ser idêntica à contribuição dos sócios no capital social, a responsabilidade diferenciar-se-á pelas funções de administração exercidas pelos comanditados, por isso responderão solidária e ilimitadamente pelos débitos da sociedade, mas subsidiariamente, ou seja, depois de excutido todo o patrimônio social.

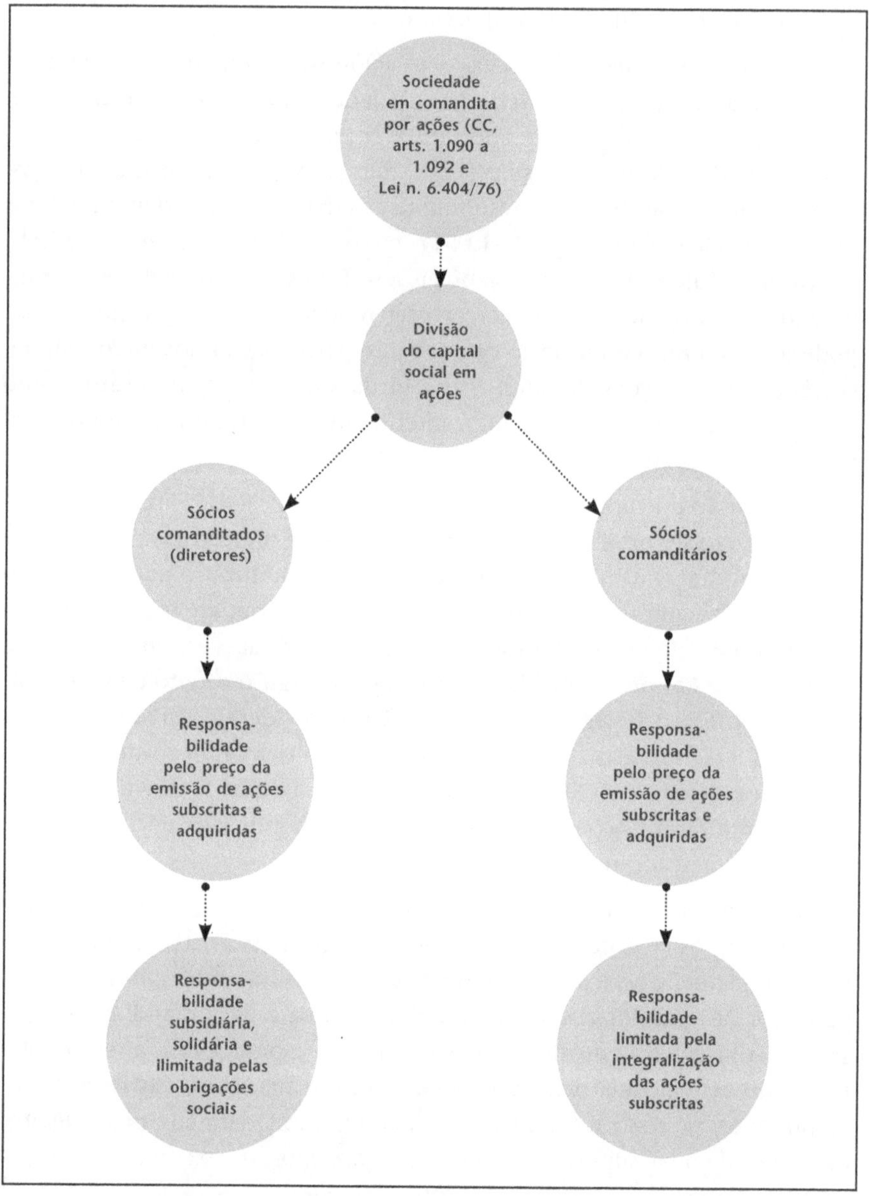

Apresenta, como se vê, aspectos peculiares da sociedade em comandita simples e da sociedade anônima. Constitui um tipo societário híbrido, por seguir, quanto à existência de duas categorias de sócios e à responsabilidade dos sócios e na Administração deferida somente a sócios, o modelo da sociedade em comandita simples, e, quanto à divisão de capital em ações com possibilidade de emissão de valores mobiliários representativos do investimento dos sócios para a consecução do objetivo social, o modelo da sociedade anônima. Essa sociedade poderá ser, como observa Fábio Ulhoa Coelho, aberta para fins de captação de recursos junto ao mercado de capitais ou fechada[184].

e.2. Nome empresarial

Pelo art. 1.090, *in fine*, do Código Civil de 2002, a sociedade em comandita por ações operará sob *firma*, dela fazendo parte o nome de um ou mais sócios diretores (comanditados), indicando a terceiro quem responde subsidiária, solidária ou ilimitamente pelas perdas sociais (CC, art. 1.161, com a redação da Lei n. 14.195/2021), acompanhada obrigatoriamente da locução "e companhia", acrescida da expressão "comandita por ações", seja abreviada ou por extenso, ou *denominação social*, seguida da locução "em comandita por ações", por extenso ou abreviada (Lei n. 6.404/76, arts. 4º, 281, parágrafo único; IN n. 15/2013 do DREI, art. 5º, II, *c*, e III, *c*), facultada a designação de objeto social (CC, art. 1.160, com a redação da Lei n. 14.195/2021, confirmada pela Lei n. 14.382/2022).

Se inadvertidamente figurar na firma social nome de sócio comanditário, ter-se-á, pela teoria da aparência, presunção de que será responsável subsidiária, solidária ou ilimitadamente pelas perdas sociais[185].

e.3. Administração e destituição de diretor

A administração da sociedade em comandita por ações compete ao sócio acionista nomeado para tanto no próprio ato constitutivo da sociedade, por prazo indeterminado, que, na qualidade de diretor (sócio comanditado),

184. Ives Gandra da S. Martins Filho, As sociedades empresárias, *O novo Código Civil — estudos em homenagem a Miguel Reale*, São Paulo, LTr, 2003, p. 875; M. Helena Diniz, *Código*, cit., p. 863; Amador Paes de Almeida, *Manual*, cit., p. 157-9; Ricardo Negrão, *Manual*, cit., v. 1, p. 384; Franco Di Sabato, *Società*, Milano, UTET, 1999, p. 398 e s.; Modesto Carvalhosa, *Comentários*, cit., v. 13, p. 382 e 383; Fábio Ulhoa Coelho, *Curso*, cit., v. 2, p. 476; Arnaldo Rizzardo, *Direito de empresa*, cit., p. 745 e 746.

185. M. Helena Diniz, *Código*, cit., p. 864; Arnaldo Rizzardo, *Direito de empresa*, cit., p. 745; Modesto Carvalhosa, *Comentários*, cit., v. 13, p. 383-5; Fábio Ulhoa Coelho, *Manual*, cit., p. 224.

responderá subsidiária e ilimitadamente pelas obrigações da sociedade, ou melhor, pelas perdas sociais relativas ao período de sua administração (CC, arts. 1.091, § 2º, 1ª parte, e 1.091). O diretor (sócio comanditado) tem responsabilidade não só subsidiária porque seus bens particulares somente poderão ser alcançados, em caso de execução dos débitos sociais, depois de excutido o patrimônio da sociedade, como também ilimitada, tendo comprometimento integral em relação às dívidas ou perdas sociais.

E se vários dentre os sócios acionistas forem diretores, indicados no estatuto social, terão, ainda, responsabilidade solidária pelas obrigações da sociedade, depois de esgotados os bens sociais (CC, art. 1.091, § 1º).

O diretor ou diretores apenas poderão ser destituídos ou exonerados do exercício da administração por deliberação de acionistas que representem, no mínimo, 2/3 do capital social (CC, art. 1.091, § 2º, 2ª parte, e Lei n. 6.404/76, art. 282, § 1º), fundada, como pondera Modesto Carvalhosa, em justa causa, como gestão inadequada; inadimplemento de suas obrigações, causando dano ao patrimônio da sociedade etc.

E apesar da exoneração ou destituição do cargo, o administrador ou administradores continuarão, pelo prazo de dois anos, contado da data da efetiva destituição, responsáveis pelas obrigações sociais assumidas durante sua gestão (CC, art. 1.091, § 3º), e existentes na data da exoneração, protegendo-se, assim, direitos de terceiros gerados sob a égide de sua administração. Se o administrador nomeado falecer, for destituído, sofrer incapacidade superveniente ou renunciar ao cargo, seu substituto deverá ser nomeado por meio de alteração no estatuto social.

A nomeação do administrador e a de seu substituto somente poderá operar-se via estatutária.

Pela Lei n. 6.404/76, arts. 109 e 110, o sócio comanditário não tem o poder de gestão, mas tem assegurado o direito de: participar dos lucros e do acervo societário, havendo liquidação da sociedade; fiscalizar os atos de gestão do comanditado; ter preferência na subscrição das ações, partes beneficiárias e debêntures conversíveis em ações e bônus de subscrição; retirada da sociedade com o reembolso de suas ações pelo valor mercadológico; voto nas deliberações assembleares.

Observa Arnaldo Rizzardo que "diante das normas especiais que regulam a administração, não se aplicam as disposições da Lei n. 6.404, em face de seu art. 284, inclusive no concernente ao Conselho de Administração, à autorização estatutária de aumento de capital e à emissão de bônus de subscrição".

O sócio comanditado, no exercício permanente da função de administrador, portanto, tem amplos poderes e alto grau de responsabilidade pelas perdas sociais, havendo inexecução das obrigações sociais ou liquidação da sociedade com insuficiência de bens (Lei n. 6.404/76, art. 214; e CC, arts. 1.103, VII, e 1.106)[186].

e.4. Atos vedados à assembleia geral sem anuência dos comanditados

Os sócios comanditados (diretores) têm um poder de administração absoluto, visto que os acionistas (comanditários) reunidos, em assembleia geral, não poderão, mesmo com a aprovação assemblear, sem a anuência daqueles diretores (comanditados) da sociedade em comandita por ações (CC, art. 1.092; Lei n. 6.404/76, art. 283):

a) mudar o objeto social;

b) prorrogar o prazo de duração da sociedade;

c) aumentar ou reduzir o capital social;

d) criar ou emitir debêntures ou partes beneficiárias.

Consequentemente, além da deliberação da assembleia geral, que deveria ser soberana, aprovando tais atos, imprescindível será que haja o consentimento expresso dos acionistas diretores (sócios comanditados), cuja responsabilidade é ilimitada, mesmo que sejam acionistas minoritários relativamente à sua participação no capital social. O poder de veto assemblear, outorgado pela lei aos sócios comanditados, justificado está pela enorme responsabilidade que, ilimitadamente, arcam pelas dívidas sociais[187].

---

186. Arnaldo Rizzardo, *Direito de empresa*, cit., p. 746 e 747; M. Helena Diniz, *Código*, cit., p. 864 e 865; Luiz Cezar P. Quintans, *Direito da empresa*, cit., p. 106; Modesto Carvalhosa, *Comentários*, cit., v. 13, p. 386-9.

187. M. Helena Diniz, *Código*, cit., p. 865; Luiz Cezar P. Quintans, *Direito da empresa*, cit., p. 105; Jorge S. Fujita, *Comentários*, cit., p. 842; Modesto Carvalhosa, *Comentários*, cit., v. 13, p. 389-91; Ives Gandra da S. Martins Filho, As sociedades empresárias, cit., p. 875.
Pelo art. 284 da Lei n. 6.404/76 (com redação da Lei n. 14.195/2021), não se aplica à sociedade em comandita por ações o disposto nesta Lei sobre voto plural, sobre conselho de administração, sobre autorização estatutária de aumento de capital e sobre emissão de bônus de subscrição.

F. Sociedade anônima[188]

f.1. Conceito, caracteres principais e disciplina jurídica

A sociedade anônima ou companhia é pessoa jurídica de direito privado (CC, arts. 44, II e 45), de natureza empresarial (CC, art. 982, parágrafo único), cujo capital está dividido em ações de igual valor nominal, quando assim emitidas, ou sem valor nominal, ações estas de livre negociabilidade, limitando-se a responsabilidade dos subscritores e dos acionistas, que nela ingressarem posteriormente, ao preço de emissão das ações por eles subscritas (ações negociadas diretamente com a sociedade por ocasião de sua constituição ou aumento de capital) ou adquiridas (ações negociadas com terceiros) (CC, art. 1.088; Lei n. 6.404/76, arts. 1º e 11), facilitando sua circulação e substituição dos sócios ou acionistas[189]. Realmente, os acionistas poderão ser substituídos mediante simples transferência de ações livremente negociáveis ou transferíveis, e, consequentemente ante essa impessoalidade, a sociedade anônima é uma sociedade de capital e nenhum acionista poderá impedir modificação no quadro societário, assim p. ex., se um acionista falecer, seu herdeiro, ou legatário, tornar-se-á acionista, queira ou não, logo, não poderá pleitear apuração dos haveres do *de cujus*.

---

188. Fran Martins, *Comentários à Lei das Sociedades Anônimas*, Rio de Janeiro, Forense, 1977, 3 v.; Cordeiro Filho, *Manual de abertura das companhias*, Rio de Janeiro, 1981; Mauro Rodrigues Penteado, *Aumento de capital das sociedades anônimas*, São Paulo, Saraiva, 1988; M. Helena Diniz, *Tratado*, cit., v. 4, p. 115-21 e 133-9; *Código*, cit., p. 862 e 863; Fábio Ulhoa Coelho, *Curso*, cit., v. 2, p. 63-351; *Manual*, cit., p. 162-210; Frè, *Società per azioni*, 1972; Fischer, *Las sociedades anónimas*, Madrid, 1934; Jean Paillusseau, *La société anonyme — Technique d'organisation de l'entreprise*, Paris, 1967; Minervini, *Gli amministratori di società per azioni*, Milano, Giuffrè, 1956; Berdah, *Fonctions et responsabilité des dirigeants des société par actions*, Paris, Sirey, 1974; Akram Yamulki, *La responsabilité des administrateurs et des organes de gestion des sociétés anonymes*, Genève, 1984; Roberto Bove, *Responsabilidade dos gestores das sociedades anônimas*, São Paulo, Revista dos Tribunais, 1958; Ives Djian, *Le contrôle de direction des sociétés anonymes dans les pays du marché commun*, Paris, Sirey, 1965; Roberto Goldschmidt, *Problemas jurídicos de la sociedad anónima*, Buenos Aires, 1946; Osmar B. Corrêa Lima, *Sociedade anônima*, 1991; Tavares Guerreiro e Lacerda Teixeira, *Das sociedades anônimas no direito brasileiro*, 1979, v. 1 e 2; Modesto Carvalhosa, *Comentários*, cit., v. 13, p. 364-79; Fabrício Z. Matiello, Código Civil, cit., p. 680; Amador Paes de Almeida, *Direito de empresa no Código Civil*, cit., p. 165-74; Mª Eugênia R. Finkelstein e José M. M. Proença (coord.) *Sociedades anônimas*, série GVLaw, São Paulo, Saraiva, 2007; Eli Loria e Hélio R. de O. Mendes, A formação histórica da sociedade anônima e sua contribuição para o desenvolvimento econômico, *Revista de Direito Bancário e do Mercado de Capitais, 56*:247-76. Consulte a Lei n. 6.404/78, com as alterações da Lei n. 14.195/2021.
189. Modesto Carvalhosa, *Comentários ao Código Civil*, cit., v. 13, p. 365; M. Helena Diniz, *Código*, cit., p. 862; Mônica Gusmão, *Curso*, cit., p. 274.

Sinteticamente, poder-se-á dizer que a sociedade anônima é uma sociedade empresária, cujo capital social está dividido em ações nominativas, respondendo cada acionista, limitadamente, pelo preço da emissão das ações por ele subscritas ou adquiridas.

Daí se infere que:

a) a sociedade anônima qualquer que seja o objeto social será sempre de capital e empresária (Lei n. 6.404/76, art. 2º, § 1º) e deverá estar inscrita no Registro Público de Empresas Mercantis (CC, art. 984);

b) a constituição opera-se por subscrição pública ou particular (Lei n. 6.404/76, arts. 82 e 88);

c) o capital social divide-se em ações, que, na lição de Modesto Carvalhosa, são "frações mínimas negociáveis em que se divide o capital social, representativas dos direitos e obrigações dos acionistas"[190]. São títulos representativos da participação societária no capital social. Tais ações são nominativas (CC, art. 1.126; Lei n. 8.021/90), podem ser com ou sem valor nominal (Lei n. 6.404/76, art. 11) e são livremente negociáveis e suscetíveis de penhora por dívida particular de seu titular (acionista), por isso a companhia é sociedade de capital. Ter-se-á fracionamento do capital e representação por títulos, isto é, por ações;

d) os acionistas (no mínimo dois — Lei n. 6.404/76, art. 80, I) somente responderão limitadamente pelo preço da emissão, e não pelo valor das ações que subscreveram ou adquiriram. Nesse sentido expressa-se Navarrini: "*La società anonima é quella in cui le obbligazioni sociali sono garentite soltanto limitatamente ad um determinato capitale, e ciascun socio non è obbligato che per la sua quota o per la sua azione*". Cada acionista responderá, portanto, até o limite do que faltar para a integralização das ações de que é titular, pelo preço de emissão delas, por estar, como diz Marcelo Andrade Féres, mais próximo de indicar a verdadeira perda patrimonial sofrida pelo acionista com o insucesso ou falência da sociedade anônima[191]. Não há solidariedade entre acionistas pelas obrigações sociais. A responsabilidade de cada acionista é pessoal, visto que a assume apenas pelas suas ações.

---

190. Modesto Carvalhosa, *Comentários à Lei das sociedades anônimas*, São Paulo, Saraiva, 1997, v. 1, p. 87; Láudio C. Fabretti, *Direito de empresa*, cit., p. 122 e 123.

191. Fábio Ulhoa Coelho, *Manual*, cit., p. 178; Marcelo Andrade Féres, *Empresa e empresário: do Código Civil italiano ao novo Código Civil brasileiro*, p. 64, apud Arnaldo Rizzardo, *Direito de empresa*, cit., p. 272.

Graficamente temos:

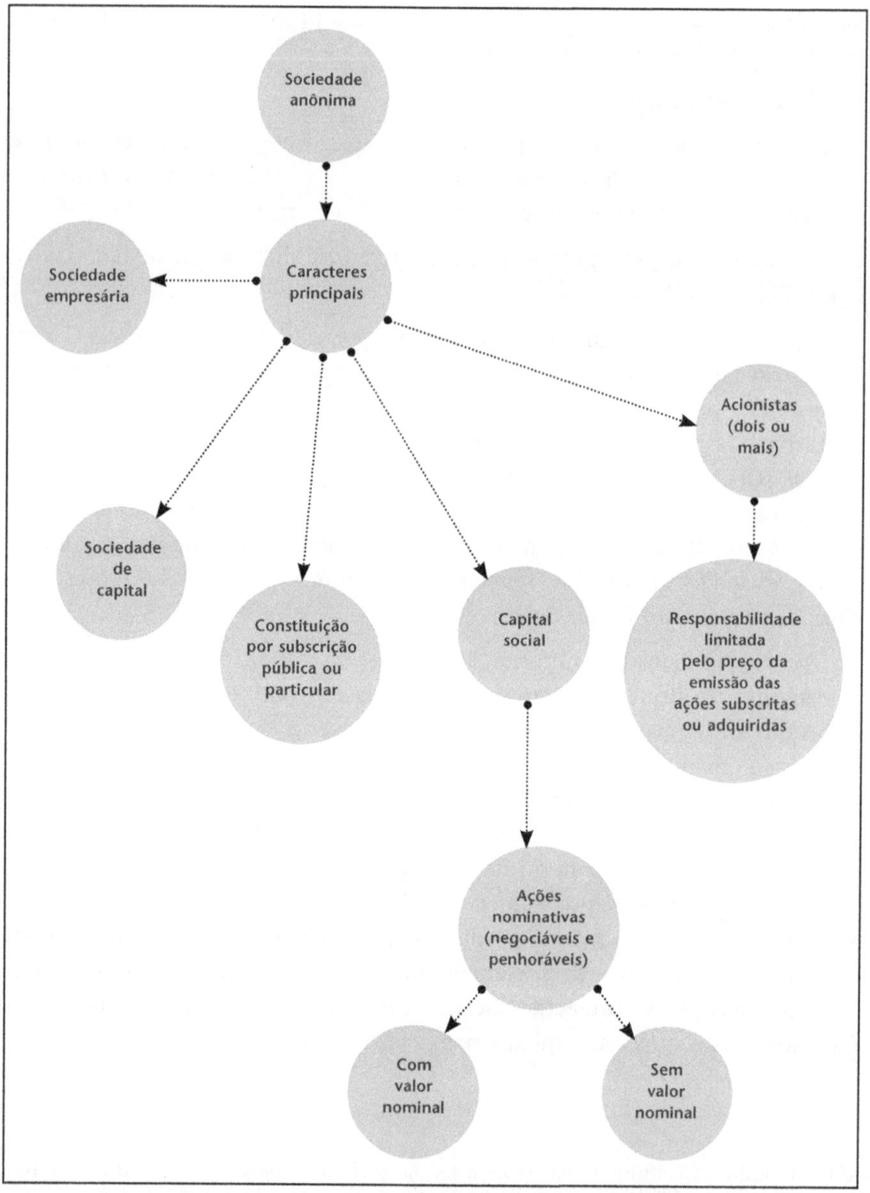

Os *caracteres essenciais* da sociedade anônima, em suma, são: *a*) divisão do capital em ações; *b*) transferibilidade das ações sem alteração social; *c*) limitação da responsabilidade dos acionistas ao preço de emissão das ações subscritas ou adquiridas; assim sendo, quem adquirir ações e pagar no ato não terá responsabilidade solidária; se ainda não as pagou, ou seja, não as integralizou, se advier a falência da sociedade, deverá completar o pagamento, sob pena de ter seus bens particulares arrecadados pela massa falida, para efeito de integralização da parte a descoberto das ações; *d*) uso de denominação, acompanhada da locução "companhia" ou "sociedade anônima"; e *e*) tônus publicístico.

Tipo societário em que predomina o *intuitu pecuniae*, tendo um bastante atenuado e insignificante *intuitu personae*, visto que nele há limitação da responsabilidade de todos os acionistas ao preço de emissão das ações por eles subscritas ou adquiridas e livre transferência das ações sociais.

A sociedade anônima é disciplinada por lei especial (Lei n. 6.404/76, com alterações das Leis n. 8.021/90, 9.457/97, 10.303/2001, 11.638/2007, 11.941/2009, 12.431/2011, 12.810/2013, 13.817/2019, 13.874/2019 e 14.030/2020 e Lei n. 14.195/2021) e, nos casos omissos, subsidiariamente pelas disposições do Livro II da Parte Especial do Código Civil vigente (CC, art. 1.089). "A fusão e a incorporação de sociedade anônima continuam reguladas pelas normas previstas na Lei n. 6.404/76, não revogadas pelo Código Civil (art. 1.089), quanto a esse tipo societário" (Enunciado n. 230 do Conselho da Justiça Federal, aprovado na III Jornada de Direito Civil). Os demais Livros, da Parte Geral e da Parte Especial do Código Civil, aplicar-se-ão, diretamente, no que for cabível, aos atos e negócios jurídicos da sociedade anônima[192].

f.2. Objeto social

O objeto social é a finalidade comum almejada pelos acionistas, para a organização de uma atividade para sua consecução. A norma estatutária deverá definir de modo preciso, objetivo, claro e completo o objeto social, ou seja, a atividade-fim, da sociedade anônima para que seja possível, em defesa da minoria, averiguar a eventual ocorrência de desvio de finalidade da atividade da sociedade ou de abuso de poder por parte dos acionistas; pois aque-

---

192. M. Helena Diniz, *Código*, cit., p. 863; Modesto Carvalhosa, *Comentários*, cit., v. 13, p. 376-80; Arnaldo Rizzardo, *Direito de empresa*, cit., p. 277-9.
Sobre sociedade anônima do futebol: Lei n. 14.193/2021 e CC, art. 971, parágrafo único.

la definição precisa e completa constitui limitação da área de discricionariedade dos acionistas majoritários e dos administradores. Ato estatutário sem essa indicação detalhada do objeto social não poderá ser assentado no Registro Público de Empresas Mercantis (Decreto n. 1.800/96, art. 53, III, *b*).

A finalidade desse tipo societário é a obtenção do lucro, visto que a sociedade anônima tem por obrigação distribuir os dividendos aos acionistas. Pelo art. 202 da Lei n. 6.404/76, "os acionistas têm direito de receber como dividendo obrigatório, em cada exercício, a parcela de lucros estabelecida no estatuto". É, portanto, uma sociedade empresária de capital, cujo objeto social visa fins lucrativos, desde que não sejam contrários à lei, à ordem pública e aos bons costumes, mediante o exercício de atividade empresarial de produção e circulação de bens e prestação de serviços (Lei n. 6.404/76, art. 2º).

Livre é a escolha do objeto social e sua mudança exigirá, em regra, *quorum* especial (Lei n. 6.404/76, arts. 136, VI, e 137), principalmente se for voltada à sua redução (Lei n. 6.404/76, art. 136, §§ 2º, 2º-A e 3º, com a redação da Lei n. 14.195/2021) ou ampliação e dará origem à alteração estatutária[193].

Pelo art. 2º, § 3º, da Lei n. 6.404/76 permitida estará a participação da sociedade anônima, mediante subscrição ou aquisição de ações, em outras sociedades para a realização de seu objeto social ou, até mesmo, para conseguir incentivos fiscais, concedidos pelo governo com o escopo de estimular certa atividade.

f.3. Nome empresarial

A sociedade anônima não possui *firma* ou *razão social*, apontando os sócios responsáveis pelas obrigações sociais, mas uma *denominação*, espécie de nome empresarial, ou seja, um nome de fantasia, ou, ainda, nome do seu fundador ou do seu benemérito, indicando, se quiser, o objeto social (ramo de atividade) (CC, art. 1.160, com a redação da Lei n. 14.195/2021), e a sigla "S.A". Deveras, pelo atual Código Civil (art. 1.160, parágrafo único): "a sociedade anônima opera sob denominação designativa do objeto social, integrada pelas expressões 'sociedade anônima' ou 'companhia', por extenso ou abreviadamente. Pode constar da denominação o nome do fundador, acionista ou pessoa que haja concorrido para o bom êxito da formação da empresa", a título de homenagem, sem qualquer vinculação à responsabilidade pelas obrigações sociais. Logo, somente poderá operar sob *denominação* designativa do

---

193. Modesto Carvalhosa, *Comentários*, cit., v. 13, p. 367; Mônica Gusmão, *Curso*, cit., p. 274; Arnaldo Rizzardo, *Direito de empresa*, cit., p. 279; Amador Paes de Almeida, *Direito de empresa*, cit., p. 167; Rubens Requião, *Curso*, cit., v. 2, p. 28 e 29.

objeto social, integrada pela locução *sociedade anônima* ou *companhia*, sendo vedado o uso da última no final. P. ex.: Tecelagem Sullivan S/A ou Companhia Campineira Distribuidora de Lacticínios. A locução "sociedade anônima" ou S.A. poderá ser inserida no início, no meio ou no final da denominação, mas o termo *companhia* ou *cia.* somente poderá ser colocado no começo da denominação para evitar que haja confusão com outros tipos societários, como os em nome coletivo (IN n. 15/2013 do DREI, art. 5º, III, *b*).

Tal se dá porque a sociedade anônima é sociedade "sem nome", pelo fato de não indicar as pessoas componentes do quadro societário, cuja rotatividade é intensa, e por congregar um número indefinido de acionistas, pois uma vez constituída assume, como diz Carvalho de Mendonça[194], uma impessoalidade, visto que nenhum acionista deverá prestar seu nome para designá-las, já que não há responsabilidade pessoal de seus membros.

O nome empresarial da sociedade anônima deverá anunciar o objeto social indicando a atividade econômica exercida por ela, e, como lembra Rubens Requião, "deverá evitar colidência por identidade (se homógrafos) ou semelhante (se homófonos)"[195], pois se a sua denominação for igual ou similar à de outra companhia já constituída, quer coincidam, ou não, as atividades desempenhadas, esta poderá ante a usurpação de nome empresarial registrado requerer a abstenção de sua utilização, a sua modificação pela via judicial ou administrativa e pleitear indenização das perdas e danos, se vier a sofrer prejuízos em razão de denominação idêntica ou semelhante, sem, contudo, eliminar a responsabilidade penal do usurpador por crime de concorrência desleal (LPI, art. 195, V). As Juntas Comerciais, ao examinar a regularidade e o preenchimento dos requisitos legais, devem conferir a existência de alguma denominação igual ou semelhante à da companhia que pleiteia seu registro. De bom alvitre seria a consulta prévia no cadastro de sociedades para que não ocorra impugnação ao registro por identidade ou similitude de denominação. Assegurada está, pelo princípio da novidade, a proteção à exclusividade do uso da denominação, com o assento da sociedade e de seu estatuto no órgão

194. Carvalho de Mendonça, *Tratado*, v. III, n. 881 e 889.

195. Rubens Requião, *Curso*, cit., v. 2, p. 31. *Vide*: Decreto n. 1.800/96, arts. 61 e 62; Leslie Amendolara, Conflito entre o Código Civil e a Lei das S.A. na denominação da sociedade, *Tribuna do Direito*, agosto 2013, p. 28; Lei n. 6.404/76, art. 3º, e Instrução Normativa n. 15/2013 do DREI, arts. 3º e 5º, III, *b*. O Enunciado n. 71 do CJF assim se expressa: "Suprimir o art. 1.160 do Código Civil por estar a matéria regulada mais adequadamente no art. 3º da Lei n. 6.404/76 (disciplinadora da S.A.) e dar nova redação ao § 2º do art. 1.158, de modo a retirar a exigência da designação do objeto da sociedade".

competente (CC, art. 1.166; Lei n. 8.934/94, art. 34), visto que identifica a sociedade anônima perante os consumidores de seus produtos ou serviços[196].

f.4. Constituição e institucionalismo da sociedade anônima

f.4.1. Contrato social como norma estatutária, fases da constituição e natureza institucional da sociedade por ações

A sociedade anônima requer para sua formação um contrato social plurilateral e a observância de dispositivos legais que, para tanto, impõem o cumprimento de determinados requisitos.

Um certo número de pessoas (fundadores), pretendendo constituir uma sociedade por ações para desenvolver atividade econômica organizada para a produção de bens ou prestação de serviços, baseada em ideias e contando com um capital, elabora um *projeto* escrito (em ata assemblear ou escritura pública), contendo não só diretivas alusivas ao estatuto social, mas também todos os elementos do contrato de sociedade empresária em geral (nome, nacionalidade, sede, capital social, existência de no mínimo dois acionistas, objeto social lícito e possível) e os peculiares à disciplina jurídica da sociedade anônima a ser constituída (Lei n. 6.404/76, art. 83). Em seguida, ter-se-á: a publicação do projeto e do estatuto em jornal oficial ou de grande circulação, para conseguir subscritores ou investidores e entradas; a contratação de terceiros em nome da futura sociedade para efetuarem as necessárias intermediações; o pagamento de despesas feitas por serem inerentes à constituição da sociedade por ações, tais como registro, publicidade, elaboração e cópias de estatutos, despesas com tabelião se se fizer uso de escritura pública etc.; a realização de depósitos; a convocação de assembleia para a constituição da sociedade; a eleição e a investidura dos administradores, que, então, receberão o material de interesse da sociedade e assumirão a responsabilidade pela sua direção.

Todos esses acionistas, portanto, almejam uma coisa só: a criação da sociedade anônima pela forma institucional, requerendo adesão pela subscrição de parcela do capital social. Nítida é a *natureza institucional* da sociedade anônima, visto que seu ato constitutivo (contrato social) apresenta-se

---

196. Mônica Gusmão, *Curso*, cit., p. 276; Fábio Ulhoa Coelho, *Curso*, cit., v. 2, p. 79 e 80; Ricardo Negrão, *Manual*, cit., v. 1, p. 387 e 388; Arnaldo Rizzardo, *Direito de empresa*, cit., p. 288 e 289. A denominação não goza de proteção do Código de Propriedade Industrial (Lei n. 9.279/96), mas esse diploma legal, arts. 191 e 195, V, proíbe seu uso sem autorização, sob pena de detenção e multa.

sob a veste de um estatuto e sua estruturação orgânica interna é peculiar, integrada por órgãos, cujo funcionamento independe dos interesses de seus membros, que não exercem influência na condução dos negócios societários. Além disso, tem por escopo o lucro a ser distribuído entre os acionistas; procura a consecução do objeto social, atendendo não só os interesses dos acionistas, mas também os dos empregados e os da comunidade onde está sediada, apesar de ser considerada de interesse público por sofrer ingerência estatal em sua constituição, em razão de normas de ordem pública voltada à proteção do investidor, e em sua operação, impondo-lhe certa conduta no mercado. Institucional é, ainda, sua natureza em razão do fato de a atividade de sua administração estar funcionalizada para a satisfação dos interesses da sociedade anônima, que transcendem aos dos seus acionistas, que nem mesmo, por unanimidade, têm liberdade de opinar sobre o destino da sociedade, devendo sempre ficar adstritos aos interesses da companhia, havendo, por isso, proibição do exercício de voto de sócio que se encontrar em situação de conflito de interesses, evitando que venha a prejudicar a pessoa jurídica, votando em prol de seu interesse pessoal, ainda que o patrimônio dos demais acionistas não seja lesado. Sua natureza institucional decorre também da possibilidade de os sucessores ou herdeiros de acionista falecido ingressarem no quadro societário, não podendo requerer a apuração dos haveres do *de cujus*. Daí dizer Rubens Requião que a sociedade anônima, apesar de configurar-se, após sua formação, como "uma *instituição*, não deixa ela de ser formada pelo *contrato*, e este da espécie *plurilateral*. Como instituição está ela voltada para a consecução do 'bem comum', visando primacialmente aos altos interesses coletivos, desvanecendo um tanto o interesse privado, perseguido pelos acionistas. Como contrato regula os interesses pessoais de seus membros".

Para que se possa constituir uma sociedade por ações, três fases deverão ser cumpridas: *a*) requisitos preliminares (Lei n. 6.404/76, arts. 80 e 81); *b*) constituição sucessiva ou subscrição pública (Lei n. 6.404/76, art. 82) ou constituição simultânea ou por subscrição (Lei n. 6.404/76, art. 88); e *c*) providências complementares (Lei n. 6.404/76, arts. 94 e 98)[197]. Graficamente, temos:

197. Waldemar Ferreira, *Tratado de direito comercial*, cit., v. 4, p. 77; Amador Paes de Almeida, *Manual*, cit., p. 196; Arnaldo Rizzardo, *Direito de empresa*, cit., p. 395 e 396; José Edwaldo Tavares Borba, *Direito societário*, Rio de Janeiro, Renovar, 1999, 2004, p. 160; Ricardo Negrão, *Manual*, cit., v. 1, p. 386; Rubens Requião, *Curso*, cit., v. 2, p. 14 e 15; Mônica Gusmão, *Curso*, cit., p. 271; Fábio Ulhoa Coelho, *Manual*, cit., p. 178. José Virgílio Vita Neto (A sociedade limitada no novo Código Civil, *RDM*, *130*:212-20) traça no item 3, "O institucionalismo e a sociedade anônima", interessantes considerações sobre a natureza institucional da companhia.

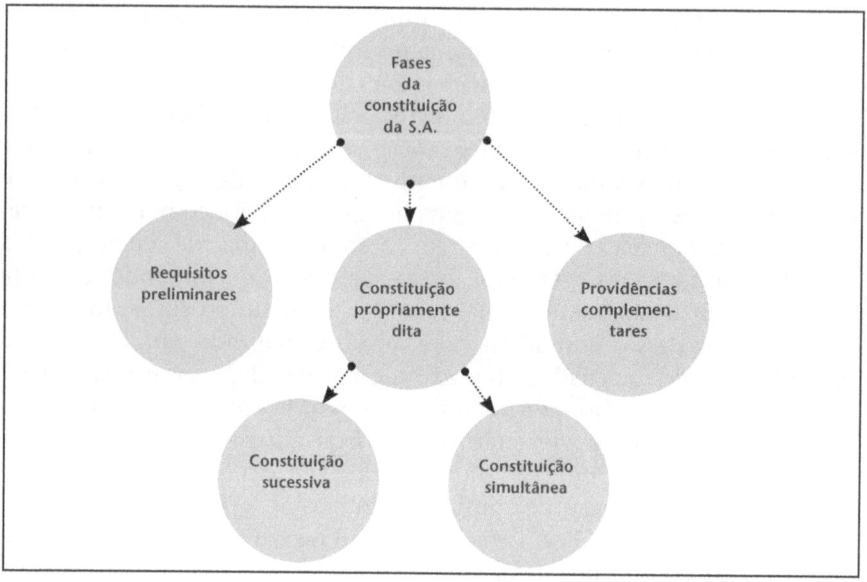

f.4.2. Observância de requisitos preliminares

Qualquer que seja o tipo de sociedade anônima (aberta ou fechada) dever-se-á cumprir, para sua constituição, os seguintes *requisitos preliminares* (Lei n. 6.404/76, art. 80)[198]:

1) *Subscrição, pelo menos por duas pessoas, de todas as ações em que se divide o capital social fixado no estatuto.* Isto é assim porque unipessoalidade não é admitida no direito brasileiro relativamente a sociedade anônima, pois se for: *a*) *aberta*, requer a subscrição de suas ações por três acionistas (pessoas naturais), considerando-se que o seu Conselho de Administração compõe-se por pelo menos três acionistas (pessoas naturais) (Lei n. 6.404/76, arts. 138, § 2º, 140, §§ 1º e 2º, e 146), sendo vedada a acumulação do cargo de presidente do Conselho de Administração e do cargo de diretor-presidente ou de principal executivo da companhia, mas a CVM poderá excepcionar tal proibição para companhias de menor porte (art. 138, §§ 3º e 4º com a redação da Lei n. 14.195/2021); *b*) *fechada*, o número mínimo de acionistas subscritores de todas as ações em que se divide o capital social é dois (pessoas naturais ou jurí-

198. Fábio Ulhoa Coelho, *Curso*, cit., v. 2, p. 176-8; Mônica Gusmão, *Curso*, cit., p. 283; Rubens Requião, *Curso*, cit., v. 2, p. 123 e 124; Amador Paes de Almeida, *Manual*, cit., p. 194 e 195.

dicas), uma vez que não possui Conselho de Administração. Excepcionalmente, a Lei n. 6.404/76 admite a unipessoalidade na sociedade por ações em duas hipóteses: *a*) na prevista no seu art. 206, I, *d*, em que a sociedade constituída por mais de um sócio, por motivo diversos, passará a ter, temporariamente, apenas um acionista, restabelecendo-se o número legal até a primeira assembleia seguinte, sob pena de dissolução da sociedade. Pelo Enunciado n. 483 do Conselho da Justiça Federal, aprovado na V Jornada de Direito Civil: "Admite-se a transformação do registro da sociedade anônima, na hipótese do art. 206, I, *d*, da Lei n. 6.404/1976, em empresário individual ou empresa individual de responsabilidade limitada"; e *b*) na estabelecida no seu art. 251, alusiva à subsidiária integral que poderá contar com apenas um sócio, desde que seja pessoa jurídica, com isso, parece-nos que, na verdade, neste caso ter-se-á pluripessoalidade.

2) *Realização, como entrada, de 10%, no mínimo do preço de emissão das ações subscritas em dinheiro*, se a integralização for a prazo, pois se ela se der à vista, toda a quantia pecuniária correspondente ao preço deverá ser entregue pelos subscritores no momento da subscrição das ações. Mas se se constituir uma instituição financeira sob a forma de sociedade anônima, seu capital social inicialmente integralizado em dinheiro e com pagamento parcelado deverá ser no mínimo 50% (Lei n. 4.595/64, art. 27), procedendo-se o recolhimento junto ao Banco Central do Brasil, onde, até a formação do banco, ficará indispo nível, e o restante da subscrição deverá ser integralizado dentro do lapso temporal de um ano. Se a integralização do capital social se der com bens ou créditos (Lei n. 6.404/76, art. 7º), nenhuma entrada mínima é exigida legalmente, visto que as ações assim pagas serão imediatamente integralizadas.

3) *Depósito, no Banco do Brasil S.A., ou em outro estabelecimento bancário autorizado pela Comissão de Valores Mobiliários, da parte do capital realizado em dinheiro*. Pelo Ato Declaratório n. 2/78 da CVM, todo o dinheiro entregue a sociedade em organização pelos subscritores, a título de pagamento do preço de emissão daquelas ações, deverá ser, obrigatoriamente, depositado, pelo fundador, em cinco dias, contados do recebimento das quantias, em nome do subscritor e a favor da sociedade a ser constituída ou em organização, em qualquer instituição financeira por autorização da CVM. Tal depósito somente poderá ser levantado pela sociedade quando vier a adquirir personalidade jurídica (Lei n. 6.404/76, art. 81) com o assento do seu estatuto no Registro Público de Empresas Mercantis, ou seja, com o arquivamento e publicidade de seu ato constitutivo (Lei n. 6.404/76, arts. 94 e s.) Se a sociedade por ações não se constituir dentro do prazo de seis meses contado daquele depósito bancário, a instituição financeira devolverá o *quantum* diretamente aos subscritores (Lei n. 6.404/76, art. 81, parágrafo único).

f.4.3. Constituição sucessiva

A sociedade por ações poderá formar-se sucessivamente, ou por *subscrição pública*[199] (Lei n. 6.404/76, art. 82), em se tratando de *sociedade aberta*, idônea para se capitalizar no mercado de capitais, pois seus valores mobiliários (ações, debêntures, bônus de subscrição, partes beneficiárias) poderão ser vendidos em Bolsa de Valores ou mercado de balcão.

Na constituição sucessiva ou por subscrição pública, o idealizador (fundador) da sociedade em organização, encarregado de liderar sua formação, faz um apelo ao público investidor, abrangendo as diversas camadas sociais, com o objetivo de captar recursos populares necessários para a efetivação desse negócio. Para tanto, as ações do capital serão colocadas à disposição de quem tiver interesse em adquiri-las, mediante oferta ao público feita, em regra, pela Bolsa de Valores, e, em raras hipóteses, pelo mercado de balcão. Impossível será a constituição por subscrição pública sem que haja venda de ações na Bolsa de Valores ou no mercado de balcão, mediante intermediação de instituição financeira; medida que visa acautelar a economia popular e permitir uma maior fiscalização por parte de órgãos oficiais. Daí a necessidade de normas protetivas dos interesses dos subscritores assim recrutados.

A oferta das ações para a constituição por subscrição pública da sociedade anônima poderá dar-se pelos seguintes meios (LCVM, art. 19, § 3º, e Instrução da CVM n. 400/2003): *a*) utilização de instrumentos de subscrição (listas ou boletins) e informação (folhetos, prospectos ou anúncios) destinados ao público em geral; *b*) contratação de serviços de empregados, agentes ou corretores para a busca de investidores interessados; *c*) negociação feita em loja, escritório ou estabelecimento aberto ao público, utilizando-se, na colocação de ações da companhia em organização, de serviços públicos de comunicação; *d*) uso de publicidade, oral ou escrita, cartas, anúncios, avisos especialmente através de meios de comunicação de massa ou eletrônicos (*internet*) etc.[200].

A subscrição pública somente poderá ser efetuada com a intermediação de instituição financeira (Lei n. 6.404/76, art. 82, *caput*, 2ª parte), contratan-

---

199. Sobre constituição por subscrição pública: Waldemar Ferreira, *Tratado de direito comercial*, cit., v. 4, p. 75 e 76; Arnaldo Rizzardo, *Direito de empresa*, cit., p. 398 e s.; Fábio Ulhoa Coelho, *Curso*, cit., v. 2, p. 178-86; Amador Paes de Almeida, *Manual*, cit., p. 195-8; Ricardo Negrão, *Manual*, cit., v. 1, p. 387 e 390-2; Mônica Gusmão, *Curso*, cit., v. 1, p. 284 e 285; Rubens Requião, *Curso*, cit., v. 2, p. 124 e 127-30.
Vide: art. 85, §§ 1º e 2º da Lei n. 6.404/76 com redação da Lei n. 13.874/2019.

200. É a lição de Fábio Ulhoa Coelho, *Curso*, cit., v. 2, p. 179.

do-se prestação de serviços de *underwriter* para assinar alguns documentos indispensáveis ao pedido de registro na CVM, como, p. ex., o *prospecto* (Lei n. 6.404/76, art. 82, § 1º, *c*) e para colocar as ações no mercado junto ao público investidor conforme as condições estabelecidas.

A Lei n. 4.728/65, que rege o mercado de capitais, possibilita o *underwriting*, ao estabelecer no art. 15 que "as instituições financeiras autorizadas a operar no mercado financeiro e de capitais poderão organizar consórcio para o fim especial de colocar títulos ou valores mobiliários no mercado", ou seja, "formar e gerir, como líder ou participante, consórcios para lançamentos públicos (*underwriting*), bem como para compra ou revenda de títulos e valores mobiliários, e ainda encarregar-se de sua distribuição no mercado de capitais" (Res. n. 39/66 do Banco Central, art. 66, III — ora revogada pela Resolução n. 922/1984).

O *underwriting* seria um contrato prévio entre os fundadores e as instituições financeiras intermediárias, escritórios de consultores técnico-jurídicos etc., que, conjuntamente, fazem a operação de tomada de toda a emissão, destinada à oferta pública, encarregando-se de procedimentos regulamentares, de publicidade, lançamento ou distribuição no mercado de capitais, de valor superior a quinze mil vezes o salário mínimo vigente no País.

Há um desconto convencionado, para finalidade de venda ao público, ou de oferecimento ao público pelo *underwriter*, que se obrigará a ficar com as sobras. Para isso será imprescindível o prévio fornecimento de prospecto ao investidor potencial que o solicitar à instituição líder encarregada da colocação de títulos ou do consórcio responsável.

O texto publicitário para oferta, anúncio, ou promoção de lançamento de emissão deverá conter:

a) nome da empresa, endereço, objeto social e número de registro no Cadastro Nacional de Pessoa Jurídica;

b) capital social;

c) lucro líquido e valor patrimonial, por ação, e ainda, o valor total das vendas, nos três últimos exercícios;

d) caracteres da emissão como valor total, quantidade de títulos, valor nominal, taxa de juros, bases de conversão;

e) preço de lançamento e condições de integralização;

f) número e data do registro da emissão.

Por tal razão as normas do *full disclosure* (relativas ao dever legal da companhia emissora de debêntures prestar ao mercado informações claras e completas, dando subsídios para que o investidor possa tomar decisões sobre o negócio proposto) deverão estender-se ao *underwriter* (coordenador da operação), responsabilizando-o, civilmente, pelas informações incorretas prestadas, já que a ele compete a análise do relatório econômico-financeiro da empresa. O princípio da *disclosure* reprime o *insider trading* e a manipulação mercadológica, por estar jungido à transparência das informações e à igualdade de acesso a elas de todos os investidores, como ensina Konder Comparato.

Há responsabilidade solidária pela informação prestada da companhia e do *underwriter*, pois, no contrato de *underwriting*, as obrigações pactuadas, como ensinam Wald e Eizirik, são assumidas entre a companhia emissora e *underwriter*, porém, dada a natureza dos serviços contratados (realização de uma oferta pública de títulos, com consequente apelo a poupança popular) seus efeitos alcançam outras pessoas[201].

201. A respeito do *underwriting*: M. Helena Diniz, *Tratado*, cit., v. 4, p. 305 e 306; Waldirio Bulgarelli, "Underwriting", in *Enciclopédia Saraiva do Direito*, v. 75, p. 435; José da Silva Pacheco, *Tratado de direito empresarial. Empresário: pessoa e patrimônio*, São Paulo, Saraiva, 1979, v. 1, p. 39 e 40; Fábio Konder Comparato, A regra do sigilo nas ofertas públicas de aquisição de ações, *RDM*, *49*:569. O *insider trading* é o uso de informações sobre companhia aberta, por parte de pessoas que, por força de seu exercício profissional, estão por dentro de seus negócios, transacionando com os valores mobiliários de emissão da companhia, antes que tais informações sejam de domínio público (IN 358, da CVM, com redação da IN 369). Consulte: Arnoldo Wald e Nelson Eizirik, Responsabilidade do *underwriter* pela veracidade das informações em uma emissão pública, *Revista da CVM*; Sereni, *La società per azioni negli Stati Uniti*, p. 42; Márcia Regina Machado Melaré, A responsabilidade civil do *underwriter* pelas informações prestadas ao mercado investidor, *Revista IASP*, *12*:63-71. Paulo Sérgio Restiffe (*Manual*, cit., p. 153-4) esclarece: "O mercado de capitais divide-se em duas fases bem distintas: a fase do mercado primário e a fase do mercado secundário. Na verdade, as ações são passíveis de negociação, isto é, são objeto de negociação, no denominado mercado de ações, que se divide em duas fases: i) o mercado primário; e ii) o mercado secundário, que se caracteriza pela negociação de valores mobiliários emitidos no mercdo primário, enseja liquidez a esse mesmo mercado primário. No mercado primário, a companhia capta os recursos necessários às suas atividades por meio de emissões primárias, que podem ser privadas, que são os recursos obtidos junto ao público por meio de subscrição ou *underwriting*. No mercado primário de ações ocorre a operação de *underwriting*, ou subscrição, em que há a abertura de capital (ou formação de capital) ou aumento de capital (ou expansão de capital) da companhia, mediante a colocação ou lançamento de valores mobiliários, em especial ações e debêntures. Há quatro modalidades de *underwriting*: i) garantia firme; ii) *best efforts* (melhores esforços); iii) *stand by*; e iv) *book building*. O *underwriting* de garantia firme é a operação em que a instituição financeira coordenadora garante a colocação de determinado lote de ações a um certo preço previamente estabelecido com a companhia emissora das ações, bem como se encarrega, por sua conta e risco, de proceder à colocação no mercado dessas ações. O *underwriting* de melhores esforços (*best efforts*) é a operação em que a instituição financeira coordenadora assume o compromisso de desenvolver os melhores esforços para revender junto a seus clientes, nas melhores condi-

Para que se dê a constituição por subscrição pública, dever-se-ão cumprir as seguintes etapas:

1) *Pedido prévio de registro da emissão na Comissão de Valores Mobiliários.* Como vimos, antes de requerer o pedido desse registro, imprescindível será a contratação do *underwriter*. Não se terá subscrição pública sem intermediação de instituição financeira e sem o prévio registro da emissão na CVM. Sem esse registro, inadmissível será a emissão pública de valores.

O pedido de registro de emissão na CVM, assinado pelo fundador e pela instituição financeira, deverá estar instruído (Lei n. 6.404/76, art. 82, § 1º, *a*, *b* e *c*) com: *a*) o estudo da viabilidade econômica e financeira do empreendimento elaborado por técnicos, demonstrando que o intento do fundador poderá despertar o interesse do mercado de capitais; *b*) o projeto do estatuto social, redigido por advogado, traçando normas sobre a estrutura da companhia e as relações entre os acionistas, contendo cláusulas sobre denominação, sede, capital social, objeto social, caracteres da sociedade; órgãos sociais diretivos, assembleias gerais e extraordinárias, preenchimento de cargos administrativos, modo de liquidação etc.; *c*) a minuta do prospecto da sociedade, organizado e assinado pelo fundador e pela instituição financeira intermediária. Esse prospecto visa divulgar não só a sociedade em organização, bem como seus objetivos, para conseguir a colocação no mercado da sociedade, chamando a atenção das pessoas, levando-as a aplicar seus recursos no empreendimento, contribuindo para a instalação de mais uma sociedade empresária e, para tanto, deverá conter (Lei n. 6.404/76, art. 84): o valor do capital social a ser subscrito, o modo de sua realização e a existência ou não de autorização para aumento futuro; a parte do capital a ser formada com bens, a discriminação desses bens e o valor a eles atribuído pelos fundadores; o número, as espécies e classes de ações em que se dividirá o capital; o valor nominal das ações, e o preço da emissão das ações; a importância da entrada a ser realizada no ato da subscrição; as obrigações assumidas pelos fundadores, os contratos assinados no interesse da futura companhia e as quantias já despedidas ou por despender; as vantagens particula-

---

ções possíveis e por prazo determinado, as ações emitidas por companhia. O *underwriting stand by* é a operação em que a instituição financeira assume o compromisso de, após determinado prazo, proceder à subscrição das ações de companhia que se comprometeu a ofertar em mercado, mas que não encontrou interessados. E o *underwriting book building* é a operação de oferta global (*global offering*) das ações de companhia, seja no Brasil, seja no exterior. No caso de oferta no exterior, devem ser observadas as regras exigidas pela legislação do país em que a colocação ocorrer. E, no mercado secundário, ocorre a disposição dos valores mobiliários entre investidores, não participando, assim, a companhia emissora das operações realizadas nesse mercado".

res, a que terão direito os fundadores ou terceiros, e o dispositivo do projeto do estatuto que as regula; a autorização governamental para constituir-se a companhia, se necessária; as datas de início e término da subscrição e as instituições autorizadas a receber as entradas; a solução prevista para o caso de excesso de subscrição; o prazo dentro do qual deverá realizar-se a assembleia de constituição da companhia, ou a preliminar para avaliação dos bens, se for o caso; nome, nacionalidade, estado civil, profissão e residência dos fundadores, ou, se pessoa jurídica, a firma ou denominação, nacionalidade e sede, bem como o número e espécie de ações que cada um houver subscrito; a instituição financeira intermediária do lançamento, em cujo poder ficarão depositados os originais do prospecto e do projeto de estatuto, com os fundamentos a que fizerem menção, para exame de qualquer interessado. Observa, ainda, Fábio Ulhoa Coelho[202] que, por exigência da CVM, poderão ser juntados ao pedido de registro a cópia do contrato de *underwriting* e o modelo do boletim de subscrição a ser usado (Instrução n. 13 da CVM, art. 10 — ora revogada pela ICVM n. 400/2003).

A CVM deferirá o pedido do registro de emissão se comprovadas estiverem a viabilidade econômico-financeira do empreendimento, a idoneidade do fundador ou dos fundadores e a satisfatoriedade do estatuto e do prospecto.

2) *Colocação das ações*, emitidas pela sociedade em organização, *junto aos investidores*, por intermédio da instituição financeira (*underwriter*), para tanto contratada na Bolsa de Valores ou no mercado de balcão, para que haja, até o prazo máximo de seis meses (Instrução n.13 da CVM, art. 5º — ora revogada pela ICVM n. 400/2003), subscrição, em sua *totalidade* (Instrução n. 287 da CVM, art. 2º, IV), pelos interessados, por meio de pagamento e assinatura da lista ou do boletim individual de entrada. Somente depois de feito o registro, possível será tal oferta das ações para obtenção de recursos junto a investidores, que se opera (Instrução n. 13 da CVM, art. 31 — ora revogada pela ICVM n. 400/2003) pelo: *a*) mecanismo de *reserva*, pelo qual se tem o acesso garantido a todos os investidores, uma vez que o *underwriter* aceita, irrevogavelmente, manifestação de interesse na subscrição de ações, com ou sem o depósito bancário de parte do preço, antes da concessão do registro e da publicação do anúncio do início da subscrição, e o investidor tem a obrigação de subscrever as ações que lhe foram reservadas; e *b*) procedimento diferenciado no qual o interessado deverá, no prazo da colocação, proceder à subscrição das ações ofertadas, visto que não há reserva. Os subscritores deverão ser devidamente qualificados, se pessoas naturais, pelo nome, naciona-

202. Fábio Ulhoa Coelho, *Curso*, cit., v. 2, p. 181.

lidade, domicílio, estado civil, profissão, documento de identidade e CPF, e se pessoas jurídicas, pela firma ou denominação social, sede e CNPJ, especificando-se também o número de ações subscritas, sua espécie e classe, se houver mais de uma, e o total da entrada. A subscrição é um contrato por adesão, ao qual os subscritores aderem, assinando lista, boletim ou carta, tendo por escopo constituir uma sociedade anônima. Esse contrato é bilateral, sendo celebrado entre subscritores e fundadores. Pelo art. 92 da Lei n. 6.404/76, os fundadores e as instituições financeiras intermediárias terão responsabilidade pelos danos advindos da não observância da lei, sendo que os fundadores responderão, solidariamente, pelos prejuízos causados, culposa ou dolosamente, em atos efetivados antes da constituição da sociedade por ações[203].

3) *Convocação da assembleia geral pelo fundador ou fundadores* (Lei n. 6.404/76, arts. 121 e 124, §§ 1º, II, 2º e 2º-A, acrescentados pela Lei n. 14.030/2020 com alterações da Lei n. 14.195/2021), estando subscrito todo o capital social, para avaliar os bens e deliberar sobre a constituição da sociedade por ações, que se instalará sob a presidência de um dos fundadores e secretariado por um subscritor, escolhido na ocasião, mediante *quorum* de, no mínimo, metade do capital social, em primeira convocação (21 dias de antecedência na companhia aberta) e, em segunda convocação (8 dias de antecedência na companhia aberta), em qualquer número.

---

203. Amador Paes de Almeida, *Manual*, cit., p. 197; Rubens Requião, *Curso*, cit., v. 2, p. 129; Tomás L. de Carvalho, A possibilidade de locação de ações e quotas como inovação estratégica, *Revista Síntese – Direito Empresarial*, *27*:9-29; Fábio Ulhoa Coelho, *Curso*, cit., v. 2, p. 183. E Paulo Sérgio Restiffe (*Manual*, cit., p. 155) esclarece: "O mercado de balcão é atividade exercida fora do âmbito das bolsas de valores. E considera-se realizada em mercado de balcão a operação cuja contratação não seja efetivada por meio de leilão ou apregoamento, isto é, sem local físico definido. O Mercado de Balcão Organizado (MBO), porque regulado pela Comissão de Valores Mobiliários (CVM), nos termos dos arts. 4º, III, II, § 10, 15, III e V, 17, *caput*, § 1º, 18, I, *c*, *d* e *f*, e II, *a*, e 21, II, §§ 1º, 4º e 5º, todos da Lei 6.385, de 07/12/1976, bem como pela Instr. CVM 243, de 1º/03/1996 (ora revogada pela ICVM n. 480/2009), é composto pela Sociedade Operadora do Mercado de Acesso (Soma). A Sociedade Operadora do Mercado de Acesso (Soma), constituída sob a forma de sociedade anônima, com sede e foro na capital do Estado do Rio de Janeiro, foi inspirada no modelo da Nasdaq, destinando-se, em especial, aos *venture capitals*. No Mercado de Balcão Organizado (MBO), as negociações são efetivadas por meio eletrônico, admitindo-se, inclusive, procedimentos para registro de ofertas de compra e venda diretamente pelos clientes dos intermediários associados, que podem ser os formadores de mercado (*market makers*) e as instituições financeiras associadas, por meio da Internet, consoante disciplinado pela Norma Dirger 08, de 28/05/2001. A Instr. CVM 376, de 11/09/2002 (ora revogada pela ICVM n. 380/2002), estabelece normas e procedimentos a serem observados nas operações realizadas em bolsas de valores e mercados de balcão organizado (MBO) por meio da Internet. A Bolsa de Valores de São Paulo (Bovespa) criou o Bovespa MAIS, sigla para Mercado de Ações para o Ingresso de SA's, que é um novo segmento para ingresso de empresas no mercado de capitais por meio do mercado de balcão organizado".

Nessa assembleia, ter-se-á a leitura dos editais da convocação e da certidão do depósito bancário das entradas e discutir-se-á a aprovação do estatuto.

O *quorum* de deliberação para avaliação dos bens ofertados à integralização do capital social e para eleição de administradores e fiscais é o da maioria dos votos dos subscritores presentes à assembleia (Lei n. 6.404/76, art. 129); para a aprovação de constituição da sociedade anônima é o de mais da metade do capital social (Lei n. 6.404/76, art. 87, § 3º); e para alteração do projeto de estatuto é o da unanimidade dos subscritores que aderiram à constituição da sociedade.

A ata dessa assembleia de constituição ou de fundação, lida e aprovada, será lavrada em duas vias assinadas por todos os subscritores presentes, sendo que uma delas ficará com a sociedade anônima e a outra enviada ao Registro Público de Empresas Mercantis, juntamente com: o original do estatuto social, do prospecto assinado pelos fundadores e do jornal de sua publicação; a relação completa, autenticada pelos fundadores, dos subscritores do capital social, com a qualificação, número das ações e o total da entrada de cada subscritor (Lei n. 6.404/76, art. 85).

Com a constituição da sociedade por subscrição pública, e obtida sua personalidade jurídica, os fundadores deverão entregar aos administradores eleitos toda a documentação, pois as formalidades complementares serão incumbência sua.

Assim, temos:

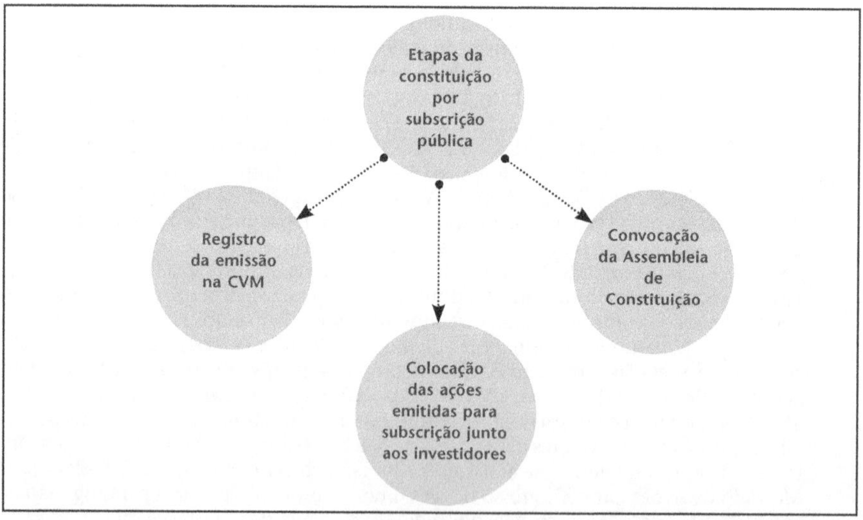

f.4.4. Constituição simultânea

A *constituição simultânea* caracteriza-se pela *subscrição particular* e é própria da *sociedade fechada*, embora a sociedade aberta dela possa fazer uso.

Na subscrição particular, a sociedade por ações constituir-se-á por "deliberação dos subscritores em assembleia geral ou por escritura pública, considerando-se fundadores todos os subscritores" (Lei n. 6.404/76, art. 88) do capital, seus acionistas. Os interessados, reunindo-se para o ato de constituição da sociedade anônima, provavelmente, já tendo ciência do projeto do estatuto, cuja cópia receberem, pagarão o valor da subscrição e assinarão a ata assemblear ou a escritura pública, acatando os termos propostos. Dois são os meios para que se dê a constituição por subscrição privada da sociedade por ações: a assembleia geral ou a escritura pública. Os anúncios convocatórios à assembleia ou ao ato de assinatura da escritura serão dispensados se todos os subscritores comparecerem (Lei n. 6.404/76, art. 124, § 4º). Consequentemente, não se terá a oferta pública das ações para conseguir investidores, captando recursos no mercado de capitais, nem o prévio registro da emissão das ações na CVM. O convite à subscrição é dirigido a algumas pessoas.

Se os interessados optarem pela *assembleia geral* (Lei n. 6.404/76, arts. 86 e 87), nela, além da subscrição das ações, resolverão questões sobre: avaliação de bens ofertados, se a integralização do capital social não for feita em dinheiro, já que, p. ex., a incorporação de imóveis para a formação do capital não exige escritura pública (Lei n. 6.404/76, art. 9º); aprovação do projeto do estatuto; deliberação da fundação da companhia e nomeação dos primeiros administradores, que deverão proceder ao arquivamento e à publicação dos atos de constituição. Lavrar-se-á a ata assinada em duplicata pelos acionistas (Lei n. 6.404/76, art. 88, § 1º), que servirão de título para o arquivamento na Junta Comercial e para o assento no Registro Público de Empresas Mercantis, no Registro Imobiliário (Lei n. 6.404/76, art. 89). Comprovando a integralização do capital em dinheiro, ter-se-á a exibição do recibo do depósito e a apresentação do boletim ou da lista de subscrição de todas as ações, com ulterior registro na Junta Comercial. Logo, no ato do arquivamento, os administradores eleitos na assembleia da constituição da sociedade anônima deverão apresentar: um exemplar do estatuto social, assinado por todos os subscritores (Lei n. 6.404/76, art. 88, § 1º); rol completo dos subscritores, autenticado pelo presidente de assembleia, acompanhado da qualificação, do número de ações e do total da entrada de cada um deles (Lei n. 6.404/76, art. 85); recibo do depósito bancário (Lei n. 6.404/76, art. 80, III); duplicata da ata assemblear realizada para avaliação de bens (Lei n. 6.404/76, art. 8º); e duplicata da ata da assembleia geral dos subscritores, deliberando a constituição da sociedade anônima (Lei n. 6.404/76, art. 87).

Se a alternativa escolhida para a fundação da sociedade anônima por subscrição particular for a *escritura pública* lavrada em cartório de notas, com a observância das formalidades legais, e assinada por todos os subscritores, ela deverá conter, obrigatoriamente: *a*) qualificação dos subscritores, nos termos da lista ou do boletim de subscrição (Lei n. 6.404/76, art. 85), pelo nome, nacionalidade, domicílio, estado civil, profissão, documento de identidade, CPF, ou se pessoa jurídica, pela firma ou denominação, nacionalidade, sede e CNPJ; *b*) o estatuto social da sociedade por ações constituída; *c*) a relação das ações, tomadas pelos subscritores e a importância das entradas pagas; *d*) a transcrição de recibo do depósito bancário das entradas pecuniárias e do laudo de avaliação dos peritos, se a integralização do capital social se deu pela entrega de bens; *e*) a nomeação dos primeiros administradores, e, quando for o caso, dos fiscais (Lei n. 6.404/76, art. 88, § 2º).

Não será preciso juntar os documentos exigidos na constituição por via assemblear, visto que os elementos, nele contidos, estão consignados na escritura pública.

Essa escritura pública levada a assento no Registro Público de Empresas Mercantis dotará de regularidade a sociedade por ações. A Junta Comercial fornecerá cópia autêntica ou certidão dos documentos e do ato de arquivamento, para publicação em *Diário Oficial*, dentro de trinta dias, e um exemplar do órgão oficial, onde foi publicado aquele documento, deverá ser arquivado no Registro Público de Empresas Mercantis[204].

Graficamente:

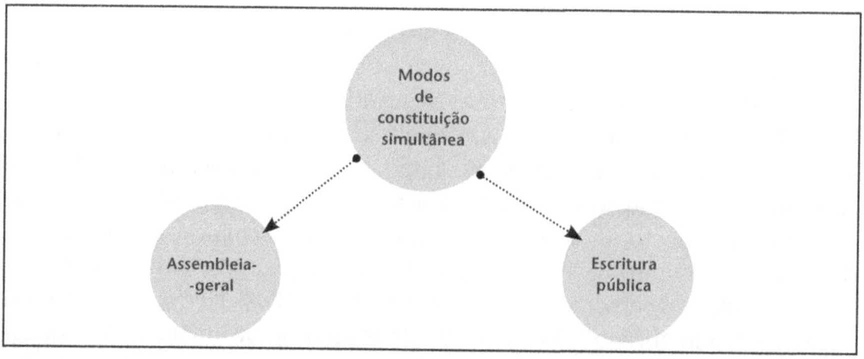

204. Ricardo Negrão, *Manual*, cit., v. 1, p. 387, 389 e 390; Arnaldo Rizzardo, *Direito de empresa*, cit., p. 397 e 398; Fábio Ulhoa Coelho, *Curso*, cit., v. 2, p. 186; Amador Paes de Almeida, *Manual*, cit., p. 198 e 199; Rubens Requião, *Curso*, cit., v. 2, p. 130 e 131.

f.4.5. Providências complementares: arquivamento, publicidade do ato constitutivo e transferência de titularidade de bens

Pelo art. 94 da Lei n. 6.404/76, nenhuma sociedade por ações, constituída sucessiva ou simultaneamente, poderá entrar em funcionamento sem que seus atos constitutivos estejam arquivados e publicados, por ser irregular.

E os primeiros administradores terão responsabilidade solidária perante a sociedade pelos danos que vierem a causar pela demora em cumprir essas providências complementares, indenizando-a (Lei n. 6.404/76, art. 159).

Daí serem imprescindíveis, para sua constituição e existência legal como pessoa jurídica, algumas *providências complementares*[205]:

a) Arquivamento do ato constitutivo no Registro Público de Empresas Mercantis do Estado onde estiver sediada, dentro de trinta dias (Lei n. 8.934/94, art. 36; Lei n. 6.404/76, art. 98; e CC, art. 1.151), regularizando-a como pessoa jurídica e dando validade aos atos praticados com terceiros.

Se a sociedade anônima foi constituída por decisão em assembleia geral, deverão ser arquivados, como vimos: um exemplar do estatuto social assinado por todos os subscritores, e se a subscrição for pública, os originais do estatuto e do prospecto, assinados pelos fundadores e o jornal onde foram publicados; relação completa, autenticada pelos fundadores ou pelo presidente da assembleia, dos subscritores do capital social, com sua qualificação, número de ações e o total de sua entrada; recibo do depósito bancário da parte do capital integralizado em dinheiro; duplicata das atas assembleares relativas à avaliação de bens, se a integralização de parte do capital social se deu com contribuições em bens; duplicata da ata da assembleia geral dos subscritores que houver deliberado a constituição da sociedade anônima (Lei n. 6.404/76, art. 95).

Se sua constituição se der por meio de escritura pública, a certidão desse instrumento, expedida pelo tabelião, deverá ser arquivada na Junta Comercial (Lei n. 6.404/76, art. 96).

Pelo art. 97 da Lei n. 6.404/76, a Junta Comercial deverá analisar não só a ocorrência de cláusulas contrárias à lei, à ordem pública e aos bons costumes, como também averiguar se todas as disposições legais foram observadas na constituição da companhia e, se não o foram, poderão as irregu-

205. Amador Paes de Almeida, *Manual*, cit., p. 199 e 200; Mônica Gusmão, *Curso*, cit., p. 285 e 286; Fábio Ulhoa Coelho, *Curso*, cit., v. 2, p. 187 e 188.

laridades dos atos constitutivos ser sanadas, se isto for possível, pelos acionistas, em assembleia geral, havendo *quorum* qualificado, ou seja, aprovação da medida saneadora por acionistas que representem pelo menos metade do capital social (Lei n. 6.404/76, art. 97, § 1º), para que se proceda o arquivamento de seu ato constitutivo no Registro Público de Empresas Mercantis. E se depois do arquivamento alguma ilegalidade for encontrada, esta deverá ser levada à apreciação do Poder Judiciário.

Também deverão ser arquivados, nesse mesmo órgão registrário, os atos constitutivos de sucursais, filiais e agências das companhias.

b) *Publicidade dos atos constitutivos* e da *certidão do arquivamento*, mediante publicação feita, pelos primeiros administradores, em órgão oficial da sede da sociedade constituída, dentro de trinta dias após o arquivamento, sob pena de responsabilidade solidária pela demora.

c) *Transferência da titularidade dos bens* entregues para integralização, total ou parcial, do capital social, que se dá com o assento da certidão dos atos constitutivos, passada pelo Registro Público de Empresas Mercantis em que forem arquivados, no Registro competente, p. ex., se patentes, no INPI, se imóveis, no Registro Imobiliário. Essa certidão, portanto constitui título hábil para a transferência da propriedade do subscritor para a sociedade, independentemente de escritura pública, mesmo se aqueles bens forem imóveis.

Sinteticamente pode-se ter a seguinte apresentação gráfica:

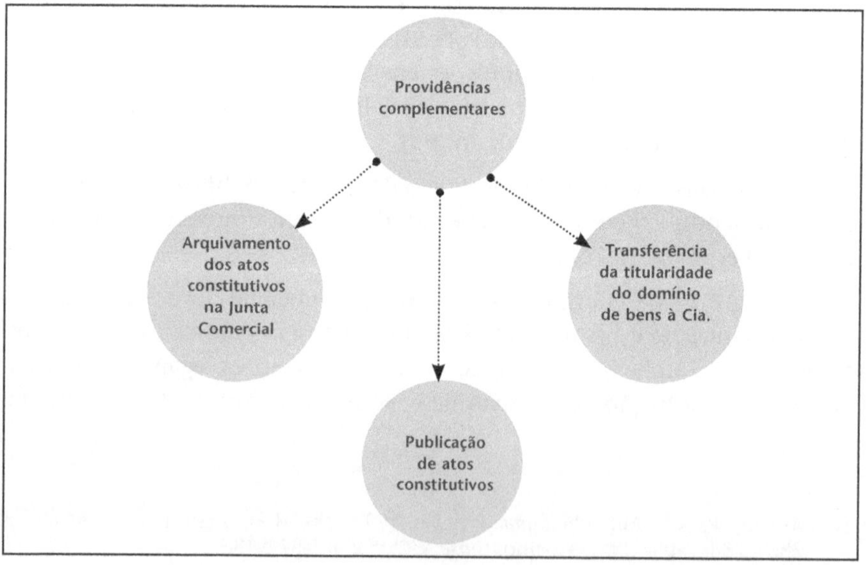

Fábio Ulhoa Coelho[206] lembra-nos que para a regularidade da sociedade anônima, constituída por subscrição pública ou particular, dever-se-ão atender, ainda, as normas tributárias, previdenciárias, trabalhistas, ambientais, administrativas, atinentes às novas atividades empresariais; logo, os primeiros administradores deverão inscrevê-la no Cadastro Nacional de Pessoas Jurídicas (CNPJ) e em cadastros estaduais e municipais e, ainda, providenciar sua matrícula no INSS, sua filiação a sindicatos patronais, sua licença de funcionamento etc.

f.5. Capital social e possibilidade de sua modificação

A sociedade por ações, para que possa iniciar sua atividade empresarial, voltada à consecução do objeto social, precisará obter recursos por meio de *capitalização*, recebendo, sem o ônus da devolução, dos acionistas a propriedade de dinheiro, bens ou créditos, ou de *financiamento bancário*, que se opera por meio de securitização, ou seja, pela emissão de debêntures ou *commercial papers*, tornando-se, então, devedora, assumindo a obrigação de restituir os valores recebidos, acrescidos de juros, visto que lhe foi fornecido por terceiros (não acionistas).

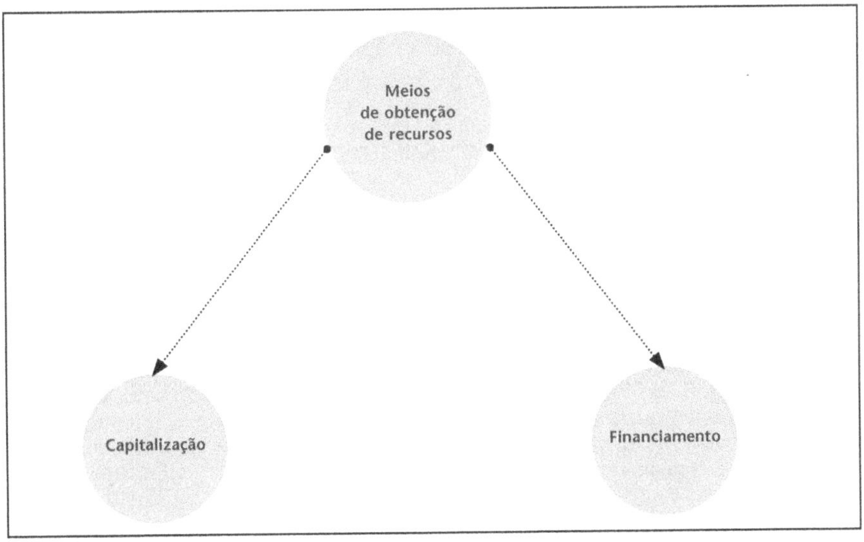

206. Fábio Ulhoa Coelho, *Curso*, cit., v. 2, p. 187 e 188.

O capital social[207] é a parte da contribuição em dinheiro, bens corpóreos, incorpóreos (marca patente), móveis ou imóveis ou créditos, desde que suscetíveis de avaliação monetária (Lei n. 6.404, art. 7º), com a qual os acionistas (subscritores), ao integralizá-lo, formam o fundo necessário para o início da atividade da sociedade. Mas, na hipótese de constituição de instituições financeiras, a realização de seu capital inicial apenas poderá ser em dinheiro (Lei n. 4.595/64, art. 26). Se o capital social, no todo ou em parte, for formado por bens, estes deverão ser avaliados por três peritos, ou por empresa tecnicamente especializada (Lei n. 6.404/76, art. 8º), p. ex., a Câmara de Valores Imobiliários, indicados pelos subscritos em reunião assemblear (Lei n. 6.404/76, art. 84, X). Se o valor que lhes foi conferido, no laudo, devidamente fundamentado, apresentado, não sofrer impugnação, a titularidade desses bens será transferida à sociedade anônima, bastando, para tanto, que haja assento da certidão de seus atos constitutivos, passada pela Junta Comercial, no registro competente, estando dispensada, em se tratando de imóveis, a escritura pública (Lei n. 6.404/76, art. 89).

O capital social deverá ser expresso em moeda nacional, e o estatuto da sociedade anônima fixará seu valor, que deverá ser corrigido anualmente (Lei n. 6.404/76, art. 5º).

O capital social não se confunde, portanto, com o patrimônio social, que é a totalidade dos bens pertencentes à sociedade, por ser, como vimos, decorrente de entradas dos acionistas, pois é fracionado em parcelas ou unidades designadas ações, com ou sem valor nominal (Lei n. 6.404/76, arts. 11, 13 e 14) e materializadas em títulos.

Cada acionista responderá pelo preço da emissão das ações, pelas obrigações sociais até o limite que faltar para integralizar as ações que subscre-

---

207. Relativamente ao capital social: Fábio Ulhoa Coelho, *Curso*, cit., v. 2, p. 156-75; *Manual*, cit., p. 178 e 193-6; Mônica Gusmão, *Curso*, cit., p. 286-8; Amador Paes de Almeida, *Manual*, cit., p. 204-3; Rubens Requião, *Curso*, cit., v. 2, p. 57-69; Ricardo Negrão, *Manual*, cit., v. 1, p. 394-8; Arnaldo Rizzardo, *Direito de empresa*, cit., p. 291 e s.; Francesco Galgano e outros, *Trattato di diritto commerciale e di diritto pubblico dell'economia*, Padova, Cedam, 1988, v. 7, p. 368 e 369; Waldirio Bulgarelli, *Comentários à Lei das sociedades anônimas*, São Paulo, Saraiva, 1978, v. 4, p. 15-9; José A. Tavares Guerreiro, *Regime jurídico do capital autorizado*, São Paulo, Saraiva, 1984; Mario Engler Pinto Junior, A capitalização da companhia, in *Sociedades anônimas* (coord. Finkelstein e Proença), série GVLaw, São Paulo, Saraiva, 2007, p. 249-74; Bruno C. F. Albuquerque, Distinção do lucro líquido nas sociedades anônimas brasileiras, *Revista Síntese – Direito empresarial*, n. 38, p. 9 a 37.

veu ou adquiriu (Lei n. 6.404/76, art. 1º). Tal preço não se confunde com o valor nominal ou com o de negociação, como observa Fábio Ulhoa Coelho. O preço da emissão é o *quantum* que o investidor deve pagar para ser titular da ação subscrita, não podendo ser inferior ao valor nominal (Lei n. 6.404/76, art. 13), que é o oriundo de operação aritmética de divisão do capital social pelo número de ações. Se as ações forem subscritas por preço superior ao valor nominal, ter-se-á a reserva de capital que, constituída por dinheiro, por ser alusiva ao ágio (diferença entre o preço da emissão e o valor nominal da ação), não poderá ser contabilizada no capital social. Assim, como pondera Fábio Ulhoa Coelho[208], "a contribuição dos sócios é medida pelo capital social *mais* a parcela da reserva de capital constituída pelo ágio da subscrição, se existente. Essa observação é relevante para que se esclareça que o capital social é *uma* medida da contribuição dos sócios e não necessariamente *a* medida".

O capital social poderá sofrer, durante a atividade empresarial exercida pela companhia, modificação, tendendo a crescer ou a reduzir, em razão de fatores externos ou internos, como sucesso ou insucesso do empreendimento realizado.

Ter-se-á *aumento* do capital social, ocorrendo:

1) *Os casos do art. 166, I a IV, da Lei n. 6.404/76*, ou seja: *a*) por deliberação da assembleia geral ordinária, para correção da expressão monetária do seu valor, que deve ser feita anualmente (Lei n. 6.404/76, art. 5º, parágrafo único); *b*) por deliberação da assembleia geral ou do Conselho de Administração, observado o que a respeito estiver previsto estatutariamente, na hipótese de emissão de ações, dentro do limite autori-

---

208. Fábio Ulhoa Coelho, *Curso*, cit., v. 2, p. 158. Há fundos de reserva para sanar prejuízos sofridos pela companhia e reforçar garantias dos credores. Temos a *reserva legal* (Lei n. 6.404/76, art. 193), resultante da conservação de parcela dos lucros líquidos; o *ajuste de avaliação patrimonial* (Lei n. 6.404/76, art. 182, § 3º, com a redação da Lei n. 11.638/2007), contrapartida de diminuição ou aumento de valor atribuído a elementos do ativo e do passivo, em decorrência da sua avaliação a preço de mercado, e a *reserva de capital* (Lei n. 6.404/76, art. 182, § 1º, com alteração da Lei n. 11.638/2007, e § 2º), constituída com: a) a contribuição do subscritor de ações que ultrapassar o valor nominal e a parte do preço de emissão das ações sem valor nominal que ultrapassar a importância destinada à formação do capital social, inclusive nos casos de conversão em ações de debêntures ou partes beneficiárias; b) o produto da alienação de partes beneficiárias e bônus de subscrição; e *c*) o resultado da correção monetária do capital realizado, enquanto não capitalizado. É a lição de Amador Paes de Almeida (*Manual*, cit., p. 201 e 211).

zado no estatuto. Em caso de sociedade anônima (aberta ou fechada) constituída com capital autorizado, em que o capital social poderá ser aumentado, com emissão de novas ações, por disposição estatutária, independentemente de reforma do estatuto social (Lei n. 6.404/76, art. 168). Essa autorização estatutária deverá estabelecer: o limite de aumento, em valor do capital ou em número de ações e as espécies e classes de ações que poderão ser emitidas; o órgão competente (assembleia geral ou Conselho de Administração) para deliberar sobre as emissões; as condições a que se sujeitarão as emissões; os casos em que os acionistas terão direito de preferência para subscrição ou de inexistência desse direito (Lei n. 6.404/76, art. 172). A adoção do regime de capital autorizado tem por escopo a simplificação do processo de aumento de capital, agilizando-o; *c*) por conversibilidade de debêntures ou de partes beneficiárias em ações (Lei n. 6.404/76, arts. 57, I a IV, e 48, § 2º), sem captação de novos recursos, acarretando redução do passivo e aumento do patrimônio líquido da sociedade anônima; *d*) pelo exercício do direito de subscrever ações pelos titulares de bônus de subscrição (Lei n. 6.404/76, art. 75, parágrafo único); *e*) pela opção de compra de ações (Lei n. 6.404/76, art. 168, § 3º), dada a administradores ou executivos, para participarem da sociedade como acionistas. Se o executivo exercer seu direito de opção, a companhia, recebendo o pagamento do preço, deverá entregar-lhe as ações emitidas, em quantidade e espécie estabelecidas no instrumento ou plano de concessão aprovado pela assembleia geral; *f*) por deliberação da assembleia geral extraordinária convocada para decidir sobre reforma do estatuto social, no caso de inexistir autorização de aumento, ou de estar esgotada tal autorização estatutária.

2) *Capitalização* de *lucros* ou *reservas* ou aumento gratuito de capital social (Lei n. 6.404/76, art. 169), mediante alteração do valor nominal das ações ou distribuição de ações novas entre os acionistas, na proporção do número de ações de que são titulares. Formaliza-se a modificação do regime aplicável a parte dos recursos sociais, não havendo captação de novos recursos. Os recursos contabilizados não poderão ser usados para pagar juros ou dividendos aos acionistas.

3) *Subscrição pública ou particular de novas ações* (Lei n. 6.404/76, art. 170), depois de realizado, no mínimo, 3/4 do capital social. Havendo tal hipótese, o preço de emissão deverá ser fixado com base na rentabilidade da sociedade, no valor do patrimônio líquido da ação e na cotação das suas ações na Bolsa de Valores ou no mercado de balcão (art. 170, § 1º, da Lei n. 6.404/76, com alteração da Lei n. 9.457/97).

A *redução* do capital social poderá ocorrer em caso de:

1) *Perda*, até o montante do prejuízo sofrido ou acumulado pela companhia (Lei n. 6.404/76, art. 173), reajustando-se a cláusula do estatuto social à nova realidade econômica.

2) *Excessividade de capital* (Lei n. 6.404/76, art. 173, *in fine*). Assim, se se julgar excessivo o capital social, para retirar-se as ações, em definitivo, de circulação, far-se-á o resgate de seu valor (Lei n. 6.404/76, art. 44, § 1º). Se o capital, a ser reduzido, já se encontra integralizado, os recursos excessivos: *a*) ficarão no patrimônio social, a título de reserva de lucros, ficando seu uso limitado às despesas especificadas; ou *b*) serão restituídos aos acionistas, reduzindo-se parte do valor nominal de todas as ações, pagando-se a cada acionista quantia proporcional ao número de ações de que é titular, desde que não haja oposição de seus credores, ou, então, operando a redução do valor nominal integral de parcela das ações, pagando aos acionistas, seus titulares, o valor delas.

3) *Reeembolso dos acionistas dissidentes de deliberações assembleares* do valor de suas ações (Lei n. 6.404/76, art. 45, § 6º) à conta do capital social, não ocorrendo sua substituição dentro de cento e vinte dias, contados da publicação da ata da assembleia. O capital social considerar-se-á, então, reduzido, no limite dos fundos retirados e os órgãos da administração deverão convocar a assembleia geral, dentro de cinco dias, para tomar ciência daquela redução.

4) *Caducidade das ações de acionista remisso* (Lei n. 6.404/76, art. 107, § 4º). Se o acionista não pagar, no modo, no tempo e na forma estabelecida, o *quantum*, prometido para integralização do capital, ficará em mora; hipótese em que a sociedade poderá executá-lo, recebendo a importância que falta, ou vender as ações em Bolsa de Valores, recebendo o preço das ações do novo comprador. Se a companhia não conseguir, por tais meios, integralizar as ações poderá declará-las caducas e fazer suas as entradas realizadas, integralizando-as com os lucros e as reservas que possuir, com exceção da legal. E, se não tiver lucros e reservas suficientes, a sociedade terá um ano para colocar as *ações caídas em comisso*[209]; findo o qual, não tendo sido encontrado comprador, a assembleia geral deliberará sobre a redução do capital até o limite das ações não integralizadas.

Graficamente, temos:

---

209. A expressão "ações caídas em comisso" significa que elas não mais poderão ser integralizadas em razão de inadimplência do subscritor e da impossibilidade de execução do sócio remisso ou da venda em bolsa (Ricardo Negrão, *Manual*, cit., v. 1, p. 398).

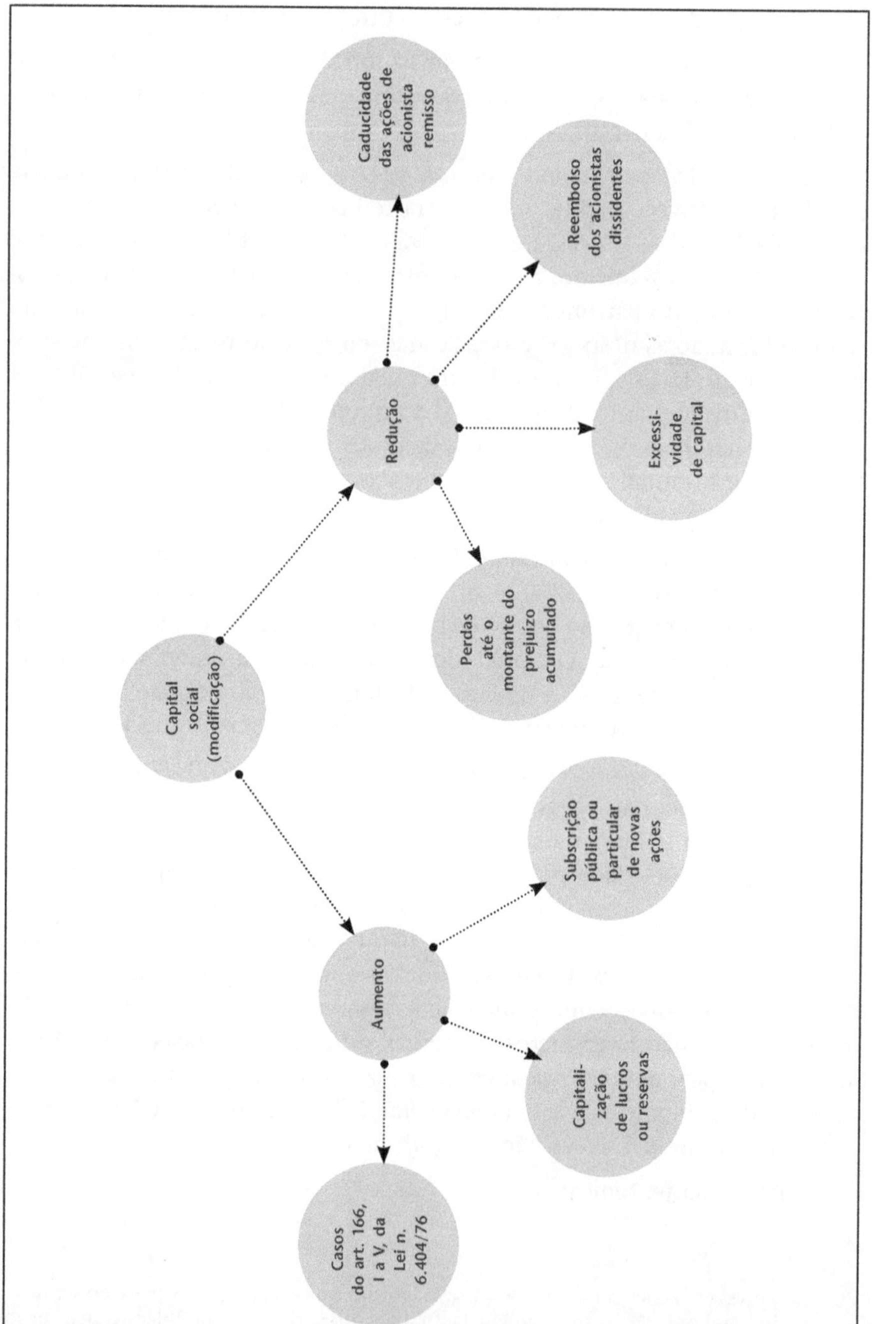
Capital
social
(modificação)
Redução
Caducidade
das ações de
acionista
remisso
Reembolso
dos acionistas
dissidentes
Excessi-
vidade
de capital
Perdas
até o
montante do
prejuízo
acumulado
Aumento
Subscrição
pública ou
particular
de novas
ações
Capitali-
zação
de lucros
ou reservas
Casos
do art. 166,
I a V, da
Lei n.
6.404/76

f.6. Títulos de emissão da sociedade anônima

Para *captação* dos recursos necessários ao exercício de suas atividades empresariais, a sociedade anônima emite valores mobiliários (*securities*), que são títulos de investimento. Dentre eles temos[210]:

1) *Ações*, valores mobiliários representativos das parcelas ou frações do capital social da sociedade emissora; títulos de crédito (bens móveis) que conferem aos seus titulares (acionistas) um conjunto de direitos e deveres, visto que lhe dão o *status* de sócios, permitindo-lhes a participação na vida da sociedade por ações. Constituem, portanto, parcelas ou frações ideais negociáveis do capital social, por serem suscetíveis de avaliação pecuniária, facilitando o ingresso de novos acionistas nos quadros societários. Os acionistas terão responsabilidade até o limite da integralização das frações de que têm a titularidade, no valor da emissão.

As *ações* quanto:

A) À *espécie de direitos* conferidos aos titulares poderão ser:

a.1) *Ordinárias* ou comuns, se conferirem aos seus titulares os direitos comuns de controle político e decisório da companhia, ou seja, os direitos

---

210. Luiz Gastão Paes de Barros Leães, O conceito de *securities* no direito norte-americano e o conceito análogo no direito brasileiro, *Revista de Direito Mercantil, Industrial, Econômico* e *Financeiro*, fasc. 14(1974), p. 41; Fábio Ulhoa Coelho, *Manual*, cit., p. 187-93; *Curso*, cit., v. 2, p. 82-155; Arnaldo Rizzardo, *Direito de empresa*, cit., p. 294 e s.; Fernando Mendonça, *Debênture*, São Paulo, Saraiva, 1988, p. 1; Mauro Rodrigues Penteado, *Aumento de capital social das sociedades anônimas*, São Paulo, Saraiva, 1988, p. 98; Modesto Carvalhosa, *Comentários à Lei de sociedades anônimas*, 1997, v. 1, p. 372; Rubens Requião, *Curso*, cit., v. 2, p. 71-121; Láudio C. Fabretti, *Direito de empresa*, cit., p. 124 e 125; *Fusões, aquisições, participações e outros instrumentos de gestão de negócio*, São Paulo, Atlas, 2005, p. 67; Mônica Gusmão, *Curso*, cit., p. 288-306; Amador Paes de Almeida, *Manual*, cit., p. 213-44; Ricardo Negrão, *Manual*, cit., v. 1, p. 407-34; Tullio Ascarelli, *Teoria geral dos títulos de crédito, Campinas*, Red Livros, 1994, p. 174; Tavares Borba, *Direito societário*, Rio de Janeiro, Freitas Bastos, 1986, p. 164; Ilene P. de N. Najjarian, Das ações de sociedades anônimas como originadoras de outros valores mobiliários, in *Sociedades anônimas* (coord. Finkelstein e Proença), Série GV*law*, São Paulo, Saraiva, 2007, p. 136-79; Juliana Kruger Pela, *As* golden shares *no direito societário brasileiro*, São Paulo, Quartier Latin, 2012; Gabriela W. Rodrigues e Júlio César C. Ferro, Breves contribuições ao Estudo da Propriedade Acionária nas Companhias Brasileiras. *Revista Síntese Direito Empresarial, 46:72* a 86. Consulte: Lei n. 6.385/76, com a redação da Lei n. 10.303/2001; Deliberação n. 461/2003 da CVM.

Vide: CPC/2015, art. 861, §§ 1º a 5º, sobre penhora de ações.

As ações ordinárias e preferenciais poderão ser de uma ou de mais de uma classe, observado, no caso das ordinárias, o disposto nos arts. 16, 16-A e 110 da Lei n. 6.404/76, com redação da Lei n. 14.195/2021.

reservados por lei (Lei n. 6.404/76, art. 109) ao acionista comum, como, p. ex., o de participar dos lucros sociais, o de retirar-se da sociedade, o de voto na assembleia geral etc. Assim, o acionista, detentor de mais da metade das ações, será o controlador da sociedade anônima, podendo eleger administradores, aprovar a maior parte de alterações estatutárias etc., sendo os demais acionistas os minoritários. Pelo art. 16 da Lei n. 6.404/76, as ações ordinárias de companhia fechada podem ser de uma ou mais *classes* em função de: conversibilidade em ações preferenciais; exigência de nacionalidade brasileira do acionista; direito de voto em separado para o preenchimento de certos cargos de órgãos administrativos. Na sociedade por ações abertas, inadmissível seria a divisão de classes; assim, nela um ordinarialista seria titular dos mesmos direitos conferidos aos demais acionistas dessa categoria salvo, se se observe o disposto nos arts. 16, 16-A e 110-A (Lei n. 6.404/76, art. 15, § 1º — com a redação da Lei n. 14.195/2021).

Na companhia aberta, é vedada a manutenção de mais de uma classe de ações ordinárias, ressalvada a adoção do voto plural nos termos e nas condições dispostos no art. 110-A, §§ 1º a 14 da Lei n. 6.404/76 (art. 16-A), que assim prescreve:

É admitida a criação de uma ou mais classes de ações ordinárias com atribuição de voto plural, não superior a 10 (dez) votos por ação ordinária: I — na companhia fechada; e II — na companhia aberta, desde que a criação da classe ocorra previamente à negociação de quaisquer ações ou valores mobiliários conversíveis em ações de sua emissão em mercados organizados de valores mobiliários. A criação de classe de *ações ordinárias com atribuição do voto plural* depende do voto favorável de acionistas que representem:

a) metade, no mínimo, do total de votos conferidos pelas ações com direito a voto; e

b) metade, no mínimo, das ações preferenciais sem direito a voto ou com voto restrito, se emitidas, reunidas em assembleia especial convocada e instalada com as formalidades desta Lei.

Nessas deliberações será assegurado aos acionistas dissidentes o direito de se retirarem da companhia mediante reembolso do valor de suas ações nos termos do art. 45 da Lei n. 6.404/76, salvo se a criação da classe de ações ordinárias com atribuição de voto plural já estiver prevista ou autorizada pelo estatuto. O estatuto social da companhia, aberta ou fechada, poderá exigir quórum maior para as deliberações de que trata o § 1º do art. 110-A. A listagem de companhias que adotem voto plural e a admissão de valores mobiliários de sua emissão em segmento de listagem de mercados organizados sujeitar-se-ão à observância das regras editadas pelas respectivas entidades administradoras, que deverão dar transparência sobre a condição de tais companhias abertas. Após o início da negociação das ações ou dos valores mobiliários conversíveis em ações em mercados organizados de valores mobiliários, é vedada a alteração das características de classe de ações ordinárias com atribuição de voto plural, exceto para reduzir os respectivos direitos ou vantagens. É facultado aos acionistas estipular no estatuto social o fim da vigência do voto plural condicionado a um evento ou a termo, observado o disposto nos §§ 7º e 8º do art. 110-A. O voto plural atribuído às ações ordinárias terá prazo de vigência inicial de até 7 (sete) anos, prorrogável por qualquer prazo, desde que:

a) seja observado o disposto nos §§ 1º e 3º do art. 110-A para a aprovação da prorrogação;

b) sejam excluídos das votações os titulares de ações da classe cujo voto plural se pretende prorrogar; e

c) seja assegurado aos acionistas dissidentes, nas hipóteses de prorrogação, o direito previsto no § 2º do art. 110-A.

As ações de classe com voto plural serão automaticamente convertidas em ações ordinárias sem voto plural na hipótese de:

1 — transferência, a qualquer título, a terceiros, exceto nos casos em que:

a) o alienante permanecer indiretamente como único titular de tais ações e no controle dos direitos políticos por elas conferidos;

b) o terceiro for titular da mesma classe de ações com voto plural a ele alienadas; ou

c) a transferência ocorrer no regime de titularidade fiduciária para fins de constituição do depósito centralizado; ou

2 — o contrato ou acordo de acionistas, entre titulares de ações com voto plural e acionistas que não sejam titulares de ações com voto plural, dispor sobre exercício conjunto do direito de voto. Quando a lei expressamente indicar quóruns com base em percentual de ações ou do capital social, sem menção ao número de votos conferidos pelas ações, o cálculo respectivo deverá desconsiderar a pluralidade de voto. São vedadas as operações:

a) de incorporação, de incorporação de ações e de fusão de companhia aberta que não adote voto plural, e cujas ações ou valores mobiliários conversíveis em ações sejam negociados em mercados organizados, em companhia que adote voto plural;

b) de cisão de companhia aberta que não adote voto plural, e cujas ações ou valores mobiliários conversíveis em ações sejam negociados em mercados organizados, para constituição de nova companhia com adoção do voto plural, ou incorporação da parcela cindida em companhia que o adote.

Não será adotado o voto plural nas votações pela assembleia de acionistas que deliberarem sobre:

a) a remuneração dos administradores; e

b) a celebração de transações com partes relacionadas que atendam aos critérios de relevância a serem definidos pela Comissão de Valores Mobiliários.

O estatuto social deverá estabelecer, além do número de ações de cada espécie e classe em que se divide o capital social, no mínimo:

a) o número de votos atribuído por ação de cada classe de ações ordinárias com direito a voto, respeitado o limite de que trata o *caput* do art. 110-A;

b) o prazo de duração do voto plural, observado o limite previsto no § 7º do art. 110-A, bem como eventual quórum qualificado para deliberar sobre as prorrogações, nos termos do § 3º do art. 110-A; e

c) se aplicável, outras hipóteses de fim de vigência do voto plural condicionadas a evento ou a termo, além daquelas previstas neste artigo, conforme autorizado pelo § 6º do referido dispositivo legal.

As disposições relativas ao voto plural não se aplicam às empresas públicas, às sociedades de economia mista, às suas subsidiárias e às sociedades controladas direta ou indiretamente pelo poder público. Como se pode verificar, a lei vedava expressamente o chamado voto plural. Atribuir voto plural a determinada ação seria conferir mais de um voto a uma mesma ação. Com a mudança, permite-se a criação de uma ou mais classes de ações ordinárias com a atribuição do voto plural, não superior a dez votos por ação ordinária. Dependerá de deliberação societária com quórum de votação específico (§ 1º do art. 110-A, acrescido pela Lei n. 14.195/2021) e será temporalmente limitada ao período de 7 anos, ainda que prorrogável por qualquer prazo (art. 110-A, § 7º).

a.2) *Preferenciais* (Lei n. 6.404/76, arts. 17 e 18), se outorgar a seu titular (preferencialista) alguma especial vantagem ou impor alguma restrição em seus direitos, dando-lhe tratamento diferenciado, especificado no estatuto, relativamente aos demais acionistas, assegurando-lhe, p. ex., a prioridade no reembolso do capital com prêmio ou sem ele, ou na percepção de um valor fixo ou mínimo, a título de dividendos ou restringindo seu direito de voto. Tais ações servem tão somente de meio de investimento, tendo por escopo a percepção de dividendos. Assim, na distribuição dos resultados da sociedade, enquanto o preferencialista não for pago, os ordinarialistas não poderão receber o que tiverem direito a título de dividendo. E como o preferencialista retira vantagem na distribuição de dividendo, poderá ter, por força de norma estatutária, limitação ou supressão de seu direito de voto, caso em que será apenas prestador de capital, com direito de fiscalizar a administração da sociedade. As ações preferenciais sem voto ou com voto restrito não poderão ir além de 50% do total das ações emitidas (Lei n. 6.404/76, art. 15, § 2º). Tal proporção (Lei n. 10.303/2001, art. 8º, § 1º) será aplicada: imediatamente às companhias novas; às companhias fechadas existentes, no momento que decidirem abrir seu capital; às companhias abertas existentes que poderão manter proporção até 2/3 de ações preferenciais, em relação ao total de ações emitidas, inclusive em relação a novas emissões de ações. Assim sendo, o preferencialista não poderá votar em assembleia até receber o pagamento do dividendo fixo ou mínimo a que faz jus. Estabelece-se, portanto, a *classe* das ações preferenciais em razão de vantagens consistentes em prioridade na distribuição de dividendos, no reembolso do capital, com prêmio ou sem ele, e na acumulação dessas vantagens acima arroladas. Essa diversidade de classes possibilita criar as *golden shares*, tipos de ações preferenciais de classe especial que dão aos acionistas, seus titulares, direito exclusivo, como, p. ex., o de vetar deliberação assemblear (Lei n. 6.404/76, art. 17, § 7º), o de decidir sobre questão que afeta a sociedade, para garantir o cumprimento de seu objetivo pelo novo grupo controlador.

a.3) *De fruição* (*usufructuary shares*) ou de gozo, se resultantes, se assim dispuser o estatuto ou a assembleia geral extraordinária, de amortização de ações ordinárias e preferenciais, ou seja, da distribuição aos acionistas, a título de antecipação e sem redução do capital social, do *quantum* a que teriam direito na hipótese de ocorrência de liquidação da sociedade anônima (Lei n. 6.404/76, art. 44, § 2º). Essas ações de fruição devolverão ao acionista o valor do investimento por ele feito. Trata-se do usufruto de ações voltado, não à titularidade das ações, mas ao uso e aos frutos delas advindos. A propriedade das ações é de uma pessoa, ficando outra com o direito à sua utilização e aos frutos civis que renderem. Pelo art. 44, § 5º, da Lei n. 6.404/76, se as ações ordinárias ou preferenciais forem integralmente amortizadas, poderão ser substituídas por ações de fruição, que, por sua vez, podem restringir direitos, em virtude de disposição estatutária ou decisão assemblear. P. ex., um ordinarialista poderá perder seu direito de voto, ao receber ação de fruição, se assim o deliberar a assembleia geral. Pelo art. 114 da Lei n. 6.404/76, "o direito de voto da ação gravada com usufruto, se não for regulado, no ato de constituição do gravame, somente poderá ser exercido mediante prévio acordo entre o proprietário e o usufrutuário". O direito ao voto será da pessoa indicada no contrato. Havendo silêncio a respeito, o usufrutuário, por ter a fruição da ação, participará das reuniões assembleares, nelas manifestando seu voto. Apenas poderão as ações de fruição ser emitidas em substituição às ações ordinárias e preferenciais relativamente aos lucros ou reservas de lucros, sem atingir o capital social. Dizem respeito, portanto, à fruição de rendimentos.

B) À *forma de circulação*, apresentar-se-ão como:

b.1) *Nominativas*, pois contêm em seu texto o nome do seu titular identificando-o e constam de registro mantido pela sociedade e sua circulação opera-se, em caso de venda ou cessão, mediante inscrição do novo acionista ou registro em livro próprio da sociedade que as emitiu, ou seja, no livro "Transferência de Ações Nominativas", em termo nele lavrado, datado e assinado pelo cedente ou pelo cessionário ou por seus representantes (Lei n. 6.404/76, art. 31). A sua transferência também se comprova pelo extrato fornecido pela instituição financeira custodiante, na qualidade de proprietária fiduciária das ações (*RT*, *482*:212; Lei n. 6.404/76, art. 31, §§ 1º e 2º). Se a sua transmissão se der por sucessão universal, ou legado, por arrematação, adjudicação ou outro ato judicial, ou por qualquer outro título, a transferência dar-se-á pela respectiva averbação no mencionado livro, à vista de documento hábil que ficará nos arquivos da sociedade anônima. As ações nominativas estão documentadas em certificado emitido pela companhia, cujos requisitos estão previstos em lei (Lei n. 6.404/76, art. 24).

b.2) *Escriturais*, se não estiverem corporificadas em certificado emitido pela sociedade anônima, não sendo, por isso, consideradas como títulos de crédito. "A propriedade da ação escritural presume-se pelo registro na conta de depósito das ações, aberta em nome do acionista nos livros da instituição depositária" (Lei n. 6.404/76, art. 35), e o acionista poderá comprovar sua titularidade mediante exibição do extrato fornecido pelo banco, sempre que solicitado, ao término de cada mês, ou, não havendo aquela movimentação, anualmente.

A criação dessas ações somente poderá dar-se se houver autorização no estatuto para tanto. São ações mantidas em conta-depósito em nome de seus titulares em instituição financeira, autorizada pela CVM, por eles designada e contratada, para tal finalidade, pela sociedade, havendo entre ambas um contrato de prestação de serviços do qual o acionista não é parte. A ação escritural é, na lição de Fábio Ulhoa Coelho e de Rubens Requião, transferida, à vista de ordem escrita do alienante ou de ordem judicial, por meio de registro nos livros específicos da depositária (instituição financeira), a débito da conta de ações do alienante e a crédito da do adquirente (Lei n. 6.404/76, art. 35, § 1º). Como não há emissão de certificados, para a transferência dessas ações de um acionista para outro bastará uma simples transferência da conta de ações na escrituração. Essa instituição financeira administradora tem, portanto, a incumbência de escriturar o registro e a transferência das ações, mediante lançamento contábil (Lei n. 6.404/76, arts. 34 e 35; IN n. 89/88 da CVM) em seu livro especial, respondendo perante os acionistas e a sociedade anônima pelas perdas e danos que advierem de seus erros, da deficiência ou das irregularidades do serviço prestado de depósito das referidas ações (Lei n. 6.404/76, art. 34, § 3º). E a companhia terá responsabilidade direta pelos prejuízos causados aos interessados nos serviços das ações escriturais conferidos à instituição financeira autorizada, mas terá direito de regresso contra a instituição depositária.

C) *Ao conteúdo* serão (Lei n. 6.404/76, arts. 11, 13 e 14)[211]:

---

211. É preciso distinguir o valor nominal do: *valor patrimonial contábil* da ação resultante da divisão do valor do patrimônio líquido da sociedade pelo número de ações componentes do capital social. Poderá ser *histórico*, se levantado ao final do exercício social, ou *atual*, se calculado em balanço especial feito durante o exercício social. Tal valor é usado pela companhia para reembolso das ações aos acionistas dissidentes; *valor patrimonial real* da ação que é o de acordo com os critérios de apropriação dos bens componentes do balanço de determinação; *valor de mercado de cotação* ou *bolsístico* que é aquele alcançado pelas ações em negociações. É, portanto, o equivalente ao preço obtido pelo titular na venda das ações pela sua cotação em Bolsa de Valores ou balcão de mercado, determinado pelo prestígio ou desempenho da companhia, perspectiva de lucro, solidez do negócio etc. O preço das ações formado em pregão dependerá da lei de oferta e procura; *valor de negociação privada* que é o contratado, fora do mercado aberto de capital, por quem a vende e a adquire; *valor mínimo* é o imposto pela CVM à companhia aberta; *valor econômico* é o resultante de uma avaliação da ação, pelo método do fluxo de caixa descontado, feita por profissionais especializados (*experts*) para apontar o valor mais vantajoso de compra e venda de certas ações. É importante para apresentação de propostas; *preço de emissão*, que é o valor da ação no ato da subscrição. É o pago pelo acionista, na subscrição, e é estabelecido pelos fundadores da sociedade, incluindo, em regra, a reserva de capital. Deve ser pago, à vista ou a prazo, pelo subscritor. Sobre isso consulte: Arnaldo Rizzardo, *Direito de empresa*, cit., p. 10; Ricardo Negrão, *Ma-*

c.1) Com valor nominal, se, no certificado de ações, estiver expresso, em dinheiro, o seu valor, que será o mesmo em todas elas (Lei n. 6.404/76, art. 11, § 2º). "É vedada a emissão de ações por preço inferior ao seu valor nominal" (art. 13 da Lei n. 6.404/76), visto que representam parcela do capital social. Se o preço da emissão das ações for inferior ao valor nominal, ter-se-á deságio, ou seja, venda de parcela de capital social com o abatimento ou por preço abaixo de seu verdadeiro valor, que infringiria o princípio da intangibilidade do capital social, além de reduzir a garantia a que teria os credores. E, por tal razão, nula seria essa venda. Esse valor é obtido de operação matemática da divisão do valor do capital pelo número de ações emitidas, logo, a soma dos valores de todas as ações deverá coincidir com o montante do capital social. Se assim é, o valor da ação é idêntico à fração do capital social. Se a companhia for aberta, o valor nominal das ações não poderá ser inferior ao mínimo estabelecido pela CVM (Lei n. 6.404/76, art. 11, § 3º).

Se o subscritor vier a pagar pela ação nominal valor superior ao indicado no certificado, essa diferença entre o valor nominal e o valor efetivamente pago constituirá *ágio*, ou melhor, reserva de capital, que representa uma sobra de capital em nome da sociedade ou o montante que excede o capital social (Lei n. 6.404/76, arts. 13, § 2º, e 182). A venda da ação por valor superior ao nominal está permitida legalmente.

c.2) Sem valor nominal, se no texto do certificado de ações não se expressar nominalmente um valor, seu valor ficará definido pelos fundadores no ato de constituição da companhia. Tal ocorre porque, para sociedade anônima, relativamente ao público e aos investidores, o importante é o preço pelo qual é a ação negociada no mercado, ou seja, o da cotação da bolsa ou do mercado de balcão, e não o valor contido no seu certificado, levando-a a adotar o sistema de não nominalizar o seu valor. A ação sem valor nominal possui um valor (o de emissão) que corresponde à fração do capital social, mas tal valor não consta do seu certificado. É apenas uma ação sem valor facial, por não conter a indicação da parcela a que corresponde o capital social. Pelo art. 14 da Lei n. 6.404/76, "o preço de emissão das ações sem valor nominal será fixado, na constituição da companhia, pelos fundadores e, no aumento de capital, pela assembleia geral ou pelo conselho de administração".

Assim temos:

---

nual, cit., v. 1, p. 412; Mônica Gusmão, *Curso*, cit., p. 298; Fábio Ulhoa Coelho, *Curso*, cit., v. 2, p. 83-95; *Manual*, cit., p. 179 e 180.

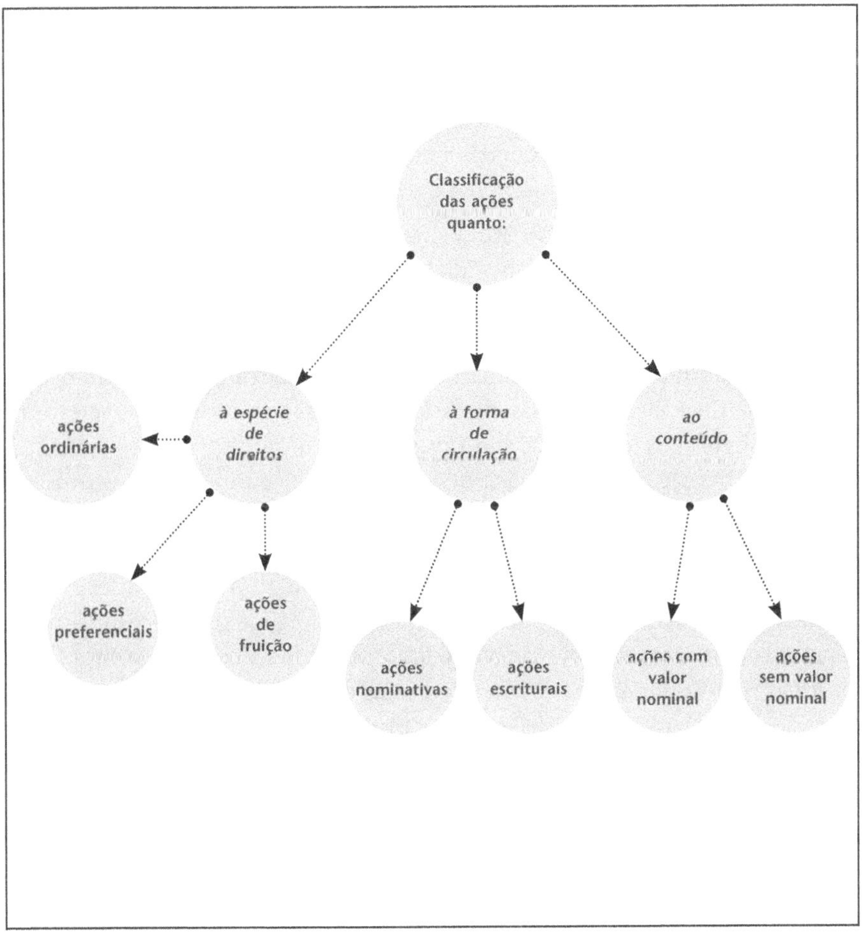

2) *Debêntures*, valores mobiliários que dão aos seus titulares (debenturistas-mutuantes) um direito de crédito contra a sociedade anônima (mutuária) emissora em razão de contrato de mútuo (Lei n. 6.404/76, art. 52) nas condições constantes da escritura, e, se houver, do certificado (Lei n. 6.404/76, art. 52). Constituem títulos de crédito representativos de empréstimo obtido pela companhia junto aos investidores ou ao público. São títulos de débito da companhia que conferem ao seu portador (titular) um direito de crédito. Se a companhia necessitar de um empréstimo, emitirá debêntures; assim, quem (terceiro) as subscrever (investidor), pagando o preço, estará emprestando dinheiro a ela. A sociedade anônima, ao se vence-

rem as debêntures, pagará aos debenturistas (seus credores) o seu valor, restituindo-lhes o empréstimo feito. No valor do crédito a ser recebido pelos debenturistas poderá estar acrescida a correção monetária, com base no índice aplicado à atualização dos títulos de dívida pública, na variação da taxa cambial ou em outros referenciais não expressamente vedados em lei (Lei n. 6.404/76, art. 54, § 1º).

A comunhão dos debenturistas é representada pelo *agente fiduciário* (pessoa natural ou instituição financeira), nomeado na escritura de emissão, que zelará pelos seus interesses comuns e os protegerá, visto que terá a incumbência de: fiscalizar e requerer falência da companhia emissora; notificar qualquer inadimplência da companhia; elaborar relatório, colocando-o, anualmente, à disposição dos debenturistas, informando-os de fatos relevantes ocorridos relativos à execução das obrigações assumidas pela sociedade anônima, aos bens garantidores das debêntures etc.; representar debenturistas no processo de falência, na recuperação judicial ou extrajudicial; tomar as devidas providências para que os mutuantes recebam seus créditos da mutuária; acionar, como substituto processual, em juízo para defender interesses dos debenturistas (Lei n. 6.404/76, art. 68, § 3º); exigir o cumprimento da escritura de emissão; cobrar o que lhes for devido, repassando-lhes as respectivas quotas-partes; executar as garantias dadas etc. Obrigatória será a nomeação do agente fiduciário dos debenturistas, somente se as debêntures emitidas forem colocadas no mercado de capitais.

A assembleia de debenturistas tem por escopo decidir questões de interesse comum, podendo ser convocada pelo agente fiduciário, pela sociedade anônima emissora, pela CVM e por debenturistas que representem 10% dos títulos em circulação.

As debêntures poderão ser classificadas, quanto:

A) *À garantia* oferecida aos debenturistas em:

a.1) Com garantia real (Lei n. 11.101/2005, art. 83, II), se um bem pertencente, ou não, à sociedade anônima for entregue como hipoteca (imóvel) ou penhor (móvel). Passando, com isso, os debenturistas a ser credores com direito real de garantia.

a.2) Com garantia flutuante (Lei n. 11.101/2005, art. 83, V), se outorgar um privilégio geral sobre o ativo da sociedade por ações aos debenturistas, que lhes dará preferência, havendo falência da mutuária, sobre os credores quirografários, recebendo o que têm direito após o pagamento dos credores com privilégio especial. A garantia flutuante não impedirá a negociação dos bens componentes do ativo da sociedade emissora (Lei n. 6.404/76, art. 58, § 1º; *RJTJSP*, *160*:51).

a.3) *Sem garantia ou quirografárias*, se os debenturistas concorrem, na massa falida, com os demais credores sem garantia ou sem preferência (Lei n. 11.101/2005, art. 83, VI).

a.4) *Subquirografárias* ou *subordinadas*, se os debenturistas tiverem preferência, havendo falência da devedora, somente sobre os acionistas, no ativo remanescente (Lei n. 11.101/2005, art. 83, VIII).

a.5) *Com garantia fidejussória*, se a sociedade anônima devedora oferecer aos debenturistas fiança ou aval de seus acionistas, de instituição financeira ou de terceiros, como garantia de emissão das debêntures ou de pagamento dos encargos estabelecidos nos títulos emitidos[212].

B) À *conversibilidade em ações* em:

b.1) *Conversíveis* ou *permutáveis*, se puderem, por força da escritura da emissão, ser transformadas em ações da mesma companhia que as emitiu ou de outra, se as sociedades participarem do mesmo grupo societário. É preciso regulamentação estatutária dessa conversão, porque ela dependerá do aumento do capital social (Lei n. 6.404/76, art. 166, III). Para tanto aquela escritura deverá especificar: as bases da conversão, indicando: o número de ações em que cada debênture poderá ser convertida e a relação entre seu valor nominal e o preço de emissão das ações; a espécie e a classe das ações em que será possível aquela conversão; o prazo em que se poderá efetuar a transformação das debêntures em ações; as demais condições a que a conversão acaso fique sujeita (Lei n. 6.404/76, art. 57). E, enquanto puder ser exercido o direito à conversão em ações, imprescindível será prévia aprovação dos debenturistas em assembleia especial, ou de seu agente fiduciário; a alteração estatutária para modificação do objeto da sociedade anônima; a criação de ações preferenciais ou alteração das vantagens existentes, em prejuízo das ações em que são conversíveis as debêntures.

Se as debêntures forem convertidas em ações, seus titulares passarão a ser acionistas e ter-se-á, para tanto, um aumento do capital social e a consequente reforma estatutária previamente aprovados pelos acionistas por ocasião da criação daqueles títulos.

---

212. Arnaldo Rizzardo, *Direito de empresa*, cit., p. 358.

b.2) *Não conversíveis* em ações, pois a regra é a não conversibilidade, havendo omissão, a respeito, da escritura da emissão.

C) *À forma de transferência* em:

c.1) *Nominativas*, se a translatividade de sua titularidade se der com o seu registro na companhia emissora, que poderá ter livro próprio para isso, controlando, assim, a identidade dos debenturistas. Mas se a sociedade anônima se valer de um agente emissor de certificados, este deverá escriturar o registro da transferência da titularidade das debêntures, em livro ou por meio de outro sistema aprovado pela CVM (Lei n. 6.404/76, arts. 27 e 101).

c.2) *Escriturais*, se a transferência de sua titularidade efetivar-se por meio de assentamento em registro da instituição financeira depositária, a débito da conta de debêntures do alienante e a crédito do adquirente[213].

---

213. É a lição de Fábio Ulhoa Coelho, *Curso*, cit., v. 2, p. 143. E esse mesmo autor, nas páginas 146 e 147, faz menção às *debêntures permanentes ou perpétuas*, que não têm prazo determinado para seu vencimento, vencíveis quando verificada certa situação prevista na escritura de emissão, como o inadimplemento da obrigação de pagar juros e a dissolução da companhia (Lei n. 6.404/76, art. 55, § 3º). São instrumentos de organização do poder de controle da sociedade anônima, na medida em que os debenturistas aportam recursos na empresa, mas não titularizam direitos de acionistas. A CVM, na Instrução n. 404/2004 (art. 2º), caracteriza as *debêntures padronizadas*, como as que: adotem o padrão de escritura de emissão constante do seu Anexo I e, caso contenham cláusula de rendimento, as previstas nos seus Anexos II, III, IV ou V; estejam admitidas a negociação em segmento especial de bolsa de valores ou entidade do mercado de balcão organizado que atenda aos requisitos do seu art. 6º; tenham instituição financeira nomeada para a função de agente fiduciário dos debenturistas e sejam objeto de atividade permanente por parte de formadores do mercado.

Sobre debêntures consulte: arts. 55, §§ 1º e 2º, e 59, §§ 1º a 3º, da Lei n. 6.404/76, com a redação da Lei n. 12.431/2011, e arts. 2º e 7º da Lei n. 12.431/2011.

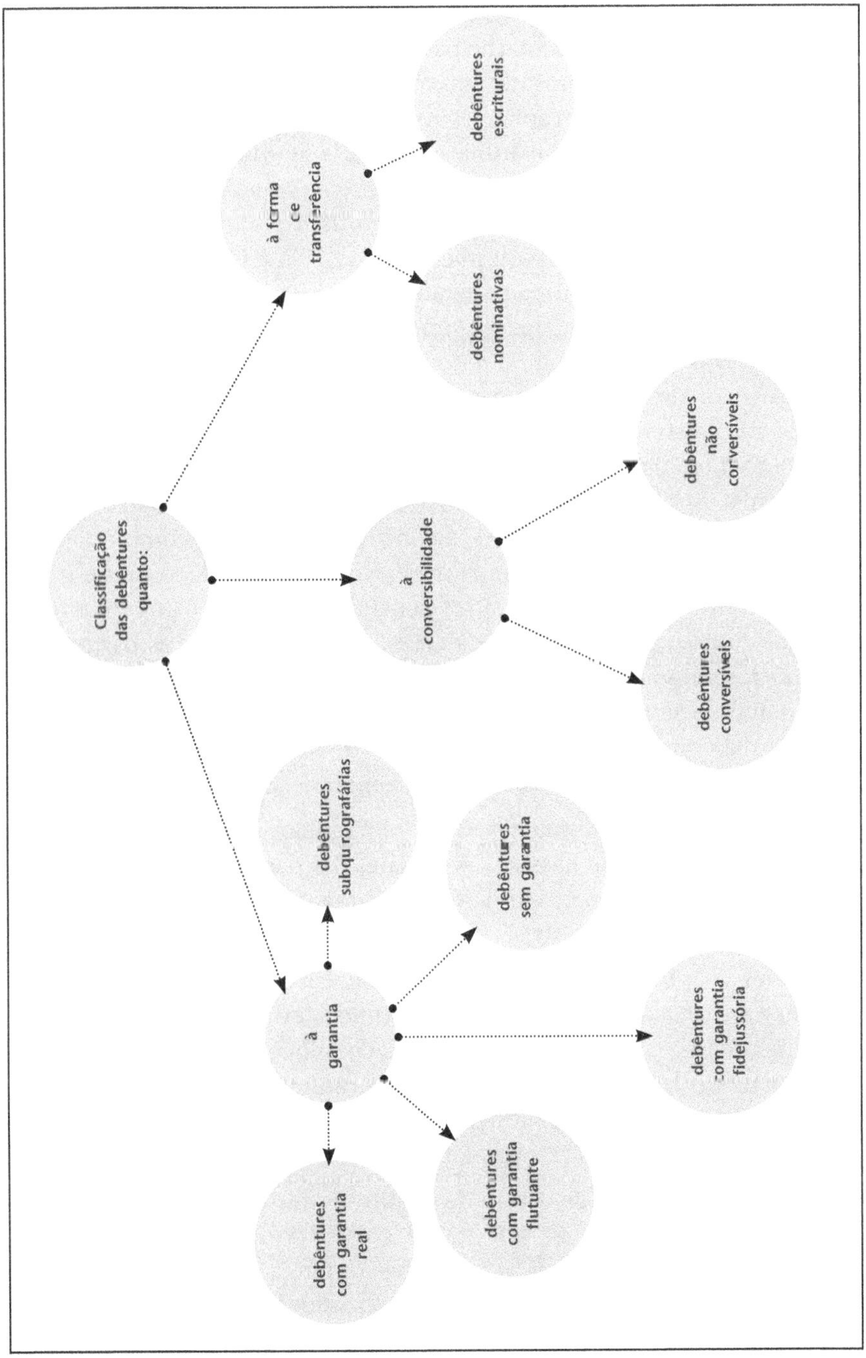
Classificação das debêntures quanto:
à forma de transferência
debêntures escriturais
debêntures nominativas
à conversibilidade
debêntures não conversíveis
debêntures conversíveis
à garantia
debêntures subquirografárias
debêntures sem garantia
debêntures com garantia fidejussória
debêntures com garantia flutuante
debêntures com garantia real

3) *Partes beneficiárias*, títulos alheios ao capital social, que garantem aos seus titulares um crédito de participação nos lucros anuais da sociedade até o limite de 10%. São títulos negociáveis e sem valor nominal, criados pela companhia fechada para captar recursos, que conferem um direito de crédito eventual contra a companhia emissora, subordinado à verificação de lucros anuais (Lei n. 6.404/76, art. 46, §§ 1º e 2º) líquidos. Seu valor depende da variação do lucro obtido. Se tal lucro não se der, nada poderão reivindicar os portadores das partes beneficiárias. Na emissão de partes beneficiárias a sociedade anônima poderá utilizar os serviços do agente fiduciário de seus titulares. Atribuem, portanto, onerosa ou gratuitamente, aos seus possuidores ou portadores um direito à renda, mesmo que não tenham qualquer participação societária, apesar de poderem tão somente fiscalizar os atos de administração da companhia (Lei n. 6.404, art. 46, § 3º). Pelo art. 47 da Lei n. 6.404/76, "as partes beneficiárias poderão ser alienadas pela companhia, nas condições determinadas pelo estatuto ou pela assembleia-geral, ou atribuídas a fundadores, acionistas ou terceiros, como remuneração de serviços prestados à companhia". Mas se a sociedade for de capital aberto, não poderá ela emitir partes beneficiárias (Lei n. 6.404/76, art. 47, parágrafo único, com a redação da Lei n. 10.303/2001). Se as partes beneficiárias forem emitidas gratuitamente, seu prazo de duração será de dez anos, salvo se destinadas a sociedades ou fundações beneficientes de empregados da companhia emissora (§ 1º do art. 48 da Lei n. 6.404/76); se forem onerosas, o estatuto deverá fixar o tempo de sua duração.

Se a sociedade anônima devedora for à falência ou entrar em processo de liquidação, solvido o passivo, os titulares das partes beneficiárias apenas receberão o que tiverem direito após o pagamento dos credores quirografários, mas antes dos acionistas.

Poder-se-á, havendo previsão estatutária, converter as partes beneficiárias em ações, mediante capitalização de fundos de reserva acumulados, especialmente para tanto, para que não haja desfalque no capital social. Logo, esta conversão importará em aumento do capital social (Lei n. 6.404/76, art. 166, II), respeitando-se o direito de preferência dos acionistas na aquisição das partes beneficiárias conversíveis.

4) *Bônus de subscrição*, título de crédito nominativo ou valor mobiliário (Lei n. 4.728/65, art. 44, § 8º, e Lei n. 6.404/76, arts. 75 a 79) emitido pela sociedade de capital autorizado, que confere a seu titular o direito de preferência na subscrição de ações, havendo aumento do capital social, que será exercido mediante apresentação do título à companhia e pagamento

do preço de emissão das ações (Lei n. 6.404/76, art. 75, parágrafo único). E pelo art. 77 da Lei n. 6.404/76, os acionistas da companhia terão direito de preferência para adquirir os bônus de subscrição, emitidos para alienação onerosa, mas não o terão na conversão dos bônus em ações e no exercício de opção de compra de ações. Ao emitir novas ações, a companhia deverá, se tiver bônus de subscrição em circulação, ofertá-las, primeiramente, aos detentores daqueles títulos e depois aos seus acionistas (Lei n. 6.404/76, art. 171, § 3º). Se assim é, os acionistas que quiserem ter preferência no aumento do capital social deverão, para tanto, subscrever os bônus (Lei n. 6.404/76, art. 109, IV)[214].

5) *Commercial papers*[215], que são notas promissórias de emissão pública, negociáveis mediante endosso em preto com a cláusula sem garantia, para obtenção de recurso a curto prazo (30 a 180 dias se emitidas por companhia fechada ou de 30 a 360 dias, se o for por companhia aberta) e para atingir o objetivo social e o desenvolvimento da companhia (IN n. 134/90 da CVM, alterada pela IN n. 292/98 da CVM e revogada pela IN n. 566/2015, da CVM), tem os seguintes *caracteres*: *a*) outorga a seus titulares de direito de crédito contra a sociedade anônima emitente; *b*) circulação por endosso em preto, identificando a pessoa a quem se transfere, e com cláusula sem garantia, constante do prospecto de lançamento; logo, o investidor, ao efetuar a transferência de seu direito creditício a terceiro, não se tornará codevedor da companhia emissora; *c*) colocação dos títulos no mercado dependerá de prévio registro da sociedade, que os emitiu, na CVM (Lei n. 6.385/76, art. 21); *d*) publicação de anúncio de início da distribuição; *e*) registro da distribuição dos *commercial papers* deverá ser requerido à CVM pela companhia emissora ou mediante instituição, que compõe o sistema de distribuição de valores mobiliários, contendo, dentre outros documentos, a minuta do prospecto; *f*) disponibilização do prospecto aos interessados (investidores); *g*) existência na sociedade emissora de patrimônio líquido igual ou superior a dez milhões de BTNF (Bônus do Tesouro Nacional para fins fiscais) na data que anteceder, no máximo, a três meses do seu pedido de registro na CVM; *h*) respeito pela companhia emitente do limite total de emissão em valores inferiores ao índice de endividamento igual ou inferior a 1,2; *i*) adimplemento pela sociedade emissora de todas as obrigações contraídas em colocações

214. *Vide* Fábio Ulhoa Coelho, *Curso*, cit., v. 2, p. 151.

215. Consulte: Fábio Ulhoa Coelho, *Manual*, cit., p. 190; *Curso*, cit., v. 2, p. 153; Ricardo Negrão, *Manual*, cit., v. 1, p. 432-4.

anteriores de notas promissórias; *j*) valor nominal, expresso em real, da nota promissória não poderá, na data da deliberação de sua emissão, ser inferior a 80.000 BTNF; *k*) impossibilidade de a sociedade negociar com os *commercial papers* por ela emitidos, e, se os comprar antes do vencimento, ter-se-á sua liquidação, devendo providenciar o cancelamento desses títulos, não podendo, portanto, revendê-los; *l*) emissão deliberada pela assembleia ou órgãos da administração.

6) *ADR*[216] (*"American Depositary Receipts"*), valores mobiliários emitidos por bancos norte-americanos, permitindo que sociedades anônimas, sediadas fora dos EUA, captem recursos no mercado de capitais dos EUA. Tais títulos são emitidos para subscrição de investidores norte-americanos. A colocação de ADRs no mercado de capitais dos EUA poderá ser feita por banco estadunidense ou pela própria companhia interessada na captação de recursos nos EUA, procurando serviços de instituição financeira, sediada em seu país, para custodiar suas ações, e de um banco norte-americano que emitirá as ADRs, contratando a operação, hipótese em que se configurará a *emissão patrocinada*. Se a colocação for oriunda do interesse que investidores ou bancas estadunidenses tiverem no desempenho ou na atividade desenvolvida por uma sociedade sediada fora dos EUA, ter-se-á a *emissão não patrocinada*, devido a inexistência de qualquer contrato entre a sociedade anônima emitente e os bancos envolvidos.

7) *BDRs*[217] (*"Brazilian Depositary Receipts"*), instituídos pela Resolução n. 2.318/96 (ora revogada pela Resolução n. 2.763/2000, do BACEN) e Circular n. 2.723/96 do BACEN (ora revogada pela Circular n. 2.996/2000, do BACEN), são certificados representativos das ações de companhia estrangeira para serem negociados nas Bolsas de Valores do Brasil, próprio para investimentos brasileiros no exterior. Os BDRs ficam sob a custódia de uma instituição bancária.

A instituição custodiante, no país de origem dos valores mobiliários, está autorizada por órgão similar à Comissão de Valores Mobiliários (CVM) a prestar serviços de custódia, e a instituição depositária está autorizada a

---

216. Fábio Ulhoa Coelho, *Curso*, cit., v. 2, p. 153 e 154.

217. Interessante é o artigo "Novas regras para aplicação no mercado externo", publicado no *Breve Relato* n. 24 (boletim periódico da Duarte Garcia, Caselli Guimarães e Terra). *Vide*: M. Helena Diniz, *Tratado*, cit., v. 1, p. 472 e 473; Fábio Ulhoa Coelho, *Curso*, cit., v. 2, p. 155.

funcionar pelo Banco Central do Brasil e também pela Comissão de Valores Mobiliários (CVM) a, com base nos valores mobiliários custodiados no exterior, emitir os correspondentes Certificados de Depósito de Valores Mobiliários (BDRs). A emissão e distribuição desse certificado dependerão de prévio registro na CVM (Res. BACEN n. 2.318/96 — ora revogada pela Resolução n. 2.763/2000; IN n. 255 da CVM — ora revogada pela ICVM n. 332/2000). Os BDRs têm por escopo tornar possível o investimento através das Bolsas de Valores do Brasil, em ações de companhias estrangeiras. Uma sociedade anônima norte-americana para captação de recursos de investidores brasileiros poderá patrocinar emissão de BDRs, efetuando contrato com banco, sediado nos EUA, para custódia de ações que vier a emitir, e um banco brasileiro que emitirá certificado de depósito. Assim, o investidor brasileiro, com a subscrição do BDR, passará a ser, perante a instituição emitente brasileira, o titular de um direito de crédito eventual, que se efetivará em condições equivalentes à distribuição de dividendos pela companhia estrangeira. Os BDRs são uns certificados negociáveis.

A instituição depositária, emissora, no País, dos certificados representativos dos valores mobiliários da companhia estrangeira, deverá solicitar, com antecedência mínima de dez dias da data prevista para o início da negociação dos Certificados de Depósito de Valores Mobiliários (BDRs), o registro da operação na Delegacia Regional do BACEN à qual estiver jurisdicionada a instituição depositária, acompanhado dos seguintes documentos:

a) cópia da autorização concedida pela Comissão de Valores Mobiliários;

b) cópia dos contratos firmados entre a instituição depositária, a instituição custodiante e a companhia aberta, ou assemelhada, emissora dos valores mobiliários objeto dos certificados de depósito, quando for o caso;

c) prospecto de lançamento dos Certificados de Depósito de Valores Mobiliários (BDRs).

O registro, no Banco Central do Brasil, do investimento brasileiro no exterior será o instrumento hábil para se efetuarem as remessas ao exterior e os ingressos no País dos recursos decorrentes de direitos recebidos em espécie, bem como do produto da alienação dos valores mobiliários correspondentes no exterior. As transferências de recursos serão processadas no mercado de câmbio de taxas livres.

As remessas para o exterior terão como limite o valor da alienação dos Certificados de Depósito de Valores Mobiliários (BDRs) nos mercados supervisionados pela Comissão de Valores Mobiliários (CVM), deduzidas as despesas correspondentes.

Em se caracterizando irregularidade na alienação, a instituição responsável pela venda responderá solidária e ilimitadamente perante o Banco Central do Brasil pela operação de câmbio ilegítima.

O cancelamento dos certificados de depósito em virtude da alienação dos valores mobiliários, no exterior, implica o ingresso dos respectivos recursos, no País, no prazo máximo de cinco dias úteis da data do cancelamento, vedada a transferência dos correspondentes recursos para outra modalidade de investimento no exterior.

A instituição depositária brasileira que emitiu o BDR terá responsabilidade por todas as obrigações operacionais atinentes ao registro do investimento junto ao BACEN.

A instituição custodiante, a instituição depositária, a sociedade corretora de títulos e valores mobiliários e o banco operador de câmbio respondem perante o Banco Central do Brasil, a Comissão de Valores Mobiliários e a Secretaria da Receita Federal por qualquer irregularidade nas operações, inclusive aquelas de natureza tributária.

Duarte Garcia, Caselli Guimarães e Terra esclarecem que, pela Circular n. 3.328/2006 do BACEN (ora revogada pela Circular n. 3.691/2013), regulamentadora das normas do CMN, emitidas em 27 de setembro de 2006, atenuantes das limitações impostas às aplicações financeiras no mercado de capitais e derivativos estrangeiros para pessoas naturais e jurídicas, estão revogadas as normas que apenas permitiam aplicações em bolsa no Mercosul e compra de *Depositary Receipts* (DRs) e *Brazilian Depositary Receipts* (BDRs). Hodiernamente, pessoas naturais e jurídicas, domiciliadas ou sediadas no Brasil, poderão investir legalmente no exterior, adquirindo ou vendendo moeda estrangeira ou efetivando transferências internacionais sem limites de valor, desde que observados os requisitos legais e tributários e comprovada a origem. Dever-se-á declarar ao Banco Central qual foram os valores aplicados no exterior, especificando-se forma, periodicidade e condições do investimento. E, além disso, o interessado deverá guardar pelo prazo de cinco anos os documentos comprobatórios da legalidade e da fundamentação econômica da operação (comprovação da origem) que, durante esse lapso temporal, ficarão à disposição do Banco Central.

Poder-se-á, didaticamente, apresentar o seguinte gráfico, representativo de valores mobiliários emitidos pela companhia:

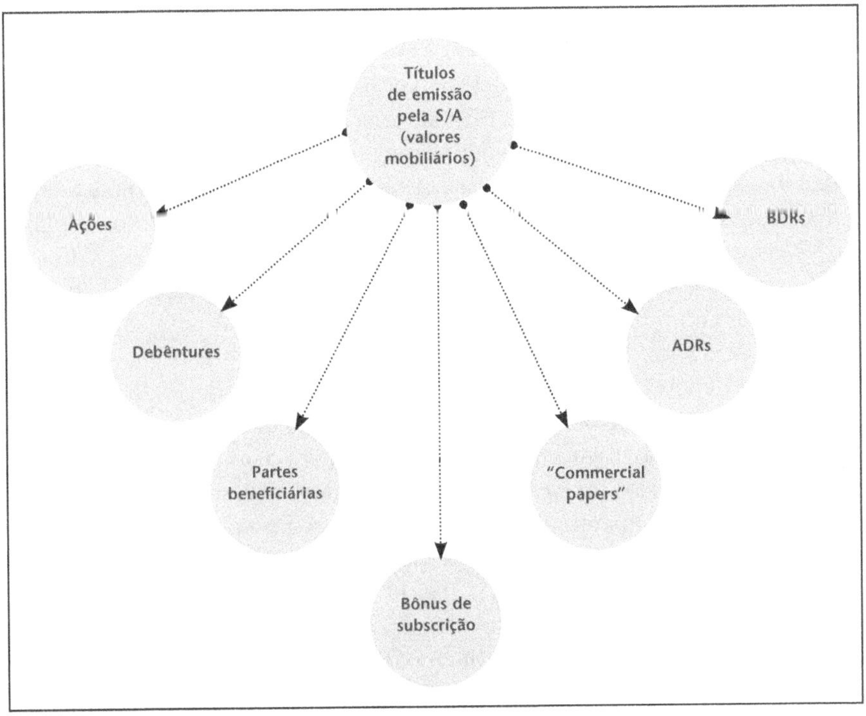

f.7. Modalidades de sociedade por ações

Três são as *espécies*[218] de sociedade anônima: a companhia aberta, a companhia fechada e a pequena companhia.

---

218. Hugo de Brito Machado, Sociedades anônimas: natureza, características, espécies e importância, *Revista da Faculdade de Direito*, Fortaleza, n. 27, p. 95-110; Fran Martins, *Comentários à Lei das Sociedades Anônimas*, Rio de Janeiro, Forense, 1977, v. 1, p. 42-5; José da S. Pacheco, Sociedade anônima — I, in *Enciclopédia Saraiva do Direito*, v. 69, p. 478-86; M. Helena Diniz, *Tratado*, cit., v. 4, p. 124-8; Fábio Ulhoa Coelho, *Curso*, cit., v. 2, p. 66-8; Arnaldo Rizzardo, *Direito de empresa*, cit., p. 377-94; Luiz Cezar P. Quintans, *Direito da empresa*, cit., p. 104; Mônica Gusmão, *Curso*, cit., p. 276-82. Instrução n. 319/99 da CVM, com alteração da Instrução n. 349/2001 da CVM, no que atina às operações de incorporação, fusão e cisão, envolvendo companhia aberta; Instrução n. 361, de 5 de março de 2002, dispõe sobre o procedimento aplicável às ofertas públicas de aquisição de ações de companhia aberta, o registro das ofertas públicas de aquisição de ações para cancelamento de registro de companhia aberta, por aumento de participação de acionista controlador, por alienação de controle de companhia aberta, para aquisição de controle de companhia aberta quando envolver permuta por valores mobiliários e de permuta por valores mobiliários, revoga a Instru-

A *companhia* será *aberta* se os valores mobiliários de sua emissão puderem ser negociados em Bolsa ou mercado de balcão (arts. 4º, 100, § 2º, 176, V, 188, I e II, da Lei n. 6.404/76 e art. 9º, V, da Lei n. 6.385/76, com a redação da Lei n. 9.457/97). Para que seja considerada uma companhia aberta será preciso que a Comissão de Valores Mobiliários que a fiscaliza e inspeciona tenha autorizado a companhia a lançar os seus títulos no mercado de capitais. Assim sendo, convém repetir, será aberta se procura captar recursos junto ao público, seja com emissão de ações, debêntures, bônus de subscrição, depósitos de valores mobiliários, suscetíveis à negociação em Bolsa ou mercado de balcão. A sociedade anônima poderá nascer aberta, se sua constituição for feita mediante subscrição pública do capital, podendo ser constituída por subscrição particular e depois transformar-se em companhia aberta, devendo para tanto ser registrada na Comissão de Valores Mobiliários, autarquia federal vinculada ao Ministério da Fazenda. A sociedade anônima aberta, portanto, apenas poderá captar recursos junto ao público investidor, mediante prévia autorização governamental, materializada em seu registro e no dos lançamentos dos valores mobiliários (ações, debêntures, partes beneficiárias, bônus de subscrição etc.), por ela emitidos na CVM (Lei n. 7.492/86, art. 7º). Com isso, dar-se-á maior seguridade ao mercado acionário e liquidez ao investimento feito. Assim, as operações (*over-counter*) de venda de ações de sociedade de capital aberto ao público em geral são feitas por meio de corretores ou agentes especializados de instituições devidamente autorizadas para tanto, como a Bolsa de Valores e o mercado de balcão[219]. A CVM não só estabelecerá normas es-

---

ção n. 229 da CVM, de 16 de janeiro de 1995, a Instrução n. 299 da CVM, de 9 de fevereiro de 1999, e a Instrução n. 345, da CVM, de 4 de setembro de 2000 (ora revogadas pela ICVM n. 361/2002).

E, ainda pelo art. 4º da Lei n. 11.638/2007: "As normas de que tratam os incisos I, II e IV do § 1º do art. 22 da Lei n. 6.385, de 7 de dezembro de 1976, poderão ser especificadas por categorias de companhias abertas e demais emissores de valores mobiliários em função do seu porte e das espécies e classes dos valores mobiliários por eles emitidos e negociados no mercado".

Enunciado n. 19: "Não se aplica o Código de Defesa do Consumidor às relações entre sócios/acionistas ou entre eles e a sociedade" (aprovado na I Jornada de Direito Comercial).

219. A Bolsa de Valores opera sob a supervisão da CVM e é associação de natureza privada, tendo por sócios as sociedades corretoras (Resolução n. 1655/89 do CMN). O mercado de balcão é o mercado de títulos sem local fixo para desenvolver as negociações. Os títulos são fechados via telefônica, entre instituições financeiras. Nele são negociadas ações de sociedades não registradas em Bolsas de Valores e outras espécies de títulos (Comissão Nacional de Bolsa de Valores, *Vocabulário do Mercado de Capitais*). *Vide*: Otavio Yazbek, Companhias abertas — sua caracterização, as vantagens e as desvantagens da abertura de capital, in *Sociedades anônimas* (coord. Finkelstein e Proença),

peciais de avaliação e contabilização aplicáveis às operações de incorporações de ações que envolvam companhia aberta (Lei n. 6.404/76, art. 252, § 4º, acrescentado pela Lei n. 11.941/2009), como também manterá registro para as negociações feitas na Bolsa e no mercado de balcão (Lei n. 6.385/75, art. 21, com a redação da Lei n. 9.457/97). E as demonstrações financeiras da companhia aberta deverão observar as normas da CVM e ser submetidas, obrigatoriamente, a auditoria por auditores independentes nela registrados (Lei n. 6.404/76, art. 177, § 3º, com a redação da Lei n. 11.941/2009). Ao fim de cada exercício social, a diretoria deverá elaborar, além do balanço patrimonial, da demonstração dos lucros ou prejuízos acumulados, da demonstração do resultado do exercício e da demonstração dos fluxos de caixa, a demonstração do valor adicionado (Lei n. 6.404/76, art. 176, V).

Será *companhia fechada* (Lei n. 6.404/76, arts. 4º e 100, § 3º) se não tiver autorização para lançar os títulos de sua emissão no mercado de capitais, obtendo recursos entre os próprios acionistas. Suas ações não são negociadas na Bolsa de Valores, nem no mercado de balcão, sendo ofertadas internamente aos próprios sócios (acionistas). A companhia fechada, em regra, produz custos menores do que a sociedade de capital aberto, pois, exemplificativamente, não precisará efetuar a publicação de certos atos ou documentos (Lei n. 6.404/76, art. 294 — com a redação da Lei n. 13.818/2019) se tiver menos de vinte acionistas, com patrimônio líquido de até dez milhões de reais, e

---

série GVLaw, São Paulo, Saraiva, 2005, p. 92-135; Thiago R. Maia — Ofertas públicas obrigatórias de aquisição de ações emitidas por companhias abertas nos termos da Lei das S. A., *Revista de Direito Empresarial — IBMEC* 2:3-42; Carlos Henrique Abrão, Responsabilidade das Companhias Abertas. *Revista da Academia Paulista de Direito, 6*: 53-60. CVM n. 202/93 (ora revogada pela ICVM n. 480/2009), 400/2003 e 358/2002 alterada pela 369/2002. Sobre aquisição de ações de companhias abertas: Instrução da CVM n. 361/2002 (*vide* nota 216).

Pelo art. 59 da Lei n. 6.404/76 (com a redação da Lei n. 12.431/2011):

"§ 1º Na companhia aberta, o conselho de administração pode deliberar sobre a emissão de debêntures não conversíveis em ações, salvo disposição estatutária em contrário.

§ 2º O estatuto da companhia aberta poderá autorizar o conselho de administração a, dentro dos limites do capital autorizado, deliberar sobre a emissão de debêntures conversíveis em ações, especificando o limite do aumento de capital decorrente da conversão das debêntures, em valor do capital social ou em número de ações, e as espécies e classes das ações que poderão ser emitidas.

§ 3º A assembleia geral pode deliberar que a emissão terá valor e número de série indeterminados, dentro dos limites por ela fixados".

Vide: Lei n. 14.030/2020 sobre prorrogação de prazos estabelecidos na Lei n. 6.404/76, pela CVM, para companhias abertas (art. 3º e parágrafo único) e art. 9º, que altera os arts. 121, parágrafo único, e 124, §§ 2º e 2º-A, da Lei n. 6.404/76.

poderá deixar de possuir auditores externos (Lei n. 6.404/76, art. 275, § 4º) que serão substituídos pelo Conselho Fiscal.

Fran Martins apontou normas aplicáveis à *companhia fechada*:

a) não terá o valor mínimo de suas ações fixado pela Comissão de Valores Mobiliários, que poderá fixá-lo para a sociedade aberta (Lei n. 6.404/76, art. 11, § 3º);

b) classes de ações ordinárias da sociedade fechada poderão ser estatuídas, em função da forma ou conversibilidade em ações preferenciais, da exigência de nacionalidade brasileira do acionista ou do direito de voto em separado para o preenchimento de certos cargos de órgãos administrativos; sendo que a alteração do estatuto na parte em que se refere à diversidade de classes, se não for expressamente prevista e regulada, requererá a concordância de todos os titulares das ações atingidas (art. 16, parágrafo único);

c) pelo menos uma das classes de ações ordinárias, quando tiverem as ações a forma ao portador, será obrigatoriamente conversível, à vontade do acionista, em nominativas e endossáveis (art. 22, parágrafo único);

d) os certificados das ações não poderão ser assinados por mandatários (art. 24, § 2º);

e) a aquisição pela companhia de suas próprias ações não ficará subordinada às normas da Comissão de Valores Mobiliários (art. 30, § 2º);

f) poderá o estatuto impor limite à circulação das ações nominativas, desde que não impeça a negociação destas, nem sujeite o acionista ao arbítrio dos órgãos de administração ou da maioria dos acionistas (art. 36);

g) podem as sociedades fechadas emitir partes beneficiárias, sem ser para alienação onerosa (art. 47, parágrafo único); tal direito não é concedido às companhias abertas;

h) não podem delegar ao Conselho de Administração a deliberação sobre a emissão de debêntures nas condições de que tratam os n. VI a VIII do art. 59 (art. 59, § 1º), o que será permitido à companhia aberta;

i) não podem constituir-se por subscrição pública do capital, já que para esta há necessidade de prévio registro da emissão na Comissão de Valores Mobiliários (art. 82);

j) os seus livros sociais não podem ser substituídos por registros mecanizados ou eletrônicos, pois apenas os das companhias abertas o poderão, desde que observadas as normas expedidas pela Comissão de Valores Mobiliários (art. 100, § 2º);

k) representando o acionista 5% ou mais do capital social, pode ser convocado para a assembleia geral por telegrama ou carta registrada (art. 124, § 3º);

l) pode o estatuto da sociedade aumentar o *quorum* estabelecido pela lei para certas deliberações, desde que especifique as matérias (art. 129, § 1º);

m) o administrador não é obrigado a declarar, no termo de posse, o número de ações, e outros valores mobiliários que possua da sociedade; não é, também, obrigado a dar essas informações à assembleia nem divulgar as deliberações da assembleia (art. 157 e parágrafos);

n) os administradores não gozarão da restrição da responsabilidade por atos que pratiquem dentro de suas atribuições específicas, ficando, assim, sempre solidariamente responsáveis com os outros pelos prejuízos, pelo não cumprimento de deveres impostos por lei aos mesmos administradores, para assegurar o funcionamento da companhia (art. 158, § 3º);

o) a capitalização de reservas por correção monetária pode ser feita com modificação do número de ações (art. 167, § 1º);

p) as demonstrações financeiras não necessitam ser auditadas por auditores independentes (art. 177, § 3º);

q) a assembleia geral pode, desde que não haja oposição de qualquer acionista presente, deliberar distribuição de dividendo inferior ao obrigatório, ou a retenção de todo o lucro, nas companhias abertas, exclusivamente para a captação de recursos por debêntures não conversíveis em ações, e nas companhias fechadas, salvo nas controladas por companhias abertas que não se enquadrem na condição acima especificada (art. 202, § 3º, I e II);

r) mesmo que a companhia tenha mais de 30% do valor do seu patrimônio líquido representado por investimentos em sociedades controladas, não necessita elaborar e divulgar, juntamente com suas demonstrações financeiras, demonstrações consolidadas, nos termos do art. 350 (art. 249);

s) a alienação do controle da companhia fechada não necessitava ser divulgada, com a identificação do comprador (art. 254, ora revogado pela Lei n. 9.457/97);

t) a alienação do controle de companhia que necessita de autorização para funcionar não está sujeita à prévia autorização do órgão competente para aprovar a alteração do estatuto (art. 255);

u) a oferta pública para a aquisição do controle de companhia fechada não precisa da participação de instituição financeira que garanta o cumprimento das obrigações do ofertante (art. 257);

v) na incorporação pela controladora de companhia controlada, se as relações de substituição de ações dos acionistas minoritários forem menos vantajosas que a avaliação de que trata o art. 264, os acionistas dissidentes têm o direito de optar, no prazo previsto no art. 230, pelo valor do reembolso, segundo o valor patrimonial das ações (art. 137, II, e 45) ou pelo valor do patrimônio líquido a preço de mercado (art. 264, § 3º);

w) as demonstrações consolidadas do grupo que não inclua sociedades abertas não necessitam ser auditadas (art. 275, § 4º) e, ainda, poderá optar por observar as normas sobre demonstrações financeiras expedidas pela CVM para as companhias abertas (art. 177, § 6º, acrescentado pela Lei n. 11.638/2007);

x) estará dispensada, tendo, na data do balanço, patrimônio líquido inferior a R$ 2.000.000,00, da elaboração e publicação da demonstração dos fluxos de caixa (art. 176, IV e § 6º, com redação da Lei n. 11.638/2007).

A *pequena companhia*, não sendo integrante de grupo de sociedades, deverá ter menos de vinte acionistas, e patrimônio líquido inferior ao valor nominal de vinte mil BTNs (hoje TR). Poderá convocar assembleia geral por anúncio entregue a todos os acionistas, contra recibo, com antecedência de oito ou cinco dias, conforme se trate da primeira ou da segunda convocação, e poderá, ainda, deixar de publicar o relatório da administração sobre os negócios sociais e os principais fatos administrativos do exercício findo; a cópia das demonstrações financeiras; o parecer dos auditores independentes, se houver. Tal sociedade deverá guardar cópia de recibos de entrega dos anúncios de convocação, e arquivar no Registro Público de Empresas Mercantis e atividades afins, juntamente com a ata da assembleia, cópia autêntica de tais recibos. E, além disso, o pagamento da participação dos administradores poderá ser feito, desde que aprovado por unanimidade dos acionistas, mesmo que não tenha sido pago o dividendo obrigatório. O regime jurídico da pequena companhia está definido no art. 294 e parágrafos, segundo os quais poderá:

a) convocar assembleia geral por anúncio entregue a todos os acionistas, contra recibo, com antecedência de oito dias, no mínimo, na primeira convocação, e de cinco dias, na segunda. Os recibos devem ser arquivados no Registro Público de Empresas Mercantis e atividades afins, com a ata respectiva;

b) deixar de publicar as demonstrações financeiras e o relatório anual da administração, desde que arquive tais documentos no Registro Público de Empresas Mercantis e atividades afins;

c) pagar participação aos administradores mesmo sem haver pago o dividendo anual obrigatório, desde que aprovado pela unanimidade dos acionistas.

É importante ressaltar que o regime da *pequena* companhia "não se aplica à companhia controladora do grupo de sociedade, ou a ela filiada" (art. 294, § 3º).

f.8. Panorama geral dos direitos e deveres do acionista

O *acionista* (pessoa natural ou jurídica) é o sócio da sociedade anônima, devidamente registrada, sendo titular de uma ou mais ações em que se divide seu capital social fixado em seu estatuto. E poderá ser: *a*) *rendeiro*, se aplicar sua economia em ações para auferir renda permanente dos dividendos, de modo que suas ações teriam apenas "papéis de renda variável"; *b*) *especulador*, se jogar na Bolsa de Valores para obter ganho ou lucro imediato na diferença de cotação; e *c*) *empresário* (pessoa natural ou jurídica ou grupo vinculado por acordo de acionista), se detiver o controle da companhia, gerindo-a, sendo, portanto, o acionista controlador ou majoritário, com maioria de votos na assembleia geral, tendo poder para eleger administradores, aumentar capital social e dirigir as atividades sociais etc., orientando o funcionamento dos órgãos sociais, respondendo, inclusive, pelos prejuízos causados por abuso do poder de controle (Lei n. 6.404/76, arts. 116, 117 e 246), p. ex., objetivando fim alheio ao objeto social; promovendo a liquidação de uma sociedade lucrativa; elegendo administrador sem competência; aprovando contas irregulares, por favorecimento pessoal etc. Deve atuar para que a companhia atinja a consecução do objetivo pretendido e cumpra sua função social. Suas ações poderão ser negociadas por um valor maior do que as demais, inclusive as ordinárias, emitidas pela companhia, e essa diferença de valor é designada, no mercado, "prêmio de controle". Se prevista no estatuto a cláusula de saída conjunta, o controlador não poderá vender, isoladamente, suas ações, pois somente poderá aliená-las a quem se comprometer a comprar por oferta pública também as (com direito de voto) dos beneficiados (minoritários) pela cláusula, pagando no mínimo 80% do preço pago pelas do controlador (Lei n. 6.404, arts. 254-A, 110, 110-A, 111, § 1º, 120, 118 e 255). A oferta pública de compra em caso de cessão de controle, ou seja, para alienar o controle da sociedade de capital aberto (*tag along*) visa tutelar os acionistas minoritários, permitindo que o sobrevalor das ações do acionista controlador se estenda aos demais acionistas[220].

Aos acionistas são reconhecidos *direitos*, em razão do *status* de sócios de uma companhia, que podem ser[221]:

1) *Essenciais*, que são os individuais de cada um dos acionistas, que deles não poderá ser privado nem mesmo por via estatutária ou assemblear,

---

220. Fábio Ulhoa Coelho, *Curso*, cit., v. 2, p. 272-88; *Manual*, cit., p. 207-9; Amador Paes de Almeida, *Manual*, cit., p. 263 e 264; Mônica Gusmão, *Curso*, cit., p. 306 e 309-14; Rubens Requião, *Curso*, cit., v. 2, p. 140-9; Tullio Ascarelli, *Problemas das sociedades anônimas e direito comparado*, São Paulo, Saraiva, 1945, p. 368 e 369.

221. Amador Paes de Almeida, *Manual*, cit., p. 251-62; Fábio Ulhoa Coelho, *Curso*, cit., v. 2, p. 288-314; *Manual*, cit., p. 204-6; Rubens Requião, *Curso*, cit., v. 2, p. 152-63; Mônica Gusmão, *Curso*, cit., p. 306-9, 318-20; Ricardo Negrão, *Manual*, cit., v. 1, p. 422 e 423; Arnaldo Rizzardo, *Direito de empresa*, cit, p. 435-44; Anna Luiza P. Paraíso, *O direito de retirada na sociedade anônima*, Rio de Janeiro, Lumen Juris, 2000; José Marcelo Martins Proença, *Sociedades anônimas* (coord. Finkelstein e M. Proença), série GVLaw, São Paulo, Saraiva, 2007, p. 42-70; Marcelo S. Barbosa e Ana Paula de C. Reis, O direito de voto dos acionistas e o poder deliberativo dos membros do Conselho de Administração: um paralelo, *Revista de Direito Empresarial — IBMEC*, Rio de Janeiro, Lumen Juris, 2003, p. 55-80.

sob pena de a cláusula restritiva, ou a limitação imposta, ser invalidada por ser leonina. São direitos que garantem a posição do acionista, seja ele majoritário ou minoritário.

Os direitos essenciais são os arrolados no art. 109 da Lei n. 6.404/76, tais como o de:

a) *participação nos lucros sociais* (CC, art. 1.008; Lei n. 6.404/76, art. 109, I), que, em cada exercício, deverão ser-lhes atribuídos como dividendos obrigatórios (Lei n. 6.404/76, art. 202), e a parcela dessa participação poderá ser estabelecida no estatuto (Lei n. 6.404/76, art. 202, 1ª parte). Se a norma estatutária se omitir a esse respeito, o percentual a que o acionista terá direito corresponderá à metade do lucro líquido do exercício diminuído, ou acrescido, da importância destinada à reserva legal (Lei n. 6.404/76, art. 193) ou à formação da reserva para contingências (Lei n. 6.404/76, art. 195) e reversão da mesma reserva formada em exercícios anteriores, dos lucros a realizar transferidos para a respectiva reserva e dos lucros registrados na reserva de lucros a realizar ou realizados, e, se não tiverem sido absorvidos por prejuízos em exercícios subsequentes, deverão ser acrescidos ao primeiro dividendo declarado após a realização (Lei n. 6.404/76, art. 202, I a III).

Segundo o Enunciado n. 66: "A limitação de distribuição de dividendos periódicos de que trata o art. 204, § 1º da Lei das Sociedades por Ações refere-se ao lucro distribuível, reconhecido em balanço intermediário levantado conforme o Estatuto Social, e não à antecipação do pagamento de dividendos por conta do lucro cuja existência é provável, nos termos da legislação tributária" (aprovado na II Jornada de Direito Comercial);

b) *participação do acervo social na hipótese de liquidação da companhia* (Lei n. 6.404/76, art. 109, II) já dissolvida, obtendo o reembolso do capital nela investido, havendo ativo no processo liquidatório, depois de pago o passivo. O acionista participará, portanto, do patrimônio líquido remanescente do acervo social, em regra, na proporção do valor patrimonial de suas ações;

c) *fiscalização da gestão dos negócios sociais* (Lei n. 6.404/76, art. 109, III), averiguando a administração e se a companhia vem funcionando regularmente, dentro das normas legais e estatutárias, para atingir a consecução de seus objetivos. Para tanto, poderá: pedir exibição de livros da companhia (Lei n. 6.404/76, art. 105); convocar assembleia geral (Lei n. 6.404/76, art. 123, *b*, *c* e *d*); solicitar endereços de acionistas aos quais a companhia tenha enviado pedidos de procuração (Lei n. 6.404/76, art. 126, § 3º); examinar documentos da administração, às vésperas da assembleia geral (Lei n. 6.404/76, art. 133); pedir esclarecimentos dos administradores, na assembleia geral (Lei n. 6.404/76, art. 134, § 1º); exigir, anualmente, a prestação de contas dos administradores; votar, na assembleia geral, a respeito das demonstrações financeiras; exigir, se a companhia for aberta (Lei n. 6.404/76, art. 177, § 3º), a auditoria por auditores independentes, que é um complexo procedimental, levado a efeito por empresa especializada, registrada na CVM, para verificar a regularidade da escrituração e das demonstrações financeiras da sociedade anônima, observando-se as normas da CVM; pedir o funcionamento do Conselho Fiscal, se tal funcionamento não for permanente (Lei n. 6.404/76, art. 161); solicitar informações ao Conselho Fiscal sobre assunto de sua competência (Lei n. 6.404/76, art. 163, § 6º). O direito à informação, portanto, está intimamente ligado ao da fiscalização, apesar de não estar no rol do art. 109. Todavia, não há liberdade, para o acionista, de exigir esclarecimentos de tudo que desejar, por haver certos dados que, no interesse da companhia, não poderão ser divulgados pelos administradores (Lei n. 6.404/76, arts. 155, § 1º, e 157, § 5º);

d) preferência para subscrição de novas ações, partes beneficiárias conversíveis em ações, debêntures conversíveis em ações e bônus de subscrição (Lei n. 6.404/76, art. 109, IV) emitidos pela companhia, dentro do prazo decadencial estabelecido no estatuto, que não poderá ser inferior a trinta dias.

O acionista, contudo, não terá direito de preferência para subscrição de novas ações: *a*) se elas se destinarem ao atendimento de opção de compra, concedida a administradores, no limite do capital autorizado, conforme o Plano de Concessão aprovado por Assembleia Geral (Lei n. 6.404/76, art. 171, § 3º); *b*) se destinadas, na companhia aberta de capital autorizado, à venda em bolsa ou subscrição pública, ou, ainda, à permuta por ações, em oferta pública de aquisição de controle da sociedade de capital aberto (Lei n. 6.404/76, art. 172, I e II); *c*) se emitidas, numa operação de incorporação, pela incorporadora para serem outorgadas aos acionistas da incorporadora (Lei n. 6.404/76, art. 251); *d*) *se se retirar da sociedade* nos casos previstos em lei (Lei n. 6.404/76, art. 109, V). Trata-se do direito de retirada ou de recesso, pelo qual o acionista dissidente, ou discordante, de deliberação assemblear relativa a certos assuntos (Lei n. 6.404/76, arts. 136, I a VI e IX, 137, 221, 230 e 252), poderá, mediante declaração unilateral da vontade, dela retirar-se, percebendo numerário correspondente ao valor patrimonial de suas ações, pago pela companhia (reembolso), tendo-se por base o levantamento de balanço especial. Pela Lei n. 10.303/2001 há, ainda, a possibilidade do exercício do direito de retirada em caso de cisão, observando-se as condições do art. 136.

2) *Especiais*, que são os reservados a titulares de certas modalidades de ações, p. ex.: *a*) os titulares de ações preferenciais terão direito a vantagens materiais como: prioridade na distribuição de dividendos e no reembolso do capital, com prêmio ou sem ele, e acumulação dessas vantagens; *b*) os titulares de ação ordinária têm direito de voto, pois pela Lei n. 6.404/76, art. 110, "a cada ação ordinária corresponde um voto nas deliberações da assembleia geral". Pelo art. 111 da Lei n. 6.404/76, os titulares de ações preferenciais, por força do estatuto, poderão, ou não, ter o direito de voto. Se não o tiverem, pelo § 1º do art. 111 poderão adquirir o exercício do direito de votar se a sociedade anônima deixar de pagar, em três exercícios consecutivos, os dividen-

dos fixos ou mínimos, a que tiverem direito. Além disso, pelo art. 113, "o penhor da ação não impede o acionista de exercer o direito de voto; será lícito, todavia, estabelecer, no contrato, que o acionista não poderá, sem consentimento do credor pignoratício, votar em certas deliberações". E ao credor fiduciário, havendo alienação fiduciária da ação, não será permitido o direito de votar, e o devedor apenas poderá exercer esse direito, nos termos do contrato (Lei n. 6.404/76, art. 113, parágrafo único). Se a ação estiver gravada com usufruto, como vimos, o direito de voto deverá estar regulado no ato constitutivo do ônus real e se não o estiver, só poderá ser exercido havendo prévio acordo entre proprietário e usufrutuário (Lei n. 6.404/76, art. 114). O direito de voto deverá ser exercido em benefício da companhia; logo, *proibidos* estão o *voto abusivo*, caracterizado pelo intento de causar dano à sociedade e aos acionistas para obtenção de vantagem indevida para si ou para terceiro (Lei n. 6.404/76, art. 115 e § 3º) e o *voto conflitante*, por haver interesse pessoal do acionista diverso do da sociedade (Lei n. 6.404/76, art. 115, § 1º; CVMTA/RJ 2002 / 1.153; CVM n. 24/2006), caso em que o acionista não poderá votar sobre laudo de avaliação de bens por ele ofertados para integralizar suas ações, nem na aprovação das contas que apresentou como administrador.

3) *Gerais*, *coletivos* ou *sociais*, que são os que têm relação direta com a existência da sociedade, sendo exercidos pelos acionistas, como membros do quadro societário, em razão de lei ou de norma estatutária, em comum com os demais, no interesse geral.

Por outro lado, terá o acionista os seguintes *deveres*[222]:

1) O de contribuir para a formação do capital social, mediante a sua *integralização*, pagando *preço da emissão das ações subscritas*, ou seja, o de reali-

---

222. Modesto Carvalhosa, *Comentários*, cit., v. 13, p. 367; Amador Paes de Almeida, *Manual*, cit., p. 249 e 250; Ricardo Negrão, *Manual*, cit., v. 1, p. 419 e 420; Rubens Requião, *Curso*, cit., v. 2, p. 150-2; Arnaldo Rizzardo, *Direito de empresa*, cit., p. 445-8; José Edwaldo T. Borba, *Direito societário*, 2004, p. 319; José Marcelo Martins Proença, *Sociedades anônimas*, cit., p. 71-9; Nikolai S. Rebelo, O dever de lealdade na administração da sociedade anônima e as teorias acerca do interesse social, *Revista Síntese — Direito Civil e Processual Civil, 94*:56 a 75; Érica G. da Silva. As repercussões da Lei n. 13.129/2015, que altera a Lei da arbitragem, no direito de retirada das sociedades anônimas. *Revista Síntese — Direito Civil e Processual Civil, 96*: 30 a 33. *Vide*: Instrução n. 481, de 17 de dezembro de 2009, da CVM, que dispõe sobre informações e pedidos públicos de procuração para exercício do direito de voto em assembleias de acionistas.

Pela Lei n. 14.030/2020, art. 1º, §§ 1º a 3º, a sociedade anônima que se encerrar entre 31/12/2019 e 31/3/2020 poderá realizar assembleia geral ordinária (Lei n. 6.404/76, art. 132) no prazo de 7 meses contado do término do exercício social. O acionista, na companhia aberta ou fechada, poderá participar e votar a distância, nos termos do regulamento da CVM e do órgão competente do Poder Executivo federal (art. 121, § único da Lei 6.404/76 com a redação da Lei n. 14.030/2020). Pelo art. 124 da Lei n. 6.404/76, §§ 2º e 2º-A (com redação da Lei n. 14.030/2020). A Assembleia deve ser realizada no edifício onde a companhia tiver sede, ou em outo local, se houver força maior, desde que seja no mesmo município da sede e seja indicado com clareza nos anúncios. E as companhias, abertas ou fechadas, poderão realizar assembleia digital, nos termos dos regulamentos da CVM e do órgão competente do Poder Executivo federal.

zar, nas condições previstas no estatuto ou no boletim de subscrição, a prestação ou a entrada correspondente às ações subscritas ou adquiridas (Lei n. 6.404/76, art. 106). Esse dever continuará a existir mesmo que a sociedade anônima venha a falir, e não dependerá da suficiência de fundos para solver o passivo daquela sociedade. Com a subscrição das ações ter-se-á o *status* de sócio gerando a responsabilidade pelo montante das ações subscritas. Portanto, a obrigação primordial do acionista é pagar o preço da emissão das ações subscritas no prazo previsto no estatuto ou boletim de subscrição ou na omissão destes na "chamada", mediante avisos publicados por três vezes, em jornal, fixando prazo não inferior a trinta dias para o pagamento. Se o acionista não pagar o valor das ações no vencimento daqueles prazos, ficará constituído, de *pleno iure*, em mora, sem necessidade de prévia interpelação judicial, e declarando-se a decadência do direito do acionista à integralização, ele (acionista remisso), então, deverá pagar juros, correção monetária e multa não superior a 10% do valor da quantia devida. A sociedade poderá: *a*) acionar o acionista moroso, movendo processo de execução para cobrar o *quantum* devido (Lei n. 6.404/76, art. 107, I); *b*) vender as ações em leilão especial na Bolsa de Valores do local da sede social, por conta e risco do acionista, observando o art. 107, II e § 2º da Lei n. 6.404/76, sendo que do produto dessa venda deduzir-se-ão as despesas com tal operação, juros, correção monetária e multa, deixando-se o saldo à disposição do ex-acionista. Realizada tal venda, o arrematante substituirá, no quadro societário, o acionista remisso; e *c*) declarar caduca as ações, se não conseguir nenhum comprador, tornando suas as entradas feitas pelo acionista em mora. E, depois de um ano, havendo comisso (perda da ação por mora do acionista), inexistindo adquirente, a assembleia geral deliberará a redução do capital social naquela importância.

2) O de *fidelidade* ou de *lealdade* para com a companhia, evitando, p. ex., ao exercer o seu direito de voto, não só prejuízos à sociedade anônima e aos outros acionistas, mas também a obtenção de vantagens indevidas, para si ou para outrem, lesando à sociedade, e a prática de atos de concorrência com a companhia.

3) O de *abster-se de interferir na deliberação assemblear* se houver interesse seu conflitante com o da companhia. Não poderá, portanto, antepor, como diz Wolfang Schiling, seus interesses àqueles da sociedade.

4) O de *responder* não somente pelos danos causados pelo exercício abusivo de seus direitos, como também, solidariamente, pelo prazo de dois anos da transferência das ações, com os adquirentes de suas ações negociadas até a completa integralização delas (Lei n. 6.404/76, art. 108 e parágrafo único).

5) O de *escolher*, pertencendo a ação a vários acionistas, o *acionista* que representará os acionistas em condomínio (Lei n. 6.404/76, art. 28, parágrafo único).

6) O de *designar*, sendo acionista residente ou domiciliado no exterior, seu *representante no Brasil*, outorgando-lhe poderes para receber citação em ações contra ele propostas (Lei n. 6.404/76, art. 119).

7) O de *submeter-se à arbitragem*, para solucionar conflito existente entre ele e a companhia ou entre ele e demais acionistas, ou, ainda, entre acionista controlador e os minoritários (Lei n. 6.404/76, art. 109, § 3º). O art. 136-A, §§ 1º e 2º, I e II da Lei n. 6.404/76, acrescentado pela Lei n. 13.129/2015, estipula que: a aprovação da inserção de convenção de arbitragem no estatuto social, observado o *quorum* do art. 136, obriga a todos os acionistas, assegurado ao acionista dissidente o direito de retirar-se da companhia mediante o reembolso do valor de suas ações, nos termos do art. 45. A convenção somente terá eficácia após o decurso do prazo de 30 (trinta) dias, contado da publicação da ata da assembleia geral que a aprovou. O direito de retirada previsto não será aplicável: *a*) caso a inclusão da convenção de arbitragem no estatuto social represente condição para que os valores mobiliários de emissão da companhia sejam admitidos à negociação em segmento de listagem de bolsa de valores ou de mercado de balcão organizado que exija dispersão acionária mínima de 25% (vinte e cinco por cento) das ações de cada espécie ou classe; e *b*) caso a inclusão da convenção de arbitragem seja efetuada no estatuto social de companhia aberta cujas ações sejam dotadas de liquidez e dispersão no mercado, nos termos das alíneas "a" e "b" do inciso II do art. 137 dessa Lei.

8) O de *cooperar na convocação* para desempenhar funções.

9) O de *comparecer nas assembleias*, votando a respeito das questões discutidas, colaborando para a deliberação social e apontando problemas, que afetam a companhia, em busca de sua solução.

10) O de *defender* a sociedade contra terceiros.

11) O de *não fazer parte* de outra sociedade que *desenvolva* a mesma atividade econômico-empresarial.

f.9. Acordo de acionistas

Será preciso fazer menção aos acordos de acionistas ou *contratos parassociais*[223] firmados entre acionistas; portanto, a companhia não é parte contra-

---

223. M. Helena Diniz, *Tratado*, cit., v. 4, p. 129-32; Carlos Alberto Bittar, Contratos parassociais (acordos entre acionistas) in *Enciclopédia Saraiva do Direito*, v. 20, p. 168-71; Modesto Carvalhosa, *Acordo de acionistas*, São Paulo, Saraiva, 1984, p. 48, 49 e 114; Paulo Cezar Aragão, Novos aspectos dos valores mobiliários na lei das sociedades por

tante. Os acionistas contratantes elegem, numa das cláusulas, um representante do acordo, que poderá ser um deles ou pessoa alheia ao quadro societário. Esse representante será apenas o elo de comunicação entre os acionistas signatários do acordo e a sociedade, servindo de interlocutor (Lei n. 6.404/76, art. 118, § 10), não tendo qualquer poder de representá-los perante a companhia, comparecendo no lugar deles em reunião assemblear para discutir e votar questões, a não ser que esteja munido de procuração especial para tanto.

Acordo de acionistas vem, segundo Modesto Carvalhosa, a ser um contrato que se submete às normas comuns de validade de qualquer negócio jurídico privado, concluído entre acionistas de uma mesma companhia, tendo por finalidade a regulação do exercício dos direitos referentes a suas ações, tanto no que se refere ao voto como à negociabilidade destas. Há uma "sindicação de ações", ou um "sindicato de acionistas", visto que no acordo de acionista procura-se tutelar interesses comuns, fazendo-se um pacto de votar no mesmo sentido, de incluir bloqueio de ações, ou seja, a não transferência de ações sem a anuência dos demais acionistas ou sem antes lhes conceder a preferência a sua aquisição. Pelo art. 118 da Lei n. 6.404/76, com a redação da Lei n. 10.303/2001, "os acordos de acionistas, sobre a compra e venda de suas ações, preferência para adquiri-las, exercício do direito a voto, ou do poder de controle deverão ser observados pela companhia quando arquivados na sua sede", em livros de registro e nos certificados das ações, visto que, então, produzirão efeitos *erga omnes*. A respeito, observam Egberto Teixeira e Tavares Guerreiro que: "importa assina-

---

ações, *Revista do Curso de Direito da Universidade Federal de Uberlândia*, *14*(2):95-111, 1985; Fran Martins, Acordo de acionistas: contrato plurilateral, *Revista da Faculdade de Direito*, Fortaleza, *29*(1):59-71, 1988; Dohm, *Les accords sur l'exercice du droit de vote de l'actionnaire*, Genève, 1971; Mascheroni, *La sindicación de acciones*, Buenos Aires, 1968; Tavares Guerreiro, Execução específica do acordo de acionistas, *RDM*, *41*:42, 1981; Egberto Teixeira e Tavares Guerreiro, *Das sociedades anônimas no direito brasileiro*, v. 1, p. 305; Adilson de Abreu Dallari, Acordos de acionistas — Empresa estadual concessionária de serviço público federal — Manutenção da qualidade de acionista controlador, *Atualidades Jurídicas*, *3*:17-48; Leslie Amendolara, A influência dos acordos de acionistas na gestão das empresas de capital aberto, *Revista do IASP*, *11*:22-31; Arnaldo Rizzardo, *Direito de empresa*, cit., p. 489-96; Rubens Requião, *Curso*, cit., v. 2, p. 163-7; Amador Paes de Almeida, *Manual*, cit., p. 262; Mônica Gusmão, *Curso*, cit., p. 314-8; Fábio Ulhoa Coelho, *Manual*, cit., p. 206 e 207; *Curso*, cit., v. 2, p. 314-9. "Nas sociedades personificadas previstas no Código Civil, exceto a cooperativa, é admissível o acordo de sócios, por aplicação analógica das normas relativas às sociedades por ações pertinentes ao acordo de acionistas" (Enunciado n. 384 do Conselho da Justiça Federal, aprovado na IV Jornada de Direito Civil). *Vide*: *RT*, *706*:84.

Pelo Enunciado n. 85: "A obrigação de voto em bloco, prevista em Acordo de Acionistas, não pode ser invocada, por seus signatários ou por membros do Conselho de Administração, com o propósito de eximi-los da obrigação de votar em consonância com a Lei e com os interesses da Companhia" (aprovado na III Jornada de Direito Comercial).

lar que os acordos de acionistas geram direitos e obrigações reguladas substancialmente pelo direito comum e não pelo direito das sociedades, muito embora seus efeitos jurídicos digam respeito à participação acionária em determinada companhia, em seus vários possíveis desdobramentos".

Se o acordo de acionistas é um contrato, será necessário para sua formação que as partes manifestem individualmente suas vontades. Se houver concordância sobre as vontades manifestadas, ter-se-á o contrato. Será, portanto, um contrato plurilateral; visto que haverá a manifestação de duas ou mais vontades, para atingir a mesma finalidade, não haverá entre os contraentes interesses antagônicos, mas sim interesse comum a todos. Todos os contratantes têm um único objetivo, não havendo entre eles interesses divergentes ou contraditórios. Portanto não haverá sinalagma entre partes. Não haverá aplicação da *exceptio non adimpleti contractus* no contrato plurilateral; a impossibilidade da execução da obrigação de uma das partes não extingue o contrato nem libera os demais contraentes se seu objetivo for alcançável. Daí as palavras de Modesto Carvalhosa: "Serão, pois, plurilaterais todos os acordos que constituem uma comunhão protectiva de determinados grupos de acionistas-minoritários ou controladores, para melhor assegurar seus interesses nas deliberações sociais. Assim, dessa natureza serão todos os acordos que têm em vista, pela predeterminação do sentido de voto, estabelecer uma estável política de dividendos ou alocação de resultados; os acordos com o objetivo de assegurar a continuidade da administração da companhia, mediante a fixação de critérios de escolha e de eleição, personalizando ou não os indicados, ou, ainda, fixando a política de remuneração dos administradores".

Consistem os contratos parassociais em acordos celebrados, entre si, pelos titulares de ações de sociedade anônima, sobre questões de interesse comum, relacionados com sua participação acionária ou com a própria sociedade, sendo instrumento de grande utilidade à expansão dos negócios das companhias. Trata-se similarmente do *voting trusts* do direito norte-americano, embora com eles não se confundam, ou do sindicato de voto ou de ações do direito europeu, por haver uma transferência efetiva das ações ao *trustee*, tendo por escopo conferir-lhe, temporariamente, direitos para o exercício do controle da companhia. É uma convenção pela qual os acionistas transferem a um síndico a posse fiduciária das ações, para unificar os votos e, assim, exercer o controle empresarial.

O *pooling agreement*, por sua vez, se aproxima mais do nosso acordo de acionista, por não ter por fim transferir ações, sendo tão somente um acordo de votos, com a finalidade de exercer o controle.

Tais acordos poderão, convém repetir, juntamente com os de voto, estabelecer-se como um sindicato de bloqueio, ou seja, uma reunião de determinados acionistas para uma sistemática oposição aos controladores. No dizer de Modesto Carvalhosa: "a convenção de bloqueio tem por objeto restringir a livre transmissibilidade de ações dos convenentes, ou seja: o acordo de bloqueio é um contrato pelo qual o acionista obriga-se, perante um ou mais sócios, a não alienar suas ações, sem o consentimento destes, ou sem a renúncia dos mesmos ao direito de preferência, nele estabelecido".

Os acionistas poderão firmar acordos de bloqueio, referentes à livre disposição de ações por parte dos seus proprietários de mando, se feitos tendo por escopo unir acionistas para adotar uma orientação única nas deliberações da sociedade. Poderão firmar acordos sobre a compra e venda de suas ações, preferência para adquiri-las, ou exercício do direito de voto (Lei n. 6.404/76, art. 118 e parágrafos).

Leslie Amendolara vislumbra três *modalidades* de *acordo de acionistas*: *a*) *acordo de comando*, pelo qual os grupos se reúnem para obter o exercício do controle empresarial, para que nenhum deles isoladamente possa ter o poder; *b*) *acordo entre controladores e minoritários* para evitar ou extinguir conflitos ou dar amparo às disposições estatutárias; e *c*) *acordo de defesa* ou entre minoritários, para aglutinar minorias dispersas, reunindo votos suficientes para que possam eleger seu representante como membro do Conselho de Administração e Fiscal, com 10% de ações com direito a voto, reforçando a posição acionária minoritária. Grande é, portanto, a influência dos acordos de acionistas na gestão empresarial.

Tais ajustes deverão reunir acionistas de uma mesma sociedade, desde que tenham interesses comuns relativos a ela, revelando uma concentração de poder, que influirá muitas vezes nos destinos da sociedade, controlando-a (art. 116) e conduzindo os negócios sociais.

Por meio desses contratos poderão os interessados adquirir ações de outros acionistas, obter preferência para tal aquisição ou unir-se para o exercício do direito de voto, pois será permitido aos acionistas a formação de blocos, para votação nas deliberações das assembleias gerais ou em outras decisões em que se possam demonstrar os efeitos de sua atuação, como nas do Conselho de Administração (na sociedade aberta) e nas do Conselho Fiscal (na anônima em geral).

Com isso procurar-se-á equilibrar os detentores do controle e os minoritários.

Para que tais ajustes tenham validade, preciso será o arquivamento do instrumento, em que são vazados, na sede da companhia (art. 118, *caput*). Sendo o documento entregue à sociedade para arquivo, ficará ela, como já dissemos, obrigada a respeitar seus termos.

A oposição das cláusulas e condições do acordo a terceiros dependerá de averbação nos livros de registro e nos certificados de ações (art. 118, § 1º).

Assim sendo, os interessados deverão entregar à sociedade os referidos títulos, que serão restituídos com as devidas anotações, feitas por carimbo e autenticadas pelos representantes ou procuradores da sociedade.

Feita a devida averbação, as ações integrantes do ajuste não poderão ser negociadas, nem em Bolsa, nem no mercado de balcão (art. 118, § 4º). Haverá, portanto, inegociabilidade das ações que integram o acordo.

A administração da sociedade fará um relatório anual, prestando suas contas à assembleia, informando aos acionistas as disposições sobre política de reinvestimento de lucros e distribuição de dividendos, constantes de acordos arquivados na companhia (art. 118, § 5º). A medida tem por objetivo possibilitar aos demais acionistas o conhecimento dos termos dos citados ajustes, para nortear suas decisões.

Pelo art. 118, § 6º, da Lei n. 6.404/76, o acordo de acionista poderá ter ou não prazo determinado. Se seu prazo for indeterminado, poderá ser, a qualquer tempo, denunciado, mediante prévia notificação. E se seu prazo for estabelecido em função de termo ou condição resolutiva, o acordo poderá ser denunciado conforme o que estiver nele estipulado.

O § 9º do art. 118 permite que acionista, signatário do acordo, vote com as ações do ausente ou do que se absteve de votar; para atender a uma finalidade social, lícito seria isso, considerando-se que, pelo § 8º do art. 118, o presidente da assembleia não deverá computar voto proferido com infração do acordo de acionista, nem a sociedade poderá contrariar o seu conteúdo, pois os signatários do acordo poderão, por via judicial ou extrajudicial, pretender a sua execução específica.

Os acionistas não poderão invocar esses ajustes para isentarem-se de responsabilidade no exercício do direito de voto ou do poder de controle (art. 118, § 2º). O exercício de voto deverá atender aos interesses da companhia, definindo o abuso e impondo sanções (art. 115 e parágrafos).

O acionista controlador está limitado por normas que disciplinam o exercício de controle do poder, indicando suas responsabilidades, protegendo o acionista minoritário (art. 116).

Assim sendo, os acionistas vinculados pelo acordo não poderão contrariar em seus termos os valores básicos definidos para a direção da sociedade por ações.

Quaisquer acionistas poderão promover a execução das obrigações assumidas dentro das condições do acordo, sempre que o outro acionista não cumprir seu dever. Dispõe de ação própria para fazer valer o pactuado, o acionista integrante do ajuste.

f.10. Órgãos sociais diretivos e o movimento "governança corporativa"

Para alcançar o objetivo social e o bom desempenho de sua atividade empresarial, a companhia conta com órgãos societários diretivos, que, por serem desmembramentos seus, instrumentalizam sua vontade e se encontram disciplinados legalmente. Tais órgãos sociais diretivos são: a assembleia geral, o Conselho de Administração, a diretoria e o Conselho Fiscal[224].

---

224. Láudio C. Fabretti, *Direito de empresa*, cit., p. 125-9; Fábio Ulhoa Coelho, *Manual*, cit., p. 196-203; *Curso*, cit., v. 2, p. 191-233; Dylson Doria, *Curso de direito comercial*, São Paulo, Saraiva, 1995, p. 224; Ricardo Negrão, *Manual*, cit., v. 1, p. 435-53; Mônica Gusmão, *Curso*, cit., p. 321. Nikolai S. Rebelo, O dever de lealdade na Administração da Sociedade Anônima e as teorias acerca do interesse social, *Revista Síntese – Direito empresarial*, n. 38, p. 56 a 76; Karine F. Moraes, Responsabilidade civil dos administradores de sociedades anônimas – o art. 158 da Lei das S. A., *Revista Síntese – Direito empresarial*, n. 39, p. 149 a 163; *BAASP, 2748*: 2054-05 – Direito empresarial – Negócio jurídico celebrado por gerente de sociedade anônima – Ausência de poderes – Ato conexo com a especialização estatutária da empresa – Limitação estatutária – Matéria, em princípio, *interna corporis* – Terceiro de boa-fé – Teoria da aparência – Aplicabilidade. 1 – No caso em exame, debatem as partes em torno de aditivo que apenas estabeleceu nova forma de reajuste do contrato original – em relação ao qual não se discute a validade –, circunstância a revelar que o negócio jurídico levado a efeito pelo então Gerente de Suprimentos, que é acessório, possui a mesma natureza do principal – prestação de serviços – o qual, a toda evidência, poderia ser celebrado pela sociedade recorrente por se tratar de ato que se conforma com seu objeto social. 2 – Na verdade, se a pessoa jurídica é constituída em razão de uma finalidade específica (objeto social), em princípio, os atos consentâneos a essa finalidade, não sendo estranhos ao seu objeto, praticados em nome e por conta da sociedade, por seus representantes legais, devem ser a ela imputados. 3 – As limitações estatutárias ao exercício de atos por parte da Diretoria da Sociedade Anônima, em princípio, são, de fato, material *interna corporis*, inoponíveis a terceiros de boa-fé que com a sociedade venham a contratar. 4 – Por outro lado, a adequada representação da pessoa jurídica e a boa-fé do terceiro contratante devem ser somadas ao fato de ter ou não a sociedade praticado o ato nos limites do seu objeto social, por intermédio de pessoa que ostentava ao menos aparência de poder. 5 – A moldura fática delineada pelo acórdão não indica a ocorrência de qualquer ato de má-fé por parte da autora, ora recorrida, além de deixar estampado o fato de que o subscritor do negócio jurídico ora impugnado – Gerente de Suprimento – assinou o apontado "aditivo contratual" na sede da empresa e no exercício ordinário de suas atribuições, as quais, aliás, faziam ostentar a nítida aparência a terceiros de que era, deveras, representante da empresa. 6 – Com efeito, não obstante o fato de o subscritor do negócio jurídico não possuir poderes estatutários para tanto, a circunstância de este comportar-se, no exercício de suas atribuições – e somente porque assim o permitiu a companhia –, como legítimo representante da

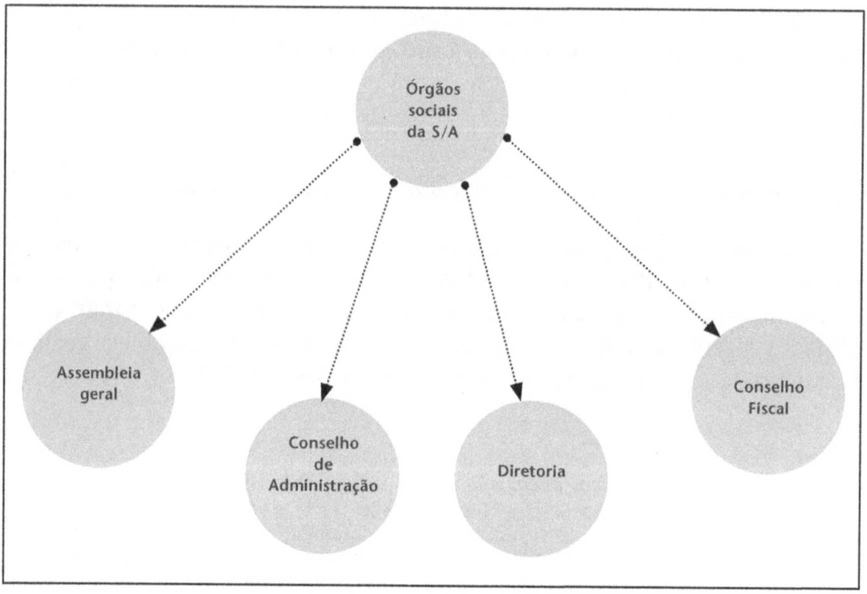

Além desses quatro órgãos sociais principais, o seu estatuto poderá conter a previsão de outros órgãos técnicos de assessoria ou de execução, tendo por base a divisão de trabalho, agilidade nas decisões, barateamento dos custos etc., visto que poderá promover sua estruturação da forma que quiser em busca do sucesso do empreendimento.

A *assembleia geral* é o órgão máximo da sociedade anônima, e, por ter caráter deliberativo, dela participam todos os acionistas com direito de voto, sendo que, pelo art. 125, parágrafo único, da Lei n. 6.404/76, mesmo aqueles, que, pelo estatuto, como, p. ex., os titulares de ações preferenciais nominativas, não tiverem o direito de votar, poderão manifestar-se sobre os assuntos em discussão. Nela são discutidos, votados e deliberados quaisquer problemas de interesse social. É uma reunião de acionistas convocada, na forma da lei (art. 125 da Lei n. 6.404/76, com a redação da Lei n. 14.195/2021) ou do estatuto, para constituir a sociedade anônima, decidir sobre todos os negócios de seu interesse, relativos ao seu objeto social, e tomar as resoluções mais convenientes à sua defesa e desenvolvimento (Lei

sociedade atrai a responsabilidade da pessoa jurídica por negócios celebrados pelo seu representante putativo com terceiros de boa-fé. Aplicação da teoria da aparência. 7 – Recurso Especial improvido (STJ – 4ª T.; REsp 887.277-SC; Rel. Min. Luis Felipe Salomão; j. 4-11-2010).

n. 6.404/76, art. 121). Pelo parágrafo único do art. 121 (com redação da Lei n. 14.030/2020): "nas companhias abertas e fechadas, o acionista poderá participar e votar a distância em assembleia geral, nos termos do regulamento da Comissão de Valores Mobiliários e do órgão competente do Poder Executivo Federal, respectivamente".

As deliberações assembleares autorizam a assunção de obrigações, mas não vinculam a companhia a terceiros e não podem sair dos limites do objeto social, da lei e do estatuto, sob pena de nulidade.

A assembleia geral tem *competência privativa* ou exclusiva para apreciação de certas matérias (Lei n. 6.404/76, com redação da Lei n. 14.195/2021, art. 122, I a X e parágrafo único), tais como: reforma estatutária; eleição e destituição de diretoria (se não tiver Conselho de Administração) do Conselho de Administração e do Conselho Fiscal; julgamento da prestação anual de contas dos administradores; votação anual das demonstrações financeiras; autorização para emissão de debêntures, salvo na sociedade de capital aberto, não havendo cláusula de conversibilidade em ações nem outorga de garantia real, e para emissão de partes beneficiárias; deliberação sobre a avaliação dos bens oferecidos por acionistas para integralização de ações, formando o capital social; suspensão do exercício de direitos de acionistas; deliberação sobre as operações de transformação, fusão, incorporação e cisão da companhia; dissolução e liquidação; eleição e destituição de liquidantes e julgamento de suas contas; autorização aos administradores para confessar falência e requerer recuperação judicial; deliberação, quando se tratar de companhias abertas, sobre: *a*) a alienação ou a contribuição para outra empresa de ativos, caso o valor da operação corresponda a mais de 50% (cinquenta por cento) do valor dos ativos totais da companhia constantes do último balanço aprovado; e *b*) a celebração de transações com partes relacionadas que atendam aos critérios de relevância a serem definidos pela Comissão de Valores Mobiliários. Em caso de urgência, a confissão de falência ou o pedido de recuperação judicial poderá ser formulado pelos administradores, com a concordância do acionista controlador, se houver, hipótese em que a assembleia geral será convocada imediatamente para deliberar sobre a matéria[225].

225. *Vide*: Fábio Ulhoa Coelho, *Curso*, cit., v. 2, p. 195. A assembleia geral deve ser realizada, preferencialmente, no edifício onde a companhia tiver sede ou, por motivo de força maior, em outro lugar, desde que seja no mesmo município da sede e seja indicado com clareza nos anúncios, e as companhias abertas e fechadas poderão realizar assembleia digital, nos termos do regulamento da CVM e do órgão competente do Poder Executivo Federal (art. 124 da Lei n. 6.404/76, §§ 2º e 2º-A, com a redação da Lei n. 14.030/2020).

Quatro são as *modalidades* de assembleia[226]:

a) *Assembleia geral constituinte*, que, tendo por escopo constituir a sociedade anônima, após o encerramento da subscrição e estando subscrito todo o capital social, será convocada pelos fundadores (Lei n. 6.404/76, art. 86) para avaliação dos bens integrantes do capital social e deliberação da constituição da companhia. É, portanto, uma reunião de subscritores instalada, mediante convocação dos fundadores, para criar a sociedade anônima (Lei n. 6.404/76, art. 87).

b) *Assembleia geral ordinária*, que deverá ser realizada, anualmente, nos quatro primeiros meses seguintes ao término do exercício social, para (Lei n. 6.404/76, art. 132): tomar as contas dos administradores; examinar, discutir e votar as demonstrações financeiras; deliberar sobre a destinação do lucro líquido do exercício e a distribuição de dividendos; eleger os administradores e os membros do Conselho Fiscal, quando for o caso; aprovar a correção da expressão monetária do capital social (art. 167).

c) *Assembleia geral extraordinária*, convocada sempre que houver necessidade para resolver assuntos não arrolados no art. 132, que são da alçada da assembleia geral ordinária. Exige a lei *quorum* qualificado, nas hipóteses previstas no art. 136 da Lei n. 6.404/76 (com a redação da Lei n. 14.195/2021): criação de ações preferenciais ou aumento de classe de ações preferenciais existentes, sem guardar proporção com as demais classes de ações preferenciais, salvo se já previstos ou autorizados pelo estatuto; alteração nas preferências, vantagens e condições de resgate ou amortização de uma ou mais classes de ações preferenciais, ou criação de nova classe mais favorecida; redução do dividendo obrigatório; fusão da companhia ou sua incorporação em outra; participação em grupo de sociedades (art. 265); mudança do objeto da companhia; cessação do estado de liquidação da companhia; criação de partes beneficiárias; cisão da companhia; dissolução da sociedade anônima.

d) *Assembleia especial*, que é a apropriada para decidir ou ratificar questões que requerem, às vezes, alteração estatutária, por afetarem certos di-

---

226. Amador Paes de Almeida, *Manual*, cit., p. 270 e 271; Ricardo Negrão, *Manual*, cit., v. 1, p. 440-3; Mônica Gusmão, *Curso*, cit., p. 322 e 323; Maria Eugênia R. Finkelstein, Assembleias gerais, in *Sociedades anônimas* (coord. Finkelstein e Martins Proença), série GVLaw, São Paulo, Saraiva, 2007, p. 180 a 213.

Consulte: Lei n. 14.030/2020, sobre assembleia geral ordinária, arts. 1º, §§ 1º a 3º, 2º e 9º.

Vide Lei n. 6.404/76, com alterações da Lei n. 14.195/2021: arts. 124, §§ 1º, II, e 5º, I, 136, §§ 2º, 2º-A e 3º, 141, § 7º, 146, § 2º, I e II, 215, 243, 252, § 2º.

reitos como p. ex.: os de *acionistas* de uma ou mais classes de *ações preferenciais*, se houver implicação de redução de privilégios (Lei n. 6.404/76, arts. 18, parágrafo único, 44, § 6º, 136, I e II e § 1º) envolvendo: eleição de um ou mais membros dos órgãos da administração, quando o estatuto lhes assegurar esse direito; resgate de ações de uma ou mais classes, devendo ser aprovado por acionistas que representem, no mínimo, a metade das ações da classe atingida; criação de ações preferenciais ou aumento de classe de ações preferenciais existentes, sem guardar proporção com as demais classes de ações preferenciais, salvo se já previstos ou autorizados pelo estatuto; alteração nas preferências, vantagens e condições de resgate ou amortização de uma ou mais classes de ações preferenciais ou criação de nova classe mais favorecida; os de *titulares de partes beneficiárias* (Lei n. 6.404/76, art. 51) por participarem nos lucros sociais, que poderão ser modificados por uma reforma no estatuto social; os de *debenturistas* (credores da sociedade anônima) nas questões alusivas: à mudança de objeto da companhia (Lei n. 6.404/76, art. 57, § 2º, *a*), se suas debêntures forem conversíveis em ações; à criação de ações preferenciais ou à alteração de vantagens em prejuízo de ações em que suas debêntures são conversíveis (Lei n. 6.404/76, art. 57, § 2º, *b*); à deliberação sobre matéria de interesse da comunhão dos debenturistas titulares de debêntures da mesma emissão ou série; à redução do capital social nos casos do art. 174, § 3º, por ser este uma garantia dos credores; sua diminuição poderá atingir o direito creditório dos debenturistas; à incorporação, fusão ou cisão, visto que suas garantias poderão sofrer alteração substancial (Lei n. 6.404/76, art. 231); os de *titulares*, de *determinada classe* de *ação ordinária*, na *companhia fechada* (Lei n. 6.404/76, art. 16, parágrafo único), havendo qualquer alteração, p. ex., nos direitos de acionistas relativamente às ações ordinárias conversíveis em preferenciais ou ao direito de voto em separado para preencher certos cargos de órgãos administrativos.

O *quorum* de *instalação* da assembleia é de no mínimo 1/4 do capital social votante, numa primeira convocação (Lei n. 6.404/76, art. 125). Ressalvadas as exceções previstas em lei, a assembleia geral instalar-se-á, em primeira convocação, com a presença de acionistas que representem, no mínimo, 1/4 (um quarto) do total de votos conferidos pelas ações com direito a voto e, em segunda convocação, instalar-se-á com qualquer número (art. 125, com redação da Lei n. 14.195/2021), e, se o assunto a ser tratado for a reforma estatutária, tal *quorum* (especial qualificado) será de 2/3 do capital votante (Lei n. 6.404/76, art. 135). Deveras, a assembleia geral extraordinária que tiver por objeto a reforma do estatuto somente se instalará, em primeira convocação, com a presença de acionistas que representem, no mínimo, 2/3 (dois terços) do total de votos conferidos pelas ações com direito a voto, mas poderá instalar-se, em segunda convocação, com qualquer número (art. 135, com alteração da Lei n. 14.195/2021). E na hipótese de constituição da companhia, o *quorum* (especial de constituição) será o da metade do capital social (art. 87 da Lei n. 6.404/76). O *quorum* especial da assembleia de debenturistas exige presença de credores que representem a metade das debêntures em circulação. E, em segunda convocação, com qualquer número de acionistas. A assembleia geral poderá ser convocada (Lei n. 6.404/76, art. 123) por: Conselho de Administração, diretores, Conselho Fiscal, qualquer acionista (havendo retardamento de convocação, por mais de 60 dias, dos administradores) ou por acionistas representantes de pelo menos 5% do capital social votante, se os administradores não atenderem, dentro de oito dias, o pedido fundamentado de convocação apontado por eles.

O *quorum de deliberação*, exigido para que a decisão assemblear seja válida, poderá ser: *a*) o *ordinário* (art. 129 da Lei n. 6.404/76), se exigir maioria absoluta, ou seja, mais da metade do total das ações com direito a votos presentes, não se computando os votos em branco; *b*) o *qualificado* (art. 136) com aprovação de acionistas que representem metade das ações com direito a voto, se o assunto a ser deliberado disser, p. ex., respeito a: criação ou aumento de classe de ações preferenciais; alteração em preferências, vantagens e condições de resgate ou amortização de uma ou mais classes de ações preferenciais; criação de partes beneficiárias; alteração de dividendos obrigatórios; incorporação, fusão ou cisão da companhia; dissolução da sociedade; cessação da liquidação; participação em grupos societários; *c*) o *especial qualificado* (art. 71, § 5º) com aprovação de metade dos titulares das debêntures em circulação se a reunião for relativa à modificação nas condições das debêntures; *d*) o *estatutário*, superior ao previsto na lei, sendo companhia fechada; *e*) por *unanimidade*, se a matéria na assembleia constituinte for alusiva à modificação do projeto do estatuto (art. 87, § 2º) ou à transformação societária (art. 221)[227].

---

227. Ricardo Negrão, *Manual*, cit., v. 2; Amador Paes de Almeida, *Manual*, cit., p. 273 e 274. *BAASP, 2710:* 5827. Agravo Regimental — Sociedade Anônima — Aprovação sem ressalvas das contas pela Assembleia Geral — Prévia anulação do ato de aprovação para eventual responsabilização do administrador — Necessidade — Agravo improvido — 1 — Salvo se anulada, a aprovação das contas sem reservas pela Assembleia Geral exime os administradores de quaisquer responsabilidades. 2 — Agravo Regi-

O *Conselho de Administração*[228], obrigatório na companhia aberta, na de capital autorizado e na de economia mista (Lei n. 6.404/76, arts. 138, § 2º, e 239), é um órgão colegiado deliberativo e fiscalizador, formado pelo menos por três acionistas eleitos pela assembleia geral, com mandato de três anos, tendo competência (art. 142) para decidir, de forma mais célere, matéria de interesse social, salvo as arroladas na Lei n. 6.404/76, art. 122, por serem privativas da assembleia geral. Suas deliberações são tomadas por maioria de votos, se não houver previsão estatutária exigindo *quorum* qualificado. O estatuto poderá prever a participação no conselho de representantes dos empregados, escolhidos pelo voto destes, em eleição direta, organizada pela empresa, em conjunto com as entidades sindicais que os representam. Na composição do conselho de administração das companhias abertas, é obrigatória a participação de conselheiros independentes, nos termos e nos prazos definidos pela Comissão de Valores Mobiliários (Lei n. 6.404/76, art. 140, §§ 1º e 2º, com a redação da Lei n. 14.195/2021).

Pelo art. 142, I a IX, da Lei n. 6.404/76 compete, taxativamente, ao Conselho de Administração: fixação de orientação geral dos negócios societários; eleição e destituição dos diretores da sociedade anônima; atribuição das funções dos diretores; fiscalização da gestão dos diretores mediante exame de livros e documentação e solicitação de informações sobre os contratos a serem celebrados ou já firmados; convocação de assembleia geral quando julgar conveniente ou na hipótese do art. 132; análise do relatório da administração e da prestação de contas da diretoria; prévia manifestação sobre os atos ou contratos, se o estatuto exigir; deliberação, havendo autorização estatutária, sobre a emissão de ações ou de bônus de subscrição; autorização, se o estatuto não dispuser em contrário, de alienação de bens do ativo não circulante, de constituição de ônus reais e de prestação de garantias a obrigações de terceiros; escolha e destituição de auditores independentes, se houver.

As atas de suas reuniões, que abordarem interesses de terceiros, deverão ser arquivadas no Registro Público de Empresas Mercantis[229].

---

mental improvido (STJ — 3ª T.; AgRg no AI 950.104-DF; Rel. Min. Massami Uyeda; j. 19-3-2009; v.u.).

228. Fábio Ulhoa Coelho, *Manual*, cit., p. 198; *Curso*, cit., v. 2, p. 214-26; Amador Paes de Almeida, *Manual*, cit., p. 274-6; Paulo Fernando C. Salles de Toledo, *O Conselho de administração na sociedade anônima*, São Paulo, Atlas, 1997, p. 13.

Consulte sobre eleição de conselheiros: arts. 141, § 7º, e 146 da Lei n. 6.404/73 com as alterações da Lei n. 14.195/2021.

229. Rubens Requião, *Curso*, cit., v. 2, p. 202.

A *diretoria*[230] é o órgão executivo da companhia aberta ou fechada, pois a representa legalmente (art. 138), praticando os atos judiciais ou extrajudiciais necessários para a regularidade de seu funcionamento e executando deliberações da assembleia geral e do Conselho de Administração. A representação legal da sociedade anônima será do diretor, a quem o estatuto der essa incumbência ou, sendo omisso este, daquele indicado pelo Conselho de Administração. Pelo art. 138, § 3º (com redação da Lei n. 14.195/2021), é vedada, nas companhias abertas, a acumulação do cargo de presidente do conselho de administração e do cargo de diretor-presidente ou de principal executivo da companhia. E pelo § 4º, a Comissão de Valores Mobiliários poderá editar ato normativo que excepcione as companhias de menor porte previstas no art. 294-B da Lei n. 6.404 da vedação de que trata o § 3º do art. 135. E, pelo art. 144, não havendo indicação do representante legal (diretor) pelo estatuto ou pelo Conselho, qualquer um dos diretores da sociedade anônima poderá sê-lo. Tem mandato de três anos e é composta por dois diretores, pessoas naturais (acionistas ou não), eleitos e destituíveis, *ad nutum*, a qualquer momento, pelo Conselho de Administração ou, na sua falta, pela assembleia geral. E o estatuto deverá indicar o número máximo ou mínimo, que não poderá ser inferior a dois, de diretores, o modo de sua substituição; o prazo de gestão, que não poderá exceder a três anos; permitida a reeleição e as atribuições e poderes de cada diretor (Lei n. 6.404/76, arts. 143 e 146). Não poderão ser diretores as pessoas impedidas legalmente; condenadas por crime falimentar, de prevaricação, peita ou suborno, concussão, peculato contra a economia popular, a fé pública ou a propriedade, os que receberam pena criminal que vede acesso a cargo público; os inabilitados por ato da CVM (Leis n. 6.385/76, n. 6.404/76, art. 147, §§ 1º a 3º). Os seus vencimentos, benefícios e verba de representação serão fixados pela assembleia geral, considerando-se as responsabilidades assumidas, o tempo despendido, a reputação profissional e o valor do serviço prestado (Lei n. 6.404/76, art. 152). E, além disso, poder-lhe-á ser atribuído pela companhia o direito de participação nos lucros desde que: *a*) se fixe, estatutariamente, dividendo mínimo obrigatório de 25% ou mais do lucro líquido; *b*) haja efetiva atribuição aos acionistas do dividendo obrigatório, com exceção da hipótese do art. 294, § 2º; *c*) não ultrapasse tal participação sua remuneração anual nem 1/10 dos lucros.

---

230. Amador Paes de Almeida, *Direito de empresa*, cit., p. 171; *Manual*, cit., p. 276-82; Fábio Ulhoa Coelho, *Manual*, cit., p. 198 e 199; Mônica Gusmão, *Curso*, cit., p. 327-34.

Os administradores não poderão delegar suas funções (art. 139), mas poderão constituir mandatários, especificando no mandato os atos que poderão praticar.

Os administradores terão o *dever* de[231]:

a) *Diligência* (Lei n. 6.404/76, art. 153), pois deverão agir com o cuidado que toda pessoa proba deve empregar na administração de seus próprios negócios, zelando pelos interesses da sociedade anônima (Lei n. 6.404/76, art. 154) e pela consecução de seus fins sociais, utilizando de meios ou técnicas tidos como adequados pela ciência da administração.

b) *Lealdade*, tendo uma conduta fiel à companhia e aos acionistas e conforme a lei e os estatutos sociais, mantendo reserva sobre os seus negócios, guardando segredo de informação (*insider trading*) não divulgada que possa influir na cotação de valores mobiliários. Não poderão valer-se de informação obtida no exercício de suas funções, para obter, para si ou terceiros, vantagens mediante compra e venda de valores mobiliários. Mas pelo art. 157, § 6º, deverão, em caso de companhia aberta, "informar, imediatamente, nos termos e na forma determinados pela Comissão de Valores Mobiliários, a esta e às bolsas de valores ou entidades do mercado de balcão organizado nas quais os valores mobiliários de emissão da companhia estejam admitidos à negociação, as modificações em suas posições acionárias na companhia". Ser-lhes-á vedado atuar em operações da companhia em que seu interesse pessoal conflite com o social (Lei n. 6.404/76, art. 156), e, ainda, pela Lei n. 6.404/76, art. 155, não poderão: usar, em benefício próprio ou alheio, com ou sem prejuízo da companhia, as oportunidades de que tiveram conhecimento no exercício de seu cargo; deixar de aproveitar negócios de interesse da sociedade, para obtenção de vantagem para si ou para outrem; adquirir, para revender com lucro, bem ou direito necessário à companhia, ou que esta pretenda adquirir.

c) *Informação*, colocando os acionistas a par de fatos relevantes para as atividades societárias. Pela Instrução n. 358/2002 da CVM, são considerados fatos relevantes qualquer decisão ou ato relacionado aos negócios da

231. Mônica Gusmão, *Curso*, cit., p. 327-30; Amador Paes de Almeida, *Direito de empresa*, cit., p. 171 e 172; M. Helena Diniz, *Tratado*, cit., v. 1, p. 483-85; Carlos Alberto Bittar, "Full disclosure", in *Enciclopédia Saraiva do Direito*, v. 38, p. 462 e 463.

Pelo Enunciado n. 14: "É vedado aos administradores de sociedades anônimas votarem para aprovação/rejeição de suas próprias contas, mesmo que o façam por interposta pessoa" (aprovado na I Jornada de Direito Comercial).

companhia, que possa influir: na cotação dos valores mobiliários de emissão de companhia aberta; na decisão dos investidores de comprar, vender ou manter aqueles valores mobiliários; na decisão dos investidores de exercer quaisquer direitos inerentes à condição de titular de valores mobiliários emitidos pela companhia. Dentre esses fatos relevantes, p. ex., temos assinatura de acordo ou contrato de transferência ou mudança do controle acionário da companhia; decisão de promover cancelamento de registro de companhia aberta; alteração de critérios contábeis; renegociação de dívidas; paralisação de comercialização de produto ou prestação de serviço; confissão de falência; pedido de recuperação judicial etc. Se a companhia for aberta deverão (art. 157 da Lei n. 6.404/76): declarar, ao firmar o termo de posse, o número de ações, bônus de subscrição, opções de compra de ações, debêntures conversíveis em ações, de emissão da companhia de que sejam titulares; revelar à assembleia geral ordinária, a pedido de acionistas que representem 5%, ou mais do capital social, o número dos valores mobiliários de emissão da companhia ou de sociedades controladas, ou do mesmo grupo, que tiverem adquirido ou alienado, no exercício anterior, as opções de compra de ações contratadas no exercício anterior, os benefícios ou vantagens que receberam da companhia e de sociedades coligadas controladas ou do mesmo grupo, as condições de contratos de trabalho firmados pela companhia com os diretores. A transparência (*full disclosure* — informação completa) constitui fator essencial do dever de informação dos administradores, tutelando os investidores, assegurando-lhes iguais oportunidades na negociação.

O funcionamento regular do mercado de capitais requer essa transparência de informações sobre a sociedade de capital aberto emitente dos valores mobiliários negociados.

Deveras, na hipótese de aquisição de valores mobiliários de boa política será, como já mencionamos, a *full and fair disclosure*, que compreende a divulgação de informes de interesse do mercado de capitais para orientar acionistas e investidores na busca de capitais (Lei n. 6.404/76, arts. 157 e 158). Pelo art. 157, § 4º, da Lei n. 6.404/76, "os administradores da companhia aberta são obrigados a comunicar imediatamente à bolsa de valores e a divulgar pela imprensa qualquer deliberação da assembleia geral ou dos órgãos de administração da companhia, ou fato relevante ocorrido nos seus negócios, que possa influir, de modo ponderável, na decisão dos investidores do mercado de vender ou comprar valores mobiliários emitidos pela companhia".

O *Conselho Fiscal*[232] (Lei n. 6.404/76, arts. 161 a 165-A) é o órgão de fiscalização da gestão, da regularidade e da legalidade das atividades da companhia, composto por três a cinco membros, sendo um deles escolhido pelos titulares de ações preferenciais sem direito de voto e outro pelos acionistas minoritários que representem 10% das ações com direito a voto. Esse órgão deverá estar obrigatoriamente previsto no estatuto, embora seu funcionamento possa ser facultativo, exceto nas sociedades de economia mista (Lei n. 6.404/76, art. 240). Sua existência é obrigatória, mas seu funcionamento, por ser facultativo, poderá ser permanente (se cláusula estatutária ou lei assim estipular) ou eventual, caso em que funcionaria por solicitação de acionistas que representem 1/10 das ações com direito a voto e 5% das sem direito a voto. Esse percentual poderá, contudo, sofrer redução pela CVM (art. 291 da Lei n. 6.404/76).

O conselheiro fiscal, pessoa natural residente no País, no local onde a companhia tiver sua sede (art. 162, § 1º), deverá ter curso superior completo ou ter exercido, por três anos, o cargo de administrador de empresa ou de conselheiro fiscal. Não havendo, no local, pessoa com esses requisitos, a companhia poderá requerer, judicialmente, a sua dispensa. Para ser conselheiro fiscal é preciso idoneidade, reputação ilibada e credibilidade. Logo, não poderão ser eleitos conselheiros: os impedidos por lei especial; os diretores e membros do Conselho de Administração da companhia, bem como seu cônjuge e parente até terceiro grau; os empregados da sociedade anônima por estarem subordinados hierarquicamente aos fiscalizados; os condenados por crime falimentar, de prevaricação, peita ou suborno, concussão, peculato, contra a economia popular, fé pública ou propriedade, ou a pena que vede temporariamente o acesso a cargo público.

Ao Conselho Fiscal (art. 163 da Lei n. 6.404/76) compete: fiscalizar os atos dos administradores, averiguando o cumprimento de suas obrigações legais e estatutárias; opinar sobre o relatório anual da administração, prestando, em seu parecer, informações complementares que sejam úteis à deliberação assemblear; manifestar-se sobre propostas dos órgãos da administração a serem apresentadas à assembleia geral, alusivas à alteração do capital social, emissão de debêntures ou bônus de subscrição, orçamentos, distribuição de dividendos, transformação, incorporação, fusão ou cisão; denunciar aos órgãos de administração, ou à assembleia geral, os erros, as frau-

232. Ricardo Negrão, *Manual*, cit., v. 1, p. 452 e 453; Mônica Gusmão, *Curso*, cit., p. 334; Fábio Ulhoa Coelho, *Curso*, cit., v. 2, p. 228; Amador Paes de Almeida, *Manual*,

des ou os crimes que descobrirem e sugerir a tomada de providências úteis à companhia; convocar a assembleia geral ordinária, se os órgãos da administração retardarem por mais de um mês essa convocação, e a extraordinária, havendo motivo grave ou urgente; analisar, trimestralmente, o balancete e as demais demonstrações financeiras do exercício social; exercer essas atribuições, durante a liquidação, tendo em vista as disposições especiais que as disciplinam.

Sua função é a de controlar e fiscalizar os atos praticados pela administração e é indelegável.

A *governança corporativa*[233], por ser um movimento voltado à sistematização de práticas mais adequadas à gestão dos negócios empresariais e ao relacionamento entre a companhia e os acionistas, requer que haja equilíbrio entre o interesse privado e o social, respeitando-se os sócios minoritários, a transparência das informações dadas aos acionistas e ao mercado de capitais, revitalizando o mecanismo de financiamento empresarial por meio da capitalização ou securitização naquele mercado etc. Daí sua repercussão nos órgãos sociais diretivos, pois: *a*) influenciou a Lei n. 10.303/2001 e a Lei n. 14.195/2021, que alteraram a Lei n. 6.404/76, p. ex., na questão do aumento de prazo para convocação da assembleia geral das sociedades abertas (art. 124, § 1º, II); *b*) o Código Brasileiro de Melhores Práticas contém, dentre outras, as seguintes recomendações: *a*) para cada ação da sociedade anônima, qualquer que seja sua espécie, deverá corresponder um voto na Assembleia Geral (art. 1.01); *b*) não deverá constar das convocações assembleares o item "outros assuntos", para evitar que matérias importantes sejam discutidas sem que os acionistas estejam devidamente preparados (art. 1.04.04); *c*) as sociedades anônimas, mesmo quando não estiverem obrigadas por lei, deverão ter Conselho de Administração com pelo menos cinco membros, desmembrado em comitês (art. 2); *d*) a remuneração dos diretores e membros do Conselho de Administração deverá ser divulgada (art. 3.04.03); *e*) as sociedades por ações deverão ter um Código de Ética (art. 6).

---

cit., p. 283-5; Carlos Eduardo T. Flores Lenz, A eleição do Conselho Fiscal na Sociedade Anônima – comentário ao art. 161, § 4º, da Lei n. 6.404/76, *Revista Síntese – Direito Empresarial*, *25*:73-79.

233. Fábio Ulhoa Coelho, *Curso*, cit., v. 2, p. 319-22; Filipe V. A. Ferreira. Governança Corporativa: a situação dos acionistas minoritários (não controladores) em Assembleias Gerais. *Revista Síntese — Direito empresarial*, *45*:41-59.

f.11. Responsabilidade civil na sociedade anônima: uma breve análise

Ao se examinar a Lei das Sociedades Anônimas (Lei n. 6.404/76), percebe-se que, só em certos casos, tende mais à responsabilidade objetiva que à subjetiva.

O *administrador* (diretor) deverá responder[234]:

a) Pelas obrigações que contrair em nome da sociedade e em virtude de ato regular de gestão, se causou prejuízos ao proceder dentro de suas atribuições, com culpa ou dolo, ou com violação da lei ou do estatuto (art. 158, I e II).

O juiz poderá excluir a responsabilidade do administrador se se demonstrar que ele agiu de boa-fé, visando ao interesse da sociedade (art. 159, § 6º).

b) Pelos próprios atos ilícitos que cometer. Não responderá pela conduta ilícita de outros administradores. Todavia, haverá responsabilidade solidária se o administrador não procurar impedir a prática desses atos. Isen-

234. M. Helena Diniz, *Curso de direito civil brasileiro*, 21. ed., São Paulo, Saraiva, 2007, v. 7, p. 395-402; Roberto Rosa, Responsabilidades nas sociedades anônimas, in *Enciclopédia Saraiva do Direito*, v. 66, p. 4-14; Carlos Alberto Bittar, Responsabilidade dos administradores de sociedades anônimas, in *Enciclopédia Saraiva do Direito*, v. 65, p. 445-54; Roberto Bove, *Responsabilidade dos gestores das sociedades anônimas*, São Paulo, Revista dos Tribunais, 1958, p. 148 e s.; Nuri Rodriguez Oliveira, *Responsabilidad civil de los administradores de sociedades anónimas*, Montevideo, Ed. Letras, 1973; Rogasiano M. Lo Celso, *Responsabilidad civil de los gestores en las sociedades anónimas*, 1944; Daniela Zaitz, Responsabilidade dos administradores de sociedades anônimas e por quotas de responsabilidade limitada, *RT, 740*:11; Fábio Ulhoa Coelho, A natureza subjetiva da responsabilidade civil dos administradores de companhia, *Revista de Direito de Empresa, 1*:9 a 38; José Marcos Domingues de Oliveira, Responsabilidade do acionista controlador, *RF, 255*:449-52; Rubens Requião, As tendências atuais da responsabilidade dos sócios nas sociedades comerciais, *RT, 511*:17 e 18; Roberto Rosas, op. cit., p. 8, 9 e 15; Pierre Coppens, *L'abus de majorité dans les sociétés anonymes*, 2. ed., Louvain, 1955, p. 117; Rudolf Joser, A proteção da minoria de acionistas nos direitos brasileiro e suíço, *RT, 442*:2; Jean Van Ryn, *Principes de droit commercial*, Bruxelles, 1954, v. 1, p. 444; Eduardo L. G. Crusellas, *La protección de las minorías en las sociedades anónimas*, Buenos Aires, 1959, p. 21; Roberto Goldschmidt, *Problemas jurídicos de la sociedad anónima*, Buenos Aires, 1946, p. 35; Marcelo V. von Adamek, *Responsabilidade civil dos administradores de S/A e as ações correlatas*, São Paulo, Saraiva, 2009; Luiz Fernando do V. A. Guilherme, A responsabilidade civil dos conselheiros e administradores nas sociedades anônimas, *O direito na atualidade — homenagem a Pedro Ronzelli Jr. —*, Ana F. Messa e Hélcio de A. Dallari Jr. (org.), São Paulo, Rideel, 2011, p. 116-29; Joseane de S. Heineck, Responsabilidade civil e administrativa do administrador de S.A. Seu correlato dever de informar e a regra do *business judgment*, *Revista Síntese — Direito Empresarial, 42*:23-52; *RF, 242*:72; *RTJ, 71*:453, *54*:124, *83*:498; *RT, 428*:160, *75*:499, *158*:269, *560*:99, *567*:80; *RJTJSP, 74*:184, *60*:259; *BAASP, 2748*:2054-05.

tar-se-á pelo ato ilícito de outro administrador, ao consignar a divergência na ata de reunião do órgão da administração ou, não sendo possível, com a ciência imediata e por escrito ao órgão da administração, ao Conselho Fiscal ou à Assembleia Geral (art. 158, § 1º).

c) Solidariamente com os demais administradores pelos prejuízos causados em razão de descumprimento de obrigações ou deveres impostos por lei para assegurar o funcionamento normal da companhia, mesmo que, pelos estatutos, não caibam a todos os administradores (art. 158, § 2º). Nas sociedades abertas, a responsabilidade é restrita ao administrador que, pelos estatutos, tenha a atribuição específica (art. 158, § 3º). Se se tratar de sociedade de economia mista, seu administrador terá as mesmas responsabilidades dos administradores das companhias abertas (art. 239, parágrafo único). Haverá, ainda, solidariedade de quem, com o administrador, concorrer para a prática de ato com violação da lei ou do estatuto, com isso obtendo vantagem para si ou para outrem (art. 158, § 5º). Com isso a solidariedade não se reduzirá aos integrantes da sociedade, pois a lei, ao mencionar em quem concorrer, está se dirigindo *erga omnes*. Se a lei quiser impor a responsabilidade da sociedade e dos diretores, isto é, solidária, menciona essa circunstância. P. ex., a lei sobre a chamada previdência privada prescrevia: "os diretores, administradores, membros de conselhos deliberativos, consultivos, fiscais ou assemelhados das entidades de previdência privada responderão solidariamente com a mesma pelos danos causados a terceiros, inclusive aos seus acionistas, em consequência do descumprimento de leis, normas e instruções referentes às operações previstas nesta lei, e, em especial, pela falta de constituição das reservas obrigatórias" (Lei n. 6.435/77, art. 76, ora revogada pela LC n. 109/2001).

d) Solidariamente, com os primeiros administradores, perante a companhia pelos danos causados pela demora no cumprimento das formalidades complementares à sua constituição (art. 99, *caput*).

e) Solidariamente com seus antecessores, ou com o administrador competente, se no caso de ter ciência do não cumprimento dos deveres legais não levar as irregularidades verificadas ao conhecimento da assembleia geral (art. 158, § 4º), mesmo se se tratar de sociedade aberta (art. 158, § 3º).

f) Pelos atos e operações praticados antes de cumpridas as formalidades de constituição da sociedade (arts. 80 a 93), salvo se a assembleia geral dos acionistas acometer a responsabilidade à sociedade (art. 99, parágrafo único).

g) Pela infração ao dever de diligência, como vimos alhures, pois deverá empregar, ao exercer suas funções, o cuidado e diligência que todo homem ativo e probo costuma ter ao administrar seus próprios negócios (art. 153). Deverá agir, na condução dos negócios sociais, dentro dos padrões éticos indicados pela ciência da administração de empresas, aplicando técnicas, seguindo recomendações, e tendo cautelas suscetíveis para a consecução do objetivo social e do resultado econômico almejado pela companhia. Deverá estar sempre voltado aos interesses sociais e à função social da sociedade empresária. Não poderá praticar ato de liberalidade à custa da sociedade; tomar emprestado recursos ou bens da companhia, ou usar, em proveito próprio, de sociedade em que tenha interesse, ou de terceiros, os seus bens, serviços ou crédito, sem prévio consentimento da assembleia geral ou do Conselho de Administração; receber de terceiros, sem autorização estatutária ou da assembleia geral, qualquer modalidade de vantagem pessoal, direta ou indireta, em razão do exercício de seu cargo (art. 154, § 2º).

h) Pelo fato de não ter servido a companhia com lealdade, nem mantido reserva sobre seus negócios (art. 155). Realmente, convém repetir, o administrador não poderá: 1) usar, em benefício próprio ou de outrem, com ou sem prejuízo para a companhia, as oportunidades comerciais de que tenha conhecimento em razão do exercício de seu cargo (art. 155, I), nem as informações relevantes ainda não divulgadas, que possam trazer vantagens no mercado de valores mobiliários (art. 155, § 4º); 2) omitir-se no exercício ou proteção de direitos da companhia ou, visando à obtenção de vantagens, para si ou para outrem, deixar de aproveitar oportunidades de negócio de interesse da companhia (art. 155, II); 3) adquirir, para revender com lucro, bem ou direito que sabe necessário à companhia, ou que esta tencione adquirir (art. 155, III); 4) deixar de guardar sigilo sobre qualquer informação que ainda não tenha sido divulgada para conhecimento do mercado, obtida em razão do cargo e capaz de influir de modo ponderável na cotação de valores mobiliários, sendo-lhe vedado valer-se da informação para obter, para si ou para outrem, vantagens mediante compra ou venda de valores mobiliários (art. 155, § 1º). Deve, ainda, zelar para que seus subordinados ou terceiros de sua confiança não violem tal sigilo (art. 155, § 2º). A pessoa prejudicada na compra e venda de valores mobiliários, contratada com violação desse dever, terá direito de haver do infrator indenização por perdas e danos, exceto se, ao contratar, já conhecesse a informação (art. 155, § 3º). Assim, o investidor prejudicado por ter vendido suas ações antes do conhecimento geral da pretensão de oferta pública de compra de ações poderá demandar contra os administradores e compradores no mercado secundário. Em regra, o acionista minoritário é o mais atingido nessa situação; 5) intervir em qualquer operação social em que tiver interesse conflitante com o da companhia, bem como na deliberação que a respeito tomarem os demais administradores, cumprindo-lhe cientificá-los do seu impedimento e fazer consignar, em ata de reunião do Conselho de Administração ou da diretoria, a natureza e extensão do seu interesse (art. 156); 6) deixar de contratar com a companhia em condições razoáveis ou equitativas, idênticas às que prevalecem no mercado ou em que a companhia contrataria com terceiros (art. 156, § 1º), pois será tido como anulável o negócio contratado com violação desse dever, e o administrador interessado será obrigado a transferir para a companhia as vantagens que dele tiver auferido (art. 156, § 2º).

i) Pelo descumprimento da obrigação de informação, pois deve, como já dissemos: 1) declarar, no termo de posse, o número de ações, bônus de subscrição, opções de compra de ações e debêntures conversíveis em ações, de emissão da companhia e de sociedades controladas ou do mesmo grupo, de que seja titular (art. 157); 2) revelar à assembleia geral ordinária, a pedido de acionistas que representem 5% ou mais do capital social (art. 157, § 1º): "*a*) o número dos valores mobiliários de emissão da companhia ou de sociedades controladas, ou do mesmo grupo, que tiver adquirido ou alienado, diretamente ou através de outras pessoas, no exercício anterior; *b*) as opções de compra de ações que tiver contratado ou exercido no exercício anterior; *c*) os benefícios ou vantagens, indiretas ou complementares, que tenha recebido ou esteja recebendo da companhia e de sociedades coligadas, controladas ou do mesmo grupo; *d*) as condições dos contratos de trabalho que tenham sido firmados pela companhia com os diretores e empregados de alto nível; *e*) quaisquer atos ou fatos relevantes nas atividades da companhia". Todos esses esclarecimentos poderão, a pedido de qualquer acionista, ser reduzido a escrito, autenticados pela mesa da Assembleia e fornecidos por cópia aos solicitantes (art. 157, § 2º). A revelação desses atos ou fatos só poderá ser utilizada no legítimo interesse da companhia ou do acionista, respondendo os solicitantes pelos abusos que praticarem (art. 157, § 3º).

Compete, como já mencionado anteriormente, ao administrador de companhia aberta comunicar imediatamente à Bolsa de Valores e divulgar pela imprensa qualquer deliberação da assembleia geral ou dos órgãos de administração, ou fato relevante ocorrido em seus negócios, que possa influir, de modo ponderável, na decisão dos investidores do mercado de vender ou comprar valores mobiliários de emissão da companhia (art. 157, § 4º), exceto se puser em risco legítimo interesse da companhia (art. 157, § 5º). Nesta hipótese poderá deixar de prestar a informação ou divulgá-la. Deverá, ainda, pelo § 6º do art. 157, informar imediatamente, nos termos e na forma determinados pela Comissão de Valores Mobiliários, a esta e às bolsas de valores ou entidades do mercado de balcão organizado, nas quais os valores mobiliários de emissão da companhia estejam admitidos à negociação, as modificações em suas posições acionárias na companhia.

j) Pela circunstância de não pagar os dividendos ao acionista à conta do lucro líquido do exercício, de lucros acumulados e de reserva de lucros (art. 201 e § 1º).

k) Pela emissão de ações da companhia por preço inferior ao seu valor nominal (art. 13, § 1º) e de debêntures sem a observância dos requisitos exigidos, devendo, por isso, responder pelas perdas e danos causados à companhia ou a terceiros (art. 62 e § 1º).

l) Pelas perdas e danos decorrentes da extinção irregular das debêntures (arts. 68, § 4º, e 74).

m) Pelos atos que praticar favorecendo sociedade coligada (se participar com 10% ou mais (CC, art. 1.099) do capital votante de uma outra, exercendo influência significativa, que é presumida se a investidora for titular de 20% daquele capital, se a sociedade for de ações) ou controlada (em que a sociedade controladora é titular de direitos de sócio que lhe assegurem preponderância nas deliberações sociais e o poder de eleger a maioria dos administradores — art. 243 e § 5º, acrescentado pela Lei n. 11.941/2009 e art. 247, parágrafo único, *a*), em prejuízo da companhia (art. 245). Se a sociedade controladora causar danos à companhia controlada, deverá repará-los (art. 246), competindo aos acionistas promover a ação de indenização (*RT*, *500*:24).

O *conselheiro fiscal* terá responsabilidade:

a) Pela infração dos mesmos deveres do administrador, tratados nos arts. 153 a 156, pois o Conselho Fiscal tem a obrigação de fiscalizar os atos dos administradores e verificar o cumprimento dos seus deveres legais e estatutários (art. 163). Ante tal missão, os conselheiros têm as mesmas obrigações dos administradores, respondendo pelos prejuízos oriundos de omissão no cumprimento de seus deveres e de atos praticados com culpa ou dolo, ou com violação da lei ou do estatuto (art. 165). Os membros do Conselho Fiscal deverão exercer suas funções no exclusivo interesse da companhia. Considerar-se-á abusivo o exercício da função com o intuito de prejudicar a companhia ou seus acionistas ou administradores, ou de obter, para si ou para outrem, vantagem a que não faz jus e de que resulte dano para a companhia, acionistas ou administradores (art. 165, § 1º).

b) Pelos atos ilícitos que praticar. Logo, não será responsável pela conduta ilícita de outro conselheiro, salvo se conivente ou se concorreu para a prática do ato (art. 165, § 2º), mas se eximirá da solidariedade se consignar sua divergência em ata de reunião do órgão e se comunicar o fato aos órgãos da administração e à assembleia geral (art. 165, § 3º).

Os *fundadores* serão responsabilizados:

a) Pelos atos fundacionais que contrariarem os preceitos legais, pois, pelo art. 92, os fundadores deverão responder pelos danos resultantes de inobservância de lei.

b) Pelas irregularidades nos atos constitutivos, p. ex., se motivaram a negativa de arquivamento do estatuto da companhia, por faltas na sua elaboração (art. 97, § 1º); se houve demora no cumprimento das formalidades complementares, que cause prejuízo à companhia (art. 99).

O *acionista* responderá:

a) Pela circunstância de não ter atendido à formação do capital social (art. 10). Além disso, a Lei n. 6.404 impõe-lhe a obrigação de realizar a prestação correspondente às ações subscritas ou adquiridas, sendo constituído em mora. Se houve alienação de ações, o alienante será, solidariamente, responsável com o adquirente pelo pagamento das prestações que faltarem para integralizar as ações transferidas (art. 108).

b) Se for acionista controlador — isto é, pessoa ou grupo de pessoas vinculadas por acordo de voto, que é titular de direitos de sócio que lhe assegurem a maioria dos votos nas deliberações da assembleia geral e o poder de eleger a maioria dos administradores da companhia (art. 116) — pelo uso de seus direitos sem atender os fins da sociedade (art. 116, parágrafo único) e pelos danos causados por atos praticados com abuso de direito ou de poder (art. 117). Responderá solidariamente se induzir, ou tentar induzir, administrador ou fiscal a praticar ato ilegal, ou, descumprindo seus deveres definidos na lei e no estatuto, promover, contra o interesse da Companhia, sua ratificação pela assembleia geral (art. 117, § 2º). Sendo um administrador de fato, o acionista controlador tem o dever de fazer a sociedade realizar o seu objetivo e cumprir sua função social. É preciso lembrar que a pessoa jurídica que controla sociedade de economia mista terá a mesma responsabilidade do acionista controlador (art. 238) e responderá subsidiariamente pelas suas obrigações.

c) Pelo exercício abusivo do direito de voto, para obter para si ou para outrem vantagem a que não faz jus, ainda que seu voto não tenha prevalecido (art. 115), pois o voto deverá ser exercido no interesse da sociedade, não podendo causar dano à companhia ou aos outros acionistas, pois nas assembleias gerais das sociedades anônimas vigora o princípio majoritário em geral, que não prevalecerá nos casos em que a resolução ferir ou violar direitos e garantias individuais dos acionistas (*RT*, *215*:475; *RF*, *140*:162). Se o acionista auferiu, com isso, vantagens a que não tinha direito, será obrigado a transferi-las para a sociedade (art. 115).

Como a pessoa jurídica tem, às vezes, se desviado de seus princípios e fins, cometendo fraudes e desonestidade, para coibir tais abusos surge a figura da "desconsideração da personalidade jurídica", ou seja, do *disregard of the legal entity*, que entre nós só existia em alguns casos jurisprudenciais esparsos (*RT*, *456*:151, *457*:141, *477*:20, *410*:14). O novo Código Civil, no art. 50, inspirou-se na doutrina de "desconsideração", ao estatuir: "Em caso de abuso da personalidade jurídica, caracterizado pelo desvio de finalidade, ou pela confusão material, pode o juiz decidir, a requerimento da parte, ou do Ministério Público quando lhe couber intervir no processo, que os efeitos de certas e determinadas relações de obrigações sejam estendidos aos bens particulares dos administradores ou sócios da pessoa jurídica".

E o CPC/2015 trata do incidente da desconsideração da personalidade jurídica, nos arts. 132 a 137, como logo mais veremos.

Tais atos atingem, em regra, a sociedade ou o acionista, assim a *ação de responsabilidade* poderá ser promovida por qualquer deles (art. 159 e § 4º). A sociedade exercerá tal direito mediante prévia deliberação da assembleia geral (art. 159). A matéria poderá ser discutida em assembleia ordinária e, se prevista na ordem do dia, ou for consequência direta de assunto nela incluído, em extraordinária (art. 159, § 1º). Se a ação for intentada no prazo de três meses, qualquer acionista poderá propô-la (art. 159, § 3º). Se a assembleia decidir não promover a ação, ela poderá ser proposta por acionistas que representem 5% pelo menos do capital social (art. 159, § 4º). Os resultados conseguidos na ação serão deferidos à sociedade, que indenizará o proponente, até o respectivo limite, inclusive com correção monetária e juros, pelos dispêndios realizados (art. 159, § 5º). A ação da companhia não exclui a que couber ao acionista ou terceiro diretamente prejudicado por ato de administrador (art. 159, § 7º).

A ação de reparação civil prescreve em três anos a partir da data da publicação da ata da assembleia que aprovar o balanço do exercício em que ocorrer a violação (art. 287, II, *b*, n. 2); bem como a ação movida pelo acionista contra a companhia, qualquer que seja seu fundamento (art. 287, II, *g*).

Ao lado da responsabilidade civil, a sociedade anônima terá a penal (art. 167, § 2º), estabelecida no Código Penal, no art. 177, na lei de economia popular (Lei n. 1.521/51, art. 3º, VII, VIII, IX e X) e em leis especiais (Lei n. 4.729/65, art. 1º, I a IV; Lei n. 5.569/69, art. 1º; Dec.-Lei n. 756/69, art. 18; Lei n. 5.508/68, art. 45; Lei n. 4.729/65, arts. 6º e 7º, § 2º; Lei n. 4.357/64, art. 11, *a*, § 4º; Dec.-Lei n. 1.104/70, arts. 1º e 2º; Dec.-Lei n. 1.060/69, arts. 2º e 3º, § 1º; Ato Complementar n. 42/69, arts. 1º e 2º; Dec. n. 3.048/99; Lei n. 4.728/65, art. 73 e parágrafos)[235].

f.12. Demonstrações contábeis e resultados financeiros

A sociedade anônima no final do exercício social (Lei n. 6.404/76, art. 175) tem a obrigação de elaborar, com base na sua escrituração, as *demonstrações contábeis*[236] para apuração de sua situação patrimonial, econômica e financeira e dos resultados positivos e negativos que obteve no seu empreendimento. Tais demonstrações, que deverão ser auditadas por empresa de auditoria contábil ou por auditor contábil, desde que registrados na CVM (Lei n. 6.385/76, art. 26), são documentos complementados por *notas explicativas* (art. 176, § 5º, I a IV, *a* a *i*, com a redação da Lei n. 11.941/2009): da base de preparação das demonstrações financeiras e das práticas contábeis específicas selecionadas e aplicadas para negócios e eventos significativos; da divulgação de informações exigidas pelas práticas contábeis adotadas no Brasil que não estejam apresentadas em nenhuma outra parte das demonstrações financeiras; de informações adicionais não indicadas nas próprias demonstrações financeiras e consideradas necessárias para uma apresentação adequada; da indicação dos principais critérios de avaliação dos elementos patrimoniais, principalmente dos estoques, cálculos de depreciação, amortização e exaustão, de constituição de provisões para encargos ou riscos e dos ajustes para atendimento de prováveis perdas na realização do ativo; dos relevantes investimentos em outra sociedade; do aumento de valor de elementos do ativo oriundo de novas avaliações; dos ônus reais constituídos sobre o ativo e das garantias prestadas a terceiros e das outras responsabilidades eventuais ou contingentes; da taxa de juros, das datas de vencimento e das

---

235. Carlos Alberto Bittar, *Responsabilidade*, cit., p. 454-8; Pietro Mirto, *Il diritto penale delle società*, 1954, p. 131; Roberto Rosas, *Responsabilidade*, cit., p. 16-8.

236. Sobre demonstrações contábeis: Fábio Ulhoa Coelho, *Manual*, cit., p. 209-11; *Curso*, cit., v. 2, p. 323-25; Rubens Requião, *Curso*, cit., v. 2, p. 237-43; Amador Paes de Almeida, *Manual*, cit., p. 296-302; Láudio C. Fabretti, *Direito de empresa*, cit., p. 92-103; Arthur Ridolfo Neto, As demonstrações financeiras da companhia, in *Sociedades anônimas* (coord. Finkelstein e Proença), série GVLaw, São Paulo, Saraiva, 2007, p. 275-302.

garantias das obrigações a longo prazo; do número, da espécie e das classes das ações do capital social; das opções de compra outorgadas e praticadas no exercício; dos ajustes dos exercícios anteriores; dos eventos advindos após o encerramento do exercício, desde que sejam relevantes para a situação financeira e para os resultados futuros da companhia.

As demonstrações financeiras tecnicamente abrangem: *a*) *balanço patrimonial*, processo de determinação do estado do patrimônio social, que retrata o ativo, o passivo e o patrimônio líquido da companhia; *b*) *demonstração dos lucros* ou *prejuízos acumulados* discriminando o saldo do início do período, os ajustes de exercícios anteriores; as reversões de reservas e o lucro líquido do exercício e as transferências para reservas, os dividendos, a parcela dos lucros incorporada ao capital e o saldo ao fim do período (Lei n. 6.404/76, art. 186). Indica, portanto, o montante do dividendo por ação do capital social e revela os lucros obtidos e não distribuídos aos acionistas ou os prejuízos não absorvidos pela receita da companhia; *c*) *demonstração do resultado do exercício social* (art. 187 da Lei n. 6.404/76, com a alteração das Leis n. 11.638/2007 e 11.941/2009) tem por finalidade indicar aos acionistas o lucro e o prejuízo líquido que lhes serão cabíveis por ação do capital social, possibilitando-lhes a avaliação da gestão e do retorno de seu investimento. Para tanto discriminará os seguintes valores: receita bruta das vendas e serviços, deduções das vendas, abatimentos e impostos; receita líquida das vendas e serviços, custo de mercadorias e serviços vendidos e lucro bruto; despesas com as vendas, despesas financeiras, deduzidas das receitas, despesas gerais e administrativas e outras despesas operacionais; lucro ou prejuízo operacional, outras receitas e outras despesas; resultado do exercício antes do imposto sobre a renda e a provisão para esse imposto; participações de debêntures, empregados, administradores e partes beneficiárias, mesmo na forma de instrumentos financeiros e de instituições ou fundos de assistência ou previdência de empregados que não se caracterizem como despesa; o lucro ou prejuízo líquido do exercício e o seu montante por ação do capital social; *d*) *demonstração dos fluxos de caixa e do valor adicionado*, referidos no art. 176, IV e V, pelo art. 188 da Lei n. 6.404/76, com redação das Leis n. 11.638/2007 e n. 11.941/2009, apontará as modificações na posição financeira da sociedade anônima, indicando: a demonstração dos fluxos de caixa, ou seja, as alterações ocorridas, durante o exercício, no saldo de caixa e equivalentes de caixa, segregando-se essas alterações em, no mínimo, 3 (três) fluxos: das operações; dos financiamentos; e dos investimentos; e, se companhia aberta, a demonstração do valor adicionado, que é o valor da riqueza gerada pela companhia, a sua distribuição entre os elementos que contribuíram para a geração dessa riqueza, tais como empregados, financiadores, acionistas, governo e outros, bem como a parcela da riqueza não distribuída. Mas, a companhia fechada com patrimônio líquido, na data do balanço, inferior a R$ 2.000.000,00 (dois milhões de reais), não será obrigada à elaboração e publicação da demonstração dos fluxos de caixa (art. 176, § 6º, acrescentado pela Lei n. 11.638/2007).

Graficamente, temos:

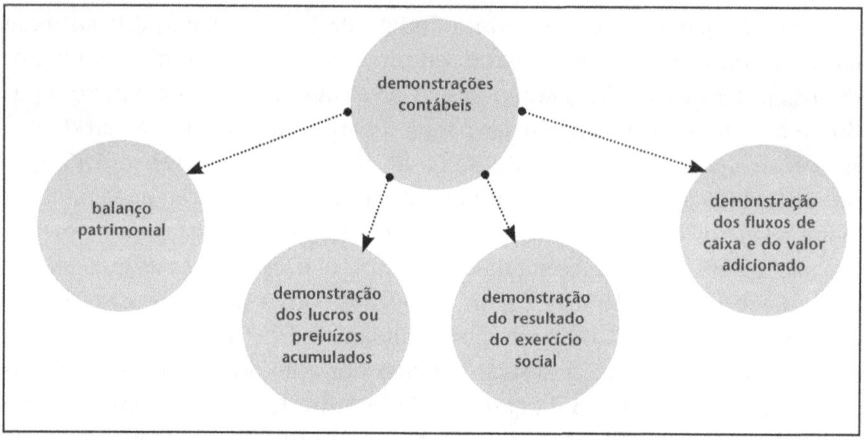

As demonstrações contábeis são necessárias para averiguar os resultados financeiros[237], revelando se houve:

---

237. Relativamente aos resultados financeiros: Rubens Requião, *Curso*, cit., v. 2, p. 243-56; Fábio Ulhoa Coelho, *Manual*, cit., p. 212-5; *Curso*, cit., v. 2, p. 325-51; Amador Paes de Almeida, *Manual*, cit., p. 303 e 304; Arnaldo Rizzardo, *Direito de empresa*, cit., p. 591-608; Bruno C. F. Albuquerque, Destinação do lucro líquido nas sociedades anônimas brasileiras, *Revista Síntese — Direito Civil e Processual Civil, 94*:29-55. Pelo art. 3º da Lei n. 11.638/2007, quanto às *demonstrações financeiras de sociedades de grande porte*: "Aplicam-se às sociedades de grande porte, ainda que não constituídas sob a forma de sociedades por ações, as disposições da Lei n. 6.404, de 15 de dezembro de 1976, sobre escrituração e elaboração de demonstrações financeiras e a obrigatoriedade de auditoria independente por auditor registrado na Comissão de Valores Mobiliários". E pelo seu parágrafo único: "Considera-se de grande porte, para os fins exclusivos desta Lei, a sociedade ou conjunto de sociedades sob controle comum que tiver, no exercício social anterior, ativo total superior a R$ 240.000.000,00 (duzentos e quarenta milhões de reais) ou receita bruta anual superior a R$ 300.000.000,00 (trezentos milhões de reais)".

Pelo Enunciado n. 15: "O vocábulo 'transação', mencionado no art. 183, § 1º, *d*, da Lei das S.A., deve ser lido como sinônimo de 'negócio jurídico', e não no sentido técnico que é definido pelo Capítulo XIX do Título VI do Livro I da Parte Especial do Código Civil brasileiro" (aprovado na I Jornada de Direito Comercial).

a) *Lucro*, que é a finalidade social da companhia.

O *lucro líquido do exercício social*, apontado na demonstração financeira, é o resultado periódico que remanescer após a dedução dos prejuízos acumulados de exercícios anteriores e a provisão do imposto sobre a renda e o pagamento das participações estatutárias de empregados, administradores e partes beneficiárias (Lei n. 6.404/76, arts. 191, 190 e 189). Esse lucro deverá em parte ser distribuído, em cada exercício, entre os acionistas (dividendos obrigatórios) e em parte permanecer com a companhia.

b) *Reserva de lucro*, garantindo ou reforçando o capital social, por constituir a parcela do lucro pertencente à sociedade anônima. Essa *reserva* poderá ser: *legal*, que assegure a integridade do capital social, podendo ser usada tão somente para compensar prejuízos ou aumentar o capital (Lei n. 6.404/76, art. 193, § 2º). Pelo art. 193, *caput*, da Lei n. 6.404/76, 5% do lucro líquido do exercício serão aplicados na constituição da reserva legal, que não excederá de 20% do capital social; *estatutária* (art. 194), criada, facultativamente, pelo estatuto para atender determinadas necessidades da companhia ou para formar uma garantia acautelatória dos acionistas; *contingencial* (art. 195), para fazer frente a uma diminuição de lucro ou compensar perdas prováveis em razão de uma situação difícil advinda, p. ex., de uma crise econômica provocada por recessão de vendas de seus produtos ou aumento anormal ou irregular dos preços da matéria-prima por ela utilizada na criação de seus produtos; de verba a ser paga ou obrigação exigida em virtude de ação judicial em que a sociedade anônima é parte; de *lucros a realizar*, com o escopo de cobrir insuficiência de lucro no pagamento de dividendo. Deveras, o art. 197 da Lei n. 6.404/76 prescreve: "No exercício em que o montante do dividendo obrigatório, calculado nos termos do estatuto ou do art. 202, ultrapassar a parcela realizada do lucro líquido do exercício, a assembleia geral poderá, por proposta dos órgãos da administração, destinar o excesso à constituição de reserva de lucros a realizar"; de *retenção de lucro* determinada em assembleia geral, para pagamento de alguma despesa eventual prevista no orçamento por ela previamente aprovado (Lei n. 6.404/76, art. 196); "de *incentivos fiscais*, pois "a assembleia geral poderá, por proposta dos órgãos de administração, destinar para a reserva de incentivos fiscais a parcela do lucro líquido decorrente de doações ou subvenções governamentais para investimentos, que poderá ser excluída da base de cálculo do dividendo obrigatório" (inciso I do *caput* do art. 202 e art. 195-A, acrescentado pela Lei n. 11.638/2007).

c) *Reserva de capital* não constitui parte integrante do capital social, embora com ele se relacione, abrangendo contas (Lei n. 6.404/76, art. 182, §§ 1º e

2º, com a redação da Lei n. 11.638/2007) como: ágio na subscrição de novas ações, produto de venda de bônus de subscrição e de partes beneficiárias; resultado da correção monetária do capital realizado, enquanto não capitalizado.

A companhia só poderá fazer uso dessa reserva em determinados casos, p. ex.; para absorver prejuízos, que ultrapassarem os lucros acumulados e a reserva de lucro; resgatar, reembolsar ou comprar ações; resgatar partes beneficiárias, ser incorporada ao capital social, ou pagar dividendos preferenciais, havendo previsão estatutária para tanto (Lei n. 6.404/76, arts. 189, parágrafo único, e 200).

d) *Ajuste de avaliação patrimonial* para contabilizar as contrapartidas do aumento ou diminuição do valor atribuído a elementos do ativo e do passivo, em decorrência de sua avaliação pelo valor justo, nos casos previstos na Lei n. 6.404/76 ou em normas expedidas pela CVM, com base na competência conferida pelo § 3º do art. 177 (Lei n. 6.404/76, art. 182, § 3º, com redação da Lei n. 11.941/2009). Se, p. ex., um bem pertencente à sociedade anônima sofrer uma real valorização, a diferença constituirá o ajuste de avaliação patrimonial.

e) *Dividendo obrigatório* (Lei n. 6.404/76, art. 202) que é a parcela de lucro líquido, estabelecida livremente no estatuto, distribuída, em cada exercício social, aos acionistas da sociedade anônima, correspondente a cada ação de que são titulares, assegurando-lhes o retorno do investimento feito. Se o estatuto for omisso, o acionista deverá receber como dividendo uma quantia assim fixada: metade do lucro líquido do exercício, diminuído ou acrescido de importância destinada à reserva legal ou à formação de reserva contingencial. Pelo art. 202, § 4º, da Lei n. 6.404/76, o dividendo obrigatório poderá não ser distribuído mediante informação dada pelos órgãos da administração à assembleia geral ordinária de que a situação financeira da companhia não permite seu pagamento, ou se houver deliberação nesse sentido, de assembleia geral de companhia fechada sem que haja oposição dos acionistas presentes. Esses lucros que não forem distribuídos irão para a reserva especial ou para um fundo de compensações futuras (art. 202, § 5º) e serão entregues aos acionistas quando melhorar a situação da sociedade anônima.

f) *Dividendo preferencial* ou *prioritário*, devido aos titulares de ações preferenciais, constituindo uma vantagem estatutária que na participação dos lucros societários se confere a uma ou mais classes de ações preferenciais, como p. ex., garantia de percepção de dividendos fixos ou mínimos, inclusive dos atrasados, se cumulativos (Lei n. 6.404/76, art. 203).

g) *Dividendo intermediário* (Lei n. 6.404/76, art. 204) correspondente ao dividendo distribuído: à conta do lucro apurado em balanço levantado semestralmente por força de norma legal ou estatutária; ou à conta de lucros acumulados ou de reservas de lucros existentes no último balanço anual ou semestral.

h) *Pagamento do dividendo* (art. 205 e §§ 1º e 3º da Lei n. 6.404/76) aos que forem titulares (proprietários e usufrutuários) das ações na data do ato de declaração daquele dividendo por meio de cheque nominativo remetido por via postal para endereço por eles comunicado à companhia ou de crédito em conta corrente bancária aberta em nome deles. Tal pagamento efetuar-se-á dentro de sessenta dias da data da assembleia que o ordenar, ou dentro do exercício social, salvo deliberação assemblear em sentido contrário.

i) *Juro para remuneração de capital próprio* que é parte do resultado social pago individualmente a acionista, calculado sobre as contas do patrimônio líquido e limitado à variação *pro rata* dia, da Taxa de Juros de Longo Prazo (TJLP), cujo montante poderá ser deduzido, como despesa da companhia, das contas para efeito de apuração do lucro real. O pagamento desses juros apenas poderá dar-se se existirem lucros computados antes da dedução dos juros ou lucros acumulados em montante igual ou superior ao valor de duas vezes os juros a serem creditados ou pagos (Lei n. 9.249/95, art. 9º, § 1º). E o valor desses juros poderá ser imputado ao valor dos dividendos obrigatórios. O recebimento desses juros pelo acionista ficará sujeito à incidência do imposto sobre a renda na fonte, pela alíquota de 15% (Lei n. 9.249/95, art. 9º, § 2º), por ser um modo de remuneração do investimento que fez na companhia. Como pondera Fábio Ulhoa Coelho, os juros sobre o capital remuneram o acionista pela indisponibilidade temporária do dinheiro, enquanto investido na companhia. Os dividendos remuneram-no pelo particular sucesso da empresa explorada. Com isso compensa-se a companhia pelo aumento do custo final em virtude da extinção da correção monetária das demonstrações financeiras (Lei n. 9.249/95, arts. 4º e 9º)[238].

O resultado financeiro da companhia poderá ser, assim, representado graficamente:

238. É a lição de: Rubens Requião, *Curso*, cit., v. 2, p. 254-6; Fábio Ulhoa Coelho, *Curso*, cit., v. 2, p. 340-8.

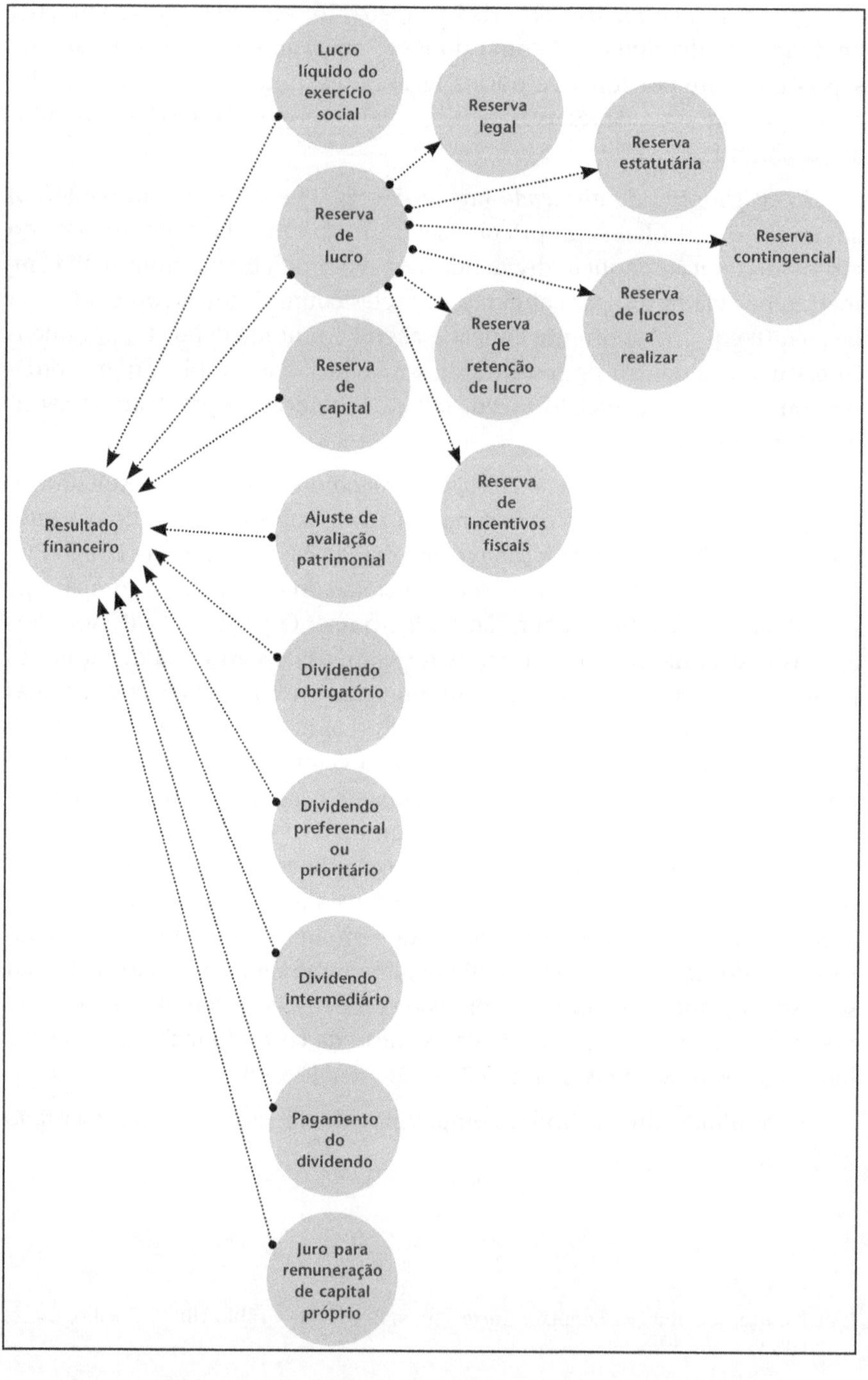
Lucro líquido do exercício social
Reserva legal
Reserva estatutária
Reserva de lucro
Reserva contingencial
Reserva de lucros a realizar
Reserva de retenção de lucro
Reserva de capital
Reserva de incentivos fiscais
Resultado financeiro
Ajuste de avaliação patrimonial
Dividendo obrigatório
Dividendo preferencial ou prioritário
Dividendo intermediário
Pagamento do dividendo
Juro para remuneração de capital próprio

f.13. Dissolução, liquidação e extinção da companhia

A dissolução, liquidação e extinção[239] da sociedade anônima são fases sucessivas de seu desaparecimento jurídico.

A sua *dissolução* (Lei n. 6.404/76, arts. 206 a 218) poderá dar-se:

a) de *pleno iure*, ocorrendo: vencimento do prazo de sua duração; casos previstos estatutariamente; deliberação assemblear de acionistas detentores de metade das ações com voto; unipessoalidade, com exceção da hipótese do art. 251 da Lei n. 6.404/76, que se refere à companhia constituída por escritura pública, tendo por único acionista a sociedade subsidiária integral; cassação de autorização para seu funcionamento;

b) por *decisão judicial*, em virtude de: ação de anulação de sua constituição proposta por qualquer acionista; impossibilidade de realização do objeto social, provada, em juízo, por ação movida por acionista que represente 5% ou mais do capital social e falência (Lei n. 6.404/76, art. 206, II, *a*, *b* e *c*);

c) por *decisão de autoridade administrativa* (Lei n. 6.404/76, art. 206, III) nos casos e formas previstos em lei.

Com a dissolução ter-se-á a declaração da cessação das atividades empresariais da companhia que, contudo, conservará sua personalidade jurídica até a liquidação (Lei n. 6.404/76, art. 207).

À dissolução seguir-se-á a *liquidação* para apurar seu resultado ativo e passivo, efetuar o pagamento do passivo e o rateio do saldo apurado entre os acionistas. Inicia-se após a verificação da causa dissolutória, mediante

---

239. Fábio Ulhoa Coelho, *Manual*, cit., p. 215 e 216; Mauro Rodrigues Penteado, *Dissolução e liquidação de sociedades*, São Paulo, Saraiva, 2000, p. 85 e 86; Arnaldo Rizzardo, *Direito de empresa*, cit., p. 701-30; Carlos K. Zanini, *A dissolução judicial da sociedade anônima*, Rio de Janeiro, Forense, 2005, p. 50, 64, 129 e 136; Pedro A. L. Villanueva, A extinção da sociedade anônima, *Revista Síntese – Direito Empresarial, 28*:99-115.

Pelo Enunciado n. 87: "O cargo de liquidante pode ser ocupado tanto por pessoa natural, quanto por pessoa jurídica, sendo obrigatória, neste último caso, a indicação do nome do profissional responsável pela condução dos trabalhos, que deverá atender aos requisitos e impedimentos previstos em lei, e sobre o qual recairão os deveres e as responsabilidades legais" (aprovado na III Jornada de Direito Comercial).

Sobre *startups*: LC n. 182/2021. Consulte: Ana Codeglia, O que é uma *startup*: tudo que você precisa saber. https://www.sebrae.com.br/sites/PortalSebrae/artigos/o-que-e-uma-startup; Izabelly Romão, Afinal o que muda com o marco legal das *startups*? https://canaltech.com.br/startup/afinal-o-que-muda-com-o-marco-legal-das-startups/; Engenharia Societária, Marco legal das *startups* cria regime da sociedade anônima simplificada. www.conjur.com.br. *Revista Consultor Jurídico*, 3/6/2021.

deliberação da assembleia geral em caso de omissão estatutária, relativa ao modo de liquidação, à nomeação do liquidante e dos conselheiros administrativos e fiscais que nela atuarão. Essa liquidação poderá ser *convencional* (consensual ou ordinária), havendo consenso dos acionistas, ou *judicial*, nos casos de inexistência de consenso dos acionistas, dissolução judicial e nos de dissolução pedida por qualquer acionista ou de representante do Ministério Público (Lei n. 6.404/76, art. 209, I e II), havendo omissão ou interrupção dos administradores ou acionistas, sempre que a dissolução for decorrente de cassação de alvará de funcionamento.

A *extinção* da companhia dar-se-á (Lei n. 6.404/76, art. 219): *a*) pelo encerramento da liquidação, distribuindo-se o patrimônio líquido; *b*) pela ocorrência de incorporação, fusão e cisão, operando-se a transferência de todo o seu patrimônio a outra sociedade.

Com a extinção ter-se-á o desaparecimento em definitivo da companhia, que não mais será uma pessoa jurídica, nem terá patrimônio social, perdendo, até mesmo, capacidade para efetuar negócios jurídicos e legitimidade passiva para ser acionada.

f.14. Sociedade anônima simplificada (*startup*)

Startups são tipos de empresas inovadoras e ágeis que acompanham as mudanças mercadológicas.

Startups são instituições, segundo Eric Ries, para criação de produtos e serviços inovadores sob condições de extrema incerteza, mediante modelo de negócio escalável e repetível, de natureza incremental.

Startups são empresas recém-criadas que, visando um negócio escalável, tem o escopo de desenvolver produto ou serviço, aprimorando-o com estratégia de *marketing*, com tecnologia e com pouca burocracia, gerando valor para os clientes, apresentando grandes possibilidades de crescimento exponencial por ofertar soluções criativas e práticas a determinados problemas, facilitando a vida das pessoas. Na falta de orçamento suficiente para desenvolver a ideia negocial, podem buscar financiamento numa plataforma de *crowdfunding* (p. ex., *Catarse, Indiegogo, Kickstarter*), para encontrar alguém que apoie pecuniariamente a iniciativa (art. 5º, LC n. 182/2021).

O investidor-anjo (arts. 2º, I, 5º e 8º) que realizar aporte de capital, preenchendo requisitos legais, não será tido como sócio/acionista, nem terá direito à gerência ou voto na administração de empresa, nem responderá por dívidas empresariais, mesmo se houver recuperação judicial ou desconsideração da personalidade jurídica, desde que não se caracterize dolo, fraude ou simulação com o envolvimento do investidor. O investidor poderá atuar como mentor na tomada de decisão, fazer conexões e acompanhar o desenvolvimento do negócio e ser remunerado dos aportes. Só poderá ser sócio quando se der a conversão do instrumento que deu origem ao aporte de capital em efetiva participação societária. O investidor poderá, se vier a perder os investimentos (art. 5º), compensar com ganho de capital, tributando apenas o lucro líquido (LC n. 123/2006, com as alterações da LC n. 182/2021, arts. 61-A, §§ 2º, 4º, I a V, 6º e 7º, e 61-D).

O investimento em *startup* por empresas pode trazer benefícios fiscais para diminuir carga tributária (Lei n. 11.196/2005).

O marco legal das *startups* faz parte do ecossistema de inovação no setor produtivo empresarial no Brasil.

O marco legal das *startups* (LC n. 182/2021) alterou a Lei n. 6.404/76, para facilitar acesso de companhias de menor porte ao mercado de capitais, que tenham receita bruta anual inferior a R$ 500 milhões (art. 294-B da LSA). As condições para tanto deverão ser regulamentadas pela CVM (art. 294-A da LSA), e tais empresas poderão deixar de captar dinheiro, exclusivamente nos bancos, ofertando ações e títulos de dívida no mercado de capitais. As pequenas e médias empresas constituídas como sociedades limitadas, por causa de custos com criação, manutenção e dificuldades administrativas, terão possibilidade de entrar no mercado de capitais, efetuando sua conversão para o regime simplificado de sociedades anônimas.

A CVM poderá dispensar ou modular algumas exigências, como: *a*) a instalação do conselho fiscal a pedido de acionistas; de intermediação de instituição financeira em distribuições públicas de valores mobiliários; de recebimento de dividendo obrigatório; *b*) a forma de publicações determinadas pela LSA.

As companhias fechadas com receita bruta anual de até R$ 78 milhões poderão: publicar eletronicamente as documentações exigidas legalmente; substituir livros contábeis e documentos societários por registros eletrônicos (art. 294, III e IV, da LSA).

Pelo art. 143, a diretoria poderá ser composta por um ou mais membros (não mais se exigindo no mínimo dois diretores), eleitos e destituíveis a qualquer tempo pelo conselho de administração, ou, se inexistente, pela assembleia geral.

Se o estatuto for omisso quanto à distribuição de dividendos, a assembleia geral deliberará desde que não se lese direito de acionistas preferenciais de receber os dividendos fixos ou mínimos a que tenham prioridade (art. 294, § 4º).

Logo, por exemplo, se um sócio, que tiver participação menor, vier a contribuir com seu trabalho, poderá auferir dividendos maiores em relação aos que teria direito.

A Lei Complementar n. 182/2021 veio, portanto, criar um ambiente regulatório mais favorável para as pequenas empresas de inovação, fixando regras de aporte de capitais por pessoas físicas e jurídicas, permitindo sua participação em modalidade especial de licitações públicas (arts. 12 a 15). A intenção é resolver demandas que requeiram solução inovadora com emprego de tecnologia e usar poder de compra estatal para promover inovação no setor produtivo.

Poderão ser classificadas como *startups* empresas e sociedades cooperativas atuantes na inovação aplicada a produtos, serviços ou modelos de negócios. Será necessário que tenha receita bruta de até 16 milhões no ano anterior e até 10 anos da inscrição no CNPJ (art. 4º da LC n. 182/2021), respeitando as particularidades dessas empresas no que atina a investimentos, questões trabalhistas ou tributárias. Pelo artigo 65-A da Lei Complementar n. 123/2006, com a redação da Lei Complementar n. 182/2021, fica criado o Inova Simples, regime especial simplificado para estimular iniciativa empresarial de caráter incremental, que se autodeclare como empresa de inovação. Para entrar no Inova Simples, a receita bruta máxima deverá ser de R$ 4,8 milhões.

Com o marco legal das *startups*, haverá (LC n. 182/2021, art. 3º, I a IX) desburocratização, valorização da garantia de segurança jurídica por estimular investimento em empreendedorismo inovador, fomento ao desenvolvimento dos negócios, da economia, da sociedade, do meio ambiente e da pesquisa (LC n. 182/2021, arts. 9º a 11), regularização do procedimento de contratação de soluções inovadoras pela administração pública, aperfeiçoando as políticas públicas, promoção da cooperação e da interação entre os entes públicos, entre setores público e privado e entre empresas, para a conformação de ecossistema de empreendedorismo inovador efetivo, competitividade de empresas brasileiras e atração de investimentos estrangeiros.

O *Business Model Canvas* é útil para lançar uma *startup* de forma organizada, pois tal técnica permite agilidade no lançamento, na estruturação de atividades para gerar valor aos clientes, na visualização dos aspectos estratégicos de empresa para: venda de produtos, atração de clientela e de parcerias para melhorar a *performance* do negócio etc. Utilizaram *Canvas* de *Startups*, por exemplo, *Airbnb* (plataforma que conecta anfitriões com viajantes em busca de local para ficar); *Easy Taxi* (solicitação de táxis para dispositivos móveis).

A *startup* é, portanto, caracterizada por ter custo pequeno comparado ao lucro obtido, visto que cresce exponencialmente (*Microsoft*, *Apple*, *Amazon*, *Hotmart*, Quinto Andar — simplifica locação de imóvel sem fiador, com assinatura digital e anúncio gratuito —, *Buser* — aplicativo de compra de passagens de ônibus com preços mais acessíveis para viagens intermunicipais —, *ifood* — une restaurantes a consumidores sem que estes saiam de casa —, *Loggi* — serviço de entrega de produtos para *e-commerce*, comidas para restaurantes e documentos para empresa etc.

QUADRO SINÓTICO

TIPOS SOCIETÁRIOS

1. SOCIEDADE EM NOME COLETIVO	• Conceito	• Regida pelos arts. 1.039 a 1.044 do Código Civil e supletivamente pelo disposto nos arts. 997 a 1.038 desse diploma legal (CC, art. 1.040), é a sociedade de pessoas voltada à consecução de atividade econômica, na qual os sócios (pessoas naturais) responderão solidária e ilimitadamente pelas obrigações sociais (CC, art. 1.039).
	• Caracteres	• Composição do quadro societário unicamente por pessoas naturais. • Responsabilidade solidária e ilimitada de todos os sócios, cujos bens particulares poderão ser executados por débitos sociais, após a execução dos bens sociais.
	• Constituição	• Dá-se por via contratual (instrumento público ou particular), contendo: cláusulas firmadas pelos sócios; indicação: da firma social constituída pelo nome de todos ou de um ou alguns, seguido da expressão "& Companhia" ou "& Cia."; qualificação dos sócios; objeto social, sede, prazo de duração, capital social, contribuição de cada sócio; subsidiariedade ou não de sua responsabilidade pelas obrigações sociais; participação nos lucros e perdas; designação de gerente.
	• Administração	• Compete aos sócios, pois se não houver indicação de qual deles será o sócio administrador, todos ou qualquer deles poderá exercer a administração, fazendo uso da firma dentro dos limites do contrato social, sob pena de responder pelas perdas e danos.
	• Liquidação da quota de sócio devedor para solver crédito particular antes da dissolução da sociedade (CC, art. 1.043, parágrafo único, I e II)	• Prorrogação tácita da sociedade. • Acolhimento judicial da oposição do credor à prorrogação contratual apresentada tempestivamente.

1. SOCIEDADE EM NOME COLETIVO	• Dissolução *pleno iure* (CC, art. 1.044 c/c art. 1.033)	• Consenso unânime dos sócios. • Deliberação da maioria absoluta dos sócios. • Falta de pluralidade de sócios. • Cassação de autorização para funcionamento. • Falência.
2. SOCIEDADE EM COMANDITA SIMPLES	• Definição	• Sociedade de pessoas para o exercício de atividade empresarial, ou não, obrigando-se umas (comanditadas), por serem empreendedoras, como sócias solidárias e ilimitadamente responsáveis pelos débitos sociais e outras (comanditárias), meras prestadoras de capital, como limitadamente responsáveis pelas suas contribuições no capital social.
	• Características	• Duas categorias de sócios: *comanditados* (pessoas naturais) que são empreendedores e administradores e se obrigam como sócios solidários e ilimitadamente responsáveis e *comanditários* (pessoas naturais ou jurídicas) que são investidores e fiscalizadores e têm responsabilidade limitada ao valor da quota social. • Pode ser *sociedade simples* ou *empresária*. • *Firma social* constituída pelo nome dos sócios comanditados ou de um deles, seguida da locução "& Cia.".
	• Administração	• Compete aos sócios comanditados ou, dentre eles, àquele designado no contrato social.
	• Atos vedados ao comanditário (CC, arts. 1.047, *caput*, 2ª parte, e 1.049 e parágrafo único)	• Praticar ato de gestão. • Ter seu nome na firma social. • Receber lucro que, futuramente, for apurado, se o capital social sofrer diminuição para absorver perdas supervenientes, antes de ter sido reintegralizado aquele capital.
	• Direitos do comanditário (CC, arts. 1.047, *caput*, 1ª parte e parágrafo único, e 1.049)	• Participar das deliberações sociais. • Fiscalizar as operações sociais efetivadas pelos comanditados. • Ser constituído procurador da sociedade com poderes especiais para efetivar certos negócios. • Perceber lucros recebidos de boa-fé, conforme balanço efetuado. • Receber, como compensação de prejuízo acumulado, lucros futuros determinados pelo balanço patrimonial depois da reposição do capital social afetado.

	• Averbação do contrato modificativo	• Registro Civil de Pessoas Jurídicas, se a sociedade for simples. • Registro Público de Empresas Mercantis, se a sociedade for empresária.
	• Morte de sócio comanditário e de sócio comanditado	• A sociedade continua com herdeiros do comanditário falecido, que assumirão sua quota social, direitos e deveres. Mas, se o óbito for do comanditado, ter-se-á a liquidação da sua quota.
2. SOCIEDADE EM COMANDITA SIMPLES	• Dissolução *pleno iure*	• Vencimento do prazo de sua duração. • Acordo unânime dos sócios. • Deliberação, por maioria absoluta dos sócios, sendo seu prazo indeterminado. • Falta de pluralidade de sócios. • Cassação de autorização de funcionamento. • Ausência de uma das categorias de sócios por mais de cento e oitenta dias. • Falência.
3. SOCIEDADE LIMITADA	• Conceito	• Sociedade contratual formada por duas ou mais pessoas, com o escopo de obter lucro, em que cada sócio responde perante ela pelo valor de sua quota-parte e todos assumem relativamente a terceiros, subsidiariamente, uma responsabilidade solidária, mas limitada ao total do capital social.
	• Caracteres	• Limitação da responsabilidade. • Representação da participação dos sócios por meio de quotas. • Divisão do capital social em quotas iguais e desiguais. • Solidariedade pela integralização do capital. • Indivisibilidade da quota em relação à sociedade. • Livre formação do capital social. • Uso de firma ou denominação social. • Deliberação dos sócios pela maioria de votos, conforme o valor das quotas. • Exclusão de sócio faltoso pela maioria do capital.
	• Natureza jurídica	• Natureza jurídica *sui generis* por ser uma sociedade contratual com caráter predominantemente personalista, porém híbrido, pois em sua estrutura orgânica rege-se por normas de caráter capitalista, e, nas suas relações com os sócios e nas relações dos sócios entre si, pelas de cunho personalista.
	• Constituição	• Contrato social plurilateral, feito por instrumento público ou particular, levado a assento, se simples, no Registro Civil de Pessoas Jurídicas e, se empresária, no Registro Público de Pessoas Mercantis.

<table>
<tr><td rowspan="9">**3. SOCIEDADE LIMITADA**</td><td rowspan="2">• Conteúdo do contrato social</td><td>• Obrigatório</td><td colspan="3">• Cláusulas essenciais indicadas no CC, art. 997, e na Instrução n. 98/2003 do DNRC — item 1.2.7. — ora revogada pela IN n. 10/2013, do DREI.</td></tr>
<tr><td>• Facultativo</td><td colspan="3">• Cláusulas que atendam a seus interesses ao disciplinar a organização e o funcionamento social, tais como as relativas: às reuniões dos sócios; à regência supletiva da sociedade pelas normas da sociedade anônima; às consequências de óbito de sócio; à autorização para que estranho administre a sociedade; à retirada ou exclusão de sócio por justa causa; à instituição do Conselho Fiscal; à retirada mensal de *pro labore*; à distribuição de encargos administrativos; ao acordo de quotistas.</td></tr>
<tr><td>• Teor do contrato modificativo</td><td colspan="4">• Aumento ou diminuição do capital social.
• Mudança de sede.
• Retirada ou exclusão de sócio.
• Prorrogação de prazo de sua duração.
• Modificação da firma social.
• Dissolução antecipada.
• Admissão de ingresso de novo sócio.</td></tr>
<tr><td rowspan="4">• Regime de quotas</td><td rowspan="4">• Classes de quotas sociais</td><td rowspan="2">• quotas iguais</td><td>• quotas iguais unitárias simples</td><td>• quota única inicial.
• quota única permanente.</td></tr>
<tr><td colspan="2">• quotas iguais unitárias múltiplas.</td></tr>
<tr><td>• quotas desiguais</td><td colspan="2">• no valor.
• na forma de circulação
• no exercício do direito de voto.
• no resultado econômico.</td></tr>
<tr><td colspan="3">• quotas ordinárias
• quotas preferenciais</td></tr>
</table>

3. **SOCIEDADE LIMITADA**	• Regime de quotas	• Indivisibilidade de quotas	• Cada quota é fração indivisível do capital social; logo, os direitos dela decorrentes não poderão ser divididos, exceto para efeito de transferência (CC, art. 1.056 c/c art. 1.057).
		• Condomínio de quotas	• Direitos da quota indivisa serão exercidos pelo condômino representante, eleito pelos demais, pelos cossócios, ou seja, pela massa condominial. • Sociedade pode exigir de qualquer condômino prestação relativa à integralização da quota condominial. E o cossócio que realizar o pagamento poderá cobrar dos outros as respectivas partes. Há responsabilidade solidária dos condôminos pelas prestações necessárias à integralização da quota indivisa.
		• Cessão da quota social	• Contrato pelo qual sócio cedente transfere, no todo ou em parte, sua quota a outro sócio ou a terceiro (cessionário), que se sub-rogará nos seus direitos e obrigações. Para cedê-la a estranho deverá obter o consenso de sócios que representem 3/4 do capital social.
		• Aquisição das próprias quotas pela sociedade	• É permitida, apesar da omissão do Código Civil, havendo acordo de sócios ou permissão do contrato social, "observando-se as condições estabelecidas na Lei das Sociedades por Ações" (Enunciado n. 391 do CJF).
		• Penhorabilidade de quotas	• É possível penhora de quotas sociais de sociedade limitada empresária por ser alienável (CPC/2015, arts. 833 e 835, IX).

3. SOCIEDADE LIMITADA	• Regime de quotas	• Usufruto de quotas	• É permitido, pois, por força do art. 1.053, parágrafo único, do Código Civil, será possível a aplicação do art. 40, I e II e parágrafo único, da Lei n. 6.404/76, reconhecendo-se usufruto de quotas, devidamente averbado em livro próprio. "Registro de Quotas" ou na falta dele no próprio contrato social da limitada, desde que averbado ou arquivado na Junta comercial ou no Registro Civil de Pessoas Jurídicas. • E o direito de voto será exercido pelo usufrutuário delas em harmonia com os interesses do nu-proprietário (LSA, art. 114). O sócio usufrutuário de quotas terá legitimidade ativa para propor ações judiciais relativas aos interesses sociais.
		• Penhor de caução de quotas	• Por ser a quota bem móvel e alienável, poderá ser dada em penhor ou caução se houver previsão expressa a respeito no contrato social, e, não havendo, se não houver oposição de mais de 1/4 do capital social (CC, art. 1.057; LAS, arts. 39 e 40).
		• Não integralização de quota de sócio remisso	• Sócio remisso (quotista inadimplente), que não pagou, tempestivamente, o *quantum* do capital social a que estava obrigado, deverá responder pelo dano emergente da mora e poderá ser excluído da sociedade por justa causa. • A sociedade poderá cobrar dele judicial ou extrajudicialmente o *quantum* devido acrescido de juros, mantendo-o como sócio, havendo integralização societária. Uma dessas providências será tomada, mediante deliberação societária, conforme o disposto no contrato social.

3. **SOCIEDADE LIMITADA**	• Reposição de lucros e de quantias retiradas e proibição de distribuição de lucros fictícios	• Se o contrato social admitir distribuição de lucros e retirada de quantias pecuniárias, mesmo a título *pro labore*, os sócios beneficiários deverão repô-las havendo prejuízo ao capital social (CC, art. 1.059), sob pena de cobrança judicial ou de expulsão do quadro societário. • Sócios só podem fruir de resultados líquidos dos investimentos feitos. • Proibida está distribuição de lucros fictícios ou inexistentes e o desfalque do capital social para concessão de benefícios a sócios, acatando-se o princípio da intangibilidade do capital social e resguardando-se direito de terceiros (credores) que efetivaram negócios com a sociedade tendo por base creditória o *quantum* do seu capital.	
	• Administração	• Nomeação do administrador	• Feita no contrato social ou em ato separado (ata assemblear ou mandato por instrumento público). • O administrador pode ser sócio ou estranho (pessoa natural ou jurídica), e terá a função de administrar e representar ativa e passivamente a sociedade perante terceiros. • Se nomeado um só administrador, ter-se-á *administração singular*; se todos ou dois ou mais forem indicados, ter-se-á *administração colegiada* ou *plúrima*. • Designação de administrador não sócio dependerá da aprovação por 2/3 dos sócios se o capital não estiver integralizado, ou da aprovação por mais da metade dos sócios havendo integralização do capital social. • Nomeação (termo de posse) deverá ser averbada no registro competente para ser oponível contra terceiros, dentro de dez dias da investidura na administração para produzir efeitos *ex tunc*. Se a averbação se der depois daquele prazo, terá eficácia *ex nunc*.

3. SOCIEDADE LIMITADA	• Administração	• Cessação da administração		• Casos: *a*) Destituição do titular a qualquer tempo ou pelo término do prazo fixado para sua gestão. *b*) Renúncia do administrador. • Averbação do fato no registro competente, mediante requerimento apresentado dentro de dez dias contados de sua ocorrência. • Responsabilidade do ex-administrador terminará com a aprovação assemblear de suas contas (CC, art. 1.071, I). E se praticou, em sua gestão, ato contrário à lei e ao contrato social, poderá ser acionado dentro do prazo prescricional de três anos contado da data da reunião de quotistas que aprovou aquelas contas.
		• Estrutura dúplice		• A administração, havendo previsão contratual, poderá apresentar estrutura dúplice, tendo Diretoria e Conselho de Administração.
		• Efeitos jurídicos da investidura do administrador	• Deveres	• Providenciar medidas para atingir o objeto social. • Respeitar funções reservadas aos demais órgãos societários. • Seguir os parâmetros da sociedade limitada, por ser seu representante. • Prestar contas de sua gestão. • Atuar na defesa dos interesses da sociedade. • Fornecer informações solicitadas pelo Conselho Fiscal e pelos sócios. • Procurar obter um resultado positivo para o patrimônio social. • Assumir responsabilidade por perdas e danos e débitos sociais por prática, culposa ou dolosa, de ato irregular. • Votar matéria que não envolva interesse próprio. • Prestar caução para garantir boa gestão, se a cláusula do contrato social exigir

3. **SOCIEDADE LIMITADA**	• Administração	• Efeitos jurídicos da investidura do administrador	• Direitos	• Praticar atos de gestão necessários para a realização dos fins da sociedade. • Executar todos os atos para atingir o objeto social e as decisões assembleares. • Usar, privativamente, da firma ou denominação social, tendo os necessários poderes. • Receber remuneração se for: administrador não sócio a título *pro labore*, se estipulada em cláusula do contrato social; administrador sócio ou não sócio, havendo previsão no contrato social ou aprovação assemblear, sob a forma de distribuição dos lucros sociais apurados ou de atribuição de gratificação ou bonificação. A remuneração poderá assumir também a forma de benefício indireto. • Representar a sociedade manifestando, em relação a terceiros, a vontade desta e executando, no âmbito interno, as decisões tomadas.
	• Conselho Fiscal	• Conceito	• Órgão fiscalizador colegiado dos atos dos administradores da sociedade limitada e subordinado à assembleia dos sócios que aprova ou rejeita seus pareceres. Visa apreciar as contas do administrador e o balanço patrimonial e o de resultado econômico.	
		• Composição	• Órgão, previsto no contrato social, composto por três ou mais membros e respectivos suplentes, sócios ou não, domiciliados no País e eleitos pelo voto da maioria do capital social. Mas os minoritários, que representarem 1/5 do capital, poderão escolher, em separado, um dos conselheiros e seu suplente (CC, art. 1.066, § 2º).	

3. **SOCIEDADE LIMITADA**	• Conselho fiscal	• Impedimento legal para ser conselheiro fiscal (CC, arts. 1.066, § 1º, e 1.011, § 1º)	• Condenação por crime falimentar, de prevaricação, peita ou suborno, concussão e peculato. • Condenação à pena que vede acesso a cargo público. • Condenação por crime contra: a economia popular, o sistema financeiro nacional, as normas de defesa de concorrência, as relações de consumo, a fé pública ou a propriedade. • Participação como membro de outros órgãos societários ou como empregado da sociedade ou de seus administradores. • Vínculo conjugal ou de parentesco até 3º grau dos administradores. • Prestação de serviço autônomo e habitual à sociedade limitada.
		• Investidura do conselheiro	• Ato unilateral pelo qual o conselheiro eleito aceita o cargo e as atribuições dele decorrentes, dentro de trinta dias da eleição, assinando termo de posse, que será lavrado no livro de atas e pareceres do Conselho Fiscal.
		• Remuneração do conselheiro	• É paga a título de gratificação, mensalmente, sendo seu valor fixado, anualmente, pela assembleia de sócios.
		• Atribuições (CC, art. 1.069, I a VI)	• Examinar, a cada três meses, a escrituração da sociedade, o estado da caixa e da carteira de negócios • Lavrar no livro de atas e pareceres do Conselho Fiscal o resultado do exame que fez e o parecer sobre as operações sociais. • Denunciar erros, fraudes ou crimes, sugerindo a tomada de certas providências. • Convocar assembleia de sócios, havendo urgência ou retardamento de sua convocação anual pela diretoria. • Praticar, havendo liquidação da sociedade, todos os atos relativos às suas atribuições.

3. **SOCIEDADE LIMITADA**	• Órgão deliberativo	• Formação	• É formado pelo conclave de sócios: reunião e assembleia.
		• Atos dependentes de deliberação dos sócios (CC, art. 1.071, I a VIII)	• Aprovação das contas da administração. • Designação dos administradores sócios ou não. • Destituição dos sócios administradores por justa causa, por aprovação de 2/3 do capital social, e dos administradores não sócios, injustificadamente, por maioria absoluta do capital. • Modo de remuneração do administrador, seja ela fixa ou variável. • Modificação do contrato social, mediante *quorum* de 3/4 do capital social. • Incorporação, fusão e dissolução da sociedade. • Cessação do estado de liquidação. • Nomeação, destituição e julgamento das contas dos liquidantes, havendo deliberação de maioria absoluta. • Pedido de recuperação judicial ou extrajudicial.
		• Procedimento para deliberações dos sócios	• Deliberação tomada por maioria dos votos, conforme o valor das quotas de cada um, em reunião ou assembleia convocada, mediante anúncio publicado por três vezes (CC, art. 1.152, § 3º). • Deliberação, por assembleia, se o número de sócios for superior a dez; se igual ou inferior a dez, far-se-á por reunião. • Cópia da ata suspendendo reunião ou assembleia deverá ser levada a registro no órgão competente.
		• Convocação do conclave	• Por qualquer sócio individual e independentemente do número de suas quotas, se os administradores retardarem sua convocação. • Por sócios minoritários, titulares de 1/5 do capital, se dentro do prazo de oito dias não for atendido pela administração o pedido convocatório fundamentado. • Pelos conselheiros fiscais, individual ou conjuntamente, se a diretoria retardar por mais de trinta dias sua convocação ou se houver motivo grave e urgente.

3. **SOCIEDADE LIMITADA**	• Órgão deliberativo	• *Quorum* para instalação da assembleia	• Em primeira convocação, havendo presença de titulares de no mínimo 3/4 do capital social, e em segunda, com qualquer número de sócios presentes.
		• Representação de sócio	• Na assembleia, o sócio poderá ser representado por outro sócio ou por advogado, munido de procuração, celebrada por instrumento público ou particular, com poderes especiais.
		• Voto de sócio em matéria de interesse próprio	• Nenhum sócio poderá manifestar-se em assembleia, votando sobre questões alusivas a seus interesses particulares.
		• Direção dos trabalhos assembleares	• É da mesa, órgão incumbido de dirigir a sessão, composta pelo presidente e secretário (sócio escolhido entre os presentes, por maioria de votos) (CC, art. 1.075).
		• Ata das deliberações	• Ata redigida ao final da assembleia com descrição da ocorrência, manifestação dos votos e deliberações; devidamente assinada pelos membros da mesa e sócios participantes. • Sua cópia deverá ser arquivada e averbada no Registro Civil de Empresas Mercantis.
		• *Quorum* para deliberações	• Designação de administradores não sócios, aprovada por unanimidade dos sócios, não estando integralizado o capital, e 2/3, se integralizado estiver. • Destituição de sócio administrador, aprovação de mais da metade do capital social. • Modificação do contrato social, incorporação, fusão e dissolução da sociedade ou cessação do seu estado de liquidação, aprovação por mais da metade do capital social. • Outros casos previstos legalmente ou no contrato social, aprovação da maioria dos votos presentes, se o pacto social não exigir maioria mais elevada.

3. SOCIEDADE LIMITADA		• Direito de retirada	• É direito potestativo exercido por ato unilateral de sócio dissidente das modificações societárias executadas pela maioria, desde que, fundado em legítimo interesse, se opere dentro do prazo legal ou contratual.
	• Órgão deliberativo	• Assembleia anual de sócios	• É o órgão interno e integrante do regime de administração societária, tendo função deliberativa, formando a vontade social. • Deve a assembleia ordinária ser realizada anualmente, dentro de quatro meses após o término do exercício social para: avaliar contas dos administradores; designar os administradores e cuidar de qualquer questão constante da ordem do dia.
	• Alteração de capital social	• Aumento, havendo integralização das quotas e deliberação de mais da metade do capital social, para, p. ex., incorporar reservas ou lucros, efetuar novos investimentos etc. • Redução, por meio de contrato modificativo e voto de mais da metade do capital social, havendo perdas irreparáveis ou excesso de valor em relação ao objeto social ou ao fim social.	
	• Dissolução parcial	• Poderá dar-se por exclusão de sócio minoritário por vontade da maioria do capital social, pela prática de atos graves, mediante alteração do contrato social, feita em reunião ou assembleia.	
	• Dissolução *pleno iure*	• Se for sociedade simples (CC, arts. 1.033 e 1.044)	• Vencimento do prazo de sua duração. • Consenso unânime dos sócios. • Deliberação dos sócios, por maioria absoluta, se por prazo indeterminado e por *quorum* qualificado de 3/4 do capital social. • Ausência de pluralidade de sócio. • Cassação de autorização para funcionar.
		• Se for sociedade empresária	• Causas do art. 1.033. • Falência.

4. SOCIEDADE EM COMANDITA POR AÇÕES	• Conceito	• É aquela em que o capital está dividido em ações, respondendo os sócios pelo preço da emissão das ações subscritas ou adquiridas, e, além disso, há responsabilidade subsidiária, solidária e ilimitada dos diretores (comanditados) pelas perdas sociais, podendo, por isso, receber participação nos lucros.
	• Caracteres	• Duas modalidades de sócios: acionistas comanditários e acionistas comanditados (diretores). • Divisão do capital social em ações. • Responsabilidade limitada ao valor das ações para os comanditários e responsabilidade subsidiária, solidária e ilimitada pelas obrigações sociais para os comanditados.
	• Nome empresarial	• *Firma*, contendo nome de um ou mais comanditados, acompanhada da locução "e companhia", acrescida da expressão "comandita por ações" ou • *Denominação* social, seguida da locução "em comandita por ações".
	• Administração	• Compete ao sócio acionista (comanditado) nomeado no ato constitutivo, por prazo indeterminado, que responderá subsidiária e ilimitadamente pelas obrigações sociais ou perdas sociais ocorridas em sua gestão. Se vários forem os administradores indicados, terão, ainda, responsabilidade solidária pelas obrigações sociais, depois de esgotados os bens sociais.
	• Destituição de diretor	• Dá-se por deliberação de acionistas que representem 2/3 do capital social, havendo justa causa. Havendo destituição, o ex-diretor continuará, pelo prazo de dois anos, contado da data da destituição, responsável pelas obrigações sociais assumidas durante sua gestão.
	• Atos vedados à assembleia geral sem anuência dos comanditados (CC, art. 1.092)	• Mudança do objeto social. • Prorrogação do prazo de duração da sociedade. • Aumento ou redução do capital social. • Criação ou emissão de debêntures ou partes beneficiárias.

5. SOCIEDADE ANÔNIMA	• Conceito	• Pessoa jurídica de direito privado, de natureza empresarial, cujo capital está dividido em ações negociáveis de igual valor nominal, quando assim emitidas, ou sem valor nominal, limitando-se a responsabilidade dos subscritores e dos acionistas ao preço da emissão das ações por eles subscritas ou adquiridas.	
	• Caracteres principais	• Sociedade empresária e de capital. • Constituição por subscrição pública ou particular. • Divisão do capital em ações nominativas (negociáveis e penhoráveis) com ou sem valor nominal. • Transferibilidade das ações sem alteração social. • Existência de dois ou mais acionistas. • Responsabilidade dos acionistas limitada pelo preço da emissão das ações subscritas ou adquiridas. • Uso de denominação, acompanhada de locução "companhia" ou "sociedade anônima". • Tônus publicístico.	
	• Disciplina jurídica	• Lei n. 6.404/76, com alterações das Leis n. 8.021/90, 9.457/97, 10.303/2001, 11.638/2007 e 11.941/2009. • Código Civil, Livro II (art. 1.089), aplicável subsidiariamente nos casos omissos.	
	• Objeto social	• É o *fim comum* pretendido pelos acionistas para organização de uma atividade para sua consecução. • A finalidade social é a obtenção de lucro; logo, seu objeto social (ramo de atividade econômica) visa auferir resultados econômicos.	
	• Nome empresarial	• *Denominação*, ou seja, um nome de fantasia ou nome de seu fundador ou benemérito, indicando objeto social (ramo de atividade) e a sigla "S.A." ou "Cia.".	
	• Constituição	• Contrato social	• Requer para sua formação um contrato social plurilateral, oriundo de um projeto escrito que contém as diretivas do *estatuto*, da observância do cumprimento de certos requisitos legais preliminares (Lei n. 6.404/76, arts. 80 e 81), da constituição sucessiva ou por subscrição pública (Lei n. 6.404/76, art. 82) ou da constituição simultânea ou por subscrição particular (Lei n. 6.404/76, art. 88) e de providências complementares (Lei n. 6.404/76, arts. 94 e 98).

5. **SOCIEDADE ANÔNIMA**	• Constituição	• Observância de requisitos preliminares	• Subscrição, pelo menos por duas pessoas, de todas as ações em que se divide o capital social fixado no estatuto. • Realização, como entrada, de 10% no mínimo do preço de emissão das ações subscritas em dinheiro. • Depósito, no Banco do Brasil S.A. ou em outro estabelecimento bancário autorizado pela CVM, da parte do capital realizado em dinheiro.
		• Constituição sucessiva ou por subscrição pública	• Se a sociedade for aberta, poderá ser formada por subscrição pública, caso em que o fundador fará, por meio da Bolsa de Valores ou do mercado de balcão, um apelo ao público investidor para captar recursos necessários. • Etapas a serem cumpridas: pedido prévio de registro de emissão na CVM; colocação das ações, emitidas pela sociedade em organização, junto aos investidores por intermédio de instituição financeira (*underwriter*); convocação da assembleia geral da constituição pelo fundador.
		• Constituição simultânea ou por subscrição particular	• Própria para sociedade fechada, embora a aberta dela possa fazer uso. Essa constituição se opera por deliberação dos subscritores em assembleia geral ou por escritura pública, considerando-se fundadores todos os subscritores do capital, seus acionistas.
		• Providências complementares	• Arquivamento do ato constitutivo no Registro Público de Empresas Mercantis. • Publicidade dos atos constitutivos e da certidão de arquivamento, mediante publicação, feita pelos primeiros administradores, em órgão oficial da sede da sociedade constituída. • Transferência da titularidade dos bens entregues para integralização, total ou parcial, do capital social, com o assento da certidão dos atos constitutivos, passada pelo Registro Público de Empresas Mercantis em que forem arquivadas, no registro competente.

<table>
<tr><td rowspan="5">5. SOCIEDADE ANÔNIMA</td><td rowspan="3">• Capital social</td><td>• Definição</td><td colspan="3">• Parte da contribuição em dinheiro, bens (corpóreos, incorpóreos, móveis ou imóveis) ou créditos, suscetíveis de avaliação monetária, com o qual os acionistas (subscritores), ao integralizá-lo, formam o fundo necessário para o início da atividade social.</td></tr>
<tr><td>• Aumento</td><td colspan="3">• Casos do art. 166, I a IV, da Lei n. 6.404/76.
• Capitalização de lucros ou reservas (Lei n. 6.404/76, art. 169).
• Subscrição pública ou particular de novas ações, depois de realizado, no mínimo, 3/4 do capital social (Lei n. 6.404/76, art. 170 e § 1º).</td></tr>
<tr><td>• Redução</td><td colspan="3">• Perda até o montante do prejuízo sofrido ou acumulado pela companhia (Lei n. 6.404/76, art. 173).
• Excessividade de capital (Lei n. 6.404/76, art. 173, in fine).
• Reembolso dos acionistas dissidentes de deliberações assembleares (Lei n. 6.404/76, art. 45 e § 6º).
• Caducidade das ações de acionista remisso (Lei n. 6.404/76, art. 107, § 4º).</td></tr>
<tr><td rowspan="2">• Títulos de emissão da sociedade anônima</td><td rowspan="2">• Ações</td><td>• Conceito</td><td colspan="2">• Valores mobiliários representativos de frações ideais e negociáveis do capital social da sociedade emissora.</td></tr>
<tr><td>• Classificação</td><td>• Quanto à espécie de direitos</td><td>• Ações ordinárias, se conferirem direitos reservados por lei aos acionistas comuns.
• Ações preferenciais, se outorgarem ao preferencialista vantagem especificada estatutariamente, dando-lhe prioridade no reembolso do capital, com ou sem prêmio ou na percepção de um valor fixo ou mínimo, a título de dividendos.</td></tr>
</table>

5. **SOCIEDADE ANÔNIMA**	• Títulos de emissão da sociedade anônima	• Ações	• Classificação	• Quanto à espécie de direitos	• *Ações de fruição*, se resultantes de amortização de *ações ordinárias e preferenciais*, ou seja, de distribuição aos acionistas, a título de antecipação e sem redução do capital social, do *quantum* a que teriam direito, havendo ocorrência de dissolução ou liquidação da companhia. Dizem respeito à fruição de rendimentos.
				• Quanto à forma de circulação	• *Ações nominativas*, se contiverem em seu texto o nome dos seus titulares e constarem de registro mantido pela sociedade, e sua circulação se opera mediante inscrição ao novo acionista ou registro em livro "Transparência de ações nominativas" da sociedade que as emitiu. • *Ações escriturais*, se não estiverem corporificadas em certificado emitido pela sociedade anônima, não sendo por isso consideradas título de crédito. São mantidas em conta-depósito em nome de seus titulares em instituição financeira.
				• Quanto ao conteúdo	• *Ações com valor nominal*, se, no certificado de ações, estiver expresso, em dinheiro, o seu valor, obtido da divisão do valor do capital pelo número de ações emitidas. • *Ações sem valor nominal*, se no texto do certificado não se expressar, nominalmente, um valor.

5. **SOCIEDADE ANÔNIMA**	• Títulos de emissão da sociedade anônima	• Debêntures	• Conceito	• Valores mobiliários que dão aos seus titulares um direito de crédito contra a sociedade anônima emissora, em razão de contrato de mútuo (Lei n. 6.404/76, art. 52). São títulos representativos de empréstimo feito pela companhia junto aos investidores ou ao público.	
			• Classificação	• Quanto à garantia oferecida ao debenturista	• *Debêntures com garantia real*, se um bem for entregue pela sociedade anônima como hipoteca ou penhor. • *Debêntures com garantia flutuante*, se se outorgar privilégio geral sobre o ativo da sociedade por ações aos debenturistas, dando-lhes preferência sobre os credores quirografários. • *Debêntures sem garantia*, se debenturistas concorrerem na massa falida, com os demais credores quirografários. • *Debêntures subquirografárias*, se debenturistas tiverem preferência, havendo falência da devedora somente sobre os acionistas, no ativo remanescente (Lei 11.101/2005, art. 83, VIII). • *Debêntures com garantia fidejussória*, se a sociedade anônima oferecer aos debenturistas fiança ou aval de seus acionistas, instituição financeira ou de terceiro, como garantia de emissão das debêntures ou de pagamento dos encargos estabelecidos nos títulos emitidos.

5. SOCIEDADE ANÔNIMA	• Títulos de emissão da sociedade anônima	• Debêntures	• Classificação	• Quanto à conversibilidade das ações	• *Debêntures conversíveis* se puderem ser transformadas em ações. • *Debêntures não conversíveis* em ações.
				• Quanto à forma de transferência	• *Debêntures nominativas*, se a translatividade de sua titularidade se der com o seu registro na companhia emissora em livro próprio, controlando a identidade dos debenturistas. • *Debêntures escriturais*, se a transferência de sua titularidade efetivar-se por meio de assentamento em registro da instituição financeira depositária, a débito de conta de debêntures do alienante e a crédito do adquirente.
		• Partes beneficiárias	• Títulos alheios ao capital social, que garantem aos seus titulares um crédito de participação nos lucros anuais da sociedade até o limite de 10%. São títulos negociáveis e sem valor nominal, criados pela companhia fechada para captar recursos, e conferem um direito de crédito eventual contra a companhia emissora, subordinado à verificação de lucros anuais líquidos (Lei n. 6.404/76, arts. 46, §§ 1º a 3º, e 47).		
		• Bônus de subscrição	• Título de crédito nominativo ou valor mobiliário, emitido pela sociedade de capital autorizado, que confere ao seu titular direito de preferência na subscrição de ações, havendo aumento do capital social, que será exercido mediante apresentação do título à companhia e pagamento do preço de emissão das ações (Lei n. 6.404/76, arts. 75, parágrafo único, 77, 109, IV, e 171, § 3º).		

5. **SOCIEDADE ANÔNIMA**	• Títulos de emissão da sociedade anônima	• *Commercial papers*	• Notas promissórias de emissão pública, negociáveis mediante endosso em preto com a cláusula sem garantia para obtenção de recurso a curto prazo e para atingir o objetivo social e o desenvolvimento da companhia.
		• *ADRs*	• Os *American Depositary Receipts* são valores mobiliários emitidos por bancos norte-americanos permitindo que sociedades anônimas sediadas fora dos EUA captem recursos no mercado de capitais dos EUA.
		• *BDRs*	• Os *Brazilian Depositary Receipts* são certificados representativos das ações de companhia estrangeira para serem negociados nas Bolsas de Valores do Brasil, próprios para investimentos brasileiros no exterior.
	• Modalidades de sociedades por ações	• *Companhia aberta*, se os valores mobiliários de sua emissão puderem ser negociados em Bolsa de Valores ou mercado de balcão, para captação de recursos junto ao público. • *Companhia fechada*, se não tiver autorização para lançar os títulos de sua emissão no mercado de capitais, obtendo recursos entre os próprios acionistas. • *Pequena companhia*, se, não sendo integrante de grupo de sociedades, tiver menos de vinte acionistas e patrimônio líquido inferior ao valor nominal de 20 mil BTNs (hoje TR). Tem seu regime jurídico definido pela Lei n. 6.404/76, art. 249.	
	• Acionista	• Noção	• Pessoa natural ou jurídica que é sócia da companhia, sendo titular de uma ou mais ações em que se divide seu capital social fixado no estatuto.
		• Espécies	• acionista rendeiro. • acionista especulador. • acionista empresário.

5. SOCIEDADE ANÔNIMA	• Acionista	• Direitos	• *Essenciais* (Lei n. 6.404/76, art. 109); participação nos lucros sociais e no acervo social, na hipótese de liquidação da companhia; fiscalização da gestão dos negócios sociais; preferência para subscrição de novas ações, partes beneficiárias conversíveis em ações, debêntures conversíveis em ações e bônus de subscrição; retirada da sociedade nos casos previstos em lei. • *Especiais*: os reservados aos titulares de ações preferenciais. • *Gerais, coletivos ou sociais*: os que têm relação direta com a existência da sociedade, sendo exercidos pelos acionistas, como membros do quadro societário, em razão de lei ou estatuto, em comum com os demais no interesse geral.
		• Deveres	• Contribuição para a formação do capital social, mediante sua integralização, pagando o preço da emissão das ações subscritas. • Fidelidade ou lealdade para com a companhia. • Responsabilidade não só pelos danos causados pelo exercício abusivo de seus direitos, como também, solidariamente, com os adquirentes, pelo prazo de dois anos da transferência das ações, pela integralização total deles (Lei n. 6.404/76, art. 108 e parágrafo único). • Escolha, em caso de condomínio de ações, do acionista que o representará. • Designação, sendo acionista residente no exterior, de seu representante no Brasil (Lei n. 6.404/76, art. 119). • Submissão à arbitragem. • Comparecimento nas assembleias, votando sobre as questões discutidas. • Defesa da sociedade contra terceiros. • Não constituição de outra sociedade com a mesma atividade econômica empresarial.

5. SOCIEDADE ANÔNIMA	• Acordo de acionistas	• Contrato que se submete às normas comuns de validade de qualquer negócio jurídico privado, concluído entre acionistas de uma mesma companhia, tendo por finalidade a regulação do exercício dos direitos referentes a suas ações, tanto no que se refere ao voto como à negociabilidade destes (Modesto Carvalhosa). E, segundo Leslie Amendolara, poderá apresentar-se sob três *modalidades*: *acordo de comando, acordo entre controladores e minoritários* e *acordo de defesa* ou entre minoritários.	
	• Órgãos sociais diretivos	• Assembleia geral	• Órgão máximo da companhia, e por ter caráter deliberativo, dela participam todos os acionistas com direito de voto, e os que não tiverem o direito de votar poderão manifestar-se sobre assuntos em discussão. Tem competência privativa e exclusiva para apreciação de certas matérias (Lei n. 6.404/76, art. 122). Quatro são as *modalidades* de assembleia: *assembleia geral constituinte, assembleia geral ordinária, assembleia geral extraordinária* e *assembleia especial*. *'Quorum' de instalação* é de 1/4 do capital social votante, numa primeira convocação, e se o assunto for alusivo à reforma do estatuto, tal *quorum* será de 2/3 do capital votante. E em segunda convocação, com qualquer número. *'Quorum' de deliberação* poderá ser: *ordinário* (Lei n. 6.404/76, art. 129); *qualificado* (Lei n. 6.404/76, art. 136); *especial qualificado* (Lei n. 6.404/76, art. 71, § 5º); *estatuário*; por *unanimidade*.
		• Conselho de administração	• Órgão colegiado deliberativo e fiscalizador, formado pelo menos por três acionistas eleitos pela assembleia geral, com mandato de três anos, tendo competência para decidir, com maioria de votos, não havendo previsão estatutária exigindo *quorum* qualificado, matéria de interesse social, salvo as arroladas no art. 122 da LSA, por serem privativas da Assembleia.

5. **SOCIEDADE ANÔNIMA**	• Órgãos sociais diretivos	• Diretoria	• Órgão executivo da companhia aberta ou fechada, pois a representa legalmente praticando atos judiciais ou extrajudiciais necessários para a regularidade de seu funcionamento e executando deliberações da assembleia geral e do Conselho de Administração. A representação legal da companhia será do diretor indicado pelo estatuto ou pelo Conselho de Administração.
		• Conselho Fiscal	• Órgão de fiscalização da gestão, da regularidade e da legalidade das atividades da companhia, composto por três a cinco membros, sendo um deles escolhido pelos titulares de ações preferenciais sem direito de voto e outro pelos acionistas minoritários que representem 10% das ações com direito a voto. Esse órgão deverá estar obrigatoriamente previsto no estatuto, embora seu funcionamento possa ser facultativo, exceto nas sociedades de economia mista (Lei n. 6.404/76, arts. 161, 163, 165-A e 240).
	• Responsabilidade civil na sociedade anônima	• Responsabilidade do administrador	• Pelas obrigações que contrair em nome da sociedade e em virtude de ato regular de gestão, se causou dano ao proceder dentro de suas atribuições com culpa ou dolo ou com violação da Lei ou do estatuto (Lei n. 6.404/76, arts. 158, I e II, 159, § 6º). • Pelos atos ilícitos que cometer e solidariamente pelos cometidos pelos demais administradores, se não procurar impedir a prática desses atos (art. 158, § 1º). • Pelos prejuízos causados em razão de descumprimento de deveres legais para assegurar o funcionamento normal da companhia (arts. 158, §§ 2º, 3º e 5º, e 239, parágrafo único; Lei n. 6.435/77, art. 76, ora revogada pela Lei Complementar n. 109/2001). • Pela demora no cumprimento das formalidades complementares à sua constituição. • Pelo fato de não levar ao conhecimento da assembleia geral, tendo ciência do não cumprimento dos deveres legais, as irregularidades verificadas (art. 158, § 4º).

5. SOCIEDADE ANÔNIMA	• Responsabilidade civil na sociedade anônima	• Responsabilidade do administrador	• Pelos atos e operações praticados antes de cumpridas as formalidades de constituição da sociedade (art. 99, parágrafo único). • Pela infração ao dever de diligência (arts. 153 e 154, § 2º). • Pelo fato de não ter servido a companhia com lealdade, nem mantido reserva sobre seus negócios (arts. 155, I, II, III, §§ 1º, 2º e 3º, 156 e §§ 1º e 2º). • Pelo descumprimento da obrigação de informação (art. 157 e §§ 1º, 2º, 3º, 4º, 5º e 6º). • Pela circunstância de não pagar os dividendos ao acionista (art. 201 e § 1º). • Pela emissão de ações da companhia por preço inferior ao seu valor nominal (art. 13, § 1º) e de debênture sem a observância dos requisitos exigidos (art. 62, § 1º). • Pelas perdas e danos decorrentes da extinção irregular das debêntures (arts. 68, § 4º, e 74). • Pelos atos que praticar favorecendo sociedade coligada ou controlada em prejuízo da companhia (arts. 245 e 246).
		• Responsabilidade do conselheiro fiscal	• Pela infração dos mesmos deveres do administrador (arts. 163 e 165, § 1º). • Pelos atos ilícitos que praticar e solidariamente pelos praticados por outro conselheiro, se convivente ou se concorreu para a prática daqueles atos (art. 165, §§ 2º e 3º).
		• Responsabilidade dos fundadores	• Pelos atos fundacionais que contrariarem preceitos legais (art. 92). • Pelas irregularidades nos atos constitutivos (arts. 97, § 1º, e 99).

5. SOCIEDADE ANÔNIMA	• Responsabilidade civil na sociedade anônima	• Responsabilidade dos acionistas	• Pela circunstância de não terem atendido à formação do capital social (arts. 10 e 108). • Pelo uso de seus direitos sem atender os fins da sociedade pelos danos causados por atos praticados com abuso de direito ou de poder, se for acionista controlador (arts. 116 e parágrafo único, 117 e § 2º, e 238). • Pelo exercício abusivo do direito de voto (art. 115 e §§ 3º e 4º).
		• Ação de responsabilidade	• Art. 159 e §§ 1º a 7º. • Art. 287, II, *b*, n. 2, e *g*.
	• Demonstrações contábeis	• Apuradas no final do exercício social, para avaliar a situação patrimonial, econômica e financeira da companhia e os resultados positivo e negativo obtidos no empreendimento. São auditadas por empresa de auditoria contábil ou por auditor contábil. Abrangem: *balanço patrimonial; demonstração dos lucros ou prejuízos acumulados, demonstração do resultado do exercício social; demonstração dos fluxos de caixa e do valor adicionado.*	
	• Resultados financeiros	• Lucro líquido do exercício social.	
		• Reserva de lucro	• Reserva legal. • Reserva estatutária. • Reserva contingencial. • Reserva de lucros a realizar. • Reserva da retenção de lucro. • Reserva de incentivos fiscais.

5. **SOCIEDADE ANÔNIMA**	• Resultados financeiros	• Reserva de capital. • Ajuste de avaliação patrimonial. • Dividendo obrigatório. • Dividendo preferencial ou prioritário. • Dividendo intermediário. • Pagamento do dividendo. • Juro para remuneração de capital próprio.
	• Dissolução (Lei n. 6.404/76, arts. 206 a 218)	• De *pleno iure*. • Por decisão judicial. • Por decisão de autoridade administrativa.
	• Liquidação	• Convencional. • Judicial.
	• Extinção (Lei n. 6.404/76, art. 219)	• Pelo encerramento da liquidação, distribuindo-se o patrimônio líquido. • Pela ocorrência de incorporação, fusão e cisão, operando-se a transferência de todo o seu patrimônio a outra sociedade.
6. ***STARTUPS***	• Lei Complementar n. 182/2021, que institui marco legal das *startups* e do empreendimento inovador e altera a Lei Complementar n. 123/2006 e a Lei n. 6.404/1976.	

7. Sociedades dependentes de autorização

A. Necessidade de prévia autorização governamental

A ordem econômica rege-se pelo princípio do livre exercício da atividade econômica, previsto no parágrafo único do art. 170 da Constituição Federal de 1988, que assim reza: "É assegurado a todos o livre exercício de qualquer atividade econômica, independentemente de autorização de órgãos públicos, salvo nos casos previstos em lei".

Pelo comando constitucional será imprescindível para imposição de necessidade de autorização governamental a existência de lei especial. Não havendo tal lei requerendo aquela autorização, qualquer sociedade poderá constituir-se, instalar-se e funcionar, livremente, em nosso País, observando os requisitos formais exigidos administrativa e normativamente para sua constituição e regularização. Arnaldo Rizzardo lembra que "nessa visão, deve sediar-se em área apropriada e estar conforme ao Plano Diretor, obter alvará ou permissão de instalação, estar lotada nos órgãos públicos, inscrever-se junto às repartições tributárias, obtendo o CNPJ, além de, em situações reguladas por lei, inscrever-se em departamentos especiais próprios, como os de proteção ao meio ambiente, os ligados ao exército, ao Ministério da Saúde e cadastrar-se perante a segurança pública".

Em regra, as sociedades, para sua constituição, submetem-se ao regime de livre criação, bastando a licitude do objeto perseguido e a observância das formalidades legais. Todavia, sem embargo do livre exercício da atividade econômica (produtiva de bens, empresarial, ou não, e prestadora de serviços), em prol dos interesses do País e tendo-se em vista a soberania nacional, poderá a lei impor algumas condições ao exercício da atividade econômica no País, sem obstar os investimentos de capital nacional ou estrangeiro. Assim, certas sociedades, para constituir-se, adquirir personalidade jurídica ou poder funcionar dependem de prévia autorização do governo federal por serem estrangeiras, por estarem submetidas a regime jurídico especial ou por girarem com dinheiro público, cujo interesse compete ao poder governamental resguardar, averiguando sua idoneidade, seus contratos sociais ou estatutos e as garantias que ofertam àquele. Por tal razão, dependerão da autorização do governo federal: sociedades estrangeiras (LINDB, art. 11, § 1º; Decreto n. 9.787/2019; CC, arts. 1.134 a 1.141); agências ou estabelecimentos de seguros (Decs.-Leis n. 2.063/40 e 73/66, art. 74); bancos e instituições financeiras (Lei n. 4.595/64, art. 18); empresas de transporte aéreo (Lei n. 7.565/86); sociedades de navegação e cabotagem marítima, fluvial ou lacustre; sociedades de transporte ferroviário; sociedades situadas em zonas de fronteira; sociedade de exploração de televisão a cabo (Lei n. 8.977/95, regulamentada pelo Dec. n. 2.206/97 e ora revogada parcialmente pela Lei n. 12.485/2011) e de telefonia celular (Dec. n. 2.056/96); montepio, caixas econômicas, operadoras de plano e seguro privado de assistência à saúde (Lei n. 9.656/98, art. 8º); sociedades de *leasing*; administradoras de consórcio (REs. 21.404/RS, 255.999/RS); sociedades que têm por objeto a compra de valores mobiliários em circulação no mercado para os revender por conta própria (Lei n. 6.385/76, art. 15, III); sociedades que exerçam atividades de mediação na negociação de valores mobiliários, em Bolsa de Valores ou no mercado de balcão (Lei n. 6.385/76, art. 15, III); bolsas de valores (Lei n. 4.728/65, arts. 7º e 8º; Res. n. 39/66 (ora revogada pela Resolução n. 922/1984); Leis n. 6.385/76, art. 15, IV; e 6.404/76); as cooperativas (CC, arts. 1.093 a 1.096; Lei n. 5.764/71, arts. 17 a 21); outrora não precisavam dessa autorização, como se pode ver pelos Decs.-Leis n. 5.893/43 (revogado pelo Decreto-lei n. 8.401/45), 6.274/44, 59/66 e Dec. n. 60.597/67 (revogado pela Lei n. 5.764/71), salvo sindicatos profissionais e agrícolas (CLT, arts. 511; CF, art. 8º, I e II), desde que legalmente organizados. A essas sociedades, além das leis especiais, aplicar-se-ão os arts. 1.124 a 1.141 do Código Civil (CC, art. 1.123, *caput*).

A competência para expedir a autorização de funcionamento de sociedade nacional ou estrangeira será sempre do Poder Executivo Federal, que, então, exercerá o controle das sociedades dependentes de autorização (CC, art. 1.123, parágrafo único), dada por decreto por ele expedido (CF, art. 84, IV). Dever-se-á interpretar esse artigo, observa Arnaldo Rizzardo, com certa relatividade, pois se a regulamentação da sociedade for de alçada estadual (vigilância sanitária ou segurança particular, p. ex.) ou municipal, não caberá interferência federal[240].

B. Caducidade da autorização governamental

Em caso de sociedade dependente de autorização, concedida esta, geralmente, lei ou ato administrativo estipula lapso temporal para que ela entre em funcionamento, exercendo suas atividades.

Não havendo prazo previsto em lei especial ou no ato do Poder Público, a autorização dada caducará, automaticamente, perdendo sua eficácia, se a sociedade não entrar em funcionamento nem iniciar suas atividades dentro do prazo de doze meses, contado da data da publicação do ato autorizativo na imprensa oficial (CC, art. 1.124). Não iniciada a atividade nesse prazo, ter-se-á o cancelamento ou a caducidade de autorização dada.

Se houver caducidade da referida autorização, esta não poderá ser revalidada; logo, a sociedade deverá cumprir novamente todos os requisitos necessários para obter a concessão de nova autorização governamental para funcionar[241].

C. Cassação da autorização governamental

A autorização dada a uma sociedade (nacional ou estrangeira) dela dependente não é permanente, sendo suscetível de ser cancelada pelo Poder Executivo.

O poder de autorizar funcionamento contém, implicitamente, o de suspendê-lo, revogá-lo, cassá-lo, considerando-se que a sociedade autorizada deverá observar a norma de ordem pública, seus atos constitutivos e as determinações do Poder Público contidas no ato autorizativo. Tal poder de cassação ou revogação visa coibir atos abusivos praticados pela sociedade. Cunha Peixoto e Miranda Valverde entendem que essa cassação é da com-

---

240. Luiz Cezar P. Quintans, *Direito da empresa*, cit., p. 135 e 136; Matiello, *Código Civil*, cit., p. 698 e 699; M. Helena Diniz, *Código Civil anotado*, cit., p. 887 e 888; Mônica Gusmão, *Curso*, cit., p. 113 e 114; Arnaldo Rizzardo, *Direito de empresa*, cit., p. 1.009 e 1010; Sérgio Campinho, *O direito de empresa*, cit., p. 263 e 264.

241. M. Helena Diniz, *Código*, cit., p. 888; Jorge S. Fujita, *Comentários*, cit., p. 861 e 862; Modesto Carvalhosa, *Comentários*, cit., v. 13, p. 550.

petência do Presidente da República, operando por decreto, devidamente fundamentado, referendado pelo titular do Ministério, a cuja jurisdição e fiscalização se encontre subordinada a sociedade.

O Poder Executivo federal poderá, pelo art. 1.125 do Código Civil, ante seu poder de fiscalização, a qualquer tempo, cassar a autorização por ele concedida, para que uma sociedade nacional ou estrangeira possa funcionar, se ela vier a: *a*) violar comando de ordem pública, por ser tal infração inconveniente ao interesse geral, dada a sua incompatibilidade com o bem-estar social, pela sua ilicitude, pois poderá colocar, por exemplo, em risco o bom funcionamento dos serviços públicos, a segurança das relações entre os particulares ou *b*) praticar atos contrários aos objetivos declarados no seu contrato ou estatuto social, já que a anuência para seu funcionamento teve por pressuposto essas finalidades. Para qualquer alteração dos fins sociais dever-se-á, antes, obter anuência governamental, sob pena de cassação da autorização para funcionar.

A sociedade, que teve a sua autorização de funcionamento cassada, terá assegurados o contraditório e a ampla defesa, mesmo se o processo for administrativo (CF, art. 5º, LIV e LV).

Cassada a autorização, a sociedade dissolver-se-á (CC, art. 1.033, V) e entrará na fase de liquidação[242].

D. Autorização para funcionamento da sociedade nacional

d.1. Sociedade nacional: conceito, hipótese de exigência de sócios brasileiros e de mudança de sua nacionalidade ou desnacionalização

É nacional a sociedade que for organizada conforme a lei brasileira e tiver a sede de sua administração (principal estabelecimento) no Brasil (CC, art. 1.126, *caput*).

Para ter nacionalidade brasileira será, portanto, preciso que sua constituição se dê conforme a legislação nacional e que a sua sede administrativa, ou seja, o seu principal estabelecimento (centro de suas decisões ou

---

242. M. Helena Diniz, *Código*, cit., p. 888 e 889; Modesto Carvalhosa, *Comentários ao Código Civil*, cit., p. 551-3; *Comentários à Lei de Sociedades Anônimas*, 3. ed., v. 4, t. 1, com. aos arts. 208 e s.; Cunha Peixoto, *Sociedade por ações*, São Paulo, Saraiva, 1973, v. 2, p. 269 e 270; Trajano de Miranda Valverde, *Sociedades por ações*, Rio de Janeiro, Forense, 1953, v. 1, p. 431 e s.; Paulo Checoli, *Direito de empresa*, cit., p. 289 e 290.

de onde são exaradas as ordens e diretivas a serem seguidas, pois nele ficam seus administradores), esteja fixada no Brasil, pouco importando que sua sede social (domicílio estabelecido no ato constitutivo) seja em outro local ou que seus sócios, pessoas naturais ou jurídicas, sejam ou não brasileiros ou ainda a origem do capital nela investido.

A pessoa jurídica também tem sua nacionalidade, ligando-se ao País em que se constituir, predominando o critério da sede administrativa.

Para o exercício de certas atividades que possam atingir determinados setores da economia, da informação (p. ex., empresa de jornalismo, radiodifusão sonora e de sons e imagens — CF, art. 222, § 1º; EC n. 36/2002; Lei n. 10.610/2002) e da segurança a lei poderá requerer que todos ou a maioria dos sócios sejam brasileiros.

Mas qualquer que seja o tipo societário dever-se-á arquivar, na sua sede, uma cópia autêntica do documento comprobatório (documento de identidade ou passaporte) da nacionalidade dos seus sócios (CC, art. 1.126, parágrafo único, segunda parte).

Consequentemente, a sociedade será brasileira se se constituir no Brasil, onde tem sua sede administrativa, mesmo que os sócios não sejam brasileiros, uma vez que a nacionalidade da pessoa jurídica e a das pessoas naturais que a compõem são realidades distintas. Para uma sociedade ser brasileira não será preciso que seja constituída por brasileiros. Todos os sócios poderão ser estrangeiros. E, se a norma exigir que todos ou alguns sócios de sociedade anônima sejam brasileiros, as suas ações, no silêncio da lei, serão nominativas (Lei n. 6.404/76, art. 31; CC, art. 1.126, parágrafo único, primeira parte). Mas, se se constituir no exterior, tendo no Brasil a sede de seu principal estabelecimento, empregando capital e organizando seus estatutos de acordo com a lei brasileira, obtendo aprovação governamental para funcionar, deverá ser considerada brasileira. É o que se infere dos princípios apontados por Clóvis Beviláqua, de que: *a*) a nacionalidade da pessoa jurídica dependerá do local de sua constituição, conservando-a enquanto não mudar sua sede administrativa; *b*) será brasileira: a pessoa jurídica constituída no território nacional; a constituída por brasileiros, fora do País, mas com contrato social arquivado no Brasil, com firma inscrita, tendo sua administração confiada a brasileiro; a estipulada no exterior com estabelecimento no Brasil; a sociedade anônima e em comandita por ações constituída no exterior que, obtida a autorização para funcionamento no Brasil, transferir sua sede para o território brasileiro, tendo por diretores cidadãos brasileiros.

As sociedades constituídas no Brasil serão brasileiras; se, porém, vierem a mudar sua sede para o exterior, desnacionalizar-se-ão, pois passarão a submeter-se à lei do Estado em cujo território vierem a exercer suas atividades principais, tendo nele a sede de sua administração.

Para que uma sociedade brasileira possa mudar de nacionalidade, transferindo a sede de sua administração para outro país, será imprescindível o consenso unânime de seus sócios ou acionistas (CC, art. 1.127), manifestado em assembleia, por haver interesse coletivo. O *quorum* máximo é exigido pelas repercussões causadas pela alteração da nacionalidade da sociedade brasileira, que além de passar a ser considerada estrangeira, passará a ter sua sede administrativa no exterior, apesar de seus sócios ou acionistas continuarem sendo domiciliados no Brasil. Seus credores não poderão apresentar oposição à transformação de sua nacionalidade em outra, mas poderão exigir o pagamento do que lhes é devido ou a prestação de garantias; assim, para que não haja qualquer prejuízo aos seus créditos, a sociedade e os administradores continuarão tendo responsabilidade civil patrimonial. Poderão, ainda, os credores tomar providências acauteladoras de seus direitos, requerendo, se for o caso, falência da sociedade (Lei n. 11.101/2005, art. 94, III, *c* e *f*)[243].

d.2. Requerimento de autorização para funcionamento de sociedade nacional

As sociedades nacionais (CC, art. 1.126) formadas por subscrição particular precisam de autorização governamental para funcionar e, após a assembleia ou o ato de constituição, deverão, pelo art. 1.128 do Código Civil, apresentar

---

243. Modesto Carvalhosa, *Comentários*, cit., v. 13, p. 553-70; M. Helena Diniz, *Código*, cit., p. 889 e 890; *Lei de Introdução ao Código Civil brasileiro interpretada*, São Paulo, Saraiva, 2007, p. 337; Barbosa Lima Sobrinho, *A nacionalidade da pessoa jurídica*, Belo Horizonte, 1963; Maurice Travers, La nationalité des sociétés commerciales, *Recueil des cours*, v. 33, p. 18-24; Antonio Lefebvre D'Ovidio, *La nazionalità della società commerciali*, Milano, 1939; Alex Martin-Achard, *La nationalité des sociétés anonymes*, Zurich, 1918; Pepy, *La nationalité des sociétés*, 1920; Luiz Viana, *Da nacionalidade das sociedades*, Bahia, 1959; Theóphilo de Azeredo Santos, *Da nacionalidade das sociedades comerciais*, Belo Horizonte, 1957; Adler, *Nationalitätswechsel*, 1931; Arminjon, Nationalité des personnes morales, *Revue de Droit International et de Législation Comparée*, 1902, p. 407 e s.; Mônica Gusmão, *Curso*, cit., p. 114 e 115; Arnaldo Rizzardo, *Direito de empresa*, cit., p. 1.013-5; Pillet, *Des personnes morales in droit international privé*, Paris, 1923, n. 92, p. 133 e 134; Amílcar de Castro, *Direito internacional privado*, Rio de Janeiro, Forense, 1968, v. 2, p. 47-9; Fenwick, *International law*, 3. ed., p. 264; Darci Azambuja, Parecer, *RF*, *135*:390; Oscar Tenório, *Direito internacional privado*, Rio de Janeiro, Freitas Bastos, 1967, v. 2, p. 11, 19-32; Luiz Antonio S. Hentz e Gustavo Saad Diniz, Nacionalidade da pessoa jurídica-sistemática no novo Código Civil, *Revista Síntese de Direito Civil e Processual Civil*, *35*:48-54; Clóvis Beviláqua, *Princípios elementares de direito internacional privado*, 1938, p. 213; Anzilotti, Il mutamento di nazionalità della società commerciali, *Rivista di Diritto Internazionale*, 1912.

requerimento pedindo ao Poder Executivo autorização para funcionamento. Esse requerimento deverá estar acompanhado não só de cópia autêntica do contrato ou estatuto social, assinada por todos os sócios, e autenticada pelos fundadores, se se tratar de sociedade anônima, mas também de todos os documentos exigidos por lei especial; assim, na hipótese de sociedade anônima, seriam, p. ex., ata da fundação, documento de subscrição de ações, prova do capital aportado e recibo do depósito no Banco do Brasil da parte do capital realizado em dinheiro, registro, nomeação de diretores, exemplar do estatuto social, assinado por todos os subscritores, do prospecto etc. (Lei n. 6.404/76, art. 95).

Mas se a constituição da sociedade se deu por escritura pública — que, além de conter todos os dados necessários para instruir o requerimento de autorização de funcionamento, porta a fé pública — bastará a juntada da respectiva certidão àquele requerimento (Lei n. 6.404/76, art. 96; CC, art. 1.128, parágrafo único). Assim, as sociedades formadas por subscrição pública necessitarão de prévia autorização para se constituir e para funcionar. Urge ressaltar que a sociedade anônima nacional, dependente de autorização para funcionamento e que necessite de subscrição pública para a formação do capital social, somente se constituirá após aquela autorização. E deverá, em anexo ao requerimento pedindo autorização, juntar cópia autenticada do projeto do estatuto e do prospecto, e apenas depois de autorizada e formalizada sua constituição é que se dará sua inscrição no Registro Público de Empresas Mercantis.

Recebida toda a documentação, a autoridade administrativa competente deverá examiná-la, sem olvidar da verificação do preenchimento das formalidades legais exigidas para a formação da pessoa jurídica e da legalidade da sua constituição, levando em consideração a análise de seu objeto social (atividade econômica a ser desenvolvida), e só, então, manifestar-se-á sobre o pedido feito, acatando-o, ou não[244].

d.3. Direitos conferidos legalmente ao Poder Executivo

À autoridade competente para decidir sobre a autorização, a lei (CC, arts. 1.129 e 1.130) reconhece o direito de[245]:

244. M. Helena Diniz, *Código*, cit., p. 890 e 891; Modesto Carvalhosa, *Comentários*, cit., v. 13, p. 571-5; Luiz Cezar P. Quintans, *Direito da empresa*, cit., p. 137; Arnaldo Rizzardo, *Direito de empresa*, cit., p. 1.016.

245. Modesto Carvalhosa, *Comentários*, cit., v. 13, p. 575-81; M. Helena Diniz, *Código*, cit., p. 891; Arnoldo Wald, *Comentários ao novo Código Civil* — do direito de empresa (coord. Sálvio de F. Teixeira), Rio de Janeiro, Forense, v. XIV, p. 700; Arnaldo Rizzardo, *Direito de empresa*, cit., p. 1.016 e 1.017.

1) *Exigir alterações* ou *aditamentos contratuais* ou *estatutários*. O Poder Executivo poderá exigir, atendendo às prescrições legais e ao interesse público inserido na atividade social desenvolvida, que se façam, conforme o caso, algumas alterações ou aditamentos no contrato social ou no estatuto. Adverte-nos Arnoldo Wald que as exigências formuladas pela autoridade administrativa não poderão desviar-se da lei, dando origem a abuso de poder, sob pena de serem objeto de mandado de segurança ou de outra medida judicial, impetrado pelo interessado para preservação de seu direito à autorização, desde que cumpridos os requisitos legais. A imposição do Poder Executivo não poderá ser desarrazoada ou arbitrária. Os sócios, ou os fundadores de sociedade anônima, deverão cumprir, em reunião ou assembleia, as formalidades legais de revisão dos atos constitutivos, efetuando correções e modificações complementares exigidas e juntando ao processo de autorização prova regular do atendimento da determinação governamental. Isto é assim por ser imprescindível a estrita observância dos requisitos legais na elaboração do ato constitutivo da sociedade, daí a necessidade da correção de erros ou de preenchimento de dados omitidos. Só depois da correção de tais falhas, prosseguir-se-á o processo de autorização.

2) *Recusar* a *autorização pretendida para o funcionamento*, se a sociedade não atender às condições econômicas, financeiras ou jurídicas exigidas legalmente. Não há mais discricionariedade do Poder Executivo, pois só poderá recusar tal autorização se, após o exame de aspectos de estrita legalidade, verificar que não foram atendidos. Com o adimplemento dos requisitos legais, o Poder Executivo tem o dever jurídico de não conceder a autorização. Mas, se, atendidas todas as condições legais, houver indeferimento irregular daquela autorização, a sociedade poderá requerer a revisão da denegação pelo Poder Judiciário.

3) *Conceder autorização para o funcionamento* mediante expedição de decreto, devidamente publicado pelo órgão oficial (CF, art. 84, IV).

4) *Cancelar autorização dada* (CC, art. 1.125).

d.4. Efeitos decorrentes da expedição do decreto de autorização

Concedida a autorização por decreto, ato ministerial ou ato de outra autoridade, havendo delegação de poderes, surgem alguns deveres jurídicos de natureza formal.

Assim que o poder competente expedir, formalmente, decreto de autorização, a sociedade, dentro de trinta dias, deverá publicar no órgão oficial da União (*DOU*): o requerimento de autorização, a cópia do contrato social firmada pelos sócios, os documentos exigidos por lei, a certidão de sua constituição por escritura pública, os atos de alterações no contrato social ou de aditamento estatutário. O exemplar dessa publicação constituirá prova para inscrição, no registro próprio, dos atos constitutivos da sociedade (CC, art. 1.131).

Se tal publicação não se der, o conteúdo do decreto caducará, retirando a validade da autorização de funcionamento, que foi dada.

E, além disso, a sociedade, também, no prazo de trinta dias, deverá providenciar, no órgão oficial da União, a publicação do termo de inscrição (CC, art. 1.131, parágrafo único).

Se isso não ocorrer, a sociedade não poderá dar início ao desenvolvimento de suas atividades e assumirá o risco de a autorização ser cassada pelo Poder Executivo federal[246].

d.5. Constituição de sociedade anônima nacional dependente de autorização governamental

Algumas sociedades anônimas precisam de autorização do governo para funcionar, dentre elas temos, p. ex.: as destinadas à pesquisa de jazidas de petróleo e à exploração de refinarias ou destilarias de petróleo (Dec.-Lei n. 3.236/41 e Lei n. 6.340/76); as que tenham por atividade a produção e comercialização de material bélico (Dec. n. 93.188/86 — ora revogado pelo Decreto n. 5.751/2006); as que explorem serviços de telegrafia, radiocomunicação, radiodifusão, telefonia internacional ou interestadual (Dec.-Lei n. 8.356/45; Lei n. 4.117/62; Dec. n. 52.795/63; Lei n. 8.399/92 (revogada a partir de 1º-1-2017, pela Lei n. 13.319/2016); Resolução do Senado Federal n. 39/92); as companhias de mineração (Dec.-Lei n. 227/67 e Lei n. 7.805/89); as voltadas ao aproveitamento de quedas-d'água ou comércio de energia elétrica (Decs. n. 24.643/34 e 41.019/57) etc.

A sociedade anônima nacional, que depender para seu funcionamento de autorização do Poder Executivo federal, não poderá constituir-se antes de obtê-la, se seus fundadores pretenderem recorrer à subscrição pública para formar o capital social (Lei n. 6.404/76, arts. 82 a 87). Isto é assim porque a configuração de capital particular com o público requer que o Po-

246. M. Helena Diniz, *Código*, cit., p. 892; Arnaldo Rizzardo, *Direito de empresa*, cit., p. 1.017.

der Executivo acompanhe o processo da constituição da sociedade, tornando possível fiscalizar a aplicação dos recursos comuns e a realização da atividade social pretendida. Com isso, o governo tutela, como observa Modesto Carvalhosa, os investidores fiscalizando a captação de poupança popular, sem contudo assumir a responsabilidade pelo bom êxito do empreendimento, pois verifica tão somente a veracidade das informações prestadas e a transparência das informações dadas. Os fundadores da sociedade anônima com subscrição pública do capital social deverão anexar ao requerimento, pleiteando autorização de funcionamento, cópias autênticas do projeto do estatuto social e do prospecto, nelas mencionando com objetividade as bases da sociedade a ser constituída e as razões justificadoras da expectativa do sucesso do empreendimento pretendido, para que o Executivo possa avaliar sua pretensão. Obtendo tal autorização, constituir-se-á a sociedade, procedendo-se à inscrição de seus atos constitutivos no Registro Público de Empresas Mercantis (CC, art. 1.132 e §§ 1º e 2º)[247].

Em se tratando, portanto, de sociedade anônima em que se tem subscrição particular para formação de seu capital, ela poderá ser primeiro constituída e depois obter a autorização governamental e efetivar o registro do seu ato constitutivo.

d.6. Aprovação de contrato modificativo

Se a sociedade, para funcionar, estiver sujeita à autorização do Poder Executivo, todas as alterações feitas em seu contrato ou estatuto social dependerão de aprovação com o escopo de manter as condições que levaram à expedição do decreto de autorização do seu oferecimento e de evitar possíveis fraudes à lei. Mas se essas modificações, contidas em contrato modificativo, decorrerem de aumento do capital social, em razão de utilização de reservas ou reavaliação do ativo (CC, art. 1.133), não precisarão daquela aprovação, por não ser prejudicial aos interesses societários, uma vez que não influi no patrimônio social e na participação societária interna dos só-

---

247. Paulo Checoli, *Direito de empresa*, cit., p. 296; M. Helena Diniz, *Código*, cit., p. 893; Lacerda Teixeira e José A. Tavares Guerreiro, *Das sociedades anônimas no direito brasileiro*, São Paulo, Bushatsky, 1970, v. 1, p. 65 e s.; Modesto Carvalhosa, *Comentários*, cit., v. 13, p. 582-6; Glauber M. Talavera, *Comentários*, cit., p. 865.

Consulte: CP, art. 177, § 1º, I, II, IX; Lei n. 9.457/97, que altera o art. 11 da Lei n. 6.385/76.

cios, mantida proporcionalmente nessas modalidades de aumento de capital social, podendo trazer vantagem em igualdade de condições a todos os sócios[248].

E. Autorização para funcionamento no Brasil de sociedade estrangeira

e.1. Delimitação conceitual de "sociedade estrangeira"

Não se pode negar a existência de pessoas jurídicas nacionais (CC, arts. 1.126 a 1.133) e estrangeiras (CC, arts. 1.134 a 1.141), uma vez que não poderão ser *heimathlos*, por estarem ligadas a um país, cuja lei rege sua constituição, suas funções, seus direitos e deveres, dando-lhes personalidade jurídica. Quando se fala em nacionalidade de pessoa jurídica, apenas se quer indicar sua relação com certo Estado. Deveras, a nacionalidade é, como pondera Isay, o laço que faz com que a pessoa pertença a um país, na qualidade de membro, é, portanto, a *Mitgliedshaft*, na corporação estatal. A nacionalidade da sociedade consistirá na sua vinculação a determinado meio social, cujos interesses fundamentais se entrosam; logo, haverá uma relação de dependência entre a sociedade e o Estado que lhe deu origem e a considera existente como realidade jurídica na qualidade de súdito nacional, mesmo que esteja funcionando fora de seu território. Consequentemente, como vimos, a nacionalidade da pessoa jurídica é conferida pela ordem jurídica estatal de sua constituição e pelo local de sua sede administrativa ou pelo centro decisório de exploração de suas atividades, pouco importando a nacionalidade dos sócios ou fundadores[249].

---

248. Matiello, *Código*, cit., p. 699-703; M. Helena Diniz, *Código*, cit., p. 893; Glauber M. Talavera, *Comentários*, cit., p. 865; Paulo Checoli, *Direito de empresa*, cit., p. 297; Modesto Carvalhosa, *Comentários*, cit., p. 588; Arnaldo Rizzardo, *Direito de empresa*, cit., p. 1.019.

249. Isay, De la nationalité, in *Recueil des Cours*, v. 5, p. 434 e 435; Curt Ruhland, Le problème des personnes morales em droit international privé, in *Recueil des Cours*, v. 45, p. 394-99; Adler, *Nacionalitäswechsel*, 1931; Zitelmann, *Internationales Privatrecht*, 1912, v. 2, p. 111; Espínola e Espínola Filho, *A Lei de Introdução ao Código Civil brasileiro comentada*, Rio de Janeiro, Freitas Bastos, 1943, v. 3, p. 184; Amilcar de Castro, *Direito internacional privado*, Rio de Janeiro, Forense, 1968, v. 2, p. 41-6; Houpin e Bosvieux, *Traité général théorique et pratique des sociétés civiles et commerciales*, 1935, v. 3, p. 279 e s.; M. Helena Diniz, *Lei de Introdução ao Código Civil brasileiro interpretada*, São Paulo, Saraiva, 2007, p. 335 e 336; Eduardo Grebler e Gustavo Grebler, O funcionamento da sociedade estrangeira no Brasil em face do novo Código Civil, in *Direito de empresa no novo Código Civil*, cit., p. 391-410; Erasmo V. A., N. França e Marcelo V. von Adamek, Da livre participação, como regra, de sociedade estrangeira em sociedade

A Lei de Introdução às Normas do Direito Brasileiro não se pronunciou, expressamente, sobre a nacionalidade das pessoas jurídicas, partindo do pressuposto de que, por constituírem criações de determinado ordenamento jurídico, reger-se-ão pela mesma lei que as criou, pouco importando, por isso, definir-lhes a nacionalidade. Não há no direito brasileiro norma na Lei de Introdução determinante do critério pelo qual se possa saber se dada pessoa jurídica é nacional ou não. Poder-se-á determinar a nacionalidade da pessoa jurídica pela lei na qual ela tem sua origem, ou seja, aplicar-se-á o princípio *locus regit actum* no que atina à constituição das pessoas jurídicas, o que está, no nosso entender, previsto implicitamente no art. 11 da Lei de Introdução e explicitamente pelos arts. 1.126 a 1.141 do Código Civil. Assim sendo, o critério dominante é aquele segundo o qual o local de sua constituição e o de sua administração determinarão o nascimento da pessoa jurídica e sua nacionalidade (*ius soli*).

Como se vê, convém repetir, as sociedades também têm sua nacionalidade, ligando-se ao país em que se constituírem, predominando o critério da sede administrativa, pois para adquirirem personalidade jurídica precisam ser constituídas de acordo com a lei vigente em determinado Estado. Logo, sua nacionalidade dependerá do local onde se celebrou o ato de sua constituição e onde tem a sua sede administrativa.

A sociedade estrangeira é constituída de conformidade com a lei do lugar onde nascer (*lex loci actus*) e tiver a sede administrativa e é tida como válida em outros Estados que a reconhecerem. A sociedade estrangeira necessita, em nosso País, de prévia autorização do poder executivo federal para registrar seus atos constitutivos (CC, art. 1.134) e funcionar em território brasileiro, sendo-lhe permitido requerer sua nacionalização, transferindo sua sede (administração) para o Brasil (CC, art. 1.141). Pelo atual Código Civil a sociedade estrangeira poderá exercer suas atividades no Brasil: *a*) se realizar diretamente suas atividades, em seu próprio nome, por meio de filial aqui instalada, desde que haja prévia autorização governamental para seu funcionamento; *b*) se participar como acionista em sociedade brasileira constituída sob a forma de sociedade anônima (CC, art. 1.134), da qual é subsi-

---

brasileira de qualquer tipo (Código Civil, art. 1.134, 2ª parte), *Questões controvertidas*, cit., v. 8, p. 283-94; Luciano Dequech, A necessidade de autorização governamental para o regular funcionamento da sociedade limitada com sócio estrangeiro e a interpretação do disposto no artigo 1.134 do Código Civil, *Questões controvertidas*, cit., v. 8, p. 273-82.

Vide CPC/2015, arts. 21, parágrafo único, e 75, § 3º.

diária, ou como quotista de sociedade limitada (CC, art. 997, I, c/c art. 1.054; IN n. 76/98 do DNRC — ora revogada pela IN n. 10/2013, do DREI), o que daria ensejo para o ingresso de capital estrangeiro no Brasil. "A sociedade estrangeira pode, independentemente de autorização do Poder Executivo, ser sócia em sociedades de outros tipos além das anônimas" (Enunciado n. 486 do Conselho de Justiça Federal, aprovado na V Jornada de Direito Civil). Com seu reconhecimento, a pessoa jurídica alienígena gozará, no território brasileiro, da mesma capacidade que tem no país de origem (Código Bustamante, arts. 31 e 32). O art. 11 da Lei de Introdução sujeita a pessoa jurídica à lei do Estado em que se constituiu. Claro está que à lei desse país se deverá recorrer para reconhecer, ou não, a entidade estrangeira como sujeito de direito. Como não há nenhuma norma alusiva ao reconhecimento de pessoa jurídica estrangeira, tem a doutrina entendido que tal pessoa poderá ser reconhecida independentemente de qualquer autorização expressa, pois o art. 11 da LINDB, pressupondo esse reconhecimento incondicionado, determina que as organizações destinadas a fins de interesse coletivo, como as sociedades e as fundações, obedecem à lei do país em que se constituíram. O país de origem determinará, portanto, as condições de existência e constituição das pessoas jurídicas de direito privado, e, nesse aspecto, suas leis poderão ter valor extraterritorial, tendo como limite a ordem pública. As pessoas jurídicas estrangeiras serão reconhecidas e admitidas como sujeito de direito, de conformidade com a lei do Estado onde se constituíram[250].

---

250. M. Helena Diniz, *Lei de Introdução*, cit., p. 337; Pillet, *Des personnes morales*, cit., p. 117, Carvalho Santos, *Código Civil brasileiro interpretado*, Rio de Janeiro, 1934, v. 1, p. 229 e 230; Von Bar, *Theorie und Praxis des internationalen Privatrechts*, 1889, v. 1, p. 162 e s.; Agenor P. de Andrade, *Manual de direito internacional privado*, São Paulo, 1987, p. 159; Victor Romero del Prado, *Manual de derecho internacional privado*, Buenos Aires, 1944, v. 1, p. 858; Espínola e Espínola Filho, *A Lei de Introdução*, cit., v. 3, p. 189-94; Luiz Cezar P. Quintans, *Direito da empresa*, cit., p. 142; Mário Luiz Delgado, Participação de sociedade estrangeira em sociedade limitada nacional. Interpretação finalística do art. 1.134 do Código Civil brasileiro, *Questões controvertidas*, cit., v. 8, p. 295-310.

O Departamento Nacional do Registro do Comércio, em 31-7-2003, aprovou o Parecer Jurídico DNRC/COJUR n. 126/2003, confirmando a possibilidade (sem prévia autorização governamental) de ingresso de pessoa jurídica estrangeira em sociedade limitada sob pena de quebrar o princípio da isonomia (CF, art. 5º, *caput*), o da livre iniciativa e da livre concorrência (CF, art. 170) e o do incentivo ao investimento estrangeiro (CF, art. 172).

As pessoas jurídicas domiciliadas no exterior, que possuam bens no Brasil e direitos sujeitos a registro público, estão, pela Instrução Normativa da SRF n. 940/2009, art. 4º, XVIII, dispensadas da apresentação do Demonstrativo de Apuração de Contribuições Sociais (DACON) — revogada pela IN n. 1.015/2010, a qual foi posteriormente revogada pela IN n. 1.441/2014.

e.2. Condições para abertura de suas filiais, agências ou estabelecimentos e para seu funcionamento no Brasil

A nacionalidade da pessoa jurídica de direito privado é de grande importância se se tratar de sociedade empresária, uma vez que a associação, a fundação e a sociedade simples têm pouca irradiação internacional. A sociedade empresária procura expandir suas atividades econômicas para além dos limites territoriais. Logo a pessoa jurídica estrangeira de direito privado, mesmo que não tenha agência no Brasil, poderá relacionar-se com as pessoas aqui domiciliadas e ser amparada por nossa legislação (LINDB, arts. 2º, 11 e 17 interpretados *a contrario sensu*; Lei n. 12.529, art. 2º).

Se a pessoa jurídica estrangeira conservar a sede administrativa no exterior, exercendo atividade no Brasil, desde que não contrarie a nossa ordem social, sem aqui manter filial, sucursal, agência ou estabelecimento, poderá efetivar atos negociais no Brasil, recorrer aos tribunais brasileiros, sem qualquer necessidade de autorização governamental, uma vez que não pretende aqui fixar agência ou filial, pois continuará obedecendo à lei do país de sua constituição.

Se a pessoa jurídica deslocar sua sede para o Brasil, exercendo aqui suas atividades, ou se conservar sua sede no estrangeiro, abrindo aqui filial, sucursal[251], agência ou estabelecimento, escritório de representação, posto comercial etc. e até mesmo, em casos expressos em lei, ser acionista de sociedade anônima brasileira (CC, art. 1.134), deverá, para evitar fraude à lei, obter a aprovação de seu estatuto social ou ato constitutivo pelo governo federal brasileiro, sujeitando-se, então, à lei brasileira, uma vez que adquirirá domicílio no Brasil (CC, arts. 1.134 a 1.141). A esse respeito escreve Eduardo Grebler: "Intencionando funcionar no Brasil, diretamente ou por intermédio de estabelecimentos subordinados, a sociedade estrangeira haverá de obter a indispensável autorização do Poder Executivo federal". A lei brasileira, então, reger-lhe-á as relações jurídicas, a capacidade de gozo ou de exercício de direitos etc. Firmada estará a competência da lei domiciliar (*RF*, *45*:549 e *33*:323). Com isso não se nacionaliza a pessoa jurídica estran-

---

251. Instrução Normativa n. 1.520, de 4 de dezembro de 2014, da SRFB, dispõe sobre a tributação de lucros auferidos no exterior pelas pessoas jurídicas domiciliadas no País. Portaria n. 12, de 29 de abril de 2015, da Secretaria de Racionalização e Simplificação, trata da autorização para instalação e funcionamento de sucursal da sociedade estrangeira no Brasil.
Vide: CPC/2015, arts. 21, parágrafo único, e 75, § 3º; Lei n. 8.934/94, art. 4º, X, com a redação da Lei n. 14.195/2021.

geira; apenas determina-se-lhe o exercício de seus direitos, com as restrições estabelecidas pela ordem pública e bons costumes.

Mas deverá, para funcionar no Brasil, qualquer que seja seu objeto, obter autorização do nosso Poder Executivo, sendo que pelo Decreto n. 9.787/2019 fica delegada competência ao Ministro de Estado da Economia, permitida a subdelegação ao Diretor do Departamento Nacional de Registro Empresarial e Integração da Secretaria de Governo Digital da Secretaria Especial de Desburocratização, Gestão e Governo Digital do Ministério da Economia (art. 1º, § 1º), para decidir e praticar os atos de autorização de funcionamento no Brasil de organizações estrangeiras destinadas a fins de interesse coletivo, inclusive para a alteração de estatutos e a cassação de autorização de funcionamento. Mas se a atividade da sociedade estrangeira envolver produtos controlados relacionados no Regulamento para a Fiscalização de Produtos Controlados — R-105, aprovado pelo Decreto n. 3.665/2000, tal autorização de funcionamento deverá ter anuência prévia do comando do Exército (art. 1º, § 2º).

Para tanto, será necessário um requerimento de autorização dirigido ao Ministério da Economia, conforme o modelo abaixo:

Exmo. Sr. Ministro do Estado da Economia .... (nome da associação, sociedade ou fundação), entidade com sede em .... (especificar o endereço da matriz), constituída em conformidade às leis do .... (especificar o nome do país de origem), vem por seu .... (Presidente, representante legal ou procurador) .... (nome e qualificação do Presidente, representante legal ou procurador, com indicação precisa de endereço para contato), abaixo assinado, solicitar a V. Exa., nos termos do art. 11, § 1º, da Lei de Introdução às Normas do Direito Brasileiro (LINDB), autorização para seu funcionamento no território da República Federativa do Brasil.

..

(local e data)

(assinatura do Presidente, representante legal ou procurador)

Esse pedido de autorização deverá ser instruído (CC, art. 1.134, § 1º, I a VI; IN do DREI n. 7/2013) com:

a) prova de a sociedade encontrar-se legal e regularmente constituída de acordo com a lei de seu país;

b) cópia integral do seu estatuto social e da ata da Assembleia-Geral que autorizou seu funcionamento no Brasil e fixou o capital destinado às operações no território brasileiro;

c) rol dos sócios, devidamente qualificados, dos membros dos órgãos administrativos, p. ex., da diretoria e dos Conselhos, com especificação de cargos e endereço para contato, indicando-se, ainda, o valor da participação de cada um no capital social, salvo se as ações forem ao portador;

d) comprovante da nomeação do representante no Brasil, devidamente munido de poderes expressos para aceitar as condições em que for dada a autorização pretendida;

e) apresentação do último balanço da firma para averiguação de sua real situação financeira e a vantagem econômica de seu funcionamento no Brasil;

f) procuração para representante no Brasil, ao qual devem ser concedidos poderes para aceitar as condições em que a autorização será concedida;

g) autenticação de todos os documentos, conforme a lei nacional da sociedade requerente, legalizados pelo Consulado e devidamente traduzidos em vernáculo por tradutor juramentado (CC, art. 1.134, § 2º, e IN n. 81/99 do DNRC, ora revogada pela IN n. 7/2013, do DREI, que substitui o DNRC).

Imprescindível será a apresentação de toda essa documentação, pois a autorização para funcionamento de filiais no território brasileiro implicará o prévio exame da legitimidade de sua constituição no exterior e a verificação de que o exercício de suas atividades não colide com a ordem pública interna. Isto é assim porque poderá ocorrer que uma pessoa jurídica de certo país organize firma em outro para fugir a rigores fiscais e depois voltar ao país de origem com aquela sociedade caracterizada como estrangeira. Por isso a Lei de Introdução às Normas do Direito Brasileiro no art. 17 determina que, pelo princípio de ordem pública, dever-se-lhe-á negar os efeitos pretendidos. A exigência de autorização para funcionamento no Brasil é política, reconhecendo-se a pessoa jurídica estrangeira e sua filial tão somente para efeito de exercício de atividade empresarial em território brasileiro.

Pelo art. 1.135, *caput*, do Código Civil, o Poder Executivo poderá, para conceder a autorização para uma sociedade estrangeira funcionar no Brasil, estabelecer certas condições que reputar convenientes à defesa dos interesses nacionais. Se o representante da sociedade estrangeira (CC, art. 1.134, V), munido de poderes expressos para tanto, acatar as referidas condições, o Poder Executivo expedirá decreto de autorização, constando o montante do capital social que foi destinado às operações a serem efetivadas no Brasil (CC, arts. 1.135, parágrafo único, e 1.134, § 1º, IV), e à sociedade caberá publicar, dentro de trinta dias, contados da expedição daquele decreto, no órgão oficial da União, a cópia do contrato social, a dos aditamentos nele feitos e de todos os documentos que acompanharam seu pedido de autorização para aqui funcionar (CC, arts. 1.131, 1.128, 1.129 e 1.134, § 1º). O exemplar dessa publicação representará prova para inscrição no registro próprio dos atos constitutivos da sociedade (CC, art. 1.136) do local em que se estabelecerá. Se não se providenciar tal publicação, ter-se-á a caducidade do decreto e a cessação da validade da autorização dada para o funcionamento da sociedade.

Obtida, por decreto, a autorização para funcionamento no Brasil, a sociedade autorizada manterá sua firma social, podendo acrescentar a expressão "do Brasil" ou "para o Brasil" (IN n. 15/2013 do DREI, art. 15, 2ª parte, e CC, art. 1.137, parágrafo único) para diferenciá-la de outras do mesmo grupo que funcionam em outros países e sujeitar-se-á, no que disser respeito aos atos ou operações praticados em nosso território, às leis e aos tribunais brasileiros (CPC/2015, art. 21, Lei n. 11.101/2005, art. 3º), não se aplicando, portanto, a lei do seu país de origem. Aos nomes das Empresas Binacionais Brasileiro-Argentinas deverão ser aditadas "Empresa Binacional Brasileiro-Argentina", "EBBA" ou "EBAB" (IN do DREI n. 15/2013, art. 15, 1ª parte). Os bens e as mercadorias da sociedade estrangeira autorizada aqui situados ou em circulação reger-se-ão pelas leis brasileiras (LINDB, art. 8º). Consagrado está, portanto, pelo art. 1.137 e parágrafo único do Código Civil, o princípio da equiparação legal da sociedade estrangeira com a nacional, embora possa sofrer algumas limitações constitucionais (CF, arts. 176, § 1º, 178, parágrafo único, 192 c/c art. 52 do ADCT, com redação da EC n. 40/2003, 190, 199, § 3º, 222 e § 1º com redação da EC n. 36/2002 e Lei n. 10.610/2002, art. 2º).

Por tais razões, a sociedade estrangeira autorizada terá a obrigação de ter, permanentemente, um representante no Brasil. Deverá ser nomeado o representante permanente (diretor ou procurador brasileiro ou estrangeiro, domiciliado no Brasil) da sociedade estrangeira autorizada a funcionar no Brasil, com poderes expressos para solucionar, em seu nome, quaisquer questões (fiscais, econômicas, civis, técnicas etc.) e receber por ela citação judicial. O representante da sociedade estrangeira autorizada, observa Cunha Peixoto, poderá ter responsabilidade criminal (CP, art. 177, § 1º) se: "prestar falsas informações ao governo, promover, maliciosamente, cotações falsas das ações ou títulos societários, ou quando em prospectos, relatórios, pareceres, balanços ou comunicações ao público, fizer afirmações inverídicas sobre a constituição ou condições econômicas da sociedade, ou fraudulentamente ocultar, no todo ou em parte, fato a ela relativo". Aquele que representar a sociedade, ativa ou passivamente, em juízo e fora dele somente poderá agir, validamente, perante terceiros, quando o instrumento de sua nomeação for arquivado e averbado à margem da inscrição da sociedade (CC, art. 1.138 e parágrafo único).

Indispensável é tal autorização governamental mediante rigorosa análise da regularidade da constituição da sociedade estrangeira, que entre nós pretenda estabelecer-se, da realidade do capital social destinado a operações no Brasil, de suas sucursais, filiais ou agências e da normalidade de sua representação, por ser um procedimento saneador, que a sujeita àquelas condições legais acima apontadas, para que não tenha privilégio em relação à sociedade nacional.

Há, portanto, certa discricionariedade, como diz Modesto Carvalhosa, do Poder Executivo federal para estabelecer condições para concessão de autorização, conceder ou negar o pedido de autorização, sendo que para indeferi-lo deverá apresentar fundamentação para tanto, para evitar que haja abuso de poder ou desvio de finalidade da autoridade administrativa.

A sociedade estrangeira, mesmo sendo nulo o ato de sua constituição, poderá ser reconhecida como organização de fato, sem personalidade jurídica, quanto às operações já levadas a efeito, podendo, no que disser respeito a essas operações, recorrer ao tribunal brasileiro, pois a nulidade de sua constituição não terá efeito quanto aos fatos consumados.

Não se quer confundir a questão do reconhecimento da personalidade jurídica com a do exercício de atividade de pessoa jurídica estrangeira em outro Estado, que reclama a aprovação de seus atos constitutivos para que possa ter agência ou filial que a represente, passando *ipso facto* a disciplinar-se pela lei brasileira. Com aquela aprovação estará habilitada a aqui funcionar regularmente. Tal aprovação pelo governo federal de seu estatuto refere-se, portanto, à sua capacidade funcional. O seu reconhecimento como pessoa jurídica independerá de qualquer autorização governamental. A pessoa jurídica estrangeira terá personalidade jurídica no Brasil, sem necessidade de qualquer aprovação especial, desde que sua lei nacional lhe confira a qualidade de pessoa jurídica. Mas, se quiser alcançar em nosso território, instalando sucursal, as finalidades empresariais a que se destina, ficará para tanto dependendo de autorização do governo federal, mediante aprovação de seu estatuto social. Não precisará dessa autorização, convém repetir, para que possa praticar negócios ou para que seja admitida em juízo, ativa ou passivamente, se tiver de pleitear direitos decorrentes de seu funcionamento regular fora do Brasil, já que o direito de estar em juízo constitui consectário jurídico de reconhecimento de sua personalidade jurídica e não ato de exercício de sua capacidade funcional. Reclama-se a aprovação pelo governo brasileiro de ato constitutivo de sociedades simples, empresária ou de fundação, para que possam ter agência, filial ou estabelecimento que as representem, passando a regular-se pela lei brasileira que regerá o exercício de suas funções, impondo até mesmo restrições ao exercício de certos direitos, afastando inclusive atividade profissional que possa lesar as empresas nacionais, contrariar o interesse público ou afetar a segurança nacional. Logo, lícito não será afirmar que o reconhecimento da existência de sua personalidade jurídica dependerá de autorização, que será necessária para que tais entidades coletivas constituídas no exterior possam funcionar no Brasil regularmente, permitindo que, mediante sucursais, prossigam no território nacional as atividades para as quais foram criadas[252].

252. M. Helena Diniz, *Lei de Introdução*, cit., p. 341-44; Matiello, *Código*, cit., p. 703-7; Homero Pires, *Do reconhecimento das pessoas jurídicas no direito internacional privado e outros estudos*, Bahia, 1916; Prospero Fedozzi, *Gli enti collettivi nel diritto internazionale privato*, Padova, 1897; Modesto Carvalhosa, *Comentários*, cit., v. 13, p. 587-613; Luiz Cezar P. Quintans, *Direito da empresa*, cit., p. 139; Cunha Peixoto, *Sociedade por ações*, São Paulo, Saraiva, 1973, v. 2, p. 252; Eduardo Grebler, O funcionamento da sociedade estrangeira no Brasil em face do novo Código Civil, in *Direito de empresa no novo Código Civil*, Rio de Janeiro, Forense, 2004, p. 394; Espínola e Espínola Filho, *A Lei de Introdução*, cit., v. 3, p. 212-27; Machado Villela, *O direito internacional privado no Código Civil brasileiro*, 1921, p. 31; Wilson de S. Campos Batalha, *Tratado de direito internacional privado*, São Paulo, Revista dos Tribunais, 1977, v. 2, p. 30-4; Amilcar de Castro, *Direito internacional privado*, cit., v. 2, p.51-4; Albérie Rolin, *Principes de droit international privé*, v. 3, p. 277 e 278; Osiris Rocha, *Curso de direito internacional privado*, São Paulo, Saraiva, 1975, p. 106; Oscar Tenório, *Direito internacional privado*, cit., v. 2, p. 21 e 27. *Vide*, p. ex., o Decreto de 15 de julho de 1994, que concede a *Hope of the Future*, com sede em Oslo (Noruega), autorização para funcionar com uma filial no Brasil: *a*) entidade de fomento à adoção internacional de menores, enquanto não se der a aprovação pela ONU de um projeto de Regras Mínimas das Nações Unidas para aquela adoção; *b*) entidade destinada à divulgação de notícia, por ser vedada a estrangeira a propriedade ou a sociedade em empresas jornalísticas. A Lei n. 8.934/94, art. 32, II, *c*, requer o arquivamento dos atos concernentes a empresas mercantis estrangeiras autorizadas a funcionar no Brasil no Registro Público de Empresas Mercantis e Atividades Afins. *Vide* Instrução Normativa n. 58, de 13 de junho de 1996 (ora revogada pela IN n. 76/1998, do Departamento Nacional de Registro do Comércio, que dispõe sobre o arquivamento de atos de empresas mercantis ou de cooperativas em que participem estrangeiros residentes e domiciliados no Brasil, pessoas naturais, brasileiras ou estrangeiras, residentes e domiciliadas no exterior e pessoas jurídicas com sede no exterior, e o Decreto s/n de 31 de dezembro de 1996, que delega competência ao Ministro da Justiça para aprovar ou indeferir alteração no ato constitutivo que rege o funcionamento de sociedade civil estrangeira. Resolução n. 1/2016 da Secretaria de Assuntos Nacionais dispõe sobre a atuação do Ponto de Contato Nacional que recebe alegações de inobservância das diretrizes relativas a empresas multinacionais estabelecidas em território nacional ou empresas multinacionais do capital majoritário brasileiro estabelecidas em país que não tinha aderido às Diretrizes. IN do DREI n. 34/2017 sobre arquivamento de atos de empresas, sociedades ou cooperativas de que participem estrangeiros residentes e domiciliados no Brasil, pessoas físicas, brasileiras ou estrangeiras, re-

e.3. Necessidade de inscrição da sociedade estrangeira autorizada

Para que possa exercer suas atividades no Brasil, a sociedade estrangeira autorizada deverá, para que haja efeito *erga omnes*, providenciar sua inscrição no registro próprio do lugar onde deverá se estabelecer (CC, art. 1.136), mediante requerimento instruído (CC, art. 1.136, § 1º) com:

a) exemplar da publicação no órgão oficial da União dos documentos exigidos legalmente (CC, arts. 1.134, § 1º, 1.135, parágrafo único, 1.131, 1.128 e 1.129) e *b*) comprovante do depósito em dinheiro, em estabelecimento bancário oficial, do capital destinado às operações a serem realizadas no Brasil (CC, art. 1.135, IV). Tais documentos serão arquivados e a inscrição será feita por termo lavrado em livro especial para as sociedades estrangeiras, com número de ordem contínuo para todas as sociedades inscritas, obedecendo à sequência de protocolo. Nesse termo deverão constar: nome, objeto, duração e sede da sociedade no exterior; local da sucursal, filial ou agência no Brasil; data e número do decreto de autorização (CC, art. 1.135, parágrafo único); capital destinado às operações no território brasileiro (CC,

---

sidentes e domiciliadas no exterior e pessoas jurídicas com sede no exterior. Consulte: CC, arts. 1.134 a 1.141, e Portaria n. 21/2005 do Ministério do Trabalho e Emprego sobre contratação, por empresa estrangeira, de brasileiro para trabalhar no exterior. Instrução Normativa do INCRA n. 76/2013 dispõe sobre aquisição e arrendamento de imóvel rural por pessoa jurídica estrangeira autorizada a funcionar no Brasil.

Instrução Normativa da SRFB n. 1.664, de 11 de outubro de 2016 altera a Instrução Normativa RFB n. 1.455, de 6 de março de 2014, que dispõe sobre a incidência do imposto sobre a renda na fonte sobre rendimentos pagos, creditados, empregados, entregues ou remetidos para pessoas jurídicas domiciliadas no exterior nas hipóteses que menciona.

A Lei n. 12.973, de 13 de maio de 2014, passa a vigorar acrescida do seguinte art. 82-A, por força da Lei n. 13.259/2016.

"Art. 82-A. Opcionalmente, a pessoa jurídica domiciliada no Brasil poderá oferecer à tributação os lucros auferidos por intermédio de suas coligadas no exterior na forma prevista no art. 82, independentemente do descumprimento das condições previstas no *caput* do art. 81.

§ 1º O disposto neste artigo não se aplica às hipóteses em que a pessoa jurídica coligada domiciliada no Brasil é equiparada à controladora, nos termos do art. 83.

§ 2º A Secretaria da Receita Federal do Brasil estabelecerá a forma e as condições para a opção de que trata o *caput*."

Resolução BACEN n. 4.538/2016 dispõe sobre políticas de sucessão de administradores das instituições financeiras e demais instituições autorizadas a funcionar pelo Banco Central do Brasil.

Urge lembrar que o Ministro de Estado da Economia também tem competência para aprovação de modificação no contrato social ou no estatuto social, nacionalização e *cassação de autorização de funcionamento* de sociedade estrangeira (Decreto n. 9.787/2019, art. 1º, I, II e III).

art. 1.134, IV); individuação do seu representante no País (CC, art. 1.136, § 2º, I a V). Após a sua inscrição, a sociedade publicará, no órgão oficial da União, dentro de trinta dias, o termo de sua inscrição (CC, art. 1.131, parágrafo único), gerando presunção absoluta de conhecimento por todos de seu teor (CC, art. 1.136, § 3º).

e.4. Efeitos do contrato modificativo no Brasil

As alterações que, ulteriormente, se fizerem, mesmo no país de origem, no contrato social ou no estatuto da sociedade estrangeira autorizada a funcionar no Brasil, dependerão de aprovação do Poder Executivo federal (Decreto n. 9.787/2019, art. 1º, I), devidamente averbada junto ao registro público competente para que possam ter eficácia em território brasileiro (CC, art. 1.139), reclamando-se, para tanto, de instauração de novo processo administrativo. Teixeira e Guerreiro[253] ponderam que essa "aprovação é ato-condição. Enquanto não expedida, a alteração estatutária porventura já concretizada no exterior, de acordo com a lei aplicável, tem-se como inexistente no Brasil para todos os efeitos". E, ainda, lembra Miranda Valverde que se o governo tiver conhecimento de que a sociedade estrangeira alterou seu contrato ou estatuto social, poderá cassar-lhe a autorização de funcionamento se, após transcorrido um prazo razoável, não lhe for apresentado o pedido de aprovação de contrato modificativo. Isto é assim porque não poderão ser contrárias à lei brasileira e deverão atender às condições econômicas, financeiras e jurídicas, que deram suporte à sua autorização para funcionar no Brasil.

e.5. Exigência da publicação do balanço patrimonial, do de resultado econômico e dos atos da administração

Sob pena de cassação da autorização para funcionamento no Brasil, a sociedade estrangeira deverá reproduzir, no órgão oficial da União e, se for o caso, no do Estado, todas as publicações que, conforme sua lei nacional, deva fazer não só no que atina aos seus próprios balanços, patrimonial e de resultado econômico, e aos atos de sua administração, como também aos de suas sucursais, filiais ou agências existentes no território brasileiro (CC, art. 1.140 e parágrafo único). Com isso, tornar-se-ão conhecidos de todos os dados econômicos da sociedade estrangeira e os de suas sucursais.

---

253. Egberto Teixeira e José A. Tavares Guerreiro, *Das sociedades anônimas*, São Paulo, Bushatsky, 1979, v. 1, p. 84; Miranda Valverde, *Sociedade por ações*, Rio de Janeiro, Forense, 1953, v. 1, p. 145; Sérgio Campinho, *O direito de empresa*, cit., p. 268.

e.6. Possibilidade de nacionalização da sociedade estrangeira autorizada a funcionar no Brasil

A sociedade estrangeira com permissão para funcionar no Brasil, mediante autorização do Poder Executivo federal (Decreto n. 9.787/2019, art. 1º, II), poderá nacionalizar-se, transferindo, obrigatoriamente, a sede de sua administração para o território brasileiro (CC, art. 1.141). Com isso, há uma "renúncia" da nacionalidade de origem, adotando a do país eleito como seu domicílio, por ser o lugar de sua sede, onde atuarão sua diretoria e órgãos de administração.

A sociedade estrangeira autorizada a funcionar no Brasil, pretendendo nacionalizar-se, deverá, por meio de seus representantes: *a*) apresentar um requerimento, instruído com os seguintes documentos, devidamente autenticados: prova de sua regular constituição, conforme as leis de seu país de origem; cópia integral do estatuto social; relação de sócios, com a devida qualificação e o valor de sua participação no capital social, e dos órgãos administrativos; comprovante de autorização de seu funcionamento no Brasil e do capital destinado para isso; indicação do seu representante; apresentação do último balanço (CC, art. 1.134); prova da realização do capital, pela forma declarada no contrato social e do ato da deliberação da nacionalização; *b*) acatar, por meio de seu representante, as condições impostas pelo Poder Executivo, por reputá-las convenientes à defesa dos interesses nacionais; *c*) proceder, após a expedição do decreto de autorização, à sua inscrição e à publicação do respectivo termo (CC, art. 1.141, §§ 1º a 3º)[254].

---

254. A Instrução Normativa n. 7/2013 do DREI sobre pedido de autorização para nacionalização ou instalação de filial, agência, sucursal ou estabelecimento no Brasil, por sociedade empresária estrangeira impõe que o requerimento, solicitando autorização do Governo Federal para sociedade empresária estrangeira aqui instalar filial, sucursal, agência ou estabelecimento, deverá ser dirigido ao Ministro do Estado do Desenvolvimento, Indústria e Comércio, protocolizado no DREI, que o examinará sem prejuízo da competência de outros órgãos federais. E, ainda, arrola os documentos necessários para solicitação de cancelamento de autorização de funcionamento de sociedade empresária estrangeira, dentre eles: ato de deliberação sobre o cancelamento; certidão de quitação de tributos e contribuições federais para com a Fazenda Nacional, emitida pela Receita Federal; certidão negativa de débito (CND), fornecida pelo INSS, e certificado de regularidade do FGTS, fornecido pela Caixa Econômica Federal.

Resolução n. 4.538, de 24 de novembro de 2016 do BACEN, dispõe sobre a política de sucessão de administradores das instituições financeiras e demais instituições autorizadas a funcionar pelo Banco Central do Brasil.

Quadro Sinótico

SOCIEDADES DEPENDENTES DE AUTORIZAÇÃO

1. NECESSIDADE DE PRÉVIA AUTORIZAÇÃO GOVERNAMENTAL	• Apesar de a ordem econômica reger-se pelo princípio do livre exercício da atividade econômica (CC, art. 170, parágrafo único), certas sociedades, em prol dos interesses do País, dependem de prévia autorização governamental por serem estrangeiras, por estarem submetidas a um regime jurídico especial ou por girarem com o dinheiro público.	
2. CADUCIDADE DE AUTORIZAÇÃO GOVERNAMENTAL	• A lei, ou o ato administrativo, estipula prazo para que sociedade dependente de autorização entre em funcionamento, sob pena de caducidade daquela autorização. • Se não houver estipulação expressa de prazo, a autorização caducará se a sociedade não exercer suas atividades dentro de doze meses contados da data da publicação do ato autorizativo (CC, art. 1.124).	
3. CASSAÇÃO DA AUTORIZAÇÃO GOVERNAMENTAL	• Ocorrerá se a sociedade (nacional ou estrangeira) (CC, art. 1.125): *a*) violar comando de ordem pública; *b*) praticar atos contrários aos objetivos declarados no seu contrato ou estatuto social • Havendo cassação de autorização, a sociedade entrará em liquidação.	
4. AUTORIZAÇÃO PARA FUNCIONAMENTO DA SOCIEDADE NACIONAL	• Conceito de sociedade nacional	• É a que for organizada conforme a lei brasileira e tiver sede de sua administração no Brasil.
	• Exigência de sócios brasileiros (CC, art. 1.126, parágrafo único)	• Se a lei exigir que todos ou alguns sócios de sociedade anônima sejam brasileiros, as suas ações, no silêncio legal, serão nominativas. • Arquivo de cópia autêntica de documento comprobatório de nacionalidade dos sócios, qualquer que seja o tipo societário.
	• Desnacionalização (CC, art. 1.127)	• Mudança de nacionalidade de uma sociedade brasileira, mediante transferência da sua sede administrativa para outro país, havendo unanimidade dos seus sócios ou acionistas, manifestada em assembleia.

4. AUTORIZAÇÃO PARA FUNCIONAMENTO DA SOCIEDADE NACIONAL	• Requerimento para autorização para funcionamento	• Sociedade nacional formada por subscrição particular deverá, após assembleia ou ato de constituição, apresentar requerimento ao Poder Executivo anexando todos os documentos legalmente exigidos, pedindo autorização para funcionamento. • Sociedade nacional formada por subscrição pública precisará de autorização para se constituir e funcionar, devendo instruir o requerimento de autorização com a certidão da escritura pública.
	• Direitos do Poder Executivo (CC, arts. 1.129 e 1.130)	• Exigir alterações ou aditamentos contratuais ou estatutários. • Recusar a autorização pretendida para o funcionamento, por falta de atendimento às condições econômicas, financeiras ou jurídicas. • Conceder a autorização, mediante expedição de decreto. • Cancelar a autorização dada (CC, art. 1.125).
	• Efeitos da expedição do decreto da autorização	• Dever da sociedade de publicar no *DOU*, dentro de trinta dias: requerimento de autorização, cópia do contrato social, documentos exigidos por lei, certidão de sua constituição por escritura pública, atos de alterações contratuais ou estatutárias. • Dever da sociedade de publicar, dentro de trinta dias, no *DOU*, o termo de inscrição.
	• Constituição de sociedade anônima nacional dependente de autorização	• Se formada por subscrição pública, só poderá dar-se depois da autorização dada. • Se formada por subscrição particular, poderá ser primeiro constituída, para depois obter a autorização governamental e efetivar o registro de seu ato constitutivo.
	• Aprovação do contrato modificativo	• Deverá ser dada pela autoridade governamental, para manter as condições que levaram à expedição do decreto de autorização do funcionamento da sociedade e para evitar fraude à lei. • Dispensa-se essa aprovação se a alteração feita for decorrente de aumento do capital social, em razão de utilização de reservas ou reavaliação do ativo (CC, art. 1.133), por não ser prejudicial aos interesses societários.

5. AUTORIZAÇÃO PARA FUNCIONAMENTO NO BRASIL DE SOCIEDADE ESTRANGEIRA	• Conceito de sociedade estrangeira	• É a constituída de conformidade com a lei do lugar onde nascer (*lex loci actus*) e tiver a sede administrativa.
	• Condições para abertura de suas filiais, agências e sucursais e para seu funcionamento	• Aprovação de seu estatuto ou ato constitutivo pelo governo federal, mediante requerimento dirigido ao Ministério de Estado da Economia (Dec. n. 9.787/2019), devidamente instruído pelos documentos arrolados no art. 1.134, § 1º, I a VI, do Código Civil, que deverão estar autenticados e traduzidos (CC, art. 1.134, § 2º).
	• Condições para abertura de suas filiais, agências e sucursais e para seu funcionamento	• Expedição de decreto de autorização pelo Poder Executivo, constando o montante do capital social destinado às operações a serem efetivadas no Brasil. • Publicação pela sociedade, dentro de trinta dias, da expedição do decreto, no órgão oficial da União, cópia do contrato social e a dos aditamentos nele feitos e documentos juntados no seu pedido de autorização, sob pena de caducidade do decreto. • Nomeação de representante permanente munido de poderes expressos para solucionar em seu nome quaisquer questões e receber por ela citação judicial (CC, art. 1.138, parágrafo único).
	• Necessidade de inscrição da sociedade estrangeira autorizada (CC, art. 1.136)	• Inscrição em registro próprio do lugar onde se estabelecerá, mediante requerimento instruído com o exemplar da publicação no *DOU* dos documentos exigidos legalmente e comprovante do depósito em dinheiro em estabelecimento bancário oficial do capital destinado às operações a serem realizadas no Brasil. • Termo de inscrição lavrado em livro especial para sociedade estrangeira.
	• Efeitos do contrato modificativo no Brasil	• As alterações feitas ulteriormente no contrato social de sociedade estrangeira autorizada a funcionar no Brasil somente terão eficácia após sua aprovação pelo Poder Executivo federal (CC, art. 1.139; Dec. 9.787/2019, art. 1º, I).
	• Exigência de publicação de balanço patrimonial, do de resultado econômico e dos atos da administração	• A publicação dos balanços (patrimonial e de resultado econômico) e dos atos da administração deverá ser feita no órgão oficial da União ou, se for o caso, no do Estado, sob pena de cassação da autorização para funcionamento no Brasil (CC, art. 1.140 e parágrafo único).

8. Desconsideração da personalidade jurídica

A pessoa jurídica é uma realidade autônoma, capaz de direitos e obrigações, independentemente dos membros que a compõem, com os quais não tem nenhum vínculo, agindo por si só, comprando, vendendo, alugando etc., sem qualquer ligação com a vontade individual das pessoas naturais que dela fazem parte. Realmente, seus componentes somente responderão por seus débitos dentro dos limites do capital social, ficando a salvo o patrimônio individual. Essa limitação da responsabilidade ao patrimônio da pessoa jurídica é uma consequência lógica de sua personalidade jurídica, constituindo uma de suas maiores vantagens. Se a pessoa jurídica não se confunde com as pessoas naturais que a compõem; se o patrimônio da sociedade personalizada não se identifica com o dos sócios, fácil será lesar credores, ou ocorrer abuso de direito, para subtrair-se a um dever, tendo-se em vista que os bens particulares dos sócios podem ser executados antes dos bens sociais, havendo dívida da sociedade.

Ante sua grande independência e autonomia devido ao fato da exclusão da responsabilidade dos sócios, a pessoa jurídica, às vezes, tem-se desviado de seus princípios e fins, cometendo fraudes e desonestidades, provocando reações legislativas, doutrinárias e jurisprudenciais que visam coibir tais abusos, desconsiderando sua personalidade jurídica.

A teoria da desconsideração da personalidade jurídica foi desenvolvida pelos tribunais norte-americanos, tendo em vista aqueles casos concretos, em que o controlador da sociedade a desviava de suas finalidades, para impedir fraudes mediante o uso da personalidade jurídica, responsabilizando seus membros. Observa Masnatta que *"en el derecho contemporaneo se utilizan los términos 'Missachtung der rechtform der juristichen person' (desestimación de la forma de la persona jurídica), 'Durchgriff der juristichen person' (pe-*

netración en la persona jurídica) o *'lengung der juristichen person' (negación de la persona jurídica) por los autores y la jurisprudencia germana sobre sociedades, hablándose en el derecho angloamericano de la doctrina 'disregard of legal entity', que implica la afirmación de relatividad de la persona jurídica, a través de expresiones tan significativas como 'to pierce the veil o to lift the curtain' (perforar el velo o levantar la cortina); también se utilizan otras expresiones en la terminología americana como 'to disregard the corporation fiction, to pierce and look behind the veil of personality' o bien 'to look the man behind the mask' (apartar la ficción corporativa, perforar y mirar tras el velo de la personalidad, mirar al hombre detrás de la máscara)"*. A doutrina da desconsideração da personalidade jurídica visa impedir a fraude contra credores, levantando o véu corporativo, desconsiderando a personalidade jurídica num dado caso concreto, ou seja, declarando a ineficácia especial da personalidade jurídica para determinados efeitos, portanto, para outros fins permanecerá incólume. Com isso alcançar-se-ão pessoas e bens que dentro dela se escondem para fins ilícitos ou abusivos, pois a personalidade jurídica não pode ser um tabu que entrave a ação do órgão judicante, como assevera Oswaldo Aranha Bandeira de Mello, na Apelação Cível n. 105.835 (*RT*, 343:181). Acertadas são as afirmações de Masnatta: "*El uso desviado del rico instrumental que para la actividad de la vida negocial representan las personas colectivas se ha procurado remediar mediante la posibilidad de prescindir o desestimar la estructura formal del ente, para 'penetrar' en el substracto personal y patrimonial del mismo, a efectos de poner de relieve los fines de los miembros que se cobijan tras la máscara de la persona jurídica"... "No puede legalizarse, en mérito a preceptos de lógica ni al dogma de la diversidad entre la persona jurídica y sus miembros, actos abusivos de ninguna naturaleza. Sería contrario al sentido del ordenamiento jurídico en su conjunto, el exagerado respeto la independencia de la personalidad del ente colectivo, cuando mediante el mismo se persigan fines contrarios a los que precisamente dieran lugar al reconocimiento de tal independencia*".

Será preciso não olvidar que a *disregard doctrine* pretende alcançar o detentor do comando efetivo da empresa (acionista controlador, *maître de l'affaire* ou *active share-holder*) e não os diretores assalariados ou empregados não participantes do controle acionário. Pressupõe a utilização fraudulenta da companhia pelo seu controlador, sendo que na Inglaterra, observa Tunc, opera-se sua extensão aos casos, de negligência ou imprudência, graves na conduta dos negócios (*reckless trading*), admitindo que se acione o administrador, se houver culpa grave (*misfeasance* e *breach of trust*), para que os danos causados à sociedade por atos praticados contra ela sejam indenizados.

Nos Estados Unidos essa doutrina apenas tem sido aplicada se houver fraudes comprovadas, em que se utiliza a sociedade como mero instrumento ou simples agente do acionista controlador. Em tais casos de confusão do patrimônio da sociedade com o do acionista, induzindo terceiros em erro, tem-se admitido a desconsideração da personalidade jurídica, para responsabilizar o controlador pessoalmente. A desconsideração da personalidade jurídica veio a permitir que o juiz não mais considere os efeitos de personificação ou da autonomia jurídica da sociedade para atingir e vincular a responsabilidade dos sócios, com o intuito de impedir a consumação de fraudes e o abuso de direitos cometidos, por meio da personalidade jurídica, que prejudiquem terceiro.

Os tribunais declaram que há diferença de personalidade entre a sociedade e os seus sócios, só que a da pessoa jurídica não constitui um direito absoluto por estar sujeita às teorias da fraude contra credores e do abuso do direito.

Na França há até uma lei, a de 13 de julho de 1967, que prevê, expressamente, a desconsideração em seu art. 99, ao dizer que em caso de falência ou concordata (recuperação judicial ou extrajudicial, no Brasil) de uma pessoa moral, sendo insuficiente o ativo, o juiz poderá, a requerimento do síndico (administrador judicial), ou de ofício, determinar que as dívidas sociais sejam suportadas, no todo ou em parte, solidariamente ou não, por todos os dirigentes sociais, de direito ou de fato, aparentes ou ocultos, remunerados ou não, ou por alguns deles. O seu art. 101 chega até a prescrever que o patrimônio pessoal do dirigente da pessoa jurídica falida ou em concordata seja atingido, provado que se haja utilizado da pessoa jurídica e, mascarando-se nela, tenha praticado atos mercantis em seu interesse pessoal ou disposto dos bens sociais como próprios; ou, ainda, continuando de modo abusivo, em seu interesse pessoal, a atividade deficitária, da pessoa jurídica, que só poderá conduzir a cessão de pagamento[255].

A Itália admite a desconsideração apenas nas hipóteses de fraude à lei e ao contrato; a Suíça, nas de prática de atos economicamente proibidos ou

---

255. Embora a Corte de Cassação francesa já tivesse, em 1908, estendido a um dos sócios a falência da sociedade ao decidir que *"il ne s'était pas borné à remplir les fonctions de directeur de cette société, mais qu'en réalité les opérations sociales masquaient ses opérations personelles"*, o grande número de decisões nesse sentido fez com que, em 1935, a França modificasse o art. 437, IV, do Código Comercial, por meio de um Decreto--Lei de 8 de agosto de 1935.

que prejudiquem direitos dos credores ou que tornem válidos negócios simulados; a Espanha, nas de fraude à lei.

No Brasil não havia que se falar em "desconsideração" no âmbito legal. Esse princípio só existia, entre nós, em alguns casos jurisprudenciais esparsos (*RT*, *825*:273, *819*:214, *763*:277, *749*:422, *719*:104, *791*:257, *784*:282, *785*:373; *711*:117, *786*:163, *778*:211, *657*:120, *614*:109, *457*:141, *342*:181, *387*:138, *418*:213, *484*:149, *580*:84, *492*:216, *511*:199, *673*:160, *713*:138; *JB*, *147*:286, *152*:247, *164*:294; *RJ*, *324*:133; *Ciência Jurídica*, *63*:107; *JTJRS*, *118*:258; *RJTAMG*, *64*:79). Todavia, a Consolidação das Leis do Trabalho, no art. 2º, § 2º, parece aplicar a teoria da desconsideração ao prescrever que "sempre que uma ou mais empresas, tendo, embora, cada uma delas, personalidade jurídica própria, estiverem sob a direção, controle ou administração de outra, constituindo grupo industrial, comercial ou de qualquer outra atividade econômica, serão, para os efeitos da relação de emprego, solidariamente responsáveis a empresa principal e cada uma das subordinadas".

Há a mais completa independência entre os sócios ou associados e as pessoas jurídicas de que fazem parte, inexistindo qualquer responsabilidade daqueles para com as dívidas destas, no que é confirmado pelo *caput* do art. 795 do Código de Processo Civil de 2015. Somente em raríssimas exceções, previstas em lei, é que o sócio poderá ser demandado pelo pagamento do débito, tendo direito de exigir que sejam primeiro excutidos os bens da sociedade (CPC/2015, art. 795, § 1º). José Lamartine Corrêa de Oliveira nem mesmo admite a possibilidade da "desconsideração" no caso do art. 134, VII, do Código Tributário Nacional[256].

---

256. O Tribunal de Alçada Civil de São Paulo assim se pronunciou (*RT*, *456*:151): "A penhora de bens de sócios para pagamento de dívida fiscal só se justifica se a impossibilidade do cumprimento das obrigações pela sociedade resulta de atos ou omissões pelos quais sejam os sócios responsáveis". No mesmo teor de ideias é o acórdão da *RT*, *457*:141, que assim decidiu: "nem mesmo os diretores são pessoalmente responsáveis pelas obrigações que contraiam em nome da sociedade e em virtude de ato regular de gestão. Só respondem quando procederem com dolo ou culpa ou violação da lei ou dos estatutos". Observa, ainda, Rolf Madaleno (A *disregard* e sua efetivação no juízo de família, *Revista Jurídica*, n. 7, p. 14) que a teoria da desconsideração da personalidade jurídica pode ser aplicada na solução de conflitos de direito de família, como nos casos em que um dos cônjuges, ou conviventes, transfere bens conjugais em nome da empresa para, sob o manto da personalidade jurídica, fraudar meação nupcial ou a do convivente. Pode-se desconsiderar a pessoa jurídica por fraude à lei e por conduta desonrosa. Não se pode acobertar ilicitude e a má-fé sob o biombo societário. O mesmo se diga se o marido, planejando a separação ou o divórcio, usar de testa de ferro para retirar-se da sociedade e depois retornar a ela com o mesmo número de quotas. Pelo Enunciado

Daí o fato de o novo Código Civil, em seu art. 50 (§§ 1º e 5º, com redação da Lei n. 13.874/2019), ter-se inspirado na doutrina da desconsideração ao estatuir: "Em caso de abuso de personalidade jurídica, caracterizado pelo desvio de finalidade, ou pela confusão patrimonial, pode o juiz a requerimento da parte, ou do Ministério Público quando lhe couber intervir no processo, desconsiderá-la para que os efeitos de certas e determinadas relações de obrigações sejam estendidos aos bens particulares dos administradores ou sócios da pessoa jurídica beneficiados direta ou indiretamente pelo abuso". Desvio de finalidade é o uso da pessoa jurídica com o propósito de lesar credores e para a prática de atos ilícitos de qualquer natureza, mas a mera expansão ou alteração da finalidade econômica específica da pessoa jurídica não constitui desvio de finalidade. Confusão patrimonial é a ausência de separação de fato entre os patrimônios caracterizada por: cumprimento repetitivo pela sociedade de obrigações do sócio ou do administrador; transferência de ativos ou de passivos sem efetivar contraprestações, exceto os de valor proporcionalmente insignificante e outros atos de descumpri-

---

n. 7 do Centro de Estudos Judiciários do Conselho da Justiça Federal, "só se aplica a desconsideração da personalidade jurídica quando houver a prática de ato irregular, e, limitadamente, aos administradores ou sócios que nela hajam incorrido" e pelo enunciado 51, "a teoria da desconsideração da personalidade jurídica (*disregard doctrine*) fica positivada no novo Código Civil, mantidos os parâmetros existentes nos microssistemas legais e na construção jurídica sobre o tema". Pelo seu Enunciado n. 146 (aprovado na Jornada de Direito Civil de 2004): "Nas relações civis, interpretam-se restritivamente os parâmetros de desconsideração da personalidade jurídica previstos no art. 50 (desvio de finalidade social ou confusão patrimonial)". Tal Enunciado em nada prejudica o seu Enunciado n. 7, acima mencionado. Pelo Enunciado n. 91: "A desconsideração da personalidade jurídica de sociedades integrantes de mesmo grupo societário (de fato ou de direito) exige a comprovação dos requisitos do art. 50 do Código Civil por meio do incidente de desconsideração da personalidade jurídica ou na forma do art. 134, § 2º, do Código de Processo Civil" (aprovado na III Jornada de Direito Comercial). Interessante é o artigo de Sérgio Pinto Martins (Desconstituição da personalidade jurídica pelo fiscal da Receita Federal, publicado na *Carta Forense*) tecendo comentários à Lei n. 11.457/2007, que acrescentou § 4º ao art. 6º da Lei n. 10.593/2002, vetado pelo Presidente da República na mensagem 140/2007, no seguinte teor: "No exercício das atribuições da autoridade fiscal de que trata esta Lei, a desconsideração da pessoa, ato ou negócio jurídico que implique reconhecimento de relação de trabalho, com ou sem vínculo empregatício, deverá sempre ser precedida de decisão judicial", por entender que haveria invasão de competência e violação ao princípio da separação de poderes se fiscal viesse a julgar matéria cuja competência foi atribuída pela Constituição (art. 114, I) à Justiça do Trabalho.

Vide Provimento n. 1/2019 da Corregedoria Geral da Justiça do Trabalho sobre recebimento e o processamento do incidente de desconsideração da personalidade jurídica das sociedades empresárias nos termos do art. 855-A da CLT.

mento da autonomia patrimonial. Urge não olvidar que a existência de grupo econômico sem que se configurem os requisitos legais do *caput* do art. 50 não autoriza a desconsideração da personalidade da pessoa jurídica. A aplicação desse dispositivo legal conduz à desconstituição temporária da personalidade da sociedade, sem contudo desfazer ou anular seu ato constitutivo, não havendo, portanto, dissolução nem liquidação da sociedade.

Pelo Código Civil (art. 50), quando a pessoa jurídica se *desviar dos fins* que determinaram sua constituição, em razão do fato de os sócios ou administradores a utilizarem para alcançar finalidade diversa do objetivo societário para prejudicar alguém ou fazer mau uso da finalidade social, ou quando houver *confusão patrimonial* (mistura do patrimônio social com o particular do sócio, causando dano a terceiro) em razão de abuso da personalidade jurídica, o magistrado, a pedido do interessado ou do Ministério Público, está autorizado, com base na prova material do dano, a desconsiderar, episodicamente, a personalidade jurídica, para coibir fraudes e abusos dos sócios que dela se valeram como escudo, sem importar essa medida numa dissolução da pessoa jurídica. Com isso, subsiste o princípio da autonomia subjetiva da pessoa coletiva distinta da pessoa de seus sócios, mas tal distinção é afastada, provisoriamente, para um dado caso concreto. Há uma repressão ao uso indevido da personalidade jurídica, mediante desvio de seus objetivos ou confusão do patrimônio social para a prática de atos abusivos ou ilícitos, retirando-se, por isso, a distinção entre bens do sócio e da pessoa jurídica, ordenando que os efeitos patrimoniais relativos a certas obrigações sejam estendidos aos bens particulares dos administradores ou dos sócios, recorrendo, assim, à superação da personalidade jurídica, porque os seus bens não bastam para a satisfação daquelas obrigações, visto que a pessoa jurídica não será dissolvida nem entrará em liquidação.

Desconsidera-se a personalidade jurídica da sociedade para possibilitar a transferência da responsabilidade para aqueles que a utilizaram indevidamente. Trata-se de medida protetiva que tem por escopo a preservação da sociedade e a tutela dos direitos de terceiros, que com ela efetivaram negócios. É uma forma de corrigir fraude em que o respeito à forma societária levaria a uma solução contrária à sua função e aos ditames legais. No mesmo teor de ideias, Marçal Justen Filho "reconhece a aplicação de desconsideração, não por um 'defeito' na estrutura da sociedade e, sim, por um defeito quanto à sua utilização. Só pode ser assim, porque a justificativa para a desconsideração reside justamente em ocorrer um descompasso entre a função abstratamente prevista para a pessoa jurídica e a função que ela concretamente realiza".

Na lição de Anderson Antonio Fernandes, o Projeto de Lei n. 7.160/2002 propunha complementação do art. 50 (antes da Lei n. 13.874/2019), para recuperar a norma geral do art. 20 do antigo Código Civil, relativa à distinção da personalidade da pessoa jurídica da dos seus sócios, esclarecendo que o magistrado só poderá alcançar quem deu causa ao dano ou quem dele teve proveito, prestigiando assim os elementos subjetivos da responsabilidade civil. Confira-se o mencionado dispositivo:

"Art. 50. As pessoas jurídicas têm existência distinta da de seus membros.

Parágrafo único. Em caso de desvio de finalidade ou confusão patrimonial praticados com abuso da personalidade jurídica, pode o juiz decidir, a requerimento da parte prejudicada, ou o Ministério Público, quando lhe couber intervir ao processo, que os efeitos de certas e determinadas relações de obrigações sejam estendidos aos bens particulares dos administradores ou sócios da pessoa jurídica, que lhes deram causa ou deles obtiveram proveito".

Pelo exposto, continua o autor, percebia-se que havia uma tendência em delimitar a desconsideração da personalidade jurídica prevista no art. 50, preservando a empresa e evitando a aplicação indiscriminada da responsabilização, apenas pelo fato de determinado sócio figurar no contrato social. Esse projeto procurava reafirmar o direito, pacífico e consagrado na regra geral de separação entre a pessoa jurídica e seus sócios ou administradores, disciplinando também a exceção, o desvirtuamento da regra geral, segundo a qual a separação não prevaleceria quando o direito de que decorria fosse exercido abusivamente, ou de maneira fraudulenta, com desvio de finalidade ou confusão patrimonial[257].

---

257. O Deputado Fiuza apresenta o Projeto de Lei n. 2.426, para disciplinar a declaração judicial da desconsideração da personalidade jurídica, no seguinte teor:

"Art. 1º As situações jurídicas passíveis de declaração judicial de desconsideração da personalidade jurídica obedecerão ao disposto no art. 50 da Lei n. 10.406, de 10 de janeiro de 2002, e aos preceitos desta lei.

Art. 2º A parte, que se julgar prejudicada pela ocorrência de desvio de finalidade ou confusão patrimonial praticados com abuso da personalidade jurídica, indicará, necessária e objetivamente, em requerimento específico, quais os atos abusivos praticados e os administradores ou sócios deles beneficiados, o mesmo devendo fazer o Ministério Público nos casos em que lhe couber intervir na lide.

Art. 3º Antes de declarar que os efeitos de certas e determinadas obrigações sejam estendidos aos bens dos administradores ou sócios da pessoa jurídica, o juiz lhes facultará o prévio exercício do contraditório, concedendo-lhes o prazo de quinze dias para a produção de suas defesas.

§ 1º Sendo vários os sócios e/ou os administradores acusados de uso abusivo da personalidade jurídica, os autos permanecerão em cartório e o prazo de defesa para cada um deles contar-se-á, independentemente da juntada do respectivo mandado aos autos, a partir da respectiva citação se não figurava na lide como parte e da intimação pessoal se já integrava a lide, sendo lhes assegurado o direito de obter cópia reprográfica de todas as peças e documentos dos autos ou das que solicitar, e juntar novos documentos.

§ 2º Nos casos em que constatar a existência de fraude à execução, o juiz não declarará a desconsideração da personalidade jurídica antes de declarar a ineficácia dos atos de alienação e de serem excutidos os bens fraudulentamente alienados.

Art. 4º É vedada a extensão dos efeitos de obrigações da pessoa jurídica aos bens particulares de sócio e ou de administrador que não tenha praticado ato abusivo da personalidade, mediante desvio de finalidade ou confusão patrimonial, em detrimento dos credores da pessoa jurídica ou em proveito próprio.

Art. 5º O disposto no art. 28 da Lei n. 8.078, de 11 de setembro de 1990, somente se aplica às relações de consumo, obedecidos os preceitos desta lei, sendo vedada a sua aplicação a quaisquer outras relações jurídicas.

Art. 6º O disposto no art. 18 da Lei n. 8.884, de 11 de junho de 1994, somente se aplica às hipóteses de infração da ordem econômica, obedecidos os preceitos desta lei, sendo vedada a sua aplicação a quaisquer outras relações jurídicas.

Art. 7º O juiz somente pode declarar a desconsideração da personalidade jurídica nos casos expressamente previstos em lei, sendo vedada a sua aplicação por analogia ou interpretação extensiva.

Art. 8º As disposições desta lei aplicam-se a todos os processos judiciais em curso em qualquer grau de jurisdição, sejam eles de natureza cível, fiscal ou trabalhista.

Art. 9º Esta lei entra em vigor na data de sua publicação".

E, assim, justifica sua proposta: "Embora só recentemente tenha sido introduzido na legislação brasileira, o instituto da desconsideração da personalidade jurídica vem sendo utilizado com um certo açodamento e desconhecimento das verdadeiras razões que autorizam um magistrado a declarar a desconsideração da personalidade jurídica. Como é sabido e consabido, o instituto em referência tem por escopo impedir que os sócios e/ou administradores de empresa que se utilizam abusivamente da personalidade jurídica, mediante desvio de finalidade ou confusão patrimonial, prejudiquem os terceiros que com ela contratam ou enriqueçam seus patrimônios indevidamente.

A *disregard doctrine* pressupõe sempre a utilização fraudulenta da companhia pelos seus controladores (ver lei inglesa, art. 332, *Companies Act* de 1948). Na Inglaterra, essa responsabilidade dos sócios e administradores originalmente só era admitida no caso de dolo. Atualmente já é extensiva aos casos de negligência ou imprudência graves na conduta dos negócios (*reckless trading*). De acordo com o art. 333 da Companies Act, admite-se a propositura de ação contra o administrador (*officer*), nos casos de culpa grave (*misfeasance* e *breach of trust*), mas tão somente para que sejam ressarcidos os danos causados à sociedade pelos atos contra ela praticados. Nos Estados Unidos, a doutrina da transparência tem sido aplicada com reservas e tão somente nos casos de evidente intuito fraudulento, quando a sociedade é utilizada como simples instrumento ou *alter ego* do acionista controlador. Em tais hipóteses de confusão do patrimônio da sociedade com o dos acionistas e de indução de terceiro em erro, a jurisprudência dos Estados Unidos tem admitido levantar o véu (*judges have pierced the corporate veil*) para responsabilizar pessoalmente os acionistas controladores (v. o comentário Should Shareholders be Personally

Havia uma nítida tendência de abordar a questão sob o ângulo do direito material, olvidando-se, contudo, sob o prisma processual, a regulamentação procedimental do instituto *sub examine*. Urgia uma normatização processual, pois nítida é a relação entre o direito substantivo e o adjetivo, que é instrumento para sua concretização.

O CPC/2015, em boa hora, veio abarcar normas sobre a forma procedimental da desconsideração da personalidade jurídica, evitando que haja ativismo judicial, usurpando as funções do Poder Legislativo, ao fazer uso de técnica procedimental equivocada, ao ampliar inadvertidamente as hipóteses de aplicação desse instituto, desestimulando a atividade empresarial e, até mesmo, a participação no capital social das sociedades. Realmente, não havia entendimento unívoco sobre a ocorrência da desconsideração durante o processo e ocorriam fatos oriundos da ampliação da responsabilidade pela desconsideração no curso da demanda, não havendo, às vezes, citação prévia das pessoas atingidas, afrontando norma constitucional segundo a qual ninguém pode ser privado de seus bens sem o devido processo legal.

A desconsideração poderá ser pleiteada em qualquer momento processual, seja na fase de conhecimento, seja na de cumprimento de sentença ou nas execuções fundadas em título executivo extrajudicial.

Lieble for the Torts of their Corporations?, in *Yale Law Journal*, n. 6, maio de 1967, 76/1.190 e segs. e especialmente p. 1.192). Esses casos, entretanto, vêm sendo ampliados desmesuradamente no Brasil, especialmente pela Justiça do Trabalho, que vem de certa maneira e inadvertidamente usurpando as funções do Poder Legislativo, visto que enxergam em disposições legais que regulam outros institutos jurídicos fundamento para decretar a desconsideração da personalidade jurídica, sem que a lei apontada cogite sequer dessa hipótese, sendo grande a confusão que fazem entre os institutos da corresponsabilidade e solidariedade, previstos, respectivamente, no Código Tributário e na legislação societária, ocorrendo a primeira (corresponsabilidade) nos casos de tributos deixados de ser recolhidos em decorrência de atos ilícitos ou praticados com excesso de poderes por administradores de sociedades, e a segunda (solidariedade) nos casos em que genericamente os administradores de sociedades ajam com excesso de poderes ou pratiquem atos ilícitos, daí por que, não obstante a semelhança de seus efeitos, a matéria está a exigir diploma processual próprio, em que se firme as hipóteses em que a desconsideração da personalidade jurídica possa e deva ser decretada. Todavia, convém lembrar a inconveniência de se atribuir a todo e qualquer sócio ou administrador, mesmo os que não se utilizaram abusivamente da personalidade jurídica ou até mesmo daqueles que participam minoritariamente do capital de sociedade sem praticar qualquer ato de gestão ou se beneficiar de atos fraudulentos, a responsabilidade por débitos da empresa, pois isto viria a desestimular a atividade empresarial de um modo geral e a participação no capital social das empresas brasileiras, devendo essa responsabilidade de sócio ser regulada pela legislação societária aplicável ao tipo de sociedade escolhido".

Em caso de desconsideração da personalidade jurídica, a fraude à execução verifica-se a partir da citação da parte cuja personalidade se quer desconsiderar (CPC/2015, art. 792, § 3º).

Os motivos conducentes à desconsideração são os previstos legalmente como: desvio de finalidade nas atividades da pessoa jurídica, confusão patrimonial, provocando, na prática de atos ilícitos, enriquecimento indevido de sócios, insolvência ou inatividade da pessoa jurídica. Tais causas deverão ser provadas pelo sócio, administrador ou pessoa jurídica (se inversa for a desconsideração).

O CPC/2015, art. 133, §§ 1º e 2º, trata da forma de requerimento da desconsideração da personalidade jurídica, adotando, para tanto, o pedido incidental feito pela parte ou pelo Ministério Público, quando lhe couber intervir, pois o órgão judicante não poderá desconsiderar *ex officio*. A formulação de pedido incidental é cabível em qualquer fase do processo de conhecimento, no cumprimento de sentença e na execução fundante em título executivo extrajudicial (CPC, art. 134). Pode dar-se, portanto, incidentalmente e apenas no processo em que foi requerido, e tem valia somente para as partes litigantes, durante o andamento daquele processo, logo, fora da seara processual, sua personalidade jurídica permanece intacta. E aplica-se também, pelo CPC, art. 1.062, ao processo de competência dos Juizados Especiais, se o valor da causa for pequeno. Mas se requerida for a desconsideração na petição inicial, dispensada estará a instauração do incidente, sendo, então, citado o sócio ou a pessoa jurídica para se defender em contestação. Assim sendo, se for requerida pela parte quando o processo estiver em andamento, inclusive na fase recursal (CPC, art. 932, VI), ter-se-á incidente do processo dependente de pedido da parte ou do Ministério Público quando lhe couber intervir. A desconsideração é uma espécie de incidente do processo, sendo, portanto, um processo novo, que surge de um já existente, nele se incorporando.

Esse incidente provoca a citação do sócio para defender-se da acusação de má utilização da pessoa jurídica, podendo vir a responder em nome próprio pelas obrigações da sociedade, ré originária do processo. Nada obsta, como bem observa José Tadeu Neves Xavier, que se faça o pedido originário de desconsideração, apresentando-se no momento da propositura da demanda, dando azo ao litisconsórcio passivo, desde o início do processo, caso em que sócio ou administrador (ou, eventualmente, a pessoa jurídica, havendo desconsideração inversa) farão parte do processo desde o seu início, sendo citados para apresentar sua defesa, e o órgão judicante decidirá não só sobre a responsabilidade, mas também sobre o objeto da demanda. E tal decisão poderá dar-se durante o curso do processo, sob a forma de interlocutória, ou ao final do feito. O art. 133, § 2º, admite a *desconsideração inversa*, que consiste em se responsabilizar a pessoa jurídica por obrigações de seu sócio, que, por ex., desvia seus bens particulares para o patrimônio social, mediante fraude, para não dividir com ex-cônjuge os bens do casal, passando-os para o nome da empresa. Se tal ocorrer, os demais sócios deverão ser citados e poderão dissolver a sociedade ou optar pela expulsão do sócio de má-fé. Logo, na desconsideração inversa, não se desconsidera o patrimônio da sociedade, para atingir o dos sócios ou administrador, mas para alcançar o da pessoa jurídica, para satisfazer os credores dos seus sócios.

Com a desconsideração inversa da personalidade jurídica (CPC, art. 133, § 2º), não se tem por escopo a extinção da pessoa jurídica, ter-se-á suspensão temporária da eficácia do seu ato constitutivo para que, atendendo os credores, os bens de seu patrimônio respondam pelos débitos de seu sócio (STJ, REsp 948.117/MS, j. 22-6-2010; REsp. 1236913, j. 22-10-2013, rel. Min. Nancy Andrighi).

Instaurado o incidente, o sócio, ou a pessoa jurídica, será citado (CPC, art. 135) para manifestar-se e requerer a instrução, o incidente será decidido por meio de decisão interlocutória, que poderá ser discutida em segunda instância em via de agravo de instrumento (CPC/2015, art. 1.015, IV). Mas se o incidente for instaurado em sede recursal, o recurso cabível será o agravo interno (CPC, art. 1.021) se a decisão for proferida pelo relator (CPC/2015, art. 136 e parágrafo único).

A tutela provisória de urgência pode ser aplicada ao incidente se presentes os requisitos do CPC, arts. 300 a 311 para que sejam concedidos os efeitos da antecipação de desconsideração.

Há processualização da desconsideração que passa a ser tida como uma nova modalidade de intervenção de terceiro.

E pelo Conselho da Justiça Federal, na Jornada de Direito Civil, em seus Enunciados: *a*) n. 281 — "A aplicação da teoria da desconsideração, descrita no art. 50 do Código Civil, prescinde da demonstração de insolvência da pessoa jurídica"; *b*) n. 282 — "O encerramento irregular das atividades da pessoa jurídica, por si só, não basta para caracterizar abuso de personalidade jurídica"; *c*) n. 283 — "É cabível a desconsideração da personalidade jurídica denominada 'inversa' para alcançar bens de sócio que se valeu da pessoa jurídica para ocultar ou desviar bens pessoais, com prejuízo a terceiros"; *d*) n. 284 — "As pessoas jurídicas de direito privado sem fins lucrativos ou de fins não econômicos estão abrangidas no conceito de abuso de personalidade jurídica"; e *e*) n. 285 — "A teoria de desconsideração, prevista no art. 50 do Código Civil, pode ser invocada pela pessoa jurídica em seu favor".

E, pelo Enunciado 17 da Jornada Paulista de Direito Comercial: "Na falência, é admissível a responsabilidade patrimonial do sócio da falida nos casos de confusão patrimonial que justifiquem a desconsideração da personalidade jurídica, observado o contraditório prévio e o devido processo legal".

Segundo os Enunciados do Fórum Permanente de Processualistas Civis:

a) 123: "É desnecessária a intervenção do Ministério Público, como fiscal da ordem jurídica, no incidente de desconsideração da personalidade jurídica, salvo nos casos em que deva intervir obrigatoriamente, previstos no art. 179 (art. 178 do novo CPC)".

b) 125: "Há litisconsórcio passivo facultativo quando requerida a desconsideração da personalidade jurídica juntamente com outro pedido formulado na petição inicial ou incidentalmente no processo em curso".

c) 248: "Quando a desconsideração da personalidade jurídica for requerida na petição inicial, incumbe ao sócio ou à pessoa jurídica, na contestação, impugnar não somente a própria desconsideração, mas também os demais pontos a causa".

Também nas relações de consumo, com a Lei n. 8.078/90, o órgão judicante está autorizado a desconsiderar a personalidade jurídica da sociedade. Deveras, o Código de Defesa do Consumidor, no art. 28, prescreve que o juiz poderá desconsiderar a personalidade jurídica da sociedade quando, em detrimento do consumidor, houver abuso de direito, excesso de poder, infração da lei, fato ou ato ilícito ou violação dos estatutos ou contrato social. A desconsideração também será efetivada quando houver falência, estado de insolvência, encerramento ou inatividade da pessoa jurídica provocados por má administração. E no seu art. 28, § 5º, estabelece que também poderá ser desconsiderada a pessoa jurídica sempre que sua personalidade for, de alguma forma, obstáculo à reparação de prejuízos causados aos consumidores, desde que a sanção que lhe for aplicável não seja de cunho pecuniário, como p. ex.: proibição de fabricação de produto; suspensão temporária de atividades ou de fornecimento de produto ou serviço (CDC, art. 56, V, VI e VII).

Portanto, em nosso País, com o advento da Lei n. 8.078/90, art. 28 e § 5º, o órgão judicante está autorizado, nas relações de consumo, a desconsiderar a personalidade jurídica da sociedade, se houver, de sua parte:

a) abuso de direito, desvio ou excesso de poder, lesando consumidor;

b) infração legal ou estatutária, por ação ou omissão, em detrimento do consumidor;

c) falência, insolvência, encerramento ou inatividade, em razão de sua má administração. Interessantes a esse respeito são as observações de Adalberto Simão Filho de que, diante de abusos e de comprovada fraude contra credores, é possível excepcionalmente a desconsideração da pessoa jurídica (CDC, art. 28), que teve decretada sua falência, sem que haja necessidade de propor ação judicial da responsabilidade, prevista no art. 82 da Lei n. 11.101/2005, desde que: 1) se tenha dado ao sócio a chance de se manifestar sobre o pleito desconsideratório; 2) as razões que deram causa à despersonificação estejam presentes após a manifestação ou omissão do sócio; e 3) o órgão judicante gradue o âmbito da desconsideração e seus efeitos jurídicos, fundamentando constitucionalmente sua decisão. Configurando-se tais requisitos poder-se-á obter o sequestro dos bens do patrimônio dos sócios e sua condenação pelo limite da responsabilidade patrimonial (TJSP, AI 190.367-1-SP, rel. Des. Munhoz Soares, j. 29-4-1993; TJSP, AI 227.528-1-SP, rel. Des. Munhoz Soares, j. 25-8-1994; TJSP, AI 190.368-I-SP, rel. Des. Munhoz Soares, j. 15-4-1993; TJSP, AgRg 178.660- SP, rel. Yussef Cahali, j. 17-9-1992). Em relação à falência, será proibida sua extensão ou a de seus efeitos, no todo ou em parte, aos sócios de responsabilidade limitada, aos controladores e aos administradores da sociedade falida, admitida, contudo, a *desconsideração da personalidade jurídica* da sociedade falida, para fins de responsabilização de terceiro, grupo, sócio ou administrador por obrigação desta, que somente poderá ser decretada pelo juízo falimentar, observando-se o art. 50 do CC, arts. 133 a 137 do CPC, não se aplicando a suspensão do § 3º do art. 134 do CPC (art. 82-A e parágrafo único da Lei n. 11.101/2005). Há interesse para o pedido da superação da personalidade jurídica na falência pelos credores devidamente habilitados (Lei de Falências, arts. 94, § 1º, 97, IV), pelo administrador judicial (Lei de Falências, art. 22, II, *b*) e pelo representante do Ministério Público (Lei de Falências, art. 187, § 2º). Até mesmo o magistrado poderia decretá-la de ofício se no processo todos os pressupostos para tanto estiverem presentes, fundamentando essa sua decisão na própria sentença convolatória da recuperação judicial (Lei de Falências, arts. 3º, 73, 82, § 2º). Após a desconsideração, surgirão duas massas patrimoniais ativas (Lei de Falências, arts. 82, § 2º, 108, 110, § 2º, III e IV): a dos bens dos sócios e a do patrimônio da empresa. Se a desconsideração adveio, em razão de falência, de pedido de credor consumidor, sem que estejam configurados os requisitos normais da despersonalização, apenas ele poderá concorrer sobre essas duas massas patrimoniais. Se, além da falência, o despacho de superação da personalidade jurídica concluir pela fraude ou abuso de direito de personificação, todos os credores estão habilitados a concorrer sobre as duas massas, obedecendo-se às suas preferências e privilégios. Se um credor consumidor vier a concorrer com os demais sobre o patrimônio composto pelos bens dos sócios, terá nessa massa preferência sobre os outros, pois a lei apenas a ele tornou possível o pleito de desconsideração;

d) obstáculo ao ressarcimento dos danos que causar aos consumidores, pelo simples fato de ser pessoa jurídica, desde que a sanção que lhe for aplicável não seja de cunho pecuniário, como p. ex.: proibição de fabricação de produto; suspensão temporária de atividade ou de fornecimento de produto ou serviço (CDC, art. 56, V, VI e VII).

Pelo Enunciado n. 9: "Quando aplicado às relações jurídicas empresariais, o art. 50 do Código Civil não pode ser interpretado analogamente ao art. 28, § 5º, do CDC ou ao art. 2º, § 2º, da CLT" (aprovado na I Jornada de Direito Comercial).

Pelo art. 28, §§ 2º, 3º e 4º, desse diploma legal, no que atina às obrigações dele oriundas, em prol do interesse do consumidor, haverá, na hipótese de desconsideração:

a) responsabilidade subsidiária das sociedades integrantes do grupo societário e das controladas;

b) responsabilidade solidária das sociedades consorciadas; e

c) responsabilidade subjetiva das coligadas, que responderão se sua culpabilidade for comprovada.

E, além disso, pelo art. 4º da Lei n. 9.605/98, "poderá ser desconsiderada a personalidade jurídica sempre que sua personalidade for obstáculo ao ressarcimento dos prejuízos à qualidade do meio ambiente", e, pelo art. 34 e parágrafo único da Lei n. 12.529/2011, a personalidade jurídica do responsável por infração da ordem econômica poderá ser desconsiderada quando houver de sua parte abuso de direito, excesso de poder, infração da lei, fato ou ato ilícito ou violação dos estatutos ou contrato social. E a desconsideração também será efetivada quando houver falência, estado de insolvência, encerramento ou inatividade da pessoa jurídica provocados por má administração.

A personalidade jurídica, por essa doutrina, será, então, considerada como um direito relativo, permitindo ao órgão judicante derrubar a radical separação entre a sociedade e seus membros, para decidir mais adequadamente, coibindo o abuso de direito e condenando as fraudes, ordenando, para tanto, a penhora de bens particulares dos sócios (*RT*, *713*:138, *711*:117, *673*:160, *511*:199; *JB*, *164*:294). Portanto, o magistrado, segundo a *disregard doctrine*, poderá desconsiderar a autonomia jurídica da pessoa jurídica, quando utilizada abusivamente, para fins contrários à lei. Não tem por finalidade retirar a personalidade jurídica, mas tão somente desconsiderá-la, levantando o véu protetor, em determinadas situações, no que atina aos efeitos de garantir a desvinculação da responsabilidade dos sócios da sociedade. Com isso o sócio passará a ser responsável, não mais respondendo subsidiariamente pelas obrigações sociais com o seu patrimônio particular. O direito do sócio de ver intangíveis os seus bens em face das obrigações da sociedade não é mais absoluto. Havendo fraude ou abuso de direito cometido por meio de personalidade jurídica que a sociedade representa, os sócios não ficarão imunes a sanções, pois permitida estará a desconsideração dessa personalidade, para que seus integrantes sejam responsabilizados pela prática daquele abuso. Essa doutrina tem por escopo responsabilizar os sócios pela prática de atos abusivos sob o manto de uma pessoa jurídica, coibindo manobras fraudulentas e abuso de direito, mediante a equiparação do sócio e da sociedade, desprezando-se a personalidade jurídica para alcançar as pessoas e os bens que nela estão contidos[258].

---

258. M. Helena Diniz, *Curso*, cit., v. 1, p. 299-309; *Tratado*, cit., v. 4, p. 143-47; A oportuna processualização da desconsideração da personalidade jurídica. *Revista Thesis Juris*, vol. 5, p. 193-217; Mário Luiz Delgado. A desconsideração da personalidade jurídica antes e depois da lei da liberdade econômica, *Direito Civil, diálogos entre a doutrina e a jurisprudência* (coord. Salomão e Tartuce), v. 2, São Paulo, Atlas, 2021, p. 233 a 268; Luís Alberto R. Correia, A desconsideração da personalidade jurídica: da origem ao sentido atual no Brasil, *Revista Síntese — Direito civil e processual civil*, *106*:98 a 114; José Rogério Cruz e Tucci, Responsabilidade pela sucumbência no incidente de desconsideração da personalidade jurídica, *Liber Amicorum – Teresa Ancona Lopez* (coord. Simão e Pavinatto), São Paulo, Almedina, 2021, p. 439 a 446; Cláudia M. de A. R. Viegas e Franchesco Leopoldino Palhares, Incidente de desconsideração da personalidade jurídica à luz do novo Código de Processo Civil, *Revista Síntese — Direito de família*, *98*:45-56; Hélio R. Ferreira, O incidente de desconsideração inversa da personalidade jurídica, *Revista Síntese — Direito empresarial*, *54*: 22 a 38; Sérgio P. Martins, Desconsideração da personalidade jurídica da empresa, *Revista Síntese — Direito empresarial*, *54*:39 a 55; Sérgio L. C. Dobarro e André Villaverde, Reflexões em torno da teoria da desconsideração da personalidade jurídica no Código de Defesa do Consumidor, a controversa configuração de seu § 5º do art. 28 e sua relação com a função social da empresa, *Revista Jurídica Luso-Brasileira*, n. 2, ano 3, p. 957 a 994, 2017; Ronaldo Z. Pazini, A desconsideração da personalidade jurídica como um golpe letal ao direito empresarial, *Revista Síntese — Direito empresarial*, *51*:41-45; José Tadeu Xavier, Primeiras reflexões sobre o incidente de desconsideração da personalidade ju-

rídica, *Revista Síntese — Direito empresarial, 48*:59 e s. Verrucoli, *Il superamento della personalità giuridica della società di capitalle nella "Common Law"*, Milano, p. 189 e s.; Adalberto Simão Filho, A superação da personalidade jurídica no processo falimentar, in *Direito empresarial contemporâneo*, coord. Adalberto Simão Filho e Newton De Lucca, São Paulo, Ed. Juarez de Oliveira, 2000, p. 12, 26 e 27; Susy Koury, *A desconsideração da personalidade jurídica*, Rio de Janeiro, Forense, 1993; Fábio Ulhoa Coelho, *Desconsideração da personalidade jurídica*, São Paulo, Revista dos Tribunais, 1989; Rachel Sztajn, Sobre a desconsideração da personalidade jurídica, *RT, 762*:81; Alexandre Couto Silva, Desconsideração da personalidade jurídica: limites para sua aplicação, *RT, 780*:47; Giareta, Teoria da despersonalização da pessoa jurídica: "disregard doctrine", *RDC, 48*:7; Luiz Roldão de Freitas Gomes, Desconsideração de personalidade jurídica, *RDC, 46*:27; Jorge Luiz Braga, Da teoria da despersonalização da pessoa jurídica e a "disregard doctrine", *Ciência Jurídica, 62*:379; Anderson Antônio Fernandes; A desconsideração da personalidade jurídica e o novo Código Civil, *CDT Boletim, 15*:65-6; Marçal Justen Filho, *Desconsideração da personalidade societária no direito brasileiro*, São Paulo, Revista dos Tribunais, 1987, p. 135; Antonio Menezes Cordeiro, *O levantamento da personalidade colectiva no direito civil e comercial*, 2000; L. G. Marinoni e M. A. Lima Jr., Fraude — configuração, prova — desconsideração da personalidade jurídica, *RT, 783*:137; Mário D. Correa Bittencourt, Fraude através da pessoa jurídica, *JB, 160*:50-5; Ana Caroline Santos Ceolin, *Abusos na aplicação da teoria da desconsideração da pessoa jurídica*, Belo Horizonte, Del Rey, 2002; Héctor Masnatta, *El abuso del derecho a través de la persona colectiva*, 1967, p. 17, 18 e 23; Gilberto Gomes Bruschi, *Aspectos processuais da desconsideração da personalidade jurídica*, São Paulo, Ed. Juarez de Oliveira, 2004; Eduardo Viana Pinto, *Desconsideração da personalidade jurídica no novo Código Civil*, Porto Alegre, Síntese, 2003; J. Lamartine Corrêa de Oliveira, *A dupla crise da pessoa jurídica*, São Paulo, Saraiva, 1979, p. 260, 268-71, 462-520; Tunc, *Le droit anglais des sociétés anonymes*, Paris, Dalloz, 1971, p. 46 e 201; Rubens Requião, Abuso de direito e fraude através da personalidade jurídica ("disregard doctrine"), in *Enciclopédia Saraiva do Direito*, v. 2, p. 58-76; Sebastião José Roque, Ingressa no direito brasileiro a "disregard theory", *Revista Literária de Direito, 17*: 31-2; Alexandre Couto e Silva, *Aplicação da desconsideração da personalidade jurídica do direito brasileiro*, São Paulo, LTr, 1999; Elizabeth C. C. M. de Freitas, *Desconsideração da personalidade jurídica*, São Paulo, Atlas, 2002; Flávia Lefèvre Guimarães, *Desconsideração da personalidade jurídica no Código do Consumidor — aspectos processuais*, São Paulo, Max Limonad, 1998; Déborah Pierri, Desconsideração da personalidade jurídica no novo Código Civil e o papel do Ministério Público, *Questões de direito civil* e o novo *Código* (coord. Selma N. P. dos Reis), São Paulo, Imprensa Oficial, 2004, p. 124-70; Célia Weingarten, O patrimônio de afetação e o direito societário. A responsabilidade limitada e a desconsideração da personalidade jurídica, *Revista Tribunal Regional Federal — 3ª Região 80*/135-57; Luiza Rangel de Moraes, Considerações sobre a teoria da desconsideração da personalidade jurídica e sua aplicação na apuração de responsabilidades dos sócios e administradores de sociedades limitadas e anônimas, *Revista de Direito Bancário e do Mercado de Capitais, 25*:31-48; Felipe Palhares, A aplicação da teoria da desconsideração inversa da personalidade jurídica à luz do ordenamento jurídico brasileiro, *Revista de Direito Civil Contemporâneo* n. *2*:55 a 80; Alexandre Couto Silva, Desconsideração da personalidade jurídica no Código Civil, *Direito de empresa no novo Código Civil*, cit., p. 431-468; Joaquim P. Muniz, Princípio da autonomia patrimonial e desconsideração da personalidade jurídica, *Revista de Direito Empresarial IBMEC*, Rio de Janeiro, Lumen Juris, 2003, p. 145-170; Marcelo T. Reis, Desconsideração da personalidade jurídica da sociedade empresária — *Revista Síntese — Direito Empresarial, 21*: 114-32. Rodrigo Mazzei, Aspectos processuais da desconsideração da personalidade jurídica no Código de Defesa do Consumidor e no Projeto do Novo Código de Processo Civil, *Revista Síntese – Direito Empresarial*, 24: 9-40; Mariana M. B. Azambuja, Os limites de desconsideração de personalidade jurídica, *Revista Síntese – Direito Empresarial, 24*: 41-49; Flavio Tartuce, *O novo CPC e o direito civil*, São Paulo, Método, 2015, p. 65 a 84; Nelson Nery Jr. e Rosa M. de A. Nery, *Comentários ao Código de Processo Civil*, São Paulo, RT, 2015, com. aos arts. 133 e 137; Cássio S. Bueno, *Novo Código de Processo Civil anotado*, São Paulo, Saraiva, 2015, p. 132 a 134; Carlos da Fonseca Nadais, Desconsideração da personalidade jurídica: um estudo doutrinário, normativo e jurisprudencial atualizado (incluindo o novo CPC), *Revista Síntese — Direito Civil e Processual Civil, 97*:415-444; Henrique Alves Pinto, O incidente de desconsideração da personalidade jurídica do novo CPC: breves considerações, *Revista Síntese — Direito Civil e Processual Civil*. 97:528 a 536; Aldem J. Barbosa Araujo. A desconsideração da personalidade jurídica no novo Código de Processo Civil. *Revista Síntese — Direito Empresarial, 49*:116-162; Nórton Luis Benites, Incidente de desconsideração da personalidade jurídica na execução fiscal, *Revista da Escola da Magistratura do TRF-4*, n. 10, p. 149 a 176, 2018; Luiz Carlos Aceti Junior e Maria Flávia C. Reis, Desconsideração da personalidade jurídica da pessoa jurídica de direito privado, *Revista Síntese — Direito Civil e Processual Civil, 125*:115-123, 2020. Observa Modesto Carvalhosa (*Comentários*, cit., v. 13, p. 275) que, "no caso do art. 1.080, a desconsideração atinge tanto os sócios administradores como aqueles que não o sejam. Isto porque a responsabilidade dos administradores decorrente da aplicação dos referidos arts. 1.012, 1.015, 1.016, 1.017 e 1.158, § 3º, decorre dos atos por eles praticados nessa específica função. Por outro lado, poderá o administrador infringir a lei ou o contrato sem que, no entanto, esteja abusando diretamente de suas funções administrativas. Daí a razão da aplicação abrangente do presente art. 1.080 a todos os sócios, administradores ou não, que expressa e intencionalmente tenham praticado atos contrários à lei ou ao contrato social". *Vide*: *RT, 791*:257, *785*:373, *784*:282, *773*:263. A teoria da desconsideração da personalidade jurídica só é aplicável em casos de abuso na utilização da entidade para prejudicar terceiros ou fraudar a lei, e é extemporânea quando alegada somente na fase recursal (1º TACSP, AC 407.369-0, *JB, 152*:247). A pessoa da sociedade não se confunde com a do sócio. Isso é um princípio jurídico básico, porém, não uma verdade absoluta; merece ser desconsiderada quando a sociedade é apenas um *alter ego* de seu controlador, em verdade, comerciante em nome individual (*Bol. AASP, 1.933*:434). "O sócio-gerente que emitiu e entregou cheques da sociedade para pagamento de dívida particular, resultando na declaração judicial de desconsideração da personalidade jurídica, incidindo a penhora na execução sobre bens particulares do sócio minoritário, evidencia a ilegitimidade passiva deste sócio minoritário para responder pela dívida contraída, constituindo-se sim em responsabilidade pessoal e ilimitada do sócio majoritário que praticou o ato ilícito, escudando-se na pessoa jurídica. Exegese do art. 10 do Decreto n. 3.708/1919 e art. 50 do Código Civil de 2002. 'Os sócios-gerentes ou que derem nome à firma não respondem pessoalmente pelas obrigações contraídas em nome da sociedade, mas respondem para com esta e para com terceiros solidária e ilimitadamente pelo excesso de mandato e pelos atos praticados com violação do contrato ou da lei'. Em caso de abuso da personalidade jurídica, caracterizado pelo desvio de finalidade, ou pela confusão patrimonial, pode o Juiz decidir, a requerimento da parte, ou do Ministério Público quando lhe couber intervir no processo, que os efeitos de certas e determinadas relações de obrigações sejam estendidos aos bens particulares dos administradores ou sócios da pessoa jurídica. Execução extinta, com relação ao sócio minoritário. Sentença confirmada. Recurso desprovido" (TJPR, 12ª Câm. Cível. ACi 264.684-4 — Curitiba/PR, rel. Juiz designado

Abraham Lincoln Calixto, 20-6-2006, v.u.), *BAASP, 2614*:1637-1: "1. O cheque prescrito, embora tenha perdido sua força executiva, constitui prova escrita de dívida apta a aparelhar a ação monitória, ainda que tenha transcorrido o prazo bienal para o ajuizamento da ação de locupletamento ilícito. 2. Em casos como o de insuficiência de patrimônio, em que se evidenciem confusão patrimonial, desvio de finalidade ou gestão fraudulenta, serve a teoria da desconsideração da personalidade jurídica como instrumento apto a responsabilizar a pessoa física pelo uso abusivo da personalidade jurídica. Contudo, tal medida é excepcional, uma vez que reclama o atendimento de pressupostos específicos relacionados com a fraude ou com o abuso de direito em prejuízo de terceiros, o que deve ser demonstrado sob o crivo do devido processo legal. 3. Tratando-se de sociedade limitada, a responsabilidade dos seus sócios possui um limite máximo, proporcional às suas cotas sociais, momento em que não mais respondem pelas obrigações da sociedade. Tal assertiva justifica-se pela própria autonomia patrimonial das pessoas jurídicas, na melhor exegese do art. 1.024 do Código Civil. 4. No caso em comento, inexiste, nos autos, qualquer prova da anterior desconsideração da personalidade jurídica da empresa que emitiu os cheques, de forma que autorize a inserção do seu ex-sócio, no caso o requerido, no polo passivo da ação, com o escopo de responder pela obrigação da empresa. Tem-se, portanto, como caracterizada a sua ilegitimidade passiva *ad causam*. 5. Recurso não provido. Sentença mantida com ressalvas" (TJDFT, 1ª T. Cível, ACi 20070110249550-DF, rel. Des. Flávio Rostirola, j. 14-5-2008, v.u.). Pelo art. 4º da Lei n. 9.605/98 "poderá ser desconsiderada a personalidade jurídica sempre que sua personalidade for obstáculo ao ressarcimento dos prejuízos à qualidade do meio ambiente". *Vide*: *RT*, *387*:138, *635*:225, *703*:95, *819*:214, *825*:273; *BAASP*, *2620*:5110-11; TJRS — AgI n. 70003291598, 8ª Câm. Cível, rel. Antônio Carlos S. Pereira, j. 29.11.2001. Já decidiu o Tribunal Superior do Trabalho no Agravo de Instrumento n. 339/2004-302-02-40 que há possibilidade de sócio retirante responder pelos débitos pretéritos da empresa, havendo desconsideração da personalidade, uma vez não localizados bens da sociedade devedora e dos demais sócios. Tal decisão reconheceu que, ingressando na sociedade, o sócio assume todos os débitos trabalhistas anteriores, especialmente quando existe cláusula expressa no contrato social da pessoa jurídica dispondo sobre tal responsabilidade. *BAASP, 2699*:635 12. Execução — Despersonalização da pessoa jurídica — Ausência de fundamentação — Nulidade. O redirecionamento da execução aos sócios da empresa executada somente será possível desde que previamente declarada a desconsideração da sua personalidade jurídica, o que deverá se dar por decisão fundamentada, em estrita observância à regra constitucional disposta no art. 93, IX, da CF, sob pena de nulidade.

BAASP, 2741: 6076. Sociedade Comercial — Responsabilidade limitada — Estado de insolvência da empresa e encerramento irregular de suas atividades comerciais não constituem pressupostos bastantes para a decretação da desconsideração da personalidade jurídica da empresa. Inteligência do art. 50 do CC/2002. É indispensável a prova robusta de abuso da personalidade jurídica da empresa caracterizada pelo desvio da finalidade ou pela confusão patrimonial. Inadmissibilidade de incidência de penhora sobre seus bens pessoais. O fato de ter constatado o encerramento das atividades da empresa devedora e ter deixado dívidas em aberto nao é suficiente para o deferimento do pedido de desconsideração da personalidade jurídica da agravada — Recurso não provido (TJSP — 19ª Câm. de Direito Privado; AI n. 990.10.085159-4-Marília-SP; Rel. Des. Paulo Hatanaka; j. 23-3-2010; v.u.).

BAASP, 2777:12. A desconsideração da personalidade jurídica, mesmo que considerada cabível no caso específico, não pode atingir o ex-sócio de sociedade empresária quando transcorrido o prazo de dois anos da averbação da alteração contratual perante a Junta Comercial, a teor de que se infere dos arts. 1.003 e 1.032, ambos do Código Civil.

BAASP, *2859*:12. Desconsideração da personalidade jurídica. Relação comercial. Encerramento irregular das atividades da empresa e insolvência, que, por si sós, não configuram abuso de personalidade. Personalidade jurídica não desconsiderada. Recurso não provido.

Breve Relato — DGCGT Advogados — n. *43*:3 nos informa que: "O Tribunal Regional do Trabalho da 2ª Região afastou a responsabilidade da cônjuge meeira de sócio que responde por débitos de empresa, em virtude da desconsideração da personalidade jurídica desta. A desconsideração da personalidade jurídica permite a constrição do patrimônio pessoal dos sócios, para satisfação de dívidas da empresa. No caso, o credor alegou que em virtude da condição de meeira da cônjuge do sócio (casados em regime de comunhão de bens), tendo sido atingido o patrimônio deste, aquela deveria igualmente ser incluída no polo passivo da execução. O Tribunal, contudo, não concordou com tal alegação, entendendo que a cônjuge meeira do sócio de empresa devedora não pode ser incluída no polo passivo da execução, como se sócia ou ex-sócia fosse, sob pena de responder indevidamente pelos débitos da pessoa jurídica executada" (AgI n. 02201.1999.057.02.00-5, acórdão publicado em 24 de novembro de 2009).

A *Offshore Company*, sociedade empresária constituída e estabelecida no exterior, mediante aquisição de participação societária em sociedade com sede em outro país, tendo seu capital social representado por ações ao portador, poderá ser usada fraudulentamente, caso em que sua autonomia patrimonial poderá ser desconsiderada (Fábio Ulhoa Coelho, *Curso*, cit., v. 2, p. 46-48).

A *desconsideração inversa* (Fábio Ulhoa Coelho, *Curso*, cit., v. 2, p. 44 e 45) consiste em desconsiderar a autonomia da pessoa jurídica para responsabilizá-la por obrigação de sócio, que desviou seus bens para a pessoa jurídica sob seu total controle. Marcelo J. M. Bonicio (A dimensão da ampla defesa dos terceiros na execução em face da nova "desconsideração inversa" da personalidade jurídica, *Revista do IASP*, *23*:231-249) ensina que a *desconsideração inversa da personalidade jurídica* é admitida para impor a uma pessoa jurídica a responsabilidade pelo pagamento de dívidas pessoais de sócio que, p. ex., detentor de 99,99% das ações deixa de pagar dívidas suas e nada tem registrado em seu patrimônio pessoal ou de sócio de sociedade, que teve sua personalidade jurídica desconsiderada, veio a ser sócio de outra que, por isso, tem sua personalidade desconsiderada.

A desconsideração indireta da personalidade jurídica (Fátima Nancy Andrighi, Desconsideração da personalidade jurídica. Palestra proferida na UNIP — *Teleconferência em tempo real*, em 12-5-2004) é a que "ocorre quando diante da criação de constelações de sociedades coligadas, controladoras e controladas, uma delas se vale dessa condição para fraudar seus credores. A desconsideração se aplica a toda e qualquer das sociedades que se encontre dentro do mesmo grupo econômico, para alcançar a efetividade da atividade fraudadora que está sendo encoberta pelas coligadas".

"(...) A *desconsideração inversa* da personalidade jurídica caracteriza-se pelo afastamento da autonomia patrimonial da sociedade para, contrariamente do que ocorre na desconsideração da personalidade propriamente dita, atingir o ente coletivo e seu patrimônio social, de modo a responsabilizar a pessoa jurídica por obrigações do sócio controlador. 4. É possível a desconsideração inversa da personalidade jurídica sempre que o cônjuge ou companheiro empresário valer-se de pessoa jurídica por ele controlada, ou de interposta pessoa física, a fim de subtrair do outro cônjuge ou companheiro direitos oriundos da sociedade afetiva. 5. Alterar o decidido no acórdão recorrido, quanto à ocorrência de confusão patrimonial e abuso de direito por parte do sócio majoritário, exige o reexame de fatos e provas, o que é vedado em recurso especial pela Súmula 7/STJ. 6. Se as instâncias ordinárias concluem pela existência de manobras arquitetadas para fraudar a partilha, a legitimidade para requerer a desconsideração só pode ser daquele que foi lesado por essas manobras, ou seja, do outro cônjuge ou companheiro, sendo irrelevante o fato deste ser sócio da empresa. (...) (STJ, REsp n. 1.236.916 – RS, rel. Min. Nancy Andrighi, 3ª Turma, pub. 28-10-2013).

BAASP, 2983:9. Agravo de Instrumento. Cumprimento de sentença. Desconsideração inversa da personalidade jurídica. Requisitos do art. 5º do Código Civil não demonstrados. Impossibilidade. Penhora de cotas sociais de sociedade limitada. Possibilidade. Agravo provido parcialmente. Decisão reformada. 1. A desconsideração da personalidade jurídica é expediente imposto pelo magistrado, a pedido da parte ou do Ministério Público, para coibir abusos e fraudes cometidos por meio da pessoa jurídica. Destarte, medida de exceção que é, deve ser utilizada apenas em hipóteses excepcionais e taxativas previstas na legislação. 2. Não havendo demonstração cabal de nenhum dos requisitos ensejadores da medida pleiteada, conforme previsão do art. 5º do CC, deve ser reformada a decisão que deferiu a despersonalização inversa. 3. O art. 591 do CPC dispõe que o devedor responde, para o cumprimento de suas obrigações, com todos os seus bens presentes e futuros, salvo as restrições estabelecidas em lei. A cota social é bem móvel que compõe o patrimônio do devedor e não está prevista em lei entre as hipóteses de impenhorabilidade. Aliás, o art. 655 do CPC é claro ao inserir as cotas sociais na ordem de preferência de penhora (inciso VI), o que demonstra a possibilidade de a constrição sobre elas recair (TJMG — 16ª Câmara Cível, Varginha-MG, Agravo de Instrumento n. 1.0707.05.105883-2/001, Rel. Des. José Marcos Vieira, j. 26-6-2014, v.u.).

O CPC/2015, art. 133, § 2º, admite a *desconsideração inversa*.

Pelos Enunciados: a) 12: "A regra contida no art. 1.055, § 1º, do Código Civil deve ser aplicada na hipótese de inexatidão da avaliação de bens conferidos ao capital social; a responsabilidade nela prevista não afasta a desconsideração da personalidade jurídica quando presentes seus requisitos legais" (aprovado na I Jornada de Direito Comercial); b) 48: "A apuração da responsabilidade pessoal dos sócios, controladores e administradores feita independentemente da realização do ativo e da prova da sua insuficiência para cobrir o passivo, prevista no art. 82 da Lei n. 11.101/2005, não se refere aos casos de desconsideração da personalidade jurídica (aprovado na I Jornada de Direito Comercial).

Pelos Enunciados da ENFAM:

n. 52) A citação a que se refere o art. 792, § 3º, do CPC/2015 (*fraude à execução*) é a do executado originário, e não aquela prevista para o incidente de desconsideração da personalidade jurídica (art. 135 do CPC/2015).

n. 53) O redirecionamento da execução fiscal para o sócio-gerente prescinde do incidente de desconsideração da personalidade jurídica previsto no art. 133 do CPC/2015.

n. 54) A ausência de oposição de *embargos de terceiro* no prazo de 15 (quinze) dias prevista no art. 792, § 4º, do CPC/2015 implica preclusão para fins do art. 675, *caput*, do mesmo código.

QUADRO SINÓTICO

DESCONSIDERAÇÃO DA PERSONALIDADE JURÍDICA	• A teoria da desconsideração (CC, art. 50, §§ 1º a 5º; Lei n. 12.529/2011, art. 34 e parágrafo único, Lei n. 8.078/90, art. 28, e CPC/2015, arts. 133 a 137, 1.015, IV, e 1.062) permite que o juiz não mais considere os efeitos da personificação ou da autonomia jurídica da sociedade para atingir e vincular a responsabilidade dos sócios, com o intuito de impedir a consumação de fraudes e abusos de direito cometidos por meio da personalidade jurídica que causem prejuízos ou danos a terceiros.

9. Questão da reorganização estrutural-societária

A. Noções gerais

Para Miranda Valverde, vários são os motivos que poderão levar à reorganização da estrutura societária, tais como: concorrência empresarial na exploração do mesmo ramo de atividade; busca de monopólio na distribuição de certos produtos; necessidade de absorção de sociedade exploradora de indústria primária ou complementar etc. Assim, p. ex., se, na sociedade, houver conveniência dos sócios diante de crise econômico-financeira, para superá-la, buscar-se-á uma medida para sua reestruturação, como a transformação, incorporação, fusão ou cisão, que, alterando, direta ou indiretamente, o controle societário e a administração ou até mesmo o tipo de sociedade, possa dar ensejo a novos investimentos, tecnologias e oportunidades, que darão condições para apresentação de produtos e serviços de melhor qualidade, atendendo às exigências do mercado.

Toda sociedade tem o direito de alterar sua estrutura fundamental, reorganizando-se, apesar de, optando pela incorporação ou fusão, necessitar, para tanto, de aprovação de sócios, às vezes, de órgão público de defesa de ordem econômica, desde que atenda aos procedimentos preliminares, avaliadores da situação das sociedades envolvidas.

Dever-se-á elaborar, na lição de Láudio Camargo Fabretti, um *planejamento* para que, com base em dados seguros, se possa reestruturar, com efeito, a sociedade.

Assim, será preciso efetuar: *a*) uma *auditoria de documentação das sociedades*, comprovando seu patrimônio, seus direitos e suas obrigações, analisando: livros e documentos societários (cópia de atas e de procurações, cautelas de ações, acordo de acionistas, composição do quadro acionário); propriedade imobiliária (cópia de escrituras públicas e registro, acompanhada de certidão de propriedade e negativa de ônus, cópia de plantas dos imóveis devidamente regularizados, habite-se; laudo técnico do corpo de bombeiros); propriedade mobiliária (prova contábil de aquisição de todos os bens móveis, títulos e valores mobiliários e declarações de inexistência de ônus); propriedade imaterial (registro no INPI de marcas e patentes, cópia de contratos de assistência técnica, de transferência de tecnologia e licença de marcas e patentes, rol das patentes requeridas, avaliação das marcas e de suas regularizações), capital estrangeiro, mediante certificado do BACEN, tributos federais, estaduais e municipais (cópias das guias de recolhimento de DARF, ICMS, ISS, IPTU, taxa de licença, certidões negativas); relações trabalhistas (listas de processos trabalhistas, cópia de dissídios trabalhistas ou de contrato de trabalho dos executivos, especificação dos benefícios concedidos, rol dos empregados), obrigações previdenciárias (cópia de guia de recolhimento do INSS e FGTS); contratos (cópia de apólices de seguro dos contratos feitos com terceiros); processos judiciais em que litigam como autoras ou rés; o seu cumprimento das normas do Código de Defesa do Consumidor e das que tutelam o meio ambiente; b) *demonstrações contábeis*, levantando balanços trinta dias antes da sua reorganização, que retratem a sua real situação econômico-financeira, avaliando no ativo não só os valores registrados na contabilidade, mas os das patentes, marcas, ponto comercial etc., e apontando o passivo (tributos vencidos e não pagos, débitos sociais, valor a ser pago em ação trabalhista pendente, havendo decisão desfavorável para a sociedade).

Pelos arts. 10 e 448 da Consolidação das Leis do Trabalho, os direitos adquiridos e os contratos de trabalho dos empregados das sociedades, que efetuaram operações de reorganização estrutural, não serão prejudicados.

E, pelo art. 132 do Código Tributário Nacional, haverá responsabilidade da sociedade, resultante de fusão, transformação ou incorporação, pelos tributos devidos até a data do ato pelas pessoas jurídicas fusionadas, transformadas ou incorporadas.

E, pelo art. 50 da Lei Falimentar, a cisão, a incorporação, a fusão ou a transformação da sociedade poderão ser utilizadas como meio de recuperação judicial[259].

---

259. Modesto Carvalhosa, *Comentários*, cit., v. 13, p. 491-94; Láudio C. Fabretti, *Direito de empresa*, cit., p. 137-42; *Fusões, aquisições, participação e outros instrumentos de gestão de negócios*, São Paulo, Atlas, 2005, p. 145-50; Miranda Valverde, *Sociedade por ações*, cit., n. 791, p. 75; Rodrigo F. P. Cunha, Reorganizações societárias no novo Código Civil, *Direito de empresa no novo Código Civil*, cit., p. 411-30. Fernanda B. Cantali e Diogo D. Queiroz, Marcas e operações societárias – o valor dos intangíveis nas fusões e incorporações – *Revista Síntese – Direito empresarial*, *32*: 101 a 130;

A respeito da reestruturação societária, o Conselho da Justiça Federal, nas Jornadas de Direito Civil, assim se pronunciou nos Enunciados: *a*) n. 70 — "As disposições sobre incorporação, fusão e cisão previstas no Código Civil não se aplicam às sociedades anônimas. As disposições da Lei n. 6.404/76 sobre essa matéria aplicam-se, por analogia, às demais sociedades naquilo em que o Código Civil for omisso"; *b*) n. 227 — "O *quorum* mínimo para a deliberação da cisão de sociedade limitada é de 3/4 do capital social"; *c*) n. 230 — "A fusão e incorporação de sociedades continuam reguladas pelas normas previstas na Lei n. 6.404/76, não revogada pelo Código Civil (art. 1.089) quanto a esse tipo societário"; *d*) n. 231 — "A cisão de sociedade continua disciplinada na Lei n. 6.404/76, aplicável a todos os tipos societários, inclusive no que se refere aos direitos dos credores"; *e*) n. 232 — "Nas fusões e incorporações entre sociedades reguladas pelo Código Civil, é facultativa a elaboração de protocolo firmado pelos sócios ou administradores das sociedades, havendo sociedade anônima ou comandita por ações envolvidas na operação, a obrigatoriedade do protocolo e da justificação a ela se aplica" e *f*) n. 615 — "As associações civis podem sofrer transformação, fusão, incorporação ou cisão".

B. Transformação

A *transformação* é a operação pela qual a sociedade de determinada espécie passa a pertencer a outra, sem que haja sua dissolução ou liquidação

Luiz Guerra, Competição global. O sistema brasileiro de defesa da concorrência e os atos de fusão, incorporação e cisão à luz da lei brasileira, *Revista Brasileira de Direito Comparado n. 44*:261-280; Ivo Waisberg, Arnoldo Wald e L. R. Morales, Fusões, Incorporações e Aquisições — Aspectos Societários, Contratuais e Regulatórios. In: Walfrido Jorge Warde Jr. (org.). *Fusão, Cisão, Incorporação e temas correlatos*. São Paulo, Quartier Latin, 2009, p. 30-76. Sobre incorporação, fusão e cisão de sociedade por ações: Lei n. 6.404/76, arts. 223 a 226, §§ 1º a 3º (com redação da Lei n. 11.941/2009).

A Circular n. 3.433, de 3 de fevereiro de 2009, do BACEN (com a alteração da Circular n. 3.893/2018) dispõe sobre concessão de autorização para funcionamento, transferência de controle societário, cisão, fusão, incorporação, prática de outros atos societários e exercício de cargos em órgãos estatutários ou contratuais em administradoras de consórcio, bem como sobre o cancelamento de autorização para funcionamento e para administração de grupos de consórcio.

Instrução Normativa n. 49, de 18 de julho de 2012, da Diretoria de Normas e Habilitação das Operadoras, regulamenta a Resolução Normativa n. 270, de 10 de outubro de 2011, que dispõe, em especial, sobre o procedimento e os requisitos mínimos para autorização pela ANS dos atos que diponham sobre alteração ou transferência de controle societário, incorporação, fusão ou cisão.

Instrução Normativa n. 35, de 2 de março de 2017 do DREI, dispõe sobre o arquivamento dos atos de transformação, incorporação, fusão e cisão que envolvam empresários, sociedades, bem como a conversão de sociedade simples em sociedade empresária e vice-versa.

Sobre incorporação, fusão ou cisão: Lei n. 12.973, de 13-5-2014, arts. 20 a 26, 37 a 39 e Lei n. 8.934/1994, art. 65-A (acrescentado pela Lei n. 13.874/2019); Lei n. 6.404/73, art. 110-A, § 11, com a redação da Lei n. 14.195/2021.

mediante alteração em seu estatuto social (CC, art. 1.113), regendo-se, então, pelas normas que disciplinam a constituição e inscrição de tipo societário em que se converteu. Há uma mudança de tipo de sociedade. Assim, p. ex., uma sociedade limitada poderá transformar-se em sociedade anônima, cumprindo os requisitos legais e inscrevendo o ato modificativo no Registro Público de Empresas Mercantis.

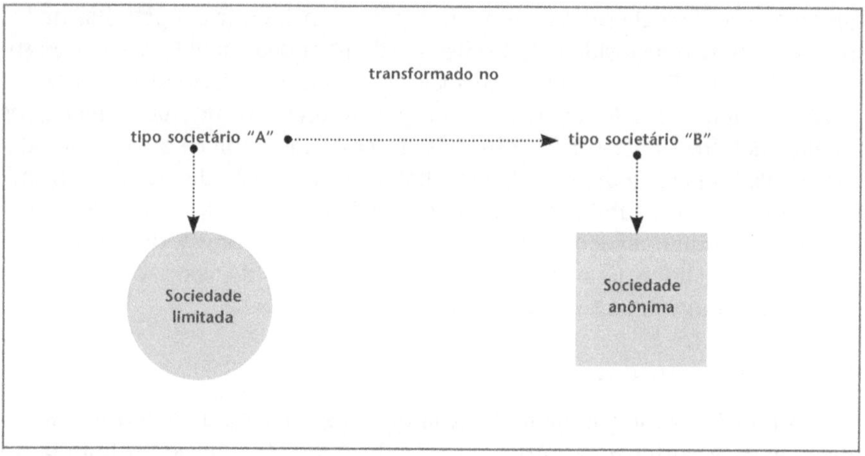

A sociedade prosseguirá com um novo revestimento social.

Há, portanto, uma conversão do tipo, anteriormente, adotado pela sociedade em outro, sendo que a sociedade continuará existindo sob nova "roupagem" jurídica: a de uma outra espécie societária. Consequentemente, a transformação é uma reorganização estrutural que não acarretará dissolução ou liquidação da sociedade, mas sim extinção dos atos constitutivos, logo, apenas haverá sua sujeição aos atos de constituição e inscrição do tipo de sociedade em que se converteu. Aprovar-se-á o novo estatuto social, dividindo-se o mesmo capital social em ações que serão distribuídas aos ex-sócios, agora acionistas, na proporção das quotas que tinham na sociedade limitada ora transformada em anônima.

A sociedade limitada que se transforma em anônima deverá obedecer às normas da sociedade por ações, quanto à formação do capital e procedimento.

Para que se opere a transformação da sociedade em outra é imprescindível sua previsão no ato constitutivo estipulando deliberação por maioria ou, se nele não houver cláusula nesse sentido, a anuência de todos os sócios (CC, art. 1.114, *caput*). É necessária, nesta última hipótese, a ocorrência de uma decisão por unanimidade dos sócios, representando a totalidade do capital social, porque aquela transformação altera substancialmente os direitos, as obrigações, a responsabilidade e o poder decisório deles. Realmente, se p. ex. uma sociedade em comandita simples vier a transformar-se em sociedade em nome coletivo, o sócio comanditário, que tinha responsabilidade limitada, passará a ter a solidária e ilimitada. Rege-se, portanto, pelo princípio deliberatório, por unanimidade. Consequentemente, havendo discordância de um só sócio, impossível será a transformação societária.

Se um sócio não concordar com a deliberação da maioria, havendo previsão a respeito no pacto social, aprovando o ato de transformação societária, poderá retirar-se da sociedade, e o valor de sua quota, com ou sem redução do capital social, será liquidado conforme previsto no estatuto social ou, no silêncio deste, mediante aplicação do art. 1.031 do Código Civil, pelo qual a liquidação de sua quota terá por base a atual situação patrimonial da sociedade, verificada em balanço especial (CC, art. 1.114, 2ª parte).

Funda-se a transformação nos princípios: *a*) da *liberdade contratual*, pois os sócios poderão escolher livremente o novo tipo societário a ser adotado pela sociedade a que pertencem; e *b*) o da *segurança jurídica* dos sócios, pois se não houver previsão no ato constitutivo, a transformação não poderá ocorrer pelo voto da maioria, exigindo-se a unanimidade.

Ocorrida a transformação societária: *a*) os direitos dos credores, adquiridos antes da transformação, ficarão inalterados até o pagamento integral dos créditos, tendo as mesmas garantias que o tipo societário anterior lhes dava. Já os créditos, advindos após a reestruturação da sociedade, seguirão a disciplina da nova espécie societária, recebendo garantias conforme esse tipo de sociedade; *b*) a decretação da falência da sociedade transformada atingirá apenas os sócios que, na sociedade anterior, estariam sujeitos a seus efeitos, desde que o requeiram os titulares dos créditos anteriores ao ato de transformação (CC, art. 1.115). Logo, as obrigações sociais anteriores à transformação, mesmo em caso de falência, continuarão vinculando os credores àqueles sócios que, antes da ocorrência daquela transformação, estariam sujeitos a processo falimentar. Portanto, os efeitos da falência da sociedade transformada não terão incidência imediata sobre aqueles sócios. Contudo, essa norma não prevalecerá se entre a data do arquivamento da transformação e a falência houver decorrido mais de dois anos, em virtude da igualdade de tratamento ao sócio retirante (Lei de Falências, art. 81, § 1º).

Para que a transformação se configure dever-se-á ter: deliberação dos sócios e registro e arquivamento no órgão competente da nova forma adotada, ou melhor, do ato de transformação que deverá conter: menção do tipo societário adotado; declaração do objeto social; capital social (forma e prazo de integralização, quinhão de cada sócio e sua responsabilidade); qualificação completa dos sócios, representantes e administradores; nome empresarial; sede da sociedade e endereços de filiais; prazo de duração da sociedade e data de encerramento de seu exercício social. Isto é imprescindível porque o antigo registro não mais terá efeito, relativamente, aos atos posteriores à transformação[260].

C. Incorporação

A *incorporação* é a operação pela qual uma sociedade vem a absorver uma ou mais (de tipos iguais ou diferentes) com a aprovação dos sócios das mesmas (mediante *quorum* absoluto ou qualificado legalmente requerido conforme o tipo societário das sociedades envolvidas), sucedendo-as em todos os direitos e obrigações e agregando seus patrimônios aos direitos e deveres, sem que com isso venha a surgir nova sociedade (CC, art. 1.116). É uma forma de reorganização societária em que os patrimônios das sociedades incorporadas somam-se ao da incorporadora. É uma união dos ativos das sociedades participantes da operação com a consequente assunção do passivo da incorporada, que deixará de existir (*RT*, *732*:302).

Graficamente, temos:

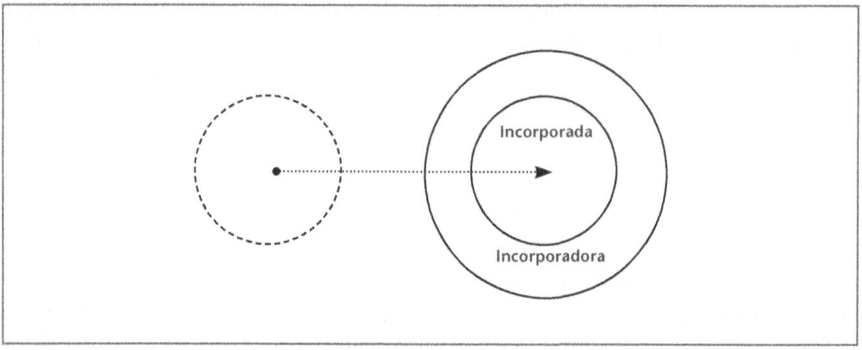

260. M. Helena Diniz, *Curso*, cit., v. 1, p. 285-86; *Código*, cit., p. 880-82; Ricardo Negrão, *Manual*, cit., v. 2, p. 454, 455 e 457, 463-65; Miguel J. A. Pupo Correia, *Direito comercial*, Lisboa, Ediforum, 1999, p. 567; Láudio Camargo Fabretti, *Fusões*, cit., p. 151-53; Amador Paes de Almeida, *Direito de empresa*, cit., p. 199-202; Sérgio Campinho, *O direito de empresa*, cit., p. 281-83; Modesto Carvalhosa, *Comentários*, cit., p. 496-513; Luiz Cezar P. Quintans, *Direito da empresa*, cit., p. 125; Paulo Checoli, *Direito de empresa*, cit., p. 269-74. *Vide*: Instrução Normativa n. 88/2001 do DNRC, arts. 6º e 7º, ora revogada pela IN n. 10, de 5-12-2013, do DREI; CC, arts. 968, § 3º, e 1.033, parágrafo único.
Sobre transformação da antiga EIRELI em sociedade limitada unipessoal (Lei n. 14.195/2021, art. 41, parágrafo único).

Poderá ocorrer mudança do tipo societário; a sociedade anterior (incorporada) extinguir-se-á e seu tipo societário passará a ser o da incorporadora. A incorporadora assumirá as responsabilidades e os débitos da incorporada; se assim é, os credores da incorporada terão seus créditos garantidos pela incorporadora. Os sócios da incorporada tornar-se-ão sócios da incorporadora; logo, sua responsabilidade será a do tipo societário adotado pela incorporadora. Assim sendo, esses sócios receberão novas quotas ou ações na sociedade incorporadora.

Como se pode ver, uma ou mais sociedades serão absorvidas por outra (incorporadora), cuja identidade, ou personalidade jurídica, ficará inalterada e, por haver sucessão universal *ope legis*, assumirá todos os direitos e as obrigações sociais das sociedades incorporadas. Não há criação de nova sociedade, mas desconstituição de uma pela sua absorção por outra.

A incorporação da sociedade deverá ser aprovada por deliberação em assembleia geral ou reunião (CC, art. 1.072, §§ 2º e 3º) dos sócios das sociedades incorporadora e incorporada que representem 3/4 do capital social (CC, art. 1.076, I, ora revogado pela Lei n. 14.451/2022) sobre as bases da operação. Os sócios da incorporada deverão aprovar o projeto de reforma do ato constitutivo e a prática de atos necessários à incorporação pelos seus administradores, inclusive a subscrição em bens no valor da diferença verificada entre o ativo e o passivo. Os sócios da incorporadora deliberarão sobre a nomeação de três peritos, ou empresa especializada, para a avaliação do patrimônio líquido da incorporada a ser acrescido ao patrimônio da incorporadora (CC, art. 1.117, §§ 1º e 2º). Na lição de Modesto Carvalhosa, os peritos deverão apresentar laudo de avaliação patrimonial fundamentado e instruído com os documentos alusivos aos bens avaliados. Esse laudo tem por escopo evitar subscrição pela incorporada por valor superior ao apurado. A sociedade cujo patrimônio líquido será incorporado subscreverá o aumento do capital da incorporadora, em nome próprio, mas em favor de seus sócios. É um negócio *sui generis* de aumento de capital de sociedade existente.

Modesto Carvalhosa, com muita propriedade, nela vislumbra a presença concomitante de um *ato constitutivo* pela agregação de patrimônios de duas sociedades numa só e de um *ato desconstitutivo* pela extinção da sociedade que foi incorporada, e pela absorção de todo seu patrimônio (ativo e passivo) pela incorporadora.

Logo, por isso, imprescindível será o cálculo do passivo e a avaliação do patrimônio da incorporada, por meio de peritos nomeados pela assembleia, pois seu ativo corresponderá à subscrição do capital social da incorporadora, havendo, portanto, uma mudança no patrimônio líquido da incorporadora pela absorção da massa patrimonial líquida da incorporada, visto que esta perde sua individualidade, prosseguindo sua atividade com seu patrimônio acrescido com o valor do patrimônio líquido da incorporada.

A incorporadora, após a aprovação dos atos da incorporação, declarará a extinção da incorporada e providenciará a sua averbação no registro próprio (RPEM, se empresária, ou RCPJ, se simples). Com tal formalização a incorporadora passará a assumir as obrigações e os direitos da incorporada, sucedendo-a e resguardando os direitos dos credores (CC, art. 1.118).

Fácil é perceber, como nos alerta Paulo Checoli, que para a incorporação, ter-se-á uma sequência de atos: deliberação da operação pelos sócios das sociedades envolvidas; nomeação em assembleia ou reunião de sócios ou em documento *a latere* do contrato social, de peritos para avaliar patrimônio líquido da sociedade que será incorporada por outra; deliberação dos sócios da incorporada, após ciência das bases da operação, com autorização para que haja a prática dos atos necessários pelos administradores; aprovação pela incorporadora das bases de operação e do projeto de modificação do ato constitutivo; declaração da extinção *ex lege* da incorporada e tomada de providências pela incorporadora para a averbação do ato de incorporação no registro competente, para que tenha efeitos *erga omnes*[261].

---

261. Matiello, *Código Civil*, cit., p. 693 e s.; Láudio C. Fabretti, *Incorporação, fusão, cisão e outros eventos societários*, São Paulo, Atlas, 2002; *Fusões*, cit., p. 151-53; M. Helena Diniz, *Curso*, cit., v. 1, p. 287; *Código*, cit., p. 882-83; Ricardo Negrão, *Manual*, cit., v. 1, p. 455, 457, 460; Modesto Carvalhosa, *Comentários*, cit., v. 13, p. 513-24; Amador Paes de Almeida, *Direito de empresa*, cit., p. 203-5; Luiz Cezar P. Quintans, *Direito da empresa*, cit., p. 127 e 129; Paulo Checoli, *Direito de empresa*, cit., p. 274-79; Arnaldo Rizzardo, *Direito de empresa*, cit., p. 961-75. *Vide*: *RT*, *732*:302. Consulte: Instrução Normativa n. 88/2001 do DNRC, arts. 8º a 12, ora revogada pela IN n. 10, de 5-12-2013, do DREI. Sobre incorporação de sociedade por ações: Lei n. 6.404/76, art. 227, §§ 1º a 3º.

Pela Lei n. 11.434/2006:

"*Art. 8º* Os incentivos e benefícios fiscais concedidos por prazo certo e em função de determinadas condições a *pessoa jurídica* que vier a ser *incorporada* poderão ser transferidos, por sucessão, à pessoa jurídica incorporadora, mediante requerimento

D. Fusão

A *fusão de sociedades* é a operação pela qual se cria, juridicamente, uma nova sociedade para substituir aquelas que vieram a fundir-se e a desaparecer, sucedendo-as *ope legis*, por ter havido união dos patrimônios, nos direitos, responsabilidades e deveres, sob denominação diversa, com a mesma ou com diferente finalidade e organização (CC, art. 1.119). Duas (ou mais) sociedades se unem e constituirão uma nova com seus patrimônios líquidos. Efetivar-se-á, então, a soma de capitais para se formar uma terceira sociedade. Ter-se-á extinção das sociedades, cujos patrimônios líquidos comporão o capital social da nova sociedade, sem que haja prévia liquidação. Como bem observa Modesto Carvalhosa, os sócios constituirão diretamente uma nova sociedade, subscrevendo o respectivo capital com os bens e direitos da sociedade de cujo capital participavam, atuando, portanto, em benefício próprio; logo, a fusão é um negócio jurídico *sui generis* de constituição de sociedade, processando-se em duas fases: a passagem dos sócios das sociedades fusionadas para a nova sociedade e a extinção *ex facto* das sociedades transmitentes de seus patrimônios.

---

desta, desde que observados os limites e as condições fixados na legislação que institui o incentivo ou o benefício, em especial quanto aos aspectos vinculados: I — ao tipo de atividade e de produto; II — à localização geográfica do empreendimento; III — ao período de fruição; IV — às condições de concessão ou habilitação. § 1º A transferência dos incentivos ou benefícios referidos no *caput* deste artigo poderá ser concedida após o prazo original para habilitação, desde que dentro do período fixado para a sua fruição. § 2º Na hipótese de alteração posterior dos limites e condições fixados na legislação referida no *caput* deste artigo, prevalecerão aqueles vigentes à época da incorporação. § 3º A *pessoa jurídica incorporadora* fica obrigada, ainda, a manter, no mínimo, os estabelecimentos da empresa incorporada nas mesmas Unidades da Federação previstas nos atos de concessão dos referidos incentivos ou benefícios e os níveis de produção e emprego existentes no ano imediatamente anterior ao da incorporação ou na data desta, o que for maior".

"Agravo regimental. Incorporação. Procedimento complexo. Término. Averbação na Junta Comercial. A incorporação de uma sociedade empresária constitui procedimento complexo, cujo ponto derradeiro deságua na averbação do ato de incorporação na Junta Comercial. A incorporação tem início com a aprovação, em assembleia geral, dos sócios/acionistas da incorporada e também dos sócios/acionistas da incorporadora. Aprovados os atos de incorporação, a incorporadora declarará extinta a incorporada e promoverá a respectiva averbação na Junta Comercial (art. 1.118 do Código Civil). Quando se trata de instituição financeira, a incorporação também depende da aprovação do Banco Central. Negado provimento" (TJMG, 1.0045.09.027828-9/003, 15ª Câm. Cível, Rel. Des. Tibúrcio Marques, j. 14-1-2010).

Poder-se-á demonstrar, tal reorganização, graficamente:

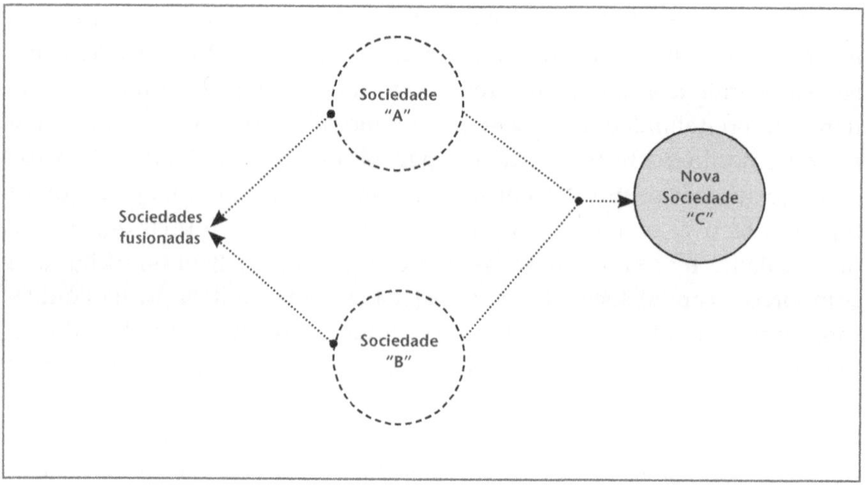

Duas (ou mais) sociedades se agrupam extinguindo-se *ex lege* e *ex facto* para formar uma nova que as sucederá *ope legis*, a título universal, em todos os direitos e obrigações sociais, operando-se a subscrição pelos sócios de ambas as sociedades, e os sócios da nova sociedade terão responsabilidades conforme a espécie societária adotada. Os credores das sociedades fusionadas, portanto, não terão qualquer prejuízo, pois a nova sociedade, advinda da fusão, responsabilizar-se-á pelos débitos daquelas.

Há, convém repetir, uma unificação de duas ou mais sociedades, que desaparecerão, para surgir uma nova sociedade que integrará os patrimônios societários das fusionadas para formação de um patrimônio único. Essa transferência dos patrimônios das sociedades fusionadas, na lição de Modesto Carvalhosa, dar-se-á a título de pagamento das quotas ou ações subscritas pelos sócios daquelas. Temos um ato desconstitutivo de duas sociedades e um ato constitutivo de uma nova sociedade que pode ser de um tipo diferente. P. ex., uma sociedade limitada ("A") e uma sociedade em nome coletivo ("B") fundem-se para a formação de uma sociedade anônima ("C"), cujo capital é constituído pela soma do patrimônio líquido das sociedades "A" e "B". A nova sociedade ("C") elegerá novos órgãos administrativos, formará seu quadro societário e terá seu próprio patrimônio.

A decisão pela fusão dar-se-á, na forma estabelecida para os respectivos tipos, pelas sociedades que pretendem fundir-se, em reunião, ou assembleia, dos sócios de cada sociedade, aprovando-se não só o projeto de constituição da nova sociedade e o plano de distribuição do capital social, mas também a nomeação de peritos por cada uma para avaliação do patrimônio da sociedade e apresentação do respectivo laudo. A deliberação definitiva sobre a constituição da nova sociedade ocorrerá somente quando os administradores de ambas as sociedades convocarem os sócios para tomar conhecimento dos laudos de avaliação do patrimônio líquido da sociedade, sendo-lhes, contudo, proibida a votação em laudo avaliativo da sociedade de que fazem parte, caso em que apenas poderão analisar a proposta de constituição da novel sociedade, baseados nos dados contidos naqueles laudos. E, logo depois disso, ter-se-á aprovação do ato constitutivo da nova sociedade e, consequentemente, a eleição de seus administradores (CC, art. 1.120, §§ 1º a 3º).

Constituída, por meio de fusão, uma nova sociedade, seus administradores deverão providenciar a inscrição dos atos relativos à fusão no registro próprio de sua sede, que será o Registro Público de Empresas Mercantis, se se tratar de sociedade empresária, ou o Registro Civil de Pessoas Jurídicas, se for sociedade simples (CC, art. 1.121). Com essa inscrição, a fusão terá eficácia *erga omnes*[262].

E. Cisão

Pelo art. 19 da IN n. 88/2001 do DNRC, ora revogada pela IN n. 10, de 5-12-2013, do DREI — Departamento de Registro Empresarial e Integração: A cisão é o processo pelo qual a sociedade, por deliberação tomada na forma prevista para alteração do estatuto ou contrato social, transfere todo ou parcela do seu patrimônio para sociedades existentes ou constituídas para esse fim, com a extinção da sociedade cindida, se a versão for total, ou redução do capital, se parcial.

262. Jairo Saddi (org.), *Fusões e aquisições*: aspectos jurídicos e econômicos, IOB, 2002; Láudio C. Fabretti, *Incorporação*, cit.; M. Helena Diniz, *Código*, cit., p. 883-85; *Curso*, cit., v. 1, p. 287; Ricardo Negrão, *Manual*, cit., v. 1, p. 455-60; Marcelo M. Bertoldi, *Curso avançado de direito comercial*, São Paulo, Revista dos Tribunais, 2001, p. 391; Arnaldo Rizzardo, *Direito de empresa*, cit., p. 975-86; Modesto Carvalhosa, *Comentários*, cit., v. 13, p. 525-36; Betania Tanure e Vera L. Cançado, Fusões e aquisições: aprendendo com a experiência brasileira, *RAE — Revista de Administração de Empresa*, *45*:10-22. *Vide* Instrução Normativa n. 88/2001 do DNRC, arts. 13 a 18, ora revogada pela IN n. 10, de 5-12-2013, do DREI. Sobre fusão de sociedade por ações: Lei n. 6.404/76, art. 228, §§ 1º a 3º.

A *cisão de sociedade* é a separação patrimonial de sociedades, ou seja, a operação pela qual, havendo deliberação assemblear p. ex. de 3/4 do capital social se se tratar de limitada (CJF, Enunciado n. 227), uma sociedade transfere parcelas de seu patrimônio para uma ou mais sociedades constituídas para esse fim ou já existentes, extinguindo-se a sociedade cindida, se houver total transferência de seu patrimônio, ou dividindo-se o seu capital, se parcial a versão patrimonial (*RT*, *805*:272; Lei n. 6.404/76, arts. 229, §§ 1º a 5º, e 233, parágrafo único).

Há, portanto, corte, parcial ou total, no capital social.

A cisão poderá ser:

a) *Parcial*, se apenas parte do patrimônio de uma sociedade for transferida a outra, ficando, então, a outra parcela em poder da cindida que não se extinguirá (Lei n. 6.404/76, art. 229; *RT*, *819*:239; *BAASP*, *2758*:2085-01), e continuará exercendo sua atividade sob a mesma denominação social, mas com capital reduzido.

As ações ou quotas integralizadas com parcela do patrimônio da sociedade cindida serão de seus sócios, substituindo-se às extintas, na proporção das que tinham. A responsabilidade desses sócios resumir-se-á na integralização das novas ações ou quotas pela real avaliação dos bens. Haverá responsabilidade solidária entre a sociedade cindida e a que absorveu parte de seu patrimônio, apenas pelas obrigações anteriores à cisão, que lhes foram transferidas. A sociedade que absorver parcela do patrimônio da companhia cindida sucede, portanto, a esta nos direitos e obrigações relacionados no ato da cisão (Lei n. 6.404/76, art. 229, § 1º). E pelo art. 233, parágrafo único, da Lei n. 6.404/76, o ato de cisão parcial poderá estipular que a sociedade que absorver parte do patrimônio da cindida não seja responsável apenas pelas obrigações que lhe forem transferidas, sem solidariedade com a cindida, caso em que o credor anterior à cisão poderá se opor à estipulação, em relação ao seu crédito, desde que notifique a sociedade no prazo de noventa dias contados da data da publicação do ato da cisão.

Ter-se-á *cisão simples*, se só uma sociedade receber patrimônio da cindida:

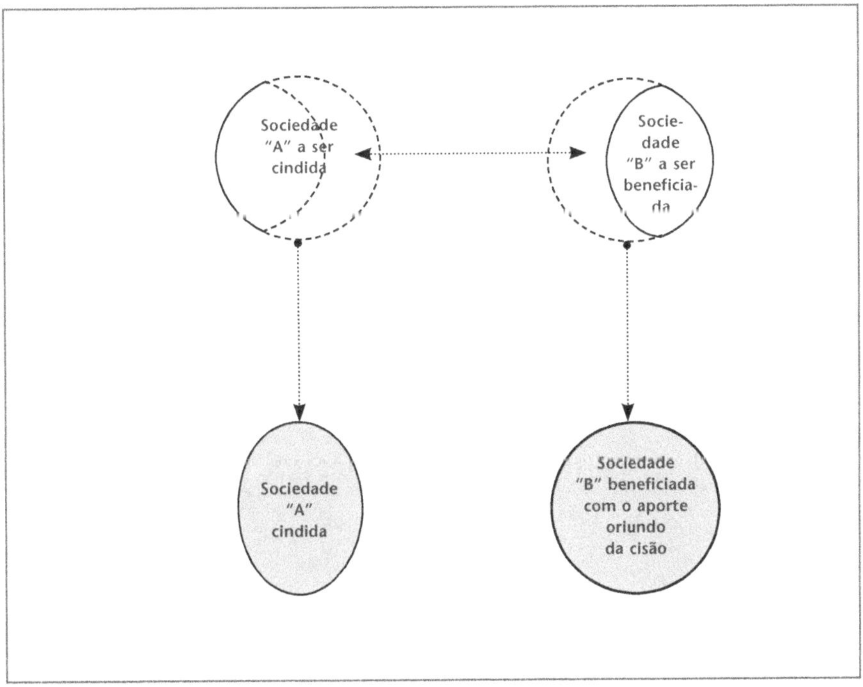

Mas, poder-se-á ter *cisão múltipla* se mais de uma sociedade se beneficiar com parcela de patrimônio da cindida.

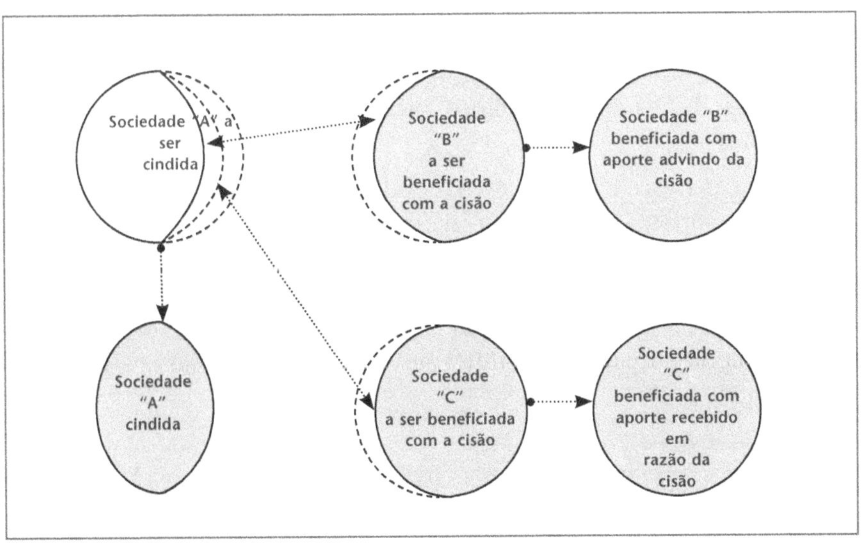

b) *Total*, se houver transferência de todo o patrimônio da sociedade cindida "A", que se extinguirá, para outras "B" e "C", e os sócios da cindida "A" passarão a integrar as sociedades beneficiadas "B" e "C" com a cisão, que sucederão a cindida nos direitos e obrigações (Lei n. 6.404/76, art. 229, § 5º), respondendo solidariamente pelas obrigações da sociedade extinta (Lei n. 6.404/76, art. 233).

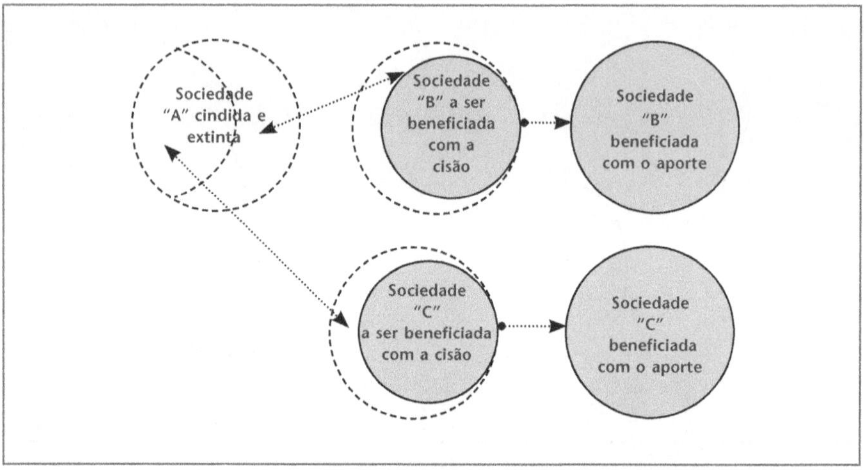

Essas noções se darão por aplicação da Lei n. 6.404/76, visto que o Código Civil não traça normas à cisão, ficando adstrito aos direitos dos credores.

Interpretando os arts. 1.116 a 1.122 do Código Civil, o Conselho da Justiça Federal, na III Jornada de Direito Civil, entendeu no Enunciado n. 231 que: "A cisão de sociedades continua disciplinada na Lei n. 6.404/76, aplicável a todos os tipos societários, inclusive no que se refere aos direitos dos credores".

Com a efetivação da cisão total, os administradores das sociedades, que absorveram partes do patrimônio de outra, deverão proceder ao arquivamento de seus atos no registro competente, para que tenham efeitos *erga omnes*. Se parcial a cisão, essa obrigação será dos administradores da sociedade cindida, em razão da alteração de seu ato constitutivo, e da beneficiada com o aporte, quanto à modificação sofrida, determinada pelo aumento de capital[263].

263. M. Helena Diniz, *Curso*, cit., v. 1, p. 287 e 288; *Código*, cit., p. 886; Ricardo Negrão, *Manual*, cit., v. 1, p. 455-56; Amador Paes de Almeida, *Manual*, cit., p. 73-6;

Sérgio Campinho, *O direito de empresa*, cit., p. 285; Marino Pazzaglini Filho e Andrea Di Fuccio Catanese, *Direito de empresa*, cit., p. 144; Láudio C. Fabretti, *Fusões*, cit., p. 156; Arnaldo Rizzardo, *Direito de empresa*, cit., p. 986-1001; Paulo Checoli, *Direito de empresa*, cit., p. 286; Ezequiel de M. Campos Neto, A cisão das sociedades limitadas, *Direito de empresa no novo Código Civil*, cit., p. 311-338. *BAASP, 2532*: 4390: "Execução de título judicial. Responsabilidade civil. Transporte. Pensão vitalícia. Desconsideração da pessoa jurídica. Alegação da sócia agravante de que deixou o quadro societário da executada, bem como esta não teria sido encerrada irregularmente, mas sim sucedida por outra empresa. Descabimento. Sócia agravante que, no caso, é pessoa jurídica e recebeu parte do patrimônio da executada por ocasião da cisão parcial desta. Modificação societária que transfere não só o patrimônio, mas também os direitos e obrigações da empresa cindida. Solidariedade passiva da agravante e da executada reconhecida. Ingresso da sucessora da executada com nomeação de bens à penhora e inclusão do nome do exequente em sua folha de pagamento. Irrelevância. Desconsideração da personalidade jurídica que seria até desnecessária ante a solidariedade passiva da ex-sócia da sociedade cindida na pendência da presente demanda. Recurso improvido". *BAASP, 2729*:662-07: "(...) — cisão, no direito empresarial (para, a propósito, adotar a linguagem do CC/2002), é categoria que, principalmente, afeta as sociedades no plano subjetivo: a destinação patrimonial que lhe é anexa não configura alienação de bens a terceiro: não se aliena de um terceiro ainda inexistente, que se institui como efeito da cisão; o ato de destinação dos bens da sociedade cindida, seja a cisão total ou parcial, é de partilha, de divisão de bens, sem que se aviste a circulação jurídica atrativa da incidência do ICMS. A transformação (*lato sensu*) das sociedades constitui subjetivamente, mas esse feito constitutivo não se encontra na esfera patrimonial. Se, no âmbito subjetivo, há constituição de 1 ou acaso mais de 1 nova sociedade, no plano patrimonial da cisão, o destino dos bens não é constitutivo de domínio, mas, como toda partilha, mera sua divisão com caráter declarativo".

Interessantes são os arts. 20 a 22 da Instrução Normativa n. 88/2001 do DNRC (ora revogada pela IN n. 10, de 5-12-2013, do DREI), sobre cisão.

Já se decidiu que:

"Em regra, há solidariedade entre a empresa cindida e as sociedades que absorveram parcelas de seu patrimônio quanto às obrigações assumidas pela primeira anteriormente ao ato, excepcionando o parágrafo único do art. 233 da Lei das S. A., que poderá o ato de cisão excluir a solidariedade entre as companhias envolvidas, podendo o credor opor-se à distribuição das responsabilidades. Quanto aos credores com títulos executivos judiciais constituídos após a cisão, mas referentes a atos ilícitos praticados anteriormente pela empresa cindida, não se aplica a estipulação que afasta a solidariedade, vez que à época da cisão não detinham a qualidade de credores, não podendo se opor à avença" (TJMG, 12ª Câm. Cível, ACi 1.0145.05.226837-5/001, Juiz de Fora-MG, Rel. Des. Alvimar de Ávila, j. 7-2-2007, v.u.).

BAASP, 2961:12 Direito Empresarial — Efeitos da cisão de pessoa jurídica — Obrigação *propter rem*. Por força do disposto no art. 229, § 1º, da Lei n. 6.404/1976, a sociedade que absorver parcela do patrimônio da companhia cindida sucede a esta nos direitos e obrigações relacionados no ato da cisão. Sob esse prima, portanto, os imóveis relacionados no instrumento de cessão são transferidos com os mesmo direitos e obrigações titularizados pela sociedade cindida, notadamente aqueles de natureza *propter rem*. Nesse contexto, se a sociedade cindida possuía dispensa de

F. Procedimento para efetivação da incorporação, fusão e cisão

O procedimento[264] para as bases das operações de incorporação, fusão e cisão é o mesmo, consubstanciando-se:

a) No *protocolo de intenções*, acordo preparatório da reorganização societária, que apresenta as suas condições, devendo conter, como p. ex., exige o art. 224 da Lei n. 6.404/76, número, espécie e classe de ações a serem atribuídas em substituição dos direitos dos sócios que se extinguirão e critérios a serem utilizados para determinar as relações de substituição; elementos ativos e passivos que formarão cada parcela do patrimônio, havendo cisão; critérios de avaliação do patrimônio líquido, a data a que será referida a avaliação e o tratamento das variações patrimoniais posteriores; solução a ser adotada quanto às ações ou quotas do capital de uma das sociedades possuídas por outra; valor do capital das sociedades a serem criadas ou do aumento ou da redução do capital das sociedades que forem parte na operação; projeto ou projetos de estatuto, ou de alterações estatutárias, que deverão ser aprovados para efetivar a operação e as demais condições a que estiver sujeita a operação.

Percebe-se que o plano de incorporação, fusão ou cisão deverá ser apresentado aos sócios ou acionistas de modo detalhado e subscrito em forma de *protocolo*, que deverá ser aprovado pelas sociedades envolvidas, em deliberação que incluirá a tomada de uma série de providências, tais como: projeto de reforma do ato constitutivo; nomeação de peritos para avaliar patrimônio líquido da sociedade incorporada, fusionada ou cindida; plano de distribuição do capital social e projeto de contrato social, se houver fusão.

b) Na *justificação* anexada ao protocolo, informando aos sócios ou acionistas, p. ex., em se tratando de sociedade por ações (LSA, art. 225): os motivos ou fins da operação e o interesse da companhia na sua realização; as

---

taxa condominal, essa prerrogativa também será usufruída pela sociedade que os absorveu, nas mesmas condições que a cindida, isto é, até que os imóveis sejam compromissados a terceiros.

264. Ricardo Negrão, *Manual*, cit., v. 1, p. 461-63; Luiz Cezar P. Quintans, *Direito da empresa*, cit., p. 130-34; Láudio C. Fabretti, *Direito de empresa*, cit., p. 145-46; Arnaldo Rizzardo, *Direito de empresa*, cit., p. 963 e s.; Rodrigo Ferraz P. Cunha, Reorganizações societárias no novo Código Civil, in *Direito de empresa no novo Código Civil*, Rio de Janeiro, Forense, 2004, p. 418 e 419.

ações que os acionistas preferenciais receberão e as razões para a modificação dos seus direitos; a composição, após a operação, segundo as espécies e classes de ações, do capital das companhias que deverão emitir ações em substituição às que serão extintas e o valor do reembolso das ações a que farão jus os acionistas dissidentes.

c) Na *formação do capital*, havendo aumento do capital social da incorporadora ou da beneficiada pela cisão ou constituição de capital inicial de sociedade resultante de fusão, que requer que o ingresso de bens seja o reflexo do real valor de sua estimação, exigindo *perícia* nomeada em deliberação dos sócios para avaliar, em laudo, patrimônio líquido da sociedade incorporada, fusionada ou cindida a ser transferido a outra para a formação do seu capital social.

d) Na *deliberação* e no *registro*, assim: na *incorporação* realizar-se-á pela incorporadora que deverá não só aceitar valores apontados pela perícia feita sobre o patrimônio líquido da incorporada, mas também declarar a extinção da incorporada, promovendo o registro do ato no órgão competente; na *fusão*, aprovado o laudo, haverá decisão assemblear sobre a constituição da nova sociedade. Os sócios não poderão apreciar laudo de avaliação patrimonial da sociedade de que fazem parte (CC, art. 1.120, § 3º); logo, cada grupo de sócios deliberará sobre o laudo de outra sociedade envolvida na operação. Constituída a nova sociedade, os administradores deverão levar a assento os atos de fusão no órgão competente; na *cisão*, a reunião assemblear deliberará sobre a modificação e subscrição do aumento do capital social. E, em caso de extinção da sociedade cindida, os administradores das beneficiadas deverão proceder ao arquivamento no órgão registrário e, sendo parcial a cisão, esse dever caberá aos administradores de todas as sociedades envolvidas na operação. E o *arquivamento na Junta Comercial* de *atos de incorporação, cisão* ou *fusão* deverá seguir o procedimento previsto na Instrução Normativa n. 88/2001 do DNRC, ora revogada pela IN n. 10, de 5-12-2013, do DREI, que substitui o DNRC.

Convém lembrar que as operações de incorporação, fusão e cisão somente poderão efetivar-se se as sociedades nelas envolvidas possuírem as seguintes certidões (IN n. 88/2001 do DNRC, art. 24 — ora revogada), que deverão ser apresentadas com os demais documentos exigidos para seu arquivamento: Certidão de Quitação de Tributos e Contribuições Federais, emitida pela Secretaria da Receita Federal; Certidão Negativa de Débitos, fornecida pelo INSS; Certidão de Regularidade do Fundo de Garantia por Tempo de Serviço, expedida pela Caixa Econômica Federal; e Certidão Negativa de Inscrição de Dívida Ativa da União, fornecida pela Procuradoria-Geral da Fazenda Nacional.

e) Nas *providências administrativas* se a reorganização societária deu origem a uma nova sociedade, providenciando-se: novo CNPJ, alteração de licença da prefeitura e de nome em cadastros federais, estaduais, municipais.

f) Na *transferência de livros fiscais em uso para o nome do seu novo titular*, em caso de fusão, incorporação e transformação, por meio de repartição fiscal estadual, no prazo de trinta dias da data da ocorrência, assumindo responsabilidade pela sua guarda, conservação e exibição ao Fisco (Convênio SINIEF — Sistema Nacional Integrado de Informações Econômico-Fiscais — s/n., 1970, art. 69).

G. Anulação da incorporação, fusão ou cisão e suspensão do processo anulatório

As operações de incorporação, fusão ou cisão não podem lesar credores anteriores à formalização da nova sociedade. O credor prejudicado seria p. ex. o que não recebeu integralmente o pagamento ou seu crédito pela incorporadora ou pela sociedade advinda da fusão ou sofreu alguma alteração das garantias, sem sua expressa anuência. O credor que se sentir lesado pela incorporação, fusão ou cisão societária poderá, dentro de noventa dias, contados da publicação desses atos, pleitear em juízo anulação dos negócios reorganizativos, ou seja, daquelas operações societárias, que, contudo, ficarão prejudicadas se houver consignação em pagamento do *quantum* que lhe era devido, pelos administradores da sociedade devedora (CC, art. 1.122, § 1º).

Se o credor promover a anulação da incorporação, fusão ou cisão, sendo ilíquido o débito, a sociedade poderá garantir-lhe a execução, suspendendo-se aquele processo judicial, até que haja a quantificação da referida dívida (CC, art. 1.122, § 2º). Pondera Matiello que "a garantia da execução de débito ainda não liquidado é feita através de caução em dinheiro, indicação de bens, ou modalidade diversa prevista no ordenamento jurídico. Para tanto a sociedade demandada encaminhará ao juiz da causa pedido de autorização para depósito de valores ou comprometimento de itens com teor econômico capaz de solucionar a dívida que for apurada: caso a garantia mostre-se no futuro insuficiente, a sociedade será intimada a complementá-la, sob pena de voltar a tramitar o processo de anulação até então suspenso"[265].

265. Matiello, *Código*, cit., p. 698; Modesto Carvalhosa, *Comentários*, cit., v. 13, obs. ao

H. Falência da sociedade incorporadora, da sociedade nova ou da cindida

Se dentro de noventa dias da publicação dos atos alusivos à incorporação, fusão ou cisão, advier a falência da sociedade incorporadora, da sociedade nova ou da cindida, qualquer credor anterior (preferencial ou quirografário) àqueles atos terá o direito de pleitear a separação dos patrimônios, para que seus créditos sejam pagos pelos bens componentes das respectivas massas devedoras (CC, art. 1.122, § 3º), respeitando-se a ordem estabelecida pela Lei de Falências e Recuperação de Empresas (Lei n. 11.101/2005, arts. 83 e s.). A cisão, incorporação, fusão ou transformação da sociedade constituem meios de recuperação judicial (Lei n. 11.101/2005, art. 50, II)[266].

art. 1.122; Láudio C. Fabretti, *Incorporação*, cit.; M. Helena Diniz, *Código*, cit., p. 886. *Vide* Instrução Normativa n. 88/2001 do DNRC sobre arquivamento de atos de transformação, incorporação, fusão e cisão de sociedades empresárias — ora revogada pela IN n. 10, de 5-12-2013, do DREI — Departamento de Registro Empresarial e Integração.

266. M. Helena Diniz, *Código*, cit., p. 886.

Quadro Sinótico

QUESTÃO DA REORGANIZAÇÃO ESTRUTURAL SOCIETÁRIA

1. NOÇÕES GERAIS	• Motivos: concorrência empresarial na exploração do mesmo ramo de atividade; busca de monopólio na distribuição de certos produtos; necessidade de absorção de sociedade exploradora de indústria primária ou complementar; crise econômico-financeira etc. • Toda sociedade tem direito de alterar sua estrutura, desde que haja aprovação de sócios e, às vezes, também de órgão público de defesa de ordem econômica. • Elaboração de planejamento. • Realização de auditoria da documentação das sociedades e de demonstrações contábeis.
2. TRANSFORMAÇÃO	• É a operação pela qual sociedade de determinada espécie passa a pertencer a outra, sem que haja sua dissolução ou liquidação, mediante alteração em seu estatuto social, regendo-se, então, pelas normas que disciplinam a constituição e inscrição de tipo societário em que se converteu. • Requer deliberação da maioria dos sócios ou, não havendo cláusula nesse sentido, decisão por unanimidade dos sócios. • Direitos dos credores ficarão inalterados.
3. INCORPORAÇÃO	• É a operação pela qual uma sociedade vem a absorver uma ou mais com a aprovação dos seus sócios (mediante *quorum* absoluto ou qualificado), sucedendo-as em todos os direitos e obrigações, sem que com isso surja uma nova sociedade. • Aprovação pelos sócios da incorporada do projeto de reforma do ato constitutivo e a prática de atos necessários à incorporação pelos administradores e a subscrição em bens pelo valor da diferença existente entre o ativo e o passivo. • Nomeação de peritos, em deliberação feita pelos sócios da incorporadora, para avaliação do patrimônio líquido da incorporada. • Declaração da extinção da incorporada. • Averbação dos atos de incorporação em registro próprio.
4. FUSÃO	• É a operação pela qual se cria uma nova sociedade para substituir aquelas que vieram a fundir-se, sucedendo-as *ope legis*, por ter havido união dos patrimônios, nos direitos, responsabilidades e deveres, sob denominação diversa, com a mesma ou com diferente finalidade e organização. • Só se dará após avaliação dos laudos do patrimônio líquido pelos sócios que, contudo, não poderão votar em laudo avaliativo à sociedade de que participam. • Aprovação do ato constitutivo da nova sociedade e eleição de seus administradores. • Inscrição dos atos da fusão em registro competente.

5. CISÃO	• É a operação pela qual uma sociedade transfere parcelas de seu patrimônio para uma ou mais sociedades já existentes ou constituídas para esse fim. Se houver transferência total do patrimônio da sociedade cindida, operar-se-á sua extinção.
	• A cisão poderá ser: • parcial ou total; • simples ou múltipla.
6. PROCEDIMENTO PARA EFETIVAÇÃO DA INCORPORAÇÃO, FUSÃO OU CISÃO	• Protocolo de intenções. • Justificação. • Formação do capital que seja o reflexo do real valor de sua estimação por peritos. • Deliberação a ser tomada sobre o laudo avaliativo ou modificação e subscrição do capital. • Registro dos atos reorganizativos da estrutura societária. • Providências administrativas. • Transferência de livros fiscais para o nome do seu novo titular.
7. ANULAÇÃO DE INCORPORAÇÃO, FUSÃO OU CISÃO	• Havendo credor prejudicado, este, dentro de noventa dias da publicação do ato reorganizativo, poderá pleitear judicialmente sua anulação, que ficará prejudicada se houver consignação em pagamento da quantia que lhe era devida (CC, art. 1.122, § 1º).
8. SUSPENSÃO DO PROCESSO DE ANULAÇÃO	• Dar-se-á se o credor pretender anular ato reorganizativo, havendo iliquidez do débito (CC, art. 1.122, § 2º).
9. FALÊNCIA DA SOCIEDADE INCORPORADORA, NOVA OU CINDIDA	• Pelo art. 1.122, § 3º, do Código Civil, havendo falência dessas sociedades, o credor, dentro de noventa dias da publicação do ato da incorporação, fusão ou cisão, poderá pedir a separação de patrimônios, para que seus créditos sejam pagos pelos bens das massas devedoras (Lei n. 11.101/2005, arts. 50, II, e 83 e s.).

10. Participações societárias

A. Generalidades

A participação societária, se bem planejada, além de reestruturar a sociedade, será um eficaz mecanismo de gestão negocial, visto que, conforme a finalidade pretendida, poderá provocar: redução dos custos das atividades empresariais de produção de bens, de prestação de serviços, de distribuição, de comercialização, de administração etc.; maior competitividade das sociedades que participam no capital social de outra, garantindo a concorrência; racionalização de administração empresarial e dos processos de produção, em busca de sua eficiência, especialmente em relação à técnica; melhora na distribuição de produtos; aumento do índice de participação no mercado; promoção do progresso econômico, fortalecendo as empresas nacionais ou sediadas no Brasil, atendendo os interesses da própria coletividade brasileira etc.[267].

O Decreto n. 57.651/66 — ora revogado pelo Decreto n. 1.800/96 — e a Lei n. 6.404/76 abriram novos horizontes à cooperação entre empresas, ao tratarem dos consórcios, das sociedades de *holdings*, das coligações, das subsidiárias e dos grupos societários, reconhecendo sua grande utilidade para assegurar o domínio do mercado, desde que não houvesse abuso de poder econômico, eliminando a concorrência pela formação de cartéis ou aumentando arbitrariamente os lucros.

---

267. *Vide*: Láudio C. Fabretti, *Fusões*, cit., p. 168.

A Lei n. 11.908/2009 autoriza o Banco do Brasil S.A. e a Caixa Econômica Federal a adquirir participação em instituições financeiras, públicas ou privadas, sediadas no Brasil.

Vide: Lei n. 9.718/98, arts. 3º, § 2º, IV, § 14 e 8º-B, com alteração da Lei n. 13.043/2014, sobre contribuição para o PIS/PASEP e da Confins Incidentes sobre a Receita de Alienação de Participação Societária.

Deveras, com muita propriedade, pondera Fábio Konder Comparato[268] que a criação dos grupos econômicos tem por objetivo racionalizar administrativamente e unificar a exploração da atividade empresarial, em busca de eficiência e de um elevado lucro, com a baixa do custo unitário de produção, propiciando uma economia interna de escala, viabilizando desenvolvimento tecnológico. A economia de escala requer, portanto, conjugação de recursos e esforços concentrados de modo a racionalizar a exploração de atividade de várias sociedades, tendo por escopo a obtenção de um máximo de rendimento útil com o mínimo de dispêndio total.

Os *grupos econômicos* podem ser:

1) *De fato* (*faktische Konzerne*), constituído por sociedades ligadas entre si, mediante participação acionária, sem qualquer organização jurídica. Trata-se das sociedades controladas, controladoras, filiadas e de simples participação, definidas pelo novo Código Civil.

2) *De direito*, estabelecido por contrato de empresas (*Unternehmensvertraege*), devidamente formalizado para a produção de efeitos jurídicos, no Registro Público de Empresas Mercantis.

Nos grupos de direito, temos:

A) *grupo de sociedades* (Lei n. 6.404/76, arts. 265 a 277 e IN do DREI n. 19/2013), formado: por meio de convenção efetivada entre sociedade controladora e controladas, obrigando-se a conjugar recursos e/ou esforços para a consecução de seus objetos sociais ou para a participação em empreendimentos comuns. A sociedade controladora (sociedade de comando) exerce, direta ou indiretamente, de modo permanente, o controle das controladas, suas filiadas, como titular de direitos de sócio ou acionista ou mediante acordo com outros sócios ou acionistas. No grupo de sociedades, cada sociedade componente mantém sua individualidade e seu patrimônio e, além disso, não haverá entre as sociedades, que o compõem, responsabilidade, solidariedade, a não ser em obrigações trabalhistas (CLT, art. 2º, § 2º), previdenciárias (Lei n. 8.212/91, art. 30, IX) e por sanções decorrentes de violação de normas da ordem econômica (Lei n. 12.529/2011, arts. 37 e 38).

O grupo de sociedade não se confunde com a *joint venture*, que é uma associação de sociedades, nacionais e estrangeiras, independentes para efetivação de negócios ou de empreendimento empresarial, em regra, a longo prazo, tendo por objetivo a obtenção de determinado resultado (Lei n.

---

268. Fábio Konder Comparato, *O poder de controle na sociedade anônima*, Rio de Janeiro, Forense, 1983, p. 355 e 356. Sobre a ideia de economia de escala, *vide* Paulo Checoli, *Direito de empresa*, cit., p. 244.

Sobre grupo econômico: CLT, art. 2º, §§ 2º e 3º (com a redação da Lei n. 13.467/2017).

8.248/91), que, p. ex., para uma, pode ser o lucro, para outra, uma maior participação no mercado, e para outra, o aperfeiçoamento tecnológico.

Várias são as modalidades de *joint ventures*: a) as estabelecidas quanto ao risco, mediante associação de capitais, como as *equity joint-ventures* e as *non-equity joint-ventures*, conforme haja ou não contribuição de capitais. Na *equity joint venture* há investimento direto de capital e sujeição aos riscos negociais, se houver insucesso ou obtenção de lucro, se o empreendimento for bem-sucedido. Na *non-equity joint venture* há um investimento indireto ou empréstimo, sem participação, como diz Luiz Olavo Baptista, nos resultados do empreendimento, e ao investidor assegura-se o direito de crédito, normalmente com remuneração prefixada, podendo, ainda, conter cláusula de risco. Na *equity joint venture* ter-se-á, como observa Agostinho Toffoli Tavolaro, *acordo de base* ou contrato de investimento, que rege as condições contratuais, contendo: objetivos almejados, sem que haja vantagem injusta a qualquer das partes; normas sobre a administração da *joint venture* e atuação de seus órgãos; cláusulas de duração e adaptação a situações (retirada, dissolução, liquidação, *hardship*); direitos e deveres das partes (aportes de capital e de tecnologia; distribuição dos lucros; cessão de transferência das participações na *joint venture* etc.); disposições sobre solução de possíveis conflitos (mediação, conciliação, arbitragem, *umpire, swing man* etc.) e *acordos satélites* (*ancillary agreements*), que disciplinam aspectos particulares decorrentes do acordo-base (como: contrato social — indicando a forma societária, sede, nacionalidade, lei aplicável e foro —; transferência de tecnologia e licença de marcas e patentes — financiamentos, mútuos, aval, garantia —; *inter-company price*, ou seja, preços de transferência e fontes de matérias-primas, peças e componentes — agências reguladoras, Cade, meio ambiente): *b*) as baseadas na forma jurídico-associativa, como as *corporate joint-ventures*, associações que dão origem a sociedades dotadas de personalidade jurídica, e as *non corporate joint-ventures*, associações que, mediante um acordo-base, constituem-se, não dando nascimento a quaisquer entidades jurídicas novas. Ao lado das *corporate joint-ventures*, Carmine Carlo e Ferdinando M. Spina têm admitido: as *contractual joint-ventures* oriundas de acordo de tipo negocial feito entre as partes para que haja uma união temporária de empresas. Tal união não é societária, mas meramente contratual, tendo por objetivo, p. ex., a execução de uma obra ou serviço, e as *partnership joint-ventures*, sociedade de pessoas, em que se considera a pessoa de cada sócio e não a pessoa jurídica da sociedade; logo, como é não personificada, gera para os sócios responsabilidade solidária e ilimitada pelas obrigações assumidas. As *joint-ventures* podem ser aplicadas nos setores comerciais, industriais, agropecuários, imobiliários e hoteleiros; na execução de serviços públicos; na construção de grandes obras; na compra e venda de valores, mercadorias e bens móveis; e

B) *consórcio de empresas* (Lei n. 6.404/76, arts. 278 e 279, com a alteração da Lei n. 11.941/2009), consistente na associação de companhias ou qualquer outra sociedade, sob o mesmo controle ou não, que não perderão sua personalidade jurídica, para obter finalidade comum ou determinado empreendimento, geralmente de grande vulto ou de custo muito elevado, exigindo para sua execução conhecimento técnico especializado e instrumental técnico de alto padrão. P. ex., consórcio de empresas para construção de hidrelétricas. Esse consórcio não terá personalidade jurídica, por ser um contrato, aprovado pelo órgão da sociedade competente para autorizar a alienação do ativo não circulante, contendo os requisitos do art. 279, I a VIII, da Lei n. 6.404/76, com a redação da Lei n. 11.941/2009. Cada consorciada obrigar-se-á conforme as cláusulas estipuladas contratualmente, respondendo cada uma por seus deveres, sem que haja presunção de solidariedade (Lei n. 6.404/76, art. 278, § 1º), salvo em relação a obrigações trabalhistas (CLT, art. 2º, § 2º), junto a consumidores (Lei n. 8.078/90, art. 28, § 3º), nas licitações e nas execuções dos contratos dela decorrentes (Lei n. 8.666/93, art. 33, V). Esse contrato e as eventuais alterações que surgirem deverão ser arquivados no registro do comércio do lugar de sua sede, devendo a certidão de arquivamento ser publicada (Lei n. 6.404/76, art. 279, parágrafo único). O consórcio entre empresas apenas será vedado se tiver por objetivo cercear a liberação de comércio, por visar a dominação do mercado, a eliminação da concorrência ou o monopólio na obtenção de elevação de preço, ante a ilegalidade de tais finalidades[269].

---

269. Sérgio Campinho, *Direito de empresa*, cit., p. 275 e 276 e nota 190; Rubens Requião, *Curso*, cit., v. 2, p. 245; Mônica Gusmão, *Curso*, cit., p. 343-49. Relativamente ao consórcio de empresas consulte: *Enciclopédia Saraiva do Direito*, v. 18, nota da C. R. p. 295; Arnoldo Wald, Os acordos de comercialização no direito brasileiro, in *Digesto econômico*, 1982, n. 297, p. 41-62, Mauro R. Penteado, *Consórcios de empresas*, São Paulo, 1979, p. 24; Luiz G. Paes de Barros Leães, Sociedades coligadas e consórcios, *Revista de Direito Mercantil*, *12*:137 e s. (1973); M. Helena Diniz, *Tratado*, cit., v. 4, p. 300-4. E, sobre *joint venture*: M. Helena Diniz, *Tratado*, cit., v. 4, p. 140 e 141; Rasmussen, *"Holdings" e "joint ventures"*: uma análise transacional de consolidações e fusões empresariais, São Paulo, Aduaneiras, 1991; R. Lorenzetti, Contratos associativos y "joint venture", *Revista de Direito de Empresa*, *1*:39-50 (1996); Agostinho T. Tavolaro, "Joint venture", *Revista IASP*, *11*:255-68; Martin Weinstein, *Summary of American Law*, 1988, p. 65; Luiz Olavo Baptista, *Cadernos de direito econômico e empresarial*: uma introdução às "joint ventures", 1981; Carmine Carlo e Ferdinando M. Spina, Le partnership "joint ventures" e le convenzioni contro le dopple imposizioni secondo l'OCSE, *Diritto e pratica tributaria internazionale*, Padova, Cedam, 2001, v. 1, p. 88; Tércio Sampaio Ferraz Junior, Grupo econômico: implicações do direito da concorrência no direito societário e sua repercussão no direito do trabalho, *Temas atuais de direito*, São Paulo, Malheiros, 2008, p. 349-70.

O STJ (REsp 983.134-RS, publ. em 17-4-2008) entendeu ser legal o art. 7º da Instrução Normativa n. 213/2002 da Receita Federal, logo a simples publicação do balanço de controlada ou coligada no exterior, com variação positiva, pode ser tida como fato gerador do Imposto sobre a renda.

Pelo Enunciado n. 22: "Não se presume solidariedade passiva (art. 265 do Código Civil) pelo simples fato de duas ou mais pessoas jurídicas integrarem o mesmo grupo econômico" (aprovado na I Jornada de Direito Comercial).

Graficamente, assim podemos representar os grupos econômicos:

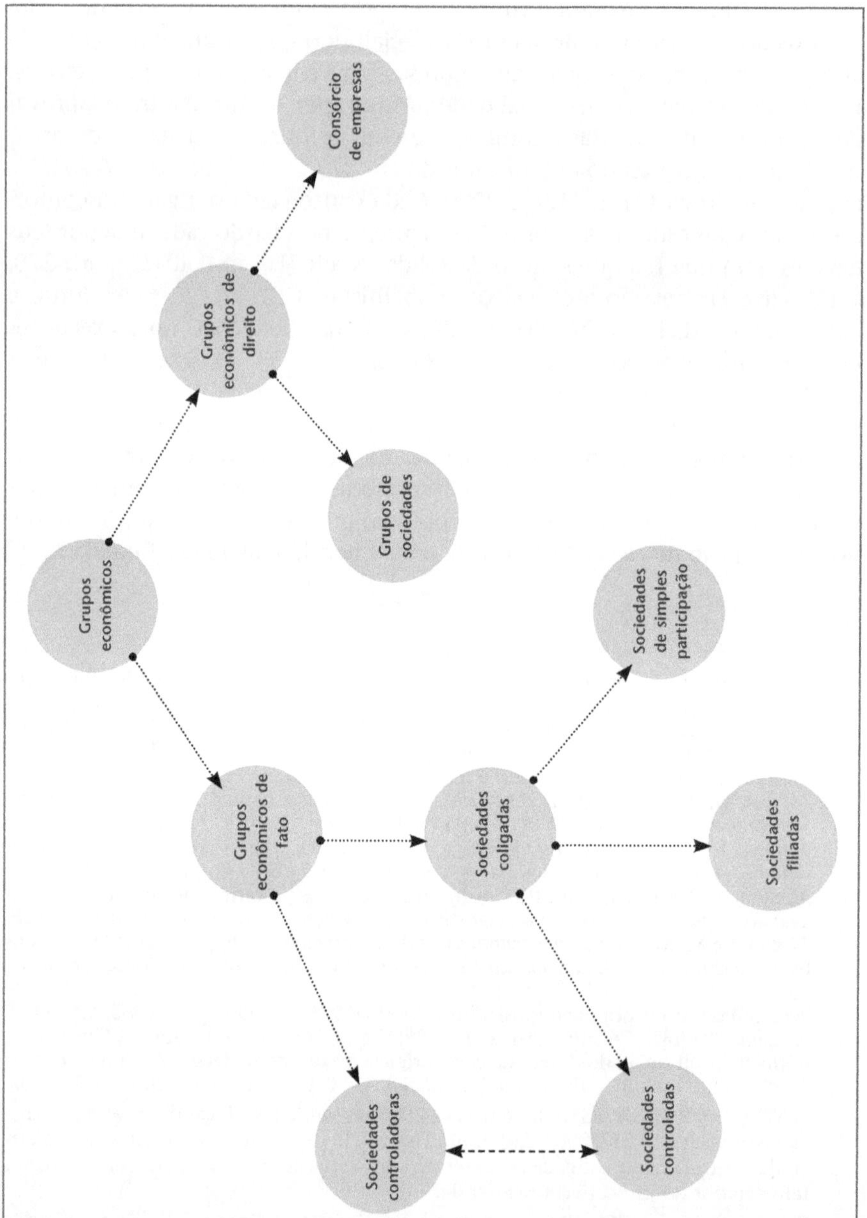

Pela Instrução Normativa n. 15/2013 do DREI, art. 13 e parágrafo único: "A expressão 'grupo' é de uso exclusivo dos grupos de sociedades organizados, mediante convenção, na forma da Lei das Sociedades Anônimas. Após o arquivamento da convenção do grupo, a sociedade de comando e as filiadas deverão acrescentar aos seus nomes a designação do grupo".

Passemos à análise dos grupos econômicos de fato, previstos no novel Código Civil, arts. 1.097 a 1.101.

B. Sociedades coligadas

b.1. Breve noção e classificação conforme a extensão de suas relações de capital

As sociedades coligadas, em sentido lato, são as que resultam da relação estabelecida entre duas ou mais sociedades submetidas, ou não, ao mesmo controle. Tal controle haverá se participarem do mesmo grupo econômico. São aquelas sociedades cujo capital ou parte dele pertence a outra sociedade, que as controla ou não.

Pode haver coligação entre sociedades, autônomas juridicamente, que, participando uma no capital da outra, conjugam esforços para alcançar um objetivo comum: ampliar suas atividades, aumentar seu capital, obter maior produtividade, reduzir seus custos, ganhar novos mercados, conseguir tecnologia mais avançada etc., diferenciando-se um grupo do outro pela existência ou inexistência de controle. É a coligação o gênero que abrange sociedades controladas e não controladas por outro.

As sociedades coligadas, conforme a extensão de suas *relações de capital* (CC, art. 1.097), podem ser: *a*) *controladas*, se, ante o fato de a maioria do seu capital, representado por ações, se encontrar em poder da controladora, não têm o poder de decidir nas deliberações sociais, nem o de eleger a maioria dos administradores (CC, art. 1.098); *b*) *filiadas*, se outra sociedade participa de seu capital (CC, art. 1.099), sem contudo controlá-la; *c*) *de simples participação*, se outra sociedade possuir parte de seu capital tendo direito de voto (CC, art. 1.100).

Pelo art. 1.097 do Código Civil, lícita é a participação de capital de uma sociedade no capital de outras, independentemente do tipo societário. Tal participação, como ensina Modesto Carvalhosa, poderá ser: *a*) *vertical* (CC, art. 1.098), em que há um controle de uma ou mais sociedades operacionais (*sociedades controladas*), em regra, por meio de *holding* (sociedade controladora). Nessa participação há subordinação externa quanto à política empresarial e escolha da administração da sociedade controlada. A sociedade controladora atua como agente ou como participante com influência dominante no Conselho de Administração, no que atina à orientação do rumo a ser seguido, à consultoria, à execução de atos para a consecução do objeto social; *b*) *horizontal* (CC, art. 1.099), quando não se tem controle, subordinação ou predominância de uma sociedade sobre a outra, estabelecendo um regime de coordenação entre as sociedades coligadas, tendo-se de um lado a *sociedade coligada investidora* e de outro a *sociedade coligada investida*.

Na coligação, em sentido amplo, ter-se-á, portanto uma relação entre sociedades que poderá implicar um controle vertical, uma participação horizontal, sem vínculo de subordinação e uma participação simples entre as sociedades[270].

b.2. Sociedade controlada

A sociedade controlada é aquela:

a) de cujo capital outra sociedade possui a maior parte, tendo no exercício do direito de voto a maioria deles nas deliberações dos quotistas e nas assembleares e o poder de eleger a maior parte dos administradores (CC, art. 1.098, I). Há, portanto, um *controle direto* de uma sociedade por outra. A *holding* de controle, na lição de Modesto Carvalhosa, é titular direta de ações da controlada, tendo a maioria dos votos para impor sua vontade nas deliberações sociais e na eleição da maior parte dos administradores. O controle opera-se pela participação sócio-majoritária. Trata-se da *holding* pura, que fica adstrita à administração das ações ou quotas que possuem em outra sociedade exercendo seu controle, não efetuando quaisquer operações mercantis (como o faz a *holding* mista). Na *holding* pura ter-se-á controle acionário de sociedades por outra de modo que sua receita bruta constitua-se pela percepção de lucros e dividendos isentos de Imposto sobre a Renda (IR);

b) cujo controle esteja em poder de outra (*holding*-mãe, p. ex.), mediante ações ou quotas possuídas por sociedades, ou sociedades por esta já controladas (CC, art. 1.098, II). Ter-se-ia, aqui, como pondera Ricardo Fiuza, uma rela-

---

270. Dejalma de Campos, Sociedades conjuntas, *RDC, 15*:128; Ricardo Fiuza, *Novo Código Civil*, cit., p. 986-90; Modesto Carvalhosa, *Comentários*, cit., v. 13, p. 418-36; M. Helena Diniz, *Código*, cit., p. 869; Mônica Gusmão, *Curso*, cit., p. 342; Adrianna de A. Setubal Santos, *Comentários*, cit., p. 847; Arnaldo Rizzardo, *Direito de empresa*, cit., p. 921. *Vide*: art. 243, §§ 1º, 4º e 5º da Lei n. 6.404/76, com a redação da Lei n. 11.941/2009, e arts. 81 e 82 da Lei n. 12.973, de 13-5-2014, sobre tributação da pessoa jurídica domiciliada no Brasil, com relação ao acréscimo patrimonial oriundo de participação em lucro auferido no exterior por coligadas.

Sobre controladoras e coligadas: Lei n. 12.973/2014, arts. 77 a 92.

ção de controle indireta por existir, entre sociedade controlada e controladora, outras sociedades que participam do capital da controlada. Em outros termos, a sociedade controlada por *controle indireto* é aquela em que o controle de ações ou quotas pertence a outra sociedade (ou sociedades) que é controlada por outra, que tem a maioria dos votos nas deliberações, possibilitando que eleja a maioria dos administradores. P. ex.: do capital social da sociedade "A" participam as sociedades "B", "C" e "D" e os sócios "E" e "F", sendo cada um titular de 20% daquele capital. Mas "B", "C" e "D" (*holdings* intermediárias) são controladas por "G" (não participante do capital social de "A") e agem sob seu poder de mando, inclusive nas assembleias de sócios de "A"; logo, "G" também controlará "A" e consequentemente todo o grupo. Assim:

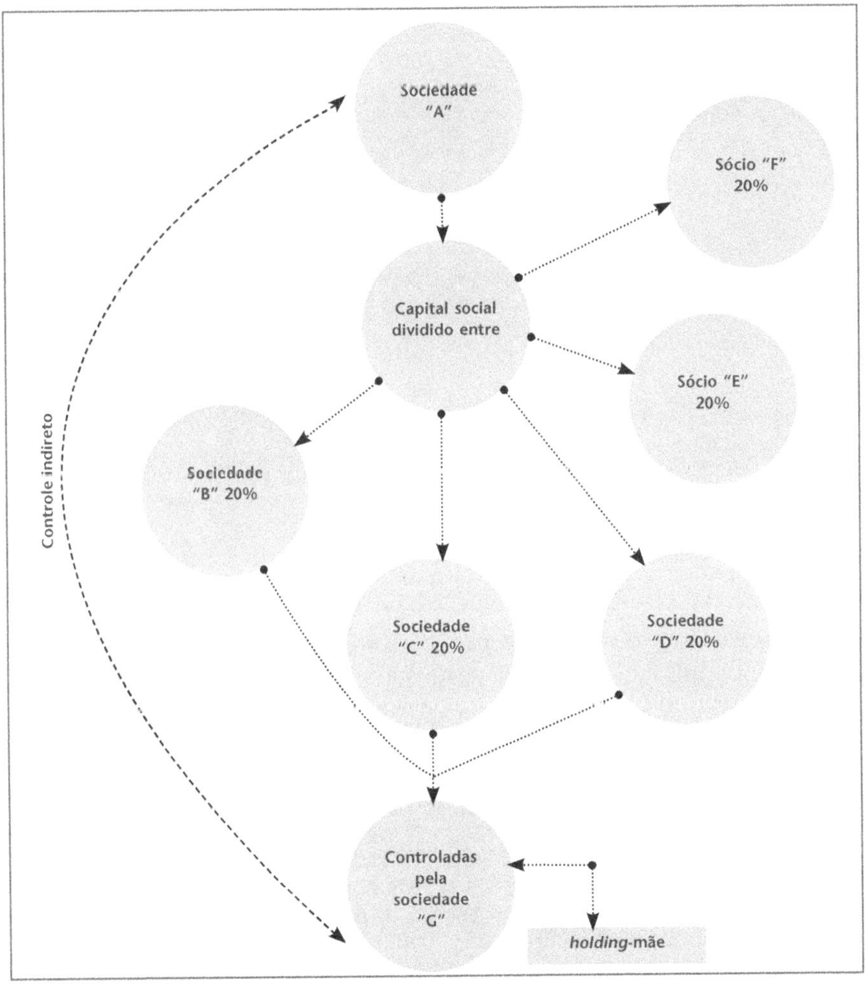

A *holding*-mãe controla outras *holdings*, que são controladoras de sociedades operacionais. Há, portanto, uma *holding* controladora de todo grupo empresarial.

A *sociedade controladora*, portanto, é a que, tendo poder de mando, participa do capital de outra sociedade, diretamente ou indiretamente (por meio de outras controladas), na proporção que lhe garanta, permanentemente, maioria de votos nas deliberações sociais e o poder de eleger os administradores.

A *sociedade controlada* é, em linhas gerais, aquela em que a controladora detém a titularidade de direitos dos sócios, tendo preponderância nas deliberações assembleares e na eleição dos administradores. O sócio de maior participação no capital social da sociedade controlada é a sociedade controladora.

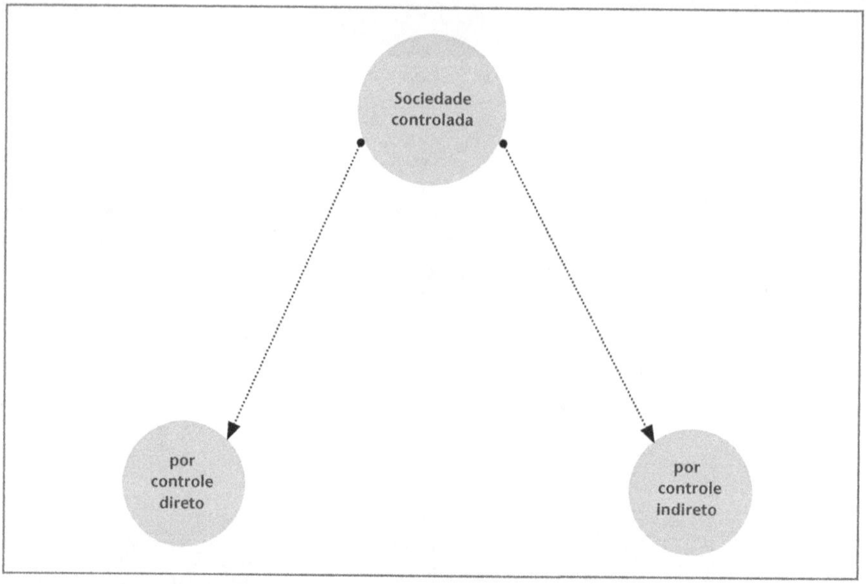

Na sociedade controlada, a participação da controladora em seu capital provoca a influência decisiva desta sobre aquela[271].

271. Ricardo Negrão, *Manual*, cit., v. 1, p. 247; M. Helena Diniz, *Código*, cit., p. 870; Láudio C. Fabretti, *Direito de empresa*, cit., p. 149 e 150; Modesto Carvalhosa, *Comentários*, cit., v. 13, p. 424-25; Paulo Checoli, *Direito de empresa*, cit., p. 242. *Vide* art. 248 da Lei n. 6.404, com alteração da Lei n. 11.941/2009, e art. 243, § 2º da Lei n. 6.404.

Consulte: art. 31, §§ 1º a 3º, da Lei n. 11.727/2008, e arts. 77 a 80 e 83, parágrafo único, da Lei n. 12.973/2014, sobre tributação de pessoa jurídica domiciliada no Brasil, relativamente a acréscimo patrimonial obtido em participação em lucros auferidos no exterior por controladas.

Pelo Enunciado n. 482 do Conselho da Justiça Federal, aprovado na V Jornada de Direito Civil: "na apuração de haveres de sócio retirante de sociedade *holding* ou controladora, deve ser apurado o valor global do patrimônio, salvo previsão contratual diversa. Para tanto, deve-se considerar o valor real da participação de *holding* ou controladora nas sociedades que o referido sócio integra".

b.3. Sociedade filiada

A sociedade filiada é a sociedade coligada de cujo capital outra sociedade (investidora) participa com 10% ou mais, sem ter o poder de controlá-la (CC, art. 1.099)[272]. Serão coligadas as *sociedades por ações* nas quais a investidora tenha influência significativa, que será presumida se esta for titular de 20% ou mais do capital votante da investida. Nesta hipótese considera-se que haverá tal influência significativa se a investidora for detentora ou exercer o poder de participar nas decisões das políticas financeira ou operacional da investida, sem, contudo, controlá-la (Lei n. 6.404/76, art. 243, §§ 1º, 4º e 5º, com a redação da Lei n. 11.941/2009).

Há uma coordenação, e não subordinação, entre as sociedades coligadas, pois de um lado temos a *coligada investidora* e de outro a *coligada inves-*

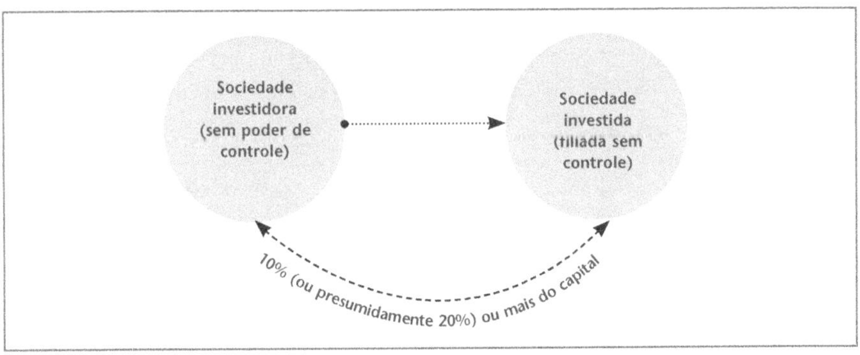

Pelo Enunciado n. 88: "A ação de responsabilidade contra controlador (LSA art. 117) ou sociedade controladora (LSA, art. 246) não pressupõe a prévia deliberação assemblear" (aprovado na III Jornada de Direito Comercial).

272. O Projeto de Lei n. 699/2011 pretende alterar a redação do art. 1.099 do Código Civil para a seguinte: "Diz-se filiada a sociedade de cujo capital outra sociedade participa com dez por cento ou mais, do capital da outra, sem controlá-la", alegando que: "houve equívoco do legislador na redação desse dispositivo, onde os conceitos de coligadas e filiadas estão equiparados. Faz-se mister a supressão da referência a sociedades coligadas, gênero onde já estão incluídas as sociedades filiadas".

tida, que não sofre qualquer intervenção da investidora em sua administração. Ambas conservam: seus objetivos; sua autonomia administrativa; sua personalidade jurídica e a individualização de seus patrimônios. A *holding* de participação (*coligada investidora*) age como investidora ao participar permanentemente com 10% (ou presumidamente 20%) ou mais do capital votante da *coligada investida*. Tal participação não conduz a qualquer subordinação, nem ao poder de decisão de uma nas deliberações sociais e na eleição da maioria dos administradores da outra[273].

b.4. Sociedade de simples participação

A sociedade de simples participação é aquela de cujo capital outra sociedade possui *menos* de 10%, tendo, porém, o *direito de voto* (CC, art. 1.100). Há, portanto, uma *sociedade investidora* de menos de 10% do capital votante da *investida*.

As sociedades, investidora e investida, são apenas vinculadas, não havendo qualquer controle de uma sobre a outra. Não há participação inferior a 10% do capital social, mas sim do capital com direito de voto. Observa Modesto Carvalhosa que, mesmo com menos do que 10% do capital votante, as participações das sociedades (investidora e investida) do mesmo grupo ou sob controle comum são relevantes para a consolidação do balanço.

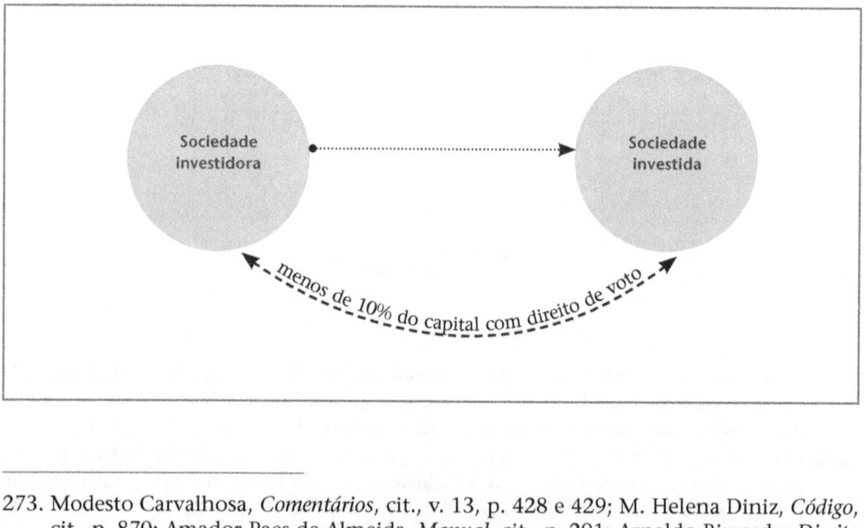

273. Modesto Carvalhosa, *Comentários*, cit., v. 13, p. 428 e 429; M. Helena Diniz, *Código*, cit., p. 870; Amador Paes de Almeida, *Manual*, cit., p. 291; Arnaldo Rizzardo, *Direito de empresa*, cit., p. 923-24. *Vide*: Lei n. 6.404/76, arts. 247, parágrafo único, *a* e *b*, e 243, §§ 1º, 4º e 5º, com alteração da Lei n. 11.941/2009.

E deverá haver avaliação de investimentos por meio de balanços patrimoniais pelo método de equivalência patrimonial (Lei n. 6.404/76, art. 248, I a III) somente se a investidora e a investida pertencerem ao mesmo grupo de sociedades ou se estiverem sob controle comum. Em linhas gerais, esse método avalia, ao final de cada exercício social, esse investimento relativamente ao valor líquido da sociedade coligada, determinado com base no balanço patrimonial ou balancete de verificação levantado antes do balanço da investidora. Nesse patrimônio líquido não deverão ser computados os resultados não realizados, oriundos de negócios com a investidora ou com outras sociedades coligadas ou controladas por ela. O valor do investimento deverá ser determinado pela aplicação do percentual da participação da investidora sobre o valor do patrimônio líquido da coligada ou controlada. A diferença entre o valor apurado pelo método de equivalência patrimonial e o custo de aquisição da participação societária somente será registrada como resultado do exercício se: decorrer de lucro ou prejuízo na controlada ou coligada; corresponder, comprovadamente, a ganhos e perdas efetivas; houver companhia aberta, observando-se as normas da CVM[274].

C. Participação societária recíproca: suas implicações jurídicas

A não ser que haja disposição legal especial, uma sociedade não poderá ter participação de outra, que seja sua sócia, por montante superior ao das próprias reservas de lucros disponíveis do patrimônio líquido, comprovado em balanço ordinário, excluída a reserva legal (CC, art. 1.101), que não será computada, considerando-se que constitui tutela dos credores da sociedade, preservação da integridade do capital social (Lei n. 6.404/76, art. 193) e manutenção da personalidade jurídica e da autonomia administrativa de cada sociedade envolvida. Tavares Borba observa que "a participação recíproca entre sociedades leva à formação de capital inteiramente artificial. Para que assim se conclua, basta exemplificar com duas sociedades, "A" e "B", cujos patrimônios constituam-se exclusivamente por ações uma de outra (...) Liquidando-se essas sociedades, mesmo que não existam dívidas, o patrimônio apurado será igual a zero, porquanto composto apenas de papéis de sociedades em extinção". Isso assegurará adimplemento das obrigações, evitando não só que a sociedade assuma deveres que não possa cumprir como também o "aguamento do capital social".

---

274. Modesto Carvalhosa, *Comentários*, cit., v. 13, p. 429-31; Láudio C. Fabretti, *Direito de empresa*, cit., p. 152-53.

A *participação societária recíproca* traz consequências nefastas, como: a diminuição das garantias dos credores; anulação da influência de uma sociedade em outra, se ambas tiverem o exercício do direito de voto.

Se houver aprovação de balanço, verificando que se excedeu àquele limite, a sociedade não poderá exercer seu direito de voto, correspondente às ações ou quotas em excesso, que deverão ser alienadas, dentro do prazo de cento e oitenta dias, contado daquela aprovação (CC, art. 1.101, parágrafo único).

O art. 1.101, ao proibir a participação recíproca, tem por escopo, na lição de Modesto Carvalhosa, a preservação da integridade do capital social e da autonomia administrativa de cada sociedade componente do grupo societário. Para tanto impõe que a participação recíproca não poderá ir além das reservas livres, devendo dar-se com os recursos dos saldos destas, não podendo abranger o capital social nem a reserva legal.

Observa Fiuza que o art. 1.101 possibilita que: *a*) uma sociedade anônima não pode ter participação recíproca em outra, conforme a Lei n. 6.404, ressalvada a hipótese do art. 193, em montante superior ao das reservas disponíveis do patrimônio líquido, desde que não computada a reserva legal; *b*) sociedades de outros tipos societários podem participar de outra, respeitando o limite do art. 1.101, *caput*[275].

---

275. Fiuza, *Novo Código Civil*, cit., p. 1.018; M. Helena Diniz, *Código*, cit., p. 871; Luiz Cezar P. Quintans, *Direito da empresa*, cit., p. 117-19; Mônica Gusmão, *Curso*, cit., p. 342; Paulo Checoli, *Direito de empresa*, cit., p. 249-50. *Vide*: Lei n. 6.404/76, arts. 244 e 30, § 1º, *b*.

O Projeto de Lei n. 7.160/2002 propõe alteração na redação da cabeça do artigo para: "Art. 1.101. Salvo disposição especial de lei, a sociedade não pode participar de outra, que seja sua sócia, coligada ou controlada". Propõe, ainda, em substituição ao parágrafo único do artigo, a inclusão de outros parágrafos, a saber:

"§ 1º O disposto neste artigo não se aplica no caso de uma sociedade participar da outra, pela aquisição de ações ou quotas para permanência em tesouraria ou cancelamento, desde que até o valor do saldo de lucros ou reservas, exceto a legal, e sem diminuição do capital social, ou por doação. § 2º As ações ou quotas do capital da controladora, de propriedade da controlada, terá suspenso o direito de voto. § 3º No caso do § 1º, a sociedade deverá eliminar, dentro de seis meses, as ações ou quotas que excederem o valor dos lucros ou reservas, sempre que esses sofrerem redução. § 4º. A participação recíproca, quando ocorrer em virtude de incorporação, fusão ou cisão, ou da aquisição, pela companhia, do controle de sociedade, deverá ser mencionada nos relatórios e demonstrações financeiras de ambas as sociedades, e será eliminada no prazo máximo de um ano. § 5º A aquisição de ações ou quotas de que resulte participação recíproca com violação ao disposto neste artigo importa responsabilidade civil solidária dos administradores da sociedade, equiparando-se, para efeitos penais, à compra ilegal das próprias ações".

A justificativa dessa proposta baseia-se no seguinte: "Trata-se de mera adequação ao art. 244 da Lei das S/A. A vedação da participação recíproca (participação de uma sociedade em sua sócia) visa a evitar problemas de natureza patrimonial (preservar a integridade do capital social) e política (manter a autonomia administrativa). Com a participação recíproca, as garantias dos credores diminuem, pois as participações recíprocas se anulam, reduzindo-se o valor real do capital de ambas as sociedades, no caso de participação recíproca direta. Porém, tal diminuição também acontece no caso de participação recíproca indireta (uma sociedade que participa do capital de outra, esta do capital de uma terceira e a terceira do capital da primeira). Também surgem problemas quando do exercício do direito de voto por parte das sociedades que participam do capital de outras.

Se ambas as sociedades em que há participação recíproca exercem o direito de voto, ocorre a anulação de influência de uma sociedade em outra. Nesse sentido, a Lei das S/A, que atualmente dispõe sobre participação recíproca (art. 244), veda-a entre a sociedade e suas coligadas ou controladas. Estabelece exceção a regra, podendo uma sociedade participar da outra, pela aquisição das ações, para permanência em tesouraria ou cancelamento, desde que até o valor do saldo de lucros ou reservas, exceto a legal, e sem a diminuição do capital social, ou por doação; devendo a sociedade alienar dentro de 6 (seis) meses, as ações ou quotas que excederem o valor dos lucros ou reservas, sempre que esses sofrerem redução. E as ações do capital da controladora, de propriedade da controlada, terá suspenso o direito de voto. Além disso, dispõe a Lei das S/A sobre os procedimentos a serem adotados no caso de ocorrência de participação recíproca em virtude de incorporação, fusão ou cisão ou da aquisição pela companhia do controle da sociedade, e a responsabilidade civil solidária dos administradores nos casos de aquisição de ações ou quotas que resulte em participação recíproca, equiparando-se, para efeitos penais, à compra ilegal de ações. O NCC permite a participação recíproca, desde que esta não aconteça por montante superior ao das próprias reservas, excluída a reserva legal, segundo o balanço, exceto se previsto de outra maneira em legislação especial. E sendo assim, com a entrada em vigor do novo Código Civil haverá dois cenários distintos: (*i*) no caso de sociedades, em que uma delas é sociedade anônima, não se poderá ter participação recíproca, de acordo com a Lei das S/A, ressalvada a hipótese ali prevista, conforme acima mencionada, e (*ii*) no caso de sociedades que sejam dos demais tipos societários, como sociedades limitadas por exemplo, poderá haver a participação recíproca, respeitado o limite disposto no novo Código Civil".

Quadro Sinótico

PARTICIPAÇÕES SOCIETÁRIAS

1. NOÇÕES GERAIS	• Participações societárias, mecanismos de gestão negocial, que tem por escopo: a racionalização da administração empresarial e dos processos de produção e da prestação de serviços; a melhora na distribuição dos produtos; a redução de custos das atividades econômicas; a maior competitividade das sociedades; a busca de eficiência e de um lucro maior; a economia interna de escala etc.	
	• Grupos econômicos	• de fato (sociedades coligadas: controladas, filiadas e de simples participação); • de direito (grupos de sociedades e consórcio de empresas).
2. SOCIEDADES COLIGADAS	• Conceito	• São as resultantes da relação estabelecida entre duas ou mais sociedades submetidas ou não ao mesmo controle.
	• Classificação conforme a extensão de suas relações com o capital	• Sociedades controladas. • Sociedades filiadas. • Sociedades de simples participação.
3. SOCIEDADE CONTROLADA (CC, ART. 1.098)	• *Sociedade controlada por controle direto* é aquela de cujo capital outra sociedade possui a maior parte, tendo no exercício do direito de voto a maioria deles nas deliberações dos quotistas e nas assembleares e o poder de eleger a maior parte dos administradores. • *Sociedade controlada por controle indireto* é aquela cujo controle está em poder de outra, mediante ações ou quotas possuídas por sociedades ou por sociedades por esta já controladas.	
4. SOCIEDADE FILIADA	• É a sociedade (investida) de cujo capital outra (investidora) participa com 10% (ou 20%, se sociedade por ações), ou mais, sem ter o poder de controlá-la (CC, art. 1.099; Lei n. 6.404/76, art. 243, §§ 1º, 4º e 5º, com a redação da Lei n. 11.941/2009).	
5. SOCIEDADE DE SIMPLES PARTICIPAÇÃO	• Pelo art. 1.100 do Código Civil, é aquela (investida) de cujo capital outra (investidora) possui menos de 10% do capital votante.	
6. PARTICIPAÇÃO SOCIETÁRIA RECÍPROCA (CC, ART. 1.101)	• Participação de uma sociedade em outra, sua sócia, por montante superior ao das próprias reservas disponíveis do patrimônio líquido, que é vedada; salvo disposição legal especial, por trazer diminuição das garantias dos credores, por afetar a integridade do capital social.	

11. Sucessão empresarial: linhas gerais

A. Noção de sucessão

O termo *sucessão* na *seara cível*, em sentido amplo, é entendido como modo derivado de aquisição do domínio, indicando o ato *inter vivos* pelo qual alguém sucede a outrem, investindo-se, total ou parcialmente, nos direitos que lhe pertenciam. E, em sentido restrito, trata-se da transferência, total ou parcial, de herança por morte de alguém, a um ou mais herdeiros. É a aquisição *ope legis* da posse e propriedade da herança, pelos herdeiros legítimos ou testamentários, com a abertura da sucessão tomando o lugar do *de cujus*, continuando sua posse e propriedade, com os mesmos caracteres (vícios ou qualidades).

Como se vê é o ato ou efeito de suceder, por ato *inter vivos* ou *causa mortis*, uma pessoa em seus direitos e obrigações.

No âmbito empresarial, seria, *lato sensu*, o ato pelo qual uma sociedade ou empresário, ao adquirir um estabelecimento, continua os negócios anteriores, substituindo o antigo titular. A aquisição de um estabelecimento empresarial e a continuação da exploração do negócio, mesmo que sob denominação social ou firma diversa, acarretam a responsabilidade integral do sucessor pelas contribuições sociais devidas pelo sucedido. Pode também significar, como vimos, o efeito produzido pelas operações de incorporação, fusão ou cisão, em que direitos e obrigações relativas a produtos, ou serviços, ou a atividades negociais são transferidos em caráter singular ou universal de uma pessoa jurídica para outra. A empresa que resultar de fusão, transformação, incorporação ou cisão é responsável pelo pagamento das contribuições sociais previdenciárias e das contribuições destinadas a outras entidades e fundos devidas pelas sociedades fusionadas, transformadas, incorporadas ou cindidas, até a data do ato da fusão, da transformação, da incorporação ou da cisão.

A sucessão de empresas é a que se dá quando uma sociedade é adquirida por outrem, ou vem a sofrer mudança na sua estrutura jurídica, sem que haja, contudo, alteração dos seus objetivos, mantendo-se inalteráveis os contratos trabalhistas e a continuidade na prestação de trabalho pelos empregados. Logo, a sucessora responde pelos encargos trabalhistas do antecessor.

Assim, em linhas genéricas, pode-se dizer que a sucessão empresarial é entendida como ato ou efeito em que uma sociedade, empresário, ou sócio ou ainda terceiro (p. ex., herdeiro), toma o lugar de outra sociedade, ou de outro empresário ou sócio, mantendo a mesma atividade ou os negócios do primeiro[276].

B. Casos de sucessão do sócio

Poderá ocorrer sucessão do sócio, com seu afastamento dela, que, contudo, continuará exercendo sua atividade econômica, pelos seguintes motivos[277].

a) sua *morte*, caso em que: *a*.1) seus herdeiros o substituirão ingressando como sócios na sociedade, havendo permissão no ato constitutivo ou acordo, nesse sentido, dos sócios sobreviventes. Assim, se o sucessor de sócio falecido concordar em manter o investimento na sociedade, e os sócios sobreviventes o aceitarem como sócio, a sociedade não se dissolverá nem mesmo parcialmente; *a*.2) ou ter-se-á, se houver disposição contratual em sentido contrário, dissolução parcial e liquidação parcial da sociedade para verificação do *quantum* a ser pago aos herdeiros do *de cujus*, segundo os valores patrimoniais sociais. Nesta apuração de haveres constatar-se-á o crédito devido ao sócio falecido, tendo por base o valor patrimonial de sua

---

276. M. Helena Diniz, *Dicionário jurídico*, São Paulo, Saraiva, 2005, v. 4, p. 549-51. *Vide*: *BAASP, 2724*:1978-06. A sucessão de empresas prescinde de forma, impondo-se analisar as peculiaridades do caso concreto. Na hipótese dos autos, correta a decisão que reconheceu a sucessão, eis que a empresa embargante continuou explorando a mesma atividade comercial da executada, comércio varejista de artigos de agropecuária, e continuou instalada no mesmo endereço comercial, além de as empresas possuírem sócios irmãos (TJDFT — 2ª T. Cível; ACi n. 20060610033684-DF; Rel. Des. Carmelita Brasil; j. 4-5-2011; v.u. — *BAASP, 2749*:2060-13).

Enunciado n. 59: "A mera instalação de um novo estabelecimento, em lugar antes ocupado por outro, ainda que no mesmo ramo de atividade, não implica responsabilidade por sucessão prevista no art. 1.146 do CCB" (aprovado na II Jornada de Direito Comercial).

Enunciado n. 104: "Não haverá sucessão do adquirente de ativos em relação a penalidades pecuniárias aplicadas ao devedor com base na Lei n. 12.846/2013 (Lei Anticorrupção), quando a alienação ocorrer com fundamento no art. 60 da Lei n. 11.101/2005" (aprovado na III Jornada de Direito Comercial).

277. Fábio Ulhoa Coelho, *Curso*, cit., v. 2, p. 466; *Manual*, cit., p. 145 e 146; Priscila M. P. Corrêa da Fonseca, *Dissolução parcial, retirada e exclusão de sócio no novo Código Civil*, São Paulo, Atlas, 2003; Rubens Requião, *A preservação da sociedade comercial pela exclusão do sócio*, Curitiba, Acadêmica, 1959, p. 188; Rosilene G. S. Giacomini, A transferência involuntária de quotas e seus reflexos no exercício precário dos herdeiros: administradores das sociedades limitadas, *Revista Síntese – Direito Empresarial, 24*: 80-93.

participação na sociedade, se outro critério não tiver sido estabelecido expressamente (CC, art. 1.028);

b) *cessão de sua participação societária a terceiro*, se o ato constitutivo da sociedade contiver previsão dessa possibilidade ou se se tratar de sociedade por ações. Ter-se-á aqui uma sucessão *inter vivos*, sem dissolução parcial da sociedade;

c) *alienação de controle de sociedade anônima*;

d) *liquidação da sua quota* a pedido do seu credor, hipótese em que a sociedade deverá efetuar a apuração de haveres do sócio obedecendo às normas legais ou às contratuais sem que haja prejuízo da permanência da sociedade, e depositando-se no juízo da execução o valor suficiente para solver o crédito exequendo, dentro da quantia alusiva ao reembolso a que aquele sócio devedor faz jus;

e) sua *retirada voluntária por ser sócio dissidente*, p. ex., de alguma decisão assemblear;

f) *sua exclusão*, pouco importando se é sócio minoritário ou majoritário, pelos demais sócios, mesmo minoritários, em razão de mora na integralização da quota por ele subscrita (CC, arts. 1.004, 1.030 e 1.085) ou de justa causa, por violar ou deixar de cumprir as obrigações sociais. O sócio excluído ou expulso deverá receber o valor de sua participação societária.

Em alguns desses casos ter-se-á, pela perda de um sócio e pela continuidade da sociedade, dissolução parcial da sociedade, com redução do capital social que, contudo, poderá ser evitada se os sócios o quiserem, mediante subscrição e integralização de novas quotas ou se herdeiro de sócio falecido o substituir recebendo suas quotas.

Ocorrendo a dissolução parcial da sociedade, e afastamento de sócio, ter-se-á apuração de haveres em balanço especial, tendente à determinação da quota e à liquidação de parte do patrimônio social pertencente ao sócio falecido, cedente, dissidente, ou excluído, fixando, numericamente, o valor de sua participação, na sociedade, quantificando-o em dinheiro, tendo por base, salvo disposição contratual em contrário, a situação patrimonial da sociedade à data da resolução parcial (CC, art. 1.031). Hernani Estrella[278] observa, com propriedade, que o objeto específico da apuração de haveres é "operar a transmutação do direito patrimonial abstrato de sócio (enquanto jungido ao contrato), convertendo-o normalmente em prestação pecuniária exigível. É forma instrumental que dá corpo e objetividade exterior à situação jurídica preexistente, advinda da ruptura parcial do vínculo societário, possibilitando (conforme seus resultados) a exigibilidade, por parte do sócio ou de quem o substitua, do crédito apurado".

---

278. Hernani Estrella, *Apuração dos haveres de sócio*, Rio de Janeiro, Forense, 1992, p. 170.

C. Planejamento sucessório: uma necessidade atual no mundo empresarial

A grande participação de sociedades familiares no desenvolvimento nacional e as mudanças do novel Código Civil referentes à ordem de vocação hereditária na sucessão legítima (CC, art. 1.829), ao reconhecimento do cônjuge sobrevivente como herdeiro necessário (CC, art. 1.845) e também, em certos casos, como concorrente ao lado de descendentes e ascendentes (CC, arts. 1.829, I e II, e 1.830, 1.832, 1.836, 1.837) do *de cujus*, fazendo com que este fique com um percentual menor para sua livre disposição, em testamento, a quem quiser, e ao fato de o companheiro ser sucessor regular do outro, em concorrência com descendente, ascendente e colateral (art. 1.790, I a III), quanto aos bens adquiridos onerosamente, na vigência da união estável, poderão levar o empresário, o sócio, ou acionista, de uma sociedade a realizar um *planejamento sucessório* para proteção do patrimônio familiar, com o objetivo de: preparar os herdeiros para serem executivos, dando continuidade do negócio, fazendo p. ex. com que participem do Conselho de Administração; apresentar soluções para o crescimento da empresa familiar, reestruturando-a de maneira compatível com a sucessão; conciliar conflitos de interesses entre herdeiros, acionistas e administradores da sociedade; colocar os herdeiros como controladores; evitar conflitos familiares, relativos à empresa; manter a continuidade do empreendimento, indicando um dos herdeiros como administrador da sociedade ou atribuir a gestão empresarial a administradores profissionais; constituir renda para herdeiros que não estejam na gestão da empresa; agilizar a transmissão do patrimônio empresarial aos herdeiros, reduzindo o acervo hereditário, a ser inventariado judicial ou extrajudicialmente; instituir legado de usufruto de ações etc.

O planejamento sucessório, na lição de Cássio S. Namur, seria a "organização em vida da divisão do patrimônio entre os herdeiros e o estabelecimento de mecanismos de administração desse patrimônio", sempre tendo em vista as limitações impostas pelo Código Civil quanto aos bens destinados aos herdeiros necessários e aos garantidos ao cônjuge (ou companheiro) sobrevivente para evitar futuras impugnações em juízo. Visa garantir a continuidade da atividade empresarial e evitar a dilapidação do patrimônio construído pela empresa familiar. Com esse planejamento é possível evitar desavenças entre herdeiros e sócios e transferir o capital social, possibilitando redução tributária que recai sobre o rendimento da pessoa física, realizando por meio da pessoa jurídica com base no lucro presumido, como pondera Maria Berenice Dias. Trata-se de uma estratégia para transferir, de forma planejada, o patrimônio após o falecimento, feita em vida por alguém, respeitando a legítima de herdeiros necessários, com o escopo de: preservar bens; dar continuidade aos negócios; evitar litígios futuros; efetuar uma organização tributária etc.

O planejamento sucessório, portanto, tem por escopo, em caso de óbito de sócio, facilitar a partilha do acervo hereditário e preservar a integridade dos laços de família e a boa administração da sociedade familiar e, até mesmo, diminuir custos tributários e de transmissão *causa mortis*.

O planejamento sucessório é de grande importância para preservar as atividades da empresa.

Os principais mecanismos para a efetivação do planejamento sucessório-empresarial seriam, com base no ensinamento de Cássio S. Namur, exemplificativamente[279]:

279. Sobre planejamento sucessório: Cássio S. Namur, *Planejamento sucessório* — mecanismos societários e aspectos fiscais. Palestra proferida em 31 de janeiro de 2007, no Curso Empresas familiares, cujos apontamentos foram, gentilmente, a nós cedidos pelo autor; Marta Watanabe, Código Civil muda planejamento sucessório. *Valor Econômico*, 28 ago. 2006, p. A-4; Mário L. Delgado e Jânio U. Marinho Júnior. Fraudes no planejamento sucessório. *Revista Síntese — Direito de Família*, *126*:41-75, 2021; Láudio Camargo Fabretti, *Direito de empresa*, cit., p. 150 e 151; M. Helena Diniz, *Dicionário jurídico*, São Paulo, Saraiva, 2005, v. 2, p. 852; v. 4, p. 777; Sucessão comercial por falecimento de um dos sócios em sociedade por quotas de responsabilidade limitada, *Estudos Jurídicos*, *6*:252-62; Contratos modificativos, *Revista de Direito Civil, Imobiliário, Agrário e Empresarial*, *61*:7-14; Bruno T. da Silva, Planejamento sucessório: o que lhe impede, *Revista Síntese — Direito empresarial*, *55*:192-196; Rosilene G. da S. Giacomin, A sintonia entre o direito sucessório e a administração na sociedade limitada, *Revista Síntese — Direito de Família*, *89*:11-23; Henrique Faria, *Fusões e aquisições como solução para continuidade e crescimento de empresas familiares*. Conferência dada no Curso Empresas familiares, promovido pelo *Institute for International Research do Brasil*, em 31 de janeiro de 2007; Rosset, *Les holding companies et leurs imposition en droit comparé*, Paris, 1931; Watkins, Trustification and economic theory, *American Economic Review*, *21*(*1*):54-76, 1931; Euclides de Oliveira, Cotas societarias: validade da doação "causa mortis", *Questões controvertidas*, cit., v. 8, p. 455; Maria Berenice Dias, *Manual das sucessões*, São Paulo, Revista dos Tribunais, 2008, p. 370; Gladston Mamede e Eduarda C. Mamede, *Holding familiar e suas vantagens*, São Paulo, Atlas, 2011; Cristiana S. G. Ferreira e Carolina F. Leitão, A *holding* patrimonial familiar e seus incentivos: uma análise juseconômica, *Revista Síntese — Direito de Família*, *95*:21-40. Consulte sobre *holding* familiar: Cláudio Tessari e outros, *Holding* familiar: uma alternativa segura de proteção patrimonial. Planejamento sucessório e tributário, *Revista Síntese – Direito de Família*, *107*:9-26; Diogo L. Manganelli, *Holding* familiar como estrutura de planejamento sucessório em empresas familiares, *Revista Síntese – Direito de Família*, *107*:27 a 43; Beatriz F. Jesus, Bruna V. Santos e Marco Antonio D. Kumaira, Benefícios da aplicabilidade das *holdings* das sociedades familiares, *Revista Síntese – Direito de Família*, *127*:148 a 166, 2021; Lorena V. L. Sickert, *Holding* familiar: entenda os prós e contras desse instrumento, *Revista Síntese – Direito de Família*, *107*:43 a 48; Lenine Balko, *Holding* familiar, *Revista Síntese – Direito de Família*, *107*:49 a 52. *Vide*: Karyna S. L. Gaya, Planejamento sucessório: uma saudável preocupação com o futuro, *Revista Síntese – Direito de Família*, *70*:124 e 125; Emanuele Dall'Asta e Vitor Hugo Oltramari, Planejamento sucessório: a vontade além da vida, *Revista Síntese – Direito de Família*, *72*:69-72; M. H. Diniz, "*Holding*": uma solução viável para a proteção do patrimônio familiar, *Revista Argumentum*, *20*: 17-34, 2019; Bruno F. Silveira, Análise da utilização de empresa *holding* como mecanismo de planejamento sucessório, *Revista Síntese — Direito de Família*, *126*:76-92, 2021; Rodrigo Toscano, Todas as famílias, independentemente do tamanho do patrimônio, devem se preocupar com planejamento sucessório, *Revista IBDFAM*, *56*:4-5; Daniel

a) Formação de uma fundação com as ações ou quotas da sociedade e com a totalidade do patrimônio social, perseguindo, então, um fim social filantrópico, com isenção de tributos.

b) Constituição de um *trust* ou uma sociedade *holding*, com a finalidade de participar no capital de outras sociedades, na medida em que lhe fique assegurado o controle delas (Lei n. 6.404/76, art. 2º, §§ 1º e 2º, c/c art. 243, § 2º, e CC, art. 1.053, parágrafo único), possibilitando o planejamento tributário, com redução da carga fiscal e a organização do patrimônio familiar, facilitando a sucessão hereditária e a proteção patrimonial. A *holding* familiar, portanto, atende aos interesses de um grupo familiar por permitir a concentração, ou seja, o controle dos bens e proteção do patrimônio familiar com o escopo de traçar um plano sucessório, evitando desgaste com inventário e a incidência do ITCMD, e, ainda, possibilita redução da carga tributária com locação e compra e venda de imóveis, visto que a alíquota será mais baixa. Nesta hipótese, ensina Láudio C. Fabretti, o fundador integraliza o capital da *holding* com imóveis, ações e quotas de sociedade, títulos e valores mobiliários etc., todas de sua propriedade. Ao formar um *trust*, o titular dos bens transfere a propriedade de seu patrimônio para ele. Com isso, a *holding* criada passará a ser a sócia do empreendimento e poderá, além dos lucros e dividendos recebidos de participação societária, receber receitas auferidas de locação de imóveis e rendimentos de títulos e valores mobiliários. A *holding* familiar, na lição de Bergamini, é a que controla o patrimônio de uma ou mais pessoas físicas, que passam a possuí-la por meio de uma pessoa jurídica (controladora patrimonial) constituída na forma de sociedade limitada, que, em regra, tem a seguinte denominação social: Empreendimentos ou Participações Ltda.

Assim facilitar-se-á a administração dos bens e a sucessão hereditária, visto que se assegura a manutenção das empresas em nome dos descendentes do sucessor.

Frederighi, Como funciona a doação com cláusula de usufruto na *holding familiar?*, *Revista Síntese – Direito de Família*, *131*: 88-95, 2022. Consulte: Revista do IBDFAM, ed. 44, abril/maio de 2019.

Já houve decisão de que:

"Revela-se desnecessário o ajuizamento de um procedimento autônomo para que seja reconhecida a sucessão empresarial. O magistrado, diante de fortes indícios apresentados nos autos, pode reconhecer a sucessão. E nada impede que a parte considerada sucessora apresente embargos, posteriormente, para discutir a matéria, o que permitirá, inclusive, a ampla produção probatória. Havendo fortes indícios da sucessão empresarial, sobretudo pela declaração do agravado, informando que o imóvel foi adquirido pela sociedade indicada sucessora, é de se permitir a constrição de bens desta. Enquadrando-se as alegações da recorrente no regular exercício do direito de defesa dos interesses que ela considera legítimos, inexiste qualquer ato que atente à dignidade da Justiça" (TJMG-17ª Câm. Cível; AG n. 1.0520.05.009805-9/001-Pompéu-MG; Rel. Des. Eduardo Mariné da Cunha; j. 30-11-2006; v.u.). Sucessão empresarial: *BAASP, 2700*:1901-02.

O estatuto ou contrato social da *holding* deverá estipular normas sobre administração, participação no capital social e função de cada membro integrante da família na empresa, procedimento na hipótese de óbito ou retirada de algum sócio; a preferência na aquisição de quotas pelos sócios remanescentes; a transferência de quotas por meio de doação com cláusula de usufruto vitalício ou testamento; as cláusulas de proteção (incomunicabilidade, inalienabilidade e impenhorabilidade) ou de gravames para evitar dilapidação de bens familiares por herdeiros.

Ter-se-á, ainda, concentração da gestão empresarial, visto que o *holding*, como controladora, por ser detentora do controle acionário, poderá, tendo poder decisório, ditar diretrizes administrativas e financeiras às controladas. As controladas, agrupadas em *trust*, conservam sua individualidade jurídica e a aparente independência econômica, mas a maioria das ações de cada uma delas é detida pela controladora, cujos diretores (herdeiros do fundador) têm poder decisório nas assembleias de acionistas de cada uma daquelas sociedades controladas, por terem a maioria dos votos. Há uma coligação de empresas sob uma direção única. Com isso, o fundador busca a preservação desse patrimônio, evitando eventuais disputas judiciais, por ocasião de seu óbito. Deveras, a formação do *trust* poderá garantir que seus ativos sejam distribuídos aos beneficiários escolhidos, sem os trâmites administrativos e legais. Após o falecimento do fundador, competirá ao *trustee* administrar os bens do modo por ele estipulado, evitando que seja esvaziado, seguindo as diretrizes por ele estabelecidas de que os seus herdeiros recebam apenas os rendimentos das aplicações financeiras ou se sujeitem à distribuição dos ganhos, havendo cumprimento de certas metas. O *trust* alia a confidencialidade do contrato de *trust*, feito, geralmente, com um banco: Bank Boston International, por meio do Bank Boston — Trust Company Limited (sua filial), Itaú International Private Bank, mediante o BIE Bank & Trust, com a garantia também de um paraíso fiscal. O contrato de *trust*, em regra, envolve empresa *offshore* em paraíso fiscal (p. ex., Ilhas Cayman, Luxemburgo), na qual estão reunidos todos os ativos, realizando-se investimentos praticamente isentos de tributação e escassamente regulamentados.

c) Criação de uma sociedade, destinando bens móveis ou imóveis para formação de seu capital social, doando, posteriormente, quotas aos futuros herdeiros com reserva de usufruto para o doador.

d) Constituição de fundo de investimento exclusivo (Instrução n. 409 da CVM) para gestão dos recursos financeiros do titular do patrimônio, pois, como observa Cássio S. Namur, com tais recursos ter-se-á a integralização das quotas do referido fundo. Essas quotas poderão ser doadas pelo titular do patrimônio, reservando para si o usufruto para continuar administrando aqueles recursos e auferir os ganhos advindos dos ativos financeiros.

e) Transformação de uma sociedade limitada em anônima, doando as ações ordinárias (50%), com reserva de usufruto, aos filhos que tiverem experiência para serem administradores, e ações preferenciais (50%) aos demais que não têm vocação para gerir um empreendimento.

f) Elaboração de acordo de acionista, estabelecendo: *quorum* qualificado (incluindo as ações preferenciais) para aprovar matérias voltadas ao funcionamento da sociedade, p. ex., alteração de percentual de dividendo obrigatório; venda de ativos; nomeação de representante no Conselho de Administração etc.; diretrizes assecuratórias dos direitos dos acionistas minoritários na hipótese de alienação de ações, como o direito de preferência; direito ou obrigação de venda conjunta com o controlador.

g) Uso de *transações alternativas* suscetíveis de dar continuidade e crescimento à sociedade familiar, como, p. ex.[280]: a) *venda de ativos* (para obter recursos para reestruturar o empreendimento); b) *venda ou troca de participação minoritária* (para conseguir recursos ou compartilhar *know-how*, o que seria um primeiro passo para uma fusão); c) *joint venture*, que é um acordo empresarial de natureza associativa, ou seja, a associação de empresas-mãe "A" e "B" para possibilitar a cooperação entre elas, que são empresas independentes, pois conservam sua identidade, para a realização de um empreendimento, dividindo investimentos, retornos e riscos.

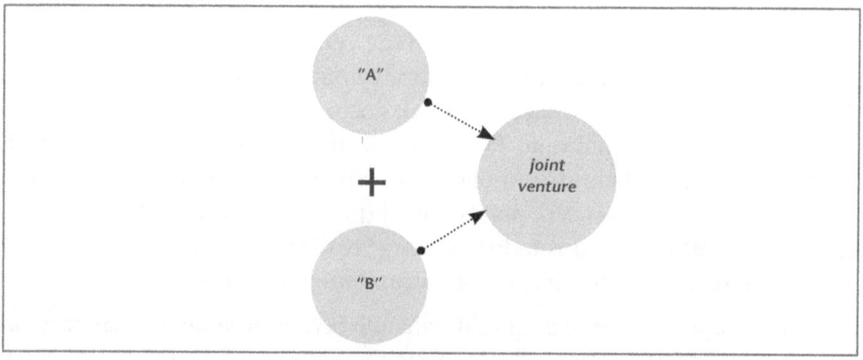

280. É a lição de Henrique Faria, *Fusões e aquisições como solução para continuidade e crescimento de empresas familiares*. Aula dada no curso Empresas familiares, promovido pelo *Institute for International Research do Brasil*, em 31 de janeiro de 2007; Armando Rovai, As sociedade anônimas e as '*joint ventures*', in *Sociedades anônimas* (coord. Finkelstein e Proença), Série GV*law*, São Paulo, Saraiva, 2007, p. 214-41.

Atualmente, pela Lei n. 8.248/91, será possível a associação de empresas nacionais e estrangeiras, com transferência de tecnologia, havendo participação do sócio estrangeiro até 49% no capital. Permitida está a realização de *joint venture* com empresa estrangeira cedente da tecnologia, que poderá aqui investir em condições de igualdade com o capital nacional, sendo que apenas sofrerá algumas restrições quanto ao direito dos benefícios e incentivos fiscais (Lei n. 8.402/92). O Conselho Nacional de Informática e Automação (Conin) passará a ter a tarefa de examinar os projetos de *joint venture* entre empresas nacionais e estrangeiras que pretendam fruir dos benefícios previstos pela nova lei, abrindo caminho para a competitividade e modernização no mercado da informática. Consequentemente, o Conin passará a ter atribuições ministeriais, pois deliberará em tudo, tomando todas as decisões relativas a esse setor. Mas a criação de *joint venture* independerá de sua autorização, embora apenas as formadas com a aprovação desse órgão terão direito aos incentivos concedidos à empresa brasileira. O Conin poderá suspender o funcionamento de uma *joint venture*, se ela não cumprir os requisitos legais. A *joint venture* (empresa conjunta), por outro lado, traz algumas desvantagens, como risco de divulgação de dados confidenciais, dificuldades na gestão compartilhada; possibilidade de gerar conflitos de interesse se as empresas-mãe forem competidoras; d) *aliança estratégica*, união entre duas sociedades para facilitar negociações e acesso rápido a novos mercados e produtos.

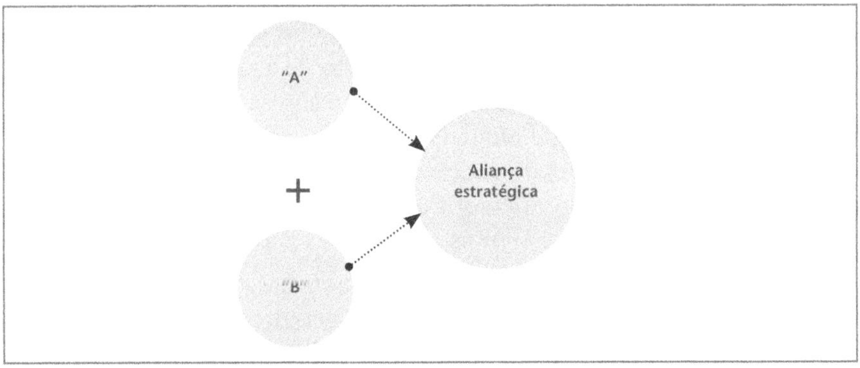

O planejamento sucessório poderá dar-se por meio de[281]:

281. Cássio S. Namur, *Planejamento sucessório*, cit.; M. Helena Diniz, *Curso*, cit., v. 6, p. 175, 237-246, 254; v. 3, p. 227, 236, 238, 239, 246; v. 4, p. 410, 416.

a) *Testamento*, ato pelo qual alguém, de conformidade com a lei, não só dispõe, para depois de sua morte, no todo ou em parte (CC, art. 1.857, *caput*), do seu patrimônio, mas também faz estipulações extrapatrimoniais e patrimoniais, limitadas à sua parte disponível, se tiver herdeiro necessário, cuja quota legitimária é intangível. Se a liberalidade exceder a quota disponível do testador (CC, art. 1.967), ter-se-á a redução *pro rata* das disposições testamentárias, em proporção ao quinhão do herdeiro instituído.

Ao herdeiro do testador poder-se-á ou não impor, inclusive em ações societárias, gravames de incomunicabilidade, inalienabilidade e impenhorabilidade (CC, art. 1.911), e se for herdeiro necessário dever-se-á indicar o justo motivo para tanto (CC, art. 1.848). E se o herdeiro for empresário, o título da herança ou legado dos bens clausulados de incomunicabilidade, impenhorabilidade ou inalienabilidade deverá ser arquivado e averbado no Registro Público de Empresas Mercantis (CC, art. 979).

O testador poderá, a título de planejamento sucessório, fazer legado de usufruto, p. ex., de ações mães, de ações bonificadas (filhotes de ações) ou de dividendos de participações societárias a cônjuge sobrevivente ou a uma pessoa (parente ou não), deixando a nua-propriedade a um herdeiro seu, sem fixação de tempo, caso em que se entenderá que os deixou ao legatário por toda sua vida (CC, art. 1.921). Nada obsta a que o testador imponha incomunicabilidade daqueles frutos civis. Logo, o usufrutuário não poderá legar um direito de usufruto, pois com seu óbito extinguir-se-á o usufruto. Poderá, p. ex., o testador legar o usufruto de ações (*usufructuary shares*) à sua mulher, deixando a nua-propriedade delas a seus irmãos e a seus filhos. Quanto às ações de fruição, ou usufruto de ações, importam não na titularidade das ações, mas no direito do viúvo ao uso e aos frutos (dividendos e ações bonificadas) que renderem as ações a partir da data da abertura da sucessão. Essas ações de fruição terão direito de voto, exercido mediante acordo entre nu-proprietários e usufrutuário, não estando regulado no testamento que instituiu o ônus real.

Isso é possível porque, separados das ações mães, os frutos (ações filhotes ou bonificadas) constituem objeto autônomo do direito ao usufruto.

b) *Doação*, contrato pelo qual uma pessoa, por liberalidade, transfere, do seu patrimônio, bens ou vantagens para o de outra que os aceita. Se feita a cônjuge, se o regime não for o da comunhão universal e o de separação obrigatória de bens, havendo patrimônio particular, e a filhos, será tida como adiantamento da legítima, ou seja, do que lhes cabe por herança, já que são herdeiros necessários (CC, art. 544), devendo ser por isso conferida no inventário do doador, por meio de colação (CC, art. 2.002; CPC/2015, art. 639), embora o doador possa dispensar a conferência, determinando, em tal hipótese, que saiam de sua metade disponível, calculada conforme o Código Civil, art. 1.847, contanto que não a excedam (CC, arts. 2.005 e 2.006), porque o excesso será considerado inoficioso (CC, arts. 2.007 e 2.008). A doação inoficiosa está vedada em lei. Nula será a doação de parte excedente do que poderia dispor o doador em testamento, no momento em que doa (CC, art. 549), pois, se houver herdeiro necessário (descendente, ascendente e cônjuge — CC, art. 1.845). Haverá nulidade da doação inoficiosa apenas na porção excedente à legítima de seus herdeiros; sofrerá, então, uma redução até o limite permitido. Também não valerá a doação de todos os bens, sem reserva de parte do patrimônio, que possa ser transformada em renda pecuniária ou em outra renda advinda da pensão, salário, direito autoral, aplicação financeira suficiente para a subsistência do doador (CC, art. 548), a fim de se evitar excessiva liberalidade que coloque o doador na penúria. Essa adoção da *reserva* de *usufruto* dos bens doados (p. ex. renda de aluguel de imóveis, direito político das ações como direito de votar, dividendos de participações societárias) é condição de validade da doação universal e assegura ao doador os meios de subsistência conforme seu padrão de vida, uma vez que o *usufruto* (direito real (CC, art. 1.225, IV) de fruir utilidades e frutos de uma coisa alheia) se caracteriza por sua vinculação à pessoa, sendo proibida sua alienação a terceiros (CC, art. 1.393) e não se transmitindo por morte do usufrutuário a seus herdeiros; assim sendo, morto o titular, extinguir-se-á o usufruto (CC, art. 1.410, I).

c) *Usufruto* mediante: *alienação*, que se dá quando o proprietário concede a outrem, por ato *inter vivos* ou *causa mortis*, o direito de retirar do bem os frutos e utilidades (p. ex., dividendos; ações bonificadas) que ele produz, sem alterar-lhe a substância, conservando a sua nua-propriedade ou *retenção*, que ocorre quando o proprietário do bem, somente por meio de contrato, cede a nua-propriedade, reservando para si o usufruto.

Quadro Sinótico

SUCESSÃO EMPRESARIAL: LINHAS GERAIS

1. SUCESSÃO	• Ato ou efeito de suceder, por ato *inter vivos* ou *causa mortis*, uma pessoa em seus direitos e obrigações.	
2. SUCESSÃO EMPRESARIAL	• Em sentido amplo, é o ato pelo qual uma sociedade ou empresário, ao adquirir um estabelecimento, continua os negócios anteriores, substituindo o antigo titular. • Efeito produzido pelas operações de incorporação, fusão ou cisão, em que direitos e obrigações relativos a produtos ou serviços, ou a atividades negociais, são transferidos em caráter singular ou universal de uma pessoa jurídica para outra. • Ato ou efeito em que uma sociedade, empresário, sócio ou terceiro toma o lugar de outra sociedade, empresário ou sócio, mantendo a mesma atividade do primeiro.	
3. CASOS DE SUCESSÃO DE SÓCIO	• Morte. • Cessão de participação societária a terceiro. • Alienação de controle de sociedade anônima. • Liquidação de quota societária a pedido do credor do sócio. • Retirada voluntária de sócio dissidente. • Exclusão de sócio pelos demais sócios, por haver justa causa.	
4. PLANEJAMENTO SUCESSÓRIO: UMA NECESSIDADE ATUAL NO MUNDO EMPRESARIAL	• Conceito	• Organização em vida da divisão do patrimônio entre os herdeiros e o estabelecimento de mecanismos de administração desse patrimônio (Cássio S. Namur).
	• Objetivos	• Preparação dos executivos herdeiros para a continuidade negocial, fazendo com que participem do Conselho da Administração. • Apresentação de soluções para o crescimento da sociedade familiar, reestruturando-a de forma compatível com a sucessão.

4. PLANEJAMENTO SUCESSÓRIO: UMA NECESSIDADE ATUAL NO MUNDO EMPRESARIAL	• Objetivos	• Conciliação dos conflitos de interesses entre herdeiros, acionistas e administradores. • Colocação de herdeiros na administração da sociedade ou atribuição da gestão empresarial a administrador profissional. • Concessão do poder de controle aos herdeiros. • Constituição de renda a herdeiros que não estejam na gestão empresarial. • Redução do acervo hereditário a ser inventariado.
	• Mecanismos	• Formação de uma fundação. • Constituição de um *trust* ou uma sociedade *holding*, podendo ou não envolver empresa *offshore*. • Criação de uma sociedade, doando quotas aos futuros herdeiros com reserva de usufruto para o doador. • Constituição de fundo de investimento exclusivo para gestão de recursos financeiros do titular do patrimônio, cujas quotas poderão ser doadas pelo titular, com reserva de usufruto. • Transformação de uma sociedade limitada em anônima, efetuando-se doação com reserva de usufruto, de 50% das ações ordinárias a filhos com experiência para serem administradores e de 50% de ações preferenciais aos que não sabem gerir um empreendimento. • Elaboração de acordo de acionista. • Uso de transações alternativas: venda de ativos, venda ou troca de participação minoritária; *joint venture* e aliança estratégica.
	• Meios	• Testamento. • Legado. • Doação. • Usufruto mediante alienação ou retenção.

12. Dissolução, liquidação e extinção das sociedades em geral

A. Interpretação do art. 2.034 do novo Código Civil

Prescreve o art. 2.034 do Código Civil de 2002:

"A dissolução e a liquidação das pessoas jurídicas referidas no artigo antecedente, quando iniciadas antes da vigência deste Código, obedecerão ao disposto nas leis anteriores".

Se o processo de dissolução e liquidação da pessoa jurídica se deu antes da entrada em vigor do novo Código, dever-se-ia seguir o disposto nas leis anteriores (CCom, arts. 344 a 353; arts. 655 a 674 do CPC de 1939, mantidos em vigor pelo art. 1.218, VII, do Código de Processo Civil de 1973). De outra forma não poderia ser, diante da prática de atos já consumados, sob o amparo da norma vigente ao tempo em que se efetuaram. Assim sendo, a dissolução e a liquidação estariam aptas a produzir todos os seus efeitos, embora efetivadas de conformidade com a lei anterior, sob o império da nova norma. A segurança da dissolução e da liquidação é um modo de garantir também direito adquirido pela proteção concedida ao seu elemento gerador, pois, se a novel norma as considerasse inválidas, apesar de alguns atos já terem sido consumados sob o comando da precedente, os direitos deles decorrentes desapareceriam, prejudicando interesses legítimos e causando a desordem social. O prescrito nos arts. 1.033 a 1.038, 1.102 a 1.112 da Lei n. 10.406/2002 apenas seria aplicável na dissolução e na liquidação de pessoa jurídica de direito privado operada durante a sua vigência. A norma, ora interpretada, tem vigência temporária, regendo situação jurídica existente e pendente de solução entre o regime jurídico anterior e o do novo Código Civil. Dispõe este artigo, convém repetir, que a Lei n.

10.406/2002 será inaplicável à dissolução e liquidação de pessoas jurídicas de direito privado, que se iniciaram antes de sua vigência, retirando-lhe, assim, mesmo estando em vigor, qualquer efeito retroativo que possa atingir situações jurídicas já constituídas ou, ainda, pendentes, impedindo ofensa ao ato jurídico perfeito e ao direito adquirido. Se assim não dispusesse, ocorreriam sérios tumultos nos processos. Por isso, continuará, então, vigorando a lei precedente à recém editada, harmonizando-se a estabilidade da situação adquirida, mesmo pendente, e a segurança das operações jurídicas, ou seja, da dissolução e da liquidação da pessoa jurídica de direito privado. Será preciso, portanto, não olvidar que normas não mais vigentes, como os arts. 344 a 353 do Código Comercial e os arts. 655 a 674 do Código de Processo Civil de 1939, puderam continuar vinculantes, por força do art. 2.034 do novo Código Civil, tendo obrigatoriedade para os casos anteriores à sua revogação. Com isso, a *eficácia residual* das revogadas normas cerceará a da vigente, repelindo-a para tutelar dissolução e liquidação de pessoa jurídica já constituída ou em estado de pendência. Tais normas precedentes não se mantêm vivas; perderão sua eficácia apenas *ex nunc*, porque persistirão as relações iniciadas sob seu império[282].

Hodiernamente, com o advento do CPC de 2015 (arts. 599 a 609), criou-se um procedimento especial para *dissolução parcial* da sociedade, solucionando discussões jurisprudenciais e doutrinárias e viabilizando a efetivação de direitos materiais previstos no CC, arts. 1.028 a 1.032 e 1.085 e 1.086. O art. 599 do CPC/2015 trata do objeto da ação: da resolução da sociedade empresária contratual ou simples relativamente ao sócio falecido, excluído ou retirante; da apuração de haveres desse sócio, pedida por quem tiver legitimidade ativa (CPC, art. 600). Os sócios e a sociedade serão citados para, dentro de 15 dias, apresentar a contestação (CPC, art. 601). Mas a sociedade não será citada se todos os sócios o forem, apesar de sujeitar-se aos efeitos de coisa julgada. Pelo art. 602 da lei processual a sociedade poderá formular pedido de indenização compensável com os valores dos haveres a apurar.

---

282. Tércio Sampaio Ferraz Jr., *Introdução ao estudo do direito*, São Paulo, Atlas, 1988, p. 225 e 226; Paul Roubier, *Les conflicts de loi dans le temps*, v. 1, p. 95; Salvatore Foderaro, *Il concetto di legge*, Roma, Bulzoni, 1971, p. 166 e 167; M. Helena Diniz, *Norma constitucional e seus efeitos*, São Paulo, Saraiva, 1989, p. 47 e 48; *Comentários ao Código Civil*, coord. Antônio Junqueira de Azevedo, São Paulo, Saraiva, v. 22, 2003; *Código*, cit., com. ao art. 2.034, p. 1.627 e 1.628; Priscila M. P. Corrêa da Fonseca, *Dissolução parcial, retirada e exclusão de sócios*, São Paulo, Atlas, 2007; Marcos F. L. Lopes, A ação de dissolução parcial da sociedade no novo CPC: breves reflexões sobre o critério para apuração de haveres, *Contencioso empresarial na vigência do novo CPC* (coord. Carlos David A. Braga e outros), Rio de Janeiro, Lumen Juris, 2017, p. 301 a 322.

Se os réus forem expressamente unânimes com a dissolução, o juiz a decretará (CPC, art. 603), sem condenação de pagamento de honorários advocatícios e as custas processuais serão rateadas segundo a participação das partes no capital social (CPC, art. 603, § 1º). Se houver contestação segue-se o procedimento comum, mas a liquidação dos haveres segue as normas dos arts. 604 e 609 do CPC (art. 603, § 2º do CPC). Para a apuração de haveres o juiz deverá: a) fixar a data da resolução da sociedade (CPC, art. 604, I, c/c art. 605), que será a do óbito, no caso de falecimento de sócio; a do sexagésimo dia seguinte ao recebimento pela sociedade da notificação do sócio retirante; a do dia do recebimento pela sociedade da notificação do dissidente; a do trânsito em julgado da decisão que dissolver a sociedade em caso de retirada por justa causa da sociedade por prazo determinado e na exclusão judicial de sócio; a da data da assembleia ou da reunião de sócios na exclusão extrajudicial de sócio; b) definir o critério de apuração de haveres à vista do disposto no contrato social e, na omissão deste, o critério será o valor patrimonial apurado no balanço (CPC, art. 606); e c) nomear perito, de preferência especialista em avaliação de sociedade (CPC, art. 606, parágrafo único). Pelo CPC, art. 608, parágrafo único, até a data da resolução os interessados (ex-sócio, herdeiro, sucessores etc.) têm direito à participação nos lucros ou aos juros sobre o capital próprio declarado na sociedade, à remuneração como administrador. Após a resolução terão direito apenas à correção monetária dos valores apurados e aos juros contratuais ou legais. Os haveres do retirante, depois de apurados, são pagos conforme o disposto no contrato social e, no silêncio deste, nos termos do CC, art. 1.031, § 2º (CPC, art. 609).

No que atina à *dissolução total* deve-se observar o procedimento comum diante do § 3º do art. 1.046, mas a forma de apuração de haveres observará o disposto nos arts. 604 a 609 do CPC/2015.

B. Dissolução da sociedade

A dissolução da sociedade, *lato sensu*, abrange: dissolução *stricto sensu* (ato judicial ou extrajudicial que desencadeia a extinção da sociedade), liquidação (realização do ativo e satisfação do passivo), partilha (repartição do remanescente entre os sócios) e extinção da sociedade.

A dissolução (CC, arts. 1.033, 1.044 e 1.087), em sentido estrito, provoca a desvinculação da sociedade de um ou mais sócios ou o desfazimento do seu ato constitutivo, paralisando as atividades sociais e desencadeando o processo de sua extinção. É, na lição de Modesto Carvalhosa, ato declaratório decorrente de causas supervenientes à constituição da sociedade, de natureza voluntária (deliberação dos sócios), ou coativa (judicial ou administrativa), que produz a cessação das atividades voltadas à consecução do objeto social, que, então, serão substituídas pelos atos procedimentais voltados à liquidação do patrimônio social, gerido pelo liquidante (arts. 1.102 a 1.112). A dissolução é, portanto, a fase antecedente à liquidação e o primeiro passo para a extinção da sociedade. Nela romper-se-á a *affectio societatis* (*intuitu personae* ou *intuitu pecuniae*), mas a pessoa jurídica sobrevive para atender às necessidades de liquidação do ativo e do passivo social e à partilha do remanescente entre os sócios.

A dissolução societária, propriamente dita, classificar-se-á quanto:

1) *À forma* em: *a*) *dissolução extrajudicial*, que pode ser: *dissolução de pleno direito*, que se dá pela ocorrência de fato previsto em lei, sem necessidade de declaração por sentença judicial, salvo se, por iniciativa dos sócios, em certos casos tiver de ser apreciada judicialmente (p. ex., CC, arts. 1.044, 1.030, parágrafo único, 1.033, 1.034, 1.035); ou *dissolução consensual ou voluntária*, havendo distrato social, aprovado pelos sócios ou alteração contratual deliberada por sócios em assembleia; *b*) *dissolução judicial*, que, por haver demanda, será deliberada por decisão de juiz, p. ex., em caso de anulação de ato constitutivo da sociedade (CC, art. 45, parágrafo único, c/c art. 1.034, I); exaustão ou inexequibilidade do fim social (CC, art. 1.034; Lei n. 6.404/76, art. 206, II, *b*); existência de causa estipulada no contrato social (CC, art. 1.034) contestada em juízo; ocorrência de falência, segundo alguns autores (Lei n. 6.404/76, art. 206, II, *c*), caso em que o procedimento de liquidação far-se-á por ato do administrador judicial e não por ato do liquidante. Para a dissolução judicial seguir-se-á o procedimento comum (CPC/2015, arts. 318 a 512) diante do art. 1.046, § 3º, do Código de Processo Civil de 2015, mas a forma de apuração de haveres seguirá o disposto nos arts. 604 a 609 do CPC. A sociedade poderá ser dissolvida judicialmente, a requerimento de sócio (CC, art. 1.034, I e II), por ação direta, ou mediante denúncia de qualquer do povo ou do órgão do Ministério Público (CC, art. 1.037; Dec.-Lei n. 9.085/46; Dec.-Lei n. 8/66; Dec.-Lei n. 41/66, art. 3º; Lei n. 5.709/71, art. 16, § 1º; Lei n. 6.404/76, art. 209, II; CF, art. 129, II, III e V); *c*) *dissolução por ato administrativo*, sendo sociedade de capital (art. 206 da Lei n. 6.404/76) ou empresa do sistema financeiro, operando-se sua liquidação extrajudicial, mediante decisão de autoridade administrativa competente, no modo previsto em norma especial. No sistema financeiro poder-se-á ter: *liquidação "ex officio" decretada pelo BACEN* (Lei n. 6.024, art. 15, I), havendo situação comprometedora da economia e das finanças da empresa, que não cumpriu, tempestivamente, seus compromis-

sos; violação grave da lei, do estatuto social e das deliberações do CMN e do BACEN; dano aos credores quirografários; cassação de autorização para funcionamento, sem que a sociedade, dentro de noventa dias, dê início à sua liquidação ordinária; *liquidação requerida por administradores da instituição* (Lei n. 6.024/74, art. 15, II) e devidamente fundamentada, inclusive pelas alegações de ocorrências acima apontadas; *liquidação por proposta de interventor*, se a sociedade financeira encontrar-se sob o regime de intervenção, antes do decreto administrativo de intervenção. Também, lembra-nos Ricardo Negrão, poderão estar sujeitas a regimes legais especiais de liquidação administrativa: as cooperativas, as companhias seguradoras e as sociedades de capitalização.

2) *À extensão de seus efeitos*. Pode ser: *a*) *dissolução total* se conduzir à liquidação e extinção da sociedade, dissolvendo todos os vínculos contratuais. Pode dar-se por: decurso do prazo estipulado para sua duração (CC, art. 1.033, I); falência (CC, arts. 1.044, 1.051 e 1.087); unipessoalidade (CC, art. 1.033, IV, salvo nas hipóteses do art. 1.033, parágrafo único (com a redação da Lei n. 12.441/2011), do Código Civil); inexequibilidade do objeto social (CC, art. 1.034, II); distrato (CC, art. 1.033, II e III); e *b*) *dissolução parcial*, ou melhor, *resolução em relação a um sócio*, se gerar, havendo término de parte dos seus vínculos contratuais, a apuração de seus haveres, resolvendo-se a sociedade apenas em relação a um ou alguns sócios (CC, arts. 1.028 a 1.032 e 1.085). É, p. ex., o que ocorre, acontecendo: morte de um sócio, sem o ingresso de seu herdeiro no quadro societário; liquidação de quota de sócio em razão de execução promovida pelo seu credor particular (CC, art. 1.030, parágrafo único); exclusão de sócio pelos demais, por falta grave ou não cumprimento das obrigações sociais (CC, arts. 1.030 e 1.085); retirada de sócio dissidente; cessão de quotas a sócio ou a terceiro (CC, arts. 1.003 e 1.057) etc.

Com a dissolução da sociedade não se aniquilam, de imediato, os seus efeitos, nem sua responsabilidade social para com terceiros, pelas dívidas contraídas (*RTJ*, *85*:945; *JTACRS*, *35*:287), visto que não perdeu, ainda, por completo, a personalidade jurídica, conservando-a para liquidar as relações obrigacionais pendentes, em face de seus credores[283].

---

283. Modesto Carvalhosa, *Comentários*, cit., v. 13, p. 438 e 439; Ricardo Negrão, *Manual*, cit., v. 1, p. 468-83; Marco Antônio M. Pereira, Regime dissolutório do Código Comercial. Dissolução total e dissolução parcial. Dissolução judicial e extrajudicial, *Justitia*, *172*:115-35; Marino Pazzaglini Filho e Andrea Di Fuccio Catanese, *Direito de empresa*, cit., p. 134-36; Fábio Ulhoa Coelho, *Manual*, cit., p. 165-73; Amador Paes de Almeida, *Direito de empresa*, cit., p. 193; Mônica Gusmão, *Curso*, cit., p. 249-51; M.

C. Liquidação da sociedade

c.1. Conceito e modalidades

Com a dissolução da sociedade, proceder-se-á a sua liquidação para apuração do patrimônio social, realizando seu ativo (transformando-o em dinheiro), alienando seus bens e cobrando seus devedores, e satisfazendo seu passivo, pagando seus credores.

A liquidação é, portanto, a operação que segue a dissolução, tendo por escopo apurar o ativo (o total do patrimônio líquido), para satisfazer o passivo, ou seja, para pagar as dívidas sociais pendentes e distribuir o remanescente (saldo positivo) entre os sócios, na proporção de suas participações societárias integralizadas, ou seja, do quinhão de cada um. Ter-se-á a formação da massa liquidanda ativa para que se possa ter o pagamento da massa liquidanda passiva e a *partilha* do remanescente aos sócios, após a solução do passivo, em igualdade de condições, na proporção da participação societária, sem qualquer preferência de uns sobre os outros. A liquidação protrai-se até que o saldo líquido, se houver, seja dividido entre os sócios. Deveras, a liquidação tornando líquido o patrimônio social, reduzindo a dinheiro os haveres sociais, possibilitará não só a conclusão dos negócios sociais pendentes, mas também o pagamento dos débitos, partilhando-se o remanescente entre os sócios.

Helena Diniz, *Curso*, cit., v. 3, p. 314-16; *Tratado*, cit., v. 1, p. 159-61; Sucessão comercial por falecimento de um dos sócios em sociedade por quotas de responsabilidade limitada, *Estudos Jurídicos*, *6*:252-62; Contratos modificativos, *Revista de Direito Civil, Imobiliário, Agrário e Empresarial*, *61*:7-14; Christiano Gomes de Brito, Dissolução parcial de sociedade anônima, *Revista da Faculdade de Direito Milton de Campos*, *9*:41-58; Modesto Carvalhosa, Quotas do sócio falecido, *Revista IASP*, *11*:240-45. A empresa em débito salarial com seus empregados não pode ser dissolvida (Dec.-Lei n. 368/68, art. 1º, III). Portaria da PGNF n. 713/2011 orienta procedimento no fechamento da empresa, *Vide*: *BAASP*, *1833*:18; *RT*, *723*:438 e *763*:250.

Apelação Cível — Dissolução e liquidação de sociedade comercial — Questões preliminares — Mérito.

1 — Preliminares de falta de interesse processual, cerceamento de defesa e ilegitimidade ativa rejeitadas. 2 — Mérito. Provimento parcial dos recursos para explicitar que os critérios para a apuração dos haveres são os do contrato social, à exceção dos juros de mora, bem como para determinar a inclusão de carteira de clientes como patrimônio incorpóreo da empresa (fundo de comércio) e a exclusão dos juros de mora sobre os depósitos judiciais efetuados pela empresa demandada. Sucumbência e honorários advocatícios confirmados. Preliminares rejeitadas e apelos parcialmente providos (TJRS-6ª Câm. Cível; ACi n. 70012188827-São Marcos-RS; Rel. Des. Antônio Corrêa Palmeiro da Fontoura; j. 21-12-2006; v. u.).

Poderá a liquidação ser: *a*) *extrajudicial* ou administrativa, que ocorre em alguns casos de dissolução da sociedade de *pleno iure*, sendo promovida pelos sócios e requerendo investidura de liquidante pelo órgão da administração ou pelos sócios; ou *b*) *judicial*, em que o juiz, por haver p. ex. discordância ou inércia dos sócios em instaurar o procedimento, nomeará o liquidante, na sentença em que declarar a dissolução, segundo o disposto no contrato social, e poderá ocorrer que, em caso de omissão deste, os sócios elegerão por maioria absoluta o liquidante, em reunião ou assembleia. E, ainda, se a dissolução se deu pela extinção de autorização para funcionamento, o Ministério Público promoverá a liquidação judicial da sociedade, se os administradores não o tiverem feito nos trinta dias seguintes à perda da autorização, ou se o sócio não houver exercido a faculdade assegurada no parágrafo único do art. 1.036 (CC, art. 1.037, *caput*). Se o Ministério Público não a promover dentro de quinze dias subsequentes ao recebimento da comunicação, a autoridade competente para conceder a autorização nomeará interventor com poderes para requerer a medida e administrar a sociedade até que seja nomeado liquidante (CC, art. 1.037, parágrafo único).

À liquidação extrajudicial aplicar-se-ão os arts. 1.102 a 1.110 do Código Civil, respeitando-se o disposto no ato constitutivo da sociedade ou no instrumento de sua dissolução; e, se a liquidação total for judicial, seguir-se-ão os arts. 1.111 e 1.112 do Código Civil e os arts. 318 a 512 do CPC/2015, alusivos ao procedimento comum, por força do art. 1.046, § 3º, do Código de Processo Civil vigente.

A sociedade, durante o procedimento liquidatório, apenas poderá praticar atos voltados à solução das obrigações sociais pendentes, ultimando-as, e sofrerá restrição em sua personalidade jurídica, visto que o liquidante a representará, manifestando sua vontade, e não mais o administrador[284].

Durante a liquidação a sociedade sobrevive, só desaparecendo com a

284. M. Helena Diniz, *Código*, cit., p. 872; Amador Paes de Almeida, *Direito de empresa*, cit., p. 195-6; Sérgio Campinho, *Direito de empresa*, cit., p. 289; Fábio Ulhoa Coelho, *Manual*, cit., p. 174; Marino Pazzaglini Filho e Andrea Di Fuccio Catanese, *Direito de empresa*, cit., p. 137.

Enunciado n. 87: "O cargo de liquidante pode ser ocupado tanto por pessoa natural quanto por pessoa jurídica, sendo obrigatória, neste último caso, a indicação do nome do profissional responsável pela condução dos trabalhos, que deverá atender aos requisitos e impedimentos previstos em lei, e sobre o qual recairão os deveres e as responsabilidades legais" (aprovado na III Jornada de Direito Comercial).

partilha dos bens sociais, observando-se as regras da partilha entre herdeiros (CC, art. 2.013). Realmente, mesmo depois de dissolvida a sociedade, haverá responsabilidade social para com terceiros, pelos débitos contraídos (*RTJ*, *85*:945; *JTACRS*, *35*:287).

c.2. Liquidação extrajudicial[285]

c.2.1. Generalidades

É a regida pelo Código Civil, nos arts. 1.102 a 1.110, e é promovida por deliberação dos sócios, após a dissolução da sociedade, que nomearão o liquidante, indicando os modos de apuração do patrimônio social e a forma de pagamento dos credores, tendo por objetivo desativar operacionalmente a sociedade e apurar o ativo e o passivo sociais, para cumprir as obrigações, pagar suas dívidas e partilhar o saldo entre si.

c.2.2. Liquidante

Ocorrida a dissolução, os administradores deverão providenciar, imediatamente, a investidura do liquidante restringindo a própria gestão aos negócios inadiáveis, vedadas novas operações, pelas quais responderão solidária e ilimitadamente (CC, art. 1.036).

É imprescindível a nomeação de liquidante que, se não estiver designado no contrato social, será eleito por deliberação dos sócios, podendo a escolha recair em pessoa alheia à sociedade (CC, art. 1.103). O liquidante pode ser sócio, administrador ou terceiro (CC, art. 1.138). O liquidante pode ser destituído *ad nutum* a qualquer tempo se eleito por decisão dos sócios ou por via judicial a requerimento de sócio, ocorrendo justa causa (CC, art. 1.038, § 1º, I e II) ou se indicado no contrato social, comprovando-se justo motivo.

---

285. Rocco, Sulla liquidazione della società commerciale, *Studi di diritto commerciale*, Roma, 1933, v. 1, p. 201; Orlando Gomes, *Contratos*, cit., p. 487; Caio M. S. Pereira, *Instituições*, cit., v. 3. p. 404; Silvio Rodrigues, Contrato de sociedade, *Enciclopédia Saraiva do Direito*, cit., p. 522; M. Helena Diniz, *Tratado*, cit., v. 4, p. 141 e 142; *Código*, cit., p. 873-79; Fábio Ulhoa Coelho, *Curso*, cit., v. 2, p. 434-53; Ricardo Fiuza, *Novo Código Civil*, cit., p. 990-99; Modesto Carvalhosa, *Comentários*, cit., v. 13, p. 436-90; Glauber M. Talavera, *Comentários*, cit., p. 850-55; Sérgio Campinho, *Direito de empresa*, cit., p. 289-92; Arnaldo Rizzardo, *Direito de empresa*, cit., p. 930-41.

Durante a fase de liquidação até a extinção da personalidade jurídica, a sociedade não mais será representada (ativa e passivamente, judicial e extrajudicialmente) pelo seu administrador, diretor ou gerente, mas pelo *liquidante* nomeado entre os administradores da sociedade conforme o contrato social, para essa finalidade, que será investido em suas funções. Se o liquidante nomeado não for o administrador, apenas passará a exercer tal função após a averbação de sua nomeação em registro próprio, que será o Registro Civil das Pessoas Jurídicas, se a sociedade for simples, ou o Registro Público de Empresas Mercantis, se empresária (CC, art. 1.102, parágrafo único).

Na dissolução judicial, o juiz nomeará o liquidante, observando o disposto no contrato social (CPC de 1939, art. 657); e, na extrajudicial, o liquidante, se não estiver indicado em norma estatuária, será escolhido pelos sócios ou pela assembleia geral que aprovou a dissolução da sociedade. Excepcionalmente, observa Fábio Ulhoa Coelho, poderá acontecer, na hipótese de dissolução extrajudicial da sociedade, que o diretor seja investido pelos sócios nas funções de liquidante, passando a ter, contudo, outras atribuições, pois como administrador tinha poderes para efetuar operações obrigando a pessoa jurídica, e, como liquidante, tão somente poderá vinculá-la em atos próprios à liquidação (*RTJ*, *125*:740).

Nomeado e investido nas suas funções (CC, art. 1.103, I a IX), o liquidante no processo voluntário ou extrajudicial de liquidação da sociedade terá, por ser o órgão responsável pela pessoa jurídica liquidanda, para realizar o ativo e satisfazer o passivo, os seguintes *deveres*: *a*) averbar e publicar a ata, sentença ou instrumento da dissolução da sociedade; *b*) arrecadar bens móveis, imóveis, semoventes, livros e documentos da sociedade, onde quer que estejam, podendo promover, se for necessária, a busca e apreensão judicial; *c*) proceder, por ter função similar à do administrador judicial, com a assistência dos administradores, solicitando, se quiser, o concurso de contador, dentro do prazo de quinze dias de sua investidura, à elaboração do inventário e do balanço geral do ativo e do passivo; *d*) ultimar os negócios sociais, realizar o ativo, alienando seus bens, cobrando seus devedores, solver o passivo, pagando seus credores, e partilhar o remanescente entre os sócios e acionistas; *e*) exigir dos quotistas, se insuficiente o ativo para solver o passivo, a integralização de suas quotas e, se for o caso, as quantias necessárias, dentro dos limites da responsabilidade de cada um e proporcionalmente à sua participação nas perdas, repartindo-se, entre os sócios solventes, naquela mesma proporção, o *quantum* devido pelo insolvente. Se um dos sócios for insolvente, sua parte na dívida social será, na proporção em que houver de participar nas perdas sociais, distribuída entre os outros sócios solventes. Para tanto somar-se-á a parte com que deveria concorrer com o débito social, para que haja uma divisão proporcional entre os demais sócios. Assim, se seis forem os sócios, dividir-se-á o total da dívida social acrescida da parte do insolvente por cinco, na proporção com que cada um dos solventes tiver de participar nos prejuízos sofridos pela sociedade; *f*) convocar assembleia dos quotistas, a cada seis meses ou sempre que for preciso, para apresentar o relatório parcial e o balanço do estado da liquidação, prestando contas dos atos por ele praticados nesse período ou sempre que for necessário; *g*) confessar a falência da sociedade (Lei n. 11.101/2005, art. 94), se exauridos todos os recursos da liquidação, e pedir a recuperação judicial ou extrajudicial, conforme as formalidades exigidas para o tipo de sociedade liquidanda; *h*) apresentar aos sócios, ao término da liquidação, o relatório da liquidação e suas contas finais; *i*) averbar a ata da reunião ou da assembleia, ou o instrumento firmado pelos sócios, que considerar encerrada a liquidação.

O liquidante, em todos os atos, documentos ou publicações, deverá usar a firma ou denominação social da sociedade liquidanda seguida da cláusula *em liquidação* e de sua assinatura individual, declarando sua qualidade (CC, art. 1.103, parágrafo único, IN n. 15/2013 do DREI, art. 16), colocando o termo *liquidante* seguido de elementos identificadores, como inscrição na OAB ou na entidade a que pertence. Tal se dá porque, como a sociedade dissolvida continua tendo personalidade jurídica e, ainda, usa a mesma denominação social, será preciso que terceiros (credores e Poder Público) saibam que se encontra em fase de liquidação. O uso da firma social seguida da cláusula *em liquidação* resguardará os interesses de todos, inclusive os da própria sociedade liquidanda. Se o liquidante não colocar a locução *em liquidação* e vier a causar dano àquela sociedade e aos que com ela estiverem relacionados contratual ou extracontratualmente, deverá responder pessoalmente pelo prejuízo causado por sua omissão.

As obrigações e a responsabilidade do liquidante pelos seus atos durante a liquidação da sociedade reger-se-ão pelos preceitos peculiares aos dos administradores da sociedade liquidanda (CC, art. 1.104), desde que não contrariem suas funções e as normas do Código Civil, alusivas à liquidação da sociedade. P. ex., na lição de Fiuza, "se a responsabilidade do administrador da sociedade liquidanda for subsidiária e ilimitada, o liquidante responderá da mesma forma pelos atos que praticar".

O liquidante, quanto à responsabilidade, equipara-se ao administrador, respondendo pelos prejuízos causados no exercício de suas funções.

Durante a fase de liquidação, o liquidante é o representante legal da sociedade liquidanda e responsável pela manifestação de sua vontade, por isso poderá praticar todos os atos necessários à sua liquidação, como a alienação de bens móveis ou imóveis, transação, cobrança de seus devedores, recebimento de pagamento de dívidas, das quais a sociedade é credora, e outorga da devida quitação. Sua atividade, para o bom andamento do procedimento liquidatório, exorbita à de simples administração, por isso, além da prestação de contas, responsabilizar-se-á pelos atos praticados na forma da lei. Mas, sem estar autorizado pelo contrato social ou pelo voto da maioria dos sócios, com base no valor da quota de cada um, salvo disposição legal em contrário, não poderá gravar os bens da sociedade liquidanda de ônus reais (hipoteca, anticrese, penhor) nem contrair empréstimos, a não ser que tais atos sejam indispensáveis para solver obrigações inadiáveis, e muito menos poderá dar prosseguimento à atividade social, mesmo para facilitar a liquidação (CC, art. 1.105 e parágrafo único). Em suma, caberá ao liquidante representar a sociedade e praticar atos necessários à sua liquidação, inclusive alienar bens, transigir, receber e dar quitação, mas só poderá gravar de ônus reais os bens sociais e os empréstimos se estiver autorizado pelo contrato social ou pelo voto da maioria dos sócios, exceto se aqueles atos forem indispensáveis ao pagamento de obrigações inadiáveis. Nem mesmo poderá prosseguir na atividade social, ainda que para facilitar a liquidação, se não tiver o beneplácito do estatuto social e da maioria dos sócios.

Como se vê, a competência do liquidante é legal, não podendo ser ampliada ou restringida pelos sócios em decisão assemblear, nem pelo contrato social.

c.2.3. Pagamento das dívidas sociais

A liquidação, tornando líquido o patrimônio social, reduzindo a dinheiro os haveres sociais, possibilitará não só que se concluam os negócios pendentes, mas também que se paguem proporcionalmente as dívidas sociais, sem distinção entre vencidas e vincendas, mas, em relação a estas, com desconto.

Deveras, o liquidante, observando estritamente os direitos dos credores preferenciais (titulares de créditos com garantia real ou preferência decorrente de lei ou contrato, como créditos previdenciários, trabalhistas e tributários, que os receberão pelo valor total), procede, em relação aos credores sem preferência, ao pagamento proporcional, ante a insuficiência dos bens do patrimônio social, dos débitos sociais vencidos e vincendos, sendo que as dívidas a vencer serão pagas com o devido desconto correspondente ao prazo que falta para o vencimento da obrigação (CC, art. 1.106). Consagrado está o regime *pro rata* ou o princípio da proporcionalidade (*par conditio creditorum*), que exige rateio ou pagamento proporcional dos créditos.

Se o ativo da sociedade liquidanda for maior do que o seu passivo, o liquidante poderá, por haver disponibilidade de caixa, sob sua responsabilidade pessoal, pagar integralmente os débitos já vencidos (CC, art. 1.106, parágrafo único), visto que o objetivo da liquidação é, exatamente, a satisfação do passivo, com o pagamento dos credores da sociedade. Os credores por dívidas vincendas poderão agir contra o liquidante, pessoalmente, pelos danos oriundos da diminuição precipitada do patrimônio social. Deveras, haverá responsabilidade pessoal do liquidante se ocorrer insuficiência de recursos para pagamento de credores em partilha antecipada. É o que nos ensina Modesto Carvalhosa.

c.2.4. Possibilidade de rateios por antecipação de partilha

No procedimento liquidatório, poderão surgir rateios prévios e parciais para pagamentos antecipados aos sócios. Deveras, antes do exaurimento dos recursos da liquidação, o liquidante poderá, por decisão tomada pela maioria dos votos dos sócios, conforme o valor das quotas de cada um, e já tendo sido pagos os credores, efetuar rateios proporcionais, antecipando a importância que caberia a cada sócio na partilha do patrimônio líquido remanescente, à medida que os haveres sociais forem sendo apurados (CC, art. 1.107). Isto é assim porque, enquanto não se pagarem integralmente todos os débitos sociais, os sócios não poderão receber seus haveres antecipadamente. Permitida está a partilha antecipada entre os sócios dos haveres sociais remanescentes do pagamento dos credores.

c.2.5. Aprovação da prestação final de contas do liquidante e encerramento da liquidação

O liquidante, depois de realizado o ativo, satisfeito o passivo e partilhado o remanescente do patrimônio social entre os sócios, deverá convocar a assembleia dos sócios para a apresentação do relatório final da liquidação, ou melhor, para a prestação final de suas contas (CC, art. 1.108) e respectiva aprovação, conducente ao fim do procedimento liquidatório e da personalidade jurídica (CC, art. 1.109). E se, porventura, no decorrer do processo de liquidação averiguar-se que o ativo da sociedade é insuficiente para saldar todos os débitos sociais, o liquidante tem o dever de requerer judicialmente a falência da sociedade (CC, art. 1.103, VII) e com isso, como bem assevera Ricardo Fiuza, o procedimento voluntário da liquidação transmuda-se em processo falimentar regido pela Lei n. 11.101/2005 (arts. 5º a 46 e 75 a 160).

A prestação de contas do liquidante deverá ser analisada, em assembleia, pelos sócios a fim de ser aprovada.

Com a aprovação das contas do liquidante, pela maioria absoluta dos sócios presentes em reunião assemblear, encerrar-se-á a liquidação, e a sociedade extinguir-se-á com a averbação da ata da assembleia no registro próprio (CC, art. 1.109), desfazendo-se o vínculo societário. Essa ata, depois de averbada no mesmo órgão em que se assentou a pessoa jurídica, deverá ser publicada para que todos tenham ciência de seu conteúdo.

Se, porventura, houver sócio que não aprovar a prestação de contas do liquidante, e, consequentemente, a liquidação e a partilha, ele terá o prazo decadencial de trinta dias, contado da publicação da ata da assembleia, devidamente averbada, para impugnar, em juízo, sua aprovação pela assembleia, ou para intentar ação para tutelar seus direitos (CC, art. 1.109, parágrafo único).

c.2.6. Cobrança de crédito após encerrada a liquidação

O credor que, depois de encerrada a liquidação, não recebeu o que lhe era devido poderá exigir dos sócios, individualmente, o pagamento de seu crédito somente até o limite do *quantum* que receberam, na partilha, do saldo do ativo remanescente (CC, art. 1.110, 1ª parte). Se os sócios nada vieram a receber, claro está que não terão responsabilidade pelo pagamento das dívidas que não foram pagas, no procedimento liquidatório, por falta de recursos societários. O credor, ainda, poderá propor contra o liquidante, por ter feito, por culpa ou dolo, a partilha do saldo do ativo antes de pagar integralmente os débitos da sociedade, uma ação para dele receber indenização pelas perdas e danos (CC, art. 1.110, 2ª parte) que sofreu, visto que todas as consequências a ele deverão ser imputadas pelos atos praticados em nome da sociedade dissolvida, por ser seu representante legal durante a fase de liquidação. O liquidante apenas terá responsabilidade se atuou dolosa ou culposamente na prática de atos durante o procedimento liquidatório. Se agiu com dolo, poderá ocorrer *conscilium fraudis* entre ele e os sócios beneficiados na partilha feita, hipótese em que também deverão ser responsabilizados perante o credor lesado, que deverá provar o dolo. Se atuou com culpa, como esta presume-se, deverá opor as exceções suscetíveis de inocentá-lo, livrando-o da responsabilidade, mesmo porque haverá presunção de que os sócios receberão parcela de boa-fé. Mas, se o liquidante veio a cumprir, regularmente, sua função, realizando o ativo e satisfazendo o passivo na forma da lei, é óbvio que o credor não poderá dele reclamar qualquer indenização por perdas e danos.

c.3. Liquidação judicial

A total liquidação judicial deverá seguir o procedimento comum (CPC, art. 318 e s.), por força do art. 1.046, § 3º, do Código de Processo Civil de 2015, (CC, art. 1.111). A liquidação judicial, havendo insolvência, ou melhor, falência, da sociedade empresária, disciplinar-se-á pela Lei n. 11.101/2005 (arts. 139 a 153). No processo de liquidação judicial já se decidiu que, em regra, não haverá obrigatoriedade da intervenção do Ministério Público (*RTJ, 125*:740).

E a nomeação do liquidante (administrador, sócio ou terceiro), escolhido pelo juiz, dar-se-á em reunião por ele convocada e presidida, na qual os sócios manifestarão sua aprovação ou objeção. Se for constatada a inidoneidade para o exercício da função de liquidante da pessoa nomeada pelo magistrado, este deverá destituí-la *ex officio* ou a requerimento de sócio (CC, art. 661), credor, membro do Ministério Público ou da Fazenda Pública. E se, durante o processo liquidatório, houver deslize do liquidante, o pedido de sua destituição deverá estar fundamentado, indicando p. ex., inadimplemento de seus deveres; falta de diligência; retardamento injustificado do andamento do processo; comportamento culposo ou doloso; existência de interesse contrário ao da liquidação etc.

Os principais órgãos de liquidação judicial serão o juiz, que preside o procedimento, e o liquidante, que exerce função administrativa.

O liquidante, alheio ao quadro societário, fará jus, lembra-nos Sérgio Campinho, a uma retribuição, estipulada pelo juiz, que variará entre 1% a 5% do ativo líquido, considerando-se o trabalho que teve na liquidação e a importância do acervo social.

Se houver necessidade, o juiz, durante o processo de liquidação judicial, deverá convocar os sócios da sociedade liquidanda, para que, na reunião ou assembleia secretariada pelo escrivão do feito, deliberem, por maioria absoluta de votos, sob a sua presidência, sobre interesses da liquidação, resolvendo sumariamente, após a manifestação dos sócios, questões que foram suscitadas (CC, art. 1.112). A decisão assemblear majoritária não será, contudo, soberana, pois servirá como mera recomendação ao juiz que a incorporará nos autos e decidirá livremente a respeito. Os sócios votarão, estabelecendo diretrizes para deliberação, mas a decisão será do juiz, que preside a assembleia. Com isso, o liquidante deverá acatar as determinações do órgão judicante. A reunião assemblear é ato formal, por isso registrar-se-ão a presença dos votantes e a decisão tomada em ata. A ata dessa assembleia deverá, em cópia autêntica, ser apensada aos autos do processo judicial (CC, art. 1.112, parágrafo único), para que todos os interessados (p. ex., as partes, o órgão do Ministério Público etc.) tenham conhecimento do andamento e das intercorrências havidas durante a liquidação judicial.

A liquidação judicial produzirá as mesmas consequências jurídicas da extrajudicial, e o liquidante deverá cumprir, junto ao juiz que a preside, todos os deveres, as funções, as responsabilidades, os procedimentos previstos para o liquidante convencional, nomeado pelos sócios. O liquidante judicial deverá, contudo, prestar contas de sua gestão junto ao juiz, pois a este caberá, por meio daquele, realizar o ativo, pagar o passivo e efetuar a partilha do remanescente aos sócios[286].

D. Extinção da sociedade

Nos períodos da dissolução e da liquidação, a sociedade não perde sua personalidade jurídica. O encerramento da liquidação provocará a extinção da sociedade. A extinção da sociedade dar-se-á, como já dissemos, apenas com averbação (arquivamento) da ata assemblear, aprovando a prestação final das contas do liquidante e os atos finais de liquidação, no registro competente e respectiva publicação oficial. E, consequentemente, o nome empresarial da sociedade extinta será cancelado por esse registro. A extinção

286. Glauber M. Talavera, *Comentários*, cit., p. 855 e 856; M. Helena Diniz, *Código*, cit., p. 879 e 880; Modesto Carvalhosa, *Comentários*, cit., p. 485-90; Sérgio Campinho, *Direito de empresa*, cit., p. 292-94; Arnaldo Rizzardo, *Direito de empresa*, cit., p. 941-44. *Vide*: CPC/2015, arts. 550 a 553.

é, portanto, o ato de cancelamento da existência da sociedade e de seu registro. Com isso encerrada estará a função do liquidante e a existência da sociedade (CC, art. 1.109).

Na lição de Modesto Carvalhosa, o ato declaratório, extintivo da personalidade jurídica da sociedade, oriundo do encerramento de liquidação (CC, art. 1.109), acarretará não só o desaparecimento do liame societário entre sócios, mas também o final cumprimento das obrigações assumidas com terceiros e a sucessão *ope legis*, com a partilha do patrimônio e da responsabilidade para os antigos sócios (CC, art. 1.110). Com a transferência do patrimônio da sociedade extinta para o de seus ex-sócios, os débitos sociais acompanharão o quinhão recebido por cada um deles, aderindo ao seu acervo patrimonial. Assim sendo, a extinção é ato declaratório de confirmação da dissolução (CC, arts. 1.033, 1.044 e 1.087) e da aprovação final do procedimento liquidatório, cujo efeito é o desaparecimento da pessoa jurídica, com o pagamento dos credores e a partilha do remanescente entre os sócios, ou a, como vimos alhures, transferência do patrimônio da sociedade para o de outra, havendo incorporação, fusão ou cisão total (CC, arts. 1.113 a 1.122)[287].

---

287. Amador Paes de Almeida, *Direito de empresa*, cit., p. 197; Modesto Carvalhosa, *Comentários*, cit., p. 439, 483 e 484. A falência também extingue a sociedade. *Vide*: Instrução Normativa do DNRC n. 89/2001, arts. 1º a 5º — ora revogada pela IN DNRC n. 105/2007, a qual foi revogada pela Instrução Normativa do DNRC n. 115/2011, revogada pela IN n. 10/2013, do DREI, órgão que substitui o DNRC.

QUADRO SINÓTICO

DISSOLUÇÃO, LIQUIDAÇÃO E EXTINÇÃO DAS SOCIEDADES EM GERAL

<table>
<tr><td>1. INTERPRETAÇÃO DO ART. 2.034 DO CÓDIGO CIVIL</td><td colspan="5">• Processo de dissolução total e liquidação da pessoa jurídica iniciado antes da vigência do novo Código Civil devia seguir o Código Comercial, arts. 344 a 353, e o Código de Processo Civil de 1939, arts. 655 a 674.
• Processo de dissolução e liquidação da sociedade, operado após a entrada em vigor do Código Civil, seguia o Código Civil, arts. 1.033 a 1.038, 1.102 a 1.112, e o Código de Processo Civil de 1939, arts. 655 a 674 e, atualmente, o procedimento comum (CPC, arts. 318 a 512) por força do § 3º do art. 1.046 do CPC/2015. Se for dissolução parcial segue os arts. 599 a 609 do CPC/2015.</td></tr>
<tr><td rowspan="5">2. DISSOLUÇÃO DA SOCIEDADE</td><td>• Dissolução lato sensu</td><td colspan="4">• Abrange: dissolução stricto sensu, liquidação, partilha e extinção da sociedade.</td></tr>
<tr><td rowspan="4">• Dissolução em sentido estrito</td><td>• Conceito</td><td colspan="3">• Ato que provoca a desvinculação da sociedade de um ou mais sócios ou o desfazimento de seu ato constitutivo, paralisando as atividades sociais, desencadeando a sua liquidação.</td></tr>
<tr><td rowspan="3">• Classificação</td><td rowspan="2">• Quanto à forma</td><td>• Dissolução extrajudicial</td><td>• De pleno direito.
• Consensual.</td></tr>
<tr><td colspan="2">• Dissolução judicial
• Dissolução administrativa</td></tr>
<tr><td>• Quanto à extensão de seus efeitos</td><td colspan="2">• Dissolução parcial.
• Dissolução total.</td></tr>
</table>

<table>
<tr><td rowspan="5">3. LIQUIDAÇÃO DA SOCIEDADE</td><td>• Conceito</td><td colspan="2">• É a operação que segue a dissolução, tendo por escopo apurar o ativo para pagar o passivo e distribuir o remanescente entre os sócios na proporção de suas participações societárias integralizadas.</td></tr>
<tr><td>• Modalidades</td><td colspan="2">• Liquidação extrajudicial.
• Liquidação judicial.</td></tr>
<tr><td rowspan="3">• Liquidação extrajudicial</td><td>• Noção</td><td>• É a promovida por deliberação dos sócios, após a dissolução da sociedade, que nomearão liquidante, com o objetivo de desativar operacionalmente a sociedade, apurar o ativo, pagar o passivo e partilhar o saldo entre si.</td></tr>
<tr><td>• Liquidante</td><td>• Sócio, administrador ou terceiro, eleito pelos sócios, se não estiver designado no contrato social que passará a representar a sociedade.
• Funções e deveres (CC, art. 1.103, I a IX e parágrafo único).
• Responsabilidade (CC, art. 1.104).
• Poderes (CC, art. 1.105 e parágrafo único).</td></tr>
<tr><td>• Pagamento das dívidas sociais</td><td>• Dar-se-á conforme o princípio da proporcionalidade. Após o pagamento dos credores preferenciais, que receberão o valor total, proceder-se-á ao dos demais, que receberão proporcionalmente ante a insuficiência dos bens sociais, os débitos vencidos e vincendos, sendo que os a vencer serão pagos com o desconto correspondente ao prazo que falta para o vencimento da obrigação (CC, art. 1.106). Se o ativo da sociedade liquidanda for superior ao passivo, o liquidante poderá pagar integralmente os débitos já vencidos (CC, art. 1.106, parágrafo único).</td></tr>
</table>

3. LIQUIDAÇÃO DA SOCIEDADE	• Liquidação extrajudicial	• Possibilidade de rateio por antecipação de partilha	• Pelo art. 1.107 do Código Civil, antes do exaurimento dos recursos da liquidação, o liquidante, por decisão da maioria de votos dos sócios, poderá, já tendo sido pagos os credores, efetuar, conforme o valor das quotas de cada um, rateios proporcionais, antecipando o que cada sócio receberia na partilha do patrimônio líquido remanescente.
		• Prestação final de contas do liquidante	• Realizado o ativo, satisfeito o passivo e partilhado o remanescente do patrimônio social entre os sócios, o liquidante convocará assembleia para apresentação e aprovação de sua prestação final de contas (CC, art. 1.108). E o sócio dissidente poderá intentar ação para tutelar seus direitos (CC, art. 1.109, parágrafo único).
		• Encerramento	• Operar-se-á com a aprovação da prestação de contas do liquidante, pela maioria absoluta dos sócios presentes na assembleia (CC, art. 1.109).
		• Cobrança de crédito após encerrada a liquidação	• Credor que, estando encerrada a liquidação, não recebeu o que lhe era devido, poderá exigir de cada sócio o pagamento de seu crédito, somente até o limite da quantia recebida na partilha e propor contra liquidante que efetuou, culposa ou dolosamente, a partilha, ação de perdas e danos (CC, art. 1.110).
	• Liquidação judicial	• Conceito	• Aquela em que, por haver, p. ex., discordância ou inércia dos sócios em instaurar o procedimento liquidatório, o juiz nomeará o liquidante e presidirá a liquidação, decidindo todas as questões.
		• Disciplina jurídica	• CPC, arts. 318 a 512, 1.046, § 3º, e 599 a 609. • CC, arts. 1.111 e 1.112.
4. EXTINÇÃO DA SOCIEDADE	• Dar-se-á com o encerramento da liquidação (CC, art. 1.109) e arquivamento dos atos finais de liquidação no registro competente e respectiva publicação oficial.		

13. Crise empresarial: uma visão panorâmica

A. Estado de crise empresarial e a insolvência do empresário devedor na nova Lei de Recuperação e Falência

Todo empresário (pessoa natural ou jurídica), no exercício de sua atividade econômica, poderá ter períodos altos e baixos, permeados de crises ou dificuldades advindas: da política econômica do País; da maxidesvalorização de moeda nacional; da ineficiência de estruturação societária administrativa; da criação de novos encargos tributários; de restrições na oferta de crédito bancário; do aumento das despesas trabalhistas e previdenciárias; de retração do mercado consumidor; da inadimplência dos seus devedores; de sua baixa produtividade; de elevação de taxas de juros; de excesso de produtos estocados; de redução da exportação; da insuficiência do capital social; de ocorrência de desfalque praticado por sócio ou administrador; de mão de obra desqualificada; de desentendimento entre sócios etc.

A *crise* empresarial[288] poderá ser: *econômica*, se as vendas de produtos ou serviços do empresário (pessoa natural ou jurídica) forem inferiores à quantida-

---

288. Fábio Ulhoa Coelho, *Curso*, cit., v. 3, p. 215-19, e *Comentários à nova Lei de Falências e de Recuperação de Empresas*, São Paulo, Saraiva, 2009.

Consulte: Angel J. R. Fernández-Río, *El estado de crisis económica*, Madrid, Civitas, 1982; Ricardo Negrão, *Aspectos objetivos da Lei de recuperação de empresas*, São Paulo, Saraiva, 2009; Silvânio Covas, A lei de recuperação de empresas e de falência e os interesses da sociedade, *Tribuna do Direito*, abr. 2005, p. 19 e 20; Carlos H. Abrão e Paulo Fernando C. Salles de Toledo, *Comentários à Lei de Recuperação de Empresas e Falência*, São Paulo, Saraiva, 2009; Waldo Fazzio Júnior, *Nova Lei de Falência e Recuperação*

de oferecida, provocando queda de faturamento; *financeira*, se a sociedade empresária ou o empresário individual não tiver dinheiro em caixa para saldar as obrigações assumidas; *patrimonial*, se o empresário apresentar estado de insolvência ante o fato de o seu ativo ser inferior ao passivo. Poderá abranger, como ensina Waldo Fazzio Júnior, tal crise situações de: iliquidez, insolvência, situação patrimonial dependente de readequação. Tal crise poderá trazer danos àqueles que nele investiram seu capital; aos seus credores e à comunidade por gerar desemprego, desconfiança do mercado, diminuição de arrecadação de imposto, problemas de ordem econômica, incerteza dos consumidores etc.

Por tal razão, a nova Lei de Recuperação e Falência procurou criar mecanismos jurídicos para a superação da crise empresarial, buscando soluções de mercado, incluindo dentre elas, se viável for, a recuperação da empresa,

---

de Empresas, São Paulo, Atlas, 2005, p. 133-36; Moacyr Lobato, Falência e recuperação – novidades introduzidas pela Lei n. 11.101/2005, *Revista Del Rey Jurídica*, *17*:36-37; Amador Paes de Almeida, *Curso de falência e recuperação de empresa*, São Paulo, Saraiva, 2007; Paulo Sérgio Restiffe, *Manual*, cit., p. 374-436; Flávio Monteiro de Barros, *Falência, recuperação judicial e extrajudicial*, São Paulo, Rideel, 2009; André F. Estevez, Breves apontamentos sobre a convolação da recuperação judicial em falência, *Revista Síntese – Direito Empresarial*, *26*: 9 a 14; João P. Scalzilli, R. Tellechea e Luis Felipe Spinelli, Objetivos e princípios da Lei de Falências e Recuperação de Empresas, *Revista Síntese – Direito Empresarial*, *26*: 15 a 30; Luiz Guerra, Recuperação econômica de empresa e as inconstuticionalidades contidas na Lei n. 11.101/2005, *RIASP*, *31*:209-40. Tércio T. N. Marcato, A competência do juízo falimentar, *Revista Síntese – Direito Empresarial*, *26*: 31 a 46. A Lei n. 11.101/2005, com as alterações da Lei n. 14.112/2020, aplica-se a empresário individual, à sociedade empresária (art. 1º) e às sociedades que tenham por objeto a exploração de serviços aéreos de qualquer natureza ou de infraestrutura aeronáutica (art. 199; Lei n. 7.565/86, art. 187).

E pelo art. 2º não é aplicável a: empresa pública; sociedade de economia mista; instituição financeira pública ou privada; cooperativa de crédito, consórcio, entidade de previdência complementar; sociedade operadora de plano de assistência à saúde; sociedade seguradora; sociedade de capitalização e outras entidades legalmente equiparadas às anteriores.

Há 41 projetos de lei para alterar a Lei n. 11.101/2005, apensados ao PL 6.229/2005.

Há anteprojeto, ainda não enviado ao Congresso, que visa: criar mecanismo para tornar a recuperação judicial mais viável e rápida e para incentivar o financiador de recuperação de firma em crise, a adiantar recursos, mesmo diante de créditos trabalhistas e previdenciários, para viabilizar o seu crédito; implementar um regime de insolvência transnacional, fazendo com que a Lei Modelo da Comissão de Comércio Exterior da Organização das Nações Unidas (Uncitral) passe a ser fonte de norma para a recuperção judicial das empresas brasileiras com filiais fora do país e listadas na Bolsa de Nova Iorque. Assim, medidas adotadas por juízes que conduzem processos de recuperação judicial no Brasil terão reciprocidade no exterior; aplicar recuperação judicial para cooperativas, sociedades de economia mista, produtoras rurais etc., que desenvolvam atividade econômica no mercado; ampliar varas judiciais especializadas em casos de recuperação; aproximar do processo de recuperação a Fazenda Pública e os bancos, para manter a integralidade dos créditos; impor aumento de prazo para parcelamento de débitos tributários de 7 para 10 anos (Nova Lei de Recuperação e Falências objetiva salvar empresas – *Jornal do Advogado, 433* (2017), p. 5).

antes de se decretar sua falência, possibilitando a continuação das atividades, a manutenção de empregos, pagamento regular de credores, entrega de bens e serviços previamente pagos e recolhimento de tributos. Assim, a solução da insolvência estaria norteada pelo *princípio da viabilidade da empresa*, pois se for economicamente viável, a recuperação (LRE, arts. 47 e 161) será o mecanismo apropriado, se inviável, a falência será o remédio mais eficiente. A Lei n. 11.101/2005 (com alterações da Lei n. 14.112/2020) regula a recuperação judicial, a extrajudicial e a falência do empresário e da sociedade empresária, trazendo novas diretrizes ao regime jurídico brasileiro em caso de crise empresarial, substituindo a concordata (preventiva e suspensiva) pela recuperação, por evitar demora no andamento procedimental e manter o empresário (pessoa natural ou jurídica), em sua atividade econômica, assegurando-lhe sobrevida útil; criando novos órgãos deliberativos e administrativos no concurso creditório; reduzindo fases procedimentais da liquidação falimentar.

Havendo insolvência empresarial, a nova lei busca tutelar direito dos credores, tendo por parâmetro o *princípio da relevância do interesse imediato dos credores* e o da *par conditio creditorum*.

A novel lei, tendo em vista que a garantia de adimplemento da obrigação assumida perante os credores é o patrimônio do devedor empresário (CC, art. 391), dá-lhes o direito de obter, por meio de execução concursal em processo falimentar, uma prestação do devedor inadimplente e com títulos protestados pela movimentação da máquina judiciária, indo buscar no seu patrimônio o *quantum* necessário à satisfação do crédito e à composição do dano causado. A relação creditória reger-se-á pelo *princípio "par conditio creditorum"*, que lhes dá tratamento igualitário, conforme a categoria creditória. Mas, além disso, não havendo insolvência irreversível, possibilita, com o instituto da recuperação judicial ou extrajudicial, ao empresário devedor, sem comprometer a segurança do mercado, a oportunidade de reestruturação financeira e administrativa da empresa, conducente ao fortalecimento de seu crédito e à possibilidade de satisfazer a seus credores evitando que sua situação se agrave. Acatando-se o *princípio da conservação ou maximização dos ativos*, por preservar os ativos do empresário devedor, conservando-os e, se possível, aumentando-os, e o da *preservação da atividade econômica* no mercado. Com isso não haverá gravame aos seus fornecedores, nem aos seus empregados, pois o giro empresarial voltaria à normalidade, e o mercado sofrerá menos a repercussão da insolvência do empresário, possibilitando o pagamento dos credores.

Recuperação ou falência, como meios para solução da insolvência, reger-se-ão pelo *princípio da possibilidade dos procedimentos*, que deverão ser transparentes pela publicidade e objetividade de seus atos, sujeitando-se à fiscalização do Judiciário, do administrador judicial e do representante do

Ministério Público e à participação, em todas as fases procedimentais, dos credores e dos segmentos integrantes da empresa insolvente.

Pelo art. 1º da Lei n. 11.101/2005, a sociedade empresária e o empresário individual poderão, se devedores, obter recuperação judicial ordinária (arts. 47 a 69) ou extrajudicial (arts. 161 a 167) ou incorrer em falência (arts. 75 a 160).

A Lei n. 11.101/2005 estabelece, nos arts. 70 a 72, recuperação judicial especial de microempresas e empresas de pequeno porte (Lei n. 9.841/99, ora revogada pela LC n. 123/2006, que foi alterada pela LC n. 139/2011), cujo plano deverá ser apresentado dentro do prazo improrrogável de sessenta dias da publicação da decisão que deferiu a medida, desde que preenchidas as seguintes condições: abrangência exclusiva de créditos quirografários; proposta de parcelamento do passivo em até trinta e seis prestações mensais iguais e sucessivas atualizadas monetariamente (Lei n. 10.192/2001, art. 2º, § 1º) e acrescidas de juros de 12% ao ano; efetivação do pagamento da primeira parcela no prazo máximo de cento e oitenta dias, contado da distribuição do pedido de recuperação judicial; autorização do juiz, ouvindo-se o administrador judicial e o Comitê de Credores para que o devedor possa aumentar despesas ou contratar empregados. Esse pedido de recuperação judicial, baseado em plano especial, não suspende o curso de prescrição nem das ações e execuções por créditos nele não abrangidos. Pelo art. 72 o juiz poderá conceder a recuperação judicial se preenchidos os requisitos legais, sem necessidade de convocação da assembleia geral dos credores. Todavia, o magistrado, havendo, dentro de trinta dias da publicação por edital da relação de credores, objeção de credores titulares de mais da metade dos créditos quirografários, julgará improcedente o pedido, e, consequentemente, a falência do empresário devedor será decretada[289].

---

289. Láudio C. Fabretti, *Fusões*, cit., p. 182 e 183, 189 e 190; Waldo Fazzio Júnior, *Nova Lei de Falência e Recuperação de Empresas*, São Paulo, Atlas, 2005, p. 15, 16, 18, 20-22, 30-36; M. Helena Diniz, *Curso*, cit., v. 2, p. 29; Fábio Ulhoa Coelho, *Manual*, cit., p. 303-11;

Manoel Justino Bezerra Filho, *Nova Lei de Recuperação e Falências comentada*, São Paulo, Revista dos Tribunais, 2005, p. 42-48; Paulo Penalva Santos, O novo projeto de recuperação da empresa, *RDM*, *117*:126-35; Jean Carlos Fernandes, A influência da economia no sistema de recuperação e falência de empresas, *MPMG — Jurídico*, *8*:45-7. *BAASP*, *2748*:2054-06. Comercial e processual civil — Pedido de falência — Decreto-Lei n. 7.661/1945 — Valor ínfimo — Princípio da preservação da empresa — Indeferimento. 1 — O Superior Tribunal de Justiça rechaça o pedido de falência como substitutivo de ação de cobrança de quantia ínfima, devendo-se prestigiar a continuidade das atividades comerciais, uma vez não caracterizada situação de insolvência, diante do princípio da preservação da empresa. 2 — "Após a nova Lei de Falências (Lei n. 11.101/2005), não se decreta a falência fundada em crédito inferior a 40 salários mínimos da data do pedido de falência, devendo o art. 1º do Decreto-Lei n. 7.661/1945 ser interpretado à luz dos critérios que levaram à edição da nova Lei de Falências, entre os quais o princípio da preservação da empresa" (REsp n. 805.624-MG; Rel. Min. Sidnei Beneti, 3ª T.; v.u., *DJe* de 21-8-2009). 3 — Recurso Especial conhecido, mas desprovido (STJ — 4ª T.; REsp n. 918.399-SP; Rel. Min. Aldir Passarinho Junior; j. 12-4-2011; v.u.).

Assim, os mecanismos, na nova sistemática legal, para a solução da situação de crise econômico-financeira do empresário devedor, seriam, numa representação gráfica, os seguintes:

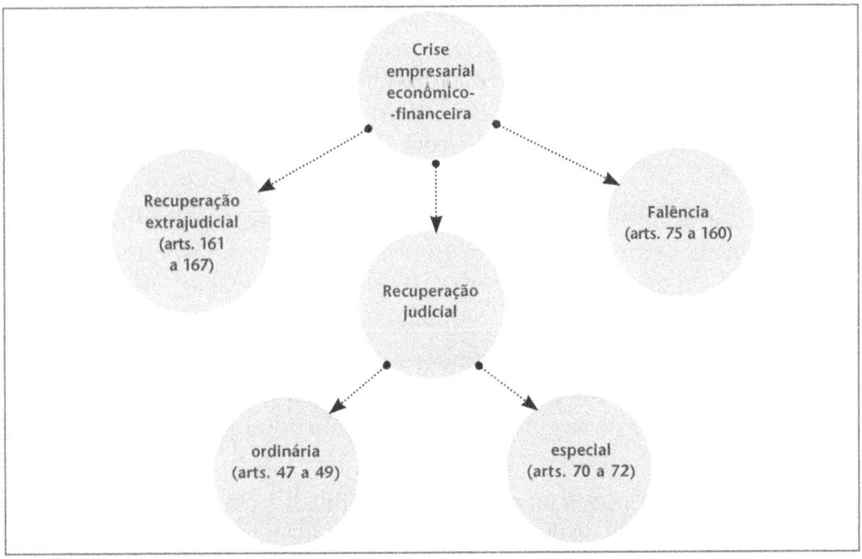

B. Administrador judicial, comitê de credores e assembleia geral de credores[290]

A novel lei, ampliando os órgãos administrativos e deliberativos, prevê a nomeação do administrador judicial (órgão obrigatório), que atuará na falência ou na recuperação judicial, e a criação do Comitê de Credores (art. 26) e da assembleia geral de credores (art. 35) (órgãos facultativos ou eventuais).

O *administrador judicial*, auxiliar qualificado do juiz, será por ele nomeado na sentença que decretar a falência (art. 99, IX) ou no despacho que inde-

---

Com as alterações da Lei n. 14.112/2020, haverá maior transparência no sistema recuperacional e mais agilidade aos processos de recuperação judicial.

Vide CPC/2015, art. 69, § 2º, V: Os atos concertados entre os juízes cooperantes poderão consistir, além de outros, no estabelecimento de procedimento para habilitação de créditos na falência e na recuperação judicial.

290. Manoel Justino Bezerra Filho, *Nova lei*, cit., p. 83-127; Láudio C. Fabretti, *Fusões*, cit., p. 185 e 186; Maria Odete D. Bertasi, Administrador judicial, comitê e assembleia de credores na Lei de Recuperação de Empresas e Falência, in *Comentários à nova Lei de Falências e Recuperação de Empresas* (coord. Rubens Approbato Machado), São Paulo, Quartier Latin, 2005, p. 121-54; Waldo Fazzio Júnior, *Nova Lei*, cit., p. 325-38.

ferir a recuperação judicial (art. 52, I). Deverá ser profissional idôneo, preferencialmente advogado, economista, administrador de empresas ou contador ou pessoa jurídica especializada, hipótese em que declarar-se-á o nome do profissional responsável pela condução do processo falimentar ou do de recuperação judicial, que não poderá ser substituído sem autorização do juiz (art. 21 e parágrafo único). Não poderá ser nomeado: aquele que, tendo exercido o cargo nos últimos cinco anos, dele foi destituído, deixou de prestar contas ou estas não foram aprovadas; pessoa que tiver relação de parentesco consanguíneo, ou afim, até 3º grau com o devedor, seu administrador, controlador ou representante legal, ou deles seja amigo, inimigo ou dependente.

Com sua nomeação, o administrador judicial receberá intimação para assinar, dentro de quarenta e oito horas, termo de compromisso de bom desempenho do cargo e de assunção das responsabilidades, sob pena de o juiz nomear outro administrador judicial.

O juiz, *ex officio* ou a requerimento do interessado, poderá destituir o administrador por desobediência aos preceitos da Lei n. 11.101/2005, por descumprimento de deveres, omissão, negligência ou prática de ato lesivo às atividades do devedor ou a terceiros (art. 31).

O administrador judicial terá responsabilidade pelos prejuízos que, dolosa ou culposamente, causar à massa falida, ao devedor ou aos credores (art. 32) e pelo quadro geral de credores, devendo verificar, com o auxílio de profissionais ou empresas especializadas, os créditos, tendo por base os livros contábeis, os documentos empresariais e fiscais do empresário devedor e os documentos apresentados pelos credores (art. 7º). Se algum crédito for impugnado, o administrador judicial receberá intimação judicial para apresentar parecer, juntando a este laudo elaborado por profissional ou empresa especializada. Seus atos estão sujeitos à fiscalização, ou melhor, à supervisão do juiz e do Comitê de Credores.

O administrador judicial não é representante da massa falida, pois esta não tem personalidade jurídica e tem por deveres os arrolados no art. 22, I, *a* a *m* (na recuperação judicial e na falência), II, *a* a *h* (na recuperação judicial), e III, *a* a *s* (na falência) e deverá estimular, em qualquer grau de jurisdição, sempre que possível, a conciliação e a mediação e outros métodos alternativos de solução de conflitos relacionados à recuperação judicial e à falência (art. 22, I, *j*), respeitados os direitos de terceiros na forma do art. 3º, § 3º, do CPC e seguindo os parâmetros dos arts. 20-A a 20-D da Lei n. 11.101/2005, acrescentados pela Lei n. 14.112/2020. Em regra, na recuperação judicial, seu papel é de fiscalização da atividade do devedor (art. 22, II), e na falência, tem funções mais amplas (art. 22, III) como as de arrecadação, avaliação, representação ativa e passiva da massa.

Da leitura desse artigo percebe-se que o administrador exerce funções: *a*) *judiciárias*, como: representação ativa e passiva da massa em juízo (CPC/2015, art. 75, V); classificação de créditos; arrecadação, guarda e avaliação de bens e documentos do devedor empresário; indicação de peritos e de contadores; prestação de informações etc.; e *b*) *administrativas*, como: apresentação de contas demonstrativas; efetivação de garantias ofertadas; manutenção de correspondência da massa etc.

O administrador judicial fará jus a uma remuneração estipulada pelo magistrado, que, para tanto, considerará a capacidade de pagamento do devedor empresário ou da massa falida (art. 25), o valor mercadológico, as dificuldades e a qualidade do trabalho (art. 24), sem contudo ultrapassar 5% do valor a ser pago aos credores (art. 24, § 1º). Perderá o administrador judicial o direito a essa remuneração, havendo: renúncia imotivada; descumprimento dos deveres legais; destituição do cargo; desaprovação da prestação de contas. Logo, o administrador judicial que não acompanhou o procedimento até o final, por ter sido substituído, receberá pagamento proporcional ao trabalho feito, salvo se renunciou sem relevante razão de direito ou foi destituído por inadimplemento culposo ou doloso de suas obrigações, pois nestes casos não terá direito a qualquer remuneração (art. 24, § 3º). Reservar-se-á 40% do montante devido ao administrador judicial para ser pago apenas depois de suas contas serem aprovadas e da apresentação do relatório final da falência.

Pelo art. 24, § 5º, com redação da LC n. 147/2014 e da Lei n. 14.112/2020, "a remuneração do administrador judicial fica reduzida ao limite de 2% no caso de microempresas e empresas de pequeno porte, bem como na hipótese de que trata o art. 70-A...".

O administrador judicial é, na lição de Fábio Ulhoa Coelho, o "agente auxiliar do juiz que, em nome próprio, deve cumprir as funções cometidas em lei". É a pessoa incumbida da gestão, comando e direção dos bens de uma massa, maximizando-os, para aumentar recursos, com o escopo de atender ao interesse dos credores.

O *Comitê de Credores*, órgão fiscalizatório, poderá ser criado por deliberação assemblear de qualquer das classes de credores (art. 26), para que tenham uma participação mais atuante nos processos de falência e recuperação judicial, exerçam a fiscalização da gestão do administrador judicial e acompanhem todas as atividades relativas à defesa do direito dos credores de receber o crédito. Waldo Fazzio Júnior[291], por sua vez, ao analisar a Lei n. 11.101/2005, conclui que a criação desse Comitê é compulsória, pois: o de-

291. Waldo Fazzio Júnior, *Nova Lei*, cit., p. 337.

vedor não poderá onerar ou alienar bens e direitos de seu ativo permanente, salvo utilidade reconhecida pelo juiz, depois de ouvido o Comitê (art. 66); a venda antecipada de bens perecíveis arrecadados pelo administrador judicial deverá ser antecedida da oitiva do Comitê (art. 113). O administrador judicial poderá efetuar contratos alusivos a bens da massa falida, se houver autorização do Comitê (art. 114); cumprimento de contrato unilateral, em benefício da massa, só poderá dar-se com a autorização do Comitê (art. 118).

Esse Comitê de Credores (art. 26, I a III) será composto por: um representante escolhido pela classe dos credores trabalhistas, com dois suplentes: um representante indicado pela classe dos credores com direitos reais de garantia e com privilégios especiais, com dois suplentes; um representante indicado pela classe de credores quirografários e com privilégios especiais gerais, com dois suplentes.

As atribuições do Comitê de Credores estão previstas legalmente, sendo, na *recuperação judicial e na falência*, no art. 27, I, *a* a *f*, as de: fiscalizar e examinar as contas do administrador judicial; zelar pelo bom andamento do processo e pelo cumprimento da lei; comunicar ao juiz as violações dos direitos e o prejuízo aos interesses dos credores; apurar e emitir pareceres sobre reclamações dos interessados; requerer ao juiz a convocação da assembleia geral de credores. Pelo art. 32, seus membros terão responsabilidade civil subjetiva pelos danos causados, dolosa ou culposamente, ao devedor, à massa falida ou aos credores; e, na *recuperação judicial*, no art. 27, II, *a* a *c* e §§ 1º e 2º, compete-lhe: fiscalizar a administração das atividades do devedor e a execução do plano de recuperação judicial e submeter a alienação dos bens do ativo permanente e a constituição de ônus reais e de outras garantias à autorização judicial.

Se não se eleger membros desse Comitê, suas atribuições serão levadas a efeito pelo administrador judicial ou pelo juiz.

Pelo art. 29, os seus membros não terão sua remuneração custeada pelo devedor ou pela massa falida, mas as despesas realizadas para a prática de atos de sua atribuição, se comprovadas e autorizadas pelo juiz, serão ressarcidas conformes as disponibilidades de caixa.

A *assembleia geral de credores*, colegiado obrigatório na recuperação judicial e facultativo no processo falimentar, visa a proteção dos interesses dos credores, dos trabalhadores e dos sócios. É convocada, por meio de edital (publicado no *Diário Oficial eletrônico* e disponibilizado no sítio eletrônico do administrador judicial, com antecedência mínima de 15 dias), pelo magistrado ou a requerimento de credores que representem 25% do valor total dos créditos de uma classe (art. 36) e é presidida pelo administrador judicial que designará, dentre os credores presentes, um deles para exercer as funções de secretário (art. 37). O credor poderá nela ser representado por procurador ou representante legal. As deliberações, em regra, são tomadas por maioria simples dos presentes, com exceção das relativas ao plano de recuperação judicial em que todas as classes deverão aprovar a proposta (art. 42). E as deliberações da assembleia geral de credores, pelo art. 39, § 2º, não serão invalidadas em razão de ulterior decisão judicial sobre existência, quantificação ou classificação dos créditos. Há, portanto, presunção legal de validade de suas deliberações. Pelo art. 35, I e II, da Lei n. 11.101/2005 terá atribuição de deliberar: *a*) *na recuperação judicial* sobre: aprovação, rejeição ou modificação do plano de recuperação judicial apresentado pelo empresário devedor; constituição do Comitê de Credores; escolha de seus membros e sua substituição; pedido de desistência do devedor (art. 52, § 4º); nome do gestor judicial, quando houver afastamento do devedor; matéria que possa atingir interesses dos credores; alienação de bens ou direitos do ativo não circulante do devedor, não prevista no plano de recuperação judicial; *b*) na *falência* sobre: constituição do Comitê de Credores; escolha de seus membros e sua substituição; adoção de modalidade de realização do ativo (art. 145) como constituição de sociedade de credores ou de empregados do devedor com participação dos atuais sócios ou de terceiros; matéria que possa afetar interesses dos credores.

Importante é seu papel, pois: *a*) pelo art. 73, I, o juiz decretará a falência durante o processo de recuperação judicial por deliberação da assembleia geral de credores que representem mais da metade do valor total dos créditos nela presentes; *b*) pelo art. 145, o juiz apenas homologará modalidade alternativa de realização do ativo, havendo aprovação da assembleia geral de credores.

A assembleia geral de credores tem relevância, com seu poder de voto, para decidir sobre o destino do empresário devedor.

C. Recuperação empresarial

c.1. Conceituação, características e espécies

Pela Lei n. 11.101/2005, há possibilidade de recuperação de devedor empresário (pessoa natural ou jurídica) em crise econômico-financeira, restabelecendo a sua saúde financeira e a regularidade de sua atividade econômica e maximizando o seu ativo para uma eficaz satisfação do seu passivo, evitando, assim, a ocorrência da falência. Portanto, antes que o descumprimento do dever de pagar gere a presunção e a certeza da insolvência do empresário devedor, a norma jurídica, tendo por suporte o princípio da conservação da empresa, lhe concede a chance de pedir sua recuperação e de provar que pode sair da má situação em que, temporariamente, se encontra.

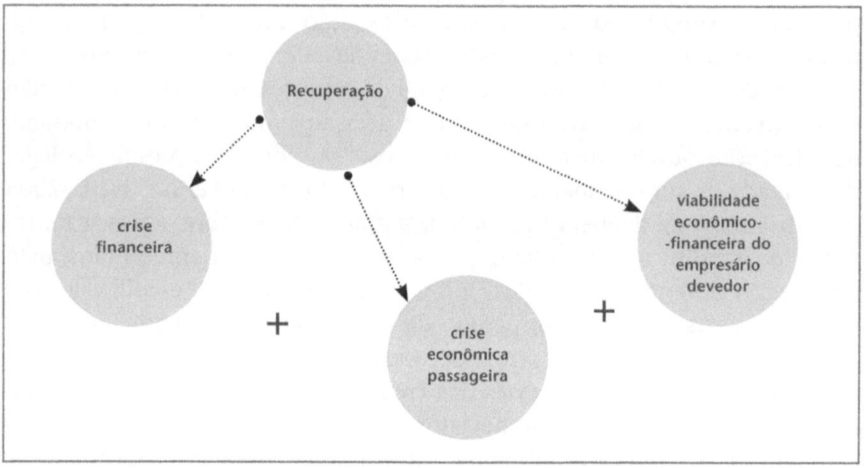

Essa oportunidade é a recuperação consistente no ato de "readquirir a capacidade de pagar", como diz Waldo Fazzio Júnior.

Esse pedido de oportunidade de recuperação poderá ser feito diretamente aos credores (extrajudicial), instaurando o concurso de observação, definindo o plano de recuperação que, sendo aprovado pelos credores, será homologado pelo juiz. O plano de recuperação tem por fim restabelecer empresário devedor em situação temporária, de dificuldade econômico-financeira, para que esta possa ser superada por meio de um planejamento socioeconômico-financeiro de suas atividades e operações e de uma negociação de dívidas com os credores, que permitam o aumento de sua rentabilidade e a continuação de suas atividades. Nada obsta a que, para captar recursos, proponha cisão, fusão, estabelecimento de parceria, alienação de filial sem sucessão trabalhista e fiscal etc. Deverá, ainda, o plano voltar-se à qualidade da gestão, à governança corporativa, à ampliação ou redução da área de atuação empresarial, à projeção ou redução de gastos, à previsão de investimentos etc.

Há, portanto, possibilidade de o empresário devedor apresentar um plano de recuperação extrajudicial previamente acordado pelos credores (titulares de créditos vencidos e vincendos e homologados pelo juiz), para tornar possível o pagamento dos valores que lhes são devidos, ou um plano de recuperação judicial a ser por eles aprovado, em juízo, atendidos os requisitos legais como forma de evitar sua falência. Na *recuperação extrajudi-*

cial, haverá participação ativa dos credores, pois o concurso de observação decorre de um convênio entre empresário devedor e seus credores, sob mediação judicial. Na *recuperação judicial*, o devedor insolvente, para garantir sua sobrevivência, dirige-se ao magistrado que, então, convocará os credores para a apreciação da proposta apresentada, aprovando-a ou não, ou ainda sugerindo um plano alternativo. Os verdadeiros árbitros da recuperação extrajudicial ou judicial são os credores que em assembleia geral, concederão a oportunidade pleiteada pelo empresário devedor se, para eles, essa via for mais conveniente do que a falencial.

A recuperação é um instrumento legal para soerguer o empresário devedor em benefício dos credores, da economia e do empreendimento, como fonte de produção e de remoção das causas da crise econômico-financeira, conducente ao pagamento das dívidas, e, por isso, a LRE a privilegia em seus artigos, visto que a falência seria o último recurso legal para a solução da relação entre devedor e credores. A lei, observa Antonio M. Caleffi, visa tão somente proteger a empresa com economia viável, pois a sua insolvência decorre mais do que de problemas internos, de consequências inevitáveis da crise econômica mundial, retração do mercado de investimento, má gestão de negócios públicos etc.

Daí dizer Waldo Fazzio Júnior que a "LRE fez uma opção prioritária pela preservação da empresa como unidade produtiva, que congrega uma heterogênea gama de interesses: os dos credores que buscam a realização de seus haveres; os dos prestadores que intentam o retorno de seus investimentos; os dos trabalhadores da empresa que não querem perder seus empregos; os dos sócios interessados na conservação de suas quotas ou ações; os dos fornecedores que têm por escopo receber seus créditos, mas que não querem perder o cliente; e os da comunidade, síntese de todos os outros interesses". Logo, para esse autor, os principais *caracteres* da recuperação empresarial seriam: "flexibilização dos procedimentos preventivos; ampliação da participação dos credores; maior amplitude nas possibilidades de acordo entre credores e devedor; manutenção do privilégio dos créditos trabalhistas e acidentários; mitigação da função jurisdicional; adoção de novos mecanismos para superação das crises empresariais; simplificação dos procedimentos e reformulação da função administrativa"[292].

292. É a lição de Waldo Fazzio Júnior, *Nova Lei de Falência*, cit., p. 97-113, que aqui resumimos. Consulte: Donald Mac Nicol & Murched Badih Sanna, Plano de recuperação, *Comentários à nova Lei de Falências*, cit., p. 167-77; Manoel Justino Bezerra Filho, *Nova Lei*, cit., p. 190; Paulo Penalva Santos, Recuperação de empresas no direito brasileiro, *Revista Brasileira de Direito Comparado*, *32*:53-78 (2009); Antonio M. Caleffi, Uma visão crítica da recuperação judicial, *Revista Jurídica*, *333*:49-62;

c.2. Recuperação extrajudicial[293]

c.2.1. Definição e requisitos

A recuperação extrajudicial é o instrumento legal (Lei n. 11.101/2005, arts. 161 a 167) pelo qual o empresário devedor, em situação de crise ou incapacitado financeiramente, efetua um acordo, diretamente, com alguns ou todos os seus credores, para obter a continuidade de sua atividade empresarial e seu restabelecimento econômico-financeiro, voltado ao atendimento dos interesses creditícios, por oferecer-lhes, mediante apresentação de uma proposta, um modo de composição do conflito para pagamento do *quantum* que lhes é devido, que, sendo por eles acatado, deverá ser homologado judicialmente por sentença, que, por sua vez, constituirá título executivo judicial.

Tem por escopo impedir que haja falência.

Para propor recuperação extrajudicial, passível de homologação judicial, o empresário devedor deverá preencher alguns requisitos legais (LRE, arts. 161 c/c art. 48): *a*) exercício regular de atividade econômica há mais de dois anos; *b*) não sujeição à falência, e se o estiver, desde que declaradas extintas, por sentença transitada em julgado, as responsabilidades dela oriundas; *c*) não obtenção de concessão de recuperação judicial há menos de cinco anos ou há menos de oito anos com base no plano especial alusivo às

---

Leonardo Mattietto, Falências e recuperação de empresas, *Revista Jurídica, 342*:29-40; Juliana H. dos Santos Costa, É possível a recuperação judicial ou extrajudicial para as sociedades em comum?, *Revista de Direito Empresarial*, n. *8*:111-34; Ivo Waisberg e outros (coord.), *Direito comercial, falência e recuperação de empresas* — Temas, São Paulo, Quartier Latin, 2019; Soares e Bezerra Filho, A dignidade humana e sua vinculatividade no âmbito da recuperação de empresas: observação da sua eficácia perante terceiros no REsp 1.337.989/SP, *Revista Argumentum*, v. 22, n. 1, 2021, p. 163-88; Ivo Waisberg e Sara T. Soliani, A interface entre o direito concorrencial e o direito recuperacional. *Direito em Debate*, São Paulo, Almedina, v. 3, 2022, p. 149 a 164.

293. Consulte: Márcia Regina M. Melaré, A recuperação extrajudicial, in *Comentários à nova Lei de Falências*, cit., p. 155-66; Waldo Fazzio Júnior, *Nova Lei*, cit., p. 115-24; Manoel Justino Bezerra Filho, *Nova Lei*, cit., p. 346-64; Paulo Sérgio Restiffe, *Manual*, cit., p. 401; Rodrigo Tellechea, Luis Felipe Spinelli e João Pedro Scalzilli, Notas críticas ao regime jurídico da recuperação extrajudicial, *Revista Síntese de Direito Empresarial. 36*: 78-109. Carlos F. C. Junqueira e Cláudia Mara de A. R. Viegas, A natureza jurídica da recuperação extrajudicial e da aplicabilidade da teoria da imprevisão. *Revista Síntese — Direito Empresarial, 50*:9-37; Paulo P. Santos, Aspectos polêmicos da recuperação extrajudicial. *Revista Síntese — Direito Empresarial, 50*:45-57.

Pelo Enunciado n. 106: "O juízo da recuperação extrajudicial poderá determinar, no início do processo, a suspensão de ações ou execuções propostas por credores sujeitos ao plano de recuperação extrajudicial, com a finalidade de preservar a eficácia e a utilidade da decisão que vier a homologá-lo" (aprovado na III Jornada de Direito Comercial).

microempresas e empresas de pequeno porte (arts. 70 a 72); *d*) não condenação por crime falimentar e inexistência de administrador ou sócio controlador condenado por tal delito.

O plano de recuperação extrajudicial não poderá abranger (LRE, arts. 161, § 1º, 49, § 3º, e 86, II): créditos tributários (CTN, arts. 155-A, § 3º, e 187) e trabalhistas; os decorrentes de acidentes do trabalho; dívidas com garantia fiduciária de móveis ou imóveis, arrendamento mercantil; compra e venda de imóveis com certas características; compra e venda com reserva de domínio e adiantamento de contrato de câmbio. Tal plano, pelo art. 161, § 2º, não poderá favorecer algum credor, contemplando-o com pagamento antecipado, nem dar tratamento desfavorável aos credores que a ele não estiverem sujeitos, isto porque a lei permite a participação voluntária, não sendo, assim, obrigatória a adesão de todos os credores ao plano apresentado.

O devedor poderá requerer a homologação de plano extrajudicial que obriga todos os credores por ele abrangidos, desde que assinado por credores que representem mais da metade dos créditos de cada espécie abrangidos pelo referido plano (art. 163).

O plano, devidamente justificado e documentado (LRE, art. 163, §§ 6º e 7º), aprovado, será apresentado judicialmente para ser homologado, desde que haja anuência de credores que representem pelo menos 1/3 de todos os créditos de cada espécie por ele abrangidos e com o compromisso de, no prazo improrrogável de 90 dias, contado da data do pedido, atingir o quórum de mais da metade dos créditos, por meio de adesão expressa, facultada a conversão do procedimento em recuperação judicial a pedido do devedor (art. 163, § 7º). Aplica-se à recuperação judicial, desde o seu pedido, a suspensão do curso da prescrição das obrigações do devedor, sujeitos ao regime da Lei n. 11.101/2005, que somente deverá ser ratificada pelo juiz se comprovado o quórum inicial de anuência dos credores exigido (art. 163, § 8º).

O empresário devedor não poderá requerer homologação do plano extrajudicial, estando pendente pedido de recuperação judicial ou se já obteve recuperação judicial ou homologação de outro plano de recuperação extrajudicial há menos de dois anos (§ 3º do art. 161).

O fato de o devedor ter pedido a homologação de plano de recuperação extrajudicial não acarretará suspensão de direitos, ações ou execuções, nem impossibilitará o pedido de decretação de falência pelos credores não sujeitos ao plano de recuperação extrajudicial.

c.2.2. Procedimento

O empresário devedor (cônjuge sobrevivente, herdeiros, inventariante ou sócio remanescente) está autorizado, como vimos, para evitar a instauração do processo falimentar, a apresentar plano de recuperação extrajudicial, devidamente assinado, documentado e justificado, a alguns ou a todos os seus credores, que poderão ou não a ele aderir. O credor convocado que não o aprovar, não estará sujeito à proposta feita, isto porque o devedor poderá, pelo art. 162, requerer homologação judicial do plano apenas para os que a ele aderiram voluntariamente, independentemente do número de aderentes. Mas tal plano, devidamente homologado, poderá ser obrigatório aos credores dissidentes se aprovado for por credores que representem mais da metade de todos os créditos de cada espécie por ele abrangidos (LRE, art. 163). Se apenas conseguir a aprovação de metade dos credores de só uma das classes, o plano não vinculará a minoria de qualquer das classes.

O plano será apresentado judicialmente para sua homologação, no juízo do principal estabelecimento do devedor, ou de filial da empresa no País (art. 3º); acompanhado de (LRE, art. 163, § 6º): exposição da situação patrimonial do empresário devedor; demonstrações contábeis relativas ao último exercício social; demonstrações contábeis levantadas especialmente para o pedido homologatório acompanhadas do balanço patrimonial, da demonstração de resultados acumulados, da demonstração do resultado do último exercício social, do relatório gerencial do fluxo de caixa e de sua projeção; relação nominal completa dos credores, devidamente qualificados, contendo a classificação de seus créditos; de documentos comprobatórios dos poderes dos subscritores do plano para transigir. Apresentado o plano para ser homologado, todos os credores, convocados por edital eletrônico ou jornal de grande circulação, deverão ser ouvidos sobre as suas cláusulas e condições, verificando se são apropriadas e se não lhes são prejudiciais e tendo prazo de trinta dias (art. 164) para impugnação do pedido feito pelo devedor, baseada p. ex. (art. 164, § 3º): na falta de sua aprovação por 1/3 dos credores; inobservância de requisitos legais; prática de ato lesivo a credor etc. Apresentada a impugnação, dar-se-á prazo de cinco dias para manifestação do devedor. Afastadas as impugnações, o juiz homologará o plano por sentença.

Da sentença homologatória caberá apelação sem efeito suspensivo (art. 164, § 7º).

Se algum credor apelar da sentença, o devedor poderá apresentar novo plano, considerando-se o efeito devolutivo da apelação.

Com a homologação, o plano de recuperação extrajudicial produzirá efeitos (art. 165), mas poderá retroagir *ex tunc* em relação à modificação de valor ou de forma de pagamento dos credores signatários (art. 165, §§ 1º e 2º).

Se alguma impugnação for acatada, ter-se-á o indeferimento judicial da homologação pretendida. Mas o devedor poderá, cumpridas as formalidades, apresentar, a qualquer tempo, novo pedido de homologação de plano de recuperação extrajudicial, efetuando, para tanto, nova proposta.

Pode-se afirmar, como o faz Paulo Sérgio Restiffe, que recuperação extrajudicial é "procedimento especial de jurisdição voluntária, tratando-se, portanto, de Administração Pública de interesses privados, já que o acordo extrajudicial — com natureza de negócio jurídico — entre o devedor e seus credores, após celebrado, para ter eficácia e validade, depende de homologação judicial".

Graficamente, temos:

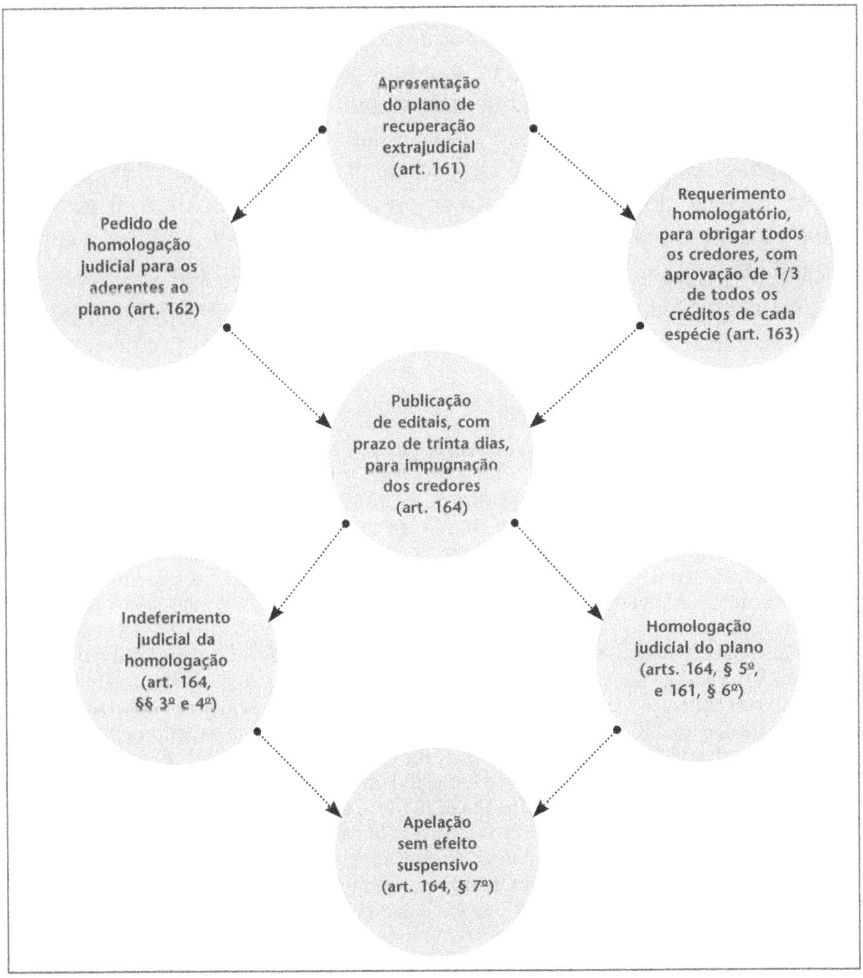

c.3. Recuperação judicial[294]

c.3.1. Conceito, finalidade, pressupostos e natureza jurídica

Se a recuperação extrajudicial não ocorrer, o devedor empresário poderá tentar, para preservação da sociedade, sem a cessação de suas atividades empresariais, obter a recuperação judicial, cujo custo é mais vultoso, por haver intervenção do magistrado.

A recuperação judicial visa reorganizar econômica, administrativa e financeiramente empresas com problemas econômicos, por meio do Judiciário, visto que não conseguem gerar lucro suficiente para cumprir suas obrigações. É, portanto, a possibilidade de superação da crise econômico-financeira do empresário, permitindo-lhe a continuidade de seu empreendimento, por meio de uma ação judicial. É, portanto, uma ação judicial para saneamento de uma situação de crise e para garantia da sobrevivência da fonte produtora de bens e serviços, desde que haja viabilidade econômica do empresário devedor. Assim, pelo Enunciado 7 da Jornada Paulista de Direito Comercial: "O devedor que alega não ter condições de pagar sequer as despesas mínimas de manutenção do estabelicimento empresarial, como as contas de gás, luz e água, vincendas após o ajuizamento do pedido, não tem direito à recuperação judicial, em razão da manifesta inviabilidade da empresa".

Pelo art. 47 da Lei n. 11.101/2005, "a recuperação judicial tem por objetivo viabilizar a superação da situação de crise econômico-financeira do de-

294. Waldo Fazzio Júnior, *Nova Lei de Falência*, cit., p. 125-86; Lídia V. Marzagão, A recuperação judicial, *Comentários à nova Lei de Falências*, cit., p. 75-120; Láudio C. Fabretti, *Fusões*, cit., p. 184 e 185; Manoel Justino Bezerra Filho, *Nova Lei*, cit., p. 127-88; Wilson A. Barufaldi, Releitura dos conceitos-chave para e na recuperação judicial: empresário, sociedade empresária, empresa e estabelecimento, *Revista Síntese – Direito empresarial, 27*: 98-121; Suélen B. Panizzon, O empresário em recuperação judicial e as implicações decorrentes de sua participação em licitações e em contratos de concessão de serviço público, *Revista Síntese — Direito Empresarial, 31*:60-95; Luís Rodolfo Cruz e Creuz, Revisitando a Lei de Recuperação de Empresas — Os 8 anos de vigência da Lei n. 11.101/2005, *Revista Síntese — Direito Empresarial, 31*:127-32; Sérgio R. Crispim, Impossibilidade do uso de recuperação judicial para empresário rural pessoa física, *Revista Síntese — Direito empresarial, 32*:227-31; João Franco, A dificuldade do crédito para empresas em recuperação judicial, *Letrado – IASP – 103*:61; Fábio Rosas e Daniel C. P. de Oliveira, Reflexões sobre o novo CPC e a recuperação judicial das empresas, *Contencioso empresarial na vigência do novo CPC* (coord. Carlos David A. Braga e outros), Rio de Janeiro, Lumen Juris, 2017, p. 47 a 62; Marcos Faustino e outros, Da participação de empresas em recuperação judicial nas licitações públicas, *Revista Síntese — Direito empresarial, 55*:101-107; Dallari e Novis, Participação em licitações de empresas em recuperação judicial, *Revista da Escola da Magistratura do TRF da 4ª Região*, n. 3, p. 175 a 192, 2015; Guilherme M. Caon, Aspectos tributários da recuperação judicial: análise da jurisprudência do STJ e do TRF — 4ª Região, *Revista da Escola da Magistratura do TRF da 4ª Região*, n. 13, p. 119 a 152.

vedor, a fim de permitir a manutenção da fonte produtora, do emprego dos trabalhadores e dos interesses dos credores, promovendo, assim, a preservação da empresa, sua função social e o estímulo à atividade econômica".

Procura, portanto, atender concomitantemente aos anseios dos credores e ao interesse público e social, em atenção à função social da empresa, tendo p. ex., para tanto, os seguintes *objetivos*: preservação do empresário devedor viável; reorganização da empresa; aumento de possibilidades de negociação para pagamento do passivo; defesa dos interesses dos credores; fixação de consequências em caso de inadimplento da proposta e de mecanismos para alteração do plano; estabelecimento de limites da supervisão judicial da execução do plano; manutenção da fonte produtora de produtos e serviços e das oportunidades de emprego; estímulo ao crédito e à atividade econômica do devedor etc. Modifica as relações entre empresário devedor e seus credores; entre empresário devedor e seus empregados e entre empresário devedor e a sua atividade empresarial[295].

Permite preservar empresa economicamente viável, apesar das dificuldades em que se encontra, mediante participação dos credores, com intervenção do Poder Judiciário e, em certos casos, do órgão do Ministério Pú-

295. Consulte a respeito Waldo Fazzio Jr., *Nova Lei*, cit., p. 127 e 128; Fábio Ulhoa Coelho, As distorções na recuperação judicial, *Estado de Direito, 44*:6; Daniel C. Costa (A viabilidade da atividade empresarial como pressuposto da sua recuperação judicial, *Jornal Carta Forense*, fev. 2013, p. A-12) ensina que interessa ao mercado que as empresas viáveis economicamente, por gerarem renda, empregos etc., superem suas crises, mediante livre mercado, pois sua extinção traria graves prejuízos sociais, econômicos relevantes aos consumidores, aos empregados, à comunidade, ao fisco etc., daí a concessão da possibilidade de sua recuperação judicial. Se for inviável economicamente, o pedido recuperacional será indeferido. "A recuperação judicial tem como finalidade precípua o soerguimento da empresa mediante o cumprimento do plano de recuperação, salvaguardando a atividade econômica e os empregos que ela gera, além de garantir, em última *ratio*, a satisfação dos credores. Na espécie dos autos, o ponto nodal da questão diz respeito à natureza da garantia prestada no negócio jurídico celebrado entre as partes. O crédito do agravante decorre de contrato no qual inexiste a figura típica do penhor, desnaturando a pretensa garantia, e, como consequência, torna inaplicável a regra do art. 49, § 2º, da Lei n. 11.101/2005. Agravo desprovido" (TJRJ-15ª Câm. Cível; AI n. 2008.002.21326-RJ; Rel. Des. Celso Ferreira Filho; j. 11-11-2008; v.u.; *BAASP, 2650*:5347).

Enunciado n. 73: "Para que seja preservada a eficácia do disposto na parte final do § 2º do artigo 6º da Lei n. 11.101/05, é necessário que, no juízo do trabalho, o crédito trabalhista para fins de habilitação seja calculado até a data do pedido da recuperação judicial ou da decretação da falência, para não se ferir a *par condicio creditorum* e observarem-se os arts. 49, *caput*, e 124 da Lei n. 11.101/2005" (aprovado na II Jornada de Direito Comercial. *Vide*: arts. 6º, §§ 1º e 2º; 9º, II; 49, *caput*; e 124 da Lei n. 11.101, de 9-2-2005).

blico e das Fazendas Públicas federal e de todos os Estados, Distrito Federal e Municípios em que o devedor tiver estabelecimento, a fim de que tomem conhecimento da recuperação judicial e informem eventuais créditos perante o devedor, para divulgação aos demais interessados (CF, art. 127; LRE, arts. 8º, 52, V, e 59, § 2º).

A recuperação judicial é uma ação de conhecimento da espécie constitutiva para preservação da continuidade da empresa e saneamento da situação de crise econômico-financeira do empresário devedor, cuja pretensão é a concessão da aprovação judicial de um plano de reorganização empresarial, que lhe possibilite satisfazer os seus credores, seus empregados, sua clientela e o Poder Público. Sem embargo desse seu aspecto processual e de o seu pedido estar sujeito à direção e homologação do magistrado, nítida é sua *natureza jurídica* contratualista por haver obrigação de todos os credores participarem efetivamente em assembleia geral, votando pela aprovação, ou não, do plano de recuperação apresentado pelo empresário devedor[296].

Para que o empresário devedor (pessoa natural ou jurídica) possa requerer em juízo a recuperação judicial, deverá, além de comprovar documentalmente sua condição de empresário, atender aos seguintes *requisitos legais* (art. 48): exercer regularmente sua atividade há mais de dois anos; não ser falido e, se o foi, deverão as responsabilidades oriundas da falência estar extintas por meio de sentença transitada em julgado; não ter obtido concessão de recuperação judicial, há menos de cinco anos, ou há menos de oito anos, com base no plano especial para microempresas e empresas de pequeno porte, modalidade facultativa de recuperação judicial, limitada apenas aos créditos quirografários (art. 71); não ter sido condenado ou não ser, como administrador ou sócio controlador, pessoa condenada por crime falimentar.

---

296. Lídia V. Marzagão, A recuperação judicial, cit., p. 94.

Enunciado n. 78: "O pedido de recuperação judicial dever ser instruído com a relação completa de todos os credores do devedor, sujeitos ou não à recuperação judicial, inclusive fiscais, para um completo e adequado conhecimento da situação econômico-finaceira do devedor" (aprovado na II Jornada de Direito Comercial. *Vide*: art. 51, III, da Lei n. 11.101, de 9-2-2005).

Enunciado n. 79: "O requisito do inc. III do § 1º do art. 58 da Lei n. 11.101 aplica-se a todas as classes nas quais o plano de recuperação judicial não obteve aprovação nos termos do art. 45 desta Lei" (aprovado na II Jornada de Direito Comercial).

O juiz poderá nomear profissional com habilidade técnica para constatar as condições de funcionamento da requerente e regularidade da documentação (art. 51-A, §§ 1º a 7º). Sobre conciliação e mediação antecedente ou incidental ao processo de recuperação judicial: arts. 20-A a 20-D da Lei n. 11.101/2005.

Não haverá necessidade de apresentar certidão negativa de títulos de protestos.

Poderão também pleitear, em juízo, a recuperação, não só o cônjuge supérstite e o herdeiro do falecido devedor, como também o inventariante ou o sócio remanescente.

Requisitos mínimos para o deferimento pelo magistrado do pedido de recuperação judicial são: nomeação de um administrador judicial, constituição do Comitê de Credores e aprovação do plano pela assembleia geral de credores.

c.3.2. Meios de recuperação judicial

O art. 50, I a XVIII, da Lei n. 11.101/2005 (com a redação da Lei n. 14.112/2020) enumera, dentre outras, algumas formas possíveis de recuperação judicial, que poderão ser usadas conjunta ou isoladamente, desde que sejam compatíveis e tragam a solução do passivo, atendendo às peculiaridades do caso, tais como[297]: 1) concessão de prazos e condições especiais para pagamento das obrigações vencidas ou vincendas; 2) cisão, incorporação, fusão ou transformação de sociedade, constituição de subsidiária integral, ou cessão de quotas ou ações, respeitados os direitos dos sócios, nos termos da legislação vigente; 3) alteração do controle societário; 4) substituição total ou parcial dos administradores do devedor ou modificação de seus órgãos administrativos; 5) concessão aos credores de direito de eleição em separado de administradores e de poder de veto em relação às matérias que o plano especificar; 6) aumento do capital social, desde que dilua, injustificadamente, a participação de sócios minoritários, que não poderão ser privados do direito de preferência na subscrição do aumento daquele capital, na proporção do número das ações que tiverem; 7) trespasse ou arrendamento do estabelecimento, inclusive à sociedade constituída pelos próprios empregados; com isso ter-se-á substituição administrativa, pois será possível entregar a sociedade arrendada, em crise, à administração de sociedade formada por empregados; 8) redução salarial, compensação de horários e redução da jornada, mediante acordo ou

297. Waldo Fazzio Júnior, *Nova Lei*, cit., p. 142-51; Manoel Justino Bezerra Filho, *Nova Lei*, cit., p. 138-45; Ivo Waisberg e S. L. Lima, Fundos de investimento e sua utilização em recuperação judicial — aspectos relevantes, *Revista de Direito Bancário do Mercado de Capitais e da Arbitragem*, v. 60, p. 205-221, 2013; Ragazzi e Moura de Oliveira, Supressão de garantias na recuperação judicial. https://politica.estadao.com.br/blogs/fausto-macedo/supressao-de-garantias-na-recuperacao-judicial.

convenção coletiva; 9) dação em pagamento ou novação de dívidas do passivo, com ou sem constituição de garantia própria ou de terceiro; 10) constituição de sociedade de credores; 11) venda parcial dos bens; 12) equalização de encargos financeiros relativos a débitos de qualquer natureza, tendo como termo inicial a data da distribuição do pedido de recuperação judicial, aplicando-se inclusive aos contratos de crédito rural, sem prejuízo do disposto em lei específica; 13) usufruto da empresa, hipótese em que se poderá ter: usufruto do empresário (CC, art. 1.225, IV) — a propriedade das ações ou quotas seria dos sócios do devedor, recebendo os credores os dividendos sociais; usufruto dos credores, que retirariam recursos do estabelecimento do empresário devedor, satisfazendo seus créditos; 14) administração compartilhada entre os administradores nomeados pelos sócios do devedor e os indicados pelos credores; 15) emissão de valores mobiliários como ações sociais, debêntures etc., para captação de recursos; 16) constituição de sociedade de propósito específico para adjudicar em pagamento dos créditos, os ativos do devedor; 17) conversão de dívida em capital social; e 18) venda integral da devedora, desde que garantidas aos credores não submetidos ou não aderentes condições, no mínimo, equivalentes àquelas que teriam na falência, hipótese em que será, para todos os fins, considerada unidade produtiva isolada.

Dever-se-á considerar que: em caso de alienação de bem objeto de garantia real, a supressão dessa garantia ou sua substituição somente serão admitidas se houver aprovação expressa do credor titular dessa garantia (art. 50, § 1º). A Lei n. 14.112/2020, que atualiza a Lei n. 11.101/2005, não se manifesta sobre a impossibilidade de supressão de garantias regularmente constituídas entre devedores e credores, permitindo, como afirmam Ragazzi e Moura de Oliveira, imposição da vontade do devedor no plano de recuperação e de decisão assemblear sobre direitos de terceiros, sem a anuência destes. O Judiciário vem acatando, na recuperação judicial, a apresentação de planos com previsão de supressão de garantias (reais, fidejussórias e fiduciárias) prestada pelos devedores em favor dos credores participantes do processo (STJ, 3ª T., 1.863.842/RS, 1.850.287/SP), tendo por parâmetro o § 2º do art. 49 da Lei n. 11.101/2005 que, assim, reza: "as obrigações anteriores à recuperação judicial observarão as condições originalmente contratadas ou definidas em lei, inclusive no que diz respeito aos encargos, salvo se de modo diverso ficar estabelecido no plano de recuperação judicial". Mas o § 1º do art. 50 da Lei n. 11.105/2005 não permite supressão de garantia que beneficie o credor pessoalmente, a exemplo do que é autorizado ao credor com garantia real. O STJ (Súmula 581) não admite qualquer cláusula no plano de recuperação que impeça credor de buscar seu crédito dos garantidores, coobrigados e obrigados de regresso, mesmo que o seu devedor esteja em recuperação judicial. O STJ (REsp 1.631.762/SP) entendeu que o plano de recuperação judicial é contratual e regido pelo princípio da boa-fé. Logo a concordância com supressão de garantias deve constar dos autos de forma expressa, firmada pelo titular e pelo voto confirmatório do titular de garantia na assembleia geral de credores. Prevalecerá, então, pelo art. 421-A do Código Civil, o princípio da intervenção mínima do Estado e a excepcionalidade de revisão contratual, logo a intervenção em garantias contratuais na recuperação judicial gerará insegurança na relação empresarial. A supressão das garantias sem anuência dos credores titulares, mesmo com a votação favorável em Assembleia Geral, não tem previsão legal e afronta o princípio da boa-fé objetiva; nos créditos em moeda estrangeira, a variação cambial será conservada como parâmetro de indexação da correspondente obrigação e só poderá ser afastada se o credor titular do respectivo crédito aprovar expressamente previsão diversa no plano de recuperação judicial (art. 50, § 2º); não haverá sucessão ou responsabilidade por débitos de qualquer natureza a terceiro credor, investidor ou novo administrador em decorrência, respectivamente, da mera conversão de dívida em capital, de aporte de novos recursos na devedora ou de substituição dos administradores desta (§ 3º do art. 50); o Imposto sobre a Renda e a Contribuição Social sobre o Lucro Líquido incidentes sobre o ganho de capital resultante da alienação de bens ou direitos da pessoa jurídica em recuperação judicial poderão ser parcelados, com atualização monetária das parcelas, observado o disposto na Lei n. 10.522/2002 e a utilização, como limite, da mediana de alongamento no plano de recuperação judicial em relação aos créditos a ele sujeitos (art. 50, § 4º, I e II); o limite de alongamento acima referido será readequado na hipótese de alteração superveniente do plano de recuperação judicial (art. 50, § 5º).

c.3.3. Efeitos da recuperação judicial

A recuperação judicial traz *consequências jurídicas* em relação[298]:

---

298. Lídia V. Marzagão, A recuperação judicial, cit., p. 86-91, 94 e 95; Waldo Fazzio Júnior, *Nova Lei*, cit., p. 140-42; Manoel Justino Bezerra Filho, *Nova Lei*, cit., p. 133; M. Celeste M. Guimarães, *Recuperação judicial de empresas*, Belo Horizonte, Del Rey, 2001; Marcelo F. Barbosa Filho, Recuperação judicial: suspensão de ações e novação, in Ana Flávia Messa e Hélcio de A. Dallari Jr. (org.), *O direito na atualidade* — homenagem a Pedro Ronzelli Jr., São Paulo, Rideel, 2011, p. 368-373. Luiz Claudio M. Mendes, Balizamento de direitos de *stakeholders* no processo da recuperação judicial, *Carta Forense*, fev. 2009, p. 9; Ivo Waisberg, A garantia sobre bem de terceiro e a sua classificação para fins da recuperação judicial, *Revista Brasileira de Direito Comercial*, v. 1, a. 1,

p. 73-81, out.-nov. 2014. Eulâmpio Rodrigues Filho. A recuperação judicial e avais e fianças. *Revista Síntese — Direito Empresarial, 50*:38-45; Rafa Santos, Cláusulas arbitrais representam desafio em processos de recuperação judicial, https://www.conjur.com.br/2022-abr.28/cláusulas-arbitrais-representam-desafio-recuperação-judicial. *Vide*: Lei Complementar n. 118/2005, que altera o CTN relativamente ao parcelamento de créditos tributários do devedor em recuperação judicial; à preferência dos créditos com garantia real e à eliminação da sucessão na venda de ativos no processo falimentar e na alienação de filiais ou unidades produtivas em processo de recuperação judicial. Sobre isso consulte: Silvânio Covas, A Lei de recuperação de empresas e de falência e os interesses da sociedade, *Tribuna do Direito*, abr. 2005, p. 20.

Vide: art. 9º, § 1º, IV e § 2º da Lei n. 9.430/96, com a redação da Lei n. 13.097/2015.

Consulte: Lei n. 4.886/65, art. 44 e parágrafo único com redação da Lei n. 14.195/2021 sobre importâncias devidas pelo representado ao representante comercial.

TJSP, AGInst. 403.920-4/1-00, 403.931.4/1-00 (rel. Romeu Ricupero) e 404.275.4/4-00, admite ante a omissão da novel Lei falimentar que empresa falida em continuação de negócio sob a égide da antiga Lei de Falência venha a pleitear recuperação judicial, aplicando-se por analogia, ante o princípio da conservação da empresa, o art. 192, § 2º, da Lei n. 11.101/2005 alusivo à possibilidade de empresas em concordata preventiva receberem o benefício da recuperação.

Agravo de Instrumento — Recuperação judicial — Administrador judicial — Remuneração. O MM. Juízo *a quo* fixou os honorários do administrador judicial em 1% dos débitos objeto da recuperação, a serem pagos em 24 parcelas mensais. Posteriormente, o percentual em questão foi reduzido para 0,8%, ao qual as empresas em recuperação não manifestaram qualquer oposição. Da mesma forma, quedou-se inerte o Ministério Público, em virtude do que a questão restou preclusa, inexistindo fundamentos que justifiquem a modificação do referido percentual. No que concerne à reserva de 40% da remuneração do administrador judicial, prevista no art. 24, § 2º, da Lei n. 11.101/2005, trata-se de exigência destinada aos procedimentos de falência, nos quais o administrador funciona como gestor dos bens do falido. Na recuperação judicial, o principal papel do administrador judicial consiste na fiscalização das atividades do devedor e no cumprimento do plano de recuperação. Infere-se do art. 22, inciso II, alínea *c*, da Lei n. 11.101/2005 que, na recuperação judicial, a prestação de contas do administrador judicial se refere às atividades da recuperanda e não de sua administração, pois deve apresentar ao juiz, para juntada aos autos, relatório das atividades do devedor, fiscalizando a veracidade e a conformidade das informações prestadas pela recuperanda. Mantença da r. decisão agravada. Recurso conhecido e desprovido (TJRJ-19ª Câm. Cível; AI n. 2009.002.41700 (0044372-20.2009.8.19.0000)-RJ; Rel. Des. Ferdinaldo Nascimento; j. 9-3-2010; *BAASP, 2682*:619-10).

TJSP: Súmula n. 55 — Crédito constituído após o pedido de recuperação judicial legitima requerimento de falência contra a recuperanda. Súmula n. 56 — Na recuperação judicial, ao determinar a complementação da inicial, o Juiz deve individualizar os elementos faltantes. Súmula n. 57 — A falta de pagamento das contas de luz, água e gás anteriores ao pedido de recuperação judicial não autoriza a suspensão ou interrupção do fornecimento. Súmula n. 58 — Os prazos previstos na Lei n. 11.101/2005 são sempre simples, não se aplicando o art. 191 — hoje art. 229 — do CPC. Súmula n. 61 — Na recuperação judicial, a supressão da garantia ou sua substituição somente será admitida mediante aprovação expressa do titular. Súmula n. 62 — Na recuperação judicial, é inadmissível a liberação de travas bancárias com o penhor de recebíveis e, em consequência, o valor recebido em pagamento das garantias deve permanecer em conta vinculada durante o período de suspensão previsto no § 4º do art. 6º da referida Lei.

BAASP, 2904:12. Duplicata. Endosso. Recuperação judicial da emitente. Inclusão da endossatária no quadro geral de credores daquela. Ausência de relação entre o crédito declarado na recuperação e aquele decorrente da duplicata. Regularidade do ato

1) *Aos credores*: *a*) sujeição de todos os créditos existentes na data do pedido, mesmo os não vencidos, à recuperação judicial (art. 49, *caput*); *b*) exclusão do plano de recuperação judicial não só de créditos (art. 49, § 3º) de: credor com garantia fiduciária de móveis ou imóveis; arrendador mercantil; proprietário ou promitente vendedor de imóvel cujos contratos contenham cláusula de irrevogabilidade ou irretratabilidade, inclusive em incorporações imobiliárias; proprietário em contrato de venda com reserva de domínio, com a dilação de cento e oitenta dias (art. 6º, §§ 4º, 4º-A, 5º e 7º-A, com redação da Lei n. 14.112/2020), – que pelos Enunciados n. 42: "O prazo de suspensão previsto no art. 6º, § 4º, da Lei n. 11.101/2005 pode excepcionalmente ser prorrogado, se o retardamento do feito não puder ser imputado ao devedor" (aprovado na I Jornada de Direito Comercial), e 43: "A suspensão das

---

translatício (endosso). Improcedência da ação declaratória de inexistência de dívida ajuizada pela emitente. Apelação desprovida.

No dia 27-4-2022 a 2ª seção do STJ (rel. min. Ricardo Villas Bôas Cuevas, REsp. 1.655.705) decidiu que credores serão tratados igualmente em recuperação judicial, se seus créditos existirem antes da distribuição do pedido da recuperação, mesmo que não vencidos; salvo as situações dos créditos expressamente excluídos (art. 49 da Lei n. 11.101/2005).

BAASP, *2758*:2085-03. Direito empresarial — Recuperação judicial — Contratos garantidos por penhor sobre título de crédito — Exclusão da recuperação — Disposição legal.

1 — Segundo dispõe a Lei de Recuperação Judicial (art. 49, § 5º), tratando-se de crédito garantido por penhor sobre título de crédito, enquanto não substituídas ou renovadas as garantias, o valor eventualmente recebido em pagamento deverá permanecer em conta vinculada em sua integralidade 2 — Recurso provido (TJMG, 8ª Câm. Cível; AI n. 1.0024.09.740538-5/001 — Belo Horizonte-MG; Rel. Des. Edgard Penna Amorim; j. 4-11-2010; v.u.).

Recuperação judicial ou aprovação do plano de recuperação não suspende ações de execução contra fiadores e avalistas do devedor principal recuperando (2ª Seção do STJ — REsp 1333349 — Rel. Min. Luis Felipe Salomão). A 2ª Seção firmou a seguinte teste: "a recuperação judicial do devedor principal não impede o prosseguimento das execuções, nem tampouco induz suspensão ou extinção de ações ajuizadas contra terceiros devedores solidários ou coobrigados em geral, por garantia cambial, real ou fidejussória, pois não se lhes aplicam a suspensão prevista nos arts. 6º, *caput*, e 52, inciso III, ou a novação a que se refere o art. 59, *caput*, por força do que dispõe o art. 49, § 1º, todos da Lei 11.101/2005", mesmo porque pelo Enunciado n. 43 da I Jornada de Direito Comercial do CJF/STJ entende-se que "a suspensão nas ações e execuções previstas no art. 6º da Lei n. 11.101/2005 não se estende aos coobrigados do devedor".

Segundo a VIII Jornada de Direito Civil, Enunciado n. 628: "Os patrimônios de afetação não se submetem aos efeitos de recuperação judicial da sociedade instituidora e prosseguirão sua atividade com autonomia e incomunicáveis em relação ao seu patrimônio geral, aos demais patrimônios de afetação por ela constituídos e ao palno de recuperação até que extintos, nos termos da legislação respectiva, quando seu resultado patrimonial, positivo ou negativo, será incorporado ao patrimônio geral da sociedade instituidora".

ações e execuções previstas no art. 6º da Lei n. 11.101/2005 não se estende aos coobrigados do devedor" (aprovado na I Jornada de Direito Comercial) – mas também de: débitos tributários (art. 57); bens dados em garantia real (art. 50, § 1º); ações que demandem quantia líquida, ações trabalhistas e execuções fiscais (art. 52, III, c/c arts. 6º e 7º-B); adiantamento a contrato de câmbio para exportação (Lei n. 4.728/65, arts. 75, § 3º, e 49, § 4º); obrigações assumidas no âmbito das câmaras ou prestadores de serviços de compensação e de liquidação financeira, que serão ultimadas e liquidadas pela câmara ou prestador de serviços, na forma de seus regulamentos (art. 193; Lei n. 10.214/2001, art. 7º); obrigações a título gratuito; despesas feitas pelos credores para participarem na recuperação judicial com exceção das custas judiciais oriundas de demandas com o devedor empresário; *c*) conservação dos direitos e privilégios dos credores do devedor contra os coobrigados, fiadores e obrigados de regresso (art. 49, § 1º). Logo, credor com garantia de terceiro (fiança ou aval), mesmo que seu crédito esteja sujeito aos efeitos da recuperação judicial, poderá executar fiador endossante ou avalista do devedor, comunicando nos autos o que recebeu; *d*) concessão de prerrogativas especiais não apenas a créditos trabalhistas ou oriundos de acidente de trabalho (art. 54) já vencidos até a data do pedido de recuperação judicial, pois deverão ser pagos dentro do prazo de um ano, como também a créditos de natureza salarial, vencidos nos três meses anteriores àquele pedido, pois o plano não poderá prever prazo superior a trinta dias para seu pagamento até o limite de cinco salários mínimos por trabalhador (art. 54, § 1º). Sendo que tal prazo poderá ser estendido em até 2 anos, se o plano de recuperação judicial atender aos seguintes requisitos, cumulativamente: apresentação de garantias julgadas suficientes pelo magistrado; aprovação pelos credores titulares de créditos derivados da legislação trabalhista ou decorrentes de acidente de trabalho, na forma do § 2º do art. 45; e garantia da integralidade do pagamento dos créditos trabalhistas (art. 54, § 2º, I, II e III, acrescentado pela Lei n. 14.112/2020).

Convém lembrar que pelo:

a) Enunciado 51: "O saldo do crédito não coberto pelo valor do bem e/ou da garantia dos contratos previstos no § 3º do art. 49 da Lei n. 11.101/2005 é crédito quirografário, sujeito à recuperação judicial" (aprovado na I Jornada de Direito Comercial).

b) Enunciado 77: "As alterações do plano judicial devem ser submetidas à assembleia geral de credores, e a aprovação obedecerá ao *quorum* previsto no art. 45 da Lei n. 11.101/2005, tendo caráter vinculante a todos os credores submetidos à recuperação judicial, observada a ressalva do art. 50, §1º, da Lei n. 11.101/2005, ainda que propostas as alterações após dois anos da concessão da recuperação judicial e desde que ainda não encerrada por sentença" (aprovado na II Jornada de Direito Comercial. *Vide*: arts. 35, 45, 50, § 1º, 56 e 63 da Lei n. 11.101, de 9-2-2005). Isto porque "as alterações do plano de recuperação judicial devem ser submetidas à assembleia geral de credores, sendo que a aprovação obedecerá ao *quorum* previsto no art. 45 da Lei n. 11.101/2005 e terá caráter vinculante a todos os credores submetidos à recuperação, observada a ressalva do art. 50, § 1º, da Lei n. 11.101/2005, ainda que propostas as alterações após dois anos da concessão da recuperação judicial e desde que ainda não encerrada por sentença.

Ainda que a alteração do plano seja proposta depois de dois anos da concessão da recuperação judicial, época em que tal recuperação, em tese, poderia ter sido encerrada caso não tivesse havido descumprimento do plano, nos termos do art. 63 da Lei n. 11.101/2005, deve prevalecer a vontade da maioria presente à assembleia, com caráter vinculativo a todos os credores submetidos à recuperação judicial, respeitada a ressalva do art. 50, § 1º, da Lei n.11.101/2005.

A justificativa para o Enunciado reside na tentativa de vincular as alterações do plano posteriores ao decurso de dois anos da concessão da recuperação a todos os credores submetidos à recuperação e não as restringir apenas aos anuentes, que aprovaram as alterações do plano em assembleia, sob pena de desconsiderar a regra de maioria, típica das assembleias de credores, e tornar o prosseguimento da recuperação judicial inócuo.

Além disso, a mudança de cenário econômico pode inviabilizar o cumprimento do plano, o que levaria à decretação da falência da empresa. Em face do princípio da preservação da empresa, e de sua função social, recomenda-se envidar esforços para a adequação ou ajustes no plano, submetida a proposta, por analogia à regra do art. 56 da Lei n. 11.101/2005, à assembleia de credores que será soberana para deliberar a respeito, na forma do art. 35, inc. I, letra "f" da Lei n. 11.101/2005. Precedentes: TJRS 70044939700; 70047223201; 70040733479".

c) Enunciado 76: "Nos casos de emissão de títulos de dívida pela companhia recuperanda, na qual exista agente fiduciário ou figura similar representando uma coletividade de credores, caberá ao agente fiduciário o exercício do voto em assembleia-geral de credores, nos termos e mediante as autorizações previstas no documento de emissão, ressalvada a faculdade de qualquer investidor final pleitear ao juízo da recuperação o desmembramento do direito de voz e voto em assembleia para exercê-los individualmente, unicamente mediante autorização judicial" (aprovado na II Jornada de Direito Comercial. *Vide*: art. 39 da Lei n. 11.101, de 9-2-2005). Assim se justifica esse Enunciado: "A internacionalização das companhias brasileiras, que buscam no exterior financiamento mediante emissão de *bonds*, impõe a adequação da legislação concursal brasileira a esta nova realidade. A emissão de *bonds* é instrumentalizada em uma escritura (*indenture*), que indica o nome do agente fiduciário (*indenture trustee*) que atuará em favor dos investidores finais (*bondholders*).

Em caso de recuperação da companhia emissora, na relação de credores da petição inicial (art. 51, da Lei n. 11.101/2005 — LRF), será relacionado o nome do *indenture trustee* pelo valor total da *indenture*. Com efeito, é o *indenture trustee* quem, de regra, se legitimará para exercer voz e voto em assembleia-geral de credores. No entanto, de acordo com o *Trust Indenture Act* de 1939, legislação norte-americana que rege as *indentures* emitidas em território norte-americano, o *indenture trustee* deverá observar deveres fiduciários ao exercer o direito de voto em caso de recuperação de companhia emissora. Por esta razão, com receio de serem responsabilizados por violação de deveres fiduciários, de regra, o *indenture trustee* não vota em processos de reorganização judicial de empresas.

Como os *bondholders* são os investidores que efetivamente possuem interesse econômico no resultado da reorganização judicial de empresas, a legislação concursal norte-americana autoriza que exerçam direito de voz e voto.

Nos processos brasileiros de recuperação judicial, ante a ausência de comando legislativo expresso, os *bondholders* têm obtido autorização judicial para desmembrar seu direito de voz e voto do valor do crédito relacionado em nome do *indenture trustee*. No entanto, por vezes, este desmembramento não interessa à companhia recuperanda ou a determinado grupo de credores, de modo que surgem disputas processuais e recursais a questionarem a matéria.

Para conferir uniformidade de tratamento a todos os casos, bem como para reduzir custos de financiamento de companhias brasileiras no exterior, é importante que se reconheça o direito de o *bondholder* exercer direito de voz e voto mediante autorização judicial".

d) Enunciado 80: "Para classificar-se credor, em pedido de habilitação, como privilegiado especial, em razão do art. 83, N, "d" da Lei de Falências, exige-se, cumulativamente, que: (a) esteja vigente a LC 147/2014 na data em que distribuído o pedido de recuperação judicial ou decretada a falência do devedor; (b) o credor faça prova de que, no momento da distribuição do pedido de recuperação judicial ou da decretação da falência, preenchia os requisitos legais para ser reconhecido como microempreendedor individual, microempresa ou empresa de pequeno porte" (aprovado na II Jornada de Direito Comercial).

e) Enunciado 81: "Aplica-se à recuperação judicial, no que couber, o princípio da *par condicio creditorum*" (aprovado na II Jornada de Direito Comercial. *Vide:* art. 126 da Lei n. 11.101 de 9-2-2005), que é a igualdade de tratamento entre os credores sujeitos ao favor creditício e diverso do plano de recuperação pretendido.

f) Enunciado 96: "A recuperação judicial do empresário rural, pessoa natural ou jurídica, sujeita todos os créditos existentes na data do pedido, inclusive os anteriores à data da inscrição no Registro Público de Empresas Mercantis" (aprovado na III Jornada de Direito Comercial).

g) Enunciado 97: "O produtor rural, pessoa natural ou jurídica, na ocasião do pedido de recuperação judicial, não precisa estar inscrito há mais de dois anos no Registro Público de Empresas Mercantis, bastando a demonstração de exercício de atividade rural por esse período e a comprovação da inscrição anterior ao pedido" (aprovado na III Jornada de Direito Comercial).

h) Enunciado 98: "A admissão pelo juízo competente do processamento da recuperação judicial em consolidação processual (litisconsórcio ativo) não acarreta automática aceitação da consolidação substancial" (aprovado na III Jornada de Direito Comercial).

i) Enunciado 99: "Para fins de aplicação da parte final do art. 49, § 3º, da Lei n. 11.101/2005, é do devedor o ônus da prova da essencialidade do bem" (aprovado na III Jornada de Direito Comercial).

j) Enunciado 100: "Consideram-se sujeitos à recuperação judicial, na forma do art. 49 da Lei n. 11.101/2005, os créditos decorrentes de fatos geradores anteriores ao pedido de recuperação judicial, independentemente da data de eventual acordo, sentença ou trânsito em julgado" (aprovado na III Jornada de Direito Comercial).

k) Enunciado 102: "A decisão que defere o processamento da recuperação judicial desafia agravo de instrumento, nos termos do art. 1.015 do CPC/2015" (aprovado na III Jornada de Direito Comercial).

E, além disso, na I Jornada Paulista de Direito Comercial, ficou estabelecido no:

a) Enunciado 12: "Submete-se ao processo de recuperação judicial crédito reconhecido por sentença posterior à data da distribuição da recuperação, e que se funda em fatos anteriores a ela".

b) Enunciado 13: "Para fins de habilitação de crédito, contam-se os juros, legais ou contratuais, até a data da decretação da falência ou do ajuizamento do pedido de recuperação judicial".

c) Enunciado 14: "Exige-se a demonstração da origem dos créditos declarados na falência e na recuperação judicial, incumbindo ao administrador judicial o exame do preenchimento deste requisito".

2) *Ao empresário devedor*: *a*) inalterabilidade das obrigações anteriores à recuperação judicial no que atina às condições originalmente contratadas ou definidas em lei, inclusive no que disser respeito aos encargos, exceto se de modo diverso ficar estipulado no plano de recuperação judicial (art. 49, § 2º). Assim, apenas relativamente ao devedor cuja recuperação judicial está sendo processada, os encargos terão vencimento antecipado; *b*) suspensão da prescrição das obrigações do devedor, das execuções ajuizadas contra o devedor, inclusive das dos credores particulares do sócio solidário, da proibição de qualquer forma de retenção, arresto, penhora, sequestro, busca e apreensão e da constrição judicial ou extrajudicial sobre os bens do devedor, oriunda de demandas judiciais ou extrajudiciais perdurarão, pelo prazo de cento e oitenta dias, computados do deferimento do processamento de recuperação, prorrogável, por igual período, uma única vez, em caráter excepcional, desde que o devedor não haja concorrido com a superação do lapso temporal (art. 6º, § 4º). Essa suspensão apenas se dá no período de paz (*stay period*), que não pode ser superior àqueles cento e oitenta dias embora suscetível de prorrogação. Após o decurso desse período, os credores terão o direito de iniciar ou continuar suas ações e execuções, independentemente de decisão judicial; *c*) exigibilidade de multas contratuais e de penas pecuniárias por infração às normas penais e administrativas. A recuperação judicial não acarreta isenção de responsabilidade por descumprimento de contrato ou de lei, visto que isso prejudicaria os credores. Todavia, nada obsta a que no plano de recuperação judicial haja, com aprovação de assembleia geral de credores, exclusão de multas; *d*) inclusão após o nome empresarial, em todos os atos, contratos e documentos firmados pelo devedor, sujeito ao procedimento de recuperação judicial, da expressão "em Recuperação Judicial" (art. 69; IN n. 15/2013 do DREI, art. 17), para dar conhecimento a terceiro que está efetuando negócio com devedor em situação deficitária; *e*) anotação da situação da empresa em recuperação judicial no Registro Público de Empresas Mercantis e na Secretaria da Receita Federal do Brasil, por determinação judicial (art. 69, parágrafo único); *f*) comunicação feita pelo empresário devedor ao magistrado das ações que forem propostas após a citação; *g*) proibição do devedor de alienar bens ou direitos de seu ativo permanente, a não ser que haja necessidade, reconhecida judicialmente, após oitiva do Comitê de Credores, com exceção dos já arrolados na proposta apresentada; *h*) consideração de que os débitos, do de-

vedor, contraídos pelo administrador judicial ou pelo Comitê de Credores, durante processo de recuperação judicial, com autorização dos magistrados, são extraconcursais, havendo convolação em falência; *i*) permanência do devedor na posse de seus ativos, na administração de seus negócios e na gestão empresarial, que deverá mensalmente prestar contas, sob fiscalização do Comitê de Credores ou do administrador judicial. Somente será afastado da condução da atividade empresarial se ocorrer qualquer hipótese arrolada no art. 64, I a VI, caso em que a assembleia geral de credores, convocada pelo juiz, indicará o nome do gestor judicial que assumirá as atividades do devedor (art. 65).

c.3.4. Fases procedimentais

O processo de recuperação judicial envolve um conjunto de atos e se desenvolve em duas fases: a do processamento e a de execução do plano. Seu foro competente é o do principal estabelecimento do empresário devedor, ou o da filial de sociedade empresária devedora, sediada fora do Brasil. A *abertura do processamento* é de exclusiva iniciativa do empresário devedor, com a formulação de seu pedido de recuperação judicial.

O *pedido* de recuperação judicial, além dos requisitos exigidos pelo art. 319 do Código de Processo Civil de 2015, deverá estar acompanhado dos seguintes documentos instrutórios obrigatórios, arrolados no art. 51, I a XI, da Lei n. 11.101/2005 (com a redação da Lei n. 14.112/2020): *a*) a exposição das causas concretas da situação patrimonial do devedor e das razões da crise econômico-financeira; *b*) as demonstrações contábeis relativas aos três últimos exercícios sociais e as levantadas especialmente para instruir o pedido, confeccionadas com estrita observância da legislação societária aplicável e compostas obrigatoriamente de: balanço patrimonial; demonstração de resultados acumulados; demonstração do resultado desde o último exercício social; relatório gerencial do fluxo de caixa e de sua projeção; descrição das sociedades de grupo societário de fato ou de direito; *c*) a relação nominal completa dos credores, sujeitos ou não à recuperação, inclusive aqueles por obrigação de fazer ou de dar, com a indicação do endereço físico e eletrônico de cada um, a natureza, a classificação, conforme os arts. 83 e 84, e o valor atualizado do crédito, discriminando sua origem, o regime dos respectivos vencimentos e a indicação dos registros contábeis de cada transação pendente; *d*) a relação integral dos empregados, em que constem as respectivas funções, salários, indenizações e outras parcelas a que têm direito, com o correspondente mês de competência, e a discriminação dos valores pendentes de pagamento; *e*) certidão de regularidade do devedor no Registro Público de Empresas Mercantis, o ato constitutivo atualizado e as atas de nomeação dos atuais administradores; *f*) a relação dos bens particulares dos sócios controladores e dos administradores do devedor; *g*) os extratos atualizados das contas bancárias do devedor e de suas eventuais aplicações financeiras de qualquer modalidade, inclusive em fundo de investimento ou em bolsas de valores, emitidos pelas respectivas instituições financeiras; *h*) certidões dos cartórios de protestos situados na comarca do domicílio ou sede do devedor e naquelas onde possuir filial; *i*) a relação, subscrita pelo devedor, de todas as ações judiciais em que este figure como parte, inclusive as de natureza trabalhista, com a estimativa dos respectivos valores demandados; *j*) relatório detalhado do passivo fiscal; e *k*) relação de bens e direitos integrantes do ativo não circulante, incluídos aqueles não sujeitos à recuperação judicial, acompanhada dos negócios jurídicos celebrados com os credores de que trata o § 3º do art. 49.

Esses documentos de escrituração contábil e demais relatórios auxiliares ficarão à disposição do Juízo, do *administrador judicial*, e mediante autorização judicial, de qualquer interessado, mesmo credor (art. 51, § 1º). E o magistrado poderá determinar o depósito da escrituração contábil em cartório (art. 51, § 3º).

Convém lembrar que uma das inovações introduzidas pela Lei n. 14.112/2020 foi a figura da constatação prévia, isto é, a possibilidade de, após a distribuição do pedido de recuperação judicial, nomeação de profissional de confiança do juízo para a constatação das reais condições de funcionamento da recuperanda, da regularidade e da completude da documentação apresentada (art. 51-A). A Lei n. 14.112/2020 ampliou as tarefas do administrador judicial para que fiscalize a veracidade e a conformidade das informações prestadas pelo devedor; o decurso das tratativas e a regularidade das negociações entre devedor e credores; inexistência de expedientes dilatórios, inúteis ou, em geral, prejudiciais ao regular andamento das negociações; a boa fé para solução construtiva de consensos, bem como produza e divulgue por endereço eletrônico específico relatório mensal das atividades do devedor e relatórios sobre o plano de recuperação judicial (art. 22).

Formulado o pedido, estando em ordem a documentação, o juiz, em despacho, procederá ao deferimento do *processamento da recuperação judicial*, e no mesmo ato: *a*) suspenderá a realização do ativo; *b*) nomeará o administrador judicial; *c*) dispensará a apresentação de certidões negativas para que o devedor exerça suas atividades, observado o disposto no § 3º do art. 195 da CF e no art. 69 da Lei n. 11.101/2015; *d*) ordenará a suspensão das ações ou execuções contra o devedor pelo prazo de cento e oitenta dias, contado daquele deferimento, inclusive as dos credores particulares do sócio solidário, com exceção das: ações que demandarem quantias ilíquidas; ações trabalhistas; execuções fiscais; ações fundadas em contratos com garantia real ou em contratos de adiantamento de câmbio; *e*) determinará ao devedor a apresentação de contas demonstrativas mensais enquanto perdurar a recuperação judicial, sob pena de destituição de seus administradores; *f*) ordenará a intimação eletrônica do Ministério Público e das Fazendas Públicas federal e de todos os Estados, Distrito Federal e Municípios em que o devedor tiver estabelecimento, a fim de que tomem conhecimento da recuperação judicial e informem eventuais créditos perante o devedor, para divulgação aos demais interessados; *g*) determinará a publicação de edital convocatório de credores para se manifestarem sobre o valor do crédito declarado pelo administrador judicial, apresentando eventuais impugnações (art. 52, I a V e § 1º), dentro de quinze dias, ao administrador judicial.

Verificados os créditos e elaborado o quadro geral de credores[299] pelo administrador judicial, dar-se-á o prazo de dez dias para que o Comitê de Credores, qualquer credor, devedor, sócio do devedor ou Ministério Público possam impugnar ao juiz contra a relação de credores. Os credores, cujos créditos forem impugnados, terão cinco dias para contestar a impugnação. Da decisão sobre habilitação de crédito caberá agravo de instrumento no prazo de dez dias.

O devedor não poderá desistir do pedido, após o deferimento de seu processamento, a não ser que sua desistência obtenha aprovação de assembleia geral de credores (art. 52, § 4º).

Esse despacho de processamento da recuperação judicial é o início da análise do pedido feito pelo devedor, avaliando a viabilidade de uma proposta para aprová-la, como foi formulada, ou alterá-la, ou rejeitá-la.

Apresentação do plano de recuperação judicial pelo devedor, em juízo, dentro de sessenta dias, contados da publicação do deferimento, sob pena de convolação da recuperação judicial em falência (art. 53), contendo: *a*) discriminação pormenorizada e resumo dos meios de recuperação a serem utilizados; *b*) demonstração de sua viabilidade econômica, fornecendo elementos indicativos de sua idoneidade para gerar recursos suficientes para cumprir o passivo; *c*) laudo econômico-financeiro e de avaliação dos bens e ati-

---

299. Pelo Enunciado 10 da Jornada Paulista de Direito Comercial: "A realização de Assembleia Geral independe da consolidação do Quadro Geral de Credores, não havendo óbice a sua realização anterior".

Deliberou o Enunciado 8 da Jornada Paulista de Direito Comercial: "A ata da Assembleia Geral de credores na recuperação judicial deve registrar, no texto ou em anexo, o voto proferido por cada credor".

Reza o Enunciado 9 da Jornada Paulista de Direito Comercial: "O administrador judicial deverá indagar aos credores presentes se participam da Assembleia na qualidade de cessionários ou promitentes cedentes, fazendo constar tal declaração em ata".

vos do devedor, subscrito por profissional legalmente habilitado ou empresa especializada (art. 53, I e III).

Pelo Enunciado n. 57: "O plano de recuperação judicial deve prever tratamento igualitário para os membros da mesma classe de credores que possuam interesses homogêneos, sejam estes delineados em função da natureza do crédito, da importância do crédito ou de outro critério de similitude justificado pelo proponente do plano e homologado pelo magistrado" (aprovado na I Jornada de Direito Comercial).

Determinação judicial de publicação de edital, avisando credores sobre o recebimento do plano e fixando prazo de trinta dias para apresentação de objeções (art. 53, parágrafo único), contado da publicação da relação de credores ofertada pelo devedor. Pelo Enunciado n. 103: "Em se tratando de processo eletrônico, os editais previstos na Lei n. 11.101/2005 podem ser publicados em versão resumida, somente apontando onde se encontra a relação de credores nos autos, bem como indicando o sítio eletrônico que contenha a íntegra do edital" (aprovado na III Jornada de Direito Comercial).

Pelo Enunciado n. 53: "A assembleia geral de credores para deliberar sobre o plano de recuperação judicial é una, podendo ser realizada em uma ou mais sessões, das quais participarão ou serão considerados presentes apenas os credores que firmaram a lista de presença encerrada na sessão em que instalada assembleia geral" (aprovado na I Jornada de Direito Comercial).

O magistrado, ocorrendo impugnação do plano por qualquer credor, determinará *convocação da assembleia geral de credores* para deliberar sobre ela, aprovando o plano proposto pelos credores, alterando a proposta, propondo plano alternativo, com anuência expressa do devedor, desde que não haja qualquer dano aos interesses de credores ausentes, ou ainda rejeitando o plano, hipótese em que o juiz decretará falência do devedor. Se o plano de recuperação judicial for rejeitado, o administrador submeterá, no ato, à votação da assembleia geral de credores a concessão de prazo de 30 dias, aprovada por credores que representem mais da metade dos créditos presentes à assembleia geral de credores, para seja apresentado plano de recuperação pelos credores, que somente será colocado em votação se preenchidas as seguintes condições: *a*) não preenchimento dos requisitos do § 1º do art. 58; *b*) satisfação dos dados requeridos pelo art. 53, I, II e III; *c*) apoio escrito de credores que representem, alternativamente: mais de 25% dos créditos totais sujeitos à recuperação ou mais de 35% dos créditos dos credores presentes à assembleia geral; *d*) não imputação de novas obrigações, não previstas em lei ou em contrato anteriormente celebrado, aos sócios do devedor; *e*) previsão de isenção das garantias pessoais prestadas por pessoas naturais em relação aos créditos a serem novados e que sejam de titularidade dos credores que apoiaram a votação ou dos que votarem favoravelmente ao plano de recuperação apresentado pelos credores, não permitidas ressalvas de votos; e *f*) não imposição ao devedor ou aos seus sócios de sacrifício maior do que aquele que decorreria da liquidação na falência. Tal plano poderá prever capitalização dos créditos, inclusive com a consequente alteração do controle da sociedade devedora, permitido o exercício do direito de retirada pelo sócio do devedor. Se houver suspensão da assembleia geral de credores convocada para votar plano de recuperação, essa assembleia deverá encerrar-se dentro de 50 dias, contados da data de sua instalação (art. 56, §§ 2º a 9º).

A *realização dessa assembleia geral de credores* dar-se-á dentro de cento e cinquenta dias do processamento da recuperação judicial (art. 56, § 1º).

Pelo art. 56-A e §§ 1º a 3º: até 5 (cinco) dias antes da data de realização da assembleia geral de credores convocada para deliberar sobre o plano, o devedor poderá comprovar a aprovação dos credores por meio de termo de adesão, observado o quórum previsto no art. 45, e requerer a sua homologação judicial. No caso previsto no *caput* deste artigo, a assembleia geral será imediatamente dispensada, e o juiz intimará os credores para apresentarem eventuais oposições, no prazo de 10 (dez) dias, o qual substituirá o prazo inicialmente estipulado nos termos do *caput* do art. 55. Oferecida oposição, terá o devedor o prazo de 10 (dez) dias para manifestar-se a respeito, ouvido a seguir o administrador judicial, no prazo de 5 (cinco) dias. No caso de dispensa da assembleia geral ou de aprovação do plano de recuperação judicial em assembleia geral, as oposições apenas poderão versar sobre: não preenchimento do quórum legal de aprovação; descumprimento do procedimento disciplinado legalmente; irregularidades do termo de adesão ao plano de recuperação; ou irregularidades e ilegalidades do plano de recuperação.

Com a aprovação do plano pela assembleia geral de credores, ter-se-á a *apresentação pelo devedor das certidões negativas de débitos tributários* (art. 57).

Pelos Enunciados n.:

a) 44: "A homologação de plano de recuperação judicial aprovado pelos credores está sujeita ao controle judicial de legalidade" (aprovado na I Jornada de Direito Comercial).

b) 45: "O magistrado pode desconsiderar o voto de credores ou a manifestação de vontade do devedor, em razão de abuso de direito" (aprovado na I Jornada de Direito Comercial).

c) 46: "Não compete ao juiz deixar de conceder a recuperação judicial ou de homologar a extrajudicial com fundamento na análise econômico-financeira do plano de recuperação aprovado pelos credores" (aprovado na I Jornada de Direito Comercial).

d) 55: "O parcelamento do crédito tributário na recuperação judicial é um direito do contribuinte, e não uma faculdade da Fazenda Pública, e, enquanto não for editada lei específica, não é cabível a aplicação do disposto no art. 57 da Lei n. 11.101/2005 e no art. 191-A do CTN" (aprovado na I Jornada de Direito Comercial).

Cumpridas todas as exigências legais, ter-se-á a *concessão judicial da recuperação* na ausência de objeção do credor ou, mesmo havendo impugnação, com aprovação da proposta pela assembleia geral de credores (art. 58). Segundo o art. 58-A e parágrafo único, rejeitado o plano de recuperação proposto pelo devedor ou pelos credores e não preenchidos os requisitos estabelecidos no § 1º do art. 58, o juiz convolará a recuperação judicial em falência. Dessa sentença caberá agravo de instrumento. A decisão concessiva da recuperação judicial constituirá título executivo judicial (CPC/2015, art. 515). Contra essa decisão interlocutória que, fundamentadamente, concede a recuperação, caberá, no prazo de dez dias, recurso de agravo, que poderá ser interposto por qualquer credor ou pelo Ministério Público (art. 59, § 2º).

Essa decisão acarretará novação de créditos anteriores ao pedido de recuperação (art. 59) e poderá envolver, se o meio de recuperação aprovado exigir, a realização de alienação judicial (leilão, pregão, proposta fechada) de filiais ou de unidades produtivas isoladas (UPI), como estabelecimento empresarial, ativos etc. do devedor (art. 60) para garantir que o adquirente não suceda ao devedor em nenhuma de suas obrigações. Com isso, observa Ivo Waisberg, se pretende "criar o incentivo econômico de facilitar a venda dos bens da recuperanda com a maior eficiência possível, atingindo dois objetivos: manter o ativo gerando riqueza e dar maior atratividade à alienação, sendo fonte de recurso para pagamento dos credores e da atividade da recuperanda".

Pelo Enunciado n. 47: "Nas alienações realizadas nos termos do art. 60 da Lei n. 11.101/2005, não há sucessão do adquirente nas dívidas do devedor, inclusive nas de natureza tributária, trabalhista e decorrentes de acidentes de trabalho" (aprovado na I Jornada de Direito Comercial).

E pelo Enunciado n. 104: "Não haverá sucessão do adquirente de ativos em relação a penalidades pecuniárias aplicadas ao devedor com base na Lei n. 12.846/2013 (Lei Anticorrupção), quando a alienação ocorrer com fundamento no art. 60 da Lei n. 11.101/2005" (aprovado na III Jornada de Direito Comercial).

Esclarecem, ainda, os Enunciados n.:

a) 52: "A decisão que defere o processamento da recuperação judicial desafia agravo de instrumento" (aprovado na I Jornada de Direito Comercial).

b) 54: "O deferimento do processamento da recuperação judicial não enseja o cancelamento da negativação do nome do devedor nos órgãos de proteção ao crédito e nos tabelionatos de protestos" (aprovado na I Jornada de Direito Comercial).

Pelo art. 61 (com a redação da Lei n. 14.112/2020), proferida a decisão prevista no art. 58, o juiz poderá determinar a manutenção do devedor em recuperação judicial até que sejam cumpridas todas as obrigações previstas no plano que vencerem até, no máximo, 2 (dois) anos depois da concessão da recuperação judicial, independentemente do eventual período de carência.

Para a *execução do plano de recuperação judicial* aprovado, o devedor terá o prazo de até dois anos da concessão para cumprir todas as obrigações integrantes daquele plano (art. 61), sob pena de decretação judicial da falência (art. 73, IV).

Havendo pagamento de todas as obrigações, o devedor poderá requerer ao juiz a prolatação da *sentença de encerramento da recuperação judicial*. Essa sentença é meramente declaratória do cumprimento do plano e da solução do passivo mediante a execução da proposta acordada e aprovada. Na decretação do encerramento da recuperação judicial, o magistrado determinará: pagamento do saldo de honorários devidos ao administrador judicial; apuração do saldo das custas judiciais a serem recolhidas; apresentação de relatório circunstanciado do administrador judicial sobre a execução do plano; dissolução do Comitê de Credores, se houver; exoneração do administrador judicial e comunicação do fato ao Registro Público de Empresas Mercantis para providências cabíveis (art. 64, I a V).

A recuperação judicial tem por escopo evitar a falência.

Pelo art. 193-A e §§ 1º e 2º, o pedido de recuperação judicial, o deferimento de seu processamento ou a homologação do plano de recuperação judicial não afetarão ou suspenderão o exercício dos direitos de vencimento antecipado e de compensação no âmbito de operações compromissadas e de derivativos, de modo que essas operações poderão ser vencidas antecipadamente, desde que assim previsto nos contratos celebrados entre as partes ou em regulamento, proibidas, no entanto, medidas que impliquem a redução, sob qualquer forma, das garantias ou de sua condição de excussão, a restrição do exercício de direitos, inclusive de vencimento antecipado por inexecução, e a compensação previstas contratualmente ou em regulamento. Em decorrência do vencimento antecipado das operações compromissadas e de derivativos, os créditos e débitos delas decorrentes serão compensados e extinguirão as obrigações até onde se compensarem. Se houver saldo remanescente contra o devedor, será este considerado crédito sujeito à recuperação judicial, ressalvada a existência de garantia de alienação ou de cessão fiduciária.

Se o plano de recuperação judicial não for cumprido pelo devedor ou não produzir os efeitos esperados, ter-se-á a *convolação da recuperação em falência* a requerimento de qualquer credor[300].

O procedimento da recuperação judicial poderá ser, assim, representado graficamente:

---

300. Lídia V. Marzagão, A recuperação judicial, cit., p. 97-114; Waldo Fazzio Júnior, *Nova Lei*, cit., p. 153-86; Ferraz e Garcia, A *par conditio creditorum* e o procedimento de recuperação judicial de empresas: novas luzes sobre o velho princípio, *Revista Argumentum*, v. 22, n. 1, 2021, p. 189-204; Carlos Roberto Claro, A participação do credor fiscal nos processos de recuperação judicial e de falência, *Revista Síntese — Direito de Família*, *128*:43-47, 2020; Manoel Justino Bezerra Filho, *Nova Lei*, cit., p. 163-85; Ivo Waisberg, A interpretação do artigo 60 da Lei de Recuperação de Empresas, *Informativo IASP* n. *96*:14-15; Wellington de S. Monteiro, Da necessidade de observância da regularidade fiscal para a concessão de recuperação judicial, *Revista Síntese — Direito Civil e Processual Civil*, *83*:214-28. *Vide*: *BAASP*, *2724*:5941.

Súmula 480 do STJ: "O juízo da recuperação judicial não é competente para decidir sobre a constrição de bens não abrangidos pelo plano de recuperação da empresa".

TJSP, em razão da Covid-19, concede redução no pagamento de créditos trabalhistas de recuperanda (Proc. 1006707-50.2016.8.26.0278) e prorrogação do *stay period* se a recuperanda não tiver concorrido com a superação do lapso temporal e a dilação se faça por prazo determinado (Proc. 003517/19-2017.8.26.0100).

TJSP autoriza suspensão de pagamentos de empresa em recuperação judicial durante pandemia e prorrogação de prazo para apresentar plano de recuperação judicial (1011207-40.2019. 8.26.0510).

Enunciado n. 74: "Embora a execução fiscal não se suspenda em virtude do deferimento do processamento da recuperação judicial, os atos que importem em constrição do patrimônio do devedor devem ser analisados pelo Juízo recuperacional, a fim de garantir o princípio da preservação da empresa" (aprovado na II Jornada de Direito Civil. Enunciado n. 105: "Se apontado pelo administrador judicial, no relatório previsto no art. 22, III, *e*, da Lei n. 11.101/2005, que não foram encontrados bens suficientes sequer para cobrir os custos do processo, incluindo honorários do Administrador Judicial, o processo deve ser encerrado, salvo se credor interessado depositar judicialmente tais valores conforme art. 82 do CPC/2015, hipótese em que o crédito referente ao valor depositado será classificado como extraconcursal, nos termos do art. 84, II da Lei n. 11.101/2005" (aprovado na III Jornada de Direito Comercial). *Vide*: art. 187 do CTN). Os arts. 69-A a 69-F referem-se a financiamento do devedor durante a recuperação judicial.

CNJ, Recomendação n. 63/2020 — Recomenda aos juízes com competência para julgamento de ações de recuperação empresarial e falência a adoção de medidas para mitigação do impacto decorrente das medidas de combate à contaminação da Covid-19.

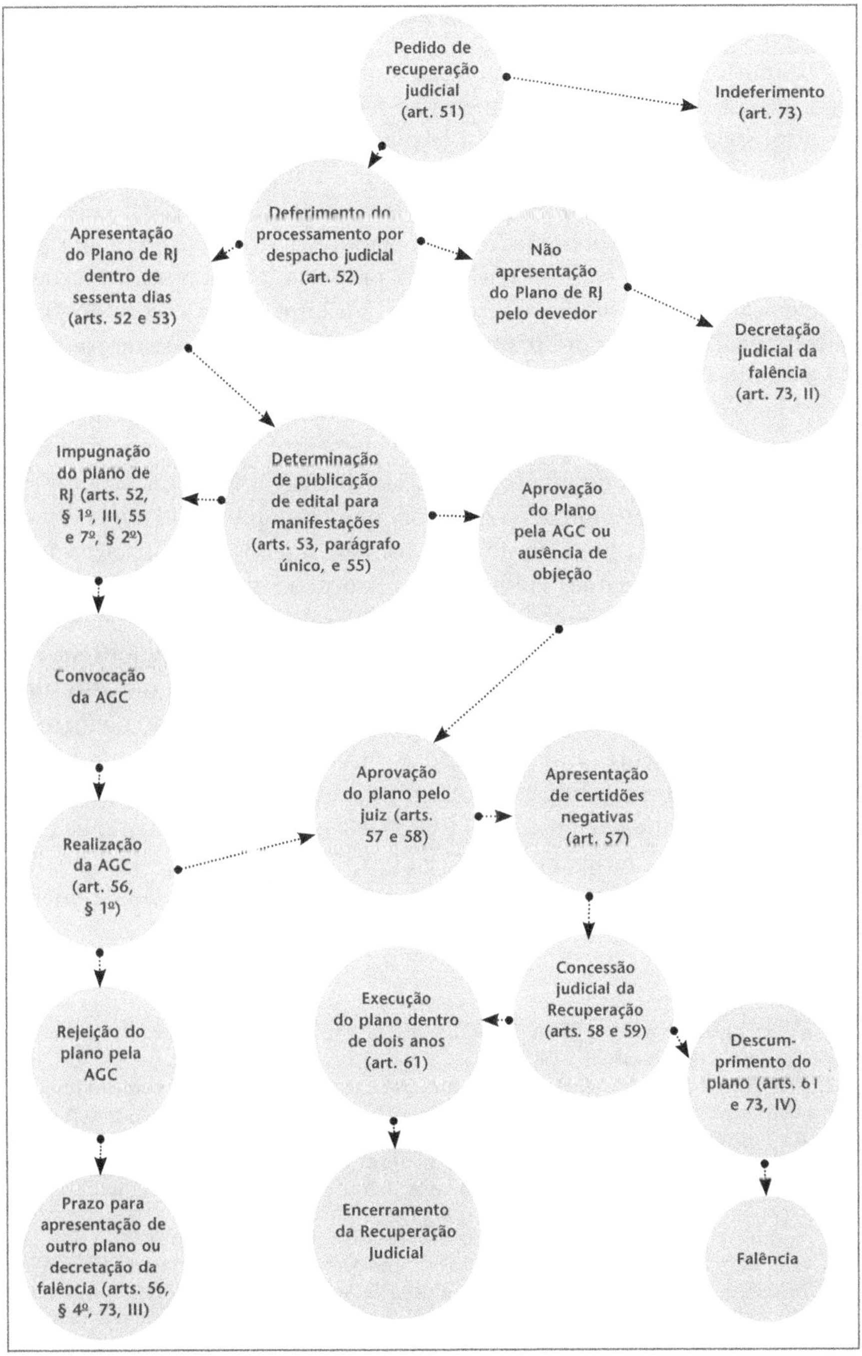
Pedido de recuperação judicial (art. 51)
Indeferimento (art. 73)
Deferimento do processamento por despacho judicial (art. 52)
Apresentação do Plano de RJ dentro de sessenta dias (arts. 52 e 53)
Não apresentação do Plano de RJ pelo devedor
Decretação judicial da falência (art. 73, II)
Impugnação do plano de RJ (arts. 52, § 1º, III, 55 e 7º, § 2º)
Determinação de publicação de edital para manifestações (arts. 53, parágrafo único, e 55)
Aprovação do Plano pela AGC ou ausência de objeção
Convocação da AGC
Aprovação do plano pelo juiz (arts. 57 e 58)
Apresentação de certidões negativas (art. 57)
Realização da AGC (art. 56, § 1º)
Concessão judicial da Recuperação (arts. 58 e 59)
Execução do plano dentro de dois anos (art. 61)
Rejeição do plano pela AGC
Descum-primento do plano (arts. 61 e 73, IV)
Prazo para apresentação de outro plano ou decretação da falência (arts. 56, § 4º, 73, III)
Encerramento da Recuperação Judicial
Falência

c.3.5. Convolação da recuperação judicial em falência

Durante o processo de recuperação judicial, o magistrado poderá decretar a falência, dando prosseguimento ao feito nos próprios autos, corrigindo a autuação, constando na capa dos autos que se trata de processo falimentar, desde que haja ocorrência das seguintes hipóteses[301]: *a*) deliberação da assembleia geral de credores (art. 73, I) e, ainda, sua rejeição do plano de recuperação judicial apresentado pelos credores (art. 73, III), embora pelo art. 58, § 1º, mesmo com tal rejeição da proposta, o juiz possa conceder a recuperação judicial; *b*) não apresentação, em juízo, pelo devedor do plano de recuperação judicial, no prazo de sessenta dias, contado do despacho de deferimento do processamento do seu pedido (art. 73, II); *c*) descumprimento de qualquer obrigação assumida no plano, dentro do prazo de dois anos da concessão da recuperação, ou dos parcelamentos referidos no art. 68 ou da transação prevista no art. 10-C da Lei n. 10.522/2002 (art. 73, IV e V)[302]; *d*) esvaziamento patrimonial da devedora que implique liquidação substancial da empresa, em prejuízo de credores não sujeitos à recuperação judicial, inclusive as Fazendas Públicas. Mas isso não levará à invalidade ou à ineficácia dos atos, e o juiz determinará o bloqueio de produto de eventuais alienações e a devolução ao devedor dos valores já distribuídos, que ficarão à disposição do juízo. Urge esclarecer que ocorre tal liquidação substancial quando não forem reservados bens, direitos ou projeção de fluxo de caixa futuro suficientes à manutenção de atividade econômica para fins de cumprimento de suas obrigações, permitida a realização de perícia específica para essa finalidade (art. 73, VI e §§ 2º e 3º); *e*) inadimplemento de obrigação não sujeita à recuperação judicial (art. 73, § 1º, c/c art. 94, I, II e III), como: *e.1*) não pagamento, no vencimento, sem relevante razão de direito,

---

301. Manoel Justino Bezerra Filho, *Nova Lei*, cit., p. 186-88; Lídia V. Marzagão, A recuperação judicial, cit., p. 112-14.

302. Elias Katudijian (A crise econômica mundial e as empresas em recuperação judicial, *Informativo IASP*, *86*:20-1) observa que: a Lei n. 11.101/2005, art. 73, IV, não possibilita a apresentação de novo Plano de Recuperação pelas empresas recuperandas, reformulando os termos do anteriormente aprovado, devendo, por descumprimento deste último, o juiz decretar a falência. Mas, diante de fato novo superveniente, como, p. ex., a crise econômica mundial, que possa influir no julgamento, por constituir, modificar ou extinguir direito, o juiz deverá considerá-lo (CPC, art. 462 — hoje art. 493), dando oportunidade às empresas recuperandas para apresentarem novo Plano de Recuperação, cujo mérito será decidido pela Assembleia de credores, por maioria. Se aprovado for pelos credores, será levado à homologação judicial. Se rejeitado for, cominar-se-á a falência (art. 73, IV, da Lei n. 11.101/2005).

de obrigação líquida materializada em título executivo protestado cuja soma ultrapasse o equivalente a quarenta salários mínimos na data do pedido de falência. Para tanto, os credores poderão reunir-se em litisconsórcio, perfazendo esse limite valorativo mínimo para o pedido de falência (art. 94, § 1º); *e.2*) falta de pagamento de depósito ou de indicação de bens suficientes à penhora, dentro do prazo legal, pelo devedor executado por qualquer quantia líquida; *e.3*) prática dos seguintes atos, salvo se fizerem parte do plano de recuperação: liquidação precipitada de ativos ou uso de meio fraudulento ou ruinoso para realizar pagamentos; realização ou tentativa de realização, por atos inequívocos, de negócio simulado ou alienação total ou parcial de seu ativo a terceiro (credor ou não), com a finalidade de retardar pagamentos ou fraudar credores; transferência de estabelecimento a terceiro (credor ou não) sem o consenso de todos os credores e sem ficar com bens suficientes para solver seu passivo; simulação de transferência de seu principal estabelecimento com o objetivo de burlar a lei ou a fiscalização ou de prejudicar credor; outorga ou reforço de garantia a credor por débito contraído anteriormente sem ficar com bens livres e desembaraçados suficientes para saldar seu passivo; ato de ausentar-se sem deixar representante habilitado e com recursos suficientes para pagar os credores; abandono de estabelecimento ou tentativa de ocultar-se de seu domicílio, do local de sua sede ou de seu principal estabelecimento; inadimplência, no prazo estabelecido, de obrigação assumida no plano de recuperação judicial.

Os atos de administração, endividamento, oneração ou alienação praticados durante a recuperação judicial presumir-se-ão válidos, na convolação da recuperação em falência, se foram realizados na forma da Lei n. 11.101/2005. Há presunção de validade dos atos praticados regularmente antes da convolação da recuperação judicial em falência, que, também, serão considerados eficazes, pois nenhum dos atos arrolados no art. 129, I, II, III e VI, previstos e realizados na forma definida do plano de recuperação, será declarado ineficaz ou revogado (art. 74 c/c o art. 131).

Havendo convolação da recuperação em falência, ter-se-á a reconstituição dos direitos e garantias dos credores nas condições originalmente contratadas, com dedução dos valores já pagos e com ressalva dos atos praticados, validamente, durante a recuperação judicial[303].

303. É a lição de Lídia V. Marzagão, A recuperação judicial, cit., p. 113 e 114. Pelo Enunciado n. 466 do Conselho da Justiça Federal, aprovado na V Jornada de Direito Civil: "para fins do direito falimentar, o local do principal estabelecimento é aquele de onde

D. Falência

d.1. Definição de falência e requisitos legais para sua decretação

Etimologicamente, o termo *falência* vem do latim *falece*, que significa enganar, faltar com a palavra prometida; assim, seria a falta do cumprimento da obrigação assumida ou o ato de o devedor enganar o credor com o inadimplemento da obrigação vencida ou com a impossibilidade de solver a vincenda.

Juridicamente seria a quebra de um empresário, reconhecida, em juízo, por sentença transitada em julgado. É o estado ou situação de crise econômico-financeira, declarada judicialmente, do empresário que, estando com títulos enviados a protesto, não cumpriu suas obrigações líquidas, certas e vencidas, nem tem condições de pagar as vincendas. A situação de crise financeira (ausência de dinheiro) e a de crise econômica insolúvel (impossibilidade de manutenção de giro empresarial lucrativo) declaradas por sentença, somadas à inviabilidade empresarial, conduzirão o empresário devedor à falência[304]. Daí o gráfico:

---

partem as decisões empresariais, e não necessariamente a sede indicada no registro público". O credor trabalhista pode pleitear créditos reconhecidos em juízo perante administrador no processo cível (Lei n. 11.101, art. 6º, § 2º). O administrador também pode reconhecer créditos trabalhistas não judiciais, como rescisão contratual não paga. As ações trabalhistas em andamento prosseguirão até que o direito seja reconhecido para ser habilitado no juízo cível (Lei n. 11.101, art. 6º, § 1º e CF, art. 114, I). Se não houver título judicial líquido, o órgão judicante reserva um *quantum* estimativo devido ao trabalhador (Lei n. 11.101/2005, art. 6º, § 3º). Há prazo de um ano para pagamento de créditos trabalhistas e dos relativos a acidente do trabalho, vencidos até a data do pedido de recuperação judicial (Lei n. 11.101/2005, art. 54), mas para os créditos salariais, até 5 salários mínimos, vencidos nos 3 meses anteriores ao pedido de recuperação judicial, o prazo para pagamento é de 30 dias (Lei n. 11.101/2005, art. 54, parágrafo único). Se esses prazos não forem cumpridos, o trabalhador poderá pleitear rescisão indireta do contrato (CLT, 483, *d*). Essas ações trabalhistas terão preferência em caso de recuperação judicial e falência (CLT, art. 768). A atuação do sindicato tem grande importância no acompanhamento da recuperação judicial e pode representar os trabalhadores. *Vide*: Raimundo S. de Melo, Efeitos da recuperação judicial nos direitos trabalhistas, https://www.conjur.com.br/2021-abr.30/reflexões-trabalhistas-efeitos-recuperação-judicial-direitos-trabalhistas.

304. Manoel Justino Bezerra Filho, *Nova Lei*, cit., p. 189 e 190.

Enunciado 16 da Jornada Paulista de Direito Comercial: "Sociedade exploradora do ramo de faturização exerce atividade empresarial e submete-se ao regime da Lei n. 11.101/2005".

Enunciado 19 da Jornada Paulista de Direito Comercial: "A sociedade, ainda que constituída como simples, pode sujeitar-se à falência, se exercer atividade empresarial".

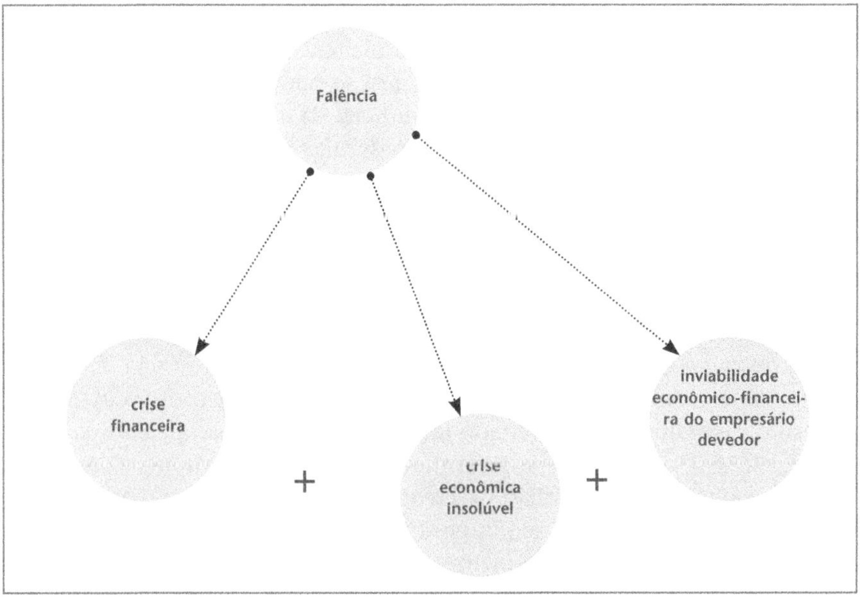

Ou melhor, trata-se de um processo de jurisdição contenciosa que visa assegurar a execução concursal e a cobrança de interesses particulares e fiscais (comunicados ao juízo da falência), sanear economicamente a atividade empresarial, como pondera Jaeger, ou, se não houver condições de qualquer recuperação econômico-financeira, promover a liquidação falimentar, de modo sumário, sem procrastinação forense, como ensina Rubens Requião[305]. Já para Ricardo Negrão[306] "é o processo de execução coletiva, no qual todo o patrimônio de um empresário declarado falido (pessoa física ou jurídica) é arrecadado, visando o pagamento da universalidade de seus credores, de forma completa ou proporcional. É um processo judicial complexo que compreende a arrecadação dos bens, sua administração e conservação, bem como a verificação e o acertamento dos créditos, para posterior liquidação dos bens e rateio entre os credores".

Nesse processo, concorrem todos os credores do empresário devedor e nenhum deles poderá ser pago fora do juízo falimentar.

É um instituto que tem por escopo a preservação e a otimização do uso produtivo dos bens, dos ativos e dos recursos produtivos do empresário fa-

305. *Vide*: M. Helena Diniz, *Dicionário jurídico*, cit., v. 2, p. 583.
306. Ricardo Negrão, *Manual*, cit., v. 3, p. 21.

lido, promovendo seu afastamento de sua atividade empresarial (art. 94), visto que não preenche os requisitos para pleitear sua recuperação, nem tem viabilidade de continuar seus negócios. Daí se pode concluir que a falência nada mais é do que o reconhecimento judicial da inviabilidade da continuidade do empresário devedor no exercício de suas atividades, ante a insuscetibilidade de recuperação judicial ou extrajudicial, possibilitando a configuração do concurso universal de credores sobre o seu ativo remanescente, fazendo com que todos tenham participação na concorrência sobre os bens liquidados, atendo-se à proporcionalidade no tratamento de seus créditos[307].

São requisitos legais para a decretação da falência[308]:

a) *Impontualidade injustificada* do empresário devedor, ou seja, não pagamento, no vencimento, de dívida líquida materializada em título executivo, judicial ou extrajudicial, protestado (art. 94, I), anexado ao pedido de falência (art. 94, § 3º), desde que seu montante ultrapasse a quarenta salários mínimos, sendo admitida reunião de credores em litisconsórcio, para perfazer esse limite (art. 94, § 1º). Se sua impontualidade fundar-se em uma das hipóteses arroladas exemplificativamente no art. 96, devidamente comprovada, não se poderá decretar sua falência por haver motivo jurídico, tais como: falsidade de título, prescrição, nulidade de obrigação, pagamento de dívida, fato extintivo ou suspensivo da obrigação, fato que não legitime a cobrança do título, vício em protesto ou em seu instrumento, apresentação tempestiva de pedido de recuperação judicial, cessação regular das atividades empresariais há mais de dois anos antes do pedido de falência, comprovado por meio de "baixa" na Junta Comercial, ou seja, por documento hábil do Registro Público de Empresas Mercantis. Todavia, se após tal "baixa" o devedor continuar exercendo sua atividade empresarial, sua falência poderá ser decretada.

Pelo Enunciado 11 da I Jornada de Direito Comercial de São Paulo: "Duplicata virtual pode aparelhar pedido falimentar fundado em impontualidade, se instruído com nota fiscal de compra e venda, comprovante de entrega da mercadoria e protesto por indicação".

---

307. Silvânio Covas, A lei de recuperação, cit., p. 20; Waldo Fazzio Júnior, *Nova Lei*, cit., p. 187 e 188.

308. Andréa M. R. Spinelli, Falência — disposições gerais — inovações e procedimentos, in *Comentários à nova Lei de Falência e Recuperação de Empresas* (coord. Rubens Approbato Machado), São Paulo, Quartier Latin, 2005, p. 187-92.

"Para a instalação do processo falimentar são necessárias as presenças dos requisitos da impontualidade do devedor e da presunção de insolvência, que desaparecem quando o credor aceita pagamento parcial do débito, circunstância que equivale a moratória, pouco importando o estado da empresa, se com muitos protestos e em fase pré-falimentar" (*RT*, *777*:261).

b) *Execução frustrada*, considerando-se que o devedor executado por quantia líquida não a paga, no seu vencimento, ao credor exequente, nem a deposita e nem nomeia à penhora bens suficientes dentro do prazo legal (art. 94, II), indicando insuficiência de bens para atender o passivo, caracterizando sua insolvência, e, com isso, possível será a declaração de sua falência. A insolvência, na lição de Waldo Fazzio Júnior[309], é o pressuposto material objetivo da falência, por ser a condição de inviabilidade empresarial reveladora do déficit ou de impotência patrimonial do empresário devedor, detectada pela impontualidade (inadimplemento sem justa causa de obrigação líquida); pelo balanço de determinação do excedente do passivo sobre o ativo, mediante técnicas contábeis de avaliação determinantes do real valor dos bens do devedor em relação às condições mercadológicas; e pela cessação de pagamentos, consistente na desistência do devedor, por força de insuficiência de seu patrimônio e do fluxo de sua caixa e de ausência de razão juridicamente relevante para saldar o seu passivo.

c) *Prática de atos de falência* (art. 94, III) ou de *comportamentos sintomáticos de insolvência* pelo empresário devedor, que trazem, em seu bojo, a presunção de sua falência, tornando-se suscetível de ser declarado falido. Dentre as manifestações de insolvência (*acts of bankruptcy*), podemos citar, exemplificativamente, dentre os expedientes ruinosos ou fraudulentos: reforço de garantia concedido a credor por dívida contraída anteriormente sem ficar com bens suficientes para saldar seu passivo; simulação de transferência de seu principal estabelecimento; abandono do estabelecimento etc. Esses atos, se praticados forem, deverão ser especificados no pedido de falência e dependerão de dilação probatória para que haja decretação da falência (art. 94, § 5º)[310].

---

309. Waldo Fazzio Júnior, *Nova Lei*, cit., p. 191-95; Aurelio Candian, *Il processo di fallimento*, Padova, Cedam, 1939, p. 16. Sobre falência consulte: Umberto Azzolina, *Il fallimento e le altre procedure concorsuali*, Torino, UTET, 1953; De Ferra, *Manuale di diritto fallimentare*, Milano, Giuffrè, 1998; Carlo D'Avack, *La natura giuridica del fallimento*, Padova, Cedam, 1940; Francesco Ferrara, *Il fallimento*, Milano, Giuffrè, 1959; Merz, *Manuale pratico del fallimento*, Padova, Cedam, 1993.

310. Pelo Enunciado 15 da Jornada Paulista de Direito Comercial: "As multas indenizatórias previstas na CLT, e reconhecidas pela Justiça do Trabalho, na reclamação trabalhista com decisão transitada em julgado, integram o crédito a ser habilitado na falência, na classe prevista no art. 83, I, da Lei n. 11.101/2005".

O CPC/2015, art. 1.052, mantém para as execuções contra devedor insolvente em curso ou que venham a ser propostas o disposto no Livro II, Título IV, do CPC/73, até a edição de lei específica.

d) *Descumprimento da recuperação judicial.*

e) *Confissão de insolvência* pelo *próprio empresário devedor*, demonstrando seu estado de crise patrimonial e solicitando instauração do concurso liquidatário ou a autofalência.

d.2. Pedido de falência

A falência é um estado jurídico-processual decorrente de uma decisão judicial, provocada pelo pedido do interessado, visto que não há, no direito brasileiro, decretação de falência *ex officio* pelo juiz, pois a Lei n. 11.101/2005 apenas autoriza a convolação judicial da recuperação judicial em falência (art. 73).

Sem o pedido do interessado e sem a sentença judicial declaratória da falência do empresário devedor, respondendo àquele pedido, ter-se-á, meramente, insolvência ou situação deficitária econômico-financeira.

O juízo competente para apreciar esse pedido a fim de decretar falência é o da comarca onde estiver instalado o principal estabelecimento do devedor ou o da filial da sociedade sediada fora do Brasil (art. 3º).

Pelo art. 97, I a IV, tem legitimação ativa para ingressar, em juízo, com o pedido de falência[311]:

a) O próprio *devedor*, requerendo sua *autofalência* (arts. 105 a 107) ou liquidação voluntária, por encontrar-se em crise econômico-financeira insolúvel e por não ter condições de pedir recuperação judicial, devendo expor as razões impeditivas da continuidade de suas atividades empresariais e instruir regularmente seu pedido com: demonstrações contábeis referentes aos três últimos exercícios sociais e as levantadas especialmente para instrução do pedi-

---

311. Waldo Fazzio Júnior, *Nova Lei*, cit., p. 196, 245-54; Andréa M. R. Spinelli, Falência, cit., p. 186 e 195; Manoel Justino Bezerra Filho, *Nova Lei*, cit., p. 244-46, 266-68; Ronaldo Vasconcelos, *Direito processual falimentar*, São Paulo, Quartier Latin, 2008; André F. Estevez e Rafael F. de Souza, A autofalência como dever: reflexos do descumprimento do disposto no art. 105 da Lei n. 11.101/2005, *Revista Síntese — Direito Empresarial*, *21*: 89-100. *BAASP*, *2532*:1385-3: "A sociedade empresária é responsável pelas obrigações por ela contraídas, não se confundindo, desde que integralizado o capital social, a sua responsabilidade com a dos sócios. O art. 97, inciso II, da Lei de Falência possibilita que os herdeiros requeiram a quebra do devedor, ou seja, do empresário individual falecido, restando inviabilizado o pedido de falência formulado por herdeiro de um dos sócios de determinada sociedade empresária, visto que o cotista não é devedor dos encargos da sociedade".

Sobre falência de devedor hipotecário: CPC/2015, art. 902 e parágrafo único.

STJ, Súmula 361 — 22-9-2008: "A notificação do protesto, para requerimento de falência da empresa devedora, exige a identificação da pessoa que a recebeu".

do, contendo balanço patrimonial, demonstração de resultados acumulados, demonstração do resultado desde o último exercício social e relatório do fluxo de caixa; relação nominal dos credores, indicando endereço, importância, natureza e classificação dos respectivos créditos; rol dos bens e direitos componentes do ativo com a estimação de seu valor e documentos comprobatórios de propriedade; prova da condição de empresário, contrato social ou estatuto em vigor ou, se não houver a indicação de todos os sócios, seus endereços e a relação de seus bens pessoais; livros obrigatórios e documentos contábeis exigidos legalmente; relação de seus administradores nos últimos cinco anos, com os respectivos endereços, suas funções e participação societária.

Tais documentos, além de comprovarem a situação deficitária do devedor, possibilitam a agilização do procedimento falimentar executivo.

Se o pedido de autofalência não estiver regular e devidamente instruído, o juiz poderá negá-lo ou determinar sua emenda (art. 106), dentro de certo prazo, para sanear os vícios encontrados, esclarecendo no despacho que, se sua determinação não for atendida, ter-se-á indeferimento da petição inicial.

O pedido de autofalência será processado do mesmo modo do requerido por terceiro. E a sentença que decretar autofalência deverá conter os elementos exigidos pelo art. 99, I a XIII, da Lei n. 11.101/2005.

b) Por qualquer *credor* (empresário ou não, pessoa natural ou jurídica), hipótese em que se tem a *liquidação involuntária*, desde que prove sua qualidade na ocorrência de qualquer caso do art. 94 (I a III), exibindo título exigível, devidamente protestado, de valor superior a quarenta salários mínimos ou certidão de execução frustrada ou apresentando descrição e prova de ato sintomático de insolvência praticado pelo devedor. Se o credor for empresário, deverá estar inscrito no Registro Público de Empresas Mercantis e apresentar certidão do RPEM, comprovando a regularidade de suas atividades (art 97, § 1º), mas se sua situação for irregular, poderá habilitar-se para receber o que lhe é devido, desde que a falência do devedor seja decretada judicialmente a pedido de outro credor. E, se o credor não tiver domicílio no Brasil, deverá, para pedir falência do devedor, prestar caução às custas e ao pagamento da indenização. Essa caução poderá ser prestada por meio de depósito de dinheiro e bens formalizado nos autos ou de apresentação de carta de fiança bancária, que será juntada aos autos. Com isso o credor requerente garantirá que arcará com os ônus sucumbenciais e com a indenização por perdas e danos a ser paga a terceiro prejudicado (art. 97, § 2º, c/c o art. 101) por ato seu, culposo ou doloso.

c) Pelo *cônjuge sobrevivente, herdeiros* do devedor (empresário individual) ou, ainda, pelo *inventariante* (representante do espólio insolvente), configurando-se a *liquidação póstuma*. Não há ordem sucessiva a ser seguida para requerer falência do espólio, dentro do prazo decadencial de um ano contado do óbito do empresário devedor insolvente. Qualquer uma das pessoas indicadas acima poderá pedir a falência do espólio, tendo por base execução frustrada, cessação de pagamentos ou atos sintomáticos de insolvência praticados pelo devedor antes de seu falecimento.

d) Pelo *sócio (quotista ou acionista) do devedor*. Havendo morte ou retirada de sócio, o sócio remanescente poderá postular a falência da sociedade empresária, confessando sua insolvência e inviabilidade, caso em que se terá *liquidação residual*. Qualquer sócio, inclusive comanditário, mesmo que não seja remanescente ou credor, está legitimado legalmente a requerer a falência da sociedade, havendo razão que a justifique, apresentando o contrato ou estatuto social, juntando as ações de sua titularidade e, sendo o requerente credor, os títulos de seu crédito. Se a sociedade estiver irregular, o seu sócio poderá, em seu nome, requerer sua falência, apresentando contrato social não averbado no RPEM, onde se encontram os nomes de todos os sócios.

e) Pelo *liquidante extrajudicial da sociedade* (CC, art. 1.103, VII), pois poderá, comprovando seu estado de insolvência insolúvel, confessar a falência da sociedade e até mesmo, havendo viabilidade de solução da crise econômico-financeira, pedir sua recuperação, de acordo com as formalidades prescritas para o tipo de sociedade liquidanda, hipótese em que também se configurará a *liquidação residual*. A sociedade já está em liquidação, mas sem a proteção jurisdicional dos interesses creditórios. O liquidante, pedindo sua falência, dará publicidade ao seu estado deficitário, submetendo-a à decisão judicial e aos efeitos legais da decretação da falência. Consequentemente, a sociedade "em liquidação", representada pelo liquidante, passará a ser sociedade falida, ficando, então, sob a responsabilidade do administrador judicial[312].

---

312. É o que nos ensina Waldo Fazzio Júnior, *Nova Lei*, cit., p. 253.

TJSP: Súmula n. 38 — No pedido de falência, feita a citação por editais e ocorrendo a revelia, é necessária a nomeação de curador especial ao devedor. Súmula n. 39 — No pedido de falência fundado em execução frustrada, é irrelevante o valor da obrigação não satisfeita. Súmula n. 40 — O depósito elisivo não afasta a obrigação do exame do pedido de falência para definir quem o levanta. Súmula n. 41 — O protesto comum dispensa o especial para o requerimento de falência. Súmula n. 42 — A possibilidade de execução singular do título executivo não impede a opção do credor pelo pedido de falência. Súmula n. 43 — No pedido de falência fundado no inadimplemento de obrigação líquida materializada em título, basta a prova da impontualidade, feita mediante o protesto, não sendo exigível a demonstração da insolvência do devedor. Súmula n. 44 — A pluralidade de credores não constitui pressuposto da falência. Súmula n. 45 — Quem não se habilitou, ainda que seja o requerente da falência, não tem legitimidade para recorrer da sentença de encerramento do processo. Súmula n. 46 — A lei falimentar, por especial, possui todo o regramento do pedido e processo de falência, e nela não se prevê a designação de audiência de conciliação. Súmula n. 47 — O credor

Esclarece o Enunciado n. 56: "A Fazenda Pública não possui legitimidade ou interesse de agir para requerer a falência do devedor empresário" (aprovado na I Jornada de Direito Comercial).

d.3. Procedimento cognitivo e o liquidatório[313]

não comerciante pode requerer a quebra do devedor. Súmula n. 48 — Para ajuizamento com fundamento no art. 94, inciso II, da Lei n. 11.101/2005, a execução singular anteriormente aforada deverá ser suspensa. Súmula n. 49 — A Lei n. 11.101/2005 não se aplica à sociedade simples. Súmula n. 50 — No pedido de falência com fundamento na execução frustrada ou nos atos de falência, não é necessário o protesto do título executivo. Súmula n. 51 — No pedido de falência, se o devedor não for encontrado em seu estabelecimento, será promovida a citação editalícia, independentemente de quaisquer outras diligências. Súmula n. 52 — Para a validade do protesto, basta a entrega da notificação no estabelecimento do devedor e sua recepção por pessoa identificada. Súmula n. 53 — Configurada a prejudicialidade externa, o pedido de falência deverá ser suspenso pelo prazo máximo e improrrogável de 1 ano. Súmula n. 54 — O registro do ajuizamento de falência ou de recuperação de empresa no cartório do distribuidor ou nos cadastros de proteção ao crédito não constitui ato ilegal ou abusivo.

313. Fábio Ulhoa Coelho, *Curso*, v. 3, p. 247 e 331; Waldo Fazzio Júnior, *Nova Lei*, cit., p. 255-371; Andréa M. R. Spinelli, Falência, cit., p. 193-201, 212-20; Pontes de Miranda, *Tratado de direito privado*, Rio de Janeiro, Borsoi, 1971, v. 28, p. 78; Manoel Justino Bezerra Filho, *Nova Lei*, cit., p. 189 e 361; Sérgio Pinto Martins, A nova Lei de Falência e suas implicações nos créditos dos trabalhadores, *Jornal Síntese*, n. 97, p. 3-6.

Consulte: M. Rita R. P. Dias, *Plano de falência*: apresentação e limites a serem observados, https://www.conjur.com.br.2022-mai-02/direito-insolvência-plano-falência-apresentação-limites-seremobservados. Já se decidiu que: Falência — Valor mínimo — Processo ajuizado sob a égide do Decreto-Lei n. 7.661/1945 — Interpretação de acordo com os princípios da nova Lei de Falências — Art. 94, inciso I, da Lei n. 11.101/2005 — Valor mínimo que deve ser observado — 1 — O art. 1º do Decreto-Lei n. 7.661/1945 não leva em consideração a intenção do credor, para aferir os requisitos necessários à decretação da falência. Precedentes. 2 — Após a nova Lei de Falências (Lei n. 11.101/2005), não se decreta a falência fundada em crédito inferior a 40 salários mínimos da data do pedido de falência, devendo o art. 1º do Decreto-Lei n. 7.661/1945 ser interpretado à luz dos critérios que levaram à edição da nova Lei de Falências, entre os quais o princípio da preservação da empresa. 3 — Recurso Especial improvido (STJ-3ª T.; REsp n. 943.595-SP; Rel. Min. Sidnei Beneti; j. 3-9-2009; *BAASP, 2656*:5396).

PL n. 4.458/2020 sobre falência, além de ampliar prazo para pagamento de dívidas tributárias, pretende agilizar processos de recuperação judicial, incluir dívidas trabalhistas no processo de recuperação extrajudicial.

Consulte: art. 44, parágrafo único, da Lei n. 4.886/65 (com a redação da Lei n. 14.195/2021) sobre quantias devidas pelo representado ao representante comercial.

Comercial e Processual Civil — Pedido de falência — Sociedade anônima de capital fechado — Inadimplência — Créditos detidos por terceiros — Direito alheio — Defesa — Impossibilidade — Paralisia das atividades — Ato falimentar — Caracterização — Inocorrência — Acionistas — Ilegitimidade — Afirmação — 1 — O acionista somente está revestido de legitimação para formular pedido de falência com lastro na inadimplência se detiver a condição de credor pessoal da empresa, vez que, de-

O processo falimentar apresenta duas fases: a *cognitiva* ou pré-falimentar ou pré-liquidatória, que tem por objetivo a constituição do estado falencial, tendo início com o pedido de falência, terminando com a decretação desta, e a *executiva*, pertinente à liquidação dos ativos do devedor, iniciando-se com o decreto judicial do estado de insolvência, introduzindo a execução concursal universal.

Apresentado o pedido, o juiz, no *despacho liminar*, deverá providenciar a *citação* do réu (empresário individual ou representante da sociedade empresária) e, conforme o caso, dos sócios, ou dos administradores, ou, ainda,

---

tendo essa qualidade, sua legitimidade deriva da qualidade de credor, e não da sua qualidade de detentor de parte do capital social da sociedade empresária (Lei de Quebras, art. 97, inciso IV). 2 — O acionista, não detendo nenhum crédito em relação à companhia, não está revestido de legitimidade para, esteado em direito creditício titularizado por terceiro, reclamar a decretação da quebra da empresa, à medida que, aliado ao fato de que o crédito consubstancia direito disponível, não lhe é permitido defender direito alheio nem invocá-lo como lastro para a dedução de pedido em nome próprio. 3 — O acionista está revestido de legitimação para reclamar a decretação da quebra da companhia com lastro na prática de atos que induzem à falência (Lei de Quebras, art. 94, inciso III), não se emoldurando nessa previsão, contudo, a simples paralisia das atividades da empresa, notadamente quando não evidenciada a dilapidação do seu patrimônio ou a prática de quaisquer atos destinados a lesar seus credores. 4 — Apelação conhecida e improvida. Unânime (TJDFT-4ª T. Cível; ACi n. 20080111423615-DF; Rel. Des. Teófilo Caetano; j. 11-3-2009; *BAASP, 2677*:5566). *BAASP, 2731*:1998-06. 1 — O interesse público que justifica a intervenção do Ministério Público nos procedimentos falimentares não deve ser confundido com a repercussão econômica que toda quebra compreende, ou mesmo com interesses específicos de credores trabalhistas ou fiscais. 2 — Não há, na Lei n. 11.101/2005, qualquer dispositivo que determine a manifestação do Ministério Público em estágio anterior ao decreto de quebra nos pedidos de falência. Recurso Especial a que se nega provimento (STJ — 3ª T.; RE 1.094.500-DF; Rel. Min. Nancy Andrighi; j. 16-9-2010; m.v.).

Habilitação retardatária de crédito trabalhista não implica perda do direito de preferência: *BAASP*, 2958:11. Pela Súmula 13, de 19 de abril de 2002 da AGU: "A multa fiscal moratória, por constituir pena administrativa, não se inclui no crédito habilitado em falência regida pela legislação anterior à Lei n. 11.101, de 9 de fevereiro de 2005".

Pelo Enunciado n. 101: "O incidente de desconsideração da personalidade jurídica deve ser observado no processo falimentar, sem a suspensão do processo" (aprovado na III Jornada de Direito Comercial).

E pela II Jornada de Direito Processual Civil, Enunciado n. 111: "O incidente de desconsideração da personalidade jurídica pode ser aplicado ao processo falimentar".

Enunciado n. 105: "Se apontado pelo administrador judicial, no relatório previsto no art. 22, III, *e* , da Lei n. 11.101/2005, que não foram encontrados bens suficientes sequer para cobrir os custos do processo, incluindo honorários do Administrador Judicial, o processo deve ser encerrado, salvo se credor interessado depositar judicialmente tais valores conforme art. 82 do CPC/2015, hipótese em que o crédito referente ao valor depositado será classificado como extraconcursal, nos termos do art. 84, II, da Lei n. 11.101/2005" (aprovado na III Jornada de Direito Comercial).

do gerente de filial instalada no Brasil (CPC/2015, art. 75, § 3º), após averiguar se foram atendidas as condições da ação, os pressupostos processuais, os requisitos da petição e os da falência, sempre tendo por base a causa de pedir alicerçada no art. 94, I a III.

Mas, diante da regularidade do pedido, havendo *periculum in mora* e *fumus boni iuris*, poderá o magistrado decretar *medida cautelar* para preservação dos interesses creditórios e do ativo do empresário devedor.

A *citação* do réu ou do inventariante (CPC, art. 75, VII), na hipótese de falência do espólio, poderá operar-se por meio de oficial da justiça ou de edital, não sendo admitida a via postal ou por hora certa. Ante a omissão da Lei n. 11.101/2005, o Código de Processo Civil de 2015, art. 771 c/c art. 246, § 1º, aplicar-se-á subsidiariamente (LRE, art. 189), e, como obsta a citação postal nos processos de execução, esta não poderá ser admitida na ação falimentar, que é uma ação de conhecimento de caráter constitutivo, que deflagra execução coletiva.

O interessado (empresário, sociedade, sócios, inclusive o retirante da sociedade há menos de dois anos, administradores, inventariante) será, portanto, citado para apresentar *defesa* no pedido de falência, tendo-se em vista que a decisão poderá atingi-lo patrimonialmente (art. 81), e poderá até mesmo requerer recuperação judicial (art. 95).

Em caso de revelia do devedor, nomear-se-lhe-á *curador especial* (CPC/2015, art. 72, II).

O devedor *citado* poderá, então, se, p. ex., a falência for motivada por impontualidade ou execução frustrada: *a*) depositar, dentro de dez dias, a quantia exigida, correspondente ao valor total de crédito, apresentando, ainda, em sua defesa, fundamentadas oposições ao pedido feito. Se o juiz julgar procedente a defesa, indeferido estará o pedido de quebra, e o autor deverá pagar a verba sucumbencial e até, se configurada a sua conduta dolosa, indenizar o réu por perdas e danos (art. 101). Se julgar pela improcedência da resposta, ordenará o levantamento do *quantum* depositado em benefício do requerente, extinguindo o processo falimentar, prosseguindo a ação apenas para execução de verbas de sucumbência. Como se pode ver, a realização de depósito juntamente com a defesa evitará a decretação da falência, mesmo que a contestação seja julgada improcedente; *b*) apresentar, sem efetuar depósito elisivo, sua contestação, no prazo de dez dias contado da citação, que deverá ser relevante em sua fundamentação; *c*) ficar em silêncio, o que acarretará a falência; *d*) efetivar, no prazo de dez dias, o depósito elisivo (art. 98, parágrafo único) da falência, abrangendo débito, correção monetária, juros, honorários advocatícios e custas processuais, sem apresentação de defesa, caso em que, ante a solvabilidade do devedor, visto possuir ativos suficientes para superar o passivo indicado na exordial, não haverá decretação do estado falimentar, mas sim mero exame da legitimidade do crédito reclamado, e a ação falimentar converter-se-á em medida judicial de cobrança, uma vez que impossível será instaurar o concurso universal de credores, e haverá condenação do devedor aos ônus sucumbenciais.

Se o pedido de falência fundar-se na presunção de insolvência do devedor pela prática dos atos arrolados no art. 94, III, o credor deverá, comprovando sua qualidade de credor, apenas discriminar e provar o ato sintomático de insolvência praticado pelo devedor. E o devedor na sua defesa deverá provar sua solvabilidade e a inocorrência do fato alegado.

Poderá *haver desistência do pedido* de falência pelo autor antes da citação do devedor; se ocorrer depois dela, deverá obter, para tanto, o consenso do réu.

Deverá o magistrado, sem embargo de opiniões em contrário, *dar vista dos autos ao representante do Ministério Público*, antes de prolatar a sentença e não somente após implantada a execução coletiva, em razão de a falência envolver interesse público (CPC/2015, art. 178, I) por afetar a economia nacional. E, além disso, em pedido baseado nos casos previstos no art. 94, III, sua intervenção poderá ser necessária, havendo ocorrência de crime previsto na Lei n. 11.101/2005, para providenciar as medidas criminais cabíveis, como, p. ex., ordenar prisão preventiva do falido (art. 99, VII), que poderá ser conveniente na instrução ou servir como garantia de execução das sanções estipuladas para o crime perpetrado. Tal prisão visa apenas acautelar os interesses da massa.

O juiz proferirá *a sentença* (Lei n. 11.101/2005, art. 99, I a XIII) decretando a quebra do empresário devedor que dará início à execução coletiva incidente sobre o patrimônio do devedor. Essa sentença tem função declaratória da falência, mas seu caráter é constitutivo por modificar e passar a disciplinar juridicamente a relação preexistente, que era um mero estado econômico e fático da insolvência, gerando o estado falimentar, inaugurando uma nova situação jurídica e instituindo o concurso de credores e a massa falida.

Expressivas, nesse sentido, são as seguintes palavras de Pontes de Miranda: "sentença de forte carga declarativa abre as portas à execução forçada coletiva. A força da decisão é constitutiva. Compreende-se, facilmente, que assim seja, porque, entre outros efeitos, tem a decisão de admissão do concurso de credores o efeito de suspender as ações executivas singulares".

Essa sentença deverá, além dos requisitos exigidos pelo art. 489 do Código de Processo Civil de 2015, conter os específicos arrolados no art. 99, I a XIII, da Lei n. 11.101/2005: síntese do pedido; identificação do falido e dos seus administradores; fixação do termo legal da falência, sem poder retrotraí-lo por mais de noventa dias contados do pedido de falência, da recuperação judicial ou do primeiro protesto por falta de pagamento, excluindo-se, para esse fim, os protestos cancelados; exigência de apresentação, dentro de cinco dias, sob pena de desobediência, pelo falido da relação nominal dos credores, devidamente qualificados, com a indicação da natureza e classificação dos respectivos créditos, se não estiverem constantes nos autos; explicitação de prazo para habilitação de crédito; suspensão de ações ou de execução contra o falido, com exceção das alusivas às demandas de quantias ilíquidas e as de natureza trabalhista, cujos créditos não foram ainda apurados; proibição de prática de ato de disposição ou oneração dos bens do falido, submetendo-os preliminarmente à autorização judicial e à do Comitê de Credores, ressalvados os bens cuja venda faça parte das atividades normais do devedor se autorizada a sua continuação provisória; determinação de diligências necessárias para salvaguardar os interesses das partes envolvidas, inclusive prisão preventiva do falido ou de seus administradores se a falência foi requerida com fundamento em provas da prática de algum crime previsto nos arts. 168 a 178 da Lei n. 11.101/2005; ordem para anotação, pelo RPEM e pela Secretaria Especial da Receita Federal do Brasil, na inscrição do devedor, de sua falência, constando o termo "falido", a data da decretação da quebra e a inabilitação de que trata o artigo 102; nomeação de administrador judicial; determinação de expedição de ofício aos órgãos e repartições públicas para que informem a existência de bens e direitos do falido; pronunciamento sobre a continuação provisória das atividades do falido com o administrador judicial ou determinação para lacração do estabelecimento se houver risco para que se proceda à arrecadação dos bens do falido ou para que se possam preservar os bens da massa falida ou os interesses creditórios; determinação, se for conveniente, da convocação da assembleia geral de credores para a constituição de Comitê de Credores, podendo ainda autorizar a manutenção do Comitê, que esteja, eventualmente, em funcionamento na recuperação judicial quando da decretação da falência; ordem, para intimação eletrônica, nos termos da legislação vigente e respeitadas as prerrogativas funcionais, do Ministério Público Federal, das Fazendas Públicas federal e de todos os Estados, Distrito Federal e Municípios (art. 99, § 2º) em que o devedor tiver estabelecimento, da decretação de sua falência e, ainda, para publicação de edital eletrônico contendo a íntegra da sentença declaratória da falência e a relação de credores.

Após a decretação da quebra ou da convolação da recuperação judicial em falência, o administrador deverá, dentro de 60 dias, contados do termo de nomeação, apresentar, para apreciação do juiz, plano detalhado dos ativos, inclusive com a estimativa de tempo não superior a 180 dias a partir da juntada de cada auto de arrecadação, na forma do art. 22, III (art. 99, § 3º).

Contra a decisão declaratória de falência será cabível a interposição de agravo de instrumento (CPC, arts. 1.015 a 1.020, e Lei n. 11.101/2005, art. 100, 1ª parte), visto que não põe fim ao processo falimentar (CPC/2015, art. 203, § 1º), mas o inicia. Durante a pendência do agravo que, em geral, não tem efeito suspensivo, poderá o administrador judicial realizar a liquidação do ativo. Todavia, o Tribunal, havendo requerimento do falido, poderá dar efeito suspensivo àquele agravo, para a retirada temporária do seu *status* de falido, até o julgamento definitivo do recurso. Se o tribunal não conceder esse efeito, o devedor continuará sendo falido, seguindo o processo de falência seu curso; porém, com o provimento daquele recurso, aquela condição do devedor modificar-se-á.

Com a *decretação da falência*, o autor não mais poderá desistir do pedido, pois, com a *abertura da execução coletiva*, constituiu-se uma nova situação jurídica.

Por outro lado, poderá ocorrer a prolatação de *sentença denegatória da falência*, baseada na realização do depósito elisivo (art. 98, parágrafo único), a procedência das alegações apresentadas pelo empresário devedor em sua defesa (art. 96), provando sua solvabilidade e a inocorrência das hipóteses arroladas no art. 94 da Lei n. 11.101/2005. Essa sentença denegatória conduzirá à revogação das medidas cautelares adotadas e à condenação do requerente ao pagamento de ônus sucumbenciais, honorários advocatícios e, se houve dolo manifesto de sua parte, pretendendo prejudicar o requerido, ao elaborar a exordial, a pagar ao réu (requerido) indenização de perdas e danos, apurados em liquidação de sentença (art. 101), mas não obstará que haja outro pedido de falência, por outro credor ou pelo mesmo requerente, baseado em diversa causa de pedir.

Como a sentença que não decreta a falência põe termo ao processo, o sucumbente poderá fazer uso do recurso da apelação (CPC, arts. 1.009 e s. e Lei n. 11.101/2005, art. 100, 2ª parte), que será recebido em seu duplo efeito.

Convém lembrar que pelo Enunciado n. 75: "Havendo convenção de arbitragem, caso uma das partes tenha a falência decretada: (i) eventual procedimento arbitral já em curso não se suspende e novo procedimento arbitral pode ser iniciado, aplicando-se, em ambos os casos, a regra do art. 6º, § 1º, da Lei n. 11.101/2005; e (ii) o administrador judicial não pode recusar a eficácia da cláusula compromissória, dada a autonomia desta em relação ao contrato" (aprovado na II Jornada de Direito Comercial. *Vide*: arts. 6º e 117 da Lei n. 11.101, de 9-2-2005).

A sentença decretatória de falência inaugura a execução concursal, voltada à liquidação de ativos do falido.

Procedimento liquidatório inicia-se com a sentença de procedência do pedido de decretação da quebra, tendo-se:

a) *Nomeação* pelo juiz do *administrador judicial* da massa falida, pois o falido não mais terá o direito de administrar seus bens (art. 99, X). Esse administrador será um auxiliar do juízo e não representa os credores nem o devedor. Terá a função de assegurar a integridade do ativo liquidando e sua equitativa distribuição aos credores e deverá apresentar suas contas ou relatórios dentro do prazo legal, sob pena de desobediência.

b) Imediata *arrecadação dos bens* (art. 108) pelo administrador judicial, após a assinatura do termo de compromisso (art. 33), para tutelar interesses creditórios, evitando dissipação dos bens do falido. O administrador judicial, então, deverá proceder à elaboração do *auto de arrecadação*, contendo: *inventário*, abrangendo (art. 110, § 2º) livros obrigatórios e auxiliares ou facultativos do devedor, com descrição do estado em que se acham; documentos e títulos de crédito; dinheiro; bens da massa falida, inclusive os em poder de terceiro a título de penhor, depósito, retenção ou guarda e, ainda, os de propriedade de terceiros ou reclamados por eles. Deveras, os bens de propriedade alheia poderão ser retirados do montante arrecadado mediante pedido restitutório, se arrecadados no processo de falência, ou embargos de terceiros (arts. 110, § 2º, IV, 85 e 93); *laudo de avaliação* dos bens, em separado ou em bloco, subscrito pelo administrador judicial, falido, ou seu representante e por aqueles que prestaram auxílio ou presenciaram o ato. Se impossível for a avaliação, o administrador deverá requerer ao magistrado a concessão de trinta dias para apresentação do referido laudo. Se na massa forem encontrados bens deterioráveis de conservação dispendiosa ou sujeitos à desvalorização, poderão ser vendidos antecipadamente (art. 113), com a autorização do juiz e oitiva do Comitê de Credores, depois de arrecadados e avaliados. O magistrado, com anuência de todos os credores e ouvido o Comitê, para agilizar o processo, poderá permitir a alienação antecipada ou aquisição pelos credores dos bens arrecadados pelo valor da avaliação, atendida a regra de classificação e preferência entre eles (art. 111).

O falido poderá fiscalizar a administração da falência e acompanhar a arrecadação e a avaliação dos referidos bens (arts. 103, parágrafo único, e 108, § 2º). Tal se dá porque, com a decretação da falência, o devedor não mais poderá administrar seus bens nem deles dispor (art. 103), que ficarão sob a guarda do administrador judicial ou de pessoa por ele escolhida, sob responsabilidade daquele, podendo o falido ou qualquer representante seu ser nomeado depositário dos bens (art. 108, § 1º).

c) *Realização do ativo*, que, pelo art. 139 da Lei n. 11.101/2005, se dá após a arrecadação dos bens, com a juntada do respectivo auto ao processo falimentar. A realização do ativo é a conversão dos bens e dos direitos (arrecadados e avaliados) do falido em dinheiro, mediante venda para sua distribuição entre credores, fazendo com que o pagamento de seu passivo seja possível. A realização do ativo poderá dar-se (art. 140) por meio de: *alienação da empresa, com a venda de todos os seus estabelecimentos em bloco*, para alcançar maior valor e permitir que o adquirente tenha condições de continuar o negócio, ou melhor, a atividade empresarial; *alienação da empresa, com a venda de suas filiais ou unidades produtivas isoladamente; alienação em bloco dos bens integrantes de cada um dos estabelecimentos do devedor; alienação dos bens individualmente considerados.*

Essa alienação do ativo poderá ser feita por opção do juiz, ouvidos o administrador judicial e o Comitê de Credores, se houver, mediante (art. 142): leilão eletrônico, presencial ou híbrido; processo competitivo organizado promovido por agente especializado e de reputação ilibada, cujo procedimento deverá ser detalhado em relatório anexo ao plano de realização do ativo ou ao plano de recuperação judicial; qualquer outra modalidade aprovada legalmente. Tal alienação: dar-se-á independentemente de a conjuntura do mercado no momento da venda ser favorável ou desfavorável, dado o caráter forçado da venda; independerá da consolidação do quadro-geral de credores; poderá contar com serviços de terceiros, como consultores, corretores e leiloeiros; deverá ocorrer no prazo máximo de 180 dias contados da data da lavratura do auto de arrecadação, no caso de falência, e não estará sujeita à aplicação do conceito de preço vil (art. 142, § 2º-A). A alienação por leilão eletrônico, presencial ou híbrido, dar-se-á: em primeira chamada, no mínimo pelo valor da avaliação do bem; em segunda chamada, dentro de 15 dias contados da primeira chamada, por no mínimo 50% do valor da avaliação; e em terceira chamada, dentro de 15 dias contados da segunda chamada, por qualquer preço (art. 142, § 3º-A). Se a alienação se der por processo competitivo organizado ou qualquer outra modalidade legal: será aprovada pela assembleia geral de credores; decorrerá de disposição de plano de recuperação judicial aprovado; ou deverá ser aprovada pelo juiz, considerada a manifestação do administrador judicial e do Comitê de Credores, se existente (art. 142, § 3º-B). O Ministério Público, na qualidade de fiscal da lei, e as Fazendas Públicas deverão ser intimados por meio eletrônico, nos termos da lei e respeitadas as prerrogativas funcionais, sob pena de nulidade, para atuar na venda dos ativos (art. 142, § 7º).

Os interessados terão prazo de quarenta e oito horas para impugnar a venda, e suas impugnações deverão ser decididas em cinco dias (art. 143). As impugnações que tiverem por base o valor de venda do bem somente serão recebidas se acompanhadas de oferta firme do impugnante ou de terceiro para a aquisição do bem, respeitados os termos do edital, por valor presente superior ao valor da venda, e de depósito caucionário equivalente a 10% do valor oferecido. Essa oferta vinculará o impugnante e o terceiro ofertante como se arrematantes fossem. Se houver mais de uma impugnação, baseada no valor de venda do bem, apenas terá seguimento aquela que tiver o maior valor presente entre elas. Se o impugnante, infundadamente, suscitar vício na alienação, essa suscitação será tida como ato atentatório à dignidade da justiça e sujeitará o suscitante à reparação dos prejuízos causados e às penas previstas no CPC, para condutas análogas (art. 143, §§ 1º a 4º). Caberá agravo de instrumento a ser interposto por impugnante que se sentir lesado.

Ante o art. 144 da Lei n. 11.101/2005, o juiz poderá homologar, havendo razão justificada e aprovação da assembleia geral de credores, outros modos de realização do ativo, mediante requerimento do administrador judicial. Assim, p. ex., poderá haver realização do ativo, com a *formação de sociedade de credores ou sociedade cooperativa de trabalhadores da própria falida* (art. 145).

d) *Pagamento dos credores* (arts. 149 a 153) ou solução do passivo, conforme a natureza dos créditos, a ordem de sua classificação (art. 83) e as forças da massa falida, observadas as reservas de valores determinadas por provimento judicial, que ficarão depositadas aguardando o julgamento definitivo do crédito, e, no caso de não ser este finalmente reconhecido, no todo ou em parte, os recursos depositados serão objeto de rateio suplementar entre os credores remanescentes, e o mesmo ocorrerá com valores não levantados dentro de sessenta dias da intimação pelos credores a quem, em rateio, couberam (art. 149, §§ 1º e 2º).

É preciso lembrar que os créditos trabalhistas de natureza salarial vencidos nos três meses anteriores à decretação da falência, até o limite de cinco salários mínimos, deverão ser pagos assim que houver disponibilidade em caixa (art. 151).

Para evitar fraude ou locupletamento indevido à custa da massa, os devedores deverão devolver em dobro o *quantum* recebido, acrescido de juros legais, se ficar comprovado dolo ou má-fé na constituição do crédito ou garantia (art. 152).

Pagos todos os credores, havendo saldo, este deverá ser entregue ao falido (art. 153).

e) *Encerramento da falência*, feito pelo juiz, após a realização do ativo, pagamento do passivo e julgamento por sentença (art. 154, § 4º) das contas prestadas pelo administrador judicial, de forma objetiva, detalhada e justificada por documentos comprobatórios, dentro de trinta dias (art. 154 e § 1º), cujas impugnações feitas pelos interessados, no prazo de dez dias, já foram resolvidas, por meio de apuração de fatos, ouvindo-se o administrador judicial e o Ministério Público (art. 154, §§ 2º e 3º).

Só a sentença poderá aprovar as contas ou, então, rejeitá-las, fixando, neste caso, as responsabilidades do administrador ou determinando a indisponibilidade ou sequestro de seus bens pessoais. Dessa sentença caberá o recurso de apelação (art. 154, §§ 5º e 6º).

Com a aprovação judicial das suas contas, o administrador deverá oferecer, no prazo de dez dias, o *relatório final* de falência, indicando o valor do ativo e o do produto de sua realização; valor do passivo e o dos pagamentos feitos aos credores e especificando, de modo justificado, as responsabilidades remanescentes do falido (art. 155), que perdurarão apenas até as obrigações serem julgadas extintas (art. 159).

Com a apresentação desse relatório final, o juiz, por sentença, encerrará a falência (art. 156), fixando o instante processual do término do processo falimentar, ordenará a intimação eletrônica às Fazendas Públicas federal e de todos os Estados, Distrito Federal e Municípios em que o devedor tiver estabelecimento e determinará a baixa da falida no CNPJ, expedido pela Secretaria Especial de Receita Federal do Brasil. Essa sentença tem caráter processual homologatório, e por isso o falido continua sendo responsável pelos débitos, mas poderá apresentar requerimento para extinção de suas obrigações antes do encerramento de falência. A secretaria do juízo publicará imediatamente informação sobre a apresentação desse requerimento, e no prazo de 5 dias, qualquer credor, o administrador e o Ministério Público poderão manifestar-se para apontar inconsistências formais e objetivas. Findo esse prazo, o magistrado em 15 dias prolatará sentença declarando extintas as obrigações do falido, inclusive as de natureza trabalhista (art. 159, §§ 1º e 3º).

Essa sentença de encerramento será publicada por edital e poderá ser interposto contra ela o recurso de apelação (art. 156, parágrafo único), recebido nos efeitos devolutivo e suspensivo.

O prazo prescricional alusivo às obrigações do falido, que estava suspenso, recomeçará a correr no dia do trânsito em julgado da sentença do encerramento da falência (art. 157) e pelo tempo que faltava no momento em que se deu a decretação da falência.

O procedimento falimentar, didática e graficamente, poderá ser assim apresentado:

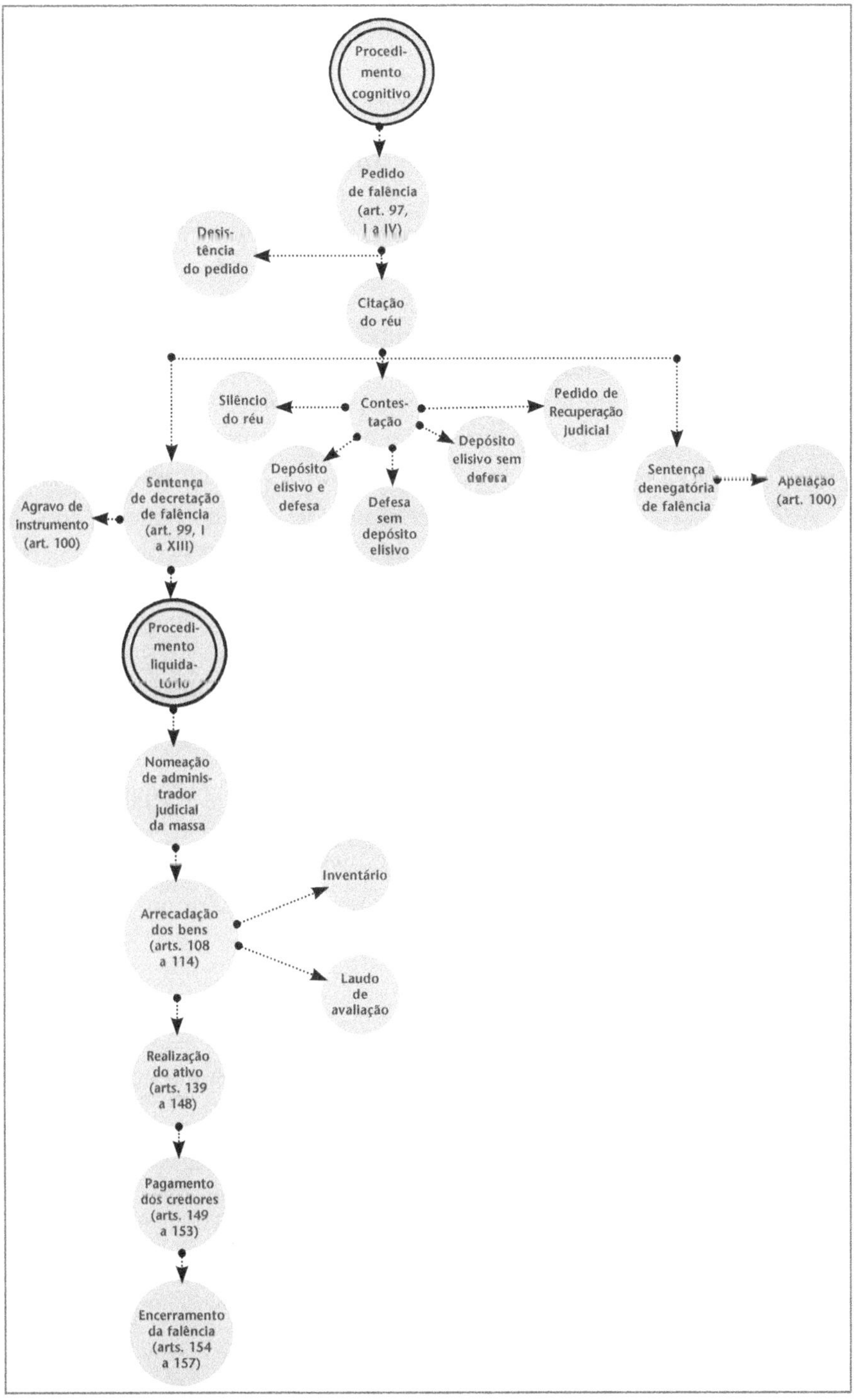
Procedimento cognitivo
Pedido de falência (art. 97, I a IV)
Desistência do pedido
Citação do réu
Silêncio do réu
Contestação
Pedido de Recuperação Judicial
Depósito elisivo sem defesa
Depósito elisivo e defesa
Defesa sem depósito elisivo
Sentença de decretação de falência (art. 99, I a XIII)
Agravo de instrumento (art. 100)
Sentença denegatória de falência
Apelação (art. 100)
Procedimento liquidatório
Nomeação de administrador judicial da massa
Arrecadação dos bens (arts. 108 a 114)
Inventário
Laudo de avaliação
Realização do ativo (arts. 139 a 148)
Pagamento dos credores (arts. 149 a 153)
Encerramento da falência (arts. 154 a 157)

d.4. Extinção das obrigações do falido

A Lei n. 11.101/2005, nos arts. 158 e 160, prescreve que se terá a extinção das obrigações do falido com[314]: *a*) o pagamento de todos os créditos pelo próprio falido ou por terceiro (CC, art. 304); *b*) o pagamento, depois de realizado todo o ativo, de mais de 50% dos créditos quirografários, incluindo-se os créditos alusivos a multas e os subordinados (art. 83, VII e VIII), sendo permitido ao falido o depósito do *quantum* necessário para atingir esse percentual, se para tanto não bastou a integral liquidação do ativo; *c*) o decurso do prazo de cinco anos, computado do encerramento da falência, em caso de não condenação do falido por prática dos crimes previstos nos arts. 168 a 178, atendendo-se o princípio *tempus omnia solvit*; *d*) o decurso do prazo de dez anos, contado do encerramento da falência, tendo havido condenação do falido por crime falimentar; *e*) a prescrição.

Configurada qualquer uma dessas hipóteses, o falido poderá pedir ao juízo da falência a declaração judicial da extinção de suas obrigações (art. 159). Seu requerimento será publicado, e, no prazo de 5 dias, qualquer credor, o administrador judicial e o Ministério Público poderão opor-se ao pedido de extinção das obrigações do falido (art. 159, § 1º). Se houver qualquer oposição, o procedimento ordinarizar-se-á com as diligências que forem necessárias para obter elementos suficientes para o julgamento. Não havendo oposição, findo o prazo, o magistrado, dentro de 15 dias, declarará por sentença a extinção das obrigações do falido e, consequentemente, cientificar-se-ão do fato os interessados. Dessa sentença caberá o recurso de apelação (art. 159, §§ 3º, 4º e 5º).

Com o trânsito em julgado, os autos serão apensados aos da falência (art. 159, § 6º).

d.5. Efeitos jurídicos da sentença falimentar

A sentença de decretação da falência, por instaurar uma nova situação jurídica, traz uma série de consequências jurídicas[315]:

---

314. Manoel Justino Bezerra Filho, *Nova Lei*, cit., p. 340-45; Waldo Fazzio Júnior, *Nova Lei*, cit., p. 357.

315. Andréa M. R. Spinelli, Falência, cit., p. 201-17; Manoel Justino Bezerra Filho, *Nova Lei*, cit., p. 277-95; Waldo Fazzio Júnior, *Nova Lei*, cit., p. 281-306; Alfredo Buzaid, *Do concurso de credores no processo de execução*, São Paulo, Saraiva, 1952, p. 322; Paulo Fernando Campos Salles de Toledo, O conceito de propriedade e os bens do falido, *RT*,

678:57. Luiz Antonio Guerra (Bem de família – direito falimentar, *Família e jurisdição III* – coord. Eliene Bastos, Arnaldo C. de Assis e Marlouve M. S. Santos – Belo Horizonte, Del Rey, 2010, p. 255 a 291) sustenta a tese da mitigação da proteção do bem de família, mas havendo falência do empresário e ocorrendo fraude, abuso da personalidade jurídica, desvio de finalidade ou prática de qualquer crime previsto nos arts. 168 a 178 da Lei de Falências e Recuperação de Empresas, arrecadar-se-á o bem de família, ter-se-á sua indisponibilidade pelo falido e consequente alienação em favor dos credores da massa falida. Interessantes são as observações feitas por Marcelo T. Reis, Responsabilidade patrimonial dos sócios e do empresário individual na falência, *Revista Síntese de Direito Empresarial*, n. *22*, p. 59-74. *Vide* Súmulas 192 e 565 do STF. Pela Súmula da Advocacia Geral da União n. 13, de 19 de abril de 2002, "A multa fiscal moratória, por constituir pena administrativa, não se inclui no crédito habilitado em falência regida pela legislação anterior à Lei n. 11.101, de 9 de fevereiro de 2005".

A responsabilidade do administrador de empresa devedora de tributo está traçada no art. 135, inciso III, do CTN. Todavia, a imputação de responsabilidade não está vinculada apenas ao inadimplemento da obrigação tributária, mas à configuração das demais condutas nele descritas: práticas de atos com excesso de poderes ou infração de lei, contrato social ou estatuto. A falência da empresa não configura justa causa para o redirecionamento da execução contra os administradores. Agravo desprovido (TJRS - 21ª Câm. Cível; AI n. 70029473246 - Porto Alegre-RS; Rel. Des. Marco Aurélio Heinz; j. 24-6-2009; *BAASP, 2674*:1824-15). *BAASP, 2985*:11. Nomeação de administrador na falência de banco.

Embora não exista norma proibindo que uma mesma pessoa acumule funções de administrador em diversas falências, não é conveniente que se mantenha o mesmo administrador em falências de bancos que, em atividade, mantiveram relações comerciais e que estão sendo discutidas em juízo. Necessidade de manter autonomia para que as massas tenham vida completa autônoma, sem riscos de colisão. O administrador da falência do Banco S. não poderá ser o mesmo da falência do Banco C. S. Substituição que se ordena sem traços de qualquer censura. Provimento para que se opere a substituição do administrador na falência do Banco C. S.

Corte Especial do STJ (REsp 1152218) decidiu que os créditos resultantes de honorários advocatícios, sucumbenciais ou contratuais, têm natureza alimentar e equiparam-se aos trabalhistas para efeito de habilitação em falência. Têm preferência em processo falimentar.

Enunciado n. 72: "A legitimidade do Ministério Público para propor e conduzir a ação de responsabilidade de que trata o art. 46 da Lei n. 6.024/1974 não cessa com a decretação da falência da instituição submetida a regime especial, porquanto o art. 47 da mencionada lei foi revogado tacitamente pelo art. 7º, II, da Lei n. 9.447/1997" (aprovado na II Jornada de Direito Comercial). Isto se deu porque "prevalece, na comunidade jurídica brasileira, o entendimento de que, nos termos do art. 47 da Lei n. 6.024/1974, o Ministério Público (MP) perde a legitimidade para propor a ação de responsabilidade de que trata o art. 46 da referida lei, ou para dar prosseguimento a ela, nas hipóteses em que houver sido decretada a falência da instituição submetida a regime especial de resolução, cabendo ao administrador judicial propor e conduzir o processo. Esse entendimento, contudo, parte de uma compreensão ultrapassada do papel do MP, órgão que, à época da edição da Lei n. 6.024/1974, constituía um mero braço do Poder Executivo, atuando, inclusive na representação judicial da União. Com a promulgação da Constituição de 1988, o *Parquet* assumiu papel de destaque na defesa da democracia, incumbindo-lhe defender os direitos transindividuais dos cidadãos. Nessa realidade, não é mais adequado que a missão de assegurar os direitos individuais homogêneos (espécie de direitos transindividuais) dos poupadores de

A) Em relação aos *direitos dos credores*:

a) *Formação do quadro geral de credores* ou da massa de credores (art. 115) (*corpus creditorum*), para que todos possam concorrer, com a realização do ativo do devedor, na sua distribuição, na fase executiva da falência, conforme a classificação de seus créditos, exercendo seus direitos creditórios sobre os bens do falido e dos sócios ilimitadamente responsáveis pelas obrigações, que, por tal razão, apesar de não serem falidos, ante sua sujeição aos mesmos efeitos jurídicos da falência, produzidos relativamente à sociedade falida, deverão ser citados para apresentar, se quiserem, contestação (art. 81). A massa de credores tem a função de "representar" o devedor, sub-rogando-se nos seus direitos, e de defender, como terceiro, seus próprios direitos contra o falido ou qualquer outro interessado, p. ex., promovendo ação revocatória de atos do falido, apresentando queixa-crime, ocorrendo prática de crime falimentar etc.

b) *Suspensão do curso da prescrição*, no que atina às obrigações do (falido) devedor (art. 157), *das ações e das execuções contra o falido*, inclusive daquelas dos credores particulares do sócio solidário (art. 6º), em virtude do princípio da universalidade do juízo falimentar (art. 76), pois a falência tem por escopo garantir a *par conditio creditorum*, porém nem todas as ações e execuções iniciadas antes da sentença decretatória da falência serão suspensas, prosseguindo com o administrador judicial; é o que ocorre p. ex. com as reclamações trabalhistas e as execuções fiscais[316].

---

instituições financeiras levadas à bancarrota seja conferido ao gestor da massa falida. Além disso, simples leitura do comando previsto no art. 7º, II, da Lei n. 9.447/1997, demonstra que o Poder Legislativo já adequou o quadro normativo à nova realidade do MP após a Constituição de 1988. Segundo a citada regra, o encerramento, por qualquer forma, dos regimes especiais decretados pelo Banco Central não prejudicará a "legitimidade do Ministério Público para prosseguir ou propor as ações previstas nos arts. 45 e 46 da Lei n. 6.024/1974". Como a decretação da falência é uma das causas de encerramento de regime especial (art. 19, "d", da Lei n. 6.024/1974), tem-se que, nos casos em que ela é decretada, o *Parquet* não perde a legitimidade para propor ou prosseguir com a ação de responsabilidade. Está revogado tacitamente, portanto, o art. 47 da Lei n. 6.024/1974".

316. *BAASP, 2747:* 2049-01. Agravo de Instrumento — Direito processual — Competência — Recurso interposto contra decisão do Juízo da 1ª Vara Empresarial que se declarou competente para apreciar ação que busca a desconstituição de contrato, restituição de valores e indenização por danos morais, não obstante tenha a falência da sociedade ré sido decretada após seu ajuizamento. 1 — O art. 76 da Lei n. 11.101/2005 consagra, como regra geral, o princípio da *vis attractiva* do juízo falimentar. 2 — A própria Lei n. 11.101, porém, admite exceções, como a do art. 6º, § 1º, no sentido de que "terá prosseguimento no juízo no qual estiver se pro-

c) *Suspensão condicional da fluência de juros contra a massa falida* (CPC, art. 75, V). Deveras, pelo art. 124 da Lei n. 11.101/205, "contra a massa falida não são exigíveis juros vencidos após a decretação da falência, previstos em lei ou em contrato, se o ativo apurado não bastar para o pagamento dos credores subordinados", com exceção "dos juros das debêntures e dos créditos com garantia real, mas por eles responde, exclusivamente, o produto dos bens que constituem a garantia" (parágrafo único). Até a decretação da falência, todos os créditos habilitados com atualização monetária e juros vencidos serão pagos. O art. 124 diz respeito aos juros contra a massa devidos após a sentença decretatória da quebra, que serão suspensos sob uma condição: insuficiência do produto alcançado na realização do ativo.

d) *Vencimento antecipado dos créditos*. Deveras, o art. 77 da Lei n. 11.101/2005 prescreve: "A decretação da falência determina o vencimento antecipado das dívidas do devedor e dos sócios ilimitada e solidariamente responsáveis, com o abatimento proporcional dos juros, e converte todos os créditos em moeda estrangeira para a moeda do País, pelo câmbio do dia da decisão judicial...". Tal se dá em razão da *par conditio creditorum*, para que não haja, no rateio, desigualdade na satisfação dos credores, tendo-se em vista que, se assim não fosse, apenas os créditos vencidos seriam pagos, ficando os vincendos sem a possibilidade de, na liquidação do ativo, serem solvidos, ante a insuficiência dos bens do devedor para o pagamento de todos os créditos.

e) Direito de credor de codevedores solidários, cujas falências forem decretadas, de habilitar-se, em cada uma delas, recebendo a totalidade do seu crédito, ou parte dele em um dos processos de falência, caso em que deverá comunicar o fato nos demais, sob pena de ter de restituir o dobro do que recebeu, acrescido de juros legais, se comprovada sua culpa ou dolo (art. 127 c/c art. 152).

B) Quanto à *pessoa do empresário devedor*:

a) *Inabilitação temporária para o exercício de qualquer atividade empresarial* (art. 75, I a III), durante o período que se inicia com a decretação da fa-

cessando a ação que demandar quantia ilíquida". 3 — Caso presente que se enquadra na aludida exceção, vez que se cuida de demanda ajuizada antes da decretação da falência, em que se busca a declaração da nulidade de negócio jurídico, a devolução das quantias pagas pelo autor e a condenação dos réus em danos morais. 4 — Precedentes desta Corte. 5 — Recurso provido, para determinar a remessa dos autos ao juízo cível de origem (TJRJ — 16ª Câm. Cível; AI n. 0034637-26.2010.8.19.0000-Rio de Janeiro-RJ; Rel. Des. Eduardo Gusmão Alves de Brito Neto; j. 10-5-2011; v.u.).

lência e vai até a sentença que vier a extinguir suas obrigações (art. 102), sob pena de reclusão de um a quatro anos (art. 176). "Findo o período de inabilitação, o falido poderá requerer ao juiz da falência que proceda à respectiva anotação em seu registro" (parágrafo único do art. 102).

b) *Perda de sua capacidade processual*, ou seja, da legitimação ativa para ingressar em juízo com as ações para tutelar interesses relativos aos seus bens, pois não mais os administra, nem tem disponibilidade sobre eles (art. 113).

c) *Imposição de cumprimento de deveres legais*, sob pena de responder por crime de desobediência (art. 104, parágrafo único, c/c art. 35). Esses deveres impostos ao falido, com a decretação de sua falência, são os arrolados no art. 104, I a XII, da Lei n. 11.101/2005: *c.1*) aposição de assinatura, nos autos, do termo de comparecimento, assim que recebida a intimação da decisão, com a devida qualificação, devendo ainda nele declarar diretamente ao administrador judicial, em dia, hora e local por ele designado, por prazo não superior a 15 dias após a decretação da falência: as causas determinantes de sua falência, quando requerida pelos credores; qualificação, sendo sociedade, dos sócios, acionistas controladores, diretores ou administradores, apresentando o contrato ou estatuto social e a prova do respectivo registro, bem como suas modificações; o nome do contador encarregado da escrituração dos livros obrigatórios, pois, durante o andamento processual, poderá haver necessidade, para o exame da situação do falido, de algum esclarecimento contábil; os mandatos outorgados, indicando objeto e qualificação do mandatário; seus bens imóveis e os móveis que não se encontram no estabelecimento; sua participação em outras sociedades exibindo respectivo contrato; suas contas bancárias, aplicações, títulos em cobrança e processos em andamento em que for autor ou réu; *c.2*) entrega ao administrador judicial dos seus livros obrigatórios e os demais instrumentos de escrituração pertinentes, que os encerrará por termo assinado pelo juiz; *c.3*) permanência no local onde se processa a falência; se dele precisar ausentar-se, deverá indicar justo motivo, comunicar o fato ao juiz, obtendo sua autorização, e deixar procurador bastante, sob pena de responder por crime de desobediência; *c.4*) comparecimento a todos os atos da falência, embora lhe seja permitido fazer-se representar por procurador, quando não for indispensável sua presença; *c.5*) entrega, sem demora, de todos os bens, papéis, documentos e senhas de acesso a sistemas contábeis financeiros e bancários ao administrador judicial, indicando-lhe, para serem arrecadados, os bens que tenha em poder de terceiro; *c.6*) prestação de informações pedidas pelo juiz, administrador judicial, credor ou Ministério Público sobre fatos que interessem à falência; *c.7*) atuação com zelo e presteza quando estiver auxiliando o administrador judicial; *c.8*) exame das habilitações de crédito apresentadas; *c.9*) assistência ao levantamento, à verificação do balanço e ao exame dos livros; *c.10*) apresentação ao administrador judicial da relação de credores em arquivo eletrônico, no dia em que prestar as declarações referidas no art. 104, I; *c.11*) efetivação de exame, dando parecer das contas do administrador judicial.

C) No que atina ao *patrimônio do falido*:

a) *Arrecadação dos seus bens, com exceção dos impenhoráveis*, para formação da massa falida, ativo (arts. 114-A, 118, 111 e 123) do devedor sob a gestão do administrador judicial; *b*) *privação da posse e administração de seus bens* e, consequentemente, ter-se-á perda do direito de deles retirar frutos e produtos; *c*) *ato de emissão do administrador judicial* na posse dos bens do devedor, passando a administrá-los; *d*) *perda da disponibilidade* do seu patrimônio, passando esta ao administrador judicial, para atender ao interesse dos credores; *e*) *conservação de propriedade* de seus bens, uma vez que, se todos os credores forem pagos, fará jus ao *quantum* remanescente, se houver; *f*) *suspensão não só do exercício*, pelo falido, do *direito de retenção* sobre os bens arrecadados, que deverão ser entregues ao administrador judicial (art. 116, I), *mas também do direito de retirada ou de recebimento do valor* das quotas ou ações, por parte dos sócios da sociedade falida (art. 116, II); *g*) *suspensão do processo de inventário*, havendo falência do espólio, cabendo ao administrador judicial realizar atos pendentes relativos aos direitos e obrigações da massa falida (art. 125); *h*) *perda do exercício do direito de sequela* ou de reaver os bens que estiverem, injustamente, na posse de outrem; *i*) *lacração do estabelecimento*, havendo risco para arrecadação ou preservação da massa falida ou dos interesses dos credores (art. 109).

D) Relativamente aos *contratos do falido*:

a) *Não resolução dos contratos bilaterais* de cuja execução está encarregado o administrador judicial, se o seu cumprimento reduzir ou evitar o aumento do passivo da massa falida ou for necessário à preservação de seus ativos, mediante autorização do Comitê (art. 117). O contratante poderá interpelar o administrador judicial, no prazo de noventa dias, contado da assinatura do termo de sua nomeação, para que venha, dentro de dez dias, declarar se cumprirá ou não o contrato (art. 117, § 1º). Se o administrador não quiser cumpri-lo ou ficar silente, dentro daquele prazo, o contratante poderá receber indenização pelos danos emergentes, cujo montante será apurado em processo ordinário, habilitando-se como credor quirografário (art. 117, § 2º), na falência, após a fixação do *quantum* indenizatório a que faz jus.

b) *Possibilidade de o administrador judicial dar cumprimento a contrato unilateral*, realizando o pagamento, se autorizado pelo Comitê de Credores e se isso vier a reduzir ou evitar o aumento do passivo da massa falida e for necessário à manutenção do ativo (art. 118).

c) *Cumprimento*, nas relações contratuais, dos *seguintes preceitos, arrolados no art. 119, I a IX*: *c.1*) impossibilidade de o vendedor impedir entrega de mercadoria vendida ao falido, que a revendeu, sem fraude, a terceiro, à vista da fatura e conhecimento de transporte; *c.2*) não execução pelo administrador judicial de contrato de venda de coisa composta efetivado pelo falido dará direito ao comprador de devolver à massa a parte já recebida, cobrando perdas e danos a serem fixados em ação ordinária; *c.3*) devolução pela massa falida do valor pago ao comprador que não recebeu do falido a coisa móvel adquirida, se o administrador não quiser cumprir o contrato e entregar o bem; *c.4*) poder do administrador judicial, ouvido o Comitê, de devolver coisa móvel adquirida pelo falido com reserva de domínio. Se o administrador judicial quiser, poderá continuar a execução do contrato, evitando a restituição da coisa; *c.5*) não havendo execução de contrato de venda a termo de coisas que tenham cotação em bolsa ou mercado, pela sua efetiva entrega e pelo pagamento do preço, prestar-se-á a diferença entre a cotação do dia do contrato e a da época da liquidação em bolsa ou mercado; *c.6*) aplicação de lei específica na promessa de compra e venda de imóveis; *c.7*) não resolução do contrato de locação, havendo falência do locador; mas, se se tiver a do locatário, o administrador judicial poderá denunciar o contrato, resilindo-o, possibilitando-se que o locador venha a se habilitar na falência pelos valores locatícios devidos; *c.8*) possibilidade de compensação e liquidação de obrigações no âmbito do sistema financeiro nacional, pois a parte não falida poderá considerar o contrato vencido antecipadamente. Créditos apurados em favor do falido poderão ser compensados com créditos detidos pelo contratante; *c.9*) separação dos bens, direitos e obrigações do patrimônio de afetação dos do falido até o advento do respectivo termo ou até o cumprimento de sua finalidade, ocasião em que o administrador judicial arrecadará o saldo a favor da massa falida ou inscreverá na classe própria o crédito que contra ela remanescer.

d) *Cessação dos efeitos de mandato "ad negotia"* (CC, arts. 653 a 692) conferido pelo devedor, antes da decretação da falência, para a realização de negócios, gerando o dever de o mandatário prestar contas de sua gestão (art. 120).

e) *Vigência de mandato "ad judicia"* conferido pelo falido até sua revogação pelo administrador judicial (art. 120, § 1º).

f) *Manutenção de mandato*, ou *comissão*, recebido pelo falido, se abusivo a assunto alheio à atividade empresarial (art. 120, § 2º).

g) *Encerramento do contrato de conta-corrente* com o devedor, verificando-se o respectivo saldo (art. 121), no momento da declaração de sua falência, não mais sendo possível efetuar lançamentos nessa conta.

h) *Não pagamento de cheque, emitido antes da falência*, pelo devedor, se apresentado for após a sentença falimentar.

i) *Compensação das dívidas* do devedor, vencidas até a data da decretação de falência (art. 122).

j) *Não compensação* (art. 122, I e II) *dos*: créditos transferidos após a decretação da falência, exceto em caso de sucessão por fusão, incorporação, cisão ou morte; créditos, ainda que vencidos anteriormente, transferidos quando já conhecido o estado de crise econômico-financeira do devedor ou cuja transferência se operou com fraude ou dolo.

E) Quanto aos *direitos do falido* de: *a*) requerer, nos autos da falência, providências ou medidas acautelatórias para conservação dos bens arrecadados; *b*) acompanhar a arrecadação e a avaliação dos bens (art. 108, § 2º); *c*) intervir, como assistente, nos processos em que a massa falida for parte ou interessada; *d*) interpor recursos cabíveis legalmente; *e*) defender seus direitos; *f*) fiscalizar a administração da massa falida; *g*) postular venda de bens deterioráveis ou de conservação dispendiosa.

d.6. Ação revocatória: sua dupla modalidade[317]

Para obter a recomposição do ativo do devedor em razão de ato por ele praticado, dissipando-o, antes da declaração da falência, a Lei n. 11.101/2005 admite a sua ineficácia ou a sua revogação, mediante ação revocatória, por ser prejudicial aos interesses creditórios.

---

317. Ricardo Negrão, *Manual*, cit., v. 3, p. 403; Andréa M. R. Spinelli, Falência, cit., p. 209-12; Manoel Justino Bezerra Filho, *Nova Lei*, cit., p. 296-313; Sílvio de S. Venosa, *Manual dos contratos e obrigações unilaterais da vontade*, São Paulo, Atlas, 1997, p. 91; Waldo Fazzio Júnior, *Nova Lei*, cit., p. 307-24. Falência no direito português: José de Oliveira Ascensão, *Direito Civil*, São Paulo, Saraiva, v. 1, 2010, p. 160-173.

Enunciado n. 50: "A extensão dos efeitos da quebra a outras pessoas jurídicas e físicas confere legitimidade à massa falida para figurar nos polos ativo e passivo das ações nas quais figurem aqueles atingidos pela falência" (aprovado na I Jornada de Direito Comercial).

Enunciado n. 18 da Jornada Paulista de Direito Comercial: "O termo legal da quebra aplica-se exclusivamente à sociedade falida, sem que o sócio, em eventual extensão da responsabilidade patrimonial, possa ser por ele alcançado".

A ação revocatória é, portanto, a que visa não só a declaração da ineficácia de atos praticados pelo empresário devedor, independentemente de boa ou má-fé, antes da decretação de sua falência, retirando seus efeitos, por presunção de fraude, apenas relativamente à massa falida, sem, contudo, anulá-los (art. 129), como também a sua revogação, comprovados a *intentio* de prejudicar credores no conluio fraudulento (*consilium fraudis*) entre devedor e terceiro e o efetivo prejuízo sofrido pela massa falida (art. 130). A Lei n. 11.101/2005 prevê, portanto, duas modalidades de ação revocatória: *a*) a voltada à declaração da ineficácia daqueles atos (art. 129). A ineficácia poderá ser declarada *ex officio* pelo magistrado por simples despacho interlocutório prolatado nos autos da falência, alegada em defesa ou pleiteada em ação própria ou incidentalmente no curso do processo (art. 129, parágrafo único). E terceiro de boa-fé poderá propor ação de perdas e danos contra o devedor ou seus garantes (art. 136, § 2º); *b*) a ação pauliana falencial, ou seja, a que contém pretensão de obter, por meio de ação, a *revogação* de atos fraudulentos lesivos à massa falida, desde que haja, *scientia fraudis animus nocendi*, comprovação dos danos por ela sofridos (*eventus damni*) e seja proposta pelo administrador judicial a qualquer credor ou ao Ministério Público no prazo decadencial de três anos, computado da decretação da falência (art. 132).

Essa ação visa desfazer, de alguma forma, atos contrários a *par conditio creditorum*. Tais atos geram efeitos em relação ao devedor e ao terceiro, que com ele efetivou negócio. Dentre esses atos, podemos citar os arrolados no art. 129, I a VII: *a*) pagamento de débitos não vencidos, realizados pelo devedor dentro do termo legal, por qualquer meio extintivo do direito de crédito, ainda que pelo desconto do próprio título; *b*) pagamento de dívidas vencidas e exigíveis realizado no termo legal, por qualquer forma que não seja a prevista no contrato; *c*) constituição de direito real de garantia, inclusive a retenção, dentro do termo legal, tratando-se de dívida contraída anteriormente; se os bens dados em hipoteca forem objeto de outras posteriores, a massa falida receberá a parte que caberia ao credor da hipoteca revogada; *d*) prática de atos a título gratuito, desde dois anos antes da decretação da falência, isto porque, se o patrimônio do devedor constitui a garantia do pagamento do crédito, a sua disposição gratuita apenas poderá dar-se se o ativo contiver bens suficientes para solver todo o passivo; *e*) renúncia à herança ou a legado, até dois anos da sentença decretatória da falência; logo, se anterior àqueles dois anos, terá eficácia; *f*) venda ou transferência de estabelecimento sem anuência expressa ou pagamento dos credores, desde que no ativo do devedor não haja suficiência de bens para pagamento do passivo, exceto se, dentro de trinta dias, não houver oposição dos credores, devidamente notificados judicial ou extrajudicialmente; *g*) registros de direitos reais e de transferência de propriedade *inter vivos*, por título oneroso ou gratuito, ou a averbação relativa a imóveis, realizados após a decretação da falência, a não ser que tenha havido prenotação anterior (Lei n. 6.015/73, art. 215).

Pelo art. 131, os atos referidos no art. 129, I a III e VI, não serão declarados ineficazes, nem revogados se previstos e realizados na forma definida no plano de recuperação judicial ou extrajudicial.

Têm legitimidade passiva para serem réus na ação revocatória (art. 133): os participantes do ato ou os que, em razão dele, foram pagos, garantidos ou beneficiados; os terceiros adquirentes de má-fé, que tiverem ciência da *intentio* do devedor de prejudicar credores; os herdeiros ou legatários dos partícipes ou dos beneficiados com o ato.

A ação revocatória obedece ao rito ordinário e corre perante o juízo da falência (art. 134).

Se procedente a ação, a sentença determinará, reconhecendo a ineficácia ou a revogação do ato, o retorno dos bens à massa falida em espécie, com todos os acessórios, ou do seu valor mercadológico, acrescido de perdas e danos (art. 135). A declaração de ineficácia e a da revogação trazem em si a devolução dos bens ao ativo da massa e não ao falido. Nítido é o objetivo restitutório das duas modalidades de ação revocatória, por serem instrumentos processuais pró-massa falida. As partes voltarão a seu estado anterior, e o contratante de boa-fé fará jus à devolução dos bens ou dos valores entregues ao devedor (art. 136).

Contra a sentença que julgar a procedência da ação revocatória, caberá o recurso da apelação, que será recebido, na lição de Waldo Fazzio Júnior[318], em ambos os efeitos (art. 135, parágrafo único — o suspensivo e o

318. Waldo Fazzio Júnior, *Nova Lei*, cit., p. 323.

As principais alterações e os acréscimos feitos pela Lei n. 14.112/2020 à Lei n. 11.101/2005 tiveram um só objetivo, a preservação da função social da empresa, como se pode observar: *a*) proibição de qualquer forma de retenção, arresto, penhora, sequestro, busca e apreensão e constrição judicial ou extrajudicial sobre bens do devedor oriundos de demandas judiciais ou extrajudiciais cujos créditos ou obrigações sujeitem-se à recuperação judicial ou à falência, além da suspensão do curso da prescrição das obrigações do devedor das execuções ajuizadas contra o devedor, inclusive daquelas dos credores particulares (art. 6º, III, da Lei n. 11.101/2005); *b*) impossibilidade de distribuição de lucros e dividendos aos sócios até a aprovação do plano de recuperação judicial, sob pena de crime (art. 6º-A). Deve-se ter cautela para evitar isso, sob pena de o devedor-recuperando estar enquadrado no art. 168 alusivo a fraude contra credores; *c*) formação do quadro-geral de credores, independentemente de julgamento de todas as habilitações. Pelo art. 10, § 7º, o quadro-geral de credores será formado com o julgamento das impugnações tempestivas e com as habilitações e as impugnações retardatárias decididas até o instante de sua formação. Apesar de auxiliar a celeridade no processo de recuperação judicial, poderá antecipar decretação de falência, embora não esteja completo o quadro de credores. Como votar em assembleia de credores sem a formação definitiva do quadro de credores? Consequentemente ações incidentais de habilitação e de impugnação retardatárias poderão ser distribuídas no juízo de recuperação judicial como ações autônomas, que seguirão o rito comum (art. 10, § 9º); *d*) dispensa da Certidão Negativa de Débito (CND) para que o devedor possa exercer suas atividades (art. 52, II); *e*) apresentação do plano de recuperação judicial pelos credores, pois se for rejeitado o do devedor, o administrador judicial submeterá, no ato, à votação da assembleia geral de credores a concessão de prazo de 30 dias para que os credores apresentem plano de recuperação judicial (art. 56, § 4º); *f*) possibilidade de financiamento na recuperação judicial. Os arts. 69-A e seguintes permitem que o magistrado, após a oitiva do comitê de credores, autorize a celebração de contratos de financiamento com o devedor, garantidos pela oneração ou pela alienação fiduciária de bens e direitos, seus ou de terceiros, pertencentes ao ativo não circulante, para financiar suas atividades e despesas de reestruturação ou de preservação do valor de ativos; *g*) consolidação processual substancial de ativos e passivos de devedores integrantes do mesmo grupo econômico que estejam em recuperação judicial sob consolidação processual, se constatar interconexão e confusão entre tais ativos ou passivos, que impossibilite identificação de sua titularidade sem excessivo dispêndio de tempo ou de recursos, cumulativamente com a ocorrência de: existência de garantias cruzadas; relação de controle ou dependência; identidade total ou parcial do quadro societário; e atuação conjunta no mercado entre os postulantes, caso em que os ativos e passivos dos devedores serão tratados como se pertencessem a um único devedor (arts. 69-G e seguintes); *h*) detalhamento dos objetivos da falência. O afastamento do devedor de suas atividades se dá para: preservar e otimizar a utilização produtiva dos bens, dos ativos e dos recursos produtivos, inclusive os intangíveis da empresa; permitir a liquidação célere das empresas inviáveis, com vistas à realocação eficiente de recursos na economia; e fomentar o empreendimento, inclusive por meio da viabilização do retorno célere do empreendedor falido à atividade econômica. O processo falimentar deverá atender aos princípios da celeridade e da economia processual, sem prejuízo do contraditório, da ampla defesa e dos princípios processuais. A falência é mecanismo de preservação de benefícios econômicos e sociais decorrentes da atividade empresarial, por meio da liquidação imediata do devedor e da rápida realocação útil de ativos na economia (art. 75, I a III, §§ 1º e 2º); *i*) desconsideração da personalidade jurídica da sociedade falida, para fins de responsabilização de terceiros, grupo, sócio ou administrador por obrigação desta, decretada pelo juízo falimentar, apesar de ser vedada a extensão da falência ou de seus efeitos, no todo ou em parte, aos sócios de responsabilidade limitada, aos controladores e aos administradores da sociedade falida (art. 82-A, parágrafo único); *j*) modificação na classificação de crédito (arts. 83 e 84), pois créditos com privilégio especial e geral foram integrados à classe dos quirografários, e os créditos cedidos a qualquer título manterão sua natureza e classificação, quando antes passariam a ser quirografários; *k*) acréscimo de funções do administrador judicial que deverá manter endereço eletrônico na internet, relacionar todos os processos, evitar procedimentos protelatórios, assumir a representação judicial e extrajudicial, seja no procedimento arbitral, seja na mediação, fiscalizar a veracidade das informações prestadas pelo devedor, realizar a venda dos bens arrecadados da massa falida no prazo de 180 dias contados da data da juntada do auto de arrecadação sob pena de ser des-

devolutivo), na hipótese do art. 130, ou somente no devolutivo, nos casos do art. 129.

Havendo perigo oriundo da demora da ação revocatória, o juiz poderá, a requerimento do autor daquela ação, conceder, como medida preventiva, o sequestro dos bens retirados do patrimônio do devedor que estejam em poder de terceiro (art. 137).

E. Impacto da Lei n. 11.101/2005 no âmbito criminal

A Lei n. 11.101/2005, além de criar novos tipos penais, apresentando maior rigor na punição deles, e de aumentar o prazo prescricional, veio a modificar procedimentos, repercutindo, portanto, na seara penal.

Essa norma prevê onze crimes (arts. 168 a 178), tais como: *a*) *fraude a credores*, ocorrida antes ou depois da sentença decretatória da falência, com escopo de obter vantagem indevida para si ou para outrem, sob pena de reclusão de três a seis anos e multa. Tal pena poderá ser aumentada de 1/6 a 1/3 se ocorrer: elaboração de escrituração contábil ou balanço com dados inexatos; omissão na escrituração ou no balanço de lançamento; alteração

---

tituído (art. 22); *l*) remuneração do administrador judicial, no caso de microempresas, empresas de pequeno porte e produtor rural, será até 2% do valor devido aos credores submetidos à recuperação judicial ou do valor de venda dos bens na falência, conforme o valor do mercado para o desempenho de atividade similar e do grau de complexidade do trabalho; *m*) possibilidade de produtor rural (art. 70-A) apresentar plano especial de recuperação judicial; *n*) liquidação de débitos empresariais, mesmo não vencidos, para com a Fazenda Nacional pela empresa que a pleitear ou tiver deferido o processamento da recuperação judicial (arts. 51, 52 e 70). Consulte: Ricardo Nunes Pereira e Maykon D. Nunes Pereira, Os 10 principais pontos de atualização da lei de recuperação judicial e falência. https://www.migalhas.com.br/depeso/340356/os-10-principais-pontos-de-atualizacao-da-lei-de-recuperacao-judicial; *o*) insolvência transnacional (arts. 167-A a 167-Y).

A Lei n. 10.522/2002, art. 10-A, alterado pela Lei n. 14.112/2020, possibilita parcelamento fiscal federal em até 120 prestações e liquidação de até 30% da dívida consolidada no parcelamento com o uso de créditos decorrentes de prejuízo fiscal e de base de cálculo negativa da Contribuição Social sobre o Lucro Líquido ou com outros créditos próprios relativos aos tributos administrados pela Secretaria Especial da Receita Federal do Brasil, caso em que o restante poderá ser parcelado em até 84 parcelas, calculadas de modo a observar os percentuais mínimos aplicados sobre o saldo da dívida consolidada.

A atualização da Lei n. 11.101/2005 pela Lei n. 14.112/2020 traz de volta a falência sumária, por abreviar o processo falimentar quando os bens arrecadados forem insuficientes para as despesas processuais, que era prevista no Dec.-Lei n. 7.661/45, art. 75, devolvendo aos credores a decisão de prosseguir na falência.

de escrituração ou balanço verdadeiros; destruição de dados contábeis ou negociais armazenados em computador; simulação da composição do capital social; destruição, ocultação ou inutilização, total ou parcial, de documentos obrigatórios de escrituração contábil; contabilidade paralela e distribuição de lucros ou dividendos a sócios e acionistas até a aprovação do plano de recuperação judicial. A pena é aumentada de 1/3 até metade se o devedor manteve ou movimentou recursos ou valores paralelamente à contabilidade exigida pela legislação, inclusive no caso de violação do art. 6º-A, distribuindo lucros ou dividendos a sócios e acionistas. Em se tratando de falência de microempresa ou de empresa de pequeno porte, não se constatando habitualidade da conduta fraudulenta pelo falido, o juiz poderá reduzir a pena de reclusão de 1/3 a 2/3 ou substituí-la por pena restritiva de direito, perda de bens ou prestação de serviços à comunidade ou a entidades públicas; *b*) *violação de sigilo empresarial*, sobre operações ou serviços, sem justa causa, contribuindo para a condução do devedor a estado de inviabilidade econômico-financeira, punida com reclusão de dois a quatro anos e multa; *c*) *divulgação de informações falsas* sobre o devedor em recuperação judicial, com a intenção de levá-lo à falência ou obter vantagem, apenada com reclusão de dois a quatro anos e multa; *d*) *indução do juiz, do Ministério Público, de credores, da Assembleia Geral de Credores, do Comitê e do administrador judicial, a erro*, sonegando ou omitindo informações ou prestando falsas informações no processo de falência, de recuperação judicial ou extrajudicial, sob pena de reclusão de dois a quatro anos e multa; *e*) *favorecimento de um ou mais credores*, prejudicando os demais, apenado com reclusão de dois a cinco anos e multa; *f*) *desvio, ocultação* ou *apropriação de bens* do devedor sob recuperação judicial ou da massa falida (*RSTJSP*, *99*:503), inclusive utilizando-se de aquisição por interposta pessoa, sob pena de reclusão de dois a quatro anos e multa; *g*) *aquisição, recebimento ou uso ilegal de bens pertencentes à massa falida*, punida com reclusão de dois a quatro anos e multa; *h*) *ato de influenciar* terceiro de boa-fé a adquirir, receber ou usar coisa pertencente à massa falida, sob pena de reclusão de dois a quatro anos e multa; *i*) *habilitação ilegal de crédito* punida com reclusão de dois a quatro anos e multa; *j*) *exercício de atividade, estando inabilitado ou incapacitado por decisão judicial*, apenado com reclusão de um a quatro anos e multa (*RT*, *671*:303, *609*:287 e *596*:331); *k*) *violação*, pelo juiz, membro do Ministério Público, administrador judicial, perito, avaliador, escrivão, oficial de justiça ou leiloeiro, *de impedimento*, adquirindo, por si ou por interposta pessoa, bens da massa falida ou de devedor em recuperação judicial, sob pena de reclusão de dois a quatro anos e multa; *l*) *omissão de documentos contábeis obrigatórios* pelo devedor, ao deixar de elaborá-los, escriturá-los ou autenticá-los, antes ou depois da sentença que decretar a falência, conceder a recuperação judicial ou homologar o plano de recuperação judicial, sob pena de detenção de um a dois anos e multa.

Admite a lei, no art. 179, a coautoria, equiparando, para efeitos penais, ao devedor ou falido, na medida de sua culpabilidade, os sócios, os diretores, os gerentes, os administradores, os conselheiros e o administrador judicial.

É condição objetiva da punibilidade desses crimes a prolatação de sentença decretatória de falência ou concessiva de recuperação judicial ou homologatória da recuperação extrajudicial (art. 180).

O condenado por crime falimentar poderá, além da prisão e multa, ser sancionado com pena específica. Deveras, pelo art. 181, I a III, constituem *efeitos da condenação*, que não são, contudo, automáticos (art. 181, § 1º), devendo ser, fundamentadamente, mencionados naquela sentença, tendo como limite máximo o prazo de cinco anos contado da extinção da punibilidade (CP, art. 107), podendo, contudo, cessar, antes, pela reabilitação penal (CP, arts. 93 e 94): *a*) *inabilitação para o exercício da atividade empresarial; b*) *impedimento para o exercício de cargo ou função em Conselho de Administração, diretoria ou gerência das sociedades sujeitas à Lei n. 11.101/2005; c*) *impossibilidade de gerir empresa por mandato ou gestão de negócio*. Se o condenado já cumpriu sua pena, após isso, iniciará o cumprimento de sua pena específica, p. ex., a inabilitação para o exercício de atividade empresarial, que poderá perdurar cinco anos; mas se conseguir sua reabilitação criminal, pedindo-a depois do decurso de dois anos da extinção de punibilidade, cessada estará a pena específica que lhe foi aplicada judicialmente.

Com o trânsito em julgado da sentença penal condenatória, o Registro Público de Empresas Mercantis deverá ser notificado da condenação por crime falimentar, para que tome as devidas providências para impedir novo registro de contrato social ou estatuto em nome dos inabilitados (art. 181, § 2º). Pelo art. 182 da Lei n. 11.101/2005, o prazo de prescrição dos crimes falimentares, cuja pena máxima varia entre quatro e seis anos, será de oito a doze anos, respectivamente, contado da data do decreto da falência, da concessão da recuperação judicial ou da homologação do plano de recuperação extrajudicial (CP, art. 109, III e IV), e dos punidos com dois anos, será de quatro anos (CP, art. 109, V). E pelo parágrafo único do art. 182, ter-se-á interrupção do prazo prescricional, cuja contagem tenha iniciado com a concessão da recuperação judicial ou com a homologação do plano de recuperação extrajudicial.

Os crimes falimentares não mais são apurados em inquérito judicial; a fase de investigação operar-se-á perante autoridade policial. Se, porventura, o juiz da falência ou da recuperação judicial ou extrajudicial deparar, em qualquer fase processual, com indício da prática de um dos crimes arrolados nos arts. 168 a 178 da Lei n. 11.101/2005, deverá cientificar o Ministério Público do fato, enviando-lhe cópia dos documentos necessários para a imediata requisição da abertura de inquérito policial ou a promoção da competente ação penal (art. 187 e § 2º), havendo *fumus delicti*, ou seja, prova de crime e indícios de sua autoria.

O inquérito falimentar, de incumbência da autoridade policial, visa obter dados ou informações ao Ministério Público (seu destinatário imediato) da ocorrência de alguma conduta que possa tipificar um delito falimentar, para que, dentro de quinze dias, possa: *a*) apresentar a denúncia contra o empresário devedor e outros corresponsáveis, promovendo a ação penal, dirigindo-se ao juiz criminal da jurisdição da falência ou da recuperação judicial (art. 183), que é o destinatário mediato do inquérito, uma vez que é o agente da *persecutio criminis*, em face do Judiciário. Mas, como o crime falimentar é delito de ação penal pública incondicionada (art. 184), não oferecida a denúncia, dentro do prazo do art. 187, § 1º, qualquer credor habilitado ou o administrador judicial poderá oferecer queixa, instaurando ação penal privada subsidiária da pública, dentro do prazo decadencial de seis meses (art. 184, parágrafo único). Recebida a denúncia ou queixa subsidiária, seguir-se-á o rito sumário previsto no Código de Processo Penal, arts. 531 a 540 (art. 185); *b*) determinar o retorno do inquérito à polícia para a realização de diligências necessárias; ou *c*) requerer o arquivamento do inquérito policial por falta de indício de autoria ou de materialidade delituosa (CPP, art. 188)[319].

---

319. Manoel Justino Bezerra Filho, *Nova Lei*, cit., p. 365-94; Renato de Mello e Jorge Silveira, As disposições penais na Lei de Recuperação de Empresas e de Falência — crimes em espécie e procedimento, in *Comentários à nova Lei de Falências e Recuperação de empresas* (coord. Rubens Approbato Machado), São Paulo, Quartier Latin, 2005, p. 285-301; Fernando S. Sazatornil, *Delitos societarios y conductas afines. La responsabilidad penal y civil de la sociedad, sus socios y administradores*, Madrid, La Ley, 2003; Luiz Guilherme Moreira Porto e Helena Regina Lobo da Costa, Nova Lei de Falências, *Experiências do direito*, Campinas, Millennium, 2004, p. 327 e s.; Luiz Flávio Gomes, Nova lei de falências e suas repercussões criminais, *Jornal Síntese*, n. 97, p. 7 e 8; Waldo Fazzio Júnior, *Nova Lei*, cit., p. 359-71; Renato Marcão, Procedimento penal na nova Lei de Falências, *Revista Jurídica, 328*:119-126.

A Lei n. 9.099/95, sobre juizado especial criminal, só é aplicável ao crime previsto no art. 178 da Lei n. 11.101/2005 por prever pena máxima de 2 anos de detenção.

Vide Súmula do STF n. 592.

Quadro Sinótico

CRISE EMPRESARIAL: UMA VISÃO PANORÂMICA

<table>
<tr><td rowspan="1">1. ESTADO DE CRISE EMPRESARIAL</td><td colspan="2">• Crise empresarial pode ser: econômica, se as vendas forem inferiores à quantidade de produtos ou serviços oferecida, causando queda de faturamento; financeira, se empresário devedor não tiver dinheiro em caixa para pagamento do passivo, e patrimonial, se empresário apresentar estado de insolvência, tendo ativo inferior ao passivo.</td></tr>
<tr><td>2. PRINCÍPIOS PROTETIVOS DOS DIREITOS DOS CREDORES</td><td colspan="2">• Princípio da relevância do interesse imediato dos credores.
• Princípio da par conditio creditorum.
• Princípio da conservação dos ativos.
• Princípio da viabilidade da empresa.
• Princípio da publicidade dos procedimentos.</td></tr>
<tr><td rowspan="3">3. MECANISMOS SOLUCIONADORES DA SITUAÇÃO DE CRISE ECONÔMICOFINANCEIRA</td><td colspan="2">• Recuperação extrajudicial.</td></tr>
<tr><td>• Recuperação judicial</td><td>• ordinária (arts. 47 a 69 da Lei n. 11.101/2005).
• especial (arts. 70 a 72 da Lei n. 11.101/2005).</td></tr>
<tr><td colspan="2">• Falência.</td></tr>
<tr><td>4. ADMINISTRADOR JUDICIAL</td><td colspan="2">• Auxiliar qualificado do juiz, por ele nomeado na sentença decretatória de falência ou no despacho que indeferir a recuperação judicial.
• Profissional idôneo ou pessoa jurídica especializada.
• Obrigatoriedade de assinatura de termo de compromisso.
• Destituição por desobediência à lei, por descumprimento de seus deveres e por prática de atos lesivos às atividades do devedor ou a terceiros.</td></tr>
</table>

4. ADMINISTRADOR JUDICIAL	• Responsabilidade pelos prejuízos que causar culposamente. • Fiscalização de seus atos pelo juiz e pelo Comitê de Credores. • Deveres arrolados no art. 22 da Lei n. 11.101/2005. • Funções judiciárias e administrativas. • Remuneração estipulada pelo juiz (art. 24).	
5. COMITÊ DE CREDORES	• Órgão fiscalizatório, que poderá ser criado por deliberação assemblear de qualquer das classes de credores para que tenham uma participação mais atuante nos processos de falência e recuperação judicial, exerçam fiscalização da gestão do administrador judicial e acompanhem as atividades relativas à defesa do direito dos credores de receber o crédito. • Composição (art. 26, I a III). • Atribuições (art. 27). • Responsabilidade civil subjetiva de seus membros pelos danos causados dolosa ou culposamente ao devedor, à massa falida ou aos credores. • Remuneração de seus membros (art. 29).	
6. ASSEMBLEIA-GERAL DE CREDORES	• Colegiado, presidido pelo administrador judicial, obrigatório na recuperação judicial e facultativo no processo falimentar, que visa a proteção dos interesses dos credores, dos trabalhadores ou dos sócios. • Deliberações tomadas por maioria simples dos presentes, com exceção das relativas ao plano de recuperação judicial, em que todas as classes deverão aprovar a proposta (art. 42). • Atribuições estão previstas no art. 35, I e II, da Lei n. 11.101/2005.	
7. RECUPERAÇÃO EMPRESARIAL	• Conceito	• Instrumento legal para soerguer empresário devedor em crise passageira com viabilidade econômico-financeira em benefício dos credores, da economia e do empreendimento, como fonte de produção e de remoção das causas daquela crise, conducente ao pagamento das dívidas.
	• Espécies	• Recuperação extrajudicial. • Recuperação judicial.

7. RECUPERAÇÃO EMPRESARIAL	• Caracteres	Segundo Waldo Fazzio Júnior, seriam: • Flexibilização dos procedimentos preventivos. • Ampliação da participação dos credores. • Maior amplitude nas possibilidades de acordo entre credores e devedor. • Manutenção do privilégio dos créditos trabalhistas e acidentários. • Mitigação da função jurisdicional. • Adoção de novos mecanismos para superação das crises empresariais. • Simplificação dos procedimentos e reformulação da função administrativa.	
	• Recuperação extrajudicial	• Conceito	• Instrumento legal pelo qual o empresário devedor, em situação de crise ou incapacitado financeiramente, efetua acordo, diretamente, com alguns ou todos os seus credores para obter seu restabelecimento econômico-financeiro e a continuidade de sua atividade, voltado ao atendimento dos interesses creditícios, por oferecer-lhes um plano para pagamento dos débitos, que, se acatado for deverá ser homologado judicialmente por sentença.
		• Requisitos (art. 161 c/c art. 48)	• Exercício regular de atividade econômica há mais de dois anos. • Não sujeição à falência e se houver extinção das responsabilidades dela oriunda, por sentença transitada em julgado. • Não obtenção de concessão de recuperação judicial há menos de cinco anos, ou há menos de oito, com base no plano especial relativo a microempresa ou empresa de pequeno porte. • Não condenação por crime falimentar e inexistência de administrador ou sócio controlador condenado por tal delito.
		• Procedimento	• Apresentação do plano (art. 161). • Pedido de homologação judicial para os aderentes ao plano (art. 162).

7. RECUPERAÇÃO EMPRESARIAL	• Recuperação extrajudicial	• Procedimento	• Requerimento homologatório para obrigar todos os credores, com aprovação de pelo menos 1/3 de todos os créditos de cada espécie (art. 163). • Publicação de editais, com prazo de trinta dias para impugnação dos credores (art. 164). • Indeferimento ou deferimento da homologação judicial (arts. 164, §§ 3º a 5º, e 161, § 6º). • Apelação sem efeito suspensivo (art. 164, § 7º).
	• Recuperação judicial	• Conceito	• Ação judicial para saneamento de uma situação de crise e para garantia da sobrevivência da fonte produtora de bens e serviços, havendo viabilidade econômica do empresário devedor.
		• Objetivo	• Art. 47 da Lei n. 11.101/2005.
		• Natureza jurídica	• Ação de conhecimento da espécie constitutiva para preservação da continuidade da empresa e saneamento da crise do empresário, cuja pretensão é a concessão da aprovação judicial de um plano de reorganização empresarial.
		• Requisitos legais	• Art. 48 da Lei n. 11.101/2005.
		• Meios	• Art. 50, I a XVIII, da Lei n. 11.101/2005.
		• Efeitos em relação aos credores	• Sujeição de todos os créditos, mesmo não vencidos, à recuperação judicial. • Exclusão do plano de recuperação de certos créditos, de débitos tributários, de bens dados em garantia real, de ações sobre quantia líquida, ações trabalhistas e execuções fiscais, de adiantamento a contrato de câmbio para exportação, de obrigações assumidas no âmbito das câmaras de compensação e liquidação financeira, de obrigações a título gratuito e de despesas feitas pelos credores na recuperação.

7. RECUPERAÇÃO EMPRESARIAL	• Recuperação judicial	• Efeitos em relação aos credores	• Conservação dos direitos e privilégios dos credores do devedor contra os coobrigados, fiadores e obrigados de regresso. • Concessão de prerrogativas especiais de crédito trabalhista, de crédito decorrente de acidente de trabalho e de crédito de natureza salarial (art. 54, §§ 1º e 2º).
		• Efeitos quanto ao devedor	• Inalterabilidade das obrigações anteriores à recuperação judicial no que atina às condições originalmente contratadas ou definidas em lei (art. 49, § 2º). • Suspensão provisória do curso da prescrição e de todas as ações e execuções contra o devedor, inclusive as dos credores particulares de sócio solidário. • Exigibilidade de multas contratuais e de penas pecuniárias por infração às normas penais e administrativas. • Inclusão, após o nome empresarial, em todos os atos, contratos e documentos firmados pelo devedor, da expressão "em recuperação judicial" (art. 69). • Anotação da situação da empresa em recuperação judicial no RPEM e na Secretaria da Receita Federal do Brasil (art. 69, parágrafo único). • Comunicação ao juiz das ações propostas contra o devedor após a citação. • Proibição do devedor de alienar bens ou direitos de seu ativo permanente, salvo necessidade reconhecida judicialmente. • Consideração de que débitos do devedor, contraídos na pendência da recuperação judicial, pelo administrador judicial ou pelo Comitê, são extraconcursais, havendo convolação em falência. • Permanência do devedor na posse dos ativos, na administração de seus negócios e na gestão empresarial.

7. RECUPERAÇÃO EMPRESARIAL	• Recuperação judicial	• Fases procedimentais	• Pedido de recuperação judicial (CPC/2015, art. 319, e Lei n. 11.101/2005, art. 51, I a XI). • Indeferimento ou deferimento do processamento por despacho judicial (arts. 52 e 73). • Não apresentação do plano pelo devedor e decretação da falência (art. 73, II). • Apresentação do plano (arts. 52 e 53) dentro de sessenta dias da publicação do deferimento, com os requisitos do art. 53, I a III. • Determinação judicial de publicação de edital para manifestações (arts. 53, parágrafo único, e 55). • Impugnação do plano, sua rejeição pela Assembleia Geral de credores e decretação da falência (arts. 52, § 1º, III, 55, 7º, § 2º, 56, §§ 1º e 4º, e 173, III). • Aprovação do plano pela Assembleia Geral de credores ou ausência de objeção. • Aprovação do plano pelo juiz (arts. 57 e 58). • Apresentação de certidões negativas (art. 57). • Concessão judicial da recuperação (arts. 58 e 59). • Descumprimento do plano (arts. 61 e 73, IV, V e VI, §§ 1º a 3º) e falência. • Execução do plano dentro de dois anos (art. 61). • Encerramento da recuperação judicial.
	• Convolação da recuperação judicial em falência (art. 73)	• Deliberação da Assembleia Geral de credores ou por sua rejeição ao plano do devedor. • Não apresentação, em juízo, do plano de recuperação judicial. • Descumprimento de qualquer obrigação assumida no plano, dentro de dois anos de concessão da recuperação. • Inadimplemento de obrigação não sujeita à recuperação judicial.	

8. FALÊNCIA	• Conceito	• É o estado ou situação de crise econômico-financeira, declarada judicialmente, do empresário que, estando com títulos enviados a protesto, não cumpriu suas obrigações líquidas, certas e vencidas. • É um processo de execução coletiva, no qual todo o patrimônio de um empresário declarado falido é arrecadado, visando o pagamento da universalidade de seus credores de forma completa ou proporcional (Ricardo Negrão).	
	• Requisitos legais para decretação da falência	• Impontualidade injustificada do empresário devedor. • Execução frustrada. • Prática de atos sintomáticos de insolvência pelo empresário devedor. • Descumprimento da recuperação judicial. • Confissão de insolvência pelo próprio empresário.	
	• Pedido de falência	• A falência é um estado jurídico-processual oriundo de decisão judicial provocada por pedido (art. 97): do próprio *devedor* (arts. 105 a 107), requerendo sua autofalência; de qualquer *credor*; do *cônjuge sobrevivente*, *herdeiro* do devedor ou inventariante; do *sócio* do devedor; do *liquidante extrajudicial* da sociedade.	
	• Procedimento cognitivo	• Apresentação do pedido de falência. • Citação do réu ou do inventariante.	
		• Contestação	• Silêncio do réu. • Depósito elisivo e defesa. • Defesa sem depósito elisivo. • Depósito elisivo sem defesa. • Pedido de recuperação judicial.
		• Sentença denegatória de falência contra a qual cabe apelação. • Sentença decretatória de falência contra a qual cabe agravo de instrumento (arts. 99, I a XIII, e 100).	

8. FALÊNCIA	• Procedimento liquidatório	• Sentença de procedência do pedido de decretação da quebra. • Nomeação judicial do administrador judicial da massa falida. • Arrecadação dos bens (arts. 108 a 114) pelo administrador judicial, que deverá elaborar auto de arrecadação, contendo inventário e laudo de avaliação dos bens. • Realização do ativo (arts. 139 a 148). • Pagamento dos credores (arts. 149 a 153) ou solução do passivo. • Encerramento da falência (arts. 154 a 157).
	• Extinção das obrigações do falido	• Casos arrolados nos arts. 158 e 160. • Pedido de declaração judicial de extinção das obrigações pelo falido (art. 159).
	• Efeitos jurídicos da sentença falimentar em relação aos direitos do credor	• Formação da massa de credores. • Suspensão do curso da prescrição no que atina às obrigações do devedor, das ações e das execuções contra o falido. • Suspensão condicional da fluência de juros contra a massa falida. • Vencimento antecipado dos créditos. • Direito de credor de codevedores solidários, cujas falências foram decretadas, de habilitar-se em cada uma delas.
	• Efeitos jurídicos da sentença falimentar quanto à pessoa do empresário devedor	• Inabilitação temporária para o exercício de qualquer atividade empresarial durante o período que vai da decretação da falência até a sentença que extinguir suas obrigações (art. 102). • Perda de capacidade processual (art. 103). • Imposição de cumprimento de deveres legais arrolados no art. 104, I a XII, da Lei n. 11.101/2005.
	• Efeitos jurídicos da falência relativos ao patrimônio do falido	• Arrecadação de seus bens, formando a massa falida. • Privação da posse e administração de seus bens. • Ato de imissão do administrador judicial na posse dos bens do falido. • Perda da disponibilidade de seu patrimônio. • Conservação da propriedade de seus bens.

8. FALÊNCIA	• Efeitos jurídicos da falência relativos ao patrimônio do falido	• Suspensão do exercício do direito de retenção sobre os bens arrecadados e do direito de retirada ou de recebimento do valor das quotas ou ações por parte dos sócios da falida. • Suspensão do processo de inventário. • Perda do exercício do direito de sequela. • Lacração do estabelecimento.
	• Efeitos jurídicos da sentença de falência alusivos aos contratos do falido	• Não resolução dos contratos bilaterais, se seu cumprimento reduzir ou evitar o aumento do passivo da massa falida ou for necessário à preservação de seus ativos (art. 117). • Possibilidade de o administrador judicial dar cumprimento a contrato unilateral, mediante autorização do Comitê, se isso reduzir o passivo e preservar o ativo. • Cumprimento nas relações contratuais dos preceitos arrolados no art. 119, I a IX. • Cessação dos efeitos do mandato *ad negotia* conferido pelo devedor antes da falência (art. 120). • Vigência do mandato *ad judicia* conferido pelo falido até sua revogação pelo administrador judicial (art. 120, § 1º). • Manutenção de mandato, ou comissão, recebido pelo falido se relativo a assunto alheio à atividade empresarial (art. 120, § 2º). • Encerramento do contrato de conta-corrente com o devedor (art. 121). • Não pagamento de cheque emitido, antes da falência, pelo devedor, se apresentado for após a sentença falimentar. • Compensação das dívidas do devedor, vencidas até a data da decretação da falência (art. 122). • Não compensação dos créditos arrolados no art. 122, I e II.
	• Efeitos jurídicos da falência quanto aos direitos do falido	• De requerer, nos autos da falência, providências para conservação dos bens arrecadados. • De acompanhar a arrecadação e avaliação dos bens. • De intervir, como assistente, nos processos em que a massa falida for parte. • De interpor recursos cabíveis legalmente. • De defender seus direitos. • De fiscalizar a administração da massa falida. • De postular venda de bens deterioráveis ou de conservação dispendiosa.

8. FALÊNCIA	• Ação revocatória	• Conceito	• É a que visa não só a declaração da ineficácia de atos praticados pelo empresário devedor, independentemente de boa ou má-fé, antes da decretação da falência, retirando seus efeitos, por presunção de fraude, relativamente à massa falida, como também a revogação dos mesmos, comprovados a intenção de prejudicar credores no conluio fraudulento entre devedor e terceiro e o efetivo prejuízo sofrido pela massa falida.
		• Atos suscetíveis de ineficácia ou revogação	• São os arrolados no art. 129, I a VII, da Lei n. 11.101/2005.
		• Legitimidade passiva	• Pessoas indicadas no art. 133.
		• Rito	• É o ordinário e corre perante o juízo da falência (art. 134).
		• Efeito de sua procedência	• Devolução dos bens ao ativo da massa falida em espécie, com todos os acessórios, ou do seu valor mercadológico, acrescido de perdas e danos (art. 135). • Volta das partes ao *statu quo ante* e devolução do contratante de boa-fé dos bens e valores que entregou ao devedor (art. 136).
		• Recurso	• Nos casos do art. 129 — apelação com efeito devolutivo. • Na hipótese do art. 130 — apelação com efeito suspensivo e devolutivo.

9. IMPACTO DA LEI N. 11.101/2005 NO ÂMBITO CRIMINAL	• Criação de novos tipos penais, apresentando maior rigor na pena (arts. 168 a 178). • Sentença declaratória de falência, concessiva de recuperação judicial ou homologatória de recuperação extrajudicial, constitui condição objetiva da punibilidade dos crimes previstos nos arts. 168 a 178 (art. 180). • Efeitos da condenação (art. 181, I a III) não são automáticos e têm como limite máximo o prazo de cinco anos, contado da extinção da punibilidade, podendo, contudo, cessar antes pela reabilitação penal. • Notificação do RPEM da condenação por crime falimentar, com o trânsito em julgado da sentença penal condenatória, para impedir novo registro de contrato social em nome do inabilitado (art. 181, § 2º). • Prazo prescricional de oito a doze anos para crimes cuja pena máxima varia entre quatro e seis anos, e de quatro anos, para os crimes apenados com dois anos (CP, art. 109, III, IV e V, e Lei n. 11.101/2005, art. 182). • Apuração de crime falimentar pela autoridade policial para obter dados ao Ministério Público para que possa: apresentar denúncia; determinar retorno do inquérito à polícia para diligências necessárias ou requerer arquivamento do inquérito por falta de indício de autoria ou de materialidade delituosa. • Não oferecimento da denúncia possibilitará que qualquer credor ou administrador judicial ofereça queixa subsidiária dentro do prazo decadencial de seis meses. • Recebida a denúncia ou queixa, segue-se o rito sumário (CPP, arts. 531 a 540; Lei n. 11.101/2005, art. 185).

CAPÍTULO IV

Estabelecimento Empresarial: Elemento Essencial da "Empresa"

1. Importância, conceito e natureza jurídica do estabelecimento

A "empresa", enquanto atividade econômica organizada, visa não só a produção ou circulação de bens ou serviços para o mercado, como também a intermediação deles no circuito econômico, exercida profissionalmente por um empresário (pessoa natural ou jurídica) por meio de um *estabelecimento*. Se a "empresa", pelo art. 966 do Código Civil, é um complexo de atos coordenados estruturalmente para a consecução de uma finalidade produtiva vinculada a bens e serviços exercidos pelo empresário, seu exercício apenas poderá dar-se mediante um conjunto de bens organizado por aquele empresário. Tais bens organizados constituem o estabelecimento. Realmente, pelo art. 1.142 do Código Civil, "considera-se estabelecimento todo complexo de bens organizado, para exercício da empresa, por empresário, ou por sociedade empresária".

Consequentemente, a existência de um estabelecimento requer a do empresário individual ou a da sociedade empresária. Daí as certeiras e expressivas palavras de Nicolò Rosario[1], de que para que exista um empresário, não será suficiente o exercício de uma atividade econômica, pois "se a organiza-

1. Nicolò Rosario, Riflessioni sul tema dell'empresa, *Il diritto privato nella società moderna, a cura di Stefano Rodotà*, Bologna, Il Mulino, 1971, p. 412. Interessantes são as lições de Cássio Machado Cavalli, O direito da empresa no novo Código Civil, *RDM, 131*:174-81; Marcelo Andrade Féres, *Estabelecimento empresarial*, São Paulo, Saraiva, 2007; Eduardo G. Pimenta, O estabelecimento. In: *Direito de empresa no novo Código Civil*, cit., p. 95-118; José Tadeu N. Xavier, O estabelecimento empresarial no direito brasileiro, *Revista Síntese – Direito Empresarial, 25*: 9-37; Anderson H. Schmitt, O conceito de estabelecimento permanente conforme a Convenção Modelo OCDE e o Comércio eletrônico, *Revista Síntese de Direito Empresarial, 36*: 24-40.

ção dos bens para a produção de produtos e serviços é o estabelecimento, e se o empresário é o que exerce uma atividade econômica *organizada*, não pode assumir relevo aquela qualidade de empresário, considerada sob o perfil jurídico-formal, sem a contemporânea existência de uma entidade objetiva, ou seja, daquela *organização de bens* que a lei qualifica *estabelecimento*".

O empresário, portanto, organiza um *conjunto de bens* para exercer sua atividade econômica. Esses *bens organizados* são o *estabelecimento*. O estabelecimento não é uma mera reunião de bens, pois sua organização pressupõe o exercício da atividade econômica. É ele o instrumento da atividade empresarial, visto que consiste na sua base física.

Trata-se de elemento essencial à "empresa", pois impossível é qualquer atividade empresarial sem que antes se organize um estabelecimento, que é o centro de suas decisões, pois nele atuam o empresário e a sociedade empresária.

É decorrência do elemento organizacional da empresa, relacionado com a capacidade do empresário de coordenação dos fatores de produção de bens e serviços. Dessa organização dos fatores (corpóreos ou incorpóreos) de produção de bens e serviços em torno de uma destinação econômica comum nasce o estabelecimento empresarial.

Assim sendo, *estabelecimento* é o complexo de bens de natureza variada, materiais (mercadorias, máquinas, imóveis, veículos, equipamentos etc.) ou imateriais (marcas, modelos de utilidade, desenhos industriais, expressões e sinais de propaganda, invenções, fórmulas, patentes, tecnologia, ponto, direito pessoal patrimonial, direito à prestação do trabalho dos empregados, direito de franquia, nome empresarial etc.) reunidos e organizados pelo empresário individual ou pela sociedade empresária, por serem necessários ou úteis ao desenvolvimento e exploração de sua atividade econômica, ou melhor, ao exercício da empresa. O estabelecimento é, portanto, composto de bens materiais (que abrangem coisas móveis e imóveis) e de bens imateriais (que envolvem direitos de propriedade industrial, direitos autorais, direito de crédito, direitos da personalidade — art. 52 do CC —, como o nome empresarial etc.) devidamente conjugados e dinamizados pelo empresário para que a atividade empresarial, que é a empresa, atinja sua finalidade.

O estabelecimento, por ser um *valor econômico* e uma *organização especial de bens* corpóreos, heterogêneos ou incorpóreos (complexo de relações jurídicas) economicamente apreciáveis e complementares em si, voltada à consecução da "empresa", não poderá, na nossa opinião, em que pesem as opiniões em contrário, configurar-se como uma universalidade de fato, composta de simples reunião de coisas homogêneas, como uma biblioteca, mera reunião de livros.

É preciso esclarecer que estabelecimento (fundo de comércio) não se confunde com o local (ponto de negócio físico ou virtual) onde venha a exercer sua atividade empresarial. Se virtual for, o endereço para fins registrários poderá ser o do empresário individual, inclusive o de sua residência (LC n. 123/2006, art. 18-A, § 25), ou o de um dos sócios, visto que não há sede física para atender clientela ou fornecedores. Contudo, se for físico, o município terá a competência para determinar o funcionamento do estabelecimento comercial situado em seu território, por ter interesse local, atendendo às peculiaridades e aos costumes da cidade (CF/88, art. 30, I; Lei n. 13.874/2019, art. 3º, II; STF, Súmula vinculante 38, salvo fixação de horário bancário, que é da competência da União (Súmula 19 do STJ) (CC, art. 1.142, §§ 1º a 3º, acrescentados pela Lei n. 14.195/2021).

Pelo art. 1.143 do Código Civil, primeira parte, o estabelecimento é um *objeto unitário de direito* e *de negócios jurídicos*; logo, é um conjunto de bens, materiais e imateriais, organizado e idôneo para o exercício da empresa (art. 1.142), que, tendo valor patrimonial, pode ser negociado. Consiste, pelas suas peculiaridades, em uma *universalidade de direito "sui generis"*, por não ter capacidade processual, nem ser sujeito de direito, cuja unidade decorre do seu reconhecimento, por ter valor econômico, por norma jurídica com o intuito de produzir certos efeitos, apesar de operar-se por vontade do empresário, manifestada num estatuto ou num contrato social, envolvendo (além de um conjunto de bens corpóreos), um complexo de relações jurídicas (bens incorpóreos) de uma pessoa (empresário), dotadas de *valor econômico* (art. 91). Esse valor integra o conjunto de bens do estabelecimento também em seu papel preponderante de manter a atividade econômica rentável, possibilitando a obtenção de lucro. Esse valor econômico é o fundo de empresa, aviamento (*goodwill of a trade*), um dos atributos do estabelecimento.

Poder-se-ia dizer, como Rubens Requião, que o estabelecimento é um "bem incorpóreo, formado por um complexo de bens que não se fundem, mas mantém unitariamente sua individualidade própria"[2].

Esses bens organizados e aplicados na "empresa" integrarão o estabelecimento, que terá um valor econômico maior ao que se daria a cada um daqueles bens considerados individualmente. É o "*patrimônio* afetado à empresa". Todos os bens reunidos, formando uma unidade patrimonial, integram o estabelecimento, formando um *novo bem*, uma universalidade jurí-

2. Rubens Requião, *Curso de direito comercial*, São Paulo, Saraiva, 2006, v. 1, p. 276 e 282.

dica especial, que, por ser um *valor econômico*, constitui um instrumento essencial para o exercício da "empresa".

Há um conjunto de bens materiais e imateriais que, unidos aos atributos do estabelecimento, somam valor ao estabelecimento. Esse valor agregado (sobrevalor) ao complexo de bens não personificado, que constitui um atributo do estabelecimento, é o fundo de comércio ou de empresa (*azienda commerciale, handelsgeschäft*). Adalberto Simão Filho[3], por tal razão, pondera: "o valor global do estabelecimento, visto de forma unitária, em muitos casos, é superior à somatória dos valores unitários dos bens que os compõem"; assim, se se vender, individualmente, bens do estabelecimento, ter-se-á perda do valor integrante do patrimônio global do estabelecimento. Deveras, a união dos bens corpóreos, formando o complexo de bens do estabelecimento, corresponde a um valor maior, visto que há o componente imaterial na formação do valor do estabelecimento, ante o escopo de tornar possível a produção e circulação de bens e produtos para a consecução da atividade empresarial. Observa Fábio Ulhoa Coelho que o direito deve garantir, por isso, o valor representado pelo estabelecimento, dando ao empresário uma justa retribuição quando este o perder; p. ex., se o imóvel onde o estabelecimento funciona for desapropriado, à indenização a ser paga ao empresário deverá corresponder o valor do fundo de empresa por ele criado e não apenas o do bem de raiz[4]. Há uma *tutela jurídica especial* pelo valor econômico que constitui um atributo do estabelecimento; assim, p. ex.: a garantia da renovação compulsória do contrato de locação de imóvel não residencial para proteção do direito ao ponto empresarial (Lei n. 8.245/91, arts. 51 a 57); a proibição da concorrência desleal, vedando-se, em caso de trespasse, restabelecimento do alienante no mesmo ramo e na mesma praça para resguardar a clientela, um dos atributos do estabelecimento (CC, art. 1.147; Dec.-Lei n. 7.903/45, art. 178, em vigor por força do art. 128 da Lei n. 5.772/71); o respeito ao direito de propriedade industrial, ao direito

3. Adalberto Simão Filho, A nova empresarialidade, *Revista da Faculdade de Direito — São Paulo — FMU*, n. 25, p. 15; Fábio Ulhoa Coelho, *Curso de direito comercial*, São Paulo, Saraiva, 2003, v. 1, p. 98 e 99; *Manual de direito comercial*, São Paulo, Saraiva, 2003, p. 57-9.

Pela LC n. 123/2006, art. 18-A, § 25, o MEI poderá utilizar sua residência como sede do estabelecimento, quando não for indispensável a existência de local próprio para o exercício da atividade.

4. Michelli Tamburus, Concepção jurídica do valor no estabelecimento empresarial, *Revista do IASP*, *18*:193.

autoral, ao nome empresarial (CF, art. 5º, XXVII e XXIX; Leis n. 9.610/98, 9.279/96, com alteração da Lei n. 10.196/2001, e regulamentação do Decreto n. 2.553/98); o direito à indenização por perdas e danos, havendo perda do ponto pelo locatário, em razão, p. ex., de não ocorrência de renovatória por proposta de terceiro em melhores condições, ou pelo fato de o locador, no prazo de três meses da entrega do imóvel, não lhe dar o destino alegado, se o retomou, para uso próprio, ou não iniciar as obras determinadas pelo Poder Público (art. 52, § 3º, da Lei n. 8.245/91).

Tal se dá porque sob o prisma patrimonial, tendo como atributo um valor econômico (fundo de empresa ou aviamento), o estabelecimento possui autonomia por ser patrimônio afetado à "empresa", ou seja, ao exercício da atividade econômica.

O estabelecimento não é pessoa jurídica nem sujeito de direito e de obrigações, sendo um ente despersonalizado. É, em si, um bem incorpóreo que mantém, unitariamente, sua própria individualidade, ainda que contenha, na sua formação, coisas corpóreas e incorpóreas, cujo atributo é o aviamento (fundo de empresa), um *valor econômico* que, por ser *patrimônio* afetado à "empresa", integra o do empresário individual ou da sociedade empresária, sendo, ainda, suscetível de alienação, visto ser *objeto* unitário de direitos e obrigações (CC, art. 1.143, 1ª parte). Nele há uma unidade patrimonial separada, considerada como objeto de direito[5].

---

5. Michelli Tamburus, Concepção jurídica de valor no estabelecimento empresarial, *Revista do IASP*, *18*:187-98 (2006); Alfredo de Assis Gonçalves Neto, *Apontamentos de direito comercial*, Curitiba, Juruá, 1999, p. 136; M. Helena Diniz, *Código Civil anotado*, São Paulo, Saraiva, 2006, p. 129 e 901; *Curso*, cit., v. 3, p. 749-67; Paula C. Miguel, Estabelecimento comercial, *RDM*, *118*:7-61; Oscar Barreto Filho, *Teoria do estabelecimento comercial*, São Paulo, Saraiva, 1988, n. 44 e s., p. 75 e s.; José da Silva Pacheco, *Tratado de direito empresarial*, cit., v. 1, p. 342-54; Orlando de Carvalho, *Critério e estrutura do estabelecimento comercial*, 1967; Barbosa de Magalhães, *Do estabelecimento comercial*, p. 37 e s.; Márcio Antonio Inacarato, O fundo de comércio ou estabelecimento comercial, *RDC*, *16*:128; Modesto Carvalhosa, *Comentários*, cit., v. 13, p. 613-62; Matiello, *Código Civil*, cit., p. 708-13; Marcos Paulo de A. Salles, Estabelecimento, uma universidade de fato ou direito?, *Revista do Advogado* — AASP, agosto de 2003, n. 71; Giuseppe Valeri, Avviamento di azienda, in *Nuovo Digesto Italiano*, Torino, 1937; Lucas Rocha Furtado, Estabelecimento empresarial, *O novo Código Civil* — estudos em homenagem ao Prof. Miguel Reale, São Paulo, LTr, 2003, p. 931-39; Eduardo Goulart Pimenta, O estabelecimento, *Direito de empresa no novo Código Civil*, Rio de Janeiro, Forense, 2004, p. 96; Arnaldo Rizzardo, *Direito de empresa*, Rio de Janeiro, Forense, 2007, p. 1.037-41; Sérgio Campinho, *O direito de empresa*, Rio de Janeiro, Renovar, 2006, p. 295-99; Ricardo Negrão, *Manual de direito comercial e de empresa*, São Paulo, Saraiva, 2005, v. 1, p. 59-73; Paulo A. V. Cunha, *Do patrimônio*, Lisboa, 1934; Pontes

Didática e graficamente, assim representamos o estabelecimento:

---

de Miranda, *Tratado de direito privado*, v. 5, p. 395-410; Rubens Requião, *Curso*, cit., v. 1, p. 282; Paulo Sérgio Restiffe, *Manual*, cit., p. 42-56.

A doutrina, em sua maioria, considera o estabelecimento como uma universalidade de fato.

"O estabelecimento empresarial, como complexo de bens, não é dotado de personalidade jurídica ou personalidade judiciária, não podendo comparecer a juízo na qualidade de autor ou réu, o que deve ser efetuado, isso sim, pelo empresário individual ou coletivo seu titular" (TJSP, Ap. 260.996.2, 4ª Câm. Cív., rel. Franciulli Netto, j. 12-9-1995).

STF. Súmula vinculante 38 — "É competente o município para fixar horário de funcionamento de estabelecimento comercial".

Sobre *estabelecimento virtual vide* Fábio Ulhoa Coelho, *Manual*, cit., p. 71 e 72; O contrato eletrônico: conceito e prova, *Tribuna do Direito, 82*:8; A internet e o comércio eletrônico, *Tribuna do Direito*, set. 1999, p. 8; Jacques Labrunie, Conflitos entre nomes de domínio e outros sinais distintivos, *Direito & Internet* (coord. Newton de Lucca e Adalberto Simão Filho), São Paulo, Quartier Latin, 2005, p. 267-93; José O. de T. Ridolfo, Aspectos de valoração do estabelecimento comercial de empresas de nova economia, *Direito & Internet*, cit., p. 295-309; Ricardo Luis Lorenzetti, Informática, Cyberlaw, E-Commerce, *Direito & Internet* — aspectos jurídicos relevantes, São Paulo, Edipro, 2000, p. 425; Modesto Carvalhosa, *Comentários*, cit., v. 13, p. 625-27; Sérgio Campinho, *O direito de empresa*, cit., p. 337-40; José Roberto D'Affonseca Gusmão, Internet e propriedade intelectual — nome de domínio e marcas, *IOB*, 24:523-25 (2000); Ângela B. Brasil, Propriedade intelectual, *Direito eletrônico* (coord. R. O. Blum), São Paulo, Edipro, 2001, p. 428-32; Rodrigo O. B. Mendes, A empresa em rede: a empresa virtual como mote para reflexão no direito comercial, *Revista do Advogado, 115*: 129-135.

Já se tem notícia de que pessoa natural poderá usar registro de domínio com.br (Consultor Jurídico — www. estadao.com.br, data 17-4-2008): "A partir de 1º de maio, o domínio *com.br*, destinado a atividades comerciais genéricas na Internet, também poderá ser registrado sob um Cadastro de Pessoas Físicas (CPF), e não apenas sob um Cadastro Nacional de Pessoa Jurídica (CNPJ), como era antes. Isso significa que, a partir dessa data, os brasileiros com atividades comerciais poderão fazer esse registro até então restrito a pessoas jurídicas.

A mudança, anunciada em 16 de abril deste ano pelo Comitê Gestor da Internet no Brasil (*CGI.br*), é resultado do grande número de solicitações de usuários feitas ao *Registro.br* e também do reconhecimento da informalidade da economia brasileira.

"O CGI.br fez a alteração pensando nas pessoas físicas sem a opção de um registro com a finalidade comercial abaixo do *.br* e na crescente importância da Internet para a economia", explica Frederico Neves, diretor de Serviços e Tecnologia do *Registro.br*.

Para manter a transparência do registro de domínios *.br*, pessoas físicas responsáveis por domínios *com.br* estarão sujeitas aos mesmos procedimentos das entidades cadastradas previamente. A decisão do Comitê deve contribuir para a manutenção da taxa de crescimento do *com.br* que, em 2007, foi de 20,5%. Os domínios *.br* somam 1,2 milhão".

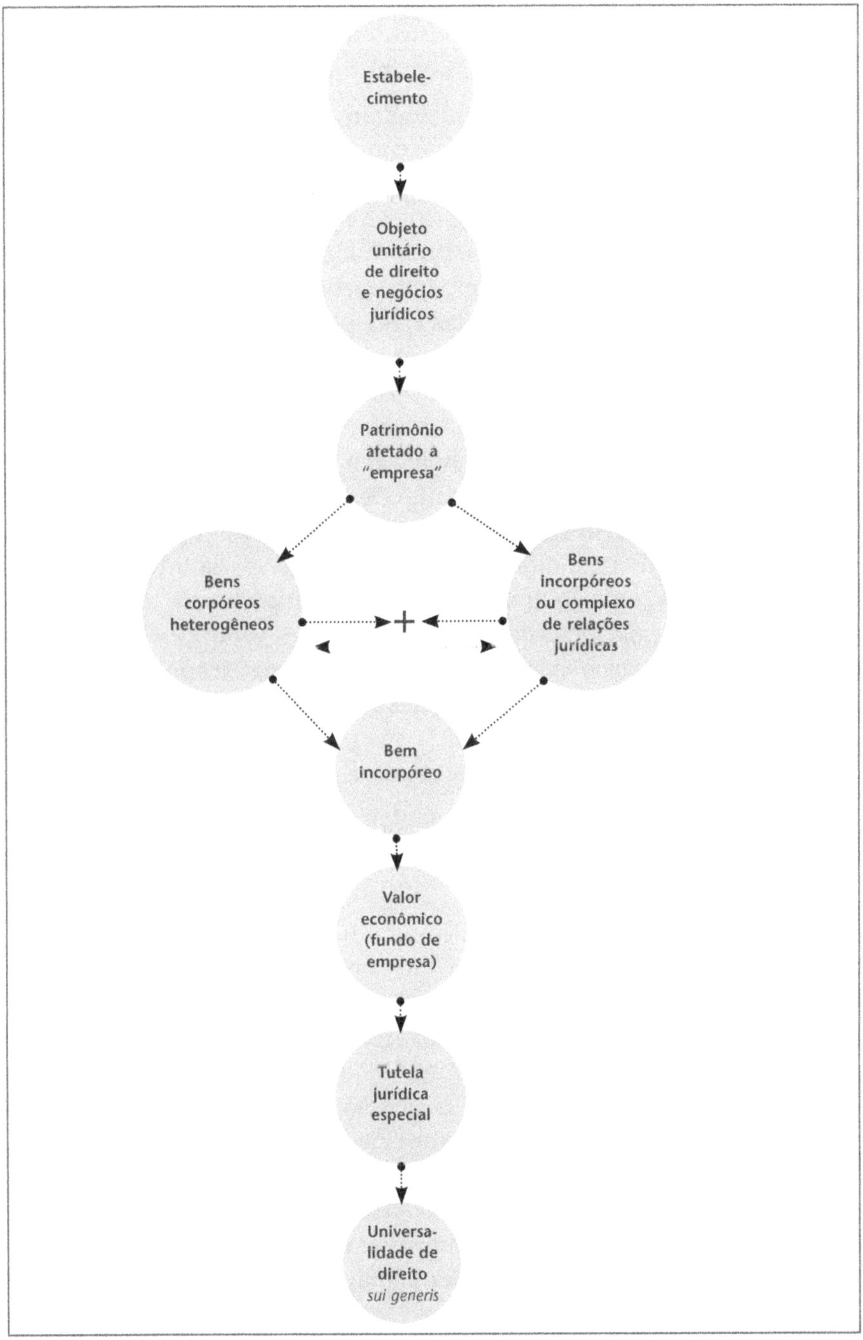
Estabele-
cimento
Objeto
unitário
de direito
e negócios
jurídicos
Patrimônio
afetado a
"empresa"
Bens
corpóreos
heterogêneos
+
Bens
incorpóreos
ou complexo
de relações
jurídicas
Bem
incorpóreo
Valor
econômico
(fundo de
empresa)
Tutela
jurídica
especial
Universa-
lidade de
direito
sui generis

O estabelecimento não se confunde com o local onde se exerce a atividade empresarial que poderá ser físico ou virtual (CC, art. 1.142, § 1º, acrescentado pela Lei n. 14.195/2021 e confirmado pela Lei n. 14.382/2022).

Com o advento da informática surgiram os contratos eletrônicos. Realmente, com a expansão da Internet e com a *World Wide Web* (www), deu-se o aumento ao acesso à rede de computadores, dando origem às contratações virtuais e ao comércio eletrônico (*e-com*), realizado em *estabelecimento virtual*. O contrato eletrônico, feito a distância, opera-se entre o titular do estabelecimento virtual e o internauta, mediante transmissão e recepção eletrônica de dados, efetuadas, muitas vezes, pela Internet. O estabelecimento virtual possui endereço eletrônico e é identificado pelo seu *nome de domínio*, cujo registro compete ao Núcleo de Informação e Coordenação do Ponto BR-NIC.br. (Resoluções n. 1 e 2/2005 do Comitê Gestor da Internet no Brasil — CGI-br. (o anexo I da Resolução n. 2/2005 foi revogado), ou melhor, à FAPESP por delegação do Comitê Gestor. O *nome de domínio* (p. ex., www.iid.com.br.) o identificará na rede de computadores e proporcionará a conexão entre emitente e destinatário de informações via Internet, ou melhor, a interconexão de equipamentos que dão origem à *page* do empresário (Instituto Internacional de Direito Ltda.), que vende seus serviços. O nome de domínio (*domain name*) é o endereço do empresário individual ou de um dos sócios (CC, art. 1.142, § 2º, acrescentado pela Lei n. 14.195/2021 e confirmado pela Lei n. 14.382/2022) que possibilita a localização de um computador ou de um serviço colocado à disposição na Internet.

Pelo Enunciado n. 7: "O nome de domínio integra o estabelecimento empresarial como bem incorpóreo para todos os fins de direito" (aprovado na I Jornada de Direito Comercial).

Pela Resolução n. 2/2005 do CGI-br. (art. 1º), consagrado está o princípio do *first to file*, pelo qual o direito ao nome de domínio será dado àquele que o requerer em primeiro lugar ao órgão registrário competente, desde que preenchidos os requisitos normativos exigidos. Não há necessidade de demonstrar a titularidade da expressão que se pretende levar a registro como nome de domínio, basta que ele, como diz José Roberto D'Affonseca Gusmão, esteja livre no Comitê Gestor para que se autorize sua titularidade e utilização na Internet. Não se poderá registrar como nome de domínio expressão protegida como marca de terceiro assentada no INPI, por ser crime de violação de propriedade industrial e de reprodução não autorizada (LPI, arts. 129 e 189), por envolver pirataria de marcas e causar prejuízo ao titular da marca.

Bastante usuais são os convites ou ofertas para contratação de aquisição de bens e serviços feitos pelo estabelecimento virtual, mediante *web page* ao usuário da internet. Com a internet surge, ao lado do estabelecimento empresarial físico, o *estabelecimento virtual* ou empresa "ponto-com", pelo qual a clientela adquire produtos ou serviços por meio de transmissão eletrônica de dados via rede mundial de computadores. Ensina-nos Fábio Ulhoa Coelho que três são os tipos de estabelecimentos virtuais: B2B (*business to business*), pelo qual os internautas são empresários que negociam insumos; B2C (*business to consumer*), em que os internautas são os consumidores; e C2C (*consumer to consumer*), se os negócios são efetivados entre internautas consumidores, sob a intermediação do empresário titular do *site*.

O estabelecimento virtual poderá ser: *a*) *originário*, se sua criação estiver desvinculada de qualquer atividade econômica organizada anterior; *b*) *derivado*, se for expressão digital de um estabelecimento comercial físico preexistente de um empresário, que, no seu empreendimento digital, ao exercer sua atividade econômica, passa a fazer uso da Internet.

Não são partes integrantes do estabelecimento virtual ou estabelecimento empresarial digital: o ponto empresarial, visto que não necessita de um prédio para oferecer seus produtos e serviços; máquinas, mercadorias, utensílios, pois ficarão em outro local (p. ex.: armazém).

O local onde o empresário supervisiona as operações do seu *site* é seu estabelecimento empresarial físico, se o estabelecimento virtual for derivado.

Os seus caracteres, na lição de José Olinto de Toledo Ridolfo, são: *a*) *interatividade*, ou seja, capacidade de produzir informação qualitativa baseada na coleta, em tempo real, de manifestações atinentes às consultas, visitas ou compras de bens ou serviços ofertados no estabelecimento virtual; *b*) *dinamicidade*, oferta conjunta de produtos, serviços e informações atualizadas em curtíssimo espaço de tempo, que constituirá a estrutura informativa que norteará a conduta do consumidor; *c*) *customização*, possibilidade de adequação de produtos e serviços oferecidos no estabelecimento virtual às necessidades da demanda, ajustando-os em tempo real; *d*) *navegabilidade*, característica tecnológica interna que permite uma condição favorável de identificação de produtos, serviços e informações do estabelecimento visitado; *e*) *acessabilidade*, possibilidade de identificação das necessidades correlatas ou adjacentes aos bens ou serviços originariamente ofertados num estabelecimento virtual, remetendo o interessado a outro estabelecimento indicado; *f*) *conectividade*, capacidade de o estabelecimento virtual poder ser acessado por diferentes meios tecnológicos; *g*) *escalabilidade*, característica da infraestrutura tecnológica que mantém o estabelecimento virtual, permitindo que seja visitado ou consultado por um número sempre crescente de visitantes. Pelo Enunciado n. 488 do Conselho da Justiça Federal, aprovado na V Jornada de Direito Civil: "Admite-se a penhora do *website* e de outros intangíveis relacionados com o comércio eletrônico".

Se o local onde se exerce a atividade empresarial for físico, a fixação do horário e funcionamento compete ao munícipio (CC, art. 1.142, § 3º, acrescentado pela Lei n. 14.195/2021 e confirmado pela Lei n. 14.382/2022; Lei n. 13.874/2019, art. 3º, II).

Quadro Sinótico

IMPORTÂNCIA, CONCEITO E NATUREZA JURÍDICA DO ESTABELECIMENTO

1. IMPORTÂNCIA	• O estabelecimento é elemento essencial da empresa, pois o empresário, para exercê-la, deverá organizar um conjunto de bens. Grande é sua importância, por ser impossível qualquer atividade empresarial sem que antes se organize um estabelecimento.

2. CONCEITO	• Estabelecimento é o complexo de bens de natureza variada, materiais ou imateriais, reunidos e organizados pelo empresário individual ou pela sociedade empresária, por serem necessários e úteis ao desenvolvimento e à exploração de sua atividade econômica. Poderá ser estabelecimento empresarial físico ou virtual (originário ou derivado).

3. NATUREZA JURÍDICA	• É um bem incorpóreo, objeto unitário de direito e negócios jurídicos, cujo atributo é um valor econômico (fundo de empresa), dotado de tutela jurídica especial, por ser patrimônio afetado à "empresa", constituindo uma universalidade jurídica *sui generis*.

2. Elementos do estabelecimento empresarial

A. Panorama geral

O estabelecimento, por ser um complexo organizado de bens necessários à "empresa", constituindo seu ativo permanente e sendo fato gerador de lucro ou de sua expectativa, possui como elementos integrantes[6]:

a) *Bens corpóreos* (ou materiais) ou coisas que têm existência material, constituindo objeto de direito, tais como: imóveis e móveis. Podemos citar dentre eles: produtos ou mercadorias; veículos; computadores, telefones; máquinas; frigoríficos; equipamentos; dinheiro; utensílios; balcões; insumos (matéria-prima, produtos intermediários, material de embalagem etc.); estoque de produtos; mobiliário; terrenos; prédio de instalação da sede administrativa (responsável não só pelo controle das vendas, do faturamento, das contas a receber e a pagar, do caixa, das contas bancárias etc., como também pela escrituração); do armazém de depósito de mercadorias, da loja, da fábrica, de usinas etc.

b) *Bens incorpóreos* (ou imateriais) que não têm existência tangível e são relativos aos direitos que o empresário tem sobre coisas, sobre produtos industriais ou intelectuais ou contra outra pessoa, apresentando valor econômico, tais como: localização do imóvel (ponto empresarial), elemen-

6. Láudio Camargo Fabretti, *Direito de empresa no novo Código Civil*, São Paulo, Atlas, 2003, p. 68; Mônica Gusmão, *Curso de direito empresarial*, Rio de Janeiro, Lumen Juris, 2007, p. 155 e 157; Lucas Rocha Furtado, Estabelecimento, cit., p. 940-48; Rubens Requião, *Curso*, cit., v. 1, p. 289-95; Modesto Carvalhosa, *Comentários*, cit., v. 13, p. 617 e 618.

to essencial do sucesso do empreendimento; nome empresarial e seus acessórios (título do estabelecimento, insígnia e a expressão ou sinal de propaganda); marca; modelo de utilidade; invenção; patente de invenção; desenho industrial; programas de informática; fórmulas; tecnologia (*know-how*); direito pessoal patrimonial (créditos) ou direito decorrente de contratos; direito a prestação do trabalho dos empregados, auxiliares do empresário, visto ser a atividade laboral, sob supervisão do administrador, necessária à operacionalização da "empresa", não se tratando de empresário individual ou de ME ou EPP; direito à franquia; direitos de personalidade (honra objetiva, projeção social, imagem, segredo, privacidade etc.)[7]; direitos autorais decorrentes de obras literárias, artísticas ou científicas etc.

Diante do exposto, fácil é perceber que são elementos do estabelecimento imóveis, móveis e direitos, enfim, tudo em que possa exteriorizar-se a atividade empresarial.

B. Elementos corpóreos ou materiais

Tanto os bens móveis como os imóveis são elementos corpóreos integrantes do estabelecimento[8], têm, por isso, importância para avaliação do estabelecimento, e a universalidade deles resultante recebe proteção jurídica especial.

---

7. Pelo Código Civil, art. 52, aplica-se às pessoas jurídicas, no que couber, a proteção dos direitos da personalidade. Para acarretar responsabilidade civil por dano moral à pessoa jurídica, o fato lesivo e o dano eventual deverão ser comprovados (Enunciado n. 189 do Conselho da Justiça Federal, aprovado na III Jornada de Direito Civil). Apesar disso, na IV Jornada de Direito Civil, o Conselho de Justiça Federal aprovou o Enunciado n. 286: "Os direitos da personalidade são direitos inerentes e essenciais à pessoa humana, decorrentes de sua dignidade, não sendo as pessoas jurídicas titulares de tais direitos". Sobre esse assunto consulte: M. Helena Diniz, *Código Civil anotado*, São Paulo, Saraiva, 2006, p. 90; *Curso de direito civil brasileiro*, São Paulo, Saraiva, 2007, v. 7, p. 88. Pela Lei n. 11.196/2005, art. 19-A, § 6º, acrescentado pela Lei n. 11.487/2007: "A participação da pessoa jurídica na titularidade dos direitos sobre a criação e a propriedade industrial e intelectual gerada por um projeto corresponderá à razão entre a diferença do valor despendido pela pessoa jurídica e do valor do efetivo benefício fiscal utilizado, de um lado, e o valor total do projeto, de outro, cabendo à ICT a parte remanescente". *Vide*: Lei n. 12.270, de 24 de junho de 2010, sobre medidas de suspensão de concessões ou outras obrigações relativas aos direitos de propriedade intelectual, em casos de descumprimento de obrigações do Acordo Constitutivo da Organização Mundial do Comércio.
8. Sérgio Campinho, *O direito de empresa*, cit., p. 300-2; Ricardo Negrão, *Manual*, cit., v. 1, p. 75 e 76; Lucas Rocha Furtado, Estabelecimento, cit., p. 942 e 943.

Em relação aos imóveis, ensina-nos, com propriedade, Fran Martins[9]: "no entanto, quando os imóveis pertencem ao comerciante, para o seu estabelecimento ou para um serviço necessário à empresa comercial — tais como armazéns para depósitos de mercadorias, prédios apropriados para instalações de usinas, etc. — esses imóveis se incorporam ao fundo de comércio e, ao ser vendido o estabelecimento comercial, figuram no mesmo, salvo se de modo diverso for deliberado pelos contratantes. Assume o imóvel o caráter de bem comercial pela sua destinação, do mesmo modo que um móvel de que o comerciante se utiliza para expor os seus produtos se torna também elemento do fundo de comércio, muito embora se distinga da mercadoria, que é adquirida para revender".

No estabelecimento industrial, há um certo predomínio de imóveis: terrenos, edifícios e construções destinadas às fábricas, usinas, armazéns de depósito de mercadorias, lojas com todos os acessórios, ou seja, com todas as coisas neles empregadas em sua exploração, como máquinas, frigoríficos e equipamentos[10].

No estabelecimento agropastoril exercem papel fundamental como seus elementos materiais as terras, as construções, as plantações, os animais e as máquinas e tratores utilizados no exercício da atividade econômica[11].

---

9. Fran Martins, *Curso de direito comercial*, Rio de Janeiro, Forense, 2001, p. 356.

10. Oscar Barreto Filho, *Teoria do estabelecimento comercial*, São Paulo, Saraiva, 1988, p. 155. *BAASP*, *2572*:1510-6: "Se o imóvel pertence a empresa, que é pessoa jurídica distinta da pessoa de seus sócios, considera-se inexistente o negócio jurídico de alienação do bem, mediante contrato apenas entre os sócios. Envolvendo coisa alheia, tal negócio jurídico se reputa eficaz, porque obviamente ninguém pode transmitir mais direitos do que tem. A validade da venda da coisa alheia, além de ser condicional, é encarada, somente, quanto às relações entre o comprador e o vendedor. Em relação ao verdadeiro dono da coisa vendida, o contrato não é válido, nem nulo, mas apenas inexistente, visto ser *res inter alios acta*. O verdadeiro dono, evidentemente, conserva intacto o seu direito de propriedade e pode dispor da sua cousa como melhor entender" (TJSP, 11ª Câm. de Direito Privado, AP c/ Revisão n. 7.073.810-6 — Itapeva — São Paulo, rel. Des. Gilberto Pinto dos Santos, j. 13-7-2006, v.u.).

11. Gustavo E. K. Rezek (*Imóvel agrário*, Curitiba, Juruá, 2007, p. 113-4) esclarece-nos que "estabelecimento agrário é o conjunto de bens materiais e imateriais utilizados pelo empresário para a constituição e o exercício da empresa agrária. Integram o estabelecimento a terra fértil, o maquinário (tratores, arados, roçadeiras, picadeiras, bombas de adubação, coletores, secadores e beneficiadores de grãos), as instalações e galpões de cultivo e de criação (currais, estufas, tulhas, tanques), as ferramentas (enxadas, foices, pás, facões, fincadeiras, galões, baldes), os animais de serviço (cães pastores, cavalos de arrebanhamento, mulas de carga), os insumos (adubos, lubrificantes, remédios), as tecnologias (patentes, técnicas de cultivo e criação), os direitos, os créditos, os débitos e as relações jurídicas oriundas do cultivo e da criação, enfim, todos os bens ap-

Os estabelecimentos, em regra, fazem uso de máquinas (aparelhos para a produção de mercadorias ou serviços, caixas registradoras, computadores, máquina para venda automática ou de calcular) e de utensílios (bens que facilitam a execução de certos serviços, como, p. ex., o de limpeza).

As instalações, que são acomodações montadas no estabelecimento empresarial, para apresentar seus produtos à clientela, atraindo-a, constituem bens corpóreos. Nelas revela o empresário sua habilidade profissional, visto que deverá adequá-las ao ramo de comércio explorado e ao tipo de freguesia. Se quiser alcançar a classe alta, suas instalações deverão ser mais sofisticadas e suas mercadorias selecionadas mais caras, jogando com a "fama" de sua marca ou insígnia. Se tiver por escopo atender a população menos favorecida pela sorte, suas instalações deverão ser mais simples e os preços de seus produtos mais baixos[12].

As mercadorias são produtos que, tendo valor, são destinados à venda ou à revenda ou à locação. O conjunto delas forma o estoque, de grande importância para o atendimento eficaz da clientela.

Enfim, todos os imóveis ou móveis afetados ao exercício da atividade empresarial e constantes da escrituração são elementos integrantes do estabelecimento.

C. Elementos incorpóreos ou imateriais

c.1. Elementos de identificação: nome empresarial e seus acessórios (título de estabelecimento, insígnia, expressão ou sinal de propaganda)[13]

---

tos à instrumentação da atividade agrária, inclusive os animais criados e os vegetais cultivados". No mesmo sentido: Fábio Maria De Mattia, *Especialidade do direito agrário*, 1992, p. 73, e Fernando C. Scaff, *Teoria geral do estabelecimento agrário*, São Paulo, Revista dos Tribunais, 2001, p. 42.

12. Rubens Requião, *Curso*, cit., v. 1, p. 289 e 290.

A Instrução Normativa da Secretaria da Receita Federal n. 1.081, de 4-11-2010, dispõe sobre regime especial de substituição tributária do IPI no que atina à sua concessão, alteração, cancelamento e cassação, ao considerar como contribuinte substituto o estabelecimento industrial que recebe produtos saídos do estabelecimento substituído com suspensão de IPI, e o que dá saída a produtos, com suspensão do IPI, para contribuinte substituto.

13. Mônica Gusmão, *Curso*, cit., p. 157-66; Ricardo Negrão, *Manual*, cit., v. 1, p. 80 e 81; Rubens Requião, *Curso*, cit., v. 1, p. 295-98; 225-41, 272-75; Sérgio Campinho, *Direito de empresa*, cit., p. 304-6; Fábio Ulhoa Coelho, *Curso*, cit., v. 1, p. 177-85; Lucas Rocha Furtado, Estabelecimento, cit., p. 946-48; Sebastião José Roque, *Curso de direito empresarial*, São Paulo, Ícone, 2006, p. 170-72; *RSTJ*, *68*:314, *22*:290; *RTJ*, *122*:1148.

BAASP, *2783*:10 – Nome comercial como bem incorpóreo pode agregar valor ao esta-

O *nome empresarial* é um elemento incorpóreo do estabelecimento, que identifica o empresário no exercício da atividade econômica, tendo tutela legal pela importância e pelo papel que desempenha na reputação do empresário junto aos fornecedores, financiadores e consumidores.

Assim, p. ex., uma pessoa natural, que seja empresária, terá dois nomes: o *civil* (João Taveira Lopes), utilizado nos atos da vida civil sem relação com sua atividade econômica, e o *empresarial* (J. T. Lopes — Armarinhos) por ele usado na prática de atos voltados ao exercício da "empresa".

O nome empresarial é a designação com que o empresário efetua seu registro, exerce sua atividade econômica e assina seus documentos.

Sua proteção é garantida constitucionalmente (CF, art. 5º, XXIX, 2ª parte) e seu uso é exclusivo (CC, art. 1.166), estando, por isso, proibida por lei (Lei n. 9.279/96, arts. 124, V, e 191) sua reprodução ou imitação por terceiro se causar confusão ou concorrência desleal. Sua proteção decorre, automaticamente, da inscrição do empresário, da declaração de firma, ou do ato constitutivo da sociedade empresária ou de suas alterações, e circunscreve-se à unidade federativa da jurisdição da Junta Comercial, que procedeu ao arquivamento, estendendo-se a todo território nacional se registrado de forma especial (Lei n. 8.934/94, regulamentada pelo Decreto n. 1.800/96, arts. 33 e 61; CC, art. 1.166 e parágrafo único, Instrução Normativa n. 15/2013 do DREI). E já se decidiu que "o direito ao uso exclusivo do nome comercial, por força do art. 8º da Convenção da União de Paris para Proteção da Propriedade Industrial, mesmo entre nacionais, não está sujeito a qualquer registro ou depósito e surge tão só com a instituição jurídica da sociedade" (*RT*, *689*:153).

Constitui, concomitantemente, elemento identificador do empresário individual e da sociedade empresária (aspecto subjetivo) e da atividade empresarial por eles exercida (aspecto objetivo).

O nome empresarial compreende: *firma de empresário*, nome sob o qual o empresário individual exerce sua atividade; *firma social*, é o da sociedade empresária; e *denominação*, constituída, em regra, por nome de fantasia.

---

belecimento. Descumprimento do contrato pela ré. Dano material correspondente à multa contratual de 20% sobre o valor do contrato. Ação ordinária de preceito cominatório c.c. reparação de danos procedente em parte. Recurso improvido (TJSP-1ª Câmara de Direito Privado, Apelação 0128583-28.2008.8.26.0000-Marília-SP, Rel. Des. Paulo Eduardo Razuk, j. 13-9-2011).

Vide: Instruções Normativas n. 53/96 (ora revogada pela IN n. 99, de 21-12-2005, do DREI), 92/2003 (ora revogada pela IN n. 95, de 22-12-2003, do DREI), e 104/2007 (ora revogada pela IN n. 116/2011), do DNRC, e IN do DREI n. 10/2013, que traçam diretrizes para a formação do nome empresarial.

Pelo art. 34 da Lei n. 8.934/94, o nome empresarial norteia-se pelos *princípios* da: *veracidade* ou *autenticidade*, pelo qual, na sua composição, inadmissível será qualquer informação inverídica; logo, na formação da firma de empresário (firma individual), deverá constar o nome (patronímico) do empresário individual (p. ex. "R. Sandoval-Meias") e na da firma social (razão social), o nome de um, de alguns ou de todos os sócios ("Almeida & Rocha"). Pelo princípio da autenticidade (arts. 1.164 e 1.165 do CC), em caso de firma social ou individual, havendo retirada ou morte de um dos sócios ou transferência de empresa individual, a firma deverá ser alterada; nela não se poderá manter o nome do que se retirou, faleceu ou daquele que transferiu sua empresa por ato *inter vivos*. Por esse princípio, a firma individual ou social deverá transparecer o nome do empresário e o dos sócios integrantes da sociedade. Se o adquirente, por ato *causa mortis* ou *inter vivos*, quiser, poderá, exercendo a atividade em seu nome, informar sua qualidade de sucessor. P. ex.: "Rosita Maldonado & Cia.", sucessores de "Sidney Ramora & Cia.". A *denominação*, por sua vez, por não integrar a personalidade dos sócios, poderá ser transmitida a outrem, com ou sem a sociedade empresária; rege-se pelo princípio da *novidade* que veda, para evitar concorrência desleal e preservar o bom nome do empresário, a adoção de nome idêntico ou similar ao de outro empresário, sendo, portanto, decorrente da exclusividade do seu uso (CC, art. 1.166), de modo que não poderá ser igual ou semelhante a outro, a não ser que haja diferença de atividade econômica exercida pelos titulares (princípio da *especificidade*) e acréscimo de designação que os distinga (CC, art. 1.163, parágrafo único). P. ex., se já houver registro da denominação "Casa Florença" para produtos alimentícios italianos, poderá ser ela assim registrada para o ramo de bolsas: "Casa Florença — Bolsas".

O nome empresarial não possui prazo de duração, como a marca e a patente, tendo existência, enquanto perdurar a personalidade jurídica de seu titular ou a "empresa" (CC, arts. 1.167 e 1.168).

O seu uso indevido constitui crime de concorrência desleal, e o usurpador deverá ser responsabilizado pelos prejuízos causados por desvio de clientela (Lei n. 9.279/96, arts. 195, V, e 209).

Constituem *acessórios* do nome empresarial:

a) *Título de estabelecimento*, que o identifica, por ser a designação ou o nome pelo qual o local da situação da "empresa" é conhecido popularmente, ganhando notoriedade, tendo, como observa Sebastião José Roque, por isso, grande valor mercadológico e econômico, integrando-se no aviamento e valorizando o ponto, servindo de atração da clientela. P. ex., o Banco Brasileiro de Descontos S/A (nome empresarial que identifica a sociedade empresária) utiliza o termo *Bradesco* como título de estabelecimento para identificar o lugar em que a sua atividade bancária se dê; a Tecelagem Marum Jafet S/A (nome empresarial) usa como título de estabelecimento *Mundo dos Tecidos*. É a designação dada ao local onde se exerce a atividade empresarial, utilizada em sua fachada, identificando-o. Poder-se-á, p. ex., adotar o nome empresarial "Malharia Platanus Ltda.", o título de estabelecimento, "Casa Platanus", e obter o registro da marca "Platanus". Mas a expressão contida no título, na lição de Fábio Ulhoa Coelho, não precisará ser idêntica ao nome empresarial ou à marca, embora seja comum a adoção, como título de estabelecimento, da marca registrada, para auxiliar sua fixação, obter exclusividade de seu uso e proteger o sinal identificador do estabelecimento, mediante o registro no INPI, impedindo que outro concorrente o utilize. Se o título do local do exercício da atividade empresarial for diverso da marca e não estiver registrado como marca no INPI, o empresário apenas poderá impedir sua reprodução ou imitação, alegando concorrência desleal.

Realmente nada impede que a sociedade empresária "Comércio e Indústria João Liberato & Cia. Ltda.", seja titular da marca "Pig" e seu estabelecimento tenha a denominação "Rei da Linguiça".

Apesar de o título de estabelecimento não ser objeto de registro, os arts. 195, V, e 209 da Lei n. 9.279/96 dão-lhe proteção indireta, de natureza penal, e o direito de exclusividade de seu titular é tutelado indiretamente por disposições penais, e já houve decisão de que a anterioridade de seu registro, na Junta Comercial, confere exclusividade e impede que terceiro venha a efetuar registro idêntico ou similar, no INPI, sob a alegação de fazê-lo para distinguir marca de mercadoria por ele vendida em sua loja (TJRS, 5ª Câm. — COAD, *Informativo* n. 32/93).

A forma mais eficiente de proteção do título é registrá-lo como marca. Terá proteção legal na hipótese prevista na Lei n. 9.279/96, art. 124, V, que proíbe registro, como marca, de "reprodução ou imitação de elemento característico ou diferenciador de título de estabelecimento ou nome de empresa de terceiros, suscetível de causar confusão ou associação com estes sinais distintivos". A escolha do título do estabelecimento deverá ter como parâmetro a originalidade, para evitar colisão com outros já existentes e impedimento da concessão do registro. E, além disso, o mesmo diploma legal, no seu art. 191, tipifica como crime o fato de "reproduzir ou imitar, de modo que possa induzir em erro ou confusão, armas, brasões ou distintivos oficiais nacionais, estrangeiros ou internacionais, sem a necessária autorização, no todo ou em parte, em marca, *título de estabelecimento*, nome comercial, insígnia ou sinal de propaganda, ou usar essas reproduções ou imitações com fins econômicos", e, no art. 195, V, considera como crime de concorrência desleal o fato de alguém usar indevidamente título de estabelecimento ou vender, expor ou oferecer à venda ou ter em estoque produto com essa referência.

Por ser bem imaterial negociável, o título do estabelecimento poderá ser cedido ou transferido sem que haja alienação do estabelecimento empresarial, desde que não seja composto por firma individual ou social. Todavia, há quem ache que essa cessão somente seria possível juntamente com a do estabelecimento.

b) *Insígnia*, que é o sinal externo ou a representação gráfica (logotipo, letra, distintivo, figura, emblema, desenho etc.) do estabelecimento, que o individualiza e é usada em correspondências, anúncios etc., como o "palhaço" do McDonald's; o jacarezinho verde da Lacoste; o id do Instituto Internacional de Direito. Seu uso indevido ou usurpação gera concorrência desleal, punida pela Lei n. 9.279/96, art. 195, V.

c) *Expressão ou sinal de propaganda*, que é a legenda, anúncio, palavra, reclame, música (*jingle*) etc. que revela a qualidade dos produtos e serviços e servem como atrativo de clientela por fazê-la lembrar da marca e da empresa. P. ex.: "Lojas Marabrás — preço menor ninguém faz"; "O mundo gira e a Lusitana roda"; "Quem bebe Sukita não engole qualquer coisa" etc. Pelo art. 124, VII, da Lei n. 9.279/96 não são registráveis sinal ou expressão empregada somente como meio de propaganda, visto que não visa designar produto ou serviço, mas por outro lado esse mesmo diploma legal considera, como vimos no art. 191, crime o ato de reproduzir ou imitar, de modo a induzir em erro ou confusão, em *sinal de propaganda*, armas, brasões, ou distintivos oficiais nacionais ou estrangeiros.

Lembra-nos ainda Sebastião José Roque que se deverá não só respeitar, ao elaborar frases, como expressão de propaganda, o princípio da novidade, p. ex., evitando-se as já conhecidas, e o do respeito à dignidade da pessoa humana, não fazendo alusões ofensivas, p. ex., à honra ou à imagem de alguém, como também evitar o uso de combinações de palavras descritivas da boa qualidade do produto ou do serviço, p. ex., "*Whisky White Horse*, feito com o mais puro malte escocês"[14].

---

14. Sebastião José Roque, *Curso*, cit., p. 173.

Pelo Enunciado n. 95: "Os perfis em redes sociais, quando explorados com finalidade empresarial, podem se caracterizar como elemento imaterial do estabelecimento empresarial" (aprovado na III Jornada de Direito Comercial).

Como se vê, consagrado está juridicamente o direito do empresário (pessoa natural ou jurídica) sobre os sinais distintivos de sua atividade econômica.

Graficamente, temos como elementos de identificação do estabelecimento empresarial:

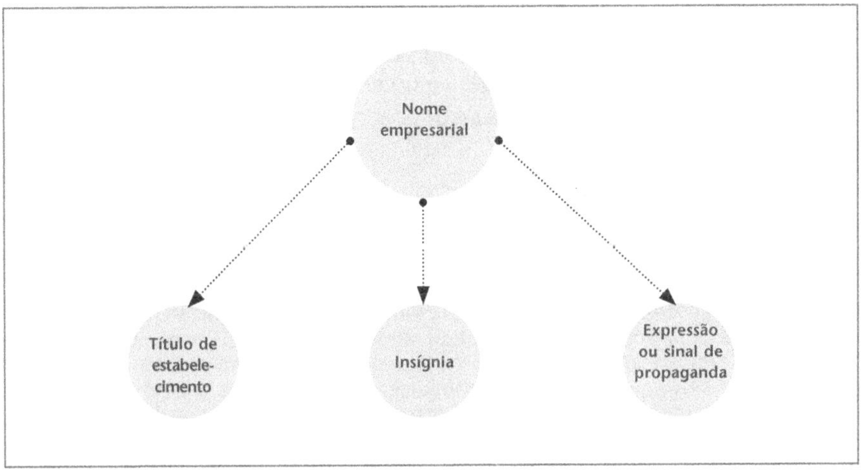

c.2. Elementos constitutivos da propriedade industrial

c.2.1. Proteção dos direitos relativos à propriedade industrial

Pelo art. 1º, n. 2, da Convenção da União de Paris de 1883, "a proteção da propriedade industrial tem por objeto as patentes de invenção, os modelos de utilidade, os desenhos ou modelos industriais, as marcas de fábrica ou de comércio, as marcas de serviço, o nome comercial e as indicações de proveniência ou denominações de origem, bem como a repressão da concorrência desleal".

O Código de Propriedade Industrial brasileiro (Lei n. 9.279/96) não adotou esse conceito amplo de propriedade industrial, pois nele estão abrangidos invenções, desenhos industriais, marcas, modelo de utilidade, patente, concorrência desleal, ficando o nome empresarial disciplinado pela Lei n. 8.934/94, norma alusiva ao registro público das empresas mercantis.

São elementos do estabelecimento os seguintes bens incorpóreos, que integram a propriedade industrial: invenção, modelo de utilidade, desenho industrial e marca. O direito de explorar com exclusividade a invenção e o modelo de utilidade está documentado pela carta-patente (ato do INPI concessivo da patente). O direito exclusivo ao uso do desenho industrial e da marca dá-se pelo seu registro no INPI[15].

Esses bens imateriais são tutelados juridicamente, pois em razão de sua importância para o exercício da atividade empresarial, sendo fontes de receita, requerem, na sua exploração, investimentos vultosos para o empresário; logo, deverão ser regidos por normas voltadas à preservação da lealdade competitiva e à condenação da concorrência desleal.

Se assim é, o direito à propriedade industrial, na lição de Fábio Ulhoa Coelho, visa a proteção de interesses de inventores, *designers* e empresários, relativamente às invenções, modelos de utilidade, desenhos industriais e marcas[16]. Disciplina obras utilitárias e protege a atividade intelectual no campo industrial.

---

15. Fábio Ulhoa Coelho, *Curso*, cit., v. 1, p. 136. *Vide* Portaria n. 130/2008 (ora revogada pela Portaria n. 149, de 15-5-2013) do Ministério do Desenvolvimento, Indústria e Comércio Exterior e Portaria n. 187/2013 do Ministério do Desenvolvimento, Indústria e Comércio Exterior sobre o Regimento Interno do INPI e Decreto n. 7.356, de 12 de novembro de 2010, que aprova a Estrutura Regimental e o Quadro Demonstrativo dos Cargos em Comissão, das Funções de Confiança do Instituto Nacional da Propriedade Industrial — INPI.

Resolução n. 16, de 18 de março de 2013, do INPI, dispõe sobre a localização das Divisões Regionais do INPI, suas áreas de atuação e estabelece suas competências. Resolução n. 9, de 18 de março de 2013, do INPI, institui a logomarca oficial do Instituto Nacional da Propriedade Industrial — INPI e disciplina o seu uso.

Decreto n. 8.854/2016, com alteração do Decreto n. 8.917/2016 sobre Estrutura Regimental do INPI.

16. Fábio Ulhoa Coelho, *Curso*, cit., v. 1, p. 136. Além da Convenção de Paris, da qual o Brasil, na qualidade de signatário original, aderiu à última revisão feita em 1992, outros organismos internacionais protegem a propriedade intelectual, e nosso País deles é parte integrante, como: Organização Mundial da Propriedade Intelectual (OMPI), Tratado de Cooperação em Matéria de Patentes (PCT). Resolução n. 97, de 24 de junho de 2013, do INPI, que dispõe sobre a abstenção da exigência de retribuições nos casos de exercício dos direitos assegurados nas alíneas *a* e *b* do inciso XXXIV do art. 5º da Constituição Federal de 1988 e pelo simples processamento de requerimentos administrativos que não demandem diretamente análise técnica de invenções, modelos de utilidade, desenhos industriais ou marcas, quando o interessado declarar que não se acha em condições de suportar as aludidas despesas sem prejuízo do sustento próprio ou de sua família.

Pelo CJF, Enunciado 551 (aprovado na VI Jornada de Direito Civil) — Nas violações aos direitos relativos a marcas, patentes e desenhos industriais, será assegurada a reparação civil ao seu titular, incluídos tanto os danos patrimoniais como os danos extrapatrimoniais.

Enunciado 108: "Não cabe a condenação do INPI em sucumbência, nos termos do art. 85 do CPC, quando a matéria não for de seu conhecimento prévio e não houver resistência judicial posterior" (aprovado na III Jornada de Direito Comercial).

Enunciado 109: "Os pedidos de abstenção de uso e indenização, quando cumulados com ação visando anular um direito de propriedade industrial, são da competência da Justiça Federal, em face do art. 55 do CPC" (aprovado na III Jornada de Direito Comercial).

A *propriedade industrial* é espécie do gênero *propriedade intelectual*, que é um conjunto de prerrogativas legais conferidas ao criador de obra intelectual, dando-lhe exclusividade ou vantagens na sua exploração, abrangendo invenções, modelos de utilidade, desenhos industriais, obras científicas, artísticas, literárias etc. O direito de propriedade intelectual compreende o direito industrial e o direito autoral.

c.2.2. Invenção

Inventar, no dizer de Rubens Requião[17], é "dar aplicação prática ou técnica ao princípio científico, no sentido de criar algo novo, aplicável no aperfeiçoamento ou na criação industrial". Requer a criação de objeto novo, antes inexistente, pelo engenho humano, por isso é imprescindível que haja *atividade inventiva*. Invenção é a criação original do espírito humano, consistente num novo produto, novo processo, novo instrumento ou novo meio técnico para obtenção de produtos, aplicável à qualquer tipo de indústria para melhorá-la[18].

A invenção "é dotada de atividade inventiva sempre que, para um técnico no assunto, não decorra de maneira evidente ou óbvia do estado da técnica" (art. 13 da Lei n. 9.279/96). É algo original, desconhecido pelos técnicos e pelos cientistas, que poderá ser usado ou produzido industrialmente (art. 15 da Lei n. 9.279/96), satisfazendo fins determinados e necessidade

---

Enunciado 110: "Aplicam-se aos negócios jurídicos de propriedade intelectual o disposto sobre a função social dos contratos, probidade e boa-fé" (aprovado na III Jornada de Direito Comercial).

Enunciado 112: "O termo inicial do prazo de 30 dias previsto no parágrafo único do art. 162 da Lei n. 9.279/96 é o primeiro dia útil subsequente ao término *in albis* do prazo de 60 dias previsto no *caput* do mesmo artigo" (aprovado na III Jornada de Direito Comercial).

Enunciado 113: "Em ações que visam anular um direito de propriedade industrial, a citação do INPI para se manifestar sobre os pedidos deve ocorrer apenas após a contestação do titular do direito de propriedade industrial" (aprovado na III Jornada de Direito Comercial).

Enunciado 114: "A proteção jurídica ao conjunto-imagem de um produto ou serviço não se estende à funcionalidade técnica" (aprovado na III Jornada de Direito Comercial).

Enunciado 668 da IX Jornada de Direito Civil: "Os direitos de propriedade industrial caracterizados pela exclusividade são suscetíveis de penhor, observadas as necessidades de averbação junto ao Instituto Nacional da Propriedade Industrial para a plena eficácia perante terceiros".

17. Rubens Requião, *Curso*, cit., v. 1, p. 265.

18. Fran Martins, *Curso*, cit., p. 342; Miguel J. A. Pupo Correia, *Direito comercial*, Lisboa, Ediforum, 1999, p. 307; Paulo Sérgio Restiffe, *Manual*, cit., p. 68.

de ordem prática. Três são seus *requisitos* para sua patenteabilidade: atividade inventiva (inventividade ou originalidade), industrialidade e novidade.

A invenção assegura ao seu criador o direito à obtenção da patente, para garantir-lhe a propriedade do seu invento e a exclusividade de seu uso. O direito do inventor, portanto, surge com a concessão da patente, pois com ela ter-se-á invenção patenteada ou privilégio de invenção, que assegurará ao inventor, aos seus herdeiros e sucessores, a propriedade e a exclusividade sobre a invenção.

Se o empregado do empresário apresentar um invento: *a*) a invenção pertencer-lhe-á, com exclusividade, desde que a atividade inventiva não tenha sido oriunda do contrato de trabalho ou feita sem utilização de meios, dados materiais, instalações ou equipamentos do empregador (Lei n. 9.279/96, art. 90). Nesta hipótese, ter-se-á, então, invento do empregado ou livre; *b*) a invenção, havendo uso de recursos do empregador, será de propriedade comum, pertencendo em partes iguais ao inventor (empregado) e ao empresário (empregador), salvo disposição contratual em sentido contrário. Além disso, o direito de exploração é do empregador, que deverá pagar remuneração do empregado, por se tratar de invento comum, misto ou conexo; *c*) a invenção será do empregador, se advier de atividade inventiva decorrente de contrato de trabalho cuja execução se dê no Brasil, ou da dos serviços para os quais o empregado foi contratado (Lei n. 9.279/96, art. 88). Considerar-se-á feita, durante a vigência do contrato de trabalho, a invenção cuja patente foi requerida pelo inventor assalariado durante o ano seguinte ao término do contrato, salvo se houver ajuste em sentido contrário (art. 88, § 2º), para que não haja prática de fraude por parte do empregado, silenciando invenção realizada durante a vigência do vínculo empregatício, para depois de sua rescisão requerer o privilégio da inscrição em seu favor, prejudicando o empresário empregador. A patente do invento de empresa ou de serviço será do empregador, que poderá conceder ao inventor (seu empregado) uma participação nos ganhos, que não se incorporará ao seu salário (Lei n. 9.279/96, art. 89)[19].

---

19. Sobre invenção: Amador Paes de Almeida, *Direito de empresa*, cit., p. 37; Sérgio Campinho, *O direito de empresa*, cit., p. 307-9; Fábio Ulhoa Coelho, *Curso*, cit., v. 1, p. 137; Ricardo Negrão, *Manual*, cit., v. 1, p. 110-18; Rubens Requião, *Curso*, cit., v. 1, p. 298 e 335; José C. Tinoco Soares, *Comentários ao Código da Propriedade Industrial*, São Paulo, Resenha Universitária, 1981, p. 23; Sebastião José Roque, *Curso*, cit., p. 185-87.

Vide: Lei n. 10.973/2004, arts. 22, § 3º, 22-A, I a IV, com a redação da Lei n. 13.243/2016.

BAASP, 2997:11. Direito Civil — Ação cominatória e de responsabilidade civil — Propriedade industrial — Patente de invenção — Aparato para desmoldagem automática de ferro gusa — Invalidação da patente — Pretensão que demanda procedimento próprio — Concessão da patente — Direito de utilização exclusiva pelo titular — Inven-

c.2.3. Modelo de utilidade

O modelo de utilidade é uma inovação introduzida em objeto já conhecido, aplicável à indústria, com finalidade prática ou produtiva.

Pelo art. 9º c/c art. 11 da Lei n. 9.279/96, seria o objeto de uso prático, ou parte deste, não compreendido no estado da técnica, suscetível de aplicação industrial, que apresente nova forma ou disposição, envolvendo ato inventivo, que resulte em melhoria funcional no seu uso, na sua utilidade ou em sua fabricação.

Essa nova forma ou disposição é obtida ou introduzida em ferramentas, utensílios ou instrumentos de trabalho, destinados a um uso prático. É algo novo que se emprega em um objeto existente para, dando-lhe uma nova configuração, aumentar sua utilidade, eficiência ou comodidade.

O modelo de utilidade precisa ser oriundo de ato inventivo, ser novo e suscetível de aplicação industrial.

Será criador de modelo de utilidade, p. ex., quem introduzir num aspirador de pó ou num aparelho de barbear, inovação que o torne, automaticamente, autolimpante, aperfeiçoando-o, revelando ato inventivo. O modelo de utilidade, por ser criação técnica patenteável, trazendo melhoria ao uso de um objeto ou produto, requer proteção por tempo limitado (15 anos da data do depósito), em todo território nacional, ao seu titular para impedir sua utilização por terceiro sem a devida autorização (Lei n. 9.279/96, art. 40)[20].

c.2.4. Desenho industrial

Pelo art. 95 da Lei n. 9.279/96, o *design* ou desenho industrial é "a forma plástica ornamental de um objeto ou o conjunto ornamental de linhas e cores que possa ser aplicado a um produto, proporcionando resultado visual novo e original na sua configuração externa e que possa servir de tipo de fabricação industrial". Logo, se tiver característica meramente artística, não será tido como desenho industrial (Lei n. 9.279/96, art. 98).

---

to — Pequenas adaptações — Circunstância que não desconfigura a invenção — Indenização por dano material devida — Tutela inibitória procedente — Dano moral não configurado — Honorários — Compensação — Impossibilidade.

20. Rubens Requião, *Curso*, cit., v. 1, p. 300 e 301; Sebastião José Roque, *Curso*, cit., p. 187 e 188; Maitê Cecília F. Moro, Cumulação de regimes protetivos para as criações técnicas, in *Criações industriais, segredos de negócio e concorrência desleal*, série GVLaw, São Paulo, Saraiva, 2007, p. 304; Marcelo Goyanes, *Tópicos em propriedade intelectual — marcas, direitos autorais,* designs *e pirataria*, Rio de Janeiro, Renovar, 2008.

É um novo conjunto de linhas ou cores que poderá ser aplicado, para fins industriais, na ornamentação de um produto, por qualquer meio (natural, químico, mecânico etc.), dando-lhe um novo visual.

O *design* visa a obtenção de um novo aspecto exterior de um produto, cujo consumo se ligue às variações da moda ou do gosto, satisfazendo a sua estética ou a sua utilização. P. ex., o carro "X" da Mercedes Benz apresenta um modelo industrial, mas, a cada ano, surge com novas linhas ou cores (desenho industrial), para atrair, com sua estética, os consumidores.

Eis a razão pela qual Fábio Ulhoa Coelho aponta *a futilidade* como característica do desenho industrial, pois ao alterar a linha ou as cores do objeto, não aumenta sua utilidade, apenas altera sua estética. O carro "X" da Mercedes Benz do ano 2007, com o visual estético de 2008, não tem mais utilidade, continuará servindo, como qualquer automóvel, para locomoção. O objeto tem função utilitária, mas o desenho industrial, que altera sua estética, é fútil, visto que não aumenta as possibilidades de sua utilização. Não é patenteável, mas registrável no INPI. Esse registro confere a propriedade do desenho industrial ao seu autor (*designer*), estando presentes os requisitos da novidade e originalidade. Será novo o *design* não compreendido no estado da técnica no momento do pedido do registro, e original se dele resultar uma configuração visual distintiva em relação a outros objetos anteriores (Lei n. 9.279/96, arts. 96 e 97). O resultado visual original poderá ser oriundo da combinação de elementos conhecidos. E, ainda, assegurará ao desenhista o direito de prioridade.

Com o despacho favorável do pedido de registro, ter-se-á a expedição do certificado do registro, contendo número, título, nome do autor, nacionalidade e domicílio do titular, prazo de vigência, desenho, dados relativos à prioridade estrangeira, relatório descritivo e reivindicações, se houverem. Tal certificado terá eficácia *erga omnes* e comprovará a titularidade do registro.

O titular do registro tem direito de efetuar a cessão do desenho industrial e de celebrar contrato de licença para sua exploração; enfim, usar de todas as prerrogativas da propriedade industrial sobre o desenho, tais como a de impedir o seu uso por terceiro, sem seu consenso.

Outorgado o registro, este vigorará até dez anos contados da data de depósito do pedido daquele registro no Brasil ou no exterior, prorrogável por mais três períodos sucessivos de cinco anos cada um. Após vinte e cinco anos, o direito ao registro do desenho industrial decai. Além do decurso do prazo, poderá extinguir-se por: renúncia de seu titular, desde que sejam ressalvados os direitos de terceiros; falta de pagamento da retribuição quinquenal devida, ausência de procurador no Brasil, se seu titular for domiciliado em outro país (Lei n. 9.279/96, arts. 108 e 119).

Se houver algum vício, o registro perderá sua eficácia e retroagirá até a data do depósito.

Nulo será o registro de desenho industrial, havendo: não preenchimento dos requisitos legais exigidos ou inobservância, no seu processamento, de exigências legais (Lei n. 9.279/96, arts. 94 a 98). Ter-se-á, p. ex., a declaração de sua nulidade, por meio de processo administrativo, instaurado de ofício ou a requerimento de interessado, dentro de cinco anos contados da concessão do registro, se houver ofensa à propriedade de outro desenho industrial pertencente a outrem (seu verdadeiro autor), que, então, poderá reivindicar que o registro lhe seja conferido, ou demonstração de que o desenho industrial não constituía uma novidade na época do depósito do pedido de registro, faltando-lhe a característica da originalidade.

Pelo art. 100, I e II, da Lei n. 9.279/96, não se poderá registrar como desenho industrial o que for: contrário à moral e aos bons costumes, ofensivo à honra ou imagem de pessoas ou atentatório à liberdade de consciência, crença, culto religioso, ideias ou sentimentos dignos de respeito e veneração. Nem será registrável a forma necessária comum ou vulgar do objeto ou, ainda, aquela determinada essencialmente por considerações técnicas ou funcionais[21].

---

21. Amador Paes de Almeida, *Direito de empresa*, cit., p. 39; Sérgio Campinho, *O direito de empresa*, cit., p. 310 e 311; Rubens Requião, *Curso*, cit., v. 1, p. 302-10; Sebastião José Roque, *Curso*, cit., p. 188-90; Fábio Ulhoa Coelho, *Curso*, cit., v. 1, p. 146-48; Newton Silveira, Os requisitos de novidade e originalidade para a proteção do desenho industrial, in *Criações industriais, segredos de negócio e concorrência desleal*, série GVLaw, São Paulo, Saraiva, 2007, p. 271-98; Paulo Sérgio Restiffe, *Manual*, cit., p. 73-5; Milton L. L. Barcellos, O atual sistema de registro e exercício de direitos sobre desenhos industriais frente ao disposto no inciso XXIX do art. 5º da Carta Magna de 1988, *Revista Jurídica, 329*:45-56. *Vide*: *BAASP, 2703*:638-05.

BAASP, 2572:1510-7: "Desenho utilizado por terceiros, inclusive no exterior, antes da utilização pela autora. Presunção do estado da técnica. Provimento negado" (TJSP, 8ª Câm. de Direito Privado, ACi c/ Revisão 219.434-4/7 — Birigui — SP, rel. Des. Caetano Lagrasta, j. 21-11-2007, v.u.).

BAASP, 2709:5821: Direito empresarial — Violação de desenho industrial — Concorrência desleal — Contrafação — Semelhança que se constata *icto oculi* — Perícia técnica — Desnecessidade — Reforma da sentença — Condenação em perdas e danos — Prejuízo presumido — Apuração em liquidação de sentença — Recurso provido — A Constituição da República assegura aos autores de inventos industriais a proteção às suas criações, bem como o privilégio temporário para sua utilização, consoante prescreve o art. 5º, inciso XXIX, da CF. Não é necessária a realização de perícia técnica para comprovar a ocorrência de contrafação, se é possível constatar *icto oculi* a grande semelhan-

c.2.5. Marca

A marca é o sinal ou nome colocado no seu produto ou serviço pelo empresário para identificá-lo, direta ou indiretamente, no mercado, tornando-o conhecido da clientela e fixando-lhe a origem e procedência. P. ex., marca Philco de televisores. A marca poderá ser colocada em envelopes e documentos relativos ao produto ou serviço por ela identificado ou diretamente no próprio produto em seu recipiente ou rótulos.

A identificação direta opera-se pela marca de serviço ou produto, e a indireta pela marca de certificação e marca coletiva. O usuário da marca de certificação ou coletiva não poderá acionar o usurpador, pois apenas poderá reclamar do titular da marca que tome as devidas providências, e, se ele nada fizer, poderá, então, representar ao INPI, para que promova a extinção do registro (Lei n. 9.279/96, art. 151, II).

Assim, pela Lei n. 9.279/96, art. 123, três são as modalidades de marca, quanto à sua utilização:

a) *marca de produto ou serviço*, sinal distintivo, visualmente perceptível, utilizado para distinguir produto (p. ex., molho de tomate Pomarola; cola em bastão Pritt) ou serviço (p. ex., DDDRIN; TAM; AMIL) de outro idêntico, similar ou afim, de origem diversa (Lei n. 9.279/96, art. 123, I). Nada obsta que se use a mesma marca para produtos ou serviços de classe diferente. P. ex., a marca Skala do hidratante de pele poderá ser utilizada para malhas ou bolsas;

b) *marca certificada ou de certificação*, usada para atestar se o produto de serviço está de acordo com as regras ou especificações técnicas, no que diz respeito à qualidade, à natureza, ao material utilizado e à metodologia adotada (Lei n. 9.279/96, art. 123, II). Visa a garantia da boa qualidade do produto (p. ex., "Leite longa vida") e do serviço prestado, atestando sua origem, o material, o modo de fabricação ou prestação de serviço;

c) *marca coletiva*, identificadora de produtos ou serviços oriundos de membros de uma certa entidade (Lei n. 9.279/96, art. 123, III), p. ex., a

---

ça entre os produtos capaz, inclusive, de confundir o consumidor. A existência de perdas e danos no caso de contrafação é presumida, cabendo sua apuração em liquidação de sentença por arbitramento (TJMG — 13ª Câm. Cível; ACi 1.0452.05.021144-3/001 — Nova Serrana-MG; Rel. Des. Nicolau Masselli; j. 16-4-2009; v.u.).

BAASP 2771:12 — Confere-se proteção ao desenho industrial mediante seu registro no INPI (art. 109 da Lei n. 9.279/96), aplicando-se, no que couberem, as disposições relativas à patente, inclusive o direito de exclusividade de uso (art. 42 da Lei n. 9.279/96). Somente é protegido o desenho industrial que foi devidamente registrado no INPI, revelando-se insuficiente o mero depósito do pedido.

antiga CAC (Cooperativa Agrícola de Cotia) e a PAULISTA (Cooperativa Central de Laticínios do Estado de São Paulo). Constitui, na lição de José Carlos Tinoco Soares, a marca de uma comunidade ou de um agrupamento de pessoas jurídicas, distintiva de produtos de uma região ou país, como se fosse o selo de garantia, autenticidade e qualidade, visando tutelar os interesses dos empresários contra possíveis infratores, dando-lhes a chancela de genuinidade, tornando-os detentores do controle de qualidade.

Têm especial proteção legal: *a*) a *marca de alto renome* registrada no Brasil, p. ex., Kodak, IBM, Coca-Cola, Toyota, Rolex, Goodyear, Bic, Elma Chips, Kibon, Johnson, pela sua fama ou bom conceito que possui junto ao público consumidor, em todos os ramos de atividade (art. 125 da Lei n. 9.279/96; Resoluções n. 110/2004 — ora revogada pela Resolução n. 23/2013, do INPI — e 121/2005 — ora revogada pela Resolução n. 1/2013, do INPI). Essa proteção especial deverá ser requerida ao INPI por ocasião da oposição a pedido de registro de marca de terceiro ou do processo administrativo de nulidade de registro de marca de terceiro. O INPI, reconhecendo-se o alto renome da marca, acolherá a oposição ou o processo de nulidade, indeferindo o pedido de registro ou anulando o registro. Se não se reconhecer o alto renome da marca, o INPI rejeitará a oposição e o processo administrativo de nulidade, deferindo o pedido de registro ou mantendo o registro. Assim, p. ex., nos Estados Unidos, a fábrica Kodak, relativa a produtos para fotografia, conseguiu, judicialmente, evitar o uso da sua marca em bicicletas. Todavia, há casos de marcas de alto renome iguais que coexistem no mercado, em produtos diferentes, p. ex., *Philips* para aparelhos eletrônicos e *Philips* para lâmpadas, por não haver confusão em seu uso pelos consumidores, nem prejuízo aos titulares das marcas; e a *marca notoriamente conhecida em seu ramo de atividade*, independentemente de estar previamente depositada ou registrada no Brasil (art. 126 da Lei n. 9.279/96, Parecer INPI, n. 91/91, item 17), sendo uma exceção ao princípio da territorialidade, por resguardar, mundialmente, o direito de seu criador, para que outra empresa não se aproveite da sua divulgação internacional e não se beneficie do investimento alheio.

As marcas que, em sua apresentação, se compuserem de sinais (inclusive algarismos) ou palavras são as *verbais* ou *nominativas* (p. ex., Christian Dior; Henry Ford; Sul América; Shell; BMW — Bayerische Motoren Werke; DC10 — Mac Donnell Douglas (aeronave comercial); 51, aguardente de cana-de-açúcar da Cia. Miller de Bebidas etc.), e as que contiverem emblemas ou figuras são as *emblemáticas* ou *figurativas* (p. ex., concha amarela e vermelha da Shell). E as que adotarem palavras e figuras são as *mistas* (p. ex., Sadia, que dá maior relevo à letra S). Serão *tridimensionais* se se apresentarem pela forma plástica, contendo conformação física de produto ou embalagem que a identifique, p. ex., Coca-Cola, Yakult etc.

Poderão ser registrados no INPI como marca quaisquer sinais distintivos, visualmente perceptíveis, como palavras, denominações, monogramas, emblemas, símbolos, figuras, ou qualquer outro sinal gráfico ou figurativo, desde que não estejam dentre os arrolados no art. 124 da Lei n. 9.279/96:

"Não são registráveis como marca:

a) brasão, armas, medalha, bandeira, emblema, distintivo e monumento oficiais, públicos, nacionais, estrangeiros ou internacionais, bem como a respectiva designação, figura ou imitação;

b) letra, algarismo e data, isoladamente, salvo quando revestidos de suficiente forma distintiva;

c) expressão, figura, desenho ou qualquer outro sinal contrário à moral e aos bons costumes ou que ofenda a honra ou imagem de pessoas ou atente contra liberdade de consciência, crença, culto religioso ou ideia e sentimento dignos de respeito e veneração;

d) designação ou sigla de entidade ou órgão público, quando não requerido o registro pela própria entidade ou órgão público;

e) reprodução ou imitação de elemento característico ou diferenciador de título de estabelecimento ou nome de empresa de terceiros, suscetível de causar confusão ou associação com estes sinais distintivos;

f) sinal de caráter genérico, necessário, comum, vulgar ou simplesmente descritivo, quando tiver relação com o produto ou serviço a distinguir, ou aquele empregado comumente para designar uma característica do produto ou serviço, quanto à natureza, nacionalidade, peso, valor, qualidade e época de produção ou de prestação do serviço, salvo quando revestidos de suficiente forma distintiva;

g) sinal ou expressão empregada apenas como meio de propaganda;

h) cores e suas denominações, salvo se dispostas ou combinadas de modo peculiar e distintivo;

i) indicação geográfica, sua imitação suscetível de causar confusão ou sinal que possa falsamente induzir indicação geográfica;

j) sinal que induza a falsa indicação quanto à origem, procedência; natureza, qualidade ou utilidade do produto ou serviço a que a marca se destina;

k) reprodução ou imitação de cunho oficial, regularmente adotada para garantia de padrão de qualquer gênero ou natureza;

l) reprodução ou imitação de sinal que tenha sido registrado como marca coletiva ou de certificação por terceiro, observado o disposto no art. 154;

m) nome, prêmio ou símbolo de evento esportivo, cultural, social, político, econômico ou técnico, oficial ou oficialmente reconhecido, bem como a imitação suscetível de criar confusão, salvo quando autorizados pela autoridade competente ou entidade promotora de evento;

n) reprodução ou imitação de título, apólice, moeda e cédula da União, dos Estados, do Distrito Federal, dos Territórios, dos Municípios, ou de país;

o) nome civil ou sua assinatura, nome de família ou patronímico e imagem de terceiros, salvo com consentimento do titular, herdeiros ou sucessores;

p) pseudônimo ou apelido notoriamente conhecidos, nome artístico singular ou coletivo, salvo com consentimento do titular, herdeiros ou sucessores;

q) obra literária, artística ou científica, assim como os títulos que estejam protegidos pelo direito autoral e sejam suscetíveis de causar confusão ou associação, salvo com consentimento do autor ou titular;

r) termo técnico usado na indústria, na ciência e na arte, que tenha relação com o produto ou serviço a distinguir;

s) reprodução ou imitação, no todo ou em parte, ainda que com acréscimo, de marca alheia registrada, para distinguir ou certificar produto ou serviço idêntico, semelhante ou afim, suscetível de causar confusão ou associação com marca alheia;

t) dualidade de marcas de um só titular para o mesmo produto ou serviço, salvo quando, no caso de marcas de mesma natureza, se revestirem de suficiente forma distintiva;

u) a forma necessária, comum ou vulgar do produto ou de acondicionamento, ou, ainda, aquela que não possa ser dissociada de efeito técnico;

v) objeto que estiver protegido por registro de desenho industrial de terceiro; e

x) sinal que imite ou reproduza, no todo ou em parte, marca que o requerente evidentemente não poderia desconhecer em razão de sua atividade, cujo titular seja sediado ou domiciliado em território nacional ou em país com o qual o Brasil mantenha acordo ou que assegure reciprocidade de tratamento, se a marca se destinar a distinguir produto ou serviço idêntico, semelhante ou afim, suscetível de causar confusão ou associação com aquela marca alheia".

Só poderão ser registradas as marcas que apresentarem originalidade, novidade, licitude e veracidade (art. 124, V, X e XI).

Proibido está o uso, no todo ou em parte, de marca alheia registrada ou de sinal que imite ou reproduza marca de titular domiciliado ou sediado no Brasil ou em outra nação com quem nosso País tem acordo de reciprocidade.

Segundo o Enunciado n. 60: "Os acordos e negócios de abstenção de uso de marcas entre sociedades empresárias não são oponíveis em face do Instituto Nacional de Propriedade Industrial — INPI, sem prejuízo de os litigantes obterem tutela jurisdicional de abstenção entre eles na Justiça estadual" (aprovado na II Jornada de Direito Comercial).

Há tutela legal da propriedade e do uso exclusivo, em todo o território nacional, da marca de certo produto ou serviço devidamente registrada (art. 129 da Lei n. 9.279/96), que veda a concorrência desleal, assegurando-se o direito à clientela do empresário e os interesses do consumidor.

Os televisores Philco, p. ex., só poderão ser fabricados e comercializados pelo seu titular, ou seja, pela sociedade empresária que registrou a marca. Quem fabricar TV com essa marca, além de usá-la indevidamente, estará incorrendo em concorrência desleal.

Poderá requerer o registro de marca (art. 128 da Lei n. 9.279/96): *a*) pessoa natural; *b*) pessoa jurídica de direito público; *c*) pessoa jurídica de direito privado — apenas o de marca relacionada com a atividade por ela exercida efetiva e licitamente. Pelo art. 128, § 1º, o registro da marca coletiva somente poderá ser requerido por pessoa jurídica representativa de coletividade (entidade de classe, cooperativa etc.), a qual poderá exercer atividade distinta da de seus membros. E o registro de marca de certificação apenas poderá ser requerido por quem tiver interesse comercial ou industrial direto no produto ou serviço atestado (art. 128, § 2º).

O titular da marca tem o direito de[22]:

22. Silva Pacheco, *Tratado de direito empresarial*, São Paulo, Saraiva, 1979, v. 2, p. 529-31. Consulte: Adriana Tolfo de Oliveira, *O regime jurídico internacional e jurídico das marcas*, Porto Alegre, Síntese, 2003; Antonio André Muniz de Souza, Marcas e controle jurisdicional, *Tribuna do Direito*, jun. 2005, p. 38; José Carlos T. Soares, Panorama da propriedade intelectual: sinais distintivos, *Revista do IASP*, 20:138-51; Carlos Henrique de C. Fróes, Marca: aquisição de distintividade e degenerescência, in *Sinais distintivos e tutela judicial e administrativa* (coord. Pereira dos Santos e Pinheiro Jabur), série GVLaw, São Paulo, Saraiva, 2007, p. 83 a 100; Maitê C. Fabbri Moro, A questão da regulamentação das marcas de alto renome, *Sinais*, cit., p. 101-34; *Marcas tridimensionais*, São Paulo, Saraiva, 2009; Jacques Labrunie, Aquisição do *secundary meaning* nas marcas tridimensionais, *Fórum Jurídico*, *6*, nov. 2014, p. 54-7; Paulo Sérgio Restiffe, *Manual*, cit., p. 75-80; Nelson D. Fensterseifer, Composição das marcas com sinais geográficos, *Revista Síntese — Direito Empresarial*, *33*:133-55; Maria Antonieta L. de Moraes e Perlla L. A. Silva, Marcas notórias: marca de alto renome e marca notoriamente conhecida, *RT*, *982*:213 a 236. *Vide*: Lei n. 9.279/96, arts. 155-66, 129, 167, 168-75; Dec.-lei n. 1.593/77, art. 2º-D, acrescido pela Lei n. 12.715/2012; Resolução n. 1/2011 do CNCP, sobre funcionamento do diretório nacional de titulares de marcas; Re-

a) Zelar pela sua integridade material ou reputação (art. 130, III, da Lei n. 9.279/76).

b) Ceder seu registro ou pedido de registro (art. 130, I, da Lei n. 9.279/96). E essa "cessão deverá compreender todos os registros ou pedidos, em nome do cedente, de marcas iguais ou semelhantes, relativas a produto ou serviço idêntico, semelhante ou afim, sob pena de cancelamento dos registros ou arquivamentos dos pedidos não cedidos" (art. 135 da Lei n. 9.279/96). O INPI fará a anotação da cessão, fazendo constar a qualificação completa do cessionário (art. 136, I, da Lei n. 9.279/96). Essa anotação produzirá efeito em relação a terceiro a partir da data de sua publicação (art. 137 da Lei n. 9.279/96).

Poderá efetuar contrato de transferência e exploração de marca, pois a propriedade da marca, expressão ou sinal de propaganda poderá ser transferida por ato *inter vivos* ou *causa mortis*; o novo titular deverá preencher os requisitos legais exigidos para o pedido de registro, exceto na hipótese de sucessão legítima ou testamentária. O pedido de anotação de transferência deverá ser feito mediante apresentação do Certificado de Registro e demais documentos necessários. E, só depois de publicado o deferimento da respectiva anotação, a transferência passará a produzir efeitos relativamente a terceiros.

O titular da marca, expressão ou sinal de propaganda poderá autorizar o seu uso por terceiro, mediante contrato de exploração, que conterá o nú-

---

solução n. 12, de 18 de março de 2013, do INPI, consolida as regras gerais do exame substantivo dos pedidos de registro de marcas. Resolução n. 27, de 18 de março de 2013, do INPI, institui o Manual do Usuário do módulo e-MARCAS do e-INPI e revoga a Resolução n. 83/2001; *JTJ*, *99*:252, *108*:197; *JTJRS*, *246*:287; *RT*, *844*:396, *818*:201, *684*:68, *721*:296, *625*:67, *580*:91; *RJ*, *310*:128; *RSTJ*, *46*:398, *85*:234; *BAASP*, *2703*:639-08 e 640-11. Sobre uso indevido de marca: *BAASP*, *2724*:1978-06; *2841*:12. Propriedade Industrial — Pleito destinado à abstenção de uso indevido de marca — Sentença de procedência. Inconformismo da ré. Demonstração, entretanto, no sentido de efetivo uso indevido de marca. Marcas semelhantes utilizadas em ramo de atividade idêntica. Apelo improvido (TJSP — 6ª Câm. de Direito Privado; Ap. 994.08.029263-7 — Franca-SP; Rel. Des. Sebastião Carlos Garcia; j. 2-9-2010). *BAASP*, *2837*:12 — Ação condenatória de obrigação de fazer. Abstenção de uso de marca. Sentença de improcedência. Probabilidade mínima de confusão, mas confronto com indevida utilização de marca de renome mundial, conhecida, então a impedir outra utilização. Hipótese que é da necessidade de prestigiar um contexto único, retirado do nome, daí em prejuízo de uma associação, não consentida, ainda que de atividade diferenciada na origem. Recurso provido para acolher a ação; *BAASP*, *2731*:5998, *2743*: 6095, *2744*: 2037-01; STJ, REsp 862.064, j. em 10-5-2011.

Sobre remuneração oriunda da cessão de marca de que seja detentor o titular da *empresa individual de responsabilidade limitada*: CC, art. 980-A, § 5º, acrescentado pela Lei n. 12.441/2011.

Interessante é o seguinte formulário do INPI para pleitear registro de marca:

mero do pedido ou do registro, a remuneração a ser paga, o dever do titular de exercer controle efetivo sobre as especificações, natureza e qualidade dos respectivos artigos ou serviços. Tal concessão não poderá impor limitações à industrialização, à comercialização ou à exportação, e só produzirá efeitos em relação a terceiros depois de sua averbação no Instituto Nacional da Propriedade Industrial.

O *contrato de franquia* é um tipo de contrato de exploração da marca. Franquia ou *franchising* é o contrato pelo qual uma das partes (franqueador ou *franchisor*) concede, por certo tempo, à outra (franqueado ou *franchisee*) o direito de usar marca, transmitindo tecnologia (p. ex., General Motors, Coca-Cola), de comercializar marca, desenvolvendo rede de lojas (p. ex., lojas Benetton, O Boticário etc.), serviços (p. ex., o de hotelaria — Hilton, Holiday Inn, Sheraton; o de ensino — Follow Me, CCAA, Yázigi; o de res-

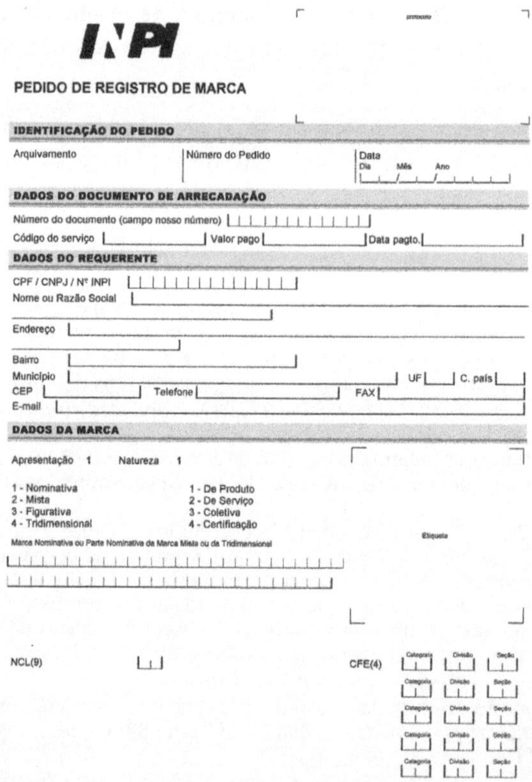

INPI

protocolo

PEDIDO DE REGISTRO DE MARCA

IDENTIFICAÇÃO DO PEDIDO

Arquivamento | Número do Pedido | Data (Dia / Mês / Ano)

DADOS DO DOCUMENTO DE ARRECADAÇÃO

Número do documento (campo nosso número)

Código do serviço | Valor pago | Data pagto.

DADOS DO REQUERENTE

CPF / CNPJ / Nº INPI

Nome ou Razão Social

Endereço

Bairro

Município | UF | C. país

CEP | Telefone | FAX

E-mail

DADOS DA MARCA

Apresentação 1 Natureza 1

1 - Nominativa
2 - Mista
3 - Figurativa
4 - Tridimensional

1 - De Produto
2 - De Serviço
3 - Coletiva
4 - Certificação

Etiqueta

Marca Nominativa ou Parte Nominativa de Marca Mista ou da Tridimensional

NCL(9)

CFE(4) Categoria Divisão Seção
Categoria Divisão Seção
Categoria Divisão Seção
Categoria Divisão Seção
Categoria Divisão Seção

taurante e lanchonete — McDonald's, Pizza Hut, Casa do Pão de Queijo, Amor aos Pedaços, Café do Ponto etc.) ou produto que lhe pertence, com assistência técnica permanente, recebendo, em troca, certa remuneração. Trata-se de um sistema de parceria empresarial em que o franqueador cede ao franqueado o direito de usar marca ou patente, associado ao direito de distribuição exclusiva ou semiexclusiva de produtos ou serviços e, eventu-

---

Especificação dos Produtos/Serviços

PRIORIDADE UNIONISTA

Data do Depósito [ ] Nº Depósito/Registro [ ] Código do país [ ]

DOCUMENTOS ANEXADOS

☐ Guia de recolhimento ☐ Procuração ☐ Etiquetas ☐ Prova de depósito no país de origem

☐ Características de produto/serviço objeto de certificação e medidas de controle ☐ Regulamento utilização para marca coletiva ☐ Documentos relativos à reivindicação de prioridade ☐ Breve descrição da marca tridimensional

☐ Outros (especificar) ____________

DECLARAÇÃO DE ATIVIDADE

Empresa controladora conforme o artigo 128 § 1º da Lei nº 9.279 ? ☐ SIM ☐ NÃO

Registro na Junta ou Cartório

Sigla [ ] Data Registro ________ Nº [ ] Data DO ________

DADOS DO PROCURADOR

Matrícula API [ ] UF [ ] Nº de Inscrição na OAB [ ]

Nome [ ]

DECLARO, SOB AS PENAS DA LEI, SEREM VERDADEIRAS AS INFORMAÇÕES PRESTADAS

Local e Data ____________ Assinatura e Carimbo ____________

USO EXCLUSIVO DO INPI

almente, também ao direito de uso de tecnologia de implantação e administração de negócio ou sistema operacional desenvolvidos ou detidos pelo franqueador, mediante remuneração direta ou indireta, sem que, no entanto, fique caracterizado vínculo empregatício (Lei n. 8.955/94, art. 2º).

Logo, para que se caracterize o contrato de franquia, serão necessárias:

1º) Presença de duas pessoas: franqueador (*franchisor*) ou concedente, que deve ser uma empresa comercial com poderes para dispor de marca, de serviço ou de produto, permitindo sua comercialização por outrem. Para implantar a franquia, o franqueador deverá fornecer ao interessado uma *Circular de Oferta de Franquia*, contendo todos os requisitos exigidos pela Lei n. 13.966/2019, art. 2º, §§ 1º e 2º; franqueado (*franchisee*), que é uma empresa individual ou coletiva com a finalidade de distribuir produtos no mercado. Tanto o franqueador como o franqueado deverão ser empresários.

2º) Exploração de uma marca ou produto, com assistência técnica do franqueador. O campo dessa assistência técnica ao franqueado é muito amplo, e sempre será fixado no contrato. Poderá consistir, p. ex.: *a*) na mera assistência técnica em relação ao bom funcionamento de aparelhos, se os objetos comercializados forem marcas especiais de rádios, televisores, condicionadores de ar, máquinas, refrigeradores, motores etc.; *b*) na colaboração em publicidade para maior venda dos produtos; *c*) no auxílio financeiro, mediante o fornecimento de certas garantias; *d*) na mera assistência contábil, relativa à adoção de determinada espécie de escrituração a ser observada pelo franqueado. Com isso haverá uma certa ligação entre franqueador e franqueado, com o escopo de facilitar as vendas dos produtos. O franqueador pode planejar a própria montagem do negócio do franqueado (local e instalações) e fornecer, ainda, um esquema completo de organização empresarial, desde o organograma de pessoal até a contabilidade, e estoques, com apoio em sistema integrado de estoque e compra.

3º) Independência do franqueado, pois não há qualquer vínculo de subordinação ou empregatício entre ele e o franqueador. Desse modo, a empresa franqueada não será uma sucursal do franqueador, pois ela terá autonomia jurídica e financeira. Será autônoma no sentido de ser uma pessoa distinta da do franqueador, tendo responsabilidade pelos atos que praticar. Entretanto, como vimos, íntima é a relação entre franqueado e franqueador, porque este último impõe certas obrigações que deverão ser cumpridas pelo franqueado, tolhendo sua ação. Há até mesmo certos contratos em que o franqueado só poderá praticar atos com o expresso consentimento do franqueador. Todavia, esse controle do franqueador beneficia o franqueado.

4º) Rede de distribuição de produtos em condições pouco onerosas para o franqueador, porque se ele tivesse de distribuir seus produtos normalmente, sem efetivar esse contrato, teria de fazer despesas enormes, como, p. ex., abrir sucursais, assumindo encargos que iriam pesar em sua economia. Com o contrato de franquia poupa-se de abrir filiais.

5º) Exclusividade do franqueado, em certo território, para vender os produtos.

6º) Onerosidade do contrato, visto que, em regra, o franqueado deverá pagar ao franqueador não só uma taxa de filiação pela concessão da franquia, mas também importâncias suplementares, consistentes na exigência de uma caução em dinheiro para garantir o futuro fornecimento das mercadorias ou, conforme o caso, na cobrança de porcentagens sobre os produtos vendidos, que diminuirão os lucros do franqueado e representarão a remuneração do franqueador pela concessão de suas marcas na comercialização dos produtos.

7º) Obrigação do franqueado de manter a reputação dos produtos que distribui.

8º) Providências relativas ao seu registro pelo INPI (Lei n. 9.279/96, art. 211 e parágrafo único); Portaria n. 130/2008 do Ministério do Desenvolvimento, Indústria e Comércio Exterior, art. 1º, I — revogada pela Portaria n. 149, de 15-5-2013, Regimento Interno do INPI).

c) Licenciar seu uso (art. 130, II), sem que haja prejuízo de seu direito de controlar direta e efetivamente as especificações, natureza e qualidade dos produtos ou serviços. Esse contrato de licença, para produzir efeito *erga omnes*, deverá ser averbado no INPI (Lei n. 9.279/96, arts. 139 e 140).

O contrato de licença para uso de marca de produto ou de serviço ou propaganda figurativa (Lei n. 9.279/96, arts. 124, VII, 130, II, e 139) visa autorizar o efetivo uso, por terceiro, de marca ou propaganda regularmente depositada ou registrada no Brasil, consubstanciando direito de propriedade industrial. Por isso deverá o contrato de licenciamento de uso de marca indicar o número e a marca registrada ou, em se tratando de marca ainda não registrada, o número de protocolo do pedido depositado junto ao INPI (Ato Normativo n. 120/93 — ora substituído pelo Ato Normativo n. 135/97 —, art. 2º, § 1º — atualmente revogado pela Resolução n. 1/2013, do INPI; Lei n. 9.279/96, arts. 122, 123 e 124). Esse contrato obriga a um controle de qualidade dos produtos e serviços licenciados por parte da licenciadora, o que implicaria transmissão de *know-how* e assistência técnica à licenciada da marca ou propaganda.

O ramo de atividade do licenciador deve ser compatível com a marca e propaganda objeto da licença.

Se a licença disser respeito aos signos distintivos ou à propaganda figurativa (rótulos, etiquetas, p. ex.) registrada em nome do titular domiciliado no exterior, o seu uso deverá ser feito com os dizeres traduzidos para o idioma nacional, salvo a marca nominativa que integrar o conjunto ou expressão necessária que não tenha correspondente na língua portuguesa; deverão ser, contudo, mantidas as mesmas cores, disposições e proporções do original registrado.

Se a licença for concedida gratuitamente, essa liberalidade deverá estar indicada de modo expresso no contrato. Se for onerosa, deverá haver clara menção do valor a ser pago pelo licenciado. Tal valor poderá ser *variável*, calculado com base no percentual das vendas dos produtos licenciados, ou *fixo*, por unidade de produto vendida. A limitação estabelecida em 1958 dizia respeito apenas ao *quantum* usado como despesa dedutível para fins de apuração do lucro líquido tributável pelo Imposto de Renda, como bem observa Juliana L. B. Viegas. O *royalty*, devido desde a celebração contratual, não poderia exceder o teto de 1% do valor líquido do faturamento do produto, aplicando-se a tabela da Portaria n. 436/58 do Ministério da Fazenda, deduzindo-se os tributos, insumos e componentes importados do licenciador e do fornecedor, comissões, créditos por devoluções, fretes, seguros, embalagens etc. Logo, entre as partes não há quaisquer limites de pagamento ou remessa ao exterior, visto que o percentual da Portaria n. 436/58 é aplicável somente como limitação de dedutibilidade fiscal dos dispêndios. O pagamento poderá ser feito periódica ou parceladamente, conforme os períodos estipulados (trimestral, semestral etc.), mediante demonstrativos do licenciado, devidamente autenticados.

A averbação do contrato de licenciamento de uso de marca depositada e ainda não concedida ou registrada terá efeito precário, e os efeitos fiscais e cambiais oriundos da averbação passarão a valer a partir da data do registro da marca (Ato Normativo n. 120/93 — ora substituído pelo Ato Normativo n. 135/97 — art. 2º, § 2º — o qual foi revogado pela Resolução n. 1/2013, do INPI). Para efeito de validade de prova de uso, esse contrato não precisa estar averbado no INPI (Lei n. 9.279/96, art. 140, § 2º).

A averbação do contrato será ineficaz quanto aos pagamentos se a marca ou propaganda licenciada ou adquirida encontrar-se na seguinte situação: *a*) seu titular, domiciliado no exterior, for detentor do controle do capital ou da participação majoritária no capital do licenciado ou do adquirente; *b*) seu depósito tiver sido efetuado, no Brasil, sem a comprovação da prioridade do país de origem; *c*) seu registro for decorrente de prorrogação; *d*) o titular anterior não tiver feito jus à remuneração.

O prazo desse contrato não poderá ultrapassar o período de vigência da marca licenciada, decorrente da proteção dos direitos de propriedade industrial relativos ao registro da marca ou propaganda (Resolução n. 20/91, art. 6º)[23].

O registro da marca extinguir-se-á ocorrendo (art. 142 da Lei n. 9.279/96): *a*) expiração do prazo de vigência. Pelo art. 133, §§ 1º a 3º, o registro da marca terá prazo de vigência de dez anos, contado da data de sua concessão, prorrogável, com anuência expressa dos contratantes, por períodos iguais e sucessivos. O pedido de prorrogação condicionada à renovação do registro da marca deverá ser feito durante o último ano de vigência do registro, instruído com o comprovante do pagamento da retribuição. Se o pedido de prorrogação não tiver sido efetuado até o termo final da vigência do registro, o titular poderá fazê-lo nos seis meses subsequentes, mediante pagamento de retribuição adicional; *b*) renúncia, total ou parcial, de seu titular em relação aos produtos ou serviços assinalados pela marca; *c*) caducidade (art. 143 da Lei n. 9.279/96) requerida por qualquer pessoa com

---

23. Silva Pacheco, *Tratado*, cit., v. 2, p. 566-71; M. Helena Diniz, *Tratado teórico e prático dos contratos*, São Paulo, Saraiva, 2006, v. 4, p. 15-17; v. 2, p. 47-58; *Curso de direito civil brasileiro*, São Paulo, Saraiva, 2007, v. 3, p. 733-36; Orlando Gomes, *Contratos*, Rio de Janeiro, Forense, 1997, p. 575; Jorge Lobo, *Contrato de franchising*, Rio de Janeiro, 1994; Carlos Alberto Bittar, "Franchising", in *Enciclopédia Saraiva do Direito*, v. 38, p. 283; Fran Martins, *Contratos e obrigações comerciais*, Rio de Janeiro, Forense, 1977, p. 584-91; J. Bucell, *Le contrat de franchising*, Montpellier, DES, 1970; Harry Kursch, *"The franchise boom"*, 3. ed., New York, Prentice-Hall, 1969, p. 98, 94, 384 e s.; Glória C. Almeida Cruz, *Franchising*, Rio de Janeiro, Forense, 1993; Jorge Pereira Andrade, *Contratos de franquia e "leasing"*, São Paulo, Atlas, 1993; Sebastião José Roque, *Dos contratos civis-mercantis*, cit., p. 211-21; Luiz Gastão Paes de Barros Leães, Denúncia de contrato de franquia por tempo indeterminado, *RT*, *719*:83-96; Walter Douglas Stuber e Maria Cecília Semionato, *Franchising* e licenciamento, *Cadernos de Direito Constitucional e Ciência Política*, *16*:292-5; Ana Cláudia Redecker, *Franquia empresarial*, Porto Alegre, Sérgio A. Fabris, Editor, 2002; Marcelo C. Proença Fernandes, *O contrato de franquia empresarial*, Porto Alegre, Sérgio A. Fabris, Editor, 2003; Adriana M. Theodoro de Mello, *Franquia empresarial* — responsabilidade civil na extinção do contrato, Rio de Janeiro, Forense, 2001; Adalberto Simão Filho, *Franchising* — aspectos jurídicos e contratuais, São Paulo, Atlas, 1994; Atahualpa Fernandez Neto, *Notas sobre a natureza jurídica do contrato de "franchising"*, trabalho apresentado em 1990, em Coimbra, no Curso de Mestrado; Luiz Felizardo Barroso, *Franchising* — modificações à lei vigente: estratégia e gestão, Rio de Janeiro, Forense, 2003; Juliana L. B. Viegas, Contratos típicos de propriedade industrial: contratos de cessão e de licenciamento de marcas e patentes, licenças compulsórias, in *Contratos de propriedade industrial e novas tecnologias*, Série GVLaw, São Paulo, Saraiva, 2007, p. 98-122.

legítimo interesse, se o uso da marca no Brasil não tiver iniciado dentro de cinco anos de sua concessão ou tiver sido interrompido por mais de cinco anos consecutivos, ou se, no mesmo prazo, a marca tiver sido usada com modificação que altere seu caráter distintivo original, tal como constante do certificado de registro. Não haverá caducidade se o titular justificar o desuso por razões legítimas (art. 143, § 1º, da Lei n. 9.279/96); *d*) ausência de representante no Brasil, se seu titular tiver domicílio em outro país (art. 142 da Lei n. 9.279/96).

A marca, como diz Rubens Requião, além de resguardar o direito de seu titular, tutela os interesses do consumidor, e seu uso indevido traz responsabilização civil (art. 206, § 3º, V) por perdas e danos e criminal (Lei n. 9.279/96, arts. 189 e 190; *BAASP*, *2965*:11)[24].

---

24. Consulte: Mônica Gusmão, *Curso*, cit., p. 170-72; Amador Paes de Almeida, *Direito de empresa*, cit., p. 39-41; Sérgio Campinho, *O direito de empresa*, cit., p. 311-17; Sebastião José Roque, *Curso*, cit., p. 190-96; Fábio Ulhoa Coelho, *Curso*, cit., v. 1, p. 142 e 143; José Carlos Tinoco Soares, *Lei das patentes, marcas e direitos conexos*, 1997, p. 181 e 182; Rubens Requião, *Curso*, cit., v. 1, p. 242; Ricardo Negrão, *Manual*, cit., v. 1, p. 143-73; Luís M. C. Gonçalves, *Direito das marcas*, Coimbra, Livr. Almedina, 2000, p. 22-30; Manuel C. N. Serens, Sobre a teoria da diluição da marca no direito norte-americano, *Revista Brasileira de Direito Comparado*, *43*:73-164; *RSTJ*, *129*:306; *JSTJ*, *37*:113; *RT*, *743*:220; Súmulas STJ, n. 142 (ora cancelada pela AR 512/DF) e 143.

Já se decidiu que: "Havendo a requerida registrado seu nome comercial em data anterior à da requerente na Junta Comercial, além de ter obtido no INPI o direito de uso exclusivo de determinada marca, se outra empresa do mesmo ramo a utiliza, possibilitando o engano e confusão por parte do consumidor, deve a última ser impedida de continuar a fazer uso de tal expressão. O art. 129 da Lei n. 9.279, de 14/5/1996, estabelece que a propriedade da marca adquire-se pelo registro validamente expedido, sendo garantido ao titular o seu uso exclusivo, em todo o território nacional. Deve ser impedido o registro e vedada a utilização de uma marca que apresente grande semelhança com uma outra já registrada, ainda mais quando ambas se referem a produtos de um mesmo segmento mercadológico. Por força do disposto no art. 8º da Convenção de Paris (promulgada pelo Decreto n. 75.572/1975), que confere proteção em nível internacional ao registro do nome empresarial feito em um dos países da União, não é necessário se obter no Brasil, para proteção em todo o território nacional, registros do nome empresarial em cada Junta Comercial do país" (TJMG-14ª Câm. Cível; ACi n. 1.0024.07.577530-4/001-Belo Horizonte-MG; Rel. Des. Rogério Medeiros; j. 19-2-2009; *BAASP*, *2670*:1809-06). *BAASP*, *2817*:11 — Marca e nome comercial — Pretensão à abstenção do uso da expressão "..." como marca e como nome comercial — Existência de colidência entre expressões integrantes de nomes empresariais. Observância do princípio da anterioridade. Necessidade de garantir o uso exclusivo da expressão "..." pela autora, que teve seus atos constitutivos registrados na Jucesp anteriormente à ré. Autora que, ademais, possui a exclusividade da marca (...). Aplicação do princípio da especificidade. Partes litigantes que são prestadoras de serviços afins. Possibilidade de gerar dúvidas no espírito dos consumidores. Abstenção do uso da expressão em questão como parte integrante do nome comercial e da marca da requerida corretamente determinada. Concessão, entretanto, de prazo de 180 dias para que a ré tome todas as providências administrativas necessárias ao cumprimento dessa determinação, sob pena de multa diária. Disciplina da sucumbência mantida. Recurso parcialmente provido.

"Indenizatória - Propriedade industrial - Registro da marca ... - Direito de exclusividade - Inadmissibilidade de utilização do mesmo signo - Associação indevida que induz a erro o consumidor - Captação ilícita de clientela - Perdas e danos e danos morais incidentes - 1 - Comprovado que as autoras são detentoras da marca ..., adquirida pelo registro validamente expedido pelo INPI, têm elas o direito de exclusividade de uso de tal signo em todo o território nacional, conforme dispõe o art. 129 da Lei n. 9.279/1996. 2 - O fato de o signo ..., elemento permanente de caracterização nas etiquetas das embalagens das autoras, contar com especial destaque nas embalagens da ré conduz efetivamente a uma associação indevida por parte do consumidor, que facilmente supõe que os produtos da parte ré têm a mesma origem industrial dos produtos comercializados pelas autoras. 3 - Apurado pericialmente que a utilização da expressão ... na marca ..., com emprego na mesma classe e, portanto, no mesmo segmento de mercado, infringe o disposto no art. 124, inciso XIX, da Lei de Propriedade Industrial, está configurado o ilícito a ensejar a indenização e autorizar as demais providências postuladas na inicial. 4 - Os danos morais são igualmente devidos, posto que a vulgarização do produto e a depreciação da reputação comercial constituem causas juridicamente relevantes e mais do que suficientes para causar lesão ao direito à imagem do titular da marca que, na hipótese, foram excessivamente arbitrados, motivo pelo qual devem ser reduzidos. 5 - Provimento parcial do recurso" (TJRJ-17ª Câm. Cível; ACi n. 2007.001.57303-Nova Iguaçu-RJ; Rel. Jds. Des. Elton M. C. Leme; j. 23-1-2008; v.u. - *BAASP, 2653*:5369).

"Pelo princípio da especificidade, a proteção da marca registrada é limitada aos produtos e serviços da mesma classe, salvo quando o INPI a declara 'marca de alto renome'. No caso, os sinais distintivos S. M. e M. S., bem como as marcas figurativas registradas no INPI pelas partes são absolutamente diferentes, não havendo semelhanças capazes de ensejar confusão, porquanto a primeira atua no ramo de confecções - classe 25 (artigos de vestuário, prática de esportes em geral, tais como camisetas, calças, *shorts*, bermudas, meias, calçados e bonés, masculinos e infantis), já a segunda, na confecção de bijuterias (classe 14). Logo, não há que falar em violação pela ré do direito de uso exclusivo da marca da autora, tampouco em concorrência desleal. Apelo desprovido" (TJRS-16ª Câm. Cível; ACi n. 70025428798-Caxias do Sul-RS; Rel. Des. Marco Aurélio dos Santos Caminha; j. 9-4-2009; v.u. - *BAASP, 2653*:1759-10).

"Marcas e patentes - Abstenção de uso de marca - Indenização - Nome e marca que têm identidade de segmentos. Empresas que exploram o mesmo ramo de comércio. Expressão estampada nos produtos da ré confunde-se com o nome comercial da autora. Ação improcedente. Recurso provido" (TJSP-6ª Câm. de Direito Privado; ACi com Revisão n. 281.805-4/0-00-Mauá-SP; Rel. Des. Magno Araújo; j. 12-3-2009; *BAASP, 2645*:5306).

BAASP, 2986:11. Apelação cível — Propriedade industrial — Ação de abstenção de uso de marca cumulada com pleito indenizatório — Conflito entre nome empresarial e marca. O nome empresarial goza de proteção legal nos termos do expresso no art. 124 da Lei n. 9.279/1996 e no art. 8º da Convenção de Paris. Aplicação do entendimento do Superior Tribunal de Justiça, no sentido de que, não se tratando de marca de alto renome ou de marca notoriamente conhecida, devem-se aplicar os princípios da territorialidade e da especificidade. O nome empresarial tem proteção em qualquer segmento de atividade, ainda que somente no âmbito do território estadual, enquanto a marca apresenta apresentação nacional, mas somente no mesmo ramo de atividade ou classe em que é enquadrada junto ao INPI. Assim, se construiu entendimento de que, para haver conflito entre nome empresarial e marca — apto a gerar confusão ou concorrência desleal —, imprescindível que os signos estejam convivendo no

Pelos Enunciados n.: a) 1: "Decisão judicial que considera ser o nome empresarial violador do direito de marca não implica a anulação do respectivo registro no órgão próprio nem lhe retira os efeitos, preservado o direito de o empresário alterá-lo" (aprovado na I Jornada de Direito Comercial).

b) 2: "A vedação de registro de marca que reproduza ou imite elemento característico ou diferenciador de nome empresarial de terceiros, suscetível de causar confusão ou associação (art. 124, V, da Lei n. 9.279/1996), deve ser interpretada restritivamente e em consonância com o art. 1.166 do Código Civil" (aprovado na I Jornada de Direito Comercial).

c) 111: "Nas ações de nulidade de indeferimento de pedido de registro de marca, o titular do registro marcário apontado como anterioridade impeditiva é litisconsorte passivo necessário, à luz do que dispõe o art. 115 do CPC" (aprovado na III Jornada de Direito Comercial).

d) 663: "Para evitar a extinção do registro marcário, os sócios de sociedade liquidada poderão requerer ao Instituto Nacional da Propriedade Industrial — INPI a transferência da titularidade da marca (aprovado na IX Jornada de Direito Civil).

c.2.6. Patente

Os inventos são patenteáveis desde que atendam aos requisitos da novidade, atividade inventiva e aplicação industrial (Lei n. 9.279/96, art. 8º). Também é patenteável como modelo de utilidade o objeto de uso prático, ou parte deste, suscetível de aplicação industrial, que apresente nova forma ou disposição envolvendo ato inventivo, que resulte em melhoria funcional no seu uso ou em sua fabricação (Lei n. 9.279/96, art. 9º). João da Gama Cerqueira pondera: a grande diferença entre a patente de modelo de utili-

---

mesmo âmbito territorial e no mesmo ramo de atividade. Na espécie, percebe-se que as marcas (uma registrada e outra com pedido de registro), conforme documentos juntados, diferem em muito, seja na cor, fonte, formação ou outro elemento constitutivo. A marca que a ré pretende registrar é composta pelas palavras "B.R.C.H.B.", enquanto a autora utilizara a marca "B." apenas, sendo evidentes vários sinais diferenciadores na comparação entre ambas. Além disso, eventual confusão entre marcas deve ser analisada na sua totalidade, devendo-se observar outros fatores, tais como localização, nicho de atuação e/ou a existência de confusão entre os consumidores. Em decorrência do exposto, observada a inexistência de prova concreta de que o nome empresarial da ré esteja causando concorrência desleal ou confusão no mercado de consumo local do estado, que o ramo de atuação da ré, além do alimentício, é o hoteleiro, e que a localização da empresa é em Rondinha, município distante 340 km de Porto Alegre, entendo que ambos os signos podem conviver de modo harmônico. Improcedência da demanda mantida. À unanimidade, negaram provimento ao apelo.

dade e a de invenção é que, no primeiro, o objeto já existe e é dotado de aplicação industrial, mas uma forma nova inventiva, que confere ao objeto uma melhora funcional no uso ou fabricação, torna-se patenteável; já na invenção, o objeto precisará ser novo (p. ex., máquina, uma fórmula). Logo, o modelo de utilidade é uma novidade sobre algo já existente. A patente de invenção vigorará pelo prazo de vinte anos e a de modelo de utilidade por quinze anos, contados da data do depósito (art. 40). Como a obtenção da patente requer processo administrativo junto ao INPI, que se inicia com o pedido da patente, a Lei n. 9.279/96, art. 40, parágrafo único, prevê prazo mínimo de dez anos (invenção) ou sete anos (modelo de utilidade) contado da vigência da data da concessão, para não lesar o titular em caso da ocorrência de atraso do INPI ou provocado por impugnação de terceiro, para se chegar à decisão final do pedido. Nesse lapso de tempo, o titular da patente pode produzir, usar, vender, importar e autorizar terceiros e será indenizado pelo uso não autorizado de seu direito.

Pelo Enunciado n. 107: "O fato gerador do parágrafo único do art. 40 da Lei n. 9.279/96 não engloba a hipótese de mora administrativa havida em concausa ou perpetrada pelo depositante do pedido de patente, desde que demonstrada conduta abusiva deste" (aprovado na III Jornada de Direito Comercial).

A patente é o título emitido pelo Poder Público, que concede a titularidade de direitos ao inventor e ao criador do modelo de utilidade, servindo de comprovante do direito de uso de exploração exclusiva da invenção ou do modelo de utilidade. O titular da patente tem o direito de impedir que qualquer pessoa, sem sua autorização, produza, use, coloque à venda, venda ou venha a importar o produto objeto de patente, o processo ou o produto obtido diretamente por processo patenteado. Ao titular da patente é assegurado, ainda, o direito de impedir que terceiro contribua para que outros pratiquem os atos acima arrolados (Lei n. 9.279/96, art. 42, I e II, e § 1º).

Para tanto, o criador do invento ou do modelo de utilidade, ou alguém por eles (herdeiro, cessionário), deverá apresentar requerimento ao INPI, pleiteando a concessão da patente, juntando relatório descritivo, reivindicações, desenho, resumo e comprovante do pagamento da retribuição relativa ao depósito (Lei n. 9.279/96, art. 19).

Se a invenção ou modelo de utilidade for criado por duas ou mais pessoas, qualquer delas, mediante nomeação ou qualificação das demais, ou todas poderão requerer a patente, para garantir seus direitos. Apresentado o *pedido* de patente, será ele publicado no órgão oficial do INPI, dentro do prazo de dezoito meses, contado do depósito daquele pedido (Lei n. 9.279/96, art. 30). Essa *publicação* é necessária para a outorga da concessão da patente.

O simples protocolo do pedido de patente assegurará, liminarmente, o direito do requerido até que o processo de registro seja julgado, e a patente, então, passará a ter efeito *ex tunc*, ou seja, retroagirá à data do depósito daquele pedido.

Não se investigará a qualidade do requerente, criador do invento ou do modelo de utilidade, por haver presunção *juris tantum* de que está legitimado para obter a patente (Lei n. 9.279/96, art. 6º, § 1º). Apenas havendo oposição de terceiro, declarando-se o verdadeiro autor, é que a autoridade fará as devidas averiguações para conceder a patente do privilégio ao real autor do invento ou do modelo de utilidade.

O INPI, após sessenta dias da publicação (LPI, art. 31, parágrafo único), analisará o pedido, efetuando *exame* das condições de patenteabilidade e averiguando as eventuais oposições apresentadas contra o depositante. Essa fase de exame concluir-se-á com a elaboração de um parecer técnico sobre o mérito do pedido, dando-se ao depositante direito de manifestar-se sobre ele se não acatar sua pretensão (LPI, art. 36).

Se no INPI houver *decisão*, deferindo o pedido, ter-se-á a expedição da *carta-patente*, que servirá de prova da existência dos direitos do requerente sobre a invenção ou modelo de utilidade.

Não são suscetíveis de serem patenteados, por não serem considerados, pelo art. 10 da Lei n. 9.279/96, invenção nem modelo de utilidade: *a*) descobertas, teorias científicas e métodos matemáticos; *b*) concepções puramente abstratas; *c*) esquemas, planos, princípios ou métodos comerciais, contábeis, financeiros, educativos, publicitários, de sorteio e de fiscalização; *d*) as obras literárias, arquitetônicas, artísticas e científicas ou qualquer criação estética; *e*) programas de computador em si; *f*) apresentação de informações; *g*) regras de jogo; *h*) técnicas e métodos operatórios ou cirúrgicos, bem como métodos terapêuticos ou de diagnóstico, para aplicação no corpo humano e animal; e *i*) o todo ou parte de seres vivos naturais e materiais biológicos encontrados na natureza, ou, ainda que dela isolados, inclusive o genoma ou germoplasma de qualquer ser vivo natural e os processos biológicos naturais.

Pelo art. 18 da Lei n. 9.279/96, também não são suscetíveis de patenteamento: *a*) o que for contrário à moral, aos bons costumes e à segurança, à ordem e à saúde públicas; *b*) as substâncias, matérias, misturas, elementos ou produtos de qualquer espécie, bem como a modificação de suas propriedades físico-químicas e os respectivos processos de obtenção ou modificação, quando resultantes de transformação do núcleo atômico; e *c*) o todo ou parte dos seres vivos, exceto os micro-organismos transgênicos que atendam aos três requisitos de patenteabilidade-novidade, atividade inventiva e aplicação industrial, previstos no art. 8º e que não sejam mera descoberta.

Seria possível patentear organismos geneticamente modificados diante da omissão da Lei n. 11.105/2005, art. 6º, VII, que, genericamente, veda o patenteamento de tecnologias genéticas de restrição do uso, ou seja, de qualquer processo de intervenção humana para geração ou multiplicação de plantas geneticamente modificadas para produzir estruturas reprodutivas estéreis, bem como qualquer forma de manipulação genética que vise à ativação ou desativação de genes relacionados à fertilidade das plantas por indutores químicos externos (art. 6º, parágrafo único)?

Novas leis na Europa e nos Estados Unidos garantem ao explorador os direitos exclusivos sobre sua produção e a arrecadação de *royalties*, mas, no direito brasileiro, não há possibilidade de patentear OGMs, no todo ou em parte, ou quaisquer produtos oriundos do emprego de técnica biotecnológica, por força dos arts. 225, § 1º, V, 218 e 5º, XXIX, da Constituição Federal de 1988, e pelo fato de serem micro-organismos, que são seres vivos, integrantes do bem ambiental, considerados pela norma constitucional como bem de uso comum do povo; além disso, há o direito a um meio ambiente ecologicamente equilibrado e hígido pelo uso de recursos decorrentes da biotecnologia ou de organismos geneticamente modificados, mesmo que criados industrialmente, por serem essenciais à qualidade de vida. Se os OGMs são bens de uso comum do povo, ou seja, patrimônio da coletividade, como se poderia admitir, juridicamente, que alguma empresa biotecnológica tenha exclusividade ou algum monopólio sobre eles, retirando de seu titular o direito de deles usufruir? Diante do texto constitucional, parece-nos que patenteáveis poderiam ser, tão somente, as técnicas, processos ou procedimentos científicos usados para a obtenção de certa espécie de OGMs, desde que haja alguma atividade de caráter inventivo e aplicabilidade industrial, seja ela farmacológica ou de biotecnologia. Mas, a Lei n. 11.105 veda, como vimos, no art. 6º, VII, a utilização, a comercialização, o registro, o *patenteamento* e o licenciamento de tecnologias genéticas de restrição de uso (parágrafo único do art. 6º). Excepcionalmente, porém, pelo art. 18, III, da Lei n. 9.279/96, certos micro-organismos transgênicos serão suscetíveis de ser patenteados se constituírem um invento, para tutelar a propriedade intelectual para o seu *uso*; logo, não haverá patenteamento sobre os próprios OGMs. Deveras, como já apontamos alhures, reza o art. 18, III e parágrafo único da Lei n. 9.279/96, que não se permite o patenteamento de todo ou parte dos seres vivos, exceto os micro-organismos transgênicos que atendam os três requisitos de patenteabilidade-novidade, atividade inventiva e aplicação industrial, que não sejam mera descoberta. Para fins dessa lei, micro-organismos transgênicos são organismos, salvo o todo ou parte de plantas e animais, que expressem, mediante intervenção humana direta em sua composição genética, uma característica normalmente não alcançável pela espécie em condições naturais. Claro está que somente poderiam ser patenteáveis invenções que não tenham vida, uma vez que seres vivos não são, nem poderão ser, criados ou inventados pelo homem.

Pela Lei n. 9.279/96, art. 230, é admissível o depósito de pedido de patente relativo às substâncias, matérias ou produtos obtidos por meios ou processos químicos e às substâncias, matérias, misturas ou produtos alimentícios, químico-farmacêuticos e medicamentos de qualquer espécie, bem como aos respectivos processos de obtenção ou modificação por quem tenha proteção garantida em tratado ou convenção em vigência em nosso País, ficando assegurada a data do primeiro depósito no exterior, desde que seu objeto não tenha sido colocado em qualquer mercado, por iniciativa direta do titular ou por terceiro, com sua anuência, nem tenham sido realizados, por terceiros, no Brasil, sérios e efetivos preparativos para a exploração do objeto do pedido ou da patente.

A esse respeito pondera Rubens Requião que a inclusão desse artigo se deu em virtude de grandes investimentos em pesquisas e preparo de material humano empregado por alguns países para o desenvolvimento de sua indústria química, farmacêutica e de engenharia genética, que se viam vulnerados em sua expectativa de recuperar os investimentos realizados pela simples cópia, por indústrias brasileiras, dos processos e produtos desenvolvidos e patenteados no país de origem.

As patentes, por si sós, não têm o condão de assegurar o repasse da tecnologia, mas dão aos empresários a possibilidade de efetuar contratos seguros com instituições voltadas às pesquisas científicas e de investir no desenvolvimento do produto ou da técnica inventados, protegendo a sua propriedade intelectual, impedindo a exploração por terceiros ou transferindo os direitos da patente a terceiros, mediante compensação financeira, ou, ainda, concedendo licença de patente a terceiros em troca de pagamento de *royalties*.

O pedido da patente ou a propriedade da patente poderão ser transferidos *inter vivos* por instrumento público ou particular, averbando-se tal cessão (total ou parcial) no INPI para que produza efeitos contra todos. Se essa transferência se der por ato *causa mortis*, os herdeiros legítimos ou testamentários deverão comprovar essa transmissão mediante apresentação de certidão de homologação da partilha amigável, cópia da sentença judicial que a decidiu ou da escritura pública se a partilha amigável for feita em inventário extrajudicial (CPC/2015, art. 610, § 1º). Há, ainda, em caso de morte presumida do titular da patente, a possibilidade, ante a declaração judicial da ausência (CC, arts. 22 a 39), de que a sucessão de seus herdeiros seja declarada provisória ou definitiva pelo juiz, em sentença.

Nada obsta a que o titular da patente ou do pedido da patente efetive contrato de licença para que terceiro explore sua invenção ou modelo de utilidade.

O contrato de licença para exploração exclusiva ou não exclusiva de patente tem por escopo autorizar a efetiva exploração, por terceiros, de patente regularmente depositada com pedido de exame ou concedida no Brasil, consubstanciando direito de propriedade industrial (Resolução n. 20/91, arts. 4º e 6º; Lei n. 9.279/96, art. 61) por prazo limitado ou até o final de sua validade, com ou sem remuneração. Para tanto deverá indicar expressamente o número e o título da patente concedida ou, ainda, quando se tratar de pedido de patente ainda não concedido, o número de protocolo daquele pedido depositado junto ao INPI (Ato Normativo n. 120/93 — ora substituído pelo Ato Normativo n. 135/97 —, art. 2º, § 1º — ora revogado pela Resolução n. 1/2013, do INPI).

Há possibilidade de o titular da patente solicitar ao INPI que ela seja colocada em oferta para exploração (LPI, art. 64), hipótese em que o INPI publicará a oferta para ciência de terceiros interessados. Mas se a patente estiver cedida em licença voluntária exclusiva, ela não poderá ser ofertada, e o mesmo se diga da patente já oferecida, pois esta não poderá ser licenciada com exclusividade sem que o titular tenha desistido da oferta (LPI, art. 64, §§ 2º e 3º). Vantajosa é essa oferta de licença, pois, pelo art. 66 da LPI, sua anuidade reduzir-se-á à metade, durante o prazo entre a oferta e a concessão da licença. É preciso lembrar que, pelo art. 64, § 4º, nada impede que o titular da patente desista da oferta a qualquer momento antes da assinatura do contrato de licença.

A patente é o mecanismo legal de proteção do mercado exportador de manufaturados, sendo relativa não apenas à invenção industrial, mas também a fórmulas, p. ex., de inseticidas e fungicidas para aplicação na lavoura. É preciso, ainda, lembrar que a patente depositada apenas poderá constituir objeto de licença depois da publicação do pedido de privilégio e quando já requerido o pedido de exame.

O contrato de licença para exploração efetiva de patente deverá conter, além da licença, o *know-how*, assistência técnica e treinamento de técnicos da licenciada.

Se se tratar de depósito de patente ainda não concedida, o licenciante não poderá cobrar *royalties*, mas poderá exigi-los após a concessão a partir da data do início da licença. Os *royalties*, devidos desde a data da celebração do contrato, pois os efeitos da averbação do negócio no Instituto Nacional de Propriedade Industrial são *ex tunc*, têm o *quantum* deliberado pelas partes; não havendo acordo sobre o valor dos *royalties*, o INPI poderá arbitrá-lo (art. 65) e se houver contestação do *quantum* arbitrado, o INPI poderá efetuar diligência para obter subsídio que sirva de base ao arbitramento ou nomear comissão para efetuá-lo, nela incluindo membros alheios aos quadros do INPI (art. 73, § 4º). É possível que qualquer das partes peça a revisão do valor dos *royalties* após um ano do arbitramento, se houver mudança nas circunstâncias econômicas ou mercadológicas que determinaram aquela valoração. O preço líquido do produto resultante do emprego da invenção é o valor do faturamento, baseado nas vendas efetivas, deduzidos os tributos, insumos e componentes importados da licenciadora e do fornecedor, comissões, créditos por devoluções, fretes, embalagens, seguros etc. (Resolução n. 20/91, art. 11, parágrafo único).

Quanto à remuneração de técnicos de cada contratante, a ser paga em moeda estrangeira à licenciadora, seu montante será fixado atendo-se à indicação do número de técnicos, à individualização das diárias, conforme critérios adotados usualmente em função da categoria do técnico e da natureza da prestação do serviço, à previsão do prazo suficiente para a prestação da assistência técnica e da execução do programa de treinamento do pessoal. As despesas com a manutenção de técnicos estrangeiros em nosso país (diárias, ajudas de custo etc.) deverão ser estimadas e individualizadas, e pagas em reais diretamente a cada técnico.

A averbação de contrato de licenciamento para exploração de patente depositada (Lei n. 9.279/96, art. 61) e ainda não concedida ou registrada terá efeito precário, e os efeitos fiscais e cambiais decorrentes da averbação serão retroativos à data do depósito do pedido da patente (Ato Normativo n. 120/93 — ora substituído pelo Ato Normativo n. 135/97 —, art. 2º, § 2º — que foi revogado pela Resolução n. 1/2013, do INPI). Tal averbação faz com que o contrato produza efeitos em relação a terceiros, a partir da data de sua publicação (Lei n. 9.279/96, art. 62, § 1º).

Convém não olvidar, ainda, que a averbação do contrato não produzirá efeitos relativamente aos pagamentos, quando a patente licenciada estiver enquadrada nas seguintes hipóteses: *a*) se seu titular domiciliado no exterior é detentor do controle do capital ou da participação majoritária no capital, direta ou indireta, do licenciado ou adquirente; *b*) se seu depósito tiver sido efetuado, no Brasil, sem que tenha havido comprovação da prioridade do país de origem; *c*) se, havendo transferência, o antigo titular não fizesse jus à remuneração na forma já mencionada. E para efeito de validade de prova de uso, esse contrato não precisará ser averbado no INPI (Lei n. 9.279/96, art. 62, § 2º).

Como já tivemos oportunidade de mencionar, os prazos para a vinculação contratual de exploração da licença não poderão exceder o período de duração da proteção dos direitos de propriedade industrial relativos ao privilégio: *a*) patente de invenção, até vinte anos; *b*) patente de modelo de utilidade, até quinze anos (Resolução n. 20/91, art. 6º, e Lei n. 9.279/96, art. 40).

O titular da patente pode requerer o cancelamento da licença, se o licenciado não der início à exploração efetiva dentro de um ano da concessão, interromper a exploração por prazo superior a um ano, ou, ainda, se não forem obedecidas as condições para a exploração (Lei n. 9.279/96, art. 67).

Pelo art. 78 da Lei n. 9.279/96, ter-se-á a extinção da patente: *a*) pela expiração do prazo de vigência; *b*) pela renúncia de seu titular, ressalvado o direito de terceiros; *c*) pela caducidade, de ofício ou a requerimento de qualquer interessado, se, após dois anos da concessão da primeira licença compulsória (Lei n. 9.279/96, arts. 68 a 74), esse prazo não tiver sido suficiente para prevenir ou sanar o abuso ou desuso, exceto se houver motivo justificável (art. 80). A patente caducará quando, na data do requerimento da caducidade ou da instauração de ofício do respectivo processo, não tiver sido iniciada a exploração (art. 80, § 1º); *d*) pela falta de pagamento da retribuição anual, nos prazos previstos; *e*) pela inexistência de procurador domiciliado no Brasil, se o titular tiver domicílio no exterior.

Com a extinção da patente, seu objeto cairá no domínio público[25].

---

25. João da Gama Cerqueira, *Tratado de propriedade industrial*, Rio de Janeiro, Forense, 1982, v. 1, p. 211-16; Sebastião José Roque, *Curso*, cit., p. 185; Rubens Requião, *Curso*, cit., v. 1, p. 312-41; Henri Vellard, *Étude sur le "patent law" anglais*, Paris, Ed. Rousseau, 1932; Mario Viari, *La tutela de principio scientifico nel diritto d'invenzione*, Milano, Giuffrè, 1970; Ricardo Negrão, *Curso*, cit., v. 1, p. 119-30; Fábio Ulhoa Coelho, *Curso*, cit., v. 1, p 149, 139-41, 164-66; Newton Silveira, "Know-how" — II, in *Enciclopédia Saraiva do Direito*, p. 508; Carlos Henrique Fróes, Transferência de tecnologia, in *Enciclopédia Saraiva do Direito*, p. 346; Pella, *Los contratos de licencia de explotación de patentes y los royalties*, Barcelona, Bosch, 1972; ONU, n. 65 II B 1 — *"The role of patents in the transfer of technology to developing countries"*; Silva Pacheco, *Tratado*, cit., p. 558-65; Jacques Labrunie, *Di-*

c.3. Direito autoral como elemento do estabelecimento

c.3.1. Direito industrial e direito autoral: breve paralelo

O direito autoral é um direito pessoal-patrimonial, que visa garantir a "criatividade" que se apresenta, como diz Fábio Ulhoa Coelho, tanto na *inspiração* como na *transpiração*, ou seja, no investimento e trabalho de empresário na produção ou divulgação de alguma obra literária, artística etc., tornando-a pública. Na transpiração, ter-se-á produção de uma obra nova, de-

---

reito de patentes, São Paulo, Manole, 2006; M. Helena Diniz, *Tratado*, cit., v. 3, p. 13-5; Paula A. Forgioni, Incentivos, desincentivos e extensão do prazo de patentes, *Liber Amicorum — Teresa Ancona Lopez* (coord. Simão e Pavinatto), São Paulo, Almedina, 2021, p. 661 a 676; Juliana L. B. Viegas, Contratos típicos, cit., p. 122-40; Jacques Labrunie, Requisitos básicos para a proteção das criações industriais, in *Criações industriais, segredos de negócio e concorrência desleal* (coord. Pereira dos Santos e Pinheiro Jabur), Série GVLaw, São Paulo, Saraiva, 2007, p. 101-32; Ivan B. Ahlert, Delimitação do escopo da patente, *Criações*, cit., p. 133-84; Denis B. Barbosa, Doutrina dos equivalentes em direito de patentes, *Criações*, cit., p. 185-270; José Joaquim G. Canotilho e Jônatas Machado, *A questão da constitucionalidade das patentes "pipeline" à luz da Constituição Federal brasileira de 1988*, Coimbra, Almedina, 2008; Antonio José A. Nunes, Jorge M. C. de Abreu, João Paulo F. R. Marques e Luís Pedro Cunha, A inconstitucionalidade das patentes "pipeline" brasileiras (arts. 230 e 231 da Lei de Propriedade Intelectual do Brasil, *RTDC, 49*: 3-68; Raul Hey, Licença obrigatória de patentes, *Revista Jurídica, 333*:35-48; Sergio de Andréa Ferreira, A natureza jurídica dos atos de deferimento do pedido de patente e de patenteação e a decretação administrativa de sua nulidade, *Revista Brasileira de Direito Comparado, 36*:115-32. *Vide* Ato normativo n. 127/97 do INPI (ora revogado pela Resolução n. 17/2013, do INPI); Resolução n. 77, de 18 de março de 2013, do INPI, disciplina os procedimentos para a entrada na fase nacional dos pedidos internacionais de patente depositados nos termos do Tratado de Cooperação em Matéria de Patentes (PCT), junto ao INPI, como Organismo Designado ou Eleito, de forma a adequar tais pedidos às disposições da Lei de Propriedade Industrial — Lei n. 9.279, de 14 de maio de 1996 (LPI); *RJTJSP, 95*:318; *RJTJRS, 133*:188; *JTJRS, 246*:287; *RSTJ, 97*:195; *JTJ, 159*:138; *RT, 824*:375; *BAASP, 2703*: 637-02 e 640-14. *BAASP, 2817*:11 — Propriedade industrial — Prova pericial procedida de acordo com todos os padrões legais — Realização de nova perícia que se mostrava desnecessária — Preliminar rejeitada — Patente de processo para a fabricação de etiquetas, chaveiros e assemelhados em geral, com relevo. Procedimento utilizado pela ré similar ao patenteado. Diferenças apontadas no laudo que não têm o condão de afastar o privilégio concedido ao autor. Violação da patente configurada. Transcurso do prazo concedido para o uso exclusivo. Perda do objeto, sob tal aspecto. Valor indenizatório que deverá ser apurado em liquidação de sentença. Improcedência da ação. Recurso paracialmente provido.

Sobre patenteamento de OGM: M. Helena Diniz, *O estado atual do biodireito*, São Paulo, Saraiva, 2007, p. 734-36; Celso A. P. Fiorillo e Marcelo Abelha Rodrigues, *Direito ambiental e patrimônio genético*, Belo Horizonte, Del Rey, 1996, p. 211-26; Celso A. P. Fiorillo e Adriana Diaféria, *Biodiversidade e patrimônio genético no direito ambiental brasileiro*, São Paulo, Max Limonad, 1999, p. 68; Garcia — Miján, El derecho de patentes y las invenciones biotecnológicas, *Revista de Derecho y Genoma Humano*, Bilbao, Espanha, BBV Foundation, n. 9, p. 143-61; Vittorio Menesini, Le invenzioni biotecnologiche fra scoperte scientifiche; applicazione industriale; preocupazioni bioetiche, *Rivista di Diritto Industriale*, Milano, Giuffrè, n. 4-5, p. 191-226, 1996.

rivada da primitiva, mediante arranjo, orquestração, encenação, adaptação, edição ou tradução etc. Realmente, sem o aparato empresarial do editor, do produtor de fonograma, da indústria cinematográfica, não se teria meios eficientes para remunerar os direitos do autor. Como, continua esse jurista, essa estrutura empresarial depende, para sua existência, "da adequada proteção jurídica do investimento feito na publicação e distribuição da obra, conclui-se que o estímulo à produção intelectual (traduzido na remuneração do autor pela obra) pressupõe a tutela apropriada dos interesses dos empresários...".

Diferentemente do direito de propriedade industrial, que disciplina obras utilitárias, o direito autoral independe, para sua tutela jurídica, de registro (LDA, art. 18), pois, para tanto, basta a criação; se o autor quiser obter prova da anterioridade, poderá registrá-la em órgão próprio, que será útil, em juízo, se sua autoria for colocada em dúvida[26].

É possível a reprodução, para fins lucrativos, ou não, mesmo digital, de obras literárias, músicas, fotografias etc., desde que seu autor autorize, sob pena de responsabilização civil e penal. Os direitos do autor são os do criador da obra literária ou artística (escritor, compositor, escultor, pintor, desenhista), de trabalhos profissionais (criação publicitária, projetos de engenheiro, arquiteto etc.) e de programa de computador. Mas direitos conexos aos dos autores são os dos intérpretes (cantores, regentes, atores) e os dos produtores cinematográficos, fonográficos, teatrais, de programas de TV etc.[27].

Para sancionar as violações ao direito autoral, ter-se-á, no cível, indenização por danos morais e patrimoniais, suspensão ou interdição de espetáculos, divulgação do nome do autor etc., e no âmbito criminal, violação de direito autoral, usurpação de nome ou pseudônimo. E na seara do direito industrial, ter-se-á violação de privilégio de invenção, usurpação de desenho industrial, violação de marca e concorrência desleal.

c.3.2. Direito autoral nas obras de arte aplicada à indústria

As criações de "arte aplicada à indústria", designadas invenções, desenhos ou modelos de utilidade, apesar de se situarem no setor da técnica por

26. Fábio Ulhoa Coelho, *Curso de direito civil*, São Paulo, Saraiva, 2006, v. 4, p. 260, 273, 313, 277; *Curso de direito comercial*, cit., v. 1, p. 145.

27. Fábio Ulhoa Coelho, *Curso de direito civil*, cit., v. 4, p. 276. Sobre a remuneração de *empresa individual de responsabilidade limitada*, que presta serviço de qualquer natureza, relativa à cessão de direitos patrimoniais de autor de que seja detentor o titular da pessoa jurídica: CC, art. 980-A, § 5º, acrescentado pela Lei n. 12.441/2011.

atenderem interesses que convergem para a obtenção de utilidades materiais, têm natureza intelectual e devem ser protegidas pelo direito autoral por também pertencerem à seara da estética. Mário Are ensina-nos que existem objetos que podem ser, concomitantemente, lindos e úteis, tendo idoneidade para cumprir funções de natureza diversa protegidas juridicamente em três hipóteses diferentes:

a) quando ambas as aptidões — estética e utilitária — de objeto decorrem de uma atividade criadora protegida;

b) quando a um objeto, por sua natureza idôneo para atender interesses materiais, seja impressa uma forma apta a satisfazer exigências de ordem *lato sensu* estética e como tal protegida;

c) quando um objeto cuja forma tenha aptidão para satisfazer o sentimento estético seja adaptado ao desenvolvimento de uma função de utilidade material.

Não há por que discriminar as obras de arte pura e as criações da arte industrial; devem-se proteger indistintamente todos os desenhos, tanto no terreno do direito de autor como no quadro de uma legislação especial.

A Lei n. 9.610/98 protege as obras de arte aplicada no art. 7º, VIII e X, sob condição, porém, de que o objeto de arte aplicada deverá possuir valor artístico e originalidade para que possa ter proteção do direito autoral (art. 7º, § 3º), pois, pelo art. 8º, VII, não será objeto de proteção como direito autoral o aproveitamento industrial ou comercial das ideias contidas nas obras.

João da Gama Cerqueira, com muita propriedade, pondera que a lei, ao proteger os desenhos (art. 7º, VIII e § 3º) industriais, concedendo aos seus autores um privilégio temporário, assegura-lhes o direito de usar, gozar, dispor e explorar, comercial e industrialmente, de modo exclusivo, suas obras. Daí suas palavras:

"Assegurando o direito ao uso exclusivo do desenho, a lei, em consequência, faculta aos titulares do privilégio os meios de tornarem efetivo o seu direito, impondo penas aos contrafatores e a obrigação de ressarcir os prejuízos que causarem". E adiante acrescenta: "Os autores de desenhos industriais equiparam-se ao inventor, ao escritor, ao artista; e seu direito possui a mesma natureza e fundamento que os demais direitos de autor, sendo uma propriedade fundada no direito natural".

Não há razão, segundo esse autor, para separar a arte industrial da arte propriamente dita. Além de serem os desenhos industriais assegurados por lei especial, deverão gozar da proteção do direito autoral; assim seus criadores, pelo seu valor artístico, poderão contar com mecanismos mais eficazes para a defesa de seus interesses e direitos.

A Lei n. 9.279/96, como vimos, protege o *desenho industrial*, que é toda forma plástica ornamental de um objeto que possa servir de tipo de fabricação de um produto industrial, ou o conjunto ornamental de linhas ou cores que, com fim industrial ou comercial, possa ser aplicado a um produto, por qualquer meio manual, mecânico ou químico, singelo ou combinado, proporcionando resultado visual novo e original na sua configuração externa e que possa servir de tipo de fabricação industrial. Considera-se, ainda, como desenho industrial aquele que, mesmo composto de elementos conhecidos, realize combinações originais, dando aos respectivos objetos aspecto geral com características próprias. O desenho industrial não é mais patenteável, mas apenas registrável como a marca.

Henry Jessen observa: "A originalidade é condição *sine qua non* para o reconhecimento da obra como produto da inteligência criadora. Só a criação permite produzir com originalidade. A originalidade, porém, será sempre essencial, pois é nela que se consubstancia o esforço criador do autor, fundamento da obra e razão da proteção. Sem esforço criador não há originalidade, não há obra, e, por conseguinte, não há proteção".

Por isso não se pode tratar separadamente do direito autoral e da propriedade industrial, devendo-se reconhecer às obras de arte aplicada a proteção dos direitos autorais, que muitos autores pretendem reservar somente à arte pura.

A circunstância de uma obra de arte ser reproduzida por meio de processos industriais não lhe retira o caráter de seu efeito artístico. Assim, desde que haja criação original de desenho industrial (Lei n. 9.279/96, art. 95), suscetível de produzir um novo efeito, aplicar-se-lhe-ão leis sobre propriedade industrial e sobre direito autoral. A esse respeito, interessantes são as palavras de Antônio Chaves: "Chega-se, assim, à conclusão de serem as obras de arte aplicada tuteladas pela Lei n. 9.610/98 (art. 7º, § 3º), sem prejuízo de que, nas suas adaptações comerciais ou industriais, possam agasalhar-se sob a proteção da Lei n. 9.279/96, obedecidas as suas exigências. Na verdade, a situação é semelhante à de um quadro, uma obra de escultura ou de cerâmica; forma, modelos, cores, linhas, estilo, padrões, não podem ser copiados ou imitados servilmente para fins econômicos, sob pena de violação do direito de autor: mais do que plágio, verdadeira contrafação, sujeitando os transgressores a todas as consequências previstas nas leis penal e civil".

Hodiernamente denota-se, nas indústrias, uma crescente importância do *design*, pois a contribuição dos *designers* não só melhora a forma externa do produto, como também facilita sua produção, estimulando a originalidade e a competição no mercado interno e internacional, evitando que o consumidor brasileiro pague o preço da importação de *know-how* ou ainda que se venda "imagem", pela utilização de etiquetas internacionais.

Por tal motivo, nossos juízes e tribunais estão submetendo a arte aplicada à proteção do direito de autor, como se pode ver neste acórdão do Tribunal de Justiça do Rio de Janeiro: "Caracterizada a ofensa ao direito autoral, pelo aproveitamento e exploração industrial de criação artística alheia, sem autorização do autor da obra, é cabível a indenização prevista no art. 672 do CC, não se aplicando ao caso, entretanto, o tipo de reparação a que se refere o art. 669 do mesmo Código (tais artigos foram revogados pela já revogada Lei n. 5.988/73)" (*RT*, *505*:230).

Com a ampliação da proteção jurídica aos criadores de obras de arte aplicada à indústria haverá, indubitavelmente, um maior estímulo ao desenvolvimento da tecnologia brasileira, por estabelecer melhores condições de negociação e de utilização de patentes, modelos de utilidade e desenhos industriais[28].

---

28. M. Helena Diniz, *Tratado*, cit., v. 3, p. 648-51; João da Gama Cerqueira, *Tratado da propriedade industrial*, Rio de Janeiro, Forense, 1982, v. 1, p. 292, 211-16; Henry Jessen, *Direitos intelectuais*, 1967, p. 68; Antônio Chaves, Obras de arte aplicada à indústria: desenhos ou modelos, *JB*, *95*:19, 13-24; Stephen P. Ladas, *The international protection of literary and artistic property*, New York, Macmillan, 1938, v. 1, p. 224; René Rodière, *La propriété industrielle*, Paris, Sirey, 1954, t. 2, p. 427 e 428; Henri Desbois, *Le droit d'auteur*, Paris, Dalloz, 1950, p. 10; Are, *L'oggetto del diritto di autore*, Milano, Giuffrè, 1963, p. 412-55; Medina, Protección al arte aplicado, *Revista Interamericana de Direito Intelectual*, 1978, *1* (I):63-8; Servin, El diseño industrial patentable, *Revista Mexicana de la Propiedad Intelectual y Artística*, 1976, n. 27-28, p. 225-36; Newton Silveira, Proteção ao "design", *Revista Interamericana de Direito Intelectual*, 1978, *1* (I):69-74; Milton L. Leão Barcillo, *O sistema internacional de patentes*, Ed. IOB-Thomson, 2004. Interessantes são as observações de Emília M. Campos (Medidas eficazes contra a pirataria, *Tribuna do Direito*, abr. 2004, p. 30): "(...) A Lei de Propriedade Industrial (Lei n. 9.279/96) e o próprio Código Penal trazem disposições eficientes e ágeis para utilização na 'guerra' contra os falsificadores (...)

Se a falsificação se der no âmbito do direito autoral, as alterações trazidas pela recente Lei n. 10.695/2003 garantem rapidez e eficiência às medidas criminais. A própria Polícia Judiciária tem competência para, tendo notícia da prática do delito, buscar e apreender a totalidade dos produtos contrafeitos, bem como dos equipamentos, suportes e materiais destinados à prática do ilícito.

Os produtos apreendidos, ao invés de ficarem depositados até o final do processo, gerando altos custos de armazenagem para a vítima, podem ser destruídos, em re-

c.3.3. Direitos autorais decorrentes de obras de engenharia, arquitetura e agronomia

Os empresários (individuais ou coletivos) que se destinarem a prestar serviços de engenharia, arquitetura e agronomia deverão ter profissionais habilitados e devidamente inscritos no Conselho Regional de Engenharia e Arquitetura (CREA), cujas atividades (Lei n. 5.194/66; Resoluções do CREA n. 225/74, ora revogada pela Resolução n. 287/83, e 221/74 — o CREA atualmente encontra-se substituído pelo CONFEA — Conselho Federal de Engenharia e Agronomia) são: *a*) desempenho de cargos, funções e comissões em entidades estatais, paraestatais, autárquicas, de economia mista e privada; *b*) planejamento ou projeto de regiões, zonas, cidades, obras, estruturas, transportes, explorações de recursos naturais, desenvolvimento da produção industrial e agropecuária; *c*) estudos, projetos, análises, avaliações, vistorias, perícias, pareceres e divulgação técnica; *d*) ensino, pesquisa, experimentação e ensaio; *e*) fiscalização de obras e serviços técnicos; *f*) direção de obras e serviços técnicos; *g*) execução de obras e serviços técnicos; *h*) produção técnica especializada, industrial ou agropecuária.

O profissional que elaborar o projeto de engenharia, arquitetura ou agronomia terá direito de autoria sobre ele; logo, apenas ele poderá alterá-lo. Se estiver impedido ou não quiser alterar o plano por ele elaborado, comprovada a solicitação, este poderá ser alterado por outro profissional habilitado, que então assumirá a responsabilidade pelo plano modificado.

---

gra, logo após a confecção do laudo pericial, evitando custos desnecessários às empresas-vítimas.

Outra alteração importante para o combate à pirataria foi o aumento da pena-base para reclusão de dois a quatro anos, e multa, quando a violação se der com intuito de lucro direto ou indireto. Em virtude desse aumento da pena-base, os 'piratas', mesmo quando primários e sem antecedentes criminais, não terão mais direito ao benefício da Lei n. 9.099/95 (Lei dos Juizados Especiais), que prevê uma suspensão condicional do processo, mediante determinadas condições que, se cumpridas, geram a extinção da punibilidade, elidindo inclusive a reincidência (...) os infratores respondem ao processo até seu final, escapando da incidência de benefícios concedidos apenas aos crimes considerados como de menor potencial ofensivo (...) Através de ações cíveis também é possível obter a apreensão da totalidade dos produtos contrafeitos, bem como uma ordem judicial para abstenção da prática ilícita, além do pedido de indenização (...)

As chamadas 'medidas de fronteiras' também são extremamente importantes para evitar a entrada, através dos portos e aeroportos, de produtos falsificados oriundos de outros países, principalmente da China. Já há alguns anos excelentes resultados são obtidos através do eficiente trabalho das alfândegas, contando com a colaboração dos representantes legais das empresas vítimas. Dessa forma, resta claro que a efetiva proteção da propriedade industrial e intelectual está ao alcance de todos".

Se vários forem os autores do projeto, cada um deverá ter a indicação de seu nome na parte que lhe tiver sido confiada; assim sendo, todos os documentos, plantas, desenhos, cálculos, pareceres, relatórios, análises, deverão ser assinados pelo profissional que colaborar na sua execução.

Se houver ampliação, prosseguimento ou conclusão de qualquer obra de engenharia, arquitetura ou agronomia, o profissional que aceitar o encargo assumirá a responsabilidade técnica.

Se o autor do projeto, para desempenhar o empreendimento, lançar mão do auxílio de profissionais especializados e habilitados, todos serão corresponsáveis na parte em que colaboraram.

O autor do projeto e seus prepostos terão direito de acompanhar a execução da obra, garantindo sua realização de acordo com as condições e pormenores técnicos contidos no projeto, não recebendo por isso qualquer remuneração, pois apenas farão jus ao pagamento do preço do projeto e de sua execução. Mas nada obsta que se estipulem contratualmente os honorários de acompanhamento técnico[29].

c.3.4. Proteção aos programas de computador

É preciso lembrar que no mundo virtual há direito autoral no *software* e no *hardware* de computação (Leis n. 9.609/98 e 9.610/98, arts. 7º, XII e § 1º, e 29, IX; Decreto n. 2.556/98). Isto é assim por serem os programas de computador protegidos como obras literárias pela Convenção de Berna (1971), freando a "pirataria" (cópia ilegal de programa de computador) existente no mercado de *softwares*. Consequentemente, a lei garante proteção a qualquer criação intelectual veiculada através da rede, ensejando indenização ao seu autor por dano moral e patrimonial e indicações dos direitos autorais que tenham sido violados no espaço virtual (Lei n. 9.610/98, arts. 24, 27, 29 e 103).

A Lei n. 7.646/87 (revogada pela Lei n. 9.609/98 e regulamentada pelo Decreto n. 96.036/88), disciplinava essa matéria, submetendo o *software* ao re-

---

29. M. Helena Diniz, *Tratado*, cit., v. 3, p. 647; Silva Pacheco, *Tratado*, cit., v. 2, p. 479-87. O Decreto n. 4.928/2003, ora revogado pelo Decreto n. 5.798/2006, regulamentava incentivos fiscais relativos a dispêndios realizados com pesquisa tecnológica e desenvolvimento de inovação tecnológica de produtos. *Vide* Lei n. 11.196/2005, art. 19-A, § 6º, acrescentado pela Lei n. 11.487/2007.

Acordo sobre direitos da propriedade intelectual relacionados ao comércio (*Trade Related Aspects of Intellectual Property Rights* — TRIPS) está inserido no direito brasileiro e vigora como norma constitucional com a edição do Decreto n. 1.355/94 e do Decreto Legislativo n. 30/94 (CF, art. 5º, XXVII, XXVIII e XXIX).

gime jurídico autoral, dispondo sobre sua produção e comercialização; a Lei n. 9.609/98 dispõe sobre a proteção da propriedade intelectual de programa de computador; e a Lei n. 7.232/84, com alterações da Lei n. 8.248/91, é relativa à política de informática.

O *hardware* diz respeito aos aparatos de computação, máquinas que processam e armazenam os dados recebidos e processados, tendo fins utilitários, protegidos pelo direito industrial.

Programa de computador é a expressão de um conjunto organizado de instruções em linguagem natural ou codificada, contida em suporte físico de qualquer natureza, de emprego necessário em máquinas automáticas de tratamento da informação, dispositivos, instrumentos ou equipamentos periféricos, baseados em técnica digital ou análoga, para fazê-los funcionar de modo e para fins determinados (Lei n. 9.609/98, art. 1º).

O *software* ou *logicièl* é relativo aos programas de computação e aos sistemas de informação com as respectivas instruções, constituindo-se em manifestações intelectuais (obras técnicas) que alimentam as máquinas, sendo criações da inteligência, que viabilizam a informação. Deve ser, por isso, protegido pelo sistema normativo aplicado ao direito autoral, sob o regime de exclusividade de utilização e de autorização do seu autor para sua exploração empresarial.

Deveras, o programa de computador ou logiciário (*software*) possui natureza jurídica de direito autoral e não de propriedade industrial; logo, sua proteção independerá de registro, mas seu titular, se quiser, poderá registrá-lo em órgão ou entidade designados por ato do Poder Executivo, por iniciativa do ministério responsável pela política da ciência e tecnologia. O registro é, em regra, feito pelo INPI, e não tem natureza constitutiva, mas meramente declaratória de anterioridade, servindo como meio probatório.

Esse setor encontra-se sob a égide do CONIN (Conselho Nacional de Informática e Automação), criado pela Lei n. 7.232/84, sendo seu órgão executivo a SEI (Secretaria Especial de Informática), atualmente substituída pelo Departamento de Informática da Secretaria da Ciência e Tecnologia, que controla a comercialização do *software*, mediante cadastramento que lhe é imposto, pois a criação deverá ser registrada no INPI (Instituto Nacional da Propriedade Industrial — Portaria n. 130/2008 do Ministério do Desenvolvimento, Indústria e Comércio Exterior, art. 1º, II — ora revogada pela Portaria n. 149, de 15-5-2013, do MDIC).

Como o direito de autor alberga as criações intelectuais de ordem estética, abrangerá o *software*, que representa realizações decorrentes do gênio humano, pois as máquinas só funcionarão se alimentadas por cartões e outros formulários decorrentes de prévia programação, feita por criação intelectual, sob forma de planos, sistemas, fórmulas e projetos. Portanto, clara é sua proteção jurídica, desde que tenha originalidade, estimulando-se a criatividade, pois, tendo direito autoral, seu elaborador, além do respeito a sua personalidade, poderá explorá-lo economicamente pelos contratos de licença, de encomenda e de cessão.

O autor tem direito de autorizar ou proibir o aluguel comercial do *software*, não sendo esse direito exaurível pela venda, licença ou outra forma de transferência da cópia do programa, salvo nos casos em que o programa em si não seja objeto essencial do aluguel (Lei n. 9.609/98, art. 2º, §§ 1º a 5º). Combate-se a pirataria no mercado empresarial de *softwares* no Brasil, pois assegurada está a tutela dos direitos relativos a programa de computador pelo prazo de cinquenta anos, contado a partir de 1º de janeiro do ano subsequente ao da sua publicação, ou, na ausência desta, da sua criação.

Salvo estipulação em contrário, pertencerão exclusivamente ao empregador, contratante de serviços ou órgão público, os direitos relativos ao programa de computador, desenvolvido e elaborado durante a vigência de contrato ou de vínculo estatutário, expressamente destinado à pesquisa e desenvolvimento, ou em que a atividade do empregado, contratado de serviço ou servidor seja prevista, ou, ainda, que decorra da própria natureza dos encargos concernentes a esses vínculos. Ressalvado ajuste em contrário, a compensação do trabalho ou serviço prestado limitar-se-á à remuneração ou ao salário convencionado. Pertencerão, com exclusividade, ao empregado, contratado de serviço ou servidor os direitos concernentes a programa de computador gerado sem relação com o contrato de trabalho, prestação de serviços ou vínculo estatutário, e sem a utilização de recursos, informações tecnológicas, segredos industriais e de negócios, materiais, instalações ou equipamentos do empregador, da empresa ou entidade com a qual o empregador mantenha contrato de prestação de serviços ou assemelhados, do contratante de serviços ou órgão público. Isso será aplicado nos casos em que o programa de computador for desenvolvido por bolsistas, estagiários e assemelhados (Lei n. 9.609/98, art. 4º).

Os direitos sobre as derivações autorizadas pelo titular dos direitos de programa de computador, inclusive sua exploração econômica, pertencerão à pessoa autorizada que as fizer, salvo estipulação contratual em contrário (Lei n. 9.609/98, art. 5º). São considerados, p. ex., lesivos aos direitos do autor do programa de computador não só o ato de colocar em circulação cópias; ou de deter, com intuito mercantil, cópia não autorizada do programa; a circulação, como também a detenção para finalidades comerciais, de meios para neutralizar dispositivo técnico usado para proteção do *software*, e o plágio do programa de computador (Leis n. 9.609/98, art. 12, e 9.610/98, art. 102).

Pelo contrato de licença de uso de programa de computador, o titular dos direitos patrimoniais (licenciador) cede, onerosa ou gratuitamente, ao licenciado, por tempo determinado ou indeterminado, exclusivamente, ou não, o direito de usar aquele programa, conforme o modo expressamente indicado.

O contrato de licença de uso de programa de computador, o documento fiscal correspondente, os suportes físicos do programa ou as respectivas embalagens deverão consignar, de forma facilmente legível pelo usuário, o prazo de validade técnica da versão comercializada (art. 7º da Lei n. 9.609/98).

Aquele que comercializar programa de computador, quer seja titular dos direitos do programa, quer seja titular dos direitos de comercialização, fica obrigado, no território nacional, durante o prazo de validade técnica da respectiva versão, a assegurar aos respectivos usuários a prestação de serviços técnicos complementares relativos ao adequado funcionamento do programa, consideradas as suas especificações. A obrigação persistirá no caso de retirada de circulação comercial do programa de computador durante o prazo de validade, salvo justa indenização de eventuais prejuízos causados a terceiros (Lei n. 9.609/98, art. 8º, parágrafo único).

O escopo principal das mudanças na área de informática consiste em acabar com a política fechada que domina o setor, permitindo o seu desenvolvimento moderno. Para tanto propõe:

a) a eliminação do exame de similaridade para programas de computador, pois atualmente se um programa tiver similar nacional deverá ser submetido a um minucioso exame antes de ser importado;

b) o fim da exclusividade da comercialização do *software* no País, tendo-se em vista que há proposta de eliminar as restrições a empresas não nacionais na distribuição e comercialização direta de programas de computador de origem estrangeira no Brasil, acabando assim com a reserva de mercado para as empresas nacionais;

c) a avaliação do atual sistema de registro e cadastro dos programas de computador, recomendando o fim do cadastramento junto à Secretaria de Ciência e Tecnologia (SCT), até agora obrigatório, permitindo a importação de cópias de programas sem que haja contrato de distribuição pela importadora, assegurando dessa forma ao mercado ampla possibilidade de importação sem que haja necessidade de um distribuidor, o que sem dúvida irá aumentar a competitividade no setor, pois qualquer distribuidora ou usuário poderá adquirir o programa onde quiser. Para que se pudesse importar programa estrangeiro, dever-se-ia procurar uma distribuidora nacional junto a revendedoras ou fábricas estrangeiras, pois se exigia um contrato entre essa empresa e a revendedora estrangeira registrado na Secretaria Especial de Informática (SEI), substituída pelo Departamento de Política de Informática e Automação (DEPIN) da SCT. Tal contrato deveria ser, ainda, examinado, e depois de noventa ou cento e oitenta dias expedia-se a guia de importação. Como se vê, tratava-se de um procedimento muito longo, que permitia ao usuário o recebimento de um produto quase defasado, pois durante o lapso de tempo de espera poderia ter havido no exterior alguma atualização ou nova versão.

As mudanças na Lei do *Software*, além de eliminar as restrições a empresas não nacionais na distribuição e comercialização direta de programas de computador de origem estrangeira no Brasil, acabando com a reserva de mercado para as empresas nacionais, proporcionaram produtos mais atualizados e acessíveis.

O governo brasileiro veio, com isso, a reconhecer que a indústria de informática é um meio de regular a produtividade, a competitividade e a qualidade de quase todos os produtos que abastecem a sociedade, pois a informática invadiu o mundo do comércio, da agricultura, da indústria, da medicina, do direito, da administração de empresa, dos serviços em geral, dos esportes. Com a dificuldade de importar o que há de mais moderno em tecnologia de ponta, ter-se-á um atraso, ou seja, indústria obsoleta, produzindo mercadorias de baixa qualidade e a preços elevados, cientistas e técnicos com conhecimentos já ultrapassados etc., o que conduz, certamente, à pirataria nessa área, ou melhor, ao uso de *softwares* piratas (cópias não autorizadas de originais de empresas), que é proibido por ser o programa de computador considerado propriedade intelectual[30].

---

30. Orlando Gomes e outros, *Proteção jurídica do "software"*, Rio de Janeiro, Forense, 1985; Liliana Minardi Paesani, *Direito de informática*, São Paulo, Atlas, 1997; Charles Gold e outros.

"Software" recommendations for an export control policy, *Communications of ACM*, abr. 1980, p. 199 e s.; Luiz Olavo Batista, Proteção jurídica do "software", novos desenvolvimentos, *RF*, *301*:49-59; A proteção dos programas de computador em direito comparado e internacional, *Rev. de Dir. Mercantil Industrial, Econômico e Financeiro*, São Paulo, v. 22, n. 50, p. 26-41; Marcos Gomes da S. Bruno e Renato M. S. Opice Blum,

c.3.5. Criação publicitária como direito autoral

A criação publicitária é também protegida como direito autoral.

Publicidade vem a ser a atividade empresarial pela qual se procurará fazer com que o consumidor tenha interesse pela aquisição ou pelo uso de certos produtos ou de serviços anunciados por meio de mensagens escritas ou orais, utilizando-se, muitas vezes, não só de *marketing*, ou seja, de medidas estratégicas para o lançamento de produto ou de serviço no mercado, como também de *teaser*, isto é, de anúncio para provocar a curiosidade do consumidor por um novo produto a ser lançado, que será identificado apenas quando se iniciar a campanha promocional.

Consistirá, portanto, numa forma de comunicação que envolve problemas de concorrência desleal e de defesa do consumidor.

Aplicar-se-á a tal contrato a Lei n. 4.680/65, regulamentada pelo Decreto n. 57.690/66, apesar de se ater à profissão de publicitário e à ética da agência anunciante. A lei que rege a profissão de artistas e técnicos em espetáculos abrangerá empresas que tenham esses profissionais a seus serviços para a realização de mensagens publicitárias (Lei n. 6.533/78, arts. 3º, 14 e 21). A Constituição Federal de 1988 (art. 220 e parágrafos), que limita certas formas de propaganda, e a legislação sobre censura (Dec. n. 11/91, que revogou o Dec. n. 20.493/46, art. 4º, *x*, e encontra-se revogado pelo Decreto n. 761, de 19-2-1993; Dec. n. 8.356/45, art. 1º; Dec. n. 61.123/67, que revogou o Dec. n. 1.023/52, arts. 8º e 9º; Dec. n. 1.243/62, art. 6º; e Dec.-Lei n. 43/66,

---

Internet e os direitos autorais, *Tribuna do Direito*, maio 2001, p. 16; João Willington e Jaury N. de Oliveira, *A nova lei brasileira de direitos autorais*, Lumen Juris, 1999, p. 10 e 11; Eliane Yachoah Abrão, Internet e direitos autorais, *Tribuna do Direito*, out. 2000, p. 6; André Lipp P. B. Lupi, *Proteção jurídica do "software"*: eficácia e adequação, Porto Alegre, Síntese, 1999; Hélio Bellintani Jr., *Contrato de licenciamento de uso dos programas de computador destinados à gestão empresarial*, São Paulo, 2003. Dissertação-mestrado — PUCSP; Marcos Wachowicz, *Propriedade intelectual & Internet*, Curitiba, Ed. Juruá, 2005; *Propriedade intelectual de "software" & revolução da tecnologia da informação*, Curitiba, Ed. Juruá, 2005; M. Helena Diniz, *Tratado*, cit., v. 3, p. 625-31; Luiz Augusto A. Sette, Dados sobre a proteção jurídica do *software* no Brasil, *Direito eletrônico* (coord. R. O. Blum), cit., p. 611-29; Ivette Senise Ferreira, A criminalidade informática, *Direito & Internet* (coord. Newton de Lucca e Adalberto Simão Filho), São Paulo, Quartier Latin, 2005, p. 256-63. *Vide* Decreto n. 5.634/2005, que dá nova redação ao art. 3º do Decreto n. 5.244/2004, sobre composição e funcionamento do Conselho Nacional de Combate à Pirataria e Delitos contra a Propriedade Intelectual; Lei n. 12.270/2010, art. 4º, § 1º; Portaria n. 141/2013 do Tribunal de Contas da União sobre designação e atribuições do representante do TCU junto ao INPI para fins de registro de programas de computador.

art. 41 e parágrafo único) são aplicáveis à publicidade, bem como as seguintes normas do Código de Proteção do Consumidor:

a) A União, os Estados e o Distrito Federal, em caráter concorrente e nas suas respectivas áreas de atuação administrativa, fiscalizarão e controlarão a produção, industrialização, distribuição; a publicidade de produtos e serviços e o mercado de consumo, no interesse da preservação da vida, da saúde, da segurança, da informação e do bem-estar do consumidor, baixando as normas que se fizerem necessárias para preservar os princípios básicos da ética publicitária. Os órgãos federais, estaduais, do Distrito Federal e municipais com atribuições para fiscalizar e controlar o mercado de consumo manterão comissões permanentes para elaboração, revisão e atualização das referidas normas, sendo obrigatória a participação dos consumidores e fornecedores. Os órgãos oficiais poderão expedir notificações aos fornecedores para que, sob pena de desobediência, prestem informações sobre questões de interesse do consumidor, resguardado o segredo industrial (art. 55, §§ 1º a 4º).

b) A imposição de contrapropaganda será cominada quando o fornecedor incorrer na prática de publicidade enganosa ou abusiva, sempre a expensas do infrator. Tal contrapropaganda será divulgada pelo responsável da mesma forma, frequência e dimensão e, preferencialmente, no mesmo veículo, local, espaço e horário, de forma capaz de desfazer o malefício da publicidade enganosa ou abusiva (art. 60, § 1º).

Agência de publicidade é pessoa jurídica especializada na arte e técnica publicitária, e propaganda seria a forma remunerada de difusão de ideias, mercadorias ou serviços por parte de um anunciante identificado. A agência pode usar o comercial, inclusive no exterior, quantas vezes quiser, desde que haja contrato de cessão de direitos. Se isso não estiver estipulado, poderá fazer uso dele apenas por cinco anos após a conclusão da obra.

O Código Brasileiro de Autorregulamentação Publicitária aprovado em 1978 impõe o respeito ao direito autoral, estendendo-se aos conexos, como interpretação e reprodução, visto que as criações publicitárias (*jingles*, *outdoors*, filmes, *filmlets*, *slides*, *slogans*, cartazes) assumem feições de obra literária, artística e científica, embora destinadas a apontar produtos ou serviços ao público consumidor; para tanto a agência dispõe de criadores e técnicos, que idealizam e executam textos, desenhos, pinturas, gravuras para atender as campanhas publicitárias encomendadas pelos anunciantes, clientes da agência de publicidade. Logo, as atividades da agência serão de criação e de mediação, materializando a propaganda, entregando-a aos veículos de comunicação (jornal, rádio, TV, revista etc.), para que atinja o público; por isso, imprescindível será a ética jornalística, televisiva etc. Por essa razão, no contrato deve estar expresso o meio em que o produto será veiculado, desde que existente à época da avença, pois, se a descoberta for uma nova tecnologia de comunicação, outro contrato precisará ser feito para que a obra possa ser transmitida por esse novel veículo.

Há entre a agência de publicidade e os profissionais que compõem o seu departamento de criação um vínculo trabalhista, pois são remunerados para realizar as obras encomendadas; logo a agência estará autorizada a utilizar economicamente a obra publicitária. Algumas empresas têm, contudo, o costume de firmar contrato de direito autoral com os criadores, obtendo autorização específica para seu aproveitamento econômico, fazendo cessões de direito.

Todavia, a regra é efetivar apenas um contrato de trabalho, mesmo porque os profissionais da agência, para criar e executar os anúncios, estão sob a orientação de um diretor de arte, e após um trabalho conjunto a obra resultante, ou *layout*, é levada ao cliente para ser aprovada, mas nada impedirá que o anunciante faça observações ou sugira alterações. Diante disso torna-se difícil verificar a colaboração de cada um, ante a conjugação de vários colaboradores para a consecução da obra. Trata-se de obra coletiva; assim sendo, o titular do direito autoral é a agência, que poderá utilizar o anúncio para o fim destinado, recebendo do anunciante uma remuneração, enquanto os elaboradores do anúncio perceberão seus salários.

Mas se a agência utilizar-se dos serviços de um só especialista, que sozinho criará o anúncio, será titular derivada de direitos patrimoniais, podendo usar a obra publicitária para a finalidade própria, ressalvando ao seu criador os direitos morais e os patrimoniais não cedidos expressamente.

A obra publicitária é criação intelectual que visa alcançar resultado comercial, daí ser tutelada pelas normas que regem os direitos autorais, não admitindo reprodução não autorizada pelo seu criador, isto porque o rol das obras intelectuais do art. 7º, I a XIII, da Lei n. 9.610/98 é meramente exemplificativo (TJSP, 6ª Câmara de Direito Privado — Apelação Cível n. 128086.4/0, Rel. Des. Testa Marchi).

Nos contratos de publicidade dever-se-ão inserir cláusulas protetoras dos direitos autorais, regendo relações entre o anunciante e a agência, a agência e os criadores e a agência e a produtora de fonogramas ou de filmes, estipulando a verba publicitária, fixando-a proporcionalmente em função do custo da campanha.

Ao se produzir a obra publicitária será imprescindível respeitar o direito à imagem. Isto porque tal direito, pelo aspecto de disponibilidade, tem levado, no meio publicitário, pessoas famosas, principalmente artistas e atletas, a autorizarem o uso de sua imagem em veículos de comunicação, p. ex., em anúncios, extraindo certo proveito econômico dessa utilização, mediante contrato de licença ou de concessão de uso, observando-se no contrato para publicidade a Lei n. 6.533/78, art. 14. Assim sendo, eivados de ilicitude estarão o uso publicitário ou comercial de imagem alheia não autorizada e a extrapolação do uso permitido, por exceder aos limites estabelecidos contratualmente, como inserção de foto em revistas pornográficas, truques fotográficos etc. Logo, ocorrendo o dano, cumpre fazer cessar o ilícito, mediante cautelar de busca e apreensão do material violador e reparação das perdas e danos[31].

c.3.6. Fixação da obra por meio de reprodução

O contrato de produção consiste no fato de o autor conferir a empresário o direito de fixação da obra pelos meios de reprodução, para possibilitar sua exploração econômica[32].

Poderá haver, p. ex., contratos de[33]:

---

31. É a lição de Carlos Alberto Bittar em: *Os direitos da personalidade*, Rio de Janeiro, Forense, 1995, p. 87-94; Contratação de artistas para publicidade, *Diário Legislativo*, IOB, n. 794, p. 390 e s.; *Os direitos de autor nos meios de comunicação*, São Paulo, Revista dos Tribunais, 1989, p. 27, 37, 40 e 48; Concorrência desleal na publicidade: a designação de concorrente, *Diário Legislativo*, IOB, n. 845, p. 798 e s. Consulte ainda: Gustavo Ghidini, *Introduzione allo studio della pubblicità commerciale*, Milano, Giuffrè, 1968; Luigi Sordelle, *Problemi giuridici della pubblicità commerciale*, Milano, Giuffrè, 1968; Fourès, *Le droit et la publicité*, 1968; Ester E. da Costa, *O consumidor e a publicidade no direito brasileiro*. Dissertação de Mestrado apresentada na PUCSP, em 1993; Eduardo Pimenta, Concorrência desleal (Segredo de negócio e o uso de *mailing list*), *Tribuna do Direito*, jun. 2005, p. 12; M. Helena Diniz, *Tratado*, cit., v. 3, p. 632-35.

32. Carlos Alberto Bittar, Contratos de direitos autorais, in *Enciclopédia Saraiva do Direito*, v. 20, p. 132.

33. M. Helena Diniz, *Tratado*, cit., v. 3, p. 611-23; Carlos Alberto Bittar, *O direito de autor nos meios modernos de comunicação*, São Paulo, Revista dos Tribunais, 1989, p. 80-114; *Os direitos da personalidade*, Rio de Janeiro, Forense, 1989, p. 95 e 96; Paul D. Gérard, *Los derechos de autor en la obra cinematografica*, Barcelona, Ariel, 1958; José da Silva Pacheco, *Tratado*, cit., v. 2, p. 466 e 467; Orlando Gomes, *Novíssimas questões de direito*

a) *Produção teatral*, que requer autorização autoral nos espetáculos realizados com intuito de lucro e de aprovação do programa pelo órgão competente da censura, que auxilia no controle do pagamento dos direitos autorais, pois a liberação vincula-se à prova do recolhimento dos direitos patrimoniais do autor. Para efeito de percepção e de controle dos direitos autorais, os autores teatrais associam-se a entidades de arrecadação, que legalmente serão suas mandatárias (Lei n. 9.610/98, art. 97). Firmam contratos de representação, padronizados pela SBAT (Sociedade Brasileira de Autores Teatrais), que seguirá as normas da Lei n. 9.610/98, arts. 97 a 100.

b) *Produção cinematográfica*, pois o cinema consiste na arte de engendrar e de fixar movimento em função de temas, plasmando em telas cenas da vida real ou idealizadas por seu criador (Lei n. 9.610/98, art. 7º, VI), desenvolvida por empresa especializada (produtora cinematográfica), que se utilizará, desde a preparação do tema (redação do roteiro, apresentação do *script* com os participantes) até a efetivação do filme (oferecimento do plano, sua consecução, montagem e trabalho laboratorial), de mão de obra de vários criadores intelectuais. Logo, a produtora cinematográfica assumirá a iniciativa, a coordenação e a responsabilidade da realização da obra de projeção em tela (Lei n. 9.610/98, art. 29, VIII, *g*). Para tanto, será necessária a autorização do autor da obra, que implicará licença para utilização econômica da película, salvo disposição em contrário, podendo ser ou não exclusiva (Lei n. 9.610/98, art. 81). As empresas cinematográficas deverão manter à disposição dos interessados cópia autêntica do contrato, autorizando a remuneração por execução pública da obra (art. 68, § 7º). O contrato de produção cinematográfica deverá conter disposição relativa à remuneração devida pelo produtor aos coautores da obra e aos artistas, intérpretes e executantes; ao tempo, ao lugar e à forma de pagamento; ao prazo de conclusão da obra; à responsabilidade do produtor para com os coautores, artistas, intérpretes ou executantes, na hipótese de coprodução da obra cinematográfica (art. 82).

A obra cinematográfica consiste num trabalho em colaboração feito por dois ou mais autores, sem que haja qualquer diferenciação entre eles. Assim, serão coautores: o autor do tema literário, musical, os artistas, o produtor e o diretor (Lei n. 9.610/98, art. 16). Na elaboração da obra cinema-

---

civil, São Paulo, Saraiva, 1984, p. 45; João Carlos M. Chaves, *Reflexões sobre direito autoral*, 1995, p. 124 e 125; Antonio Carlos Morato, O direito de autor na obra musical, *Revista do IASP*, n. 12, p. 123-46.

tográfica ingressam o produtor (empresário especializado — pessoa natural ou jurídica), que coordenará e dirigirá os trabalhos; o diretor, que cuidará da parte artística; os artistas intérpretes, que terão direitos autorais que recairão sobre a comunicação da obra.

Na produção cinematográfica, o produtor adquirirá do autor o direito de reproduzir e propagar a obra, explorando-a pela venda e locação de cópias. Portanto, a utilização econômica da obra cinematográfica requer autorização do autor da obra intelectual.

Os coautores da obra cinematográfica, além da remuneração avençada, terão direito a perceber do produtor 5%, para ser entre eles repartido, dos rendimentos da utilização econômica da película, desde que excedentes ao décuplo do valor do custo bruto da produção. Para tanto, deverá o produtor prestar contas anualmente aos coautores.

Nas obras cinematográficas, protegidos estarão também os direitos autorais dos autores de músicas incluídas em filmes (no roteiro ou em cenas), inclusive as de execução pública (Lei n. 9.610/98, art. 86), pois a própria música executada em intervalo gerará direitos autorais para seus titulares.

O contrato de produção cinematográfica abrangerá contrato de adaptação, cessão de direito, inclusive para efeito de permitir alteração de linguagem e de produção.

c) Produção de programas de televisão, que requer produção jurídica relativa ao direito autoral por utilizar músicas alheias, obras de outra emissora, publicidade etc. A empresa de televisão realiza fixações de interpretações ou de execuções autorizadas, permite transmissão, fixação ou reprodução de seus programas, impede as não consentidas (Lei n. 9.610/98, art. 29, V e VIII, *d*), assegura direitos a artistas, intérpretes e executantes (Lei n. 9.610/98, arts. 90 a 92) e paga o direito de arena às entidades que congregam atletas ao transmitir espetáculos desportivos públicos. Cabe às empresas de radiodifusão o direito exclusivo de autorizar ou proibir a retransmissão, fixação e reprodução de suas emissões, bem como a comunicação ao público, pela televisão, em locais de frequência coletiva, sem prejuízo dos direitos dos titulares de bens intelectuais incluídos na programação (art. 95 da Lei n. 9.610/98).

Seguirá esse regime o novo processo de comunicação denominado TVA (Televisão por Assinatura), regulamentado pelo Decreto n. 95.744/88, que se consubstancia na distribuição de sons e de imagens a pessoas assinantes, por meio de sinais, codificados ou não, e a partir do espectro radioelétrico. A TV paga que exibe filmes reverte aos autores uma percentagem da verba advinda das taxas mensais cobradas dos assinantes, a título de direito autoral.

d) *Produção por meio de satélites* (*Intelsat*) ou de cabovisão, que recebem sinais portadores de programas de uma fonte emissora, pelo uso de antena receptora, ampliando-os e modulando-os em seu interior, retransmitindo--os, então, por antena de emissão às estações receptoras terrestres componentes do sistema. Esse processo de difusão de obras intelectuais tem levantado problemas na seara do direito autoral.

A COMSAT (*Communications Satellite Corporation*) utiliza-se, técnica e comercialmente, dos satélites, sendo remunerada pelos serviços prestados.

Para evitar a captação não autorizada de sinais portadores de programas, as convenções internacionais providenciaram para que os Estados tomassem medidas a fim de impedir que, em seus territórios, terceiros se aproveitassem indevidamente dos sinais endereçados aos destinatários jurídicos, salvaguardando os direitos dos autores, atores, produtores da obra difundida.

Além da autorização do autor para essas transmissões, será preciso o direito do autor de participar nos proventos econômicos daí resultantes (Lei n. 9.610/98, arts. 5º, II e XII, e 29, VII e VIII, *h*).

O satélite realiza, portanto, duas operações: a representação, quando leva a público a obra recebida, e a reprodução, mediante a fixação da obra recebida, selecionando partes ou programas; daí a preocupação de se resguardarem os direitos autorais.

e) *Produção fonográfica*, que é o contrato pelo qual o artista cede ao produtor fonográfico o direito de reproduzir sua execução e, portanto, sua publicação e exploração empresarial (Lei n. 9.610/98, arts. 5º, IV, VI, IX, 29, V, 30, § 1º, e 68). A obra musical é protegida como direito autoral por ser manifestação artística que, como diz George Martin, serve de base para várias artes como: balé, teatro, *show*, cinema, televisão etc.; logo, sua forma de comunicação com o público é a execução e representação.

Pelos arts. 68, 29, V, e 31 da Lei n. 9.610/98, o autor e o produtor de fonograma poderão autorizar ou não a reprodução, a transmissão e a retransmissão por empresa de radiodifusão, bem como a execução pública a realizar-se por qualquer meio. O produtor de fonogramas (suportes materiais = *corpus mechanicum* — no qual se insere o elemento incorpóreo — *corpus mysticum* —, ou seja, a obra musical) tem o direito exclusivo de, a título oneroso ou gratuito, autorizar-lhes ou proibir-lhes: *a*) a reprodução direta ou indireta, total ou parcial; *b*) a distribuição por meio da venda ou locação de exemplares da reprodução; *c*) a comunicação ao público por meio da execução pública, inclusive pela radiodifusão; *d*) quais outras modalidades de utilização existentes ou que venham a ser inventadas (Lei n. 9.610/98, art. 93, I a III e V).

Na produção fonográfica não há criação artística, mas comercialização dos exemplares dos fonogramas, tendo cunho industrial. O produtor deverá adquirir do autor (artista intérprete) o direito de gravar as músicas interpretadas para reproduzir sua interpretação. Para tanto, o artista intérprete autoriza, mediante cessão, gratuita ou onerosa, o uso econômico da obra. Para resguardar direitos autorais, os fonogramas sujeitar-se-ão a selos ou sinais de identificação (numerados sequencialmente em cada unidade de produto, colocado no mercado para evitar sua falsificação e reprodução desautorizada), sob a responsabilidade do produtor, distribuidor ou importador, sem ônus para o consumidor (Lei n. 9.610/98, art. 113).

O responsável pelo processo industrial de reprodução deverá informar ao produtor a quantidade de exemplares efetivamente fabricados em cada tiragem e manter registro da informação em seus arquivos por cinco anos, viabilizando, assim, o controle do aproveitamento econômico da exploração pelo titular dos direitos autorais ou pela entidade representativa de classe.

Não há ofensa aos direitos autorais no uso de fonogramas em estabelecimentos empresariais, exclusivamente para demonstração à clientela, desde que tais estabelecimentos comercializem os suportes ou equipamentos que permitam sua utilização (art. 46, V, da Lei n. 9.610/98).

Cabe ao produtor fonográfico perceber dos usuários os proventos pecuniários resultantes da execução pública dos fonogramas e reparti-los com os artistas, na forma convencionada entre eles ou suas associações (arts. 68 e parágrafos e 94 — ora revogado pela Lei n. 12.853/2013). Respeitam-se os direitos morais do autor da obra musical, bem como os patrimoniais; logo, autor e intérprete têm direito aos *royalties* pela venda de fonogramas.

O art. 184 do Código Penal pune severamente a reprodução não autorizada de fonograma por meio de pirataria, que, além de responsabilidade criminal, gera a civil.

Grave é também a reprodução de músicas extraídas da internet, daí as parcerias das gravadoras com *sites* que oferecem *downloads* de músicas aos usuários, para controlar, em certa medida, a utilização musical.

c.4. Cultivares como elementos de propriedade intelectual

O empresário individual ou a sociedade empresária voltados, em sua atividade econômica, à ciência botânica, ou seja, à produção e comercialização de sementes e mudas, com o avanço da engenharia genética, conta com a proteção, como propriedade intelectual, concedida por lei, às novas cultivares ou a cultivares essencialmente derivadas de qualquer gênero ou espécie de vegetal, garantindo seus interesses científicos e empresariais, por constituir um estímulo à continuação de suas pesquisas e investimentos e à obtenção de investimentos.

A Lei n. 9.456/97 e o Decreto n. 2.366/97, que a regulamenta, protegem direitos concernentes à propriedade intelectual alusiva a cultivar, mediante a concessão de Certificado de Proteção de Cultivar, considerando bem móvel, permitindo ao melhorista a sua livre utilização no País. A Portaria n. 527/97 do Ministério da Agricultura e Abastecimento traça normas sobre o Registro Nacional de Cultivares, imprescindível para a produção e comercialização de sementes e mudas no Brasil. É suscetível de proteção:

1º) cultivar: a variedade de qualquer gênero ou espécie vegetal superior que seja claramente distinguível de outras cultivares conhecidas por margem mínima de descritores, por sua denominação própria, que seja homogênea e estável quanto aos descritores através de gerações sucessivas e seja de espécie passível de uso pelo complexo agroflorestal, descrita em publicação especializada disponível e acessível ao público, bem como a linhagem componente de híbridos;

2º) nova cultivar: a cultivar que não tenha sido oferecida à venda no Brasil há mais de doze meses em relação à data do pedido de proteção e que, observado o prazo de comercialização no Brasil, não tenha sido oferecida à venda em outros países, com o consentimento do obtentor, há mais de seis anos para espécies de árvores e videiras e há mais de quatro anos para as demais espécies;

3º) cultivar essencialmente derivada de outra, se cumulativamente for:

a) predominantemente derivada da cultivar inicial ou de outra cultivar essencialmente derivada, sem perder a expressão das características essenciais que resultem do genótipo ou da combinação de genótipos da cultivar da qual derivou, exceto no que diz respeito às diferenças resultantes da derivação;

b) claramente distinta da cultivar da qual derivou, por margem mínima de descritores, de acordo com critérios estabelecidos pelo órgão competente;

c) não tenha sido oferecida à venda no Brasil há mais de doze meses em relação à data do pedido de proteção e que, observado o prazo de comercialização no Brasil, não tenha sido oferecida à venda em outros países, com o consentimento do obtentor, há mais de seis anos para espécies de árvores e videiras e há mais de quatro anos para as demais espécies;

4º) cultivar não enquadrável em nenhuma das arroladas, e que já tenha sido oferecida à venda até a data do pedido, obedecidas as seguintes condições cumulativas:

a) que o pedido de proteção seja apresentado até doze meses, para cada espécie ou cultivar;

b) que a primeira comercialização da cultivar haja ocorrido há, no máximo, dez anos da data do pedido de proteção;

c) a proteção produzirá efeitos tão somente para fins de utilização da cultivar para obtenção de cultivares essencialmente derivadas.

Essa proteção pode ser requerida por pessoa natural ou jurídica que tiver obtido cultivar, por seus herdeiros ou sucessores ou por eventuais cessionários mediante apresentação de documento hábil. Quando o processo de obtenção for realizado por duas ou mais pessoas, em cooperação, a proteção poderá ser requerida em conjunto ou isoladamente, mediante nomeação e qualificação de cada uma, para garantia dos respectivos direitos. Se se tratar de obtenção decorrente de contrato de trabalho, prestação de serviços ou outra atividade laboral, o pedido de proteção deverá indicar o nome de todos os melhoristas que, nas condições de empregados ou de prestadores de serviço, obtiveram a nova cultivar essencialmente derivada.

A proteção da cultivar recai sobre o material de reprodução ou de multiplicação vegetativa da planta inteira. Assegura, portanto, ao seu titular o *direito à reprodução comercial* no Brasil, vedando a terceiro a produção com fins comerciais, o oferecimento à venda ou a comercialização do material de propagação da cultivar, sem sua autorização (art. 9º), sob pena de ter de pagar-lhe uma indenização e multa equivalente a 20% do valor comercial do material, que será apreendido e distribuído pelo órgão competente a agricultores assentados em Programas de Reforma Agrária ou em áreas que apoiam a agricultura familiar.

Pela Lei n. 9.456/97 (art. 10), não fere o direito de propriedade sobre a cultivar protegida aquele que:

1º) reserva e planta sementes para uso próprio, em seu estabelecimento ou em estabelecimento de terceiros cuja posse detenha, desde que tenha área equivalente a no mínimo quatro módulos fiscais;

2º) usa ou vende como alimento ou matéria-prima o produto obtido do seu plantio, exceto para fins reprodutivos;

3º) utiliza a cultivar como fonte de variação no melhoramento genético ou na pesquisa científica. Para tais efeitos, sempre que: *a*) for indispensável a utilização repetida da cultivar protegida para produção comercial de outra cultivar ou de híbrido, fica o titular da segunda obrigado a obter a autorização do titular do direito de proteção da primeira; *b*) uma cultivar venha a ser caracterizada como essencialmente derivada de uma cultivar protegida, sua exploração comercial estará condicionada à autorização do titular da proteção dessa mesma cultivar protegida;

4º) sendo pequeno produtor rural, multiplica sementes, para doação ou troca, exclusivamente para outros pequenos produtores rurais, no âmbito de programas de financiamento ou de apoio a pequenos produtores rurais, conduzidos por órgãos públicos ou organizações não governamentais, autorizados pelo Poder Público. Considera-se pequeno produtor rural aquele que, simultaneamente, atenda os seguintes requisitos: *a*) explore parcela de terra na condição de proprietário, posseiro, arrendatário ou parceiro; *b*) mantenha até dois empregados permanentes, sendo admitido ainda o recurso eventual à ajuda de terceiros, quando a natureza sazonal da atividade agropecuária o exigir; *c*) não detenha, a qualquer título, área superior a quatro módulos fiscais, quantificados segundo a legislação em vigor; *d*) tenha, no mínimo, 80% de sua renda bruta anual proveniente da exploração agropecuária ou extrativa; e *e*) resida na propriedade ou em aglomerado urbano ou rural próximo.

Para a cultura da cana-de-açúcar serão observadas as seguintes disposições adicionais, relativamente ao direito de propriedade sobre a cultivar:

1º) para multiplicar material vegetativo, mesmo que para uso próprio, o produtor obrigar-se-á a obter a autorização do titular do direito sobre a cultivar;

2º) quando, para a concessão de autorização, for exigido pagamento, não poderá este ferir o equilíbrio econômico-financeiro da lavoura desenvolvida pelo produtor.

Ao Serviço Nacional de Proteção de Cultivares (SNPC) cabe a proteção das cultivares e a organização do Cadastro Nacional de Cultivares Protegidas (art. 45 da Lei n. 9.456/97).

O pedido de concessão da proteção de cultivar poderá ser feito pelo obtentor, seus herdeiros e cessionários. Se a cultivar foi obtida por duas ou mais pessoas, ambas em conjunto ou qualquer delas isoladamente poderá requerer a concessão da proteção para garantir seus direitos. Se a cultivar foi obtida por meio de contrato de trabalho ou prestação de serviços, o pedido de proteção deverá indicar o nome de todos os melhoristas (art. 5º).

A proteção da cultivar vigorará, a partir da data da concessão do Certificado Provisório de Proteção, pelo prazo de quinze anos, excetuadas as videiras, as árvores frutíferas, as árvores florestais e as árvores ornamentais, inclusive, em cada caso, o seu porta-enxerto, para as quais a duração será de dezoito anos (art. 11).

Decorrido o prazo de vigência do direito de proteção, a cultivar cairá em domínio público e nenhum outro direito poderá obstar sua livre utilização (art. 12).

Obtido o Certificado Provisório de Proteção ou o Certificado de Proteção de Cultivar, o titular fica obrigado a manter, durante o período de proteção, amostra viva da cultivar protegida à disposição do órgão competente, sob pena de cancelamento do respectivo Certificado se, notificado, não a apresentar no prazo de sessenta dias. E, além disso, quando da obtenção do Certificado Provisório de Proteção ou do Certificado de Proteção de Cultivar, o titular fica obrigado a enviar ao órgão competente duas amostras vivas da cultivar protegida, uma para manipulação e exame, outra para integrar a coleção de germoplasma.

O Certificado de Proteção de Cultivar constitui no título que confere ao obtentor o exercício da propriedade sobre a cultivar, dando-lhe direito de retirar de sua exploração todas as vantagens econômicas, e de impedir que terceiro viole sua exclusividade sobre a cultivar.

A titularidade da proteção de cultivar pode ser transferida por ato *inter vivos* ou em virtude de sucessão legítima ou testamentária. A transferência, por ato *inter vivos* ou *causa mortis*, de Certificado de Proteção de Cultivar, a alteração de nome, domicílio ou sede de seu titular, as condições de licenciamento compulsório ou de uso público restrito, suspensão transitória ou cancelamento da proteção, após anotação no respectivo processo, deverão ser averbados no Certificado de Proteção (arts. 23 e 24).

A cultivar pode ser objeto de *licença compulsória* (arts. 28 a 31), isto é, de ato da autoridade competente que, a requerimento de legítimo interessado, autorizar a exploração da cultivar independentemente da autorização de seu titular, por prazo de três anos, prorrogável por iguais períodos, sem exclusividade e mediante remuneração. Tal licença, que só pode ser requerida após três anos da concessão do Certificado Provisório de Proteção, salvo em caso de abuso do poder econômico, assegura:

a) a disponibilidade da cultivar no mercado, a preços razoáveis, quando a manutenção de fornecimento regular esteja sendo injustificadamente impedida pelo titular do direito de proteção sobre a cultivar;

b) a regular distribuição da cultivar e manutenção de sua qualidade;

c) a remuneração razoável ao titular do direito de proteção da cultivar.

A cultivar protegida será declarada de uso público restrito (art. 36), *ex officio* pelo Ministro da Agricultura e do Abastecimento, com base em parecer técnico dos respectivos órgãos competentes, no exclusivo interesse público, para atender às necessidades da política agrícola, nos casos de emergência nacional, abuso do poder econômico ou outras circunstâncias de extrema urgência e em casos de uso público não comercial. Será considerada de uso público restrito a cultivar que, por ato do Ministro da Agricultura e do Abastecimento, puder ser explorada diretamente pela União Federal ou por terceiros por ela designados, sem exclusividade, sem autorização de seu titular, pelo prazo de três anos, prorrogável por iguais períodos, desde que notificado e remunerado o titular.

Pertencem exclusivamente ao empregador ou ao tomador dos serviços os direitos sobre as novas cultivares, bem como as cultivares essencialmente derivadas, desenvolvidas ou obtidas pelo empregado ou prestador de serviços durante a vigência do contrato de trabalho ou de prestação de serviços ou outra atividade laboral, resultantes de cumprimento de dever funcional ou de execução de contrato, cujo objeto seja a atividade de pesquisa no Brasil, devendo constar obrigatoriamente do pedido e do Certificado de Proteção o nome do melhorista. Salvo expressa disposição contratual em contrário: *a*) a contraprestação do empregado ou do prestador de serviço ou outra atividade laboral será limitada ao salário ou remuneração ajustada; *b*) será considerada obtida durante a vigência do contrato de trabalho ou de prestação de serviços ou outra atividade laboral a nova cultivar ou a cultivar essencialmente derivada, cujo Certificado de Proteção seja requerido pelo empregado ou prestador de serviços até trinta e seis meses após a extinção do respectivo contrato.

Pertencerão a ambas as partes, salvo expressa estipulação em contrário, as novas cultivares, bem como as cultivares essencialmente derivadas, obtidas pelo empregado ou prestador de serviços ou outra atividade laboral quando decorrentes de contribuição pessoal e mediante a utilização de recursos, dados, meios, materiais, instalações ou equipamentos do empregador ou do tomador dos serviços. Assegura-se ao empregador ou tomador dos serviços ou outra atividade laboral o direito exclusivo de exploração da nova cultivar ou da cultivar essencialmente derivada e garantida ao empregado ou prestador de serviços ou outra atividade laboral a remuneração que for acordada entre as partes, sem prejuízo do pagamento do salário ou da remuneração ajustada. Sendo mais de um empregado ou prestador de serviços ou outra atividade laboral, a parte que lhes couber será dividida igualmente entre todos, salvo ajuste em contrário.

A proteção da cultivar (art. 40) extingue-se, caindo em domínio público:

1º) pela expiração do prazo de proteção estabelecido nesta lei;

2º) pela renúncia do respectivo titular ou de seus sucessores;

3º) pelo cancelamento do Certificado de Proteção, que produz efeitos a partir da data do requerimento ou da publicação de instauração *ex officio* do processo. O certificado de proteção será cancelado pela: perda da estabilidade ou homogeneidade da cultivar; ausência de pagamento da anuidade; não apresentação da amostra viva; comprovação de que a cultivar comercializada causou impacto desfavorável ao meio ambiente ou à saúde humana (art. 42 e parágrafos);

4º) pela renúncia à proteção, somente se não prejudicar direitos de terceiros.

É nula a proteção quando:

1º) não tenham sido observadas as condições legais de novidade e distinguibilidade da cultivar;

2º) tiver sido concedida contrariando direitos de terceiros;

3º) o título não corresponder a seu verdadeiro objeto;

4º) no seu processamento tiver sido omitida qualquer das providências determinadas por esta lei, necessárias à apreciação do pedido e expedição do Certificado de Proteção.

A nulidade do Certificado produzirá efeitos a partir da data do pedido.

O processo de nulidade poderá ser instaurado *ex officio* ou a pedido de qualquer pessoa com legítimo interesse[34].

c.5. Ponto ou propriedade empresarial como elemento do estabelecimento

O ponto empresarial é o local (espaço físico) onde o empresário (individual ou coletivo) fixa seu estabelecimento para exercer sua atividade econômica organizada, voltada à produção e circulação de bens ou serviços e para o qual flui sua clientela. O ponto é o local do exercício da "empresa", onde se concentra o estabelecimento. Por isso, a escolha desse local é primordial para o bom êxito da "empresa". Empresário voltado à venda de produtos ortopédicos e cirúrgicos deverá instalar-se em local próximo a escolas de medicina ou de enfermagem, hospitais e clínicas.

Se o imóvel escolhido for do empresário, o ponto não se confundirá com a propriedade imobiliária, integrar-se-á a ela, considerando-se que, pela atividade econômica nele exercida, seu valor crescerá, dando origem à "propriedade comercial", ou melhor, à "propriedade empresarial", e sua tutela jurídica está assegurada constitucionalmente (CF, art. 5º, XXII), e as disposições legais sobre propriedade imobiliária contidas no Código Civil deverão ser observadas e fará jus à indenização em caso de desapropriação.

Se o imóvel onde o empresário se estabeleceu não lhe pertencer, por ter sido alugado, o ponto sofrerá valorização pela sua atuação e também se destacará, e ainda mais nitidamente, da propriedade imobiliária do locador, constituindo uma *propriedade empresarial* pertencente ao empresário.

O ponto é a localização do estabelecimento num dado espaço físico, acrescentando-lhe um valor maior. O ponto passa a ter existência no momento em que o empresário (individual ou coletivo), estabelecido num local, começa a atrair clientela. Pouco importará se a titularidade da propriedade do imóvel é, ou não, do empresário, pois o ponto empresarial sempre lhe pertencerá, por ser *elemento* incorpóreo do *estabelecimento*, mas o direito de nele

34. Rubens Requião, *Curso*, cit., v. 1, p. 153-57; M. Helena Diniz, *Tratado*, cit., v. 3, p. 653-57; Patrícia Aurélia Del Nero, Propriedade intelectual de cultivares no Brasil, in *Contratos de propriedade industrial e novas tecnologias*, Série GV*Law*, São Paulo, Saraiva, 2007, p. 307-44.

Consulte: Decreto n. 5.153, de 23 de julho de 2004, que aprova o Regulamento da Lei n. 10.711, de 5 de agosto de 2003, que dispõe sobre o Sistema Nacional de Sementes e Mudas — SNSM; Lei n. 12.270/2010, art. 4º, § 2º.

permanecer apenas teria sentido na hipótese em que o empresário é o locatário do imóvel onde o estabelecimento está localizado. Por tal razão, haverá proteção jurídica do valor acrescido ao prédio pela atividade do empresário, pelo art. 51 da Lei n. 8.245/91, que admite a renovação compulsória do contrato de locação não residencial, desde que atendidos certos requisitos legais, assegurando a permanência de sua atividade no local onde se estabeleceu, ou seja, o seu *direito de inerência ao ponto*, como diz Fábio Ulhoa Coelho.

A norma procura a proteção do empresário (inquilino), obstando a que o locador tire proveito da valorização do imóvel locado, oriunda do exercício contínuo de atividade empresarial do locatário. É essa *plus* valia ao prédio do locador que leva à tutela jurídica do ponto, evitando o enriquecimento injusto do senhorio, protegendo o titular do fundo de comércio, isto é, o inquilino-empresário, dando-lhe estabilidade, levando em conta a clientela angariada pelo seu trabalho. Se o locatário-empresário, que se esforçou no estabelecimento instalado no prédio locado para organizar a clientela, pela probidade de sua conduta, pelos seus bons produtos e serviços, não tivesse direito à renovatória, destruir-se-ia o ponto que criou. A segurança da atividade empresarial dependerá da continuidade da exploração negocial no mesmo local. Se lícito fosse ao senhorio retomar o prédio por qualquer motivo, ou em qualquer circunstância, o inquilino ficaria exposto aos azares da especulação, devendo abandonar o local, perdendo a clientela que, com tanto sacrifício, atraiu, ou a pagar vultosa soma, isto é, luva, para ali permanecer. Daí por que se tem entendido que, sopesados o interesse geral de efetiva proteção ao fundo de comércio ou ponto e o interesse particular de uma discutível valorização locativa, há de prevalecer o primeiro (*BAASP*, *1686*:4).

A renovação compulsória é uma tutela do ponto empresarial.

Não havendo consenso entre locador e locatário quanto à renovação, o locatário poderá ingressar em juízo com ação renovatória.

A Lei n. 8.245/91, no art. 51, regula as condições para que haja *processo de renovação de contrato de locação destinado a fins comerciais ou industriais*, exigindo que: *a*) o contrato locatício, além de celebrado por instrumento público ou particular, seja por tempo determinado; *b*) o prazo mínimo de locação a renovar seja por cinco anos; *c*) o locatário (empresário) esteja explorando seu comércio ou indústria no mesmo ramo, no mínimo e ininterruptamente, há três anos. A lei requer a comprovação do triênio explorativo para demonstrar que o inquilino formou, no prédio locado, uma clientela, mantendo fundo de comércio ou indústria estabilizado; com isso, ao conceder o direito à renovação, está garantindo a continuidade de estabelecimento sólido, preservando o ponto empresarial, respeitando-se, assim, a valorização do imóvel feita pela atuação do locatário. Essa lei também confere direito à renovação do pacto locatício às relações jurídicas *ex locato* levadas a efeito por sociedades simples com finalidade lucrativa (*EJSTJ*, *5*:71) pelo seu empreendimento, que requer dispêndio de grandes somas, aplicações de capital, para dar continuidade à sua atividade, ante a formação de clientela em seus escritórios, firmas etc., desde que preencham as condições do art. 51 da Lei n. 8.245/91 (art. 51, § 4º). Assim sendo, estender-se-á o direito à renovatória a entidades que visam o ensino, p. ex., visto que concorrem com outras escolas da localidade, para conseguir alunos, utilizando-se de novas técnicas pedagógicas, de equipamentos eletrônicos, de sistemas audiovisuais, de bibliotecas etc., assimilando estrutura empresarial (*RT*, *504*:216, *521*:188, *542*:188). O mesmo se diga das clínicas em geral, dos hospitais, das casas de repouso ou asilos; dos hotéis, desde que não explorem o lenocínio (*RT*, *376*:273, *346*:239), ante a ilicitude de seu objeto; pensões (*RT*, *392*:252, *393*:306); imobiliárias (*RT*, *544*:170); escritórios (*RT*, *599*:167); clubes que dão espetáculos com fins lucrativos (*RT*, *447*:147, *489*:210, *557*:159) etc.

A ação renovatória requer sua propositura em tempo hábil, sob pena de decadência. O direito à renovação judicial deverá ser exercido no máximo dentro do prazo de um ano, até seis meses, no mínimo, antes da data do término do contrato a renovar (art. 51, § 5º, da Lei n. 8.245/91; *BAASP*, *1851*:4).

Terão direito à ação renovatória, tendo legitimidade ativa para propô-la: o *locatário-empresário*; o *cessionário ou sucessor*, a quem foram transferidos o estabelecimento e a locação ou só o estabelecimento; o *sublocatário*, havendo sublocação total do imóvel, se reunir os requisitos legais; o *locatário* ou *sociedade* de que faz parte, se houver cláusula contratual autorizando o uso do prédio locado para as atividades daquela sociedade, desde que a esta pertença o ponto que se está a tutelar; o *sócio sobrevivente*, se houver dissolução parcial da sociedade empresária por morte de um dos sócios, que, então, se sub-rogará no direito à renovação compulsória se continuar explorando o mesmo ramo de comércio ou atividade empresarial.

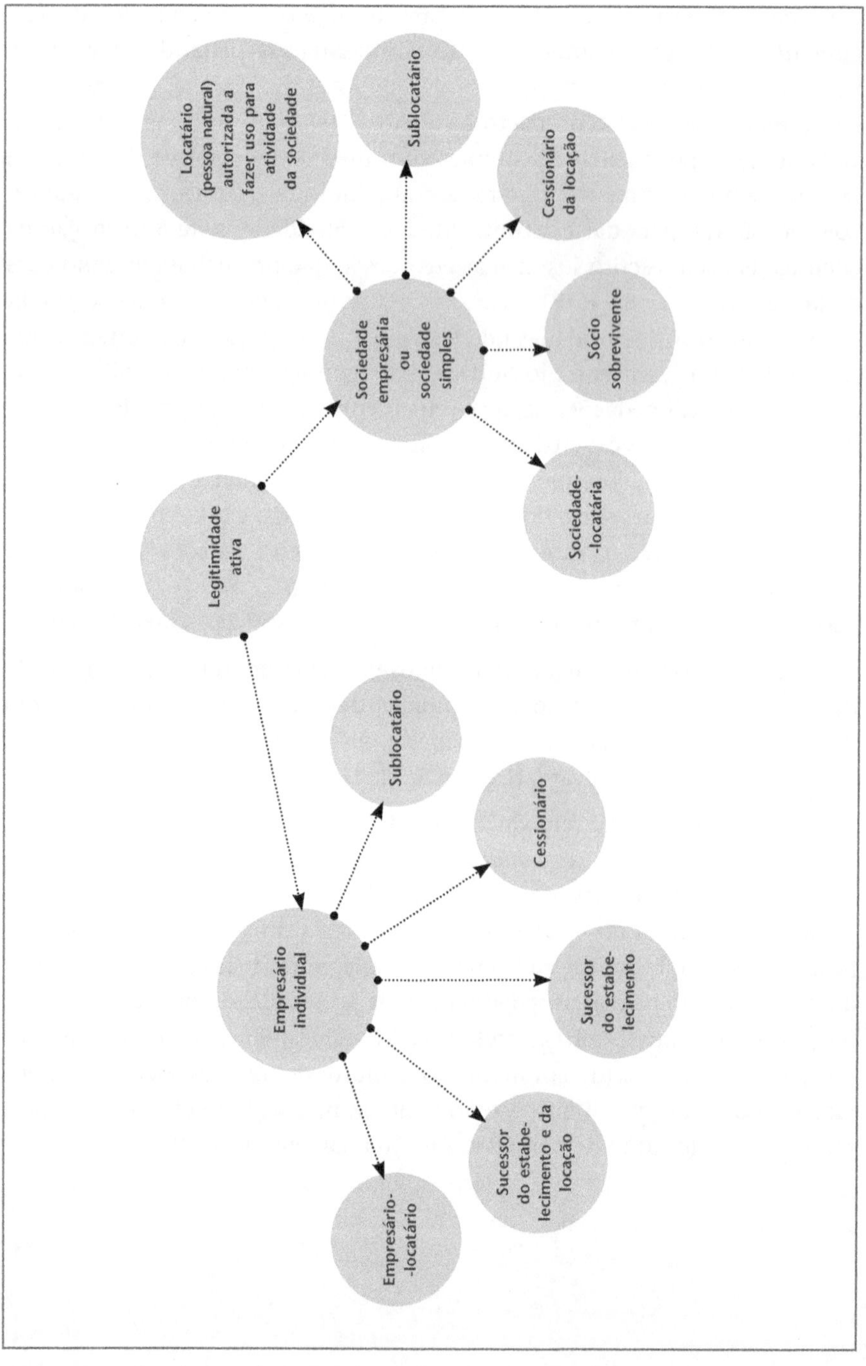
Legitimidade ativa
Sociedade empresária ou sociedade simples
Locatário (pessoa natural) autorizada a fazer uso para atividade da sociedade
Sublocatário
Cessionário da locação
Sócio sobrevivente
Sociedade-locatária
Empresário individual
Sublocatário
Cessionário
Sucessor do estabelecimento
Sucessor do estabelecimento e da locação
Empresário-locatário

Quanto à *legitimidade passiva* convém dizer que a renovatória deverá ser movida contra o locador: proprietário do imóvel; compromissário-comprador; enfiteuta; locatário-sublocador, usufrutuário.

Como a propriedade imobiliária do locador está garantida na Carta Magna, a lei reconhece o direito do empresário-locatário de nele permanecer, assegurando seu ponto, se isso for compatível com aquele direito de propriedade. Por isso, em defesa desse direito, o locador está autorizado a opor exceção de retomada (Lei n. 8.245/91, arts. 52 e 72, I, II e III).

O locador não estará, embora seja compulsória a renovação da locação de imóvel urbano para fins empresariais, adstrito a efetivá-la se:

a) tiver de realizar no imóvel locado, por determinação do Poder Público, obras que importem em sua radical transformação ou que o modifiquem de tal sorte que aumentarão o seu valor, atendendo a razões de urbanismo, higiene etc. (art. 52, I);

b) precisar do imóvel locado para uso próprio ou quiser transferir o fundo de comércio existente há mais de um ano, sendo detentor da maioria do capital ele próprio, seu cônjuge, ascendente ou descendente (*RSTJ*, *112*:312; Lei n. 8.245/91, art. 52, II);

c) o locatário não preencher os requisitos legais (art. 51) exigidos para propor a renovatória (art. 72, I);

d) houver insuficiência do *quantum* ofertado pelo locatário, que pretende a renovação, provando que a proposta feita não atende ao real valor locativo do imóvel, na época da renovação, excluída a valorização trazida por aquele ao ponto (art. 72, II);

e) existir melhor oferta locatícia feita por terceiro, no momento da propositura da renovatória, apresentando maiores vantagens que a ofertada pelo locatário, que pretende a renovação contratual (art. 72, III).

O locador que negar a renovação não poderá explorar no imóvel o mesmo ramo do locatário, a não ser que a locação também envolva o fundo do comércio com as instalações e pertences (p. ex., locação de um hotel já montado, locação de uma padaria, com todas as instalações, máquinas, geladeiras, fogões, balcões etc.) (art. 52, § 1º).

O locador não poderá recusar renovação de contrato de locação de espaço em *shopping center*, alegando necessidade de uso próprio ou de transferência de fundo de comércio existente há mais de um ano, se for o detentor da maioria do capital, ou se tal detentor for seu cônjuge, ascendente ou descendente (art. 52, § 2º). Apesar de o contrato de *shopping center* não consistir numa locação, por apresentar peculiaridades próprias, implica indubitavelmente uma atividade empresarial do empreendedor paralela ao exercício do comércio pelo lojista, de sorte que se terá uma dupla titularidade de fundo de comércio, que requer proteção legal, mediante renovatória, pois a clientela é atraída pelo *shopping center* como um todo, que terá, então, seu aviamento; assim, tutelar-se-á o lojista, concedendo-lhe o direito à renovação compulsória para assegurar a continuidade negocial, e o empreendedor, admitindo em seu favor a revisão periódica do aluguel, cujo valor real e atual se busca, uma vez que, por ocasião da renovatória, o aluguel mínimo mensal também deverá sofrer revisão. Tal se dá, como dizem Paulo Restiffe Neto e Paulo Sérgio Restiffe, porque o imóvel em contrato de *shopping center* "é a fração do imóvel que abriga o centro comercial de vendas organizado como *tenant mix* pelo empreededor"; por isso o locador (empreendedor), em sua atividade organizacional, visa proteger e administrar o *tenant mix* e não realizar comércio direto de venda de produtos e serviços ao público, em concorrência com os lojistas. O empreendedor, *antes de construir* o *centro comercial*, firma um contrato a título de direito de reserva de localização (*res sperata*) com o futuro lojista, que pagará certa quantia periódica durante a fase de construção, angariando-se, assim, recursos até a conclusão da obra. Após a construção do *shopping center*, o empreendedor faz um contrato cedendo o uso da loja, estabelecendo uma relação direta entre a rentabilidade do empreendimento e a rentabilidade das atividades comerciais dos lojistas, criando condições para o *marketing*. O empreendedor, para isso, mistura serviços e produtos, seleciona lojistas, fazendo com que as lojas de departamentos (lojas-âncoras) atraiam clientela para as pequenas lojas (lojas satélites ou magnéticas), promovendo campanhas de publicidade. O empreendedor almeja tirar proveito da organização do empreendimento, obtendo ganhos, participando do sucesso comercial de cada loja do *shopping center*.

O locador não poderá locupletar-se indevidamente do ponto formado pelo empresário, por isso, este terá, em certas hipóteses, *direito a uma indenização do ponto*, como ressarcimento dos prejuízos que tiver em razão de mudança, perda do local do estabelecimento e desvalorização do fundo de empresa (art. 52, § 3º, da Lei n. 8.245/91).

Se o locador negar a renovação não residencial, alegando necessidade do prédio alugado para uso próprio, ou porque o pretende demolir para construir outro, de maior capacidade de utilização, o juiz fixará o *quantum* da indenização a que o locatário terá direito pela perda ou depreciação do ponto, abrangendo não só as despesas despendidas com a mudança (STF, Súmulas 181 e 444), e mesmo com a reinstalação do inquilino, mas também as perdas e danos, inclusive lucros cessantes, desde que o locador, no prazo de três meses, contado da entrega do imóvel, não lhe dê o destino alegado nem inicie aquelas obras determinadas pelo Poder Público ou que pretendia realizar. Terá, ainda, direito a uma indenização por perdas e danos se a renovação não se der em virtude de ter vingado proposta de terceiro, em melhores condições (arts. 72, II, e 75 da Lei n. 8.245/91). Ao assim dispor, a norma veio impor penalidade ao locador retomante do prédio locado, cujo uso desviou, fixando prazo para após a retomada instalar-se no imóvel evacuado ou dar-lhe o destino alegado, além do previsto em seu art. 44, III.

Para a fixação do montante desse *quantum* indenizatório e do preço do aluguel, se houver renovação, não havendo concordância entre as partes interessadas, parece-nos que imprescindível será a perícia para o arbitramento. O magistrado, na sentença, deverá estabelecer a quantia indenizatória a ser paga, cujo valor será, obviamente, fixado com base em laudo de perito por ele nomeado, permitindo-se, contudo, às partes litigantes a indicação de assistentes técnicos. A sua cobrança será feita no processo de execução, e, evidentemente, a sentença revestir-se-á dos requisitos de título executivo judicial. Se, porventura, o magistrado deixar de fixar o *quantum*, a indenização poderá ser pleiteada por meio de ação ordinária. A ação de indenização caberá ao locatário, para obter o recebimento da quantia a que tiver direito, cujo valor não foi estabelecido na sentença que decretou a desocupação do imóvel[35].

---

35. Consulte sobre ponto empresarial: Sérgio Campinho, *O direito de empresa*, cit., p. 302-4; Amador Paes de Almeida, *Direito de empresa*, cit., p. 43; Modesto Carvalhosa, *Comentários*, cit., v. 13, p. 619-22; Fábio Ulhoa Coelho, *Manual*, cit., p. 62-7 e 71; *Curso*, cit., v. 1, p. 102-12; Ricardo Negrão, *Curso*, cit., v. 1, p. 98-105; Nascimento Franco e Gondo, *Ação renovatória e ação revisional de aluguel*, São Paulo, Revista dos Tribunais, 1987, p. 102-12, 218-20; M. Helena Diniz, *Lei de locações de imóveis urbanos comentada*, São Paulo, Saraiva, 2006, p. 216-48; Waldirio Bulgarelli, *Contratos mercantis*, São Paulo, Atlas, 1988, p. 328; Waldemar Ferreira, *Tratado de direito comercial*, São Paulo, Saraiva, 1962, v. 6, p. 107 e 108; Alfredo Buzaid, *Da ação renovatória*, São Paulo, Saraiva, 1958, p. 85, 86 e 112; Dinah S. Renault Pinto, *Shopping center*: uma nova era empresarial, Rio de Janeiro, Forense, 1989; Nilton da Silva Combre, *Ação renovatória da locação*, São Paulo, Saraiva, 1985, p. 21, 22, 34, 35 e 38; Paulo Restiffe Neto e Paulo Sérgio Restiffe, *Locação*. Questões processuais, São Paulo, Revista dos Tribunais, 2000, p. 262; Carlos Geraldo Langoni, *"Shopping center" no Brasil*, São Paulo, Revista dos Tribunais, 1984, p. 56-9.

c.6. Elementos decorrentes de contrato

Os contratos não constituem elementos do estabelecimento empresarial, visto que não são bens, mas relações jurídicas negociais imprescindíveis ao exercício da atividade econômica pelo empresário (pessoa natural ou jurídica). Constituem elementos do exercício da "empresa". Mas os créditos deles oriundos são elementos incorpóreos do estabelecimento. Nas vendas de mercadorias a crédito, p. ex., cujas prestações são representadas por títulos de crédito, assinados pelos compradores. Os créditos são direitos (bens incorpóreos) integrantes do complexo de bens que constitui o estabelecimento.

As dívidas assumidas pelo empresário, para manter o estabelecimento, nele não se incluem, por onerarem o patrimônio, mas deverão ser pagas para que seja possível a venda ou transferência do estabelecimento (CC, art. 1.145)[36].

36. Rubens Requião, *Curso*, cit., v. 1, p. 290, 291, 293-5.

Quadro Sinótico

ELEMENTOS DO ESTABELECIMENTO EMPRESARIAL

<table>
<tr><td>1. ELEMENTOS INTEGRANTES</td><td colspan="4">• Bens corpóreos (móveis e imóveis).
• Bens incorpóreos.</td></tr>
<tr><td rowspan="2">2. ELEMENTOS CORPÓREOS</td><td>• Bens imóveis</td><td colspan="3">• Terrenos, edifícios destinados a fábricas, usinas, armazéns de depósito de mercadoria, lojas.
• Instalações.</td></tr>
<tr><td>• Bens móveis</td><td colspan="3">• Animais, máquinas, utensílios.
• Mercadorias.</td></tr>
<tr><td rowspan="2">3. ELEMENTOS INCORPÓREOS</td><td rowspan="2">• Elementos de identificação</td><td>• Nome empresarial</td><td colspan="2">• Designação com que o empresário efetua seu registro, exerce sua atividade e assina seus documentos. P. ex., Malharia Platanus Ltda.
• Princípios norteadores: veracidade, novidade e especificidade.</td></tr>
<tr><td>• Acessórios do nome empresarial</td><td>• Título de estabelecimento</td><td>• Designação pelo qual o local da situação da empresa é conhecido popularmente. P. ex., Casa Platanus.</td></tr>
</table>

3. ELEMENTOS INCORPÓREOS	• Elementos de identificação	• Acessórios do nome empresarial	• Insígnia	• Sinal externo ou representação gráfica do estabelecimento que o individualiza (como logotipo, distintivo, emblema, letra, desenho). P. ex., palhaço do McDonald's.
			• Expressão ou sinal de propaganda	• Legenda, anúncio, palavra, reclame, *jingle* etc. que revela a qualidade do produto ou serviço e serve como atrativo de clientela, por lembrá-la da marca e da empresa. P. ex., "O mundo gira e a Lusitana roda".
	• Elementos constitutivos da propriedade industrial	• Proteção de direitos relativos à propriedade industrial	• Patente confere direito de explorar com exclusividade invenção e modelo de utilidade. • Registro no INPI concede direito exclusivo ao uso de desenho industrial e de marca.	
		• Invenção	• Criação original do espírito humano consistente num novo produto, novo processo, novo instrumento ou novo meio técnico para obtenção de produtos, aplicável a qualquer tipo de indústria para melhorá-la. • Requisitos: originalidade, industrialidade e novidade.	
		• Modelo de utilidade	• Inovação introduzida em objeto já conhecido, aplicável à indústria, com finalidade prática ou produtiva, tendo por escopo dar-lhe nova configuração, aumentar sua produtividade, eficiência ou comodidade.	

3. **ELEMENTOS INCORPÓREOS**	• Elementos constitutivos da propriedade industrial	• Desenho industrial	• *Design* é um novo conjunto de linhas ou cores que poderá ser aplicado, para fins industriais, na ornamentação de um produto, por qualquer meio (natural, químico, mecânico etc.), dando-lhe um novo visual (art. 95 da Lei n. 9.279/96). • Titular do registro poderá efetuar cessão do desenho industrial e celebrar contrato de licença para sua exploração. • Casos em que não se pode registrar no INPI desenho industrial: art. 100, I e II, da Lei n. 9.279/96. • Nulidade de registro de desenho industrial: Lei n. 9.279/96, arts. 94 a 98.	
		• Marca	• Conceito	• Sinal ou nome colocado no produto ou serviço pelo empresário para identificá-lo, direta ou indiretamente, no mercado, tornando-o conhecido da clientela e fixando-lhe a origem e procedência. • Identificação direta opera-se pela marca de serviço ou produto, e a indireta, pela marca de certificação e marca coletiva. • Registro, se apresentar originalidade, novidade, licitude e veracidade.
			• Classificação	• *Quanto à sua utilização: a) marca de produto ou serviço*, sinal distintivo, visualmente perceptível, para distinguir produto (p. ex., molho de tomate "Pomarola") ou serviço (p. ex., DDDRIN) de outro idêntico ou similar ou afim, de origem diversa; *b) marca de certificação*, usada para atestar se produto ou serviço está conforme às regras técnicas, quanto à qualidade, à natureza, ao material e à metodologia adotada. P. ex., "Leite longa vida"; *c) marca coletiva*, identificadora de produtos ou serviços oriundos de membros de uma certa entidade (p. ex., a antiga CAC — Cooperativa Agrícola de Cotia).

3. ELEMENTOS INCORPÓREOS	• Elementos constitutivos da propriedade industrial	• Marca	• Classificação	• *Quanto à sua apresentação*: marca *verbal* ou *nominativa*; marca *emblemática* ou *figurativa*; marca *mista* e marca *tridimensional*.
			• Proteção especial	• Marcas de alto renome. • Marca notoriamente conhecida em seu ramo de atividade.
			• Registro	• Não são registráveis no INPI como marca os sinais arrolados no art. 124. • Tutela a propriedade e o uso exclusivo da marca e assegura o direito à clientela e os interesses do consumidor. • Requerimento do registro: art. 128 da Lei n. 9.279/96. • Extinção: art. 142 da Lei n. 9.279/96.
			• Direito do titular	• Zelar pela sua integridade material ou reputação. • Ceder seu registro ou pedido de registro. • Efetuar contrato de transferência e exploração da marca. • Realizar contrato de franquia. • Licenciar seu uso.

3. ELEMENTOS INCORPÓREOS	• Elementos constitutivos da propriedade industrial	• Patente	• É o título emitido pelo Poder Público, que concede a titularidade de direitos ao inventor e ao criador de modelo de utilidade, servindo de comprovante do direito de uso de exploração exclusiva da invenção ou do modelo de utilidade. • O titular da patente tem o direito de impedir produção, uso, venda ou importação do produto ou do processo patenteado. • Trâmites para a concessão da carta-patente: pedido da patente, publicação do pedido, exame das condições de patenteabilidade e das oposições apresentadas e decisão, deferindo o pedido. • Não são invenções nem modelo de utilidade, sendo insuscetíveis de patenteamento, as hipóteses arroladas nos arts. 10 e 18 da Lei n. 9.279/96. • Patenteamento de organismo geneticamente modificado: Leis n. 11.105/2005, art. 6º, VII, 9.279/96, art. 18, III, e parágrafo único. • Possibilidade de transferência *inter vivos* ou *causa mortis* do pedido da patente ou da propriedade da patente e de contrato de licença para exploração exclusiva, ou não, da patente por terceiro (Lei n. 9.279/96, arts. 61 a 67). • Casos de extinção da patente: art. 78 da Lei n. 9.279/96.
	• Direito autoral como elemento do estabelecimento	• Direito autoral visa, como diz Fábio Ulhoa Coelho, garantir a criatividade na inspiração e na transpiração (investimento e trabalho empresarial na produção e divulgação de uma obra, tornando-a pública). Independe de registro para sua tutela jurídica. O registro apenas servirá de prova de anterioridade, em caso de impugnação da autoria.	

3. ELEMENTOS INCORPÓREOS	• Direito autoral como elemento do estabelecimento	• Direito autoral nas obras de arte aplicado à indústria	• Como o fato de uma obra de arte ser reproduzida por meio de processos industriais não lhe retira o caráter artístico, devido a sua originalidade, seu autor receberá dupla proteção: a da lei sobre propriedade industrial e a da lei sobre direito autoral. Com isso, haverá maior estímulo ao desenvolvimento da tecnologia, por estabelecer melhores condições de negociação e de utilização de patentes, modelos de utilidade e desenhos industriais.
		• Direitos autorais decorrentes de obra de engenharia, agricultura e agronomia	• Lei n. 5.194/66. • Resoluções n. 221/74 e n. 225/74 (ora revogada pela Res. 287/83) do CREA. • Assegura-se ao empresário-autor de projeto de engenharia, arquitetura e agronomia proteção jurídica.
		• Proteção aos programas de computador	• Há direito autoral no *software* e no *hardware*. • Lei n. 7.232/84, com alteração do Dec.-Lei n. 2.203/84. • Leis n. 9.609/98 e 9.610/98, arts. 7º, XII e § 1º, e 29, IX.
		• Criação publicitária como direito autoral	• Publicidade é a atividade empresarial pela qual se procurará fazer com que o consumidor tenha interesse pela aquisição ou pelo uso de certos produtos ou de serviços anunciados por meio de mensagens escritas ou orais, utilizando-se de *marketing* e de *teaser*. Por ser uma forma de comunicação que envolve problemas de concorrência desleal e de defesa do consumidor, o contrato de publicidade deverá inserir cláusulas protetoras dos direitos autorais.

3. ELEMENTOS INCORPÓREOS	• Direito autoral como elemento do estabelecimento	• Fixação de obra por meio de reprodução	• O contrato de produção consiste no fato de o autor conferir ao empresário o direito de fixação da obra pelos meios de reprodução para possibilitar sua exploração econômica. Ter-se-ão contratos de: produção teatral; produção cinematográfica; produção de programas de televisão; produção por meio de satélites ou de cabo-visão; produção fonográfica.
	• Cultivares como elemento de propriedade intelectual	• Lei n. 9.456/97 protege direitos concernentes à propriedade intelectual alusiva a cultivar, mediante Certificado de Proteção de Cultivar, considerado bem móvel, permitindo ao melhorista a sua livre utilização, vedando que terceiro, sem sua autorização, venha a produzi-lo, vendê-lo ou comercializá-lo.	
	• Ponto empresarial como elemento do estabelecimento	• Conceito	• É o local onde o empresário individual ou coletivo fixa seu estabelecimento para exercer sua atividade econômica, acrescentando-lhe um valor maior, constituindo a propriedade empresarial ou comercial.
		• Proteção jurídica	• Renovação compulsória de contrato de locação não residencial (art. 51 da Lei n. 8.245/91), salvo nos casos dos arts. 52, I e II, e 72, I, II e III, da Lei n. 8.245/91). • Impossibilidade de recusa de renovação de contrato de locação de espaço em *shopping center*, nos casos do art. 52, § 2º, da Lei n. 8.245/91. • Direito à indenização do ponto.
	• Elementos decorrentes do contrato	• Títulos de créditos oriundos de contrato de vendas de mercadorias a crédito.	

3. Atributos do estabelecimento

A. Noções gerais

O aviamento e a clientela constituem atributos ou qualidades do estabelecimento, enquanto instrumentos do exercício da atividade empresarial, e não elementos do estabelecimento.

Assim como a fertilidade do solo, a solidez de uma edificação e a lealdade de um amigo são suas qualidades, o aviamento e a clientela também o são do estabelecimento. Ou melhor, o aviamento é uma qualidade do estabelecimento, e a clientela, um fator do aviamento, como pondera Valeri. A clientela é, na verdade, uma situação fática ou um fator conducente ao aviamento.

Clientela e aviamento estão relacionados entre si e não têm existência separada da do estabelecimento, visto que não se constituem como objeto autônomo de direitos, pois não são suscetíveis de cessão ou alienação, nem poderão ser dados como garantia de dívida. Como ensina Garrigues, a clientela e o aviamento são relações de fato, que seguem o estabelecimento em sua transferência, e há uma relação intrínseca entre eles; poder-se-á dizer que ambos constituem atributos ou predicados do estabelecimento[37].

---

37. Oscar Barreto Filho, *Teoria do estabelecimento comercial*, São Paulo, Saraiva, 1988, p. 159 e 171; Garrigues, *Tratado de derecho mercantil*, apud Rubens Requião, *Curso*, cit., v. 1, p. 344; Giuseppe Valeri, Avviamento di azienda, in *Nuovo Digesto Italiano*, Torino, Torinese, 1937, v. 2.

B. Aviamento

Aviamento (*goodwill of a trade* ou *goodwill*)[38] é o atributo do estabelecimento, por ser sua aptidão de produzir resultados ou de dar lucros, ante a sua boa organização; localização; habilidade, competência e reputação do empresário; treinamento e eficiência de seus agentes; aperfeiçoamento de sua tecnologia; notoriedade da marca de seu produto ou serviço; criatividade no atendimento da clientela; técnica empregada na fabricação de seus produtos ou na prestação de seus serviços; aceitação de seu produto ou serviço por grande extensão do círculo de clientela; barateamento do custo dos seus produtos ou serviços; solidez de seu crédito; grau de eficiência na conjugação do capital e do trabalho etc. Portanto, como se pode ver, o *aviamento* será *objetivo* quando: a) a lucratividade do negócio for decorrência natural da localização do estabelecimento, p. ex., por estar num *shopping center*, que gera a expectativa de lucro pelo grande afluxo de pessoas, atrações, serviços, comodidades etc.; b) o estabelecimento opera com mercadorias exclusivas ou com produto consagrado mercadologicamente, como ocorre com as franquias, contando com clientela habitual. Envolve a qualidade própria do estabelecimento e independe das condições pessoais do empreendedor, subsiste mesmo que haja troca de empresário. E o *aviamento subjetivo* conta com o talento do empresário ou com a qualidade do serviço. Tem por base a atuação do empreendedor na organização do estabelecimento, no tratamento da clientela, na seriedade ou na correção dos negócios. Daí sua intransmissibilidade, pois impossível será repassá-lo ao novo dono, a não ser que, no contrato de trespasse, haja cláusula impondo ao comprador o dever de manter com o devedor uma obrigação pessoal de fazer. Como

38. Sobre aviamento: Michelli Tamburus, Concepção jurídica de valor no estabelecimento empresarial, *Revista do IASP*, *18*:194-95, Sérgio Campinho, *O direito de empresa*, cit., p. 317 e 318; Rubens Requião, *Curso*, cit., v. 1, p. 344 e 345; Modesto Carvalhosa, *Comentários*, cit., v. 13, p. 622; Giuseppe Valeri, Avviamento, cit.; Fábio Ulhoa Coelho, *Curso*, cit., v. 1, p. 101; Sebastião José Roque, *Curso*, cit., p. 207-12; Ricardo Negrão, *Manual*, cit., v. 1, p. 85 e 86; Maria Helena Diniz, *Dicionário jurídico*, São Paulo, Saraiva, 2005, v. 1, p. 435 e 436; Paulo Sérgio Restiffe, *Manual*, cit., p. 43; Rolf Madaleno, O fundo de comércio do profissional liberal na meação conjugal, *Direito das famílias* (org. Maria Berenice Dias), São Paulo, Revista dos Tribunais, 2009, p. 167-77; Fernández e Gómez, *Tratado teórico-prático de derecho comercial*, Buenos Aires, De Palma, 1993, t. 1, p. 430; Haroldo M. D. Verçosa, *Curso de direito comercial*, São Paulo, Malheiros, 2004, v. 1, p. 248-9.

diz Paulo Sérgio Restiffe, o "aviamento é o potencial de lucratividade" do estabelecimento.

Os bens corpóreos e incorpóreos, elementos integrantes do estabelecimento, constituem base para que haja lucratividade; logo, esta expectativa ou perspectiva de lucro líquido é o aviamento, que constitui o valor econômico agregado ao patrimônio empresarial. Esses bens organizados e aplicados na "empresa", integrantes do estabelecimento, adquirem um valor econômico superior ao de cada um deles, isoladamente considerados. Na lição de Giuseppe Valeri, os elementos do estabelecimento corresponderiam, individualmente tomados, a *a*, *b*, *c*, *d*..., mas, fundidos na unidade econômica do estabelecimento, valeriam a + x', b + x", c + x"', d + x""..., entendendo-se *x* o coeficiente aviamento. De maneira que o valor do estabelecimento é dado não só pela soma dos seus elementos singularmente considerados, a + b + c + d..., como também por tal soma aumentada do valor do aviamento, isto é, de a + b + c + d... + X. No dizer de Fábio Ulhoa Coelho, aviamento é "o sobrevalor agregado aos bens do estabelecimento empresarial em razão de sua racional organização pelo empresário". O aviamento é o valor econômico do conjunto de bens corpóreos ou incorpóreos, que constituem elementos do estabelecimento. O sobrevalor "x" é o aviamento. O valor agregado ao complexo de bens não personificado, que constitui o estabelecimento, é o aviamento ou fundo de comércio ou fundo de empresa.

Aviamento ou fundo empresarial é, portanto, o sobrevalor ou valor superior atribuído aos bens do empresário individual ou coletivo que, organizados e aplicados em sua atividade econômica, integram o estabelecimento. É portanto, pelo seu valor econômico destacado, um atributo do estabelecimento, e, como ensina Carvalho de Mendonça, além disso, "a transferência do aviamento supõe a do estabelecimento e a aquisição do aviamento é indispensável para conferir ao adquirente do estabelecimento o título de continuador ou sucessor". Se o estabelecimento for transferido a outrem, transferir-se-lhe-á também o aviamento[39].

---

39. Carvalho de Mendonça, *Tratado de direito comercial*, Rio de Janeiro, 1919, v. V, t. 1, p. 21 e 22. A Lei n. 8.245/91, art. 52, § 3º, protege o aviamento, ao determinar o direito à indenização do empresário, não havendo renovação de locação, se o fundo de comércio sofrer desvalorização.

Vide CPC/2015, art. 866, §§ 1º e 3º: sobre penhora de percentual de faturamento de empresa.

C. Clientela

A clientela[40] pode ser considerada como um atributo ou uma qualidade do estabelecimento, por ser não só um fator relevante ou causa do aviamento, como também uma consequência dele. A clientela é, pois, uma das manifestações externas do aviamento, como diz Vera Helena de Mello Franco. O fundo de empresa é um sobrevalor que se incorpora no estabelecimento empresarial, pela influência de múltiplos fatores, tais como a criatividade no atendimento da clientela, ampliando-a ou selecionando-a, de forma a tê-la como fator preponderante no sucesso do ramo explorado. Logo, a clientela é "a manifestação externa do aviamento", como diz Ricardo Negrão. Quanto maior a clientela, maior será o aviamento.

É uma conquista do empresário individual ou coletivo, decorrente de anos de atividade empresarial. O conjunto de qualidades subjetivas do empresário e as qualidades objetivas do estabelecimento constituirão atrativo de clientes. O bom nome do empresário individual ou coletivo, na praça em que atua, e a solidez de seu crédito, aliados à qualidade e ao preço acessível de suas mercadorias e serviços, ao excelente atendimento, à localização de fácil acesso etc. são fatores que mantêm sua clientela, que é uma massa permanente de clientes.

A clientela é um conjunto de pessoas que, de fato, ocasional e habitualmente, mantém com o estabelecimento (físico ou virtual) relações continuadas de procura de produtos e de serviços, para adquiri-los, em razão da sua qualidade e da reputação do empresário, criando uma certa fidelidade.

A clientela, portanto, diz respeito aos frequentadores habituais do estabelecimento empresarial, tendo-o como ponto de referência para aquisição de mercadorias e serviços.

40. Sobre clientela consulte: Oscar Barreto Filho, *Teoria*, cit., p. 178-80; Sebastião José Roque, *Curso*, cit., p. 218-25; Ricardo Negrão, *Manual*, cit., v. 1, p. 87-97; M. Helena Diniz, *Lei de locações*, cit., p. 222; *Dicionário jurídico*, cit., v. 1, p. 740 e 741; Ripert, *Traité élémentaire de droit commercial*, 1951, n. 446; José da Silva Pacheco, *Tratado*, cit., p. 348 e s.; Tullio Ascarelli, *Iniciación al estudio del derecho mercantil*, Barcelona, Bosch, 1964; Fábio Ulhoa Coelho, *Curso*, cit., v. 1, p. 101; Sérgio Campinho, *O direito de empresa*, cit., p. 319 e 300; Modesto Carvalhosa, *Comentários*, cit., p. 623; Rubens Requião, *Curso*, cit., p. v. 1, p. 345-63; Rui Barbosa, *Direito à clientela*, Rio de Janeiro, 1948; Vera Helena de Mello Franco, *Manual de direito comercial*, São Paulo, Revista dos Tribunais, 2004, v. 1, p. 140.

O termo *freguesia*, muito empregado como sinônimo de clientela, tem conotação paroquial, territorial, indicando vizinhança e localização, à semelhança de *achalandage*, na França, consistente numa "clientela" passageira ou transeunte, como, p. ex., a que compra produtos em lojas de aeroporto; a que se utiliza de restaurantes instalados na beira de rodovias; a que surge em atenção à ocasião (viagem) e à situação do estabelecimento.

A palavra *clientela* possui conteúdo mais amplo, já que alcança: *a*) a freguesia habitual, em face da proximidade, localização, contiguidade, vizinhança, comodidade e facilidade de acesso, englobando os fregueses da esquina, da rua, do bairro, que, habitualmente, procuram o estabelecimento mais próximo, por comodidade ou hábito; *b*) a clientela atraída pelas qualidades objetivas ou subjetivas do estabelecimento, abrangendo não só os fregueses da vizinhança, mas também os que vão a determinado supermercado, *shopping center*, loja ou qualquer estabelecimento por seu atendimento e por sua especialidade[41].

A *clientela*, em sentido estrito, ligar-se-á às qualidades objetivas do estabelecimento e à qualidade subjetiva do empresário.

Há proteção legal ao "direito à clientela" do empresário, mediante repressão à concorrência desleal, visando ao não desvio da clientela (art. 195, I, II, III, da Lei n. 9.279/96). Esse crime de concorrência desleal consiste no emprego de meio fraudulento ou de processos artificiais para desviar, em proveito próprio ou alheio, clientes de outrem, acarretando dano patrimonial ao empresário, podendo, até mesmo, levá-lo à falência (Lei n. 11.101/2005, art. 170). São atos tendentes a desviar, em proveito próprio ou alheio, clientela de outrem, aqueles que denegrirem a imagem do empresário e a qualidade de seus produtos e serviços, publicando notícias, boatos ou falsas informações ou fazendo comparações entre seus serviços e mercadorias com os do concorrente, colocando estes em posição de inferioridade etc.

O empresário individual e a sociedade empresária não têm direito à conservação ou permanência da clientela, salvo em hipótese de pacto celebrado, em relação aos seus clientes, e a outros estabelecimentos concorrentes. Têm, na verdade, o direito a que sua clientela não lhe seja retirada de forma ilícita, mediante concorrência desleal. Realmente, não há, tecni-

41. José da Silva Pacheco, *Tratado de direito empresarial*: empresário, pessoa e patrimônio, São Paulo, Saraiva, 1979, p. 348.

camente, "direito à clientela", por não ser considerada como coisa. Assim, quando se fala em tutela jurídica da clientela, apenas se quer dizer que se protege os elementos do estabelecimento (nome empresarial, marca, invenção, modelo de utilidade, desenho industrial, patente) por estarem ligados à clientela, como fator ou resultado do aviamento, atributo daquele estabelecimento[42].

QUADRO SINÓTICO

ATRIBUTOS DO ESTABELECIMENTO

1. AVIAMENTO	• Atributo do estabelecimento, por ser sua aptidão de gerar lucros. • É o sobrevalor atribuído aos bens do empresário individual ou coletivo que, organizados e aplicados em sua atividade econômica, integram o estabelecimento.
2. CLIENTELA	• É um conjunto de pessoas que, habitualmente, mantém com o estabelecimento (físico ou virtual) relações continuadas de procura de produtos ou serviços, para adquiri-los, em razão de sua qualidade e da reputação do empresário, criando uma certa fidelidade. • Por ser fator relevante do aviamento, é, também, considerada como atributo do estabelecimento.

42. Consulte: Giovanni E. Colombo, L'azienda e il divieto di concorrenza dell'alienante, in *Trattato di diritto commerciale e di diritto pubblico del economia*, Padova, Cedam, 1979, v. 3, p. 172 e 173; Rubens Requião, *Curso*, cit., v. 1, p. 354 e 355.

Vide BAASP, 2644:1731: "O estabelecimento comercial é responsável, objetivamente, pela integridade física de seus fregueses, conforme o insculpido no art. 14 do Código de Defesa do Consumidor. É evidente o dano moral sofrido por consumidor que, em razão da negligência do estabelecimento comercial, escorrega em tapete colocado na saída do local e sofre fratura do ombro e lesão grave do manguito rotador direito. Os honorários advocatícios serão fixados pelo Juiz até o máximo de 15% sobre o valor da condenação quando o beneficiário da Justiça Gratuita for vencedor na causa, por força do art. 11, § 1º, da Lei n. 1.060/1950" (TJSC-2ª Câm. de Direito Civil; ACi n. 2006.033467-9-Estreito-SC; Rel. Des. Luiz Carlos Freyesleben; j. 30-10-2008; v.u.).

4. Estabelecimento como objeto de direitos e de negócios jurídicos

A. Negocialidade do estabelecimento

O empresário tem livre disponibilidade do estabelecimento, por ser este negociável, estando *in commercium*.

O estabelecimento empresarial pode ser objeto unitário de direitos e de negócios jurídicos, translativos ou constitutivos, desde que sejam compatíveis com a sua natureza (CC, art. 1.143). Tal ocorre por integrar, na qualidade de patrimônio afetado à "empresa", o patrimônio do empresário e da sociedade empresária, sendo, portanto, uma garantia aos seus credores. Consequentemente, pode constituir objeto de negócios jurídicos efetivados pelo empresário ou pela sociedade empresária, que poderá dele livremente dispor, atendendo a certos requisitos. Pode ser, portanto, objeto de: trespasse, permuta, dação em pagamento, doação, arrendamento ou locação, usufruto, comodato, sucessão falencial, sucessão *causa mortis* (legítima ou testamentária) etc.

Por tal razão, o novel Código Civil contém normas reguladoras desses negócios que envolvem o estabelecimento, já que poderão retirar a garantia dos credores do empresário alienante, cujo crédito resulta do próprio estabelecimento alienado. O Código Civil de um lado protege o credor do alienante, pois o estabelecimento poderá ser alienado pelo adquirente, retirando a garantia do pagamento do que lhe é devido, e de outro lado faz com que, como veremos mais adiante, o adquirente assuma o passivo do estabelecimento.

É preciso não olvidar que o estabelecimento não poderá ser empenhado, mas os elementos que o compõem serão suscetíveis de penhor se considerados singularmente. Nem poderá ser desapropriado, embora o imóvel onde se situe possa sê-lo, caso em que o empresário fará jus a uma indenização pela perda ou depreciação do valor do fundo da empresa ou aviamento, além da alusiva ao valor do imóvel.

Assim sendo, estabelece normas sobre os requisitos necessários para a eficácia da alienação *erga omnes*.

Se o estabelecimento empresarial for objeto de contrato que vise aliená-lo, dá-lo em usufruto ou arrendá-lo, esse negócio jurídico (alienação ou torga de usufruto e arrendamento) terá eficácia entre as partes, por ter validade desde a sua constituição, não podendo os contratantes deixar de cumpri-lo, alegando sua ineficácia. Apenas produzirá efeitos em relação a terceiros depois de sua averbação à margem da inscrição do empresário, ou da sociedade empresária, no Registro Público de Empresas Mercantis, e de sua publicação na imprensa oficial, isto é, no *Diário Oficial* (art. 1.144) ou em jornal de grande circulação (CC, art. 1.152). Com isso o documento terá acesso ao público, que, sem qualquer justificação, poderá pedir junto à entidade registrária sua certidão, conhecendo seu inteiro teor por meio do regime de certificação. O regime de publicação oficial visa: criar presunção legal do conhecimento por terceiro do negócio jurídico publicado; dar início aos prazos aquisitivos ou extintivos de direitos, não se podendo alegar sua ignorância para o efeito de eximir-se dos prazos de prescrição; marcar o termo de aquisição e de extinção dos direitos subjetivos oriundos daquele ato publicado. Caberá à Junta Comercial averiguar a regularidade dessa publicação (art. 1.152 do CC), e por isso exige o depósito da publicação feita, sob pena da ineficácia da averbação[43].

B. Trespasse e suas consequências jurídicas

O contrato de compra e venda de estabelecimento empresarial, ou melhor, do complexo de bens materiais ou imateriais, utilizados na exploração de uma atividade econômica, denomina-se *trespasse* (*RT*, *276*:216,

43. M. Helena Diniz, *Código Civil*, cit., p. 901 e 902; Modesto Carvalhosa, *Comentários*, cit., v. 13, p. 636, 637 e 639-42; Cassio Machado Cavalli, O direito de empresa no novo Código Civil, *Revista de Direito Mercantil*, *131*:179; Ricardo Negrão, *Curso*, cit., v. 1, p. 78; Rubens Requião, *Curso*, v. 1, p. 287 e 288; Glauber Moreno Talavera, *Comentários ao Código Civil* (coord. Camillo, Talavera, Fujita e Scavone Jr.), São Paulo, Revista dos Tribunais, 2006, p. 872. STJ, Súmula 451: "É legítima a penhora da sede do estabelecimento comercial".

Pelo Enunciado n. 8: "A sub-rogação do adquirente nos contratos de exploração atinentes ao estabelecimento adquirido, desde que não possuam caráter pessoal, é a regra geral, incluindo o contrato de locação" (aprovado na I Jornada de Direito Comercial).

Vide CPC/2015, art. 862: sobre penhora de estabelecimento comercial.

691:157, *265*:714, *276*:620, *423*:122, *270*:210, *650*:116, *420*:329, *390*:158, *401*:187, *500*:155, *415*:127, *656*:164; *RTJ*, *118*:1154; *RF*, *200*:145; *JSTJ*, *32*:231; *RJTJRS*, *158*:316; *BAASP*, *2620*:1660-12).

O trespasse[44] é o negócio jurídico pelo qual o empresário individual ou coletivo (trespassante) vende todo o seu estabelecimento a terceiro (trespassário), que pagará o preço estipulado. É contrato de alienação *inter vivos* do estabelecimento, tendo por caracteres a tipicidade, onerosidade, consensualidade, comutatividade, bilateralidade, devendo ser documentado.

Sua eficácia *erga omnes* requer averbação do contrato à margem do registro do empresário individual ou coletivo e sua publicação na Imprensa Oficial (art. 1.144 do CC).

"A validade da alienação do estabelecimento empresarial não depende de forma específica, observado o regime jurídico dos bens que a exijam" (Enunciado n. 393 do CJF, aprovado na IV Jornada de Direito Civil).

No mundo empresarial é comum referir-se ao trespasse, empregando a expressão de oferta "passa-se o ponto". No trespasse do estabelecimento incluir-se-ão o título do estabelecimento, mas não o nome empresarial, e todos os seus elementos (corpóreos e incorpóreos) integrantes e os serviços. Contudo, poder-se-á admitir que o empresário alienante fique com alguns daqueles elementos, desde que tal fato não venha a descaracterizar o estabelecimento.

Urge não olvidar que trespasse, alienação de controle de S/A e cessão de quotas de sociedade limitada não se confundem. Deveras, ensina-nos Fábio Ulhoa Coelho que "são institutos bastante distintos, embora com efei-

---

44. Modesto Carvalhosa, *Comentários*, cit., v. 13, p. 637, 638 e 642; M. Helena Diniz, *Código Civil*, cit., p. 902 e 903; *Tratado*, cit., v. 1, p. 364-66; Rubens Requião, *Curso*, cit., v. 1, p. 284 e 285; Gasca, *La compraventa civil y comercial*, Madrid, 1931; Fran Martins, Compra e venda mercantil, *Enciclopédia Saraiva do Direito*, v. 16, p. 434-43; Fábio Ulhoa Coelho, *Manual*, cit., p. 50 e 51; *Curso*, cit., v. 1, p. 111-18; Cunha Gonçalves, *Compra e venda no direito comercial brasileiro*, 1950; Waldirio Bulgarelli, *Contratos mercantis*, São Paulo, Atlas, 1988, p. 164-84 e 195; Marino Pazzaglini Filho e Andrea Di Fuccio Catanese, *Direito da empresa no novo Código Civil*, São Paulo, Atlas, 2003, p. 30; Celso Marcelo de Oliveira, *Manual de direito empresarial*, São Paulo, IOB-Thomson, 2005, v. I, p. 351; Arnaldo Rizzardo, *Direito de empresa*, Forense, Rio de Janeiro, 2007, p. 1.043-45; Paulo Sérgio Restiffe, *Manual*, cit., p. 44-50.

A *compra e venda de empresas* visa transferir titularidade de quotas ou ações ao comprador, com subsequente alteração do contrato social. Diferencia-se do *trespasse* (CC, art. 1.144), que é alienação de estabelecimento empresarial, pois na compra e venda de empresas o adquirente passa a ter participação societária, outrora pertencente ao alienante. No trespasse, o estabelecimento deixa de ser parte integrante do patrimônio do alienante, passando para o adquirente.

tos econômicos idênticos, na medida em que são meios de transferência da empresa. No trespasse, o estabelecimento empresarial deixa de integrar o patrimônio de um empresário (o alienante) e passa para o de outro (o adquirente). O objeto da venda é o complexo de bens corpóreos, envolvidos com a exploração de uma atividade empresarial. Já na cessão de quotas sociais de sociedade limitada ou na alienação de controle de sociedade anônima, o estabelecimento empresarial não muda de titular. Tanto antes como após a transação, ele pertencia e continua a pertencer à sociedade empresária. Essa, contudo, tem a sua composição de sócios alterada. Na cessão de quotas ou alienação de controle, o objeto da venda é a participação societária".

Com o trespasse, o estabelecimento passa a integrar o patrimônio do adquirente, consequentemente será preciso tutelar os interesses dos credores. A negociação do estabelecimento não poderá causar dano a terceiros, ou seja, aos credores do titular do estabelecimento. Por tal razão, o empresário ou sociedade empresária que não possuir bens suficientes para cobrir seu passivo só poderá alienar, eficazmente, o seu estabelecimento se: *a*) pagar todos os credores; ou *b*) obter o consentimento unânime, expresso ou tácito, de seus credores, dentro do prazo de trinta dias, contado da notificação que lhes fez daquela sua pretensão (CC, art. 1.145). Essa notificação pessoal (judicial ou extrajudicial) é imprescindível para que os credores possam manifestar-se sobre o trespasse sem que tenha havido pagamento de seus créditos. Apenas poderá ela ser dispensada se o empresário alienante, sendo solvente, pagou todos os credores, p. ex., com o valor do preço recebido no trespasse. Logo, a eficácia da alienação do estabelecimento requer existência: de patrimônio remanescente, suficiente para pagar, saldar as dívidas do empresário, do pagamento de todos os credores do alienante ou do prévio consentimento expresso (se apresentado por escrito) ou tácito (omissão do credor) desses credores dentro de trinta dias contados de sua notificação. Admite-se, portanto, que os credores do alienante possam opor-se ao trespasse, principalmente se o preço contratado for insuficiente para cobrir as dívidas sociais.

Se o empresário não obedecer a esse comando legal, poderá ter a decretação de sua falência, se não comprovar que possui bens suficientes para pagar o passivo, e aquela venda será tida ineficaz perante a massa falida, podendo o estabelecimento ser reivindicado, em favor da coletividade de credores, prejudicando o adquirente (Lei de Falências e Recuperação de Empresas, arts. 50, VII, 94, III, *c*, e 129, VI). O adquirente que não providenciar prova da solvência do alienante ou da anuência dos seus credores poderá perder o estabelecimento para a massa falida. O não cumprimento do comando contido na norma do art. 1.145 poderá acarretar a ineficácia do trespasse em relação a credores, que poderão exigir o pagamento de seu crédito contra empresário ou sociedade devedora.

O art. 1.145 do Código Civil e os arts. 94, III, *c*, e 129, VI, da Lei n. 11.101/2005 têm por escopo evitar a ocorrência de fraude contra credores.

"A sistemática do contrato de trespasse delineada pelo Código Civil, nos arts. 1.142 e s., especialmente seus efeitos obrigacionais, aplica-se somente quando o conjunto de bens transferidos importar a transmissão da funcionalidade do estabelecimento empresarial" (Enunciado n. 233 do Conselho da Justiça Federal, aprovado na III Jornada de Direito Civil).

O trespasse traz consequências jurídicas[45]:

a) Sucessão do adquirente na responsabilidade pelas dívidas de qualquer natureza (CC, art. 1.146). Pelo Enunciado n. 4 da I Jornada Paulista de Direito Comercial: "O art. 1.146 do Código Civil é norma cogente, de sorte que não se admite, no contrato de trespasse, seja afastada, com efeitos perante terceiros, a sucessão do adquirente do estabelecimento, nem a solidariedade do alienante". Ocorrida a alienação ou trespasse do estabelecimento, o seu adquirente sucederá o passivo do alienante; logo, terá responsabilidade pelo pagamento dos débitos pendentes, anteriores à transferência, ligados àquele estabelecimento, desde que estejam regularmente contabilizados em livros próprios (CC, art. 1.146, 1ª parte). Consequentemente, o adquirente responderá apenas se podia ter conhecimento da existência de tais dívidas, visto que, com sua contabilização, estavam à sua disposição, possibilitando consulta antes da efetivação do negócio. Estando regularmente contabilizadas, em livro pelas

45. Cassio Machado Cavalli, *O direito de empresa*, cit., p. 180 e 181; Modesto Carvalhosa, *Comentários*, cit., v. 13, p. 633, 645-48, 653-63; Sebastião José Roque, *Curso*, cit., p. 199-204; M. Helena Diniz, *Código Civil*, cit., p. 903, 904 e 906; *Lei de locações*, cit., p. 80-82; Tucci e Villaça Azevedo, *Tratado da locação predial urbana*, São Paulo, Saraiva, 1985, p. 106-9; Fábio Ulhoa Coelho, *Curso*, cit., v. 1, p. 116-22; Paulo Checoli, *Direito de empresa*, cit., p. 309 e s.; Fernanda C. Fruistockl, Efeitos do trespasse do estabelecimento empresarial em relação aos credores: uma análise de jurisprudência brasileira sobre o tema, *Revista Síntese — Direito Empresarial*, *44*:9-28; André da S. Sacramento, Considerações sobre o contrato de trepasse, *Revista Síntese — Direito Empresarial*, *44*:29-40; Carlos Marcelo Gouveia, Responsabilidade tributária na alienação de fundo de comércio ou estabelecimento comercial, industrial ou profissional, *Revista Juris da FAAP*, n. *7*:273-292; Matheus B. Pegorini, O estabelecimento empresarial e a responsabilidade do adquirente e do alienante no trespasse, *Revista Síntese — Direito Empresarial*, *42*:79 a 89. *BAASP*, *2749*: 2060-15. 1 — A responsabilidade do adquirente de estabelecimento comercial pelo pagamento dos débitos anteriores à transferência decorre de lei (art. 1.146, CC), só tendo eficácia perante as próprias partes eventual cláusula do contrato de trespasse que exclua essa responsabilidade. 2 — Recurso conhecido e não provido (TJDFT — 1ª T. Cível; ACi n. 20090110988526-DF; Rel. Des. Sandoval Oliveira; j. 13-4-2011; v.u.).

Enunciado n. 59: "A mera instalação de um novo estabelecimento, em lugar antes ocupado por outro, ainda que no mesmo ramo de atividade, não implica responsabilidade por sucessão prevista no art. 1.146 do CCB" (aprovado na II Jornada de Direito Comercial). Não havendo um negócio jurídico de alienação do estabelecimento, não há responsabilidade por sucessão (art. 1.146 do CCB). É o caso de um empresário instalar-se em lugar antes ocupado por outro, ainda que se trate do mesmo ramo de atividade do anterior ocupante.

técnicas de escrituração, as obrigações do estabelecimento, o seu adquirente responderá por elas com todos os bens de seu patrimônio e não apenas com os integrantes do estabelecimento por ele adquirido.

Em anexo ao trespasse dever-se-á, por isso, arrolar as dívidas sociais, os credores e os valores correspondentes, mas o alienante continuará, juntamente com o adquirente quanto aos créditos vencidos, responsável solidariamente, pelo prazo de um ano, contado da publicação oficial do contrato de transferência do estabelecimento (CC, art. 1.152) e não do ato de arquivamento da alienação no Registro Público de Empresas Mercantis (CC, art. 1.144), e quanto aos vincendos, por igual lapso temporal, a partir da data do vencimento do título correspondente (CC, art. 1.146, 2ª parte). O alienante (devedor primitivo) poderá, portanto, ser demandado pelo credor. Transcorrido *in albis* o lapso temporal de um ano, liberar-se-á o alienante, e o adquirente passará a ser o único responsável pelo pagamento dos débitos anteriores ao trespasse.

Urge lembrar que, em relação às dívidas contraídas depois da publicação do contrato translativo do estabelecimento, apenas o seu adquirente terá a obrigação de solvê-las.

O adquirente do estabelecimento, por força do art. 10 da Consolidação das Leis do Trabalho, responderá pelo pagamento das verbas devidas aos empregados que nele trabalham e deverá, ante o disposto no art. 448, assegurar a permanência de seus contratos de trabalho, mediante sua sub-rogação automática nesses contratos, desde que não haja mudança do ramo de atividade empresarial, exercida no estabelecimento pelo alienante. Havendo essa mudança pelo adquirente, o empregado, se quiser, poderá pedir a rescisão unilateral do contrato de trabalho.

E pelo art. 133 do Código Tributário Nacional, o adquirente do estabelecimento terá, para evitar fraude ao Fisco, responsabilidade tributária por sucessão se continuar na sua exploração, mesmo que sob outra razão social ou firma individual. Responderá pelos tributos relativos ao estabelecimento adquirido, devidos até a data do ato: *direta* e *integralmente*, se o alienante cessar suas atividades, ou *subsidiariamente* com o alienante, se este prosseguir em suas atividades, ou iniciar, dentro de seis meses, contados da data da alienação, nova atividade no mesmo ou em outro ramo empresarial.

b) Automática sub-rogação pessoal do adquirente nos contratos de exploração do estabelecimento. Isto porque sem que haja transmissibilidade dos contratos, bilaterais em curso de execução, relacionados com a atividade empresarial do aviamento e da clientela, impossível seria transferir integralmente o estabelecimento, visto que a continuação daquela atividade ficaria prejudicada, uma vez que aquelas relações jurídicas contratuais constituem garantia dos meios necessários à sua consecução.

Assim sendo, havendo transferência do estabelecimento empresarial, exceto estipulação em sentido contrário, o adquirente sub-rogar-se-á em todos os direitos e deveres do alienante nos contratos por ele efetivados para fazer frente à exploração do estabelecimento (p. ex., prestação de serviço, arrendamento de equipamentos, compra e venda de mercadorias, contratação de mão de obra para a produção e comercialização de mercadorias etc.), desde que não tenham caráter pessoal, ou melhor, desde que não sejam personalíssimos, por não terem sido firmados *intuitu personae* (CC, art. 1.148, 1ª parte). Não há sub-rogação no contrato personalíssimo, firmado em atenção às qualidades do contratante, pois apenas ele poderá satisfazer a obrigação estipulada (p. ex.: prestação de serviços artísticos ou técnicos altamente especializados).

"A alienação do estabelecimento empresarial importava, como regra, na manutenção de contrato de locação em que o alienante figurava como locatário" (Enunciado n. 64, aprovado na Jornada de Direito Civil 2002, do Centro de Estudos da Justiça Federal). Mas, tal enunciado foi cancelado pelo Enunciado n. 234 do Conselho da Justiça Federal, aprovado na III Jornada de Direito Civil, que assim dispõe: "Quando do trespasse do estabelecimento empresarial, o contrato de locação do respectivo ponto não se transmite automaticamente ao adquirente". Não se terá sub-rogação automática do contrato de locação do ponto empresarial, a não ser que o locador, proprietário do imóvel, consinta (Lei n. 8.245/91, art. 13), previamente, e por escrito, que o locatário ceda o contrato locatício, juntamente com o estabelecimento. Se o trespasse envolver a cessão da locação, não havendo consenso do locador, a locação do prédio onde funciona o estabelecimento poderá rescindir-se dentro de noventa dias, contados da publicação da transferência do estabelecimento (CC, art. 1.148). Se o locador notificado da cessão da locação se opuser a ela e o locatário (empresário alienante do estabelecimento) não devolver o bem, o locador, então, ajuizará ação de despejo contra o locatário (cedente) ou ação de reintegração de posse (*RT*, *570*:167) contra o cessionário (adquirente). Em suma, a cessão da locação dependerá, por imposição legal, de prévio consenso escrito do locador, sob pena de anulabilidade, pois há quem ache que nada impede que haja uma posterior ratificação se o locador anuir por escrito na transferência feita pelo inquilino sem sua anuência, convalidando assim o ato. Sendo, então, anulável a cessão de locação não consentida, o locador poderá: *a*) mover ação de reintegração de posse contra terceiro (adquirente do estabelecimento) que se instalar no prédio locado, o qual, apesar de se intitular cessionário, não passa de um estranho, que cometeu esbulho (1º TACSP, Ag. 497.905, Rel. Elliot

Akel, j. 17-2-1992); *b*) rescindir a locação, intentando despejo contra locatário (cedente) que violou norma legal. Se o locador anuir na cessão de locação, o adquirente do estabelecimento poderá aproveitar o prazo locatício decorrido na vigência do contrato entre locador e locatário (alienante) para, somando ao seu, ajuizar a ação renovatória (Lei n. 8.245/91, art. 51, § 1º).

c) Rescisão de contratos anteriores à transferência do estabelecimento empresarial por terceiros. Havendo justa causa, terceiros poderão rescindir contratos estipulados pelo alienante do estabelecimento comercial para o desenvolvimento de sua atividade econômica, dentro do prazo de noventa dias, contado da publicação da transferência (CC, art. 1.144), ressalvando-se, porém, a responsabilidade do alienante (CC, art. 1.148, 2ª parte).

d) Cessão de créditos relativos ao estabelecimento transferido (CC, arts. 286 a 292), desde que o contrato de alienação do estabelecimento contenha cláusula cedendo créditos do alienante alusivos ao estabelecimento alienado. Transferência de estabelecimento gera a cessão dos créditos contabilizados no ativo da empresa. Se o alienante veio a ceder os créditos contabilizados no ativo e referentes ao estabelecimento empresarial transferido, esta cessão terá eficácia em relação aos devedores no instante em que a transferência for publicada oficialmente (CC, art. 1.144); mas se algum devedor de boa-fé vier a solver seu débito, pagando-o, diretamente, ao cedente, e não ao cessionário, liberado estará de sua obrigação, caso em que o cessionário somente poderá voltar-se contra o cedente, procedendo à cobrança do que tem direito (CC, art. 1.149).

C. Proibição de concorrência e de restabelecimento

É possível ocorrer concorrência entre cedente e cessionário, alienante e adquirente e arrendador e arrendatário do estabelecimento. Por isso, o empresário alienante ou arrendador deve garantir ao adquirente ou arrendatário a probabilidade de conservar a posição adquirida, não praticando qualquer ato que possa causar qualquer perturbação na atividade empresarial ou inviabilizar totalmente a capacidade de gerar lucros.

Para proteção do estabelecimento empresarial e do ponto, que é um de seus elementos essenciais, em função do vulto do empreendimento, do tipo de atividade econômica exercida e do perfil da clientela:

a) o alienante, ocorrendo o trespasse, não poderá, durante os cinco anos subsequentes à transferência, restabelecer-se em idêntico (ou similar) ramo de atividade, na mesma praça, para fazer concorrência ao adquirente do estabelecimento, a não ser que haja autorização expressa (CC, art. 1.147, *caput*). A ampliação do prazo de 5 anos de proibição de concorrência pelo alienante ao adquirente do estabelecimento, ainda que convencionada no exercício da autonomia da vontade, pode ser revista judicialmente, se abusiva (Enunciado n. 490 do Conselho da Justiça Federal, aprovado na V Jornada de Direito Civil). O alienante assumirá obrigação negativa de não concorrer, durante cinco anos, com o adquirente, exceto se houver autorização contratual. O alienante de estabelecimento, que vier a restabelecer-se no mesmo ramo e na mesma praça, concorrerá com adquirente e, em regra, sua clientela o procurará no novo local. Isso prejudicará o adquirente que pagou alto valor pelo fundo de comércio do estabelecimento alienado. Para evitar a ocorrência desse fato insere-se, no trepasse, cláusula de não restabelecimento do alienante. Se o contrato de trepasse não contiver tal cláusula, aplicar-se-á o art. 1.147 do Código Civil.

Ilícito seria que, antes de cinco anos contados da transferência, o alienante do estabelecimento, sem o consenso do adquirente, viesse a constituir novo estabelecimento no mesmo ramo negocial e na mesma praça, retirando, com sua deslealdade, toda ou parte da clientela e, consequentemente, a sua prosperidade. Tal se dá porque, como diz Waldemar Ferreira, a clientela é a "alma do estabelecimento", por ser ela que adquire, paga e propaga os produtos e serviços adquiridos. Esse ato de concorrência desleal compromete a livre concorrência, consistente, como escreve Modesto Carvalhosa, "na prerrogativa que têm os agentes econômicos atuantes no mercado de adotar todas as iniciativas lícitas que lhes estiverem disponíveis para captar clientela". Se o alienante estabelecer-se no mesmo ramo, mas em outra praça bem distante, ou ainda em outra atividade, não há que se falar em ato concorrencial, nem em desvio de clientela[46]; e

---

46. Fábio Ulhoa Coelho, *Curso*, cit., v. 1, p. 117, 118, 123 e 124; M. Helena Diniz, *Código*, cit., p. 905; Modesto Carvalhosa, *Comentários*, cit., v. 13, p. 649-53; Sérgio Campinho, *O direito de empresa*, cit., p. 321 e 322; Carvalho de Mendonça, *Tratado*, cit., v. V, t. I, n. 130, p. 22 e 23; Rubens Requião, *Curso*, cit., v. 1, p. 286 e 287; Waldemar Ferreira, *Tratado de direito comercial*, v. 2, apud Amador Paes de Almeida, *Direito de empresa*, cit., p. 51.

"Empresarial — Contrato de trespasse — Regra de não restabelecimento — Art. 1.147, *caput*, do CC — Ausência de pactuação em sentido contrário — Inobservância pelo alienante — Inadimplemento dos deveres anexos de lealdade e cooperação — Danos suportados pelo adquirente — Apuração em liquidação de sentença — Possibilidade.

Não havendo no contrato de trespasse cláusula expressa que garanta ao alienante o direito de continuar a explorar, por sua conta e risco, a atividade econômica exercida

b) o locador, ou arrendador, e o nu-proprietário, por sua vez, também não poderão fazer concorrência ao locatário, ou arrendatário, e ao usufrutuário do estabelecimento empresarial, durante todo o prazo de vigência dos contratos (CC, art. 1.147, parágrafo único).

E, na lição de Fábio Ulhoa Coelho, o restabelecimento do alienante, do arrendador, do nu-proprietário poderá caracterizar enriquecimento indevido, pelo desvio de clientela. É comum, por tal razão, a inserção nos contratos de trespasse, de arrendamento ou de usufruto do estabelecimento empresarial, de cláusula de não restabelecimento, mas a proibição legal do art. 1.147 torna desnecessária a inserção dessa cláusula naqueles atos negociais, que se encontra implícita no dever de não fazer concorrência durante um lapso temporal. Mas como o empresário, ou sociedade empresá-

no estabelecimento comercial alienado, deverá abster-se, no prazo de cinco anos da data de celebração do contrato, de realizar concorrência com o adquirente. É dever do alienante, além de entregar o estabelecimento comercial ao adquirente, abster-se de qualquer conduta que possa caracterizar concorrência desleal e provocar desvio de clientela, de modo a atrofiar o potencial de lucro da atividade econômica a ser exercida pelo adquirente. A comprovação e quantificação dos prejuízos suportados pelo adquirente do estabelecimento comercial podem ser feitas em sede de liquidação de sentença, nos termos do art. 475-E — hoje art. 509, II — do CPC" (TJMG-18ª Câm. Cível; ACi n. 1.0024.05.821931-2/001-Belo Horizonte-MG; Rel. Des. Viçoso Rodrigues; j. 4-3-2008; m.v.; *BAASP, 2665:*1793-01).

"Obrigação de fazer. Trespasse. Art. 1.147 do Código Civil. Não havendo autorização expressa, o alienante do estabelecimento não pode fazer concorrência ao adquirente, nos 5 anos subsequentes à transferência. E dever legal de quem vende a abstenção da prática de ato que possa representar concorrência desleal e desvio de clientela do negócio alienado. Atividade econômica do estabelecimento aberto pela ré que, embora não provada a venda efetiva, é em parte idêntica à do estabelecimento vendido. Obrigação de retirar da sua atividade a que coincide com a do estabelecimento vendido. Recurso provido em parte" (TJSP, Acórdão 0002532337, 4ª Câm. de Dir. Priv., Rel. Des. Fernando Antonio Maia da Cunha, j. 27-8-2009).

"Ação de indenização por danos materiais e morais. Compra e venda de estabelecimento comercial (trespasse). Cláusula de não restabelecimento e concorrência desleal. Sentença de procedência. Processo. Ilegitimidade ativa *ad causam* da primeira coautoria reconhecida. Sócia que postula em nome próprio direito da sociedade. Impossibilidade (CPC, art. 6º — hoje art. 18). Personalidade jurídica da empresa que não se confunde com a de seus sócios. Extinção decretada. Mérito. Sucessão empresarial verificada. Sub-rogação da sociedade nos direitos e obrigações do comprador primitivo em face do contrato de trespasse. Infração à cláusula de não restabelecimento comprovada. Prática de concorrência desleal verificada. Danos materiais. Indenização cabível. Apuração em regular liquidação de sentença. Danos morais não caracterizados. Ausência de abalo à reputação da pessoa jurídica. Sentença reformada. Redistribuição dos ônus da sucumbência. Recurso provido em parte" (TJSP, Acórdão 01677774, 2ª Cam. de Dir. Priv., Rel. Des. Ariovaldo Santini Teodoro, j. 8-4-2008).

ria, que alienou seu estabelecimento não pode ficar impedido de explorar atividades não concorrentes, prudente foi o art. 1.147. Assim sendo, cláusula de não estabelecimento, que proíba a exploração de qualquer atividade econômica ou não contenha restrições temporais ou territoriais, será nula. Nada impede, como dissemos, que o alienante venha a se restabelecer em atividade não concorrente ou em local não alcançável pelo potencial econômico do antigo estabelecimento, pois não haverá concorrência direta, nem disputa da mesma clientela, nem enriquecimento indevido do alienante (*RT*, *12*:180). O art. 1.147 veda a concorrência desleal e, em certa medida, o reestabelecimento, consagrando a cláusula de não restabelecimento, restringindo o princípio da liberdade da iniciativa e o da livre concorrência para proteger o direito à clientela[47].

O Código Civil, portanto, traça diretrizes para que o trespasse possa produzir efeitos em relação a terceiros e determina a responsabilidade do alienante e do adquirente.

47. Rubens Requião, *Curso*, cit., v. 2, p. 251 e 282-84; Modesto Carvalhosa, *Comentários*, cit., v. 13, p. 623-25; Ricardo Negrão, *Curso*, cit., v. 1, p. 81-83; M. Helena Diniz, *Dicionário jurídico*, cit., v. 1, p. 149; v. 2, p. 634; v. 4, p. 556; Mônica Gusmão, *Curso*, cit., p. 179.

QUADRO SINÓTICO

ESTABELECIMENTO COMO OBJETO DE DIREITOS E NEGÓCIOS JURÍDICOS

1. NEGOCIABILIDADE DO ESTABELECIMENTO	• O estabelecimento é objeto unitário de direitos e negócios jurídicos, translativos e constitutivos, desde que compatíveis com sua natureza (CC, art. 1.142), que terão eficácia *inter partes*. A eficácia *erga omnes* requer a averbação do ato negocial à margem da inscrição do empresário individual ou coletivo no RPEM e de sua publicação na Imprensa Oficial (CC, art. 1.144).	
2. TRESPASSE	• Conceito	• Negócio jurídico pelo qual o empresário individual e coletivo vende estabelecimento a terceiro que pagará o preço convencionado.
	• Condições de eficácia	• Não causar dano aos credores do titular do estabelecimento. • Sua eficácia requer a existência de: *a*) suficiência de patrimônio para pagar o passivo; *b*) pagamento dos credores do alienante; ou *c*) prévio consentimento expresso ou tácito dos credores dentro de trinta dias contados da notificação (CC, art. 1.145).
	• Consequências jurídicas	• Sucessão do adquirente na responsabilidade pelas dívidas (CC, art. 1.146; CTN, art. 133; CLT, arts. 10 e 448). • Sub-rogação pessoal do adquirente nos contratos de exploração do estabelecimento, desde que não sejam *intuitu personae* (CC, art. 1.148, 1ª parte). • Rescisão de contratos anteriores à transferência do estabelecimento por terceiros (CC, art. 1.148, 2ª parte). • Cessão de créditos relativos ao estabelecimento transferido (CC, arts. 1.144 e 1.149).
3. PROIBIÇÃO DE CONCORRÊNCIA (CC, ART. 1.147)	• Alienante não poderá, durante cinco anos subsequentes ao trepasse, restabelecer-se em idêntico ou similar ramo de atividade na mesma praça, salvo se houver autorização expressa. • Locador e nu-proprietário não poderão concorrer com locatário e usufrutuário do estabelecimento, durante o prazo de vigência do contrato.	

5. Estabelecimento principal e os secundários

O empresário individual ou coletivo poderá ter mais de um estabelecimento, onde desenvolva suas atividades.

O *estabelecimento principal* (matriz) é a sede da administração, detentora do comando dos negócios empresariais e centro das decisões, das ordens, das instruções e da elaboração da contabilidade, se esta não for terceirizada, e do arquivo dos livros comerciais (obrigatórios e fiscais). O domicílio do empresário, quando não determinado pelo ato constitutivo, será o do estabelecimento onde as atividades empresariais estão centralizadas. O estabelecimento principal, em certos casos, contribui para delimitar o foro competente para apreciar determinadas demandas.

Pelo art. 3º da Lei n. 11.101/2005, será competente para homologar o plano de recuperação extrajudicial, deferir a recuperação judicial ou decretar a falência o juízo do local do principal estabelecimento do devedor ou da filial da empresa que tenha sede fora do Brasil. O empresário sediado no exterior, as obrigações contraídas por suas agências, terá por domicílio o lugar do estabelecimento delas no Brasil (art. 75, § 2º, do CC). E para efeito de falência, fixar-se-á a competência do juízo da comarca onde se situar a sua filial brasileira.

Os *estabelecimentos empresariais secundários* são as filiais, sucursais ou agências. Esses termos são, em regra, empregados como sinônimos. Mas, poder-se-á entender, em sentido estrito, como: *a*) *sucursal*, o estabelecimento secundário subordinado ao principal, pois foi criado para expandir seus negócios, por isso, seu gerente, apesar de gozar de alguma autonomia e organização própria, deverá seguir a orientação ou instrução dada pela matriz sobre os negócios mais importantes; *b*) *filial*, aquele estabelecimento secundário ligado à matriz da qual depende, com poder de representá-la, sob a direção de um preposto que exerce atividade econômica dentro das instruções dadas; logo, esse gerente não tem qualquer autonomia, estando totalmente vinculado à administração centralizada da matriz. Há, na filial, uma total subordinação jurídica e econômica ao estabelecimento principal; e *c*) *agência* seria o estabelecimento secundário que representa o principal com o fim de efetivar negócios empresariais em outra praça.

Quadro Sinótico

ESTABELECIMENTO PRINCIPAL E OS SECUNDÁRIOS

1. ESTABELECIMENTO PRINCIPAL	• É a matriz ou sede da administração, detentora do comando dos negócios empresariais e centro das decisões, das ordens, das instruções, da elaboração da contabilidade, se esta não for terceirizada, e do arquivo dos livros empresariais.	
2. ESTABELECIMENTOS SECUNDÁRIOS	• Sucursal	• Estabelecimento subordinado ao principal, cujo gerente, apesar de gozar de certa autonomia e organização própria, deverá seguir orientação da matriz sobre negócios mais importantes.
	• Filial	• Estabelecimento ligado à matriz, da qual depende, com poder de representá-la, sob a direção de um preposto que exerce atividade econômica dentro das instruções dadas, por não ter autonomia.
	• Agência	• Estabelecimento que representa o principal com a finalidade de efetivar negócios empresariais em outra praça.

CAPÍTULO V

NOME EMPRESARIAL

1. Conceito, funções, modalidades e natureza jurídica

Como o empresário projeta-se, no mercado empresarial, no exercício de sua atividade econômica, precisa ter uma individualização e identificação que o torne conhecido e que o distinga dos congêneres nos negócios.

O empresário individual e o coletivo possuem nome empresarial que os identifica e os apresenta em suas relações jurídicas, diferenciando-os dos demais (CC, art. 1.163) perante a clientela. Dupla é, como enfatizam Gama Cerqueira e Gabriel Leonardos, a *função do nome*: a *subjetiva*, identificadora da pessoa do empresário individual ou coletivo, e a *objetiva*, individualizadora do empresário no mundo empresarial, distinguindo-o dos demais empresários. Pelo nome empresarial, o empresário será identificado, individualizado e conhecido; sob ele exercerá sua atividade econômica, assumirá suas obrigações e fruirá dos direitos que tiver. A essas funções acrescentamos a utilitária, pois integra-se, como elemento incorpóreo do estabelecimento, no fundo de empresa, pela sua *função utilitária* de proteção não só aos investimentos feitos para a formação da boa reputação do empresário, como também aos consumidores, pela associação do nome empresarial com a qualidade dos produtos e serviços ofertados pelo empresário individual ou coletivo.

Nome empresarial[1] é "aquele sob o qual o empresário individual, empresa individual de responsabilidade limitada, sociedades empresárias e as

1. *Vide* art. 72 da Lei Complementar n. 123/2006 e Instrução Normativa do DREI n. 15/2013; CF, art. 5º, XXIX; Lei n. 8.934/94, arts. 33, 34, 35, III e V, e 35-A (acrescentado pela Lei n. 14.195/2021), pelo qual "empresário ou pessoa jurídica poderá optar por utilizar o número de inscrição no CNPJ como nome empresarial, seguido da par-

cooperativas exercem suas atividades e se obrigam nos atos a elas pertinentes" (IN n. 15/2013 do DREI, art. 1º). Compreende, como gênero, a *firma do empresário*, a *firma social* e a *denominação* (IN n. 15/2013 do DREI, art. 1º e parágrafo único), suas espécies ou modalidades.

Se assim é, nome empresarial é a firma ou denominação social com que o empresário, a sociedade empresária, a cooperativa, a empresa individual de responsabilidade limitada (IN do DREI n. 15/2013, art. 1º) e, também, por equiparação, a sociedade simples, a associação e a fundação (CC, arts. 1.155 e parágrafo único e 44) se apresentam no exercício de suas atividades, visto ser seu elemento de identificação ou sinal distintivo. Os cartórios do Registro Civil das Pessoas Jurídicas, para fins registrários, deverão, então, seguir as formalidades e as prescrições normativas contidas no Código Civil, visto que as denominações dessas pessoas jurídicas de direito privado têm a mesma proteção legal do nome empresarial.

---

tícula identificadora do tipo societário ou jurídico, quando exigida por lei"; Lei n. 6.404/76, arts. 3º, 267 e 271; Lei n. 10.406/2002 (CC), arts. 1.155 a 1.168; Lei n. 11.101/2005, art. 69; Decreto n. 619/92; Instrução Normativa do DNRC n. 97/2003, que rege a formação do nome empresarial do empresário — ora revogada pela IN n. 10/2013, do DREI; Instrução Normativa do DNRC n. 98/2003, ora revogada pela IN n. 10/2013 do DREI, sobre a formação do nome empresarial da sociedade limitada. O Regulamento do Imposto sobre Produto Industrializado/2002 (RIPI), ora revogado pelo Dec. n. 7.212/2010, art. 518, I, assim rezava: "as expressões 'firma' e 'empresa', quando empregadas em sentido geral, compreendem as firmas em nome individual, e todos os tipos de sociedade, quer sob razão social, quer sob designação ou denominação particular".

Vide Lei n. 11.598/2007, art. 4º, §§ 1º, III, e 3º.

Consulte: Fábio Ulhoa Coelho, *Curso*, cit., v. 1, p. 177-84; *Manual*, cit., p. 61-4; Modesto Carvalhosa, *Comentários*, cit., v. 13, p. 702-40; Matiello, *Código Civil comentado*, São Paulo, LTr, 2003, p. 717-24; M. Helena Diniz, *Código Civil*, cit., p. 911-8; Arnaldo Rizzardo, *Direito de empresa*, cit., p. 1.063-76; Luiz Cezar P. Quintans, *Direito da empresa*, Rio de Janeiro, Freitas Bastos, 2003, p. 150-55; Roberto Senise Lisboa, *Comentários ao Código Civil* (coord. Camillo, Talavera, Fujita e Scavone Jr.), São Paulo, Revista dos Tribunais, 2006, p. 878-85; Paulo Checoli, *Direito de empresa*, cit., p. 327-45; Rubens Requião, *Curso*, cit., v. 1, p. 225-41; Amador Paes de Almeida, *Direito de empresa*, cit., p. 213-24; Ricardo Negrão, *Manual*, cit., v. 1, p. 187-204; Hernani Estrella, *Curso de direito comercial*, Rio de Janeiro, Konfino, 1973, n. 77 e 82; Sérgio Campinho, *O direito de empresa*, cit., p. 323-40; Gabriel F. Leonardos, A proteção ao nome empresarial, in *Sinais distintivos e tutela judicial e administrativa* (coord. Pereira dos Santos e Pinheiro Jabur), série GV*Law*, São Paulo, Saraiva, 2007, p. 135-57; Paulo Sérgio Restiffe, *Manual*, cit., p. 56-65; José Maria Rocha Filho, Nome empresarial e registro de empresas, *Direito de empresa no novo Código Civil*, cit., p. 119-146. Proteção ao nome comercial — *BAASP, 2726*:1984-14.

IN do DREI n. 5/2013 sobre perda automática de proteção ao nome empresarial.

O nome empresarial singulariza o empresário, a sociedade empresária e a empresa individual de responsabilidade limitada no exercício de sua atividade econômica, e identifica, quando a lei exigir, o tipo jurídico de sociedade (IN do DREI n. 15/2013, art. 4º, 2ª parte), por isso é protegido juridicamente. Essa tutela jurídica tem por escopo: *a*) proibir a concorrência desleal, evitando que empresário adote nome igual ou similar ao de outro, para desviar clientela ou obter, indevidamente, vantagem econômica etc.; *b*) preservar a reputação do empresário junto a financiadores, fornecedores e consumidores.

A opção entre firma social ou denominação dependerá do tipo da responsabilidade dos sócios, para que terceiros possam saber, ao efetuarem negócios com a sociedade, o grau de responsabilidade assumido pelos seus sócios.

Firma é "o nome utilizado pelo empresário individual, pela sociedade em que houver sócio de responsabilidade ilimitada e de forma facultativa, pela sociedade limitada e pela empresa individual de responsabilidade limitada" (IN n. 15/2013 do DREI, art. 2º).

A firma só pode ter por base nuclear o nome civil (completo ou abreviado ou prenome) do empresário, do titular da empresa individual de responsabilidade limitada (IN n. 15/2013 do DREI, art. 5º, § 1º, *a*) ou os dos sócios da sociedade, que constitui também a sua assinatura em atos negociais (CC, art. 968, II, com a atual redação da LC n. 147/2014, prevê que tal assinatura autógrafa poderá ser substituída pela assinatura autenticada com certificação digital ou meio equivalente que comprove a sua autenticidade, ressalvado o disposto no inciso I do § 1º do art. 4º da LC n. 123/2006), sob a qual o empresário individual ou coletivo se responsabiliza nas obrigações assumidas. Logo, ter-se-á a firma individual ou a do empresário ("A. C. Martinelli") e a firma social ("Wilker & Maragni, Joias Ltda.").

Denominação é "o nome utilizado pela sociedade anônima e cooperativa e pelo titular pessoa física de empresa individual de responsabilidade limitada e, em caráter opcional, pela sociedade limitada e em comandita por ações" (IN n. 15/2013 do DREI, art. 3º). Na denominação social do estabelecimento ou de sociedade empresária, poder-se-á usar nome civil ou um "elemento fantasia", mas a assinatura, neste último caso, será sempre com o nome civil, lançado sobre o nome empresarial impresso ou carimbado. P. ex., se a sociedade tiver a denominação social "Lacticínios Sabor Mineiro Ltda.", esta denominação deverá ser reproduzida em letras impressas ou em carimbo, contendo assinatura do sócio que a representa, *João Carvalhaes de Paula*. Portanto, o seu representante assinará seu nome civil sobre a denominação social impressa ou carimbada. É, tão somente, um elemento de identificação não constituindo a assinatura da sociedade[2].

E pelo art. 35-A da Lei n. 8.934/94, acrescentado pela Lei n. 14.195/2021, temos uma terceira espécie de nome empresarial: o CNPJ (número de inscrição), seguido de partícula identificadora do tipo societário ou jurídico, se exigida por lei.

Assim sendo, graficamente, temos:

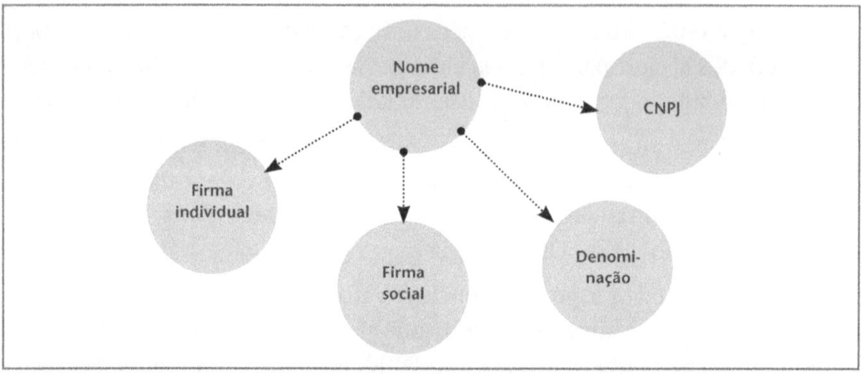

As microempresas e empresas de pequeno porte deviam acrescentar à sua firma ou denominação as expressões "Microempresa" ou "Empresa de Pequeno Porte", ou suas respectivas abreviações "ME" ou "EPP" (IN n. 15/2013 do DREI, art. 14 revogado pela IN do DREI n. 45/2018; Lei n. 9.841/99, art. 7º, ora revogada pela LC n. 123/2006). E a adição dessas abreviações apenas podia ser efetuada no Requerimento de Inscrição do Empresário após a sua inscrição e arquivo da declaração de enquadramento como "microempresa" ou "Empresa de Pequeno Porte"[3]. Atualmente, pelo art. 2º da IN do DREI n. 45/2018, que revogou o art. 14 da IN n. 15/2013, não é passível de registro nome empresarial que traga designação de porte (microempresa — ME, EPP) ao seu final.

2. Gama Cerqueira, apud Gabriel F. Leonardos, A proteção jurídica ao nome comercial, ao título do estabelecimento e à insígnia no Brasil — Regime jurídico e novos desenvolvimentos e jurisprudência. *Revista de Direito Mercantil, Industrial, Econômico e Financeiro*, n. 95 p. 44 e 45.

3. Mônica Gusmão, *Curso*, cit., p. 26. *Vide* art. 3º da IN do DREI n. 45/2018.

Pelo art. 980-A, § 1º, do Código Civil, acrescentado pela Lei n. 12.441/2011, e pelos arts. 2º, 3º, 5º, III, *d*, da IN do DREI n. 15/2013, o nome empresarial, tendo-se *empresa individual de responsabilidade limitada*, deverá ser formado pela inclusão do termo Eireli após a sua firma ou denominação.

É facultativa a inclusão do objeto da sociedade para a empresa individual de responsabilidade limitada e para as sociedades enquadradas como microempresa ou empresa de pequeno porte, inclusive quando o enquadramento se der juntamente com a constituição (IN do DREI n. 15/2013, art. 5º, III, *e*, atualmente revogado pela IN do DREI n. 45/2018). Mas, se houver desenquadramento da EIRELI ou da ME ou da EPP, será obrigatória a inclusão do objeto respectivo no nome empresarial, mediante arquivamento da correspondente alteração do ato constitutivo ou alteração contratual (IN do DREI n. 15/2013, art. 5º, III, *f*, também revogado pela IN do DREI n. 45/2018).

"Aos nomes das Empresas Binacionais Brasileiro-Argentinas deverão ser aditadas 'Empresa Binacional Brasileiro-Argentinas', 'EBBA' ou 'EBAB' e as sociedades estrangeiras autorizadas a funcionar no Brasil (CC, art. 1.134) poderão acrescentar os termos 'do Brasil' ou 'para o Brasil' aos seus nomes de origem" (In n. 15/2013 do DREI, art. 15, e CC, art. 1.137, parágrafo único).

O termo *grupo* é de uso exclusivo dos grupos de sociedade organizados, mediante convenção, na forma da Lei de Sociedades Anônimas. Logo, a sociedade de comando e as filiadas, depois do arquivamento da convenção do grupo, deverão acrescentar aos seus nomes a designação do grupo (IN n. 15/2013 do DREI, art. 13 e parágrafo único).

Convém, ainda, lembrar que: *a*) ao final dos nomes dos empresários, das empresas individuais de responsabilidade limitada e das sociedades empresárias que estiverem em *processo de liquidação*, após a anotação no Registro de Empresas, deverá ser aditada a locução "em liquidação" (IN n. 15/2013 do DREI, art. 16, e CC, art. 1.103, parágrafo único); *b*) nos casos de *recuperação judicial*, após a anotação no Registro de Empresas, o empresário, a empresa individual de responsabilidade limitada e a sociedade empresária deverão acrescentar após o seu nome empresarial a locução "em recuperação judicial", que será excluída após comunicação judicial sobre a sua recuperação (IN n. 15/2013 do DREI, art. 17, e Lei n. 11.101/2005, art. 69).

O nome empresarial é expressão da personalidade jurídica do empresário individual e coletivo, constituindo, como já analisamos em páginas anteriores[4], um dos elementos incorpóreos do estabelecimento, por ser a identificação direta do empresário individual e da sociedade empresária.

É um *direito da personalidade* (CF, art. 5º, XXIX; CC, arts. 16 a 18 e 52) que consiste no direito subjetivo do empresário individual ou coletivo de defender sua identidade e individualização. É o direito de exigir um comportamento negativo dos outros, protegendo seu nome empresarial, valendo-se de ação judicial. O nome empresarial integra a personalidade por ser o sinal exterior pelo qual se designa e se individualiza o empresário, no mundo negocial, ao exercer sua atividade econômica e ao assumir seus compromissos.

É direito personalíssimo e como tal é absoluto, extrapatrimonial, intransmissível, indisponível, irrenunciável, impenhorável e imprescritível. Consequentemente, o nome empresarial[5]: não consta do ativo do balanço; é insuscetível de penhora em execução; é inalienável; não entra na falência; não pode ser desapropriado; não pode constituir quota social.

Expressivas, a respeito, são as seguintes ponderações de Karin Grau-Kuntz[6]: "no sistema do direito brasileiro, que concede personalidade a todas as pessoas jurídicas, e que vê na adoção do nome inclusive uma das condições para a concessão daquela, o nome comercial, tanto em seu elemento firma como denominação, não poderá ser objeto de cessão ou transferência, o que faz dele objeto de um direito pessoal".

Por isso, o nome empresarial deverá, obrigatoriamente, constar do contrato social (CC, art. 997, I) ou do requerimento de inscrição do empresário no Registro Público de Empresas Mercantis (art. 968, com alteração da LC n. 147/2014, do CC)[7].

---

4. *Vide* Cap. IV, item C, subitem c.1.
5. Consulte: J. X. Carvalho de Mendonça, *Tratado de direito comercial brasileiro*, cit., v. 2, t. 2, p. 175 e 176.
6. Karin Grau-Kuntz, *Do nome das pessoas jurídicas*, São Paulo, Malheiros, 1998, p. 63.
7. Modesto Carvalhosa, *Comentários*, cit., v. 13, p. 704. "1. O nome empresarial deve distinguir-se dos demais já inscritos no mesmo registro, uma vez que identifica o empresário ou a sociedade empresária, preservando não só o direito de concorrência, mas também os direitos e interesses dos consumidores. 2. Veda-se, outrossim, o registro como marca de reprodução ou imitação de elemento característico ou diferenciador de título de estabelecimento ou nome de empresa de terceiros, suscetível de causar confusão ou associação com estes sinais distintivos (art. 124, V, do Código de Propriedade Industrial). 3. O nome do estabelecimento também é protegido, já que é o meio que identifica a atividade empresarial. 4. No que toca aos limites territoriais de proteção denominativa, esta não está restrita às bases geográficas das unidades federativas em que registrados os atos constitutivos da recorrente, pois o registro da

As sociedades, pelo art. 2.031 do Código Civil, com a redação da Lei n. 11.127/2005, deverão adaptar-se às disposições daquele Código até 11 de janeiro de 2007, mas pelo Enunciado n. 73 (aprovado na Jornada de Direito Civil, promovida em 2002, pelo Centro de Estudos Jurídicos do Conselho da Justiça Federal): "não havendo revogação do art. 1.160 do Código Civil, nem modificação do § 2º do art. 1.158 do mesmo diploma, é de interpretar-se este dispositivo no sentido de não aplicá-lo à denominação das sociedades anônimas e sociedades Ltdas., já existentes, em razão de se tratar de direito inerente à personalidade. Deveras, dever-se-á respeitar direito adquirido, não sendo admissível adaptação que possa ter repercussão prejudicial à sociedade, ferindo direito da personalidade".

E o Enunciado n. 395 do Conselho da Justiça Federal aprovado na IV Jornada, reforça tal entendimento: "A sociedade registrada antes da vigência do Código Civil não está obrigada a adaptar seu nome às novas disposições".

Quadro Sinótico

CONCEITO, FUNÇÕES, MODALIDADES E NATUREZA JURÍDICA DE NOME EMPRESARIAL

1. CONCEITO DE NOME EMPRESARIAL	• É aquele sob o qual o empresário e a sociedade empresária exercem suas atividades e se obrigam nos atos a elas pertinentes (IN n. 15/2013 do DREI).
2. FUNÇÕES DO NOME EMPRESARIAL	• *Função subjetiva*, identificadora do empresário. • *Função objetiva*, individualizadora do empresário no mundo empresarial, distinguindo-o dos demais. • *Função utilitária* de proteção aos investimentos e aos consumidores.

agravada está depositado no Instituto Nacional da Propriedade Industrial — INPI, cuja abrangência cobre todo o território brasileiro. 5. Agravo parcialmente provido, para tão somente reduzir a multa fixada na instância *a quo*, no caso da indevida utilização da marca... pela agravante, para R$ 500,00 por dia ou ato de descumprimento" (TJDFT, 1ª T. Cível, AI 20080020094763-DF, Rel. Des. Flavio Rostirola, j. 27-8-2008 — *BAASP*, *2637*:1711-11).

3. MODALIDADES DE NOME EMPRESARIAL	• Firma individual. • Firma social. • Denominação. • CNPJ
4. NATUREZA JURÍDICA DO NOME EMPRESARIAL	• Direito da personalidade (CF, art. 5º, XXIX; CC, arts. 16 a 18 e 52), que consiste no direito subjetivo do empresário individual ou coletivo de defender sua identidade e individualização.

2. Breve distinção entre nome empresarial, marca e título de estabelecimento

Nome empresarial, *marca* e *título* de estabelecimento são realidades diferentes, que não se confundem[8].

O *nome empresarial* identifica e individualiza o empresário individual ou coletivo e a atividade por ele exercida, protegendo-o no âmbito estadual, com o arquivamento do ato constitutivo no Registro Público de Empresas Mercantis, mas os efeitos de seu registro são nacionais (CC, art. 1.166).

Ter-se-á sua tutela em todo território nacional, se houver o arquivamento de pedido de proteção ao nome empresarial, nas Juntas Comerciais dos demais Estados-membros da Federação (CC, art. 1.166, parágrafo único). Sua proteção jurídica independe do ramo de atividade econômica do

---

8. Sérgio Campinho, *O direito de empresa*, cit., p. 334; Fábio Ulhoa Coelho, *Curso*, cit., v. 1, p. 182-5; Modesto Carvalhosa, *Comentários*, cit., v. 13, p. 708-12; Ricardo Negrão, *Manual*, cit., v. 1, p. 192; Arnaldo Rizzardo, *Direito de empresa*, cit., p. 1.064.

Veronica A. Barros, Conflito entre marca e nome empresarial, *Revista Síntese – Direito Empresarial*, *24*:109-30.

"Indenização. Uso indevido de marca e nome comercial e concorrência desleal c.c. cominatória. Distinção entre marca e nome comercial. Empresas litigantes que não geram produtos a ser identificados por marca. Nomes empresariais de ambas que se identificam para exploração dos respectivos mercados consumidores. Atividades distintas. Comprovação do registro na JUCESP pela ré. Improcedência mantida. Apelo desprovido" (TJSP, Ac. 0002163334, 5ª Câm. de Dir. Priv., Rel. Des. Antonio Dimas Cruz Carneiro, j. 11-2-2010).

empresário individual ou coletivo. Enquanto o empresário estiver em atividade, terá direito ao nome, pois somente a ocorrência de declaração de sua inatividade poderá extinguir sua firma ou denominação (Lei n. 8.934/94, art. 60, § 1º, *in fine*). Logo, o nome empresarial tem duração por prazo indeterminado e constitui direito da personalidade do empresário e como tal é inalienável (CC, art. 1.164).

O nome empresarial torna possível a participação do empresário individual e coletivo no mundo dos negócios, tornando-o sujeito de direitos e obrigações, dando-lhe, ainda, legitimidade processual ativa e passiva. A proteção legal ao nome empresarial se estende à clientela e ao crédito e não apenas à atividade econômica exercida.

A *marca* é o sinal identificador, direto ou indireto, do produto ou do serviço ofertado pelo empresário, indicando sua procedência, destacando-se de outros produtos ou serviços. Há direito de exclusividade do uso da marca do produto ou serviço, devidamente registrada no INPI. Essa tutela legal, nacional e internacional, visa reprimir a concorrência desleal no ramo de atividade do empresário, servindo de suporte à proteção do título do estabelecimento. Sua proteção restringe-se a determinado produto e serviço, salvo se se tratar de marca de alto renome, que é tutelada em todas as classes. O direito de uso exclusivo da marca extingue-se em dez anos, não havendo pedido de prorrogação. A marca é bem imaterial, objeto de propriedade industrial, sendo alienável, por meio de cessão definitiva de seu registro ou de seu uso por certo tempo (art. 30 da Lei n. 9.279/96).

O *título de estabelecimento* é a designação pela qual o local da situação da "empresa" é conhecido pelos consumidores. O título de estabelecimento identifica o lugar onde a atividade empresarial é exercida. É o sinal externo que distingue o empresário de outros que atuam no mesmo ramo de atividade, que poderá ou não, coincidir com o nome empresarial ou com a marca registrada, ou até mesmo conter expressão que não tenha relação com estes.

Assim, elucidando a sua inconfundibilidade, poder-se-á exemplificar: a sociedade anônima, titular do *nome empresarial* Indústria de Cosméticos "Star" S/A, fabrica sabonete "Astro", shampoo "Brilho" e creme para o corpo "Rosa Luna" (*marcas*) e os comercializa na sua loja "Estrela da Beleza" (*título de estabelecimento*).

Quadro Sinótico

BREVE DISTINÇÃO ENTRE NOME EMPRESARIAL, MARCA E TÍTULO DE ESTABELECIMENTO

1. NOME EMPRESARIAL	• Identifica e individualiza o empresário e a atividade por ele exercida. P. ex.: Indústria de Cosméticos Star S/A. • Protege o empresário, a clientela, o crédito e a atividade empresarial no âmbito estadual e no território nacional se houver arquivamento do pedido de sua proteção nas juntas comerciais dos demais Estados. • Extingue-se com declaração de inatividade do empresário por ter prazo indeterminado de duração. • Constitui direito da personalidade. • É inalienável.
2. MARCA	• Sinal identificador do produto ou do serviço, indicando sua procedência. P. ex.: sabonete "Astro", shampoo "Brilho" e creme para o corpo "Rosa Luna". • Registro no INPI. • Tutela nacional e internacional, restringida a certos produtos e serviços, exceto se se tratar de marca de alto renome. • Extingue-se em dez anos, não havendo pedido de prorrogação. • Bem imaterial, objeto de propriedade industrial. • É alienável, por meio de cessão de seu registro ou de seu uso por certo tempo.
3. TÍTULO DE ESTABELECIMENTO	• Designa o local onde a atividade empresarial é exercida. P. ex.: Loja "Estrela da Beleza". • Pode, ou não, coincidir com a marca ou com o nome empresarial.

3. Princípio da veracidade e o da novidade: conceituação e influência na obrigatoriedade de alteração do nome empresarial

O nome empresarial é regido pelos princípios da veracidade e da novidade (Lei n. 8.934/94, arts. 34 e 35, V e § 2º (alteração da Lei n. 14.195/2021); CC, arts. 1.163 a 1.165, e IN n. 15/2013 do DREI, arts. 4º, 5º e 6º)[9].

---

9. Sobre os princípios norteadores do nome empresarial: Modesto Carvalhosa, *Comentários*, cit., v. 13, p. 707 e 708; Sérgio Campinho, *O direito de empresa*, cit., p. 328 e 329; Sebastião José Roque, *Curso*, cit., p. 162 e 163; Ricardo Negrão, *Manual*, cit., v. 1, p. 200; Fábio Ulhoa Coelho, *Manual*, cit., p. 68; Matiello, *Código Civil*, cit., p. 722; M. Helena Diniz, *Código*, cit., p. 916.

"Cominatória. Nome empresarial. Atuação em ramos distintos. Princípio da especialidade. Registros em unidades federativas diferentes. O nome comercial obedecerá aos princípios da veracidade e da novidade. Estabelecido o conflito, há de prevalecer o critério da anterioridade do registro, sendo que a vedação à repetição de nomes se limita aos casos em que as sociedades sejam estabelecidas no mesmo ramo de negócios. O art. 1.166 do Código Civil garante ao nome devidamente registrado, seja no Cartório de Registro Civil de Pessoas Jurídicas, no caso das Sociedades Civis, seja na Junta Comercial, no caso das Sociedades Comerciais, proteção dentro do âmbito da unidade federativa. Apenas mediante requerimento expresso do interessado é que a aludida proteção irá extrapolar os limites da jurisdição da Junta Comercial. Recurso não provido" (TJMG, Processo 1.0145.06.342838-0/001, 10ª Câm. Cível, Rel. Des. Marcos Lincoln, j. 20-1-2009).

"Responsabilidade civil. Nome empresarial. Semelhança. Danos morais e materiais. Ausência de comprovação. Indenização afastada. O nome empresarial é protegido pelo registro na Junta Comercial. Quem registra um nome empresarial tem direito a exclu-

O *princípio da veracidade* ou da *autenticidade* requer que a firma individual contenha o nome do empresário e a social, o nome, pelo menos, de um dos sócios da sociedade empresária, revelando, tanto como firma ou denominação, seus sócios, sua responsabilidade, a atividade prevista no contrato social e a estrutura empresarial. Não pode conter dados inverídicos, visto que isso daria margem a fraudes a terceiro.

Esse princípio requer que não mais se conserve na firma social nome civil de sócio falecido, excluído ou retirante (CC, art. 1.165). Se houver óbito, exclusão, ou retirada de sócio cujo nome constava da firma social, esta precisará ser alterada, mediante adoção de outro nome empresarial, sob pena de o espólio ou o ex-sócio continuar a ter a mesma responsabilidade pelas obrigações sociais que tinha quando era membro do quadro associativo. O princípio da veracidade impede que uma firma venha a conter nomes de pessoas que não mais pertencem ao quadro societário. Se a sociedade formada por irmãos ou parentes do mesmo sobrenome e a firma social contiver tal apelido de família, o óbito de um deles não obriga a sua modificação, salvo se o *de cujus* deixou manifestação expressa em contrário. Se ocorrer óbito, exclusão ou retirada do fundador de uma sociedade anônima, seu nome não precisará ser suprimido da firma social, desde que ele não se oponha e que a sociedade resolva manter inalterado o seu nome empresarial. Se numa sociedade cujo nome empresarial for "Araújo, Mendes e Machado", Mendes dela se retirar, ter-se-á de alterar o nome empresarial, não mais incluindo o nome civil do retirante. Enquanto não se der tal alteração obrigatória, o ex-sócio (retirante ou excluído) ou o espólio deverão continuar assumindo as obrigações sociais (CC, arts. 1.158, § 1º, e 1.165).

O Projeto de Lei n. 699/2011 pretende alterar a redação do art. 1.165 para: "O nome de sócio que vier a falecer pode ser conservado na firma, salvo manifestação contrária em vida" alegando que: "A tradição jurídica, há muito, permite que o nome de ex-sócios, já falecidos, seja mantido na denominação social. Tratando-se, no caso do nome, de direito da personalidade, só não poderá ser mantido se tiver havido manifestação expressa do *de cujus* nesse sentido".

Pelos arts. 5º, I a III e §§ 1º e 2º da Instrução Normativa n. 15/2013 do DREI e 1.165 do Código Civil, observado o princípio da veracidade:

---

sividade do uso desse nome. Porém, a simples similitude existente entre dois nomes comerciais não se mostra capaz de, por si só, causar prejuízos de ordem moral ou material ao titular do primeiro registro, a quem compete a prova dos danos efetivamente sofridos. Negado provimento" (TJMG, Processo 1.0024.05.877586-7/002, 11ª Cam. Cível, Rel. Des. Duarte de Paula, j. 5-8-2009).

1. o *empresário individual* e o titular de empresa individual de responsabilidade limitada, ou seja, da atual sociedade limitada unipessoal, só poderão adotar como firma o seu próprio nome, aditando, posteriormente, se quiserem ou quando já existir nome empresarial idêntico ou semelhante, designação mais precisa de sua pessoa ou do gênero de sua atividade. Não constituem sobrenome e não podem ser abreviados termos que indicam relação de parentesco (p. ex.: Filho, Junior, Neto, Sobrinho etc.

2. a *firma*:

a) *da sociedade em nome coletivo*, se não individualizar todos os sócios, deverá conter o nome de pelo menos um deles, acrescido do aditivo "e companhia", por extenso ou abreviado;

b) *da sociedade em comandita simples* deverá conter o nome de pelo menos um dos sócios comanditados, com o aditivo "e companhia", por extenso ou abreviado;

c) *da sociedade em comandita por ações* só poderá conter o nome de um ou mais sócios diretores ou gerentes, com o aditivo "e companhia", por extenso ou abreviado, acrescida da expressão "comandita por ações", por extenso ou abreviada, não mais tendo a obrigatoriedade de designar o objeto social (CC, art. 1.161, com a redação da Lei n. 14.195/2021);

d) *da sociedade limitada*, se não individualizar todos os sócios, deverá conter o nome de pelo menos um deles, acrescido do aditivo "e companhia" e da palavra "limitada", por extenso ou abreviados.

Na *firma*, observar-se-á, ainda:

a) o nome do empresário individual ou do titular da EIRELI deveria figurar de forma completa, podendo ser abreviados os prenomes, mas deverá ser transformada em sociedade limitada unipessoal;

b) os nomes dos sócios poderão figurar de forma completa ou abreviada, admitida a supressão de prenomes;

c) o aditivo "e companhia" ou "& Cia." poderá ser substituído por expressão equivalente, tal como "e filhos" ou "e irmãos", dentre outras.

3. a *denominação* é formada com nome de sócio (limitada, S/A ou comandita por ações), fundador ou pessoa que concorreu para a criação da sociedade (S/A ou comandita por ações), com palavras de uso comum ou vulgar na língua nacional ou estrangeira e/ou com expressões de fantasia, com a indicação do objeto da sociedade, e a do elemento caracterizador do tipo societário; logo:

a) *na sociedade limitada*, deverá ser seguida da palavra "limitada", por extenso ou abreviada;

b) na sociedade anônima, deverá ser acompanhada da expressão "companhia" ou "sociedade anônima", por extenso ou abreviada, vedada a utilização da primeira ao final, facultada a designação do objeto social (CC, art. 1.160, com a alteração da Lei n. 14.195/2021);

c) na sociedade em comandita por ações, deverá ser seguida da expressão em "comandita por ações", por extenso ou abreviada;

d) na empresa individual de responsabilidade limitada deveria ser seguida da expressão EIRELI, podendo conter o nome do titular, se pessoa física, hoje deverá ser transformada em sociedade limitada unipessoal (art. 41, parágrafo único, da Lei n. 14.195/2021);

e) para a empresa individual de responsabilidade limitada e para as sociedades enquadradas como *microempresa* ou *empresa de pequeno porte,* inclusive quando o enquadramento se der juntamente com a constituição, é facultativa a inclusão do objeto da sociedade;

f) ocorrendo o desenquadramento da empresa individual de responsabilidade ltda ou sociedade da condição de microempresa ou empresa de pequeno porte, é obrigatória a inclusão do objeto da sociedade empresária no nome empresarial, mediante arquivamento da correspondente alteração contratual.

Se se incluir nome de sócio ou fundador na denominação, esta será considerada como expressão de fantasia; consequentemente, ocorrendo óbito, exclusão ou retirada do sócio, cujo nome civil figura na sua composição, nela poderá ser conservado, não requerendo sua alteração.

Na formação dos nomes empresariais das sociedades de propósito específico será agregada a sigla – SPE, observados os demais critérios de formação do nome do tipo jurídico escolhido observado o seguinte:

a) se adotar o tipo Sociedade Limitada, a sigla SPE deverá vir antes da expressão LTDA;

b) se adotar o tipo Sociedade Anônima, a sigla SPE deverá vir antes da expressão S/A.

c) se adotasse o tipo Empresa Individual de responsabilidade Ltda – Eireli, a sigla SPE deveria vir antes da expressão EIRELI (IN do DREI n. 15/2013, art. 5º, IV, *a, b* e *c,* revogado pela IN do DREI n. 45/2018), mas hoje passa a ser sociedade limitada unipessoal (Lei n. 14.195/2021, art. 41, parágrafo único).

O princípio da veracidade pouco se aplicará, havendo denominação, por não ser obrigatória a inclusão dos nomes dos sócios. Como observa, com muita propriedade, Modesto Carvalhosa, tal princípio terá relevância na denominação de sociedade anônima, visto que nela não se poderá inserir nome civil de pessoa que não seja fundadora, acionista ou que não tenha concorrido para sua constituição (Lei n. 6.404/76, art. 3º, § 1º; CC, art. 1.160, parágrafo único).

O nome empresarial não poderá conter palavras ou expressões que denotem atividade não prevista no objeto da sociedade (art. 5º, § 2º, da IN do DREI n. 15/2013).

Pelo *princípio da novidade* ou da *originalidade*, o nome empresarial deverá ser novo, ou seja, não poderá ter sido antes assentado no Cartório Civil de Pessoas Jurídicas (sociedade simples) ou no Registro Público de Empresas Mercantis (sociedade empresária ou empresário individual), nem poderá existir outro homógrafo ou homófono. Logo, não se pode utilizar nome que já tenha seu assento no órgão registrário competente, por estar tutelado juridicamente (CC, art. 1.166). O princípio da novidade constitui garantia da exclusividade do nome empresarial, conferida pelo seu registro.

Pelo *princípio da novidade*, não poderão coexistir, na mesma unidade federativa, dois nomes empresariais idênticos ou semelhantes (art. 6º da IN n. 15/2013 do DREI; CC, arts. 1.163 e 1.166; Dec. n. 1.800/96, art. 62, § 2º). "A proteção ao nome empresarial, limitada ao Estado-Membro para efeito meramente administrativo, estende-se a todo o território nacional por força do art. 5º, XXIX, da Constituição da República e do art. 8º da Convenção Unionista de Paris" (Enunciado n. 491 do Conselho da Justiça Federal, aprovado na V Jornada de Direito Civil).

A inscrição do empresário ou do ato constitutivo da sociedade empresária assegura o uso exclusivo de seu nome empresarial no mesmo Estado-membro da Federação; logo, uma sociedade empresária de Tocantis poderá ter o mesmo nome empresarial de uma sociedade do Paraná.

Se a firma ou denominação for idêntica ou semelhante a de outra empresa já registrada, deverá ser modificada ou acrescida de designação que a distinga.

Será admitido o uso da expressão de fantasia incomum, desde que expressamente autorizada pelos sócios da sociedade anteriormente registrada (IN n. 15/2013 do DREI, art. 6º, §§ 1º e 2º).

Não são registráveis os nomes empresariais que incluam ou reproduzam, em sua composição, siglas ou denominações de órgãos públicos da administração direta ou indireta e de organismos nacionais e internacionais e aquelas consagradas em lei e atos regulamentares emanados do Poder Público (art. 7º da IN n. 15/2013 do DREI).

Dever-se-ão seguir os seguintes critérios para a análise de identidade e semelhança dos nomes empresariais, pelos órgãos integrantes do Sistema Nacional de Registro de Empresas Mercantis — SINREM (art. 8º da IN n. 15/2013 do DREI):

1. entre *firmas*, consideram-se os nomes por inteiro, havendo identidade se homógrafos e semelhança se homófonos;

2. entre *denominações*:

a) consideram-se os nomes por inteiro, quando compostos por expressões comuns, de fantasia, de uso generalizado ou vulgar, ocorrendo identidade se homógrafos e semelhança se homófonos;

b) quando contiverem expressões de fantasia incomuns, serão elas analisadas isoladamente, ocorrendo identidade se homógrafas e semelhança se homófonas.

Assim, nome empresarial deve ser verdadeiro e novo, distinguindo-se de todos os registrados na Junta Comercial do Estado onde o empresário, seu titular, exerce sua atividade econômica. Daí observarem Marino Pazzaglini Filho e Andrea Di Fuccio Catanese que a alteração do nome empresarial será obrigatória se houver[10]: "*a*) coexistência do nome registrado com outro inscrito anteriormente, idêntico ou semelhante, que detém o direito de exclusividade, cabendo ao titular daquele sanar o erro do registro, promovendo alteração capaz de evitar confusão ou engano entre ambos, ficando sujeito, se omitir essa providência, à alteração compulsória e responsabilização por perdas e danos; *b*) exclusão, retirada ou morte de empresário individual ou de sócio (sociedade empresária), cujo nome civil conste da firma individual ou social e, enquanto não promovida a mudança, permanece ilimitada a responsabilidade do ex-sócio ou do espólio do sócio morto (arts. 1.165 e 1.157, parágrafo único); *c*) alienação do estabelecimento, permitindo, expressamente, com autorização contratual do uso do nome do alienante (firma individual), que acarreta a modificação do nome empresarial, em respeito ao princípio da veracidade, com a mantença daquele, mas precedido do nome próprio do adquirente, com a qualificação de sucessor (art. 1.164 e parágrafo único); *d*) transformação, incorporação, fusão e cisão da sociedade, com o registro, quando for o caso, do novo nome empresarial e/ou do cancelamento do extinto (arts. 1.113, 1.119 e 1.168, 1ª parte); *e*) mudança de tipo jurídico de socieda-

10. Marino Pazzaglini Filho, Andrea Di Fuccio Catanese, *Direito de empresa*, cit., p. 27; Fábio Ulhoa Coelho, *Manual*, cit., p. 79-81.

de empresária ou de graduação de responsabilidade nos casos de firma individual ou social, permanecendo a situação jurídica anterior enquanto não for efetivada a alteração de seu nome empresarial". Fábio Ulhoa Coelho acrescenta, ainda, a esses casos de modificação obrigatória de nome, a ocorrência de alteração da categoria do sócio, quanto à sua responsabilidade pelas obrigações sociais, se o seu nome civil integrava o nome empresarial: se, p. ex., sócio comanditado de sociedade em comandita simples, torna-se comanditário. Tal sócio, contudo, continuará responsável pelas obrigações sociais até que se proceda à mudança do nome empresarial (CC, art. 1.157).

Nada obsta a que se tenha sua alteração voluntária, respeitando-se os requisitos legais.

Quadro Sinótico

PRINCÍPIO DA VERACIDADE E O DA NOVIDADE: CONCEITUAÇÃO E INFLUÊNCIA NA OBRIGATORIEDADE DE ALTERAÇÃO DO NOME EMPRESARIAL

1. PRINCÍPIO DA VERACIDADE	• Requer que a firma individual contenha nome do empresário, e a social, o nome, pelo menos, de um dos sócios da sociedade empresária, revelando tanto como firma ou denominação seus sócios, sua responsabilidade, a atividade prevista no contrato social e a estrutura empresarial.
2. PRINCÍPIO DA NOVIDADE	• Exige que o nome empresarial seja novo e diferenciado, não podendo ter sido antes assentado, dentro de certa área geográfica, no órgão registrário competente, nem existir homógrafo ou homófono.
3. CASOS DE OBRIGATORIEDADE DE ALTERAÇÃO DO NOME EMPRESARIAL	• Coexistência do nome registrado com outro inscrito anteriormente idêntico ou similar. • Ocorrência de óbito, exclusão ou retirada de sócio cujo nome conste na firma. • Alienação de estabelecimento. • Transformação, incorporação, cisão e fusão de sociedade. • Mudança de tipo societário ou de graduação de responsabilidade. • Alteração da categoria de sócio, quanto à sua responsabilidade pelas obrigações sociais, se seu nome civil figurava no nome empresarial.

4. Firma

A. Generalidades

A firma poderá ser individual ou social. É o nome empresarial do empresário individual, que exerce sozinho a atividade econômica, e da sociedade empresária, sendo também o modo pelo qual se identificam no mundo negocial, se obrigam, apondo assinatura[11]. A palavra "firma" não é, tecnicamente, sinônima de "empresa", empresário ou de sociedade. Não se confunde com o empresário nem com a sociedade empresária, como, costumeiramente, se os pretende chamar, com o intuito de indicar sociedade pelo emprego do termo "firma". Tal se deu, como lembra Ricardo Negrão, "por influência do direito alemão, no qual 'firma' é tida como sinônimo da atividade empresarial, da pessoa do empresário ou da sociedade empresária", e, continua o autor, "esse grave erro terminológico ganhou força popular e alcança, hoje, infelizmente, editais públicos, documentos emitidos por repartições oficiais, petições e documentos exarados no exercício das atividades de advocacia, pareceres ministeriais, decisões de tribunais administrativos e sentenças judiciais"[12].

B. Firma individual

O empresário individual não poderá fazer uso da denominação para identificar-se. O empresário individual só poderá, pelo princípio da veraci-

11. *Vide* José Maria Rocha Filho, Nome empresarial e registro de empresas, in *Direito de Empresa no novo Código Civil*, Rio de Janeiro, Forense, 2004, p. 122.
12. Arnaldo Rizzardo, *Direito de empresa*, cit., p. 1.065; Ricardo Negrão, *Manual*, cit., v. 1, p. 194.

dade, como vimos, adotar firma baseada em seu nome civil, completo ou abreviado, acrescentada, ou não, de designação mais precisa de sua pessoa ou do gênero da sua atividade econômica (CC, art. 1.156). P. ex., "Joaquim Antunes Vieira"; "J. A. Vieira"; "Antunes Vieira"; "A. Vieira — Joias". Não poderá o empresário utilizar-se de apelido ou pseudônimo para formar a sua firma individual. P. ex., o empresário Antenor Paulo Furtado Lima não poderá formar sua firma, utilizando seu apelido "Berimbau" (Antenor P. F. Lima — o Berimbau), nem mesmo de seu pseudônimo "Santiago Furtalima" (Antenor — o Santiago Furtalima). É obrigatório o uso do nome civil completo ou abreviado, e facultativa a menção ao gênero da atividade empresarial. Tal firma individual deverá estar registrada na Junta Comercial e será sob ela que o empresário se responsabilizará pelas obrigações sociais, p. ex., pela compra de mercadorias por atacado para revenda a varejo, e assinará a duplicata relativa a essa negociação. O empresário individual, portanto, sempre operará, ao exercer sua atividade econômica, sob firma.

Se se modificar o nome do titular da firma individual (p. ex., em virtude de casamento, adoção), dever-se-á não só averbá-lo no Registro Civil da Pessoa Natural, como também na Junta Comercial, pois houve alteração do nome empresarial. O empresário individual ou titular da EIRELI, portanto, poderá modificar sua firma, desde que observe, em sua composição, as normas da Instrução Normativa n. 15/2013 do DREI. Ocorrendo a modificação do nome civil do empresário ou titular de empresa individual de responsabilidade limitada, averbada no competente Registro Civil das Pessoas Naturais, deverá ser arquivada alteração com a nova qualificação do empresário ou titular de empresa individual de responsabilidade limitada, devendo ser também modificado o nome empresarial (IN n. 15/2013 do DREI, art. 12, § 1º). E se a "designação diferenciadora se referir à atividade, havendo mudança, deverá ser registrada a alteração da firma" (IN n. 15/2013 do DREI, art. 12, § 2º)[13].

C. Firma social

c.1. Conceituação

Firma social (ou razão social), repetimos, é o nome empresarial adotado pela sociedade empresária para identificá-la no exercício de sua ativida-

---

13. Sobre firma individual: M. Helena Diniz, *Código Civil anotado*, cit., p. 912; Arnaldo Rizzardo, *Direito de empresa*, cit., p. 1.065; Modesto Carvalhosa, *Comentários*, cit., v. 13, p. 713.

de econômica organizada, em cuja composição se emprega nomes civis, de forma completa ou abreviada, de um, alguns ou todos os seus sócios, aditando-se expressões indicativas do tipo societário ou da existência de sócios que não figuram na firma[14].

c.2. Formação da firma da sociedade com sócios de responsabilidade ilimitada

Pelo art. 1.157 e parágrafo único do Código Civil de 2002, na sociedade em que houver sócios de responsabilidade ilimitada (p. ex., como a sociedade em nome coletivo — CC, art. 1.039; a em comandita simples — CC, art. 1.045, no que atina aos comanditados; e a em comandita por ações — CC, arts. 1.090 e 1.091, relativamente aos sócios administradores), dentro do critério da veracidade, apenas os nomes civis desses sócios deverão figurar na firma social, sendo que ficarão solidária e ilimitadamente responsáveis pelas obrigações contraídas sob a mencionada firma apenas aqueles cujos nomes nela figurarem. Para a formação dessa firma bastará aditar o nome civil de um daqueles sócios, que tenham responsabilidade ilimitada, a locução "e companhia" ou sua abreviatura "& Cia.", para fazer referência aos demais sócios dessa categoria. P. ex., "Júlio Caio Lara & Cia.". Terceiro terá, então, certeza de que Júlio Caio Lara responderá ilimitadamente, e para saber quais os sócios que estão "escondidos" na locução "& Cia." terão de pedir certidão do ato constitutivo à Junta Comercial. Mas poderá ser formada pelo nome de todos os sócios. P. ex., "Ricardo Alves, José Augusto Souza & David Soares" ou "Alves, Souza & Soares", ou até mesmo de dois deles, p. ex., "Alves, Soares e Cia.", que ficarão, perante terceiros, responsáveis solidária e ilimitadamente pelas obrigações sociais. Assim sendo, se o sócio comanditário, de responsabilidade limitada à integralização de sua quota, figurar na firma social, mesmo não podendo por lei (art. 1.047 do CC), ficará sujeito às responsabilidades do sócio comanditado, tornando-se solidário. Para que o sócio comanditário fique representado na firma social, bastará a adição da locução "e companhia" ou "& Cia.", ao nome completo ou abreviado do comanditado.

Os patrimônios pessoais dos sócios, cujos nomes figuram na firma, somente serão atingidos, subsidiariamente, para solver o passivo social

---

14. Ricardo Negrão, *Manual*, cit., v. 1, p. 193 e 194.

depois de esgotado o patrimônio da sociedade. O credor, então, poderá acionar qualquer deles pleiteando o cumprimento de tais obrigações. E todos os sócios, cujos nomes civis figurarem na firma, poderão assinar pela sociedade e serão ilimitada e solidariamente responsáveis pelas obrigações sociais.

Em suma, os sócios que integrarem, com seus nomes, a firma social, terão responsabilidade pessoal, subsidiária, ilimitada e solidária pelo passivo da sociedade e, com isso, protegidos estarão os interesses de qualquer pessoa que com a sociedade vier a contratar[15].

c.3. Firma social da sociedade limitada

A sociedade limitada pode adotar *firma* ou *denominação* (CC, art. 1.158). Como nessa modalidade de sociedade os sócios têm responsabilidade limitada, mais adequada seria denominação. Todavia, o art. 1.158 do Código Civil vigente admite que se opte pelo uso da firma social, desde que, para que não haja dúvida sobre aquela responsabilidade, se lhe acrescente, no final, a palavra "limitada". Consequentemente, a adoção da firma como nome empresarial não tornará os sócios, que nela figurarem, solidária e ilimitadamente responsáveis pelo passivo social. Se a sociedade limitada usar *firma social*, esta compor-se-á com o nome civil, de um ou mais sócios, desde que *pessoas naturais*, acompanhada, no final, pela palavra "limitada" ou sua abreviatura "Ltda.", sob pena de, em caso de sua omissão, gerar responsabilidade solidária e ilimitada dos administradores que efetivarem operações usando a firma social (CC, art. 1.158, §§ 1º e 3º). Mas, pela Instrução Normativa n. 15/2013 do DREI, art. 5º, II, *d*, não constando da firma o nome civil de todos os sócios, dever-se-á acrescer o aditivo "e Companhia" ou "e Cia." e o termo "limitada" ou "Ltda.". Assim, embora o atual Código Civil não exija esse dever, há o costume de se acrescentar o termo "companhia", em regra, abreviado, para dar ciência ao público de que o contrato foi firmado com a sociedade e não com as pessoas integrantes do nome empresarial. Há também

15. M. Helena Diniz, *Código*, cit., p. 912; Paulo Checoli, *Direito de empresa*, cit., p. 330 e 331; Roberto Senise Lisboa, *Comentários ao Código Civil*, cit., p. 879; Amador Paes de Almeida, *Direito de empresa*, cit., p. 215; Arnaldo Rizzardo, *Direito de empresa*, cit., p. 1.066 e 1.067; Fábio Ulhoa Coelho, *Manual*, cit., p. 77 e 78; Sérgio Campinho, *O direito de empresa*, cit., p. 325.

possibilidade de se indicar o ramo de atividade, desde que acompanhado de elemento diferenciador, caso em que se terá *denominação* (CC, art. 1.158, § 2º), que não se confunde com firma em razão da indicação do objeto social. P. ex.: "João Pereira Silveira"; "Paulo Antonio Ferreira & Alberto Souza Ltda."; "Silveira, Ferreira & Souza Limitada"; "J. P. Silveira & Cia. Ltda."; ou a denominação, p. ex., "Silveira & Ferreira — Malhas Artesanais e Cia. Ltda." etc.

Se tiver algum sócio (pessoa jurídica), seu nome empresarial não poderá ser incluído na firma social da sociedade, porque poderia confundir o consumidor na identificação da sociedade (CC, art. 1.158, § 1º).

Importante é a adição do termo "limitada" à firma, porque, como já analisamos em páginas anteriores, a responsabilidade do sócio nesse tipo societário restringe-se à integralização das quotas por ele subscritas ou do *quantum* que falta para a total integralização do capital social, se este estiver em aberto (CC, art. 1.052). Logo, o fato de o nome civil de um ou mais sócios figurar na firma social não indica que assumiram responsabilidade solidária e ilimitada, mas tão somente a existência de uma relação social entre eles (CC, art. 1.158, § 1º, *in fine*)[16].

---

16. Modesto Carvalhosa, *Comentários*, cit., v. 13, p. 717 e 718; M. Helena Diniz, *Código*, cit., p. 913; Sérgio Campinho, *O direito de empresa*, cit., p. 327; Amador Paes de Almeida, *Direito de empresa*, cit., p. 217 e 218; Arnaldo Rizzardo, *Direito de empresa*, cit., p. 1.067 e 1.068.

QUADRO SINÓTICO

FIRMA

1. CONCEITO DE FIRMA	• Nome empresarial do empresário individual e da sociedade empresária, pelo qual se identificam e se obrigam. Logo, ter-se-á firma individual ou social.	
2. FIRMA INDIVIDUAL	• Nome empresarial do empresário baseado em seu nome civil, completo ou abreviado, acrescentado, ou não, de designação mais precisa de sua pessoa ou do gênero de sua atividade econômica (CC, art. 1.156) e devidamente registrado na Junta Comercial.	
3. FIRMA SOCIAL	• Conceituação	• Nome empresarial adotado pela sociedade empresária para identificá-la no exercício de sua atividade econômica organizada, em cuja composição se empregam nomes, de forma completa ou abreviada, de um, alguns ou de todos os sócios, aditando-se expressões indicativas do tipo societário ou da existência de sócios nele não incluídos.
	• Firma de sociedade com sócio de responsabilidade ilimitada (CC, art. 1.157)	• Sociedade em nome coletivo, sociedade em comandita simples (CC, art. 1.045, no que atina aos comanditados) e sociedade em comandita por ações (CC, arts. 1.090 e 1.091, relativamente aos sócios administradores). • Compõe-se de nome civil de um, alguns ou de todos os sócios. • Os sócios, cujos nomes figurarem na firma, ficarão solidária e ilimitadamente responsáveis pelas obrigações sociais e poderão assinar pela sociedade.
	• Firma social da sociedade limitada (CC, art. 1.158, §§ 1º e 3º)	• É a composta pelo nome civil de um ou mais sócios (pessoas naturais) da limitada, acompanhada da palavra "limitada" ou de sua abreviatura "Ltda.", sob pena de gerar responsabilidade solidária e ilimitada dos administradores que efetivarem operações usando firma social. Pela Instrução Normativa n. 15/2013 do DREI (art. 5º, II, *d*) e pelo costume, acrescenta-se o aditivo "e Companhia" ou "& Cia." ao lado da palavra "limitada", se na firma social não constar o nome civil de todos os sócios.

5. Denominação

A. Noção

Modalidade de nome empresarial que pode constituir-se por qualquer expressão linguística, seja, ou não, o nome civil de sócio da sociedade, podendo, portanto, adotar "elemento de fantasia" (criado pela imaginação). É, na verdade, a adoção de um nome próprio para a sociedade, formado por palavras de uso comum na língua nacional ou estrangeira ou com expressões de fantasia, com indicação do objeto social, podendo, ou não, inserir o nome de um ou mais sócios. Se se inserir nome civil de sócio na denominação social, ele passará a ter a configuração de "elemento de fantasia". A sociedade anônima e a sociedade cooperativa só poderão ter denominação, não podendo fazer uso da firma. A sociedade limitada e a sociedade em comandita por ações poderão adotar firma social ou denominação[17].

B. Sociedade limitada com denominação

A sociedade limitada pode adotar firma social ou denominação, mas geralmente sua opção recai sobre a denominação. Se, na sociedade limitada, houver opção por uma denominação social, esta designará o objeto da sociedade (p. ex., importação de peças de automóveis; confeitaria; tecelagem etc.), sendo permitido nela figurar o nome de um ou mais sócios (CC, art. 1.158 e § 2º) e deverá conter, no final, a palavra "limitada" ou sua abreviatura "Ltda.", para que não haja responsabilidade solidária e ilimitada do administrador que a empregar nos negócios empresariais. P. ex.: "Malharia Platanus Ltda."; "Perfumaria Água de Cheiro Ltda."; "*Sapientia* Comércio de

17. Fábio Ulhoa Coelho, *Curso*, cit., v. 1, p. 179; Sebastião José Roque, *Curso*, cit., p. 159 e 160.

Livros Ltda."; "Editora Soares Ltda."; "L. A. Malta Lacticínios e Cia. Ltda."; "Panificadora e Confeitaria Coimbrasil Ltda.".

O art. 1.158, § 2º, exige a indicação do objeto social, para que haja melhor identificação da sociedade e para reduzir a possibilidade de que terceiros que com ela venham a efetivar negócios levantem arguição de boa-fé em caso de desvio de objeto por parte da sociedade (CC, art. 1.154, parágrafo único). Por isso, a indicação do objeto social deverá conter expressão que designe, com objetividade, a efetiva atividade exercida e incluída no contrato social. Se tiver mais de uma atividade, sendo possível colocar todas, se não o for, a mais relevante ou principal, deverá ser inserida. P. ex., uma sociedade, voltada à fabricação e comercialização de tecidos, poderá ter a denominação de "Cury Indústria e Comércio de Tecidos & Cia. Ltda." ou "Tecelagem Cury & Cia. Ltda."[18].

O Projeto de Lei n. 699/2011 pretende alterar a redação do § 2º do art. 1.158 do Código Civil para a seguinte:

"Art. 1.158. ....

§ 2º A denominação será composta por um ou mais elementos de fantasia, sendo permitido nela figurar o nome de um ou mais sócios, ou ainda o objeto da sociedade.

....".

E apresenta como justificativa:

"A proposta atende a pleito da ABPI — Associação Brasileira de Propriedade Intelectual — e objetiva compatibilizar o § 2º do art. 1.158 com o art. 1.156 do novo Código Civil, que estabelece que a indicação do objeto social na firma individual é facultativa".

C. Denominação social da sociedade cooperativa

A sociedade cooperativa deverá adotar denominação integrada pela palavra "cooperativa" (CC, art. 1.159; Lei n. 5.764/71, art. 5º; IN do DREI n.

---

18. Arnaldo Rizzardo, *Direito de empresa*, cit., p. 1.068; M. Helena Diniz, *Código*, cit., p. 913; Sebastião José Roque, *Curso*, cit., p. 159; Modesto Carvalhosa, *Comentários*, cit., v. 13, p. 719 e 720; Paulo Checoli, *Direito de empresa*, cit., p. 333. *BAASP, 2715*:5868 — Propriedade industrial — Nome comercial — M. B. I. E. Ltda. — Utilização na denominação social de outra empresa de classe distinta (M. C. I. I. E. Ltda.) — Improcedência — Proteção que, no entanto, deve ser assegurada, independentemente de identidade dos ramos de negócios ou objetos sociais das empresas. Sentença reformada. Apelação provida (TJSP — 2ª Câm. de Direito Privado; Ap. 994.03.018088-6 — São Paulo-SP; Rel. Des. José Roberto Bedran; j. 11-5-2010; v.u.).

15/2013, art. 3º) e se quiser poderá inseri-la antes ou depois da especificação de sua atividade ou objeto. O termo "cooperativa" poderá ser inserido no começo, no meio ou no final do nome e servirá como elemento indicativo do tipo societário. Todavia, é preciso esclarecer que a inclusão do objeto social é facultativa. Deveras, Modesto Carvalhosa assim escreve: "A cooperativa, ao contrário do nome de todos os demais tipos societários que adotam denominação, não precisa conter em sua denominação a indicação do objeto da sociedade, muito embora essa inclusão não lhe seja vedada". P. ex.: "Cooperativa Agropecuária de Barretos", "Agrícola Santamarense — Cooperativa"[19].

D. Denominação da sociedade anônima

A sociedade anônima não poderá possuir firma social.

A sociedade anônima ou sociedade por ações apenas poderá exercer suas atividades sob denominação designativa do objeto social (ramo de produção ou de prestação de serviço), integrada pela locução "sociedade anônima" ou pelo vocábulo "companhia", por extenso ou abreviadamente, embora nela possa constar não só o nome de fantasia, como também o nome civil do fundador, acionista ou pessoa que contribuiu para o bom êxito da sua formação facultada a designação do objeto social (CC, art. 1.160 — com a redação da Lei n. 14.195/2021, confirmada pela Lei n. 14.382/2022 — e parágrafo único; Lei n. 6.404/76, art. 3º, § 1º; IN do DREI n. 15/2013, art. 5º III, *b*), como um meio de prestar-lhe homenagem. Há obrigatoriedade da indicação do objeto social ou ramo de atividade de forma clara, objetiva e precisa, para que os consumidores ou clientes dele tenham ciência.

Se a atividade for plurima dever-se-á indicar a principal. Informações claras sobre a atividade social evitarão alegação de boa-fé, feita por quem contratar com a sociedade, ou de desvio de objeto. Inadmissível será a inclusão na denominação de atividade não constante no objeto social, visto que isso faria com que terceiro contratante incorresse em erro.

A palavra "Cia." deverá vir no início e não no final do nome empresarial, como ocorre com a sociedade em comandita simples ou em nome coletivo. Todavia, há quem ache que não há mais a proibição do art. 3º da Lei de Sociedade Anônima, de que o termo *companhia* não poderia ser inseri-

19. M. Helena Diniz, *Código*, cit., p. 913; Arnaldo Rizzardo, *Direito de empresa*, cit., p. 1.068; Modesto Carvalhosa, *Comentários*, cit., p. 720 e 721.

do no final da denominação; logo, nada obsta a que figure no início, no meio ou no final da denominação. Mas isso não poderia levar pessoa, que vier a contratar com S/A, a confundir-se a respeito do tipo societário?

Convém, ainda, lembrar que se se optar por inserir nome civil na denominação da S/A, dever-se-á obter anuência, tácita ou expressa, de seu titular ou de seus herdeiros, se já tiver falecido. Ensina-nos Modesto Carvalhosa que "uma vez consentida a inclusão do nome civil na denominação e feito o arquivamento do respectivo ato societário sem oposição, incorpora-se aquele definitivamente à denominação, não podendo o titular do nome ou seus herdeiros requerer administrativa ou judicialmente sua exclusão, sob qualquer fundamento, mesmo que o acionista se tenha retirado da companhia ou se oponha a sua atual orientação"[20].

Como exemplos de denominação de S/A temos: "Araucária — Cia. de Comércio e Indústria de Malhas"; "Companhia Editora Jurídico Forense"; "Livraria Setúbal S/A"; "Esplendor Eventos Sociedade Anônima"; "Perfumaria Oliveira Almeida S/A" etc.

O Projeto de Lei n. 699/2011, tendo por objetivo atender a ABPI (Associação Brasileira de Propriedade Intelectual) e compatibilizar o art. 1.160 com o art. 1.156 do novo Código Civil, visto que estabelece a facultatividade de indicação do objeto social na firma individual, propõe a seguinte redação para o art. 1.160 e parágrafo único:

"Art. 1.160. A sociedade anônima opera sob denominação integrada pelas expressões 'sociedade anônima' ou 'companhia', por extenso ou abreviadamente.

Parágrafo único. Pode constar da denominação o nome do fundador, acionista, ou pessoa que haja concorrido para o bom êxito da formação da empresa, bem como quaisquer expressões designativas do objeto social".

---

20. Sebastião José Roque, *Curso*, cit., p. 167; M. Helena Diniz, *Código*, cit., p. 914; Paulo Checoli, *Direito de empresa*, cit., p. 336; Rubens Requião, *Curso*, cit., v. 1, p. 234; Amador Paes de Almeida, *Direito de empresa*, cit., p. 216 e 217; Modesto Carvalhosa, *Comentários*, cit., v. 13, p. 721-5; Arnaldo Rizzardo, *Direito de empresa*, cit., p. 1.069.

QUADRO SINÓTICO

DENOMINAÇÃO

1. NOÇÃO	• Modalidade de nome empresarial que pode constituir-se por qualquer expressão linguística, seja, ou não, nome civil de sócio, podendo adotar, portanto, elemento de fantasia.
2. SOCIEDADE LIMITADA COM DENOMINAÇÃO	• Pode adotar firma ou denominação. • Se se optar pela denominação, nela deverá figurar o objeto da sociedade, sendo permitido incluir o nome de um ou mais sócios, devendo conter, no final, o termo "Limitada" ou sua abreviatura, para que não haja responsabilidade solidária e ilimitada do administrador que a empregar nos negócios empresariais (CC, art. 1.158, § 2º).
3. DENOMINAÇÃO DA SOCIEDADE COOPERATIVA	• Pelo CC, art. 1.159, deverá estar integrada pela palavra "cooperativa", e poderá ser incluída antes ou depois da especificação da atividade ou objeto social.
4. DENOMINAÇÃO DA SOCIEDADE ANÔNIMA	• Deverá designar o objeto social integrada pela locução "Sociedade Anônima" ou pelo vocábulo "Companhia", por extenso ou abreviadamente, embora nela possa constar nome de fantasia ou nome civil do fundador, acionista ou pessoa que contribuiu para o bom êxito de sua formação (CC, art. 1.160 e parágrafo único).

6. Nome empresarial da sociedade em comandita por ações

A sociedade em comandita por ações poderá, ao compor seu nome empresarial, utilizar *firma* (constando nome de um ou mais sócios diretores) ou *denominação* (designando ou não o objeto social), identificando seu tipo societário pela expressão "comandita por ações" (CC, art. 1.161 com a redação da Lei n. 14.195/2021, confirmada pela Lei n. 14.382/2022; IN do DREI n. 15/2013, art. 5º, II, *c*, e III, *c*). P. ex., "Augusto Schelling e Cia., comandita por ações"; "Decorações André Araújo Mendes, comandita por ações"; "Confeitaria Flor de Portugal, C. A." etc.

Não se poderá, havendo opção por firma social, fazer uso de apelido ou pseudônimo de sócio. Embora Modesto Carvalhosa admita que se os utilize apenas como *aditivo* ao nome civil, para que se possa identificar, mais precisamente, os sócios comanditados. O sócio cujo nome civil figurar na *firma* terá responsabilidade subsidiária e ilimitada pelas obrigações sociais; assim, se exaurido o patrimônio social, deverá responder pelo passivo da sociedade com seus bens pessoais[21].

Quadro Sinótico

NOME EMPRESARIAL DA SOCIEDADE EM COMANDITA POR AÇÕES	• Pelo CC, art. 1.161, a sociedade em comandita por ações poderá, ao compor seu nome empresarial, fazer uso de firma ou denominação, identificando seu tipo societário pela expressão "comandita por ações".

21. Fábio Ulhoa Coelho, *Manual*, cit., p. 79; M. Helena Diniz, *Código*, cit., p. 914; Arnaldo Rizzardo, *Direito de empresa*, cit., p. 1.071; Modesto Carvalhosa, *Comentários*, cit., v. 13, p. 726.

7. Casos de impossibilidade de registro de nome empresarial

A lei veda, em algumas hipóteses, registro de nome empresarial, se[22]:

a) requerido por pessoa natural, empresário individual, apesar de designar a sociedade (Dec. n. 916, art. 3º; CC, arts. 1.156, 1.157, 1.158 a 1.161);

b) criado para designar sociedade em conta de participação. Não pode haver registro de firma ou denominação de sociedade em conta de participação, pois, por sua natureza secreta e por ser uma sociedade não personificada (CC, arts. 991 a 996), cujo estatuto ou contrato social independe de assento por produzir efeitos apenas *inter partes*, está proibida de adotar nome empresarial (CC, art. 1.162). A atividade constitutiva do seu objeto social será exercido pelo sócio ostensivo, em seu nome individual e sob sua própria e exclusiva responsabilidade (CC, art. 991). Só o sócio ostensivo obriga-se perante terceiro, devendo, para tanto, registrar-se e exercer a atividade empresarial;

c) contiver patronímico que não pode ser utilizado, legitimamente, pelo requerente (CC, art. 1.156; Dec. n. 916, art. 3º);

d) apresentar palavra ou expressão que seja atentatória à moral e aos bons costumes (IN n. 15/2013 do DREI, art. 4º, parágrafo único);

---

22. José M. Rocha Filho, Nome empresarial e registro de empresas, in *Direito de empresa no novo Código Civil*, Rio de Janeiro, Forense, 2004, p. 134 e 135; M. Helena Diniz, *Código*, cit., p. 914 e 915; Arnaldo Rizzardo, *Direito de empresa*, cit., p. 1.070-72; Fábio Ulhoa Coelho, *Manual*, cit., p. 70, 72 e 83; Matiello, *Código Civil*, cit., p. 721; Modesto Carvalhosa, *Comentários*, cit., v. 13, p. 728-30.

e) incluir ou reproduzir, em sua composição, siglas ou denominações de órgãos públicos da administração direta ou indireta e de organismos internacionais e aquelas consagradas em lei e atos regulamentares emanados do Poder Público (IN n. 15/2013 do DREI, art. 7º);

f) contiver expressão ou palavra indicativa de atividade não prevista no objeto social (Dec. n. 1.800/96, art. 62, § 1º; CC, arts. 1.156, 1.158, § 2º, 1.160 e 1.161; IN n. 15/2013 do DREI, art. 5º, § 2º);

g) não atender ao princípio da veracidade (CC, arts. 1.156, 1.157, 1.158, §§ 1º e 2º, 1.160, 1.161 e 1.165; Lei n. 8.934/94, art. 34; Dec. n. 1.800/96, art. 62; IN n. 15/2013 do DREI, art. 5º, I a III, § 1º);

h) nele constar apelidos ou pseudônimos de empresário ou de sócio, pois, pelo art. 1.156 do Código Civil, só se pode incluir nome civil, completo ou abreviado, aditando-se, se quiser, designação mais precisa da sua pessoa ou do gênero de atividade;

i) inscrito, anteriormente, por outro empresário individual ou coletivo. O empresário deve, ante o princípio da novidade e o da anterioridade, corolários da garantia de exclusividade, adotar nome que o distinga de qualquer outro já inscrito no mesmo registro (CC, art. 1.163). Se optar por um nome empresarial idêntico (homonímia) ao de algum outro, anteriormente inscrito, deverá nele acrescentar elementos distintivos ou alguma designação que o diferencie, substancialmente, daquele (CC, art. 1.163, parágrafo único; Lei n. 8.934/94, art. 35, V e § 2º), sob pena de cometer crime de concorrência desleal por usurpação de nome empresarial (Lei n. 9.279/96, art. 195, V), com o objetivo de tirar proveito de sua notoriedade e sucesso junto ao público.

A homonímia poderá confundir a clientela, além de lesar direito da personalidade de empresário. A Junta Comercial, para evitar registro de nomes homônimos, deverá analisar seus arquivos, averiguando se não há inscrição anterior de nome idêntico ou similar. O mesmo se diga se vier a escolher nome cuja pronúncia soe praticamente igual (homofonia) a de outro registrado.

Se existirem três sociedades, com os seguintes nomes empresariais: *a*) "Sodicar — Comércio de automóveis Ltda."; *b*) "Gonçalo — Comércio de automóveis Ltda."; *c*) "Exportadora Gonçalo S/A", os nomes empresariais "a" e "b" são diferentes apesar de indicarem o mesmo ramo de atividade, mas o "b" e o "c" têm como termo idêntico Gonçalo, e similitude na atividade; assim, se "b" possui registro anterior, seu titular poderá exigir que se altere o "c", porque poderá confundir clientela, causando danos a "b".

Proibido está o arquivamento de nome empresarial idêntico ou semelhante a outro preexistente e devidamente inscrito. Com isso protege-se o nome empresarial e o interesse do empresário, seu titular, de preservar sua clientela e seu crédito. Deveras, o uso indevido do nome idêntico poderá: *a*) desviar clientes, que, desavisados, venham a negociar com o usurpador; *b*) abalar o crédito de conceituado empresário, com protesto de título, pedido de falência ou recuperação em nome do usurpador; *c*) trazer prejuízos na captação de resultados econômicos, pela interferência negativa na atuação empresarial do empresário ou da sociedade; *d*) causar confusão na escolha de produto, lesando o direito à marca; *e*) confundir terceiros (credores, fornecedores e consumidores) que se vincularem ao empresário individual ou coletivo etc.

Por tais razões, o Projeto de Lei n. 699/2011 pretende, assim, alterar a redação do art. 1.163: "O nome empresarial deve distinguir-se de qualquer outro suscetível de causar confusão ou associação". Reforça esta sua pretensão com os seguintes argumentos: "A proposta atende a pleito da ABPI — Associação Brasileira da Propriedade Intelectual, assim justificado: 'A redação dada pela Lei 10.406/02 ao art. 1.163 do novo Código Civil adota o princípio da anterioridade. No entanto, não ressalva que a anterioridade de que se cuida não é a absoluta, mas sim, a relativa. Se os respectivos objetos sociais forem inteiramente distintos, não há risco de confusão que impeça o registro do nome empresarial cuja expressão característica seja idêntica ou semelhante à de outro nome empresarial já registrado (ressalvados os casos de aproveitamento parasitário de sinais alheios notoriamente conhecidos). Para esclarecer o real alcance da lei, cumpre aludir expressamente que a anterioridade relevante é aquela suscetível de causar risco de confusão ou associação. Este é o conceito já empregado, no tocante às marcas, pelos arts. 124, inciso XIX, e 130, inciso I, ambos da Lei de Propriedade Industrial (9.279/96)'".

Todos os casos de proibição de registro têm como suporte a observância dos princípios da veracidade e da novidade e a preservação da exclusividade do nome empresarial dentro de certo âmbito territorial, evitando qualquer prejuízo do empresário.

Quadro Sinótico

CASOS DE IMPOSSIBILIDADE DE REGISTRO DE NOME EMPRESARIAL	• Registro requerido por pessoa natural (empresário), designando sociedade. • Pedido de registro de firma social ou de denominação de sociedade em conta de participação (CC, art. 1.162). • Uso ilegítimo de patronímico pelo requerente (CC, art. 1.156). • Apresentação de palavra ou expressão atentatória à moral e aos bons costumes (IN n. 15/2013 do DREI, art. 4º, parágrafo único). • Inclusão ou reprodução, em sua composição, de siglas ou denominações de órgãos públicos da administração e de organismos internacionais (IN n. 15/2013 do DREI, art. 7º). • Nome contendo expressão ou palavra indicativa de atividade não prevista no objeto social (CC, arts. 1.156, 1.158, § 2º, 1.160 e 1.161; IN n. 15/2013 do DREI, art. 5º, § 2º). • Violação ao princípio da veracidade (CC, arts. 1.156 a 1.161 e 1.165; Lei n. 8.934, art. 34; IN n. 15/2013 do DREI, art. 5º, I a III, § 1º). • Nome empresarial (firma social ou individual) constando apelido ou pseudônimo de empresário ou de sócio. • Nome empresarial idêntico ou similar inscrito, anteriormente, por outro empresário (CC, art. 1.163).

8. Garantia da exclusividade de uso do nome empresarial

A proteção ao nome empresarial decorre de comando legal (CF, art. 5º, XXIX; Lei n. 9.279/96, art. 124, V; CC, arts. 46, I, e 52) por ser ele um dos direitos da personalidade do empresário individual ou coletivo. Sua proteção visa tutelar sua clientela e seu crédito, na praça em que exerce sua atividade econômica, coibindo-se a concorrência desleal, oriunda de confusão provocada no público consumidor por identidade ou similitude de firma ou denominação, e evitando-se dano à imagem-atributo e à honra objetiva da sociedade, em virtude de publicidade de protesto ou de falência de empresário portador de nome igual ou semelhante ao seu. Tal proteção compete ao Registro Público de Empresas Mercantis, a cargo das Juntas Comerciais das unidades da Federação (Lei n. 8.934/94, art. 13; CC, art. 1.166 e parágrafo único). A exclusividade do nome empresarial é imperativo legal para a preservação da individualidade do empresário individual ou coletivo. A inscrição do empresário, ou dos atos constitutivos das pessoas jurídicas (*RT*, *689*:153; *JSTJ*, *30*:162), bem como as respectivas averbações no registro próprio, assegura, ante o princípio da novidade, a exclusividade do uso de seu nome empresarial nos limites do respectivo Estado e, também, em todo o território nacional, apenas se houver registro na forma de lei especial (CC, art. 1.166 e parágrafo único; IN n. 15/2013 do DREI, art. 6º).

Com isso, impede-se que outra sociedade ou empresário use a mesma firma, que é protegida juridicamente. Tutela-se o nome empresarial, que passa a ter exclusividade no âmbito do Estado em que se efetivou o registro (p. ex., se uma sociedade registrar-se no Rio de Janeiro com a firma "x", nada impede que outra se inscreva sob a firma "x" no Maranhão). Não pode existir, na mesma unidade da Federação brasileira, nome empresarial idêntico ou similar a outro, cuja inscrição se deu, anteriormente, na mesma Junta Comercial. Competirá à Junta Comercial a prévia averiguação da existência, ou não, de nome empresarial igual ou semelhante ao que se pretende registrar. Se não tiver essa cautela e fizer registro indevido, ter-se-á nulidade do ato registrário, mediante requerimento do empresário que sofreu o prejuízo (CC, art. 1.167).

Realmente, sendo o nome empresarial um direito da personalidade, por identificar o empresário e a sociedade no exercício de suas atividades, o lesado, ante a violação do seu direito de exclusividade, pelo seu uso indevido, poderá, a qualquer tempo, propor ação contra Junta Comercial (Lei n. 8.934/94, arts. 35, V e § 2º, e 44 a 51) para anular sua inscrição, se feita com violação de lei ou de contrato. Se anulada for a inscrição do nome do ofensor, este deverá aditar outro, acrescido de designação distintiva (CC, art. 1.163). Mas nada obsta, ainda, que o prejudicado pleiteie ação de indenização de reparação de perdas e danos oriundos de utilização indevida de seu nome, que prescreve dentro de três anos (CC, arts. 186, 927 e 206, § 3º e V; Lei n. 9.279/96, art. 209, § 1º).

E, somente, tutelar-se-á o nome empresarial em todo território brasileiro, havendo registro especial unificado de abrangência nacional em órgão próprio, que, ainda, não foi regulamentado normativamente, desde que a sociedade esteja devidamente inscrita em algum Estado da Federação.

Urge esclarecer que a inscrição e a averbação em registro próprio não garante o direito ao uso exclusivo do nome empresarial fora dos limites da unidade federativa em que foram feitas. A exclusividade do nome empresarial em todo território brasileiro operar-se-á se requerida for à Junta Comercial de cada Estado da Federação (Dec. n. 1.800/96, art. 61; Lei n. 8.934/94, art. 33), enquanto não se tiver regulamentação daquele registro especial unificado[23]. Com o deferimento desse requerimento, o titular do

---

23. Todavia tem havido julgados entendendo que o arquivamento dos atos constitutivos no Registro Público de Empresas Mercantis já confere ao nome empresarial proteção nacional e internacional, com base no art. 8º da Convenção de Paris de 1883, ratificada pelo Brasil pelo Decreto n. 75.572/75 (*RSTJ*, *36*:321). *Vide*: IN do DREI n. 15/2013 sobre perda automática de proteção do nome empresarial.

BAASP, *2614*:1637-3: "A proteção do nome empresarial dá-se por meio do arquivamento de ato constitutivo de firma individual ou de sociedade, circunscrevendo-se à unidade federativa. Se o INPI, que é o órgão federal competente para garantir os direitos a todos aqueles que efetuem o registro de suas marcas e invenções em nível nacional, não concede exclusividade para o uso da marca, não há que se falar em proibição de uso de nome semelhante. Para que a marca impeça o uso de um de seus designativos no nome empresarial de outrem, exige-se que o titular da marca e o do nome colidente operem

nome empresarial poderá defender judicial ou administrativamente seu uso indevido em qualquer parte do território nacional[24].

"No caso de *transferência* de sede ou de abertura de filial de empresa com sede em outra unidade federativa, havendo identidade ou semelhança entre nomes empresariais, a Junta Comercial não procederá ao arquivamento do ato, salvo se:

a) na transferência de sede a empresa arquivar na Junta Comercial da unidade federativa de destino, concomitantemente, ato de modificação de seu nome empresarial;

b) na abertura de filial arquivar, concomitantemente, alteração de mudança do nome empresarial, arquivada na Junta Comercial da unidade federativa onde estiver localizada a sede" (IN n. 15/2013 do DREI, art. 10, I e II).

Pela Instrução Normativa n. 15/2013 do DREI, art. 11, §§ 1º e 2º: "A proteção ao nome empresarial decorre, automaticamente, do ato de inscrição de empresário ou do arquivamento de ato constitutivo de empresa individual de responsabilidade limitada ou de sociedade empresária ou cooperativa, bem como de sua alteração, nesse sentido, e circunscreve-se à unidade federativa de jurisdição da Junta Comercial que o tiver procedido. A proteção ao nome empresarial na jurisdição de outra Junta Comercial decorre, automaticamente, da abertura de filial nela registrada ou do arquivamento de pedido específico, instruído com certidão da Junta Comercial da unidade federativa onde se localiza a sede da sociedade interessada. Arquivado o pedido de proteção ao nome empresarial, deverá ser expedida comunicação do fato à Junta Comercial da unidade federativa onde estiver localizada a sede da empresa".

O Projeto de Lei n. 699/2011 propõe a seguinte redação para o art. 1.166 e parágrafo único do Código Civil:

---

no mesmo ramo empresarial" (TJMG, 14ª Câm. Cível, AC 1.0707.06.118994-0/001-Varginha-MG, rel. Des. Hilda Teixeira da Costa, j. 10-4-2008, v.u.).

24. Matiello, *Código Civil*, cit., p. 723; M. Helena Diniz, *Código*, cit., p. 917 e 918; Marino Pazzaglini Filho e Andrea Di Fuccio Catanese, *Direito de empresa*, cit., p. 26; Sérgio Campinho, *O direito de empresa*, cit., p. 330-34; Amador Paes de Almeida, *Direito de empresa*, cit., p. 221; Modesto Carvalhosa, *Comentários*, cit., v. 13, p. 734-39; Arnaldo Rizzardo, *Direito de empresa*, cit., p. 1.072 e 1.073. Convém lembrar que pela Instrução Normativa n. 15/2013 do DREI, art. 9º e parágrafo único: "não são exclusivas, para fins de proteção, palavras ou expressões que denotem: a) denominações genéricas de atividades; b) gênero, espécie, natureza, lugar ou procedência; c) termos técnicos, científicos, literários e artísticos do vernáculo nacional ou estrangeiro, assim como quaisquer outros de uso comum ou vulgar; d) nomes civis. Não são suscetíveis de exclusividade letras ou conjunto de letras, desde que não configurem siglas".

"Art. 1.166. Compete à Junta Comercial indeferir de ofício o registro de nome empresarial cuja expressão característica e distintiva reproduzir ou imitar a de outro nome empresarial já inscrito no mesmo registro e que seja, ao mesmo tempo, suscetível de causar confusão ou associação.

Parágrafo único. Mediante provocação do interessado, a Junta Comercial poderá, ouvida previamente a parte contrária, cancelar o registro de nome empresarial que conflitar com anterior registro de marca, ou com nome empresarial já inscrito em outra Junta Comercial ou protegido por legislação especial ou convenção internacional ratificada pelo Brasil".

Assim, justificando sua proposta: "Outro aspecto que precisa ser modificado na Lei n. 10.406/2002 é a eficácia do registro do nome empresarial, que os arts. 1.163 e 1.166 pretendem restringir ao âmbito estadual. Na verdade, como a violação ao nome empresarial é um crime de concorrência desleal (art. 195, V, da Lei n. 9.279/96), a sua proteção deve se dar na medida em que o uso do nome mais recente possa causar risco de confusão, associação, denegrimento ou qualquer prejuízo ao nome mais antigo. Em várias decisões, nossos Tribunais já assinalaram que a proteção ao nome empresarial extrapola os limites estaduais, podendo abarcar o âmbito nacional ou internacional. Neste sentido, STF, AgPet 5.481 (*RF*, *58*:229); *STJ*, REsp 6.169-AM (*DJU*, 12-8-1991), 9.142-0 (*DJ*, 20-4-1992), 11.767 (*DJU*, 28-8-1992), 30.363-3 (*RSTJ*, *53*:220), 40.326-0 (*RSTJ*, *67*:428); TRF da 3ª Região, AC 90.03.03499-0 (*DJ*, 3-8-1992); TRF da 2ª Região, AC 90.02.196566-4 (*DJ*, 6-2-1991); TJRJ, AC 2892/92 (*DJ*, 25-3-1993); TJSP, AC 195.356-1/7 (*DJ*, 23-11-1993), dentre outros. A proteção internacional, aliás, é contemplada pelo art. 8º da Convenção da União de Paris para proteção da Propriedade Industrial. Por este tratado internacional, cada país pode condicionar a proteção ao nome empresarial de seus nacionais à necessidade ou não de registro. Porém, todos os países membros devem proteger o nome empresarial de estrangeiros independentemente do registro. Portanto, a despeito do novo Código Civil, os nomes comerciais de empresas estrangeiras continuarão tutelados em todo o território nacional, independentemente do registro especial de que cuida o atual parágrafo único do art. 1.166. No entanto, os nomes empresariais de empresas brasileiras somente seriam protegidos a nível estadual, a não ser que obtivessem dito registro especial. Essa disparidade de tratamento não se justifica e contraria o preceito de igualdade contemplado no art. 5º, *caput*, da Constituição Federal. Se o estrangeiro goza de proteção para o seu nome empresarial em todo território nacional, não há por que tratar diversamente os nacionais, restringindo a proteção destes ao âmbito apenas estadual. Na verdade, a razão que levou a Lei n. 10.406/2002 a conferir eficácia meramente estadual ao nome empresarial não foi de ordem filosófica, mas, sim, logística. As Juntas Comerciais não têm estrutura para fazer buscas de anterioridade a nível nacional. Esta mesma incapacidade já havia levado a Presidência da República a vetar os §§ 1º e 2º do art. 33 da Lei n. 8.934/94, que davam extensão nacional ao registro do nome empresarial (o que também não se justificava, diante da proteção internacional que este pode ter, dependendo do caso concreto). A questão do âmbito de atuação *ex officio* das Juntas Comerciais deve, pois, ser dissociada da extensão da proteção ao nome empresarial. Essa dissociação é possível, pois se trata de coisas realmente diversas. Na nova redação sugerida para os arts. 1.163 e 1.166 do novo Código Civil, as buscas de anterioridade feitas de ofício pelas Juntas Comerciais continuam restritas às inscrições feitas em seu registro. No entanto, admite-se que terceiros apresentem oposição, com base em registros de nome empresarial registrados em outros Estados, ou mesmo de procedência estrangeira. Preserva-se, dessa forma, a eficácia nacional ou internacional destes. A nova redação contempla ainda a possibilidade de colidência entre nome empresarial e marca. O entrelaçamento destes dois institutos é da tradição do ordenamento jurídico brasileiro, conforme destaca a doutrina e a jurisprudência e consoante revela a redação do art. 124, V, da Lei de Propriedade Industrial (9.279/96) e do revogado art. 49 da antiga Lei de Registro do Comércio (4.726/65)".

Quadro Sinótico

GARANTIA DA EXCLUSIVIDADE DE USO DO NOME EMPRESARIAL

1. PROTEÇÃO DO NOME EMPRESARIAL	• Decorre de norma por ser o nome empresarial um dos direitos da personalidade do empresário. • Tem o objetivo de tutelar a clientela e o crédito do empresário. • Compete ao RPEM, a cargo das Juntas Comerciais das unidades da Federação.

2. EXCLUSIVIDADE DE USO DO NOME EMPRESARIAL	• Visa preservar a individualidade do empresário individual ou coletivo, com a sua inscrição nos órgãos competentes, nos limites de seu respectivo Estado e em todo o País se houver registro na forma da lei especial (CC, art. 1.166 e parágrafo único).

3. GARANTIA DA EXCLUSIVIDADE	• Anterioridade de registro impede inscrição de nome empresarial idêntico ou similar. • Nulidade de registro indevido, mediante requerimento do empresário prejudicado (CC, art. 1.167). • Indenização por perdas e danos oriundos de uso indevido de nome empresarial (CC, arts. 186, 927, 206, § 3º, V; Lei n. 9.279/96, art. 209, § 1º).

9. Inalienabilidade do nome empresarial

O nome empresarial (firma ou denominação) não poderá ser objeto de alienação, que, por ser personalíssimo, fica integrado na personalidade do empresário ou da sociedade. O nome empresarial (firma ou denominação) é um bem inalienável, insuscetível de avaliação para fins de alienação, indisponível e intransferível, por constituir a identidade do empresário individual ou coletivo. É um dos direitos da personalidade conferido ao empresário (individual ou coletivo), com a sua inscrição ou averbação dos seus atos constitutivos (CC, arts. 46, I, e 52). A pessoa jurídica tem o direito da personalidade como o direito ao *nome*, à marca, à honra objetiva, à imagem-atributo, ao segredo etc. por ser ente dotado de personalidade pelo ordenamento jurídico-positivo. O nome empresarial, como o nome da pessoa natural, integra o direito da personalidade (CC, art. 52). Não poderá haver transferência ou alienação do nome empresarial.

Mas nada impede que, havendo alienação do estabelecimento, haja cessão do direito de usar o nome empresarial em adição ao nome do adquirente, visto ser o nome elemento incorpóreo do estabelecimento. Assim sendo, havendo *trespasse*, alienar-se-á *inter vivos* o estabelecimento, mas não o nome empresarial, pois não há alienação autônoma de firma ou denominação no direito brasileiro (CC, art. 1.164).

Se assim é, o adquirente de estabelecimento poderá, apenas se houver expressa permissão contratual, utilizar o nome empresarial do alienante, precedido do seu próprio, com a qualificação de sucessor (CC, art. 1.164, parágrafo único). P. ex., "Carvalho, Campos, Moreira e Cia.", sucessores de "Alves Pereira e Cia.". Com isso, consequentemente, ter-se-á uma melhor identificação do estabelecimento cedido pelo público consumidor ou clientela.

Se ocorrer, no trespasse, alienação de firma juntamente com a do estabelecimento, o adquirente terá a obrigação de alterar a firma na forma acima indicada e proceder ao seu registro. Com essa diferenciação na identificação da sociedade, em caso de trespasse, impede-se que terceiro, ou clientela, incorra em erro ao efetivar o negócio, baseado no antigo nome empresarial, sem saber da ocorrência daquela transferência.

O nome é inerente à sociedade, mas isso não impede que haja cessão da titularidade de suas quotas, pois ela continuará sendo a mesma.

Se se tratar de caso de cessão de todas as quotas de sócios para outras pessoas, não há alienação de nome empresarial, embora com elas seja transferida a denominação, os adquirentes prosseguem no exercício da atividade sob a antiga denominação, por elas mantida, considerando-se que isso em nada afetará a sociedade que continuará com sua clientela e com sua atividade. Nenhuma consequência prejudicial haverá em se manter a denominação "Artesanatos Sol da Terra Ltda.", com a cessão total das quotas de seus sócios e, ainda, em se tratando, p. ex., de sociedade anônima com denominação social, contendo nome civil de fundadores, a de pessoa que colaborou para sua formação; tal nome nela incorporar-se-á, em definitivo, sendo considerado como "elemento de fantasia". Mas, se a sociedade, cujas quotas foram cedidas totalmente, possuir firma, que é composta com o nome de um ou mais sócios (CC, art. 1.158, § 1º), esta, ante o princípio da veracidade, deverá ser alterada pelo adquirente. Assim sendo, se, na sociedade "Sullivan & Schmidt Ltda.", houver cessão total das quotas de Augusto Sullivan e de Guilherme Schmidt para Arthur Andersen e René Duverger, a nova firma social deverá ser "Andersen & Duverger Ltda.". Esta alteração é obrigatória porque a firma social não pode conter nome de quem não pertence ao quadro societário[25].

---

25. M. Helena Diniz, *Código*, cit., p. 71, 915 e 916; Arnaldo Rizzardo, *Direito de empresa*, cit., p. 1.074 e 1.075; Paulo Checoli, *Direito da empresa*, cit., p. 340 e 341; Sebastião José Roque, *Curso*, cit., p. 168; José M. Rocha Filho, Nome empresarial, cit., p. 136; Modesto Carvalhosa, *Comentários*, cit., v. 13, p. 730-3.

A JDC/2002, pelo seu enunciado (publicado na TM, cej-9/2002), aprovado por unanimidade, requer que se suprima o art. 1.164 do novo Código Civil. Paulo Checoli (*Direito de empresa*, cit., p. 341) assim se manifesta a respeito desse enunciado: "não tem sentido a lei vedar a alienação do nome empresarial e, ainda, determinar que só seja possível usar o nome do alienante, precedido do seu próprio, com a qualificação de sucessor. Trata-se de um retrocesso na dinâmica empresarial do mundo moderno, onde uma empresa adquire outra, exatamente para se valer do nome empresarial. Esperamos que o Enunciado seja capaz de impulsionar o nosso legislador a suprimir essa vedação da lei, um verdadeiro retrocesso".

QUADRO SINÓTICO

INALIENABILIDADE DO NOME EMPRESARIAL

1. INALIENABILIDADE DO NOME EMPRESARIAL	• Decorre do fato de ser direito da personalidade do empresário individual ou coletivo, adquirido com sua inscrição ou averbação dos seus atos constitutivos, constituindo seu elemento identificador e parte integrante do estabelecimento.
2. TRESPASSE E NOME EMPRESARIAL	• Permite-se cessão do direito de usar nome empresarial se: *a*) houver permissão contratual; e *b*) adquirente do estabelecimento o utilizar precedido do seu próprio, com a qualificação de sucessor (CC, art. 1.164, parágrafo único).
3. CESSÃO TOTAL DE QUOTAS E NOME EMPRESARIAL	• Cessão total de quotas de sociedade que usa denominação, os adquirentes poderão usar a antiga denominação. • Cessão total de quotas de sociedade que possui firma, composta com o nome de um ou mais sócios, esta deverá, ante o princípio da veracidade, ser alterada (CC, art. 1.158, § 1º).

10. Cancelamento do nome empresarial

Qualquer interessado (sócio, credor, órgão do Ministério Público) poderá requerer o cancelamento da inscrição do nome empresarial, perante o Registro Público de Empresas Mercantis, se se tratar de empresário individual e se a sociedade for empresária, ou o Registro Civil das Pessoas Jurídicas, se simples, quando (CC, art. 1.168)[26] houver: *a*) cessação do exercício da atividade econômica do empresário individual ou coletivo. Em caso de declaração, judicial ou administrativa, da inatividade do empresário ou da sociedade, urge o cancelamento da inscrição do nome empresarial no registro competente e, consequentemente, ter-se-á a perda de sua proteção jurídica. Logo, somente poderá dar-se tal cancelamento por meio de provimento judicial definitivo obtido por terceiro em processo judicial de conhecimento ou mediante procedimento administrativo (Lei n. 8.934/94, art. 60 — revogado pela Lei n. 14.195/2021) instaurado de ofício pelo Registro em virtude de não realização de qualquer arquivamento relativo a empresário pelo prazo ininterrupto de dez anos, gerando presunção de inatividade, declarando o empresário individual ou coletivo inativo e, com isso, ter-se-á a perda do direito à proteção ao nome (CC, art. 1.166); *b*) término da liquidação da sociedade, na ocorrência dos casos previstos nos arts. 1.033 e 1.044 do Código Civil, que o inscreveu, pois, com esse ato, devidamente averbado no registro próprio da ata da assembleia que aprovou as contas finais do liquidante (CC, art. 1.109), extinta

26. Ricardo Fiuza, *Novo Código Civil comentado*, São Paulo, Saraiva, 2006, com. ao art. 1.168; M. Helena Diniz, *Código*, cit., p. 918; Modesto Carvalhosa, *Comentários*, cit., v. 13, p. 739-41.

Consulte: Lei n. 8.934/94, arts. 56, parágrafo único, 59, 63, 64, com alterações da Lei n. 14.195/2021.

está a sociedade, não mais fazendo sentido a tutela do nome empresarial que foi atribuído.

Tal cancelamento far-se-á de ofício, pelo registro competente, se concluídos os procedimentos de liquidação da sociedade, titular do nome empresarial, seguido da baixa do referido registro.

O Projeto de Lei n. 699/2011 apresenta a seguinte proposta de alteração do art. 1.168 do Código Civil:

"Art. 1.168. A inscrição do nome empresarial será cancelada, de ofício, após dez anos sem utilização efetiva, em razão de inexistência ou interrupção das atividades da empresa, ou a requerimento de qualquer interessado, independentemente de prazo, quando cessar o exercício da atividade para que foi adotado, ou quando ultimar-se a liquidação da sociedade que o inscreveu".

E assim a justifica:

"A caducidade do direito ao uso do nome empresarial ao término de 10 anos de inatividade atende ao princípio maior da função social da propriedade industrial, assegurado constitucionalmente (CF, art. 5º, inciso XXIII)".

Quadro Sinótico

CANCELAMENTO DO NOME EMPRESARIAL

CASOS (CC, ART. 1.168)	• Cessação do exercício da atividade econômica do empresário individual ou coletivo, reconhecida judicial ou administrativamente, conduz ao cancelamento do nome empresarial no registro competente. • Término da liquidação da sociedade (CC, arts. 1.033 e 1.044) que inscreveu o nome empresarial.

CAPÍTULO VI

PREPOSTOS

1. Contrato de preposição e seus efeitos em relação ao preposto e ao preponente

O empresário individual ou coletivo, para o bom desempenho da atividade econômica, conta, na relação de preposição, com auxiliares técnicos ou jurídicos (prepostos) a ele vinculados por contrato de trabalho, por cessão de mão de obra, por prestação de serviço terceirizado etc., que, podendo ter várias funções, atuam nos diversos setores do estabelecimento, na gestão, na contabilização, em juízo etc.

A preposição é o contrato pelo qual empresário ou sociedade (preponente) admite, permanente ou temporariamente, alguém (preposto), havendo, ou não, vínculo empregatício em seu estabelecimento, para gerir seus negócios, cumprir determinadas obrigações, praticar atos negociais e assumir certo cargo em seu nome, por sua conta e sob suas ordens. Daí o caráter personalíssimo da preposição, pelo qual os prepostos são investidos por "mandato" do preponente para uma dada função. O contrato de preposição poderá abranger, como ensina Arnaldo Rizzardo: gerente; contabilista; funcionário para conferência e aceitação de mercadorias; balconista; pessoal para cobrança de créditos; advogado interno; encarregado de receber correspondência, citações e intimações; pracista; agentes de segurança; porteiro encarregado de averiguar ingresso de pessoas nas dependências do estabelecimento, identificando-as, fazendo a triagem, encaminhando-as aos setores próprios etc. Ao lado do preponente, ter-se-á: *a*) *preposto dependente*, ligado ao empresário (individual ou coletivo) por contrato de trabalho, sendo por isso assalariado e subordinado, hierarquicamente, em sua tarefa realizada no âmbito interno ou externo do estabelecimento; *b*) *preposto independente*, que não se subordina ao empresário por não haver vínculo empregatício e por atuar como profissional autônomo.

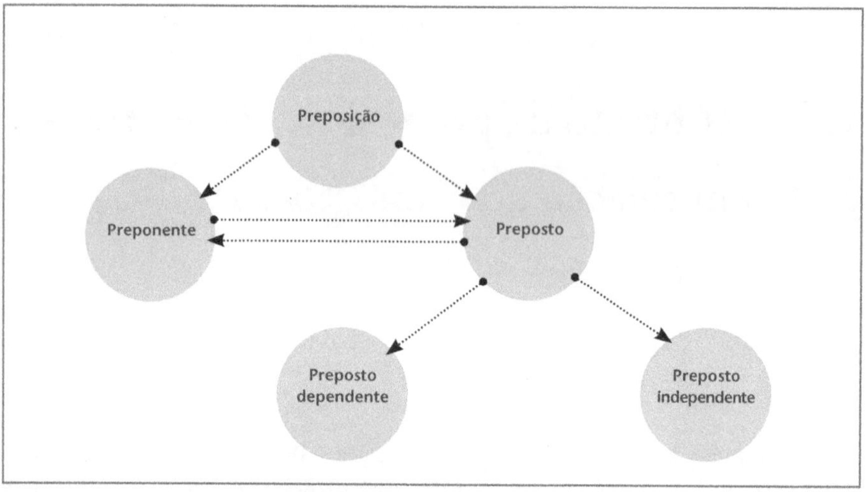

Esse contrato produz as seguintes consequências jurídicas:

A) Em relação ao *preposto* que:

a) Dirigirá e praticará negócio empresarial por incumbência de outrem, que é o preponente (empresário ou sociedade), responsável por todos os atos praticados pelo preposto no estabelecimento, dentro de suas atribuições.

b) Será o auxiliar dependente da "empresa" por estar em relação de subordinação hierárquica relativamente ao preponente, que lhe confere poderes, como pondera Modesto Carvalhosa, para desempenhar atividades de direção empresarial ou para substituir o empresário (individual ou coletivo) em suas relações com terceiros. Terá, neste último caso, poderes para representar o empresário perante terceiros. O preposto, portanto, investir-se-á, por obra do preponente, de: *a*) um *poder de direção* ou comando no desempenho das atividades no âmbito interno do estabelecimento empresarial; ou *b*) um *poder de representação* para substituir a sociedade em suas relações com terceiros.

c) Não poderá, sem autorização escrita (instrumento público ou particular) do preponente, fazer-se substituir por outrem, no desempenho de atos especificados na preposição, sob pena de responder pessoalmente pelos atos do substituto e pelas obrigações por ele assumidas (CC, art. 1.169), arcando, portanto, com o risco, que, com sua atitude, possa acarretar desvantagem ao interesse do preponente. Tal se dá porque as suas funções lhes foram conferidas em caráter *intuitu personae*, devendo, portanto, exercê-las pessoalmente, não podendo delegá-las a outrem. A delegação de funções somente será, como vimos, admitida com autorização expressa do preponente, exceto se o contrato social ou o estatuto contiver cláusula indicativa de atos suscetíveis de ser atribuídos a outrem.

d) Estará impedido, sem expressa autorização do preponente, de efetuar negócios por sua própria conta ou de terceiro, em nome da sociedade e de participar, ainda que indiretamente, de atos do mesmo gênero dos que lhe foram cometidos pelo preponente. Se o preposto, que representa a sociedade, vier a negociar sem anuência expressa do preponente, por conta própria ou de terceiro, ou a participar, direta ou indiretamente (p. ex., por meio de interposta pessoa), de operação do mesmo gênero da que lhe foi cometida, fazendo concorrência à sociedade a que está vinculado, estará obrigado a pagar indenização pelas perdas e danos, e os lucros da operação, obtidos pelo preposto, serão retidos pelo preponente (CC, art. 1.170). Para Ricardo Fiuza, o art. 1.170 alcança também o administrador ou gestor da sociedade, pois não tem sentido que a proibição atinja o mero preposto e não abranja o seu gestor. O art. 1.170 tem, portanto, por escopo evitar a ocorrência de conflito de interesses entre preposto e preponente, impedindo que aquele venha a descurar-se da sociedade para atender a seus interesses ou a concorrer com o preponente. Pelo contrato de preposição, ante os princípios da boa-fé objetiva e o da probidade, que regem todo e qualquer contrato (CC, art. 422), o preposto assume o dever de lealdade. E, em se tratando de *preposto dependente*, lembra-nos Amador Paes de Almeida, por ser empregado, a concorrência desleal dará, ainda, azo à rescisão do contrato de trabalho por justa causa (CLT, art. 482, *c*), sem, contudo, afastar a ação de indenização por perdas e danos e a retirada do preposto dos lucros, indevidamente, obtidos por ele.

e) Será perfeita e válida a entrega de papéis, bens ou valores ao preposto que, para isso, foi incumbido pelo preponente, se os recebeu sem protesto imediato contra qualquer irregularidade (p. ex., falta de documentação), a não ser nos casos em que houver prazo contratual ou legal para reclamação, como, p. ex., o do art. 445 do Código Civil relativo a vício redibitório (CC, art. 1.171). O preposto deverá reclamar tempestivamente qualquer deficiência ou ficar inerte, deixando escoar o tempo previsto para a impugnação. Nessa hipótese, o silêncio indicará aceitação presumida, e a entrega somente será considerada perfeita após o decurso do lapso temporal previsto em lei para a reclamação do objeto recebido. Pondera, ainda, Modesto Carvalhosa que: "reconhecer a entrega feita ao preposto como perfeita significa a impossibilidade de o preponente reclamar, contra o terceiro, que a efetuou, quanto à quantidade ou à qualidade dos gêneros que a qualquer título tenham sido recebidos pelo preposto, a não ser que haja prazo contratual ou legal para essa reclamação". Com isso, protegem-se terceiros que, de boa-fé, efetuaram negócios com o preposto, em nome da sociedade, que envolvam recebimento de valores, bens e documentos.

f) Deverá exercer, com diligência, as funções que lhe foram conferidas por contrato e guardar sigilo de tudo que estiver relacionado à atividade empresarial;

B) Quanto ao *preponente* que terá responsabilidade perante terceiros pelos atos de quaisquer prepostos (CC, art. 1.178 e parágrafo único):

a) Praticados no estabelecimento empresarial (p. ex., por gerente, caixa, mandatário etc.) e relativos à atividade da sociedade, mesmo que não os tenha autorizado por escrito. Isso é assim em razão da *aparência de representação* de que se reveste o preposto em atividade praticada *dentro do estabelecimento* e da necessidade de proteger terceiro de boa-fé ante a *presunção da existência daquela autorização*. Há, portanto, pressuposição legal de que preposto, nos atos de administração ordinária, como contratações feitas com terceiros dentro do estabelecimento empresarial, está sob fiscalização direta do preponente. Para que se aplique a teoria da aparência, será preciso: boa-fé subjetiva de terceiro e apresentação do preposto como efetivo representante do preponente no estabelecimento empresarial.

b) Praticados fora do estabelecimento (p. ex., por pracista, vendedor etc.), apenas dentro dos limites dos poderes conferidos por escrito, comprovados pelo próprio instrumento da preposição ou, na falta deste, por certidão do órgão competente (se foi registrado) ou cópia autêntica de seu conteúdo. Logo, se tais atos forem além dos limites de seus poderes, o preponente não poderá ser demandado, pois a responsabilidade pelos danos causados a terceiro é do preposto. Se o ato se deu *fora do estabelecimento*, há *presunção de inexistência de autorização dada ao preposto*, mesmo para ato do giro normal do negócio, pois o preponente não poderá fiscalizar o preposto; logo, o terceiro deverá ter a cautela de certificar-se da existência de efetivos poderes daquele. Por isso, se o ato exceder aos poderes outorgados, a responsabilidade será do preposto. É a lição de Modesto Carvalhosa[1].

1. Modesto Carvalhosa, *Comentários*, cit., v. 13, p. 741-70; M. Helena Diniz, *Código*, cit., p. 919, 920 e 925; Ricardo Fiuza, *Novo Código*, cit., com. ao art. 1.170, p. 1.041; J. X. Carvalho de Mendonça, *Tratado de direito comercial*, cit., v. 2, p. 436-49; Waldemar Ferreira, *Tratado de direito comercial*, São Paulo, Saraiva, 1961, v. 7, p. 300 e 301; Amador Paes de Almeida, *Direito de empresa*, cit., p. 226, 229 e 231; Rubens Requião, *Curso*, cit., v. 1, p. 190-5; Arnaldo Rizzardo, *Direito de empresa*, cit., p. 1.077-79; Sérgio Campinho, *O direito de empresa*, cit., p. 349-51; Luiz Cezar P. Quintans, *Direito da empresa*, cit., p. 156-59; Erik F. Gramstrup, O preposto no direito comum e no especial, *Questões controvertidas*, cit., v. 8, p. 387-406.

A palavra *preposto* vem do latim *proepositus* (designação de alguém para dirigir algum serviço), indicando o que se apresenta em lugar de outro. Logo, preposto é o que representa o preponente (Láudio Camargo Fabretti, *Direito de empresa*, São Paulo, Atlas, 2003, p. 73).

Urge lembrar que pelo § 4º do art. 9º da Lei n. 9.099/95, com a redação da Lei n. 12.137/2009: "O réu, sendo pessoa jurídica ou titular de firma individual, poderá ser representado por preposto credenciado, munido de carta de preposição com poderes para transigir, sem haver necessidade de vínculo empregatício".

Quadro Sinótico

CONTRATO DE PREPOSIÇÃO E SEUS EFEITOS EM RELAÇÃO AO PREPOSTO E AO PREPONENTE

1. CONTRATO DE PREPOSIÇÃO	• É aquele pelo qual empresário (preponente) admite, permanente ou temporariamente, alguém (preposto), havendo, ou não, vínculo empregatício em seu estabelecimento, para gerir seus negócios, cumprir certas obrigações, praticar atos e assumir algum cargo em seu nome, por sua conta e sob suas ordens.		
2. ELEMENTOS SUBJETIVOS DA PREPOSIÇÃO	• Preponente	• empresário individual ou coletivo.	
	• Preposto	• Conceito	• Auxiliar técnico ou jurídico vinculado ao preponente por contrato de trabalho, cessão de mão de obra, prestação de serviço terceirizado etc. que, podendo ter várias funções, atua nos diversos setores do estabelecimento, na gestão, na contabilização, em juízo etc.
		• Espécies	• Preposto dependente. • Preposto independente.
3. CONSEQUÊNCIAS JURÍDICAS	• Em relação ao preposto	• Pessoa que dirige e pratica negócio empresarial por incumbência do preponente, responsável por tudo que for praticado no estabelecimento, dentro de suas atribuições. • Auxiliar dependente da "empresa" por estar em relação de subordinação hierárquica relativamente ao preponente, que lhe confere poderes de direção e de representação.	

3. CONSEQUÊNCIAS JURÍDICAS	• Em relação ao preposto	• Proibição de, sem autorização escrita do preponente, fazer-se substituir por outrem, sob pena de responder pessoalmente pelos atos do substituto e pelas obrigações por ele assumidas (CC, art. 1.169). • Impedimento, sem expressa autorização do preponente, para efetuar negócios por sua conta ou de terceiro, em nome da sociedade e de participar de atos do mesmo gênero dos que lhe foram cometidos pelo preponente, sob pena de pagar perdas e danos e de retenção pelo preponente dos lucros obtidos (CC, art. 1.170). • Perfeição e validez da entrega de papéis, bens e valores ao preposto, se este os recebeu sem protestar qualquer irregularidade, exceto nos casos em que houver prazo legal ou contratual para reclamação (CC, art. 1.171). • Exercício das funções com diligência. • Dever de sigilo em relação a tudo que for alusivo à atividade empresarial.
	• Quanto ao preponente	• Responsabilidade perante terceiros por ato de preposto praticado: *dentro do estabelecimento*, mesmo que não o tenha autorizado por escrito, ante a presunção de existência de autorização; *fora do estabelecimento*, apenas nos limites dos poderes conferidos por escrito, desde que devidamente comprovados, por haver presunção de inexistência de autorização (CC, art. 1.178 e parágrafo único).

2. Gerente

A. Delimitação conceitual do termo "gerente"

Gerente é o preposto permanente que, por vínculo empregatício, administra e exerce atividade econômica da sociedade, na sede desta, ou em sua sucursal, filial ou agência (CC, art. 1.172), sob subordinação do administrador ou do empresário. Pode ser, portanto, gerente-geral, gerente de sucursal, gerente de filial ou gerente de agência.

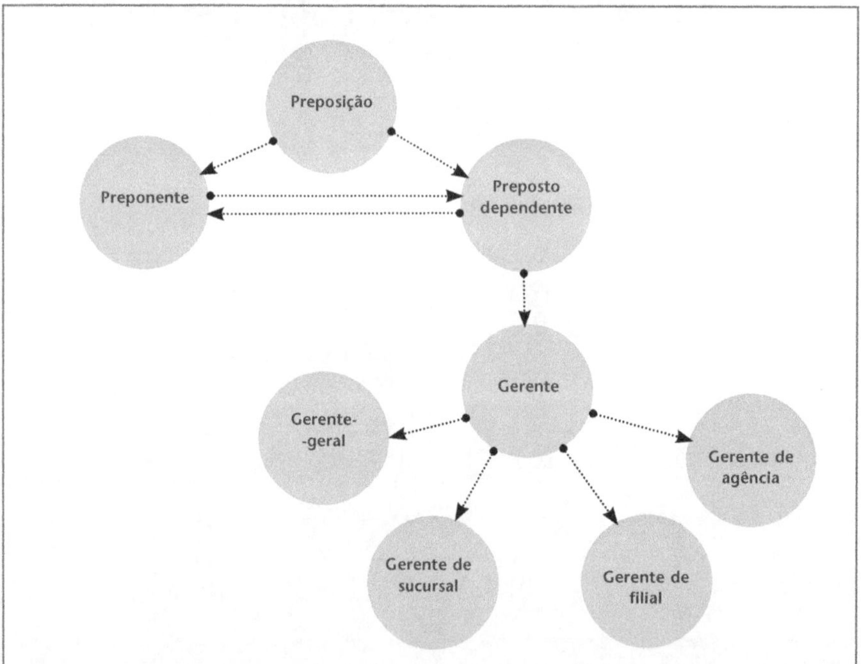

Gerente é um preposto dependente, ligado ao preponente (sociedade) por contrato de trabalho e, por ser seu representante na prática de certos atos, integra a administração, exteriorizando, com sua gestão, a vontade da sociedade. Não se confunde com o sócio-gerente.

O sócio da sociedade, que estiver exercendo representação, não é o gerente, mas sim o diretor ou administrador.

O cargo de preposto é o desempenhado em confiança, pois seu titular ficará, por ordem do preponente, à frente do estabelecimento, e em caráter permanente, visto que não desempenha suas funções provisoriamente nem se limita à prática de certos atos, em substituição temporária do administrador.

Para Octávio Bueno Magano é "o empregado de confiança que ocupa posições próprias de empregador, possuindo mandato e distinguindo-se dos demais empregados pelo padrão mais elevado de seus vencimentos. É o *alter ego* do empregador, colaborando estreitamente com ele na consecução dos objetivos da empresa".

É, como diz Fábio Ulhoa Coelho, um empregado que exerce função de chefia, tendo a tarefa de organizar o trabalho no estabelecimento empresarial. O empresário (individual ou coletivo) poderá, ou não, contratar alguém como gerente, visto que a sua atividade é facultativa. O gerente recebe do empresário, ou do órgão administrativo da sociedade, poder para gerir os negócios empresariais e até mesmo o de representar a empresa, e, por isso, como ensina Fiuza, tem responsabilidade pelos atos praticados em nome do empresário individual ou coletivo, desde que fique adstrito aos limites das atribuições que lhe foram outorgadas em mandato específico. Exerce em nome do empresário ou sociedade preponente poderes para o exercício da "empresa" ou para uma esfera de negócios, como diz Modesto Carvalhosa[2].

B. PODERES DO GERENTE

A gerência, pelas suas funções relevantes, requer outorga de poderes mais ou menos amplos.

---

2. Ricardo Fiuza, *Novo Código*, cit., com. ao art. 1.172; Modesto Carvalhosa, *Comentários*, cit., v. 13, p. 749 e 750; M. Helena Diniz, *Código*, cit., p. 921; Carvalho de Mendonça, *Tratado de direito comercial*, cit., v. 2, p. 462; Sebastião José Roque, *Curso*, cit., p. 131; Paulo Checoli, *Direito de empresa*, cit., p. 348; Octávio Bueno Magano, *Do poder diretivo na empresa*, São Paulo, Saraiva, s/d, p. 95; Fábio Ulhoa Coelho, *Manual*, cit., p. 23; Sérgio Campinho, *O direito de empresa*, cit., p. 350.

O gerente é um preposto de alto cargo, em razão da *permanência* de sua atuação no exercício da "empresa" e da *abrangência* dos poderes, que lhe são outorgados para o exercício da "empresa" (CC, art. 1.172 c/c o art. 966), como[3]:

a) O *poder de gestão dos negócios ordinários da sociedade,* auxiliando o preponente empregador a administrá-los.

Nos casos em que a lei não requerer poderes especiais para a prática de certos atos (venda de imóvel, imposição de ônus reais etc.), ao gerente serão confiados, mediante procuração por instrumento particular ou público, os *poderes de direção, de disciplina* e *de controle sobre empregados* e *bens materiais* e *imateriais* que constituem o estabelecimento empresarial (CC, art. 1.173). Enfim, está ele autorizado, como mandatário, a praticar todos os atos que forem imprescindíveis para exercer a gerência e os poderes que lhe foram outorgados para a gestão dos negócios ordinários da sociedade. Amplos são os poderes para gerir tais negócios empresariais ordinários, por haver, no art. 1.173, outorga de poderes implícitos ao gerente, apesar de limitados no âmbito das atividades a que o gerente está incumbido. Todos os poderes que forem imprescindíveis para a realização de atos próprios e inerentes da função do gerente estão, insitamente, autorizados pelo art. 1.173 do Código Civil, se disserem respeito à administração ordinária da sociedade. Aplicando-se, como bem observa Modesto Carvalhosa, analogicamente, o art. 661, § 1º, do Código Civil, não se poderia admitir atos de gerente que exorbitem a administração ordinária (p. ex., emissão de nota promissória em nome do preponente), nem se poderia reconhecê-los como atos autorizados implicitamente, mesmo se relacionados com as atividades comumente praticadas em nome do preponente, uma vez que a lei requer, para tanto, que esteja munido de mandato com poderes especiais. O gerente está, portanto, autorizado a praticar todos os atos para viabilizar sua atividade gerencial, exceto aqueles em que a lei exigir poderes especiais.

Se houver limitações no ato de concessão de poderes ao gerente (p. ex., permissão para avalizar, mas não para emissão de títulos), estas só

---

3. M. Helena Diniz, *Código*, cit., p. 921-23; Matiello, *Código Civil*, cit., p. 728; Modesto Carvalhosa, *Comentários*, cit., v. 13, p. 751-6, 758-62; Sebastião José Roque, *Curso*, cit., p. 131; Rubens Requião, *Curso*, cit., v. 1, p. 196; Arnaldo Rizzardo, *Direito de empresa*, cit., p. 1.080-2; Paulo Checoli, *Direito de empresa*, cit., p. 349 e 350; Luiz Cezar P. Quintans, *Direito da empresa*, cit., p. 160 e 161; Sérgio Campinho, *O direito de empresa*, cit., p. 351.

poderão ser opostas a terceiros, se o instrumento de preposição que as contiver for arquivado e averbado no Registro Público de Empresas Mercantis, exceto se se puder comprovar que aquelas restrições eram do conhecimento da pessoa que tratou com o gerente (CC, art. 1.174). A publicidade desse registro gerará em benefício do preponente presunção *juris et de jure* de que terceiros tinham ciência dos limites das funções e dos poderes que lhe foram conferidos. Com muita propriedade, observa Modesto Carvalhosa que o art. 1.174 do Código Civil deve ser analisado juntamente com o art. 1.178 para proteger terceiro de boa-fé que venha a contratar com o gerente *dentro do estabelecimento*, na presunção de que este tem amplos poderes para obrigar a sociedade. Nessa hipótese, quanto ao ato praticado pelo gerente, exorbitando os poderes outorgados, o preponente por ele responderá (CC, art. 1.178, *caput*). Mas se a contratação se deu *fora do estabelecimento* (CC, art. 1.178, parágrafo único), exigir-se-á do terceiro o dever de se certificar dos poderes do gerente, prevalecendo o art. 1.174 do Código Civil.

Qualquer modificação ou revogação do mandato (instrumento de preposição) para produzir efeito *erga omnes* deverá ser arquivada e averbada no Registro Público de Empresas Mercantis, salvo se ficar provado que terceiro que veio a negociar com gerente tinha conhecimento daquele ato revocatório ou modificativo do mandato (CC, art. 1.174, parágrafo único).

b) O *poder de representação* do preponente em juízo, mesmo que não haja poderes expressos para tanto, desde que prove a sua qualidade de preposto (gerente) do preponente (empresário). Há presunção legal do poder de representação em juízo do preposto, inclusive na justiça trabalhista (CLT, arts. 843, § 1º, e 861), desde que tenha, ao comparecer em audiência, ciência dos fatos. O preposto está também habilitado a receber citação judicial em nome do empresário, se a ação for alusiva aos atos gerenciais por ele levados a efeito.

Portanto, o gerente poderá *representar, ativa* e *passivamente, em juízo,* o preponente (empresário ou sociedade), agindo em nome deste, apenas nas ações que versarem sobre as obrigações (deveres) assumidas no exercício de sua função gerencial (CC, art. 1.176), dentro dos limites dos poderes que lhe foram outorgados pelo mandato, ou melhor, pelo instrumento de preposição. Se assim é, não poderá demandar quanto aos direitos da sociedade resultantes de sua atuação. Mas nada obsta a que, tendo poderes para isso, contrate advogado para propor ações em nome da pessoa jurídica, visando tutelar aqueles direitos.

Tais poderes não decorrem do ato constitutivo da sociedade, mas do contrato de preposição, pelo qual se lhe outorga "mandato" para exercê-los.

C. Pluralidade de gerentes e solidariedade de poderes

Havendo dois ou mais gerentes, na falta de estipulação em sentido contrário, os poderes conferidos a eles considerar-se-ão solidários (CC, art. 1.173, parágrafo único).

Ensina-nos Modesto Carvalhosa que, por haver *solidariedade de poderes*, o preponente poderá exigir de qualquer um dos gerentes nomeados o exercício dos poderes que lhes foram outorgados no instrumento de preposição. Logo, qualquer gerente poderá praticar isoladamente os atos previstos naquele instrumento. Consequentemente, haverá responsabilidade solidária, ou seja, solidariedade dos efeitos oriundos do exercício das funções inerentes à gerência. Todos os gerentes serão solidariamente responsáveis perante o preponente ou terceiro pelas consequências ou pelos danos oriundos de ato, culposo ou doloso, levado a efeito por um deles. O gerente culpado, no entanto, deverá ressarcir os demais, que têm direito de regresso[4].

D. Responsabilidade do preponente e do gerente

Os atos que o gerente vier a realizar em nome do preponente e dentro dos poderes que lhe foram outorgados obrigarão a sociedade. Isto porque o preposto exerce suas funções como se fosse mandatário do preponente ao atuar em nome e por conta deste.

O preponente responderá, juntamente com o gerente, pelos atos que, à sua custa, este vier a praticar em seu próprio nome (CC, art. 1.175). Por outras palavras, se o gerente praticar ato em seu próprio nome pessoal, mas à custa do preponente, este responderá, perante terceiro de boa-fé, juntamente com o gerente; logo, o lesado poderá acionar a sociedade e o gerente. Haverá uma responsabilidade conjunta, mas há quem ache que tal responsabilidade é solidária.

Se o gerente praticar atos, dentro dos limites dos poderes outorgados pelo mandato, em nome e por conta do preponente, este responderá por

4. Modesto Carvalhosa, *Comentários*, cit., v. 13, p. 753 e 754; M. Helena Diniz, *Código*, cit., p. 921 e 922.

eles, por ser isso uma decorrência da representação. O preponente (sociedade) responderá pelos atos do gerente e pelos de qualquer outro preposto, se praticados no desempenho das funções do cargo, por existir representação ou atuação deste em nome daquele[5].

Quadro Sinótico

GERENTE

1. DELIMITAÇÃO CONCEITUAL	• Gerente é o preposto permanente que, por vínculo empregatício, administra e exerce atividade econômica da sociedade, na sede desta, ou em sua sucursal, filial ou agência (CC, art. 1.172).
2. PODERES DO GERENTE	• Poder de gestão dos negócios ordinários da sociedade, auxiliando o preponente empregador a administrá-los (CC, arts. 1.173 e 1.174 e parágrafo único). • Poder de representação (ativa e passiva) do preponente em juízo (CC, art. 1.176).
3. PLURALIDADE DE GERENTES E SOLIDARIEDADE DE PODERES	• Se houver dois ou mais gerentes, salvo estipulação em contrário, os poderes a eles conferidos serão solidários (CC, art. 1.173, parágrafo único).
4. RESPONSABILIDADE DE PREPONENTE E DO GERENTE	• Preponente responderá, perante terceiro de boa-fé, juntamente com o gerente pelos atos praticados à custa daquele, mas em seu próprio nome (CC, art. 1.175).

5. M. Helena Diniz, *Código*, cit., p. 923; Modesto Carvalhosa, *Comentários*, cit., v. 13, p. 757 e 758; Arnaldo Rizzardo, *Direito de empresa*, cit., p. 1.081; Roberto Senise Lisboa, *Comentários ao Código Civil*, cit., p. 887; Rubens Requião, *Curso*, cit., v. 1, p. 198.

3. Contabilista

A. Função do contabilista

O contabilista[6] é o preposto auxiliar, integrante, ou não, do quadro funcional, encarregado da escrituração contábil (CC, art. 1.182). Trata-se de um técnico em contabilidade, legalmente habilitado e regularmente inscrito em órgão

6. Fábio Ulhoa Coelho, *Manual*, cit., p. 23; M. Helena Diniz, *Código*, cit., p. 924; Arnaldo Rizzardo, *Direito*, cit., p. 1.083; Sérgio Campinho, *O direito de empresa*, cit., p. 350; Luiz Cezar P. Quintans, *Direito da empresa*, cit., p. 161. A profissão de contabilista está regulamentada pelo Dec.-Lei n. 806/69 e Dec. 66.408/70 e organizada corporativamente por meio do Conselho Federal de Contabilidade. Lei n. 12.932, de 26 de dezembro de 2013, altera o Decreto-Lei n. 1.040, de 21 de outubro de 1969, para modificar a composição do Conselho Federal e dos Conselhos Regionais de Contabilidade; Resolução n. 1.458, de 11 de dezembro de 2013, do Conselho Federal de Contabilidade aprova o Regimento do Conselho Federal de Contabilidade; Norma Brasileira de Contabilidade — NBC PG 100, de 24 de janeiro de 2014, dispõe sobre a NBC PG 100 — Aplicação Geral aos Profissionais da Contabilidade; Norma Brasileira de Contabilidade — NBC PG 200, de 24 de janeiro de 2014, dispõe sobre a NBC PG 200 — Contadores que Prestam Serviços (Contadores Externos); Resolução n. 1.370, de 8 de dezembro de 2011, do Conselho Federal de Contabilidade, sobre Regulamento Geral dos Conselhos de Contabilidade; Resolução n. 1.389, de 30 de março de 2012, do Conselho Federal de Contabilidade, com as alterações da Res. n. 1.471/2014, dispõe sobre o Registro Profissional dos Contadores e Técnicos em Contabilidade. A Resolução do CFC n. 1.307/2010 altera dispositivos da Resolução CFC n. 803/96, que aprova o Código de Ética Profissional do Contabilista. *Vide Resoluções* do Conselho Federal de Contabilidade n. 1.303, de 25 de novembro de 2010, que aprova a NBC T 19.8 — Ativo Intangível; n. 1.306, de 25 de novembro de 2010, que aprova a NBC T 19.39 — Adoção Inicial das Normas Internacionais de Contabilidade; n. 1.308, de 9 de dezembro de 2010, que revoga a Resolução CFC n. 814/97, que estabelece que constitui infração ao Decreto-lei n. 9.295/46 a inadimplência de Profissional da Contabilidade para com o Conselho Regional de Contabilidade; n. 1.309, de 9 de dezembro de 2010, que aprova o Regulamento de Procedimentos Processuais dos Conselhos de Contabilidade, que dispõe sobre os processos administrativos de fiscalização; n. 1.311, de 9 de dezembro de 2010, que aprova a NBC PA 290 — Independência — Trabalhos de Auditoria e Revisão; n. 1.314, de 9 de dezembro de 2010, que aprova a NBC T 19.15 — Pagamento Baseado em Ações. A Resolução n. 1.166, de 27 de março de 2009, do Conselho Federal de Contabilidade, dispõe sobre o

Registro Cadastral das Organizações Contábeis; a Resolução n. 1.167, de 27 de março de 2009, do Conselho Federal de Contabilidade, dispõe sobre o Registro Profissional dos Contabilistas. Resoluções n. 1.120/2008, do Conselho Federal de Contabilidade, que aprova a NBC 7 — Efeitos das mudanças nas taxas de câmbio e conversão de demonstrações contábeis; n. 1.184/2009, que aprova a NBC T 19-12 — evento subsequente; n. 1.185/2009, que aprova a NBC T 19-27 — apresentação de demonstrações contábeis; n. 1.186/2009, que aprova a NBC T 19-29 — ativo biológico e produto agrícola; n. 1.187/2009, que aprova a NBC T 19-30 — receitas; n. 1.188/2009, que aprova a NBCT 19-28 — ativo não circulante mantido para venda a operação descontinuada; n. 1.189/2009, que aprova a NBC T 19-2 — tributos sobre lucro; n. 1.193, de 16 de setembro de 2009, que aprova a NBC T 19.31 — Benefícios a Empregados; n. 1.195/2009, que aprova a IT 01 — Contabilização da proposta de pagamento de dividendos; n. 1.243, de 10 de dezembro de 2009, que aprova a NBC TP 01 — Perícia Contábil; n. 1.244, de 10 de dezembro de 2009, que aprova a NBC PP 01 — Perito Contábil; n. 1.255, de 10 de dezembro de 2009, que aprova a NBC T 19.41 — Contabilidade para Pequenas e Médias Empresas; n. 1.274, de 22 de janeiro de 2010, que aprova a NBC TR 2410 — Revisão de Informações Intermediárias Executada pelo Auditor da Entidade; n. 1.275, de 22 de janeiro de 2010, que aprova a NBC TR 2400 — Trabalhos de Revisão de Demonstrações Contábeis; n. 1.277, de 26 de fevereiro de 2010, que aprova a NBC TSC 4400 — Trabalhos de Procedimentos Previamente Acordados sobre Informações Contábeis; *Deliberações* da CVM n. 580/2009, que aprova o Pronunciamento Técnico CPC 15 do Comitê de Pronunciamentos Contábeis, que trata de combinações de negócios; n. 581/2009, que acata o Pronunciamento Técnico CPC 21 do Comitê de Pronunciamentos Contábeis sobre demonstração intermediária; n. 582/2009 (ora revogada pela Deliberação n. 665/2011, da CVM), que aprova o Pronunciamento Técnico CPC 22 do Comitê de Pronunciamentos Contábeis, que trata de informações por segmento; n. 583/2009, que aprova o Pronunciamento Técnico CPC 27 do Comitê de Pronunciamentos Contábeis sobre ativo imobilizado; n. 584/2009, que aprova o Pronunciamento Técnico CPC 28 do Comitê de Pronunciamentos Contábeis, que trata de propriedade para investimentos; n. 595/2009 (ora revogada pela Deliberação n. 676/2011, da CVM), que aprova o Pronunciamento Técnico CPC 26 do Comitê de Pronunciamentos Contábeis sobre apresentação das demonstrações contábeis; n. 598/2009, que aprova o Pronunciamento Técnico CPC 31 do Comitê de Pronunciamentos Contábeis sobre ativo não circulante mantido para venda e operação descontinuada; n. 599/2009, que aprova o Pronunciamento Técnico CPC 32 do Cômite de Pronunciamentos Contábeis relativos a tributos sobre o lucro; n. 600/2009 (ora revogada pela Deliberação CVM n. 695/2012), que aprova o Pronunciamento Técnico CPC 33 do Comitê de Pronunciamentos Contábeis, que trata de benefícios a empregados; n. 601/2009 (ora revogada pela Deliberação CVM n. 683/2012, da CVM), que aprova Interpretação Técnica ICPC 08 do Comitê de Pronunciamentos Contábeis sobre contabilização da proposta de pagamento de dividendos; n. 605, de 26 de novembro de 2009 (ora revogada pela Deliberação CVM n. 688/2012), que aprova o Pronunciamento Técnico CPC 18 do Comitê de Pronunciamentos Contábeis, que trata de investimento em coligada e em controlada; n. 606, de 26 de novembro de 2009 (ora revogada pela Deliberação CVM n. 666/2011), que aprova o Pronunciamento Técnico CPC 19 do Comitê de Pronunciamentos Contábeis, que trata de investimento em empreendimento conjunto; n. 607, de 26 de novembro de 2009 (ora revogada pela Deliberação CVM n. 667/2011, da CVM), que aprova o Pronunciamento Técnico CPC 35 do Comitê de Pronunciamentos Contábeis, que trata de demonstrações separadas; n. 608, de 26 de novembro de 2009 (ora revogada pela Deliberação CVM n. 668/2011), que aprova o Pronunciamento Técnico CPC 36 do Comitê de Pronunciamentos Contábeis, que trata de demonstrações consolidadas; n. 609, de 22 de dezembro de 2009 (ora revogada pela Deliberação CVM n. 647/2010), que aprova o Pronunciamento Técnico CPC 37 do Comitê de Pronunciamentos Contábeis, que trata da adoção inicial das normas internacionais de contabilidade; n. 614, de 22 de dezembro de 2009, que aprova a Interpretação Técnica ICPC 04 do Comitê de Pronunciamentos Contábeis, que trata de alcance do Pronunciamento Técnico CPC 10 — Pagamento Baseado em Ações; n. 615, de 22 de dezembro de 2009, que aprova a Interpretação Técnica ICPC 05 do Comitê de Pronunciamentos Contábeis, que trata do pronunciamento técnico CPC 10 — Pagamento Baseado em Ações — Transações de Ações do Grupo e em Tesouraria; n. 636, de 6 de agosto de 2010, que aprova o Pronunciamento Técnico CPC 41 do Comitê de Pronunciamentos Contábeis, que trata da determinação e apresentação do resultado por ação; n. 640, de 7 de outubro de 2010, que aprova o Pronunciamento Técnico CPC 02(R2) do Comitê de Pronunciamentos Contábeis — CPC sobre efeitos das mudanças nas taxas de câmbio e conversão de demonstrações contábeis; n. 641, de 7 de outubro de 2010, que aprova o Pronunciamento Técnico CPC 03(R2) do Comitê de Pronunciamentos Contábeis — CPC sobre demonstração dos fluxos de caixa; n. 642, de 7 de outubro de 2010, que aprova o Pronunciamento Técnico CPC 05(R1) do Comitê de Pronunciamentos Contábeis — CPC sobre divulgação de partes relacionadas; n. 644, de 2 de dezembro de 2010, que aprova o Pronunciamento Técnico CPC 04(R1) do Comitê de Pronunciamentos Contábeis — CPC sobre ativo intangível; n. 645, de 2 de dezembro de 2010, que aprova o Pronunciamento Técnico CPC 06(R1) do Comitê de Pronunciamentos Contábeis, que trata das operações de arrendamento mercantil; n. 646, de 2 de dezembro de 2010, que aprova o Pronunciamento Técnico CPC 07(R1) do Comitê de Pronunciamentos Contábeis, que trata de subvenção e assistência governamentais; n. 650, de 16 de dezembro de 2010, que aprova o Pronunciamento Técnico CPC 10(R1) do Comitê de Pronunciamentos Contábeis, que trata de Pagamento Baseado em Ações; n. 651, de 16 de dezembro de 2010, que aprova o Pronunciamento Técnico CPC 43(R1) do Comitê de Pronunciamentos Contábeis, que trata da adoção inicial dos Pronunciamentos Técnicos CPC 15 a 41; n. 653, de 16 de dezembro de 2010, que aprova a Orientação OCPC 04 do Comitê de Pronunciamentos Contábeis, que trata da aplicação da Interpretação Técnica ICPC 02 às entidades de incorporação imobiliária brasileiras; *Resolução* n. 1.330, de 18 de março de 2011, do Conselho Federal de Contabilidade, que aprova a ITG 2000 — Escrituração Contábil, e *Resolução* n. 1.351, de 16 de junho de 2011, do Conselho Federal de Contabilidade, que altera a NBC TG 19 — Investimento em Empreendimento Controlado em Conjunto (*Joint Venture*), a NBC TG 35 — Demonstrações Separadas e a NBC TG 36 — Demonstrações Consolidadas; *Instrução Normativa* n. 1.420/2013 alterada pela IN da SRFB n. 1.594/2015, sobre Escrituração Contábil Digital (ECD), de 16 de junho de 2009, que regulamenta o Regime Tributário de Transição (RTT) e institui o Controle Fiscal Contábil de Transição (FCONT); Instrução Normativa RFB n. 967, de 15 de outubro de 2009, que aprova o Programa Validador e Assinador da Entrada de Dados para o Controle Fiscal Contábil de Transição (FCONT); Instrução Normativa RFB n. 989, de 22 de dezembro de 2009 (ora revogada pela IN n. 1.353, de 30-4-2013, da SRFB), que institui o Livro Eletrônico de Escrituração e Apuração do Imposto sobre a Renda e da Contribuição Social sobre o Lucro Líquido da Pessoa Jurídica Tributada pelo Lucro Real (e-Lalur); Deliberação n. 672, de 20 de outubro de 2011, da CVM, aprova o Pronunciamento Técnico CPC 20(R1) do Comitê de Pronunciamentos Contábeis, que trata de custos de empréstimos; Resolução n. 1.373, de 8 de dezembro de 2011, do Conselho Federal de Contabilidade, regulamenta o Exame de Suficiência como requisito para obtenção ou restabelecimento de Registro Profissional em Conselho Regional de Contabilidade (CRC); Resolução n. 1.374, de 8 de dezembro de 2011, do Conselho Federal de Contabilidade, dá nova redação à NBC TG ESTRUTURA CONCEITUAL — Estrutura Conceitual para Elaboração e Divulgação de Relatório Contábil-Financeiro; Deliberação n. 675, de 13 de dezembro de 2011, da CVM, aprova o Pronunciamento Conceitual Básico do Comitê de Pronunciamentos Contábeis que dispõe sobre a Estrutura Conceitual para Elaboração e Divulgação de Relatório Contábil-Financeiro; Deliberação n. 676, de 13 de dezembro de 2011, da CVM, aprova o Pronunciamento Técnico CPC 26(R1) do Comitê de Pronunciamentos Contábeis, que trata da Apresentação das Demonstrações Contábeis e Deliberação n. 677, de 13 de dezembro de 2011, da CVM, aprova a Interpretação Técnica ICPC 01(R1) e a Interpretação Técnica ICPC 17 do Comitê de Pronunciamentos Contábeis, que tratam da contabilização e evidenciação de contratos de concessão; Resolução n. 1.404, de 25 de agosto de 2012, do Conselho Federal de Contabilidade, dispõe sobre o recadastramento nacional dos profissionais da Contabilidade; Deliberação n. 683, de 30 de agosto de 2012, da CVM, aprova a Interpretação Técnica ICPC 08(R1) do Comitê de Pronunciamentos Contábeis, que trata da contabilização da proposta de pagamento de dividendos; Resolução n. 1.409, de 21 de setembro de 2012, do Conselho Federal de Contabilidade, aprova a ITG 2002 — Entidade sem Finalidade de Lucros; Resolução n. 4.144, de 27 de setembro de 2012, do BACEN, dispõe sobre a estrutura conceitual para a elaboração e apresentação das demonstrações contábeis; Deliberação n. 687, de 4 de outubro de 2012, da CVM (ora revogada pela Deliberação CVM n. 696/2012), aprova a Interpretação Técnica ICPC 09(R1) do Comitê de Pronunciamentos Contábeis, que trata de demonstrações contábeis individuais, demonstrações separadas, demonstrações consolidadas e aplicação do método da equivalência patrimonial; Deliberação n. 688, de 4 de outubro de 2012, da CVM (ora revogada pela Deliberação CVM n. 729/2014), aprova o Pronunciamento Técnico CPC 18(R1) do Comitê de Pronunciamentos Contábeis, que trata de Investimento em coligada e em controlada; Deliberação n. 694, de 23 de novembro de 2012, aprova o Pronunciamento Técnico CPC 19(R2) do Comitê de Pronunciamentos Contábeis, que trata de negócios em conjunto; Deliberação n. 696, de 13 de dezembro de 2012, da CVM, aprova o Pronunciamento Técnico CPC 18(R2) do Comitê de Pronunciamentos Contábeis, que trata de investimento em coligada, em controlada e empreendimento controlado em conjunto; Deliberação n. 697, de 13 de dezembro de 2012, da CVM, aprova o Pronunciamento Técnico CPC 45 do Comitê de Pronunciamentos Contábeis, que trata de divulgação de participações em outras entidades; Deliberação n. 698, de 20 de dezembro de 2012, da CVM, aprova o Pronunciamento Técnico CPC 36(R3) do Comitê de Pronunciamentos Contábeis, que trata de demonstrações consolidadas; Deliberação n. 699, de 20 de dezembro de 2012, da CVM, aprova o Pronunciamento Técnico CPC 46 do Comitê de Pronunciamentos Contábeis, que trata de mensuração do valor justo; Resolução n. 1.424, de 25 de janeiro de 2013, do Conselho Federal de Contabilidade, dá nova redação à NBC TG 18 — Investimento em Coligada, em Controlada e em Empreendimento Controlado em Conjunto; Resolução n. 1.425, de 25 de janeiro de 2013, do Conselho Federal de Contabilidade, e a Norma Brasileira de Contabilidade — NBC TG 33 (R1), 21.11.2014, do Conselho Federal de Contabilidade, dão nova redação à NBC TG 33 — Benefícios a Empregados; Resolução n. 1.426, de 25 de janeiro de 2013, do Conselho Federal de Contabilidade, dá nova redação à NBC TG 36 — Demonstrações Consolidadas; Norma Brasileira de Contabilidade — NBC TG n. 37 (R2), de 11 de abril de 2014, do Conselho Federal de Contabilidade, altera a NBC TG 37 (R1), que dispõe sobre adoção inicial das normas internacionais de contabilidade; Resolução n. 1.428, de 25 de janeiro de 2013, do Conselho Federal de Contabilidade, aprova a NBC TG 46 — Mensuração do Valor Justo; Resolução n. 1.435, de 22 de março de 2013, do Conselho Federal de Contabilidade, dispõe sobre as eleições diretas para os Conselhos Regionais de Contabilidade; Deliberação n. 708, de 2 de maio de 2013, da CVM, aprova o Pronunciamento Técnico CPC 44 do Comitê de Pronunciamentos Contábeis, que trata de demonstrações combinadas; Resolução n. 1.445, de 26 de julho de 2013, do Conselho Federal de Contabilidade, que dispõe sobre os procedimentos a serem observados pelos profissionais e Organizações Contábeis, quando no exercício de suas funções, para cumprimento das obrigações previstas na Lei n. 9.613/1998 e alterações posteriores; Norma Brasileira de Contabilidade — NBC TG 37 (R4) de 23-10-2015, do Conselho Federal de Contabilidade que altera a NBC TG 37 (R3) que dispõe sobre adoção inicial das normas internacionais de contabilidade; Norma Brasileira de Contabilidade do Conselho Federal de Contabilidade — ITG 03 (R1), de 11 de dezembro de 2013, altera a ITG 03 sobre aspectos complementares das operações de arrendamento mercantil; Norma Brasileira de Contabilidade — CTG 7, de 21 de novembro de 2014, do Conselho Federal de Contabilidade, que aprova o Comunicado Técnico CTG 07 que dispõe sobre evidenciação na divulgação dos relatórios contábil-financeiros de propósito geral; Norma Brasileira de Contabilidade — NBC TG 22 (R1), de 21.11.2014, do Conselho Federal de Contabilidade, altera a NBC TG 22 relativa às informações por segmento; Norma Brasileira de Contabilidade — NBC TG 26 (R2), de 21 de novembro de 2014, do Conselho Federal de Contabilidade, altera a NBC TG 26 (R1) que dispõe sobre apresentação das demonstrações con-

---

tábeis; Norma Brasileira de Contabilidade — NBC TG 15 (R3), de 21 de novembro de 2014, do Conselho Federal de Contabilidade, altera a NBC TG 15 (R2) que dispõe sobre combinação de negócios; Norma Brasileira de Contabilidade — NBC TG 38 (R3), de 21 de novembro de 2014, do Conselho Federal de Contabilidade, altera a NBC TG 38 (R2), que dispõe sobre instrumentos financeiros: reconhecimento e mensuração; Portaria Conjunta n. 2.279, de 9 de setembro de 2015 do Ministério de Estado chefe da controladoria-geral da União e o Ministro de Estado Chefe da Secretaria da micro e pequena empresa, dispõe sobre a avaliação de programas de integridade de microempresa e de empresa de pequeno porte; Norma Brasileira de Contabilidade — NBC TG 36 (R3), de 23 de outubro de 2015, altera a NBC TG 36 (R2) que dispõe sobre demonstrações consolidadas; Norma Brasileira de Contabilidade — NBC TG 27 (R3), de 23 de outubro de 2015, altera a NBC TG (R2) que dispõe sobre ativo imobilizado; Norma Brasileira de Contabilidade — NBC TG 31 (R3), de 23 de outubro de 2015, altera a NBC TG 31 (R2) que dispõe sobre ativo não circulante mantido para venda e operação descontinuada; Norma Brasileira de Contabilidade — NBC TG 22 (R2), de 23 de outubro de 2015, altera a NBC Tg 22 (R1) que dispõe sobre informações por segmento; Norma Brasileira de Contabilidade — NBC TG 18 (R2), de 23 de outubro de 2015, altera a NBC TG 18 (R1) que dispõe sobre investimento em coligada, em controlada e em empreendimento controlado em conjunto; Norma Brasileira de Contabilidade — NBC TG 45 (R2), de 23 de outubro de 2015, altera a NBC TG 45 (R1) que dispõe sobre divulgação de participações em outras entidades; Norma Brasileira de Contabilidade — NBC TG 1 (R3), de 23 de outubro de 2015, altera a NBC TG 01 (R2) que dispõe sobre redução ao valor recuperável de ativos; Norma Brasileira de Contabilidade — NBC TG 21 (R3), de 23 de outubro de 2015, altera a NBC TG 21 (R2) que dispõe sobre demonstração intermediária; Resolução n. 1.494, de 20 de novembro de 2015 do Conselho Federal de Contabilidade, dispõe sobre o Regimento Profissional dos Contadores.

Normas contábeis: Leis n. 11.638/2007 e 11.941/2009; IN n. 949/2009 da SRFB; CPCS 1 a 7, 9, 12, 15 a 17, 20 a 22, 27 e 28.

Perícia contábil: Norma Brasileira de Contabilidade — NBC TP n. 1, de 27 de fevereiro de 2015, do Conselho Federal de Contabilidade, dá nova redação à NBC TP 01 — Perícia Contábil; Norma Brasileira de Contabilidade — NBC PP n. 1, de 27 de fevereiro de 2015, do Conselho Federal de Contabilidade, dá nova redação à NBC PP 01 — Perito Contábil.

Vide: Comunicado CTA 12 (com a redação da Norma Brasileira de Contabilidade, CTA 12 — relatório do auditor independente sobre Demonstrações Contábeis de Grupo Econômico).

Resolução n. 1.582, de 5 de dezembro de 2019, do Conselho Federal de Contabilidade altera a Resolução CFC n. 968/03 que dispõe sobre o fundo de integração e desenvolvimento da profissão contábil — FIDES.

Norma Brasileira de Contabilidade n. PG 200 (R1), de 21 de novembro de 2019, dá nova redação à NBC PG 200, que dispõe sobre contadores empregados (contadores internos).

Norma Brasileira de Contabilidade n. PG 300 (R1), de 21 de novembro de 2019, dá nova redação à NBC PG 300, que dispõe sobre contadores que prestam serviços (contadores externos).

Norma Brasileira de Contabilidade n. TSP 24, de 21 de novembro de 2019, aprova a NBC TSP 24 — Efeitos das Mudanças nas Taxas de Câmbio e Conversão de Demonstrações Contábeis.

Norma Brasileira de Contabilidade n. TSP 22, de 21 de novembro de 2019, do Conselho Federal de Contabilidade aprova a NBC TSP 22 — Divulgação sobre Partes Relacionadas.

Norma Brasileira de Contabilidade, CTA 18 (R1), de 5 de dezembro de 2019, dá nova redação ao CTA 18, que dispõe sobre a emissão do relatório do auditor independente sobre a reapresentação de demonstrações contábeis.

profissional, que, como observa Fábio Ulhoa Coelho, nas grandes sociedades, é um empregado, ou um corpo técnico especializado, contratado, sob o regime da CLT, para esse fim, sendo que, nas pequenas e médias empresas, é um profissional autônomo que lhes presta serviços contábeis, não estando a elas subordinado, visto que cumpre sua tarefa mediante visitas periódicas à sede das empresas.

Importante é a sua função de lançar em livro próprio as operações atinentes à economia da sociedade, pois contabilidade é um complexo de demonstrações reveladoras da situação patrimonial e financeira da sociedade, do resultado obtido no empreendimento feito, das origens e do destino de seus recursos e das alterações de seu patrimônio líquido num dado período (Resoluções n. 750 e 751/93 (ora revogada pela Resolução n. 1.156/2009, esta revogada pela Resolução n. 1.298/2010) do CFC — Conselho Federal de Contabilidade). O contabilista exerce, portanto, função obrigatória, e todo empresário (preponente) deverá contar com ele como preposto auxiliar e colaborador direto, uma vez que este atua em nome daquele.

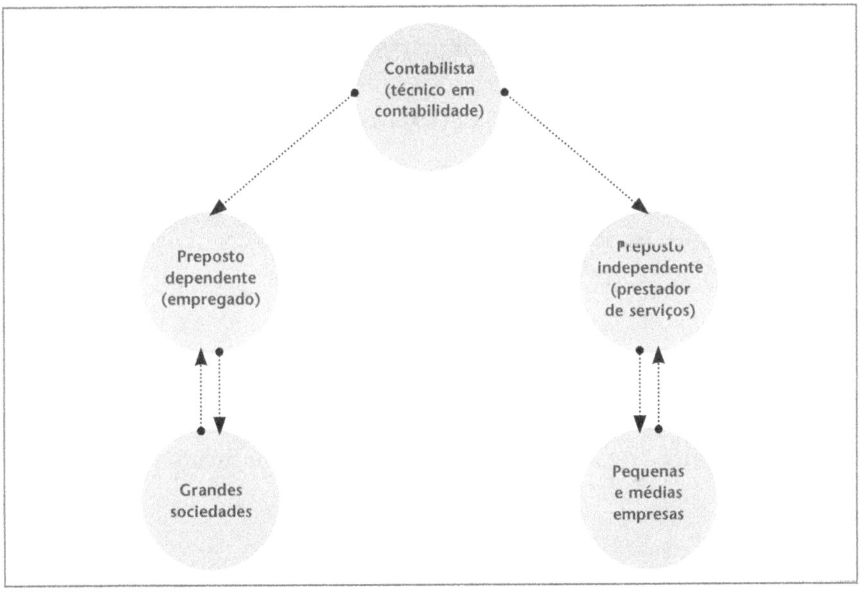

B. Efeito de escrituração feita por preposto

Como é dever do empresário e da sociedade (preponente) escriturar regularmente seus livros ou fichas, os assentos, neles lançados pelo contabilista (CC, art. 1.182; Dec.-Lei n. 806/69 e Dec. n. 66.408/70), que é o preposto incumbido da escrituração, produzirão, salvo se houver má-fé, os mesmos efeitos como se o fossem por aquele (CC, art. 1.177). Se assim é, havendo vícios ou defeitos na contabilidade, o empresário (preponente) não poderá alegar desconhecimento, pois o contabilista é preposto seu e pelos atos deste deverá responder.

O contabilista (preposto), ao efetuar os lançamentos contábeis dos assentos em livro próprio, age como se a escrituração estivesse sendo executada pessoalmente pelo preponente, visto estar legitimamente encarregado dessa função. Tal se dá porque os lançamentos contábeis são feitos por ordem e por conta do preponente (empresário individual ou coletivo). Se o preponente comprovar má-fé do contabilista, exonerar-se-á de qualquer responsabilidade, e os lançamentos feitos terão ineficácia, não podendo ser utilizados para apuração e distribuições de resultados, e o preposto responderá perante o preponente pela fraude cometida ou pelo excesso de poderes. Contabilista que agir de má-fé ou com desonestidade deverá responder pelos prejuízos que, dolosamente, causou ao empresário (preponente); porém, este não se exonerará da responsabilidade perante terceiro, principalmente em relação à autoridade tributária ou fiscal[7].

C. Responsabilidade subjetiva do contabilista

O contabilista (preposto) e qualquer outro auxiliar da escrituração de livros e fichas, no exercício de suas funções escriturárias perante (CC, art. 1.177, parágrafo único)[8]:

a) o *preponente*, serão pessoalmente responsáveis pelos atos que, por culpa sua, vierem a lhe causar prejuízo, reparando as perdas e danos. A responsabilidade por *ato culposo* do contabilista, que vem a causar dano em virtude de sua negligência, imperícia ou imprudência, será pessoal perante o preponente. Assim, p. ex., se o contabilista vier, por negligência, a perder prazo para cumprir obrigação tributária, o empresário (individual ou coletivo),

---

7. M. Helena Diniz, *Código*, cit., p. 924; Láudio Camargo Fabretti, *Direito de empresa*, cit., p. 74 e 75; Modesto Carvalhosa, *Comentários*, cit., v. 13, p. 764; Sebastião José Roque, *Curso*, cit., p. 132 e 133.

8. Walter A. Bernegozzi Junior, A responsabilidade do contador no novo Código Civil, *Jornal Síntese*, n. 101, p. 14; M. Helena Diniz, *Código*, cit., p. 924; Láudio C. Fabretti, *Direito de empresa*, cit., p. 75; Fran Martins, *Curso de direito comercial*, Rio de Janeiro, Forense, 2001, p. 100; Arnaldo Rizzardo, *Direito de empresa*, cit., p. 1.084.

por ser o contribuinte, pagará ao Fisco (terceiro) a multa e os juros oriundos daquele ato culposo, mas poderá, regressivamente, cobrar o *quantum* pago do preposto contabilista; e

b) *terceiros*, responderão, solidariamente, com o preponente, pelos *atos dolosos*. Logo, terceiro poderá pleitear o ressarcimento da lesão sofrida, tanto do preponente (culpa *in eligendo* e *in vigilando*) como do preposto e auxiliares, desde que se comprove o dolo destes. Permitido estará ao preponente acionado o reembolso do que vier a despender na reparação do dano causado, dolosamente, a terceiro pelo preposto (contabilista). Portanto, preposto que vier a pagar a indenização a terceiro, terá direito de regresso contra o contabilista que, dolosamente, causou o prejuízo. Interessante a respeito é o seguinte exemplo dado por Walter A. Bernegozzi Junior: a sociedade "A" necessita de dinheiro e vem a emprestá-lo de uma instituição financeira, que, para garantir-se, exige, para tanto, comprovação da capacidade de pagamento das parcelas previstas no contrato de mútuo. O empresário coletivo "A", ciente de que sua escrituração contábil denunciará insuficiência de verba para cumprir aquele pagamento, vem, então, a combinar com seu contabilista o lançamento de dados contábeis fraudulentos, com o escopo de fazer com que o banco conceda o crédito pedido. O comportamento do contabilista, nesta hipótese, será doloso, visto que houve *intentio* de reprodução de documentação com conteúdo falso, para obter vantagem à sociedade, sua empregadora. Comprovado o dolo, por meio de perícia contábil, o credor (banco) poderá, se o débito não for pago, exigi-lo tanto da sociedade como do contador, por haver entre eles responsabilidade solidária.

Pelo RIR/99, art. 819, o contabilista deverá assinar as demonstrações contábeis, indicando seu número de registro no CRC do local onde atua, e será responsabilizado, juntamente com o empresário-contribuinte, por falsidade documental e por irregularidade de escrituração, praticada para burlar o Fisco. Esclarece-nos, a respeito, Láudio Camargo Fabretti, que o contabilista somente responderá pelas demonstrações contábeis e declarações fiscais que assinar, mas não terá qualquer responsabilidade pela falta de idoneidade de documentos fiscais ou comerciais que o empresário lhe entregou para realizar a escrituração.

Quadro Sinótico

CONTABILISTA

1. FUNÇÃO DO CONTABILISTA	• Efetuar a escrituração contábil, lançando em livro próprio as operações atinentes à situação patrimonial e financeira da sociedade, ao resultado obtido, às origens e ao destino dos recursos e à alteração de seu patrimônio líquido num dado período (Resoluções n. 750 e 751/93 — ora revogado pela Resolução n. 1.156/2009, esta revogada pela Resolução n. 1.298/2010 — do CFC).
2. EFEITO DA ESCRITURAÇÃO	• A escrituração feita pelo contabilista (preposto) é considerada como se tivesse sido executada pessoalmente pelo empresário (preponente), salvo se se comprovar má-fé do contabilista (CC, art. 1.177).
3. RESPONSABILIDADE SUBJETIVA DO CONTABILISTA (CC, ART. 1.177, PARÁGRAFO ÚNICO)	• Responsabilidade pessoal perante o preponente pelos atos culposos que praticar. • Responsabilidade solidária com o preponente, perante terceiros, pelos atos dolosos levados a efeito.

4. Outros auxiliares empresariais

Além do gerente e do contabilista, o empresário (individual ou coletivo) poderá necessitar de[9]:

9. Rubens Requião, Agência, in *Enciclopédia Saraiva do Direito*, v. 5, p. 160-81; *Curso*, cit., v. 1, p. 199-224; *Do representante comercial*, Rio de Janeiro, Forense, 1958; M. Helena Diniz, *Curso*, cit., p. 416-63; Matiello, *Código*, cit., p. 443-52; J. Coudy et Despierres, *Le représentant de commerce*, Paris, Sirey, 1957; Silva Pacheco, *Tratado de direito empresarial*, cit., v. 1, p. 347; Claudineu de Melo, *Contrato de distribuição*, São Paulo, Saraiva, 1987; Giuseppe Giordano, *Il contratto di agenzia*, Bari, Leonardo da Vinci (ed.), 1959; W. R. Faria, *Direito da concorrência e contrato de distribuição*, Porto Alegre, Sérgio A. Fabris, Editor, 1992; Oliviero Bosisio, *Representanti di commercio, agenti e commissionari*, Milano, Pirola, 1966; José Augusto Delgado, Do contrato de agência e distribuição no Código Civil de 2002, *O novo Código Civil* — estudos em homenagem a Miguel Reale, São Paulo, Ltr, 2003, p. 657 e s.; Humberto Theodoro Júnior, Do contrato de agência e distribuição no novo Código Civil, *RT*, *812*:22; Ari Possidonio Beltran, Contratos de agência e de distribuição no novo Código Civil e a representação comercial, *Revista do Advogado*, *70*:11-17; Waldirio Bulgarelli, *Contratos mercantis*, São Paulo, Atlas, 1988, p. 417, 470-75; Sebastião José Roque, *Direito contratual civil-mercantil*, São Paulo, Ícone, 1994; *Curso de direito empresarial*, p. 133-52; Antonio Chaves, Corretagem, in *Enciclopédia Saraiva do Direito*, v. 21, p. 1-11; Mariza A. M. de Sousa, A exclusividade de zona nos contratos de representação comercial, *Tribuna do Direito*, *36*:24; Paulo Crahay, *Les contrats internationaux d'agence et de concession de vente*, 1991; Gustavo Tepedino, Questões controvertidas sobre o contrato de corretagem, in *Temas atuais de direito civil*, Rio de Janeiro, Renovar, 1999, p. 113-35; Cesare Vivante, *Tratatto di diritto commerciale*, Milano, Vallardi, 1934, n. 230 e 231; Fran Martins, Corretor, in *Enciclopédia Saraiva do Direito*, v. 21, p. 22-7; Elcir Castelo Branco, Corretor de seguros, in *Enciclopédia Saraiva do Direito*, v. 21, p. 36-46.

Instrução Normativa n. 17, de 5 de dezembro de 2013, do DREI dispõe sobre: a matrícula e hipóteses de seu cancelamento de administradores de armazéns-gerais e trapicheiros; a habilitação, nomeação e matrícula e seu cancelamento de Tradutor Público e Intérprete Comercial; e o processo de concessão de matrícula, seu cancelamento e a fiscalização da atividade de Leiloeiro Público Oficial.

A) *Auxiliares dependentes externos*, em regra, especializados na promoção de vendas, como *pracistas* e *vendedores viajantes* que coletam propostas e extraem pedidos, para serem cumpridos pelo empresário. Os pracistas e os vendedores viajantes são considerados, pela Lei n. 3.207/57, como empregados do empresário; logo, para o exercício de suas funções, deverão ser nomeados por escrito, e a clientela, por sua vez, deverá, ao contratar com esses auxiliares, receber uma recomendação escrita, tendo cuidado de averiguar se os pracistas ou vendedores viajantes têm autorização para atuar pelo empresário, uma vez que este, pelo art. 1.178, parágrafo único do novel Código Civil, apenas obrigar-se-á por ato praticado fora do estabelecimento, se os agentes auxiliares estiverem devidamente autorizados por ele.

B) *Auxiliares independentes externos*, tais como:

a) *Representante comercial autônomo* ou *agente comercial* (pessoa natural ou jurídica) que pelo contrato de representação comercial se obriga, mediante retribuição, a realizar, com exclusividade ou não exclusividade, certos negócios, em zona determinada, com caráter de habitualidade, em favor e por conta de empresário (representado), sem subordinação hierárquica (CC, art. 710, 1ª parte; Lei n. 4.886/65, com alteração da Lei n. 8.420/92, art. 1º). É um colaborador externo independente que tem a função de colocar, conforme instruções recebidas, no mercado, os produtos do empresário representado, recolhendo ou agenciando propostas, recebendo comissão expressa em percentual sobre o valor das mercadorias vendidas ou faturadas. O representante comercial age, permanente, profissional e habitualmente, em prol do representado. Para tanto deverá estar registrado no Conselho Federal e no Conselho Regional de Representantes Comerciais (CORCESP). Quem praticar ato isolado ou esporádico de representação comercial poderá ser considerado simples corretor de mercadorias, mas nunca representante comercial, não tendo, portanto, direito à proteção legal na cobrança de seu eventual crédito (*JB*, *141*:133).

b) *Agente distribuidor* (CC, arts. 710, 713 a 715 e 721; Lei n. 6.729/79, com as alterações da Lei n. 8.132/90) é aquele que compra o produto do fabricante, para posterior revenda, no mercado consumidor, agindo por con-

---

Pracista é o auxiliar que visita a clientela do local do estabelecimento e *vendedor viajante* é aquele que se desloca de uma região a outra para atender clientela do empresário empregador.

Resolução n. 244/2011 da SUSEP dispõe sobre operações de microsseguro corretores e correspondentes de microsseguro.

ta própria. O distribuidor assume a obrigação de revender, com exclusividade e por conta própria, mediante retribuição, mercadorias de certo fabricante, em zona determinada. O empresário é o vendedor, e o distribuidor é o revendedor exclusivo. O fabricante, oferecendo vantagens especiais, compromete-se a vender, continuamente, seus produtos ao distribuidor, para revenda em zona determinada. O distribuidor terá, portanto, à sua disposição a coisa a ser negociada, que será entregue àquele com quem efetuar o negócio e terá, ainda, poderes de representação, semelhantes aos do mandato, na conclusão de negócio, outorgados pelo fabricante dos produtos negociados. O distribuidor recebe, salvo estipulação diversa, uma retribuição, correspondente aos serviços prestados e negócios concluídos dentro de sua zona de atuação, mesmo sem sua interferência (CC, art. 714), baseada no lucro obtido com a revenda do produto, que é de certo modo prefixado por força de tabelamento do preço, e tem direito à indenização se o preponente, sem justa causa, cessar os fornecimentos, não mais atendendo às propostas, ou vier a reduzi-los de modo a tornar antieconômica a continuação do contrato (CC, art. 715). Como a distribuição admite a subdistribuição, o distribuidor, autorizado pelo contrato de distribuição, poderá utilizar-se de rede própria de subdistribuidores para providenciar a colocação do produto no mercado consumidor, mas tal subdistribuição deverá sujeitar-se às normas ditadas pelo fabricante.

Na distribuição, a exclusividade de aprovisionamento e de área de vendas será ajustável livremente entre fabricante e distribuidores, como restrição. Se for estabelecida a exclusividade pelo fabricante, ela estender-se-á a toda a rede de distribuição, indistintamente; se for imposta aos distribuidores a exclusividade de aprovisionamento, em benefício do fabricante, decorrerá àqueles o direito à área demarcada exclusiva.

O fabricante deverá submeter todos os distribuidores a normas estandardizadas, embora possa conceder bônus ao distribuidor que mais se destacar, sempre que isso não importar em vantagem comercial adicional ou diferenciada, em relação aos demais distribuidores.

O fabricante, em razão de seu direito de propriedade industrial da marca, controlará toda a rede de distribuição mediante: a exclusividade de aprovisionamento, restringindo o direito de o distribuidor adquirir produtos de outros fabricantes, para revenda na área demarcada; a adoção, pelos distribuidores, de métodos organizativos do fabricante e interferência do fabricante na política comercial dos distribuidores, fornecendo dados mercadológicos, com base nos quais projetam as vendas anuais, planejando a exploração do mercado ao estabelecer, p. ex., não só a quota mínima de produtos a ser adquirida pelos distribuidores, periodicamente, para salvaguardar sua faixa de mercado, mas também o preço de seus produtos, transmitindo ao distribuidor o preço-consumidor, que deverá ser observado pelo distribuidor, pois sobre ele será concedido o desconto contratual.

C) *Corretor* (CC, arts. 722 a 729; CSMSP, Provimento n. 2.152/2014), que, pela sua atividade de intermediação, procura estimular interesse das partes, levando-as a um acordo útil, conducente à efetivação de um negócio empresarial. Empresta, com autonomia, uma colaboração técnica ao empresário (comitente), aproximando interessados, aconselhando a conclusão do negócio, informando as condições de sua celebração e procurando conciliar os seus interesses, mediante uma compensação condicional (comissão) que apenas ser-lhe-á devida se obtiver, como intermediário, o acordo para a efetivação do negócio. Sua função é aproximar empresários, conduzindo-os a efetivar um negócio de caráter mercantil; logo, tem obrigação de resultado e não representa os interessados no negócio. Deverá atuar a intermediação com diligência e prudência, prestando todas as informações necessárias para a realização do negócio, sob pena de responder por perdas e danos (CC, art. 724). O corretor poderá ser: 1) *oficial*, se gozar de prerrogativa de fé pública inerente ao ofício disciplinado por lei, levando, por seu intermédio, a efeito algumas operações empresariais e, para tanto, será investido no seu cargo por nomeação governamental, devendo prestar fiança para garantir o bom desempenho no exercício de suas funções, matricular-se na Junta Comercial com jurisdição na praça em que pretende exercer sua profissão ou em outro órgão estatal competente, possuir livros especiais (cadernos, manuais e protocolo) necessários às suas atividades, embora não sejam obrigatórios. A certidão por ele passada tem fé pública. O corretor oficial poderá ser: *a*) de *fundo público*, que intermedeia em negociação na Bolsa de Valores, sob a forma de firma individual, observados os requisitos estabelecidos para as sociedades corretoras (Lei n. 4.728/65, art. 8º, § 6º); *b*) de *mercadorias*, se se encarregar de compra e venda de qualquer gênero ou mercadoria, determinando o seu valor por meio de operações na Bolsa de Mercadorias. Observa Sebastião José Roque que, atualmente, a função desse corretor vem obtendo realce em virtude de criação do mercado de futuros ou mercado a termo, em que as mercadorias (p. ex., algodão, café, soja, ouro, milho, boi gordo etc.) são designadas *commodities*. Competir-lhe-á, na praça onde efetuou sua matrícula, não só intervir nas operações mercantis, e, ainda, nas transações de mercadorias negociadas em Bolsa, como também classificar e avaliar mercadorias destinadas à emissão de *warrants* ou de bilhetes de mercadorias (Lei n. 8.934/94; Resolução n. 1.645/89 do BACEN; Instrução n. 402/2004 da CVM); *c*) de *navios*, se servir de mediador (Decs. n. 19.009/29, art. 3º — ora revogado pelo Decreto s/n de 25-4-1991 —, 52.090/63, arts. 3º e 17; 54.956/64 (revogado pelo Decreto s/n. de 15-2-1991), 57.651/66 — não mais em vigor por força do Dec. n. 1.800/96) art. 51) na: compra e venda de navios; nos fretamentos, na cotação dos seus preços e carregamentos; no agenciamento dos seguros de navios. Será, ainda, o intérprete dos comandantes de navios perante as autoridades e as alfândegas e tradutor dos documentos que os comandantes de navios estrangeiros tiverem de apresentar para serem despachados nas alfândegas. Poderá agenciar na alfândega e mesas de renda o que for concernente ao desembaraço e despacho das embarcações; *d*) de *operações de câmbio* (Lei n. 4.131/62, art. 23, com a redação da Lei n. 9.069/95) que intervêm nas operações cambiais no mercado de taxa livre, mediante estabelecimento autorizado a operar em câmbio, respondendo com ele pela identidade do cliente, assim como pela correta classificação das informações por este prestadas; *e*) de *seguros*, que é o intermediário (pessoa natural ou jurídica) legalmente autorizado a angariar e a promover contratos de seguros entre a sociedade de seguros e as pessoas naturais ou jurídicas, de direito público ou privado, desde que obtenha previamente título de habilitação e registro na Superintendência de Seguros Privados (SUSEP), mediante documentação especificada no art. 102 do Decreto n. 60.459/67. Responde por culpa sua ou de seu auxiliar no desempenho profissional, desde que se comprove o dano e o nexo de causalidade entre os atos de corretagem e a consequência prejudicial aos sujeitos do contrato de seguro. Como integrante do Sistema Nacional de Seguros, o corretor terá o dever de escrituração do livro de registro, nele lançando as apólices e bilhetes de sua intermediação, arquivando-os e numerando-os em ordem crescente e ininterrupta; *f*) de *valores mobiliários*, cujas atividades na Bolsa de Valores estão regidas por leis, Resoluções do BACEN e Instruções da CVM. A sociedade que tiver por objeto qualquer atividade de intermediação na distribuição ou colocação no mercado de títulos ou valores mobiliários deverá estar registrada no Banco Central (Lei n. 4.728/65, art. 12) e constituída sob a forma de sociedade anônima ou limitada (Regulamento anexo à Res. n. 1.655/89 do BACEN, art. 3º, § 1º). A sociedade corretora somente poderá ser admitida como membro da Bolsa de Valores se adquirir o respectivo título patrimonial e, antes de iniciar suas operações, deverá caucioná-lo em favor da Bolsa de Valores e, então, passará a operar, por meio de representante, nos pregões. Dentre suas inúmeras funções, citamos a de: intermediar não só oferta pública e distribuição de títulos e valores mobiliários no mercado como também as operações de câmbio; comprar e vender títulos e valores mobiliários por conta própria ou de terceiros etc. (Regulamento anexo à Res. n. 1.655/89 do BACEN, art. 2º). A tabela da corretagem para operações com valores mobiliários em Bolsas de Valores deverá ser aprovada pela Comissão de Valores Mobiliários (CVM), respeitados os limites máximos fixados pelo CMN. A sociedade corretora será responsável, nas operações realizadas em Bolsa de Valores, por seus comitentes e por outras sociedades corretoras com as quais tenha operado ou esteja operando: pela sua liquidação; pela legitimidade dos títulos ou valores mobiliários entregues; pela autenticidade dos endossos em valores mobiliários e legitimidade de procuração ou documentos necessários para a transferência de valores mobiliários. A sociedade corretora sujeitar-se-á à permanente fiscalização da Bolsa de Valores e, no âmbito das respectivas competências, às do Banco Central e da Comissão de Valores Mobiliários. 2) *Livre*, se exercer o ofício de intermediador continuadamente sem designação oficial. Há corretores livres de espetáculos públicos e diversões; de empréstimos de obras de arte; de automóveis; de publicidade; de serviços de trabalhadores em geral ou especializados; de artistas; de esportistas profissionais; de conferencistas; de bens móveis e imóveis (Lei n. 6.530/78, regulamentada pelo Dec. n. 81.871/78 e alterada pelas Lei n. 10.795/2003, 13.097/2015; Lei n. 9.613/98, com modificação da Lei n. 12.683/2012, e Lei n. 9.649/98, arts. 58, §§ 1º a 9º, e 64. Resoluções do Conselho Federal de Corretores de Imóveis, n. 146/82, 199/85, 258/89, 315/91, 327/92, 368/93, 457/95, 516/96, 574/98, 1.168/2010 alterada pela Res. n. 1.331/2014, 1.256/2012).

D) *Despachante aduaneiro e ajudante de despachante aduaneiro* (Dec. n. 646/92, art. 1º (ora revogado pelo Decreto n. 7.213, de 15-6-2010); IN da SRF n. 1.209/2011 e n. 1.273/2012), devidamente inscrito no Registro de Despachantes Aduaneiros do Departamento da Receita Federal e por meio do sistema CAD-ADUANA, no Registro Informatizado de Despachantes Aduaneiros e de Ajudantes de Despachante Aduaneiro, que tem competência, na alfândega, para praticar os seguintes atos: preparação, entrada e acompanhamento da tramitação de documentos que tenham por objeto o despacho aduaneiro; assistência à verificação da mercadoria na conferência aduaneira e à retirada de amostras para exames técnicos e periciais; recebimento de mercadorias ou de bens desembaraçados; ciência e recebimento de intimações, notificações, autos de infração, despacho, decisões, atos e termos processuais alusivos ao procedimento fiscal e subscrição de termos de responsabilidade. Para tanto, é remunerado pelos seus clientes como: sociedade de transportes; importadoras; exportadoras etc.

E) *Leiloeiro* ou agente de leilão, nomeado pela Junta Comercial, que deverá estar matriculado no Registro Público de Empresas Mercantis, para executar a sua tarefa de vender, por meio de oferta pública ou pregão público, as mercadorias que lhe são entregues, para tal fim, pelo comitente, desde que preste fiança, assine termo de compromisso e siga as instruções sobre as condições de venda (Dec. n. 21.981/32, arts. 1º, 3º, 10 a 22 e 31; Lei n. 4.021/61; Lei n. 8.666/93; IN n. 83/99 e 110/2009, que a revogou, ora esta revogada pela IN n. 113, de 28-4-2010, do DNRC; IN do DREI n. 17/2013; CSMSP, Provimento n. 2.152/2014; Portaria n. 1.125/2008 da Procuradoria-Geral Federal). Sua remuneração (comissão) será estipulada em contrato escrito pelo comitente e, não havendo essa estipulação, prevalecerá a taxa legal de 5% sobre o valor da venda das mercadorias e 3% sobre o da venda de imóveis. O arrematante obrigar-se-á a pagar tal comissão.

F) *Trapicheiro* e *administrador de depósito*, regularmente registrados na Junta Comercial, que exercem função em armazéns-gerais (Dec. n. 1.101/1903; IN do DREI n. 17/2013), recebendo mercadorias importadas e para exportação, armazenando-as e colocando-as à disposição de seus proprietários.

G) *Informante comercial* (Dec.-Lei n. 3.099/57, regulamentada pelo Dec. n. 50.532/61), que é uma sociedade registrada no Registro Público de Empresas Mercantis e na Secretaria de Segurança Pública, para exercer atividade de informações reservadas ou confidenciais, empresariais ou não, desde que não atentatórias à privacidade alheia, à honra das pessoas e aos atos privativos das autoridades policiais (Dec. n. 50.532/61, art. 3º). As informações deverão ser prestadas por escrito, em papel timbrado e com indicação do nome do responsável por eles, sob pena de suspensão do funcionamento da sociedade informante. As grandes sociedades, como lembra Sebastião José Roque, possuem um setor para obtenção de informações comerciais, mas podem fazer uso desse agente autônomo.

H) *Tradutor público juramentado* (Dec. n. 3.069/43 e IN n. 84/96 do DNRC, ora revogada pela IN do DREI n. 17/2013), devidamente habilitado por concurso público, realizado pela Junta Comercial, nela registrado e também no Tribunal de Justiça, que tem a tarefa de traduzir para nosso idioma documentos, como, p. ex., certidão, ata assemblear, procuração etc., vindos do exterior, ou para idioma estrangeiro, os aqui elaborados para serem executados ou enviados a outro país. Se o documento traduzido for transferido para outra nação, a tradução deverá ser autenticada pelo consulado desse país, e a assinatura do tradutor por ele reconhecida. Por tal razão, dever-se-á providenciar o registro do tradutor e de sua assinatura no consulado dos países que adotarem o idioma a ser traduzido.

I) *Intérprete comercial* é aquele que efetua traduções verbalmente, desde que habilitado e registrado (IN do DREI n. 17/2013).

Convém lembrar, como o faz Sebastião José Roque[10], que o empresário conta também com *instituições auxiliares* como: *a*) *Bolsa de Valores Mobiliários* (Lei n. 6.385/76; Res. n. 922/85 do BACEN — ora revogada pela Resolução BACEN n. 1.655/89), registrada e autorizada pela CVM para auxiliar a distribuição de títulos e valores mobiliários ou das ações empresariais, mediante realização de operações de compra e venda; *b*) *Bolsa de Mercadorias e Futuros* (BM&F), que procura efetuar operações de compra e venda de mercadorias (*commodities*) agrícolas e pecuárias, a serem aperfeiçoadas no futuro, quando as *commodities* forem entregues em bolsa autorizada. A BM&F tem a função de: aceitar e repassar ordens; receber soma em dinheiro, título de crédito, bens; abrir crédito para garantir o negócio etc. No contrato de "futuros", feito por intermediação da BM&F, assume-se a obrigação de entregar ou receber *commodities* de certa quantidade e qualidade por um preço, combinado no recinto de negociação da Bolsa, que será pago no momento da execução do contrato; *c*) *Bolsa de mercadorias*, que é um local onde se reúnem produtores de mercadorias para, em regra, efetivar negócios à vista de compra e venda de produtos agrícolas, especialmente grãos, já existentes. Essa Bolsa, além de promover a aproximação dos interessados, possui órgãos técnicos para análise e classificação das mercadorias, possibilitando o exame pelo comprador de amostras com todas as especificações e padrões de qualidade do bem; *d*) *Bolsa de cereais*, que é a que opera intermediação em operações de venda e compra de cereais (milho, arroz, feijão, soja etc.) já existentes e devidamente analisados, por meio de oferta de leilão.

---

10. Sebastião José Roque, *Curso*, cit., p. 148-52.

Graficamente, temos:

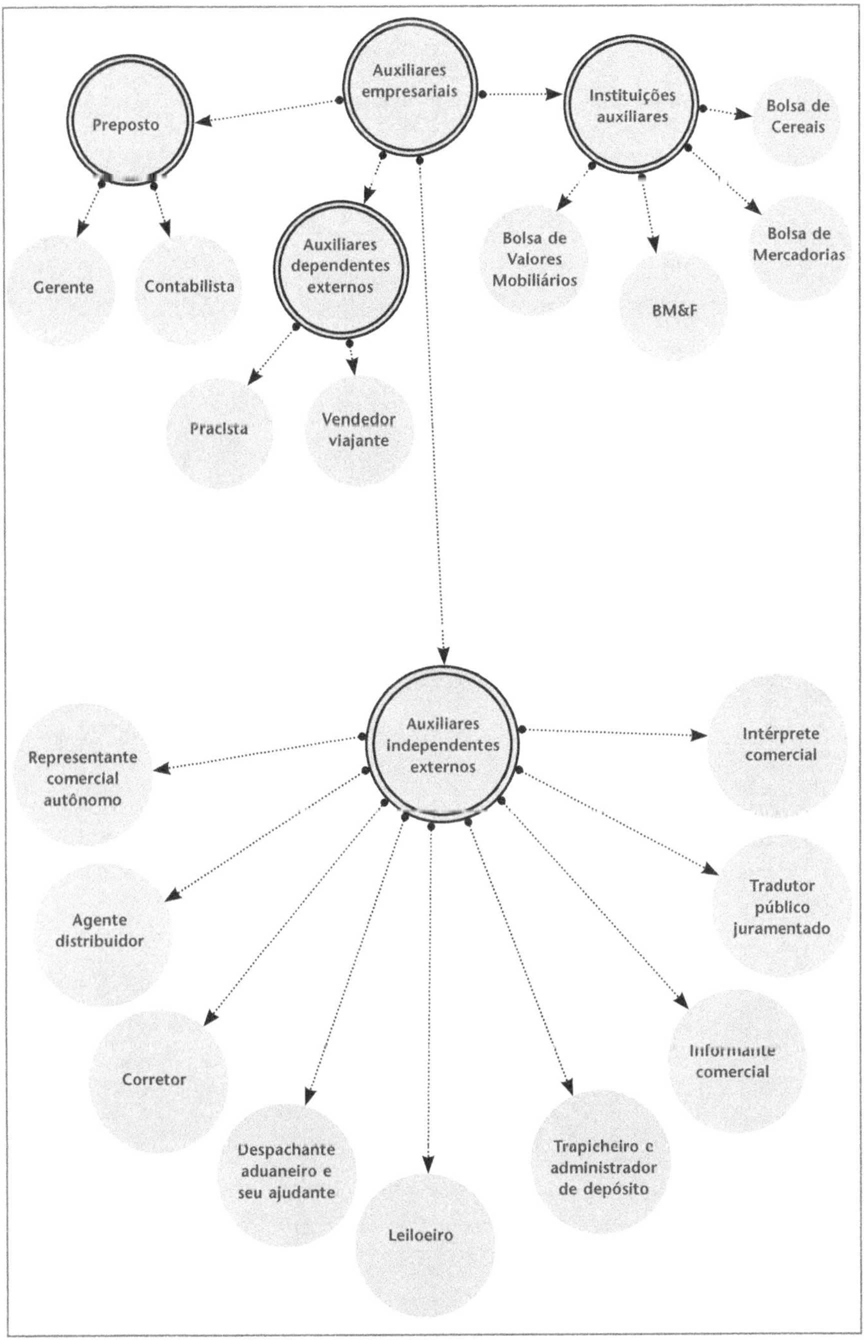

QUADRO SINÓTICO

OUTROS AUXILIARES EMPRESARIAIS

1. AUXILIARES DEPENDENTES EXTERNOS	• Pracista e vendedor viajante, empregados que coletam propostas e extraem pedidos a serem cumpridos pelo empresário.	
2. AUXILIARES INDEPENDENTES EXTERNOS	• Representante comercial autônomo	• Aquele que se obriga, mediante retribuição, a realizar, com exclusividade ou não, certos negócios, em zona determinada, com caráter de habitualidade, em favor e por conta do empresário (representado), sem subordinação hierárquica (CC, art. 710; Lei n. 4.886/65, com alteração da Lei n. 8.420/92, art. 1º).
	• Agente distribuidor	• É aquele que com exclusividade compra o produto do fabricante para posterior revenda, em zona determinada, no mercado consumidor, agindo por conta própria e recebendo retribuição. É o revendedor exclusivo do fabricante (CC, arts. 710, 713 a 715 e 721; Lei n. 6.729/79, com alteração da Lei n. 8.132/90).
	• Corretor	• Intermediário que aproxima interessados, levando-os a realizar negócio empresarial, mediante remuneração (comissão). Pode ser *oficial* (p. ex., corretor de fundo público; de mercadorias; de navios; de operações de câmbio; de seguros; de valores mobiliários) ou *livre* (p. ex., corretor de imóveis; de publicidade; de conferencistas etc.).
	• Despachante aduaneiro e ajudante de despachante aduaneiro	• Aquele que tem competência, na alfândega, para praticar os seguintes atos: preparação, entrada e acompanhamento da tramitação de documentos que tenham por objeto o despacho aduaneiro; assistência à verificação da mercadoria na conferência aduaneira e à retirada de amostras para exame técnico e pericial; recebimento de mercadoria ou bens desembaraçados; ciência e recebimento de intimações, notificações, autos de infração, despacho, decisões, termos processuais alusivos ao procedimento fiscal e subscrição de termos de responsabilidade (Dec. n. 646/92, art. 1º — ora revogado pelo Decreto n. 7.213, de 15-6-2010).

2. AUXILIARES INDEPENDENTES EXTERNOS	• Leiloeiro	• Aquele que vende, por meio de oferta pública, as mercadorias entregues para esse fim pelo comitente, mediante pagamento de uma comissão (Dec. n. 21.981/32, arts. 1º, 3º, 10 a 22 e 31; Lei n. 4.021/61; IN n. 83/99 e 110/2009, que a revoga (ora revogada também pela IN n. 113, de 28-4-2010) do DNRC; IN do DREI n. 17/2013; CSMSP, Provimento n. 2.152/2014).
	• Trapicheiro e administrador de depósito	• Que exercem função nos armazéns-gerais, recebendo mercadorias importadas e para exportação, armazenando-as e colocando-as à disposição de seus proprietários (IN do DREI n. 17/2013).
	• Informante comercial	• Sociedade que exerce atividade de informações reservadas e confidenciais, desde que não atentatórias à privacidade alheia, à honra das pessoas e aos atos privativos das autoridades policiais (Dec. n. 50.532/61, art. 3º, e IN do DREI n. 17/2013).
	• Tradutor público juramentado	• É o que tem a tarefa de traduzir para nosso idioma documentos vindos do exterior, ou para idioma estrangeiro os que deverão ser enviados a outro país (IN do DREI n. 17/2013).
	• intérprete comercial	• Aquele que efetua tradução verbalmente, desde que habilitado e registrado.
3. INSTITUIÇÕES AUXILIARES	• Bolsa de Valores Mobiliários. • BM&F. • Bolsa de Mercadorias. • Bolsa de Cereais.	

CAPÍTULO VII

ESCRITURAÇÃO

1. Deveres comuns a todos os empresários individuais e coletivos

Todos os empresários e sociedades empresárias, com exceção dos pequenos empresários, são obrigados[1]:

a) A escriturar, ou seja, a seguir um sistema de contabilidade, mecanizado ou não, com base na escrituração uniforme de seus livros, em correspondência, com a documentação respectiva (CC, art. 1.179, 1ª parte). O número e a espécie de livros ficarão, salvo o disposto no art. 1.180, a critério dos interessados (CC, art. 1.179, § 1º). Todo empresário deverá manter

1. Modesto Carvalhosa, *Comentários*, cit., v. 13, p. 770-883; Matiello, *Código Civil*, cit., p. 729-40; Fábio Ulhoa Coelho, *Curso*, cit., v. 1, p. 82 e 94; M. Helena Diniz, *Código*, cit., p. 926 e 927; Edmar Oliveira Andrade Filho, *Sociedade de responsabilidade limitada*, cit., p. 293; Mônica Gusmão, *Curso*, cit., p. 36, Ricardo Negrão, *Manual*, cit., v. 1, p. 212 e 213; Rubens Requião, *Curso*, cit., v. 1, p. 162 e 163; Paulo Sérgio Restiffe, *Manual do novo direito comercial*, São Paulo, Dialética, 2007, p. 29-38.

A contabilidade e a escrituração da sociedade anônima e da sociedade em comandita por ações disciplinar-se-ão pela Lei n. 6.404/76, com as alterações da Lei n. 11.941/2009, arts. 175 a 188. *Vide*: Instrução Normativa n. 1.252, de 1º de março de 2012, da SRF, que dispõe sobre a Escrituração Fiscal Digital da Contribuição para o PIS/Pasep e da Contribuição para o Financiamento da Seguridade Social (Cofins) e da Contribuição Previdenciária sobre a Receita (EFD — contribuições).

Observa Modesto Carvalhosa (*Comentários*, cit., v. 13, p. 776) que: "As demais pessoas jurídicas de direito privado, de natureza civil — associações civis, fundações, sociedades simples e cooperativas — continuam dispensadas de escriturar livros comerciais, permanecendo a elas aplicável a sistemática anterior ao Código, segundo a qual lhes cabe optar pelas regras compatíveis de escrituração e contabilidade dos arts. 1.179 e s., ou dos arts. 175 a 188 da Lei do Anonimato, ou mesmo pela mescla de ambos, desde que, como referido, consubstanciada em um procedimento contábil uniforme".

sistema de escrituração contábil completo e uniforme de todos os seus atos em livros, mediante processo manual, mecanizado ou eletrônico, seguindo os requisitos extrínsecos e intrínsecos exigidos pelos arts. 1.182 e 1.183 do Código Civil.

Terá, ainda, de autenticar todos seus livros e fichas no Registro Público de Empresas Mercantis (CC, art. 1.181) e conservar em boa guarda sua escrituração e documentação relativa ao giro de sua atividade empresarial, enquanto as ações a elas pertinentes não prescreverem (CC, art. 1.194).

O empresário rural ou o pequeno empresário (CC, art. 970; Lei n. 9.841/99, revogada pela LC n. 123/2006, alterada pela LC n. 139/2011; Enunciado n. 235 do Conselho da Justiça Federal, aprovado na III Jornada de Direito Civil, que cancelou o Enunciado n. 56) está dispensado de manter escrituração de seus negócios (CC, art. 1.179, § 2º), mas, se quiser, poderá optar pela escrituração simplificada (Lei n. 8.864/94, art. 11), ou pelo Sistema Integrado de Pagamento de Impostos e Contribuições das Microempresas e Empresas de Pequeno Porte (SIMPLES), usando regularmente dois livros: o *Caixa* (movimentação financeira, inclusive bancária) e o *Registro de Inventário*, destinado à identificação anual de estoque disponível, servindo de base para sua contabilidade (Lei n. 9.317/96 (revogada pela LC n. 123/2006, alterada pela LC n. 139/2011), art. 7º; Lei de Falências, arts. 51, § 2º, 168, § 4º; Dec.-Lei n. 486/69, art. 1º, parágrafo único; e *RT*, *653*:115). Também a microempresa e a empresa de pequeno porte (Lei Complementar n. 123/2006) estão, portanto, dispensadas dessa exigência de adotar sistema complexo de contabilidade e escrituração, recebendo tratamento legal mais favorável (CF, arts. 170, IX, e 179; CC, art. 970), para possibilitar seu desenvolvimento. Assim, se o pequeno empresário (ME e o EPP) optar pelo SIMPLES, deverá escriturar o Caixa e o Registro de Inventário, e se não optar pelo SIMPLES, não precisará escriturar qualquer livro.

b) A levantar anualmente o balanço patrimonial, contendo o ativo e o passivo, e o de resultado econômico indicativo dos lucros e prejuízos (CC, art. 1.179, 2ª parte). Já as sociedades anônimas, com distribuição semestral de dividendos (Lei n. 6.404/76, art. 204), e as instituições financeiras (Lei n. 4.595/64, art. 31) deverão apresentar esses balanços semestralmente. A não realização periódica desses balanços, p. ex., fará com que: *a*) o empresário (individual ou coletivo) passe a ter dificuldade para obter a prestação de serviços bancários, pois as instituições financeiras baseiam-se, para averiguar sua idoneidade financeira, naqueles balanços; e *b*) o administrador da sociedade anônima ou da sociedade limitada responda, perante os sócios, pelos danos resultantes da falta das demonstrações contábeis.

O fechamento do balanço deverá abranger, com fidelidade e clareza, toda a real situação patrimonial e obrigacional do empresário individual e coletivo, contendo ativo, passivo, imóveis, móveis, semoventes, títulos de crédito, mercadorias, dinheiro, rol das dívidas ou das obrigações etc.

Tais balanços formalizam e exteriorizam a situação financeira empresarial, possibilitando que empresário, pessoa jurídica e autoridades estatais, tenham acesso a dados alusivos às obrigações fiscais, previdenciárias etc.

Não há, no Código Civil de 2002, previsão de imposição de sanção ao empresário que não cumprir essas obrigações, mas as leis administrativas, tributárias e a Lei n. 11.101/2005 contêm medidas severas para quem não contabilizar regularmente suas contas ou não mantiver sua escrituração em ordem.

Se o empresário não cumprir essas obrigações, poderá incidir em falência (Lei n. 11.101/2005, art. 178) e estará impedido de pleitear sua recuperação (Lei n. 11.101/2005, art. 51, II, *a* a *d*) e de participar de licitações públicas (Lei n. 8.666/93, art. 31, I).

Se, p. ex., o empresário falir e seu balanço escriturado apresentar inexatidões, omissões, alteração de dados verdadeiros, destruição de dados contábeis ou negociais armazenados em computador ou sistema informatizado, inutilização total ou parcial dos documentos de escrituração contábil obrigatória, ter-se-á agravação da pena prevista no art. 168, § 1º, I, II, III e V, da Lei n. 11.101/2005, por configurar fraude a credores, com o fim de obter ou assegurar vantagem indevida para si, a pena de reclusão de três a seis anos, e a multa será, então, ante tais circunstâncias, aumentada de 1/6 a 1/3.

O empresário, que apresentar escrituração irregular, terá tratamento tributário mais rigoroso, pois o Fisco, como lembra Rubens Requião[2], poderá "arbitrar lucro sobre a soma dos valores do ativo imobilizado, disponível e realizável a curto e a longo prazo, a juízo da autoridade lançadora".

2. Rubens Requião, *Curso*, cit., v. 1, p. 164.

Quadro Sinótico

DEVERES COMUNS A TODOS OS EMPRESÁRIOS

1. ESCRITURAÇÃO	• Todo empresário deve seguir um esquema de contabilidade, mecanizado ou não, com base na escrituração uniforme de seus livros, em correspondência com a documentação respectiva (CC, art. 1.179, 1ª parte), mas o pequeno empresário e o empresário rural estão dispensados de manter escrituração de seus negócios (CC, art. 1.179, § 2º).
2. LEVANTAMENTO ANUAL DO BALANÇO PATRIMONIAL E DO DE RESULTADO ECONÔMICO	• Pelo CC, art. 1.179, 2ª parte, todo empresário deverá levantar anualmente o balanço patrimonial, contendo o ativo e o passivo, e o de resultado econômico.

2. Escrituração

A. Conceituação, necessidade, funções e princípios da escrituração

A escrituração[3] é o processo metódico e sistemático, pelo qual em livros próprios, obrigatório ou auxiliar, se lançam cronologicamente as contas e todas

3. Consulte: Matiello, *Código*, cit., p. 729; M. Helena Diniz, *Código*, cit., p. 926; Modesto Carvalhosa, *Comentários*, cit., v. 13, p. 777-79; Spencer Vampré, *Tratado elementar de direito comercial*, F. Briguiet & Cia., v. 1, § 54; Matheus C. Moreira, A escrituração dos livros empresariais, *Revista Jurídica De Jure, 16*: 99-134. *Vide*: Instrução Normativa n. 107/2008 do DNRC (ora revogada pela IN n. 11, de 5-12-2013, do DREI) sobre procedimentos para validade e eficácia de instrumentos de escrituração dos empresários, sociedades empresárias, leiloeiros, tradutores públicos e intérpretes comerciais; Instrução Normativa n. 777/2007, da Secretaria de Receita Federal, que institui a Escrituração Contábil Digital para fins fiscais e previdenciários; Instrução Normativa n. 926, de 11 de março de 2009, da Secretaria da Receita Federal do Brasil, que altera os arts. 2º, 3º, 5º, 6º e 7º da Instrução Normativa RFB n. 787, de 19 de dezembro de 2007, que instituiu a Escrituração Contábil Digital e o Manual de Orientação do Leiaute; Instrução Normativa n. 1.420, de 19 de dezembro de 2013, com a alteração da IN da SRFB n. 1.660/2016, da SRFB e da IN da RFB n. 1.679/2016, que revogou seu art. 5º, §§ 5º a 7º, que dispõe sobre a Escrituração Contábil Digital (ECD); Decreto n. 6.022/2007, alterado pelo Decreto n. 7.979/2013, que institui o Sistema Público de Escrituração Digital — Sped; LC n. 123/2006: "Art. 27. As microempresas e empresas de pequeno porte optantes pelo Simples Nacional poderão, opcionalmente, adotar contabilidade simplificada para os registros e controles das operações realizadas, conforme regulamentação do Comitê Gestor" e Resolução n. 1.115, de 14 de dezembro de 2007 (ora revogada pela Resolução n. 1.330, de 18-3-2011), do Conselho Federal de Contabilidade, que aprovou a NBC T 19.13 — Escrituração Contábil Simplificada para Microempresa e Empresa de Pequeno Porte; Norma Brasileira de Contabilidade — ITG 2000 (R1), de 5 de dezembro de 2014, do Conselho Federal de Contabilidade, altera a Interpretação Técnica ITG 2000 que dispõe sobre escrituração contábil; Norma Brasileira de Contabilidade — CTG 2001 (R1), de 5 de dezembro de 2014, do Conselho Federal de Contabilidade, altera o Comunicado Técnico CTG 2001 que define as formalidades da escrituração contábil em forma digital para fins

as operações de um estabelecimento empresarial, fazendo um balanço geral do seu ativo e passivo, demonstrativo do histórico integral da empresa.

A escrituração é um relato e uma demonstração das operações realizadas pelo empresário. A escrituração é o registro contábil, em livro, da generalidade das operações empresariais, permitindo manter uma contabilidade regular, com base nas informações nela lançadas, dirigidas ao esclarecimento não só dos sócios, mas também de terceiros (credores, Fisco etc.). O empresário deverá ter a cautela para que, com transparência, todos os negócios sociais estejam devidamente documentados e escriturados.

A escrituração empresarial está disciplinada nos arts. 1.179 a 1.194 do Código Civil, que também, pelo art. 1.195, aplicar-se-ão às sucursais, filiais ou agências, que atuem no Brasil, do empresário ou sociedade com sede no exterior (CC, arts. 1.134 a 1.141), que aqui tenha atividade mediante autorização governamental.

O sistema de escrituração é necessário por ser um instrumento de defesa do empresário e da sociedade empresária, visto que comprova a regularidade das atividades econômicas desenvolvidas e contém informações financeiras e administrativas úteis para a incidência de encargos tributários e a solução de questões judiciais.

Grande é, portanto, a sua necessidade por possibilitar também uma avaliação das decisões administrativas e fiscais que foram tomadas com base na escrituração empresarial.

A escrituração regular, observa Spencer Vampré, é necessária em relação: *a*) ao empresário por possibilitar-lhe a verificação do estado de seu negócio, apontando caminhos a serem seguidos, como, p. ex., a abstenção ou a

---

de atendimento ao Sistema Público de Escrituração Digital (SPED); Instrução Normativa n. 1.524, de 8 de dezembro de 2014, altera a Instrução Normativa RFB n. 1.422, de 19 de dezembro de 2013, que dispõe sobre a Escrituração Contábil Fiscal (ECF); Decreto n. 8.373, de 11 de dezembro de 2014, institui o Sistema de Escrituração Digital das Obrigações Fiscais, Previdenciárias e Trabalhistas — eSocial. Instrução Normativa da SRFB n. 1.612, de 26 de janeiro de 2016. Dispõe sobre o Regime Aduaneiro Especial de Entreposto Industrial sob Controle Informatizado do Sistema Público de Escrituração Digital (Recof — Sped); Circular n. 3.816, de 14 de dezembro de 2016 do BACEN, dispõe sobre o registro contábil dos efeitos das variações cambiais resultantes da conversão de demonstrações financeiras de dependências e de investimentos em coligada ou controlada no exterior; Circular n. 544, de 27 de dezembro de 2016 da SUSEP, dispõe sobre alterações das Normas Contábeis a serem observadas pelas sociedades seguradoras, sociedades de capitalização, entidades abertas de previdência complementar e resseguradores locais. Consulte: Lei n. 6.404/76, art. 177, §§ 1º a 6º, com as alterações da Lei n. 11.941/2009.

realização de um empreendimento; e *b*) a terceiros, por: fornecer prova dos débitos e créditos; elucidar direitos contestados; facilitar a liquidação e a prestação de contas; demonstrar a causa da falência e a possibilidade de pagamento proporcional aos credores.

A escrituração contábil exerce relevante[4]:

a) *Função fiscal*, por conter, nos lançamentos, dados informativos sobre a atividade econômica do empresário, que possibilitam a fiscalização da incidência e o recolhimento de tributos.

b) *Função gerencial ou administrativa*, por ser imprescindível para que o empresário ou administrador possa controlar e avaliar o empreendimento feito, registrando todas as suas atividades, os negócios efetuados, as obrigações assumidas, os créditos concedidos, as dívidas contraídas, os valores recebidos e despendidos, e, com base nela, tomar decisões administrativas, financeiras e empresariais.

c) *Função documental*, visto que, pelo critério uniforme, constitui, pelas suas informações, um registro demonstrativo dos resultados da "empresa" para os sócios, interessados na repartição de lucros, ou terceiros (investidores, credores, órgão público).

Servem de diretrizes para a escrituração os seguintes *princípios*[5]:

a) O da *uniformidade temporal da contabilidade* (CC, art. 1.179, *caput*), que preconiza a inalterabilidade dos critérios contábeis adotados, possibilitando uma segura avaliação do empreendimento empresarial ao longo do tempo, mediante comparação dos lançamentos feitos em diferentes períodos.

b) O da *individuação da escrituração*, pois o lançamento contábil deverá ser correspondente ao conteúdo dos documentos, que lhe deram suporte.

---

4. Sobre funções da escrituração: Modesto Carvalhosa, *Comentários*, cit., v. 13, p. 778; Fábio Ulhoa Coelho, *Curso*, cit., v. 1, p. 78-80; Alessandro Nigro, Le scritture contabili, *Trattato di diritto commerciale e di diritto pubblico dell'economia*. Organizado por Galgano. Padova, Cedam, 1978, VII, p. 259-307.

5. Consulte relativamente aos *princípios* norteadores da escrituração: Ricardo Negrão, *Manual*, cit., v. 1, p. 208-11; Sylvio Marcondes, *Questões de direito mercantil*, São Paulo, Saraiva, 1977, p. 69; Modesto Carvalhosa, *Comentários*, cit., v. 13, p. 778, 779, 815-7; Carvalho de Mendonça, *Tratado*, cit., p. 213 e 255; Fábio Ulhoa Coelho, *Manual*, cit., p. 44; M. Helena Diniz, *Código*, cit., p. 934 e 935; Waldemar Ferreira, *Tratado de direito comercial*, cit., v. 2, p. 335; Jorge S. Fujita, *Comentários*, cit., p. 894; Sérgio Campinho, *O direito de empresa*, cit., p. 355; Arnaldo Rizzardo, *Direito de empresa*, cit., p. 1.102-4; João Eunápio Borges, *Curso de direito comercial terrestre*, Rio de Janeiro, Forense, s/d, p. 249; Sebastião José Roque, *Curso*, cit., p. 122.

c) O da *fidelidade*, uma vez que deverá demonstrar, com clareza, a real situação do empresário individual ou coletivo, possibilitando: efetuar, para redução ou ampliação da atividade, um levantamento das alterações patrimoniais; fiscalizar e adotar medidas para coibir fraudes com desvio de bens, simulação de dívidas ou pagamentos antecipados; comprovar dados em juízo.

d) O do *sigilo dos livros empresariais* (CC, arts. 1.190 e 1.191), garantindo sua inviolabilidade para que se evite concorrência desleal e haja bom andamento da atividade econômica do empresário individual ou coletivo, uma vez que neles está toda a história da vida mercantil por revelar estratégia de vendas, desenvolvimento de crédito, custos, lucros, perdas etc. Pondera, com muita propriedade, João Eunápio Borges que o segredo desses livros resguardará o empresário, pondo-o a salvo da má-fé de qualquer um, considerando-se que "a situação financeira do estabelecimento, a qualidade dos clientes, o estado de suas contas são coisas que terceiros não devem saber". Continua o autor: "Como conseguiria ele superar certas dificuldades, que de transitórias se tornariam definitivas, se não pudesse evitar os olhares curiosos de estranhos sobre a intimidade de sua vida mercantil?" Como diz Bédarride, o segredo é a alma das operações mercantis, elemento essencial ao êxito dos negócios. Por tal razão, seria inconveniente e arriscado expor em público as informações sobre atividades, desenvolvidas num dado estabelecimento empresarial, reveladoras de sua situação patrimonial. Nenhuma autoridade administrativa (funcionário da Fazenda Pública Federal, Estadual ou Municipal), nenhum juiz ou tribunal, sob qualquer pretexto, a não ser nos casos admitidos em lei para fins fiscais ou previdenciários, ou seja, de seguridade social (CTN, art. 195; Lei n. 8.212/91, art. 33, § 1º; Dec. n. 3.048/99, art. 231; Súmula 439 do STF), poderá fazer ou ordenar diligência, limitada ao exame dos pontos objeto de investigação, para averiguar as contas e se o empresário, ou a sociedade empresária, observam, ou não, na escrituração de seus livros e fichas, as formalidades exigidas legalmente (CC, art. 1.190), visto que gozam da proteção do princípio do sigilo (*RT*, *663*:84).

Pelo princípio do sigilo dos livros mercantis, os dados e lançamentos da escrituração contábil somente interessam ao empresário. O princípio do segredo da escrituração visa tutelar a atividade do empresário e da sociedade, para que não sofra prejuízo advindo do conhecimento de terceiro de sua situação econômica e do estado em que se encontram seus negócios. Sem a tutela jurídica da confidencialidade dos dados escriturados, a escrituração contábil seria um risco para a atividade empresarial e a contabilidade, pois, como pondera Sebastião José Roque, seria a "espada de Dâmocles" sobre a "cabeça" do empresário. Todavia, se houver necessidade para comprovar fato alegado a favor ou contra o empresário, solucionando questões litigiosas (STF, Súmula 260), relativas ao pagamento de impostos, à administração, à liquidação ou à sucessão por morte de sócio ou por transferência de quota ou ação ou do estabelecimento, o juiz poderá determinar a exibição parcial ou integral dos livros empresariais, como medida preventiva (STF, Súmula 390), ou, na falta de pendência de lide, como ação cautelar (*JTACSP*, *41*:67-69; CPC/2015, arts. 420, I, II e III, e 421). Se houver fundada suspeita de irregularidade praticada por órgãos da sociedade anônima (Lei n. 6.404, art. 105), também se poderá ter a exibição total de livros. E, além disso, pela Lei de Falência (arts. 7º, 22, I, *c*, III, *b*, e 27, I, *a*, c/c arts. 104, II e V, e 51, § 1º), o administrador judicial e o Comitê de Credores, na recuperação e na falência, têm livre acesso aos livros do empresário-devedor, independentemente de autorização judicial, mas sob a fiscalização do juiz.

e) O da *liberdade* de escolha do sistema de contabilidade e da quantidade e da espécie de livros necessários para o cumprimento do dever de escriturar (CC, art. 1.179 e § 1º), excepcionando-se o livro Diário (CC, art. 1.180) que é obrigatório.

B. Contabilidade e escrituração

O empresário individual ou coletivo deverá, para o exercício regular da sua atividade econômica, organizar uma contabilidade, a cargo de profissional habilitado, que atue como empregado ou autônomo, não só por razões administrativas, mas também por imposição de lei. Deveras, o empresário não poderá atuar sem ter o conhecimento da contabilidade empresarial.

A contabilidade é a ciência que apresenta método para sistematizar contas, possibilitando a obtenção de informações necessárias para analisar a gestão empresarial e os resultados do empreendimento. É a ciência e técnica tendente a analisar e controlar todas as operações contábeis de um empresário, revelando sua verdadeira situação patrimonial; deveras, pela contabilidade coletam-se os dados conducentes ao balanço patrimonial e ao balanço de resultados econômicos.

A contabilidade é, segundo Waldemar Ferreira, "um sistema de contas representativas do manejo patrimonial", sendo, portanto, uma ciência econômica.

É designada, por alguns autores, dentre eles Sebastião José Roque, de ciência da escrituração empresarial, por ser um sistema de registro contábil de todos os fatos econômicos da empresa, apreciáveis monetariamente, suscetível de apontar a real situação patrimonial do empresário[6].

O contabilista (preposto), inscrito no Conselho Regional de Contabilidade de seu domicílio, é, como vimos alhures, o versado em ciências contábeis, ou seja, em contabilidade, em técnica de escrituração de receita e despesa de estabelecimento empresarial e em organização de livros empresariais, tendo nível inferior ao de contador, embora haja autores que os identificam. Por isso, a escrituração deverá ficar sob a responsabilidade de contabilista legalmente habilitado, exceto se, na localidade, não houver nenhum (CC, art. 1.182), hipótese em que poderá ser feita pelo próprio empresário ou por outro profissional. Alerta Matiello[7] que será conveniente, nesse caso, contratar contabilista em outro local, porque as consequências de uma escrituração deficiente são nefastas ao empresário.

O exercício da atividade empresarial requer a organização da contabilidade por profissional devidamente habilitado, por exigir conhecimentos técnicos contábeis especializados. A indicação do contabilista, feita por meio de mandato outorgado pelo preponente ao preposto, deverá ser arquivada e averbada no Registro Público de Empresas Mercantis (CC, art. 1.174).

A participação de contabilista legalmente habilitado traz segurança à escrituração, por isso, salvo a exceção do art. 1.182, *in fine*, do novel Código Civil, o Registro Público somente autenticará livros empresariais visados por contabilista.

A contabilidade é uma ciência que procura apurar a real situação patrimonial do empresário e demonstrar as variações patrimoniais ocorridas, e, para tanto, serve-se da escrituração.

---

6. Sobre contabilidade e escrituração: Rubens Requião, *Curso*, cit., v. 1, p. 164; Modesto Carvalhosa, *Comentários*, cit., v. 13, p. 777 e 778; Fábio Ulhoa Coelho, *Curso*, cit., v. 1, p. 73; Arnaldo Rizzardo, *Direito de empresa*, cit., p. 1.087 e 1.088; Sebastião José Roque, *Curso*, cit., p. 117 e 118.

   Na contabilidade dever-se-ão seguir as Resoluções do Conselho Federal de Contabilidade.

   Res. CFC n. 1.632/2021 sobre política de armazenamento de dados, documentos. Arquivos (PADDA) do Conselho Federal de Contabilidade (CFC); Res. CFC n. 1.627/2021 aprova Política de Segurança a Informações (PSI) do Conselho Federal de Contabilidade (CFC); Res. CFC n. 1.626/2021 institui a Política Interna de Proteção de Dados Pessoais do Conselho Federal de Contabilidade (CFC).

7. Matiello, *Código*, cit., com. ao art. 1.182.

A escrituração[8] é uma arte de escrever ou o modo de efetuar, em livros empresariais, fichas, ou em arquivos eletrônicos, lançamentos completos e claros de fatos contábeis, dos atos e negócios realizados, dando uma posição atual, real e exata do patrimônio do empresário individual ou coletivo, devendo, para tanto, estar acompanhados da respectiva documentação. É o registro de operações empresariais conforme as regras da contabilidade, feito em livros próprios, podendo ser feito por processos eletrônicos, auxiliando a gestão empresarial. Para facilitar a escrituração dos livros empresariais, permitido está o uso de técnicas modernas e de contabilidade por sistema mecanizado ou eletrônico, impondo-se uma ordem uniforme nos lançamentos e a observância de normas específicas para as anotações a serem feitas naqueles livros.

A escrituração dá uma visão panorâmica e real da vida econômica e patrimonial do empresário e da sociedade empresária e poderá ser feita mediante o emprego de procedimento: manual (manuscrito); mecanizado (datilografado), ou eletrônico por computação. São instrumentos da escrituração: livros, conjunto de fichas ou folhas soltas; conjunto de folhas conjuntas; microfichas geradas por microfilmagem de saída direta do computador (IN n. 65/97 do DNRC — ora revogada pela IN n. 102, de 25-4-2006).

Esclarece, ainda, Arnaldo Rizzardo que mesmo havendo sistema de computador centralizando toda a contabilidade, necessária será a existência de livros e fichários, que constituem condição para a credibilidade dos lançamentos computadorizados.

Para Carvalho de Mendonça, a escrituração e a contabilidade são úteis para fiscalização e vigilância, evitam fraudes e abusos contra o empresário, denunciam as responsabilidades dos prepostos encarregados de guardar os valores e afastam pretensões dolosas de terceiros sobre direitos inexistentes.

C. Técnica de elaboração da escrituração

A escrituração far-se-á em *livros* próprios, mas se for mecanizada (datilografada) ou eletrônica (informatizada — Dec. n. 6.022/2007 e Instrução Normativa n. 777/2007 da SRF, que institui a Escrituração Contábil Digital), ter-se-á adoção de *fichas* ou folhas avulsas, que, contudo, não dispensará o

8. Rubens Requião, *Curso*, cit., v. 1, p. 164 e 165; Roberto Senise Lisboa, *Comentários*, cit., p. 888; Carvalho de Mendonça, *Tratado de direito comercial*, cit., v. 2, p. 187; Amador Paes de Almeida, *Curso*, cit., p. 236 e 237; Arnaldo Rizzardo, *Direito de empresa*, cit., p. 1.088 e 1.089.

uso de livro apropriado para o lançamento manual do balanço patrimonial e do de resultado econômico (CC, art. 1.180 e parágrafo único).

Os livros obrigatórios e as fichas, reunidas de forma ordenada ou encadernadas, em caso de escrituração mecanizada ou eletrônica, salvo disposição de lei em contrário, deverão preencher um requisito extrínseco formal, ou seja, antes de sua utilização pelo empresário ou sociedade empresária, deverão ser autenticados no Registro Público de Empresas Mercantis, desde que nele esteja inscrito o titular da atividade empresarial (CC, art. 1.181 e parágrafo único).

Nada impede a que também se providencie a autenticação dos livros não obrigatórios para que possam servir como prova subsidiária para a defesa dos interesses do empresário, se houver, por fato alheio à vontade do responsável, perda ou extravio de outros livros.

Tal autenticação, por ser *requisito formal extrínseco*, que confere regularidade aos livros (facultativos ou obrigatórios), serve, portanto, de prova em favor do empresário ou da sociedade empresária.

Lembra-nos Modesto Carvalhosa que a lavratura do termo de abertura e encerramento do livro constitui requisito formal que tem por escopo impedir a adulteração dos lançamentos feitos e possibilitar a identificação do empresário e do contabilista responsável pela escrituração.

O contabilista deverá primeiro lavrar o termo de abertura do livro para depois nele efetuar os lançamentos das operações e, terminado o livro, procederá à lavratura do termo de encerramento e à sua autenticação na junta. Com isso, ter-se-ia a segurança jurídica do livro, por dificultar-se, com o cumprimento desses requisitos extrínsecos, quaisquer modificações nos lançamentos feitos. Todavia, observa Fábio Ulhoa Coelho, na prática tal não ocorre, "a Junta Comercial autentica livros em branco, desde que já tenham sido lavrados os termos de abertura e encerramento" (IN n. 65/97 do DNRC, art. 5º, I — ora revogada pela IN n. 102/2006).

A técnica apropriada para elaborar e uniformizar escrituração requer o preenchimento de alguns *requisitos intrínsecos* (CC, art. 1.183):

a) uso de idioma nacional (CPC/2015, art. 192, parágrafo único), embora o emprego de certos termos estrangeiros deva ser tolerado por serem frequentemente utilizados como, p. ex., *leasing, know-how, factoring, franchising, software* etc.;

b) emprego da moeda corrente nacional, que é o real;

c) forma contábil, seguindo padrões da ciência da contabilidade, colocando logicamente os assuntos;

d) individuação, ou seja, consignação expressa dos principais caracteres dos documentos que dão sustentação ao lançamento;

e) clareza e obediência à ordem cronológica de dia, mês e ano, conforme o momento da efetivação dos atos escriturados;

f) ausência de intervalos em branco, entrelinhas, borrões, rasuras, emendas ou transportes para as margens. Urge não olvidar que, pelo § 2º do art. 2º do Decreto-Lei n. 486/96, poderão os erros havidos na escrituração ser corrigidos, mediante o lançamento de estorno.

Convém ressaltar que, pelo parágrafo único do art. 1.183 do novo Código Civil, apenas será permitida, para agilizar o trabalho do contabilista, tornando-o mais conciso, por evitar repetições constantes de termos e expressões, a utilização de código de números (p. ex., 03.111 para designar clientes — 03 — da Malharia Flor de Lotus Ltda. — 111) ou abreviaturas (p. ex., PG-DUP n. "x" pagamento de duplicata n. "x") constantes de livro próprio, regularmente autenticado, desde que possibilite a identificação do significado de cada sinal ou indicativo lançado.

Para que se tenha regularidade na escrituração empresarial, deverão ser preenchidos tanto os requisitos extrínsecos como os intrínsecos[9].

D. Livros empresariais

d.1. Conceito e modalidades

Para que haja regularidade da contabilidade e escrituração, o empresário utilizar-se-á de livros, cujo número e natureza variam, com exceção do disposto no art. 1.180 do Código Civil (CC, art. 1.179, § 1º), sendo-lhe permitido o uso de livros auxiliares ou não obrigatórios. Esses livros são equiparados a documento público (CP, art. 297, § 2º; Lei n. 11.101/2005, art. 168).

9. Fábio Ulhoa Coelho, *Curso*, cit., v. 1, p. 84 e 85; *Manual*, cit., p. 49 e 50; Matiello, *Código*, cit., p. 734; M. Helena Diniz, *Código*, cit., p. 1.183; Modesto Carvalhosa, *Comentários*, cit., p. v. 13, p. 786, 787 e 789; Arnaldo Rizzardo, *Direito de empresa*, cit., p. 1.091 e 1092; Paulo Checoli, *Direito de empresa*, cit., p. 360; R. Fiuza e Newton De Lucca, *Código*, cit., p. 1.212. *Vide* IN do SRFB n. 1.420/2013, com alterações da IN do SRFB n. 1.594/2015, sobre Escrituração Contábil Digital (ECD).

Os livros empresariais são os registros, contábeis ou não, nos quais o empresário (individual ou coletivo) faz o assento das suas operações, elaborando sistematicamente suas contas, ou dos fatos do seu empreendimento.

Esses livros poderão ser[10]:

A) *Obrigatórios*, se reclamados por lei e que devem ser escriturados, sob pena de sanção criminal, administrativa ou processual, e devidamente autenticados. Podem ser: *a.1*) *comuns* a todos os empresários ou a qualquer atividade econômica organizada para produção de bens ou serviços, como o Diário, onde são registradas todas as operações empresariais, centralizando toda a contabilidade; ou *a.2*) *especiais*, exigidos por lei para certos empresários ou sociedades em atenção ao ramo de atividade, à sua condição especial, ao registro de seus atos de administração, à documentação de determinadas operações etc., p. ex., para a sociedade anônima (Lei n. 6.404, art. 100), ter-se-ão: Livro de Transferência de Ações Nominativas; Livro de Transferência de Partes Beneficiárias Nominativas; Livro de Atas das Assembleias; Livro de Atas das Reuniões do Conselho de Administração; Livro de Registro de Ações Nominativas; Livro de Registro de Partes Beneficiárias Nominativas etc.; para a sociedade limitada, o Livro de Atas da Assembleia (CC, art. 1.075, § 1º); o Livro de Atas da Administração (CC, art. 1.062); o Livro de Atas e Pareceres do Conselho Fiscal (CC, art. 1.069, II). São também *obrigatórios especiais*: Livro de Registro de Duplicatas (Lei n. 5.474/68, art. 19), obrigatório para empresário que emite duplicata mercantil ou de prestação de serviço; Livro de Entrada e Saída de Mercadorias (Dec. n. 1.102/1903, art. 7º) dos armazéns gerais; Diário de Entrada, Diário de Saída e Diário de Leilões (Dec. n. 21.981/32, art. 31); Livro de Registro de Despacho Marítimo, dos corretores de navios.

Temos, ainda, os *livros obrigatórios não empresariais*, que poderão ser, facultativamente, assentados na Junta Comercial, como os: *a*) *fiscais*, se utilizados na atividade empresarial por exigência do Fisco, por constituir elemen-

---

10. M. Helena Diniz, *Dicionário jurídico*, cit., p. 175-8; Mônica Gusmão, *Curso*, cit., p. 36 e 37; Rubens Requião, *Curso*, cit., v. 1, p. 170-6; Láudio C. Fabretti, *Direito de empresa*, cit., p. 81; Fábio Ulhoa Coelho, *Manual*, cit., p. 48 e 49; *Curso*, cit., v. 1, p. 81-4; Ricardo Negrão, *Manual*, cit., v. 1, p. 214-9; Amador Paes de Almeida, *Direito de empresa*, cit., p. 238-40; Sérgio Campinho, *O direito de empresa*, cit., p. 353 e 354; Luiz Cezar P. Quintans, *Direito da empresa*, cit., p. 165-9; Paulo Sérgio Restiffe, *Manual*, cit., p. 30-1.
Vide: Lei n. 11.638/2007, art. 3º.
Sobre autenticação de livros contábeis: Decreto n. 1.800/96, art. 78-A, §§ 1º e 2º, com a redação do Decreto n. 8.683/2016.

to hábil para fiscalização do pagamento dos tributos. Tais livros deverão ser autenticados pela repartição competente do Fisco estadual, se não tiverem sido registrados na Junta Comercial. Esses livros deverão ficar no estabelecimento para ser exibidos a qualquer momento ao agente fiscal, até que se dê a prescrição dos créditos tributários advindos das operações nele escrituradas. P. ex.: Livro de Registro de Entradas; Livro de Registro de Saídas; Livro de Registro de Apuração de IPI; Livro de Registro de Apuração de ICMS; Livro de Apuração do Lucro Real; Registro de Inventário, das matérias-primas, das mercadorias ou produtos manufaturados existentes na época do balanço; Registro de Impressão de Documentos Fiscais, etc.; e *b*) os *trabalhistas* ou *previdenciários*: o de Registro de empregados (CLT, art. 41); o de Inspeção do Trabalho (CLT, art. 628, § 1º). A Lei n. 11.101/2005, art. 168, I e II, impõe sanções se esses livros não empresariais obrigatórios apresentarem falsificação material, adulteração, omissão ou falsidade de lançamento.

B) *Facultativos* ou *auxiliares*, se não forem obrigatoriamente exigidos por lei, sendo usados voluntariamente pelo empresário para controlar suas atividades gerenciais, embora sejam: *b.1*) *dispensáveis*, p. ex. o Caixa (referente às operações em dinheiro), o Conta-Corrente (relativo a operações alusivas à clientela e aos fornecedores), o Copiador de Cartas, o Borrador (contendo os primeiros registros das operações), o de Registro dos títulos a vencer etc.; *b.2*) *necessários* ou *indispensáveis*, que apesar de serem facultativos, não exigidos legalmente, são imprescindíveis para a efetivação de certos fins empresariais, pois sem eles não se pode realizar a escrituração regular. Dentre eles temos: o Livro Razão (livro auxiliar do Diário, que apresenta o saldo devedor ou o haver, ou melhor, o estado das contas e a situação do empresário, tornando possível o levantamento dos balancetes diários, balanços e demonstrações econômicos); o Obrigações a Pagar; o Obrigações a Receber etc.

Nada impede, ainda, que o empresário crie, para bem desempenhar suas atividades, novos livros facultativos, visto que o art. 1.179, § 2º, do Código Civil prescreve que "o número e espécie de livros ficam a critério do interessado". Os livros facultativos servem de prova subsidiária a favor do empresário por integrarem sua contabilidade, e sua ausência não acarretará quaisquer sanções ao empresário. Todavia, em caso de falência, poderá sua ausência acarretar sanção penal se o seu uso for complemento do Livro Diário, como ocorre, p. ex., com o Livro Auxiliar de Código de Número e Abreviaturas (Dec.-Lei n. 486/69, art. 2º, § 1º).

De uma forma gráfica, temos:

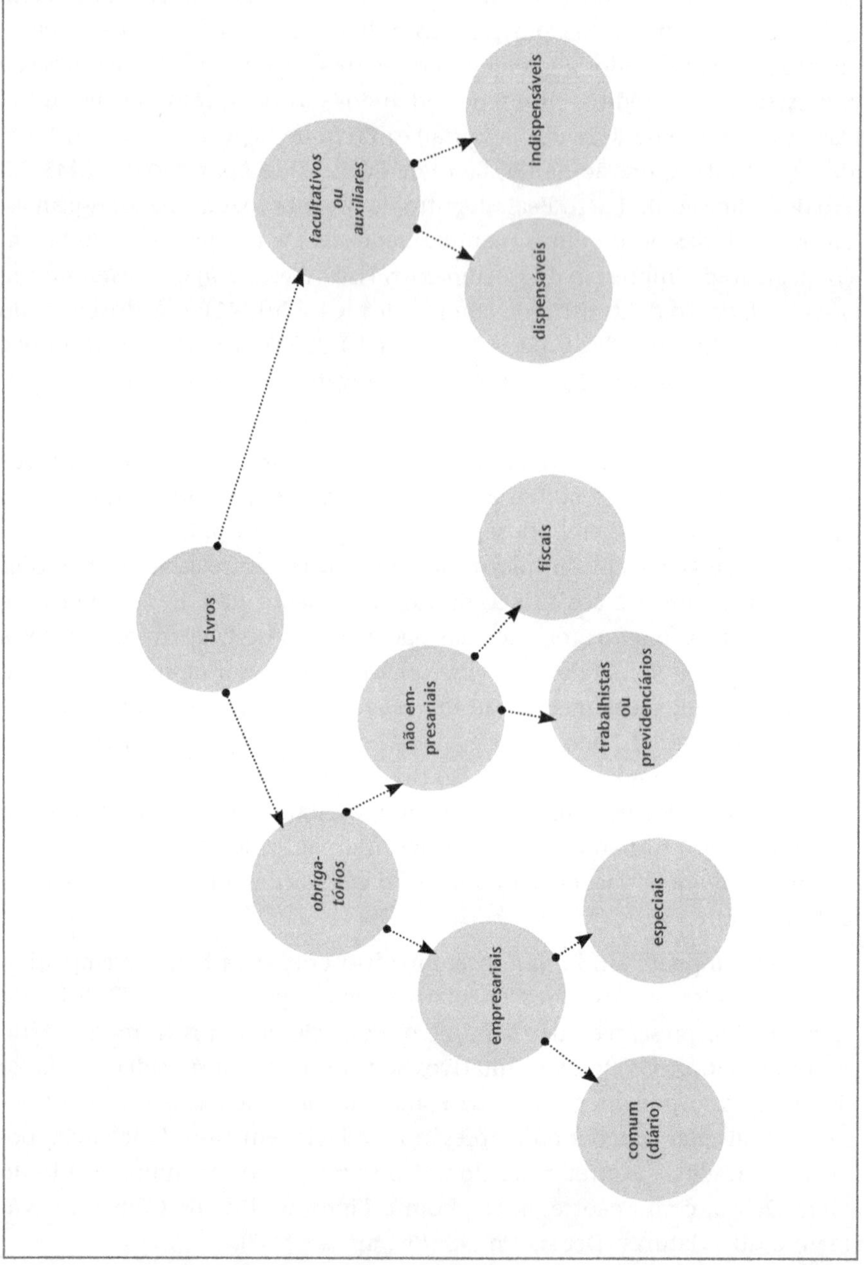
Livros
obriga-
tórios
facultativos
ou
auxiliares
empresariais
não em-
presariais
indispensáveis
dispensáveis
fiscais
trabalhistas
ou
previdenciários
especiais
comum
(diário)

d.2. Diário

O Diário[11] é o livro empresarial obrigatório comum a todos os empresários, onde, com clareza, serão lançadas, diariamente, por escrita direta ou reprodução, em ordem cronológica de sua ocorrência, todas as operações relativas ao exercício da empresa, consignando-se, expressamente, os principais caracteres dos documentos autênticos, que preenchem todos os requisitos legais. Os fatos econômicos que alteram o patrimônio empresarial também são narrados no Diário de forma sequencial. A simples leitura de tal narração, porém, não possibilitará a obtenção de informações sobre a situação de cada conta, visto que isso competirá ao Livro Razão.

O Livro Razão possibilitará averiguar, de imediato, a posição de cada elemento do patrimônio do empresário e de suas modificações, por classificá-lo por conta de ativo, de passivo, de receita e de despesa. Com o saldo de cada conta do Livro Razão, poder-se-á levantar balancetes diários, balanço patrimonial e de demonstração do resultado econômico. Por tal motivo, o Livro Razão é auxiliar do Diário.

No Diário também serão lançados o balanço patrimonial e o de resultado econômico, subscritos pelo contabilista, ou técnico em ciências contábeis, legalmente habilitado (CC, art. 1.182), e pelo empresário ou representante da sociedade empresária (CC, art. 1.184, *caput*, e § 2º). Consequentemente, constituirá o reflexo fiel da real situação econômico-financeira do empresário e das atividades por ele desenvolvidas.

O Diário é o livro de contabilidade em que empresários individuais e sociedades empresárias lançam o débito e o crédito de seus negócios cotidianos. É, no dizer de Fábio Ulhoa Coelho, o livro contábil, onde devem ser lançados, dia a dia, diretamente ou por reprodução, as operações da atividade empresarial, os atos que modificam ou podem alterar o patrimônio do empresário e, ainda, os balanços. O Diário contém, portanto, todas as informações financeiras do empresário e da sociedade empresária. Observa

11. Fábio Ulhoa Coelho, *Curso*, cit., v. 1, p. 77; M. Helena Diniz, *Código*, cit., p. 927 e 930; Celso Marcelo de Oliveira, *Manual de direito empresarial*, cit., v. 1, p. 487; Jorge S. Fujita, *Comentários*, cit., p. 889 e 890; Sebastião José Roque, *Curso*, cit., p. 119; Láudio C. Fabretti, *Direito de empresa*, cit., p. 80.

Celso Marcelo de Oliveira que as grandes sociedades, que não puderem assentar todas as suas operações num só livro, deverão dividir o Diário em tantas seções quantos forem os ramos dos seus estabelecimentos e resumir depois os resultados num Diário Complementar, de forma que os vários livros especiais constituirão, em seu conjunto, o Diário.

É um livro indispensável e o único livro comum obrigatório a todos os que exercem atividade empresarial, mas poderá ser substituído por fichas (formulários contínuos, folhas soltas ou cartões), na hipótese de se usar escrituração mecanizada ou eletrônica (CC, art. 1.180). Essas fichas (instrumentos impressos) deverão ser ajuntadas em forma de livro encadernado, facilitando sua fiscalização para fins de autenticação do órgão competente, para que tenham validade e eficácia.

Se a escrituração for mecanizada (datilografada) ou eletrônica (informatizada), ter-se-á adoção de fichas, que, contudo, não dispensará o uso de livro apropriado para o lançamento do balanço patrimonial e do de resultado econômico (CC, art. 1.180, parágrafo único).

Poderá haver, pelo art. 1.184, § 1º, do novo Código Civil, *escrituração resumida do Diário*, com totais não excedentes a trinta dias, no que disser respeito a contas cujas operações sejam numerosas ou realizadas fora da sede do estabelecimento, desde que: *a*) utilizem-se, para tanto, livros auxiliares regularmente autenticados pela Junta Comercial, para registro individualizado de operações; e *b*) os documentos, que serviram de suporte ao lançamento, sejam conservados, permitindo, assim, a sua perfeita verificação por quem de direito.

d.3. Livro Balancetes Diários e Balanços

Se o empresário, ou a sociedade empresária, vier a adotar para a escrituração de sua contabilidade o sistema de fichas de lançamentos, por ter preferido o processo mecânico ou eletrônico — *computer output microfilm* — COM — (CC, art. 1.180), que permite a totalização diária das contas do ativo e do passivo da empresa, poderá substituir o Diário pelo Livro *Balancetes Diários e Balanços*[12], desde que observe todas as formalidades extrínsecas

---

12. M. Helena Diniz, *Código*, cit., p. 930 e 931; Ricardo Fiuza, *Novo Código Civil*, cit., p. 1.053; Arnaldo Rizzardo, *Direito de empresa*, cit., p. 1.095 e 1.096; Jorge S. Fujita, *Comentários*, cit., p. 891; Modesto Carvalhosa, *Comentários*, cit., v. 13, p. 794; Sebastião José Roque, *Curso*, cit., p. 120.

exigidas para aquele (CC, art. 1.185), que são: organização ordenada ou encadernação das fichas; lavratura do termo de abertura e encerramento e autenticação pelo Registro Público de Empresas Mercantis.

No livro Balancetes Diários e Balanços deverão ser registrados (CC, art. 1.186): *a*) a posição diária de cada uma das contas, ou títulos contábeis, pelo respectivo saldo, em forma de balancetes diários; e *b*) o balanço patrimonial e o de resultado econômico, no encerramento do exercício financeiro, correspondente ao final do ano-calendário. Criar-se-á um sistema informatizado, que dará origem aos referidos balanços, baseado nos dados contidos nos balanços diários. Assim sendo, nesse livro ter-se-ão lançamentos contábeis, baseados em saldos diários totais das contas do ativo e do passivo apurados no Livro Razão e do somatório do saldo das referidas contas ao término do exercício social, na forma de balanço patrimonial e de resultado econômico, sendo que as fichas ou folhas serão impressas e encadernadas, operando-se a lavratura do termo de abertura e encerramento e a autenticação perante a Junta Comercial.

d.4. Valor probatório dos livros empresariais[13]

O empresário individual ou coletivo poderá, às vezes, encontrar-se em dada situação fático-litigiosa, cuja prova dependerá dos lançamentos feitos em seus livros, exibidos em juízo, desde que preenchidos os requisitos legais extrínsecos e intrínsecos. Por tal motivo, o empresário deverá conservá-los, mantendo os lançamentos atualizados e observando as exigências legais, para que constituam prova e uma garantia em seu benefício.

Os livros empresariais, por serem escriturados por técnicos em contabilidade e por poderem ser exibidos, total ou parcialmente, por ordem judicial, constituirão prova, a favor ou contra, o empresário, observando-se o art. 226 do Código Civil e os arts. 417 a 419 do Código de Processo Civil de 2015. Pelo art. 226 e parágrafo único do novo Código Civil, os documentos (livros e fichas) empresariais geram presunção *juris tantum* da vera-

13. Sobre a força probante dos livros empresariais: Fábio Ulhoa Coelho, *Curso*, cit., v. 1, p. 89-91; Ricardo Negrão, *Manual*, cit., v. 1, p. 222-7; Matiello, *Código*, cit., p. 181 e 182; M. Helena Diniz, *Código*, cit., p. 266 e 267; Trajano de Miranda Valverde, *Força probante dos livros mercantis*, Rio de Janeiro, Forense, 1960; Márcio Antônio Inacarato, O valor probante dos livros comerciais, *RF*, *268*:427; Sebastião José Roque, *Curso*, cit., p. 124; Rubens Requião, *Curso*, cit., v. 1, p. 180-2; Moacyr Amaral Santos, *Comentários ao Código de Processo Civil*, Rio de Janeiro, Forense, 1976, v. IV, p. 187 e 188.

cidade de seu conteúdo e autoria e servem não só de prova contra aqueles a quem pertencem, como também em seu favor se, escriturados sem quaisquer vícios, extrínsecos ou intrínsecos, puderem ser confirmados por outros meios probatórios (CC, art. 221). Tais livros e fichas não constituirão prova suficiente nos casos em que a lei exigir instrumento público ou, até mesmo, particular, revestido de requisitos especiais (p. ex., reconhecimento de firma). E, havendo comprovação de falsidade ou inexatidão dos lançamentos pelos meios admitidos por lei (CC, art. 212), principalmente por perícia contábil, sua força probatória poderá ser ilidida.

Se os livros atenderem aos requisitos exigidos por lei, servirão de prova a *favor* do seu autor no litígio com outro empresário (CPC/2015, art. 418), consistindo um repositório de dados empresariais de grande valor probante. O livro empresarial servirá de prova a favor do seu titular apenas se este estiver litigando contra empresário e se houver regularidade na escrituração. Somente provarão a favor do empresário, que litigue contra outro, os livros escriturados com observância da lei, bastando perícia contábil ou exibição judicial daqueles livros, para liberar o empresário do *onus probandi*.

Os livros empresariais também provam *contra* o seu autor, caso em que lhe será lícito demonstrar, por todos os meios permitidos em direito, que os lançamentos feitos não correspondem à verdade dos fatos (CPC/2015, art. 417). Observa Amaral Santos que mesmo que a escrituração do livro seja irregular, mesmo que o litígio não seja entre empresários, a perícia contábil e a exibição judicial bastarão para se considerar realizada prova contrária ao autor do livro examinado. O *onus probandi* da falsidade das anotações competirá ao empresário, autor do livro apresentado, em juízo, como prova, devendo demonstrar, por outros meios probatórios, a falsidade da escrituração, visto que há presunção *juris tantum* em favor do outro demandante. Os lançamentos efetuados nos livros farão prova plena contra o seu titular, pois "não necessitará, como ensina Rubens Requião, corroborar com outros documentos que poderiam tê-los fundamentado. Em relação a terceiros empresários, é necessário que esses lançamentos estejam fundamentados em documentos que mostrem a natureza da respectiva operação, além de lançados em livros ou documentos autenticados pelo Registro Público de Empresas Mercantis, preenchidos por escrituração uniforme, que atenda aos requisitos legais" (...). Continua ele: "Contra pessoas não empresárias, a prova dos livros comerciais é subsidiária, pois os lançamentos contábeis devem ser comprovados por algum documento, que por si só não tenha pleno valor probante"[14].

14. Rubens Requião, *Curso*, cit., v. 1, p. 182.

A eficácia probatória dos livros empresariais dependerá de sua unidade, uma vez que há, pelo art. 419 do Código de Processo Civil de 2015, indivisibilidade da escrituração contábil. Como a escrituração contábil é indivisível, se dos fatos resultantes dos lançamentos, uns são favoráveis ao interesse de seu autor e outros lhe são contrários, ambos serão considerados em conjunto como unidade (CPC/2015, art. 419). Se pela perícia contábil ou pela exibição judicial for possível a sustentação de dados lançados no livro tanto em favor como contra o empresário que o escriturou, tais dados deverão ser considerados como uma unidade. O livro empresarial não faz prova plena. Se os lançamentos não são verídicos, nem comprovados por provas documentais, testemunhais ou periciais, o órgão judicante poderá não considerá-lo. Mas se o seu exame pericial contábil for compatível com as outras provas, o livro passará a ter eficácia probatória a favor ou contra o empresário que o escriturou.

Realmente, como ponderam Nelson Nery Jr. e Rosa Maria de Andrade Nery[15]: "se as contas, que são uma espécie de instrumento particular, representam a escrituração do número e da qualidade dos débitos e créditos que apuram, num tempo determinado e em face de uma situação conhecida e delimitada, não tem valor sua verificação, a não ser pelo volume total do que demonstram, sob pena de conduzir o julgador para o erro e o equívoco. A não ser que o objeto da prova não seja o volume contábil que se pretende apurar, mas lançamentos a respeito de cuja existência haja dúvida".

Essa indivisibilidade, entretanto, é alusiva, como afirma Ricardo Negrão[16], a cada operação individualmente considerada. P. ex., se no Diário houver registro de entrada de cem mercadorias e do pagamento do preço de R$ 2.000,00, não se poderá admitir como correta a quantidade daquelas mercadorias e como errôneo o *quantum* pecuniário pago. Continua o referido jurista: "se os lançamentos são distintos, referindo-se a duas ou mais operações diversas entre os mesmos empresários, não há por que se falar em indivisibilidade. A unidade da prova extraída dos livros empresariais, contudo, resulta do que se colheu dos fatos, isto é, do conjunto das provas: a escrituração do credor, a escrituração do devedor e demais documentos juntados aos autos, formando um todo unitário destinado à livre convicção do juiz".

15. Nelson Nery Jr. e Rosa Maria de Andrade Nery, *Código de Processo Civil comentado*, São Paulo, Revista dos Tribunais, 2006, p. 551.

16. Ricardo Negrão, *Curso*, cit., v. 1, p. 226.

d.5. Exibição judicial de livros e papéis de escrituração e recusa de apresentação dos livros em juízo

Em virtude do princípio da inviolabilidade e do sigilo da escrituração empresarial, somente havendo absoluta necessidade, o juiz poderá, nas hipóteses admitidas em lei, ordenar exibição integral ou parcial de livros obrigatórios ou facultativos e, até mesmo, de documentação arquivada pelo empresário para conferência da legitimidade dos lançamentos contábeis feitos. Para que haja exibição, total ou parcial, de livros em juízo, será preciso, como ensina Trajano de Miranda Valverde, legítimo interesse do requerente e que o empresário titular do livro a ser apresentado em juízo seja parte da demanda a ser solucionada.

O magistrado apenas poderá autorizar a *exibição total* dos livros e papéis de escrituração em determinadas ações para resolver certas questões, advindas de situações especiais, como as relativas à sucessão *inter vivos* (transferência de quotas, ações ou do estabelecimento, p. ex.) ou *causa mortis*, à comunhão ou à sociedade, à administração ou gestão mercantil à conta de outrem, à falência, à liquidação de sociedade (CC, art. 1.191; CPC/2015, art. 420; *RT*, *655*:86, *690*:66). Tais possibilidades legais de exibição integral dos livros empresariais são justificáveis, pois, p. ex., se a sociedade falir, seus livros serão arrecadados para que o administrador judicial possa elaborar um laudo contábil para ser apresentado em juízo; se houver dissolução judicial da sociedade, a apuração dos haveres apenas poderá dar-se pelo exame contábil em juízo. Logo, a sociedade deverá apresentar, em juízo, toda a escrituração de sua contabilidade. Todo o conteúdo dos livros será submetido à perícia. Os livros deverão ficar em disponibilidade no cartório, durante a pendência judicial, para serem analisados pelas partes, pelos peritos, pelo administrador judicial, pelo órgão do Ministério Público e pelo juiz.

Se o empresário, ou a sociedade empresária, se recusar a exibir, totalmente, seus livros, mediante ordem judicial, para resolver problemas sobre sucessão, comunhão ou sociedade, gestão à conta de outrem ou falência, ter-se-á a sua apreensão judicial (CC, art. 1.192, 1ª parte) e a apuração dos elementos imprescindíveis à solução da questão suscitada. A recusa da apresentação dos livros não acarretará presunção da veracidade das alegações da parte contrária.

Em qualquer ação, a *exibição parcial* de livros empresariais escriturados poderá ser ordenada judicialmente.

Na *exibição parcial*, o titular (empresário) apenas deverá apresentar os livros, na audiência, para exame em juízo, sem deles ser desapossado (CPC/2015, art. 421), para que seja periciada apenas a parte que for necessária para esclarecer a questão. A exibição parcial dos livros requer pendência de ação judicial movida pelo ou contra empresário; logo, não poderá ser ordenada a quem não é parte na lide (*RT*, *712*:151, *471*:77, *463*:122, *368*:126). Excepcionalmente, tem-se permitido essa exibição de livro societário para apurar rendimentos de sócio em ação de alimentos movida contra ele, mas em segredo de justiça (*RT*, *448*:143, *349*:151; *RJTJSP*, *61*:244). Deveras, o juiz, ou tribunal, que conhecer a medida cautelar (Súmula 390 do STF) ou a ação, poderá, de ofício ou a requerimento dos interessados, ordenar que os livros de qualquer das partes, ou de ambas, sejam examinados, por um perito por ele nomeado, na presença do empresário, ou da sociedade empresária a que pertencerem, ou de pessoas por estes nomeadas, extraindo deles tudo que puder solucionar a controvérsia (CC, art. 1.191, § 1º; CPC/2015, art. 421), permitindo-se, portanto, reprodução autenticada das partes dos livros que interessarem à demanda. O exame dos livros ficará limitado à questão necessária ao deslinde do litígio e às transações entre os litigantes (STF, Súmula 260), evitando devassa ampla e desnecessária à escrituração empresarial.

Procurar-se-á, assim, resguardar o interesse do empresário, visto que não haverá necessidade de uma parte ter ciência de todo o teor da escrituração da outra. Salientam Nelson Nery Jr. e Rosa Mª Andrade Nery que apenas deverá vir para os autos aquilo que for realmente necessário para esclarecer os fatos, e se o magistrado entender que a hipótese dos autos enseja uma das excludentes do Código de Processo Civil de 2015, art. 404, não deverá ordenar à parte a exibição de seus livros ou, se a entender, no caso, imprescindível, a determinará, impondo aos autos o segredo de justiça. Deveras, não deverá ordenar a exibição se houver recusa fundada no Código de Processo Civil, art. 404 por: haver na documentação negócio da própria vida familiar; possibilidade de violação do dever de honra; ocasionar desonra à parte ou a terceiro, bem como a seus parentes consanguíneos ou afins até o terceiro grau ou lhes representar perigo de ação penal; acarretar divulgação de fatos sigilosos profissionalmente; existir algum motivo grave ou lei que justifique a não exibição.

A exibição parcial dos livros na pendência de uma ação constitui, portanto, um meio de prova e se limita àquilo que possa esclarecer os fatos controvertidos em julgamento. Apenas os pontos investigados poderão ser alvo de análise na escrituração (Súmulas 260 e 439 do STF).

Se houver *recusa* da *exibição parcial* dos livros em medida cautelar, ou ação, considerar-se-á como verdadeiro o fato alegado pela parte contrária que, por meio daqueles livros, pretendia comprovar (CC, art. 1.192, 2ª parte). Mas tal presunção de confissão ficta resultante daquela recusa não é absoluta, pois poderá ser destruída mediante apresentação de hábil prova documental em contrário (CC, art. 1.192, parágrafo único), demonstrando a não veracidade daquele fato.

Na lição de Moacyr Amaral Santos, além dos motivos arrolados no art. 363 do Código Processual Civil, o empresário poderá, para recusar exibição judicial de livro empresarial, alegar: ausência de interesse do requerente; inexistência de obrigação legal de exibir; inexistência ou perda de escrituração em razão de força maior, hipótese em que deverá provar o fato.

E se os livros, porventura, estiverem em outra jurisdição, nela se fará a sua exibição total ou parcial, por carta precatória, e o seu exame ou perícia contábil, na presença do empresário ou de pessoa por ele indicada e, ainda, perante o respectivo juiz.

Isto é assim porque, exibida, no todo ou em parte (CPC/2015, arts. 420 e 421), a escrituração tem, como vimos, força probante (CPC/2015, arts. 417 e 418) contra ou a favor do seu titular (CC, art. 226)[17].

---

17. A respeito de exibição judicial de livros e da recusa de sua apresentação: Fábio Ulhoa Coelho, *Curso*, cit., v. 1, p. 82, 84-6; *Manual*, cit., p. 53-5; M. Helena Diniz, *Código*, cit., p. 935 e 936; Rubens Requião, *Curso*, cit., v. 1, p. 182-8; Waldirio Bulgarelli, Exibição judicial de livros — segredo mercantil, *RF*, *258*:202; Modesto Carvalhosa, *Comentários*, cit., v. 13, p. 817-28; Nelson Nery Jr. e Rosa Maria de A. Nery, *Código de Processo*, cit., p. 551; Sebastião José Roque, *Curso*, cit., p. 122-4; Waldemar Ferreira, *Tratado de direito comercial*, cit., v. 2, p. 377; Trajano de Miranda Valverde, *Força probante*, cit., p. 89 e 90; Moacyr Amaral Santos, *Comentários ao Código de Processo Civil*, Rio de Janeiro, Forense, 1976, v. 4, p. 144-6; Ricardo Negrão, *Manual*, cit., v. 1, p. 227 e 228; Spencer Vampré, *Tratado*, cit., § 62; Jorge S. Fujita, *Comentários*, cit., p. 895; Paulo Sérgio Restiffe (*Manual*, cit., p. 31-8) ensina que três são os procedimentos judiciais para exibição de livros empresariais: a) exibição incidental, que se dá no curso da ação de conhecimento (CPC/2015, arts. 396 e s.); b) exibição cautelar, como medida preparatória de outra ação (CPC/1973, arts. 844 e 845 — sem correspondentes no atual CPC —; Súmula 390 do STF); c) ação autônoma de exibição (CPC, arts. 401 e s.).

Sobre o procedimento para apresentação ou exame de livros: CPC/2015, arts. 396 a 404, 420 e 421, 464 a 480, 481 a 484.

Já se decidiu que: "1. A quantidade de documentos cuja exibição é pretendida, por maior que seja, não impede o exercício da ação. É que cabe ao magistrado, autorizada a medida, ordenar o processo de exibição, de forma a atender o autor sem comprometer as atividades da ré. 2. A indicação de muitos documentos a serem exibidos não traduz pedido genérico, quando estão todos identificados por natureza e período. 3. O art.

Pelo disposto no art. 1.193 do Código Civil de 2002, as restrições legais acima mencionadas, relativas ao exame da escrituração, em parte ou por inteiro, não são aplicáveis à autoridade fazendária, no exercício da fiscalização do pagamento de impostos ou tributos, nos termos do art. 195 do Código Tributário Nacional. Deveras, pelo art. 195 do Código Tributário Nacional: "Para os efeitos da legislação tributária, não tem aplicação quaisquer disposições legais excludentes ou limitativas do direito de examinar mercadorias, livros, arquivos, documentos, papéis e efeitos comerciais ou fiscais dos comerciantes, industriais ou produtores, ou da obrigação destes de exibi-los". E, além disso, a Constituição Federal de 1988, no art. 145, § 1º, confere poder à administração tributária para "identificar, respeitados os direitos individuais e nos termos da lei, o patrimônio, os rendimentos e as atividades econômicas do contribuinte". Consequentemente, perante o Poder Executivo, a exibição total ou parcial dos livros empresariais poderá ser exigida pelos agentes de fiscalização da receita municipal, estadual ou federal, para averiguar se os tributos foram regularmente pagos, dentro dos limites legais, pois atuam em prol do interesse da coletividade. O exame da escrituração será, como observa Rubens Requião, feito pelo agente fiscal, na investigação e nas diligências para apuração da veracidade das declarações, dos balanços, dos documentos apresentados e das informações prestadas.

A recusa do contribuinte em exibir seus livros à autoridade administrativa poderá acarretar[18]: *a*) lançamento do tributo por arbitramento ou lavratura de auto de infração por omissão a pagamento de tributo, que abrangerá valores fiscais sonegados, multas e encargos legais; *b*) requisição por agente fiscal do auxílio da força pública para o cumprimento da exibição (CTN, art. 200); *c*) aplicação da pena de detenção de quinze dias a seis meses por crime de desobediência à ordem de funcionário público (CP, art. 330); *d*) punição por crime contra a ordem tributária por omissão de informação à autoridade fazendária (Lei n. 8.137/90, art. 1º, I).

---

18 do Código Comercial não foi revogado pelo art. 381 (atual art. 420) do CPC. Ao contrário, ele trata de uma das hipóteses legais de exibição integral da contabilidade da empresa, referida no próprio art. 381, III — hoje 420, III —, do CPC. 4. Mesmo depois de revogado o art. 18 do Código Comercial pelo novo Código Civil, sua norma subsiste no ordenamento, porque repetido no art. 1.191, *caput*, do Código Civil/2002" (STJ, 3ª T., REsp 796.729-SP, Rel. Min. Humberto Gomes de Barros, j. 13-2-2007, v.u.).

18. Modesto Carvalhosa, *Comentários*, cit., v. 13, p. 827; Fábio Ulhoa Coelho, *Curso*, cit., v. 1, p. 88.

A Lei Complementar n. 105/2001 autoriza quebra de sigilo para apurar ocorrência de crime contra a ordem tributária e a previdência social.

O segredo dos livros empresariais não prevalecerá, para apuração de créditos tributários, relativamente ao Fisco, mas ficará incólume no que disser respeito a outros efeitos, pois, pelo art. 198 do Código Tributário Nacional, "sem prejuízo do disposto na legislação criminal, é vedada a divulgação, por parte da Fazenda Pública ou de seus servidores, de informação obtida em razão do ofício, sobre a situação econômica ou financeira do sujeito passivo ou de terceiros e sobre a natureza e o estado de seus negócios ou atividades".

Pelo art. 33, § 1º, da Lei n. 8.212/91, há permissão jurídica para que a Seguridade Social (INSS) fiscalize livros empresariais para atender a fins previdenciários, apurando falta de recolhimento de contribuições previdenciárias.

A quebra do segredo dos dados escriturados em livros empresariais para fins de fiscalização tributária e previdenciária, como afirmamos alhures, é admitida legal e juridicamente e reconhecida jurisprudencialmente, pois a Súmula 439 do STF assim se pronuncia: "Estão sujeitos à fiscalização tributária, ou previdenciária, quaisquer livros comerciais, limitado o exame aos pontos da investigação". A exibição administrativa de livros empresariais, portanto, apenas poderá dar-se perante autoridade fazendária e previdenciária (CC, art. 1.193; CTN, art. 195, e Lei n. 8.212/91, art. 33, § 1º).

d.6. Ausência, adulteração, extravio e perda de livros escriturados

Se o empresário não cumprir seu dever de escriturar, regularmente, suas operações em livros, atendendo aos requisitos legais (extrínsecos ou intrínsecos), poderá ser punido civil e penalmente, com imposição de sanções ou perda de uma série de privilégios, e, até mesmo, incorrer em falência. No que atina ao efeito sancionador: *a*) na seara civil, ter-se-á a presunção de veracidade dos fatos alegados pela parte contrária, por ocasião da exibição de livros ordenada judicialmente; e *b*) no âmbito penal, ter-se-á configuração de crime falimentar (Lei n. 11.101/2005, art. 178) e a consequente responsabilidade penal do falido.

Quanto às consequências restritivas de vantagens, temos: ineficácia probante da escrituração empresarial (CC, art. 379) e inadmissibilidade de pedido do benefício da recuperação judicial (Lei n. 11.101/2005, art. 51, V).

Realmente, o art. 178 da Lei n. 11.101/2005 admite como ação delituosa omissiva a conduta de não elaborar, escriturar ou autenticar os documentos de escrituração contábil obrigatórios.

O empresário poderá deixar de assentar seus livros obrigatórios no órgão competente, sem que, por isso, sofra qualquer sanção. Porém, se vier a falir, a simples omissão de autenticação dos documentos contábeis obrigatórios, por certidão expedida da Junta Comercial, fará com que seja punido criminalmente. Para eximir-se dessa sanção penal, deverá apresentar os livros obrigatórios autenticados pela Junta Comercial com todos os requisitos legais, extrínsecos e intrínsecos, devidamente preenchidos.

Se ocorrer adulteração de livros obrigatórios ou facultativos para, mediante criação de livro com registros falsos para movimentação de recursos paralelamente à contabilidade obrigatória ou efetivação de lançamentos contábeis inverídicos, p. ex., excluindo credores ou a alienação de bem integrante do estabelecimento empresarial, para simular uma situação creditória mais vantajosa para o empresário, ter-se-á a configuração das figuras criminais previstas no Código Penal, arts. 172, parágrafo único, e 297, independentemente da ocorrência da falência, e na Lei n. 11.101/2005, art. 168, observando-se, como esclarece Ricardo Negrão, que a ação do falido e a dos profissionais que o ajudaram poderão ser consideradas como crime extrafalimentar, e, neste caso, pelo princípio da especialidade, serão qualificadas, tão somente, na modalidade prevista na Lei Falimentar.

Todos os casos de irregularidade na escrituração do falido deverão ser demonstrados com a apresentação de prova inequívoca ou idônea para configurar os crimes tipificados na Lei n. 11.101/2005, ou seja, a inexatidão, omissão ou adulteração de livros (*RT*, *562*:327).

Se houver ocultação, destruição total ou parcial de livros obrigatórios pelo falido, fazendo desaparecer dados escriturados comprometedores, como alienação de bens a terceiros, ter-se-á aumento da pena (Lei n. 11.101/2005, art. 168, § 1º, V)[19].

E. Fichas contábeis

O Código Civil vigente, nos arts. 1.180 e 1.181, admite, ante a evolução dos sistemas mecanizados ou eletrônicos de contabilidade, que vem dinamizando e simplificando a técnica de lançamento e de registros contábeis, o uso de *fichas* devidamente autenticadas no Registro Público de Empresas Mercantis (RPEM), sem contudo dispensar a utilização de livro apro-

19. São as lições de: Ricardo Negrão, *Manual*, cit., v. 1, p. 211-4; Fábio Ulhoa Coelho, *Curso*, cit., v. 1, p. 91 e 92.

priado para o lançamento do balanço patrimonial e do resultado econômico. Logo, o empresário que optar pelo processo de fichas deverá possuir livro próprio, autenticado no RPEM, para inscrição dos balanços, balancetes e demonstrações contábeis dos resultados do exercício social.

Permitida está a escrituração mercantil pelo sistema mecanizado ou de processamento eletrônico, em formulários contínuos, numerados sequencial e tipograficamente, que depois de impressos serão destacados e encadernados em forma de livro, que, após a lavratura dos termos de abertura e encerramento, será autenticado no RPEM.

Pelo Regulamento do Decreto-Lei n. 486, art. 8º, as fichas que substituírem os livros, na hipótese de escrituração mecanizada, poderão ser contínuas, em forma de sanfona, em blocos, com subdivisões numeradas mecânica ou tipograficamente por dobras, sendo inadmissível seu destaque ou ruptura. E os termos de abertura e de encerramento serão colocados no anverso da primeira e no verso da última dobra de cada bloco, que receberá número de ordem. E, no art. 9º, dispõe que, no caso de escrituração mecanizada por fichas soltas ou avulsas, estas deverão ser numeradas tipograficamente, e os termos de abertura e de encerramento deverão ser apostos na primeira e última fichas de cada conjunto, e todas as demais serão obrigatoriamente autenticadas pelo RPEM.

Pela Instrução Normativa n. 65/97 do DNRC (ora revogada pela IN n. 102, de 25-4-2006), os instrumentos de escrituração poderão ser conjunto de fichas ou de folhas contínuas, microfichas geradas mediante microfilmagem de saída direta de computador (art. 2º). Tal microfilmagem poderá ser feita nas próprias instalações do empresário, observando-se as prescrições legais, ou efetuada, por razões de segurança ou para efeito de arquivamento, pelos cartórios habilitados por estarem registrados no Departamento do Ministério da Justiça, ou pelas Juntas Comerciais, desde que seguidas as condições técnicas exigidas pela Instrução Normativa n. 40/91 do DNRC (ora revogada pela IN n. 46, de 6-3-1996).

A Lei n. 5.433/68, regulamentada pelo Dec. n. 64.398/69, disciplina a microfilmagem de documentos, e a Portaria n. 5/73 do DNRC traça diretrizes para adoção do sistema de microfilmagem da escrituração empresarial, exigindo que se comunique o fato à Junta Comercial, dentro de trinta dias contados do término de cada conjunto de fichas microfilmado, com a devida identificação.

As cópias em papel e em filme de documento microfilmado têm eficácia, em juízo ou fora dele, desde que assinadas pelo responsável do estabelecimento detentor do filme negativo e autenticadas em cartório, mediante aposição de carimbo em cada folha ou mediante termo próprio, quando em filme, conforme modelos oficiais.

Os microfilmes, feitos no exterior, terão validade em juízo ou fora dele se: *a*) autenticados pela autoridade estrangeira competente; *b*) reconhecida for, pela autoridade consular brasileira, a firma da autoridade estrangeira autenticadora; *c*) acompanhados de tradução oficial[20].

F. Conservação de escrituração

A lei impõe à sociedade empresária e ao empresário o dever de guarda e conservação de seus livros e de toda documentação, e estende às suas sucursais, filiais ou agências, inclusive, se sediadas no exterior, as disposições alusivas à escrituração e a sua conservação.

Pelo art. 1.194 do Código Civil, o empresário e a sociedade empresária têm a obrigação de guardar e conservar em ordem, mantendo em boas condições, os livros de escrituração, a correspondência, os documentos ou papéis concernentes à sua atividade econômica ou a operações negociais que possam alterar sua situação patrimonial, enquanto não vencidos os prazos prescricionais ou decadenciais relativos aos atos neles consignados. Ocorrendo o transcurso ou vencimento do prazo de prescrição ou de decadência, o empresário individual ou coletivo poderá inutilizar, sem sofrer quaisquer sanções, seus livros e fichas. Para isso, será imprescindível analisar com atenção cada tipo de operação lançada no livro para averiguar, ante a diversidade de prazos e a especificidade de cada atividade nele escriturada, não só se houve, ou não, prescrição ou decadência, como também se ocorreu, ou não, alguma causa suspensiva, impeditiva ou interruptiva de prescrição.

Se ocorrer qualquer extravio, deterioração, destruição ou perda de livros, fichas e documentação, o empresário deverá não só publicar o fato em jornal de grande circulação do local do seu estabelecimento, como também informar, minuciosamente, dentro de quarenta e oito horas, a Junta Comercial, para obter a legalização de novos livros (IN n. 65/97 do DNRC, art. 11 — ora revogada pela IN n. 102, de 25-4-2006)[21].

---

20. É o que ensina Rubens Requião (*Curso*, cit., v. 1, p. 177-9), cujas lições aqui resumimos. *Vide* Lei n. 8.218/91, arts. 11 e s., com redação da Lei n. 8.383/91.

21. Rubens Requião, *Curso*, cit., v. 1, p. 190; M. Helena Diniz, *Código*, cit., p. 937 e 938; Fábio Ulhoa Coelho, *Curso*, cit., v. 1, p. 92; Arnaldo Rizzardo, *Direito de empresa*, cit., p. 1.107 e 1.108; Modesto Carvalhosa, *Comentários*, cit., v. 13, p. 831; Edmar Oliveira Andrade Filho, *Sociedade de responsabilidade limitada*, São Paulo, Quartier Latin, 2004, p. 139.

Quadro Sinótico

ESCRITURAÇÃO

1. CONCEITO	• Processo metódico e sistemático, pelo qual, em livros próprios, se lançam cronologicamente as contas e todas as operações de um estabelecimento empresarial, fazendo um balanço geral de seu ativo e passivo, demonstrativo do histórico integral da empresa.	
2. NECESSIDADE	• Escrituração é necessária por ser instrumento de defesa do empresário individual e coletivo e por possibilitar uma avaliação das decisões administrativas e fiscais tomadas com base nela.	
3. FUNÇÕES	• *Fiscal*, por conter dados informativos que possibilitam a fiscalização da incidência e recolhimento de tributos. • *Gerencial*, por possibilitar ao empresário o controle, a avaliação do seu empreendimento e a tomada de decisões administrativas, financeiras e empresariais. • *Documental*, por constituir um registro demonstrativo dos resultados da "empresa" para os sócios ou terceiros (investidor, credor, órgão público).	
4. PRINCÍPIOS	• O da uniformidade temporal da contabilidade (CC, art. 1.179). • O da individuação da escrituração. • O da fidelidade. • O do sigilo dos livros empresariais (CC, arts. 1.190 e 1.191). • O da liberdade de escolha do sistema de contabilidade, da quantidade e da espécie de livros (CC, art. 1.179, § 1º).	
5. CONTABILIDADE E ESCRITURAÇÃO	• Contabilidade	• Ciência que apresenta método para sistematizar contas, revelando a real situação patrimonial do empresário e, para tanto, serve-se da escrituração.

5. CONTABILIDADE E ESCRITURAÇÃO	• Escrituração	• Modo de efetuar em livros, fichas ou arquivos eletrônicos lançamentos de fatos contábeis. • Registro de operações empresariais conforme regras da contabilidade, feito por contabilista em livros próprios. • Pode ser feita pelo emprego de procedimento manual, mecanizado ou eletrônico. • Tem por instrumentos: livros; conjunto de fichas soltas; conjunto de folhas conjuntas; microfichas geradas por microfilmagem.	
6. TÉCNICA DE ELABORAÇÃO DE ESCRITURAÇÃO	• Uso de livros ou adoção de fichas autenticados no RPEM (CC, art. 1.181 e parágrafo único). Tal autenticação, por ser requisito formal extrínseco, confere regularidade aos livros. • Preenchimento de requisitos intrínsecos (CC, art. 1.183): uso do idioma nacional; emprego da moeda corrente nacional; forma contábil; individuação; clareza e obediência à ordem cronológica de dia, mês e ano; ausência de intervalos em branco, entrelinhas, borrões, rasuras, emendas etc. • Utilização de código de números ou abreviaturas, desde que haja possibilidade de identificação do significado de cada sinal ou indicativo lançado.		
7. LIVROS EMPRESARIAIS	• Conceito	• São registros, contábeis ou não, nos quais o empresário faz o assento de suas operações, elaborando, sistematicamente, suas contas, ou dos fatos do seu empreendimento.	
	• Modalidades	• Livros obrigatórios empresariais	• Reclamados por lei e que devem ser escriturados, sob pena de sanção criminal, administrativa e processual. Podem ser: *comum* (Diário) ou *especiais* (p. ex. Livro de Transferência de Ações Nominativas; Livro de Atas de Reuniões do Conselho de Administração; Livro de Registro de Duplicatas; Livro de Entrada e Saída de Mercadorias).
		• Livros obrigatórios não empresariais	• Livros fiscais (p. ex. Livro de Registro de Apuração do IPI); • Livros trabalhistas ou previdenciários (p. ex. Livro de Registro de empregados; Livro de Inspeção do Trabalho — CLT, arts. 41 e 628, § 1º).

7. LIVROS EMPRESARIAIS	• Modalidades	• Livros facultativos ou auxiliares	• São os não obrigatoriamente exigidos por lei, sendo usados para controlar atividades gerenciais, podendo ser: *dispensáveis* (p. ex. o Caixa, o Conta-Corrente, o Copiador de Cartas) ou *indispensáveis* (p. ex. o livro Razão, o Obrigações a Pagar; o Obrigações a Receber).
	• Diário	• Único *livro* empresarial *obrigatório comum* a todos os empresários, onde são lançados diariamente, diretamente ou por reprodução, em ordem cronológica de sua ocorrência, todas as operações da atividade empresarial, os atos ou fatos econômicos que podem alterar o patrimônio do empresário, o balanço patrimonial e o de resultado econômico (CC, art. 1.184 e § 2º). Admitida será sua *escrituração resumida* (CC, art. 1.184, § 1º).	
	• Livro Balancetes Diários e Balanços	• É o adotado pelo empresário (individual ou coletivo) que optou pelo sistema de fichas, por ter preferido o processo mecânico ou o eletrônico (CC, art. 1.180), observando todas as formalidades extrínsecas. Nele se registram: *a*) a posição diária de cada uma das contas, pelo respectivo saldo, em forma de balancetes diários; e *b*) o balanço patrimonial e o de resultado econômico, no encerramento do exercício financeiro (CC, art. 1.186).	
	• Valor probatório	• Servem de prova, se atenderem aos requisitos legais, a *favor* do seu autor em litígio contra outro empresário (CPC, art. 418). • Servem de prova *contra* o seu autor, hipótese em que este poderá, por haver presunção *juris tantum* em favor do outro demandante, demonstrar, por todos os meios admitidos em direito, que os lançamentos não são verídicos (CPC, art. 417). • Se dos fatos resultantes dos lançamentos, uns forem favoráveis ao autor e outros contrários, ambos serão considerados como unidade, por ser indivisível a escrituração (CPC, art. 419).	
	• Exibição judicial de livros e recusa de apresentação dos livros em juízo	• Exibição total de livros	• Ordenada pelo juiz para resolver certas questões como sucessão, comunhão, administração ou gestão mercantil à conta de outrem, falência, liquidação da sociedade (CC, art. 1.191; CPC, art. 420). Caso em que os livros ficarão em disponibilidade no cartório, durante a pendência judicial, para serem analisados. Se o empresário *recusar-se* a exibir, totalmente, seus livros, ter-se-á a sua apreensão judicial (CC, art. 1.192).

7. LIVROS EMPRESARIAIS	• Exibição judicial de livros e recusa de apresentação dos livros em juízo	• Exibição parcial dos livros	• Ordenada de ofício ou a requerimento do interessado em qualquer ação pelo juiz, hipótese em que o empresário deverá apresentá-los na audiência, para exame em juízo, sem ser dele desapossado (CC, art. 382), extraindo-se tudo que puder solucionar a controvérsia (CC, art. 1.191, § 1º). Se houver *recusa* do empresário em exibir seus livros, considerar-se-á como verdadeiro o fato alegado pela parte contrária. Mas essa confissão ficta poderá ser destruída mediante apresentação de prova documental demonstrando a não veracidade daquele fato (CC, art. 1.192, 2ª parte e parágrafo único).
		• Exibição de livros à autoridade administrativa	• Pelo art. 1.193 do Código Civil e arts. 195 e 198 do CTN, o Poder Executivo, por meio dos agentes da receita, poderá exigir exibição total e parcial dos livros empresariais para averiguar se os tributos foram regularmente pagos. A *recusa* de sua exibição pelo contribuinte poderá acarretar: lançamento do tributo por arbitramento ou lavratura do auto de infração por omissão a pagamento de tributo; requisição por agente fiscal do auxílio da força pública para o cumprimento da exibição (CTN, art. 200); aplicação de sanção por crime de desobediência à ordem de funcionário público (CP, art. 330) e por crime contra a ordem tributária por omissão de informação à autoridade fazendária (Lei n. 8.137/90, art. 1º, I). • Pelo art. 33, § 1º, da Lei n. 8.212/91, há permissão jurídica para que a Seguridade Social (INSS) fiscalize livros empresariais para atender a fins previdenciários, apurando falta de recolhimento de contribuições previdenciárias.
	• Ausência de livros	• Punição civil e penal (Lei n. 11.101/2005, art. 178). • Perda de privilégios (Lei n. 11.101/2005, art. 51, V). • Falência.	

7. LIVROS EMPRESARIAIS	• Adulteração de livros	• CP, arts. 172, parágrafo único, e 297. • Lei n. 11.101/2005, art. 168.
	• Extravio e destruição	• Lei n. 11.101/2005, art. 168, § 1º, V.
8. FICHAS CONTÁBEIS	• Usadas em sistema mecanizado ou de processamento eletrônico, desde que autenticadas no RPEM, sem que haja dispensa do uso de livro apropriado para inscrição de balanço patrimonial ou de resultado.	
9. CONSERVAÇÃO DE ESCRITURAÇÃO	• Pelo CC, art. 1.194, o empresário tem o dever de guardar e conservar em ordem sua documentação alusiva à atividade econômica e às operações negociais que possam alterar sua situação patrimonial, enquanto não vencidos os prazos prescricionais ou decadenciais relativos aos atos neles consignados.	

3. Inventário de bens e balanços

A. Inventário: noção, critérios avaliativos para coleta de seus elementos e valores ativos a serem inventariados[22]

Como todo empresário, ao término de cada exercício social, deve levantar, anualmente, balanços, haverá necessidade, para efetuá-los, não só de se levantar e registrar inventários de bens, utilizados na exploração da atividade econômica, como também de se seguir critérios legais de avaliação dos dados a serem coletados.

Inventário e balanço são coisas diversas; daí dizer Pontes de Miranda que: "quem inventaria ainda não balança, pois diz-se balanço o resultado da escrituração social contábil, incluindo o inventário, a que ele necessariamente alude, porém que nele não se integra". Inventário é peça indispensável ao balanço patrimonial, por ser operação que efetua o levantamento das contas ativas ou passivas do estabelecimento para averiguar os lucros e as perdas, e também das mercadorias, títulos existentes, imóveis, móveis, utensílios etc. Como ensina Erymá Carneiro, o inventário é uma

---

Consulte: CTN, arts. 173 e 168. Pelo parágrafo único do art. 195 do CTN: "os livros obrigatórios de escrituração comercial e fiscal e os comprovantes dos lançamentos neles efetuados serão conservados até que ocorra a prescrição dos créditos tributários decorrentes das operações a que se refiram".

22. Arnaldo Rizzardo, *Direito de empresa*, cit., p. 1.096-9; M. Helena Diniz, *Código*, cit., p. 932 e 933; Luiz Cezar P. Quintans, *Direito da empresa*, cit., p. 171; Paulo Checoli, *Direito de empresa*, cit., p. 366-8; Modesto Carvalhosa, *Comentários*, cit., v. 13, p. 796-809; Pontes de Miranda, *Tratado de direito privado*, Rio de Janeiro, Borsoi, 1965, v. 50, p. 422; Erymá Carneiro, *Aspectos jurídicos do balanço*, Rio de Janeiro, Aurora, 1953, p. 129; Edmar O. Andrade Filho, *Sociedade de responsabilidade*, cit., p. 295 e 306-11.

parte do balanço onde consta a descrição e avaliação de todos os bens de um patrimônio.

O inventário efetuar-se-á mediante registro, no Livro de Inventários, das mercadorias, dos produtos manufaturados ou dos em processo de fabricação, das matérias-primas etc. (RIR — Regulamento de Imposto de Renda/99, art. 261).

O produto do inventário (relação de bens) deverá ser avaliado, para que, posteriormente, os valores individualizados sejam inseridos no Balanço Patrimonial. O art. 1.187 contém diretrizes para a realização do inventário dos bens no balanço patrimonial. Assim, para elaboração do inventário, na coleta dos elementos a serem nele lançados, deverão ser seguidos alguns critérios avaliativos (CC, art. 1.187, I, II, III e IV):

a) Os bens destinados à exploração da atividade econômica (ativo imobilizado — p. ex. imóveis, móveis, máquinas, veículos, utensílios etc.) deverão ser avaliados pelo *custo de sua aquisição*, atendendo-se, se houve desgaste pelo decurso de tempo ou depreciação pelo uso, à desvalorização sofrida, criando fundos de amortização para assegurar a substituição ou a conservação do seu valor. Para que a demonstração financeira não contenha valor irreal, dever-se-á considerar a depreciação, ocorrida pelo uso durante o período do tempo passado desde a sua aquisição, calculando-a e registrando-a em apartado, em conta específica do balanço. No balanço ter-se-á, na conta de depreciação, contabilização do custo da aquisição do bem, deduzido da desvalorização sofrida. A constituição do *fundo de amortização* permitirá contabilizar aquela perda de valor oriunda do desgaste pelo uso, garantindo a substituição ou a conservação do valor.

b) Os valores mobiliários, matérias-primas, bens destinados à alienação, ou produtos da indústria ou comércio da empresa deverão ser estimados pelo *custo de sua aquisição ou fabricação*, ou, então, pelo *preço corrente* ou valor de mercado, se for inferior ao de custo. Se o preço corrente de mercado ou venal estiver acima do valor do custo de aquisição ou fabricação, e os bens forem avaliados pelo preço corrente, a diferença entre este e o de custo não será considerada para distribuição de lucros, nem para as percentagens relativas a *fundos de reserva*, que são as *contas de reserva de lucros*.

c) O valor das ações e dos títulos de renda fixa poderá ser o da *cotação da Bolsa de Valores*, sendo que os títulos *não cotados* na Bolsa de Valores e as *participações não acionárias* (p. ex. a participação em sociedade limitada) serão estimados pelo *valor de sua aquisição*. Os investimentos acionários, permanentes ou temporários, deverão ter a cotação que as ações negociadas tiverem na Bolsa de Valores. E os títulos e valores não negociados, na Bolsa, deverão ser aferidos pelo valor de aquisição, pouco importando se o investimento com eles feito é permanente ou temporário.

d) Os créditos (valores a receber) serão apurados pelo *presumível valor de realização*, que se dá pelo ágio ou deságio, sem se considerar os prescritos e os de difícil liquidação, a não ser que, na última hipótese, haja alguma previsão equivalente. Não se deverão computar pelo valor de aquisição ou de mercado os créditos prescritos, insuscetíveis de serem cobrados, e os de difícil liquidação para que não haja apuração de lucros inexistentes. Os prescritos deverão ser excluídos do cálculo, mas quanto aos créditos de difícil liquidação, permitido será, portanto, criar fundo ou provisão para créditos de liquidação duvidosa, p. ex., para fins fiscais, e se os títulos prescritos e de difícil liquidação tiverem valores inferiores àquele fundo criado, poderão ser tidos como *créditos no Balanço*.

Os créditos previstos no art. 1.187, IV, entrarão no inventário com o seu valor nominal, atribuído no ato negocial que lhes deu origem, sendo tal valor ajustado se os créditos estiverem sujeitos à atualização monetária, variação cambial, encargos financeiros de mercado. Observa Edmar Oliveira Andrade que os valores nominais ou ajustados serão diminuídos, no balanço, pelo valor das perdas definitivas e das perdas potenciais estimadas na realização dos créditos.

Entre os valores ativos a serem lançados, desde que, anualmente, amortizados, podem figurar (CC, art. 1.187, parágrafo único, I, II e III):

a) As *despesas de instalação* da sociedade (p. ex. valor da aquisição de bens para formar o estabelecimento; custos para registro dos atos constitutivos etc.), até o limite correspondente a 10% do capital social.

b) Os *juros iniciais* pagos aos acionistas da sociedade anônima, no período que antecedeu ao início das operações sociais, à taxa não superior a 12% ao ano, estipulada estatutariamente.

c) A *quantia*, efetivamente, *paga a título de aviamento* do estabelecimento adquirido pelo empresário ou sociedade empresária. O aviamento, como vimos, é o sobrevalor atribuído aos bens do empresário (individual ou coletivo), que, organizados e aplicados em sua atividade econômica, integram o estabelecimento, sendo um atributo seu, por constituir na aptidão da "empresa" de gerar lucros. Aviamento (*goodwill of a trade*), na lição de Nelson Nery Jr. e Rosa Maria Andrade Nery[23], é a aptidão da empresa de produzir lucros pela qualidade e bom funcionamento de sua organização, e seu preço resulta do conjunto dos seus bens e serviços e da qualidade pessoal do empresário. Ensinam, ainda, esses juristas que há duas formas de aviamento: o objetivo ou real (*local goodwill*), relativo ao imóvel, sua localização, sua organização, e o subjetivo ou pessoal (*personal goodwill*), alusivo à pessoa do titular da "empresa".

Assim, como observa Fábio Konder Comparato[24], há, para a formação do balanço, uma estimação valorativa entre a realidade econômica e sua tradução contável. Deveras, os fatos econômicos somente serão lançados em livros traduzidos em valores, baseados em critérios legais. O critério legal, contido no art. 1.187, impedirá atribuição arbitrária de valores, evitando o risco de se criar uma fictícia situação patrimonial, fraudando terceiros ou distribuindo lucros inexistentes, lesando o valor do capital social (CC, art. 1.059).

E, em alguns casos, o balanço apenas terá significado jurídico após a sua aprovação pelos sócios (CC, art. 1.071, I).

O levantamento do inventário, verificando-se a existência de bens e os valores do empresário (individual ou coletivo), deverá dar-se, anualmente, por ocasião do balanço patrimonial no encerramento do exercício social ou da liquidação da sociedade.

B. Balanço: noções gerais, seus aspectos e seus princípios

Todos os empresários (individuais ou coletivos), com exceção do microempresário e o de pequeno porte, têm o dever legal (CC, art. 1.179) de fechar os balanços anuais: patrimonial e de resultado. Somente as sociedades anônimas (Lei n. 6.404, art. 204) e as instituições financeiras (Lei n. 4.594/64, art. 31), por distribuírem, semestralmente, os dividendos, terão a obrigação de levantar seus balanços a cada semestre. Obrigatoriamente, o empresário (individual ou coletivo) deverá efetuar pelo menos um balanço

---

23. Nelson Nery Jr. e Rosa Maria A. Nery, *Código Civil comentado*, São Paulo, Revista dos Tribunais, 2005, p. 604.

24. Fábio Konder Comparato, *Ensaios e pareceres de direito empresarial*, Rio de Janeiro, Forense, 1978, p. 32.

anual, ou, em certos casos, um a cada seis meses, mas nada obsta a que venha a levantar, havendo previsão no ato constitutivo ou deliberação de sócios, outros em períodos de tempo menores[25] para atender a diversos fins.

Segundo Waldo Fazzio Júnior, o balanço é uma síntese ordenada do inventário, que expressa não só o estado econômico do empresário e da sociedade empresária, como também os resultados de seus negócios, em determinado momento. Para Carvalho de Mendonça, o balanço é "um quadro sinótico do ativo e passivo, demonstrando o saldo credor ou devedor"[26], tendo por suporte um sistema de contabilidade, mecanizado ou não, baseado na escrituração de livros e em documentações.

O balanço deverá, sob o *aspecto estrutural*, retratar a verdadeira situação patrimonial empresarial, indicando o ativo e o passivo, em determinada data. Espelha, como escreve Edmar Oliveira Andrade Filho[27], "o montante e a origem dos capitais dos sócios ou dos terceiros que concedem crédito à sociedade e a respectiva aplicação desse capital em bens ou direitos realizáveis ou já consumidos. Por outro lado, o balanço revela o resultado do confronto entre esses elementos patrimoniais, sob a rubrica 'patrimônio líquido', formado pelo valor do capital social, das reservas e dos lucros ou prejuízos, ainda pendentes de destinação por parte dos sócios".

É da análise conjunta das informações contidas em ambos os balanços (patrimonial e de resultado econômico) que se infere, com clareza e certeza, a realidade econômico-financeira da sociedade empresária e do empresário, possibilitando uma tomada de decisões sobre os rumos da atividade empresarial. E, havendo falência, a omissão ou inexatidão de dados no balanço escriturado do falido será motivo para agravar pena prevista no art. 168, § 1º, II e III, da Lei n. 11.101/2005[28].

O balanço, em seu *aspecto funcional*, possibilita, por indicar o resultado das operações sociais, demonstrando lucros e perdas, a averiguação do retorno do capital empregado pelos sócios e do conhecimento de terceiros da idoneidade, ou não, do empresário para pagar o passivo[29].

Os princípios da *prudência*, da *fidelidade*, da *clareza* e do *custo como base*

25. Edmar O. Andrade Filho, *Sociedade de responsabilidade*, cit., p. 296.

26. Waldo Fazzio Júnior, *Sociedades limitadas*, São Paulo, Atlas, 2003, p. 223; Carvalho de Mendonça, *Tratado de direito comercial brasileiro*, cit., v. 2, item 248.

27. Edmar O. Andrade Filho, *Sociedade de responsabilidade*, cit., p. 296 e 297.

28. Ricardo Negrão, *Manual*, cit., v. 1, p. 213.

29. Edmar O. Andrade Filho, *Sociedade de responsabilidade*, cit., p. 297.

de valor deverão ser aplicados, com bom senso e racionalidade, para nortear o levantamento dos balanços (CC, arts. 1.187 e 1.188), para que constituam o "espelho" da real situação do empresário.

O *princípio da prudência* requer que o contabilista registre os prováveis efeitos de eventuais perdas que o empresário possa sofrer.

O *princípio da fidelidade* requer que todas as alterações patrimoniais que incidirem imediata ou futuramente no patrimônio social sejam contabilizadas e apontadas no balanço patrimonial e no de demonstração de resultados.

Pelo *princípio da clareza*, os registros deverão, na escrituração, empregar terminologia que retrate o verdadeiro significado das operações, identificando-as de modo a permitir aos destinatários dos relatórios e dos demonstrativos uma adequada compreensão dos fatos escriturados e dos seus efeitos para o patrimônio social.

O *princípio do custo como base de valor* exige que os bens e direitos do ativo sejam traduzidos para a linguagem contábil, de conformidade com o custo de aquisição ou produção (CC, art. 1.187) e, em certos casos, admite a adoção do valor do preço corrente no mercado para determinados bens em circunstâncias especiais e a estimação de certas perdas com a formação de "previsão equivalente". Esse princípio, para diminuir os problemas oriundos de sua adoção, requer que os valores contabilizados no ativo sofram reduções, p. ex., em face do uso contínuo, obsolescência ou ação da natureza. Tais reduções, baseadas em estimativas, registrar-se-ão a título de depreciação, amortização ou exaustão[30].

C. Balanço patrimonial[31]

Balanço patrimonial é, segundo o art. 1.188 e parágrafo único do Código Civil, aquele que, feito, anual ou semestralmente (em casos excepcionais), exprime, no final de cada exercício social, com fidelidade e clareza, a situação real do patrimônio empresarial, indicando, distintamente, o ativo

30. Sobre os princípios do balanço: Edmar O. Andrade Filho, *Sociedade de responsabilidade*, cit., p. 302-4.

31. M. Helena Diniz, *Código*, cit., p. 933 e 934; Sebastião José Roque, *Curso*, cit., p. 124 e 125; Arnaldo Rizzardo, *Direito de empresa*, cit., p. 1.099 e 1.100; Waldo Fazzio Júnior, *Sociedades limitadas*, cit., p. 225; Paulo Checoli, *Direito de empresa*, cit., p. 369; Jorge S. Fujita, *Comentários*, cit., p. 893. *Vide*: Lei n. 6.404/76, arts. 178 a 184-A, com as alterações da Lei n. 11.941/2009.

e o passivo, abrangendo todos os bens (móveis, imóveis ou semoventes), créditos e débitos, atendendo sempre às peculiaridades do tipo da empresa, inclusive se coligadas, caso em que se deverão observar as disposições contidas em leis especiais (Lei n. 6.404/76, arts. 247 a 250), para assegurar a integridade do capital social de cada uma delas. Assim, em caso de sociedade coligada, as demonstrações financeiras consistirão em notas explicativas (Lei n. 6.404/76, art. 247); avaliação do investimento em coligadas e controladas (art. 248 da LSA, com a redação da Lei n. 11.941/2009); demonstrações consolidadas (LSA, art. 249) e normas sobre consolidação (LSA, art. 250). A aferição do patrimônio líquido da empresa poderá ser feita baseada nesse balanço, que é, como diz Fábio Ulhoa Coelho, *ordinário* ou *periódico*.

Esse balanço vem a retratar ou a demonstrar, gráfica e tecnicamente, a verdadeira situação econômico-financeira do empresário individual ou coletivo, expondo, p. ex., o conjunto de bens do patrimônio social, de valores a pagar e a receber, investimentos, dinheiro em caixa ou aplicado em instituições bancárias, obrigações assumidas, títulos de crédito, o patrimônio líquido (Lei n. 6.404/76, art. 182, §§ 1º a 5º, com a alteração da Lei n. 11.941/2009) etc. Enfim, indica: o ativo permanente (patrimônio imobilizado, p. ex., imóveis, máquinas, instrumentos etc.); o ativo circulante (p. ex., dinheiro, bens conversíveis em moeda, ou capital de giro); o ativo realizável a longo prazo (p. ex., créditos, direitos realizáveis no período seguinte, produzidos pela venda de produtos ou pela prestação de serviços; o passivo, que é, na lição de Waldo Fazzio Júnior, "o complexo obrigacional da sociedade com terceiros, ordenado conforme a exigibilidade dos encargos em passivo circulante exigível a longo prazo e a conta de resultados de exercícios futuros", abrangendo dívidas, encargos tributários, trabalhistas e previdenciários etc. No balanço patrimonial (ativo e passivo), as contas do ativo deverão estar apresentadas, de um lado, e as do passivo, de outro.

Entretanto, se ocorrerem situações antes do término do exercício social ou no transcurso do período (anual ou semestral) que reclamarem a apuração do valor do patrimônio líquido da sociedade num dado momento, levantar-se-á, então: o *balanço especial*, seguindo-se os mesmos critérios do balanço ordinário, não se efetuando reavaliação de ativo ou passivo, mas apenas uma atualização do balanço, levando em conta fatos contábeis verificados desde o término do último exercício social até a data do seu levantamento ou o *balanço de determinação*, caso em que se alterarão os critérios de apropriação de contas e de avaliação dos bens e direitos adotados pelo balanço ordinário, com o escopo de atender necessidade específica da sociedade, como a de apuração de haveres de sócio excluído, dissidente ou falecido. Reavaliar-se-ão os bens do ativo e do passivo, tendo-se por parâmetro o preço mercadológico[32].

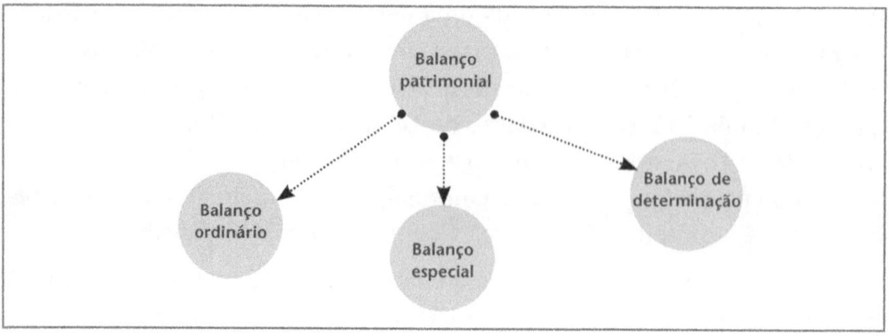

D. Balanço de resultado econômico[33]

O balanço de resultado econômico (CC, arts. 1.189, 1.179, 1.180 e 1.184) é o que contém a demonstração exata da conta de lucros e perdas, constando o crédito e o débito apurados no desenvolvimento da atividade econômico-empresarial, na forma da lei especial (Lei n. 6.404/76, art. 176, II e III) e que acompanha, por isso, o balanço patrimonial, integrando-o. O balanço de resultado econômico, por evidenciar a situação do momento em que se encontra o empresário, deverá constar, juntamente com o balanço patrimonial, que retrata a real situação dos bens, no Livro Diário.

Nele deverão estar lançados, conforme os critérios da contabilidade: as quantias que o empresário despendeu e as que recebeu; a receita e a despesa; o lucro (*superávit*, que ocorre se a despesa for menor do que a receita, ou melhor, se o empresário recebeu mais dinheiro do que gastou), ou a perda (*déficit*, se a despesa for superior à receita, ou seja, se se gastou mais do que se recebeu); a distribuição de dividendos; as transferências para reservas, reversões, parcerias de lucro incorporadas ao capital, ajustes etc.

O balanço do resultado econômico dá um panorama geral do lucro ou

32. É a lição de Fábio Ulhoa Coelho, *Curso*, cit., v. 1, p. 94 e 95.

33. Sebastião José Roque, *Curso*, cit., p. 125; M. Helena Diniz, *Código*, cit., p. 934; Arnaldo Rizzardo, *Direito de empresa*, cit., p. 1.101; Waldo Fazzio Júnior, *Sociedades limitadas*, cit., p. 225; Jorge S. Fujita, *Comentários*, cit., p. 893 e 894.

da perda ocorrida no exercício social.

Poder-se-á, como lembra Jorge S. Fujita, aplicar o art. 176 da Lei n. 6.404/76 a todos os tipos societários. Esse dispositivo arrola as demonstrações financeiras que deverão acompanhar o balanço patrimonial: *a*) demonstração dos lucros ou prejuízos acumulados; *b*) demonstração do resultado do exercício; e *c*) demonstração das origens e aplicações de recursos. Essas demonstrações financeiras deverão, ainda: *a*) ser, a cada exercício social, objeto de publicação, com a indicação de valores correspondentes das demonstrações do exercício anterior; *b*) agrupar contas semelhantes, desde que indicada a sua natureza e que não ultrapassem 1/10 do valor do respectivo grupo de contas; *c*) registrar a destinação dos lucros de acordo com a proposta formulada pelos órgãos de administração e aprovada pela assembleia geral; *d*) ser complementadas por notas explicativas e outras demonstrações contábeis necessárias para esclarecer a situação patrimonial e os resultados do exercício social[34].

34. Jorge S. Fujita, *Comentários*, cit., p. 893 e 894.

Quadro Sinótico

INVENTÁRIOS DE BENS E BALANÇOS

1. INVENTÁRIO	• Noção	• Operação que efetua o levantamento das contas ativas e passivas do estabelecimento para averiguar os lucros e as perdas, e também, de mercadorias, títulos, móveis, imóveis e utensílios. É, como diz Erymá Carneiro, uma parte do balanço onde consta a descrição e avaliação de todos os bens de um patrimônio.
	• Critérios avaliativos para coleta de seus elementos (CC, art. 1.187, I a IV)	• Custo da aquisição, em se tratando de bens destinados à exploração da atividade econômica. • Custo de aquisição ou fabricação ou preço corrente se disser respeito a valores mobiliários, matérias-primas, bens destinados à alienação, produtos da indústria ou comércio. • Cotação da Bolsa de Valores, se referente ao valor das ações e dos títulos de renda fixa. • Valor da aquisição, se alusivos a títulos não cotados na Bolsa de Valores e às participações não acionárias. • Valor de realização, se a apuração for de créditos.
	• Valores ativos (CC, art. 1.187, parágrafo único)	• Despesas de instalação da sociedade até o limite de 10% do capital social. • Juros iniciais pagos aos acionistas da sociedade anônima, à taxa não superior a 12% ao ano, estipulada no estatuto. • Quantia paga, efetivamente, a título de aviamento do estabelecimento adquirido pelo empresário individual ou coletivo.
2. BALANÇO	• Noção	• Síntese ordenada do inventário que expressa o estado econômico do empresário e os resultados de seus negócios num dado momento (Waldo Fazzio Júnior). Pode ser: balanço patrimonial e balanço de resultado econômico.

<table>
<tr><td rowspan="7">2. BALANÇO</td><td rowspan="2">• Aspectos</td><td>• Estrutural</td><td>• Balanço retrata a real situação patrimonial empresarial, indicando o ativo e o passivo em determinada data.</td></tr>
<tr><td>• Funcional</td><td>• Balanço indica o resultado das operações sociais, demonstrando lucros e perdas, possibilitando averiguação do retorno do capital empregado pelos sócios e do conhecimento de terceiros da idoneidade, ou não, do empresário para saldar o passivo.</td></tr>
<tr><td>• Princípios</td><td colspan="2">• da prudência.
• da fidelidade.
• da clareza.
• do custo como base de valor.</td></tr>
<tr><td>• Balanço patrimonial ordinário (CC, art. 1.188 e parágrafo único)</td><td colspan="2">• É aquele feito anual ou semestralmente, exprimindo, no final de cada exercício social, com fidelidade e clareza, a situação real do patrimônio empresarial, indicando, distintamente, o ativo e o passivo, abrangendo todos os bens, créditos e débitos, atendendo às peculiaridades do tipo da empresa, inclusive se coligada, caso em que se observarão os arts. 247 a 250 da LSA.</td></tr>
<tr><td>• Balanço patrimonial especial</td><td colspan="2">• Segue os mesmos critérios do ordinário, sem fazer reavaliação de ativo e passivo.</td></tr>
<tr><td>• Balanço patrimonial de determinação</td><td colspan="2">• Altera critérios de apropriação de contas e de avaliação dos bens e direitos adotados no ordinário, para atender necessidade específica da empresa, e reavalia bens do ativo e do passivo.</td></tr>
<tr><td>• Balanço de resultado econômico</td><td colspan="2">• É o que contém a demonstração da conta de lucros e perdas, constando o crédito e o débito apurados no desenvolvimento da atividade econômico-empresarial, na forma da lei especial (Lei n. 6.404/76, art. 176, II e III).</td></tr>
</table>

Bibliografia

ABDALA. As sociedades limitadas. *O novo Código Civil — estudos em homenagem a Miguel Reale* (coord. Franciulli Neto, Ferreira Mendes e Ives Gandra S. Martins Filho). São Paulo, LTr, 2003.

ABRÃO, Camel Abdala. Dilema de empresários: anônima ou limitada? *Revista do Curso de Direito da Universidade Federal de Uberlândia, 16*:93-9 (1987).

ABRÃO, Carlos Henrique. *Sociedades simples*. São Paulo, Juarez de Oliveira, 2004.

ABRÃO, Nelson. *Sociedade por quotas de responsabilidade limitada*, Saraiva, 2000.

ABREU DALLARI, Adilson de. Acordo de Acionistas — Empresa estadual concessionária de serviço público federal — manutenção da qualidade de acionista controlador. *Atualidades Jurídicas, 3*:17-48.

ADLER. *Nationalitätswechsel*, 1931.

ALVES, Francisco e MILANI, Imaculada. *Sociedades cooperativas*. São Paulo, Juarez de Oliveira, 2003.

ALVES, Jones F. e DELGADO, Mário Luiz. *Código Civil anotado*. São Paulo, Método, 2005.

AMARAL JR., Luciano. A sociedade entre marido e mulher e o novo Código Civil. *Boletim CDT, 34*:139.

AMARAL SANTOS, Moacyr. *Comentários ao Código de Processo Civil.* Rio de Janeiro, Forense, 1976. v. VI.

AMENDOLARA, Leslie. A influência dos acordos de acionistas na gestão das empresas de capital aberto. *Revista do IASP, 11*:22-31.

AMÉZAGA. J. J. *De las nulidades en general.* Montevideo, 1909.

ANDRADE, Agenor P. de. *Manual de direito internacional privado.* São Paulo, 1987.

ANDRADE, Jorge Pereira. *Contratos de franquia e "leasing".* São Paulo, Atlas, 1993.

ANDRIGHI, Fátima Nancy. *Desconsideração da personalidade jurídica.* Palestra UNIP — Teleconferência em Tempo Real, 12-5-2004.

ANGELONI, Vittorio. Imprese e Società. In: *Corso di diritto commerciale.* Roma, Scientia Italia, 1954.

ANZILOTTI. Il mutamento di nazionalità della società commerciali. *Rivista di Diritto Internazionale,* 1912.

ARAGÃO, Paulo Cezar. Novos aspectos dos valores mobiliários na lei das sociedades por ações. *Revista do Curso de Direito de Universidade Federal de Uberlândia, 14*:95-111 (1985).

ARE. *L'oggetto del diritto di autore.* Milano, Giuffrè, 1963.

ARMINJON. Nationalité des personnes morales. *Revue de Droit International et de Législation Comparée,* 1902.

ARRUDA ALVIM NETO, José Manuel. *Comentários ao Código de Processo Civil.* v. 2.

ASCARELLI, Tullio. *Teoria geral dos títulos de crédito.* Campinas, Red Livros, 1994.

________. *Problemas das sociedades anônimas e direito comparado.* São Paulo, Saraiva, 1945.

________. *Iniciación al estudio del derecho mercantil.* Barcelona, Bosch, 1964.

________. *Studi in tema di contratti*: contratto plurilatterale. Milano, Giuffrè, 1952.

________. *Problemi giuridici*. Milano, 1959. t. 2.

ASCENSÃO, José de Oliveira. Prefácio da obra *Problemas de direito intertemporal no Código Civil*, de Mário Delgado. São Paulo, Saraiva, 2004, p. XVI e XVII.

ASQUINI, Alberto. Profili dell'imprensa. *Rivista di Diritto Commerciale*, n. 43, 1943.

ASSAF NETO, Alexandre. *Estrutura e análise de balanços — um enfoque econômico-financeiro*. São Paulo, Atlas, 2000.

ASSIS DE ALMEIDA, José Gabriel. *A sociedade em conta de participação*. Rio de Janeiro, Forense, 1989.

ASSUMPÇÃO ALVES, Alexandre F. de. *A pessoa jurídica e os direitos da personalidade*, 1998.

AUBERT, Jean Luc. *Le contrat*. Paris, 1966.

AUBRY e RAU. *Cours de droit civil français*. 5. ed. v. 4.

AZAMBUJA, Darci. Parecer. *RF*, *135*:390.

AZEDO, Sandra. Respeito ao meio ambiente dá lucro. *Folha de S. Paulo*, 22-8-1999.

AZEREDO SANTOS, Theóphilo de. *Da nacionalidade das sociedades comerciais*. Belo Horizonte, 1957.

AZZOLINA, Umberto. *Il fallimento e le altre procedure concorsuali*. Torino, UTET, 1953.

BAKKEN e SHAARS. *The economics of cooperative marketing*. New York, 1937.

BALBINO FILHO, Nicolau. *Contrato de sociedades civis*. São Paulo, Atlas, 1995.

BANDEIRA DE MELLO, Celso Antônio. Sociedades de economia mista e empresas públicas: sua atuação na área econômica. In: *Curso de direito empresarial*. São Paulo, EDUC, 1976. v. 3.

BAPTISTA, Luiz Olavo. Proteção jurídica do *software*, novos desenvolvimentos. *RF*, *301*:49-59.

________. A proteção dos programas de computador em direito comparado e internacional. *Revista de Direito Mercantil, Industrial, Econômico e Financeiro*. São Paulo. v. 22, n. 50, p. 26-41.

________. *Cadernos de direito econômico e empresarial*: uma introdução às *joint ventures*, 1981.

BARBOSA, Rui. *Direito à clientela*. Rio de Janeiro, 1948.

BARBOSA DE MAGALHÃES. *Do estabelecimento comercial*.

BARBOSA LIMA SOBRINHO. *A nacionalidade da pessoa jurídica*. Belo Horizonte, 1963.

BARCILLO, Milton L. L. *O sistema internacional de patentes*. IOB-Thomson, 2004.

BARRETO FILHO, Oscar. A dignidade do direito mercantil. *Revista de Direito Mercantil*. São Paulo, Malheiros, 1973, n. *2*:18.

________. O projeto de Código Civil e normas sobre a atividade negocial. *Revista da Procuradoria-Geral do Estado de São Paulo, 7*:65.

________. *Teoria do estabelecimento comercial*. São Paulo, Saraiva, 1988.

BARROS MONTEIRO, Washington. *Curso de direito civil*. São Paulo, Saraiva, v. 1 e 5.

________. Sociedade civil, *RT, 424*:44-5

BARROSO, Luiz Felizardo. *Franchising — modificações à lei vigente*: estratégia e gestão. Rio de Janeiro, Forense, 2003.

BECHO, Renato L. *Problemas atuais do direito cooperativo*. São Paulo, Dialética, 2003.

________. *Elementos de direito cooperativo*. São Paulo, Dialética, 2002.

BELLINTANI JR., Hélio. *Contrato de licenciamento de uso de programas de computador destinados à gestão empresarial*. São Paulo, 2003. Dissertação de Mestrado-PUCSP.

BELTRAN, Ari Possidonio. Contratos de agência e de distribuição no novo Código Civil e a representação comercial. *Revista do Advogado, 70*:11-7.

________. *Dilemas do trabalho e do emprego na atualidade*. São Paulo,LTr, 2001.

BENGT HALLQVIST. *Private institute for corporate governance — the brazilian experience*. São Paulo, Bless, 2002.

BERDAH. *Fonctions et responsabilité des dirigeants des sociétés par actions*. Paris, Sirey, 1974.

BERNEGOZZI JUNIOR, Walter A. A responsabilidade do contador no novo Código Civil. *Jornal Síntese, 101*:14.

BERTASI, Mª Odete D. Administrador judicial, Comitê e assembleia de credores na Lei de Recuperação de Empresas e Falência. In: *Comentários à nova Lei de Falências e Recuperação de Empresas* (coord. R. Approbato Machado). São Paulo, Quartier Latin, 2005, p. 121-54.

BERTASI, Mª Odete D. e outros. Sociedade unipessoal. *Revista IASP, 18*:241-80.

BERTOLDI, Marcelo M. *Curso avançado de direito comercial*. São Paulo, Revista dos Tribunais, 2001. v. 1.

BETTI. *Teoría general del negocio jurídico*. Madrid, 1959.

BEVILÁQUA, Clóvis. *Princípios elementares de direito internacional privado*. 1938.

________. *Código Civil comentado*. v. 5.

BEZERRA FILHO, Manoel Justino. *Nova Lei de Recuperação e Falências comentada*. São Paulo, Revista dos Tribunais, 2005.

BIFANO, Elidie P. e BENTO, Sérgio R. de O. *Aspectos relevantes do direito de empresa de acordo com o novo Código Civil*.

BIGIAVI, Walter. *L'imprenditore occulto*. 1954.

BINDER, Julius. *Das Problem des juristischen Persönlichkeit*. Leipzig, 1907.

BITELLI, Marcos A. Sant'anna. Da função social para a responsabilidade da empresa. In: *Temas atuais de direito civil na Constituição Federal* (coord. Camargo Viana e Rosa M. A. Nery). São Paulo, Revista dos Tribunais, 2000. p. 229 e s.

BITTAR, Carlos Alberto. Contratos parassociais (acordos entre acionistas). In: *Enciclopédia Saraiva do Direito*. v. 20.

________. *Os direitos da personalidade*. Rio de Janeiro, Forense, 1995.

________. Contratação de artistas para publicidade. *Diário Legislativo*. IOB, n. 794, p. 390 e s.

________. *Os direitos do autor nos meios de comunicação*. São Paulo, Revista dos Tribunais, 1989.

________. Concorrência desleal na publicidade: a designação de concorrente. *Diário Legislativo*. IOB, n. 845, p. 798 e s.

________. Contratos de direitos autorais. In: *Enciclopédia Saraiva do Direito*. v. 20.

________. *Teoria e prática da concorrência desleal*. São Paulo, Saraiva, 1989.

________. Full disclosure. In: *Enciclopédia Saraiva do Direito*. v. 38. p. 462 e s.

________. Franchising. In: *Enciclopédia Saraiva do Direito*. v. 38.

________. Responsabilidade dos administradores de sociedades anônimas. In: *Enciclopédia Saraiva do Direito*. v. 65. p. 445-54.

BITTAR FILHO, Carlos Alberto e S. BITTAR, Márcia. *Novo Código Civil*. São Paulo, IOB, 2005.

BITTENCOURT, Mário D. C. Fraude através da pessoa jurídica. *JB*, *160*:50-5.

BOITTEUX. A função social da empresa e o novo Código Civil. *Revista da Faculdade de Direito da FAAP*, n. 2, p. 92-101.

BOLAFFI, Renzo. *La società semplice*, 1975.

BOMFIM, Benedito Calheiros. Cooperativas e terceirização. *Jornal Síntese*, *94*:3.

BORBA, José Edwaldo T. *Direito societário*. Rio de Janeiro, Freitas Bastos, 1997.

BORGES, João Eunápio. *Curso de direito comercial terrestre*. Rio de Janeiro, Forense, s/d. v. 1 e 2.

BOSISIO. *Representanti di commercio, agenti e commissionari*. Milano, Perota, 1966.

BOVE, Roberto. *Responsabilidade dos gestores das sociedades anônimas*. São Paulo, Revista dos Tribunais, 1958.

BRAGA, Jorge Luiz. Da teoria da despersonalização da pessoa jurídica e a *disregard doctrine*. *Ciência jurídica*, *62*:379.

BRANDÃO LOPES, Mauro. *A sociedade em conta de participação*. São Paulo, Saraiva, 1990.

BRASIL, Ângela B. Propriedade intelectual. *Direito eletrônico* (coord. R. O. Blum). São Paulo, Edipro, 2001.

BRAUDEL, Fernand. *O jogo das trocas*. São Paulo, Martins Fontes.

BRITO, Christiano G. de. Dissolução parcial de sociedade anônima. *Revista da Faculdade de Direito Milton de Campos*, *9*:41-58.

BRITO MACHADO, Hugo de. Sociedades anônimas: natureza, características, espécies e importância. *Revista da Faculdade de Direito*. Fortaleza, n. 27, p. 95-110.

BROSETA PONT. *La empresa, la unificación del derecho de obligaciones y el derecho mercantil*. Madrid, Tecnos, 1965.

BRUNETTI, Antonio. *Trattato del diritto delle società*. Milano, Giuffrè, 1948.

________. *Tratado de derecho de las sociedades*. Buenos Aires, Uthea, 1960.

BRUNO, Marcos G. da S. e OPICE BLUM, Renato M. S. Internet e os direitos autorais. *Tribuna do Direito*, out. 2000, p. 6.

BRUSCHI, Gilberto G. *Aspectos processuais da desconsideração da personalidade jurídica*. São Paulo, Juarez de Oliveira, 2004.

BUCCI, Mª Paula D. *Cooperativas de habitação no direito brasileiro*. São Paulo, Saraiva, 2003.

BUCELL, J. *Le contrat de franchising*, Montpellier, DES, 1970.

BUENO MAGANO, Octávio. *Do poder diretivo na empresa*. São Paulo, Saraiva, s/d.

BULGARELLI, Waldirio. *As sociedades cooperativas e sua disciplina jurídica*. Rio de Janeiro, Renovar, 1998.

________. *Regime jurídico das sociedades cooperativas*. São Paulo, 1965.

________. *Sociedades comerciais*. São Paulo, Atlas, 1998.

________. *Tratado de direito empresarial*. São Paulo, Atlas, 1995.

________. A atividade negocial no Projeto do Código Civil brasileiro. *Revista de Direito Mercantil, 56*:117 e s.

________. *Contratos mercantis*. São Paulo, Atlas, 1988.

________. *Questões de direito societário*. São Paulo, Revista dos Tribunais, 1983.

________. *O novo direito empresarial*. Rio de Janeiro, Renovar, 2001.

________. "Underwriting". In: *Enciclopédia Saraiva do Direito*. v. 75.

BULHÕES DE CARVALHO. *Incapacidade civil e restrições de direito*. Rio de Janeiro, Borsoi, 1957. v. 2.

BUONNAFINA, Jalber Lira. Fundamentos legais sobre a mudança de competência para registro das cooperativas no RCPJ. *Boletim, CDT, 16*:67.

BUZAID, Alfredo. *Da ação renovatória*. São Paulo, Saraiva, 1958.

________. *Do concurso de credores no processo de execução*. São Paulo, Saraiva, 1952.

CAEIRO, António. A exclusão estatutária do direito de voto nas sociedades por quotas. In: *Temas de direito das sociedades*. Coimbra, Livr. Almedina, 1984.

CAILLAUD, Bernard. *L'exclusion d'un associé dans les sociétés*. Paris, 1966.

CAMPINHO, Sérgio. *O direito de empresa*. Rio de Janeiro, Renovar, 2006.

CAMPOS BATALHA, Wilson de S. *Tratado de direito internacional privado*. São Paulo, Revista dos Tribunais, 1977.

CAMPOS, Dejalma de. Sociedades conjuntas. *RDC, 15*:128.

CAMPOS, Emília M. Medidas eficazes contra a pirataria. *Tribuna do Direito*, abr. 2004, p. 30.

CAMPOS, Francisco. *Direito comercial*. 1957.

CANDIANI, Aurelio. *Il processo di fallimento*. Padova, Cedam, 1939.

CAÑIZARES e AZTIRIA. *Tratado de las sociedades de responsabilidad limitada en el derecho argentino y comparado*. Buenos Aires, 1950. t. 1.

CÁNOVAS. *Manual de derecho civil*. v. 1.

CAPITANT. *De la cause des obligations*. 1972.

CARAMICO, Mauro. As sociedades simples. *Boletim CDT*, *38*:156-7.

CARLEZZO, Eduardo. Sociedade em conta de participação. *Justilex*, *18*:48.

CARLO, Carmine e SPINA, Ferdinando M. Le partnership "joint ventures" e le convenzione contro le doppie imposizioni secondo l'OCSE. In: *Diritto e pratica tributaria internazionale*. Padova, Cedam, 2001. v. 1.

CARNEIRO, Erymá. *Aspectos jurídicos do balanço*. Rio de Janeiro, Aurora, 1953.

CARVALHO DE MENDONÇA, José X. *Tratado de direito comercial brasileiro*. Rio de Janeiro, Freitas Bastos, 1955. v. 1, 2 e 5.

________. *Contratos no direito civil brasileiro*. Rio de Janeiro, 1911. v. 2.

CARVALHO, Orlando de. *Critério e estrutura do estabelecimento comercial*. 1967.

CARVALHOSA. *Comentários ao Código Civil* (coord. Antônio Junqueira de Azevedo). São Paulo, Saraiva, 2005. v. 13.

________. *Comentários à Lei das Sociedades Anônimas*. v. 4. t. 1.

________. Quotas do sócio falecido. *Revista IASP*, *11*:240-45.

________. *Acordo de acionistas*. São Paulo, Saraiva, 1984.

CARVALHO SANTOS. *Código Civil brasileiro interpretado*. Rio de Janeiro, Freitas Bastos, 1934. v. I e XIX.

CASES, José Maria T. *Código Civil anotado* (coord. Rodrigo da Cunha Pereira). Porto Alegre, Síntese, 2004.

CASTELLO BRANCO, Elcir. Corretor de seguros. In: *Enciclopédia Saraiva de Direito*. v. 21.

CASTRO, Amílcar de. *Direito internacional privado*. Rio de Janeiro, Forense, 1968. v. 2.

CATEB, Alexandre B. A sociedade em comum. In: *Direito de empresa no novo Código Civil*. Rio de Janeiro, Forense, 2004.

CAVALHEIRO, Sérgio Pereira e D'ÉLIA, Cláudia B. As deliberações sociais nas sociedades por quotas de responsabilidade limitada no novo Código Civil brasileiro. *Revista de Direito Mercantil*, *130*:136-41.

CAVALLI, Cassio M. O direito da empresa no novo Código Civil. *Revista de Direito Mercantil, 131*:174-81.

CENEVIVA. Função do registro público: registro civil de sociedade, associação e fundação. Publicação do *3º RTD, 167*:682.

CEOLIN, Ana Caroline S. *Abusos na aplicação da teoria da desconsideração da pessoa jurídica*. Belo Horizonte, Del Rey, 2002.

CHADE, Oswaldo e CHADE, Alexandre S. Sociedades por quotas de responsabilidade limitada: formas e instrumentos heterodoxos de composição de poderes, funções e interesses. *Revista do IASP*, número especial, p. 43-52.

CHAVES, Antônio. Obras de arte aplicadas à indústria: desenhos ou modelos. *JB, 95*:13-24.

________. Corretagem. In: *Enciclopédia Saraiva de Direito*. v. 21.

CHAVES, João Carlos M. *Reflexões sobre direito autoral*. 1995.

CHECOLI, Paulo. *Direito de empresa no novo Código Civil*. São Paulo, Pillares, 2004.

CIFUENTES, Carlos Llano. *Dilemas éticos de la empresa contemporanea*. México, Fondo de Cultura Económica, 2000.

CLÉMENS, René. *Personnalité morale et personnalité juridique*. Paris, 1935.

COELHO, Fábio Ulhoa. *Manual de direito comercial*. São Paulo, Saraiva, 2003.

________. *Desconsideração da personalidade jurídica*. São Paulo, Revista dos Tribunais, 1989.

________. *Curso de direito comercial*. São Paulo, Saraiva, 2006. v. 1. a 3.

________. *Curso de direito civil*. São Paulo, Saraiva, 2003. v. 1.

________. O contrato eletrônico: conceito e prova. *Tribuna do Direito, 82*:8.

________. A internet e o comércio eletrônico. *Tribuna do Direito*, set. 1999, p. 8.

________. A natureza subjetiva da responsabilidade civil dos administradores de companhia. *Revista de Direito de Empresa, 1*:9-38.

________. *A sociedade limitada no novo Código Civil*. São Paulo, Saraiva, 2003.

COELHO, Luiz Fernando. Fonte de produção e fonte de cognição. In: *Enciclopédia Saraiva do Direito*. v. 38.

COLIN e CAPITANT. *Cours élémentaire de droit civil français*. 11. ed. Paris, Dalloz.

COLOMBO, Giovanni E. L'azienda e il diritto di concorrenza dell'alienante, *Trattato di diritto commerciale e di diritto pubblico del'economia*. Padova, Cedam, 1979. v. 3.

COPPENS, Pierre. *L'abus de majorité dans les sociétés anonymes*. Louvain, 1955.

CORDEIRO, Antonio Menezes. *O levantamento da personalidade colectiva no direito civil e comercial*, 2000.

CORDEIRO FILHO. *Manual de abertura das companhias*. Rio de Janeiro, 1981.

CORRÊA DE OLIVEIRA, J. Lamartine. *A dupla crise da pessoa jurídica*. São Paulo, Saraiva, 1979.

________. Sociedades por cotas de responsabilidade limitada. *RDC, 42*:184.

CORRÊA LIMA, Osmar B. *Sociedade anônima*. 1991.

COSTA, Christiane A. A. da e BRUNI, Wania Celia de S. L. Da responsabilidade dos administradores nas sociedades limitadas. *Revista IASP, 18*:81-97.

COSTA, Ester E. da. *O consumidor e a publicidade no direito brasileiro*. Dissertação de Mestrado apresentada na PUCSP.

COSTA, José Raimundo dos S. O empresário individual. *Revista da ESMAPE*. Recife, v. 9, n. 19, 2004, p. 278 e s.

COSTA, Philomeno Joaquim da. Modificação do contrato da sociedade limitada por maioria de capital. *RDM, 25*:77.

COUDY et DESPIERRES. *Le représentant de commerce*. Paris, Sirey, 1957.

COUTO e SILVA, Alexandre. Desconsideração da personalidade jurídica: limites para sua aplicação. *RT, 780*:47.

________. *Aplicação da desconsideração da personalidade jurídica no direito brasileiro*. São Paulo, LTr, 1999.

________. O conceito de empresa no direito brasileiro. *Revista Ajuris, 37*:42-59.

COVAS, Silvânio. A Lei de Recuperação de Empresas e de Falência e os interesses da sociedade. *Tribuna do Direito*, abr. 2005, p. 19 e s.

CRAHAY, Paulo. *Les contrats internationaux d'agence et de concession de vente*. 1991.

CRISTIANO, Romano. *A empresa individual e a personalidade jurídica*. São Paulo, Revista dos Tribunais, 1977.

CRUSELLAS, Eduardo L. G. *La protección de las minorías en las sociedades anónimas*. Buenos Aires, 1959.

CRUZ, Glória C. Almeida. *Franchising*. Rio de Janeiro, Forense, 1993.

CUNHA GONÇALVES. *Compra e venda no direito comercial brasileiro*, 1950.

________. *Tratado de direito civil*. São Paulo, Max Limonad. v. 6.

CUNHA, Paulo A. V. *Do patrimônio*, Lisboa, 1934.

CUNHA PEIXOTO. *Sociedade por ações*. São Paulo, Saraiva, 1973. v. 2.

________. *A sociedade por cotas de responsabilidade limitada*. Rio de Janeiro, Forense, 1958. v. 1.

CUNHA, Rodrigo Ferraz P. Reorganizações societárias no novo Código Civil. In: *Direito de empresa no novo Código Civil*. Rio de Janeiro, Forense, 2004.

DALLOZ. *Code Civil annoté*. Paris, 1953.

D'AVACK. *La natura giuridica del fallimento*. Padova, Cedam, 1940.

DE FERRA. *Manuale di diritto fallimentare*. Milano, Giuffrè, 1998.

DEKKERS. *Précis de droit civil belge*. t. 2.

DELGADO, José Augusto. Do contrato de agência e distribuição no Código Civil de 2002. In: *O novo Código Civil* — estudos em homenagem a Miguel Reale. São Paulo, LTr, 2003.

DEL PRADO, Victor Romero. *Manual de derecho internacional privado*. Buenos Aires, 1944. v. 1.

DEL VECCHIO. *Lições de filosofia do direito*. v. 2.

DE MATTIA, Fábio Maria. *Aparência de representação*, 1984.

DE PAGE. *Traité élémentaire de droit civil belge*. v. 1.

DESBOIS, Henri. *Le droit d'auteur*. Paris, Dalloz, 1950.

DINIZ, Maria Helena. *Código Civil anotado*. São Paulo, Saraiva, 2006.

________. O impacto do art. 2.035 e parágrafo único nos contratos anteriores ao novo Código Civil. In: *Novo Código Civil* — questões controvertidas (coord. Delgado e F. Alves). São Paulo, Método, 2005, v. 4.

________. Constitucionalidade do parágrafo único do art. 2.035 do novo Código Civil. *Jornal do 22*, n. 4, p. 12, PUCSP, 2005.

________. Sociedade e associação. In: *Contratos nominados* (coord. Cahali). São Paulo, Saraiva, 1995.

________. *Compêndio de introdução à ciência do direito*. São Paulo, Saraiva, 2006.

________. *Dicionário jurídico*. São Paulo, Saraiva, 2005. v. 1, 2, 3 e 4.

________. *Curso de direito civil brasileiro*. São Paulo, Saraiva, 2007. v. 1, 3, 5 e 7.

________. *Tratado teórico e prático dos contratos*. São Paulo, Saraiva, 2006. v. 1, 3 e 4.

________. *O estado atual do biodireito*. São Paulo, Saraiva, 2006.

________. *Comentários ao Código Civil*. São Paulo, Saraiva, 2004. v. 22.

________. *Lei de Locações de Imóveis Urbanos comentada*. São Paulo, Saraiva, 2006.

________. *Lei de Introdução ao Código Civil brasileiro interpretada*. São Paulo, Saraiva, 2007.

________. Sucessão comercial por falecimento de um dos sócios em sociedade por quotas de responsabilidade limitada. *Estudos Jurídicos, 6*:252-62.

________. Contratos modificativos. *Revista de Direito Civil Imobiliário, Agrário e Empresarial, 61*:7-14.

________. *Norma constitucional e seus efeitos*. São Paulo, Saraiva, 1989.

DI RENZO, Francesco. *Nuovissimo digesto italiano*. Torinese, 1973. v. XIX.

DI SABATO, Franco. *Società*. Milano, UTET, 1999.

DJIAN, Ives. *Le contrôle de direction des sociétés anonymes dans les pays du marché commun*. Paris, Sirey, 1965.

DOHM. *Les accords sur l'exercice du droit de vote de l'actionnaire*. Genève, 1971.

DOMINGUES DE OLIVEIRA, José Marcos. Responsabilidade do acionista controlador. *RF*, *255*:449-52.

DORIA, Dylson. *Curso de direito comercial*. São Paulo, Saraiva, 2000. v. 1.

DOURUODIER e KUHLEWEIN. *La loi allemande sur les sociétés par actions*. Paris, Sirey, 1954.

D'OVIDIO, Antonio Lefebvre. *La nazionalità della società commerciali*. Milano, 1939.

DOWER, Nelson G. B. *Curso renovado de direito civil*. São Paulo, Nelpa. v. 4.

DUARTE, Regina A. A responsabilidade social da empresa — breves considerações. *Revista IASP*, *13*:146-52.

ENNECCERUS, KIPP e WOLFF. *Tratado de derecho civil*. v. 2.

ESPÍNOLA e ESPÍNOLA FILHO. *A Lei de Introdução ao Código Civil brasileiro comentada*. Rio de Janeiro, Freitas Bastos, 1943. v. 3.

ESTRELLA, Hernani. *Curso de direito comercial*. Rio de Janeiro, Konfino, 1973.

________. *Apuração dos haveres de sócio*. Rio de Janeiro, Forense, 1992.

FABRETTI, Láudio C. *Direito de empresa no novo Código Civil*. São Paulo, Atlas, 2003.

________. *Fusões, aquisições, participações e outros instrumentos de gestão de negócios*. São Paulo, Atlas, 2005.

________. *Incorporação, fusão, cisão e outros eventos societários*. São Paulo, Atlas, 2002.

FALLA, Laureano F. Gutiérrez. *Derecho Mercantil* — la empresa. Buenos Aires, Astrea, 1985.

FARIA, Henrique. *Fusões e aquisições como solução para continuidade e crescimento de empresas familiares*. Palestra dada em 31-1-2007 no Curso Empresas Familiares, promovido pelo Institute for International Research do Brasil.

FARIA, W. R. *Direito da concorrência e contrato de distribuição*. Porto Alegre, Sérgio A. Fabris, Editor, 1992.

FAZZIO JÚNIOR, Waldo. *Manual de direito comercial*. São Paulo, Atlas, 2003.

________. *Sociedades limitadas*. São Paulo, Atlas, 2003.

________. *Nova Lei de Falência e Recuperação de Empresas*. São Paulo, Atlas, 2005

FEDOZZI, Prospero. *Gli enti collettivi nel diritto internazionale privato*. Padova, 1897.

FEINE. *Las sociedades de responsabilidad limitada*. Madrid, 1930.

FENWICK. *Intenational law*. 3. ed.

FERNANDES, Adaucto. *O contrato no direito brasileiro*. 1945. v. 1.

FERNANDES, Anderson Antônio. A desconsideração da personalidade jurídica e o novo Código Civil. *CDT Boletim, 15*:65-6.

FERNANDES, Marcelo C. P. *O contrato de franquia empresarial*. Porto Alegre, Sérgio A. Fabris, Editor, 2003.

FERNANDEZ NETO, Atahualpa. *Notas sobre a natureza jurídica do contrato de "franchising"*. Trabalho apresentado em Coimbra, no curso de Mestrado. 1990.

FERNÁNDEZ-RÍO, Angel J. R. *El estado de crisis económica*. Madrid, Ed. Civitas, 1982.

FERRARA, Francesco. *Il fallimento*. Milano, Giuffrè, 1959.

________. Indole giuridica della società civile. *Rivista di Diritto Commerciale, 1*:517 (1909).

FERRAZ JUNIOR, Tércio Sampaio. *Introdução ao estudo do direito*. São Paulo, Atlas, 1988.

FERRAZ, Sérgio (coord.). *Sociedade de advogados*. São Paulo, Malheiros, 2002.

FERREIRA, Waldemar. *O menor comerciante*. São Paulo, 1918.

________. *Tratado de direito comercial*. São Paulo, Saraiva, 1962. v. 6 e 4.

FERRER CORREIA. *Lições de direito comercial*. Coimbra, 1965.

FIORILLO, Celso A. P. e ABELHA RODRIGUES, Marcelo. *Direito ambiental e patrimônio genético*. Belo Horizonte, Del Rey, 1996.

FIORILLO, Celso A. P. e DIAFÉRIA, Adriana. *Biodiversidade e patrimônio genético no direito ambiental brasileiro*. São Paulo, Max Limonad, 1999.

FIRES, Marcelo A. *Empresa e empresário*: do Código Civil italiano ao novo Código Civil brasileiro.

FISCHER. *Las sociedades anónimas*. Madrid, 1934.

FIUZA, Ricardo. *Novo Código Civil comentado*. São Paulo, Saraiva, 2002.

FODERARO, Salvatore. *Il concetto di legge*. Roma, Bulzoni, 1971.

FONSECA, Priscila M. P. Corrêa da. *Dissolução parcial, retirada e exclusão de sócio no novo Código Civil*. São Paulo, Atlas, 2003.

FOURÈS. *Le droit et la publicité*, 1968.

FRANKE, Walmor. *Direito das sociedades cooperativas*. São Paulo, 1973.

FRÉ. *Società per azioni*, 1972.

FREITAS, Elizabeth C. C. M. de. *Desconsideração da personalidade jurídica*. São Paulo, Atlas, 2002.

FREITAS GOMES, Luiz Roldão de. Desconsideração de personalidade jurídica. *RDC, 46*:27.

FRÓES, Carlos Henrique. Transferência de tecnologia. In: *Enciclopédia Saraiva do Direito*.

FRONTINI, Paulo Salvador. Sociedade comercial ou civil entre cônjuges: inexistência, validade, nulidade e anulabilidade ou desconsideração desse negócio jurídico? *JTACSP, 78*:6.

FUJITA, Jorge S. *Comentários ao Código Civil* (coord. Camillo, Talavera, Fujita e Scavone Jr.). São Paulo, Revista dos Tribunais, 2005.

FURTADO, Lucas Rocha. Estabelecimento empresarial. In: *O novo Código Civil* — estudos em homenagem ao Prof. Miguel Reale. São Paulo, LTr, 2003.

GALGANO. *La società per azioni, le altre società di capitali, le cooperative*. Bologna, 1974.

GALGANO, Francesco e outros. *Trattato di diritto commerciale e di diritto pubblico dell'economia*. Padova, Cedam, 1988. v. 7.

GALIZZI, Gustavo O. e CHAVES, Natália C. O menor empresário. In: *Direito de empresa no novo Código Civil*. Rio de Janeiro, Forense, 2004.

GAMA CERQUEIRA. *Tratado de propriedade industrial*. Rio de Janeiro, Forense, 1982. v. 1.

GARAY, Ângela B. B. S. Programa de voluntariado empresarial: Modismo ou elemento estratégico para as organizações? *Revista de Administração da USP*, v. 36, n. 3, p. 6-14.

GARCIA, Cesar Augusto. Nem tão por quotas, nem tão limitadas. *Jornal do Advogado*, fev. 2003, p. 13.

GARCÍA-MIJÁN. El derecho de patentes y las invenciones biotecnológicas. *Revista de Derecho y Genoma Humano*, Bilbao; BBV Foundation, n. 9, p. 143-61.

GARRIGUES. *Tratado de derecho mercantil*.

GASCA. *La compraventa civil y comercial*. Madrid, 1931.

GENOVESE. *La nozione giuridica dell'imprenditore*. 1990.

GÉRARD, Paul D. *Los derechos de autor en la obra cinematográfica*. Barcelona, Ariel, 1958.

GHIDINI, Gustavo. *Introduzione allo studio della pubblicità commerciale*. Milano, Giuffrè, 1968.

GHIDINI, Mario. *L'associazione in partecipazione*. 1959.

GIANULO, Wilson. O regime de casamento e o direito societário no novo Código Civil. *Revista Literária de Direito, 47*:3.

GIARETA. Teoria da despersonalização da pessoa jurídica: *disregard doctrine, RDC, 48*:7.

GIORDANO, Giuseppe. *Il contratto di agenzia*. Bari, Leonardo da Vinci, 1959.

GOBBO, Edenilza e LOPES, Lucíola F. Intersecções necessárias entre o direito de família e o direito comercial: as quotas da sociedade limitada na dissolução do casamento na união estável e na sucessão. *Revista Brasileira de Direito de Família, 27*:5-28.

GOLD, Charles e outros. "Software" recomendations for an export control policy. *Communications of ACM*, abr. 1980, p. 199 e s.

GOLDSCHMIDT, Roberto. *Problemas jurídicos de la sociedad anónima*. Buenos Aires, 1946.

GOMES, Luiz Flávio. Nova lei de falências e suas repercussões criminais. *Jornal Síntese*, n. 97, p. 7 e 8.

GOMES, Orlando. *Contratos*. Rio de Janeiro, Forense, 1997.

________. *Proteção jurídica do "software"*. Rio de Janeiro, Forense, 1985.

________. *Novíssimas questões de direito civil*. São Paulo, Saraiva, 1984.

GONÇALVES, Luis M. C. *Direito das marcas*. Coimbra, Livr. Almedina, 2000.

GONÇALVES NETO, Alfredo de A. *Apontamentos de direito comercial*. Curitiba, Juruá, 1999.

GONTIJO, Vinicius José M. A regulamentação das sociedades limitadas. In: *Direito de empresa no novo Código Civil*. Rio de Janeiro, Forense, 2004.

GRANDI, Salvatore G. *L'associazione in partecipazione*, 1939.

GRAU, Eros Roberto. *Elementos de direito econômico* — função social da empresa. São Paulo, Revista dos Tribunais, 1981.

GRAU-KUNTZ, Karin. *Do nome das pessoas jurídicas*. São Paulo, Malheiros, 1998.

GREBLER, Eduardo. O funcionamento da sociedade estrangeira no Brasil em face do novo Código Civil. In: *Direito de empresa no novo Código Civil*. Rio de Janeiro, Forense, 2004.

GRISOLI, Angelo. *La società con uno solo socio*. 1971.

GUERREIRO, José A. Tavares. *Regime jurídico do capital autorizado*. São Paulo, Saraiva, 1984.

________. Sociedade por quotas — quotas preferenciais. *Revista de Direito Mercantil*, *94*:33.

________. Execução específica do acordo de acionista. *RDM*, *41*:42 (1981).

GUERREIRO, José A. Tavares e LACERDA TEIXEIRA. *Das sociedades anônimas no direito brasileiro*. 1979. v. 1 e 2.

GUIMARÃES, Flávia Lefèvre. *Desconsideração da personalidade jurídica no Código do Consumidor* — aspectos processuais. São Paulo, Max Limonad, 1998.

GUIMARÃES, Leonardo. Exclusão de sócio em sociedades limitadas no novo Código Civil. In: *Direito de empresa no novo Código Civil*. Rio de Janeiro, Forense, 2004.

GUIMARÃES, Mª Celeste M. *Recuperação judicial de empresas*. Belo Horizonte, Del Rey, 2001.

GUIMARÃES, Marilene S. A necessidade de outorga para alienação de bens imóveis no casamento e na união estável, segundo o Código Civil de 2002. In: *Novo Código Civil* — questões controvertidas. São Paulo, Método, 2004. v. 2.

GUSMÃO, José Roberto D'Affonseca. Internet e a propriedade intelectual — nome de domínio e marcas. *IOB*, n. *24*:523-5 (2000).

GUSMÃO, Mônica. *Curso de direito empresarial*. Rio de Janeiro, Lumen Juris, 2007.

HAMEL. Affectio societatis. *Revue Trimestrielle de Droit Civil*. 1925, p. 761-75.

HAMIAUT, Marcel. *La réforme des sociétés commerciales*. Paris, Dalloz, 1966.

HAURIOU. *Précis de droit constitutionnel*. 1929.

HEINSHEIMER. *Derecho Mercantil*. Madrid, 1933.

HENTZ, Luiz Antônio S. *Direito de empresa no novo Código Civil brasileiro*. São Paulo, Juarez de Oliveira, 2005.

HENTZ, Luiz Antônio S. e DINIZ, Gustavo Saad. Nacionalidade da pessoa jurídica — sistemática no novo Código Civil. *Revista Síntese de Direito Civil e Processual Civil*, *35*:48-54.

________. *Sociedades dependentes de autorização*: novo regramento no Código Civil de 2002. IOB-Thomson, 2004.

HOUPIN e BOSVIEUX. *Traité général théorique et pratique des sociétés civiles et commerciales*. Paris, 1935. v. 1 e 3.

HUNT, Edwin S. e MURRAY, James M. *Uma história do comércio na Europa Medieval*. Lisboa, Dom Quixote, 2000.

INACARATO, Márcio Antonio. O fundo de comércio ou estabelecimento comercial. *RDC, 16*:128.

________. O valor probante dos livros comerciais. *RF, 268*:427.

INNOCENTI, Osmida. *L'esclusione del socio*. Padova, 1956.

ISAY. De la nationalité. *Recueil des Cours*, v. 5, p. 434-5.

JESSEN, Henry. *Direitos intelectuais*. 1967.

JOSER, Rudolf. A proteção da minoria de acionistas nos direitos brasileiro e suíço. *RT, 442*:2.

JOSSERAND. *Cours de droit civil positif français*. 1939. v. 2.

JUSTEN FILHO, Marçal. *Desconsideração da personalidade societária no direito brasileiro*. São Paulo, Revista dos Tribunais, 1987.

KONDER COMPARATO, Fábio. Exclusão de sócio nas sociedades por cotas de responsabilidade limitada. *RDM, 25*:39.

________. Função social da propriedade dos bens de produção. *Revista de Direito Mercantil, Industrial, Econômico e Financeiro, 63*:76.

________. A regra do sigilo nas ofertas públicas de aquisição de ações, *RDM*, n. *49*:56.

________. *Direito empresarial* — ensaios e pareceres. São Paulo, Saraiva, 1990.

________. Estado, empresa e função social. *RT, 732*:38.

________. *Ensaios e pareceres de direito empresarial*. Rio de Janeiro. Forense, 1978.

________. *O poder de controle na sociedade anônima*. Rio de Janeiro, Forense, 1983.

KOURY, Suzy. *A desconsideração da personalidade jurídica*. Rio de Janeiro, Forense, 1993.

KURSCH, Harry. *The franchise boom*. New York, Prentice-Hall, 1969.

LABRUNIE, Jacques. Conflitos entre nomes de domínio e outros sinais distintivos. *Direito & Internet* (coord. Newton de Lucca e Adalberto Simão Filho). São Paulo, Quartier Latin, 2005.

________. *Direito de patentes*. São Paulo, Manole, 2006.

LACERDA DE ALMEIDA. *Das pessoas jurídicas*. Rio de Janeiro, 1905.

LADAS, Stephen P. *The international protection of literary and artistic property*. New York, Macmillan, 1938. v. 1.

LAMEIRA, Valdir de Jesus. *Governança corporativa*. Rio de Janeiro, Forense Universitária, 2001.

LANGONI, Carlos G. *Shopping center no Brasil*. São Paulo, Revista dos Tribunais, 1984.

LARROYD, André de M. Classes de quotas nas sociedades limitadas. Disponível em <www.larroydcardozo.com.br./artigos/default.asp?tela=1&codartigo.=20>.

LATORRACA, Sérgio M. Z. *Exclusão de sócios nas sociedades por quotas*. São Paulo, Saraiva, 1989 (Coleção Saraiva de Prática do Direito. v. 42).

LAURENT. *Principes de droit civil*. Bruxelles. v. 1.

LEIRIA, Jerônimo S. *Terceirização*, 1992.

LEONARDOS, Gabriel F. A proteção jurídica ao nome comercial, ao título do estabelecimento e à insígnia no Brasil — Regime jurídico e novos desenvolvimentos e jurisprudência. *Revista de Direito Mercantil, Industrial, Econômico e Financeiro, 95*:44-5.

LIMA DE TOLEDO, Floriano. *Manual de direito comercial*. São Paulo, 1982.

LIMA, Hermes. *Introdução à ciência do direito*. Rio de Janeiro, Freitas Bastos, 1970.

LIMONGI FRANÇA, Ana Cristina. *Qualidade de vida no trabalho*. São Paulo, Atlas, 2003.

LIMONGI FRANÇA, Rubens. *Manual de direito civil*. São Paulo, Revista dos Tribunais, 1975. v. 1.

LIPPERT, Márcia M. *A empresa no Código Civil*. São Paulo, Revista dos Tribunais, 2003.

LISBOA, Roberto Senise. A livre iniciativa e os direitos do consumidor. In: *Direito empresarial contemporâneo* (coord. Adalberto Simão Filho e Newton de Lucca). São Paulo, Juarez de Oliveira, 2000.

________. *Responsabilidade civil nas relações de consumo*. São Paulo, Revista dos Tribunais, 2001.

________. *Comentários ao Código Civil* (coord. Camillo, Talavera, Fujita e Scavone Jr.). São Paulo, Revista dos Tribunais, 2006.

LOBO, Jorge. *Contrato de "franchising"*. Rio de Janeiro, Forense, 1994.

________. *Sociedades limitadas*. Rio de Janeiro, Forense, 2004.

________. Efeitos da falta de arquivamento da alteração do contrato de sociedade por quotas de responsabilidade limitada. *3º RTD*, *71*:284-5.

LO CELSO, Rogasiano M. *Responsabilidad civil de los gestores en las sociedades anónimas*, 1944.

LODI, João Bosco. *Governança corporativa: o governo da empresa e o Conselho da Administração*. Rio de Janeiro, Campus, 2000.

LOPES PORTUGAL, Bernardo. A sociedade em conta de participação no novo Código Civil e seus aspectos tributários. In: *Direito de empresa no novo Código Civil*. Rio de Janeiro, Forense, 2004.

LORENZETTI, Ricardo Luis. Informática, Cyberlaw, E-commerce. In: *Direito & Internet*. Aspectos jurídicos relevantes. São Paulo, Edipro, 2000.

________. Contratos associativos e *joint venture*. *Revista de Direito de Empresa*, *1*:39-50 (1996).

LUCCA, Newton de. *Regime jurídico da empresa estatal no Brasil*. Tese de livre docência apresentada na USP. 1986.

________. A atividade empresarial no âmbito do projeto do Código Civil. In: *Direito empresarial contemporâneo* (coord. Adalberto Simão Filho e Newton de Lucca). São Paulo, Juarez de Oliveira, 2000.

LUCENA, José W. *Da sociedade por quotas de responsabilidade limitada*.

LUPI, André L. P. B. *Proteção jurídica do "software": eficácia e adequação*. Porto Alegre, Síntese, 1999.

MACHADO, José Roberto Lino. *A participação do trabalhador na gestão da empresa*. Tese de doutorado em direito comercial. FDUSP, 1999.

MACHADO NETO, A. L. *Compêndio de introdução à ciência do direito*. São Paulo, Saraiva, 1984.

MACHADO, Silvio M. *Sociedade de responsabilidade limitada*. São Paulo, 1940.

MACHADO VILLELA. *O direito internacional privado no Código Civil brasileiro*. 1921.

MADALENO, Rolf. A *disregard* e sua efetivação no juízo de família. *Revista Jurídica*, n. 7, p. 14.

MAGNIER, Véronique. *Droit des sociétés*. Paris, Dalloz, 2002.

MAMEDE, Gladston. *Direito societário: sociedades simples e empresárias*. v. 2.

MANARA. *Delle società*. UTET, 1902.

MARCONDES, Sylvio. *Exposição de Motivos do Anteprojeto do Código Civil*.

________. *Limitação da responsabilidade de comerciante individual*. São Paulo, Revista dos Tribunais, 1958.

________. *Questões de direito mercantil*. São Paulo, Saraiva, 1977.

MARINONI e LIMA JUNIOR. Fraude — Configuração, prova — Desconsideração da personalidade jurídica. *RT*, *783*:137.

MARTIN-ACHARD, Alex. *La nationalité des sociétés anonymes*. Zurich, 1918.

MARTINS DA SILVA, Américo Luís. *Introdução ao direito empresarial*. Rio de Janeiro, Forense, 2005.

MARTINS FILHO, Ives Gandra da S. Sociedades empresárias. *O novo Código Civil* — estudos em homenagem a Miguel Reale (coord. Franciulli Neto, Ferreira Mendes, Silva Martins Filho). São Paulo, LTr, 2003.

MARTINS, Fran. *Sociedades por quotas no direito estrangeiro e brasileiro*. Rio de Janeiro, 1960.

________. *Curso de direito comercial*. Rio de Janeiro, Forense, 1996.

________. *Contratos e obrigações comerciais*. Rio de Janeiro, Forense, 1977.

________. Compra e venda mercantil. In: *Enciclopédia Saraiva do Direito*. v. 16.

________. Corretor. In: *Enciclopédia Saraiva do Direito*. v. 21.

________. Sociedades controladoras e controladas. *Revista da Faculdade de Direito*. Fortaleza, *23*:27-46 (1982).

________. Sociedade por quotas unipessoal. *Revista da Faculdade de Direito*. Fortaleza, *28*:47-58 (1987).

________. *Comentários à Lei das Sociedades Anônimas*. Rio de Janeiro, Forense, 1977. 3 v.

________. Acordo de acionistas: contrato plurilateral. *Revista da Faculdade de Direito*. Fortaleza, *29*:59-71 (1988).

MARZAGÃO, Lídia V. A recuperação judicial. In: *Comentários à nova Lei de Falências e Recuperação de Empresas* (coord. R. Approbato Machado). São Paulo, Quartier Latin, 2005.

MASCHERONI. *La sindicación de acciones*. Buenos Aires, 1968.

MASNATTA, Héctor. *El abuso del derecho a través de la persona colectiva*. 1967.

MATIELLO, Fabrício Z. *Código Civil comentado*. São Paulo, LTr, 2003.

MAUDONNET, Maria Clara. Responsabilidades do administrador. *Tribuna do Direito*, jan. 2004, p. 8.

MEDINA. Protección al arte aplicado. *Revista Interamericana de Direito Intelectual*, n. *1*; p. 63-8, 1978.

MELARÉ, Márcia R. M. A responsabilidade civil do *underwriter* pelas informações prestadas ao mercado investidor. *Revista do IASP, 12*:263-71.

________. A recuperação extrajudicial. In: *Comentários à nova Lei de Falências e Recuperação de Empresas* (coord. R. Approbato Machado). São Paulo, Quartier Latin, 2005.

MELLO, Adriana M. Theodoro de. *Franquia empresarial* — responsabilidade civil na extinção do contrato. Rio de Janeiro, Forense, 2001.

MELLO FRANCO, Vera Helena de. *Manual de direito comercial*. São Paulo, Revista dos Tribunais, 2004. v. 1.

________. O triste fim das sociedades limitadas no novo Código Civil, *Revista de Direito Mercantil, 123*:81-5.

________. Dissolução parcial e recesso nas sociedades por quotas de responsabilidade limitada. Legitimidade e procedimento. Critério e momento de apuração de haveres. *RDM, 75*:19.

MELLO, Renato de e SILVEIRA, Jorge. As disposições penais na Lei de Recuperação de Empresas e de Falências — crimes em espécie e procedimento. In: *Comentários à nova Lei de Falências e Recuperação de Empresas* (coord. R. A. Approbato Machado). São Paulo, Quartier Latin, 2005.

MELO, Claudineu de. *Contrato de distribuição*. São Paulo, Saraiva, 1987.

MELO JR., Regnoberto M. O dever de adaptação de pessoas jurídicas ao Código Civil de 2002. *Jornal da Anoreg*, CE, jun. 2004, p. 6.

MELZER, Marcus Soibelman. A competência da Junta Comercial no exame de regularidade dos documentos. *Revista de Direito Mercantil*, v. VIII, p. 67 e s.

MENDONÇA, Fernando. *Debênture*. São Paulo, Saraiva, 1988.

MENESINI, Vittorio. Le invenzioni biotecnologiche fra scoperte scientifiche: applicazione industriale; preocupazioni bioetiche. *Rivista di Diritto Industriale*. Milano, Giuffrè, n. 4-5, p. 191-226 (1996).

MERZ. *Manuale pratico del fallimento*. Padova, Cedam, 1993.

MEYER, Antônio C. e PENTEADO, Mauro R. Sociedade de advogados: influência do novo Código Civil em seu regime jurídico. *Revista Literária de Direito, 60*:29-30.

MIGUEL, Paula C. Estabelecimento comercial. *RDM, 118*:7-61.

MINERVINI. *Gli amministratori di società per azioni*. Milano, Giuffrè, 1956.

MIRTO, Pietro. *Il diritto penale delle società*, 1954.

MONEZI, Mariangela. Sociedade cooperativa e o novo Código Civil. *CDT Boletim, 29*:120-1.

MORANDIÈRE. *Droit commercial*. Paris, Dalloz, 1965.

MORATO, Antonio Carlos. O direito de autor na obra musical. *Revista do IASP*, n. 12, p. 123-46.

MOREIRA PORTO, Luiz Guilherme e LOBO DA COSTA, Helena Regina. Nova Lei de Falências. In: *Experiências de direito*. Campinas, Millennium, 2004.

MOREIRA, Ricardo Guimarães. Sociedade limitada ou anônima fechada? *Revista de Direito Mercantil, 133*:46-7.

MORELLO, Aurélio. *Le società attipiche*. Milano, Giuffrè, 1983.

MORO, Luis Carlos e BELTRAN, Ari P. Perdas e ganhos da terceirização. *Jornal do Advogado*, OAB-SP, dez. 2002, p. 12-3.

MOTA, João Francisco da. Contribuições previdenciárias: sociedade limitada e responsabilidade dos sócios. *Revista Del Rey Jurídica, 16*:40-1.

MOTTA MAIA, J. Sociedade cooperativa. In: *Enciclopédia Saraiva de Direito*. v. 70.

MOTTA PACHECO, Angela M. da. Regime de comunhão parcial, comunicabilidade de frutos de bens particulares dos cônjuges, especificamente dos frutos civis: dividendos e ações bonificadas. *Revista da Associação dos Pós-graduandos da PUCSP, 3*:5-18.

MOURLON. *Répétitions écrites du Code de Napoléon*. 8. ed. Paris. t. 1.

NAMORADO, Rui. *Introdução ao direito cooperativo*. 2000.

NAMUR, Cássio S. *Planejamento sucessório — mecanismos societários e aspectos fiscais*. Palestra proferida em 31-1-2007 no Curso Empresas Familiares.

NASCIMENTO, Fernando R. do. *Cooperativismo como alternativa de mudança*: uma abordagem normativa. Rio de Janeiro, Forense, 2000.

NASCIMENTO FRANCO e GONDO. *Ação renovatória e ação revisional de aluguel*. São Paulo, Revista dos Tribunais, 1987.

NAVARRO COELHO, Sacha C. e MOREIRA, André M. Reflexos do novo Código Civil no direito tributário. In: *Direito tributário e o novo Código Civil* (coord. Betina T. Grupenmacher). São Paulo, Quartier Latin, 2004.

NEGRÃO, Ricardo. *Manual de direito comercial e de empresa*. São Paulo, Saraiva, 2006. v. 1.

NERY JUNIOR, Nelson e NERY, Rosa Mª de Andrade. *Código de Processo Civil comentado*. São Paulo, Revista dos Tribunais, 2006.

________. *Código Civil comentado*. São Paulo, Revista dos Tribunais, 2005.

NEVES, Rubia C. Regime jurídico da sociedade simples. In: *Direito de empresa no novo Código Civil*. Rio de Janeiro, Forense, 2004.

NICOL, Donald Mac e SANNA, Murched B. Plano de recuperação. In: *Comentários à nova Lei de Falências e Recuperação de Empresas* (coord. R. Approbato Machado). São Paulo, Quartier Latin, 2005.

NIGRO, Alessandro. Le scritture contabili. In: *Trattato di diritto commerciale e di diritto pubblico dell'economia* (org. Galgano). Padova, Cedam, 1978. v. II.

OLIVEIRA, Adriana Tolfo. *O regime jurídico internacional e jurídico das marcas*. Porto Alegre, Síntese, 2003.

OLIVEIRA ANDRADE FILHO, Edmar. *Sociedade de responsabilidade limitada*. São Paulo, Quartier Latin, 2004.

OLIVEIRA CARVALHO, Lucila de. A administração da sociedade limitada e o novo Código Civil. In: *Direito de empresa no novo Código Civil*. Rio de Janeiro, Forense, 2004.

OLIVEIRA, Celso Marcelo. *Manual de direito empresarial*. São Paulo, IOB-Thomson, 2005. v. 1.

________. *Tratado de direito empresarial brasileiro*.

OLIVEIRA, Nuri Rodriguez. *Responsabilidad civil de los administradores de sociedades anónimas*. Montevideo, Letras, 1973.

OPPO. L'essenza della società cooperativa e gli studi recenti. *Rivista di Diritto Civile*. 1959.

PAESANI, Liliana M. *Direito de informática*. São Paulo, Atlas, 1997.

PAES DE ALMEIDA, Amador. *Direito de empresa no Código Civil*. São Paulo, Saraiva, 2004.

________. *Manual das sociedades comerciais*. São Paulo, Saraiva, 2004.

________. *Curso de falência e recuperação de empresas*. São Paulo, Saraiva, 2007.

PAES DE BARROS LEÃES, Luiz Gastão. O conceito de *securities* no direito norte-americano e o conceito análogo no direito brasileiro. *Revista de Direito Mercantil, Industrial, Econômico e Financeiro*, fasc. 14 (1974), p. 41 e s.

________. *Mercado de capitais & "insider trading"*. São Paulo, Revista dos Tribunais, 1982.

________. Denúncia de contrato de franquia por tempo indeterminado, *RT*, *719*:83-96.

________. Sociedades coligadas e consórcios. *Revista de Direito Mercantil*, *12*:137 e s. (1973).

________. *Estudos de pareceres sobre sociedade anônima*. São Paulo, Revista dos Tribunais, 1989.

________. Exclusão extrajudicial de sócio em sociedade por quotas. *RDM*, *100*:89.

PAGLIANO, Marcos de Carvalho. Responsabilidade de sócio na sociedade limitada em virtude de dívida previdenciária. *Gazeta Mercantil*, 2-3-2006.

PAILLUSEAU. *La société anonyme — Technique d'organisation de l'entreprise*. Paris, 1967.

PAOLUCCI. *La mutualità nelle cooperative*. Milano, 1974.

PARAÍSO, Anna Luiza P. *O direito de retirada na sociedade anônima*. Rio de Janeiro, Lumen Juris, 2000.

PAULIK. *Das Recht der eingetragen Genossenschaft*. Karlsruhe, 1956.

PAZZAGLINI FILHO, Marino e CATANESE, Andrea Di Fuccio. *Direito da empresa no novo Código Civil*. São Paulo, Atlas, 2003.

PELLA. *Los contratos de licencia de explotación de patentes y los royalties*. Barcelona, Bosch, 1972.

PENALVA SANTOS, Paulo. *Direito comercial*: estudos. Rio de Janeiro, Forense, 1991.

________. O estabelecimento mercantil individual de responsabilidade limitada. *Revista de Direito Comparado Luso-Brasileiro*, p. 108-43.

________. O novo projeto de recuperação da empresa. *RDM*, *117*:126-35.

PENTEADO, Mauro Rodrigues. *Aumento de capital das sociedades anônimas*. São Paulo, Saraiva, 1988.

________. *Dissolução e liquidação de sociedade*. São Paulo, Saraiva, 2000.

________. *Consórcios de empresas*. São Paulo, 1979.

________. *Dissolução parcial da sociedade limitada*.

________. Aspectos atuais das sociedades por quotas de responsabilidade limitada. *Revista do Advogado*, *57*:13.

PEPE, Federico. *Holdings*: gruppi e bilanci consolidati. Milano, 1974.

PEPY. *La nationalité des sociétés*. 1920.

PEREIRA CALDAS, Manoel de Queiroz. *Sociedade limitada no novo Código Civil*.

PEREIRA, João Batista B. Da sociedade cooperativa. In: *O novo Código Civil* — estudos em homenagem ao Prof. Miguel Reale. São Paulo, LTr, 2003.

PEREIRA, Marco Antônio M. Regime dissolutório do Código Comercial. Dissolução total e dissolução parcial. Dissolução judicial e extrajudicial. *Justitia*, *172*:115-35.

PERREAU. *Technique de la jurisprudence en droit privé*. Paris, 1923. v. 1.

PETITPIERRE-SAUVAIN, Anne. *Droit des sociétés et groupes des sociétés*. Genève, Georg, 1972.

PIERRI, Déborah. Desconsideração da personalidade jurídica no novo Código Civil e o papel do Ministério Público. In: *Questões de direito civil e o novo Código Civil* (coord. Selma N. P. dos Reis). São Paulo, Imprensa Oficial, 2004.

PILLET. *Des personnes morales en droit international privé*. Paris, 1923.

PIMENTA, Eduardo Goulart. O estabelecimento. In: *Direito de empresa no novo Código Civil*. Rio de Janeiro, Forense, 2004.

________. Concorrência desleal (segredo de negócio e o uso de *mailing list*). *Tribuna do Direito*, jun. 2005, p. 12.

PINHEIRO FRANCO, Antonio Celso. O usufruto e o direito do nu-proprietário das ações das companhias e das quotas das sociedades de responsabilidade limitada. *Revista IASP*, *17*:275-93.

PINHO, Temístocles e PEIXOTO, Álvaro. *As empresas e o novo Código Civil*. Rio de Janeiro, Freitas Bastos, 2004.

PINTO, Eduardo Vianna. *Desconsideração da personalidade jurídica no novo Código Civil*. Porto Alegre, Síntese, 2003.

PINTO MARTINS, Sérgio. Desconstituição de personalidade jurídica pelo fiscal da Receita Federal. *Carta Forense*.

________. A nova Lei de Falência e suas implicações nos créditos dos trabalhadores. *Jornal Síntese, 97*:3-6.

PIRES, Homero. *Do reconhecimento das pessoas jurídicas no direito internacional privado e outros estudos*. Bahia, 1916.

PLÁCIDO E SILVA. *Vocabulário Jurídico*. Rio de Janeiro, Forense, 1991. v. 4.

POITEVIN. *La coopération agricole*. Paris, Dalloz, 1971.

POLONIO, Wilson A. *Terceirização*. São Paulo, Atlas, 2000.

________. *Manual das sociedades cooperativas*. São Paulo, Atlas, 2001.

PONTES DE MIRANDA. *Tratado de direito privado*. Rio de Janeiro, Borsoi, 1965. v. 5, 28, 49 e 50.

PRADO, Viviane M. As quotas preferenciais no direito brasileiro. *Revista de Direito Bancário e do Mercado de Capitais, 5*:140-43.

PUPO CORREIA, Miguel J. A. *Direito comercial*. Lisboa, Ediforum, 1999.

QUINTANS, Luiz Cézar P. *Direito da empresa*. São Paulo, Freitas Bastos, 2003.

RANGEL DE MORAES, Luiza. Das responsabilidades dos sócios nas sociedades limitadas e nas sociedades anônimas à luz do novo Código Civil e da Lei das Sociedades por Ações. Da aplicação da teoria da desconsideração da personalidade jurídica. In: *A empresa no terceiro milênio* — aspectos jurídicos (coord. A. Wald e Rodrigo G. da Fonseca). São Paulo, Juarez de Oliveira, 2005.

________. Considerações sobre a teoria da desconsideração da personalidade jurídica e sua aplicação na apuração de responsabilidades dos sócios e administradores de sociedades limitadas e anônimas. *Revista de Direito Bancário e do Mercado de Capitais*, n. 25, p. 31-48.

RASMUSSEN. *Holdings e joint ventures*: uma análise transacional de consolidações e fusões empresariais. São Paulo, Aduaneiras, 1991.

RAYNAL, Jean. *Étude sur les conventions inmorales*. Paris, Rousseau, 1900.

REALE, Miguel. *Lições preliminares de direito*. São Paulo, Bushatsky, 1973.

________. *Projeto de Código Civil*.

________. *Questões de direito*. São Paulo, Sugestões Literárias, 1981.

REDECKER, Ana Cláudia. *Franquia empresarial*. Porto Alegre, Sergio A. Fabris, Editor, 2002.

RENAULT PINTO, Dinah S. *Shopping center*: uma nova era empresarial. Rio de Janeiro, Forense, 1989.

REQUIÃO, Rubens. Abuso de direito e fraude através da personalidade jurídica ("disregard doctrine"). In: *Enciclopédia Saraiva de Direito*. v. 2.

________. *A preservação da sociedade comercial pela exclusão do sócio*. Curitiba, Acadêmica, 1959.

________. *Curso de direito comercial*. São Paulo, Saraiva, 2006. v. 1.

________. *Curso de direito falimentar*. São Paulo, Saraiva, 1975.

________. Agência. In: *Enciclopédia Saraiva de Direito*. v. 5.

________. *Do representante comercial*. Rio de Janeiro, Forense, 1958.

________. As tendências atuais da responsabilidade dos sócios nas sociedades comerciais. *RT, 511*:17 e 18.

RESTIFFE, Paulo Sérgio. *Manual do novo direito comercial*. São Paulo, Dialética, 2006.

RESTIFFE NETO, Paulo e RESTIFFE, Paulo Sérgio. *Locação*. Questões processuais. São Paulo, Revista dos Tribunais, 2000.

RIBEIRO, Alex S. *Ofensa à honra da pessoa jurídica*. São Paulo, LEUD, 2004.

RIDOLFO, José O. de T. Aspectos de valoração do estabelecimento comercial de empresas da nova economia. In: *Direito & Internet* (coord. Newton de Lucca e Adalberto Simão Filho). São Paulo, Quartier Latin, 2005.

RIOS, Arthur. Sociedades civis: inoperância e ineficácia dos registros nas juntas comerciais. *3ª RTD, 82*:328-9.

RIPERT, Georges. *Traité élémentaire de droit commercial*. Paris, LGDJ, 1947. v. 1.

RIZZARDO, Arnaldo. *Direito de empresa*. Rio de Janeiro, Forense, 2007.

ROCCO. Sulla liquidazione della società commerciale. In: *Studi di diritto commerciale*. Roma, 1933. v. 1.

ROCCO, Alfredo. *Princípios de direito comercial*. Campinas, LZN, 2003.

ROCHA FILHO, José M. Nome empresarial e registro de empresas. In: *Direito de empresa no novo Código Civil*. Rio de Janeiro, Forense, 2004.

ROCHA, Osiris. *Curso de direito internacional privado*. São Paulo, Saraiva, 1975.

RODIÈRE, René. *La propriété industrielle*. Paris, Sirey, 1954. t. 2.

RODINO, Luigi. Società civile. In: *Nuovo Digesto Italiano*.

RODRIGUES, Silvio. *Direito civil*. São Paulo, Saraiva, 1980. v. 6.

________. Contrato de sociedade. In: *Enciclopédia Saraiva do Direito*. v. 19.

ROLEMBERG, Armando. *O menor comerciante no direito brasileiro*. Rio de Janeiro, Forense, 1956.

ROLIN, Albéric. *Principes de droit international privé*. v. 3.

ROQUE, Sebastião José. *Curso de direito empresarial*. São Paulo, Ícone, 2006.

________. *Direito contratual*: civil-mercantil. São Paulo, Ícone, 1994.

________. Ingressa no direito brasileiro a *disregard theory*. *Revista Literária de Direito, 17*:31-2.

ROSARIO, Nicolò. Riflessioni sul tema dell'empresa. In: *Il diritto privatto nella società moderna*, a cura di Stefano Rodotà. Bologna, Il Mulino, 1971.

ROSAS, Roberto. Responsabilidades na sociedade anônima. In: *Enciclopédia Saraiva do Direito*. v. 66.

ROSSET. *Les holding companies et leurs imposition en droit comparé*. Paris, 1931.

ROTHENBURG. *A pessoa jurídica criminosa*. Curitiba, Juruá, 1997.

ROUBIER, Paul. *Les conflicts de loi dans le temps*. v. 1.

ROVAI, Armando Luiz. Registros empresariais transparentes. *Tribuna do Direito*, dez. 2004, p. 18.

________. A justa causa na exclusão de sócio na sociedade empresária limitada. *Revista Del Rey Jurídica*, *16*:38 e 39.

RUA DE ALMEIDA, Renato. A pequena empresa e os novos paradigmas do direito do trabalho. *Revista LTr*, n. 64.

________. A pequena empresa e a teoria da flexibilização diferenciada. *Revista do Advogado*, n. 70, p. 72-4.

RÜHLAND, Curt. Le problème des personnes morales en droit international privé. *Recueil des Cours*, v. 45, p. 394-9.

RUSSO, Francisco e OLIVEIRA, Nelson de. *Manual prático de constituição de empresas*. São Paulo, Atlas, 2004.

SADDI, Jairo (org.). *Fusões e aquisições*: aspectos jurídicos e econômicos. IOB, 2002.

SALLES, Marcos Paulo de A. Estabelecimento, uma universalidade de fato ou direito? *Revista do Advogado*. AASP, ago. 2003, n. 71.

________. Novos lineamentos em sociedade. *Revista IASP*, *12*:91-108.

SALOMÃO FILHO, Calixto. *Direito comercial* — as estruturas. São Paulo, Malheiros, 1998.

________. *A sociedade unipessoal*. São Paulo, Malheiros, 1995.

________. *O novo direito societário*. São Paulo, Malheiros, 1998.

SANCHEZ, Jorge Pinzón. El buen hombre de negocios y la crisis de la empresa. In: *Nuevos retos del derecho comercial*. Medelin, Biblioteca Jurídica Dike, 2000.

SANTOS AMARAL NETO, Francisco dos. Os grupos de sociedades no direito brasileiro e no direito português. *Revista de Direito Comparado Luso-Brasileiro*, n. 6 (1985).

SANTOS, Antonio C. e outros. *Direito económico*. Coimbra, Livr. Almedina, 1995.

SAVATIER, René. *La théorie des obligations*. Paris, 1967.

SAVIGNY. *Traité de droit romain.*

SAYAG e JAUFFRET-SPINOSI. *L'entreprise personnelle*: expériences européennes, 1978.

SAZATORNIL, Fernando S. *Delitos societarios y conductas afines. La responsabilidad penal y civil de la sociedad, sus socios y administradores*. Madrid, La Ley, 2003.

SCALFI. *L'idea de persona giuridica e le formazioni sociali titolari di rapporti nel diritto privato*. Milano, Giuffrè, 1968.

SENISE FERREIRA, Ivette. A criminalidade informática. In: *Direito & Internet* (coord. Newton de Lucca e Adalberto Simão Filho). São Paulo, Quartier Latin, 2005. p. 256-63.

SERENI. *La società per agioni negli Stati Uniti.*

SERPA LOPES. *Curso de direito civil*. Rio de Janeiro, Freitas Bastos, 1964. v. 4.

SERVIN. El diseño industrial patentable. *Revista Mexicana de la Propiedad Intelectual y Artística, 27 e 28*:225-36, 1976.

SETTE, Luiz Augusto A. Dados sobre a proteção jurídica do *software* no Brasil. In: *Direito eletrônico* (coord. R. O. Blum). p. 611-29.

SETUBAL SANTOS, Adrianna de A. *Comentários ao Código Civil* (coord. Camillo, Talavera, Fujita e Scavone Jr.). São Paulo, Revista dos Tribunais, 2006.

SILVA COMBRE, Nilton da. *Ação renovatória da locação*. São Paulo, Saraiva, 1985.

SILVA, Justino Adriano F. da. Sociedade por quotas de responsabilidade limitada, II. In: *Enciclopédia Saraiva do Direito*. v. 70.

SILVA PACHECO, José da. *Tratado de direito empresarial* — empresário: pessoa e patrimônio. São Paulo, Saraiva, 1979. v. 1 e 2.

SILVA PEREIRA, Caio Mário. *Instituições de direito civil*. Rio de Janeiro, Forense. v. 1 e 3.

SILVEIRA LOBO, Carlos A. A lei de regência das sociedades limitadas no Código Civil de 2002. *Revista Brasileira de Direito Comparado, 25*:307-13 (2004).

SILVEIRA, Newton. *Know-how* II. In: *Enciclopédia Saraiva do Direito.*

________. Proteção ao *design. Revista Interamericana de Direito Intelectual.* 1978, n. 1, p. 69-74.

SIMÃO FILHO, Adalberto. *Nova empresarialidade.* Tese de doutorado apresentada na PUCSP, 2002.

________. A nova empresarialidade. *Revista IASP, 18*:5-44.

________. Os direitos de empresa no novo Código Civil, *Simpósio sobre o novo Código Civil brasileiro* (coord. Pasini, Lamera e Talavera). São Paulo, 2003.

________. *Franchising* — aspectos jurídicos e contratuais. São Paulo, Atlas, 1994.

________. A superação da personalidade jurídica no processo falimentar. In: *Direito empresarial contemporâneo* (coord. Simão Filho e De Lucca). São Paulo, Juarez de Oliveira, 2000.

________. *A nova sociedade limitada.* Barueri, Manole, 2003.

SIVIERO, José M. *Títulos e documentos e pessoa jurídica, seus registros na prática.* 1983.

SOARES, José C. Tinoco. *Comentários ao Código da Propriedade Industrial.* São Paulo, Resenha Universitária, 1981.

________. *Lei das patentes, marcas e direitos conexos.* 1997.

SOPRANO, Enrico. *Trattato teorico-pratico della società commerciali.* 1934. v. 1.

SORDELLI. *Problemi giuridici della pubblicitá commerciale.* Milano, Giuffrè, 1968.

SOUSA, Marisa A. M. de. A exclusividade de zona nos contratos de representação comercial. *Tribuna do Direito, 36*:24.

SOUZA. Antonio André M. de. Marca e controle jurisdicional. *Tribuna do Direito*, jun. 2005.

SOUZA. Ruy de. *O direito das empresas* — atualização do direito comercial. Belo Horizonte, 1959.

________. Regime jurídico da sociedade simples. In: *Direito de empresa no novo Código Civil.* Rio de Janeiro, Forense, 2004.

SPENCER VAMPRÉ. *Tratado elementar de direito comercial*. F. Briguet & Cia. v. 1.

SPINELLI, Andréa M. R. Falência — disposições gerais — inovações e procedimentos. In: *Comentários à nova Lei de Falências e Recuperação de Empresas* (coord. Rubens Approbato Machado). São Paulo, Quartier Latin, 2005. p. 187-92.

STEINBERG, Herbert e outros. *A dimensão humana da governança corporativa*. São Paulo, Gente, 2003.

STUBER, Walter D. e SEMIONATO, Mª Cecília. *Franchising* e licenciamento. *Cadernos de Direito Constitucional e Ciência Política, 16*:292-5.

SUDREAU, Pierre. *La réforme de l'entreprise*. Paris, 1975.

SZTAJN, Rachel. Sobre a desconsideração da personalidade jurídica. *RT, 762*:81.

________. *Contrato de sociedade e formas societárias*, 1989.

________. *Atipicidade de sociedade no direito brasileiro*. Tese apresentada na USP, 1987.

________. O direito de recesso nas sociedades comerciais. *RDM, 71*:50-4.

TALAVERA, Glauber M. *Comentários ao Código Civil* (coord. Camillo, Talavera, Fujita e Scavone Jr.). São Paulo, Revista dos Tribunais, 2006.

TAMBURUS, Michelli. Concepção jurídica do valor no estabelecimento empresarial. *Revista IASP, 18*:193.

TAVEIRA TORRES, Heleno. As sociedades cooperativas no novo Código Civil e suas implicações com o direito tributário. In: *Direito tributário* e o *novo Código Civil* (coord. Betina T. Grupenmacher). São Paulo, Quartier Latin, 2004.

TAVOLARO, Agostinho T. *Joint venture*. *Revista IASP, 11*:255-68.

TEIXEIRA, Egberto Lacerda. *Das sociedades por quotas de responsabilidade limitada*. São Paulo, Max Limonad, 1956.

________. Da sociedade por quotas. *Boletim AASP, 73*:19.

TEIXEIRA, Egberto Lacerda e GUERREIRO, José A. T. *Das sociedades anônimas no direito brasileiro*. São Paulo, Bushatsky, 1979. v. 1.

TEIXEIRA DA COSTA, Orlando. O direito do trabalho na sociedade moderna. *Revista LTr*, jun. 1992, p. 647-51.

TENÓRIO, Oscar. *Direito internacional privado*. Rio de Janeiro, Freitas Bastos, 1967.

TEPEDINO, Gustavo. Questões controvertidas sobre o contrato de corretagem. In: *Temas atuais de direito civil*. Rio de Janeiro, Renovar, 1999.

THALLER, E. *Traité élémentaire du droit commercial*. Paris, Rousseau, 1904.

THEODORO JÚNIOR, Humberto. Do contrato de agência e distribuição no novo Código Civil, *RT*, *812*:22.

TIMM, Luciano B. (coord.). *Direito de empresa e contratos*. IOB-Thomson, 2004.

TOLEDO, Paulo Fernando C. Salles de. O conceito de propriedade e os bens do falido. *RT*, *678*:57.

________. *O Conselho de Administração na sociedade anônima*. São Paulo, Atlas, 1997.

TORRENTE. *Manuale di diritto privato*.

TOSCANO DE BRITO, Rodrigo. O empresário, o não empresário e as sociedades simples e empresárias no Código Civil de 2002. *Verba-juris* — Revista da Universidade Federal da Paraíba, n. 2, p. 341-59 (2003).

TOURINHO FILHO, Fernando da Costa. Responsabilidade penal das pessoas jurídicas. *Boletim Informativo Saraiva*, n. 2, 1998, p. 12.

TRAVERS, Maurice. La nationalité des sociétés commerciales. *Recueil des cours*, v. *33*:18-24.

TUCCI e VILLAÇA AZEVEDO. *Tratado da locação predial urbana*. São Paulo, Saraiva, 1985.

TZIRULNIK, Luiz. *Empresas & empresários*. São Paulo, Revista dos Tribunais, 2003.

VALERI, Giuseppe. Avviamento di azienda. In: *Nuovo Digesto Italiano*. Torino, 1937.

VALVERDE, Trajano de Miranda. *Força probante dos livros mercantis*. Rio de Janeiro, 1960.

________. *Sociedade por ações*. Rio de Janeiro, Forense, 1953.

VAN RYN, Jean. *Principes de droit commercial*. Bruxelles, 1954. v. 1.

VAREILLES-SOMMIÈRES. *Les personnes morales*. Paris, 1902.

VELLARDI, Henri. *Étude sur le "patent law" anglais*. Paris, Rousseau, 1932.

VENOSA, Sílvio de Salvo. *Direito civil*. São Paulo, Atlas, 2002. v. 7.

________. *Manual dos contratos e obrigações unilaterais da vontade*. São Paulo, Atlas, 1997.

VENTURA, Raul. *Comentários ao Código das Sociedades Comerciais*. Coimbra, Livr. Almedina, 1991.

VERRUCOLI. *Il superamento della personalità giuridica della società di capitalle nella "common law"*. Milano.

________. Cooperative. In: *Enciclopedia del diritto*. 1962. v. 10.

VIANA, Luiz. *Da nacionalidade das sociedades*. Bahia, 1959.

VIARI, Mario. *La tutela del principio scientifico nel diritto d'invenzione*. Milano, Giuffrè, 1970.

VIDAL, José Senent. El concepto de interés social en la cooperativa. *Revista de Derecho Mercantil*. Madrid, 2002, n. 224, p. 712-6.

VIEIRA BARBI, Otávio. Pode a sociedade limitada ter capital autorizado? *Revista de Direito Mercantil, 129*:92-4.

VIEIRA, Paulo A. W. e REIS, Ana Paula de C. As sociedades limitadas no novo Código Civil — a limitação do direito de contratar. *Revista de Direito Mercantil, 127*:37.

VILLAÇA AZEVEDO, Álvaro. Ação de apuração de haveres proposta por sócio excluído. *RT, 526*:46.

VILLEMOR DO AMARAL, Hermano de. *Das sociedades limitadas*. Rio de Janeiro, Briguet & Cia. 1938.

VITA NETO, José Virgílio. A sociedade limitada no novo Código Civil. *Revista de Direito Mercantil, 130*:207-29.

VIVANTE, Cesare. *Trattato di diritto commerciale*. Milano, Vallardi, 1922. v. I e II.

________. *Tratado de derecho mercantil*. Madrid, Reus, 1931. v. 11.

VON BAR. *Theorie und Praxis des internationalen Privatrechts*, 1889.

WACHOWICZ. *Propriedade intelectual & internet*. Curitiba, Juruá, 2005.

________. *Propriedade intelectual de "software" & revolução da tecnologia da informação*. Curitiba, Juruá, 2005.

WALD, Arnoldo. O empresário, a empresa e o Código Civil. *O novo Código Civil* — estudos em homenagem a Miguel Reale. São Paulo, LTr, 2003.

________. Direito comercial I. In: *Enciclopédia Saraiva do Direito*. v. 25.

________. Divulgação de informações sobre valores mobiliários. *Digesto Econômico*, n. 281, 1981.

________. *Comentários ao novo Código Civil*, Livro II do Direito de empresa (coord. Sálvio de Figueiredo Teixeira). Rio de Janeiro, Forense, 2005. v. XIV.

________. Os acordos de comercialização no direito brasileiro. *Digesto Econômico*, 1982, *297*:41-62.

WALD e EIZIRIK. Responsabilidade do *underwriter* pela veracidade das informações em uma emissão pública. *Revista da CVM*.

WATANABE, Marta. Código Civil muda planejamento sucessório. *Valor Econômico*, 28 ago. 2006, p. A-4.

WATKINS. Trustification and economic theory. *American Economic Review*, *21*:54-76 (1931).

WEINGARTEN, Célia. O patrimônio de afetação e o direito societário. A responsabilidade limitada e a desconsideração da personalidade jurídica. *Revista do Tribunal Regional Federal — 3ª Região*, *80*:135-57.

WEINSTEIN, Martin. *Summary of American Law*, 1988.

WILLIAMSON e WINTER. *La naturaleza de la empresa*. México, Fondo de Cultura Económica. 1996.

WINDSCHEID. *Pandette*. v. 1.

XAVIER, Mª Rita A. da G. L. *Limites à autonomia privada na disciplina das relações patrimoniais entre cônjuges*. Coimbra, Livr. Almedina, 2000.

YAMULKI. *La responsabilité des administrateurs et des organes de gestion des sociétés anonymes*. Genève, 1984.

ZAITS, Daniela. Responsabilidade dos administradores de sociedades anônimas e por quotas de responsabilidade limitada. *RT*, *740*:11.

ZANINI, Carlos K. *A dissolução judicial da sociedade anônima*. Rio de Janeiro, Forense, 2005.

ZITELMANN. *Internationales Privatrecht*. 1912. v. 2.